Leo Trotzki

# SCHRIFTEN 1
## Sowjetgesellschaft und stalinistische Diktatur
## Band 1.2 (1936–1940)

Herausgegeben von
Helmut Dahmer, Rudolf Segall und Reiner Tosstorff
im Auftrag des Vereins zur wissenschaftlichen
Erforschung und Aufarbeitung historischen Kulturguts e.V.,
Frankfurt a. M.

Wissenschaftliche Mitarbeiter:
Horst Lauscher und Rolf Wörsdörfer

Rasch und Röhring Verlag

Wissenschaftliche Beratung:
Siegfried Bahne (Bochum), George Breitman (New York), Pierre Broué (Grenoble), Tamara Deutscher (London), Iring Fetscher (Frankfurt a. M.), Helmut Fleischer (Darmstadt), Ernest Mandel (Brüssel), Hartmut Mehringer (München), Oskar Negt (Hannover), Peter von Oertzen (Hannover), Michal Reiman (Berlin), Predrag Vranicki (Zagreb), Hermann Weber (Mannheim)

Mit Unterstützung der
Hamburger Stiftung zur Förderung von
Wissenschaft und Kultur

CIP-Titelaufnahme der Deutschen Bibliothek

*Trockij, Lev:*
Schriften / Leo Trotzki. – Hamburg : Rasch u. Rohring.
NE: Trockij, Lev: [Sammlung ⟨dt.⟩]
Bd. 1.2. Sowjetgesellschaft und stalinistische Diktatur 1936–1940. – 1988
ISBN 3-89136-091-6


Umschlaggestaltung: Peter Albers
Satzherstellung: Verein zur wissenschaftlichen Erforschung und Aufarbeitung historischer Kulturguts e. V., Frankfurt a. M.
Druck- und Bindearbeiten: Clausen & Bosse, Leck
Printed in Germany

# Inhalt
# II. Halbband

# (36)
# Verratene Revolution*

## Was ist die UdSSR und wohin treibt sie?

*Hønefoss-Wexhall, September 1935 - 4. August 1936*

## Aufgabe der vorliegenden Arbeit

Die bürgerliche Welt versuchte zuerst so zu tun, als bemerke sie die Wirtschaftserfolge des Sowjetregimes[1], das heißt den praktischen Beweis der Aktualität der Methoden des Sozialismus nicht. Angesichts der in der Weltgeschichte beispiellosen Tempi der industriellen Entwicklung versuchen die gelehrten Ökonomen des Kapitals auch heute noch oft, sich in tiefes Schweigen zu hüllen, oder begnügen sich mit dem Hinweis auf die

* T3946-3953 *La Révolution trahie*, Qu'est-ce qu'est l'U.R.S.S. et où va-t-elle?, Paris [Grasset] 1936. (Aus dem Russischen von Victor Serge.) Dt. *Verratene Revolution*, Was ist die Sowjetunion und wohin treibt sie?, Antwerpen - Zürich - Prag [Lee] 1936. (Die deutsche Übersetzung — hier in einer überarbeiteten Fassung — stammt von Walter Steen [d.i. Rudolf Klement].)
Trotzki begann im September 1935 im norwegischen Exil mit der Arbeit an einem aktuellen Vorwort für die vom amerikanischen Verlagshaus Simon & Schuster geplante Neuauflage seiner *Geschichte der russischen Revolution*. Dabei entstand unter dem Titel *Tschto takoe SSSR i kuda on idet?* (Was ist die Sowjetunion und wohin treibt sie?) ein Manuskript, das erheblich umfangreicher war als ursprünglich beabsichtigt und daher als eigenständige Veröffentlichung herausgegeben wurde. Der Verleger der Erstausgabe, die im Oktober 1936 in Paris erschien, gab dem Buch den (von allen späteren Ausgaben übernommenen) Titel *La Révolution trahie*. (Noch im gleichen Jahr erschienen eine deutsche und eine tschechoslowakische Ausgabe; 1937 folgten eine amerikanische, eine argentinische, eine chilenische, eine englische und eine japanische.) — Ein »klassisches Werk der marxistischen Literatur« (Deutscher), ist die *Verratene Revolution* Trotzkis umfassendste und gründlichste Analyse der Sowjetgesellschaft und der stalinistischen Diktatur.

1 Krieg und Bürgerkrieg ruinierten die russische Wirtschaft in stärkerem Maße als die der übrigen Kriegsteilnehmer; die Produktion von Getreide sank auf weniger als die Hälfte, die Industrieproduktion auf 18 % des Niveaus von 1913. Zu den

außerordentliche »Ausbeutung der Bauern«. Sie versäumen jedoch eine ausgezeichnete Gelegenheit zu erklären, warum die viehische Ausbeutung der Bauern beispielsweise in China, Japan oder Indien niemals Tempi der industriellen Entwicklung mit sich brachte, die sich mit den sowjetischen auch nur annähernd messen könnten.

Die Tatsachen tun jedoch ihre Wirkung. Heute ist der Büchermarkt aller zivilisierten Länder überhäuft mit Büchern über die Sowjetunion. Kein Wunder: solchen Phänomenen begegnet man nicht oft. Die von blindem, reaktionärem Haß diktierte Literatur nimmt immer geringeren Raum ein; ein recht erheblicher Teil der neueren Publikationen über die Sowjetunion ist hingegen in einem immer wohlwollenderen oder gar entzückten Stil gehalten. Als Zeichen für die Besserung des internationalen Ansehens des neu entstandenen Staates ist die Flut der sowjetfreundlichen Literatur nur zu begrüßen. Ist es ja doch auch weitaus löblicher, die UdSSR zu idealisieren als das faschistische Italien. Doch eine wissenschaftliche Beurteilung dessen, was wirklich im Lande der Oktoberrevolution geschieht, würde der Leser auf den Seiten dieser Literatur vergeblich suchen.

Dem Typus nach zerfallen die Publikationen der »Freunde der Sowjetunion«[2] in drei Hauptkategorien. Dilettantischer Journalismus beschreibenden Genres, mehr oder weniger »linke« Reportagen bilden die Hauptmasse der Artikel und Bücher. Daneben stehen, wenn auch mit größeren Prätentionen, die Publikationen des humanitären, pazifistischen und lyrischen »Kommunismus«. An dritter Stelle findet sich die ökonomische Schematisierung im Geiste des alten deutschen Kathedersozialismus[3]. Louis Fischer und Duranty sind hinreichend bekannte Vertreter des ersten Typs. Der verstorbene Barbusse und Romain Rolland[4] vertreten am besten

ersten Erfolgen der nachrevolutionären Wirtschaftspolitik gehörte, daß das Vorkriegsniveau der Landwirtschaft im Jahre 1925 und das der Industrie 1928 wieder erreicht wurde. In den Jahren 1929 bis 1932 stieg dann die Industrieproduktion nach offiziellen Angaben um 84,7 %; bis 1935 hatte sie sich fast verdreifacht. Der Ausbau der Schwerindustrie wurde besonders forciert (die Roheisenproduktion stieg in den Jahren 1927 bis 1936 von 3,3 auf 14,4, die Stahlproduktion von 4 auf 16,4 Millionen Tonnen).

2 Vgl. dazu auch Anhang II zu diesem Text.

3 Als »Kathedersozialismus« wurde im letzten Drittel des 19. Jahrhunderts eine Richtung der deutschen Volkswirtschaftslehre von ihren liberalen Gegnern etikettiert. Die »Kathedersozialisten« waren ethisch motivierte Sozialreformer, bekämpften den Marxismus und forderten eine staatliche Reformpolitik zur Milderung der Klassengegensätze. Sie beriefen sich auf Lorenz von Stein und die staatssozialistischen Ideen von H. Rodbertus. 1872 bildeten sie den Kern des »Vereins für Socialpolitik«. Zu ihren Vertretern gehörten Adolph Wagner (1835-1917), mit dem Marx sich noch auseinandersetzte (1879/80; MEW 19, S. 355-383), Gustav Schmoller (1838-1917) und Lujo von Brentano (1844 bis 1931). (Franz Boese, *Geschichte des Vereins für Sozialpolitik 1872-1932*, Berlin 1939.)

4 Romain Rolland (1866-1944), pazifistisch-humanitärer französischer Schrift-

die Kategorie der humanitären »Freunde«: nicht von ungefähr schrieb der eine, bevor er sich an Stalin heranmachte, eine Lebensbeschreibung Christi[5], der andere eine Biographie Gandhis. Der konservativ-pedantische Sozialismus schließlich fand seine hervorstechendsten Vertreter in dem rastlosen Fabier[6]-Paar Webb.

Was diese drei Kategorien trotz ihrer Unterschiede eint, ist das Sich-Verbeugen vor der vollendeten Tatsache und die Vorliebe für beruhigende Verallgemeinerungen. Gegen den eigenen Kapitalismus zu rebellieren, sind sie außerstande. Um so bereitwilliger stützen sie sich auf eine schon in ihre Ufer zurückgetretene fremde Revolution. Vor dem Oktoberumsturz und noch mehrere Jahre danach hat nicht einer dieser Leute oder ihrer Geistesväter ernstlich darüber nachgedacht, auf welche Weise der Sozialismus zur Welt kommen werde. Um so leichter fällt es ihnen, das in der UdSSR Vorhandene als Sozialismus anzuerkennen. Das gibt ihnen nicht nur das Ansehen von fortschrittlichen Leuten, die mit ihrer Zeit Schritt halten, sondern auch den Nimbus einer gewissen moralischen Festigkeit, ohne daß sie dabei doch zu irgendetwas verpflichtet wären. Diese Art beschaulicher, optimistischer, keineswegs destruktiver Literatur, die alles Ungemach hinter sich zu lassen scheint, wirkt sehr beruhigend auf die Nerven des Lesers und findet darum wohlwollende Aufnahme. So bildet sich unmerklich eine internationale Schule heraus, die man *Bolschewismus fürs aufgeklärte Bürgertum* oder, im engeren Sinne, *Sozialismus für radikale Touristen* nennen könnte.

steller und Musikhistoriker, propagierte in Biographien von Beethoven, Michelangelo, Tolstoi und Gandhi einen heroischen Idealismus. Rolland kämpfte gegen Antisemitismus und Chauvinismus; 1915 erhielt er den Literatur-Nobelpreis für seinen Entwicklungs- und Zyklenroman *Jean Christophe* (1904-1912; dt. 1914-1917), in dem er für Freundschaft zwischen Deutschland und Frankreich warb. Gegen den Ersten Weltkrieg trat er mit seiner berühmt gewordenen Sammlung politischer Artikel *Au-dessus de la mêlée* auf. Der russischen Revolution stand er zunächst ablehnend gegenüber, reihte sich aber nach 1927 unter die »Weggefährten« des Stalinismus ein. 1932 berief er mit Barbusse den »Weltkongreß gegen den Krieg« ein, aus dem dann die von der Komintern organisierte »Amsterdam-Pleyel-Bewegung« entstand.
*Œuvres complètes*, 10 Bände [1930-1934]; *Gesammelte Werke* [1951 ff.]; *Journal des années de guerre*, 1914-1919 [1952].
Stefan Zweig, *Romain Rolland, der Mann und das Werk*, Frankfurt [Rütten und Loening] 1926; René Cheval, *Romain Rolland, l'Allemagne et la guerre*, Paris [PUF] 1963; William Thomas Starr, *Romain Rolland*, One Against All, A Biography, Den Haag u. a. [Mouton] 1971.)

5 Henri Barbusse, *Jesus*, 1927, dt. 1928.

6 Die Fabian Society ist eine seit 1883/84 bestehende Gruppierung von sozialreformerischen Intellektuellen (die nach dem Zweiten Weltkrieg mehrere tausend Mitglieder in etwa 80 lokalen Gruppen zählte). Der Sozialismus (mit kommunaler Verwaltung des öffentlichen Eigentums und Produktionsgenossenschaften)

Wir haben nicht vor, gegen Erzeugnisse dieses Typs zu polemisieren, denn sie geben zu Polemik keinen ernsten Anlaß. Die Fragen hören für sie dort auf, wo sie in Wirklichkeit erst beginnen. Aufgabe der vorliegenden Untersuchung ist es, das, was ist, richtig zu beurteilen, um besser zu verstehen, was werden wird. Bei dem, was gestern war, wollen wir nur insoweit verweilen, als es uns hilft, besser vorherzusehen, was morgen sein wird. Unsere Darstellung wird eine kritische sein. Wer sich vor dem, was geschieht, verbeugt, ist nicht fähig, die Zukunft vorzubereiten.

Der Prozeß der wirtschaftlichen und kulturellen Entwicklung der UdSSR hat schon etliche Etappen zurückgelegt, ist aber noch weit davon entfernt, ein inneres Gleichgewicht zu finden. Betrachtet man als Aufgabe des Sozialismus die Schaffung der klassenlosen Gesellschaft, die sich auf Solidarität und auf die harmonische Befriedigung aller Bedürfnisse gründet, so kann von Sozialismus in des Wortes wirklicher Bedeutung, was die UdSSR angeht, noch keine Rede sein. Zwar unterscheiden sich die Widersprüche der Sowjetgesellschaft ihrem Wesen nach tief von denen des Kapitalismus, sind aber gleichwohl von größter Intensität. Sie äußern sich in materieller und kultureller Ungleichheit, in staatlicher Unterdrückung, in politischen Gruppierungen und im Kampf der Fraktionen. Die polizeiliche Unterdrückung erstickt und entstellt den politischen Kampf, schafft ihn aber nicht aus der Welt. Die verbotenen Ideen beeinflussen die Politik der Regierung auf Schritt und Tritt, sei es, daß sie sie befruchten, sei es, daß

soll schrittweise und im Zuge einer langen Entwicklung parlamentarisch realisiert werden — nach Art der hinhaltenden Kriegführung des römischen Generals Fabius Cunctator zu Beginn des Zweiten Punischen Krieges (218-201 v.u.Z.). Die sozialökonomischen Vorstellungen der Fabier waren an der englischen Landreformbewegung und an Ricardos Rententheorie orientiert. 1889 gab George Bernard Shaw die Programmschrift *Fabian Essays* heraus; 1951 erschienen *New Fabian Essays.* Die Gruppe, der S. und B. Webb, H. G. Wells, G. B. Shaw, Harold Laski und andere prominente Intellektuelle angehörten, übte seit 1918 bestimmenden Einfluß auf die englische Labour Party aus; 1924 stellte sie den ersten Labour-Premierminister Ramsay MacDonald.
Der Fabier-Sozialismus war dem zeitgenössischen »Revisionismus« der deutschen Sozialdemokratie (Eduard Bernstein u. a.) verwandt. Von den Fabiern ging die Gründung der »London School of Economics and Political Science« (1895) aus.
(G. D. H. Cole, *The Fabian Society,* Past and Present, London [Fabian Publications] 1942; Margaret I. Cole, *The Story of Fabian Socialism*, London [Heinemann] 1961; A. M. McBriar, *Fabian Socialism and English Politics 1884-1918*, Cambridge [Cambridge University Press] 1962; Peter Wittig, *Der englische Weg zum Sozialismus*, Die Fabier und ihre Bedeutung für die Labour Party und die englische Politik, Berlin [Duncker & Humblot] 1982.
Vgl. auch Trotzki, »Die fabische ‚Theorie' des Sozialismus«, in: ders., *Wohin treibt England?*, Berlin [Neuer Deutscher Verlag] 1926, S. 56-65, Auszug in: ders., *Denkzettel*, S. 227-236.)

sie ihr entgegenwirken. Unter diesen Umständen muß man die Entwicklung der UdSSR im Zusammenhang mit den Ideen und Losungen analysieren, unter denen sich im Lande ein zwar unterdrückter, aber doch leidenschaftlicher politischer Kampf abspielt. Die Geschichte verschmilzt hier unmittelbar mit der lebendigen Politik.

Die wohlmeinenden »linken« Philister betonen gern, bei der Kritik an der Sowjetunion sei äußerste Vorsicht am Platze, damit der sozialistische Aufbau keinen Schaden leide. Wir hingegen halten den Sowjetstaat keineswegs für so zerbrechlich. Die Feinde der UdSSR sind über ihn viel besser unterrichtet als seine wirklichen Freunde, d.h. die Arbeiter aller Länder. In den Generalstäben der imperialistischen Staaten wird über Stärken und Schwächen der Sowjetunion genau Buch geführt, und nicht nur auf Grund von veröffentlichten Berichten. Die Feinde können zwar leider die schwachen Seiten des Arbeiterstaats für sich ausnutzen, keinesfalls aber von der Kritik an Tendenzen profitieren, die sie selbst für dessen positive Züge halten. In der Kritikfeindschaft der Mehrheit der offiziellen »Freunde« kommt weniger die Angst wegen der Zerbrechlichkeit der Union als die Angst wegen der Zerbrechlichkeit der eigenen Sympathien für sie zum Ausdruck. Gehen wir darum ruhig über diese Warnungen und Befürchtungen hinweg. Tatsachen entscheiden, nicht Illusionen. Wir wollen ein Antlitz zeigen, nicht eine Maske.

4. August 1936

P.S. Dies Buch ist bereits vor dem Moskauer »Terroristen«-Prozeß[7] abgeschlossen worden, der darum in ihm nicht mehr behandelt werden konnte. Um so wichtiger ist es zu betonen, daß es den »Terroristen«-Prozeß im voraus erklärt und seine Mystik als Mystifikation entlarvt.

September 1936 L.T.

7 Gemeint ist der erste Moskauer Schauprozeß (19. bis 23.8.1936) gegen Sinowjew, Kamenjew, I. N. Smirnow und andere. Vgl. Text 37.

# I. Was ist erreicht?

## Hauptmerkmale des industriellen Wachstums

Infolge der Bedeutungslosigkeit der russischen Bourgeoisie konnten die demokratischen Aufgaben des zurückgebliebenen Rußland — wie die Liquidierung der Monarchie und der Knechtung der noch halb leibeigenen Bauernschaft — nur durch die Diktatur des Proletariats gelöst werden. Nachdem das Proletariat an der Spitze der Bauernmassen die Macht erobert hatte, konnte es aber bei den demokratischen Aufgaben nicht stehenbleiben. Die bürgerliche Revolution verschmolz unmittelbar mit dem ersten Stadium der sozialistischen. Das war kein Zufall. Die Geschichte der letzten Jahrzehnte bezeugt besonders anschaulich, daß unter den Bedingungen des kapitalistischen Verfalls die zurückgebliebenen Länder unmöglich das Niveau erreichen können, das die alten kapitalistischen Metropolen zu ihrer Zeit zu erreichen vermochten. Selbst in der Sackgasse, versperren die Zivilisatoren den sich Zivilisierenden den Weg. Rußland betrat den Weg der proletarischen Revolution nicht, weil seine Wirtschaft als erste für die sozialistische Umwälzung reif gewesen wäre, sondern weil seine Wirtschaft sich auf kapitalistischer Grundlage überhaupt nicht weiterentwickeln konnte. Die Vergesellschaftung des Eigentums an den Produktionsmitteln war eine unumgängliche Voraussetzung, um das Land aus der Barbarei herauszuführen: das ist das *Gesetz der kombinierten Entwicklung* der zurückgebliebenen Länder. Als »schwächstes Glied der kapitalistischen Kette« (Lenin) in die sozialistische Revolution eingetreten, steht das ehemalige Zarenreich auch heute, im neunzehnten Jahr nach der Umwälzung, noch vor der Aufgabe, Europa und Amerika »einzuholen und zu überholen« — folglich vorerst *einzuholen* — das heißt die Aufgaben der Technik und der Produktion zu lösen, die der fortgeschrittene Kapitalismus längst schon gelöst hat.

Konnte es anders sein? Der Sturz der alten herrschenden Klassen hat die Aufgabe, aus der Barbarei zur Kultur emporzusteigen, nicht gelöst, sondern nur aufgedeckt. Dadurch, daß die Revolution sogleich das Eigentum an den Produktionsmitteln in der Hand des Staates konzentrierte, schuf sie die Möglichkeit, neue, unvergleichlich wirksamere Wirtschaftsmethoden anzuwenden. Nur dank planmäßiger Leitung wurde in kurzer Frist wiederaufgebaut, was der imperialistische und der Bürgerkrieg vernichtet hatten, wurden neue grandiose Unternehmungen errichtet, neue Produktionszweige und ganze Industrien geschaffen.[1]

1 Als Beispiel kann vor allem die chemische Industrie, ferner die Produktion von Traktoren, Mähdreschern, Automobilen, Flugzeugen, Werkbänken, Gasturbinen und Generatoren dienen.

Die außerordentliche Verzögerung in der Entwicklung der internationalen Revolution, mit deren baldiger Hilfe die Führer der bolschewistischen Partei gerechnet hatten[2], beschwor für die UdSSR nicht nur ungeheure Schwierigkeiten herauf, sondern brachte auch außerordentliche innere Hilfsquellen und Möglichkeiten zum Vorschein. Doch eine richtige Beurteilung der erzielten Resultate — ihrer Größe wie ihrer Unzulänglichkeit — ist nur unter Zuhilfenahme internationaler Maßstäbe möglich. Die Methode der vorliegenden Arbeit ist die geschichtlich-soziologische Deutung des Prozesses, nicht die Häufung statistischer Illustrationen. Dennoch ist es im Interesse der weiteren Darstellung erforderlich, einige der wichtigsten Ziffern zum Ausgangspunkt zu nehmen.

Der Umfang der Industrialisierung der Sowjetunion vor dem Hintergrund des Stillstands und Verfalls fast der gesamten kapitalistischen Welt wird aus den folgenden Bruttoangaben ersichtlich. Die Industrieproduktion Deutschlands hat nur dank des Aufrüstungsfiebers gegenwärtig das Niveau von 1929 wieder erreicht.[3] Die Produktion Großbritanniens stieg mit Hilfe des Protektionismus in denselben sechs Jahren um 3 bis 4 Prozent.[4] Die Industrieproduktion der Vereinigten Staaten ging annähernd um 25 Prozent zurück, die Frankreichs um mehr als 30 Prozent. Was den Fortschritt unter den kapitalistischen Ländern anbelangt, steht das wie toll rüstende und plündernde Japan an erster Stelle: seine Produktion stieg beinahe um 40 Prozent! Aber auch diese Ausnahmeziffer verblaßt vollkommen vor der Entwicklungsdynamik der Sowjetunion, deren Industrieproduktion in derselben Periode auf das Dreieinhalbfache oder um 250 Prozent stieg. Die russische Schwerindustrie hat im letzten Jahrzehnt (1925-1935)

2 So heißt es etwa bei Lenin 1919: »Selbstverständlich kann den endgültigen Sieg nur das Proletariat aller fortgeschrittenen Länder der Welt erringen, und wir Russen beginnen das Werk, das vom englischen, französischen oder deutschen Proletariat gefestigt wird.« (»Referat auf dem II. Gesamtrussischen Kongreß der kommunistischen Organisationen der Völker des Ostens« [22.11.1919], LW 30, S. 136-147, hier S. 147.)

3 »1937/38 überschritt das reale Sozialprodukt den Vorkrisenstand von 1928/29 bereits um 19 %, gegenüber dem Tiefstand von 1932 hatte es sich sogar mehr als verdoppelt.« Der Anteil der Rüstungsausgaben »am Sozialprodukt betrug 1935/38 16 %, demgegenüber hatte er 1928/29 weniger als ein Prozent betragen.« (Dietmar Petzina, »Grundriß der deutschen Wirtschaftsgeschichte 1918-1945«, in: *Deutsche Geschichte seit dem Ersten Weltkrieg*, Bd. 2, Stuttgart [DVA] 1973, S. 663-784; hier S. 743, 745.)

4 »Protektionismus« ist der staatliche Schutz der »nationalen Wirtschaft« vor ausländischer Konkurrenz durch Einfuhrzölle, Devisenbewirtschaftung, Einfuhrbeschränkungen und -verbote.
Die Regierung MacDonald wertete 1932 das englische Pfund ab, gab den Goldstandard auf und erhöhte die Importzölle. Eine Commonwealth-Konferenz (Großbritannien mit seinen Kolonien sowie Kanada und Australien) beschloß Handelsbeschränkungen gegenüber nicht zugehörigen Staaten, um der britischen Industrie sichere Absatzmärkte zu garantieren.

ihren Ausstoß mehr als verzehnfacht. Im ersten Jahr des ersten Fünfjahresplans (1928-1929) betrugen die Kapitalinvestitionen 5,4 Milliarden Rubel, 1936 sollen es nicht weniger als 32 Milliarden sein.

Sehen wir von monetären Meßgrößen wegen der Schwankungen des Rubels ab, so mögen andere, unproblematischere Maße sprechen. Im Dezember 1913 förderte das Donezbecken 2275000 Tonnen Kohle, im Dezember 1935 7125000 Tonnen. In den letzten drei Jahren vergrößerte sich die Gußeisenschmelze um das Doppelte, die Stahl- und Walzeisenerzeugung beinahe um das Zweieinhalbfache. Verglichen mit dem Vorkriegsniveau stieg die Förderung von Erdöl, Kohle und Eisenerz auf das Drei- bis Dreieinhalbfache. 1920, als der erste Elektrifizierungsplan aufgestellt wurde[5], gab es im Lande zehn lokale Elektrizitätswerke mit einem Gesamtleistungsvermögen von 253000 Kilowatt. 1935 waren es bereits 95 Elektrizitätswerke mit einer Gesamtkapazität von 4345000 Kilowatt. 1925 stand die UdSSR hinsichtlich der Erzeugung von elektrischer Energie an elfter Stelle; 1935 wird sie nur noch von Deutschland und den Vereinigten Staaten übertroffen. In der Kohleförderung rückte die UdSSR vom zehnten auf den vierten Platz, in der Stahlerzeugung vom sechsten auf den dritten, in der Traktorenproduktion auf den ersten Platz in der ganzen Welt; ebenso in der Zuckererzeugung.

Gigantische Errungenschaften in der Industrie, vielversprechender Beginn eines Aufschwungs der Landwirtschaft, außerordentliches Anwachsen der alten und Entstehen neuer Industriestädte[6], rasche Zunahme der Zahl der Arbeiter[7], Hebung des Kulturniveaus und der Bedürfnisse — das sind die unbestreitbaren Ergebnisse der Oktoberrevolution, in der die Propheten der alten Welt das Grab der menschlichen Zivilisation sehen wollten. Mit den Herren bürgerlichen Ökonomen braucht man nicht mehr zu streiten: der Sozialismus hat sein Recht auf den Sieg nicht auf den Seiten des

5 Im Februar 1920 wurde eine Staatliche Kommission für die Elektrifizierung Rußlands (»GOELRO«) mit einem Stab von 180 Fachleuten unter Leitung von Krschischanowski gebildet, die dem VIII. Sowjetkongreß im Dezember 1920 einen langfristigen Elektrifizierungsplan vorlegte, der 30 große Elektrizitätswerke, 20000 bis 30000 km elektrifizierte Eisenbahnlinien und eine Verdoppelung der Industrieproduktion im Vergleich zum Jahr 1913 vorsah.
Im Februar 1921 wurde die GOELRO in die Staatsplankommission übernommen.
(Vgl. Heiko Haumann, *Beginn der Planwirtschaft*, Elektrifizierung, Wirtschaftsplanung und gesellschaftliche Entwicklung Sowjetrußlands 1917-1921, Düsseldorf [Bertelsmann] 1974.)

6 Beispiel einer neu geschaffenen Industriestadt war Magnitogorsk im südlichen Ural, das zwischen 1929 und 1931 von Komsomol-Brigaden als Zentrum einer neu erschlossenen Industrieregion (mit Eisenerzbergbau und -verhüttung) errichtet wurde.

7 Schon 1913 hatte es etwa 2,5 Millionen Industriearbeiter gegeben; erst 1926 wurde dieser Stand wieder erreicht. 1928 bis 1932 stieg ihre Zahl von 3,8 auf 8

»Kapitals« bewiesen, sondern in einer Wirtschaftsarena, die ein Sechstel der Erdoberfläche ausmacht, — nicht in der Sprache der Dialektik, sondern in der Sprache des Eisens, des Zements und der Elektrizität. Selbst wenn die UdSSR infolge innerer Schwierigkeiten, äußerer Schläge und der Fehler der Führung zusammenbräche — was, wie wir fest hoffen, nicht eintreten wird —, so bliebe doch als ein Pfand der Zukunft die unauslöschliche Tatsache bestehen, daß allein dank der proletarischen Revolution ein zurückgebliebenes Land in weniger als zwei Jahrzehnten historisch beispiellose Erfolge erzielte.

Damit ist auch dem Streit mit den Reformisten in der Arbeiterbewegung ein Ende gesetzt. Kann man auch nur eine Minute lang ihr kleinliches Spektakel mit dem Titanenwerk vergleichen, das ein von der Revolution zu neuem Leben erwecktes Volk verrichtet? Hätte 1918 die Sozialdemokratie in Deutschland die ihr von den Arbeitern aufgedrängte Macht[8] zur sozialistischen Umwälzung benutzt, statt zur Rettung des Kapitalismus, so ist auf Grund der russischen Erfahrung unschwer zu begreifen, welch unüberwindliche Wirtschaftsmacht heute das sozialistische mittel- und osteuropäische Massiv samt einem erheblichen Teil Asiens darstellen würde. Die historischen Verbrechen des Reformismus werden die Völker der Erde mit neuen Kriegen und Revolutionen zu bezahlen haben.

### Vergleichende Beurteilung des Erreichten[9]

Die dynamischen Kennziffern der Sowjetindustrie sind ohne Beispiel. Doch weder heute noch morgen ist damit die Frage schon gelöst. Die Sowjetunion steigt von einem erschreckend niedrigen Niveau empor, während die kapitalistischen Länder von einem sehr hohen Niveau herabgleiten. Das Kräfteverhältnis wird gegenwärtig nicht von der Wachstumsdynamik bestimmt, sondern von der Konstellation der Gesamtstärken beider Lager, die sich in der materiellen Akkumulation, in der Technik, der Kultur, und vor allem in der Produktivität der menschlichen Arbeit ausdrückt. Sobald

Millionen, die der im Bau- und Verkehrswesen beschäftigten Arbeiter von 2,1 auf 4,5 Millionen.
(Vgl. Lorenz, *Sozialgeschichte*, S. 128, 237 und 356.)

8 Arthur Rosenberg schreibt: »Durch die Zertrümmerung der bürgerlichen Rechtsparteien und den Rückzug der bürgerlichen Mitte blieb die Sozialdemokratie allein als Herrin der Situation übrig. Gestützt auf die roten Soldaten und Arbeiter sollte sie den Neubau der deutschen Republik vollenden. Das war freilich eine Aufgabe, von der die deutsche Sozialdemokratie völlig unvorbereitet getroffen wurde.« (*Geschichte der Weimarer Republik*, Frankfurt [EVA] 1961, I. Kapitel »Nach dem 9. November«, S. 11.)

9 Einen solchen Vergleich hatte Trotzki schon mehrfach unternommen. Vgl. *Kapitalismus oder Sozialismus* (Kap. »Wir und die kapitalistische Welt« und »Die Vergleichskoeffizienten der Volkswirtschaft«, S. 40-50) und Text 11.

wir die Sache unter statischem Gesichtspunkt betrachten, ändert sich die Lage ganz ungemein zum Nachteil der UdSSR.

Die von Lenin formulierte Frage »Wer wen?« ist die Frage nach dem Kräfteverhältnis zwischen der UdSSR und dem revolutionären Weltproletariat einerseits, den inneren feindlichen Kräften und dem Weltkapital andererseits. Die wirtschaftlichen Fortschritte der UdSSR erlauben es ihr zu erstarken, sich weiterzuentwickeln, sich zu bewaffnen, wenn nötig auch nachzugeben und abzuwarten, mit einem Wort, sich zu halten. Aber ihrem Wesen stellt sich die Frage »Wer wen?« für die UdSSR — nicht so sehr als militärische, sondern als ökonomische Frage — im Weltmaßstab. Eine militärische Intervention ist gefährlich. Eine Intervention billiger Waren im Gefolge der kapitalistischen Armeen wäre weitaus gefährlicher. Der Sieg des Proletariats in einem der westlichen Länder würde natürlich das Kräfteverhältnis mit einem Schlag radikal verändern. Aber solange die UdSSR isoliert bleibt, schlimmer, solange das europäische Proletariat nur Niederlagen erleidet und zurückweicht, solange bemißt sich die Stärke des Sowjetsystems letztlich an der Arbeitsproduktivität, die sich im Rahmen der Warenwirtschaft in Kosten und Preisen ausdrückt. Die Differenz zwischen den Binnen- und den Weltmarktpreisen ist eine der wichtigsten Maßzahlen für das Kräfteverhältnis. Doch der Sowjetstatistik ist es verboten, diese Frage auch nur anzurühren. Der Grund dafür ist, daß der Kapitalismus trotz Stillstand und Fäulnis noch immer hinsichtlich der Technik, der Arbeitsorganisation und -kultur einen gewaltigen Vorsprung hält.

Die traditionelle Rückständigkeit der Landwirtschaft in der UdSSR ist allgemein bekannt. Noch in keinem ihrer Zweige sind Fortschritte erzielt worden, die sich auch nur im entferntesten mit denen der Industrie messen könnten. »Wir sind«, beklagte sich beispielsweise Molotow Ende 1935, »noch weit zurück hinter den kapitalistischen Ländern hinsichtlich der Erträge unseres Rübenanbaus.« 1934 erntete man pro Hektar 82 Zentner, 1935 in der Ukraine bei ausnahmsweise guter Ernte 131 Zentner. In der Tschechoslowakei und in Deutschland werden durchschnittlich 250 Zentner pro Hektar erzielt, in Frankreich mehr als 300. Molotows Klage läßt sich ohne weiteres auf alle Zweige der Landwirtschaft ausdehnen, auf die landwirtschaftliche Technik wie auf den Getreideanbau, ganz besonders aber auf die Viehzucht. Richtige Fruchtfolge, Saatgutauslese, Dünger, Traktoren, Mähdrescher, Zuchtviehfarmen — all das bereitet eine wahrhaft grandiose Revolution in der vergesellschafteten Landwirtschaft vor. Aber gerade auf diesem konservativsten aller Gebiete braucht die Revolution Zeit. Bislang besteht trotz der Kollektivierung die Aufgabe noch darin, an die höchstentwickelten Vorbilder des kapitalistischen Westens mit seiner Kleinbauernwirtschaft heranzukommen.

Der Kampf um die Erhöhung der Arbeitsproduktivität in der Industrie geht zwei Wege: Übernahme der modernen Technik[10] und bessere Ausnutzung der Arbeitskraft. Die Möglichkeit, in wenigen Jahren gigantische Fabriken neuesten Typs zu errichten, war einerseits durch das Vorhandensein einer hohen kapitalistischen Technik im Westen, andererseits durch das Planwirtschaftsregime im Lande selbst gegeben. Auf diesem Gebiet geht eine Assimilierung fremder Errungenschaften vor sich. Daß die Sowjetindustrie ebenso wie die Ausrüstung der Roten Armee in forciertem Tempo wuchs, hat potentiell gewaltige Vorteile. Die Wirtschaft muß nicht wie in England oder Frankreich eine veraltete Ausrüstung mitschleppen, die Armee braucht keine veraltete Rüstung abzutragen. Aber dies fieberhafte Wachstum hat auch seine negativen Seiten: Zwischen den verschiedenen Elementen der Wirtschaft gibt es keine Wechselwirkungen; die Menschen bleiben hinter der Technik zurück; die Leitung ist ihren Aufgaben nicht gewachsen. All das zusammen führt bisher zu ungemein hohen Kosten bei niedriger Produktionsqualität.

»Unsere Werke«, schreibt der Leiter der Erdölindustrie, »verfügen über dieselbe Ausstattung wie die amerikanischen, aber die Organisierung der Bohrarbeit ist zurückgeblieben, die Kader sind nicht qualifiziert genug.« Die zahlreichen Pannen erklären sich aus »Nachlässigkeit, Unkenntnis und unzureichender technischer Aufsicht«. Molotow klagt: »Wir sind in der Organisierung des Bauwesens arg im Rückstand... In den meisten Fällen verfährt man da wie eh und je, mit Maschinen und Ausrüstung wird Unfug getrieben.« Derlei Geständnisse sind überall in der Sowjetpresse zu finden. Die neue Technik ergibt noch längst nicht dieselben Resultate wie in ihrer kapitalistischen Heimat.

Die Bruttofortschritte der Schwerindustrie sind ein gewaltiger Fortschritt: nur auf diesem Fundament kann man weiterbauen. Doch der Prüfstein modernen Wirtschaftens ist die Produktion der feinsten Details, die technische wie allgemeine Kultur voraussetzt. Auf diesem Gebiet ist die Rückständigkeit der Sowjetunion noch sehr groß.

In der Kriegsindustrie sind zweifellos die beachtlichsten Fortschritte gemacht worden, nicht nur quantitativ, sondern auch qualitativ: Armee und Flotte sind die einflußreichsten Besteller und die anspruchsvollsten Kunden. Nichtsdestoweniger klagen die Leiter der Militärbehörden, einschließlich Woroschilow, in ihren veröffentlichten Reden unaufhörlich: »Wir sind nicht immer vollauf befriedigt von der Qualität der Produktion, die ihr uns in der Roten Armee liefert.« Unschwer spürt man die Unruhe hinter diesen vorsichtigen Worten.[11]

10 Vgl. dazu A. C. Sutton, *Western Technology and Soviet Economic Development, 1917-1965,* 3 Bde., Stanford [Hoover] 1968-73; Wilfried Spohn, »Die technologische Abhängigkeit der Sowjetunion vom Weltmarkt (Bericht und Kommentar zu einer empirischen Studie von A. C. Sutton)«, in: *Probleme des Klassenkampfes,* Nr. 19-21, Oktober 1975, S. 225-259.

11 Vgl. Text 25.

Die Produktion im Maschinenbau, sagt der Leiter der Schwerindustrie in seinem offiziellen Bericht, »sollte von guter Qualität sein, leider ist das nicht der Fall...« Und weiter unten heißt es: »Die Maschine ist bei uns teuer.«[12] Wie immer vermeidet der Berichterstatter genaue Zahlenangaben, die einen Vergleich mit der Weltproduktion erlauben würden.

Der Traktor ist der Stolz der Sowjetindustrie. Doch der Nutzeffekt der Traktoren ist äußerst gering. Im Laufe des verflossenen Wirtschaftsjahrs mußten 81 Prozent der Traktoren einer gründlichen Reparatur unterzogen werden; und eine erhebliche Anzahl davon wurde mitten in der Hochsaison der Feldarbeiten wieder unbrauchbar. Gewissen Berechnungen zufolge rentieren sich Maschinen-und-Traktoren-Stationen erst von einem Ernteertrag von 20 bis 22 Zentnern Getreide pro Hektar an. Heute, wo die Durchschnittsernte nicht einmal die Hälfte beträgt, muß der Staat Milliarden aufbringen, nur um die Defizite zu decken.

Noch schlimmer steht es mit dem Autotransport. In Amerika fährt ein Lastauto 60000 bis 80000, ja, 100000 Kilometer im Jahr; in der UdSSR nur 20000, das heißt drei- bis viermal weniger. Von je 100 Wagen sind nur 55 in Betrieb: die anderen sind in Reparatur oder warten darauf. Die Reparaturkosten übersteigen die Kosten aller neu hergestellten Wagen um das Zweifache. Kein Wunder, daß nach dem Urteil der staatlichen Kontrollbehörde[13] »der Autotransport eine außerordentlich schwere Belastung für die Kosten der Produktion bildet«.

12 »Die Aufgaben der Schwerindustrie im Zusammenhang mit der Stachanowbewegung, Referat des Genossen S. Ordschonikidse auf dem Plenum des ZK der KPdSU(B) vom 21. Dezember 1935«, in: *Rundschau*, Nr. 1, 2.1.1936, S. 17-24, hier S. 22f.

13 Gemeint ist die »Kommission für Sowjetkontrolle«. Aus dem 1918 gebildeten Volkskommissariat für Staatskontrolle entstand im Februar 1920 die Arbeiter-und-Bauern-Inspektion (»Rabkrin«), die die Rechte der Werktätigen gegenüber dem Staatsapparat schützen sollte. Einem Vorschlag von Lenin (»Wie wir die Arbeiter-und-Bauern-Inspektion reorganisieren sollen« [23.1.1923], LW 33, S. 468-473) entsprechend, wurde sie 1923 mit der Zentralen Kontrollkommission der Partei zusammengelegt. 1934 wurden die beiden Institutionen wieder getrennt. Auf staatlicher Ebene wurde die »Kommission für Sowjetkontrolle« geschaffen, die nur noch die korrekte Ausführung von Regierungsbeschlüssen zu überprüfen hatte. 1940 beschloß das ZK, diese Kommission in ein »Volkskommissariat für Sowjetkontrolle« umzubenennen. Seit 1945 werden dessen Funktionen von den Organen der »Volkskontrolle« ausgeübt, die auf Betriebsversammlungen für jeweils zwei Jahre gewählt werden. 1985 arbeiteten in ihnen 10,4 Millionen Menschen. Aufgaben und Organisation wurden durch die »Ordnung der Volkskontrollorgane in der UdSSR vom 19. Dezember 1968« geregelt (Gert Meyer [Hg.], *Das politische und gesellschaftliche System der UdSSR*, Ein Quellenband, Köln [Pahl-Rugenstein] 2. Aufl. 1980, S. 100-111.) Die Organe der »Volkskontrolle« sollen »den Partei- und Staatsorganen bei der systematischen Prüfung der tatsächlichen Ausführung der Direktiven von Partei und Regierung..., bei

Die Erhöhung der Transportkapazität der Eisenbahnen ist nach den Worten des Vorsitzenden des Rats der Volkskommissare[14] von »zahlreichen Unfällen und Entgleisungen« begleitet. Die Hauptursache dafür ist immer dieselbe: die von der Vergangenheit ererbte, niedrige Arbeitskultur. Der Kampf um die Reinigung der Eisenbahnweichen wird zu einer Art Heldentat, von der prämiierte Weichenstellerinnen den obersten Machthabern im Kreml berichten. Der Wassertransport bleibt trotz der Erfolge der letzten Jahre weit hinter dem Eisenbahnwesen zurück. Periodisch wimmeln die Zeitungen von Meldungen über die »schludrige Arbeit des Seetransports«, die »unglaublich niedrige Qualität der Flottenreparatur« usw.

In den verschiedenen Zweigen der Leichtindustrie ist die Lage noch ungünstiger als in der Schwerindustrie. Ein der Sowjetindustrie eigenes Gesetz läßt sich so formulieren: Das Erzeugnis ist in der Regel um so schlechter, je näher es dem Massenverbraucher steht. In der Textilindustrie ist nach den Worten der *Prawda* der Prozentsatz des Ausschusses »schändlich groß, das Angebot armselig; die minderen Sorten herrschen vor.« Klagen über die schlechte Qualität der Massengebrauchsartikel werden periodisch in der Sowjetpresse laut: »plumpe Eisenwaren«; »scheußliche, schlecht genagelte, zusammengepfuschte Möbel, die auseinanderbrechen«; »man kann keine passenden Knöpfe bekommen«; »absolut unbefriedigend arbeitet das System der öffentlichen Küchen und Gaststätten«. Und so weiter ohne Ende.

Die Erfolge der Industrialisierung einzig und allein quantitativ zu beurteilen, ohne Rücksicht auf die Qualität, ist fast dasselbe, wie den Körperbau eines Menschen nur nach der Größe einzuschätzen, ohne den Brustumfang zu berücksichtigen. Zu einer richtigen Beurteilung der Dynamik der Sowjetwirtschaft kommt man — abgesehen von der Berücksichtigung der Qualität der Produktion — nur dann, wenn man realisiert, daß rasche Fortschritte in bestimmten Bereichen mit dem Zurückbleiben auf anderen Gebieten einhergehen. Die Entwicklung von gigantischen Automobilwerken wird mit wenigen und schlechten Straßen bezahlt. »Die Vernachlässigung der Straßen ist bei uns außerordentlich«, stellt die *Iswestija*[15] fest; »auf

der weiteren Vervollkommnung der Leitung ..., im Kampf um den größtmöglichen Aufschwung der Ökonomie, die Festigung der Staatsdisziplin und der sozialistischen Gesetzlichkeit Hilfe ... leisten« (S. 101).

14 Dieses Amt hatte von 1930 bis 1941 Molotow inne. Es entspricht dem eines Ministerpräsidenten.

15 Die Tageszeitung *Iswestija* (»Nachrichten«) geht auf die seit dem 28.2. (13.3.) 1917 erschienenen »Nachrichten des Petrograder Sowjets der Arbeiterdeputierten« zurück. Sie knüpfte an die Tradition der *Iswestija* an, die schon während der Revolution von 1905 vom damaligen Petersburger Sowjet herausgegeben worden war. Entsprechend den Mehrheitsverhältnissen wurde die Zeitung zuerst vorwiegend von Menschewiki und Sozialrevolutionären redigiert; seit August 1917 wurde sie zum Organ des gesamtrussischen Zentralexekutivkomitees der

einer der wichtigsten Strecken, Moskau - Jaroslawl[16], kann man im Auto nicht schneller als 10 km in der Stunde fahren«. Der Vorsitzende der Staatsplanbehörde[17] versichert, das Land wahre noch immer »die Tradition der vielhundertjährigen Wegelosigkeit«.

In ähnlichem Zustand befindet sich auch die städtische Wirtschaft. Im Nu schießen neue Industriestädte aus dem Boden, und gleichzeitig veröden Dutzende von alten. Die Hauptstädte und Industriezentren wachsen und verschönern sich, in verschiedenen Teilen des Landes werden teure Theater und Klubs gebaut, aber der Wohnungshunger ist unerträglich, die Wohnhäuser sind in der Regel ohne Pflege. »Wir bauen schlecht und teuer, der Wohnungsbestand wird abgenutzt und nicht ausgebessert, wir reparieren wenig und ungeschickt.« (*Iswestija*).

Die ganze Wirtschaft besteht aus solchen Disproportionen. In gewissen Grenzen sind sie unvermeidlich, galt und gilt es ja, mit dem Wichtigsten anzufangen. Nichtsdestoweniger senkt das Zurückbleiben bestimmter Branchen den Nutzeffekt anderer beträchtlich. Stellt man sich eine ideale Plangestaltung vor, die nicht auf maximale Entwicklungstempi einzelner Branchen, sondern auf optimale Ergebnisse der Gesamtwirtschaft abzielte, so würde der statistische Wachstumskoefizient in der ersten Zeit niedriger sein, aber die gesamte Wirtschaft und besonders der Verbraucher könnten dabei nur gewinnen, im weiteren Verlauf dann auch die allgemeine Dynamik der Wirtschaft.

In der offiziellen Statistik werden Autoproduktion und -reparatur zu einer Gesamtsumme der industriellen Produktion addiert; vom Gesichtspunkt des ökonomischen Effekts aber wäre eher Subtraktion als Addition am Platze. Das gilt auch für viele andere Industriezweige. Darum sind alle summarischen Angaben in Rubeln von bloß relativer Bedeutung. Unbekannt ist, was ein Rubel darstellt, und nicht immer bekannt ist, was sich dahinter verbirgt: der Bau von Maschinen oder ihr vorzeitiger Bruch. Stieg, in »festen« Rubeln gerechnet, die Gesamtproduktion der Schwerindustrie,

Sowjets. Nach der Oktoberrevolution übernahmen die Bolschewiki die Leitung des Blatts. Als die Hauptstadt im März 1918 nach Moskau verlegt wurde, wechselte auch die *Iswestija* ihren Sitz. Vom Februar 1934 bis zum August 1936 (formal bis zum Januar 1937) wurde die Zeitung von Bucharin redigiert, der ihr selbst in dieser Phase — im Vergleich zur *Prawda*, dem Zentralorgan der Partei — noch eine gewisse Lebendigkeit verlieh. Von 1932 bis 1956 lag die Auflage bei 1,65 Millionen Exemplaren. Heute erscheint die *Iswestija* als Organ des Präsidiums des Obersten Sowjets (seit 1960 als Abendzeitung, um nicht mit der *Prawda* zu konkurrieren) in einer Auflage von etwa 8 Millionen Exemplaren (1980).

16 Jaroslawl (1933 ca. 167300, 1983 ca. 584000 Einwohner), Industrie-, Hafen- und Handelsstadt an der oberen Wolga, geistiger Mittelpunkt des nördlichen Mittelrußlands. Im 17. Jahrhundert zweitgrößte Stadt des Moskauer Staates.

17 Der Vorsitzende der Staatlichen Planungsbehörde (Gosplan) war von 1934 bis Ende 1937 W. I. Meschlauk.

verglichen mit dem Vorkriegsniveau, auf das Sechsfache, so stieg, in Tonnen gerechnet, die Erdöl-, Kohle- und Eisengewinnung nur auf das Drei- bis Dreieinhalbfache. Die Hauptursache für die Nichtübereinstimmung dieser Ziffern ist, daß die Sowjetindustrie mehrere neue, im zaristischen Rußland unbekannte Gewerbe einführte. Aber ein weiterer Grund ist in den tendenziösen Manipulationen der Statistik zu suchen.[18] Bekanntlich hat jede Bürokratie das organische Bedürfnis, die Wirklichkeit zu schönen.[19]

## Pro Kopf der Bevölkerung

Die durchschnittliche individuelle Arbeitsproduktivität in der UdSSR ist noch sehr niedrig. In der *besten* Metallfabrik liegt nach dem Geständnis ihres Direktors die Gußeisen- und Stahlgewinnung pro Arbeiter dreimal niedriger als die *Durchschnitts*produktion in den amerikanischen Fabriken. Ein Vergleich der Durchschnittsziffern beider Länder würde wahrscheinlich ein Verhältnis von eins zu fünf oder ein noch schlechteres ergeben. Unter diesen Umständen ist die Erklärung, die Hochöfen würden in der UdSSR »besser« ausgenutzt als in den kapitalistischen Ländern, einstweilen noch ohne Sinn: Die Aufgabe der Technik besteht in der Einsparung menschlicher Arbeit und in nichts anderem. In der Holz- und Bauindustrie steht es noch ungünstiger als in der Metallindustrie. Auf einen Steinbrecher entfallen in den Vereinigten Staaten 5000 Tonnen im Jahr, in der UdSSR 500 Tonnen, das heißt zehnmal weniger. Ein so schreiender Unterschied erklärt sich nicht nur aus der unzureichenden Befähigung der Arbeiter, sondern vor allem auch durch die schlechte Arbeitsorganisation. Die Bürokratie stachelt die Arbeiter mit allen Kräften an, aber die Arbeitskraft richtig auszunutzen,

18 Bestimmte Daten — zum Beispiel die Reallöhne der Industriearbeiter seit 1932, die Wohnungsneubauten seit 1936 oder die Geburten- und Sterbeziffern zwischen 1930 und 1939 — wurden überhaupt nicht mehr veröffentlicht. Weil hohe Preise zugrunde gelegt wurden, waren die Indexziffern oft überhöht. In der Landwirtschaftsstatistik wurde die Speicherernte berücksichtigt. Den offiziellen Angaben zufolge stieg die Agrarproduktion zwischen 1930 und 1934 um 4 %. Eine 1959 veröffentlichte realistische Korrektur ergab für den gleichen Zeitraum einen Rückgang um 9 %.
(Vgl. Rolf Wagenführ, »Die sowjetische Statistik«, in: *Osteuropa-Handbuch,* Bd. *Sowjetunion,* Teil: *Das Wirtschaftssystem,* S. 126f. und S. 135.)

19 Schon der junge Marx schrieb in seiner *Kritik der Hegelschen Rechtsphilosophie* (1843) von der Bürokratie — »dem Staatsformalismus der bürgerlichen Gesellschaft«: »Ihre Hierarchie ist eine *Hierarchie des Wissens.* Die Spitze vertraut den untern Kreisen die Einsicht ins Einzelne zu, wogegen die untern Kreise der Spitze die Einsicht in das Allgemeine zutrauen, und so täuschen sie sich wechselseitig.« (MEW 1, S. 201-303, hier S. 249.)

versteht sie nicht. In der Landwirtschaft ist es damit natürlich noch ungünstiger bestellt als in der Industrie. Der niedrigen Arbeitsproduktivität entspricht ein niedriges Nationaleinkommen und folglich auch ein niedriger Lebensstandard der Volksmassen.

Wenn darauf hingewiesen wird, daß die UdSSR nach dem Umfang der Industrieproduktion 1936 in Europa an erster Stelle steht — an sich ist der Erfolg gewaltig! — so wird dabei nicht allein von der Qualität und von den Kosten der Waren abgesehen, sondern auch von der Bevölkerungszahl. Aber das allgemeine Entwicklungsniveau eines Landes und im besonderen der Lebensstandard der Massen lassen sich, und sei es auch nur in groben Umrissen, nur dann bestimmen, wenn man die Produktion zur Anzahl der Konsumenten ins Verhältnis setzt. Versuchen wir, diese einfache arithmetische Operation durchzuführen.

Die Bedeutung des Eisenbahnwesens für Wirtschaft, Kultur und Kriegszwecke bedarf keiner Erläuterung. Die Sowjetunion verfügt über 83000 Kilometer Schienenstrecken, Deutschland über 58000, Frankreich über 63000, die Vereinigten Staaten über 417000. Das bedeutet: Auf 10000 Menschen entfallen in Deutschland 8,9 km Bahnstrecke, in Frankreich 15,2, in den Vereinigten Staaten 33,1, in der UdSSR 5,0.[20] In bezug auf Eisenbahnen steht die UdSSR also noch immer unter den Ländern der zivilisierten Welt, also noch immer auf einem der letzten Plätze. Die Handelsflotte, die sich in den letzten fünf Jahren verdreifachte, befindet sich momentan ungefähr auf der Höhe der dänischen und spanischen Flotte.[21] Hinzu kommt die ungemein schlechte Qualität der Landstraßen. Auf je 1000 Einwohner wurden im Jahre 1935 in der UdSSR 0,6 Automobile hergestellt, in Großbritannien waren es (1934) rund 8, in Frankreich rund 4,5, in den Vereinigten Staaten 23 (gegenüber 36,5 im Jahre 1928).[22]

Trotz der äußersten Rückständigkeit im Eisenbahn-, Wasser- und Autotransportwesen liegt aber der Pferdebestand der Sowjetunion (wo etwa ein

20 1981 betrug die Gesamtstreckenlänge in der UdSSR 142800 km, in den USA 288073, in der BRD 28417. Damit entfielen zu Beginn der achtziger Jahre auf 10000 Menschen in der UdSSR 5,2, in den USA 12,3 und in der BRD 4,6 km Bahnlinie. Ein anderes Bild ergibt sich für die absolute Transportleistung (Personen und Güter); hier lag die UdSSR in der Weltrangliste mit weitem Abstand vor den USA an erster Stelle und die BRD an 10. Stelle.

21 Beim Bau von Handelsschiffen lag die UdSSR 1983 hinter Japan (6,67 Mio. Bruttoregistertonnen), Süd-Korea (1,539), der BRD (0,798), Spanien (0,501), Großbritannien (0,497), Dänemark (0,444) und den USA (0,381) mit 0,353 Mio. Bruttoregistertonnen an achter Stelle. Dagegen lag die UdSSR in der Anzahl von Seeschiffen (über 300 BRT) am 1.1.1984 mit 3030 Einheiten hinter Japan (4163) und Panama (3694) an dritter Stelle. In der Handelsschifftonnage lag sie 1984 mit ca. 18,6 Mio. BRT hinter Liberia, Japan, Griechenland und Panama an fünfter Stelle.

22 1983 entfielen etwa 75 % des Weltbestandes an Autos mit 330 Millionen auf Nordamerika und Europa, aber nur 6 % auf die Sowjetunion und Osteuropa.

Pferd auf 10 bis 11 Einwohner kommt) unter dem Frankreichs und dem der Vereinigten Staaten, wo außerdem die Qualität des Bestandes eine sehr viel höhere ist.

Auch auf dem Gebiet der Schwerindustrie, die doch die bedeutendsten Fortschritte aufweist, ergeben die Vergleichszahlen immer noch ein ungünstiges Bild. An Kohle wurden in der Sowjetunion 1935 rund 0,7 Tonnen pro Kopf der Bevölkerung gefördert; in Großbritannien waren es aber rund 5 Tonnen, in den Vereinigten Staaten fast 3 Tonnen (gegenüber 5,4 im Jahre 1913).[23] In Deutschland wurden rund 2 Tonnen Stahl pro Kopf gewonnen; in der UdSSR aber waren es rund 67 Kilogramm pro Kopf, in den Vereinigten Staaten rund 250 Kilogramm, usw. Ungefähr dieselben Proportionen ergeben sich für Gußeisen und Walzstahl.[24] An elektrischer Energie erzeugte die Sowjetunion 1935 pro Kopf 153 Kilowattstunden, Großbritannien (1934) 443, Frankreich 363, Deutschland 472.[25]

In der Leichtindustrie liegen die Pro-Kopf-Ziffern in der Regel noch niedriger. An Wollstoff wurde 1935 pro Kopf weniger als ein halber Meter erzeugt, das ist acht- bis zehnmal weniger als in den Vereinigten Staaten oder in Großbritannien. Tuch ist nur für den privilegierten Sowjetbürger erhältlich. Die Masse muß eben nach wie vor auch im Winter Kattun tragen,

Produktion und Bestand an Kraftfahrzeugen 1982

| Land | Produktion | | Bestand an Pkw je 1000 Einwohner |
|---|---|---|---|
| | Pkw je 1000 Einwohner | Nutzfahrzeuge je 1000 Einwohner | |
| UdSSR | 4,8 | 3,2 | 34 |
| BRD | 61,6 | 4,2 | 385 |
| Frankreich | 56,7 | 8,2 | 349 |
| Japan | 54,1 | 32,9 | 209 |
| USA | | | 537 |

23 In der UdSSR wurden 1982 1,8 Tonnen Steinkohle pro Kopf der Bevölkerung gefördert; in den USA waren es 3,0, in der BRD 1,6, in Frankreich 0,3, in Großbritannien 2,2, in Japan 0,1 Tonnen. Die Kohleförderung ist heute nicht mehr die Schlüsselgröße bei der Beurteilung des Energiepotentials einer Volkswirtschaft; sie muß in Zusammenhang mit dem verfügbaren Erdöl und mit der Erzeugung von Atomenergie gesehen werden.

24 In der UdSSR wurden 1983 pro Kopf der Bevölkerung 555 kg Rohstahl produziert; in den USA waren es 327, in der BRD 582, in der DDR 449, in Frankreich 323 und in Japan 676 kg.
An Roheisen (einschl. Hochofen-Legierungen) wurden 1982 in der UdSSR etwa 391 kg pro Kopf produziert; in den USA waren es 167, in der BRD 452, in der DDR 146, in Frankreich 276 und in Japan 676.

25 Die Elektrizitätserzeugung betrug 1982 in der UdSSR 4993, in den USA 9848, in der BRD 5985, in der DDR 6161, in Frankreich 4816 und in Japan 4960 kWh pro Kopf der Bevölkerung.

wovon rund 16 Meter pro Person hergestellt werden. Die Schuhfabrikation beträgt heute in der UdSSR annähernd ein halbes Paar pro Person, in Deutschland mehr als ein Paar, in Frankreich anderthalb Paar, in den Vereinigten Staaten rund drei Paar; würde auch die Qualität berücksichtigt, ergäbe sich ein noch schlechteres Verhältnis. Man kann mit Bestimmtheit annehmen, daß in den bürgerlichen Ländern der Prozentsatz der Personen, die mehrere Paar Schuhwerk besitzen, erheblich höher liegt als in der UdSSR; doch was den Prozentsatz der Barfüßigen betrifft, steht die UdSSR leider immer noch an einer der ersten Stellen.

Annähernd dasselbe Verhältnis, teilweise aber ein noch ungünstigeres, gilt für die Erzeugnisse der Nahrungsmittelindustrie, obwohl sie in den letzten Jahren unbestreitbare Fortschritte gemacht hat. Konserven, Wurst, Käse, von Gebäck und Konfekt gar nicht zu reden, bleiben für die große Masse der Bevölkerung bislang noch absolut unerschwinglich. Sogar um die Milchprodukte ist es schlecht bestellt. In Frankreich und in den Vereinigten Staaten entfällt auf ungefähr fünf Köpfe der Bevölkerung eine Kuh, in Deutschland auf sechs, in der Sowjetunion auf acht; doch was den Milchertrag betrifft, zählen hier etwa zwei Kühe für eine.[26] Nur in bezug auf Brotgetreide, besonders Roggen, aber auch Kartoffeln, übertrifft die Sowjetunion in der Pro-Kopf-Produktion die meisten europäischen Länder und die Vereinigten Staaten ganz beträchtlich. Aber Roggenbrot und Kartoffeln als vorherrschende Nahrung der Bevölkerung sind eben klassische Zeichen der Not!

Der Papierverbrauch ist eines der wichtigsten Kulturmerkmale. 1935 wurden in der UdSSR weniger als 4 Kilogramm Papier pro Kopf erzeugt; in den Vereinigten Staaten waren es mehr als 34 Kilogramm (gegenüber 48 Kilogramm im Jahre 1928), in Deutschland mehr als 47 Kilogramm.[27] Entfallen in den Vereinigten Staaten auf jeden 12 Bleistifte im Jahr, so sind es in der UdSSR nur rund 4, dabei von so schlechter Qualität, daß ihr Nutzeffekt nicht den eines einzigen guten, bestenfalls den von zwei guten Bleistiften übersteigt. Die Zeitungen klagen ständig darüber, daß der Mangel an Fibeln, Papier und Bleistiften das Schulwesen paralysiert. Kein Wunder, daß die schon für den zehnten Jahrestag der Oktoberrevolution in

26 1983 entfielen auf 1000 Einwohner in der UdSSR 428 Rinder, in den USA waren es 492, in der BRD 246, in der DDR 340 und in Frankreich 237. Die durchschnittliche Milchleistung pro Kuh betrug 1983 in Israel 7200 kg, in den USA 5727, in den Niederlanden 5333, in Großbritannien 5188, in der BRD 4956, in der DDR 4017 und in Frankreich 3413. Die UdSSR stand mit 2192 kg noch hinter Österreich, Australien und Südafrika zurück. Im Weltdurchschnitt betrug die Milchleistung 1998 kg pro Kuh.

27 Die Produktion von Pappe und Papier belief sich 1982 pro Kopf der Bevölkerung in der UdSSR auf 32,4 kg, in den USA auf 254,7 kg, in der BRD auf 123,2 kg, in der DDR auf 72,2 kg, in Frankreich auf 93,8 kg und in Japan auf 152,6 kg.

Aussicht gestellte Liquidierung des Analphabetentums auch heute noch längst nicht verwirklicht ist.

Dieselbe Frage kann auch auf allgemeinerem Niveau untersucht werden. Das Pro-Kopf-Einkommen ist in der Sowjetunion weit niedriger als in den Ländern des Westens. Und da in der UdSSR die Investitionen an die 25 bis 30 Prozent des Nationaleinkommens verschlingen, das heißt einen unvergleichlich größeren Teil als sonstwo auf der Welt, muß der Konsumfonds der Volksmassen notwendigerweise erheblich kleiner sein als in den fortgeschrittenen kapitalistischen Ländern.

Allerdings gibt es in der UdSSR keine besitzenden Klassen, deren Verschwendung durch Unterkonsum der Volksmassen auszugleichen wäre. Doch das fällt weniger ins Gewicht, als es auf den ersten Blick scheinen mag. Das Grundübel des kapitalistischen Systems ist nicht die Verschwendungssucht der besitzenden Klassen, so widerwärtig sie ist, sondern es besteht darin, daß die Bourgeoisie zur Wahrung ihres Rechts auf Verschwendung das Privateigentum an den Produktionsmitteln aufrechterhält und dadurch die Wirtschaft der Anarchie und dem Verfall preisgibt. In bezug auf Luxusgegenstände hat natürlich die Bourgeoisie das Verbrauchsmonopol. Doch in bezug auf die lebensnotwendigen Artikel besteht die überwiegende Mehrheit der Verbraucher aus den werktätigen Massen. Weiter unten werden wir sehen, daß in der UdSSR zwar keine besitzende Klasse im eigentlichen Sinne des Wortes, aber eine sehr priviliegierte kommandierende Schicht vorhanden ist, die sich im Bereich des Konsums den Löwenanteil aneignet. Und wenn in der UdSSR pro Kopf der Bevölkerung weniger lebensnotwendige Artikel vorhanden sind als in den fortgeschrittenen kapitalistischen Ländern, so heißt das eben, daß das Lebensniveau der Sowjetmassen noch hinter dem in den kapitalistischen Ländern zurückbleibt.

Historisch ist für diese Lage natürlich die schwere, düstere Vergangenheit Rußlands mit ihrem Erbe von Finsternis und Armut verantwortlich. Zum Fortschritt gab es hier keinen anderen Weg als den über die Niederwerfung des Kapitalismus. Um sich davon zu überzeugen, genügt es, einen flüchtigen Blick auf die baltischen Staaten und auf Polen zu werfen, die einst die höchstentwickelten Teile des Zarenreiches bildeten, heute aber aus dem Elend nicht herauskommen.[28] Das unvergängliche Verdienst des Sowjetre-

28 Im 18. Jahrhundert annektierte Rußland das Baltikum und einen Teil Polens (der nach dem Sieg über Napoleon 1814/15 noch vergrößert wurde). In diesen Gebieten entstand im 19. Jahrhundert eine bedeutende, ganz auf den russischen Markt ausgerichtete Industrie: Textilfabriken in Lodz, Bialystok und Narwa; Metallfabriken und Häfen in Riga und Reval. (Vgl. Rosa Luxemburg, *Die industrielle Entwicklung Polens* [1898], in: dies., *Gesammelte Werke*, Bd. 1.1, S. 113-216.) Nachdem Polen, Litauen, Lettland und Estland 1918 unabhängig geworden waren, verloren diese Industrien ihren wichtigsten Absatzmarkt, die

gimes liegt in seinem zähen und im großen und ganzen erfolgreichen Kampf gegen die tausendjährige Rückständigkeit. Aber eine richtige Beurteilung des Erreichten ist die erste Voraussetzung für den weiteren Vormarsch.

Das Sowjetregime durchläuft vor unseren Augen ein *Vorbereitungs*stadium, in dem es die technischen und kulturellen Errungenschaften des Westens importiert, übernimmt und sich zu eigen macht. Die Verhältniszahlen für Produktion und Verbrauch bezeugen, daß dieses Vorbereitungsstadium noch lange nicht abgeschlossen ist: Selbst unter der wenig wahrscheinlichen Voraussetzung einer weiteren vollständigen kapitalistischen Stagnation würde es noch eine ganze historische Periode beanspruchen. Das ist die erste, ungemein wichtige Schlußfolgerung, auf die wir im weiteren Verlauf der Untersuchung noch zurückkommen werden.

## II. Die wirtschaftliche Entwicklung und die Zickzack-Politik der Führung

### »Kriegskommunismus«, »Neue Wirtschaftspolitik« (NEP) und Kurs auf den Kulaken

Die Entwicklung der Sowjetunion bietet keineswegs das Bild einer ununterbrochenen und gleichmäßig aufsteigenden Linie. Im Verlauf der ersten achtzehn Jahre des neuen Regimes kann man deutlich mehrere Etappen unterscheiden, die durch heftige Krisen voneinander getrennt werden. Ein kurzer Abriß der Wirtschaftsgeschichte der UdSSR[1] ist für Diagnose wie Prognose unerläßlich.

Die ersten drei Jahre nach dem Umsturz waren eine Periode offenen und erbitterten Bürgerkriegs. Das Wirtschaftsleben blieb gänzlich den Bedürfnissen der Kriegsfronten untergeordnet. Das kulturelle Leben nistete in den Hinterhöfen und war — bei außerordentlicher Dürftigkeit der materiellen

wirtschaftliche Entwicklung stagnierte; in Polen wurde beispielsweise das Produktionsniveau der Vorkriegszeit nicht wieder erreicht (vgl. Jörg K. Hoensch, *Geschichte Polens*, Stuttgart - Ulm [Ulmer-UTB] 1983, S. 269); in Estland sank die Zahl der Betriebe mit über 20 Beschäftigten unter den Vorkriegsstand (1913: 44 600, 1930: 32 000, 1935: 39 100; vgl. Georg von Rauch, *Geschichte der baltischen Staaten*, München [dtv] 1977, S. 122).

1 Vgl. Maurice Dobb, *Soviet Economic Development since 1917,* (1948), London [Routledge] 1966[3]; Hans Raupach, *Geschichte der Sowjetwirtschaft*, Reinbek [Rowohlt] 1964; Nove, *Economic History*; Erlich, *Die Industrialisierungsdebatte*; Lorenz, *Sozialgeschichte*; Hans Raupach, *Wirtschaft und Gesellschaft Sowjetrußlands 1917-1977*, Wiesbaden [Steiner] 1979; Heiko Haumann, »Sozialismus als Ziel: Probleme beim Aufbau einer neuen Gesellschaftsordnung (1918-1928/29)«, in: *Handbuch der Geschichte Rußlands*, Bd. 3/1, Stuttgart [Hiersemann] 1983, S. 623-780.

Mittel — durch kühnen Schwung des schöpferischen Denkens, vor allem Lenins Denkens gekennzeichnet.[2] Das ist die sogenannte Periode des »Kriegskommunismus« (1918-1921), einer heroischen Parallele zum »Kriegssozialismus«[3] der kapitalistischen Länder. Die wirtschaftlichen Aufgaben der Sowjetregierung bestanden in diesen Jahren hauptsächlich darin, die Kriegsindustrien instandzuhalten und die aus der Vergangenheit übriggebliebenen armseligen Vorräte für den Krieg und zur Rettung der städtischen Bevölkerung vor dem Verderben zu nutzen. Der Kriegskommunismus war im Grunde ein System der Reglementierung des Verbrauchs in einer belagerten Festung.

Man muß aber zugeben, daß damit zunächst mehr erreicht werden sollte. Die Sowjetregierung hoffte und versuchte, aus dem Reglementierungsmethoden auf direktem Wege ein Planwirtschaftssystem für Verteilung wie

2 Vgl. Franz Jung, *Das geistige Rußland von heute*, Berlin [Ullstein] 1924; Richard Lorenz (Hg.), *Proletarische Kulturrevolution in Sowjetrußland (1917-1921)*, München [dtv] 1969; Peter Gorsen, Eberhard Knödler-Bunte, *Proletkult 1. System einer proletarischen Kultur*, Dokumentation, Stuttgart [Frommann-Holzboog] 1974; dies., *Proletkult 2. Zur Praxis und Theorie einer proletarischen Kulturrevolution in Sowjetrußland 1917-1925*, Stuttgart [Frommann-Holzboog] 1975; Joachim Paech, *Das Theater der russischen Revolution*, Theorie und Praxis des proletarisch-kulturrevolutionären Theaters in Rußland 1917-1924, Kronberg i.Ts. [Scriptor] 1974; Eberhard Knödler-Bunte - Gernot Erler, *Kultur und Kulturrevolution in der Sowjetunion*, Berlin - Kronberg i. Ts. [Ästhetik u. Kommunikation/Scriptor] 1978.

3 Der Ausdruck »Kriegssozialismus« wurde von dem SPD-Reichstagsabgeordneten Paul Lensch (1873-1926) geprägt. Lensch, der vor 1914 zur SPD-Linken rechnete, nahm bei Ausbruch des Weltkrieges eine sozialpatriotische Haltung ein. »Das heutige Deutschland … vertritt ein geschichtlich vorgeschrittenes Gesellschaftsprinzip, das der sozialen Organisation.« »Während in den gewaltigen Machtentscheidungen auf den Schlachtfeldern da draußen vom Sozialismus keine Rede ist, bereitet er sich auf verschwiegenen Wegen im Innern als *organisierendes Prinzip* des Wirtschaftslebens seinen Weg.« »Ich hatte seiner Zeit … für dieses System das Wort: *Kriegssozialismus* geprägt, eine Bezeichnung, die sich inzwischen das internationale Bürgerrecht erworben hat. Ausgedrückt sollte damit werden, daß mit diesem, durch die Brotkarte am besten gekennzeichneten System der bisher größte bewußte Schritt zur Durchorganisierung unseres Wirtschaftslebens getan wäre.« (Paul Lensch, *Die Sozialdemokratie, ihr Ende und ihr Glück*, Leipzig [S. Hirzel] 1916, S. V, VII, 188. Kritisch dazu: Franz Mehring, »Wieder einer«, ursprünglich in: *Leipziger Volkszeitung*, 11 u. 12.7.1916, *Gesammelte Schriften*, Bd. 15, Berlin [Dietz] 1966, S. 681-688; Hermann Lübbe, *Politische Philosophie in Deutschland*, Studien zu ihrer Geschichte, Basel [Schwabe] 1963, Kap. über »Die philosophischen Ideen von 1914«, S. 173-238, bes. 208 f. Außerdem Leo N. Kritzman, *Die heroische Periode der großen russischen Revolution* [1924], Wien - Berlin [Verlag für Literatur und Politik] 1929, Nachdruck mit einer Einleitung von Heiko Haumann, Frankfurt [Neue Kritik] 1971, 4. Kap., Abschn. über »das Wesen des ‚Kriegssozialismus‘ und des ‚Kriegskommunismus‘«, S. 113-123.)

Produktion zu entwickeln. Mit anderen Worten: Sie gedachte, vom »Kriegskommunismus« allmählich, aber ohne das System zu verletzten, zum echten Kommunismus überzugehen. Das im März 1919 angenommene Programm der Bolschewistischen Partei besagte: »Auf dem Gebiete der Verteilung besteht die Aufgabe der Sowjetmacht gegenwärtig darin, die Ersetzung des Handels durch eine planmäßige, im gesamtstaatlichen Maßstabe organisierte Verteilung der Erzeugnisse unentwegt fortzusetzen.«[4]

Die Wirklichkeit kam aber immer mehr in Konflikt mit dem Programm des »Kriegskommunismus«: Die Produktion ging ständig zurück, und zwar nicht nur infolge der verheerenden Wirkungen des Krieges, sondern auch, weil bei den Produzenten das persönliche Interesse erloschen war. Die Stadt verlangte vom Dorf Korn und Rohprodukte, ohne dafür etwas anderes zu geben als bunte Papierlappen, die aus alter Gewohnheit Geld genannt wurden. Der Muschik[5] vergrub seine Vorräte. Die Regierung sandte bewaffnete Arbeiterabteilungen nach Getreide aus.[6] Der Muschik verringerte die Aussaat. Die Industrieproduktion des Jahres 1921, unmittelbar nach Beendigung des Bürgerkriegs, betrug bestenfalls ein Fünftel der Vorkriegsproduktion. Die Stahlerzeugung war von 4,2 Millionen Tonnen auf 183000 Tonnen gesunken, das heißt auf ein Dreiundzwanzigstel. Die Getreideernte sank von insgesamt 801 Millionen Zentnern auf 503 Millionen im Jahre 1922: das war das Jahr der furchtbaren Hungersnot![7] Gleichzeitig sank der Außenhandel von einem Niveau von 2,9 Milliarden Rubeln auf 30 Millionen

4 Meissner (Hg.), *Parteiprogramm,* S. 137.

5 Leicht geringschätzige Bezeichnung für den russischen Bauern.

6 »Die bolschewistische Führung entschloß sich, das Problem der Getreidebeschaffung mit Zwangsmitteln zu lösen und errichtete im Mai 1918 eine Ernährungsdiktatur ... (Sie) forderte die Arbeiter der großen Betriebe auf, Lebensmittelbeschaffungsabteilungen zu gründen und das überschüssige Getreide bei den Bauern selbst zu beschlagnahmen. Bald operierte auf dem Lande — vor allem in Zentralrußland und im Wolgagebiet — eine ganze Lebensmittelbeschaffungsarmee. Die städtischen Abteilungen versuchten, sich bei ihren Aktionen auf die ärmeren Bauern zu stützen und sie auf ihre Seite zu ziehen, indem sie ihnen jeweils ein Viertel des konfiszierten Getreides aushändigten. Sie riefen die Dorfarmut auf, mit ihnen ein Bündnis aller Hungernden gegen die Satten zu schließen. Das bedeutete in der Konsequenz den Bürgerkrieg auf dem Lande.« (Lorenz, *Sozialgeschichte*, S. 106 f.)

7 »Das Jahr 1921 brachte eine furchtbare Dürre und eine Mißernte, wie sie Rußland seit drei Jahrzehnten nicht mehr erlebt hatte. Davon waren vor allem große Flächen des Wolgagebietes, der Südukraine, der Krim und des Nordkaukasus betroffen. Die Folge war eine entsetzliche Hungersnot, die mehr als 30 Gouvernements mit insgesamt 30 Millionen Menschen erfaßte ... Nach unvollständigen Angaben der amtlichen Statistik verhungerten bis zum Frühjahr 1922 in den von der Dürrekatastrophe heimgesuchten Gebieten mehr als eine Million Menschen. Massenschlachtungen dezimierten den Viehbestand.« (Lorenz, *Sozialgeschichte*, S. 125 f.)

herab. Der Verfall der Produktivkräfte stellte alles in den Schatten, was es auf diesem Gebiet in der früheren Geschichte gegeben hatte. Das Land und mit ihm die Macht standen am Rande des Abgrunds.

Die utopischen Hoffnungen der Epoche des Kriegskommunismus wurden in der Folgezeit einer scharfen und in vielem begründeten Kritik unterzogen.[8] Der theoretische Fehler der herrschenden Partei wäre aber ganz unverständlich, wenn unberücksichtigt bliebe, daß alle damaligen Berechnungen auf der Erwartung eines baldigen Sieges der Revolution im Westen aufgebaut waren. Man hielt es für selbstverständlich, daß das siegreiche deutsche Proletariat Sowjetrußland — gegen künftige Lieferungen von Nahrungsmitteln und Rohstoffen — nicht nur mit Maschinen und Fertigwaren, sondern auch mit Zehntausenden von hochqualifizierten Arbeitern, Technikern und Organisatoren versorgen würde. Und zweifellos hätte im Fall des Sieges der proletarischen Revolution in Deutschland, der einzig und allein von der Sozialdemokratie verhindert wurde, die Wirtschaftsentwicklung der Sowjetunion wie auch Deutschlands solche Riesenschritte gemacht, daß das Schicksal Europas und der Welt heute sehr viel günstiger aussähe. Man kann dennoch mit aller Bestimmtheit sagen, daß man auch in diesem glücklichen Fall auf die unmittelbare staatliche Verteilung der Produkte hätte verzichten und auf die Methoden des Handelsverkehrs hätte zurückgreifen müssen.

Die Notwendigkeit der Wiederherstellung des Marktes begründete

(Vgl. Trotzki, »Die Hungersnot in Rußland und die Weltlage [Rede vor dem Rat der Arbeiter- und Bauerndeputierten des Stadt- und Landkreises Moskau am 30. August 1921]«, in: *Russische Korrespondenz*, Nr. 10/11, November 1921, S. 896-908, als Broschüre: *Das hungernde Rußland und das »satte« Europa*, Berlin [Malik] 1921.)

8 Trotzki stellte schon Anfang 1920 die Methoden des »Kriegskommunismus« in Frage. Eine Fortsetzung dieser Politik hätte »den Verfall der Landwirtschaft und die Zersplitterung des Industrieproletariats zur Folge« und drohe »das Wirtschaftsleben des Landes endgültig zu zerstören«. (*Der Neue Kurs*, S. 72. Vgl. auch S. 79 f. »Die Grundfragen der Ernährungs- und Agrarpolitik [Ein dem ZK im April 1920 eingereichter Vorschlag]« und *Mein Leben*, S. 446-448.) Trotzki nahm mit seinen Vorschlägen die erst im folgenden Jahr beschlossene Wendung zur NEP voraus, unterlag aber im Februar 1920 im ZK mit 4 gegen 11 Stimmen. Auf dem 10. Parteitag (8.-16.3.1921) sagte er unwidersprochen: »Ich muß sagen, daß ich ..., nachdem ich etwa 1 1/2 Monate auf dem Ural tätig gewesen war, wo ich mit allen praktischen Fragen des wirtschaftlichen Aufbaus durch die Räteregierung näher in Berührung gekommen war und vieles bei den Ortsfunktionären hinzugelernt hatte, beim Zentralkomitee im Februar vorigen Jahres einen schriftlichen Antrag eingebracht habe, den ich an alle Mitglieder des Parteitages verteilen kann und der nahezu Wort für Wort mit dem Vorschlag übereinstimmt, die Zwangsablieferung durch eine Lebensmittelsteuer zu ersetzen ... Nach Verlauf eines Jahres erkannte man die Berechtigung dieses Vorschlages.« (»Rede von L. Trotzki«, in: *Russische Korrespondenz*, Nr. 5, Mai 1921, S. 310-315, hier S. 310 f.)

Lenin mit den im Lande vorhandenen Millionen von isolierten Bauernwirtschaften, die es nicht gewohnt waren, ihre Beziehungen zur Außenwelt anders als durch den Handel zu regeln. Der Handelsverkehr sollte die sogenannte »Smytschka« der Bauernschaft mit der nationalisierten Industrie bewirken.[9] Die theoretische Formel der »Smytschka« ist eine sehr einfache: die Industrie muß dem Dorf die notwendigen Waren zu solchen Preisen ablassen, daß der Staat auf die zwangsweise Beschlagnahme der Produkte der bäuerlichen Arbeit verzichten kann.

In der Normalisierung der Wirtschaftsbeziehungen zum Dorf lag zweifellos die dringendste und heikelste Aufgabe der NEP. Binnen kurzem zeigte die Erfahrung aber, daß auch die Industrie selbst trotz ihrer Vergesellschaftung der vom Kapitalismus ausgearbeiteten Methoden der Geldrechnung bedurfte. Ein Plan kann nicht allein auf spekulativen Größen fußen; das Spiel von Angebot und Nachfrage bleibt noch für lange Zeit seine unerläßliche materielle Grundlage und heilsame Korrektur.

Der legalisierte Markt begann dann mit Hilfe des geordneten Geldsystems seine Wirkung auszuüben. Bereits 1923 begann sich die Industrie infolge eines ersten Antriebs, der vom Lande ausging, zu beleben und ging unversehens zu einem hohen Tempo über. Es genügt zu sagen, daß sich die Produktion von 1922 auf 1923 verdoppelte und 1926 bereits das Vorkriegsniveau erreichte, das heißt im Vergleich zu 1921 sich verfünffachte. Gleichzeitig nahmen die Ernteerträge zu, wenn auch in viel bescheidenerem Tempo.

Vom Jahr der Wende 1923 an nahmen die in der herrschenden Partei auch früher schon zu beobachtenden Meinungsverschiedenheiten über die Beziehungen zwischen Industrie und Landwirtschaft zu. In einem Lande, das seine Vorräte und Reserven restlos erschöpft hatte, konnte sich die Industrie nicht anders entwickeln als durch die Entlehnung von Getreide und Rohstoffen bei den Bauern. Allzu viele »Zwangsanleihen« an Naturalien bedeuteten indessen die Abtötung des Anreizes zur Arbeit: die Bauern, die an die künftige Glückseligkeit nicht glaubten, beantworteten die Getreideexpeditionen der Stadt mit dem Saatstreik. Aber auch durch zu geringe Beschlagnahmungen drohte Stillstand: Da sie keine Industrieerzeugnisse bekamen, verwandelten die Bauern die Landwirtschaft in eine Wirtschaft zur Befriedigung der eigenen Bedürfnisse und nahmen das alte Haushandwerk wieder auf. Die Meinungsverschiedenheiten in der Partei begannen bei der Frage, wieviel dem Dorfe zugunsten der Industrie wegzunehmen sei, um möglichst bald zur Periode eines dynamischen Gleichgewichts zwischen

9 »Der Handel ist die einzig mögliche ökonomische Verbindung zwischen den vielen Millionen kleiner Landwirte und der Großindustrie.« (Lenin, »Über die Bedeutung des Goldes jetzt und nach dem vollen Sieg des Sozialismus« [5.11.1921], LW 33, S. 95.)

beiden zu kommen.[10] Der Streit komplizierte sich sogleich durch die Frage der Sozialstruktur des flachen Landes.

Vor dem Parteitag im Frühjahr 1923 demonstrierte der Vertreter der »Linken Opposition«, die damals diesen Namen noch nicht trug, das Auseinanderstreben der Industrie- und der Agrarpreise mit Hilfe eines besorgniserregenden Diagramms.[11] Damals wurde diese Darstellung zum erstenmal als »Schere« [Noschnizy] bezeichnet; unter diesem Namen ging sie dann in das internationale Vokabular ein. Wenn ein weiteres Zurückbleiben der Entwicklung der Industrie, sagte der Berichterstatter, dazu führt, daß diese Schere sich immer weiter öffnet, dann ist der Bruch zwischen Stadt und Land unvermeidbar.

Die Bauernschaft unterschied genau zwischen der von den Bolschewiki vollzogenen demokratischen Agrarrevolution[12] und der Politik, die auf die

10 Von der NEP profitierten in erster Linie reiche Bauern, die mehr Industriewaren als andere kaufen konnten. Die Produktion der Schwerindustrie aber nahm auch im Rahmen der neuen Wirtschaftspolitik nur langsam zu. In der Partei rief das Kritik hervor, wie sie z.B. von Schljapnikow artikuliert wurde, der auf dem 11. Parteitag sagte, die NEP begünstige die Bauern auf Kosten der Arbeiter. Preobraschenski wies in Thesen zur Vorbereitung des im März 1922 abgehaltenen Parteitages das ZK auf die Gefahr einer Konsolidierung der ländlichen Bourgeoisie hin. (Vgl. Carr, *A History...*, Bd. 2, S. 292.)
Trotzki forderte schon seit dem 9. Parteitag (März 1920) einen »einheitlichen Wirtschaftsplan«, den Lenin — im Unterschied zum Elektrifizierungsplan — zunächst skeptisch beurteilte. Im Dezember 1922 änderte er seine Auffassung und stimmte Trotzkis Vorschlag zu, die staatliche Planungskommission (Gosplan) mit gesetzgeberischen Vollmachten auszustatten. (Vgl. seine diktierten Aufzeichnungen vom 27. - 29.12.1922, LW 36, S. 583-587.) Die von Trotzki befürwortete Förderung der Schwerindustrie als Fundament einer sozialistischen Wirtschaft und die Stärkung des Gosplan wurden vom 12. Parteitag einstimmig und ohne größere Debatte angenommen; der Beschluß blieb aber ohne praktische Konsequenzen. Die Wirtschaftskrise im Spätsommer 1923 löste eine neue Kontroverse über die Wirtschaftspolitik aus, in der sich Kritik an ineffektiver Leitung der Wirtschaft mit Unzufriedenheit über das »innere Regime« der Partei verband. (Vgl. Trotzkis Brief vom 8. Oktober 1923 an das ZK und die ZKK sowie die »Erklärung der 46« vom 15.10.1923 in: Wolter [Hg.], *Die Linke Opposition,* Bd. 1, S. 197-204, 211-218.) Die seit November 1923 öffentlich geführte Debatte endete mit der Verurteilung des »fraktionsmäßigen Vorgehens« und der »kleinbürgerlichen Abweichung« der Linken Opposition durch die 13. Parteikonferenz im Januar 1924. Das Projekt der planmäßigen Industrialisierung des Landes wurde um fünf Jahre verzögert.

11 Zu dem von Trotzki, der auf dem 12. Parteitag der KPR (17.-25.4.1923) das Referat zu Fragen der Industriepolitik hielt, damals demonstrierten »Scheren«-Diagramm vgl. Text 4, Anmerkung 6. Die Linke Opposition trat erst mit der »Erklärung der 46« vom Oktober 1923 an die Parteiöffentlichkeit.

12 Im westlichen Europa war das feudale Grundeigentum fast überall durch bürgerliche Revolutionen abgeschafft worden. Anders in Rußland: Erst »die siegreiche bolschewistische Revolution bedeutete ... die völlige Zerstörung ... des guts-

Schaffung des Fundaments für den Sozialismus abzielte.[13] Die Enteignung des gutsherrschaftlichen und staatlichen Bodens brachte der Bauernschaft über eine halbe Milliarde Goldrubel im Jahr ein. Doch infolge der Preise, die ihnen die Staatsindustrie abverlangte, verausgabten die Bauern eine viel größere Summe. Solange die Bilanz der durch den Oktoberknoten fest miteinander verbundenen beiden Revolutionen, der demokratischen und der sozialistischen, für die Bauern auf ein Minus von Hunderten von Millionen hinauslief, stand hinter dem Bündnis der beiden Klassen ein Fragezeichen.[14]

Die Zerstückelung der Landwirtschaft[15], ein Erbe der Vergangenheit,

herrlichen Grundbesitzes ... Die *bürgerliche* Revolution wurde von uns *zu Ende* geführt.« (Lenin, »Die proletarische Revolution und der Renegat Kautsky« [Oktober/November 1918], LW 28, S. 225-327, hier S. 302.) Das Dekret über den Grund und Boden, das das Eigentum der Grundbesitzer entschädigungslos aufhob, wurde am 8. November 1917 vom II. Allrussischen Sowjetkongreß erlassen. »Die Agrarpolitik [der Bolschewiki] orientierte sich am Dekret über den Grund und Boden sowie am Bäuerlichen Wählerauftrag zur Bodenfrage, der aus den 242 lokalen Versammlungsresolutionen zusammengestellt worden war, die dem I. Gesamtrussischen Kongreß der Bauerndeputierten im Mai 1917 vorgelagen hatten. Diese Bestimmungen wurden im Januar 1918 durch das Grundgesetz über die Sozialisierung des Bodens erweitert. Das gesamte Privateigentum an Grund und Boden war danach aufgehoben; das Recht auf Bodennutzung hatten nur diejenigen, die den Boden selbst bearbeiteten.«
(Lorenz, *Sozialgeschichte*, S. 81 f.; das Dekret und der Wählerauftrag sind dokumentiert in: Hellmann [Hg.], *Die russische Revolution*, S. 315-318; LW 26, S. 249-252.)

13 Vgl.: »Nachdem das Proletariat Rußlands, zusammen mit der Bauernschaft überhaupt, die bürgerlich-demokratische Revolution vollendet hatte, ging es endgültig zur sozialistischen Revolution über, als es ihm gelang, das Dorf zu spalten, die Proletarier und Halbproletarier an sich heranzuziehen und sie zum Kampf gegen die Kulaken und die Bourgeoisie, einschließlich der bäuerlichen Bourgeoisie, zusammenzuschließen. ... Hätte ... das bolschewistische Proletariat versucht, gleich im Oktober-November 1917, ohne es verstanden zu haben, die Klassenentscheidung im Dorfe abzuwarten, sie *vorzubereiten* und durchzuführen, den Bürgerkrieg oder die ,Einführung des Sozialismus' im Dorf ,zu dekretieren', hätte es versucht, ohne einen zeitweiligen Block (ein Bündnis) mit der Bauernschaft überhaupt, ohne eine Reihe von Zugeständnissen an den Mittelbauern usw. auszukommen, so wäre das eine *blanquistische* Entstellung des Marxismus gewesen, der Versuch einer *Minderheit*, der Mehrheit ihren Willen aufzuzwingen, ein theoretischer Widersinn und ein Nicht-Verstehen dessen, daß eine Revolution der gesamten Bauernschaft *noch* eine bürgerliche Revolution ist und daß es ohne eine *Reihe von Übergängen, von Übergangsstufen* nicht möglich ist, diese in einem rückständigen Lande zu einer sozialistischen zu machen.« (Lenin, »Die proletarische Revolution .. [Anm. 12], S. 304 f.)

14 Vgl. den Abschnitt »Die bäuerliche Bilanz der demokratischen und der sozialistischen Revolution« in Text 8.

15 Nach der Oktoberrevolution hatten alle auf dem Lande lebenden Personen Anspruch auf die Nutzung von Land. Während des Bürgerkriegs (1918-1921) führte der Hunger zu einer Stadtflucht; das Heer der Kleinbauern wuchs.

nahm infolge der Oktoberumwälzung nur noch zu: Die Zahl der selbständigen Höfe stieg in den ersten zehn Jahren von 16 auf 25 Millionen, was naturnotwendig eine Verstärkung des reinen Selbstversorgungscharakters der meisten Bauernwirtschaften mit sich brachte. Das war eine der Ursachen für die Knappheit der Agrarprodukte.

Die kleine Warenwirtschaft bringt unvermeidlich Ausbeuter hervor. In dem Maße, wie das flache Land sich erholte, nahm auch die soziale Differenzierung innerhalb der Bauernmasse zu: die Entwicklung lief glatt auf den alteingefahrenen Gleisen. Die Entwicklung der Kulaken übertraf bei weitem die allgemeine Entwicklung der Landwirtschaft. Unter der Losung »Das Gesicht zum Dorf!«[16] orientierte sich die Regierungspolitik faktisch am Kulaken. Die Agrarsteuer lastete ungleich schwerer auf dem armen als auf dem wohlhabenden Bauern, der obendrein den Rahm des Staatskredits abschöpfte. Der Getreideüberschuß, im wesentlichen im Besitz der dörflichen Oberschicht, diente zur Knechtung der Armen und zum spekulativen Handel mit den kleinbürgerlichen Elementen der Stadt. Bucharin, der damalige Theoretiker der herrschenden Fraktion[17], rief den Bauern seine berühmte Losung »Bereichert euch!«[18] zu. Theoretisch sollte das ein allmähliches Hineinwachsen des Kulaken in den Sozialismus bedeuten. In der Praxis bedeutete es die Bereicherung einer Minderheit auf Kosten der überwiegenden Mehrheit.

Zwischen 1917 und 1929 entstanden 9 Millionen neue Bauernwirtschaften. Sie waren nicht nur wegen der geringen Größe ihrer Parzellen unwirtschaftlich. Da gute und schlechte Böden gerecht verteilt und auch ungleiche Transportwege möglichst vermieden werden sollten, ergab sich eine extreme Gemengelage. Im Nordwesten Rußlands lagen 1925 z.B. bei vier Fünfteln der Wirtschaftsgemeinschaften die von ihnen bewirtschafteten Ländereien an 20 bis 100 verschiedenen Stellen.

16 Diese Losung wurde von Sinowjew in einem Artikel der *Prawda* und der *Leningradskaja Prawda* vom 30. Juli 1924 geprägt. (Vgl. auch den von ihm zur Vorbereitung des ZK-Plenums vom 17. bis 20. Januar 1925 geschriebenen Beitrag »Proletariat und Bauernschaft, Die Bedeutung der Losung ‚Das Gesicht dem Dorfe zu!'«, in: *Prawda* 13.1.1925, dt. *Inprekorr*, Nr. 19, 30.1.1925, S. 241-248.)

17 In den Jahren 1925 bis Ende 1927 übte Bucharin seinen größten Einfluß aus. Innerhalb des von den »Rechten« und dem »Zentrum« beherrschten, von dem Duumvirat Stalin - Bucharin geführten Politbüro und ZK war er der theoretische Kopf. Bucharin veröffentlichte in dieser Zeit eine Reihe von Polemiken gegen Trotzki und den »Trotzkismus«, mehrere Darstellungen seiner Auffassungen über den »Weg zum Sozialismus« und eine Kritik an Rosa Luxemburgs Akkumulationstheorie.
(A. G. Löwy, *Die Weltgeschichte ist das Weltgericht*, S. 219-342; Cohen, *Bukharin and the Bolshevik Revolution*, Kap. VI u. VII, S. 160-242.)

18 Am 17. April 1925, kurz vor der 14. Parteikonferenz (27.-29.4.), sagte Bucharin auf einer Massenkundgebung der Partei im Moskauer Bolschoi-Theater: »Wenn wir uns die verschiedenen Schichten auf dem Lande anschauen, sehen wir, daß der Kulak mit uns unzufrieden ist, weil wir *ihn daran hindern zu akkumulieren....*

Gefangene ihrer eigenen Politik, sah sich die Regierung gezwungen, Schritt für Schritt vor den Forderungen des ländlichen Kleinbürgertums zurückzuweichen. 1925 wurden für die Landwirtschaft der Erwerb von Arbeitskräften und die Verpachtung des Bodens legalisiert.[19] Die Bauernschaft polarisierte sich zwischen dem Kleinkapitalisten einerseits, dem Knecht andererseits. Unterdessen wurde der Staat durch den Entzug von Industrieprodukten vom dörflichen Handel ausgeschlossen. Zwischen dem Kulaken und dem kleinen Handwerksmeister tauchte wie aus dem Boden

Der arme Bauer, der kein Pferd und keine Gerätschaften hat, ist mit uns unzufrieden, weil wir ihn daran hindern, sich bei dem Kulaken ‚sein Brot zu verdienen'. ... Wir müssen den Bauern, allen Bauern, sagen: *Bereichert euch*, entwickelt eure Höfe und habt keine Angst vor Zwangsmaßnahmen, die wir euch auferlegen. — So paradox das erscheinen mag, *wir müssen den wohlhabenden Hof entwickeln, um dem armen Bauern und dem Mittelbauern zu helfen.*« (»Neue Aufgaben in unserer Politik gegenüber den Bauern« [17.4.1925], in: *Prawda* 24.4.1925; hier zit. nach Carr, *A History...*, Bd. 5, S. 259f.)
Nachdem die Linke Opposition Bucharin angegriffen hatte, sprach auch Stalin auf dem 14. Parteitag von einem »Fehler« Bucharins, nahm ihn jedoch zugleich in Schutz (vgl. Stalin, »Schlußwort zum politischen Rechenschaftsbericht des Zentralkomitees« [23.12.1925], SW 7, S. 332-334). Das ZK ersuchte Bucharin, die Losung »Bereichert euch« zurückzunehmen. Er selbst gab zu, er habe »ein wenig literarisch kokettiert« und »mißverständlich, das heißt falsch formuliert«, nahm in der Sache aber nichts zurück. (Vgl. Bucharin, *Antwort an sozialdemokratische Arbeiter* [Gespräch mit der 2. deutschen Arbeiterdelegation am 10. August 1926 in Moskau], Berlin [VIVA] 1926, S. 227.) Bucharins »literarische Koketterie« bestand darin, daß er, der bolschewistische Theoretiker, die bekannte Losung Guizots (1787-1874) adoptierte — jenes Bourgeois-Historikers, Vertreters des »Juste milieu« (zwischen autoritärem und republikanischem Regime), Außenministers (und de-facto-Regierungschefs) des »Bürgerkönigs« Louis Philippe, dessen Verweigerung einer Wahlrechtsreform die Februarrevolution 1848 auslöste.

19 Im »Grundgesetz über die Nutzung des Bodens durch die Werktätigen« vom Mai 1922 und im »Agrarkodex« vom Dezember 1922 war vorgesehen, daß bäuerliche Haushalte, die durch Naturkatastrophen oder den Verlust arbeitsfähiger Mitglieder »zeitweise geschwächt« waren, einen Teil ihres Bodens für zwei Ernteperioden verpachten konnten. Sie konnten fremde Arbeitskräfte einstellen, sofern die Haushaltsmitglieder »mit den angestellten Arbeitern auf gleichem Fuße« arbeiteten. 1925 wurden die Beschränkungen für Bodenpacht weitgehend aufgehoben.

1926 arbeiteten schon über 3,5 Millionen arme Bauern dauernd oder zeitweise als Lohnarbeiter. Am 21. April 1925 nahm das Präsidium des ZEK einen Zusatz zum »Agrarkodex« an. Boden durfte von nun an (unbefristet) verpachtet werden, wenn Gerät oder Arbeitskräfte fehlten. Dieses Dekret wurde erst nach der 14. Parteikonferenz (27.-29.4.1925) am 1. Mai in der *Iswestija* veröffentlicht. Die Politik der Zugeständnisse an die wohlhabenden Bauern war zu dieser Zeit in der Parteiführung unumstritten. (Vgl. die von Bucharin verfaßte Resolution des ZK vom 30.4.1925 über »Die nächsten Aufgaben der Wirtschaftspolitik der Partei im Zusammenhang mit den wirtschaftlichen Bedürfnissen des Dorfes«, Der »Agrarkodex« von 1925 galt bis 1925. Auszugsweise in: Carr, *A History...*, Bd. 5, S. 266f.)

geschossen der Zwischenhändler auf. Selbst Staatsbetriebe waren auf der Suche nach Rohstoffen immer häufiger genötigt, sich an private Händler zu wenden. Überall war die kapitalistische Brandung zu spüren. Wer nachdachte, konnte sich anschaulich davon überzeugen, daß eine Umwälzung in den Eigentumsformen die Probleme des Sozialismus noch nicht löst, sondern erst stellt.

1925, als sich der Kurs auf den Kulaken voll entfaltete, ging Stalin dazu über, die Entnationalisierung des Bodeneigentums vorzubereiten. Auf die von ihm selbst bestellte Frage eines Sowjetjournalisten: »Wäre es nicht im Interesse der Landwirtschaft angebracht, jedem Bauern das von ihm bearbeitete Stück Erde auf zehn Jahre zu verschreiben?«, antwortete Stalin: »Sogar auf vierzig«. Der georgische Volkskommissar für Landwirtschaft brachte auf Stalins direkte Initiative einen Gesetzentwurf zur Entnationalisierung des Bodens ein. Es ging darum, den Großbauern mit Vertrauen gegenüber seiner eigenen Zukunft zu erfüllen. Unterdessen waren im Frühjahr 1926 schon an die 60 Prozent des zum Verkauf bestimmten Getreides in den Händen von 6 Prozent der Bauernwirtschaften! Dem Staat mangelte es nicht nur für den Außenhandel, sondern auch für den inneren Bedarf an Korn. Der winzige Export zwang zum Verzicht auf den Import von Fertigprodukten und reduzierte die Einfuhr von Maschinen und Rohstoffen aufs äußerste.

Die Option für den Großbauern hemmte die Industrialisierung, benachteiligte die Hauptmasse der Bauern und zeitigte im Laufe der Jahre 1924 bis 1926 auch eindeutige politische Folgen: Eine außerordentliche Hebung des Selbstbewußtseins des Kleinbürgertums in Stadt und Land; die Eroberung vieler lokaler Sowjets durch Angehörige des Kleinbürgertums; Zunahme an Kraft und Selbstsicherheit bei der Bürokratie; wachsender Druck auf die Arbeiter, völlige Erstickung der Partei- und Sowjetdemokratie. Über das Anwachsen des Kulakentums erschraken Sinowjew und Kamenjew, Repräsentanten der regierenden Gruppe und nicht zufällig ehemalige Vorsitzende der Sowjets in den beiden wichtigsten proletarischen Zentren: Leningrad und Moskau. Doch die Provinz und vor allem die Bürokratie hielten fest zu Stalin. Der Kurs auf den Großbauern setzte sich durch. Sinowjew und Kamenjew schlossen sich 1926 mit ihren Anhängern der Opposition von 1923 (den »Trotzkisten«) an.

Die Kollektivierung der Landwirtschaft wurde von der herrschenden Fraktion natürlich auch damals nicht »prinzipiell« abgelehnt. Doch hielt man das für ein Projekt von Jahrzehnten. Der spätere Volkskommissar für Landwirtschaft, Jakowlew, schrieb 1927, die sozialistische Umwandlung des flachen Landes könne zwar nur durch Kollektivierung erfolgen, aber »natürlich nicht in ein, zwei, drei Jahren, vielleicht in einem Jahrzehnt«.[20]

20 Vgl. auch: »Die Kollektivierung sei ‚keine Frage von vier oder fünf Jahren', hieß es im landwirtschaftlichen Perspektivplan von 1928. ‚Man muß davon ausgehen,

»Die Kolchosen und Kommunen«, fuhr er fort, »... sind gegenwärtig und zweifellos noch auf lange Zeit nur Inselchen im Meer der Bauernwirtschaften«. Tatsächlich machten die Kollektive damals nur ganze 0,8 Prozent der Höfe aus.

Der innerparteiliche Kampf um die sogenannte »Generallinie«, der 1923 nach außen gedrungen war, nahm seit 1926 besonders gespannten und leidenschaftlichen Charakter an. In ihrer umfangreichen Plattform, die alle Probleme der Wirtschaft und der Politik umfaßte, schrieb die Opposition: »Die Partei müßte allen Tendenzen auf Aufhebung oder Untergrabung der ländlichen Verstaatlichung, die einer der Grundpfeiler der Diktatur des Proletariats ist, einen vernichtenden Widerstand entgegensetzen.«[21] In dieser Frage trug die Opposition den Sieg davon; die direkten Anschläge auf die Nationalisierung wurden fallengelassen. Aber das Problem lag, wie gesagt, nicht nur in den Formen des Grundeigentums.

»Das Anwachsen des Privateigentums auf dem Lande,« heißt es weiter in der Plattform, »muß durch eine schnellere Entwicklung der kollektiven Landwirtschaft wettgemacht werden. Es ist notwendig, die Bemühungen der armen Bauern, sich in Genossenschaften zu organisieren, planmäßig zu unterstützen.«[22] »Die ganze genossenschaftliche Arbeit müßte erfüllt sein von einem Verständnis für das Problem, das System des Kleinbetriebs in das eines kollektivistischen Großbetriebs umzuwandeln.«[23] Doch ein groß angelegtes Kollektivierungsprogramms für die nächsten Jahre galt nach wie vor als Utopie. Während der Vorbereitung zum 15. Parteitag, der die Linke Opposition ausschließen sollte, sagte Molotow, der zukünftige Vorsitzende des Rates der Volkskommissare: »Man darf nicht in die Arme-Bauern-Illusion von einer Kollektivierung der breiten Bauernmassen schon unter den gegenwärtigen Umständen schliddern (!).«[24] Der Kalender zeigte Ende 1927. So weit war damals die herrschende Fraktion noch von der Politik entfernt, die sie auf dem Lande schon am folgenden Tag einschlagen sollte!

Jene Jahre (1923-1928) standen auch im Zeichen des Kampfes der regierenden Koalition (Stalin, Molotow, Rykow, Tomski, Bucharin; Sinowjew und Kamenjew gingen Anfang 1926 in die Opposition) gegen die Befürworter der »Überindustrialisierung«[25] und der Planung. Der künftige Ge-

daß die Verwirklichung einer solchen Rekonstruktion lange Zeit in Anspruch nimmt.'« (Lorenz, *Sozialgeschichte*, S. 154.)

21 Wolter (Hg.), *Die Linke Opposition*, Bd. 5, S. 368.

22 Ebd., S. 366.

23 Ebd., S. 368.

24 Ähnlich äußerte sich Molotow auf dem 15. Parteitag (2.-19.12.1927): »Wir können uns keine Illusionen, keinen Zwang in bezug auf die Bauernschaft beim Übergang zum Großflächenanbau erlauben.« (Carr, *A History*..., Bd. 9, S. 41.)

25 Vgl. den Leitartikel der *Prawda* vom 3. November 1926: (»Warum ist die Abweichung der Opposition eine sozialdemokratische Abweichung?«): »Das überindustrielle, ‚überproletarische' Programm der Opposition, das Programm

schichtsschreiber wird nicht ohne Staunen feststellen, daß die Regierung des sozialistischen Staates kühnen wirtschaftlichen Initiativen mit bösartigem Mißtrauen gegenüberstand. Zur Beschleunigung des Industrialisierungstempos kam es empirisch auf äußeren Anstoß hin; und dadurch wurden alle Berechnungen über den Haufen geworfen, und es kam zu einer außerordentlichen Erhöhung der Kosten. Die seit 1923 von der Opposition erhobene Forderung nach der Ausarbeitung eines Fünfjahresplans wurde verspottet, wie es Kleinbürgern ziemt, die sich vor »Sprüngen ins Ungewisse« fürchten. Noch im April 1927 versicherte Stalin im Plenum des Zentralkomitees, der Bau eines Wasserkraftwerks am Dnjepr sei für uns dasselbe wie für einen Muschik das Vorhaben, sich statt einer Kuh ein Grammophon zu kaufen.[26] Dies geflügelte Wort war ein ganzes Programm. Es ist nicht überflüssig, daran zu erinnern, daß in jenen Jahren die gesamte bürgerliche Weltpresse, gefolgt von der sozialdemokratischen, die offiziellen Anklagen gegen die »Linke Opposition« wegen ihrer Industrieromantik voll Sympathie übernahm.

Unter dem Lärm der Parteidiskussionen antwortete der Bauer auf den Mangel an Industriewaren mit immer hartnäckigerem Streik: er fuhr das Getreide nicht auf den Markt und vergrößerte die Aussaat nicht. Die Rechten (Rykow, Tomski, Bucharin), die damals den Ton angaben, verlangten, den kapitalistischen Tendenzen auf dem Lande vermittels der Erhöhung des Getreidepreises mehr Spielraum zu geben, und sei es auf Kosten einer Senkung der industriellen Entwicklungstempi.[27] Der einzige Ausweg hätte bei dieser Politik darin bestanden, im Austausch gegen exportierte Agrarprodukte aus dem Ausland Fertigwaren einzuführen. Das aber hätte bedeutet, die Smytschka nicht zwischen der Bauernwirtschaft und der sozialistischen Industrie herzustellen, sondern zwischen dem Kulaken und dem Weltkapitalismus. Dafür hätte man keinen Oktoberumsturz gebraucht.

der Industrialisierung auf Kosten der Bauernschaft und gegen die Bauernschaft ist nur ein *utopischer Überbau* sozialdemokratischer Illusionen ..., eine demagogische Maskerade, die den rechten Charakter der derzeitigen oppositionellen Plattform verhüllen soll ...«

26 Stalin brachte diesen kuriosen Vergleich während einer ZK-Sitzung im April 1926. Vgl. Text 4, Anm. 8.

27 »Wie man erwarten kann, warnten Bucharin und Rykow vor einer Politik der Repressalien und Zwangsablieferungen von Getreide (...). Und sie betonten ... die Bedeutung von pekuniären Anreizen für Steigerungen der bäuerlichen Produktion und des Sparens, sowie die Notwendigkeit größerer Investitionshilfen für die Landwirtschaft ... Innerhalb dieses allgemeinen Rahmens schienen sie solche Ersatz- und Direktmaßnahmen zu befürworten wie eine Preiserhöhung für Getreide oder (wenn sich dies als unwirksam erwiese) Getreideimporte, vorzugsweise auf Kreditbasis, aber notfalls auch um den Preis des Abziehens knapper Devisen vom Import von Kapitalgütern.« (Erlich, *Industrialisierungsdebatte*, S. 160.)

»Die Beschleunigung der Industrialisierung«, wandte der Vertreter der Opposition auf der Parteikonferenz von 1926[28] ein, »insbesondere durch eine stärkere Besteuerung des Kulak, wird eine größere Warenmenge ergeben, die die Kleinhandelspreise herabdrückt, und dies ist sowohl für die Arbeiter als auch für die Mehrheit der Bauernschaft vom Vorteil... *Das Gesicht zum Dorf* bedeutet nicht, der Industrie den Rücken zu kehren, sondern *durch die Industrie zum Dorf zu kommen*, denn mit dem ‚Gesicht' eines Staates ohne Industrie kann das Dorf an sich gar nichts anfangen.«[29]

Als Antwort darauf wetterte Stalin gegen die »phantastischen Pläne« der Opposition: Die Industrie dürfe »nicht vorauseilen, sich von der Landwirtschaft loslösen und das Tempo der Akkumulation in unserem Lande außer acht lassen.«[30] Die Parteibeschlüsse wiederholten weiterhin die Anweisung, sich passiv der großbäuerlichen Oberschicht der Bauernschaft anzupassen. Der 15. Parteitag, der im Dezember 1927 tagte und »Überindustrialisatoren« endgültig vernichten sollte, warnte vor »Gefahren, die eine allzu starke Bindung von staatlichen Kapitalien im Großaufbau mit sich bringt«.[31] Andere Gefahren wollte die herrschende Fraktion immer noch nicht sehen.

28 Auf der 15. Parteikonferenz (26.10.-3.11.1926) wurde die ein halbes Jahr zuvor gebildete Vereinigte Opposition als »sozialdemokratische Abweichung« verurteilt. Kurz vor der Parteikonferenz gaben Trotzki und fünf weitere Oppositionsführer eine Erklärung ab, in der sie an ihren Ansichten festhielten, aber zugestanden, »in einer Reihe von Fällen nach dem XIV. Parteitag Schritte begangen (zu) haben, die die Parteidisziplin übertraten«. (»Erklärung der Opposition« [16.10.1926], in: *Inprekorr*, Nr. 126, 19.10.1926, S. 2161; nachgedruckt in: Wolter [Hg.], *Die Linke Opposition*, Bd. 4, S. 185-187.)
Den Oppositionellen ging es zu diesem Zeitpunkt vor allem darum, Zeit zu gewinnen, um ihre Ansichten in der Partei propagieren zu können. Darum beteiligten sie sich nicht an den Debatten über die Berichte Bucharins zur internationalen Lage, Rykows (zur Wirtschaftslage) und Tomskis (über Tätigkeit und Aufgaben der Gewerkschaften). Als Stalin am 1.11. in seinem Referat »über den Oppositionsblock und die innerparteiliche Lage« zu einer umfassenden Abrechnung mit den vorgeblich »prinzipiellen Fehlern« der Opposition ausholte, antworteten ihm Kamenjew, Trotzki und Sinowjew (vgl. die Reden ebd., S. 248-278, 288-321, 331-356).

29 »Rede des Genossen Trotzki« (1.11.1926), in: *Inprekorr*, Nr. 139, 15.11.1926, S. 2423; nachgedruckt in: Wolter (Hg.), *Die Linke Opposition*, Bd. 4, S. 298. Hier findet sich allerdings nur der erste, von Trotzki zitierte Satz; eine im Inhalt gleiche, in der Formulierung ähnliche Aussage wie die des zweiten zitierten Satzes findet sich schon in Trotzkis Notiz »Eine Analyse der Losungen und der Differenzen« (14.12.1925): »Daraus folgt, daß ‚das Gesicht zum Lande' vor allem anderen bedeutet ‚das Gesicht zur Industrie'.« (Trotsky, *Challenge 1923-25*, S. 390-393, hier S. 392.)

30 Stalin, »Über die wirtschaftliche Lage der Sowjetunion und die Politik der Partei, Referat über die Arbeit des Plenums des ZK der KPdSU(B) vor dem Aktiv der Leningrader Organisation« [13.4.1926], SW 8, S. 115.

31 »Direktiven für die Aufstellung des Fünfjahresplans für die Volkswirtschaft, Thesenentwurf der Genossen Rykow und Krschischanowski für den 15. Partei-

Im Wirtschaftsjahr 1927-1928 ging die sogenannte Wiederaufbauperiode zu Ende, während der die Industrie wie die Landwirtschaft hauptsächlich mit der Ausrüstung aus der Zeit vor der Revolution gearbeitet hatte. Weiterer Fortschritt forderte einen selbständigen industriellen Aufbau in breitem Umfang. Mit einer sich planlos vorwärtstastenden Führung ging es auf keinen Fall weiter.

Die hypothetischen Möglichkeiten einer sozialistischen Industrialisierung waren von der Opposition schon 1923-1925 analysiert worden. Die allgemeine Schlußfolgerung lautete, daß die Sowjetindustrie nach Erschöpfung der von der Bourgeoisie ererbten Ausrüstung auf Grund sozialistischer Akkumulation Wachstumstempi aufweisen könne, die für den Kapitalismus gänzlich unerreichbar sind. Offen verhöhnten die Häupter der herrschenden Fraktion vorsichtig bestimmte Wachstums-Koeffizienten von 15 bis 18 Prozent als phantastische Musik einer unbekannten Zukunft. Eben darin bestand damals das Wesen des Kampfes gegen den »Trotzkismus«.

Der erste offizielle Entwurf des Fünfjahresplans, der 1927 endlich fertiggestellt wurde, war ganz von kleinlichem Geist durchdrungen. Die Steigerung der Industrieproduktion sollte danach mit einer von Jahr zu Jahr abnehmenden Geschwindigkeit erfolgen, von 9 auf 4 Prozent fallen. Der individuelle Verbrauch sollte in den fünf Jahren um insgesamt 12 Prozent steigen! Die unglaubliche Zaghaftigkeit dieses Vorhabens wird am besten durch die Tatsache erhellt, daß das Staatsbudget am Ende des Fünfjahresplans ganze 16 Prozent des Volkseinkommens betragen sollte, während das Budget des zaristischen Rußland, das doch gewiß keine sozialistische Gesellschaft aufzubauen gedachte, bis zu 18 Prozent verschlang! Es ist vielleicht nicht überflüssig hinzuzufügen, daß die Ingenieure und Ökonomen, die diesen Plan aufstellten, einige Jahre später als bewußte, auf Anweisung einer ausländischen Macht handelnde Schädlinge gerichtlich schwer bestraft wurden. Die Angeklagten hätten, wenn sie sich getraut hätten, erwidern können, daß ihr Planwerk ganz der damaligen »Generallinie« des Politbüros entsprach und nach dessen Anweisung ausgeführt worden war.

Der Kampf der Tendenzen war nun in die Sprache der Ziffern übersetzt worden. »Am Jahrestag der Oktoberrevolution einen solchen armseligen, durch und durch pessimistischen Plan einzubringen«, hieß es in der Plattform der Opposition, »das heißt wirklich gegen den Sozialismus arbeiten.«[32] Ein Jahr später billigte das Politbüro einen neuen Entwurf des

tag der KPdSU, gebilligt vom Vereinigten Plenum des ZK und der ZKK der KPdSU in der Sitzung vom 23.10.1927«, in: Wolter (Hg.), *Die Linke Opposition*, Bd. 5, S. 532-552, hier S. 536. Dieser Entwurf wurde auf dem Parteitag im Dezember 1927 mit geringfügigen Änderungen angenommen.

32 »Die Plattform der Vereinigten Opposition«, in: Wolter (Hg.), *Die Linke Opposition*, Bd. 5, S. 328-466, hier S. 376.

Fünfjahresplans mit einer durchschnittlichen Zunahme der Industrieproduktion von jährlich 9 Prozent. Die tatsächliche Entwicklung tendierte jedoch beharrlich dazu, sich den Koeffizienten der »Überindustrialisatoren« zu nähern. Noch ein Jahr später, als die Regierung schon einen radikalen Kurswechsel vorgenommen hatte, arbeitete die Staatsplanbehörde einen dritten Fünfjahresplan aus, dessen Dynamik mit der hypothetischen Prognose der Opposition aus dem Jahre 1925 weit mehr übereinstimmte, als zu erwarten war.

Die wirkliche Geschichte der Wirtschaftspolitik der UdSSR ist, wie man sieht, von der offiziellen Legende sehr verschieden. Leider legen sich fromme Forscher vom Typus der Webbs davon keinerlei Rechenschaft ab.

## Scharfe Wendung: »Fünfjahresplan in vier Jahren« und »vollständige Kollektivierung«

Unentschlossenheit gegenüber der individuellen Bauernwirtschaft, Mißtrauen gegen große Pläne, Eintreten für Minimaltempi, Geringschätzung der internationalen Probleme — all das zusammen bildet das eigentliche Wesen der Theorie des »Sozialismus in *einem* Lande«, die von Stalin erstmalig im Herbst 1924, nach der Niederlage des Proletariats in Deutschland, aufgestellt wurde. Keine Eile mit der Industrialisierung, kein Streit mit dem Muschik, kein Verlaß auf die Weltrevolution und, vor allem, Schutz der Macht der Parteibürokratie vor Kritik! Die soziale Differenzierung der Bauernschaft ist ja nur eine Erfindung der Opposition. Der bereits oben erwähnte Jakowljew jagte das Zentrale Statistische Amt auseinander[33], in dessen Tabellen der Kulak einen größeren Raum einnahm, als der Macht genehm war. Während die Führer beruhigend versicherten, der

33 »Als ... 1925 das CSU [die Statistische Zentralverwaltung] den Nachweis erbrachte, daß 54 % des Nettomarktgetreides von 12 % reichen und wohlhabenden Wirtschaften stammten, kam es zum politischen Eklat: Die Opposition sah ihre Ansicht bestätigt, daß der Staat von ,Kulaken' abhängig sei. Die Parteimehrheit versuchte, den politischen Schaden gering zu halten, indem sie eine NKRKI [Volkskommissariat der Arbeiter- und Bauerninspektion]-Kommission unter Leitung Jakowlews mit der Entschärfung dieser Getreidebilanz beauftragte. Mittels einiger kosmetischer Korrekturen und der Aufzählung der Unzulänglichkeiten der CSU-Statistik retuschierte die Kommission das Bild... Die wesentliche Aussage der CSU-Statistik, daß etwa die Hälfte des Nettomarktgetreides von einer verhältnismäßig kleinen Zahl größerer Wirtschaften kam, läßt sich dagegen nicht erschüttern, tatsächlich hatten die wohlhabenden Wirtschaften 1925/26 sogar einen noch höheren Marktanteil, als das CSU erwartet hatte.« (Stephan Merl, *Der Agrarmarkt und die Neue Ökonomische Politik*, Die Anfänge staatlicher Lenkung der Landwirtschaft in der Sowjetunion 1925-1928, München-Wien [Oldenbourg] 1981, S. 454f.)

Warenhunger sei überwunden, »ruhige Tempi der Wirtschaftsentwicklung« stünden bevor, die Getreideaufbringung werde in Zukunft »gleichmäßiger« vonstatten gehen und so weiter, gewann der erstarkte Kulak den Mittelbauern für sich und verhängte eine Getreideblockade über die Stadt. Im Januar 1928 sah sich die Arbeiterklasse dem Gespenst einer drohenden Hungersnot gegenüber. Die Geschichte weiß böse Witze zu reißen. Just in dem Monat, in dem der Kulak die Revolution bei der Gurgel packte, wurden die Vertreter der Linken Opposition gefangen gesetzt oder nach Sibirien transportiert — als Strafe für ihre »Panik« angesichts des Gespenstes des Kulaken.

Die Regierung versuchte, die Sache so darzustellen, als sei der Getreideboykott durch nackte Feindseligkeit des Kulaken gegen den sozialistischen Staat hervorgerufen (woher kommt nur mit einem Mal der Kulak?), das heißt durch politische Motive allgemeiner Art. Aber der Kulak neigt kaum zu solchem »Idealismus«. Wenn er sein Getreide versteckte, tat er es, weil es unvorteilhaft war, es zu verkaufen. Aus demselben Grund gelang es ihm, einen großen Teil des Dorfes unter seinen Einfluß zu bringen. Bloße Repressalien gegen die Kulaken-Sabotage waren daher offensichtlich unzulänglich: notwendig war eine Änderung der Politik. Doch durch das Schwanken ging noch viel Zeit verloren.

Nicht nur Rykow, der damals noch Regierungschef war, erklärte im Juli 1928: »Die Entwicklung der individuellen Bauernwirtschaften ist... die wichtigste Aufgabe der Partei.«[34] Stalin sprach ihm nach: »Es gibt Leute, die glauben, die individuelle Bauernwirtschaft habe ihre Möglichkeiten erschöpft, es lohne sich nicht, sie zu unterstützen... Diese Leute haben mit

34 Das vom 4. bis 12. Juli 1928 tagende Plenum des ZK brachte einen Sieg der Rechten um Bucharin, Rykow und Tomski. Die im Januar nach dem »Getreidestreik« beschlossenen ‚außerordentlichen Maßnahmen' zur Zwangseintreibung wurden aufgehoben und eine etwa zwanzigprozentige Erhöhung der Getreidepreise vorgenommen, die vor allem den wohlhabenderen Schichten der Bauernschaft zugute kam. Einen Tag nach Abschluß des Plenums referierten Rykow in Moskau und Stalin in Leningrad über die Tagung. »Rykow (berichtete) der Moskauer Parteiorganisation am 13. Juli in einem so aggressiven Siegerton über die Tagung, daß viele Passagen im Druck gestrichen werden mußten. Ausführlich berichtete er vor 3000 Zuhörern von Unruhen und Bauernaufständen in allen Teilen des Landes. ‚Bei uns ist die Gefahr, daß die Smytschka zerbricht, zweifellos zur Realität geworden.' Rykow forderte daher, der Entwicklung der Landwirtschaft mehr Aufmerksamkeit zu schenken, und bezeichnete dabei die ‚Förderung der individuellen Bauernwirtschaften ... (als) die wichtigste Aufgabe der Partei'.« (Dirk Bronger, *Der Kampf um die sowjetische Agrarpolitik 1925-1929.* Ein Beitrag zur Geschichte der kommunistischen Opposition in Sowjetrußland, Köln [Wissenschaft und Politik] 1967, S. 216.) Die Referate Rykows und Stalins erschienen in der *Prawda* vom 15.7.1928 (vgl. ebd., S. 216; Carr, *A History...*, Bd. 9, S. 83).

der Linie unserer Partei nichts gemein.«[35] Weniger als ein Jahr später hatte die Parteilinie nichts mehr mit diesen Worten gemein: am Horizont dämmerte das Morgenrot der totalen Kollektivierung.

Der neue Kurs entwickelte sich ebenso empirisch wie der vorhergehende — in verborgenen Auseinandersetzungen innerhalb des Regierungsblocks. »Vorläufig werden die Gruppen der Rechten und des ,Zentrums' durch ihre gemeinsame Feindschaft zur Opposition zusammengehalten«, hieß es ein Jahr zuvor in der Plattform der Linken; »die Abhackung der letzteren würde unvermeidlicherweise den Kampf zwischen ihnen selber beschleunigen.«[36] So kam es auch. Die Führer des zerfallenden regierenden Blocks wollten aber um keinen Preis zugeben, daß sich auch diese Prognose des linken Flügels, wie viele andere, bewahrheitete. Stalin erklärte noch am 19. Oktober 1928 öffentlich: »Es ist höchste Zeit, dem Klatsch ein Ende zu bereiten, ... wonach es im Politbüro unseres ZK eine rechte Abweichung oder ein versöhnlerisches Verhalten ihr gegenüber gebe.«[37] Beide Gruppen fühlten zu jener Zeit dem Apparat den Puls. Die erstickte Partei lebte von dunklen Gerüchten und vom Rätselraten. Nach einigen Monaten aber verkündete die offizielle Presse bereits mit der ihr eigenen Unverschämtheit, Rykow, der Regierungschef, habe »auf die wirtschaftlichen Schwierigkeiten der Sowjetmacht spekuliert«, Bucharin, der Vorsitzende der Komintern, habe sich als »Schrittmacher liberal-bürgerlicher Einflüsse« erwiesen, Tomski, der Vorsitzende des Generalrats der Gewerkschaften, sei nichts weiter als ein elender Tradeunionist.[38] Alle drei, Rykow, Bucharin und

35 »Über die Ergebnisse des Juliplenums des ZK der KPdSU(B), Referat in der Versammlung des Aktivs der Leningrader Organisation der KPdSUS(B) am 13. Juli 1928«, SW 11, S. 175-193, hier S. 185.

36 Dieser Absatz fehlt in der (von uns sonst zitierten) deutschen Ausgabe der »Plattform« (»Die Plattform der Vereinigten Opposition«, in: Wolter [Hg.], *Die Linke Opposition*, Bd. 5, S. 328-466), ist aber in einer anderen Übersetzung enthalten: »Entwurf einer Plattform der leninistischen Bolschewiki [Opposition], Zum 15. Parteitag der WKP(B)«, Berlin [Fahne des Kommunismus] 1928, S. 43.

37 »Über die rechte Gefahr in der KPdSU(B), Rede auf dem Plenum des Moskauer Komitees und der Moskauer Kontrollkommission der KPdSU(B)« (19.10.1928), SW 11, S. 209.

38 Die Stalin-Fraktion begann mit der Säuberung von Anhängern der rechten Opposition, ehe sie dazu überging, deren Führer Bucharin, Rykow und Tomski selbst anzugreifen. Im Februar 1929 sagte Stalin dann: »So traurig es ist, so müssen wir doch die Tatsache feststellen, daß sich in unserer Partei eine besondere Bucharingruppe, bestehend aus Bucharin, Tomski und Rykow, gebildet hat. ... Die Bucharingruppe stellt eine rechte Abweichung dar, sie ist eine Kapitulantengruppe, die nicht für die Liquidierung der kapitalistischen Elemente in Stadt und Land, sondern für deren freie Entwicklung eintritt.« (»Die Bucharingruppe und die rechte Abweichung in unserer Partei, Aus Reden in der gemeinsamen Sitzung des Politbüros des ZK und des Präsidiums der ZKK der KPdSU(B), Ende Januar und Anfang Februar 1929«, SW 11, S. 285-291, hier S. 285f.)

Tomski, waren Mitglieder des Politbüros. War der ganze vorherige Kampf gegen die Linke Opposition mit Waffen aus dem Arsenal der rechten Gruppe geführt worden, so konnte Bucharin jetzt, ohne die Unwahrheit zu sagen, Stalin beschuldigen, im Kampf gegen die Rechten auch auf die verurteilte Plattform der Opposition zurückzugreifen.[39]

So oder so, die Wendung war vollzogen. Die Losung »Bereichert euch!« wurde ebenso wie die Theorie des schmerzlosen Hineinwachsens des Kulaken in den Sozialismus zwar mit Verspätung, dafür aber um so entschiedener verurteilt. Die Industrialisierung wurde auf die Tagesordnung gesetzt. Anstelle des selbstzufriedenen Quietismus trat nun ein panisches Ungestüm. Lenins halbvergessene Losung »Einholen und überholen« wurde ergänzt durch die Worte: »In kürzester Frist«.[40] Der im Prinzip vom Parteitag bereits angenommene minimalistische Fünfjahresplan machte einem neuen Plan Platz, dessen Grundelemente gänzlich der Plattform der verurteilten Linken Opposition entlehnt waren. Der Dnjeprostroj, gestern noch mit einem Grammophon verglichen, stand jetzt im Mittelpunkt der Aufmerksamkeit.[41]

39 Der langjährige Komintern-Sekretär und Bucharin-Vertraute Humbert-Droz berichtete über ein Gespräch mit Bucharin: »Knapp vor dem 6. Weltkongreß (um den 15. Juli 1928) lud mich Bucharin zu sich in den Kreml und informierte mich über die Differenzen, die im Politbüro der KPdSU über die Agrarfrage entstanden waren... Er stellte die Politik Stalins als eine Kapitulation vor der Politik der Fraktion Trotzki-Sinowjews dar, als einen Bruch zwischen der Arbeiterklasse und den Mittelbauern.« (Löwy, *Die Weltgeschichte*, S. 355). In einem *Prawda*-Artikel vom 21.3.1929 (»Wohin die rechte Abweichung führt«) hieß es: »Aber die Theoretiker des friedlichen Hineinwachsens der Klassen in den Sozialismus sind der Meinung, daß man den Sozialismus im langsamen Tempo erreichen kann. Deshalb schreien sie gegen das angeblich von der Partei geführte übermäßige Tempo der Industrialisierung. Daher ihr Vorschlag, die Kapitalinvestitionen einzustellen, ihre Beschuldigung, die Partei sei eine halb-trotzkistische.« (*Inprekorr*, Nr. 28, 27.3.1929, S. 635-636, hier S. 636.)

40 »Wollen Sie, daß unser sozialistisches Vaterland geschlagen wird und seine Unabhängigkeit verliert? Wenn Sie das nicht wollen, dann müssen Sie in kürzester Frist seine Rückständigkeit beseitigen und ein wirklich bolschewistisches Tempo im Aufbau seiner sozialistischen Wirtschaft entwickeln... Wir sind hinter den fortgeschrittenen Ländern um 50 bis 100 Jahre zurückgeblieben. Wir müssen diese Distanz in zehn Jahren durchlaufen.« (Stalin, »Über die Aufgaben der Wirtschaftler, Rede auf der ersten Unionskonferenz der Funktionäre der sozialistischen Industrie« [4.2.1931], SW 13, S. 27-38, hier S. 36.)

41 Die Arbeiten am Bau des Kraftwerks »Dnjeproges« (»Dnjeprostroj« ist die russische Kurzform für »Dnjepr-Konstruktionsprojekt«) begannen 1927. Im Sommer 1929 wurde mit der Errichtung der ersten Dämme begonnen, im Mai 1932 die erste Einheit in Betrieb genommen und am 10. Oktober dieses Jahres die offizielle Einweihung gefeiert. »Dneprostroj blieb die bemerkenswerteste Einzelleistung der ersten Periode der sowjetischen Industrialisierung.« (Carr, *A History...*, Bd. 10, S. 912; vgl. ebd. S. 898-915.)

Sogleich nach den ersten neuen Erfolgen wurde die Losung herausgegeben: Vollendung des Fünfjahresplans in vier Jahren. Die aufgeregten Empiriker verfügten, von nun an sei alles möglich. Der Opportunismus verwandelte sich, wie es in der Geschichte nicht selten ist, in sein Gegenteil, das Abenteurertum. War das Politbüro in den Jahren 1923-1928[42] bereit gewesen, sich mit Bucharins Philosophie einer Entwicklung im »Schneckentempo« abzufinden, so setzte es jetzt hurtig statt eines jährlichen Wachstums von 20 eines von 30 Prozent fest, versuchte aus jedem Teil- und Augenblickserfolg eine Norm zu machen, und verlor die wechselseitige Abhängigkeit der Wirtschaftszweige aus dem Auge. Die finanziellen Lücken des Planes wurden mit bedrucktem Papier gestopft. In den Jahren des ersten Fünfjahresplans stieg die in Umlauf befindliche Geldscheinmenge von 1,7 auf 5,5 Milliarden Rubel an, um zu Beginn des zweiten Fünfjahresplans 8,4 Milliarden Rubel zu erreichen. Die Bürokratie entzog sich nicht nur der politischen Kontrolle durch die Massen, auf denen die forcierte Industrialisierung unerträglich lastete, sondern auch der automatischen Kontrolle durch den Tscherwonez. Das zu Beginn der NEP stabilisierte Geldsystem war neuerlich gründlich zerrüttet.

Die Hauptgefahren, nicht nur für die Planerfüllung, sondern für das Regime selbst, drohten vom Dorf.

Am 15. Februar 1928 erfuhr die Bevölkerung des Landes nicht ohne Erstaunen aus einem Leitartikel der *Prawda*, daß es auf dem Lande gar nicht so aussehe, wie es die Machthaber bisher geschildert hatten, vielmehr sehr viel eher so, wie es die vom Parteitag ausgeschlossene Opposition umrissen hatte.[43] Die Presse, die gestern noch die Existenz des Kulaken buchstäblich geleugnet hatte, entdeckte ihn jetzt auf ein Signal von oben hin nicht nur im Dorf, sondern sogar in der Partei. Es stellte sich heraus, daß kommunistische Zellen nicht selten von reichen Bauern geleitet wurden, die über eine augezeichnete Ausstattung verfügten, sich gekaufter Arbeitskräfte bedienten, dem Staat Hunderte und sogar Tausende Pud Getreide vorenthielten und unversöhnlich gegen die »trotzkistische« Politik auftraten. Die Zeitun-

42 Die nach dem 12. Parteitag im April 1923 vom ZK gewählten Mitglieder des Politbüros waren Kamenjew, Lenin, Rykow, Sinowjew, Stalin, Tomski und Trotzki; 1924, nach Lenins Tod, kam Bucharin hinzu. Nach dem 14. Parteitag im Dezember 1925 wurden Kamenjew Kandidat, Kalinin, Molotow und Woroschilow neue Mitglieder des Politbüros. Nach dem Ausschluß Sinowjews und Trotzkis nahmen nach dem 15. Parteitag im Dezember 1927 Kuibyschew und Rudsutak deren Plätze ein.

43 In dem Stalin zugeschriebenen Leitartikel hieß es: »Eine Zunahme der Einkommen der Bauern ... hat zusammen mit der relativen Rückständigkeit im Angebot an Industrieprodukten den Bauern im allgemeinen und den Kulaken im besonderen die Möglichkeit gegeben, Getreideprodukte zurückzuhalten, um damit die Preise hochzutreiben.« (*Prawda*, 15.2.1928; zit. bei Carr, *A History...*, Bd. 9, S. 52.)

gen wetteiferten mit sensationellen Enthüllungen darüber, daß Kulaken in ihrer Eigenschaft als Ortssekretäre arme Bauern und Knechte nicht in der Partei zuließen. Alle alten Begriffe waren über den Haufen geworfen, Minus und Plus tauschten die Plätze.

Um die Stadt zu ernähren, galt es, das tägliche Brot schleunigst beim Kulaken zu holen. Das war nur mit Gewalt möglich. Die Expropriation der Getreidevorräte, nicht nur beim Kulaken, sondern auch beim Mittelbauern, wurde in der offiziellen Sprache »außerordentliche Maßnahmen« getauft.[44] Das sollte heißen, morgen werde alles wieder ins alte Geleise zurückkehren. Doch das Dorf traute den schönen Worten nicht und hatte recht damit. Die Beschlagnahmung des Korns nahm den wohlhabenden Bauern die Lust zur Steigerung der Aussaat. Der Landarbeiter und der arme Bauer waren ohne Arbeit. Die Landwirtschaft steckte abermals in der Sackgasse, und mit ihr der Staat. Koste es, was es wolle, die »Generallinie« mußte verändert werden.

Stalin und Molotow räumten zwar nach wie vor der individuellen Bauernwirtschaft die erste Stelle ein, begannen jedoch, die Notwendigkeit einer raschen Ausdehnung der Sowchosen und Kolchosen zu betonen. Da aber die akute Lebensmittelknappheit es nicht zuließ, auf Militärexpeditionen ins Dorf zu verzichten, hing das Programm zur Hebung der individuellen Wirtschaften in der Luft. Man mußte in die Kollektivierung hinein»schliddern«. Die zeitweiligen »außerordentlichen Maßnahmen« zur Kornbeschaffung verwandelten sich unvorhergesehenerweise in ein Programm

44 Als Antwort auf den Getreidestreik griff die Parteiführung im Januar 1928 zu »außerordentlichen Maßnahmen«. Unter Androhung und unter Einsatz von Gewalt wurden die Bauern gezwungen, ihre Getreideüberschüsse zu den staatlich festgesetzten Preisen abzuliefern. »Obwohl sich die Zwangseintreibungen formell nur gegen die Kulaken richteten, waren hiervon de facto alle Bauern betroffen — in erster Linie aber die Mittelbauern, die in ihrer Gesamtheit über das meiste Getreide verfügten. ... Nach einigen Anfangserfolgen gingen jedoch die Beschaffungsergebnisse abermals zurück, so daß die steigende Nachfrage nicht mehr befriedigt werden konnte. Daraufhin wandten die Behörden in noch größerem Umfang Zwangsmaßnahmen an ... Da die Masse der Bauern jedoch im Frühjahr — im Unterschied zu den Wintermonaten — kaum noch über größere Vorräte verfügte und in Erinnerung an die Hungerkatastrophe von 1921 nicht ihre letzten Reste hergeben wollte, brachte die neue Gewaltanwendung nur wenig Erfolg ... Während die Sowjet- und Parteiorganisationen zu Beginn der Notaktion meist von der Dorfarmut unterstützt wurden, verhielt sich diese jetzt zunehmend feindselig, da sie von den Requisitionen selbst indirekt betroffen war: Nach der Beschlagnahme der Vorräte und der Beseitigung der lokalen Märkte waren die bäuerlichen Oberschichten kaum noch in der Lage, den ärmeren Bauern, deren Reserven im Frühjahr regelmäßig zur Neige gingen, Getreide zu verkaufen. Auf diese Weise bildete sich rasch eine Interessengemeinschaft aller ländlichen Schichten gegenüber der Staatsgewalt heraus.« (Lorenz, *Sozialgeschichte*, S. 172f.; vgl. Carr, *A History...*, Bd. 9, S. 48-66.)

zur »Liquidierung des Kulakentums als Klasse«. An den einander widersprechenden Anweisungen, von denen es mehr gab als Brotrationen, ließ sich deutlich ablesen, daß die Regierung in der Bauernfrage nicht nur kein Fünfjahres-, sondern nicht einmal ein Fünfmonatsprogramm hatte.

Dem schon unter der Peitsche der Lebensmittelkrise ausgearbeiteten Plan zufolge sollten die Kollektivwirtschaften am Ende des Jahrfünfts rund 20 Prozent der Bauernhöfe umfassen. Dies Programm, dessen Grandiosität deutlich wird, wenn man bedenkt, daß in den zehn vorangegangenen Jahren weniger als 1 Prozent des Dorfes von der Kollektivierung erfaßt worden war, wurde aber schon in der Mitte des Jahrfünfts weit übertroffen. Im November 1929 beendete Stalin sein Schwanken und proklamierte das Ende der individuellen Wirtschaft: die Bauern treten in »ganze(n) Dörfer(n), .. Rayons, ja sogar Bezirke(n)« in die Kollektive ein.[45] Jakowljew, der zwei Jahre zuvor behauptet hatte, die Kolchosen würden noch auf Jahre hinaus nur »Inselchen im Meer der Bauernwirtschaften« sein, erhielt jetzt in seiner Eigenschaft als Volkskommissar für Landwirtschaft den Auftrag, »das Kulakentum als Klasse zu liquidieren«[46] und die totale Kollektivierung »in kürzester Frist« zu verwirklichen. Im Laufe des Jahres 1929 stieg die Zahl der kollektivierten Anwesen von 1,7 Prozent auf 3,9 Prozent, 1930 auf 23,6 Prozent, 1931 bereits auf 52,7 Prozent und 1932 auf 61,5 Prozent.

In unseren Tagen bringt es wohl kaum noch jemand fertig, den liberalen Unsinn nachzuschwätzen, die Kollektivierung sei insgesamt nur eine Frucht nackter Gewalt. Im Kampf gegen die Bodenknappheit hat sich die Bauernschaft in früheren Geschichtsepochen entweder gegen die Gutsherren erhoben oder den Kolonistenstrom in jungfräuliche Gegenden gelenkt, dort aber sich in alle Arten von Sekten[47] gestürzt, wo die Landnot des Muschiks in himmlischen Gefilden kompensiert werden sollte. Jetzt, nach der Expropriierung der großen Güter und der äußersten Parzellierung des

45 »Das Jahr des großen Umschwungs, Zum 12. Jahrestag des Oktober« (3.11.1929), SW 12, S. 105-120, hier S. 117.

46 »Der charakteristische Zug der Arbeit unserer Partei im letzten Jahr besteht darin, daß wir als Partei, als Sowjetmacht: a) an der ganzen Front zur Offensive gegen die kapitalistischen Elemente des Dorfes übergegangen sind und daß b) diese Offensive bekanntlich überaus greifbare positive Resultate gezeitigt hat und weiter zeitigt. Was bedeutet das? Das bedeutet, daß wir von der Politik der *Einschränkung* der Ausbeutertendenzen des Kulakentums übergegangen sind zur Politik der *Liquidierung* des Kulakentums als Klasse.« (Stalin, »Zu Fragen der Agrarpolitik in der UdSSR. Rede auf der Konferenz marxistischer Agrarwissenschaftler« [27.12.1929], SW 12, S. 125-152, hier S. 147.)

47 Die russische orthodoxe Kirche hatte sich 1656 über die Einführung liturgischer Reformen, die von Teilen des Klerus scharf abgelehnt wurden, gespalten. Die »Altgläubigen«, von der offiziellen Kirche *Raskolniki* (Spalter, Schismatiker) genannt, bezeichneten die Neuerungen und den Patriarchen, der die Reform mit Hilfe von staatlicher Gewalt — Verbannungen, Einkerkerungen und Amtsenthebungen — durchsetzen ließ, als Ketzer. Da auch der Zar aus der Sicht des

vorhandenen Bodens, wurde die Zusammenfassung der Landstückchen zu größeren Einheiten zu einer Frage auf Leben und Tod für die Bauernschaft, die Landwirtschaft, ja, die gesamte Gesellschaft.

Mit dieser allgemeinen historischen Einsicht war die Frage aber noch keineswegs gelöst. Die realen Möglichkeiten der Kollektivierung hingen weder von der ausweglosen Lage auf dem Lande noch von der administrativen Energie der Regierung ab, sondern vor allen Dingen von den vorhandenen Ressourcen der Produktion, das heißt von der Fähigkeit der Industrie, den landwirtschaftlichen Großbetrieben die erforderliche Ausrüstung zu liefern. Diese materiellen Voraussetzungen waren nicht vorhanden. Die Kolchosen wurden mit einem Inventar gebildet, das meist nur für die Parzellenwirtschaft geeignet war. Unter diesen Umständen wurde die übertrieben rasche Kollektivierung zu einem ökonomischen Abenteuer.[48]

Vom Radikalismus der eigenen Wendung überrumpelt, vermochte oder verstand es die Regierung nicht einmal, den neuen Kurs in elementarster Weise politisch vorzubereiten. Nicht nur die Bauernmassen, sondern auch die lokalen Behörden wußten nicht, was man von ihnen eigentlich wollte. Die Bauernschaft war durch Gerüchte, Vieh und Habe sollen dem »Fiskus« anheimfallen, bis zur Weißglut erhitzt. Dieses Gerücht war gar nicht so weit von der Wirklichkeit entfernt. Tatsächlich wurde die Karikatur Wirklichkeit, die früher von der Politik der Linken Opposition gezeichnet worden war: die Bürokratie »plünderte das Dorf«. Die Kollektivierung stellte sich dem Bauern vor allem als Wegnahme all seiner Habe dar. Man vergesellschaftete nicht nur Pferde, Kühe, Schafe, Schweine, ja, selbst Küken, sondern »man entkulakisierte«, wie ein Augenzeuge ins Ausland schrieb, »alles bis zu den Filzstiefeln, die man den kleinen Kindern von den Füßen zog«. Das Ergebnis war, daß die Bauern ihr Vieh in Massen zu Schleuderpreisen verkauften oder es abschlachteten, um Fleisch und Häute daraus zu machen.

*raskol* vom wahren Glauben abgewichen war, lag es nahe, auch ihm den Gehorsam zu verweigern. Unter Peter dem Großen flohen Ende des 17. Jahrhunderts Tausende von Menschen vor den Frondiensten, Rekrutierungen, Steuererhebungen und der »teuflischen« Obrigkeit in die Wälder und gründeten in schwer zugänglichen Gegenden, vor allem Nordrußlands, Siedlungen. Die Bewegung des Raskol, die sich später in verschiedene Sekten aufspaltete, besteht noch heute.
Der konservative Historiker M. P. Pogodin (1800-1875) meinte, ohne staatlichen Zwang hätte sich die Hälfte der Bauern den Schismatikern angeschlossen. »Schätzungen von Wissenschaftlern kommen auf 9 bis 10 Millionen in den sechziger Jahren des 19. Jahrhunderts, für die achtziger Jahre auf 12 bis 15 und für 1917 auf etwa 25 Millionen« von der Staatskirche Abgefallene, »davon 19 Millionen Altgläubige und 6 Millionen Sektierer.« (Richard Pipes, *Rußland vor der Revolution* [1974], München [dtv] 1984, S. 246.)

48 Vgl. Text 5.

Im Januar 1930 entwarf Andrejew[49], Mitglied des Zentralkomitees, vor dem Moskauer Kongreß[50] das folgende Bild der Kollektivierung: Einerseits wird die sich mächtig über das ganze Land ausbreitende Kolchosbewegung »jetzt auf ihrem Wege alle und jede Schranken niederreißen«, andererseits nimmt der räuberische Ausverkauf des eigenen Inventars, des Viehs und sogar des Saatgetreides durch die Bauern vor ihrem Eintritt in die Kolchosen »geradezu bedrohliche Ausmaße an«... So widersprüchlich diese beiden Aussagen sind, charakterisieren sie doch die epidemische Kollektivierung richtig als eine Verzweiflungsmaßnahme. »Die vollständige Kollektivierung«, schrieb der zitierte kritische Beobachter, »warf die Volkswirtschaft in einen Zustand lange nicht mehr dagewesener Zerrüttung zurück: es war, als habe ein dreijähriger Krieg gewütet.«

Fünfundzwanzig Millionen isolierter Bauernegoismen, die gestern noch die einzigen Triebkräfte der Landwirtschaft abgegeben hatten — schwach wie der Klepper des Muschiks, aber doch eben Triebkräfte —, versuchte die Bürokratie mit einem Federstrich durch das Kommando von zweihunderttausend Kolchosverwaltungen zu ersetzen, ohne technische Mittel, ohne agronomische Kenntnisse und ohne Unterstützung in der Landbevölkerung selbst. Die verheerenden Folgen dieses Abenteurertums blieben nicht aus und erstreckten sich über mehrere Jahre. Der Gesamtertrag des Getreideanbaus, der 1930 835 Millionen Zentner betrug, sank in den folgenden zwei Jahren auf unter 700 Millionen. Der unterschiedliche Ertrag der beiden Jahre scheint nicht katastrophal zu sein, aber damit war eben der Bedarf der Städte ausgefallen, solange sich die Stadtbevölkerung noch nicht an die Hungernorm gewöhnt hatte. Noch schlimmer stand es mit den übrigen

49 Andrei Andrejewitsch Andrejew (1895-1971), Partei- und Staatsfunktionär; Parteimitglied seit 1914; vom 9. Parteitag 1920 ins ZK gewählt, dessen Mitglied er bis 1960 blieb; 1927-1930 Parteisekretär im Nord-Kaukasus, wo er die Zwangskollektivierung leitete; Mitglied des Politbüros von 1932 bis 1952; Vorsitzender der Kontrollkommission der Partei von 1939 bis 1952; Volkskommissar für Landwirtschaft 1943-46, stellvertretender Vorsitzender des Ministerrates 1946 bis 1953; 1953 Mitglied des Obersten Sowjets, leitete nach Stalins Tod eine Untersuchungskommission über die Säuberungen während der Jeschowschtschina, hatte aber selbst »eine aktive Rolle in vielen der Terrorkampagnen der Jahre 1937-38« gespielt (Medvedev, *All Stalin's Men*, S. 41).
Trotzki hielt ihn für unfähig. Leute wie er »halten sich im Politbüro ..., weil sie in ihrer Eigenschaft als ‚alte Bolschewiken' eine gewisse Tarnung für Gauner vom Typ Wyschinski, Berija, Potemkin u. a. bieten.« (Text 52, S. 1203.)

50 Am 9.1.1930 sprach Andrejew auf einem Kongreß in Rostow am Don über die totale Kollektivierung im Nord-Kaukasus. (Vgl. *Prawda* vom 10.1.1930.) Seine Rede, in der er dazu aufrief, die Kollektivierung schon bis zum Ende des Jahres 1930, nicht erst 1931, abzuschließen, wurde in der *Prawda* vom 15.1.1930 veröffentlicht. (Vgl. Trotzkis ersten Kommentar dazu: »Offizieller Trug und die Wahrheit« [Mai 1930], engl. in: TWr Supplement 1929-40, S. 40-42.)

Kulturen. Vor der Kollektivierung waren fast 109 Millionen Pud[51] Zucker erzeugt worden. Im Trubel der totalen Kollektivierung fiel die Produktion dann wegen Mangels an Rüben auf 48 Millionen Pud, das heißt auf weniger als die Hälfte. Doch am verheerendsten tobte der Orkan im ländlichen Tierreich. Die Zahl der Pferde sank um 55 Prozent: von 34,6 Millionen im Jahre 1929 auf 15,6 Millionen im Jahre 1934; das Hornvieh verminderte sich von 30,7 auf 19,5 Millionen, das heißt um 40 Prozent; die Zahl der Schweine sank um 55 Prozent, die der Schafe um 66 Prozent.[52] Wieviel Menschen durch Hunger, Kälte, Seuchen und Repressalien umkamen[53], ist leider nicht mit derselben Genauigkeit festgestellt worden wie die Viehverluste, aber auch sie zählen nach Millionen. Schuld an diesen Opfern ist nicht die Kollektivierung, sondern sind die blinden Hasard- und Gewaltmethoden ihrer Durchführung. Die Bürokratie hatte nichts vorausgesehen. Selbst das Kolchosenstatut[54], in dem versucht wird, das persönliche Interesse des

51 Alte russische Maßeinheit. 1 Pud entspricht 16,4 kg.

52 Die langfristigen Folgen der überstürzten Kollektivierung lassen sich daran ablesen, »daß von 1930 bis 1955 die Agrarproduktion (außer beim industriellen Anbau) und der Viehbestand pro Kopf der Bevölkerung niedriger waren als 1916. Für Schafe und Kühe wurde bis auf den heutigen Tag weder der Stand von 1913 noch der von 1928 wieder erreicht. Die pro Kopf der Bevölkerung verfügbare Getreidemenge stieg von 503 kg im Jahre 1913 auf 528 kg im Jahre 1965, das ist eine Erhöhung von 5 % in einem Zeitraum von 50 Jahren!« (Mandel, *Marxistische Wirtschaftstheorie*, S. 610). »Der Wert der landwirtschaftlichen Bruttoproduktion belief sich (in Preisen von 1958) 1936-1940 auf 23,5 Milliarden Rubel gegenüber 22 Milliarden Rubel 1924-1928. In den Rekorderntejahren 1937 und 1940 lag die landwirtschaftliche Bruttoproduktion um acht bzw. um sechs Prozent über dem Stand von 1928, in den Jahren 1938 und 1939 etwa auf dem gleichen Stand wie 1928. Ein Jahrzehnt nach der Massenkollektivierung war es demnach gelungen, mit Hilfe eines großen technischen und administrativen Apparats wieder das Produktionsniveau der zersplitterten kleinbäuerlichen Landwirtschaft zur Zeit der Neuen Ökonomischen Politik zu erreichen bzw. geringfügig zu übertreffen. Die Entwicklung der Agrarproduktion war durch die zwangsweise Kollektivierung gleichsam um zehn Jahre unterbrochen worden.« (Lorenz, *Sozialgeschichte*, S. 214f.)

53 Die Zahl der Opfer ist nie genau erfaßt worden. Nach 1932 wurden Bevölkerungszahlen nicht mehr veröffentlicht. Offiziell gab es vor der Kollektivierung 6,8 Millionen Kulaken. Die OGPU schätzte in einem Bericht für Stalin die Zahl der Opfer auf 3,3 bis 3,5 Millionen. (Heller - Nekrich, *Geschichte der Sowjetunion*, Bd. 1, S. 230f.)
Conquest, der den Versuch gemacht hat, die Menschenverluste unter dem Stalinismus zu berechnen, spricht von »3 1/2 Millionen, die in der Kollektivierung selbst umkamen, zuzüglich der gleichen Zahl von Menschen, die in die Lager deportiert wurde, wo sie in den folgenden Jahren praktisch alle starben — auch dies Mindestschätzungen.« (*Am Anfang...*, S. 636.)

54 »Ein allgemeinverbindliches Musterstatut, das am 2. März 1930 veröffentlicht wurde, sah vor, daß alle bäuerlichen Landanteile zu einer einzigen Fläche zusammengelegt und die Grenzraine beseitigt wurden. Das gesamte Zugvieh,

Bauern mit dem kollektiven zu verknüpfen, wurde erst veröffentlicht, als das unglückliche Dorf schon von der grausamen Verwüstung heimgesucht war.

Der forcierte neue Kurs entstand aus der Notwendigkeit, sich vor den Folgen der Politik von 1923-1928 zu retten. Dennoch hätte die Kollektivierung in vernünftigerem Tempo und planmäßiger ablaufen können und sollen. Als Herrin der Macht und der Industrie hätte die Bürokratie den Kollektivierungsprozeß so regulieren können, daß das Land nicht an den Rand der Katastrophe geraten wäre. Man konnte und mußte Tempi wählen, die den materiellen und moralischen Ressourcen des Landes besser entsprochen hätten. »Unter günstigen inneren und internationalen Bedingungen«, schrieb 1930 das Auslandsorgan der Linken Opposition, »können die materiellen und technischen Voraussetzungen der Landwirtschaft im Laufe von etwa 10 bis 15 Jahren grundlegend verändert werden und damit die Produktionsgrundlage für die Kollektivierung sichergestellt werden. Man kann jedoch in all den Jahren, die uns von diesem Zustand trennen, auch ohne weiteres die Sowjetmacht mehrfach zu Fall bringen.«[55]

Diese Warnung war nicht übertrieben: Noch nie war das Land der Oktoberrevolution dem Untergang so nahe wie in den Jahren der totalen Kollektivierung. Unzufriedenheit, Ungewißheit und Erbitterung zerfraßen das Land. Die Zerrüttung des Geldsystems, die Überlagerung von festen, »konventionellen« und Freihandelspreisen, der Übergang vom Schein-*Handel* zwischen Staat und Bauernschaft zu Getreide-, Fleisch- und Milch*steuern*, der Kampf auf Leben und Tod gegen den massenhaften Diebstahl am Kolchoseigentum und gegen die massenhafte Verheimlichung dieses Diebstahls; die ausgesprochen militärische Mobilisierung der Partei zum Kampf gegen die Kulaken-Sabotage nach der »Liquidierung« des Kulakentums als Klasse; und damit zugleich die Rückkehr zum System der Lebensmittelkarten und zur Hungerration, schließlich die Wiedereinführung der Inlandspässe — alle diese Maßnahmen erzeugten, so schien es, im Lande abermals die Atmosphäre des längst beendigten Bürgerkriegs.

Die Versorgung der Fabriken mit Rohstoffen und Verpflegung verschlechterte sich von Vierteljahr zu Vierteljahr. Die unerträglichen Exi-

Saatgut und die wichtigsten Ackergeräte gehörten der Artelwirtschaft; dagegen blieben das Hofland, ein Teil des Milch- und Kleinviehs sowie das Geflügel in persönlichem Besitz, so daß die individuelle Wirtschaft zumindest teilweise fortgeführt werden konnte. Durch dieses Zugeständnis wollte man die Bauern im nachhinein doch noch für die Kollektivierungspolitik gewinnen« (Lorenz, *Sozialgeschichte*, S. 196).

(Das Musterstatut ist abgedruckt bei: Georg Brunner - Klaus Westen, *Die sowjetische Kolchosordnung*, Stuttgart [Kohlhammer] 1970, S. 124-129.)

55 Trotzki, »Kurs auf Kapitalismus oder Sozialismus?« (25.4.1930), Text 7, S. 184.

stenzbedingungen verursachten Fluktuation der Arbeitskraft, Bummelei, nachlässige Arbeit, Maschinendefekte, einen hohen Prozentsatz von Ausschuß und niedrige Qualität der Erzeugnisse. Die durchschnittliche Arbeitsproduktivität sank 1931 um 11,7 Prozent. Molotow entschlüpfte das dann in der gesamten Sowjetpresse gedruckte Geständnis, daß die Industrieproduktion 1932 nicht um 36 Prozent gestiegen war, wie es der Jahresplan vorschrieb, sondern nur um 8,5 Prozent. Die Welt bekam allerdings bald darauf zu hören, der Fünfjahresplan sei in vier Jahren und drei Monaten erfüllt worden. Doch das besagt lediglich, daß der Zynismus der Bürokratie beim Umgang mit der Statistik und der öffentlichen Meinung keine Grenzen kennt. Aber nicht das ist die Hauptsache: Auf dem Spiel stand nicht das Schicksal des Fünfjahresplans, sondern das Schicksal des Regimes.

Das Regime hielt stand. Das ist *sein* Verdienst: es hat in der Bevölkerung tiefe Wurzeln geschlagen. In nicht geringerem Maße ist das aber auch das Resultat günstiger äußerer Umstände. In den Jahren des Wirtschaftschaos und des Bürgerkriegs auf dem Lande war die Sowjetunion den äußeren Feinden gegenüber praktisch gelähmt. Die Unzufriedenheit der Bauernschaft hatte auf die Armee übergegriffen.[56] Unsicherheit und Schwanken demoralisierten den bürokratischen Apparat und die Kommandokader. Ein Schlag von Osten oder Westen her hätte in dieser Zeit schicksalsschwere Folgen haben können.

Zum Glück hatten die ersten Jahre der Handels- und Industriekrise in der kapitalistischen Welt zu einer Stimmung des ratlosen Abwartens geführt.

56 Anfang 1930 kursierte in Moskau das Gerücht, Kriegskommissar Woroschilow habe das sofortige Ende der Zwangskollektivierung gefordert, da sie zu Unruhe und Unzufriedenheit in den Reihen der Roten Armee führe. Dieses Gerücht wurde in verschiedenen diplomatischen Berichten aufgegriffen. Der italienische Botschafter berichtete am 22.3.1930 über eine Sitzung der Parteiführung (ZK oder erweitertes Politbüro) von Ende Februar: Gamarnik, Chef der politischen Hauptverwaltung der Roten Armee, habe in einer Rede auf die »nicht wiedergutzumachende Unzufriedenheit« hingewiesen, die »die Politik der ‚Liquidierung der Kulaken' und der Kollektivierung bis zum bitteren Ende« in der Roten Armee ausgelöst habe. Die Soldaten, größtenteils Bauernsöhne, machten aus »ihrem Groll gegen die Sowjetregierung keinen Hehl«. Diese Entwicklung stelle die Verläßlichkeit der Roten Armee in Frage. Gamarniks Forderung sei von seinem Amtsvorgänger, dem damaligen Kommissar für Volksaufklärung, unterstützt worden. Auf einer anschließenden Sitzung des Politbüros habe eine Abstimmung sieben Stimmen gegen die bis dahin verfolgte Politik der Zwangskollektivierung ergeben; nur Stalin und Molotow vertraten die bisherige Linie. Diese Abstimmungsniederlage und die wachsende Unzufriedenheit in der Roten Armee habe Stalin veranlaßt, seinen Artikel vom 2.3.1930 zu schreiben (»Vor Erfolgen von Schwindel befallen«, SW 12, S. 168-175). (Vgl. Jonathan Haslam, *Soviet Foreign Policy, 1930-33*, The Impact of Depression, London [MacMillan] 1983, S. 121 f.

Niemand war zum Krieg bereit, niemand wollte ihn wagen. Außerdem war man sich in keinem der feindlichen Staaten hinreichend im klaren über das wirkliche Ausmaß der gesellschaftlichen Konvulsionen, die das Land der Sowjets unter dem Getöse der offiziellen Musik zu Ehren der »Generallinie« schüttelten.

Trotz seiner Kürze zeigt dieser historische Abriß hoffentlich, wie weit die wirkliche Entwicklung des Arbeiterstaats von dem idyllischen Bild einer allmählichen und kontinuierlichen Kumulation von Erfolgen entfernt ist. Der krisenreichen Vergangenheit werden wir später wichtige Hinweise auf die Zukunft entnehmen. Zugleich ist der geschichtliche Überblick über die Wirtschaftspolitik der Sowjetregierung und ihre Zickzackwendungen unerläßlich zur Zerstörung des künstlich genährten individualistischen Fetischismus, demzufolge die wirklichen wie die vermeintlichen Erfolge auf die ungewöhnlichen Eigenschaften der Führung statt auf die von der Revolution geschaffenen Rahmenbedingungen des vergesellschafteten Eigentums zurückgeführt werden.

Die objektiven Vorteile der neuen Gesellschaftsordnung kommen natürlich auch in den Methoden der Führung zur Geltung; aber sie ist in nicht geringerem Maße auch Ausdruck der wirtschaftlichen und kulturellen Rückständigkeit des Landes und der kleinbürgerlich-provinziellen Verhältnisse, unter denen sich die leitenden Kader selbst formierten.

Es wäre ein grober Fehler, daraus den Schluß zu ziehen, die Politik der Sowjetführung sei von drittrangiger Bedeutung. Nirgends auf der Welt gibt es eine andere Regierung, die in solchem Maße das Schicksal ihres Landes in Händen hielte. Erfolge und Mißerfolge eines einzelnen Kapitalisten hängen — natürlich nicht gänzlich, nicht ausschließlich, aber in bedeutendem, wenn nicht entscheidendem Maße — von seinen persönlichen Eigenschaften ab. Mutatis mutandis entspricht die Stellung der Sowjetregierung gegenüber der Gesamtwirtschaft der eines Kapitalisten gegenüber dem Einzelunternehmen. Die Zentralisierung der Volkswirtschaft verleiht der Staatsgewalt gewaltige Bedeutung. Aber eben darum muß die Politik der Regierung nicht nach den Endresultaten, nicht nach den nackten Zahlen der Statistik beurteilt werden, sondern nach der spezifischen Rolle, die bewußte Voraussicht und planmäßige Leitung beim Erzielen dieser Resultate gespielt haben.

In den Zickzackwendungen des Regierungskurses kommen nicht nur objektive Widersprüche zum Ausdruck, sondern auch die mangelnde Fähigkeit der Herrschenden, die Widersprüche rechtzeitig zu erkennen und vorbeugend darauf zu reagieren. Die Fehler der Führung lassen sich nur schwer in buchhalterischen Größen ausdrücken. Aber schon die schematische Darstellung der Geschichte der Zickzackwendungen erlaubt jedenfalls den Schluß, daß dieses Hin und Her die Sowjetwirtschaft mit riesigen zusätzlichen Unkosten belastet.

Allerdings bleibt es, wenigstens wenn man rationalistisch an die Geschichte herantritt, unbegreiflich, wieso sich gerade die an Ideen ärmste und an Fehlern reichste Fraktion gegenüber allen anderen Gruppierungen behauptete und in ihren Händen unumschränkte Macht konzentrierte. Die weitere Analyse wird uns auch zu diesem Rätsel den Schlüssel liefern. Wir werden sehen, daß die bürokratischen Methoden der selbstherrlichen Führung in immer größeren Gegensatz zu den Erfordernissen der Wirtschaft und der Kultur geraten und wie sich daraus unvermeidlich neue Krisen und neue Erschütterungen in der Entwicklung der Sowjetunion ergeben.

Ehe wir aber die Doppelrolle der »sozialistischen« Bürokratie untersuchen, müssen wir die Frage beantworten: Was ist nun im ganzen erreicht worden? Ist der Sozialismus in der UdSSR tatsächlich verwirklicht? Oder, vorsichtiger: Sichern die realen wirtschaftlichen und kulturellen Errungenschaften die UdSSR vor der Gefahr einer kapitalistischen Restauration, ähnlich wie die bürgerliche Gesellschaft auf einer bestimmten Entwicklungsetappe durch die von ihr erzielten Fortschritte gegen die Restauration des Feudalismus und der Leibeigenschaft gesichert war?

## III. Sozialismus und Staat

### Das Übergangsregime

Ist es wahr, daß, wie die offiziellen Autoritäten behaupten, in der UdSSR der Sozialismus bereits verwirklicht ist? Wenn nicht, gewährleisten die erzielten Fortschritte dann wenigstens, ihn unabhängig vom Gang der Ereignisse in der übrigen Welt innerhalb der nationalen Grenzen zu verwirklichen? Die oben vorgenommene kritische Einschätzung der wichtigsten Ergebnisse der Sowjetwirtschaft soll den Ausgangspunkt für eine richtige Antwort auf diese Frage abgeben. Doch müssen wir zuvor noch eine theoretische Frage klären.

Der Marxismus sieht in der Entwicklung der Technik die Haupttriebfeder des Fortschritts und baut das kommunistische Programm auf der Dynamik der Produktivkräfte auf.[1] Würde eine kosmische Katastrophe

1 Unter »Produktivkräften« versteht Marx die Gesamtheit der produktiven Kräfte der Menschen: ihre Arbeitskraft, ihre Kenntnisse und Produktionsmittel, mit deren Hilfe sie der Natur die Mittel zur Befriedigung ihrer Lebensbedürfnisse abgewinnen. Der Produktionsprozeß ist ebensowohl ein technisch-instrumentelles Verhältnis der Menschen zur Natur wie ein historisch-gesellschaftliches Verhältnis der Menschen (Klassen) zueinander. »Die Produktivkraft der Arbeit ist durch mannigfache Umstände bestimmt, unter anderen durch den Durchschnittsgrad des Geschicks der Arbeiter, die Entwicklungsstufe der Wissen-

über kurz oder lang unseren Planeten zerstören, müßte man auf die kommunistische Perspektive wie auf vieles andere verzichten. Abgesehen von dieser einstweilen nur hypothetischen Gefahr, gibt es wissenschaftlich gesehen überhaupt keinen Anlaß, unseren technischen, produktiven und

schaft und ihrer technologischen Anwendbarkeit, die gesellschaftliche Kombination des Produktionsprozesses, den Umfang und die Wirkungsfähigkeit der Produktionsmittel und durch Naturverhältnisse.« (MEW 23, S. 54.) Die kapitalistische Produktionsweise, deren Triebfeder der durch Konkurrenz vermittelte Zwang zur rastlosen Kapitalverwertung ist, ist die erste Produktionsweise, die ihre technische Basis fortwährend revolutioniert und die Produktivität der menschlichen Arbeit kontinuierlich steigert (vgl. MEW 4, S. 465; MEW 23, S. 510f.). Mit der Entwicklung der Produktivkräfte schafft sie die objektive Voraussetzung für die Überwindung der Klassenspaltung der Gesellschaft; »die bürgerlichen Produktionsverhältnisse sind die letzte antagonistische Form des gesellschaftlichen Produktionsprozesses, ... die im Schoß der bürgerlichen Gesellschaft sich entwickelnden Produktivkräfte schaffen... die materiellen Bedingungen zur Lösung dieses Antagonismus.« (MEW 13, S. 9.) Der Konflikt zwischen den Produktivkräften und den jeweiligen Produktionsverhältnissen (Klassenverhältnissen), die zuerst als deren »Entwicklungsformen« fungieren, dann aber zu ihren »Fesseln« werden (vgl. MEW 13, S. 9), ist zugleich ein Konflikt zwischen den »geltenden gesellschaftlichen Einrichtungen« und der bedeutendsten aller Produktivkräfte, der revolutionären Klasse. »Von allen Produktionsinstrumenten ist die größte Produktivkraft die revolutionäre Klasse selbst.« (MEW 4, S. 181.) Die Fortdauer der Herrschaft des Privateigentums auf einer Stufe, »auf der die bereits erworbenen Produktivkräfte und die geltenden gesellschaftlichen Einrichtungen nicht mehr nebeneinander bestehen können« (ebd.), verwandelt die Produktiv- in Destruktivkräfte; die der kapitalistischen Produktionsweise inhärenten zerstörerischen Tendenzen (»Die kapitalistische Produktion entwickelt daher nur die Technik und Kombination des gesellschaftlichen Produktionsprozesses, indem sie zugleich die Springquellen alles Reichtums untergräbt: die Erde und den Arbeiter.« [*Kapital*, Bd. 1, MEW 23, S. 530]) überwiegen schließlich den Nutzen der weiteren Steigerung der Arbeitsproduktivität. »Die progressive Entwicklung der gesellschaftlichen Produktivkräfte wird zur Aktion des Proletariats — einer Aktion, die als normale und notwendige Phase die totale Umwälzung der bestehenden Gesellschaft in einer sozialen Revolution einschließt.« (Karl Korsch, *Karl Marx* [1938], Frankfurt [EVA] 1967, S. 175f.) »Erst wenn eine große soziale Revolution die Ergebnisse der bürgerlichen Epoche, den Weltmarkt und die modernen Produktivkräfte, gemeistert und sie der gemeinsamen Kontrolle der am meisten fortgeschrittenen Völker unterworfen hat, erst dann wird der menschliche Fortschritt nicht mehr jenem scheußlichen heidnischen Götzen gleichen, der den Nektar nur aus den Schädeln Erschlagener trinken wollte.« (MEW 9, S. 226.)
(Vgl. Helmut Reichelt - Reinhold Zech [Hg.], *Produktivkräfte und Produktionsverhältnisse*, Entstehung, Funktion und Wandel eines Theorems der materialistischen Geschichtsauffassung, Frankfurt [Ullstein] 1983; Karl Korsch, *Karl Marx* [1938], Frankfurt [EVA] 1967; Ernest Mandel, *Karl Marx*, Die Aktualität seines Werkes, Frankfurt [ISP] 1984; Harald Wolf, »Marxismus, Produktivkraftentwicklung und Befreiung der Arbeit, Zur ökologischen Marxismuskritik«, in: *Die Internationale*, Nr. 19, 1983, S. 116-158.)

kulturellen Möglichkeiten irgendwelche Grenzen zu ziehen. Der Marxismus ist zutiefst vom Fortschrittsoptimismus durchdrungen und — nebenbei gesagt — schon deswegen ein unversöhnlicher Gegner der Religion.

Die materielle Voraussetzung des Kommunismus ist eine so hohe Entwicklung der wirtschaftlichen Potenz des Menschen, daß die produktive Arbeit aufhört, eine Last und Mühsal zu bedeuten[2], und der Antreiberei nicht mehr bedarf; die Verteilung der ständig im Überfluß vorhandenen Konsumgüter bedarf dann — wie heutzutage in wohlhabenden Familien oder in einer »anständigen« Pension — keiner anderen Kontrolle mehr als der durch die Erziehung, die Gewohnheit und die öffentliche Meinung. Es gehört schon, offen gesagt, eine gehörige Borniertheit dazu, diese letzten Endes bescheidene Perspektive für »utopisch« zu halten.

Der Kapitalismus hat die Voraussetzungen und die Kräfte für die soziale Umwälzung vorbereitet: Technik, Wissenschaft und Proletariat. Die kommunistische Ordnung kann aber die bürgerliche Gesellschaft nicht unmittelbar ablösen: das materielle und kulturelle Erbe der Vergangenheit ist dafür noch unzureichend. In der ersten Zeit ist der Arbeiterstaat weder in der Lage, es jedem einzelnen zu gestatten, »nach seinen Fähigkeiten« zu arbeiten, das heißt soviel er kann und mag, noch ist er in der Lage, einen jeden »nach seinen Bedürfnissen«, unabhängig von der geleisteten Arbeit, zu entlohnen. Um die Produktivkräfte zu steigern, ist es erforderlich, auf die gewohnten Normen des Arbeitslohns zurückzugreifen, das heißt zur Verteilung der Konsumgüter entsprechend der Quantität und Qualität der individuellen Arbeit.

Marx nannte diese Anfangsetappe der neuen Gesellschaft das »untere Stadium des Kommunismus«[3], zum Unterschied von dem höheren, in dem mit den letzten Gespenstern der Not die materielle Ungleichheit ver-

2 »In den historischen Formen der Arbeit als Sklaven-, Fronde-, Lohnarbeit (erscheint) die Arbeit stets repulsiv, stets als *äußere Zwangsarbeit*...« (*Grundrisse*, MEW 42, S. 505). »Das Reich der Freiheit beginnt in der Tat erst da, wo das Arbeiten, das durch Not und äußere Zweckmäßigkeit bestimmt ist, aufhört; es liegt also der Natur der Sache nach jenseits der Sphäre der eigentlichen materiellen Produktion.« (*Kapital*, Bd. 3, MEW 25, S. 828.) In einer kommunistischen Gesellschaft wird der durch die Entwicklung der Produktivkräfte möglich gewordenen »Reduktion der notwendigen Arbeit der Gesellschaft zu einem Minimum... die künstlerische, wissenschaftliche etc. Ausbildung der Individuen durch die für alle freigewordene Zeit und geschaffenen Mittel« entsprechen. (*Grundrisse*, MEW 42, S. 593.)
(Vgl. Herbert Marcuse, »Über die philosophischen Grundlagen des wirtschaftswissenschaftlichen Arbeitsbegriffs« [1933], in: ders., *Kultur und Gesellschaft*, Bd. 2, Frankfurt [Suhrkamp] 1965, S. 7-48; Ernest Mandel, *Entstehung und Entwicklung der ökonomischen Lehre von Karl Marx*, Reinbek [Rowohlt] 1982, insb. S. 96-112.)

3 Als Kennzeichen der »ersten Phase der kommunistischen Gesellschaft, wie sie eben aus der kapitalistischen Gesellschaft nach langen Geburtswehen hervorge-

schwinden wird.[4] Im gleichen Sinne werden Sozialismus und Kommunismus oft als das untere und das obere Stadium der neuen Gesellschaft einander gegenübergestellt.[5] »Wir sind natürlich noch nicht im *vollendeten* Kommunismus«, besagt die offizielle Sowjetdoktrin von heute; »dafür ist aber bei uns bereits der Sozialismus verwirklicht, das heißt das *untere* Stadium des Kommunismus«. Zum Beweis werden dann die Herrschaft der staatlichen Trusts in der Industrie, die der Kolchosen in der Landwirtschaft und die der Staats- und Genossenschaftsunternehmen im Handel angeführt.[6] Auf den ersten Blick steht das scheinbar ganz im Einklang mit dem

gangen ist«, nennt Marx die widersprüchliche Kombination einer »genossenschaftlichen, auf Gemeingut an den Produktionsmitteln gegründeten Gesellschaft« mit der Fortdauer bürgerlicher Distributionsnormen. Für die Verteilung der Konsumgüter gilt »dasselbe Prinzip wie beim Austausch von Warenäquivalenten, es wird gleich viel Arbeit in einer Form gegen gleich viel Arbeit in einer andern ausgetauscht«. Der einzelne Produzent »erhält von der Gesellschaft einen Schein, daß er soundso viel Arbeit geliefert (nach Abzug seiner Arbeit für die gemeinschaftlichen Fonds), und zieht mit diesem Schein aus dem gesellschaftlichen Vorrat von Konsumtionsmitteln soviel heraus, als gleich viel Arbeit kostet.« (*Kritik des Gothaer Programms* [1875], MEW 19, S. 19f.) Das gleiche Recht, das in dieser Phase der kommunistischen Gesellschaft, »wie sie eben aus der kapitalistischen Gesellschaft *hervorgeht*, also in jeder Beziehung, ökonomisch, sittlich, geistig, noch behaftet ist mit den Muttermalen der alten Gesellschaft, aus deren Schoß sie herkommt«, die Distribution von Konsumgütern an das individuell geleistete Arbeitsquantum knüpft, ist »immer noch — dem Prinzip nach — das *bürgerliche Recht.*« (Ebd.).

4 »In einer höheren Phase der kommunistischen Gesellschaft, nachdem die knechtende Unterordnung der Individuen unter die Teilung der Arbeit, damit auch der Gegensatz geistiger und körperlicher Arbeit verschwunden ist; nachdem die Arbeit nicht nur Mittel zum Leben, sondern selbst das erste Lebensbedürfnis geworden; nachdem mit der allseitigen Entwicklung der Individuen auch ihre Produktivkräfte gewachsen und alle Springquellen des genossenschaftlichen Reichtums voller fließen — erst dann kann der bürgerliche Rechtshorizont ganz überschritten werden und die Gesellschaft auf ihre Fahnen schreiben: Jeder nach seinen Fähigkeiten, jedem nach seinen Bedürfnissen!« (*Kritik des Gothaer Programms* [1875], MEW 19, S. 21).
(Vgl. Lenin, *Staat und Revolution*, LW 25, S. 393-507, bes. S. 478-489.)

5 »Der wissenschaftliche Unterschied zwischen Sozialismus und Kommunismus besteht lediglich darin, daß das erste Wort die erste Stufe der aus dem Kapitalismus erwachsenden neuen Gesellschaft, das zweite Wort die höhere, weitere Stufe dieser Gesellschaft bezeichnet.« (Lenin, »Die große Initiative« [28.6.1919], LW 29, S. 397-424, hier S. 409f.)

6 Stalin erklärte auf dem 17. Parteitag der KPdSU im Januar 1934: »Auf Grund der Erfahrungen unseres Landes ist bewiesen worden, daß der Sieg des Sozialismus in einem einzelnen Lande durchaus möglich ist.« (Stalin, »Rechenschaftsbericht an den XVII. Parteitag über die Arbeit des ZK der KPdSU[B]« [26.1.1934], SW 13, S. 252-336, hier S. 309.) Als »Beweis« führte er an, »daß der Anteil des sozialistischen Wirtschaftssystems in der Industrie gegenwärtig 99 Prozent und in der Landwirtschaft, wenn man die Anbauflächen der Getreidekulturen in Betracht zieht, 84,5 Prozent beträgt« (ebd., S. 275). Damit sei »die sozialistische Form die

apriorischen — und darum hypothetischen — Schema von Marx. Aber gerade vom Standpunkt des Marxismus erschöpft sich die Frage keineswegs in den Eigentumsformen, unabhängig von der erreichten Produktivität der Arbeit. Unter dem unteren Stadium des Kommunismus verstand Marx jedenfalls eine Gesellschaft, die von Anfang an *höher* steht als der fortgeschrittenste Kapitalismus. Theoretisch ist das klar, denn *im Weltmaßstab* gesehen bedeutet der Kommunismus sogar in seinem ersten Anfangsstadium im Vergleich mit der bürgerlichen Gesellschaft eine höhere Entwicklungsstufe. Übrigens erwartete Marx, die sozialistische Revolution werde von den Franzosen begonnen, von den Deutschen fortgesetzt und von den Engländern beschlossen werden; von den Russen nahm er an, sie würden weit zurück in der Nachhut bleiben. Doch in Wirklichkeit kam es umgekehrt. Wer heute Marx' universal-historische Konzeption mechanisch auf den Sonderfall der UdSSR auf ihrer gegenwärtigen Entwicklungsstufe anzuwenden sucht, wird sich alsbald in unentwirrbare Widersprüche verstricken.

Rußland war nicht das stärkste, sondern das schwächste Glied in der Kette des Kapitalismus. Die heutige UdSSR überragt nicht das Niveau der Weltwirtschaft, sondern holt erst die kapitalistischen Länder ein. Wenn Marx als unteres Stadium des Kommunismus eine Gesellschaft bezeichnete, die auf Grund der Vergesellschaftung der Produktivkräfte des in seiner Epoche am weitesten fortgeschrittenen Kapitalismus entstehen sollte, dann ist diese Charakteristik offensichtlich nicht auf die Sowjetunion zugeschnitten, die, was Technik, Konsumgüter und Kultur anbelangt, heute noch viel ärmer ist als die kapitalistischen Länder. Richtiger wäre es darum, das heutige Sowjetregime mit all seinen Widersprüchen nicht als ein sozialistisches, sondern als ein *Vorbereitungs-* oder *Übergangsregime* zwischen Kapitalismus und Sozialismus zu bezeichnen.[7]

uneingeschränkt herrschende und einzige bestimmende Kraft in der gesamten Volkswirtschaft« (ebd. S. 276) geworden.
Die vom 27. Parteitag der KPdSU (25.2.-6.3.1986) beschlossene Neufassung des Parteiprogramms von 1961 hält an dieser These fest: Die Geschichte der Sowjetunion wird in verschiedene Perioden unterteilt. In der ersten wurde »die sozialistische Gesellschaft im wesentlichen aufgebaut« (»Programm der Kommunistischen Partei der Sowjetunion. Neufassung, Angenommen vom 27. Parteitag der KPdSU«, in: *Sowjetunion zu neuen Ufern?*, Düsseldorf [Brücken] 1986, S. 167-269, hier S. 177), in der zweiten, die auf den militärischen Sieg der Sowjetunion im Zweiten Weltkrieg folgte, »hat der Sozialismus ... vollständig und endgültig gesiegt« (ebd., S. 177) und in der dritten, seit dem 20. Parteitag 1956, erreichte die UdSSR »ein neues historisches Niveau, das die Etappe des entwickelten Sozialismus einleitete« (ebd. S. 178).

7 Die Unterscheidung des Sozialismus, der ersten Phase der kommunistischen Gesellschaft, von der Übergangsgesellschaft, die ihm vorausgeht, findet sich bereits bei Marx und Lenin. Vgl.: »Zwischen der kapitalistischen und der kommunistischen Gesellschaft liegt die Periode der revolutionären Umwand-

In dieser Sorge um begriffliche Präzision ist kein Tropfen von Pedanterie. Kraft und Bestand eines Regimes sind letzten Endes von der relativen Produktivität der Arbeit abhängig. Eine vergesellschaftete Wirtschaft, die dem Kapitalismus technisch überlegen ist, könnte in der Tat ihrer sozialistischen Entwicklung vollkommen, sozusagen automatisch sicher sein, was man von der Sowjetgesellschaft leider noch keinesfalls sagen kann.

Die meisten vulgären Apologeten der UdSSR, wie sie ist, neigen dazu, etwa folgendermaßen zu urteilen: Selbst wenn man zugibt, daß das heutige Sowjetregime noch nicht sozialistisch ist, muß die weitere Entwicklung der Produktivkräfte auf den heutigen Grundlagen doch früher oder später zum völligen Triumph des Sozialismus führen. Strittig ist folglich nur der Faktor Zeit. Lohnt es sich, deswegen Lärm zu schlagen? So überzeugend diese Betrachtungsweise auf den ersten Blick scheint, so oberflächlich ist sie doch in Wirklichkeit. Zeit ist durchaus kein zweitrangiger Faktor, wo es sich um einen geschichtlichen Prozeß handelt: Gegenwart und Zukunft zu verwechseln, ist in der Politik weitaus gefährlicher als in der Grammatik. Die Entwicklung besteht keineswegs, wie Vulgär-Evolutionisten vom Schlage der Webbs es darstellen, in der planmäßigen Akkumulation und der ständigen »Verbesserung« des Bestehenden: sie kennt Übergänge von Quantität in Qualität, Krisen, Sprünge und Rückfälle. Gerade weil die UdSSR noch längst nicht das erste Stadium des Sozialismus, das heißt ein ausgeglichenes System der Produktion und Distribution erreicht hat, verläuft die Entwicklung nicht harmonisch, sondern in Widersprüchen. Die ökonomischen Widersprüche erzeugen soziale Antagonismen[8], die sich nach ihrer eigenen Logik entfalten, ohne die fernere Entwicklung der

lung der einen in die andere. Der entspricht auch eine politische Übergangsperiode, deren Staat nichts anderes sein kann als die *revolutionäre Diktatur des Proletariats.«* (*Kritik des Gothaer Programms* [1875], MEW 19, S. 28.) Lenin schrieb 1919: »Sozialismus ist Abschaffung der Klassen. Die Diktatur des Proletariats hat für diese Abschaffung alles getan, was sie konnte. Aber auf einen Schlag kann man die Klassen nicht abschaffen. Und die Klassen sind geblieben und werden für die Dauer der Diktatur des Proletariats bestehenbleiben. Die Diktatur wird nicht mehr gebraucht werden, wenn die Klassen verschwunden sind. Sie werden nicht verschwinden, ohne die Diktatur des Proletariats.« (»Ökonomik und Politik in der Epoche der Diktatur des Proletariats« [30.10.1919], LW 30, S. 91-101, hier S. 99; vgl. auch LW 32, S. 278.) (Vgl. auch *Probleme des Sozialismus und der Übergangsgesellschaften*, hg. v. Peter Hennicke, Frankfurt [Suhrkamp] 1973, bes. Ernest Mandel, »Zehn Thesen zur sozialökonomischen Gesetzmäßigkeit der Übergangsgesellschaft zwischen Kapitalismus und Sozialismus«, ebd., S. 15-37; ders., »Zur Theorie der Übergangsgesellschaft«, in: *Die Internationale*, Sondernr. 3.)

8 Die sowjetische Führung behauptete, daß der »Sozialismus im wesentlichen verwirklicht« sei und darum keine sozialen Interessengegensätze mehr existierten. »Der Entwurf der neuen Verfassung [geht] davon aus, daß es in der Gesellschaft bereits keine antagonistischen Klassen mehr gibt, daß die Gesell-

Produktivkräfte abzuwarten. Wir sahen das eben am Beispiel des Kulaken, der nicht evolutionär in den Sozialismus »hineinwachsen« wollte und, unerwartet für die Bürokratie und ihre Ideologen, eine neue, ergänzende Revolution erforderlich machte.[9] Und die Bürokratie selber, in deren Händen Macht und Reichtum liegt, ist sie gewillt, friedlich in den Sozialismus hineinzuwachsen? Man darf daran zweifeln. Jedenfalls wäre es unvorsichtig, der Bürokratie aufs Wort zu glauben. In welcher Richtung sich die Dynamik der ökonomischen Widersprüche und der sozialen Antagonismen in der Sowjetgesellschaft in den kommenden drei, fünf oder zehn Jahren entwickeln wird, auf diese Frage gibt es noch keine endgültige, unwiderrufliche Antwort. Der Ausgang hängt vom Kampf der lebendigen sozialen Kräfte ab, und zwar nicht nur im nationalen, sondern auch im internationalen Maßstab. Auf jeder neuen Etappe bedarf es daher einer konkreten Analyse der realen Verhältnisse und Tendenzen, ihres Zusammenhangs und ihres beständigen Aufeinanderwirkens. Die Bedeutung einer solchen Analyse wird sogleich an der Frage des Sowjetstaates deutlich.

## Programm und Wirklichkeit

Das erste Charakteristikum der proletarischen Revolution sah Lenin mit

schaft aus zwei einander freundschaftlich gesinnten Klassen, aus Arbeitern und Bauern, besteht...«, »deren Interessen einander nicht nur nicht feindlich, sondern im Gegenteil freundlich sind.« (»Referat des Genossen J. Stalin über den Entwurf der Verfassung der Union der Sozialistischen Sowjetrepubliken« [25.11.1936], in: *Rundschau*, Nr. 53, 27.11.1936, S. 2117-2125, hier S. 2120, 2123.) Dies blieb offizielle Lehre: »Wie in allen Gesellschaftsformationen, findet auch im Sozialismus und Kommunismus die gesellschaftliche Bewegung und Entwicklung vermittels der Entfaltung und Lösung von Widersprüchen statt. Diese sind ihrem sozialen Inhalt nach nicht-antagonistische Widersprüche; sie entstehen und entwickeln sich zwischen Individuen und Kollektiven in einer Gesellschaft, deren Klassenstruktur durch die Gemeinsamkeit der grundlegenden Interessen der Klassen und Schichten gekennzeichnet ist... Die nicht-antagonistischen Widersprüche werden von den gesellschaftlichen Führungsorganen zumeist rechtzeitig erkannt, und ihre Lösung planmäßig vollzogen.« (Manfred Buhr - Alfred Kosing, *Kleines Wörterbuch der marxistisch-leninistischen Philosophie*, Berlin/DDR [Dietz] 1974, S. 304.)

9 »Im Jahr 1929, fünf Jahre nach Lenins Tod, erlebte Rußland seine zweite Revolution, die diesmal allein und ausschließlich von Stalin geleitet wurde. Sie war in ihren Zielsetzungen und Auswirkungen viel radikaler und umwälzender, als es die erste Revolution gewesen war. Ihr Ergebnis war die rapide Industrialisierung Rußlands. Sie zwang mehr als hundert Millionen Bauern, ihre kleinen, primitiven Bauernhöfe aufzugeben und sich in Kollektivfarmen zusammenzuschließen. Sie entwand dem Muschik rücksichtslos den Holzpflug seiner Vorväter und zwang ihn, das Steuerrad eines modernen Traktors in die Hand zu nehmen. Sie trieb Millionen von russischen Analphabeten in die Schulen und lehrte sie lesen und schreiben.« (Deutscher, *Stalin*, S. 317.)

Marx und Engels darin, daß sie, indem sie die Ausbeuter enteignet, die Notwendigkeit eines sich über die Gesellschaft erhebenden bürokratischen Apparats, vor allem der Polizei und des stehenden Heeres beseitigt.[10]

»Das Proletariat braucht den Staat — das wiederholen alle Opportunisten, Sozialchauvinisten und Kautskyaner«, schrieb Lenin 1917, ein, zwei Monate vor der Machtergreifung, »wobei sie beteuern, dies sei die Lehre von Marx, sie ‚*vergessen*' aber hinzuzufügen, daß ... das Proletariat nach Marx nur einen absterbenden Staat braucht, d.h. einen Staat, der so beschaffen ist, daß er sofort abzusterben beginnt und zwangsläufig absterben muß.« (*Staat und Revolution*)[11]

Diese Kritik richtete sich seinerzeit gegen die sozialistischen Reformisten vom Schlage der russischen Menschewiki, der britischen Fabier usw.; heute trifft sie mit doppelter Kraft die sowjetischen Götzendiener und ihren Kult des bürokratischen Staates, der nicht die leiseste Absicht hat »abzusterben«.

Die gesellschaftliche Nachfrage nach einer Bürokratie[12] entsteht immer dann, wenn scharfe Antagonismen vorhanden sind, die es zu »mildern«, »beizulegen« und zu »schlichten« gilt (immer im Interesse der Privilegierten und Besitzenden und immer zum Vorteil der Bürokratie selbst). Alle

10 Am 12. April 1871 schrieb Marx an Kugelmann: »Wenn Du das letzte Kapitel meines ‚Achtzehnten Brumaire' nachsiehst, wirst Du finden, daß ich als nächsten Versuch der französischen Revolution ausspreche, nicht mehr wie bisher die bürokratisch-militärische Maschinerie aus einer Hand in die andere zu übertragen, sondern sie zu *zerbrechen*, und dies ist die Vorbedingung jeder wirklichen Volksrevolution auf dem Kontinent.« (MEW 33, S. 205.) In seiner, im Auftrag des Generalrats der I. Internationale verfaßten, ausführlichen Untersuchung und Bewertung der Pariser Kommune schrieb Marx: »Aber die Arbeiterklasse kann nicht die fertige Staatsmaschinerie einfach in Besitz nehmen und diese für ihre eignen Zwecke in Bewegung setzen. Die zentralisierte Staatsmacht, mit ihren allgegenwärtigen Organen — stehende Armee, Polizei, Bürokratie, Geistlichkeit, Richterstand, Organe geschaffen nach dem Plan einer systematischen und hierarchischen Teilung der Arbeit — stammt her aus den Zeiten der absoluten Monarchie, wo sie der entstehenden Bourgeoisgesellschaft als eine mächtige Waffe in ihren Kämpfen gegen den Feudalismus diente ... In dem Maße, wie der Fortschritt der modernen Industrie den Klassengegensatz zwischen Kapital und Arbeit entwickelte, erweiterte, vertiefte, in demselben Maß erhielt die Staatsmacht mehr und mehr den Charakter einer öffentlichen Gewalt zur Unterdrückung der Arbeiterklasse, einer Maschine der Klassenherrschaft.« (*Der Bürgerkrieg in Frankreich* [April/Mai 1871], MEW 17, S. 313-365, hier S. 336.)

11 Lenin, *Staat und Revolution*, LW 25, S. 414f.

12 Bürokratie nennt Max Weber die »Herrschaft der formalistischen Unpersönlichkeit«: legale Herrschaft mit Hilfe eines hierarchisch strukturierten Verwaltungsstabs von fachlich geschulten, privilegierten Berufsbeamten (in staatlichen Behörden, Partei- und Verbandsorganisationen und Betrieben), deren arbeitsteiliges Handeln ‚ohne Ansehen der Person' vorgegebenen, berechenbaren Regeln folgt (und die nicht im Besitz der Verwaltungs- und Beschaffungsmittel sind). Die technische Überlegenheit bürokratischer Verwaltung verleiht ihr den Schein der

bürgerlichen Revolutionen führten deshalb, so demokratisch sie auch waren, zu einer Verstärkung und Vervollkommnung des bürokratischen Apparats.

»Beamtentum und stehendes Heer«, schreibt Lenin, »das sind die ‚Schmarotzer' am Leib der bürgerlichen Gesellschaft, Schmarotzer, die aus den inneren Widersprüchen, die diese Gesellschaft zerklüften, entstanden sind, aber eben Parasiten, die die Lebensporen ‚verstopfen'.«[13]

Seit 1917, das heißt von dem Augenblick an, als sich die Machteroberung der Partei als ein praktisches Problem stellte, machte Lenin sich ununterbrochen Gedanken über die Liquidierung der »Parasiten«[14]. Nach dem Sturz der Ausbeuterklassen — das wiederholt und erläutert er in jedem Kapitel von *Staat und Revolution* — wird das Proletariat die alte bürokratische Maschine zerbrechen und seinen eigenen Apparat aus Arbeitern und Angestellten bilden, wobei

»*gegen* deren Verwandlung in Bürokraten man sofort die von Marx und Engels eingehend untersuchten Maßnahmen treffen wird: 1. nicht nur Wählbarkeit, sondern auch jederzeitige Absetzbarkeit; 2. eine den Arbeiterlohn nicht übersteigende Bezahlung; 3. sofortiger Übergang dazu, daß *alle* die Funktionen der Kontrolle und Aufsicht verrichten, daß *alle* eine Zeitlang ‚Bürokraten' werden, so daß daher *niemand* zum Bürokraten werden kann.«[15]

»Unentrinnbarkeit«; sie tendiert dazu, spontane (wirtschaftliche und politische) Initiativen ihrer Verwaltungs-»Objekte« unter Kontrolle zu bringen und nach Möglichkeit zu ersticken.
Marx zufolge ist die Bürokratie (im Kapitalismus) Resultat der Trennung von Staat und Gesellschaft (vgl. *Kritik des Hegelschen Staatsrechts* [März-August 1843], MEW 1, S. 203-333, hier S. 247): »Eine künstliche Kaste«, die »neben den wirklichen Klassen der Gesellschaft« besteht und für die die Verteidigung des jeweiligen Regimes »eine Messer- und Gabelfrage« ist. (*Der achtzehnte Brumaire*, MEW 8, S. 202.)
(Max Weber. *Wirtschaft und Gesellschaft*, Tübingen [Mohr] 1956⁴; ders., *Gesammelte Politische Schriften*, Tübingen [Mohr-Siebeck] 1971³; Henry Jacoby, *Die Bürokratisierung der Welt*, Neuwied [Luchterhand] 1969; Leo Kofler, *Stalinismus und Bürokratie*, Neuwied [Luchterhand] 1970; Ernest Mandel, *Die Bürokratie*, Frankfurt/M. [ISP] 1976⁴; René Ahlberg, *Die sozialistische Bürokratie*, Stuttgart u.a. [Kohlhammer] 1976.)

13 Lenin, *Staat und Revolution*, LW 25, S. 420.

14 In den 1917 verfaßten ‚April-Thesen' forderte Lenin die »Abschaffung der Polizei, der Armee, der Beamtenschaft«. In einer Fußnote präzisierte er: »D.h. Ersetzung des stehenden Heeres durch die allgemeine Volksbewaffnung.« (»Über die Aufgaben des Proletariats in der gegenwärtigen Revolution« [4./5. (17./18.) April 1917], LW 24, S. 1-8, hier S. 5.)

15 Lenin, *Staat und Revolution*, LW 25, S. 496; vgl. Marx, *Der Bürgerkrieg in Frankreich*, MEW 17, S. 338-340.

Man soll nicht denken, es habe sich nach Lenins Auffassung dabei um eine Aufgabe gehandelt, deren Realisierung Jahrzehnte erfordern würde. Nein, er schreibt, dies sei der erste Schritt, mit dem man »bei der Durchführung der proletarischen Revolution *beginnen* kann und muß«.[16]

Dieselbe kühne Konzeption des Staats der proletarischen Diktatur[17] nahm anderthalb Jahre nach der Machteroberung endgültige Gestalt im Programm der Bolschewistischen Partei an, unter anderem in dem Kapitel über das Heer.[18] Ein starker Staat, aber ohne Mandarine; Streitkräfte, aber ohne Samurais![19] Die Militär- und Staatsbürokratie erwachse nicht aus den Verteidigungsaufgaben, sondern aus dem Klassengefüge der Gesellschaft, das sich auch auf die Organisation der Verteidigung übertrage. Das Heer sei nur ein Abbild der gesellschaftlichen Verhältnisse. Der Kampf gegen die äußeren Gefahren setze selbstverständlich auch im Arbeiterstaat eine spezialisierte militärisch-technische Organisation voraus, keineswegs aber eine privilegierte Offizierskaste. Das Programm fordert die Ersetzung des stehenden Heeres durch das bewaffnete Volk.[20]

Das Regime der proletarischen Diktatur höre auf diese Weise schon bei seiner Geburt auf, ein »Staat« im alten Sinne des Wortes zu sein, das heißt ein spezieller Apparat, der die Mehrheit der Bevölkerung zum Gehorsam zwingt. Mit den Waffen geht die materielle Gewalt direkt und unmittelbar in die Hände von Organisationen der Werktätigen, wie zum Beispiel der Sowjets, über.[21] Der Staat als bürokratischer Apparat beginnt vom ersten

16 Lenin, *Staat und Revolution*, LW 25, S. 439.

17 »Wir wollen von den Kommunarden revolutionäre Kühnheit lernen, wir wollen ihre praktischen Maßnahmen als *Skizzierung* der praktischen, dringlichen und sofort durchführbaren Maßnahmen betrachten, und wir werden, *wenn wir diesen Weg verfolgen*, die völlige Vernichtung des Bürokratismus erreichen. Die Möglichkeit einer solchen Vernichtung ist dadurch gesichert, daß der Sozialismus den Arbeitstag verkürzen, die *Massen* zu einem neuen Leben emporheben und die *Mehrheit* der Bevölkerung in Verhältnisse versetzen wird, die *allen* ohne Ausnahme gestatten werden, ‚Staatsfunktionen' auszuüben. Das aber führt zum *völligen Absterben* jedweden Staates überhaupt.« (Lenin, *Staat und Revolution*, LW 25, S. 504.)

18 »Programm der Kommunistischen Partei Rußlands (Bolschewisten), angenommen vom VIII. Parteikongreß 1919«, in: Meissner (Hg.), *Parteiprogramm*, S. 121-141; das Kapitel über die militärischen Aufgaben findet sich auf S. 129f.

19 Anspielung auf die Beamten- und Kriegerkasten der orientalischen Despotien Chinas und Japans. (Zum Mandarinat vgl. Max Weber, *Gesammelte Aufsätze zur Religionssoziologie*, Bd. I, Tübingen [Mohr-Siebeck] 1920, Kap. »Der Literatenstand«, S. 395-430; zu den Samurai: K. Shimmi, *Die Geschichte der Buke-Herrschaft in Japan* [1939].)

20 »Erforderlich ist eine umfassende militärische Ausbildung aller Proletarier und Halbproletarier sowie die Einführung der entsprechenden Lehrfächer in der Schule.« Zit. bei Meissner (Hg.), *Parteiprogramm*, S. 129.)

21 In einem drei Tage nach dem Sieg der Oktoberrevolution vom Volkskommissar für Inneres, Rykow, unterzeichneten Dekret hieß es: »1. Alle Räte der Arbeiter-

Tage der proletarischen Diktatur an abzusterben. So sagt es das Programm, das bis zum heutigen Tage nicht für ungültig erklärt wurde.[22] Seltsam: Es klingt wie eine jenseitige Stimme aus dem Mausoleum.[23]

Wie immer man den Charakter des heutigen Sowjetstaats erklärt —, eins ist unbestreitbar: Am Ende des zweiten Jahrzehnts seines Bestehens ist er weder abgestorben noch auch nur im »Absterben« begriffen; schlimmer: er wuchs sich zu einem in der Geschichte noch nicht dagewesenen Zwangsapparat aus; die Bürokratie ist nicht verschwunden und hat den Massen ihren Platz abgetreten, sondern sie ist zu einer unkontrollierten, die Massen beherrschenden Kraft geworden; die Armee ist nicht durch das bewaffnete Volk ersetzt worden, sondern es hat sich eine privilegierte Offizierskaste mit Marschällen an der Spitze herausgebildet[24], während dem Volk, dem »bewaffneten Träger der Diktatur«, heute in der UdSSR sogar das Tragen

und Soldatendeputierten haben Arbeitermilizen zu gründen. 2. Die Arbeitermiliz untersteht vollständig und ausschließlich dem Rate der Arbeiter- und Soldatendeputierten.« (»Über die Arbeitermiliz, Verordnung des Volkskommissariats des Inneren, 10.11.1917«, in: Altrichter [Hg.], *Die Sowjetunion*, S. 97f.)

22 Ein neues Parteiprogramm wurde erst vom 22. Parteitag der KPdSU im Oktober 1961 verabschiedet (vgl. Meissner [Hg.], *Parteiprogramm*, S. 143-244). (Das vom 27. Parteitag im Februar/März 1986 bestätigte Programm ist eine überarbeitete Fassung des Programms von 1961.) Setzte sich das bolschewistische Programm von 1919 die »Beseitigung der Staatsgewalt« zum Ziel, so sieht das heute gültige Programm der KPdSU in der »Entwicklung und Stärkung des sozialistischen Sowjetstaates und eine(r) immer umfassendere(n) Ausprägung ... seiner Rolle als Schöpfer und Erbauer ... eine Kernfrage der Politik der Partei«. (*Sowjetunion zu neuen Ufern?*, S. 225.)

23 Anspielung auf das zur Aufbewahrung von Lenins Leichnam in Moskau errichtete Mausoleum, um dessen Bau es in der Parteiführung zu Kontroversen gekommen war. »Lenin war noch nicht tot, als Stalin mit Unterstützung Kalinins und Rykows für eine Bestattung des einbalsamierten Leichnams nach ,russischer' Art eintrat. Trotzki wandte sich dagegen, weil dahinter die Absicht stehe, neue heilige ,Reliquien' zu schaffen, und forderte die Verbrennung des Leichnams; er wurde dabei von Bucharin und Kamenew unterstützt. Nach Lenins Tod setzte Stalin gegen die Proteste der gleichen Gruppe von Kritikern seine Forderung durch, den Leichnam zu konservieren.« (Daniels, *Das Gewissen ...*, S. 549f., dort verwiesen auf N. Volsky, *Memoirs*, unveröffentlichtes Manuskript, 1956, S. 147-152.) (Auch Nadjeschda K. Krupskaja soll einem in der Partei weitverbreiteten Gerücht zufolge dagegen protestiert haben.) Am 26. Januar 1924 beschloß der zweite Allunionskongreß der Sowjets per Akklamation, Lenins Leichnam einzubalsamieren und in einem an der Kreml-Mauer eigens errichteten Mausoleum auszustellen.

24 In der Roten Armee gab es in den ersten achtzehn Jahren ihres Bestehens keine Dienstgrade und Ränge, sondern nur unterschiedliche militärische Funktionen. Es gab keine Offiziere, sondern nur Kommandeure unterschiedlicher Befehlsgewalt (z.B. Bataillons- oder Divisionskommandeur). Am 22. September 1935 wurden durch eine Verordnung des ZEK und des Rates der Volkskommissare *persönliche Dienstgrade* eingeführt und die traditionelle Militärhierarchie wieder-

von Hieb- und Stichwaffen verboten ist.[25] Auch bei größter Anstrengung der Phantasie kann man sich kaum einen schärferen Kontrast ausdenken als denjenigen, der zwischen dem Marx-Engels-Leninschen Schema eines Arbeiterstaats und dem realen Staat besteht, an dessen Spitze heute Stalin steht. Ohne den Druck von Lenins Gesammelten Werken einzustellen (die allerdings zensiert und entstellt werden), stellen sich die heutigen Führer der Sowjetunion und ihre Ideologen nicht einmal die Frage, was denn der Grund für ein so himmelschreiendes Auseinanderklaffen zwischen Programm und Wirklichkeit ist. Versuchen wir, es an ihrer Statt zu tun.

## Der Doppelcharakter des Arbeiterstaats

Die proletarische Diktatur bildet die Brücke zwischen der bürgerlichen und der sozialistischen Gesellschaft; sie ist also ihrem Wesen nach ein befristetes Regime. Eine Nebenaufgabe des Staates, der die Diktatur ausübt, aber eine sehr wichtige, besteht darin, seine eigene Aufhebung vorzubereiten. Der Grad der Verwirklichung dieser »Neben«-Aufgabe ist gewissermaßen ein Kriterium für die erfolgreiche Durchführung der Hauptmission: den Aufbau der klassenlosen und von materiellen Widersprüchen freien Gesellschaft. Bürokratismus und soziale Harmonie sind einander umgekehrt proportional.

In seiner berühmten Polemik gegen Dühring[26] schrieb Engels:

hergestellt. Am 20. November 1935 wurden fünf hohe Offiziere (Blücher, Budjonny, Jegorow, Tuchatschewski und Woroschilow) zu »Marschällen der Sowjetunion« ernannt.

25 »Ein Erlaß vom 30. März [1935] stellte das unerlaubte Tragen eines Messers unter fünfjährige Gefängnisstrafe.« (Conquest, *Am Anfang...*, S. 110.) »1936 wurde den Parteigenossen das Recht entzogen, Waffen zu tragen, denn Stalin, der nun den Massenterror gegen die Partei vorbereitete, fürchtete aktive Gegenwehr.« (Medwedew, *Die Wahrheit...*, S. 189.)

26 Karl Eugen Dühring (1833-1921) lehrte von 1863 bis 1877 als Privatdozent Philosophie, später auch Nationalökonomie an der Berliner Universität; 1877 wurde ihm nach Auseinandersetzungen mit Kollegen und Angriffen auf den zeitgenössischen akademischen Betrieb die Lehrerlaubnis entzogen. Danach lebte Dühring als freier Schriftsteller. Er vertrat einen an Auguste Comte orientierten, optimistischen Positivismus, kritisierte die christliche und jüdische Religion und bezeichnete sich in seiner Autobiographie *Sache, Leben, Feinde* (Karlsruhe [Reuther] 1882) als den eigentlichen Begründer des »Anti-Semitismus«.
Friedrich Engels sah sich zu einer grundsätzlichen Auseinandersetzung mit Dühring veranlaßt (*Herrn Eugen Dührings Umwälzung der Wissenschaft [»Anti-Dühring«]* [1876-1878], MEW 20, S. 1-303), weil »gerade die geistig regen Elemente der Sozialdemokratie ... durch Dührings Lehre stark angezogen wurden« (Franz Mehring, *Geschichte der deutschen Sozialdemokratie*, 2. Teil, Berlin [Dietz] 1960, S. 480). Engels Streitschrift wurde in viele Sprachen über-

»... Sobald es keine Gesellschaftsklasse mehr in der Unterdrückung zu halten gibt, sobald mit der Klassenherrschaft und dem in der bisherigen Anarchie der Produktion begründeten Kampf ums Einzeldasein auch die daraus entspringenden Kollisionen und Exzesse beseitigt sind, gibt es nichts mehr zu reprimieren, das eine besondere Repressionsgewalt, einen Staat, nötig machte.«[27]

Der Spießer hält den Gendarmen für eine ewige Einrichtung. In Wirklichkeit wird der Gendarm den Menschen nur solange im Zaum halten, wie der Mensch nicht wahrhaft die Natur im Zaum hält. Soll der Staat verschwinden, muß die »Klassenherrschaft und der ... Kampf ums Einzeldasein« verschwinden. Engels faßt diese beiden Voraussetzungen zu einer zusammen: in der Perspektive des Wechsels der sozialen Regime kommt es auf ein paar Jahrzehnte nicht an. Anders sieht die Sache für die Generationen aus, die den Umsturz selbst miterleben. Es ist wahr: der Kampf aller gegen alle entsteht nur aus der kapitalistischen Anarchie. Aber die Vergesellschaftung der Produktionsmittel beseitigt noch nicht automatisch den »Kampf ums Einzeldasein«. Das ist der Kern der Sache!

Sogar in Amerika, also auf dem Fundament des am weitesten fortgeschrittenen Kapitalismus, würde der sozialistische Staat nicht mit einem Schlage jedem soviel gewähren können, wie er braucht, und sich daher gezwungen sehen, einen jeden zu größtmöglicher Produktion zu veranlassen.[28] Das Amt des *Antreibers* fällt unter diesen Umständen natürlich dem Staat zu, der seinerseits nicht umhin kann, mit diesen oder jenen Änderungen und Milderungen auf die vom Kapitalismus ausgebildeten Methoden der Vergütung der Arbeitsleistung zurückzugreifen. In eben diesem Sinne schrieb Marx 1875:

»... Aber diese Mißstände sind unvermeidbar in der ersten Phase der kommunistischen Gesellschaft, wie sie eben aus der kapitalistischen Gesellschaft nach langen Geburtswehen hervorgegangen ist. *Das Recht kann nie höher sein als die ökonomische Gestaltung und dadurch bedingte Kulturentwicklung der Gesellschaft.«*[29]

setzt und trug entscheidend zur Popularisierung des historischen Materialismus bei.
(Schriften: *Natürliche Dialektik*, Berlin [Mittler u. Sohn] 1865; *Der Werth des Lebens*, Breslau [Trewendt] 1865; *Kritische Geschichte der Philosophie von ihren Anfängen bis zur Gegenwart*, Berlin [Heimann] 1869; *Kritische Geschichte der Nationalökonomie und des Socialismus*, Berlin [Grieben] 1871; *Kritische Geschichte der allgemeinen Principien der Mechanik*, Berlin [Grieben] 1872; *Der Ersatz der Religion durch Vollkommeneres und die Ausscheidung alles Judenthums durch den modernen Völkergeist*, Karlsruhe [Reuther] 1883; *Die Größen der modernen Literatur*, Leipzig [Naumann] 1893.
G. Albrecht, *Eugen Dühring*, 1927.)

27 Engels, *Anti-Dühring*, MEW 20, S. 262.

28 Vgl. Trotzki, »Wenn Amerika kommunistisch würde« (17.8.1934), in: ders., *Denkzettel*, S. 244-254.

29 Karl Marx, *Kritik des Gothaer Programms* (1875), MEW 19, S. 11-32, hier S. 21.

Zur Erläuterung dieser bemerkenswerten Zeilen setzt Lenin hinzu:

»Das bürgerliche Recht setzt natürlich in bezug auf die Verteilung der *Konsumtions*mittel unvermeidlich auch den *bürgerlichen Staat* voraus, denn das Recht ist nichts ohne einen Apparat, der imstande wäre, die Einhaltung der Rechtsnormen zu *erzwingen*. So ergibt sich, daß im Kommunismus nicht nur das bürgerliche Recht eine gewisse Zeit fortbesteht, sondern sogar auch der bürgerliche Staat — ohne Bourgeoisie.«[30]

Diese bedeutsame Schlußfolgerung, die von den heutigen offiziellen Theoretikern völlig ignoriert wird, ist für das Verständnis des Charakters des Sowjetstaats entscheidend, genauer: für eine erste Annäherung an ein Verständnis. Sofern der Staat, der sich die sozialistische Umgestaltung der Gesellschaft zur Aufgabe macht, gezwungen ist, mit Zwangsmethoden Ungleichheit, das heißt materielle Vorteile einer Minderheit aufrechtzuerhalten, bleibt er noch immer in gewissem Grade ein »bürgerlicher« Staat, wenn auch ohne Bourgeoisie. Diese Worte bedeuten weder Lob, noch Tadel, sie nennen die Sache einfach beim Namen.

Die bürgerlichen Verteilungsnormen sollen, indem sie das Wachstum der materiellen Macht beschleunigen, sozialistischen Zielen dienen. Doch nur zu guter Letzt. Unmittelbar hat nämlich der Staat von Anfang an einen doppelten Charakter: Er ist sozialistisch, soweit er das vergesellschaftete Eigentum an den Produktionsmitteln schützt, und er ist bürgerlich, soweit die Verteilung der Konsumgüter mit Hilfe des Geldes, des kapitalistischen Wertmessers, erfolgt[31], mit allen daraus resultierenden Folgen. Diese widersprüchliche Charakteristik mag Dogmatiker und Scholastiker in Schrecken versetzen: uns bleibt da nur übrig, ihnen unser Beileid auszusprechen.

Das definitive Gesicht des Arbeiterstaats wird von dem variablen Verhältnis zwischen seinen bürgerlichen und seinen sozialistischen Tendenzen bestimmt. Der Sieg der letzteren muß die endgültige Liquidierung des Gendarmen bedeuten, das heißt das Aufgehen des Staates in einer sich selbst verwaltenden Gesellschaft. Daraus erhellt schon zur Genüge, daß das — für sich genommen wie als Symptom — von ganz außerordentlicher Bedeutung ist!

Gerade dadurch, daß Lenin, seinem intellektuellen Duktus entsprechend, der Marxschen Konzeption eine überaus scharfe Prägung gibt, deckt

30 Lenin, *Staat und Revolution* (August/September 1917), LW 25, S. 393-507, hier S. 485.

31 Die in der »ersten Phase der kommunistischen Gesellschaft« an das individuell geleistete Arbeitsquantum geknüpfte Verteilung von Konsumgütern entspricht noch dem Prinzip des Warentausches: »... es wird gleich viel Arbeit in einer Form gegen gleich viel Arbeit in einer andern ausgetauscht.« (MEW 19, S. 20.)

er die Quelle künftiger Schwierigkeiten auf, darunter auch derjenigen seiner eigenen Praxis, auch wenn er nicht die Zeit fand, seine Analyse zu Ende zu führen. »Der bürgerliche Staat ohne Bourgeoisie« erwies sich als unvereinbar mit wirklicher Sowjetdemokratie. Die Zwieschlächtigkeit der Funktionen des Staates mußte notwendig auch in seiner Struktur zum Ausdruck kommen. Die Erfahrung lehrte, was theoretisch nicht mit genügender Klarheit vorhersagbar war: Was die Verteidigung des vergesellschafteten Eigentums gegenüber der bürgerlichen Konterrevolution betrifft, so erfüllt der »Staat der bewaffneten Arbeiter« völlig seinen Zweck. Mit der Regulierung der Ungleichheit in der Sphäre des Verbrauchs verhält es sich aber ganz anders. Vorrechte zu schaffen und sie zu verteidigen, sind diejenigen nicht gewillt, die davon nichts haben. Die Mehrheit kann nicht für die Privilegien der Minderheit sorgen. Zur Verteidigung des »bürgerlichen Rechts« ist der Arbeiterstaat gezwungen, ein dem Typus nach »bürgerliches« Organ ins Leben zu rufen, das heißt eben wieder denselben Gendarm, wenn auch in neuer Uniform.

Wir haben damit den ersten Schritt getan zum Verständnis des Grundwiderspruchs zwischen dem bolschewistischen Programm und der Sowjetwirklichkeit. Wenn der Staat nicht abstirbt, sondern immer despotischer wird, wenn die Delegierten der Arbeiterklasse sich bürokratisieren und die Bürokratie sich über die erneuerte Gesellschaft aufschwingt, so ist das nicht die Folge irgendwelcher zweitrangiger Ursachen wie psychologischer Überbleibsel der Vergangenheit usw., sondern Produkt der eisernen Notwendigkeit, eine privilegierte Minderheit auszusondern und auszuhalten, solange wirkliche Gleichheit noch nicht möglich ist.

Die Bürokratisierungstendenzen, an denen die Arbeiterbewegung der kapitalistischen Länder zu ersticken droht, werden sich auch nach der proletarischen Umwälzung bemerkbar machen. Doch es ist klar, daß das »Gesetz« der Bürokratisierung sich um so stärker und unverkennbarer geltend macht, je ärmer die aus der Revolution geborene Gesellschaft ist. Der Bürokratismus wird dann entsprechend gröbere Formen annehmen und kann die sozialistische Entwicklung um so mehr gefährden. Was den Sowjetstaat hindert, abzusterben oder sich auch nur von bürokratischen Parasiten zu befreien, sind nicht, wie es in Stalins Polizistendoktrin heißt, die an sich ohnmächtigen »Überreste« der früheren herrschenden Klassen[32],

32 Vgl. Stalins Ausführungen vor dem gemeinsamen Plenum des ZK und der ZKK der KPdSU(B) am 7. Januar 1933: »Die Aufhebung der Klassen wird nicht durch das Erlöschen des Klassenkampfes, sondern durch seine Verstärkung erreicht. Das Absterben des Staates wird nicht durch Schwächung der Staatsmacht erfolgen, sondern durch ihre maximale Verstärkung, die notwendig ist, um die Überreste der sterbenden Klassen zu vernichten und die Verteidigung gegen die kapitalistische Umkreisung zu organisieren, die noch bei weitem nicht beseitigt ist und noch nicht so bald beseitigt sein wird.« (Stalin, »Die Ergebnisse des ersten Fünfjahrplans, Bericht am 7. Januar 1933«, SW 13, S. 143-209, hier S. 189.)

sondern weitaus mächtigere Faktoren, wie die materielle Armut, die kulturelle Rückständigkeit und die daraus resultierende Herrschaft »bürgerlichen Rechts« auf einem Gebiet, wo jeder Mensch direkt betroffen ist: auf dem Gebiet der Selbsterhaltung.

## Die »verallgemeinerte Not« und der Gendarm

Zwei Jahre vor dem *Manifest der Kommunistischen Partei* schrieb der junge Marx:

> Die »Entwicklung der Produktivkräfte ... [ist] auch deswegen eine absolut notwendige praktische Voraussetzung, weil ohne sie nur der *Mangel* verallgemeinert, also mit der *Notdurft* auch der Streit um das Notwendige wieder beginnen und die ganze alte Scheiße sich herstellen müßte ...«[33]

Diesen Gedanken hat Marx nirgends direkt ausgeführt, und das ist kein Zufall: er hatte ja eine proletarische Revolution in einem zurückgebliebenen Land nicht vorhergesehen. Auch Lenin verweilte nicht bei diesem Problem, und auch das war kein Zufall: er hatte eine so lange Isolation des Sowjetstaats nicht vorhergesehen. Doch das angeführte Zitat, das bei Marx selbst nur eine abstrakte Konstruktion, nur eine Folgerung aus dem Negativen ist, liefert uns einen unersätzlichen theoretischen Schlüssel zu den konkreten Schwierigkeiten und Gebrechen des Sowjetregimes. Auf dem historischen Hintergrund tiefsten Elends, das durch die Verwüstungen des imperialistischen Krieges und des Bürgerkrieges verschärft wurde, konnte der »Kampf ums Einzeldasein« weder am Tage nach dem Sturz der Bourgeoisie verschwinden noch sich in den darauffolgenden Jahren auch nur mildern. Er wurde vielmehr zeitweilig mit unerhörter Grausamkeit geführt: Muß man daran erinnern, daß die Bevölkerung gewisser Regionen zweimal bis zur Menschenfresserei herabsank?[34]

Die Distanz, die das zaristische Rußland vom Westen trennte, läßt sich erst jetzt wirklich ermessen. Unter günstigsten Bedingungen, das heißt beim Ausbleiben innerer Erschütterungen und äußerer Katastrophen, bedürfte es noch mehrerer Fünfjahrespläne, bis die UdSSR soweit wäre, sich

33 Karl Marx - Friedrich Engels, *Die deutsche Ideologie* (1845/46), MEW 3, S. 9-530, hier S. 34f.

34 Von den Hungersnöten, die 1921/22 und 1932/33 Millionen von Opfern forderten, waren vor allem traditionelle landwirtschaftliche Überschußgebiete wie die Ukraine, das Wolgagebiet, der Nordkaukasus und die Krim betroffen. Aus einigen Gebieten wurde über Fälle von Kannibalismus berichtet. (Vgl. Heller - Nekrich, *Geschichte der Sowjetunion*, Bd. 1, S. 110, 226f.)

die Wirtschafts- und Erziehungsleistungen gänzlich zu eigen zu machen, für die die Erstlinge der kapitalistischen Zivilisation ein ganzes Zeitalter benötigten. Die Lösung *vorsozialistischer* Aufgaben mit Hilfe *sozialistischer* Methoden — das ist das Wesen der heutigen Wirtschaft und Kultur der UdSSR.

Zwar übertrifft die Sowjetunion heute mit ihren Produktivkräften die höchstentwickelten Länder der Zeit von Marx. Aber zum einen kommt es bei dem historischen Vergleich zweier Regime nicht so sehr auf die absoluten als vielmehr auf die relativen Niveaus an: die Sowjetwirtschaft steht dem Kapitalismus der Hitler, Baldwin und Roosevelt[35] gegenüber, nicht dem der Bismarck, Palmerston[36] oder Abraham Lincoln[37]; zum anderen verändert

35 Franklin Delano Roosevelt (1882-1945), 32. Präsident der USA, Jurist, 1910 für die Demokratische Partei in den New Yorker Senat gewählt; seit 1928 Gouverneur des Staates New York, schlug er 1932 bei den Präsidentschaftswahlen Herbert Hoover und wurde 1936, 1940 und 1944 im Amt bestätigt. Der Wirtschaftskrise suchte er mit einem staatsinterventionistischen Reformprogramm, dem »New Deal«, zu begegnen. Roosevelt verkündete 1941 mit dem britischen Premierminister Winston Churchill in der »Atlantic-Charta« die Ziele der alliierten Kriegs- und Nachkriegspolitik. Auf den Gipfelkonferenzen der »Großen Drei« in Teheran (1943) und Jalta (1945) vereinbarte er mit Churchill und Stalin eine Aufteilung der Welt in Einflußsphären, die für die Nachkriegspolitik von entscheidender Bedeutung war.
(Compton Mackenzie, *Franklin Delano Roosevelt*, Zürich [Büchergilde] 1946; Edgar Eugene Robinson, *The Roosevelt Leadership 1933-1945* [1955], New York [Da Capo Press] 1972.)

36 John Henry Temple Palmerston (Viscount) (1784-1865); zunächst Konservativer (Tory), seit 1830 Liberaler (Whig), 1809-1828 Kriegsminister, 1830-1855 mit kurzen Unterbrechungen Außen- und Innenminister, 1855-1858 und 1859-1865 Premier. Palmerston galt als Inkarnation des britischen Chauvinismus; unter seiner Ägide dehnte sich das britische Imperium aus (Eroberung von Aden und Hongkong, 1841, von Lagos, 1861). Marx griff ihn in einem Pamphlet als Repräsentanten der britischen Oligarchie an. (»Lord Palmerston«, [Oktober bis Dezember 1853], MEW 9, S. 353-418.)
(Henry Lytton Bulwer, *The Life of John Henry Temple, Viscount Palmerston, with Selections from his Diaries and Correspondence,* London [Bentley] 1870-1874; Evelyn Ashley, *The Life of Henry John Temple, Viscount Palmerston, 1846-1865*, A Continuation of Bulwer's Life of Palmerston, London [*Bentley & Son*] 1876.)

37 Abraham Lincoln (1809-1865), 16. Präsident der USA, Rechtsanwalt. 1834-1842 im Parlament von Illinois, 1847 Kongreßabgeordneter in Washington, 1856 Mitglied der neu gegründeten Republikanischen Partei, 1860 Präsident der USA. Im US-Bürgerkrieg (1861-1865) leitete Lincoln die Politik der Nordstaaten (Union) gegenüber den sezessionistischen Südstaaten (Konföderierte Staaten von Amerika). 1863 proklamierte er die Aufhebung der Sklaverei und erleichterte damit den Sieg der Unionisten im Bürgerkrieg. Unmittelbar nach Kriegsende wurde er von einem weißen Rassisten ermordet.
Marx schrieb, Lincoln sei »Plebejer« »ohne intellektuellen Glanz, ohne besondere Größe des Charakters, ohne ausnahmsweise Bedeutung«, »dennoch wird [er]

sich mit der Weiterentwicklung der internationalen Technik auch der Umfang der menschlichen Bedürfnisse: die Zeitgenossen von Marx kannten weder das Automobil noch das Kino oder das Flugzeug. Heute aber wäre die sozialistische Gesellschaft undenkbar ohne den freien Genuß all dieser Dinge.

»Die erste Phase der kommunistischen Gesellschaft«, mit Marx zu reden, beginnt auf dem Niveau, bei dem der höchstentwickelte Kapitalismus angelangt ist. Das reale Programm der nächsten sowjetischen Fünfjahrespläne besteht indes darin, »Europa und Amerika einzuholen«. Zur Schaffung eines Netzes von asphaltierten Landstraßen und Autobahnen in den endlosen Weiten der UdSSR bedarf es weit mehr Zeit und Mittel als zur Einfuhr fertiger Autofabriken aus Amerika[38], sogar mehr als zur Aneignung ihrer Technik. Wieviel Jahre werden nötig sein, bis es jedem Bürger möglich ist, sich mit dem Auto in beliebiger Richtung zu bewegen und sich dabei unterwegs mühelos mit Kraftstoff zu versorgen? In der barbarischen Gesellschaft bildeten Berittene und Fußgänger zwei Klassen. Das Auto differenziert die Gesellschaft nicht weniger als das Reitpferd. Solange ein bescheidener »Ford«[39] das Privileg einer Minderheit bleibt, bleiben auch alle der bürgerlichen Gesellschaft eigenen Verhältnisse und Gewohnheiten bestehen. Und mit ihnen der Wächter der Ungleichheit, der Staat.

Von der Marxschen Theorie der Diktatur des Proletariats ausgehend, kam Lenin, wie schon gesagt, weder in seiner Hauptarbeit zu dieser Frage (*Staat und Revolution*), noch im Parteiprogramm dazu, aus der wirtschaftlichen Zurückgebliebenheit und Isoliertheit des Landes alle notwendigen Schlußfolgerungen hinsichtlich des Charakters des Staates zu ziehen. Das Parteiprogramm erklärt die Rückfälle in den Bürokratismus mit der fehlenden Erfahrung der Massen im Umgang mit Verwaltungsproblemen sowie

in der Geschichte der Vereinigten Staaten und der Menschheit unmittelbar Platz nehmen nach Washington!« (»Zu den Ereignissen in Nordamerika« [7.10.1862], MEW 15, S. 551-553, hier S. 553.)
(Roy Prentice Basler [Hg.], *The Collected Works of Abraham Lincoln*, 8 Bde. u. Reg., New Brunswick [Rutger] 1953-1955; Don Edward Fehrenbacher, *Abraham Lincoln*, A Documentary Portrait Through his Speeches and Writings, Stanford [Stanford University Press] 1977; Jürgen Kuczynski, *Abraham Lincoln*, Eine Biographie, Köln [Pahl-Rugenstein] 1985.)

38 Das Straßennetz der Sowjetunion war 1940 viermal so groß wie im Jahre 1913; 1940-1966 verdreifachte es sich und umfaßte 1968 456 000 km. In den kapitalistischen Industrie- und Entwicklungsländern gab es 1964 je 100 $km^2$ bewohnten Territoriums 30 km Straßen, in der Sowjetunion 9,6 km.
Die Kraftfahrzeugproduktion der Sowjetunion erreichte 1928 50 Pkw und 790 Lkw und Busse, 1984 1,3 Millionen Pkw und 900 000 Lkw. In den USA wurden 1984 7,7 Millionen Pkw und 3,2 Millionen Lkw hergestellt.

39 Das Modell T der Ford Motor Company (»Tin Lizzy«) war der Prototyp des in industrieller Massenproduktion (am Fließband) hergestellten Automobils; zwischen 1908 und 1927 wurden mehr als 15 Millionen Autos dieses Modells gebaut.

durch die besonderen, kriegsbedingten Schwierigkeiten, und empfiehlt rein politische Maßnahmen zur Überwindung der »bürokratischen Perversion« (Wählbarkeit und Absetzbarkeit aller Delegierten zu beliebiger Zeit, Aufhebung der materiellen Privilegien, aktive Massenkontrolle usw.).[40] Man nahm an, auf diese Weise würde sich der Beamte von einem Vorgesetzten in einen einfachen und überdies nur zeitweilig tätigen technischen Agenten verwandeln, und der Staat würde allmählich und unmerklich von der Szene abtreten.

Die offensichtliche Unterschätzung der bevorstehenden Schwierigkeiten erklärt sich daraus, daß das Programm vollständig und vorbehaltlos auf einer internationalen Perspektive aufgebaut war. »Die Oktober-Revolution ... hat in Rußland die Diktatur des Proletariats verwirklicht ... Das Zeitalter der proletarischen kommunistischen Weltrevolution (hat) begonnen.«[41] Das sind die Eingangszeilen des Programms. Seine Verfasser setzten sich nicht nur nicht die Errichtung des »Sozialismus in *einem* Lande« zum Ziel — diese Idee kam damals überhaupt niemandem in den Sinn, am allerwenigsten Stalin —, sondern zerbrachen sich nicht einmal den Kopf mit der Frage, was der Charakter des Sowjetstaats sein würde, falls er zwei Jahrzehnte lang isoliert diejenigen ökonomischen und kulturellen Aufgaben zu lösen hätte, die der fortgeschrittene Kapitalismus längst gelöst hat.

Die revolutionäre Nachkriegskrise führte jedoch nicht zum Sieg des Sozialismus in Europa: die Sozialdemokratie rettete die Bourgeoisie. Die Periode, die Lenin und seinen erfahrenen Kampfgenossen als eine kurze »Atempause«[42] erschien, dehnte sich auf eine ganze historische Epoche aus. Die widersprüchliche gesellschaftliche Struktur der UdSSR und der ultra-

40 »Das nicht genügend hohe Kulturniveau der breiten Massen, der Mangel der erforderlichen Verwaltungserfahrung bei den von den Massen auf verantwortliche Posten gestellten Funktionären, die Notwendigkeit, unter schwierigen Verhältnissen schleunigst Fachleute der alten Schule heranzuziehen, und die Inanspruchnahme der am meisten entwickelten Schicht der städtischen Arbeiter für militärische Arbeit (haben) zu einem teilweisen Wiederaufleben des Bürokratismus innerhalb der Sowjetordnung geführt. Die KPR ... tritt zur vollständigen Überwindung dieses Übels für folgende Maßnahmen ein: 1. Obligatorische Heranziehung jedes Mitglieds eines Sowjets zur Leistung einer bestimmten Arbeit in der Staatsverwaltung. 2. Konsequenter Wechsel in diesen Arbeiten, damit sie sich nach und nach auf alle Verwaltungszweige erstrecken. 3. Allmähliche Heranziehung der gesamten werktätigen Bevölkerung ohne Ausnahme zur Mitarbeit in der Staatsverwaltung.« (Meissner [Hg.], *Parteiprogramm*, S. 127f.)

41 Ebd., S. 121.

42 Lenin plädierte für den Abschluß des Friedensvertrags von Brest-Litowsk mit dem Argument, man müsse Raum aufgeben, um eine »Atempause«, d.h. Zeit bis zu der erwarteten sozialistischen Revolution in Deutschland zu gewinnen. (Vgl. die von ihm formulierte »Stellungnahme des ZK der SDAPR [Bolschewiki] zur Frage des annexionistischen Separatfriedens« [24.2.1918], LW 27, S. 42-45.)

bürokratische Charakter ihres Staats sind direkte Folgen dieser eigenartigen, »unvorhergesehenen« historischen Stockung, die gleichzeitig in den kapitalistischen Ländern zum Faschismus[43] oder zur präfaschistischen Reaktion führte.

Scheiterte der anfänglich unternommene Versuch, einen vom Bürokratismus gereinigten Staat zu schaffen, vor allem an der Unerfahrenheit der Massen in der Selbstverwaltung und am Mangel von dem Sozialismus ergebenen, qualifizierten Arbeitern, so tauchten schon sehr bald hinter diesen unmittelbaren Schwierigkeiten andere, tieferliegende auf. Die Reduktion des Staats auf die Funktionen eines »Revisors und Kontrolleurs«[44] bei ständiger Verminderung seiner Zwangsfunktion, wie es das Programm

Später, im Juli 1921, erklärte er rückblickend: »Schon vor der Revolution und auch nachher dachten wir: Entweder sofort oder zumindest sehr rasch wird die Revolution in den übrigen Ländern kommen, in den kapitalistisch entwickelteren, oder aber wir müssen zugrunde gehen. Trotz dieses Bewußtseins taten wir alles, um das Sowjetsystem unter allen Umständen und um jeden Preis aufrechtzuerhalten, denn wir wußten, daß wir nicht nur für uns, sondern auch für die internationale Revolution arbeiteten. ... Indessen verlief die Bewegung nicht so gradlinig, wie wir erwartet hatten.« (Lenin, »Referat über die Taktik der KPR« [5.7.1921], LW 32, S. 501-519, hier S. 502/503.)

43 »Der Faschismus kam keineswegs ,an Stelle' des Sozialismus. Der Faschismus ist die Fortsetzung des Kapitalismus, ein Versuch, dessen Existenz mit bestialischen und monströsen Mitteln zu verlängern. Der Kapitalismus erhielt die Gelegenheit, zum Faschismus seine Zuflucht zu nehmen, nur darum, weil das Proletariat die sozialistische Revolution nicht rechtzeitig durchführte. Das Proletariat wurde bei der Erfüllung seiner Aufgabe durch die opportunistischen Parteien gelähmt. Das einzige, was man sagen kann, ist, daß sich der Weg der revolutionären Entwicklung des Proletariats als reicher an Hindernissen, Schwierigkeiten und Etappen erwiesen hat, als die Begründer des wissenschaftlichen Sozialismus voraussahen.« (»[Trotzkis letzter Artikel]« [20.8.1940], SüD 2, S. 732-741, hier S. 739 f.)

44 »Die Ersetzung der Regierung (action gouvernementale) durch die Verwaltung (action administrative)« war »die große Forderung Saint-Simons« (Thilo Ramm, *Die großen Sozialisten als Rechts- und Sozialphilosophen*, Bd. 1, Stuttgart [Fischer] 1955, S. 272) — dem Engels »eine geniale Weite des Blicks« bescheinigte, »vermöge deren fast alle nicht streng ökonomischen Gedanken der spätern Sozialisten bei ihm im Keim enthalten sind« (MEW 20, S. 242), eben auch die »Abschaffung des Staats«. »Während Babeuf die Aufnahme der Gesellschaft in den Staat fordert, verlangt Saint-Simon, daß sich die Gesellschaft des geringen Restes der staatlichen Funktionen bemächtigen solle«, schreibt Ramm (S. 287) und zitiert den großen Frühsozialisten: »Die Gesellschaftsordnung muß heute als einziges, unmittelbares und ständiges Ziel die Verwaltung des Menschen über die Sachen haben« (*L'Organisateur* [1819] *Œuvres de S.-S. et d'Enfantin*, Paris 1865-1878, Bd. XX, S. 144 und 134; Ramm, S. 272).

Bei Engels hieß es dann: »Alle Sozialisten sind einer Meinung darüber, daß der politische Staat und mit ihm die politische Autorität im Gefolge der nächsten sozialen Revolution verschwinden werden, und das bedeutet, daß die öffentlichen Funktionen ihren politischen Charakter verlieren und sich in einfache

fordert, setzt doch ein gewisses Maß von allgemeinem materiellen Wohlstand voraus. Gerade diese notwendige Voraussetzung aber fehlte. Die Hilfe aus dem Westen blieb aus. Die Macht der demokratischen Sowjets erwies sich als hinderlich, ja, als unerträglich, als es darum ging, die für Verteidigung, Industrie, Technik und Wissenschaft unentbehrlichen privilegierten Gruppen zu versorgen. Auf Grund dieser keineswegs »sozialistischen« Operation »zehnen wegnehmen, um einem zu geben« kam es zur Absonderung und Vermehrung einer mächtigen Kaste von Spezialisten an der Futterkrippe.

Warum aber führten die ungeheuren Wirtschaftserfolge der letzten Zeit[45] nicht zu einer Linderung, sondern im Gegenteil zur Verschärfung der Ungleichheit und damit zum weiteren Anwachsen des Bürokratismus, der sich nun aus einer »Perversion« zu einem Verwaltungssystem fortentwickelt hat? Bevor wir diese Frage zu beantworten suchen, müssen wir hören, was die maßgeblichen Führer der Sowjetbürokratie von ihrem eigenen Regime halten.

## »Vollständiger Sieg des Sozialismus« und »Festigung der Diktatur«

Der »vollständige Sieg« des Sozialismus in der UdSSR ist in den letzten Jahren mehrfach angekündigt worden, besonders kategorisch im Zusammenhang mit der »Liquidierung des Kulakentums als Klasse«. Am 30. Januar 1931 schrieb die *Prawda* in einem Kommentar zu einer Rede Stalins: »Im zweiten Fünfjahresplan werden die *letzten* Überreste der kapitalistischen Elemente in unserer Wirtschaft liquidiert sein« (von uns unterstrichen, L.T.). In dieser Perspektive gesehen, müßte in derselben Zeit auch der

administrative Funktionen verwandeln werden, die die sozialen Interessen hüten.« (»Von der Autorität« [1872/73], MEW 18, S. 305-308, hier S. 308.) »Der erste Akt, worin der Staat wirklich als Repräsentant der ganzen Gesellschaft auftritt — die Besitzergreifung der Produktionsmittel im Namen der Gesellschaft — ist zugleich sein letzter selbständiger Akt als Staat. Das Eingreifen einer Staatsgewalt in gesellschaftliche Verhältnisse wird auf einem Gebiete nach dem anderen überflüssig und schläft dann von selbst ein. An die Stelle der Regierung über Personen tritt die Verwaltung von Sachen und die Leitung von Produktionsprozessen.« (*Anti-Dühring* [1878], MEW 20, S. 262.)
Schließlich schrieb Lenin: »Rechnungsführung und Kontrolle — das ist das *Wichtigste*, was zum ,Ingangsetzen', zum richtigen Funktionieren der kommunistischen Gesellschaft in ihrer *ersten Phase* erforderlich ist. *Alle* Bürger verwandeln sich hier in entlohnte Angestellte des Staates, den die bewaffneten Arbeiter bilden.« (*Staat und Revolution* [1917], LW 25, S. 487.)

45 Auf die furchtbare Hungersnot der Jahre 1932/33 folgte 1934-1937 eine Phase wirtschaftlichen Wachstums mit rascher Zunahme der industriellen Produktion.

Staat endgültig absterben, denn wo die »letzten Überreste« des Kapitalismus liquidiert sind, da hat ein Staat nichts mehr zu suchen.

»Die Sowjetmacht«, heißt es dazu im Programm der Bolschewistischen Partei, »erkennt ... offen an, daß der Klassencharakter eines jeden Staates unvermeidlich ist, solange nicht die Klassenteilung der Gesellschaft und damit jegliche Staatsgewalt völlig verschwunden ist.«[46]

Als indes einige unvorsichtige Moskauer Theoretiker aus der auf Treu und Glauben hingenommenen Liquidierung der »letzten Überreste« des Kapitalismus auf das Absterben des Staates schließen wollten, erklärte die Bürokratie diese Theorien sofort für »konterrevolutionär«.

Wo liegt nun der theoretische Fehler der Bürokratie: in der Voraussetzung oder in der Schlußfolgerung? In beidem. Anläßlich der ersten Deklaration des »vollständigen Sieges« sagte die Opposition[47]: Man darf sich nicht auf die gesellschaftlich-juridischen, dabei unreifen, widersprüchlichen und in der Landwirtschaft noch überaus unbeständigen Verhältnisse beschränken und vom Hauptkriterium absehen, vom Stand der Produktivkräfte. Der gesellschaftliche Inhalt der Rechtsformen verändert sich mit dem Entwicklungsstand der Technik: »Das Recht kann nie höher sein als die ökonomische Gestaltung und dadurch bedingte Kulturentwicklung der Gesellschaft« (Marx).[48] Die sowjetischen Eigentumsformen auf der Grundlage der modernsten und auf alle Wirtschaftszweige übertragenen Errungenschaften der amerikanischen Technik: das wäre das erste Stadium des Sozialismus. Die sowjetischen Eigentumsverhältnisse auf der Grundlage niedriger Arbeitsproduktivität: das ist lediglich ein Übergangsregime, dessen Schicksal die Geschichte noch nicht endgültig entschieden hat.

»Ist es nicht ungeheuerlich«, schrieben wir im März 1932, »das Land kommt nicht heraus aus dem Warenhunger, die Versorgung stockt auf Schritt und Tritt, den Kindern fehlt es an Milch, und die offiziellen Orakel verkünden: das Land ist in die Periode des Sozialismus eingetreten. Kann man den Sozialismus bösartiger kompromittieren?«[49] Karl Radek, der heute ein angesehener Publizist der regierenden Sowjetclique ist, parierte diese Einwände in einer der UdSSR gewidmeten Sonderausgabe des deutschen liberalen *Berliner Tageblatts* (vom Mai 1932) mit folgenden, verewigungswürdigen Worten: »Die Milch ist ein Produkt der Kuh und nicht des Sozialismus, und man muß schon den Sozialismus mit dem Muster eines Landes verwechseln, wo die Milch in Strömen fließt, um nicht zu verstehen, daß ein Land zeitweilig eine höhere Entwicklungsstufe erklimmen kann,

46 Meissner (Hg.), *Parteiprogramm*, S. 125.
47 Vgl. Texte 11 und 13.
48 Karl Marx, *Kritik des Gothaer Programms*, MEW 19, S. 21.
49 Vgl. Text 11.

auch ohne daß sich dabei die materielle Lage der Volksmassen nennenswert hebt.«[50] Diese Zeilen wurden geschrieben, als im Lande furchtbare Hungersnot herrschte.

Sozialismus ist der Aufbau einer planmäßigen Produktion zwecks bestmöglicher Befriedigung der menschlichen Bedürfnisse, sonst verdient er diesen Namen nicht. Wenn die Kühe vergesellschaftet sind, ihrer aber zu wenig oder ihre Euter zu schlaff sind, dann entstehen wegen der fehlenden Milch Konflikte zwischen Stadt und Land, zwischen Kolchosen und Einzelbauern, zwischen den verschiedenen Schichten des Proletariats, zwischen allen Werktätigen und der Bürokratie. Ja, gerade die Vergesellschaftung der Kühe brachte die Bauern dazu, sie massenweise abzuschlachten. Die aus der Not entstandenen sozialen Konflikte können ihrerseits zur Wiederherstellung »der ganzen alten Scheiße« führen. Das war der Sinn unserer Antwort.

Der VII. Kominternkongreß versicherte in seiner Resolution vom 20. August 1935 feierlich, infolge der Fortschritte der nationalisierten Industrie, der Verwirklichung der Kollektivierung, der Verdrängung der kapitalistischen Elemente und der Liquidierung des Kulakentums als Klasse seien »der endgültige und unumstößliche Sieg des Sozialismus in der Sowjetunion sowie die allseitige Festigung des Staates der Diktatur des Proletariats erreicht« worden.[51] Bei aller Entschiedenheit ist das Urteil der Komintern durch und durch widersprüchlich: Wenn der Sozialismus »endgültig und unwiderruflich« gesiegt hat, nicht als Prinzip, sondern als lebendige Gesellschaftsordnung, dann ist die neuerliche »Festigung« der Diktatur offensichtlich sinnlos. Und umgekehrt: Wenn die Festigung der Diktatur realen Erfordernissen des Regimes entspricht, bedeutet das, daß es mit dem Sieg des Sozialismus noch gute Weile hat. Nicht nur der Marxist, sondern jeder realistisch denkende Politiker muß begreifen, daß die bloße Notwendigkeit einer »Festigung« der Diktatur, das heißt des staatlichen Zwangs, kein Zeugnis für den Triumph der klassenlosen Harmonie ist, sondern für das Heranwachsen neuer sozialer Gegensätze. Was ist deren Grundlage? Der Mangel an Konsumgütern, das Resultat der niedrigen Arbeitsproduktivität.

Lenin charakterisierte den Sozialismus einmal mit den Worten: »*Sowjetmacht plus Elektrifizierung*«.[52] Diese epigrammatische Definition, deren Einseitigkeit den propagandistischen Zwecken des Augenblicks entsprang,

50 Vgl. dazu auch Trotzkis Antwort auf Radek, Text 17.

51 »Der Sieg des Sozialismus in der Sowjetunion und seine weltgeschichtliche Bedeutung (Resolution zum Bericht des Genossen Manuilski, angenommen am 20. August 1935)«, in: *Rundschau*, Nr. 45, 10.9.1935, S. 2038-2040, hier S. 2038.

52 In einer Rede auf der Moskauer Gouvernementskonferenz der KPR(B) sagte Lenin am 21. November 1920: »Wenn wir Rußland nicht eine andere, höhere Technik geben als früher, so kann keine Rede sein von der Wiederherstellung der Volkswirtschaft und vom Kommunismus. Kommunismus ist Sowjetmacht plus Elektrifizierung des ganzen Landes, denn ohne Elektrifizierung ist es unmöglich,

setzte als Ausgangsminimum jedenfalls das kapitalistische Elektrifizierungsniveau voraus. Doch auch heute noch entfällt auf eine Person in der UdSSR nur ein Drittel der elektrischen Energie, die in den fortgeschrittenen Ländern pro Kopf der Bevölkerung zur Verfügung steht.[53] Berücksichtigt man, daß die Sowjets inzwischen einem von den Massen unabhängigen Apparat gewichen sind, so bliebe der Komintern nichts anderes übrig als zu verkünden: *Sozialismus ist bürokratische Macht plus ein Drittel der kapitalistischen Elektrifizierung*. Diese Definition dessen, was ist, wäre präzis wie eine Fotografie; aber für Sozialismus ist das wohl doch etwas zu wenig!

In seiner Ansprache an die Stachanowisten vom November 1935 erklärte Stalin, dem praktischen Zweck der Versammlung entsprechend, unerwarteterweise: »Warum kann, muß und will auch unbedingt der Sozialismus das kapitalistische Wirtschaftssystem besiegen? Weil er ... eine höhere Arbeitsproduktivität zu geben vermag.«[54] Die drei Monate zuvor angenommenen Thesen der Komintern zu dieser Frage und wiederholte eigene Erklärungen beiläufig über den Haufen werfend, spricht Stalin vom »Sieg« diesmal im *Futur*: der Sozialismus wird das kapitalistische System besiegen, wenn er dessen Arbeitsproduktivität übertrifft. Wie man sieht, wechseln nicht nur das Tempus, sondern auch die sozialen Kriterien von Fall zu Fall. Der Sowjetbürger hat es jedenfalls nicht leicht, sich mit der »Generallinie« auszukennen.

Schließlich gab Stalin am 1. März 1936 im Gespräch mit Roy Howard eine neue Definition des Sowjetregimes zum besten: »Jene Gesellschaftsorganisation, die wir schufen, die sowjetische, sozialistische Organisation, kann noch nicht als restlos zu Ende gebaut, aber in ihrem Kern als sozialistische Organisation bezeichnet werden.«[55] In dieser absichtlich

die Industrie hochzubringen. ... Der Kommunismus setzt die Sowjetmacht als politisches Organ voraus, das der Masse der Unterdrückten die Möglichkeit gibt, alle Dinge selbst zu entscheiden.« (Lenin, »Unsere außen- und innenpolitische Lage und die Aufgaben der Partei«, LW 31, S. 402-422, hier S. 414f.)

53 In den Jahrzehnten seit 1936 hat die sowjetische Energiewirtschaft aufgeholt, den Kapitalismus aber nicht eingeholt. 1983 produzierte sie etwa halb soviel Elektrizität pro Kopf wie die USA, insgesamt 1396 Mrd. KWh gegenüber 2383 Mrd. KWh dort. In den vom 27. Parteitag der KPdSU (25.2.-6.3.1986) festgelegten »Hauptrichtungen der wirtschaftlichen und sozialen Entwicklung der UdSSR für die Jahre 1986 bis 1990 und für den Zeitraum bis zum Jahr 2000« wird für das Jahr 1990 das Planziel von 1840 bis 1880 Mrd. KWh gesetzt, die u.a. durch die Steigerung der Elektroenergieerzeugung durch Kernkraftwerke um das 5- bis 7fache erreicht werden sollen. (Vgl. das Parteitagsdokument in: *Sowjetunion zu neuen Ufern?*, S. 415, 384.)

54 »Die historische Bedeutung der Stachanowbewegung und die nächsten Aufgaben, Rede, gehalten auf der ersten Unionsberatung der Stachanowleute« (17.11.1935), in: *Rundschau*, Nr. 69, 28.11.1935, S. 2673-2677, hier S. 2674.

55 »Die Unterredung des Genossen Stalin mit Roy Howard«, in: *Rundschau*, Nr. 11, 5.3.1936, S. 409-412, hier S. 411.

verschwommenen Definition stecken fast ebensoviel Widersprüche wie Worte. Die gesellschaftliche Organisation wird eine »sowjetische, eine sozialistische« Organisation genannt. Aber Sowjets sind eine Staatsform, und der Sozialismus ein gesellschaftliches Regime. Diese Begriffe sind nicht nur nicht identisch, sondern, von unserem Gesichtspunkt aus betrachtet, gegensätzlich: Insoweit die gesellschaftliche Organisation sozialistisch wird, insoweit müssen die Sowjets verschwinden wie das Gerüst nach vollendetem Bau des Hauses. Stalin korrigiert: der Sozialismus ist »noch nicht vollständig aufgebaut«. Was heißt »nicht vollständig«: zu 5 Prozent oder zu 75 Prozent? Das wird uns nicht gesagt; ebensowenig, was unter der »Wurzel« der sozialistischen Organisation der Gesellschaft zu verstehen ist: Sind das die Eigentumsformen oder ist es die Technik? Die Verschwommenheit der Begriffe indiziert bereits einen Rückzug im Vergleich mit den weit kategorischeren Formulierungen aus den Jahren 1931 und 1932. Ein weiterer Schritt auf diesem Wege wäre die Erkenntnis, daß die »Wurzel« jeder gesellschaftlichen Organisation die Produktivkräfte sind und daß die Sowjetwurzel eben noch nicht kräftig genug für den sozialistischen Stamm und seine Krone, das menschliche Wohlergehen, ist.

## IV. Der Kampf um die Arbeitsproduktivität

### Geld und Plan

Wir haben nun das Sowjetregime im Hinblick auf den Staat eingehend untersucht. Eine analoge Untersuchung läßt sich hinsichtlich des Geldumlaufs vornehmen. Beide Probleme, *Staat* und *Geld*, weisen eine Reihe von Gemeinsamkeiten auf, denn sie führen letzten Endes beide auf das Problem aller Probleme zurück: auf die Arbeitsproduktivität. Der staatliche wie der Geldzwang sind ein Erbe der Klassengesellschaft, die die Beziehungen zwischen den Menschen unter die Gewalt kirchlicher oder weltlicher Fetische[1] bringt und zu ihrem Schutz den fürchterlichsten aller Fetische mit

1 Als »Fetisch« (»feitico«: künstlich, falsch, Machwerk, Zauber) bezeichneten die portugiesischen Entdecker die Götterbilder westafrikanischer Stämme: aus Holz, Muscheln etc. *hergestellte* Mensch- und Tierfiguren mit dämonischem Ausdruck, denen übermenschliche, magische Fähigkeiten zugeschrieben wurden und die die dem Fetischkult Anhängenden durch Opfer zu beeinflussen suchten. Ludwig Feuerbach sah im Fetischismus, d. h. in der Projektion menschlicher und »übermenschlicher« Fähigkeiten auf »Götter« und in der *Abhängigkeit*, in die die Produzenten der Idole in dem Maße geraten, wie sie vergessen, daß *sie* es sind, die den Idolen die Gewalt erst verliehen haben, die sie nun über sie ausüben, das Wesen *jeder* Religion. Schon bei Kant, Fichte, Schelling und Hegel wurde das Verhältnis von Subjekt und Substanz, die Dialektik von Vergegenständlichung,

dem großen Messer zwischen den Zähnen eingesetzt hat: den Staat. In der kommunistischen Gesellschaft werden Staat und Geld verschwunden sein. Ihr allmähliches Absterben muß also schon unter dem Sozialismus beginnen. Von einem tatsächlichen Sieg des Sozialismus wird man erst in dem geschichtlichen Augenblick sprechen können, wenn der Staat nur noch halb ein Staat ist und das Geld seine magische Kraft einzubüßen beginnt. Unter dem Sozialismus, der sich der kapitalistischen Fetische entledigt, werden sich zwischen den Menschen durchsichtigere, freiere, würdigere Beziehungen herstellen.

Für den Anarchismus[2] charakteristische Forderungen wie die »Abschaffung« des Geldes, die »Abschaffung« des Arbeitslohns oder die »Aufhe-

Entfremdung (Verdinglichung) und Wiederaneignung als Zentralproblem der bürgerlichen Gesellschaft entfaltet. Daß vergesellschaftete Individuen von selbst erzeugten und zu Institutionen geronnenen Verhältnissen beherrscht werden und diese mit Natur verwechseln, ist die aktuelle Gestalt des Fetischismus. Die Kritik dieser Ideologie bezeichnet die Götterdämmerung einer Gesellschaftsformation, »worin der Produktionsprozeß die Menschen, der Mensch noch nicht den Produktionsprozeß bemeistert« (Marx, *Das Kapital,* Bd. 1, MEW 23, S. 95). Das Kapitel über den »Fetischcharakter der Ware und sein Geheimnis« bildet den theoretischen Kern der Kritik der politischen Ökonomie.
(Charles de Brosses, *Du culte des dieux fétiches, ou parallèle de l'ancienne religion de l'Egypte avec la religion actuelle de Nigritie*, Paris 1760; dt. *Über den Dienst der Fetischengötter oder Vergleichung der alten Religion Egyptens mit den heutigen Religionen Nigritiens*, Berlin - Stralsund [Lange] 1785; Ludwig Feuerbach, *Vorlesungen über das Wesen der Religion*, Nebst Zusätzen und Anmerkungen [1846], *Gesammelte Werke*, hg. von W. Schuffenhauer, Bd. 6, Berlin [Akademie-Verlag] 1967; Marx, *Das Kapital*, Bd. 1, Kapitel 1.4, »Der Fetischcharakter der Ware und sein Geheimnis«, MEW 23, S. 85-98.)

2 Die im 19. Jahrhundert entstandenen anarchistischen Doktrinen und Bewegungen stimmen in der abstrakten Negation jeder staatlichen Herrschaft über Menschen (eigentlich in der Negation des bürgerlichen Nationalstaats und seines Gewaltmonopols) überein; der sofortige Übergang zu herrschaftsfreien Lebensformen, zu einer selbstregulierten, dezentralen Vereinigung freier Menschen erscheint als jederzeit möglich. Die Marxsche Theorie, die besagt, daß das in revolutionären Parteien organisierte Proletariat den Staat erobern, umbauen, zur Verteidigung gegen seine Klassengegner einsetzen und für die Organisierung der neuen Gesellschaft nutzen müsse und daß dieser Staat der proletarischen Klassendiktatur (der »Kommune-Staat«) nur in dem Maße »absterben« kann, in dem die soziale Ungleichheit, die Klassenstruktur der Gesellschaft schwindet, erscheint den Anarchisten als staatsfetischistisch. Einige der frühen anarchistischen Doktrinen bejahen das Privateigentum und lassen sich als extreme Varianten des Liberalismus verstehen; von größerer politischer Bedeutung war die anarchistische Strömung innerhalb der Arbeiterbewegung, der kollektivistische Anarchismus oder »freiheitliche Sozialismus«. Die bedeutendsten anarchistischen Theoretiker waren William Godwin (1756-1836), Max Stirner (1806-1856), Pierre Joseph Proudhon (1809-1865), Michail Bakunin (1814-1876) und Peter Kropotkin (1842-1921). Marx und Engels haben sich theoretisch vor allem mit Stirner, Proudhon und Bakunin auseinandergesetzt. Das faszinierende,

bung« des Staates und der Familie können nur als Musterbeispiele von mechanischem Denken Interesse beanspruchen. Das Geld kann man nicht willkürlich »abschaffen« und den Staat oder die traditionelle Familie nicht »aufheben«; sie müssen ihre historische Mission erfüllen, kraftlos werden und vergehen. Der Geldfetischismus empfängt erst auf jener Stufe der gesellschaftlichen Entwicklung den Todesstoß, auf der ein unaufhörliches

gescheiterte Experiment der Pariser Kommune von 1871 kam anarchistischen Vorstellungen von der Revolution am nächsten. Aus dem Scheitern bloßer Agitation und Propaganda sowie voreiliger Aufstandsversuche entstand der Gedanke, durch individuellen Terror gegen Repräsentanten des Repressionsstaates die apathische Masse der Unterdrückten aufzurütteln, ihr durch »Propaganda der Tat« ein Beispiel zu geben. In den 80er und 90er Jahren kam es zu einer Welle anarchistischer Attentate. Angesichts der Ergebnislosigkeit dieser terroristischen Strategie wandte sich dann um die Jahrhundertwende vor allem in Südeuropa ein Teil der Anarchisten der systematischen Arbeit in den Gewerkschaften zu. Es entstand der Anarchosyndikalismus, der seinen größten Einfluß in Spanien mit der 1910 gegründeten Confederación Nacional del Trabajo (CNT) fand, die bis zu Beginn des Bürgerkriegs 1936 auf über eine Million Mitglieder anwuchs. In ihrem Scheitern während des Bürgerkriegs reproduzierte sich das Schicksal der Pariser Kommune. Zwar kam es unter ihrer Führung vor allem in Katalonien sogleich zur Organisation sozialistischer Arbeits- und Lebensformen. Infolge ihrer antipolitischen Orientierung ließen die spanischen Anarchisten jedoch den bürgerlichen Staatsapparat bestehen und traten schließlich sogar der Regierung bei, wo sie von ihren bürgerlichen und stalinistischen Partnern in kurzer Zeit ausmanövriert wurden. Trotz dieser Niederlage in ihrer Bastion existieren aber international weiterhin anarchistische Organisationen, die zwar im allgemeinen eine Randexistenz führen, in Zeiten gesellschaftlicher Krisen wie z. B. dem ‚Mai 68' in Frankreich aber wieder ein größeres Echo finden konnten.

(William Godwin, *An Enquiry Concerning Political Justice*, London 1793; Max Stirner, *Der Einzige und sein Eigentum* [1845], hg. von H. G. Helms, München [Hanser] 1969; Pierre-Joseph Proudhon, *Œuvres complètes*, hg. von C. Bouglé und H. Moysset, 19 Bde., Paris [Rivière] 1923-1959; Michail Bakunin, *Œuvres complètes*, hg. von Arthur Lehning, Paris [Lebovici] 1973 ff.; ders., *Staatlichkeit und Anarchie und andere Schriften*, hg. von Horst Stuke, Frankfurt u.a. [Ullstein] 1972; Petr Kropotkin, *Die Eroberung des Brotes und andere Schriften*, hg. von H. G. Helms, München [Hanser] 1973; ders., *Gegenseitige Hilfe in der Tier- und Menschenwelt*, hg. von Gustav Landauer, Leipzig [Thomas] 1910; Annamaria Andreasi [Hg.], *L'anarcosindacalismo in Francia, Italia e Spagna*, 2 Bde., Mailand [La Pietra] 1981.

Hector Zoccoli, *Die Anarchie*, Leipzig 1909, Reprint Berlin [Kramer] 1976; Jan Cattepoel, *Der Anarchismus*, Gestalten, Geschichte, Probleme, München [Beck] 1979; Daniel Guerin, *Anarchismus*, Frankfurt [Suhrkamp] 1969; James Joll, *Die Anarchisten*, Frankfurt - Berlin [Ullstein] 1969; Henryk Grossmann - Carl Grünberg, *Anarchismus, Bolschewismus, Sozialismus*, Aufsätze aus dem »Wörterbuch der Volkswirtschaft«, hg. von C. Pozzoli, Frankfurt [EVA] 1971, Artikel »Anarchismus«, S. 13-35; Peter Lösche, *Anarchismus*, Darmstadt [Wissenschaftliche Buchgesellschaft] 1977; David E. Apter - James Joll, *Anarchism Today*, London - Basingstoke [Macmillan] 1971.)

Wachstum des gesellschaftlichen Reichtums den Zweifüßlern das Geizen um jede Minute Mehrarbeit und die demütigende Angst um die Größe ihrer Ration abgewöhnt hat. Mit dem Verlust seiner Fähigkeit, Glück zu bringen oder in den Staub zu werfen, wird sich das Geld in einfache Rechnungsbelege zur Erleichterung der Statistik und der Planungen verwandeln. Noch später wird es wahrscheinlich auch solcher Quittungen nicht mehr bedürfen. Doch diese Sorge können wir getrost unseren Nachkommen überlassen, die klüger sein werden als wir.

Die Nationalisierung der Produktionsmittel und des Kredits, die Vergenossenschaftlichung oder Verstaatlichung des Binnenhandels, das Außenhandelsmonopol, die Kollektivierung der Landwirtschaft und die Erbgesetzgebung stecken der individuellen Geldakkumulation enge Grenzen und erschweren die Umwandlung solchen Geldvermögens in privates (Wucher-, Kaufmanns- und Industrie-)Kapital. Diese mit der Ausbeutung verknüpfte Funktion des Geldes ist jedoch zu Beginn der proletarischen Revolution noch nicht aufgehoben; sie geht vielmehr in veränderter Gestalt an den Staat über, den universellen Kaufmann, Gläubiger und Industriellen. Zugleich bleiben die elementareren Funktionen des Geldes[3] als *Wertmaßstab, Tausch-* und *Zahlungsmittel* nicht nur erhalten, sondern bekommen auch ein viel breiteres Wirkungsfeld als unter dem Kapitalismus.

Die administrative Planung hat ihre Kraft, aber auch die Grenzen ihrer Kraft zur Genüge bewiesen. Ein vorgefaßter Wirtschaftsplan ist, vor allem in einem zurückgebliebenen Land mit einer Bevölkerung von 170 Millionen und tiefen Gegensätzen zwischen Stadt und Land, kein unverrückbares Gebot, sondern ein Entwurf, eine Arbeitshypothese, die im Laufe ihrer

3 In dem Maße, wie sich der Warenaustausch verallgemeinerte, entstand historisch das Bedürfnis nach einem allgemeinen Tauschmittel (als das zunächst Muscheln, Felle, Vieh, Werkzeuge oder Schmuck fungierten), nach einer Ware, die möglichst unveränderlich, beliebig teilbar, leicht transportierbar und identifizierbar ist und als reiner Tauschwert gelten kann. Die Prägung von Münzen aus Edelmetall ist offenbar im 7. Jahrhundert v.u.Z. im antiken Griechenland erfunden worden. Marx bezeichnet die spezifisch moderne, indirekte Form der Vergesellschaftung der Individuen durch Tauschverkehr (auf dem Markt) als »Geldnexus« oder »Geldverhältnis«. In dem Maße, wie infolge steigenden gesellschaftlichen Reichtums in der nachkapitalistischen Gesellschaft das Wertgesetz aufhört, als Regulator des gesellschaftlichen Lebens zu fungieren, wird auch das Geld seine Bedeutung als Tauschmittel einbüßen.
(Marx, *Grundrisse der Kritik der politischen Ökonomie*, MEW 42, S. 53-148; Marx, *Das Kapital*, Bd. 1, Abschnitt »Ware und Geld«, MEW 23, S. 49-160; Rosa Luxemburg, *Die Akkumulation des Kapitals*, Kapitel »Die Geldzirkulation, in: *Gesammelte Werke*, Bd. 5, Berlin/DDR [Dietz] 1981, S. 66-79; Ernest Mandel, *Marxistische Wirtschaftstheorie*, Frankfurt [Suhrkamp] 1968, S. 75-100 und 252-281; Bruno Fritsch, *Die Geld- und Kredittheorie von Karl Marx*, Eine Darstellung und kritische Würdigung, Frankfurt [EVA] 1968; Ernest Mandel, *Der Spätkapitalismus*, Kapitel XIII »Die permanente Inflation«, S. 373-376.)

Realisierung der Prüfung und Überarbeitung bedarf. Man kann sogar eine Regel aufstellen: Je »genauer« die administrative Aufgabe erfüllt wird, desto schlimmer steht es um die Wirtschaftsleitung. Zwei Hebel müssen der Regulierung und Anpassung der Pläne dienen: ein *politischer* — die reale Beteiligung der interessierten Massen selbst an der Leitung, die ohne Sowjetdemokratie undenkbar ist — und ein *finanzieller* — die reale Prüfung der apriorischen Berechnungen mit Hilfe eines allgemeinen Äquivalents, was ohne stabiles Geldsystem undenkbar ist.

Die Rolle des Geldes in der Sowjetwirtschaft ist nicht nur noch nicht ausgespielt, sondern soll sich, wie schon gesagt, erst voll entfalten. Die Übergangsepoche zwischen Kapitalismus und Sozialismus bedeutet, als Ganzes genommen, keine Verminderung, sondern umgekehrt eine außerordentliche Ausdehnung des Warenumlaufs. Alle Industriezweige wandeln und vergrößern sich, ständig entstehen neue, und alle sind gezwungen, ihre gegenseitigen Verhältnisse quantitativ und qualitativ zu bestimmen. Die gleichzeitige Liquidierung der bäuerlichen Subsistenzwirtschaft und des isolierten Familienhaushalts bedeutet, all jene Arbeitsenergien in die Sprache des gesellschaftlichen Verkehrs und damit des Geldumlaufs zu übertragen, die bisher innerhalb der Grenzpfähle des Bauernhofs oder der Wände der Privatwohnung verausgabt wurden. Alle Produkte und Dienstleistungen beginnen sich nun, zum ersten Mal in der Geschichte, gegeneinander auszutauschen.

Andererseits ist ein erfolgreicher sozialistischer Aufbau ohne die Einschaltung des unmittelbaren persönlichen Interesses der Erzeuger und Verbraucher in das Plansystem undenkbar; ihr Egoismus kann aber nur befruchtend wirken, wenn ihm das gewohnte, zuverlässige und geschmeidige Mittel zur Verfügung steht: das Geld. Eine Erhöhung der Arbeitsproduktivität und eine Verbesserung der Produktionsqualität lassen sich ohne ein präzises Meßinstrument, das ungehindert in alle Poren der Wirtschaft dringt, d.h. ohne eine feste Geldeinheit nicht erreichen. Daraus erhellt, daß in der Übergangswirtschaft wie unter dem Kapitalismus das einzig wahre Geld auf Gold[4] basiert. Alles andere Geld ist nur ein Surrogat. Zwar sind die Warenmassen in der Hand des Sowjetstaates ebenso wie die Emissionsorgane vereinigt[5], aber das ändert nichts an der Sache: administra-

4 Gold wird seit etwa 6000 Jahren als Schmuck und seit mehr als 5000 Jahren (seit der ersten ägyptischen Dynastie) in Form von Barren auch als Geld verwendet. Die ersten Goldmünzen wurden 670 v. Chr. in Lydien geprägt. Im 19. Jahrhundert hatte sich die Goldwährung in allen kapitalistischen Ländern durchgesetzt. Der Wert des Goldes bemißt sich nach der »Quantität gesellschaftlich notwendiger Arbeit, die es enthält« (Mandel, *Spätkapitalismus*, S. 375).

5 Die von der verstaatlichten Industrie und der kollektivierten Landwirtschaft erzeugten Waren befanden sich in der Hand des Staates. Durch den staatlichen

tive Manipulationen der Warenpreise schaffen oder ersetzen in keiner Weise eine feste Geldeinheit, weder im Binnen- noch im Außenhandel.

Der Verlust einer selbständigen, d.h. einer Goldbasis stempelt das Geldsystem der UdSSR ganz wie das einiger kapitalistischer Länder unvermeidlich zu einem exklusiven: für den Weltmarkt existiert der Rubel nicht. Wenn die UdSSR die negativen Seiten eines solchen Systems viel leichter ertragen kann als Deutschland oder Italien, so liegt das zum Teil am Außenhandelsmonopol, im wesentlichen aber an den natürlichen Reichtümern des Landes: nur diese ermöglichen es ihr, nicht im Schraubstock der Autarkie zu ersticken. Die historische Aufgabe besteht aber keineswegs darin, nicht zu ersticken, sondern darin, angesichts der Höchstleistungen des Weltmarkts eine machtvolle, durch und durch rationelle Wirtschaft zu schaffen, in der eine größtmögliche Ökonomie der Zeit und infolgedessen die höchste Entfaltung der Kultur gewährleistet sind.

Gerade die dynamische Sowjetwirtschaft, die unaufhörlich technische Revolutionen und grandiose Experimente durchmacht, bedarf mehr als irgendeine andere der beständigen Überprüfung mit Hilfe eines festen Wertmaßstabs. Theoretisch kann es nicht den geringsten Zweifel daran geben, daß die Resultate der Fünfjahrespläne, verfügte die Wirtschaft der UdSSR über einen Goldrubel, unvergleichlich vorteilhafter ausfielen, als das jetzt der Fall ist. Was nicht ist, ist nicht. Aber man soll aus der Not keine Tugend machen, denn das führt nur zu weiteren Fehlern und Verlusten in der Wirtschaft.

### »Sozialistische« Inflation

Die Geschichte des sowjetischen Geldsystems ist nicht nur eine Geschichte wirtschaftlicher Schwierigkeiten, Erfolge und Mißerfolge, sondern auch eine Geschichte der Zickzackwendungen des bürokratischen Denkens.

Groß- und Einzelhandel und das Außenhandelsmonopol wurde auch die Verteilung kontrolliert. Die Banken waren schon am 14. Dezember 1917 durch das »Dekret über die Nationalisierung der Banken und die Schaffung einer Nationalbank« verstaatlicht worden. Entsprechend ihrem Programm strebten die Bolschewiki die »durchgreifende Umgestaltung ... des Bankapparates in einen Apparat der statistischen Erfassung und allgemeinen Rechnungsführung« an. (»Programm der Kommunistischen Partei Rußlands [Bolschewiki], angenommen auf dem VIII. Parteikongreß«, in: Meissner [Hg.], *Parteiprogramm,* S. 121-141, hier S. 138.) Durch ein Dekret des Rates der Volkskommissare vom 12. Oktober 1921 wurde die »Staatsbank der RSFSR« geschaffen. Sie gab Banknoten aus, regelte den Zahlungsverkehr und stellte Kredite zur Verfügung.
(Vgl. Karl Elster, *Vom Rubel zum Tscherwonjez,* Zur Geschichte der Sowjetwährung, Jena [Gustav Fischer] 1930, S. 101-173; Carr, *A History ...,* Bd. 2, S. 144-146, 246-256, 261-268, und Bd. 4, S. 27-36, 99-104, 131-135.)

Die Wiedereinführung des Rubels in den Jahren 1922-1924 im Zusammenhang mit dem Übergang zur NEP war unvermeidlich mit der Wiedereinführung der »bürgerlichen Rechtsnormen« bei der Konsumgüterverteilung verbunden. Solange der Kurs auf den Farmer galt, sorgte die Regierung sich um den Tscherwonez. In der Periode des ersten Fünfjahresplans hingegen wurden alle Schleusen der Inflation geöffnet. Von 0,7 Milliarden Rubel zu Anfang 1925 stieg die Gesamtsumme der Geldemission bis Anfang 1928 auf die verhältnismäßig bescheidene Summe von 1,7 Milliarden an, womit ungefähr das Niveau des Papiergeldumlaufs im zaristischen Rußland kurz vor dem Kriege erreicht war, natürlich ohne die frühere Edelmetallbasis. Im weiteren Verlauf stieg das Fieber der Inflation von Jahr zu Jahr folgendermaßen: 2,0 — 2,8 — 4,3 — 5,5 — 8,4! Die letzte Ziffer, 8,4 Milliarden Rubel, wurde Anfang 1933 erreicht. Danach folgen Jahre der Besinnung und des Rückzugs: 6,9 — 7,7 — 7,9 Milliarden (1935).

1924 hatte der Rubel einen offiziellen Kurswert von 13 französischen Franken; im November 1935 war der Kurs auf 3 Franken gesunken, d. h. auf ein Viertel seines Wertes — fast um ebensoviel wie der französische Franken nach dem Kriege. Beide Notierungen, die alte wie die neue, sind von nur relativer Bedeutung: auf dem Weltmarkt erreicht die Kaufkraft des Rubels heute kaum anderthalb Franken. Doch das Ausmaß der Geldentwertung zeigt immerhin, mit welch halsbrecherischer Geschwindigkeit der Wert der Sowjetvaluta bis 1934 gefallen war.

Auf dem Höhepunkt seines ökonomischen Abenteurertums[6] versprach Stalin, die NEP, d. h. die Marktverhältnisse, »zum Teufel« zu jagen. Die gesamte Presse schrieb genau wie 1918 über die endgültige Ablösung von Kauf und Verkauf durch »unmittelbare sozialistische Verteilung«, als deren Symbol nun die Lebensmittelkarte[7] galt. Zu gleicher Zeit wurde die Inflation als eine dem Sowjetsystem gänzlich fremde Erscheinung kategorisch geleugnet. »Die Stabilität der Sowjetvaluta«, sagte Stalin im Januar 1933, »wird vor allem durch die gewaltige Menge von Waren in den Händen des Staates, die zu festen Preisen umgesetzt werden, gesichert.«[8] Obzwar dieser rätselhafte Aphorismus nirgendwo weiter ausgeführt oder erläutert wurde (und zum Teil gerade deswegen), wurde er zum Grundgesetz der sowjetischen Geldtheorie, genauer gesagt, zu dem der verleugneten Inflation. Der Tscherwonez war von nun an nicht mehr allgemeines Äquivalent,

6 Vgl. Text 5.

7 Unter dem Bürgerkriegsregime des Kriegskommunismus waren die Lebensmittel rationiert worden. In der Phase der Neuen Ökonomischen Politik konnte darauf verzichtet werden. Die Getreidekrise machte dann im Übergang zum 1. Fünfjahresplan die neuerliche Einführung von Lebensmittelkarten erforderlich. (Carr, *A History...*, Bd. 10, S. 697-702.)

8 Stalin, »Die Ergebnisse des ersten Fünfjahresplans, Bericht am 7. Januar 1933«, SW 13, S. 184.

sondern nur der allgemeine Schatten einer »gewaltigen« Warenmenge, wobei er wie jeder Schatten das Recht erhielt, sich zu verkürzen oder zu verlängern. Wenn diese trostreiche Doktrin einen Sinn hatte, dann nur diesen: Das Sowjetgeld hört auf, Geld zu sein, es dient nicht mehr als Wertmaß, »die festen Preise« werden von der Staatsgewalt festgesetzt, der Tscherwonez ist nur noch ein konventionelles Papierchen der Planwirtschaft, d. h. eine universelle Verteilungskarte; mit einem Wort: der Sozialismus hat »endgültig und unwiderruflich« gesiegt.

Die utopischsten Ansichten aus der Periode des Kriegskommunismus tauchten wieder auf[9], zwar auf einem neuen, etwas höheren, doch leider für eine Liquidierung des Geldumlaufs noch ganz ungenügenden Niveau der wirtschaftlichen Entwicklung. In den regierenden Kreisen galt die Auffassung, in einer Planwirtschaft sei eine Inflation nichts Schlimmes. Das heißt ungefähr: Hat man einen Kompaß, so ist ein Leck im Schiff keine Gefahr. In Wirklichkeit führt die Geldinflation, die unvermeidlich die Kreditinflation erzeugt, zur Ersetzung der realen Größen durch fiktive und zerfrißt die Planwirtschaft von innen her.

Überflüssig zu sagen, daß die Inflation, was die werktätigen Massen anlangt, einer fürchterlichen Steuer gleichkam. Ob das, was dadurch erreicht wurde, für den Sozialismus von Vorteil ist, ist mehr als zweifelhaft. Wohl gab es ein rasches Wirtschaftswachstum, aber die wirtschaftliche Leistungsfähigkeit der grandiosen Anlagen ließ sich nur statistisch, nicht aber ökonomisch beurteilen. Durch das Kommando über den Rubel, d. h. dadurch, daß seine Kaufkraft — je nach sozialer Schicht und Wirtschaftssektor — willkürlich festgesetzt wurde, beraubte sich die Bürokratie eines unerläßlichen Instruments zur objektiven Messung der eigenen Erfolge und Mißerfolge. Das Fehlen einer richtigen Buchführung, das auf dem Papier durch Kombinationen mit dem »konventionellen Rubel« verschleiert wurde, führte in Wirklichkeit zum Nachlassen des persönlichen Interesses, zu niedriger Produktivität und zu noch niedrigerer Warenqualität.

Das Übel nahm schon während des ersten Fünfjahresplans bedrohlichen Umfang an. Im Juli 1931 stellte Stalin die bekannten »Sechs Regeln« auf, die vor allem dazu dienen sollten, die Selbstkosten der Industrieproduktion zu senken. Diese »Regeln« (Lohn nach der individuellen Arbeitsleistung,

9 Vgl. eine charakteristische Passage von Krestinski, der damals als Volkskommissar für das Finanzwesen schrieb: »Was schließlich den Geldverkehr anbetrifft, so beunruhigte uns der Umstand nicht, daß unser Papiergeld im Werte sank ... Wenn wir einmal dahin gelangt sein werden, daß wir die Arbeiterschaft vollständig versorgen können, indem wir Naturalien liefern, dann können wir dem Geldsysteme überhaupt entsagen und das Geld annullieren. Darunter wird nur der zu leiden haben, der Geld aufgespeichert hat, wir aber beginnen eine neue Ära unserer Wirtschaft, die Ära der geldlosen Wirtschaft.« (N. N. Krestinski, *Unsere Finanzpolitik* [russ.], Petrograd [Staatsverlag] 1921, S. 19 f.; zit. nach Elster, *Vom Rubel zum Tscherwonjez*, S. 209.)

Berechnung der Selbstkosten, usw.) brachten nichts Neues: die »bürgerlichen Rechtsnormen« wurden schon zu Beginn der NEP eingeführt und auf dem 12. Parteikongreß Anfang 1923 weiterentwickelt. Stalin übernahm sie erst 1931, unter dem Einfluß der fallenden Effizienz der Kapitalanlagen. In den folgenden beiden Jahren erschien in der Sowjetpresse fast kein Artikel ohne einen Hinweis auf die rettende Kraft der »Regeln«. Doch die von der Inflation erzeugten Krankheiten griffen weiter um sich und wollten sich nicht heilen lassen. Strenge Repressalien gegen Schädlinge und Saboteure halfen auch nur wenig weiter.

Fast scheint es heute als unwahrscheinlich, daß die Bürokratie, während sie der »Entpersönlichung« und der »Gleichmacherei«, d.h. der anonymen »Durchschnitts«-Arbeit und dem für alle gleichen »Durchschnitts«-Lohn den Krieg erklärte, gleichzeitig die NEP »zum Teufel« schickte, d.h. die Geldrechnung für Waren und Arbeitskraft. Mit der einen Hand setzte sie die »bürgerlichen Normen« wieder in Kraft, mit der anderen zerstörte sie das einzig taugliche Mittel zu ihrer Realisierung. Mit der Ersetzung des Warenumlaufs durch »geschlossene Verteilungsstellen«[10] und durch völliges Chaos auf dem Gebiet der Preise verschwand unvermeidlich auch jede Möglichkeit, die individuelle Arbeit und den individuellen Arbeitslohn in ein Verhältnis zu setzen; das persönliche Interesse des Arbeiters war damit abgetötet.

Die strengsten Vorschriften bezüglich der Kalkulation, der Qualität, der Gestehungskosten und der Leistung hingen in der Luft. Das hinderte die Führer nicht im geringsten, alle wirtschaftlichen Mißerfolge der böswilligen Nichtbefolgung der sechs Stalinschen Regeln zuzuschreiben. Die vorsichtigste Anspielung auf die Inflation galt als Staatsverbrechen. Mit derselben Aufrichtigkeit beschuldigten die Machthaber zuweilen die Schullehrer der Nichtbeachtung von Hygienevorschriften, während sie ihnen gleichzeitig verboten, auf das Fehlen von Seife hinzuweisen.

Die Frage nach dem Schicksal des Tscherwonez stand im Vordergrund des Fraktionskampfes in der bolschewistischen Partei. Die Plattform der Opposition (von 1927) verlangte die »unbedingte Sicherung der Geldwertstabilität«. Diese Forderung war das Leitmotiv der folgenden Jahre. »Die Inflation muß mit eiserner Hand gestoppt und der Geldwert stabilisiert werden«, schrieb das Auslandsorgan der Opposition 1932[11], und wenn das

10 Nahrungsmittel auf Karten erhielt man in besonderen Verteilungsstellen. Die Qualität der Lebensmittel sank rasch. So wurde Weizenbrot durch ein Gerste-Mais-Brot ersetzt. Im Oktober 1928 wurde in Leningrad Brot mit einem Roggenanteil von 40 % als »Weißbrot« verkauft. In Nischni-Nowgorod wurde im Frühjahr 1929 dem Brot sogar getrocknetes Gras beigemischt (vgl. Carr, *A History...*, Bd. 10, S. 701 f.).

11 Trotzki, *Sowjetwirtschaft in Gefahr*, Berlin [Grylewicz] 1932, S. 27. (Russ. in: BO 31 [November 1932], S. 2-13, hier S. 12.)

nur »durch einschneidende Kürzung der Kapitalinvestitionen« möglich ist. Die Apologeten des »Schneckentempos« und die Überindustrialisierer hatten scheinbar vorübergehend die Plätze getauscht. Als Antwort auf die Prahlerei, den Markt »zum Teufel« jagen zu wollen, empfahl die Opposition der Staatsplanbehörde, in ihren Räumen ein Plakat mit der Inschrift »Die Inflation ist die Syphilis der Planwirtschaft« anzubringen.[12]

Im Bereich der Landwirtschaft verursachte die Inflation einen nicht geringeren Schaden.

In der Periode, als die Bauernpolitik noch auf den Farmer orientiert war, ging man davon aus, die sozialistische Umgestaltung der Landwirtschaft werde sich auf der Grundlage der NEP im Laufe von Jahrzehnten vermittels des Genossenschaftswesens vollziehen. Die Genossenschaften sollten nacheinander die Einkaufs-, Absatz- und Kreditfunktionen übernehmen und schließlich auch die Produktion selbst vergesellschaften. Das Ganze nannte sich »Lenins Genossenschaftsplan«.[13] Die wirkliche Entwicklung ging, wie wir wissen, einen ganz anderen, eher entgegengesetzten Weg, den der gewaltsamen Entkulakisierung und der totalen Kollektivierung. Von einer allmählichen Vergesellschaftung der einzelnen Wirtschaftsfunktionen in dem Maße, wie die materiellen und kulturellen Bedingungen dafür reif würden, war keine Rede mehr. Die Kollektivierung erfolgte in einer Weise, als handele es sich um die sofortige Verwirklichung des kommunistischen Regimes in der Landwirtschaft.

Die unmittelbare Folge war nicht nur die Vernichtung von mehr als der Hälfte des lebendigen Inventars, sondern, was noch wichtiger ist, eine völlige Gleichgültigkeit der Kolchosbauern gegenüber dem vergesellschafteten Eigentum und den Resultaten ihrer eigenen Arbeit. Die Regierung trat einen ungeordneten Rückzug an. Die Bauern erhielten wieder Hühner, Schweine, Schafe und Kühe als ihren persönlichen Besitz. Das um das Haus gelegene Land wurde ihnen zurückerstattet. Der Film der Kollektivierung lief rückwärts.[14]

12 Vgl. Text 21.

13 In dem von Lenin formulierten Parteiprogramm von 1919 wurde die »Unterstützung von Vereinigungen und Genossenschaften zur gemeinschaftlichen Bodenbearbeitung« gefordert (Meissner [Hg.], *Parteiprogramm*, S. 135). »Um aber durch die NÖP die Beteiligung ausnahmslos der gesamten Bevölkerung an den Genossenschaften herbeizuführen, dazu bedarf es einer ganzen geschichtlichen Epoche. Wir können im günstigsten Fall diese Epoche in ein, zwei Jahrzehnten durchschreiten.« (Lenin, »Über das Genossenschaftswesen« [Januar 1923], LW 33, S. 456.)

14 Nachdem Stalin in seinem Artikel »Vor Erfolgen von Schwindel befallen« (SW 12, S. 168-176) am 2. März 1930 von der Zwangskollektivierung abzurücken schien, kam es zu einem Massenaustritt von Bauern aus den soeben gebildeten Kolchosen. Waren am 10. März 1930 noch 58 % der Bauernwirtschaften kollektiviert, so waren es im August 1930 nur noch 21,4 % (vgl. Lorenz, *Sozialgeschichte*,

Die Wiederherstellung der kleinen, individuellen Wirtschaften war ein Kompromiß des Staates, der nun den individualistischen Tendenzen der Bauernschaft Tribut zollte. Die Kolchosen blieben erhalten. Auf den ersten Blick mag der Rückzug daher als zweitrangig erscheinen. In Wirklichkeit aber läßt sich seine Bedeutung schwerlich überschätzen. Sieht man von der Kolchosaristokratie[15] ab, so deckt der Durchschnittsbauer seinen täglichen Bedarf in größerem Maße durch Arbeit »für sich selbst« als mit Hilfe seiner Arbeit für die Kolchose. Das Einkommen aus der persönlichen Wirtschaft übersteigt — vor allem, wenn es sich dabei um technische Kulturen, Gartenbau oder Viehzucht handelt — das Einkommen desselben Bauern aus der Kollektivwirtschaft oft um das Zwei- bis Dreifache.[16] Dieser von der Sowjetpresse selbst mitgeteilte Sachverhalt wirft ein Schlaglicht auf die barbarische Vergeudung von Millionen menschlicher, besonders weiblicher Kräfte in Zwergwirtschaften einerseits, auf die noch ungemein niedrige Arbeitsproduktivität in den Kolchosen andererseits.

Um die kollektive Großlandwirtschaft zu heben, galt es, mit dem Bauern von neuem die Sprache zu sprechen, die er versteht, d.h. von der Natural-

S. 194-196); allein im März und April 1930 hatten acht Millionen Familien die Kolchosen verlassen (Davies, *The Industrialization of Soviet Russia*, Bd. 2, S. 107).
(Vgl. Jerzy F. Karcz, »From Stalin to Brezhnev: Soviet Agricultural Policy in Historical Perspective«, in: James R. Millar [Hg.] *The Soviet Rural Community*, A Symposium, Urbana [University of Illinois Press] 1971, S. 36-70, hier S. 47 f.)

15 Der Begriff »Kolchosaristokratie« wurde von Trotzki in Anlehnung an den der »Arbeiteraristokratie« zur Kennzeichnung des privilegierten Leitungs- und Verwaltungspersonals der Kolchosen sowie der besser verdienenden Landarbeiterschicht geprägt (Leiter der Kolchosen, Brigadiere, Wirtschaftsleiter, Rechnungsführer, Lagerverwalter, Sekretäre, Stachanowarbeiter und Traktoristen). (Vgl. Lorenz, *Sozialgeschichte*, S. 202; Karcz, »From Stalin to Brezhnew«, in: Millar [Hg.], *The Soviet Rural Community*, S. 56f. und Alexander Vucinich, »The Peasants as a Social Class«, in: ebd., S. 307-324, hier S. 319ff.)

16 Die Mitglieder der Kolchosen sollten 60 bis 100 Tagewerke im Jahr für die Kolchose arbeiten. Diese Norm wurde sehr oft unterschritten. Eine statistische Ermittlung ergab 1938, daß 6,5 % der Kolchosbauern keinen und 16 % weniger als 50 Tage für die Kolchose gearbeitet hatten. Nach dem Kolchosmusterstatut vom 2.3.1930 durften die Bauern privat Vieh halten, nach dem von 1935 konnten sie zwischen einem Viertel und einem Hektar Land individuell nutzen. 1938 machten diese winzigen Hofparzellen 3,3 % der landwirtschaftlichen Nutzfläche aus; dieses Privatland sicherte den Kolchosbauern aber nicht nur ihre Nahrung, sondern war auch ihre wichtigste Einnahmequelle. Nach offiziellen Angaben entstammten 1940 39,7 % der Einnahmen der Kolchosbauern aus ihrem Lohn, 48,3 % aber aus ihrer privaten Nebenwirtschaft. Bis 1977 sank dieser Anteil zwar auf 24,9 %, blieb damit aber noch immer bedeutsam. Die Versorgung der Bevölkerung mit Obst und Gemüse, Fleisch und sonstigen tierischen Produkten wird bis heute zu einem erheblichen Teil nur durch Erzeugnisse der privaten Nebenwirtschaften gewährleistet.

steuer zum Handel zurückzukehren und den Markt wiederherzustellen, — mit einem Wort, die dem Satan allzu früh überlassene NEP von ihm zurückzufordern. Der Übergang zu einer mehr oder weniger stabilen Geldrechnung wurde so zur unerläßlichen Voraussetzung der künftigen Entwicklung der Landwirtschaft.

## Die Rehabilitierung des Rubels

Die Eule der Weisheit fliegt bekanntlich erst nach Sonnenuntergang aus.[17] So entfaltete sich auch die Theorie des »sozialistischen« Geld- und Preissystems erst in der Dämmerung der Inflationsillusionen. Gehorsame Professoren brachten es fertig, aus Stalins rätselhaften Worten eine ganze Theorie zu machen, wonach der Sowjetpreis, im Gegensatz zum Marktpreis, rein planmäßig oder dirigistisch festgesetzt wird, also keine ökonomische, sondern eine administrative Kategorie ist, um desto besser der Neuverteilung des Volkseinkommens im Interesse des Sozialismus zu dienen. Die Professoren vergaßen zu erklären, wie man denn den Preis »lenken« kann, ohne die realen Gestehungskosten zu kennen, und wie sich die realen Gestehungskosten errechnen lassen, wenn alle Preise den Willen der Bürokratie ausdrücken und nicht den Aufwand an gesellschaftlich notwendiger Arbeit. Zur Neuverteilung des Volkseinkommens verfügt die Regierung in der Tat schon über so mächtige Hebel wie die Steuer, das Staatsbudget und das Kreditsystem. Gemäß dem Ausgabenbudget von 1936 werden mehr als 37,6 Milliarden direkt und viele weitere Milliarden indirekt für die Finanzierung der verschiedenen Wirtschaftszweige verwandt. Der Budget- und Kreditmechanismus ist völlig zureichend, um das Volkseinkommen planmäßig zu verteilen. Was die Preise betrifft, so werden sie der Sache des Sozialismus um so besser dienen, je ehrlicher sie die heutigen realen wirtschaftlichen Verhältnisse zum Ausdruck bringen.

Die Erfahrung hat auch in dieser Frage entschieden. Der »dirigierte« Preis nahm sich in der Wirklichkeit keineswegs so eindrucksvoll aus wie in den Schulbüchern. Ein und dieselbe Ware wurde verschiedenen Preiskategorien zugeordnet. In den breiten Ritzen zwischen diesen Kategorien nisteten sich mit Leichtigkeit alle Arten von Spekulation, Günstlingswirtschaft, Schma-

17 In der griechischen Mythologie war Athene (römisch: Minerva), der Schutzgöttin der Wissenschaft, eine Eule beigegeben, die auch auf den athenischen Münzen erschien. In späteren Jahrhunderten galt die Eule dann als Sinnbild der Weisheit. »Wenn die Philosophie ihr Grau in Grau malt, dann ist eine Gestalt des Lebens alt geworden, und mit Grau in Grau läßt sie sich nicht verjüngen, sondern nur erkennen; die Eule der Minerva beginnt erst mit der einbrechenden Dämmerung ihren Flug.« (G.W.F. Hegel, »Vorrede« zu den *Grundlinien der Philosophie des*

rotzertum und ähnliche Übel ein — eher als Regel, denn als Ausnahme. Gleichzeitig wurde der Tscherwonez, der ein fest umrissener Schatten der stabilen Preise sein sollte, zu seinem eigenen Schatten.

Wieder galt es, den Kurs jäh zu wechseln, diesmal infolge von Schwierigkeiten, die aus den wirtschaftlichen Erfolgen erwachsen waren. Das Jahr 1935 begann mit der Abschaffung der Brotkarten, im Oktober wurden die Karten für die übrigen Nahrungsmittel abgeschafft. Im Januar verschwanden auch die Karten für die industriell erzeugten Güter des Massenverbrauchs. Die ökonomischen Beziehungen der Werktätigen in Stadt und Land untereinander und zum Staat wurden in die Geldsprache übersetzt. Mit Hilfe des Rubels[18] macht die Bevölkerung ihren Einfluß auf die Wirtschaftspläne geltend, angefangen mit Quantität und Qualität der Konsumgüter. Die Sowjetwirtschaft läßt sich auf keine andere Weise rationalisieren.

Im Dezember 1935 erklärte der Vorsitzende der Staatsplanbehörde[19]: »Das heutige System der Wechselbeziehungen zwischen Banken und Wirtschaft muß revidiert werden, und die Banken müssen über den Rubel eine wirkliche Kontrolle ausüben.« So brachen der Aberglaube an den administrativen Plan und die Illusionen über die administrativen Preise zusammen. Wenn die Annäherung an den Sozialismus in der Geldsphäre bedeutet, daß die Funktion des Rubels der einer Verteilungskarte nahekommt, müßte man die Reformen von 1935 als eine Entfernung vom Sozialismus deuten. In Wirklichkeit wäre eine solche Betrachtungsweise aber ein grober Fehler. Die Verdrängung der Karte durch den Rubel ist lediglich ein Verzicht auf Fiktionen und ein offenes Eingeständnis der Notwendigkeit, die Voraussetzungen für den Sozialismus durch eine Rückkehr zu bürgerlichen Verteilungsmethoden zu schaffen.

Auf der Sitzung des Zentralexekutivkomitees der Sowjets vom Januar 1936 erklärte der Volkskommissar für Finanzen: »Der Sowjetrubel ist so

*Rechts oder Naturrecht und Staatswissenschaft im Grundrisse,* Jubiläumsausgabe [Glockner], Stuttgart-Bad Cannstatt [Frommann] 1964[4], S. 36 f.)

18 Rubel wurden zuerst in Nowgorod geprägt und setzten sich dann im 16. Jahrhundert als russische Landeswährung durch. In den achtziger Jahren des 19. Jahrhunderts wurde der Rubel auf Silberbasis, 1897 auf Goldbasis gestellt. Der Goldstandard wurde im Ersten Weltkrieg aufgegeben.

19 Waleri Iwanowitsch Meschlauk (1893-1938), ukrainischer Bolschewik. 1917 Mitglied des Sowjets von Charkow, im Bürgerkrieg Kommandeur, 1921 Mitglied des Obersten Volkswirtschaftsrates, 1926 dessen Vizepräsident. 1927 Kandidat, 1930 Mitglied des ZK, 1934 Leiter der Staatsplanbehörde, 1937 Nachfolger Ordschonikidses als Volkskommissar für Schwerindustrie. 1937 wurde Meschlauk unter der Beschuldigung verhaftet, Kopf eines von Bucharin geschaffenen oppositionellen »Reservenetzes« zu sein, und am 29.7.1938 mit anderen stalinistischen Funktionären (Rudsutak, Satonski, Unschlicht) und hohen Offizieren (Orlow, Dybenko, Wazetis) erschossen.

stabil wie keine andere Währung auf der Welt.«[20] Es wäre nicht richtig, in dieser Erklärung nur leere Prahlerei zu sehen. Der Staatshaushalt der UdSSR schließt jedes Jahr mit einem Überschuß der Einnahmen über die Ausgaben ab. Der Außenhandel — an sich unbedeutend — ergibt eine aktive Handelsbilanz. Der Goldvorrat der Staatsbank, der 1926 ganze 164 Millionen Rubel betrug, übersteigt jetzt eine Milliarde. Die Goldproduktion steigt rasch an: 1936 ist die UdSSR schon fast an der Spitze der goldfördernden Länder. Der Warenverkehr wächst seit der Wiederauferstehung des Marktes geradezu ungestüm. Die Papiergeldinflation ist seit 1934 praktisch zum Stillstand gekommen. Es gibt Anzeichen einer gewissen Stabilisierung des Rubels. Nichtsdestoweniger ist die Erklärung des Finanzkomissars im wesentlichen einer Inflation des Optimismus geschuldet. Findet der Sowjetrubel im allgemeinen Aufschwung der Wirtschaft eine kräftige Stütze, so sind die unerträglich hohen Gestehungskosten der Produktion seine Achillesferse. Zur stabilsten Währung wird der Rubel erst in dem Augenblick, wenn die sowjetische Arbeitsproduktivität die der übrigen Welt übertrifft und ihm folglich selbst die Todesstunde schlägt.

Geldtechnisch gesehen kann der Rubel schon gar keinen Vorrang beanspruchen. Bei einem Goldvorrat im Wert von mehr als einer Milliarde Rubel zirkulieren im Lande Geldscheine, die sich zu rund acht Milliarden summieren; die Deckung beträgt also nur 12,5 Prozent. Das Gold der Staatsbank ist bisher sehr viel eher eine unantastbare Reserve für den Kriegsfall als eine Basis des Geldsystems. Theoretisch ist zwar nicht ausgeschlossen, daß die Sowjets auf einer höheren Entwicklungsstufe zur Goldwährung übergehen, um die Binnenwirtschaftspläne zu präzisieren und die Wirtschaftsbeziehungen zum Ausland zu vereinfachen. Ehe das Geldsystem den Atem aufgibt, kann es also noch einmal im Glanz des reinen Goldes erstrahlen. Doch das ist jedenfalls noch kein aktuelles Problem.

Von einem Übergang zur Goldparität kann in nächster Zeit noch keine Rede sein. Sofern jedoch die Regierung einen Goldfonds hamstert und darauf hinarbeitet, den Prozentanteil einer auch nur hypothetischen Deckung zu erhöhen und soweit den Papiergeldemissionen objektive, vom Willen der Bürokratie unabhängige Grenzen gesteckt sind, kann der Sowjetrubel eine relative Stabilität erlangen. Schon das böte riesige Vorteile. Wenn künftig entschlossen auf Inflation verzichtet wird, kann das Geldsystem auch ohne die Vorteile der Goldparität dazu beitragen, viele der tiefen Wunden zu heilen, die der bürokratische Subjektivismus in den vergangenen Jahren der Wirtschaft geschlagen hat.

20 »Die Tagung des Zentralexekutivkomitees der Sowjetunion, Die Staatsfinanzen der Sowjetunion, Bericht des Genossen Grinko« in: *Rundschau*, Nr. 4, 23.1.1936, S. 145-147, hier S. 145.

Die Stachanow-Bewegung

»Ökonomie der Zeit«, sagt Marx, »darin löst sich schließlich alle Ökonomie auf«[21], d.h. der gesamte Kampf der Menschen mit der Natur auf allen Stufen der Zivilisation. Von Anfang an ist die Geschichte eine Jagd nach Arbeitszeitersparnis. Der Sozialismus bringt nicht nur die Aufhebung der Ausbeutung; verglichen mit dem Kapitalismus soll er der Gesellschaft mehr arbeitsfreie Zeit garantieren. Ohne diese Vorbedingung bliebe selbst die Abschaffung der Ausbeutung nur eine dramatische Episode, der keine Zukunft beschieden wäre. Die erste geschichtliche Erfahrung mit der Anwendung sozialistischer Methoden hat deren große Möglichkeiten kenntlich gemacht. Doch die Sowjetwirtschaft versteht noch keineswegs, mit der Zeit, dem kostbarsten Rohmaterial der Kultur, richtig umzugehen. Die importierte Technik, das wichtigste Mittel der Zeitersparnis, führt auf dem Sowjetboden noch nicht zu den Resultaten, wie sie in ihrer kapitalistischen Heimat für sie normal sind. In diesem für die gesamte Zivilisation ausschlaggebenden Sinn hat der Sozialismus noch nicht gesiegt. Er hat bewiesen, daß er siegen kann und muß. Aber er hat noch nicht gesiegt. Alle gegenteiligen Behauptungen verraten Unwissenheit oder sind Schwindel.

Molotow, der sich manchmal etwas unabhängiger von den rituellen Phrasen äußert als die anderen Sowjetführer — man muß ihm diese Gerechtigkeit widerfahren lassen — erklärte im Januar 1936 auf einer Sitzung des Zentralexekutivkomitees: »Das Durchschnittsniveau der Arbeitsproduktivität... bleibt bei uns noch erheblich hinter dem amerikanischen und europäischen zurück.«[22] Es wäre angebracht gewesen, diese Worte zu präzisieren, etwa zu sagen: es ist drei, fünf, zuweilen sogar zehnmal niedriger als in Europa und Amerika und dementsprechend sind bei uns die Gestehungskosten der Produktion bedeutend höher. In derselben Rede machte Molotow ein allgemeineres Zugeständnis: »Das durchschnittliche Kulturniveau unserer Arbeiter steht hinter dem entsprechenden Niveau der Arbeiter mehrerer kapitalistischer Länder zurück.« Er hätte hinzufügen sollen: der durchschnittliche Lebensstandard ebenfalls. Diese beiläufigen, nüchternen Bemerkungen widerlegen unbarmherzig die prahlerischen Erklärungen zahlloser offizieller Autoritäten und die süßlichen Ergüsse der ausländischen »Freunde«!

Der Kampf um die Steigerung der Arbeitsproduktivität ist neben der Sorge um die Verteidigung die Hauptaufgabe der Sowjetregierung. Auf den

21 Marx, *Grundrisse der Kritik der politischen Ökonomie*, (1857-58), MEW 42, S. 105.

22 »Der Plan und unsere Aufgaben, Von M. W. Molotow, Bericht des Vorsitzenden des Rates der Volkskommissare, erstattet auf der II. Session des Zentralexekutivkomitees der Sowjetunion«, in: *Rundschau*, Nr. 3, 16.1.1936, S. 83-91, hier S. 84.

verschiedenen Etappen der Entwicklung der UdSSR nahm dieser Kampf verschiedene Formen an. Die in den Jahren des ersten Fünfjahresplans und zu Beginn des zweiten angewandten Methoden der »Stoßbrigaden« beruhten auf Agitation, persönlichem Beispiel, administrativem Druck, — auf allen Arten von Gruppenwettbewerb und Gruppenprivilegierung. Die Versuche, auf Grund der »Sechs Regeln« von 1931 so etwas wie Akkordlöhne einzuführen, scheitern an der trügerischen Währung und an der Vielfalt der Preise. Das System der staatlichen Verteilung der Produkte setzte an die Stelle einer geschmeidigen, differenzierten Arbeitsbewertung sogenannte »Prämien«[23], eine Umschreibung bürokratischer Willkür. Auf der Jagd nach großen Privilegien drangen in die Reihen der Stoßbrigadisten in steigendem Maße gerissene Burschen ein, die durch Protektion stark wurden. Schließlich geriet das ganze System in glatten Widerspruch zu dem gesteckten Ziel.

Erst die Abschaffung des Kartensystems, die beginnende Stabilisierung des Rubels und die Vereinheitlichung der Preise schufen die Voraussetzungen zur Einführung des Akkord- oder Stücklohns. Auf dieser neuen Grundlage trat an die Stelle der Stoßbrigaden die sogenannte Stachanow-Bewegung. Auf der Jagd nach dem Rubel, der jetzt eine ganz reale Bedeutung bekommen hat, fangen die Arbeiter an, sich mehr um ihre Maschinen zu kümmern und die Arbeitszeit sorgfältiger auszunutzen. Die Stachanow-Bewegung zielt im wesentlichen auf die Intensivierung der Arbeit und sogar auf die Verlängerung der Arbeitszeit ab: In der sogenannten »Ruhe«zeit bringen die Stachanowisten die Werkbänke und Werkzeuge in Ordnung und stellen das Rohmaterial bereit; die Brigadenführer geben ihrer Brigade Anweisungen usw. Der Siebenstundentag[24] besteht dabei oft nur noch nominell.

23 Im Parteiprogramm von 1919 hatten die Bolschewiki für eine Übergangszeit Prämien akzeptiert: »Die Sowjetunion, die die gleiche Entlohnung für jede Arbeit ... anstrebt, kann sich im gegenwärtigen Zeitpunkt ... nicht die sofortige Verwirklichung dieser Gleichheit zur Aufgabe stellen.... Auf das Prämiensystem für sehr erfolgreiche Arbeit (kann) nicht verzichtet werden.« (Meissner [Hg.], *Parteiprogramm*, S. 135.) Im Zuge der Stachanow-Kampagne wurde das Prämiensystem ausgeweitet; vor dem Zweiten Weltkrieg machten Prämien 4,5 % der Lohnsumme der Industriearbeiter und 11,5 % der Technikergehälter aus. Während des Krieges und in der Nachkriegszeit setzte die Sowjetbürokratie in noch stärkerem Maße auf Prämien. Zu Beginn der sechziger Jahre erhielten 60 % der Arbeiterschaft Prämien; Sondervergünstigungen machten 15 % der Gesamtlohnsumme (in manchen Bereichen bis zu 30 %) aus.
(Vgl. Hofmann, *Arbeitsverfassung*, S. 384-394. Siehe auch Rudolf Becker, »Lohnsystem und Lohnpolitik«, in: *Osteuropa-Handbuch*, Bd. *Sowjetunion*. Teil: *Das Wirtschaftssystem*, Köln [Böhlau] 1965, S. 408-423, hier S. 418.)

24 Am 24.11.1917 wurde die Arbeitszeit durch ein Dekret auf acht Stunden täglich

Nicht die Sowjetadministratoren haben das Geheimnis des Akkords entdeckt; Marx hielt dies System, bei dem man sich ohne sichtbaren äußeren Zwang zu Tode schindet, für die »der kapitalistischen Produktionsweise entsprechendste Form«[25]. Die Arbeiter brachten für diese Neuerung keine Sympathie auf, standen ihr vielmehr feindselig gegenüber; es wäre unsinnig, von ihnen ein anderes Verhalten zu erwarten. Keine Frage, daß sich wirkliche Enthusiasten des Sozialismus an der Stachanow-Bewegung beteiligen. Inwieweit sie zahlenmäßig die Karrieristen und Wichtigtuer (besonders in der Administration) übertreffen, ist schwer zu sagen. Doch die Hauptmasse der Arbeiter sieht die neue Lohnform unter dem Gesichtspunkt des Rubels, und oft muß sie feststellen, daß der Rubel schrumpft.

Auf den ersten Blick mag — nach dem »endgültigen und unwiderruflichen Sieg des Sozialismus« die Rückkehr der Sowjetregierung zum Akkord als ein Rückschritt zu kapitalistischen Verhältnissen erscheinen. Doch gilt es hier zu wiederholen, was weiter oben über die Rehabilitierung des Rubels gesagt wurde: es handelt sich nicht um einen Verzicht auf den Sozialismus, sondern lediglich um die Liquidierung einiger grober Illusionen. Die Form des Arbeitslohns ist nur den realen Möglichkeiten des Landes besser angepaßt worden: »Das Recht kann nie höher sein als die ökonomische Gestaltung.«[26]

Doch die herrschende Schicht der Sowjetunion kann ohne soziale Schminke schon nicht mehr auskommen. In seinem Bericht auf der Sitzung des Zentralexekutivkomitees im Januar 1936 verkündete der Vorsitzende der Staatsplankommission, Meschlauk: »Der Rubel wird zum einzigen und wahren Mittel der Verwirklichung des sozialistischen (!) Prinzips des

beschränkt, die Arbeitszeit von Jugendlichen unter 18 Jahren, von Bergarbeitern und die Arbeit in Bereichen mit besonderen Gesundheitsrisiken wurde auf sechs Stunden festgelegt. Die gleiche Arbeitszeitbeschränkung findet sich im bolschewistischen Parteiprogramm von 1919 (Meissner [Hg.], *Parteiprogramm*, S. 139). Die Plattform der Vereinigten Opposition von 1927 enthielt die Forderung, allen Tendenzen zur Überschreitung des Achtstundentages energisch entgegenzutreten (vgl. Wolter [Hg.], *Die Linke Opposition*, Bd. 5, S. 354). Um diese populäre Forderung der Opposition gegenstandslos zu machen, verkündete die Parteiführung aus Anlaß des 10. Jahrestages der Oktoberrevolution 1927 die Einführung des Siebenstundentages. Zwei Jahre später arbeiteten erst zwei Drittel der Arbeiterschaft nur 7 Stunden. In den dreißiger Jahren wurde bald wieder an sechs Tagen acht Stunden gearbeitet. Im Arbeitszeitgesetz vom 26.6.1940 wurde dann die »Unvereinbarkeit des Siebenstundentages und der Fünftage-Arbeitswoche mit dem staatlichen Programm der beschleunigten wirtschaftlichen Akkumulation« festgeschrieben (vgl. Hofmann, *Arbeitsverfassung*, S. 189-204). 1955 betrug die durchschnittliche Arbeitswoche in der UdSSR 47,8 Stunden, 1978 40,6 Stunden.

25 Marx, *Das Kapital*, MEW 23, S. 580.

26 Marx, *Kritik des Gothaer Programms* (1875), MEW 19, S. 11-32, hier S. 21.

Arbeitslohns.«[27] Wenn in den alten Monarchien alles, einschließlich der Bedürfnisanstalten, für »königlich« erklärt wurde, so folgt daraus noch nicht, daß nun im Arbeiterstaat alles von selbst sozialistisch wird. Der Rubel ist das »einzige und wahre Mittel« zur Verwirklichung des *kapitalistischen* Prinzips des Arbeitslohns, und sei es auch auf der Grundlage sozialistischer Eigentumsformen: dieser Widerspruch ist uns bereits bekannt. Zur Rechtfertigung des neuen Mythos vom »sozialistischen« Stücklohn fügte Meschlauk hinzu: »Das Grundprinzip des Sozialismus besteht darin, daß jeder nach seinen Fähigkeiten arbeitet und nach der von ihm geleisteten Arbeit bezahlt wird.« Wahrlich, diese Herren machen mit der Theorie wenig Umstände! Wenn das Arbeitstempo von der Jagd nach dem Rubel abhängt, verausgaben sich die Menschen nicht »nach ihren Fähigkeiten«, d.h. nicht nach Maßgabe ihrer Muskel- und Nervenkraft, sondern tun sich Gewalt an. Diese Methode kann man nur bedingt durch den Hinweis auf die harte Notwendigkeit rechtfertigen; sie aber zum »Grundprinzip des Sozialismus« zu erklären, heißt, die Idee der neuen, höheren Kultur zynisch in den gewohnten Schmutz des Kapitalismus zu treten.

Stalin geht auf diesem Weg noch einen Schritt weiter, indem er die Stachanow-Bewegung als eine ausgibt, »die Bedingungen für den Übergang vom Sozialismus zum Kommunismus vorbereitet.«[28] Der Leser wird jetzt sehen, wie wichtig es ist, die Begriffe, deren man sich in der Sowjetunion je nach administrativer Bequemlichkeit bedient, wissenschaftlich zu definieren. Der Sozialismus oder das untere Stadium des Kommunismus erfordert zwar noch eine strenge Kontrolle über das Maß der Arbeit und das Maß des Verbrauchs, setzt aber jedenfalls menschlichere Kontrollformen voraus als die vom Ausbeutergenius des Kapitals ersonnenen. In der UdSSR aber wird heutzutage ein rückständiges Menschenmaterial mit unerbittlicher Härte an die vom Kapitalismus entlehnte Technik gespannt. Im Kampf um die Erreichung der europäischen und amerikanischen Normen werden klassische Ausbeutungsmethoden wie der Akkordlohn in so nackter und roher Form angewandt[29], wie es selbst reformistische Gewerkschaften in bürgerlichen Ländern nicht zulassen würden. Der Einwand, daß in der UdSSR die Arbeiter »für sich selbst« arbeiten, ist nur in historischer Perspektive

27 Vgl. die Zusammenfassung der Rede in: »Die Tagung des Zentralexekutivkomitees der Sowjetunion, Das vierte Jahr des zweiten Fünfjahrplanes, Der Bericht des Genossen Meschlauk«, in: *Rundschau*, Nr. 3, 16.1.1936, S. 128f.

28 Stalin, »Die historische Bedeutung der Stachanowbewegung und die nächsten Aufgaben«, in: *Rundschau*, Nr. 69, 28.11.1935, S. 2674.

29 In den zwanziger Jahren wurde der Zeitlohn allmählich durch den Akkordlohn verdrängt. Im März 1924 wurden 46% der Arbeiter nach Akkord entlohnt, im März 1927 waren es 77% aller Frauen und 58% aller Männer in der Industrie. (Raissa Rabinowitz, *Arbeitszeit und Arbeitslohnpolitik in der sowjetrussischen Industrie*, Rostock [Hinstorff] 1931, S. 82.)

richtig, und auch nur unter der Bedingung — um es vorweggreifend schon hier zu sagen —, daß die Arbeiter sich nicht länger von einer allmächtigen Bürokratie unterjochen lassen. Jedenfalls wird durch das Staatseigentum an den Produktionsmitteln nicht Mist zu Gold, und das Schwitzsystem[30], bei dem mit der wichtigsten Produktivkraft, dem Menschen, Raubbau getrieben wird, empfängt davon keinen Heiligenschein. Was aber die Vorbereitung des »Übergangs vom Sozialismus zum Kommunismus« betrifft, so beginnt sie gerade am entgegengesetzten Ende: nicht mit der Einführung des Stücklohns, sondern mit der Abschaffung dieses Erbes der Barbarei.

Es ist noch zu früh, eine Bilanz der Stachanow-Bewegung zu ziehen. Doch lassen sich schon die für diese Bewegung wie für das ganze Regime charakteristischen Züge erkennen. Besondere Leistungen einzelner Arbeiter sind zweifellos von großem Interesse, da sie Möglichkeiten anzeigen, die nur im Sozialismus realisiert werden können. Doch ist es ein weiter Weg von solchen Möglichkeiten bis zu ihrer Verwirklichung in der Gesamtwirtschaft. Da die verschiedenen Produktionsprozesse voneinander abhängig sind, kann eine kontinuierlich hohe Arbeitsleistung nicht eine Angelegenheit rein individueller Anstrengungen sein. Die Erhöhung der Durchschnittsproduktivität wird nur durch eine Reorganisierung der Produktion in der Fabrik und durch eine Reorganisation der Beziehungen zwischen den Betrieben möglich. Es ist unendlich viel schwieriger, die technische Qualifikation von Millionen um einige Grade zu heben, als Tausende von Bestarbeitern zu höheren Leistungen anzustacheln.

Die Führer klagen selbst zuweilen darüber, daß es dem Sowjetarbeiter an Arbeitskultur fehle. Doch das ist nur die Hälfte der Wahrheit, und zwar die kleinere. Der russische Arbeiter ist lernfähig, findig und begabt. Würde man die ersten besten hundert Sowjetarbeiter unter den Bedingungen, sagen wir, der amerikanischen Industrie arbeiten lassen, so würden sie nach wenigen Monaten, ja, Wochen in ihrer Produktivität wahrscheinlich nicht hinter den amerikanischen Arbeitern der entsprechenden Kategorien zurückstehen. Das Schwierige ist eben die allgemeine Organisation der Arbeit. Das sowjetische Verwaltungspersonal bleibt in der Regel hinter den Anforderungen der modernen Produktion noch weiter zurück als die Arbeiter.

Kombiniert mit der neuen Technik muß der Akkordlohn unvermeidlich

30 »Da Qualität und Intensität der Arbeit« beim Stücklohn »durch die Form des Arbeitslohns selbst kontrolliert werden, macht sie großen Teil der *Arbeitsaufsicht* überflüssig ... Der Stücklohn erleichtert ... das Zwischenschieben von *Parasiten* zwischen Kapitalist und Lohnarbeiter, *Unterverpachtung der Arbeit...*« Der Gewinn der Zwischenpersonen besteht aus Abzügen vom Arbeitslohn. »Dies System heißt in England charakteristisch ‚*Sweating-System*' (Ausschweißungssystem)« (Marx, *Das Kapital*, MEW 23, S. 577.)

zu einer systematischen Hebung der heute ungemein niedrigen Arbeitsproduktivität führen. Doch zu den dafür notwendigen elementaren Voraussetzungen gehört auch die Hebung des Niveaus des Verwaltungspersonals, vom Werkmeister bis zum Kremlführer. Die Stachanow-Bewegung wird dieser Forderung nur in geringem Maße gerecht. Verhängnisvollerweise neigt die Bürokratie dazu, über Schwierigkeiten, deren sie nicht Herr wird, einfach hinwegzuspringen. Da der Akkordlohn die von ihm erwarteten Wunder nicht aus eigenen Stücken zuwegebringt, wird er durch wütenden administrativen Druck ergänzt: durch Prämien und Reklame einerseits, durch Strafen andererseits.

Mit den Anfängen der Stachanow-Bewegung gingen Massenrepressalien gegen Ingenieure, technisches Personal und Arbeiter einher, denen Widerstand, Sabotage, in einigen Fällen sogar Mord an Stachanowisten zur Last gelegt wurde. Die Härte der Repressalien war ein Zeugnis für die Stärke des Widerstands. Die Obrigkeit führte die sogenannte »Sabotage«[31] auf politische Opposition zurück; in Wirklichkeit handelte es sich meist um technische, ökonomische und kulturelle Hindernisse, für die zum guten Teil die Bürokratie selbst verantwortlich zu machen ist. Mit der »Sabotage« war offenbar bald aufgeräumt: die Unzufriedenen hatten Angst, die Klarblickenden schwiegen. Es regnete Telegramme, die über unerhörte Leistungen informierten. Tatsächlich richteten die lokalen Verwaltungsstellen, den Anweisungen entsprechend, einzelnen Pionieren die Arbeit außerordentlich zuvorkommmend ein, auch wenn das auf Kosten der Interessen aller übrigen Arbeiter des Bergwerks oder der Fabrik ging. Doch sobald sich Hunderte und Tausende Arbeiter als »Stachanowisten« melden, kommt die Verwaltung arg in Verlegenheit. Da sie weder subjektiv noch objektiv in der Lage ist, das Produktionsregime kurzfristig in Ordnung zu bringen, versucht sie, der Arbeitskraft und der Technik Gewalt anzutun. Stockt der Mechanismus der Uhr, so geht man den Rädchen mit einem Nagel zu Leibe. Das Ergebnis der »Stachanow-Tage« und »Stachanow-Dekaden« ist in vielen Betrieben nur ein vollständiges Chaos. So erklärt sich die auf den ersten Blick verblüffende Tatsache, daß die Zunahme der Zahl der Stachanowisten oft nicht von einer Steigerung, sondern von einer Senkung der allgemeinen Leistung des betreffenden Betriebes begleitet ist.

31 Der Ausdruck Sabotage weist zurück auf eine Kampftechnik der französischen Weber, die ihre Webstühle mit Hilfe ihrer Holzschuhe (sabots) blockierten. Nach Artikel 58.14 des sowjetischen Strafgesetzbuches von 1926 war die »bewußte Nichtausführung bestimmter Pflichten oder deren bewußt nachlässige Ausführung mit dem ausdrücklichen Ziel der Schwächung der Staatsmacht und der Tätigkeit des Regierungsapparates« strafbar. Später wurde dann jedes unerwünschte Verhalten als »Sabotage« gebrandmarkt; der entsprechende Strafrechtsparagraph avancierte zu einem Hauptmittel der Einschüchterung und Disziplinierung. (*Strafgesetzbuch der RSFSR* [Ugolvny Kodex], zitiert nach Hofmann, *Arbeitsverfassung*, S. 249.)

Heute ist die »heroische« Periode dieser Bewegung offenbar vorbei. Der Alltag beginnt. Es gilt zu lernen. Besonders viel müssen die lernen, die andere lehren. Aber gerade sie wollen am wenigsten lernen. Die gesellschaftliche Gliederung, die die anderen Abteilungen der Sowjetwirtschaft aufhält und paralysiert, heißt: *Bürokratie.*

## V. Der sowjetische Thermidor

### Warum hat Stalin gesiegt?

Der Geschichtsschreiber der Sowjetunion wird um den Schluß nicht herumkommen, daß die Politik der herrschenden Bürokratie in den großen Fragen eine Reihe von einander widersprechenden Zickzackwendungen darstellte. Versuche, diese Widersprüche unter Hinweis auf »wechselnde Umstände« zu erklären oder zu rechtfertigen, sind offensichtlich haltlos. Führen heißt wenigstens in gewissem Grade voraussehen. Stalins Fraktion hat nicht im mindesten die unvermeidlichen Resultate der Entwicklung vorhergesehen, die ihr jedesmal über den Kopf wuchs. Sie reagierte darauf mit administrativen Reflexen. Die Theorie ihrer jeweiligen Wendung schuf sie nachträglich, ohne sich viel darum zu kümmern, was sie am Tage zuvor gelehrt hatte. Aufgrund unumstößlicher Tatsachen und Dokumente wird der Geschichtsschreiber schlußfolgern müssen, daß die sogenannte »Linke Opposition« eine unvergleichlich richtigere Analyse von den im Lande sich entfaltenden Prozessen gab und die weitere Entwicklung jeweils viel genauer voraussah.

Dieser Behauptung widerspricht auf den ersten Blick die einfache Tatsache, daß unablässig die Fraktion siegte, die nicht weit vorauszuschauen vermochte, während die viel klarer sehende Gruppe Niederlage auf Niederlage erlitt. Ein solcher Einwand, der sich von selbst aufdrängt, ist jedoch nur für den überzeugend, der rationalistisch denkt und in der Politik einen logischen Streit oder eine Schachpartie sieht. Der politische Kampf ist seinem Wesen nach ein Kampf von Interessen und Kräften, nicht von Argumenten. Die Qualität der Führung ist für den Ausgang des Ringens natürlich keineswegs gleichgültig, doch ist sie nicht der einzige und letztlich auch nicht der entscheidende Faktor. Außerdem braucht jedes der kämpfenden Lager Führer, die ihm gleichen.

Wenn die Februarrevolution[1] Kerenski und Zeretelli[2] an die Macht

1 Die militärischen Niederlagen der zaristischen Armee und der Zusammenbruch der Rohstoff- und Lebensmittelversorgung hatten im Laufe des Krieges das zaristische Regime diskreditiert. Anläßlich des Internationalen Frauentages kam es am 23.2. (8.3.) 1917 in Petrograd zu spontanen Streiks der Textilarbeiterinnen,

brachte, so nicht, weil sie »klüger« oder »geschickter« gewesen wären als die herrschende zaristische Clique, sondern weil sie wenigstens zeitweilig die revolutionären Volksmassen vertraten, die sich gegen das alte Regime erhoben hatten. Wenn Kerenski Lenin in die Illegalität treiben und andere bolschewistische Führer ins Gefängnis stecken konnte, so nicht, weil er ihnen persönlich überlegen gewesen wäre, sondern weil die Mehrheit der Arbeiter und Soldaten damals noch mit dem patriotischen Kleinbürgertum ging. Kerenskis persönlicher »Vorzug« — wenn das Wort hier angebracht ist — bestand gerade darin, daß er nicht weiter sah als die überwiegende Mehrheit. Die Bolschewiki besiegten ihrerseits die kleinbürgerliche Demokratie nicht kraft der persönlichen Überlegenheit ihrer Führer, sondern vermöge einer neuen Kombination der sozialen Kräfte: dem Proletariat war

zu Demonstrationen von Frauen gegen den Hunger und zu Plünderungen von Bäckereien. Aus dieser Bewegung entwickelte sich zwei Tage später ein Generalstreik. Die gegen die Streikenden aufgebotenen Garnisonstruppen verweigerten den Gehorsam und gingen zu den Aufständischen über. Am 27.2. (12.3.) wurde der Rat der Arbeiter- und Soldatendeputierten gebildet. Ihm fiel sogleich die reale Macht zu; als Klassenorganisation (der revolutionären Arbeiter und Soldaten) stand er der Provisorischen Regierung des Fürsten Lwow gegenüber, die aus der noch vom Zaren aufgelösten Duma hervorgegangen war und der als einziger Sozialist Kerenski — als Person, nicht als Vertreter der Trudowiki — angehörte. Die Provisorischen Regierungen, Repräsentanten der liberalen und konservativen Bourgeoisie und der Grundbesitzer verfolgten das Ziel, die Arbeiterräte zu beseitigen, die Arbeiter wieder der Fabrikdisziplin zu unterwerfen und eine Agrarrevolution zu verhindern; sie setzten den Krieg fort in der Hoffnung, die zaristischen Kriegsziele doch noch zu verwirklichen. Nach acht Monaten wurde die Doppelherrschaft zugunsten der Arbeiter- und Soldatenräte, in denen die Bolschewiki inzwischen die Mehrheit erobert hatten, beseitigt.
(Vgl. Trotzki, *Geschichte der russischen Revolution*, *Schriften*, Bd. 10.)

2 Irakli Georgijewitsch Zeretelli (1881-1959), georgischer Menschewik, Führer der sozialdemokratischen Fraktion in der zweiten Duma (1907); nach der Februarrevolution aus sibirischer Verbannung zurückgekehrt, wurde er »nicht nur das Haupt der Menschewiki, sondern der gesamten damaligen Sowjetmehrheit« (Trotzki, *Geschichte der russischen Revolution*, Bd. 1, *Februarrevolution*, S. 225), trat für die Fortsetzung des Krieges als »revolutionäre Vaterlandsverteidigung« und für ein Bündnis mit der Bourgeoisie ein; im Mai 1917 in der ersten Koalitionsregierung aus Liberalen und gemäßigten Sozialisten Minister für Post- und Fernmeldewesen, im zweiten Koalitionskabinett (Juli-September) Innenminister. Nach der Oktoberrevolution Mitglied der menschewistischen Regierung Georgiens, die im Februar 1921 nach dem Einmarsch der Roten Armee gestürzt wurde. Zeretelli emigrierte nach Frankreich und trat in der II. Internationale häufig als Delegierter der Menschewiki auf. 1929 zog er sich aus dem politischen Leben zurück. Trotzki schrieb über ihn: »Zeretelli überragte zweifellos die anderen beträchtlich. ... Er ... nahm den ersten Platz in den Reihen seiner Gesinnungs- und Bundesgenossen ein. Unter den Gegnern war er der einzige, den man ernst nehmen mußte.« (*Mein Leben*, S. 278.)
(*Erinnerungen an die Februarrevolution*, russ., 2 Bde., Paris - Den Haag [Mouton] 1963.)

es endlich gelungen, die unbefriedigte Bauernschaft für sich zu gewinnen und gegen die Bourgeoisie zu mobilisieren.

Die Folgerichtigkeit der Etappen der Großen Französischen Revolution[3] zeigt in ihrem Aufstieg wie in ihrem Niedergang nicht minder überzeugend, daß die Stärke der einander ablösenden »Führer« und »Helden« vor allem darin lag, daß sie dem Charakter der Klassen und Schichten entsprachen, von denen sie gestützt wurden; nur diese Entsprechung und

3 In den am 5.5.1789 in Versailles sich versammelnden »Generalständen« standen 600 Vertretern von Adel und Klerus 600 Deputierte des »Dritten Standes« gegenüber. Am 17.6.1789 erklärten sie sich zur verfassungsgebenden Nationalversammlung (Constituante). Nach dem Sturm auf die Bastille am 14.7.1789 schuf sich das wohlhabende Bürgertum eine eigene bewaffnete Macht, die Nationalgarde. Am 4.8.1789 wurden, um die Agrarrevolution aufzuhalten, alle feudalen Privilegien abgeschafft. Die Kirchengüter wurden eingezogen und die allgemeinen Menschenrechte deklariert. Die Verfassung von 1791 sah eine konstitutionelle Monarchie vor. Um der Intervention der preußisch-österreichischen Armeen zuvorzukommen, erklärte die gemäßigt-bürgerliche girondistische Mehrheit in der Nationalversammlung am 20.4.1792 beiden Mächten den Krieg. Der Vormarsch der Interventionsarmeen führte in Paris am 10.8.1792 zu einem Aufstand der Pariser Unterschichten, der Sansculotten. Der sich auf die Sansculotten stützende Pariser Stadtrat, die »Kommune«, wurde zum Gegenspieler der Nationalversammlung, die im September 1792 durch den aus allgemeinen Wahlen hervorgegangenen Konvent ersetzt wurde. Im Konvent standen sich die gemäßigten Girondisten und die Anhänger der jakobinischen Bergpartei, die Montagnards, gegenüber; das Königtum wurde abgeschafft und die Republik ausgerufen (22.9.1792). Neue militärische Rückschläge führten zur Vertreibung der Girondisten aus dem Konvent und zur Aufrichtung der Minderheitsdiktatur der Jakobiner im Juli 1793 (Wohlfahrtsausschuß). Durch Zentralisierung der Macht, staatliche Eingriffe in die Wirtschaft und Terror gegenüber wirklichen und vermeintlichen Konterrevolutionären verteidigten die Jakobiner die Errungenschaften der Revolution und das französische Staatsgebiet gegenüber Intervention und konterrevolutionären Erhebungen. Nach militärischen Erfolgen durch das von Carnot gebildete Massenheer wurde am 9. Thermidor (27.7.1794) der Schreckensherrschaft der Robespierre-Gruppe ein Ende gemacht. Der Jakobinerklub wurde geschlossen, die überlebenden Girondisten zurückberufen; die Konventsmehrheit bildeten nun wieder die gemäßigten Republikaner. Nach Niederschlagung eines royalistischen Aufstands im Oktober 1795 durch Barras und Napoleon brachte die neue Direktorial-Verfassung (u.a. Rückschritt zum Zensuswahlrecht) eine Konsolidierung der bürgerlichen Klassenherrschaft. Das Direktorium beendete den Bürgerkrieg in der Vendée, konnte aber weder Staatsbankrott noch Hungersnöte verhindern. Gegen das Direktorium richteten sich die kommunistisch-jakobinische Verschwörung Babeufs und royalistische Umsturzversuche. Der Staatsstreich des Direktoriumsmitglied Barras vom 4.9.1797 sicherte den Republikanern dann im Direktorium eine diktatorische Herrschaft. Nach militärischen und innenpolitischen Mißerfolgen in den Jahren 1797-99 wurde das Direktorium von dem aus Ägypten zurückkehrenden Napoleon durch einen neuerlichen Staatsstreich am 18. Brumaire (9.11.1799) gestürzt; Napoleons Militärdiktatur wurde zum Erben der Revolution.

keineswegs irgendwelche abstrakten Vorzüge erlaubten einem jedem von ihnen, einer bestimmten Geschichtsperiode den Stempel seiner Persönlichkeit aufzudrücken. In der Machtfolge der Mirabeau[4], Brissot[5], Robespierre, Barras[6], Bonaparte liegt eine objektive Gesetzmäßigkeit, die ungleich stärker ist als die Wirkung der besonderen Merkmale der historischen Protagonisten selbst.

Es ist hinreichend bekannt, daß bisher jede Revolution eine Reaktion oder sogar Konterrevolution auslöste, die freilich die Nation nie ganz bis zum Ausgangspunkt zurückwarf, dem Volk aber immer den Löwenanteil

4 Honoré Gabriel Riqueti Graf von Mirabeau (1749-1791), als Redner und Publizist einer der einflußreichsten Führer der ersten Phase der Französischen Revolution, Prototyp des aufgeklärten, mit seiner Herkunftsklasse zerstrittenen Aristokraten. Mirabeau trat für die Abschaffung der feudalen Vorrechte und für eine konstitutionelle Monarchie nach britischem Vorbild ein. Seit 1790 insgeheim mit dem Hof verbündet, wurde Mirabeau Februar 1791 zum Präsidenten der Nationalversammlung gewählt.
(*Œuvres*, hg. von M. Mérilhou, 9 Bde., 1825-27.
René de la Croix Duc de Castries, *Mirabeau*, Das Drama eines politischen Genies, Stuttgart [Kohlhammer] 1963; Justus Franz Wittkop, *Graf Mirabeau*, Esslingen [Bechtle] 1982.)

5 Jacques Pierre Brissot de Warville (1754-1793) wurde 1784 wegen eines ihm zugeschriebenen Pamphlets gegen die französische Königin in der Bastille inhaftiert. Gründer der philanthropischen »Société des amis des Noirs«, die sich für die Aufhebung der Sklaverei einsetzte; gab 1789-1793 die Zeitung »Le Patriote français« heraus. 1791 in die Nationalversammlung gewählt, wurde er zu einem der wichtigsten Führer der Girondisten (»Brissotins«) und bestimmte 1792/93 als Gegenspieler Robespierres die Außenpolitik der Revolution, die zum Kriege führte. Im Oktober 1792 bezeichnete er in einem »Appell an alle Republikaner in Frankreich: Über den Jakobinerclub in Paris« die Anhänger der Bergpartei als »Zerstörer, die alles gleichmachen wollen, das Eigentum, den Wohlstand, die Lebensmittelpreise und die für die Gesellschaft zu leistenden Dienste« und warnte vor der »Hydra der Anarchie«. Nach dem Sansculotten-Aufstand vom 2.6.1793 wurde er verhaftet und hingerichtet.
(*Mémoires de Brissot de Warville sur ses contemporains et la révolution française*, Paris [L'advocat] 1830-1832 [4 Bde].)

6 Paul François Jean Nicolas Vicomte de Barras (1755-1829), seit 1771 Offizier, seit 1792 Jakobiner, später Thermidorianer; stimmte im Konvent für die Hinrichtung des Königs und unterdrückte den royalistischen Aufstand in Südfrankreich (Toulon). War 1794 als Kommandeur der Pariser Truppen entscheidend am Sturz Robespierres beteiligt und wurde nach der Niederwerfung eines royalistischen Aufstandes im Oktober 1795 eines von fünf Mitgliedern des Direktoriums. Barras verschaffte Napoleon den Oberbefehl über die französischen Truppen in Italien, mußte aber nach dessen Staatsstreich im November 1799 sein Amt niederlegen (und 1801-1805 sogar nach Brüssel ins Exil gehen).
(*Mémoires de Paul Comte de Barras*, Paris [Hachette] 1895-1896, 4 Bde.; dt.: Memoiren von Paul Barras, Mitglied des Direktoriums, hg. v. George Duruy, Stuttgart [DVA] 1895/96.)

seiner Eroberungen wieder entriß.[7] Opfer der ersten reaktionären Welle sind in der Regel die Pioniere, Urheber, Initiatoren, die in der Angriffsperiode der Revolution an der Spitze der Massen standen; an die erste Stelle treten dann Leute zweiten Kalibers, im Bunde mit gestrigen Feinden der Revolution. Hinter den dramatischen Duellen der »Koryphäen« auf der offenen politischen Bühne gehen Verschiebungen in den Verhältnissen zwischen den Klassen und, was nicht weniger wichtig ist, einschneidende Veränderungen in der Psychologie der gestern noch revolutionären Massen vor sich.[8]

Als Erwiderung auf ratlose Fragen vieler Genossen, wie es denn mit der Aktivität der bolschewistischen Partei und der Arbeiterklasse stehe, was aus ihrer revolutionären Initiative, Selbstaufopferung und ihrem plebejischen Stolz geworden sei, wieso an die Stelle all dessen soviel Gemeinheit, Feigheit, Kleinmut und Strebertum treten konnte, berief Rakowski[9] sich auf die Peripetien der französischen Revolution des 18. Jahrhunderts und führte als Beispiel Babeuf[10] an, der sich, als er das Abbaye-Gefängnis verließ, ebenfalls verständnislos fragte, wo denn das heroische Volk der Pariser

7 Vgl. die im Kampf gegen den Stalin-Bucharin-Block zur Selbstverständigung niedergeschriebenen »Thesen über Revolution und Konterrevolution« (26.11.1926), in: *Denkzettel*, S. 163-167.

8 »Die Oktoberrevolution erweckte in den Volksmassen, vor allem den proletarischen Massen, mehr als jede andere Revolution in der Geschichte größte Hoffnungen und Leidenschaften. Nach den ungeheuren Leiden der Jahre 1917-21 haben die proletarischen Massen ihr Los beträchtlich verbessert. Sie schätzen die Verbesserung ihrer Lage und hoffen auf weitere Verbesserungen. Gleichzeitig aber lehrte sie die Erfahrung, daß diese Verbesserung, die ihnen eben erst wieder den Lebensstandard der Vorkriegszeit beschert hat, nur äußerst langsam zustande kam. Diese Erfahrung ist für die Massen, besonders für die ältere Generation, von kaum zu überschätzender Bedeutung. Sie sind vorsichtiger, skeptischer, weniger empfänglich für revolutionäre Parolen, weniger empfänglich für umfassende Theorien geworden. Diese Stimmungen, die sich nach den schweren Prüfungen des Bürgerkriegs und nach den Erfolgen des wirtschaftlichen Wiederaufbaus entfaltet haben, bilden den politischen Hintergrund des Parteilebens. Auf diese Stimmungen stützt sich der Bürokratismus als auf einen Pfeiler von ,Gesetz und Ordnung' und von ,Friedfertigkeit'. Der Versuch der Opposition, die Partei mit neuen Fragen zu konfrontieren, machte gerade gegen diese Stimmungen Front.« (Trotzki, *Denkzettel*, S. 165.)

9 Vgl. Ch. G. Rakowski, »Die Ursachen der Entartung von Partei- und Staatsapparat« (6.8.1928), als Anhang in diesem Band.

10 François Noël (genannt »Gracchus«) Babeuf (1760-1797), Verfechter eines asketisch-gleichmacherischen Kommunismus, der gewaltsamen Machteroberung im Namen der niedergehaltenen Volksmassen und der revolutionären Diktatur; Vorläufer Blanquis. Als Landvermesser und Grundbuchkommissar wurde er zu einem entschlossenen Gegner des Feudalrechts; in der Frage der Nationalisierung des Bodens und des Terrors stand er in Opposition zum jakobinischen Konvent. Seit 1789 arbeitete Babeuf als Journalist. Seit September 1794 gab er das *Journal de la Liberté de la presse* (das seit Oktober 1794 *Le Tribun du Peuple*

Vorstädte geblieben sei.[11] Die Revolution hat einen großen Verbrauch an menschlicher Energie, individueller wie kollektiver. Die Nerven verbrau-

hieß) heraus. Babeuf schrieb nun, die Revolution sei nicht zu Ende, solange nicht der Unterschied zwischen Arm und Reich getilgt sei. Nach mehreren Verhaftungen organisierte er im November 1795 den Geheimbund »Gesellschaft der Gleichen« zum Sturz des Direktoriums. Das Programm der Verschwörer sah für die nachrevolutionäre Gesellschaft landwirtschaftlich-handwerkliche Produktionsgemeinschaften und eine Versorgung durch staatliche Magazine vor. Die Aufstandspläne des Geheimbundes wurden verraten, seine Führer am 10.5.1796 verhaftet. In seinem Prozeß (20.2.-27.5.1797) bezeichnete Babeuf den »allgemeinen Umsturz der Eigentumsverhältnisse« als »unvermeidlich«. Babeuf und ein anderer der Verschwörer wurden hingerichtet, die übrigen Angeklagten zu langen Haftstrafen verurteilt. Das von Filippo Buonarroti, einem Genossen Babeufs, 1828 veröffentlichte Buch *Babeuf und die Verschwörung für die Gleichheit*, dt. Stuttgart [Dietz] 1909, hat die Erinnerung an seine Ideen wachgehalten. (Victor Daline - Armando Saitta - Albert Soboul [Hg.], *Œuvres de Babeuf*, Bd. 1, *Babeuf avant la révolution*, Paris [Bibliothèque nationale] 1977; Thilo Ramm, *Die großen Sozialisten als Rechts- und Sozialphilosophen*, Bd. 1, Stuttgart [Fischer] 1955, S. 131-209; G. u. C. Willard [Hg.], *Ausgewählte Schriften*, Berlin [Rütten u. Loening] 1956; Viktor Moiseewitsch Dalin, *Babeuf-Studien*, hg. v. Walter Markov, Berlin [Akademie] 1961; Enrique Tierno Galván, *Babœuf y los Iguales*, Un episodio del socialismo premarxista, Madrid [Tecnos] 1967; Peter Fischer, *Babeuf*, Der Krieg zwischen Arm und Reich, Berlin [Wagenbach] 1975; Robert Barrie Rose, *Gracchus Babeuf*, The First Revolutionary Communist, London [Edward Arnold Publishers] 1978; Jean Bruhat, *Gracchus Babeuf et les Egaux*, Paris [Librairie Académique Perrin] 1978.)

11 Im August 1792 wurde Babeuf zum Verwalter des Somme-Departements ernannt und kämpfte gegen die Emigranten und ihre Helfershelfer. Nach Auseinandersetzungen mit dem Direktorium des Departements gab er seinen Posten auf und wurde zum Verwalter des Direktoriums des Kreises Mont Didier gewählt. Auf Geheiß seines Vorgesetzten änderte er in einem Kaufvertrag über ein Nationalgut den Namen des Käufers, wurde suspendiert, verhaftet und floh nach Paris. Die Affäre bot Gelegenheit, sich seiner zu entledigen, und das Gericht von Amiens verurteilte ihn sieben Monate später in Abwesenheit zu 20 Jahren Zuchthaus. In Paris wurde Babeuf im November 1793 wieder verhaftet, kam kurze Zeit wieder frei und war dann nacheinander im Abbaye-Gefängnis, im Gefängnis Sainte-Pélagie und schließlich im Sommer 1794 im Sainte-Geneviève-Gefängnis von Laon inhaftiert. Er entging auf diese Weise dem jakobinischen Terror und der Verfolgung durch die anti-jakobinischen Thermidorianer. Als er am 18.7.1794 freikam, »waren die großen Persönlichkeiten, die in der vordersten Reihe des politischen Spieles gestanden hatten, weggefallen und eine neue Situation entstanden. Mit ihr hatte sich Babeuf auseinanderzusetzen, als er in das politische Leben wieder zurückkehrte.« (Ramm, *Die großen Sozialisten*, S. 152). »Bei der großen Mehrzahl fand man sehr wenig politische Leidenschaften; der Royalismus ist zunächst recht eingeschüchtert, der Jakobinismus kränkelt, ist drohend aus Angst. Diese beiden Minderheiten ziehen aus der allgemeinen Trägheit der Massen einen gewissen Vorteil.« (Jules Michelet, *Geschichte der Französischen Revolution*, Bd. 9-10, S. 209.) In einem am 1.10.1794 veröffentlichten Artikel verglich Babeuf die Triumphe Marats in den Jahren 1789-90 mit seinen eigenen Mißerfolgen und nannte sich einen Prediger in der Wüste. Vier

chen sich, das Bewußtsein wird schwächer, die Charaktere schleifen sich ab. Die Ereignisse folgen einander zu rasch, als daß ein Zustrom frischer Kräfte den Verlust wettmachen könnte. Hunger, Arbeitslosigkeit, Verderb der revolutionären Kader, Verdrängung der Massen aus der Leitung, all das führte zu einer solchen physischen und moralischen Entkräftung der Bevölkerung der Pariser Vorstädte, daß sie bis zu einem neuen Aufstand mehr als drei Jahrzehnte brauchten.[12]

Die axiomatische Behauptung der Sowjetliteratur, die Gesetze der bürgerlichen Revolutionen seien auf die proletarische »nicht anwendbar«, entbehrt jeden wissenschaftlichen Gehalts. Der proletarische Charakter des Oktoberumsturzes war durch die Weltlage und das besondere innere Kräfteverhältnis bestimmt. Aber die Klassen selbst hatten sich unter den barbarischen Bedingungen des Zarismus und eines zurückgebliebenen Kapitalismus geformt und waren keineswegs durch besondere Fügung auf die Erfordernisse einer sozialistischen Revolution vorbereitet. Vielmehr verhielt es sich umgekehrt: Gerade weil das in vieler Beziehung noch rückständige russische Proletariat in wenigen Monaten den in der Geschichte unerhörten Sprung von einer halbfeudalen Monarchie zur sozialistischen Diktatur vollbrachte, mußte die Reaktion in seinen eigenen Reihen unver-

Wochen später schrieb er über die geringe Aktivität der Mitglieder des »Club Electoral«: Nur eine Handvoll Aktivisten der verschiedenen politischen Gruppierungen nahm am Kampf um die politische Kontrolle der Pariser Sektionen teil, während die Massen fern und gleichgütig blieben. (Vgl. Rose, *Gracchus Babeuf*, S. 167 f.)

12 Neuer Aufstand: die Julirevolution von 1830. Die militärische Niederlage Napoleons hatte 1814 zur Restauration der Bourbonendynastie (Ludwig XVIII., seit 1824 Karl X.) geführt. Bei den Wahlen von 1827 erlangte die großbürgerliche Opposition eine Mehrheit in der Kammer. Deren zunehmendem Druck suchte Karl X. zunächst durch die Invasion Algeriens auszuweichen und dann durch den Staatsstreich vom 26.7.1830 zu begegnen (Beseitigung der Pressefreiheit, Wahlrechtsänderung, Auflösung der Kammer). Ein dreitägiger Volksaufstand in Paris (Drucker, Studenten, Handwerker) nötigte den König zur Abdankung und ermöglichte es der liberalen Bourgeoisie, in die bisher vom Adel besetzten Machtpositionen einzurücken. Unter dem neuen »Bürgerkönig« Louis Philippe begann eine Art goldenes Zeitalter der französischen Großbourgeoisie. »Nicht die französische Bourgeoisie herrschte unter Louis Philippe, sondern *eine Fraktion* derselben, ... die sogenannte *Finanzaristokratie*. Sie saß auf dem Throne, sie diktierte in den Kammern Gesetze, sie vergab die Staatsstellen vom Ministerium bis zum Tabaksbüro. Die eigentlich *industrielle Bourgeoisie* bildete einen Teil der offiziellen Opposition, d. h., sie war in den Kammern nur als Minorität vertreten. Ihre Opposition trat um so entschiedener hervor, je reiner sich die Alleinherrschaft der Finanzaristokratie entwickelte und je mehr sie selbst nach den im Blut erstickten Emeuten 1832, 1834 und 1839 ihre Herrschaft über die Arbeiterklasse gesichert wähnte.« (Marx, *Die Klassenkämpfe in Frankreich 1848-1850* [1850], MEW Bd. 7, S. 12.)

meidlich zu ihrem Recht kommen. Sie entwickelte sich in den aufeinanderfolgenden Kriegen. Äußere Bedingungen und Ereignisse nährten sie um die Wette. Intervention folgte auf Intervention.[13] Aus dem Westen kam keine direkte Hilfe. Statt des erhofften Wohlergehens trat für lange Zeit die bitterste Not im Lande die Herrschaft an. Außerdem waren die hervorragendsten Vertreter der Arbeiterklasse entweder im Bürgerkrieg umgekommen, oder sie hatten sich um einige Stufen über die Massen erhoben und sich von ihnen losgelöst. So folgte auf eine beispiellose Anspannung der Kräfte, Hoffnungen und Illusionen eine lange Periode der Müdigkeit, der Niedergeschlagenheit und der direkten Enttäuschung über die Resultate des Umsturzes. Auf das Verebben des »plebejischen Stolzes« folgte eine Flut von Kleinmut und Strebertum. Auf dieser Welle schwang sich eine neue kommandierende Schicht empor.

Eine nicht geringe Rolle bei der Herausbildung der Bürokratie spielte die Demobilisierung der fünf Millionen Mann starken Roten Armee[14]: Die siegreichen Kommandeure besetzten die leitenden Posten in den lokalen Sowjets, in der Wirtschaft, im Schulwesen und führten überall energisch das

13 Nach dem unter militärischem Druck erpreßten Friedensschluß von Brest-Litowsk (3.3.1918) besetzten im Frühjahr 1918 etwa eine Million deutsche und österreichische Truppen das Baltikum, Weißrußland, die Ukraine und Transkaukasien. Am 9.3.1918 landeten britische Truppen in Murmansk und am 5.4.1918 Alliierte (Japaner, Briten, Franzosen und US-Soldaten) in Wladiwostok. Am 25.5.1918 rebellierte die Tschechoslowakische Legion (die aus Kriegsgefangenen bestand, die gegen Österreich-Ungarn kämpfen wollten und befürchteten, sie würden von den Bolschewiki an die Deutschen ausgeliefert) und besetzte wichtige Zentren in Sibirien, dem Ural und Wolgagebiet. Im Juni landeten US-Truppen in Murmansk, Anfang August besetzten britische Truppen Baku und Archangelsk, während türkische Armenien eroberten. Seit Ende November 1918 operierten französische, bald auch britische und italienische Marinestreitkräfte im Schwarzen Meer, besetzten Teile Südrußlands und Transkaukasiens. Sie wurden von rumänischen, sibirischen und griechischen Einheiten unterstützt. Auf dem Höhepunkt der alliierten Intervention standen Mitte 1919 etwa eine Million ausländischer Soldaten in Rußland.
Angesichts der Erfolge der Roten Armee, wachsender politischer Unzuverlässigkeit großer Teile der Interventionstruppen und der inneren Opposition in den eigenen Ländern beschlossen Regierungsvertreter der USA, Großbritanniens, Frankreichs, Italiens und Japans auf der Londoner Beratung am 16.12.1919, die Interventionstruppen abzuziehen und die Unterstützung der antibolschewistischen Gruppen und Regierungen auf dem Gebiet des ehemaligen Zarenreichs einzustellen. Am 16.1.1920 wurde auch der Wirtschaftsboykott aufgehoben.
Am 25.4.1920 griff Pilsudski-Polen die Sowjetrepublik an und eroberte weite Teile der Ukraine, ehe die Invasoren durch eine sowjetische Gegenoffensive zurückgetrieben werden konnten.

14 Die Demobilisierung der Roten Armee begann in der zweiten Hälfte des Jahres 1921; ihre Stärke wurde bis September 1923 von 5,3 Millionen auf 516 000 Mann reduziert.

Regime ein, dem die Siege des Bürgerkriegs zu verdanken waren. So wurden die Massen allmählich allenthalben von der faktischen Beteiligung an der Leitung des Landes ausgeschlossen.

Die innere Reaktion im Proletariat erzeugte eine außerordentliche Flut von Hoffnungen und Selbstvertrauen bei den kleinbürgerlichen Schichten in Stadt und Land, die durch die NEP zu neuem Leben erwacht waren und immer dreister den Kopf hoben. Die junge Bürokratie, ursprünglich als Agentur des Proletariats entstanden, begann sich nun als Schiedsrichter zwischen den Klassen zu fühlen. Ihre Selbständigkeit nahm von Monat zu Monat zu.

In die gleiche Richtung drängte mit großer Kraft die internationale Situation. Die Sowjetbürokratie wurde um so selbstsicherer, je heftigere Schläge die Weltarbeiterklasse trafen. Zwischen diesen Prozessen besteht nicht nur ein chronologischer Zusammenhang, sondern eine reale Wechselwirkung: die Bürokratie trug durch ihre Führung zu den Niederlagen bei, und die Niederlagen erleichterten den Aufstieg der Bürokratie. Die Niederwerfung des bulgarischen Aufstands und der ruhmlose Rückzug der deutschen Arbeiterparteien im Jahre 1923, der Zusammenbruch des estnischen Aufstandsversuchs von 1924, die heimtückische Liquidierung des Generalstreiks in England und das unwürdige Verhalten der polnischen Arbeiterparteien bei Pilsudskis Machtübernahme im Jahre 1926, die gräßliche Vernichtung der chinesischen Revolution 1927, später die noch fürchterlicheren Niederlagen in Deutschland (1933) und Österreich (1934) — das sind die historischen Katastrophen, die in den Sowjetmassen den Glauben an die Weltrevolution erlöschen ließen und es der Bürokratie erlaubten, als einziger rettender Leuchtturm immer höher aufzuragen.

Was die Ursachen der Niederlagen betrifft, die das Weltproletariat in den letzten dreizehn Jahren erlitt, muß der Verfasser auf diejenigen seiner Arbeiten verweisen, in denen er die verheerende Rolle der von den Massen losgelösten, erzkonservativen Kremlführung in den revolutionären Bewegungen aller Länder aufzudecken suchte. Hier beschäftigt uns vor allem die unbestreitbare und lehrreiche Tatsache, daß die ununterbrochenen Niederlagen der Revolution in Europa und Asien, die die internationale Lage der UdSSR schwächten, die Sowjetbürokratie außerordentlich erstarken ließen. Zwei Daten in dieser Folge historischer Ereignisse sind besonders denkwürdig. In der zweiten Hälfte des Jahres 1923 war die Aufmerksamkeit der Sowjetarbeiter leidenschaftlich auf Deutschland gerichtet[15], wo das Proletariat die Hand nach der Macht auszustrecken schien; der panische

15 »Die Erregung, die die bolschewistischen Führer dank ihrer Erwartung einer deutschen Revolution ergriffen hatte, übertrug sich auch auf die russische Bevölkerung. Im ganzen Lande fanden Versammlungen russischer Arbeiterorganisationen und Arbeiter in den einzelnen Betrieben statt, wobei die Bedeutung

Rückzug der deutschen kommunistischen Partei bedeutete für die Arbeitermassen der UdSSR eine bittere Enttäuschung. Die Sowjetbürokratie aber zog sogleich gegen die »Permanente Revolution« zu Felde und fügte der Linken Opposition den ersten schweren Schlag zu. 1926-27 schwoll neue Hoffnung in der Bevölkerung der Sowjetunion: Diesmal waren alle Blicke nach Osten gerichtet, wo sich das Drama der chinesischen Revolution abspielte.[16] Die Linke Opposition erholte sich von den Schlägen und warb Scharen neuer Anhänger. Ende 1927 erlag die chinesische Revolution den Schlägen des Henkers Tschiang Kai-schek, dem die Kominternführung

der kommenden deutschen Ereignisse diskutiert und Resolutionen zur Unterstützung der proletarischen Brüder im Westen angenommen wurden. Solche Resolutionen waren indes keineswegs bloße Formalitäten. Die Regierung erwartete von den russischen Arbeitern, daß sie im Interesse der deutschen Revolution wirkliche Opfer bringen würden. Nach den Berichten des EKKI ,erklärten sich die arbeitenden Massen in Rußland damit einverstanden, von Lohnerhöhungen vorläufig abzusehen und sogar Lohnherabsetzungen hinzunehmen, falls dies im Interesse der deutschen Revolution erforderlich sein sollte‘. Den Arbeitern wurde gesagt, daß eine Niederlage des deutschen Proletariats auch eine Niederlage der russischen Arbeiter bedeuten würde. Frauen wurden auf öffentlichen Veranstaltungen aufgefordert, Eheringe und andere Wertsachen für die deutsche Sache herzugeben. Das Handelskommissariat ließ Zirkulare folgenden Wortlauts verteilen: ,Die kommende deutsche Revolution brachte dem Handelskommissariat eine Reihe ganz neuer Probleme; die gegenwärtige Handelspraxis muß im Interesse des siegreichen deutschen Proletariats durch die Anlegung von zwei deutschen Reserven — nämlich Gold und Getreide — ergänzt werden; und die verschiedenen Dienststellen dieses Kommissariats wurden angewiesen, insgesamt 60 Millionen Pud Getreide an die russische Westgrenze zu liefern. ... Im Oktober wurden dann revolutionäre Losungen ausgegeben: ,Die Arbeiter Deutschlands und unsere Arbeiter-und-Bauern-Union sind ein Bollwerk des Friedens und des Proletariats‘, oder: ,Deutsche Dampfhämmer und sowjetisches Brot werden gemeinsam die Welt erobern‘. Und die russischen Zeitungen schrieben: Wenn die deutschen Arbeiter siegen würden, dann würde die neue deutsche Regierung mit Sowjetrußland zusammengehen und damit ,in Europa 200 Millionen Menschen zu einer ungeheuren Macht vereinigen, gegen die kein europäischer Krieg mehr ankommen kann ..., weil niemand in der Lage sein wird, einer solchen Macht gegenüberzutreten.‘« (Werner T. Angress, *Die Kampfzeit der KPD 1921-1923*, Düsseldorf [Droste] 1973, S. 432 f.) Stalin berichtete 1925, daß »bekanntlich ein Teil unserer lernenden Jugend im Jahre 1923, am Vorabend der deutschen Revolution, drauf und dran war, die Bücher hinzuwerfen und nach Deutschland zu fahren, wobei sie sagten, ,ein Revolutionär hat in Rußland nichts mehr zu tun, man muß die Bücher hinwerfen und nach Deutschland fahren, um dort Revolution zu machen‘.« (Stalin, »Fragen und Antworten« [9. Juni 1925], SW 7, S. 135-182, hier S. 143.)

16 »Die chinesische Revolution elektrisierte uns alle. Ich hatte den Eindruck, eine wahre Welle der Begeisterung trage die Sowjetmacht empor — zumindest die denkenden Teile dieser Welt. Undeutlich empfand das Land, daß ein rotes China das Heil der UdSSR sein könnte.« (Victor Serge, *Beruf: Revolutionär*, Erinnerungen 1901-1917-1941 [1951], Frankfurt [Fischer] 1967, S. 243.)

die chinesischen Arbeiter und Bauern buchstäblich ausgeliefert hatte. Eiskalte Enttäuschung griff in den Massen der Sowjetunion um sich. Nach einer wüsten Hetze in Presse und Versammlungen entschloß sich die Bürokratie dann 1928, Massenverhaftungen unter den Linksoppositionellen vorzunehmen.

Unter dem Banner der Bolschewiki-Leninisten hatten sich freilich Zehntausende revolutionärer Kämpfer gesammelt. Die fortgeschrittenen Arbeiter standen der Opposition ohne Zweifel mit Sympathie gegenüber. Aber diese Sympathie blieb passiv: Die Massen glaubten nicht mehr, daß sie durch neuen Kampf die Situation entscheidend ändern könnten. Unterdessen zeterte die Bürokratie: »Um der internationalen Revolution willen gedenkt die Opposition, uns in einen revolutionären Krieg zu verwickeln. Genug der Erschütterungen! Wir haben ein Recht auf Erholung erworben. Wir werden bei uns die sozialistische Gesellschaft aus eigener Kraft aufbauen. Vertraut auf uns, eure Führer!« Diese Ruhepredigt schweißte die Leute im Militär- und Staatsapparat zusammen und fand ohne Zweifel bei den müden Arbeitern und besonders bei den Bauernmassen Anklang. Vielleicht ist die Opposition tatsächlich bereit, die Interessen der UdSSR im Namen der Ideen der »Permanenten Revolution« zu opfern, fragten sie sich. In Wirklichkeit war es ein Kampf um die Lebensinteressen des Sowjetstaats. Die falsche Politik der Komintern in Deutschland (1923) ermöglichte zehn Jahre später Hitlers Sieg, d.h. Kriegsgefahr im Westen; die nicht weniger falsche Politik in China (1926/27) festigte den japanischen Imperialismus und beschwor Gefahr im Osten herauf. Doch für Perioden der Reaktion ist meist der Mangel an Mut zum Denken charakteristisch.

Die Opposition erwies sich als isoliert. Die Bürokratie schmiedete das Eisen, solange es heiß war. Indem sie Verwirrung und Passivität der Werktätigen ausnutzte, deren rückständigste Schichten gegen die fortgeschrittenen ausspielte, sich immer unverhohlener auf den Kulaken und überhaupt auf den kleinbürgerlichen Bündnispartner stützte, zerschlug sie in wenigen Jahren die revolutionäre Vorhut des Proletariats.[17]

Es wäre naiv zu glauben, der den Massen unbekannte Stalin[18] sei plötzlich, mit einem fertigen strategischen Plan versehen, aus den Kulissen

17 Eine zusammenfassende Darstellung des Schicksals der sowjetischen Linksoppositionellen gibt Pierre Broué, »Les trotskystes en Union Soviétique (1929-1938)«, in: *Cahiers Léon Trotsky*, Nr. 6, 1980, S. 5-65.

18 Als Stalin am 3. April 1922 Generalsekretär wurde, war er »das am wenigsten prominente Mitglied des Politbüros« (Medwedew, *Die Wahrheit...*, S. 29). Vgl. auch Chruschtschow auf dem 20. Parteitag: »Ich komme wahrscheinlich nicht mit der Wahrheit in Konflikt, wenn ich sage, daß 99 % der hier Anwesenden vor 1924 wenig von Stalin gehört oder gewußt haben.« (Zit. nach Crusius-Wilke, *Entstalinisierung*, S. 531.)

hervorgetreten. Nein, ehe er seinen Weg fand, fand die Bürokratie ihn. Stalin bot ihr alle nötigen Garantien: das Prestige eines alten Bolschewiken, starken Charakter, engen Horizont und unzerreißbare Verbindungen zum Apparat, der einzigen Quelle seines eigenen Einflusses. Der Erfolg, der ihm zuteil wurde, kam für ihn selbst anfangs ganz unerwartet. Er stieß auf gute Resonanz bei der neuen herrschenden Schicht, die sich von den alten Grundsätzen und von der Massenkontrolle zu befreien trachtete und für ihre internen Angelegenheiten einen verläßlichen Schiedsrichter brauchte. Im Hinblick auf die Massen und die Revolutionsereignisse eine zweitrangige Figur, offenbarte Stalin sich nun als unumstrittener Führer der thermidorianischen Bürokratie, als Erster in ihrer Mitte.[19]

Bald kamen die eigenen Ideen, Gefühle und, was noch wichtiger ist, die Interessen der herrschenden Schicht zum Vorschein. Die überwiegende Mehrheit der alten Generation der heutigen Bürokratie stand während der Oktoberrevolution auf der anderen Seite der Barrikade (man nehme zum Beispiel nur die Sowjetgesandten: Trojanowski, Maiski, Potemkin, Suriz, Chintschuk usw.) oder hielt sich bestenfalls abseits vom Kampf. Diejenigen Führer von heute, die sich in den Oktobertagen im Lager der Bolschewiki befanden, spielten in ihrer Mehrzahl damals keine irgendwie bedeutende Rolle. Was die jungen Bürokraten betrifft, so sind sie von den alten auserlesen und erzogen, nicht selten sind es ihre eigenen Sprößlinge. Diese Leute hätten die Oktoberrevolution nicht zuwege bringen können, aber sie erwiesen sich als bestens geeignet, sie zu exploitieren.

Auch persönliche Momente spielen bei dieser Abfolge zweier historischer Kapitel natürlich eine Rolle. Lenins Krankheit und Tod haben den Ausgang zweifellos beschleunigt. Hätte Lenin länger gelebt, so wäre die Durchsetzung der bürokratischen Macht zumindest in den ersten Jahren langsamer vonstatten gegangen. Doch schon 1926 sagte die Krupskaja im Kreise der Linksoppositionellen: »Lebte Iljitsch, säße er bestimmt schon im Gefängnis.« Lenins Befürchtungen und warnende Voraussagen waren ihr damals noch frisch in Erinnerung, und sie machte sich keineswegs Illusionen

19 Trotzki bezeichnete Stalin in einem Gespräch mit Skljanski im Jahre 1925 als die »hervorragendste Mittelmäßigkeit« der Partei. Auf dessen Frage »Man staunt darüber, wie in der letzten Periode auf allen Gebieten die goldene Mitte, die selbstzufriedene Mittelmäßigkeit vordringt. Und das alles findet in Stalin seinen Führer. Wie kommt das?« antwortete Trotzki: »Das ist die Reaktion nach der großen sozialen und psychologischen Anspannung der ersten Jahre der Revolution. Die siegreiche Konterrevolution kann ihre großen Männer haben. Aber ihre erste Stufe, der Thermidor, braucht Mittelmäßigkeiten, die nicht über ihre Nase hinaussehen können. Ihre Macht ist ihre politische Blindheit, es ist wie beim Mühlenpferd, dem es scheint, es gehe bergauf, während es in Wirklichkeit nur das sich drehende Triebrad hinunterstößt. Ein sehendes Pferd ist für eine solche Arbeit ungeeignet.« (*Mein Leben*, S. 496 f.)

hinsichtlich seiner persönlichen Allmacht gegenüber widrigen historischen Winden und Strömungen.

Die Bürokratie hat nicht nur die Linke Opposition besiegt. Sie siegte über die bolschewistische Partei. Sie siegte über das Programm Lenins, der die Hauptgefahr in der Verwandlung der Staatsorgane von »Dienern in Herren der Gesellschaft« sah.[20] Sie siegte über all diese Feinde — die Opposition, die Partei und Lenin — nicht mit Ideen und Argumenten, sondern vermöge ihres eigenen sozialen Schwergewichts. Das bleierne Hinterteil der Bürokratie wog schwerer als der Kopf der Revolution. Das ist die Lösung des Rätsels des sowjetischen Thermidors.

## Die Degeneration der bolschewistischen Partei

Der Oktobersieg wurde von der bolschewistischen Partei vorbereitet und durchgefochten. Sie war es auch, die den Sowjetstaat aufbaute und ihm eine feste Struktur gab. Die Degeneration der Partei war Ursache und Wirkung der Bürokratisierung des Staats. Es ist nötig, wenigstens in knappen Zügen zu zeigen, wie es dazu kam.

Das Charakteristikum des inneren Regimes der bolschewistischen Partei war der *demokratische Zentralismus*. Die Verbindung dieser beiden Begriffe hat nichts Widersprüchliches an sich. Die Partei wachte scharf darüber, daß ihre Grenzen stets fest umrissen blieben, aber auch darüber, daß diejenigen, die ihr angehörten, wirklich das Recht genossen, die Richtung der Parteipolitik mitzubestimmen. Freiheit der Kritik und Kampf der Ideen bildeten die Substanz der Parteidemokratie. Die heutige Doktrin, der Bolschewismus vertrage sich nicht mit Fraktionen[21], ist ein Mythos aus der Verfallsepoche.

20 In *Staat und Revolution* beruft sich Lenin zustimmend auf Engels' Schilderung der Maßnahmen, die die Pariser Kommune »gegen diese in allen bisherigen Staaten unumgängliche Verwandlung des Staates und der Staatsorgane aus Dienern der Gesellschaft in Herren der Gesellschaft« beschlossen hatte: die jederzeitige Abwählbarkeit aller Beamten und ihre Bezahlung in Höhe des durchschnittlichen Arbeiterlohns. (LW 25, S. 465 f.; vgl. Engels, »Einleitung [zu Karl Marx' *Bürgerkrieg in Frankreich*] [1891]«, MEW 17, S. 613-625, hier S. 624.)

21 In Kapitel VIII, Punkt 5 (»Die Partei als eine mit der Existenz von Fraktionen unvereinbare Einheit des Willens«) seiner Vorlesungen von 1924 an der Swerdlow-Universität sagte Stalin, »daß das Bestehen von Fraktionen unvereinbar ist sowohl mit der Einheit der Partei als auch mit ihrer eisernen Disziplin. Es erübrigt sich wohl nachzuweisen, daß die Existenz von Fraktionen zum Entstehen mehrerer Zentren führt, das Bestehen mehrerer Zentren aber bedeutet das Fehlen eines gemeinsamen Zentrums in der Partei, die Zersplitterung des einheitlichen Willens, die Schwächung und Zersetzung der Disziplin, die Schwächung und Zersetzung der Diktatur.« (»Über die Grundlagen des Leninismus«, SW 6, S. 62-166, hier S. 161.)

In Wirklichkeit ist die Geschichte des Bolschewismus eine Geschichte von Fraktionskämpfen. Wie könnte eine wirklich revolutionäre Organisation, die sich zum Ziel setzt, die Welt aus den Angeln zu heben, und mutige Neinsager, Aufrührer und Kämpfer um ihr Banner schart, wohl ohne den Kampf der Ideen, ohne Gruppierungen und zeitweilige Fraktionsbildungen leben und sich entwickeln? Durch ihren Weitblick konnte die bolschewistische Führung die Zusammenstöße oft mildern und den Fraktionskampf abkürzen, aber auch nicht mehr. Auf diese ständig kochende demokratische Basis stützte sich das Zentralkomitee; daraus resultierte seine Kühnheit zur Entscheidung und zum Befehl. Daß die Führung in allen kritischen Etappen eindeutig im Recht war, verschaffte ihr hohe Autorität, dies wertvolle moralische Kapital des Zentralismus.

Das Regime der bolschewistischen Partei war demnach, vor allem in der Zeit vor der Machtübernahme, das direkte Gegenteil des Regimes der heutigen Kominternsektionen mit ihren von oben ernannten »Führern«, die auf Kommando kehrtmachen, mit ihrem unkontrollierten Apparat, der sich der Basis gegenüber hochnäsig gibt und vor dem Kreml kriecht.[22] Aber auch noch in den ersten Jahren nach der Machteroberung, als die Partei schon von administrativem Rost befallen war, hätte jeder Bolschewik, Stalin nicht ausgenommen, denjenigen einen bösartigen Verleumder genannt, der ihm das Bild, das die Partei in zehn bis fünfzehn Jahren bieten sollte, an die Wand gemalt hätte!

Lenin und seine Mitarbeiter waren unaufhörlich mit dem Problem beschäftigt, wie man die Reihen der Bolschewiki vor den Deformationen durch die Machtausübung bewahren könne.[23] Doch Nähe und das teilweise

22 Zur bürokratischen Degeneration der Komintern-Sektionen vgl. Hermann Weber, *Die Wandlung des deutschen Kommunismus*, Die Stalinisierung der KPD in der Weimarer Republik, Frankfurt [Europäische Verlagsanstalt] 1969; Jederman, *La »bolchevisation« du Parti communiste français (1923-1928)*, Paris [Maspero] 1971; Philippe Robrieux, *Histoire intérieure du Parti communiste*, Bd. 1, (1920-1945), Paris [Fayard] 1980; Ferdinando Ormea, *Le origini dello stalinismo nel PCI*, Storia della »svolta« comunista degli anni trenta, Mailand [Feltrinelli] 1978.

23 »... auch ein sehr hoher Prozentsatz der Kommunisten versteht es nicht, die Sowjetgesetze zum Kampf gegen Schlendrian, Bürokratismus und gegen eine so echt russische Erscheinung wie die Bestechlichkeit auszunutzen.... Mindestens die Hälfte unserer Kommunisten versteht nicht zu kämpfen, ganz zu schweigen von denen, die den Kampf hemmen.... Ich hoffe sehr, daß wir aus unserer Partei 100000 bis 200000 Kommunisten hinauswerfen werden, die sich in die Partei eingeschlichen haben und die nicht nur nicht verstehen, gegen Schlendrian und Bestechlichkeit zu kämpfen, sondern den Kampf dagegen behindern.« (Lenin, »Die Neue Ökonomische Politik und die Aufgaben der Ausschüsse für politisch-kulturelle Aufklärung« [17. Oktober 1921], LW 33, S. 40-60, hier S. 56.) Im Zuge der vom 10. Parteitag im März 1921 beschlossenen Parteisäuberung wurden 160000 Mitglieder wegen Inaktivität oder als Karrieristen, »Kommissarisierte«

direkte Verschmelzen von Partei- und Staatsapparat[24] schädigte unverkennbar schon in den ersten Jahren Freiheit und Elastizität des Parteiregimes. Die Demokratie schrumpfte in dem Maße, wie die Schwierigkeiten wuchsen. Ursprünglich wünschte und hoffte die Partei, im Rahmen der Sowjets die Freiheit des politischen Kampfes aufrechtzuerhalten. Der Bürgerkrieg korrigierte diese Absichten mit harter Hand. Die Oppositionsparteien wurden eine nach der anderen verboten. In dieser Maßnahme, die so deutlich dem Geist der Sowjetdemokratie widersprach, sahen die Führer des Bolschewismus nicht ein Prinzip, sondern einen episodischen Akt der Selbstverteidigung.

Das rasche Wachstum der regierenden Partei führte — angesichts der Neuheit und Grandiosität der Aufgaben — unvermeidlich zu inneren Meinungsverschiedenheiten. Die verborgenen oppositionellen Strömungen im Lande übten über verschiedene Kanäle ihren Druck auf die einzige

oder »Verbürokratisierte« (Lenin) ausgeschlossen.
(Vgl. Leonard Schapiro, *Partei und Staat in der Sowjetunion*, Köln [Kiepenheuer und Witsch] 1965, bes. S. 87-97.)

24 Parteifunktionäre stellen auch die Kader der Staats- und Wirtschaftsverwaltung. Formell sind Partei- und Staatsapparat einander nebengeordnet; faktisch liegen Initiative und Kontrolle bei der Spitze des Parteiapparats. Charakteristisch für das Problembewußtsein der Bolschewiki in den ersten Jahren der Revolution ist ein von Sinowjew auf dem 11. Parteitag (27.3.-2.4.1922) gehaltenes Referat über »Die Abgrenzung der Partei- und Sowjetapparate«. Er erinnerte an eine Resolution des 8. Parteitags (18.-23.3.1919), in der die »Vermengung der Funktionen der Parteikollektive mit den Funktionen der Staatsorgane, wie es die Sowjets sind«, für unzulässig erklärt wurde, und fuhr fort: »Wenn ihr auf die Geschichte der vergangenen fünf Jahre einen Rückblick werft, werdet ihr euch erinnern, daß es anfangs eine Zeit gab, da alle Kräfte auf die Sowjets gerichtet wurden; solange wir in der Opposition waren, schickten wir unsere besten Kräfte in die Sowjets. Nachher durchbrachen wir mit einem Ansturm den feindlichen Wall, drangen in die Sowjets ein und wurden zur regierenden Mehrheit. Der führende Teil unserer Partei verblieb dort und fing an, den Staat in groben Zügen auszubauen. Nachher traten die ersten Erscheinungen des Bürokratismus hervor, über die wir zu sprechen anfingen, und ungefähr im Jahre 1919 gaben wir die Parole aus: ‚Zurück in die Partei!' ... damit die Partei als solche die Möglichkeit bekomme, gegen die krankhaften Erscheinungen der Sowjetmacht zu kämpfen.« (G. Sinowjew, »Die Abgrenzung der Partei- und Sowjetapparate, Referat, gehalten auf dem XI. Kongreß der Kommunistischen Partei Rußlands. Moskau, März 1922«, in: *Russische Korrespondenz*, Nr. 4/5, April/Mai 1922, S. 485-493, hier S. 485.) Sinowjew ging in diesem Zusammenhang auch auf die Probleme ein, die aus der Einparteiherrschaft erwuchsen: »In der Behauptung, daß in der Partei ein molekularer Prozeß vor sich geht, der alles, was im Lande geschieht, widerspiegelt, steckt ein Körnchen Wahrheit. Unsere Partei ist eine Partei mit Monopolcharakter, und weil sie allein in der Öffentlichkeit tätig ist, drängen sich in sie auch gewisse Elemente, die unter anderen Umständen in anderen Parteien wären.« (S. 492)

legale politische Organisation aus und verschärften den Fraktionskampf. Gegen Ende des Bürgerkriegs nahm er so heftige Formen an, daß er die Staatsmacht zu erschüttern drohte. Im März 1921, in den Tagen des Kronstädter Aufstands, der nicht wenige Bolschewiki mit sich gerissen hatte, sah sich der 10. Parteitag gezwungen, zum Verbot der Fraktionen zu greifen, d.h. zur Übertragung des politischen Regimes im Staat auf das innere Leben der regierenden Partei. Das Fraktionsverbot war ebenfalls nur als außerordentliche Maßnahme gedacht, die hinfällig werden sollte, sobald sich die Situation wirklich besserte.[25] Gleichzeitig wandte das Zentralkomitee das neue Gesetz mit der größten Vorsicht an, in erster Linie darauf bedacht, daß es nicht zur Erstickung des inneren Lebens der Partei führe.

Doch was anfänglich nur als ein erzwungener Tribut an die widrigen Umstände galt, war ganz nach dem Geschmack der Bürokratie, die das innere Leben der Partei ausschließlich unter dem Gesichtspunkt der Be-

25 Vgl. dazu Text 7, Anm. 28. In der Diskussion über das Fraktionsverbot sagte Lenin: »Wir können der Partei und den Mitgliedern des ZK nicht das Recht nehmen, an die Partei zu appellieren, wenn eine grundlegende Frage Meinungsverschiedenheiten hervorruft. ... Sollten aber die Umstände grundlegende Meinungsverschiedenheiten hervorrufen, kann man es dann verbieten, daß sie vor dem Richterstuhl der gesamten Partei ausgetragen werden? Das kann man nicht! Das ist ein übertriebener Wunsch, der unerfüllbar ist und den ich abzulehnen empfehle.« (»Bemerkungen anläßlich des Abänderungsantrags Rjasanows zur Resolution über die Einheit der Partei« [16.3.1921], LW 32, S. 267.) Im Hinblick auf die damals beschlossene Ermächtigung des Zentralkomitees, Mitglieder, die sich des »Disziplinbruchs« oder der Fraktionsbildung schuldig machten, aus der Partei auszuschließen, sagte er: »Daß das vom Parteitag gewählte ZK das Recht habe, jemand aus dem ZK auszuschließen, wird keinerlei Demokratie, keinerlei Zentralismus jemals zulassen.... Und daß das ZK gegenüber seinem Mitglied ein solches Recht habe, so etwas hat unsere Partei niemals und nirgendwo zugelassen. Das ist eine Maßnahme für den äußersten Fall, die speziell im Bewußtsein der gegenwärtigen Gefahr getroffen wird.« (LW 32, S. 263.)
Das einmal institutionalisierte Fraktionsverbot diente der Stalin-Fraktion, die den Parteiapparat kontrollierte, in den zwanziger Jahren als Waffe im Kampf gegen die Linke und später die Rechte Opposition in der Partei und der Komintern. Solchermaßen bewährt, avancierte die einstige Notmaßregel zu einer ehernen Norm des stalinistischen Parteilebens. Noch bei Tschernenko, dem damaligen Generalsekretär der KPdSU, hieß es 1983: »Die vom X. Parteitag ... angenommene Leninsche Resolution ... hat als machtvolle Waffe im Kampf gegen die Trotzkisten... sowie die... Opposition gedient.« (K. U. Tschernenko, *Fragen der Arbeit des Partei- und Staatsapparates*, Moskau [Progress] Berlin/DDR [Staatsverlag] 1983, S. 212.) In dem vom 27. Parteitag 1986 bestätigten Statut der KPdSU heißt es im Artikel 26 b): »Eine breite Diskussion ... muß so durchgeführt werden, daß ... die Möglichkeit von Versuchen einer Bildung fraktioneller Gruppierungen ... ausgeschlossen ist.« (»Statut der Kommunistischen Partei der Sowjetunion«, in: *Sowjetunion zu neuen Ufern?*, S. 271-300, hier S. 284.)

quemlichkeit für die Leitung zu betrachten begann. Schon 1922 erschrak Lenin während einer kurzen Besserung seines Gesundheitszustands über das bedrohliche Anwachsen des Bürokratismus und bereitete einen Kampf gegen die Stalin-Fraktion vor, die zur Achse des Parteiapparats geworden war, noch ehe sie auch den Staatsapparat beherrschte. Ein zweiter Schlaganfall und der Tod machten es ihm dann unmöglich, sich mit der inneren Reaktion zu messen.

Stalin, mit dem in dieser Periode Sinowjew und Kamenjew noch Arm in Arm gingen, richtete seine Aktivität von nun an gänzlich darauf, den Parteiapparat der Kontrolle durch die einfachen Parteimitglieder zu entziehen. In diesem Kampf um die »Standhaftigkeit« des Zentralkomitees erwies Stalin sich im Vergleich zu seinen Verbündeten als konsequenter und selbstsicherer. Er mußte nicht erst von den internationalen Problemen absehen, denn er hatte sich nie damit befaßt. Der kleinbürgerliche Horizont der neuen herrschenden Schicht war auch der seine. Er war zutiefst davon überzeugt, daß es sich beim Aufbau des Sozialismus um eine nationale und administrative Aufgabe handele. Zur Komintern verhielt er sich wie zu einem unvermeidlichen Übel[26], das so weit wie möglich zu außenpolitischen Zwecken auszunutzen ist. Die eigene Partei war in seinen Augen lediglich als gehorsame Stütze des Apparats von Bedeutung.

Gleichzeitig mit der Ideologie vom Sozialismus in *einem* Lande wurde für die Bürokratie die Doktrin in Umlauf gesetzt, wonach im Bolschewismus das Zentralkomitee alles, die Partei aber nichts sei. Die zweite Theorie wurde jedenfalls mit mehr Erfolg verwirklicht als die erste. Lenins Tod nutzend, rief die regierende Gruppe zum »Lenin-Aufgebot«. Die Tore der Partei, die sonst so sorgfältig gehütet worden waren, wurden jetzt sperrangelweit geöffnet: Arbeiter, Angestellte, Beamte strömten in Massen herein. Der politische Zweck des »Lenin-Aufgebots« war es, die revolutionäre Avantgarde in menschlichem Rohmaterial aufzulösen, das unerfahren und unselbständig, aber von je her gewohnt war, sich der Obrigkeit zu unterwerfen. Das Vorhaben gelang. Indem das »Lenin-Aufgebot« die Bürokratie von der Kontrolle durch die proletarische Avantgarde befreite, versetzte es Lenins Partei den Todesstoß. Der Apparat hatte sich die ihm

26 Stalins »fehlender Enthusiasmus für die Komintern und für ausländische Kommunisten war allgemein bekannt. Auf den ersten vier Weltkongressen war seine Abwesenheit nicht einmal aufgefallen. Auf dem fünften Kongreß 1924, der zu einer Zeit stattfand, in der er seine Macht zu errichten suchte, war er hinter den Kulissen aktiv und sprach in einigen Kommissionen, trat aber in den Plenarsitzungen nicht auf. Während des sechsten Kongresses 1928, auf dem Bucharins Niedergang begann, war er [Stalin], obwohl seine Regie unverkennbar war, ostentativ in Urlaub. Auf dem siebenten Kongreß ... erhielt er rasenden Applaus ..., ohne sich überhaupt zu zeigen.« (Carr, *Twilight,* S. 403f.)

nötige Unabhängigkeit verschafft. Der demokratische Zentralismus machte dem bürokratischen Zentralismus Platz. Der Parteiapparat selbst wurde nun von oben bis unten radikal umgekrempelt. Als Haupttugend des Bolschewiken galt der Gehorsam. Unter der Fahne des Kampfes gegen die Opposition wurden Revolutionäre durch Beamte ersetzt. Die Geschichte der bolschewistischen Partei wurde zur Geschichte ihrer raschen Degeneration.

Der politische Sinn des sich hier abspielenden Kampfes blieb vielen verborgen, weil die Führer aller drei Gruppierungen, der linken, des Zentrums und der rechten, ein und demselben Kremlstab, dem Politbüro, angehörten. Oberflächlichen Geistern schien es sich bloß um persönliche Rivalität, um einen Kampf um die »Nachfolge« Lenins zu handeln.[27] Aber unter den Verhältnissen einer eisernen Diktatur konnten die gesellschaftlichen Antagonismen in der ersten Zeit gar nicht anders in Erscheinung treten als vermittelt durch die Institutionen der regierenden Partei. Viele Thermidorianer kamen seinerzeit aus den Reihen der Jakobiner, denen sich auch Bonaparte in seinen Jugendjahren angeschlossen hatte[28]; unter den ehemaligen Jakobinern warb der erste Konsul und Kaiser der Franzosen dann seine treuesten Diener. Die Zeiten ändern sich, und die Jakobiner mit ihnen, die des 20. Jahrhunderts nicht ausgenommen.

Vom Politbüro zur Zeit Lenins ist heute nur noch Stalin übrig: zwei seiner Mitglieder, Sinowjew und Kamenjew, engste Mitarbeiter Lenins in langen Emigrationsjahren, büßen mit zehn Jahren Kerker Verbrechen, die sie nie begangen haben[29]; drei andere Mitglieder, Rykow, Bucharin und Tomski, sind völlig von der Führung ausgeschaltet, bekleiden aber zum Lohn für ihr demütiges Verhalten zweitrangige Posten[30]; der Verfasser dieser Zeilen schließlich befindet sich in der Emigration. In Acht steht auch

27 Noch Heinz Brahm gab seiner Studie über die Auseinandersetzung zwischen Linker Opposition und Stalinisten in den Jahren 1923-1926 den Titel *Trotzkijs Kampf um die Nachfolge Lenins* (Köln [Wissenschaft und Politik] 1964). Deutscher schreibt (*Trotzki*, Bd. 2, Seite 255): »Einfache Menschen betrachteten den Tumult als einen Zank zwischen den großen Herren, der sie nichts anging.« Bei Heller - Nekrich heißt es schließlich (*Geschichte der Sowjetunion*, Bd. 1, S. 175 und S. 174): »Trotzki und Stalin waren in vieler Hinsicht Zwillingsbrüder«; »Prinzipielle Unstimmigkeiten gab es nicht zwischen den Gegnern«.

28 Der junge Napoleon hatte Voltaire und Rousseau gelesen und sich in frühen Schriften gegen Monarchie und Ungleichheit ausgesprochen. Im April 1791 trat er als Leutnant der Garnison von Valence dem dortigen Jakobinerklub bei, dessen Präsident er wurde. Im Sommer 1793 veröffentlichte er eine projakobinische Propagandabroschüre »Le Souper Beaucaire«. Bei der Belagerung Toulons (das von Royalisten mit Unterstützung britischer Truppen verteidigt wurde) zu Kriegsruhm gelangt, wurde Bonaparte, den man für einen Schützling Robespierres hielt, nach dem 9. Thermidor seines Kommandos enthoben und für kurze Zeit inhaftiert.

Lenins Witwe Krupskaja[31], die es trotz aller Bemühungen nicht fertiggebracht hat, sich dem Thermidor völlig anzupassen.

Die Mitglieder des heutigen Politbüros[32] nahmen in der Geschichte der bolschewistischen Partei zweitrangige Positionen ein. Hätte in den ersten Jahren der Revolution jemand ihren künftigen Aufstieg vorhergesagt, so wären vor allem sie selbst darüber erstaunt gewesen, und in ihrer Verwunderung hätte keine falsche Bescheidenheit gelegen. Um so unerbittlicher waltet heute die Regel, daß das Politbüro immer recht hat und jedenfalls niemand gegen das Politbüro recht haben kann. Aber auch das Politbüro selbst kann gegenüber Stalin nicht recht haben, der sich nicht irren und folglich auch nicht gegen sich selbst recht haben kann.[33]

Die Forderung nach Parteidemokratie war die Losung aller oppositionellen Gruppierungen, die zu jeder Zeit ebenso beharrlich wie aussichtslos

29 Sinowjew und Kamenjew waren im Januar 1935 wegen Zugehörigkeit zu einem fiktiven »illegalen konterrevolutionären Moskauer Zentrum« und angeblicher Mitverantwortung für den Mord an Kirow verurteilt worden; Sinowjew zu 10 Jahren, Kamenjew zunächst zu 5, in einem weiteren Prozeß im Juli dann zu zusätzlichen 5 Jahren Haft (vgl. Text 26).

30 Rykow war nach seiner Ablösung als Vorsitzender des Rats der Volkskommissare (1924-1930) im März 1931 zum Volkskommissar für Post- und Telegraphenwesen ernannt worden. Bucharin war seit 1933 Chefredakteur der *Iswestija*; Tomski wurde nach seiner Entfernung aus der Gewerkschaftsführung am 2. Juni 1929 für kurze Zeit Leiter des Staatsverlages.

31 »Als 1936 die Massenverhaftungen begannen, versuchte Frau Krupskaja viele ihr bekannte Parteiführer zu schützen ... Stalin und das NKWD beachteten ihre Proteste aber sehr bald schon nicht mehr ... Selbst auf dem Gebiet der Volksbildung, auf dem sie doch so viel geleistet hatte, blieb Frau Krupskaja völlig unbeachtet.« Nach ihrem Tod »erging an den Verlag des Kommissariats für Bildung die Anweisung: ‚Es darf kein Wort über Frau Krupskaja gedruckt werden.' Ihre Schriften verschwanden unter mancherlei Vorwänden aus den Bibliotheken und eine der *Iskra* gewidmete Ausstellung enthielt nicht einen einzigen Hinweis auf Krupskajas Arbeiten für das Blatt.« (Medwedew, *Die Wahrheit...*, S. 222 f.)

32 Dem nach dem 17. Parteitag vom Februar 1934 gewählten Politbüro gehörten Andrejew, Kaganowitsch, Kalinin, Kirow, Kossior, Kuibyschew, Molotow, Ordschonikidse, Stalin und Woroschilow als Mitglieder an; Kandidaten des Politbüros waren Mikojan, Petrowski, Postyschew, Rudsutak und Tschubar.

33 »Stalins Eigenmächtigkeit gegenüber der Partei und ihrem Zentralkomitee trat nach dem 17. Parteitag, der 1934 abgehalten wurde, voll und ganz in Erscheinung ... Die Tatsachen beweisen, daß sich Stalin auf Grund seiner unbegrenzten Macht viele Übergriffe erlaubte. Dabei berief er sich auf das Zentralkomitee, ohne dessen Mitglieder, ja nicht einmal die Mitglieder des Politbüros des Zentralkomitees um ihre Meinung zu befragen. Oft unterrichtete er diese nicht einmal über seine persönlichen Entscheidungen in sehr wichtigen Partei- und Regierungsangelegenheiten.« (»Chruschtschows ‚Geheimrede' vom 25. Februar 1956«, zit. nach: Crusius-Wilke, *Entstalinisierung*, S. 487-537, hier S. 497 und S. 495.)

vorgetragen wurde. Die bekannte Plattform der Linken Opposition forderte 1927, in das Strafgesetzbuch einen besonderen Paragraphen einzufügen, wonach »jede offene oder geheime Verfolgung eines Arbeiters wegen einer Kritik, ..., als ein schweres Verbrechen gegen den Staat bestraft werden« sollte.[34] Statt dessen fand man im Strafgesetzbuch einen Paragraphen gegen die Linke Opposition selbst.[35]

Von der Parteidemokratie blieben nur die Erinnerungen im Gedächtnis der älteren Generation. Mit ihr versank die Demokratie der Sowjets, Gewerkschaften, Genossenschaften, Kultur- und Sportorganisationen in die Vergangenheit. Über alles und alle herrscht nun uneingeschränkt die Hierarchie der Parteisekretäre. Das Regime wurde »totalitär«[36], schon mehrere Jahre, ehe dies Wort aus Deutschland herüberkam. »Mit Hilfe

34 »Die Plattform der Vereinigten Opposition«, in: Wolter (Hg.), *Die Linke Opposition,* Bd. 5, S. 328-466, hier S. 358.

35 Artikel 58 (»Gegenrevolutionäre Verbrechen«) und 59 (»Besonders gefährliche Verbrechen gegen die Verwaltungsordnung«) des sowjetischen Strafgesetzbuches entstammten einer Verordnung über Staatsverbrechen, die vom ZEK am 25.2.1927 beschlossen worden war. Artikel 58 definierte als »konterrevolutionär« »jede Handlung, die auf den Sturz, die Unterhöhlung oder die Schwächung der Herrschaft der Räte der Arbeiter und Bauern und der von ihnen ... gewählten Regierungen ... oder auf die Unterhöhlung oder die Schwächung der äußeren Sicherheit der UdSSR und der grundlegenden wirtschaftlichen, politischen und nationalen Errungenschaften der proletarischen Revolution gerichtet ist.« (*Strafgesetzbuch der Russischen Sozialistischen Föderativen Sowjetrepublik* [vom 22. November 1926], übers. von W. Gallas, Berlin [de Gruyter] 1953, S. 16; vgl. ferner Altrichter [Hg.], *Die Sowjetunion*, S. 215-220.)
Der erst im Dezember 1958 aufgehobene Artikel 58 war »umfassend genug ... um auf jeden zuzutreffen, den das NKWD zu ‚unterdrücken' wünschte.« Nach der verbindlichen Auslegung des obersten Gerichtshofs vom 2.1.1928 handelte es sich um konterrevolutionäre Delikte, »‚wenn die Person, die sie, auch ohne unmittelbar ein konterrevolutionäres Ziel damit zu verfolgen, beging, wissentlich die Möglichkeit eines Eintretens eines solchen Ziels nicht ausschloß oder den gesellschaftlich gefährlichen Charakter der Folgen dieser Taten hätte voraussehen müssen'« (Conquest, *Am Anfang...*, S. 378).

36 Der Terminus »Totalitarismus« wurde zum ersten Mal 1923 von dem italienischen liberaldemokratischen Politiker Giovanni Amendola (1882-1926) gebraucht. Unter dem »sistema totalitario« verstand er die völlige Unterdrückung abweichender Meinungen durch den faschistischen Staat. Der Ausdruck wurde dann von Mussolini aufgegriffen und positiv gewendet: Im Sommer 1925 sprach er von »la nostra feroce volontà totalitaria« (unserem unerbittlichen totalitären Willen). Der Terminus war ein Produkt der Phase der legislativen Absicherung der faschistischen Diktatur (1924-29), in der es keine Kompromisse mit anderen politischen Kräften (im Lager der Konterrevolution) mehr gab und der Partito Nazionale Fascista dem Staatsapparat untergeordnet wurde. In Deutschland wurde von konservativ-autoritären, profaschistischen Staatsrechtslehrern wie Carl Schmitt und Ernst Forsthoff im Zusammenhang mit Hitlers Machtergreifung der Begriff des »totalen Staates« geprägt. Nach Beginn des »Kalten Krieges« wurde der Terminus von antimarxistischen, bürgerlich-liberalen Autoren dazu

demoralisierender Methoden, die denkende Kommunisten in Maschinen verwandeln, Willen, Charakter und menschliche Würde ertöten«, schrieb Rakowski 1928, »konnte die Spitze sich in eine unabsetzbare und unantastbare Oligarchie verwandeln und sich selbst an die Stelle von Klasse und Partei setzen.«[37] Seitdem diese Zeilen der Empörung geschrieben wurden, ist die Degeneration des Regimes noch sehr viel weiter fortgeschritten. Die GPU wurde zum ausschlaggebenden Faktor des inneren Lebens der Partei. Wenn Molotow sich im März 1936 einem französischen Journalisten gegenüber rühmen konnte, daß die herrschende Partei keine Fraktionskämpfe mehr kenne[38], so liegt das nur daran, daß die Meinungsverschiedenheiten heutzutage durch das automatische Eingreifen der politischen Polizei entschieden werden. Die alte bolschewistische Partei ist tot, und nichts wird sie wieder zum Leben erwecken.

*

Mit der politischen Degeneration der Partei ging die Zersetzung der Moral des unkontrollierten Apparats Hand in Hand. Das Wort »Sowbur« — Sowjetbourgeois — ging als Bezeichnung für den privilegierten Würdenträger schon sehr früh in den Wortschatz der Arbeiter ein. Seit dem

benutzt, die »Freie Welt« gegenüber Stalinismus *und* Faschismus abzugrenzen. Als »Totalitarismus« galt nun der »Wille, die bestehende Ordnung einer Ideologie entsprechend von Grund auf zu verändern« (Raymond Aron, *Demokratie und Totalitarismus* [1965], Hamburg [Christian Wegner] 1970, S. 207).
Trotzki gebrauchte den Terminus, um auf die Verwandtschaft *politischer* Regime hinzuweisen, die sich gegenüber der Gesellschaft, der sie entspringen, verselbständigen; zugleich betonte er die unterschiedliche sozialökonomische Basis und Funktion solcher Regime, die für die politische Auseinandersetzung mit ihnen entscheidend ist.
(Franz Neumann, *Behemoth* [1942], Frankfurt [EVA] 1977, Teil I, Kap. I; Hannah Arendt, *Elemente und Ursprünge totaler Herrschaft* [1951], Frankfurt [EVA] 1955; Bruno Seidel - Siegfried Jenker [Hg.], *Wege der Totalitarismus-Forschung*, Darmstadt [Wissenschaftliche Buchgesellschaft] 1968; Gert Schäfer, »Demokratie und Totalitarismus«, in: Gisela Kress - Dieter Senghaas [Hg.], *Politikwissenschaft*, Eine Einführung in ihre Probleme [1969], überarbeitete Taschenbuchausgabe: Frankfurt [Fischer Taschenbuch] 1972, S. 93-134; Martin Jänicke, *Totalitäre Herrschaft*, Anatomie eines politischen Begriffes, Berlin [Duncker & Humblot] 1971; Martin Greiffenhagen - Reinhard Kühnl - Johann Baptist Müller, *Totalitarismus*, Zur Problematik eines politischen Begriffs, München [List] 1972; E. Hennig, »Zur Theorie der Totalitarismustheorien, oder: Anmerkungen zum Nimbus eines politischen Begriffs«, in: *Neue Politische Literatur* Nr. 1, 1976, S. 1-25.)

37 Vgl. Anhang.

38 »Genosse Molotow über die Politik der Sowjetunion in der gegenwärtigen Lage, Eine Unterredung mit dem Chefredakteur des ‚Temps'« in: *Rundschau*, Nr. 14, 26.3.1936, S. 591.

Übergang zur NEP gewannen die bürgerlichen Tendenzen stark an Boden. Auf dem 11. Parteitag warnte Lenin im März 1922 vor der Gefahr der Degeneration der regierenden Schicht. In der Geschichte, sagte er, geschah es nicht selten, daß der Sieger die Kultur des Besiegten übernahm, wenn dieser auf einem höheren Niveau stand. Die Kultur der russischen Bourgeoisie und Bürokratie war freilich armselig. Aber die neue herrschende Schicht erreicht oft nicht einmal dieses Kulturniveau.[39] »... Die 4700 verantwortlichen Kommunisten« lenken in Moskau die Staatsmaschine. »... wer leitet da und wer wird geleitet? Ich bezweifle sehr, ob man sagen könnte, daß die Kommunisten ... leiten ...«[40] Auf den folgenden Kongressen konnte Lenin schon nicht mehr auftreten. Doch in den letzten Monaten seines aktiven Lebens war sein ganzes Denken darauf konzentriert, die Arbeiter vor der Unterdrückung, der Eigenmächtigkeit und der Degeneration der Bürokratie zu warnen und sie dagegen zu wappnen. Und dabei konnte er doch nur die ersten Krankheitssymptome beobachten.

Ch. Rakowski, der ehemalige Vorsitzende des Rats der Volkskommissare in der Ukraine und spätere Sowjetbotschafter in London und Paris, schickte seinen Freunden, als er sich bereits in Verbannung befand, einen kleinen Traktat über die Sowjetbürokratie, den wir weiter oben einige Male zitiert haben, weil er noch heute das beste ist, was zu dieser Frage geschrieben wurde.

»In den Vorstellungen Lenins und von uns allen«, schreibt Rakowski, »bestand die Aufgabe der Parteiführung gerade darin, Partei und Arbeiterklasse vor der zersetzenden Wirkung der Privilegien, der Vorteile und Vergünstigungen zu bewahren, die die Macht durch ihre Berührung mit den Resten des alten Adels und des Bürgertums, durch den zersetzenden Einfluß der NEP und die Verführungen durch bourgeoise Sitten und ihre Ideologie mit sich bringt ... Man muß offen, laut und deutlich sagen, daß der Parteiapparat diese seine Aufgabe nicht erfüllt hat, daß er sich für diese seine zweifache Schutz- und Erzieherrolle völlig unfähig gezeigt hat, daß er durchgefallen, bankrott ist.«[41]

39 »Es kommt vor, daß ein Volk ein anderes unterwirft, und dann ist dieses Volk, das ein anderes unterworfen hat, das Eroberervolk, das andere aber, das unterworfen wurde, ist das besiegte Volk. ... Wenn das Eroberervolk eine höhere Kultur hat als das besiegte Volk, dann zwingt es ihm seine Kultur auf, ist es aber umgekehrt, dann kommt es vor, daß das besiegte Volk seine Kultur dem Eroberer aufzwingt. Ist nicht etwas Ähnliches in der Hauptstadt der RSFSR geschehen, ist hier nicht der Fall eingetreten, daß 4700 Kommunisten (fast eine ganze Division, und allesamt die besten) einer fremden Kultur unterlegen sind? Allerdings könnte hier der falsche Eindruck entstehen, daß die Besiegten eine hohe Kultur besitzen. Nichts dergleichen. Ihre Kultur ist armselig, ist sehr niedrig, aber dennoch steht sie höher als die unsrige.« (Lenin, »Politischer Bericht des Zentralkomitees der KPR[B]« [27.3.1922], LW 33, S. 249-295, hier S. 275.)

40 LW 33, S. 275.

41 Vgl. Anhang.

Es ist wahr, daß Rakowski, gebrochen durch bürokratische Repressalien, später sein kritisches Urteil verleugnet hat.[42] Aber auch der siebzigjährige Galilei[43] sah sich in den Krallen der Heiligen Inquisition[44] gezwungen, dem

42 Entsprechend dem Beschluß des Politbüros vom 3.1.1928 über die Deportation führender Mitglieder der Linken Opposition wurde Christian Rakowski nach Astrachan und wenige Monate später nach Saratow verbannt. In dieser Zeit wurde er zum wichtigsten Sprecher und politischen Führer der Linken Opposition in der Sowjetunion. (Trotzki war im Januar 1929 aus der UdSSR ausgebürgert worden.) Er analysierte die Wendung der Stalin-Fraktion zur Kollektivierung der Landwirtschaft und verteidigte die Linke Opposition gegen Kapitulanten aus den eigenen Reihen. Nach der Kapitulation Radeks, Smilgas und Preobraschenskis im Juli 1929 gab er in einer Erklärung an das ZK der Partei eine Einschätzung der Situation und forderte die Wiederherstellung der Parteidemokratie und die Wiederaufnahme der ausgeschlossenen Oppositionellen unter voller Wahrung ihrer statutenmäßigen Rechte. (Vgl. »Erklärung vom August 1929« [22.8.1929], engl. in: Rakovsky, *Selected Writings*, S. 137-144; franz. in: *Cahiers Léon Trotsky*, Nr. 6, 1980, S. 78-86.) Diese Erklärung wurde bis Mitte September von ca. 500 Oppositionellen aus 95 verschiedenen Verbannungsorten, Gefangenenkolonien und Spezialgefängnissen unterschrieben. Nach Veröffentlichung der Erklärung wurde Rakowski nach Barnaul in Sibirien verbannt. Dort verfaßte er die »Erklärung zum 16. Parteitag« (12.4.1930; engl. in: *Selected Writings*, S. 166-179; franz. in: *Cahiers Léon Trotsky* Nr. 6, 1980, S. 90-103) und die ökonomische Studie »Auf dem Kongreß und im Lande« (27.7.-7.8.1930; franz. in: *Cahiers Léon Trotsky*, Nr. 18, 1984, S. 96-123), die als letzte Arbeiten Rakowskis im *Bulletin der Opposition* veröffentlicht wurden. Ende 1932 erfuhr Trotzki von einem gescheiterten Versuch Rakowskis, aus der Sowjetunion zu fliehen; im März 1933 wurde bekannt, daß er nach Jakutsk deportiert worden war.
Am 23. Februar 1934 veröffentlichte die *Iswestija* ein von Rakowski am 7.2. verfaßtes Telegramm an das ZK der Partei, in dem es hieß: »Angesichts des Aufstiegs der internationalen Reaktion, die in letzter Analyse gegen die Oktoberrevolution gerichtet ist, haben meine alten Meinungsverschiedenheiten mit der Partei ihre Bedeutung verloren. Ich betrachte es als die Pflicht eines Bolschewisten-Kommunisten, sich der Generallinie der Partei vollständig und ohne Zögern zu unterwerfen.« (*Selected Writings*, S. 58. Vgl. auch die Kurzmeldung »Rakowski bricht mit dem Trotzkismus«, in: *Rundschau*, Nr. 19, 1.3.1934, S. 697, in der er als »Säule des Trotzkismus« bezeichnet wurde, und die zwei Monate später folgende »Erklärung von Ch. Rakowski, An das ZK der KPSU«, in: *Rundschau*, Nr. 28, 3.5.1934, S. 1061-1064.) Trotzki kommentierte diese Kapitulationserklärung mit den Worten: »Ohne auch nur um ein Haarbreit zu übertreiben, können wir sagen, daß Stalin Rakowski mit Hilfe Hitlers auf seine Seite bekommen hat.« (TWr 1933-34, S. 277. Vgl. »Der wirkliche Sinn der Erklärung Rakowskis« [21.2.1934], engl. in Auszügen TWr 1933-34, S. 245, frz. TŒ Bd. 3, S. 237-238; »Was bedeutet Rakowskis Kapitulation?« [31.3.1934], engl. in: TWr 1933-34, S. 273-278, TŒ Bd. 3, S. 303-310; »Hinter Rakowskis Kapitulation« [19.4.1934], engl. in: TWr 1933-34, S. 285, frz. in: TŒ Bd. 3, S. 326-327.)

43 Galileo Galilei (1564-1642), italienischer Mathematiker und Astronom; verband Mathematik und Mechanik, formulierte das Fallgesetz und entwickelte ein

kopernikanischen System abzuschwören, was die Erde freilich nicht daran hinderte, sich auch weiterhin um ihre Achse zu drehen. Wir glauben den Reueerklärungen des sechzigjährigen Rakowski nicht, denn er selbst hat mehr als einmal vernichtende Analysen solcher Reuebekundungen vorgelegt.[45] Seine politische Kritik aber fand in den Tatsachen der objektiven Entwicklung eine viel sicherere Stütze als in der Standhaftigkeit ihres Autors.

astronomisches Fernrohr (mit dem er Mondkrater, Sonnenflecken, die Merkurphasen und die Jupitermonde entdeckte). Galileis Neuinterpretation der Natur als eines mathematischen Universums (unter Abstraktion von Subjekten und Qualitäten), deren gesellschaftliche Voraussetzung die sich ausbreitende Geldwirtschaft war, ermöglichte den Siegeszug der modernen Naturwissenschaft. »Das Königtum, sich stützend auf die Städtebürger, brach die Macht des Feudaladels ...« »Es war die größte Revolution, die die Erde bis dahin erlebt hatte. Auch die Naturwissenschaft lebte und webte in dieser Revolution, war revolutionär durch und durch, ging Hand in Hand mit der erwachenden modernen Philosophie der großen Italiener und lieferte ihre Märtyrer auf die Scheiterhaufen und in die Gefängnisse ... Was auf religiösem Gebiet die Bullenverbrennung Luthers, war auf naturwissenschaftlichem des Kopernikus großes Werk, worin er, schüchtern zwar, nach 36jährigem Zögern und sozusagen auf dem Totenbett, dem kirchlichen Aberglauben den Fehdehandschuh hinwarf.« (Engels, *Dialektik der Natur* [1873-86], MEW Bd. 20, S. 311, 464 und 465.) Galilei hatte sich 1610 zur heliozentrischen Lehre des Kopernikus bekannt; seine Schrift *Siderius Nuncius* wurde 1614 verboten. 1633 wurde Galilei von der Inquisition gezwungen, seine Lehren zu widerrufen, und zu Hausarrest verurteilt.
*Le opere di Galileo Galilei*, (Neuauflage der Ausgabe von 1890-1906 in 20 Bdn.), Florenz [Barbera] 1964-1966; *Dialog über die beiden hauptsächlichen Weltsysteme, das ptolemäische und das kopernikanische*, (nach der deutschen Ausgabe von 1891), Stuttgart [Teubner] 1982; *Siderius Nuncius*, Nachricht von neuen Sternen, Frankfurt [Suhrkamp] 1980. *Unterredungen und mathematische Demonstrationen über zwei neue Wissenszweige die Mechanik und die Fallgesetze betreffend* (1638), Darmstadt [Wissenschaftliche Buchgesellschaft] 1964.
Klaus Fischer, *Galileo Galilei*, München [Beck] 1983; Albrecht Fölsing, *Galileo Galilei*, Prozeß ohne Ende, München [Piper] 1983.
Galileis Konflikt mit der Inquisition ist wiederholt literarisch gestaltet worden. Über Bertolt Brechts *Leben des Galilei* (1938; Gesammelte Werke in 8 Bänden, Frankfurt [Suhrkamp] 1976, S. 1229-1345), schrieb I. Deutscher: »Der Galileo seines Dramas ist Sinowjew oder Bucharin oder Rakowski im historischen Kostüm« (*Trotzki*, Bd. 3, S. 345).

44 Die Inquisition (von lat. inquisitio »gerichtliche Untersuchung«) war eine Einrichtung der katholischen Kirche zum Aufspüren und Bestrafen von ‚Ketzern'. Im 12. Jahrhundert im Kampf gegen Katharer und Waldenser geschaffen, wurde sie 1478 in Spanien sogar eine staatliche Einrichtung. In Deutschland spielte sie erst seit den Hexenprozessen des 15. Jahrhunderts eine Rolle. Mit dem Verlust der ‚weltlichen' Positionen der Kirche verlor die Inquisition an Bedeutung. Die »Kongregation für die römische und weltliche Inquisition« im Vatikan überdauerte jedoch die Jahrhunderte und wurde erst 1965 in die »Glaubenskongregation« umgewandelt, die noch heute der Disziplinierung von innerkirchlichen Abweichlern dient.

Die Machteroberung verändert nicht nur das Verhältnis des Proletariats zu den anderen Klassen, sondern auch seine eigene innere Struktur. Die Machtausübung wird zur Spezialität einer bestimmten sozialen Gruppierung, die mit um so größerer Ungeduld ihre eigene »soziale Frage« zu lösen sucht, je höher sie von ihrer Mission denkt.

»Im proletarischen Staat, in dem kapitalistische Akkumulation den Mitgliedern der herrschenden Partei untersagt ist, erscheint die genannte Differenzierung zunächst als eine funktionale, verwandelt sich aber dann in eine soziale. Ich sage nicht klassenmäßige, sondern soziale Differenzierung ...«[46] Rakowski erklärt: »... (daß) die soziale Lage eines Kommunisten, der über ein Automobil, eine schöne Wohnung verfügt, geregelten Urlaub hat und das Parteimaximum[47] verdient, sich von der Lage dessen unterscheidet, der ebenso Kommunist ist, aber in den Kohlengruben arbeitet, wo er monatlich 50-60 Rubel verdient.«[48]

Um angebliche oder wirkliche Ketzer aufzuspüren, wurde zur (oft anonymen) Denunziation aufgerufen. Die Untersuchungsverfahren basierten auf (durch Folter erzwungenen) Geständnissen. Neben Kirchenstrafen konnten Gütereinziehung, Gefängnis und Auslieferung an die weltliche Gewalt zum Feuertod verhängt werden.

45 Nach der Kapitulation von Radek, Smilga und Preobraschenski schrieb Rakowski: »Die Opposition huldigt teilweise einem Parteibuch-Fetischismus, der im Gegensatz zur Loyalität gegenüber der Partei selbst, ihren Idealen und ihrer historischen Aufgabe steht — einer Loyalität, die nur diejenigen zeigen, die den Kampf für die Reform der Partei fortsetzen wollen... Die Idee, die in den Thesen der Kapitulanten beständig wiederkehrt, ist: ‚Wir müssen wieder in die Partei zurück!‘ Wer die Geschichte unseres Ausschlusses nicht kennt, könnte glauben, daß wir die Partei von uns aus verlassen haben und freiwillig im Exil leben ... Wir waren in der Partei und wollten in ihr bleiben, sogar zu einer Zeit, in der die rechts-zentristische Führung die bloße Notwendigkeit der Ausarbeitung überhaupt irgendeines Fünfjahresplans leugnete und still das ‚Hineinwachsen des Kulaken in den Sozialismus‘ förderte. Um so mehr wollen wir heute in der Partei sein, als sich in ihr (wenn auch nur teilweise) eine Linkswendung vollzieht und große Aufgaben vor ihr liegen. Aber die Frage, vor der wir stehen, ist eine ganz andere: Sind wir bereit, von der leninistischen Linie abzugehen, um dem zentristischen Opportunismus zu gefallen? *Der schlimmste Feind der proletarischen Diktatur ist ein prinzipienloses Verhältnis zu den eigenen Auffassungen.* Wenn die Parteiführung, in Nachahmung der katholischen Kirche, die sterbende Atheisten noch auf dem Totenbett zur Konversion zwingt, Oppositionellen das Geständnis imaginärer Fehler und die Verleugnung ihrer eigenen leninistischen Überzeugungen abpreßt, so verliert sie jeden Anspruch auf Respekt. Die Oppositionellen, die ihre Überzeugungen von einem Tag auf den anderen ändern, verdienen nur tiefe Verachtung.«
(Engl. in: *Selected Writings*, S. 152 f.; frz. in: *Cahiers Léon Trotsky* 7/8, 1981, S. 69 f.)

46 Vgl. Anhang.

47 »Im August 1922 legte eine Parteikonferenz die Gehaltsordnung für Parteigenossen fest und verlangte von jedem Parteimitglied, dessen Einkünfte die des höchsten Ranges um mehr als 50 % überstiegen, daß hiervon ein erheblicher Teil in einen gesellschaftlichen Hilfsfonds eingezahlt wurde.« (Medwedew, *Die Wahrheit...*, S. 596; vgl. Carr, *A History...*, Bd. 2, S. 113.) Das »Partmax« genannte Höchsteinkommen für Kommunisten betrug 1928 in Moskau 225

Rakowski nennt die Faktoren, die zum Verfall der an die Macht gekommenen Jakobiner beitragen: die Jagd nach Reichtum, die Beteiligung an Lieferungen, Aufträgen usw.; und er führt eine interessante Bemerkung Babeufs an, daß zur Degeneration der neuen herrschenden Schicht in nicht geringem Maße die adligen Frauen beitrugen, auf die die Jakobiner sehr versessen waren. »Was tut ihr, kleinmütige Plebejer«, ruft Babeuf, »heute umarmen sie euch, morgen werden sie euch erwürgen«.[49] Eine Statistik der Ehefrauen der herrschenden Schicht in der Sowjetunion würde ein ähnliches Bild ergeben. Der bekannte Sowjetjournalist Sosnowski[50] wies auf die

Rubel und 1931 etwa 300. (Der durchschnittliche Lohn eines in der Großindustrie beschäftigten Arbeiters lag in denselben Jahren bei etwa 70 bzw. 100 Rubel.) »Parteimitglieder in Führungspositionen waren somit, wenigstens auf dem Papier, materiell wesentlich schlechter gestellt als ihre parteilosen Kollegen, sie waren aber auch weniger abgehoben von der ‚Klasse'.« (Hans-Henning Schröder, *Industrialisierung und Parteibürokratie in der Sowjetunion*, Ein sozialgeschichtlicher Versuch über die Anfangsphase des ‚Stalinismus' [1928-1934], Manuskript [Veröffentl. in Vorb.], S. 396.) Im Zuge der Stalinschen Kampagne gegen den Egalitarismus und der zunehmenden Lohn-und Gehaltsdifferenzierung wurde das »Partmax« am 8. Februar 1932 durch einen Beschluß des Zentralkomitees abgeschafft. (Vgl. Medwedew, *Die Wahrheit...*, S. 597; Schröder, ebd., S. 396.)

48 Vgl. Text 68.

49 *Le Tribun du Peuple ou le Défenseur des Droits de l'Homme*, Nr. 29, du 1 au 19 Nivôse, l'an 3 de la République une et démocratique (21.12.1794 - 8. Januar 1795), in: *Journal de la Liberté de la presse (Le tribun du peuple ou le défenseur des droits de l'homme)*, Paris [Impr. Guffroy] 1794-1796; Reprint: Paris [EDHIS] 1966, S. 276. »Laches plébéiens, qu'avez-vous fait? Vous ne voyez pas que ces patriciennes déhontées, ces aventurières de noble race, qui vous font aujourd'hui l'honneur de se prostituer dans vos bras roturiers, vous étoufferont dès qu'avec vous elles seront parvenues à rétablir les choses sur l'ancien pied.« (»Feige Plebejer, was habt ihr getan? Ihr seht nicht, daß diese schamlosen Patrizierinnen, diese Abenteurerinnen adliger Herkunft, die euch heute die Ehre geben, sich in euren nichtadligen Armen zu prostituieren, euch erwürgen werden, sobald sie mit eurer Hilfe die Dinge wieder ins alte Geleise gebracht haben.«) Die mit dem Jakobiner Jean Lambert Tallien verheiratete Tochter des spanischen Millionärs, Bankiers und Finanzministers Cabarrus wurde zur Symbolfigur für die nach Robespierres Sturz einsetzende Wende. Ihre Bewunderer bezeichneten sie als »Notre-Dame-de-Thermidor«. (Vgl. Soboul, *Die Große Französische Revolution*, S. 395; Michelet, *Geschichte*, Bd. 9-10, S. 233-246.)

50 Lew Semjonowitsch Sosnowski (1886-1937), sowjetischer Journalist. Seit 1904 Mitglied der SDAPR, Teilnehmer an der Revolution von 1905, danach aktiv in der Gewerkschaftsbewegung von Baku, Moskau und Taschkent. 1912 Journalist bei der *Prawda*, 1913 verhaftet und verbannt. Nach der Februarrevolution im Exekutivkomitee der Sowjets des Gouvernement Jekaterinburg, im Parteikomitee der Charkower Provinz, zeitweise auch im ZEK. Nach der Oktoberrevolution wurde Sosnowski zu einem der populärsten revolutionären Journalisten und war Leiter der Abteilung für Agitation und Propaganda des ZK. 1923 gehörte er zur Linken Opposition. Er war Herausgeber der bolschewistischen *Bednota* und publizistischer Ankläger von Sowjetbürokraten und NEP-Männern. 1927 wurde er aus der Partei ausgeschlossen, nach Barnaul deportiert und war dann in den

besondere Rolle des »Auto-Harem-Faktors« in der Sittengestaltung der Sowjetbürokratie hin. Freilich hat inzwischen auch Sosnowski — im Gefolge von Rakowski — bereut und ist aus Sibirien zurückgekehrt. Doch die Sitten der Bürokratie sind dadurch nicht besser geworden. Im Gegenteil, seine Reue ist selber ein Symptom der fortschreitenden Demoralisierung.

Gerade die alten Artikel Sosnowskis, die als Manuskripte von Hand zu Hand gingen, sind voll von unvergeßlichen Episoden aus dem Leben der neuen herrschenden Schicht, die vor Augen stellen, in welchem Maße die Sieger sich die Sitten der Besiegten zu eigen gemacht haben. Um aber nicht in vergangene Jahre zurückzugreifen — Sosnowski hat 1934 die Peitsche endgültig gegen die Leier vertauscht —, beschränken wir uns auf ganz aktuelle Beispiele aus der Sowjetpresse und wählen dabei nicht Mißbräuche und sogenannte »Exzesse« aus, sondern alltägliche Vorkommnisse, die von der offiziellen öffentlichen Meinung gleichsam legalisiert sind.

Der Direktor einer Moskauer Fabrik, ein angesehener Kommunist, rühmt sich in der *Prawda* des kulturellen Niveaus in dem von ihm geleiteten Betrieb. Ein Maschinist ruft bei ihm an: »,Wie befehlen Sie, soll ich den Martinofen abstellen oder noch warten?' ... Ich antworte: ,Warte ...'.« Der Maschinist wendet sich äußerst ehrerbietig an den Direktor: »Wie befehlen Sie?«, während der Direktor ihm mit *Du* antwortet. Und diesen unanständigen Dialog, der in keinem kapitalistischen Kulturland möglich wäre, gibt der Direktor selbst in den Spalten der *Prawda* als etwas durchaus Normales wieder! Der Redakteur erhebt keinen Einwand, denn er bemerkt es nicht; die Leser protestieren nicht, da sie es gewohnt sind. Wundern wir uns darum nicht: Bei den feierlichen Tagungen im Kreml reden die »Führer« und die Volkskommissare die ihnen unterstellten Fabrikdirektoren, Kolchosvor-

Lagern Tomsk und Tscheljabinsk inhaftiert, wo er die von gefangenen Linksoppositionellen herausgegebene *Prawda hinter Gittern* redigierte. 1928/29 wandte er sich heftig gegen die Kapitulanten aus der Opposition. Eine in der Verbannung geschriebene Studie über die »Agrarpolitik des Zentrismus« ist verschollen. Das *Bulletin der Opposition* veröffentlichte im September 1929 vier Briefe Sosnowskis aus dem Barnauler Exil (vgl. *BO*, Nr. 3-4, September 1929, S. 16-29). Seit 1930 drangen keine Nachrichten über Sosnowski mehr an die Außenwelt. 1934 kapitulierte er im Gefolge Rakowskis; seine Erklärung erschien am 27.2.1934 in der *Iswestija.* (Vgl. auch den in der Rubrik »Gegen den konterrevolutionären Trotzkismus« der *Rundschau* erschienenen »Brief L. Sosnowskis an das ZK der KPSU«, in: *Rundschau*, Nr. 21, 15.3.1934, S. 789-790, und Nr. 22, 22.3.1934, S. 835-836.) 1935 wurde Sosnowski wieder in die Partei aufgenommen und durfte für die *Iswestija* schreiben; 1936 wurde er abermals ausgeschlossen, verhaftet, 1937 zum Tode verurteilt und hingerichtet.
(In deutscher Sprache erschien von Sosnowski: *Rußland, Kein Märchen, keine Legende, sondern Wirklichkeit,* Hamburg [Hoym] 1922; *Taten und Menschen*, Wien [Literatur und Politik] 1924; *Das Werk Bogatyr*, Der Kampf um die Arbeit, Hamburg [Hoym] 1922.)

sitzenden, Meister und Arbeiterinnen, die speziell zur Ordensverleihung eingeladen sind, mit *Du* an. Muß man da nicht daran erinnern, daß eine der populärsten revolutionären Losungen im zaristischen Rußland lautete: Abschaffung des Duzens der Untergebenen durch die Vorgesetzten?[51]

Die ob ihrer herrschaftlichen Ungeniertheit verblüffenden Dialoge der Kreml-Machthaber mit dem »Volk« bezeugen unwiderleglich, daß trotz Oktoberumsturz, trotz Nationalisierung der Produktionsmittel, trotz Kollektivierung und »Vernichtung des Kulakentums als Klasse« die Beziehungen zwischen den Menschen, selbst an der Spitze der Sowjetpyramide, nicht nur die Höhen des Sozialismus noch nicht erreicht haben, sondern in vielem noch dem kultivierten Kapitalismus nachstehen. In den letzten Jahren gab es auf diesem überaus wichtigen Gebiet einen gewaltigen Rückschritt. Die Ursache dieser Rückfälle in die echt russische Barbarei ist ohne Zweifel der Sowjet-Thermidor, der dem wenig kultivierten Bürokraten völlige Unabhängigkeit und Kontrollfreiheit brachte, die Massen aber wieder dem nur zu gut bekannten Gebot »gehorchen und Schweigen!« unterwarf.

Uns liegt es fern, die Abstraktion der Diktatur der Abstraktion der Demokratie gegenüberzustellen und beider Eigenschaften auf der Waage der reinen Vernunft zu wägen. Alles ist relativ auf dieser Welt, wo das einzig Beständige die Veränderung ist. Die Diktatur der bolschewistischen Partei war eines der mächtigsten Werkzeuge des Fortschritts in der Geschichte. Doch auch hier gelten die Worte des Dichters: »Vernunft wird Unsinn, Wohltat Plage«.[52] Das Verbot der Oppositionsparteien zog das Verbot der Fraktionen nach sich; das Fraktionsverbot mündete in das Verbot, anders zu denken als der unfehlbare Führer. Die polizeiliche Einheitlichkeit der Partei brachte die bürokratische Straffreiheit mit sich, die zur Quelle aller Formen der Zügellosigkeit und des Verfalls wurde.

## Gesellschaftliche Wurzeln des Thermidors

Den Sowjet-Thermidor definierten wir als den Sieg der Bürokratie über die Massen. Wir haben die historischen Voraussetzungen dieses Sieges aufzu-

51 Das Duzen der Soldaten durch Vorgesetzte war in der zaristischen Armee üblich. Die Soldaten hatten Offiziere und Unteroffiziere hingegen zu siezen. Der »Befehl Nr. 1« des Petrograder Sowjets der Arbeiter- und Soldatendeputierten vom 1.3.1917 verfügte: »Grobes Verhalten jeglicher militärischer Ränge gegenüber den Soldaten, insbesondere die Anrede mit ‚Du' wird verboten.« (Richard Lorenz [Hg.], *Die russische Revolution 1917*, Der Aufstand der Arbeiter, Bauern und Soldaten, München [Nymphenburger] 1981, S. 250.)

52 Mephistopheles zum Schüler; Goethe, *Faust*, Der Tragödie erster Teil (1808); Studierzimmer II (V. 1976).

decken versucht. Die revolutionäre Vorhut des Proletariats war teils vom Verwaltungsapparat aufgesogen und langsam demoralisiert worden, teils im Bürgerkrieg umgekommen, teils beiseitegeschleudert und zermalmt.[53] Den müden und enttäuschten Massen war gleichgültig, was an der Spitze geschah. Diese Faktoren, so relevant sie sein mögen, sind jedoch ganz unzureichend, will man erklären, warum es der Bürokratie gelang, sich über die Gesellschaft aufzuschwingen und für so lange Zeit deren Schicksal in die Hand zu nehmen. Der Wille der Bürokratie würde dazu jedenfalls nicht ausreichen; für das Entstehen einer neuen herrschenden Schicht muß es tieferliegende soziale Ursachen geben.

Zum Sieg der Thermidorianer über die Jakobiner im 18. Jahrhundert trugen ebenfalls die Ermüdung der Massen und die Demoralisierung der leitenden Kader bei. Doch hinter diesen konjunkturellen Erscheinungen vollzog sich ein tiefergehender organischer Prozeß. Die Jakobiner stützten sich auf die von der großen Welle emporgetragenen unteren Schichten des Kleinbürgertums; doch die Revolution des 18. Jahrhunderts mußte, der Entwicklung der Produktivkräfte entsprechend, letzten Endes zur politischen Herrschaft der Großbourgeoisie führen. Der Thermidor war nur eine der Etappen dieses unabwendbaren Prozesses. Welche soziale Notwendigkeit aber kommt im Sowjet-Thermidor zum Ausdruck?

In einem der vorhergehenden Kapitel versuchten wir bereits, eine vorläufige Antwort auf die Frage zu geben, warum abermals der Gendarm triumphierte. Wir müssen nunmehr in der Analyse der Bedingungen des Übergangs vom Kapitalismus zum Sozialismus und der Rolle des Staates in diesem Prozeß fortfahren. Stellen wir nochmals die theoretische Voraussicht der Wirklichkeit gegenüber. »Es ist immer noch notwendig, die Bourgeoisie und ihren Widerstand niederzuhalten«, schrieb Lenin 1917 im Hinblick auf die Periode, die sogleich nach der Machtergreifung einsetzen soll. »... Aber das unterdrückende Organ ist hier schon die Mehrheit und nicht, wie dies bisher immer ... der Fall war, die Minderheit der Bevölkerung ... In diesem Sinne *beginnt* der Staat *abzusterben*.«[54] Worin äußert sich

53 Die etwa 24000 Parteimitglieder, die schon vor der Februarrevolution von 1917 Lenins Organisation angehört hatten, wurden als »Alte Bolschewiki« bezeichnet. Im Oktober 1917 hatte die bolschewistische Partei etwa 240000 Mitglieder. Bis zu 60% der Parteimitglieder kämpften an den Bürgerkriegsfronten; etwa 150000 kamen ums Leben. Sinowjew zufolge machten 1922 die »Alten Bolschewiki« nur noch 2% der (inzwischen über 500000) Parteimitglieder aus (vgl. Jean Elleinstein, *Geschichte des »Stalinismus«*, Hamburg [VSA] 1977, S. 30). Im November 1925 gab es nur noch 8500 »Alte Bolschewiki« (vgl. Robert C. Tucker, *Stalin As Revolutionary 1879-1929*, A Study in History and Personality, New York [Norton] 1973, S. 322).
Zur Soziologie der KPdSU vgl. Schapiro, *Die Geschichte der KPdSU*, Kapitel 13 und 17; Altrichter, *Sowjetunion*, S. 342-345.

54 Lenin, *Staat und Revolution* [August/September 1917], LW 25, S. 432.

das Absterben? Vor allem darin, daß die Unterdrückungsfunktionen statt durch »besondere Institutionen einer bevorzugten Minderheit (privilegiertes Beamtentum, Offizierskorps des stehenden Heeres)« von der »Mehrheit selbst unmittelbar« ausgeübt werden können.[55] Weiter folgt bei Lenin eine in ihrer Axiomatik unbestreitbare These: »Je mehr die Funktionen der Staatsmacht vom gesamten Volk ausgeübt werden, um so geringer wird das Bedürfnis nach dieser Macht.«[56] Die Aufhebung des Privateigentums an den Produktionsmitteln beseitigt die Hauptaufgabe des historischen Staates: den Schutz der Eigentumsprivilegien der Minderheit gegenüber der überwältigenden Mehrheit.

Das Absterben des Staates beginnt, Lenin zufolge, bereits am Tage nach der Expropriierung der Expropriateure, d. h., noch ehe das neue Regime an seine wirtschaftlichen und kulturellen Aufgaben herangehen kann. Jeder Fortschritt auf dem Wege der Lösung dieser Aufgaben bedeutet somit eine neue Etappe der Liquidierung des Staates, seiner Auflösung in der sozialistischen Gesellschaft. Der Grad dieser Auflösung ist das beste Kriterium für die Qualität und das Gelingen des sozialistischen Aufbaus. Man kann etwa das folgende soziologische Theorem aufstellen: Die Stärke des von den Massen im Arbeiterstaat ausgeübten Zwangs ist direkt proportional zur Stärke der Ausbeutertendenzen oder zur Gefahr einer Wiederherstellung des Kapitalismus, und sie ist umgekehrt proportional zur Stärke der gesellschaftlichen Solidarität und zur allgemeinen Loyalität gegenüber dem neuen Regime. Die Bürokratie aber, d. h. das »privilegierte Beamtentum«, das »Offizierskorps des stehenden Heeres«, repräsentiert eine besondere Art von Zwang, die die Massen nicht ausüben können oder wollen, einen Zwang, der sich so oder so gegen sie selbst richtet.

Hätten die demokratischen Sowjets bis heute ihre ursprüngliche Kraft und Unabhängigkeit bewahrt, hätten sich aber gezwungen gesehen, im gleichen Maße wie in den ersten Jahren Repressalien und Zwang anzuwenden, so wäre das allein schon höchst beunruhigend. Wie groß muß die Besorgnis angesichts der Tatsache sein, daß die Massensowjets endgültig von der Bildfläche verschwunden und die Zwangsfunktionen an Stalin, Jagoda & Co. übergegangen sind. Und was für ein Zwang ist das! Vor allen Dingen müssen wir uns fragen, welche gesellschaftlichen Faktoren hinter dieser Zählebigkeit des Staates und insbesondere hinter seiner Verwandlung in einen Polizeistaat stehen. Die Bedeutung dieser Frage ist völlig klar: je nachdem, wie die Antwort ausfällt, müssen wir entweder unsere traditionellen Vorstellungen von der sozialistischen Gesellschaft radikal revidieren oder aber ebenso radikal die offizielle Einschätzung der UdSSR verwerfen.

Greifen wir aus einer der letzten Nummern einer Moskauer Zeitung die

55 Ebd., S. 432.
56 Ebd.

stereotype Charakteristik des heutigen Sowjetregimes heraus, eine von den Formeln, die im Lande tagaus tagein nachgebetet und von den Schulkindern auswendig gelernt werden:

»In der UdSSR sind die Schmarotzerklassen der Kapitalisten, Großgrundbesitzer, Kulaken endgültig liquidiert, und damit ist es mit der Ausbeutung des Menschen durch den Menschen auf immerdar und ein für alle Mal aus. Die gesamte Volkswirtschaft ist eine sozialistische geworden, und die wachsende Stachanow-Bewegung bereitet die Bedingungen für den Übergang vom Sozialismus zum Kommunismus vor.« (*Prawda*, 4. April 1936)

Die Weltpresse der Komintern sagt zu dieser Frage selbstverständlich nichts anderes. Wenn es aber mit der Ausbeutung »auf immerdar aus« ist, wenn das Land wirklich auf dem Weg vom Sozialismus, d.h. vom unteren Stadium des Kommunismus, zu seinem höheren Stadium ist, so bleibt der Gesellschaft nichts anderes mehr zu tun, als endlich die Zwangsjacke des Staates abzustreifen. Statt dessen — der Kontrast läßt sich kaum begreifen — wurde der Staat der Sowjets zu einem totalitär-bürokratischen Staat.

Derselbe verhängnisvolle Widerspruch läßt sich am Schicksal der Partei veranschaulichen. Hier ist die Frage etwa so zu formulieren: Warum war es in den Jahren 1917-1921, als die alten herrschenden Klassen noch mit der Waffe in der Hand kämpften, als die Imperialisten der ganzen Welt sie aktiv unterstützten, als das bewaffnete Kulakentum die Armee und die Versorgung des Landes sabotierte, warum war es damals möglich, in der Partei offen und ohne Furcht die brennendsten Fragen der Politik zu debattieren? Und warum ist jetzt, nach Beendigung der Intervention, nach der Vernichtung der Ausbeuterklassen, nach den unbestreitbaren Erfolgen der Industrialisierung, nach der Kollektivierung der überwältigenden Mehrheit der Bauernschaft nicht das geringste Wort der Kritik an der unabsetzbaren Führung erlaubt? Warum wird jeder beliebige Bolschewik, der im Einklang mit den Statuten die Einberufung eines Parteitags forderte, unverzüglich ausgeschlossen, warum wird jeder beliebige Bürger, der seine Zweifel an Stalins Unfehlbarkeit laut äußert, beinahe so verurteilt, als wäre er ein Teilnehmer an einer terroristischen Verschwörung? Woher stammt diese furchtbare, ungeheuerliche, unerträgliche Gewalt der Repression und des Polizeiapparats?

Die Theorie ist kein Wechsel, den man der Wirklichkeit in jedem beliebigen Moment zur Einlösung präsentieren könnte. Wenn die Theorie irrt, muß man sie revidieren oder ihre Lücken ausfüllen. Man muß die realen gesellschaftlichen Kräfte bloßlegen, die den Widerspruch zwischen der Sowjetwirklichkeit und der traditionellen marxistischen Konzeption erzeugt haben. Jedenfalls darf man nicht im Finstern tappen und rituelle Phrasen herunterleiern, die vielleicht das Prestige der Führer stützen, der lebendigen Wirklichkeit aber absolut widersprechen. Wir werden das sogleich an einem überzeugenden Beispiel sehen.

In seinem Bericht auf der Tagung des Zentralexekutivkomitees vom Januar 1936 erklärte der Vorsitzende des Rats der Volkskommissare, Molotow, daß »... die gesamte Volkswirtschaft des Landes restlos sozialistisch wurde (Beifall). In diesem Sinne (?) haben wir die Aufgabe der Liquidierung der Klassen gelöst (Beifall).« Doch aus der Vergangenheit blieben noch »die ihrer Klassennatur uns feindlichen Elemente« übrig, Splitter der früher herrschenden Klassen. Außerdem entdeckt man unter den Kolchosmitgliedern, Staatsangestellten und zuweilen auch unter den Arbeitern »Schieberchen«, »Raffer des kollektivwirtschaftlichen und des staatlichen Eigentums«, »sowjetfeindliche Klatschbasen« usw.[57] Woraus sich denn die Notwendigkeit weiterer Festigung der Diktatur ergebe. Engels zum Trotz soll der Arbeiterstaat nicht »einschlafen«[58], sondern im Gegenteil immer wachsamer werden.

Das Bild, das das Oberhaupt der Sowjetregierung entwirft, wäre im höchsten Grade beruhigend, wäre es nicht so unerträglich widersprüchlich. Im Lande hat der Sozialismus endgültig die Herrschaft angetreten: »In diesem Sinne« sind die Klassen vernichtet (wenn sie »in diesem Sinne« vernichtet sind, sind sie es folglich auch in jedem anderen). Freilich wird die soziale Harmonie hie und da durch Trümmer und Splitter der Vergangenheit gestört. Man kann doch aber nicht annehmen, daß vereinzelte Schwärmer, die, der Macht und des Eigentums beraubt, von der Wiederherstellung des Kapitalismus träumen, zusammen mit »Schieberchen« (nicht einmal richtige Schieber!) und »Klatschbasen« imstande seien, die klassenlose Gesellschaft zu beseitigen. Alles steht scheinbar zum Besten. Wozu dann aber trotz alledem die eiserne Diktatur der Bürokratie?

Die reaktionären Schwärmer, sollte man denken, sterben allmählich aus. Mit »Schieberchen« und »Klatschbasen« könnten auch erzdemokratische Sowjets spielend fertig werden.

»Wir sind keine Utopisten«, entgegnete Lenin 1917 den bürgerlichen und reformistischen Theoretikern des bürokratischen Staates, »und leugnen durchaus nicht die Möglichkeit und Unvermeidlichkeit von Ausschreitungen *einzelner Personen* und ebensowenig die Notwendigkeit, solche Ausschreitungen zu unterdrücken. Aber... bedarf es dazu keiner besonderen Maschine, keines besonderen Unterdrückungsapparates; das wird das bewaffnete Volk selbst mit der gleichen Selbstverständlichkeit bewerkstelligen, mit der eine beliebige Gruppe zivilisierter Menschen sogar in der heutigen Gesellschaft Raufende auseinander bringt oder eine Frau vor Gewalt schützt.«[59]

57 »Der Plan und unsere Aufgaben, Von W. M. Molotow Bericht des Vorsitzenden des Rates der Volkskommissare, erstattet auf der II. Session des Zentralexekutivkomitees der Sowjetunion« in: *Rundschau*, Nr. 3, 16.1.1936, S. 83-91, hier S. 85. (Spekuljantiki wurde in der *Rundschau* mit »verschiedene Spekulanten« übersetzt.)
58 Engels, *Anti-Dühring*, MEW 20, S. 262.
59 Lenin, *Staat und Revolution*, LW 25, S. 478.

Diese Worte klingen, als hätte ihr Autor speziell die Einwände eines seiner Nachfolger im Amt des Regierungschefs vorausgesehen. Lenin wird in den Volksschulen der UdSSR gelehrt, aber offenbar nicht im Rat der Volkskommissare. Anders ist die Sicherheit, mit der Molotow unbedenklich just zu den Argumenten greift, gegen die Lenin seine scharf geschliffene Waffe richtete, nicht zu erklären. Was für ein schreiender Widerspruch zwischen dem Initiator und den Epigonen! Wo Lenin meinte, selbst die Liquidierung der Ausbeuterklassen sei ohne bürokratischen Apparat möglich, findet Molotow zur Erklärung, warum *nach* der Beseitigung der Klassen eine bürokratische Maschine die Selbsttätigkeit des Volkes erstickt, keinen besseren Hinweis als den auf die »Überreste« der liquidierten Klassen.

Von den »Überresten« zu zehren, wird aber um so schwieriger, als dem Geständnis berufener Vertreter derselben Bürokratie zufolge die gestrigen Klassenfeinde sich erfolgreich der Sowjetgesellschaft anpassen. So sagte Postyschew[60], einer der Sekretäre des Zentralkomitees der Partei, im April 1936 vor dem Komsomolkongreß: »Viele Schädlinge ... haben heute aufrichtig ihren Fehler erkannt, haben ihren Platz in Reih und Glied des Sowjetvolkes gefunden ...« Angesichts der erfolgreichen Durchführung der Kollektivierung »sollen die Kulakenkinder sich nicht für ihre Väter verantworten«. Nicht genug damit: »Mir scheint, daß jetzt auch der Großbauer kaum noch an die Möglichkeit der Wiederkehr der Zeit glaubt, wo er der Ausbeuter im Dorfe war.«[61] Nicht von ungefähr ist ja die Regierung dazu übergegangen, die mit der sozialen Herkunft verbundenen Beschränkungen aufzuheben! Wenn aber Postyschews Behauptungen, mit denen auch Molotow ganz und gar übereinstimmt, einen Sinn haben, dann

60 Pawel Petrowitsch Postyschew (1887-1940?), bolschewistischer Parteifunktionär; stammte aus einer Textilarbeiterfamilie in Iwanow, wurde 1904 Mitglied der SDAPR und war wahrscheinlich seit dieser Zeit Bolschewik. 1908 verhaftet, nach vierjähriger Haft nach Sibirien verbannt. 1917 Mitglied des Sowjets von Irkutsk und Führer der örtlichen Metallarbeiter-Gewerkschaft. Auf Seiten der Stalin-Fraktion seit 1923 im Parteiauftrag in der Ukraine, 1925 Mitglied des ukrainischen ZK und 1926 seines Politbüros. 1927 Mitglied des ZK der KPdSU, 1930 des Organisationsbüros und ZK-Sekretariats. Seit Januar 1933 wieder in der Ukraine, war er als 2. Sekretär des ZK der ukrainischen Partei verantwortlich für deren brutale »Säuberungen«. 1934-1937 Kandidat des Politbüros, fiel er 1937 in Ungnade, als er auf dem Februar-März-Plenum des ZK Zweifel an der Berechtigung einiger Verhaftungen — vor allem in seiner unmittelbaren Umgebung — äußerte. Laut Medwedjew wurde er, nachdem er die Ukraine in Stalins Auftrag gesäubert hatte, wegen ‚Ausrottung von Kadern' angeklagt und hingerichtet. Von Chruschtschow auf dem 20. Parteitag als »hervorragender Partei- und Staatsfunktionär« bezeichnet, wurde er 1956 rehabilitiert.

61 »Es wächst eine herrliche Generation des Sozialismus heran, Aus der Rede des Genossen P. P. Postyschew auf dem 9. Kongreß des KJV der Ukraine, am 5. April 1936«, in: *Rundschau*, Nr. 17, 16.4.1936, S. 695-699, hier S. 696.

nur diesen: Die Bürokratie ist nicht nur zu einem ungeheuren Anachronismus geworden, sondern der staatliche Zwang hat überhaupt auf sowjetischem Boden nichts mehr zu suchen. Doch mit dieser unabweisbaren Schlußfolgerung sind weder Molotow noch Postyschew einverstanden. Sie ziehen es vor, an der Macht zu bleiben, auch wenn sie einen Widerspruch in Kauf nehmen müssen, und sei es um den Preis eines Widerspruches.

In Wirklichkeit können sie auch nicht auf die Macht verzichten. Oder, in objektive Sprache übersetzt: Die heutige Sowjetgesellschaft kann ohne den Staat und — in gewissen Grenzen — selbst ohne die Bürokratie nicht auskommen. Ursache dessen sind aber keineswegs die kläglichen Überreste der Vergangenheit, sondern machtvolle Tendenzen und Kräfte der Gegenwart. Die Rechtfertigung der Existenz des Sowjetstaates als eines Zwangsapparats liegt darin, daß die heutige Übergangsgesellschaft noch voll von gesellschaftlichen Widersprüchen steckt, die sich in der Konsumsphäre — wo alle direkt betroffen sind — furchtbar zuspitzen und stets auf die Produktionssphäre überzugreifen drohen. Von einem definitiven, unwiderruflichen Sieg des Sozialismus kann man daher bislang nicht sprechen.

Grundlage des bürokratischen Kommandos ist die Armut der Gesellschaft an Konsumgütern mit dem daraus entstehenden Kampf aller gegen alle. Wenn genug Waren im Laden sind, können die Käufer kommen, wann sie wollen. Wenn die Waren knapp sind, müssen die Käufer Schlange stehen. Wird die Schlange sehr lang, muß ein Polizist für Ordnung sorgen. Das ist der Ausgangspunkt für die Macht der Sowjetbürokratie. Sie »weiß«, wem sie zu geben und wer zu warten hat.

Die Erhöhung des materiellen und kulturellen Niveaus müßte, so scheint es auf den ersten Blick, den Bedarf an Privilegien verringern, den Anwendungsbereich des »bürgerlichen Rechts« einengen und so dessen Garanten, der Bürokratie, den Boden entziehen. In Wirklichkeit geschah das Umgekehrte: das Wachstum der Produktivkräfte führte bisher zu einer extremen Entwicklung aller Formen der Ungleichheit, der Privilegien und Vorteile, und damit auch des Bürokratismus. Und auch das ist kein Zufall.

In seiner ersten Periode war das Sowjetregime zweifellos viel egalitärer und viel weniger bürokratisch als heute. Doch das war das Gleichmachertum der allgemeinen Not. Die Mittel des Landes waren so dürftig, daß eine Absonderung breiterer privilegierter Schichten aus der Masse nicht möglich war. Gleichzeitig erstickte der »gleichmacherische« Charakter des Arbeitslohns das persönliche Interesse und wurde so zu einer Bremse für die Entwicklung der Produktivkräfte. Die Sowjetwirtschaft mußte aus ihrer Armut herauskommen und eine etwas höhere Stufe erklimmen, damit der Fettansatz — die Privilegien — möglich wurde. Der heutige Stand der Produktion erlaubt es noch bei weitem nicht, alle mit allem Notwendigen zu versehen. Aber er reicht schon aus, um einer Minderheit erhebliche Privilegien zu gewähren und aus der Ungleichheit eine Knute zum Anpeitschen der Mehrheit zu machen. Das ist der erste Grund dafür, daß das

Wachstum der Produktion bisher nicht die sozialistischen, sondern die bürgerlichen Züge des Staates stärkte.

Es ist dies aber nicht der einzige Grund. In gleicher Richtung wie der ökonomische Faktor, der im gegenwärtigen Stadium kapitalistische Entlohnungsmethoden vorschreibt, wirkt ein politischer Faktor in Gestalt der Bürokratie selbst. Ihre eigentliche Funktion ist es, die Ungleichheit zu stimulieren und zu erhalten. Sie entsteht von Anfang an als ein bürgerliches Organ des Arbeiterstaats. Während sie Vorteile für eine Minderheit einführt und schützt, schöpft sie selbstredend den Rahm für sich selber ab. Wer Güter verteilt, ist noch nie zu kurz gekommen. So erwächst aus dem sozialen Bedürfnis ein Organ, das über die gesellschaftlich notwendige Funktion weit hinausgeht, zu einem selbständigen Faktor und damit zur Quelle großer Gefahren für den gesamten sozialen Organismus wird.

Der gesellschaftliche Sinn des Sowjetthermidors beginnt uns jetzt klar zu werden. Armut und kulturelle Rückständigkeit der Massen verkörperten sich noch einmal in der Schreckensgestalt des Gebieters mit dem dem großen Knüppel in der Hand. Die abgesetzte und geschmähte Bürokratie wurde aus dem Diener der Gesellschaft wieder zu ihrem Herrn. Auf diesem Wege hat sie sich sozial und moralisch den Volksmassen bereits so weit entfremdet, daß sie keine Kontrolle — weder ihrer Taten noch ihrer Einkünfte — mehr dulden kann.

Die auf den ersten Blick mystische Furcht der Bürokratie vor den »Schiebern, Raffern und Gerüchtemachern« findet auf diese Weise ihre natürliche Erklärung. Noch nicht imstande, die elementaren Bedürfnisse der Massen zu befriedigen, weckt und erzeugt die Sowjetwirtschaft auf Schritt und Tritt Schieber- und Raffertendenzen. Andererseits machen die Privilegien der neuen Aristokratie die Bevölkerungsmassen geneigt, auf die »sowjetfeindlichen Gerüchtemacher« zu hören, d.h. auf jeden, der auch nur im Flüsterton die willkürliche und gefräßige Obrigkeit kritisiert. Es handelt sich somit nicht um Gespenster der Vergangenheit, nicht um Überbleibsel von etwas nicht mehr Existierendem, mit einem Wort nicht um den Schnee vom vorigen Jahr, sondern um neue, mächtige und ständig wiederauferstehende Tendenzen zur privaten Akkumulation. Die erste, bislang noch kärgliche Zunahme des Wohlstands hat im Lande gerade infolge ihrer Armseligkeit diese zentrifugalen Tendenzen nicht geschwächt, sondern verstärkt. Andererseits wuchs bei den Nichtprivilegierten der Wunsch, der neuen Aristokratie die Fäuste zu zeigen. Der soziale Kampf verschärft sich aufs neue. Das sind die Quellen der bürokratischen Macht. Doch aus denselben Quellen erwächst auch die Bedrohung dieser Macht.

# VI. Das Anwachsen der Ungleichheit und der sozialen Gegensätze

## Not, Luxus und Spekulation

Die Sowjetmacht mußte 1921 in der Wirtschaftspolitik den Rückzug antreten: die anfangs eingeführte »sozialistische Verteilung« wurde aufgehoben, und an ihre Stelle trat erneut der Markt. Der erste Fünfjahresplan erforderte erneut das Anspannen aller Kräfte. Die Folge war ein Rückgriff auf die staatliche Verteilung, d. h. die Erfahrungen des »Kriegskommunismus« wurden — allerdings auf einer höheren Stufe — wiederholt. Jedoch, auch diese Stufe erwies sich als noch unzureichend. Das System der »planmäßigen Verteilung« mußte im Jahre 1935 erneut dem Handel weichen. Zweifach bestätigte sich, daß die lebenswichtigen Methoden der Produktverteilung weitaus mehr vom Stand der Technik und den materiellen Ressourcen abhängen als selbst von den Eigentumsformen.

Perspektivisch wird die Steigerung der Arbeitsproduktivität, insbesondere durch den Akkordlohn bedingt, den Warenausstoß vergrößern und die Preise senken. Folglich wird dies zu einer Erhöhung des Lebensstandards führen. Aber das ist nur die eine Seite der Medaille, die schon in der Aufstiegsepoche des Kapitalismus zu beobachten war. Es ist jedoch notwendig, die gesellschaftlichen Prozesse und Erscheinungen in ihrem Gesamtzusammenhang und in ihren Wechselwirkungen zu erfassen. Auf der Grundlage des Warenverkehrs bedeutet eine Steigerung der Arbeitsproduktivität zugleich ein Wachsen der Ungleichheit. Die Anhebung des Wohlstands der herrschenden Schichten stellt die Verbesserung des Lebensstandards der Massen weit in den Schatten. Mit der Steigerung des staatlichen Reichtums kommt es zu einer neuen sozialen Differenzierung.

Ausgehend von den alltäglichen Lebensbedingungen zerfällt die Sowjetgesellschaft schon heute in eine abgesicherte privilegierte Minderheit und eine kümmerlich ihr Leben fristende Mehrheit. Zieht man als Vergleich die Extreme dieser Schichtung heran, so ist der Kontrast zwischen Arm und Reich himmelschreiend. Die für den Massenkonsum bestimmten Produkte sind trotz hoher Preise in der Regel von ungemein schlechter Qualität und um so schwerer zu bekommen, je weiter die Entfernung zu den Zentren ist. Unter diesen Umständen werden Spekulation und sogar direkter Diebstahl von Gebrauchsartikeln zu Massenerscheinungen; ergänzten diese Mißstände bis gestern die planmäßige Verteilung, so wirken sie heute korrigierend auf den Sowjethandel ein.

Die »Freunde« der UdSSR[1] haben die berufsmäßige Angewohnheit, ihre

1 Vgl. Anhang 2 zum vorliegenden Text.

Eindrücke mit verbundenen Augen und mit Watte in den Ohren zu sammeln: auf sie ist kein Verlaß. Die Feinde hingegen verbreiten oft böswillige Verleumdungen. Halten wir uns deshalb an die Bürokratie selbst. Da sie mitnichten ihr eigener Feind ist, verdienen die offiziellen Selbstbeschuldigungen, die immer auf unabweisbare praktische Erfordernisse zurückzuführen sind, ungleich mehr Vertrauen als die häufigeren und geräuschvollen Selbstbelobigungen.

Der Industrieplan von 1935 wurde bekanntlich übertroffen.[2] Doch bezüglich der Wohnungsbauten wurde der Plan nur zu 55,7 % erfüllt, wobei der Bau von Arbeiterwohnungen am langsamsten, schlechtesten und nachlässigsten erfolgte.[3] Was die Kolchosbauern betrifft, so wohnen sie wie bisher in den alten Katen, unter einem Dach mit ihren Kälbern und den Kakerlaken. Andererseits beschwert sich der Sowjetadel in der Presse, daß nicht in allen für ihn errichteten Neubauten »Zimmer für Hausangestellte«, d. h. Dienstmädchen, vorhanden sind.

Jedes Regime schafft sich seinen monumentalen Ausdruck im Bauwesen und in der Architektur. Charakteristisch für die derzeitige Epoche sind die zahlreichen Sowjetpaläste und Sowjethäuser, wahre Tempel der Bürokratie, die zuweilen Dutzende von Millionen Rubel verschlingen, kostspielige Theaterbauten, Gebäude der Roten Armee, d. h. Militärclubs, hauptsächlich für die Offiziere bestimmt, luxuriöse Untergrundbahnen[4] für ein

2 Die außerordentlichen Wachstumsraten der Industrieproduktion in den Jahren 1934-36 waren zum einen auf die Fertigstellung großer Anlagen zurückzuführen, mit deren Bau in den Jahren 1929-33 begonnen worden war, zum anderen auf die Festlegung realistischer Planziffern (vgl. Nove, *An Economic History*, S. 230; Lorenz, *Sozialgeschichte*, S. 228 f.).

3 Vor dem 17. Parteitag sprach Stalin 1934 vom Verschwinden der Elendsquartiere; sie seien »durch neuerbaute gute und helle Arbeiterviertel ersetzt worden ...« (Stalin, »Rechenschaftsbericht an den XVII. Parteitag über die Arbeit des ZK der KPdSU(B)« [26. Januar 1934], SW 13, S. 252-336, hier S. 298.) In Wirklichkeit blieb der Wohnungsbau hinter dem infolge der raschen Zunahme der Stadtbevölkerung wachsenden Bedarf weit zurück. Während 1926-41 die Zahl der Stadtbewohner sich mehr als verdoppelte (von 26,3 auf 56,1 Mio. anstieg), wurden in den Jahren 1929-1941 in den Städten nur 104 Millionen qm neuer Wohnraum geschaffen. Standen jedem Städter 1913 6,3 qm Wohnraum zur Verfügung, so waren es im Jahr 1940 mit 6,7 qm nur 0,4 qm mehr. 1936 wurde die Veröffentlichung von Statistiken über den Wohnungsbau gänzlich eingestellt. (1984 entfielen auf jeden Städter durchschnittlich 13,9 qm Wohnfläche; in der BRD waren es im Jahr 1980 34 qm.)
(Vgl. Lorenz, *Sozialgeschichte*, S. 237; Gert Meyer [Hg.], *Das politische und gesellschaftliche System der UdSSR*, Ein Quellenband, Köln [Pahl-Rugenstein], S. 377 f.; *Sowjetunion zu neuen Ufern?*, S. 55.)

4 Eine erste Teilstrecke der Moskauer Untergrundbahn wurde am 15. Mai 1935 in Betrieb genommen. Victor Serge schreibt: »Moskau ... Die pompöse Untergrundbahn, mit Granit gepflastert, die Wände aus Steinen vom Ural, mit

zahlungskräftiges Publikum, während der Bau von Arbeiterwohnungen, und sei es nur vom Typus der Mietskasernen, weiterhin außerordentlich zurückbleibt.

Auf dem Gebiet des Eisenbahntransports von staatlichen Frachtgütern wurden beachtliche Fortschritte erzielt. Doch der einfache Sowjetmensch hat nicht viel davon. In zahllosen Verfügungen jammern die Chefs der Bahnverwaltung immer wieder laut über den »unhygienischen Zustand des Wagenparks und der Bahnhofsgebäude«, über die »empörenden Tatsachen der Untätigkeit hinsichtlich der Bewirtung der Fahrgäste in den Eisenbahnen«, über die »große Anzahl von Mißbräuchen, Diebstählen und Betrügereien bezüglich der Fahrkarten ..., die Verheimlichung von freien Plätzen zwecks Spekulation mit ihnen, das Bestechungswesen ..., den Gepäckdiebstahl auf den Bahnhöfen und in den Zügen«. Solche Tatsachen »entehren den sozialistischen Transport«! In Wahrheit gelten sie auch im kapitalistischen Transportwesen als kriminelle Vergehen. Die wiederholten Klagen des beredten Verwalters bescheinigen einwandfrei die völlige Unzulänglichkeit der Transportmittel, gemessen an den Anforderungen der Bevölkerung, den gravierenden Mangel an Transportgütern überhaupt und schließlich die zynische Geringschätzung des einfachen Sterblichen durch die Eisenbahn- wie auch alle anderen Behörden. Sich selbst zu bedienen, versteht die Bürokratie hingegen vortrefflich, gleich ob zu Lande, zu Wasser oder in der Luft. Davon zeugt die große Anzahl sowjetischer Salonwagen, Sonderzüge und Sonderdampfer, die übrigens immer häufiger durch erstklassige Automobile und Flugzeuge ersetzt werden.

Die Fortschritte der Sowjetindustrie charakterisierend, teilte der Leningrader Vorsitzende des Zentralkomitees, Schdanow, unter dem Beifall der unmittelbar interessierten Zuhörer mit, daß in einem Jahr »unsere Aktivisten nicht in den derzeitigen bescheidenen Fordwagen, sondern in Limousinen zu den Sitzungen fahren werden.«. Die Sowjettechnik wird, soweit es um den Menschen geht, vor allem auf die Befriedigung der gestiegenen Bedürfnisse der privilegierten Minderheit ausgerichtet.[5] Die Straßenbahnen sind — dort wo es welche gibt — wie immer brechend voll.

Bahnsteigen und Gängen, die breite unterirdische Avenuen bilden — aber ohne Sitzgelegenheiten für die Wartenden, und teuer. Wir verstehen unterirdische Paläste zu bauen, aber wir vergessen, daß die Arbeiterin, die von ihrer Arbeit kommt, zwischen all diesen Steinen mit ihren reichen Farben gerne sitzen möchte.« (Serge, *Beruf: Revolutionär,* S. 361 f.)

5 In der Sowjetunion wurden 1934 17110 Pkw zum Durchschnittspreis von 11250 Rubel produziert. Das war weniger als ein Fahrzeug für 10000 Einwohner. Für Privatpersonen war der Kauf eines Autos unerschwinglich; ein Arbeiter hätte, um 11000 Rubel aufzubringen, 6 Jahre lang arbeiten müssen.
(Vgl. Hans Hoch [Hg.], *Das Sowjetbuch*, Köln [Deutsche Industrie Verlags GmbH] 1957, S. 221; Naum Jasny, *The Socialized Agriculture of the USSR*, Plans

Wenn der Volkskommissar für die Nahrungsmittelindustrie, Mikojan, rühmend hervorhebt, daß die einfachen Süßigkeiten in der Produktion immer mehr von feinem Konfekt verdrängt werden, und daß »unsere Frauen« gute Parfüms fordern[6], so bedeutet das nur, daß sich die Industrie durch den Übergang zum Geldverkehr dem bessergestellten Verbraucher anpaßt. Das sind die Gesetze des Marktes, auf dem die Frauen der Hochgestellten beileibe nicht den letzten Platz einnehmen. Daneben ist zu beobachten, daß z.B. 1935 in der Ukraine 68 von 95 untersuchten Genossenschaftsläden überhaupt keine Süßigkeiten führten und die Nachfrage nach Zuckergebäck nur zu 15 bis 20 % befriedigt wurde, obendrein bei äußerst schlechter Qualität. »Die Fabriken arbeiten«, klagt die *Iswestija*, »ohne den Forderungen des Verbrauchers Rechnung zu tragen«. Natürlich, wenn es nicht gerade der Verbraucher ist, der sich zu verteidigen versteht.

Das Akademiemitglied Bach[7] findet, daß, vom Standpunkt der organischen Chemie betrachtet, »unser Brot zuweilen schauderhaft zu sein pflegt.« Das denken auch die Arbeiter und Arbeiterinnen, die nicht in die Geheimnisse der Gärprozesse eingeweiht sind; im Unterschied zum ehrenwerten Akademiker haben sie jedoch nicht die Möglichkeit, ihre Ansichten in der Presse vorzutragen.

Während in Moskau der Konfektionstrust Reklame für vom »Haus für Mode« entworfene Schnittmuster für Seidenkleider macht, können die Arbeiter in der Provinz, ja selbst in den großen Industriestädten, nach wie vor nicht ohne Schlangestehen und andere Scherereien ein Baumwollhemd erstehen: es herrscht Mangel! Viele mit dem Notwendigen auszustatten, ist weitaus schwieriger, als wenigen das Überflüssige zu verschaffen: die ganze bisherige Geschichte legt davon Zeugnis ab.

Bei der Aufzählung seiner Leistungen macht uns Mikojan damit bekannt,

and Performance, Stanford [Stanford University Press] 1949, S. 719; Leo Sedow, »Die Stachanowbewegung« [12.12.1935], russ. in: BO, Nr. 47, Januar 1936, jetzt auch frz. in: *Cahiers Leon Trotsky*, Nr. 13, März 1983, S. 104-115, hier S. 110f.)

6 »Unsere Arbeiterinnen und Kollektivbäuerinnen verlangen gute Parfüms, und unsere Frauen wollen gute Parfüms benutzen.« (»Die Lebensmittelindustrie der Sowjetunion, Bericht des Volkskommissars für Lebensmittelindustrie, Genossen A. I. Mikojan«, in: *Rundschau*, Nr. 5, 30.1.1936, S. 193-201, hier S. 198.)

7 Alexei Nikolajewitsch Bach (1857-1946) hatte an der mathematisch-naturwissenschaftlichen Fakultät der Universität Kiew studiert, stand politisch den Narodniki nah. 1905 bis Ende 1917 Sozialrevolutionär, brach mit der SR-Organisation Ende 1917 und bezeichnete sich noch bis 1929 als »unabhängigen Sozialrevolutionär«. Bach leitete seit 1918 das von ihm gegründete zentrale Chemielabor beim Obersten Volkswirtschaftsrat; seiner Arbeit als Nahrungsmittelchemiker war die Verbesserung der Qualität von Bier, Brot, Tabak, Tee usw. zu verdanken.

daß »die Margarineindustrie neu ist«.[8] Tatsächlich gab es sie unter dem alten Regime noch nicht. Daraus soll man nicht voreilig schließen, daß die Lage schlechter geworden sei als unter dem Zaren: Butter bekam das Volk auch damals nicht zu Gesicht. Allerdings weist das plötzlich in Erscheinung tretende Ersatzprodukt darauf hin, daß es in der Sowjetunion zwei Klassen von Verbrauchern gibt[9]: die eine bevorzugt Butter, die andere hat sich mit Margarine zu begnügen. »Die Versorgung mit Machorkatabak ist ausreichend für alle, die ihn haben wollen«, rühmt sich derselbe Mikojan. Er vergaß hinzuzufügen, daß man weder in Europa noch in Amerika einen so minderwertigen Tabak kennt wie den Machorka.[10]

Eine der auffälligsten, um nicht zu sagen herausforderndsten Erscheinungen der Ungleichheit ist die Eröffnung von besonderen Geschäften für Waren der ersten Güteklasse in Moskau und anderen Großstädten, unter dem überaus bezeichnenden, wenn auch fremden Namen »Lux«. Gleichzeitig beweisen die nicht enden wollenden Klagen über die massenhaften Diebstähle in den Delikatessenläden Moskaus und der Provinz, daß nur eine Minderheit keinen Mangel an Nahrungsmitteln leidet, aber alle davon essen wollen.

Die arbeitende Mutter hat ihre eigene Ansicht über das soziale Regime, und ihr »Verbraucher«kriterium, wie es der hohe Beamte — der im übrigen seinem eigenen Verbrauch viel Aufmerksamkeit schenkt — verächtlich nennt, ist letzten Endes entscheidend. Im Konflikt zwischen der Arbeiterin und der Bürokratie stehen wir mit Marx und Lenin auf der Seite der Arbeiterin gegen den Bürokraten, der die Leistungen übertreibt, die Wider-

8 »Wir haben elf neue, erstklassige Margarinefabriken.« (Vgl. Mikojan, »Die Lebensmittelindustrie ...« [Anm. 6], S. 198.)

9 Im ersten Planjahrfünft wurden die Reallöhne der Arbeiter halbiert, stiegen danach aber wieder an. Gemessen in Preisen von Anfang der siebziger Jahre lag das durchschnittliche Monatseinkommen von Arbeitern und Angestellten 1928 bei 50 Rubel und damit um 11 % höher als 1913. 1940 lag es bei 46 Rubel. Infolge des Krieges wurde der Lebensstandard von 1928 erst 1953 wieder erreicht (Lorenz, *Sozialgeschichte*, S. 227 und 243). Arbeiter bildeten mit den Kolchosbauern die untere Verbraucherklasse. Zur oberen gehörten die leitenden Angestellten des Partei- und Staatsapparats, Führungspersonal in Betrieben und Kolchosen sowie privilegierte Arbeitergruppen (Stoßbrigadisten und Stachanowisten). (Vgl. ebd., S. 243; Abram Bersson, *The Structure of Soviet Wages*, Cambridge [Harvard University Press] 1944, S. 203.)

10 Machorka ist eine seit 1772 in Rußland angebaute, stark nikotinhaltige Tabaksorte, aus der ein kräftiger Zigaretten- oder Pfeifentabak hergestellt wird. In den 20er Jahren waren 73,4 % der über 18jährigen Männer und 3,2 % der über 18jährigen Frauen in sowjetischen Arbeiterfamilien Raucher.
(Vgl. Gert Meyer, »Alltagsleben sowjetischer Industriearbeiter Mitte der zwanziger Jahre«, in: Peter Brokmeier - Rainer Rilling [Hg.], *Beiträge zur Sozialismusanalyse*, Bd. 2, Köln [Pahl-Rugenstein] 1979, S. 244-292, hier S. 248.)

sprüche verschleiert und die Arbeiterin an der Gurgel gepackt hält, damit sie es ja nicht wage, Kritik zu äußern.

Margarine und Machorka mögen heute eine traurige Notwendigkeit sein. Aber dann sind Prahlerei und Beschönigung der Wirklichkeit unangebracht. Limousinen für die »Aktivisten«, gute Parfüms für »unsere Frauen« — aber Margarine für die Arbeiter; »Lux«-Läden für die Vornehmen — der Anblick der Delikatessen durch die Fensterscheiben für den Pöbel: So ein Sozialismus muß den Massen wie ein gewendeter Kapitalismus vorkommen. Und dies Urteil ist gar nicht so falsch. Auf der Grundlage der »verallgemeinerten Not« droht der Kampf um die notwendigen Existenzmittel die »ganze alte Leier« wiederzubeleben — und genau dies geschieht, Zug um Zug.

Die heutigen Marktverhältnisse unterscheiden sich von den Verhältnissen der NEP (1921-1928) dadurch, daß sie sich unmittelbar zwischen den Staats-, Genossenschafts- und Kolchosorganisationen und dem einzelnen Bürger entfalten müssen, d.h. ohne Vermittler und private Händler. Der schnell wachsende Umsatz des staatlichen wie genossenschaftlichen Einzelhandels soll 1936 laut Entwurf 100 Milliarden Rubel betragen. Der Umsatz des Kolchosenhandels, der 1935 16 Milliarden betrug, soll in diesem Jahr bedeutend anwachsen. Es ist schwer zu bestimmen, welchen — keinesfalls geringen — Anteil die illegalen und halblegalen Vermittler an diesem und an zusätzlichem Umsatz haben. Nicht nur die Einzelbauern, sondern auch die Kolchosen, insbesondere die einzelnen Kolchosbauern sind überaus willens, sich des Vermittlers zu bedienen. Denselben Weg schlagen alle ein, die direkt mit dem Bauer zu tun haben: die Handwerker, die Genossenschafter und die örtliche Industrie. Von Zeit zu Zeit wird überraschend bekanntgegeben, daß der Fleisch-, Butter- oder Eierhandel eines großen Bezirks »Spekulanten« in die Hände gefallen sei. Sogar allernotwendigster Hausbedarf wie Salz, Streichhölzer, Mehl, Petroleum, die in den Staatslagern in ausreichender Menge vorhanden sind, fehlen wochen- und monatelang in den bürokratisierten Dorfgenossenschaften: es ist offensichtlich, daß die Bauern die Waren, die sie benötigen, sich anderweitig beschaffen. In der Sowjetpresse werden die Spekulanten und Zwischenhändler als etwas ganz und gar Selbstverständliches fortwährend erwähnt.

Was die anderen Formen des privaten Gewerbes und der privaten Akkumulation betrifft, so spielen sie offensichtlich eine geringere Rolle. Selbständige Kutscher, Inhaber von Gastwirtschaften und eigenständigen Handwerker sind, ähnlich wie die Einzelbauern, inoffiziell geduldete Berufe.[11] In Moskau selbst existiert eine große Anzahl privater Hilfs- und

11 Über den Umfang des privaten Gewerbes gibt es nur wenige Informationen. Nach amtlichen Angaben stammte auch 1977 noch ein Viertel der Einnahmen aller Kolchosmitglieder aus »persönlichen Nebenwirtschaften«. Die Versorgung der Städte mit bestimmten Konsumgütern (Obst, Gemüse, Geflügel) wurde zu

Reparaturwerkstätten: offiziell werden beide Augen zugedrückt, da sie bedeutende Lücken in der Wirtschaft schließen. Eine ungleich größere Anzahl Selbständiger arbeitet jedoch unter dem Deckmantel aller Arten von Artels[12] und Genossenschaften oder verbirgt sich unter dem Dach der Kolchosen. Wie um die Risse im Netz der Planwirtschaft zu unterstreichen, verhaftet die Kriminalpolizei in Moskau von Zeit zu Zeit als Spekulantinnen hungernde Frauen, die auf der Straße handgenähte Mützen oder Blusen verkaufen.

»In unserem Lande ist die Basis für die Spekulation vernichtet«, verkündete Stalin im Herbst 1935, »und wenn es bei uns trotzdem noch Spekulanten gibt, so ist dies nur durch eines zu erklären: eine ungenügende Klassenwachsamkeit, die auf den einzelnen Ebenen des Sowjetapparats zu einem liberalen Verhalten gegenüber den Spekulanten führt.« Da haben wir ein Beispiel für bürokratisches Denken in Reinkultur vor uns! Die ökonomische Basis der Spekulation ist vernichtet? Aber dann ist keinerlei Wachsamkeit mehr vonnöten. Wenn der Staat beispielsweise der Bevölkerung die nötige Menge Kopfbedeckungen liefern könnte, wäre es überflüssig, unglückliche Straßenhändlerinnen zu verhaften. Übrigens ist dies auch heute eine unnötige Maßnahme.

Eigentlich haben die oben aufgezählten Kategorien von Selbständigen sowohl der Anzahl wie dem Umsatz nach nichts Beunruhigendes an sich. Man kann ja in der Tat auch kaum befürchten, daß die Festen des staatlichen Eigentums durch Lastwagenfahrer, Mützenhändlerinnen, Uhrmacher und Eierverkäufer gestürmt werden könnten! Aber mit den nackten arithmetischen Verhältnissen ist die Frage allerdings noch nicht entschieden. Die massenhaft und buntscheckig auftretende Spekulation, die beim geringsten administrativen Versagen wie ein heftiges Fieber ausbricht, ist ein Anzeichen für den anhaltenden Druck kleinbürgerlicher Tendenzen. In welchem Umfang der Bazillus des Spekulantentums eine Gefahrenquelle für die sozialistische Zukunft darstellt, wird gänzlich durch die allgemeine Widerstandskraft des wirtschaftlichen und politischen Organismus des Landes bestimmt.

großen Teilen durch diese private Produktion abgedeckt. Die Preise der in diesem Sektor erbrachten Waren- und Dienstleistungen liegen um ein Mehrfaches über den offiziellen Marktpreisen; ebenso können die Löhne in diesem Bereich die Durchschnittslöhne um das 7fache übertreffen. »Schwarzarbeit« spielt eine Rolle; vor allem auf dem Lande werden Wohnhäuser und »Datschen« (Wochenendhäuser) in Selbsthilfe gebaut.

12 Im vorrevolutionären Rußland schlossen sich selbständige Handwerker zu Artelen — Arbeitsgemeinschaften — zusammen, die für gemeinsame Rechnung arbeiteten. Im heutigen Sprachgebrauch ist Artel ein Synonym für »Kolchose«. (Vgl. Karl-Eugen Wädekin, *The Private Sector in Soviet Agriculture*, Berkeley [University of California Press] 1973, S. 3.)

Die Mentalität und das Verhalten der einfachen Arbeiter und Kolchosbauern, d.h. annähernd 90% der Bevölkerung, hängen in erster Linie von den Veränderungen ihres eigenen Reallohns ab. Doch auch das Verhältnis zwischen ihrem Einkommen und dem der bessergestellten Schichten ist von nicht geringerer Bedeutung. Das »Relativitätsgesetz« verschafft sich wohl am unmittelbarsten auf dem Gebiet des menschlichen Verbrauchs Geltung. Die Übertragung aller gesellschaftlichen Beziehungen in die Sprache der Geldrechnung enthüllt restlos den realen Anteil der verschiedenen Gesellschaftsschichten am Volkseinkommen. Selbst wenn man die historische Unvermeidlichkeit von sozialer Ungleichheit noch für einen langen Zeitraum zugesteht, bleiben die Fragen nach der zulässigen Grenze dieser Ungleichheit sowie ihrer gesellschaftlichen Zweckmäßigkeit in jedem konkreten Fall noch offen. Der unvermeidliche Kampf um den Anteil am Volkseinkommen entwickelt sich zwangsläufig zum politischen Kampf. Ob die heutige Ordnung sozialistisch ist oder nicht, das wird nicht durch die Sophismen der Bürokratie entschieden werden, sondern dadurch, wie sich die Massen selbst, d.h. die Industriearbeiter und Kolchosbauern, zu dieser Ordnung verhalten.

## Die Differenzierung des Proletariats

Man sollte meinen, daß gerade in einem Arbeiterstaat die den Reallohn betreffenden Daten besonders sorgfältig studiert werden müßten, ja daß sich die gesamte Statistik über die Einkünfte der verschiedenen Bevölkerungskategorien durch völlige Transparenz und allgemeine Zugänglichkeit auszeichnete. In Wirklichkeit ist gerade dieses Gebiet, das die Lebensinteressen der Werktätigen mehr als alle anderen berührt, von einem undurchdringlichen Schleier umzogen. Das Einkommen einer Arbeiterfamilie bildet in der Sowjetunion, so unwahrscheinlich es klingen mag, für die Forschung eine ungleich rätselhaftere Größe als in einem x-beliebigen kapitalistischen Land. Vergeblich würden wir versuchen, die Entwicklung des Reallohns der verschiedenen Kategorien der Arbeiterklasse zu ermitteln, und sei es auch nur für die Jahre des zweiten Fünfjahresplans. Das hartnäckige Schweigen der Forschungsstellen und Behörden ist in dieser Beziehung ebenso vielsagend wie das Prunken mit nichtssagenden summarischen Zahlenangaben.

Gemäß einem Bericht des Volkskommissars für die Schwerindustrie, Ordschonikidse, ist die monatliche Arbeitsleistung eines Arbeiters in dem Jahrzehnt 1925-1935 um das 3,2fache gestiegen, der Arbeitslohn aber um das 4,5fache. Welchen Anteil an diesem letzten, so eindrucksvoll erscheinenden Koeffizienten die Spezialisten und bessergestellten Arbeiterschichten verschlingen, und — was nicht weniger wichtig ist — wieviel dieser

Nominallohn in realen Werten darstellt, darüber gibt weder der Bericht Auskunft noch erfahren wir etwas aus den Zeitungskommentaren. Auf dem Kongreß der Sowjetjugend im April 1936 erklärte der Komsomolsekretär Kossarew[13]: »Die Steigerung ... der durchschnittlichen Jungarbeiterlöhne in der Zeit von 1931 bis 1935 ... beträgt 340 Prozent.«[14] Aber selbst inmitten der handverlesenen Schar junger Medaillenträger, die mit Ovationen ansonsten nicht sparen, folgte auf diese Prahlerei hin nicht ein einziges Händeklatschen: Den Zuhörern wie dem Redner war allzu bekannt, daß die abrupte Kehrtwende zu den Marktpreisen die materielle Lage der Mehrheit der Arbeitermassen verschlechtert hatte.

Der »durchschnittliche« Jahreslohn, errechnet durch die Zusammenfassung sowohl der Einkommen der Trustdirektoren bis hinunter zu den Straßenkehrerinnen, betrug 1935 rund 2300 Rubel und sollte 1936 rund 2500 Rubel betragen. Nominal entspricht dies 7500 französischen Franc, aber gemessen an der Kaufkraft kaum mehr als 3500 bis 4000 Franc. Dieser an sich schon sehr bescheidene Betrag verringert sich jedoch noch, wenn man berücksichtigt, daß die Erhöhung des Arbeitslohns im Jahre 1936 nur eine Teilentschädigung für die Abschaffung der Vorzugspreise auf Gebrauchsgegenstände und für die Aufhebung einer Reihe unentgeltlicher Dienstleistungen darstellt. Aber was die Hauptsache ist: 2500 Rubel im Jahr oder 208 Rubel pro Monat sind wie gesagt der *Durchschnitts*lohn, d.h. eine arithmetische Fiktion, deren Zweck es ist, die Wirklichkeit, nämlich die grausame Ungleichheit in der Entlohnung zu verschleiern.

Es ist eine unbestreitbare Tatsache, daß der Lebensstandard der oberen Arbeiterschicht, insbesondere der der sogenannten Stachanowisten, im letzten Jahr bedeutend angehoben wurde. Nicht von ungefähr zählt die Presse sorgfältig auf, wieviel Anzüge, Stiefel, Grammophone, Fahrräder oder Konservenbüchsen sich diese oder jene Medaillenträger kauften. Dabei stellt sich beiläufig heraus, wie unerschwinglich diese Gebrauchsgegenstände für den einfachen Arbeiter sind. Über die Motive der Stachanowbewegung klärte uns Stalin auf: »Das Leben wurde besser, Genossen. Das Leben wurde froher und wenn man froh lebt, dann gedeiht die Arbeit.«[15] In

13 Alexander Wassiljewitsch Kossarew (1903-1939); seit 1919 Parteimitglied, 1929 Generalsekretär des Komsomol. Da er gegen die Säuberungen des Komsomol protestierte, wurde er 1937 festgenommen und 1939 umgebracht. In seiner Entstalinisierungs-Rede nannte Chruschtschow Kossarew als Beispiel für jene Kommunisten, die sich weigerten, fiktive Verbrechen zu gestehen, und deshalb im geheimen erschossen wurden. Kossarews Frau und Tochter wurden bis Mitte der fünfziger Jahre in einem Zwangsarbeitslager festgehalten.

14 »Die Tätigkeit des KJV der Sowjetunion in den letzten Jahren, Bericht des Genossen Kossarew«, in: *Rundschau*, Nr. 17, 16.4.1936, S. 693-695, hier S. 693.

15 Stalin, »Die historische Bedeutung der Stachanowbewegung und die nächsten Aufgaben, Rede, gehalten auf der ersten Unionsberatung der Stachanowleute« (17.11.1935), in: *Rundschau*, Nr. 69, 28.11.1935, S. 2673-2677, hier S. 2675.

dieser für die herrschende Schicht recht charakteristischen Art, das Akkordwesen optimistisch zu beleuchten, steckt ein Körnchen nüchterner Wahrheit: Die Aussonderung einer Arbeiteraristokratie wurde erst dank der vorhergehenden Wirtschaftserfolge des Landes möglich. Was die Stachanowisten antreibt, ist jedoch nicht die »Freude am Leben« an sich, sondern das Streben nach einem höheren Einkommen. Molotow berichtigte Stalin folgendermaßen: »Der unmittelbare Antrieb zu hohen Arbeitsleistungen bei den Stachanowisten«, erklärte er, »ist das einfache Interesse an der Vergrößerung ihres Verdienstes«. In der Tat: im Verlaufe weniger Monate bildete sich eine ganze Schicht von Arbeitern heraus, die man »Tausender« nennt, weil ihr Verdienst 1000 Rubel pro Monat übersteigt; einige verdienen sogar über 2000 Rubel, während die Arbeiter der untersten Kategorien sich oft mit weniger als 100 Rubel pro Monat zufriedengeben müssen.[16]

Man sollte annehmen können, daß diese Spannbreite bei den Arbeitslöhnen einen genügend großen Abstand zwischen den »auserwählten« und den »normalen« Arbeitern schafft. Doch der Bürokratie ist das noch zu wenig! Die Stachanowisten werden buchstäblich mit Privilegien überhäuft: man bringt sie in neuen Wohnungen unter oder repariert ihre alten; sie können außer der Reihe die Ferienheime und Sanatorien besuchen; man schickt ihnen unentgeltlich Lehrer und Ärzte ins Haus; Freikarten fürs Kino werden ihnen geschenkt und mancherorts werden ihnen sogar unentgeltlich und außer der Reihe die Haare geschnitten oder der Bart rasiert. Viele dieser Privilegien erwecken den Eindruck als ob sie absichtlich darauf zielen, den Durchschnittsarbeiter zu brüskieren und zu beleidigen. Die Ursache für das aufdringliche Wohlwollen der Machthaber ist neben Strebertum schlechtes Gewissen: die örtlichen herrschenden Kreise ergreifen gierig die Gelegenheit, aus der Isolation herauszukommen, indem sie die oberste Arbeiterschicht an den Privilegien teilhaben lassen. Dies führt zu dem Ergebnis, daß

16 In seinem Artikel über die Stachanow-Bewegung nennt Leo Sedow folgende Zahlen:

*Löhne von Teilnehmern und Nicht-Teilnehmern an Stachanow-Kampagnen in zwei industriellen Branchen der Sowjetwirtschaft* (Stand: 1935):

| | Stachanowisten | Nicht-Stachanowisten |
|---|---|---|
| Bergbau | | |
| Hauer | 1600 | 400 - 500 |
| Pferdeführer | 400 | 170 |
| Textilindustrie | | |
| Arbeiterin | 500 | 150 |

(Angaben in Rubel; vgl. Sedow, »Die Stachanowbewegung. ...« [Anm. 5], S. 110.)

der Reallohn der Stachanowisten oft zwanzig- bis dreißigmal so hoch wie der Verdienst in den unteren Arbeiterkategorien ist. Und mit dem Gehalt eines besonders beglückten Spezialisten könnten in vielen Fällen 80 bis 100 Handlanger entlohnt werden. Hinsichtlich des Ausmaßes der Ungleichheit bei den Arbeitslöhnen hat die UdSSR die kapitalistischen Länder nicht nur eingeholt, sondern weit überholt!

Die besten der Stachanowisten, d. h. die, die sich wirklich von sozialistischen Motiven leiten lassen, werden ihrer Privilegien nicht froh und sind verärgert. Kein Wunder: Der individuelle Genuß materieller Güter aller Art auf dem Hintergrund allgemeinen Mangels umgibt sie mit einem Ring von Haß und Mißgunst und vergiftet ihnen das Dasein. Von der sozialistischen Moral sind derartige Beziehungen weiter entfernt als die der im gemeinsamen Kampf gegen die Ausbeuter verbundenen Arbeiter einer kapitalistischen Fabrik.

Bei alledem ist das alltägliche Leben auch für den qualifizierten Arbeiter nicht leicht, besonders in der Provinz. Abgesehen davon, daß der Sieben-Stunden-Tag zunehmend der Erhöhung des Arbeitsausstoßes geopfert wird, entfallen nicht eben wenige Stunden auf zusätzlichen Kampf ums Dasein. Als Zeichen besonderen Wohlstands der besten Sowchosarbeiter wird beispielsweise darauf hingewiesen, daß die Traktoren-, Maschinenführer usw., eine bereits notorische Aristokratie, eigene Kühe und Schweine besitzen. Die Theorie, die da lautete, Sozialismus ohne Milch sei besser als Milch ohne Sozialismus, wurde fallengelassen. Jetzt wird zugegeben, daß die Arbeiter der landwirtschaftlichen Staatsgüter, auf denen doch eigentlich kein Mangel an Kühen und Schweinen herrschen sollte, sich zur Sicherung ihres Daseins eine eigene kleine Viehzucht einrichten müssen. Nicht weniger erstaunlich klingt die Mitteilung, daß in Charkow[17] 96 000 Arbeiter eigene Gemüsegärten besitzen: die anderen Städte werden aufgefordert, Charkow nachzueifern.[18] Welch entsetzliche Vergeudung menschlicher Energie bedeutet die »eigene Kuh« und der »eigene Gemüsegarten«, welche Last wird dem Arbeiter, vor allem seiner Frau und seinen Kindern, durch dieses mittelalterliche Wühlen in Mist und Erde aufgebürdet!

Was die große Masse betrifft, so hat sie selbstredend weder Kühe noch

17 Charkow hatte 1939 840 000 Einwohner.

18 1929 besaß etwa ein Fünftel der Industriearbeiter ein Stück Land, ein Zehntel sogar Zugvieh. (Meyer, »Alltagsleben …« [Anm. 10], S. 248.) Die private Nebenerwerbslandwirtschaft wurde in den dreißiger Jahren gefördert, vor allem auch im Zweiten Weltkrieg ausgebaut. 1945 gab es 18,6 Millionen Kleingärtner (Lorenz, *Sozialgeschichte*, S. 367.) »1953 gab es 18 Millionen Kleingärten der Stadtbevölkerung, die pro Familie einen Wintervorrat von durchschnittlich 570 kg an Kartoffeln und Gemüse lieferten.« (Hofmann, *Arbeitsverfassung*, S. 213, Anm. 63.)

Gemüsegärten, oft nicht einmal eine eigene Zimmerecke. Der Verdienst der ungelernten Arbeiter beträgt 1 200 bis 1 500 Rubel im Jahr, manchmal sogar noch weniger. Bei den Sowjetpreisen bedeutet dies Elend und Not. Die Wohnverhältnisse, der sicherste Indikator für das materielle und kulturelle Niveau, sind sehr schlecht, oft unerträglich. Die überwiegende Mehrheit der Arbeiter haust in Gemeinschaftsheimen, die, was Ausstattung und Geräumigkeit betrifft, noch von Kasernen übertroffen werden. Wird es einmal nötig, gewisse Fehlschläge bei der Produktion, Arbeitsversäumnisse und Arbeitsausschuß zu entschuldigen, dann läßt die Verwaltung durch ihre Journalisten die Wohnverhältnisse wie folgt beschreiben: »Die Arbeiter schlafen auf dem Fußboden, da sie in den Betten von den Wanzen zerfressen werden, die Stühle sind zerbrochen, keine Becher sind da, um Wasser zu trinken« usw. »In einem Zimmer leben zwei Familien. Es leckt durchs Dach. Bei Regen tägt man das Wasser eimerweise aus den Zimmern.« »Der Abtritt befindet sich in einem ekelhaften Zustand.« Die Zahl solcher Beschreibungen der Verhältnisse in verschiedenen Landesteilen kann man nach Belieben vermehren. Infolge der unerträglichen Bedingungen »erreicht die Fluktuation der Arbeiter ein sehr hohes Ausmaß«, wie zum Beispiel der Leiter der Erdölindustrie beklagt. »... Wegen Arbeitskräftemangels ist eine große Anzahl an Bohrtürmen außer Betrieb ...« In einigen Bezirken mit besonders ungünstigen Bedingungen sind nur solche Arbeitskräfte zu haben, die wegen verschiedener Disziplinvergehen woanders strafweise entlassen worden sind. So entsteht als unterste Stufe des Proletariats eine Schicht von ausgestoßenenen und rechtlosen Sowjetparias, auf die jedoch ein so wichtiger Industriezweig wie die Erdölgewinnung weitgehend angewiesen ist.

Die himmelschreiende Ungleichheit beim Arbeitsentgelt, die durch die willkürlichen Privilegien noch vertieft wird, ermöglichte es der Bürokratie, scharfe Gegensätze innerhalb des Proletariats zu züchten. Die Berichte über die Stachanowkampagne ergaben zuweilen das Bild eines kleinen Bürgerkriegs. »Pannen und Sabotage an den Maschinen sind ein beliebtes (!) Mittel im Kampf gegen die Stachanowbewegung«, schrieb zum Beispiel das Gewerkschaftsorgan. »Der Klassenkampf«, lesen wir weiter, »bringt sich auf Schritt und Tritt in Erinnerung«. In diesem »Klassen«kampf stehen die Arbeiter auf der einen Seite, die Gewerkschaften auf der anderen. Stalin empfahl öffentlich, den Widerspenstigen eins »in die Fresse« zu geben. Andere Mitglieder des Zentralkomitees drohten des öfteren, die »frech werdenden Feinde« vom Erdboden zu fegen. An der Erfahrung der Stachanowbewegung läßt sich besonders kraß sowohl die tiefe Entfremdung zwischen Staatsmacht und Proletariat ablesen als auch die wütende Hartnäckigkeit, mit der die Bürokratie die freilich nicht von ihr erfundene Regel »teile und herrsche!«[19] anwendet. Dafür wird den Arbeitern zum Trost der forcierte Akkord in »sozialistischer Wettbewerb«[20] umgetauft. Diese Bezeichnung ist der reinste Hohn!

Das Wetteifern, das seine Wurzeln in unserer Biologie hat, wird zweifellos — von Habsucht, Neid und Vorrechten gereinigt — auch unter dem Kommunismus die Haupttriebkraft der Kultur bleiben. Aber in der näheren Vorbereitungsepoche kann und wird eine wirkliche Festigung der sozialistischen Gesellschaft nicht mit den erniedrigenden Methoden des rückständigen Kapitalismus erreicht, deren sich die Sowjetregierung bedient, sondern auf eine Weise, die der Würde des befreiten Menschen entspricht — und vor allem ohne den bürokratischen Knüppel. Denn dieser Knüppel ist selbst das abscheulichste Erbe der alten Welt. Er muß in Stücke gebrochen und auf öffentlichen Scheiterhaufen verbrannt werden, bevor man ohne Schamröte von Sozialismus reden kann.

## Soziale Gegensätze im Kolchos

Sind die Industrietrusts[21] »im Prinzip« sozialistische Unternehmungen, so kann dies von den Kolchosen nicht behauptet werden. Sie basieren kollektiv nicht auf staatlichem, sondern auf Gruppeneigentum. Das ist, verglichen mit der weitgestreuten Individualwirtschaft, ein großer Schritt nach vorn. Ob aber die Kollektivwirtschaften zum Sozialismus führen werden, das

19 Mit der Formel »divide et impera« (teile und herrsche) sollen zuerst die Römer ihre Eroberungspolitik, dann Ludwig XI. (»der Grausame«) von Frankreich (1426-1483) seine Strategie der Spaltung des Adels und der Privilegierung des städtischen Bürgertums umschrieben haben.

20 Im »sozialistischen Wettbewerb« verpflichten sich konkurrierende Arbeitskollektive zur Leistungssteigerung. Am 5. März 1929 veröffentlichte die *Prawda* einen Aufruf der Leningrader Fabrik Krasny Wyborsek (Roter Wyborger) an die Belegschaften aller sowjetischer Betriebe, sich dem »sozialistischen Wettbewerb« anzuschließen. Am 7. April wurde ein »Vertrag der 58000« abgeschlossen, mit dem sich Beschäftigte der Textilindustrie verschiedener Gouvernements zur Teilnahme verpflichteten. Die 16. Parteikonferenz der KPdSU erließ im April 1929 einen Aufruf zur »Entfaltung des sozialistischen Wettbewerbs« an alle Werktätigen der UdSSR. (Vgl. Maria Hackenberg, *Die Entwicklung der Disziplinar- und Strafmaßnahmen im sowjetischen Arbeitsrecht im Zusammenhang mit der forcierten Industrialisierung 1925-1935*, Berlin [Osteuropa-Institut] 1978, S. 26.)
Als »höhere Etappe des sozialistischen Wettbewerbes« (Stalin, »Die historische Bedeutung der Stachanowbewegung ...« [Anm. 15], S. 2673) wurde 1935 die Stachanowbewegung ins Leben gerufen. Noch in der vom 27. Parteitag der KPdSU 1986 beschlossenen Neufassung des Parteiprogramms wird der Weiterentwicklung des »sozialistischen Wettbewerbs« für die Produktivitätssteigerung große Bedeutung beigemessen. (Vgl. *Sowjetunion zu neuen Ufern*, S. 213.)

21 Die sowjetischen Industrietrusts entstanden in der Periode des »Kriegskommunismus« durch Zusammenfassung der nationalisierten Betriebe der verschiedenen Branchen. Ende 1919 gab es 90 Staatstrusts dieser Art.
(Vgl. Carr, *A History* ..., Bd. 2, S. 176.)

hängt von einer ganzen Reihe von Umständen ab, die teils innerhalb der Kolchosen, teils außerhalb, in den allgemeinen Bedingungen des Sowjetsystems und, nicht zum geringsten, in der Weltarena zu suchen sind.

Der Kampf zwischen der Bauernschaft und dem Staat ist noch lange nicht beendet. Die gegenwärtige, noch sehr unbeständige Organisierung der Landwirtschaft ist nichts weiter als ein zeitweiliger Kompromiß der kämpfenden Lager nach dem heftigen Bürgerkriegsausbruch. Allerdings sind 90 % der Bauernhöfe kollektiviert, die Kolchosländereien erwirtschaften 94 % der gesamten landwirtschaftlichen Produktion. Selbst wenn man einen gewissen Prozentsatz von Scheinkolchosen unterstellt, hinter denen sich im Grunde Einzelbauern verbergen, so ist man doch gezwungen anzuerkennen, daß der Sieg über die Individualwirtschaft zumindest zu neun Zehnteln errungen ist. Jedoch, der wirkliche Kampf der unterschiedlichen Kräfte und Tendenzen auf dem Lande läßt sich keinesfalls durch die nackte Gegenüberstellung von Einzel- und Kolchosbauern erfassen.

Um mit der Bauernschaft Frieden zu schließen, sah sich der Staat gezwungen, dem Privatbesitz und den individualistischen Tendenzen auf dem flachen Lande weitgehende Zugeständnisse zu machen, angefangen mit der feierlichen Übergabe der Ländereien an die Kolchosen zur »ewigen« Nutzung[22], womit im Grunde die Sozialisierung des Bodens liquidiert wurde. Eine juristische Fiktion? Je nach dem Kräfteverhältnis kann sie sich als Realität erweisen und schon sehr schnell der staatlichen Planwirtschaft erhebliche Schwierigkeiten bereiten. Viel wichtiger jedoch ist, daß der Staat sich gezwungen sah, die Wiederherstellung individueller Bauernwirtschaften auf besonders winzigen Parzellen mit eigenen Kühen, Schweinen, Schafen, Geflügel usw. zuzulassen. Als Gegenleistung für dieses Attentat auf die Sozialisierung und diese Einschränkung der Kollektivierung findet sich der Bauer bereit, friedlich, wenn auch bislang ohne großen Eifer, in den Kolchosen zu arbeiten. Dies erlaubt es ihm, seine Pflichten gegenüber dem

22 »Der zu einem Artel gehörende Grund und Boden ist (wie auch der gesamte Grund und Boden in der UdSSR) staatliches Eigentum des ganzen Volkes. Entsprechend den Gesetzen des Arbeiter-und-Bauern-Staates wird er dem Artel zur unbefristeten Nutzung, d. h. auf ewig überlassen und darf weder gekauft oder verkauft noch an das Artel verpachtet werden.« (»Musterstatut des landwirtschaftlichen Artels, angenommen vom Zweiten Allunionskongreß der Kolchos-Stoßarbeiter, bestätigt vom Rat der Volkskommissare der Union der SSR und dem Zentralkomitee der VKP(B) am 17. Februar 1935«, in: Brunner - Westen, *Die sowjetische Kolchosordnung*, S. 129-140, hier S. 130.) Die mit dem Musterstatut von 1935 getroffene Regelung wurde in den Text der Verfassung von 1936 übernommen. Sie blieb auch im zur Zeit noch gültigen, aus dem Jahre 1969 stammenden Kolchos-Musterstatut erhalten.
(Vgl. Brunner - Westen, *Die sowjetische Kolchosordnung*, S. 16 f.; R. P. Rochlin - E. Hagemann, *Die Kollektivierung der Landwirtschaft in der Sowjetunion und in der Volksrepublik China*, Berlin [Duncker & Humblot] 1971, S. 55.)

Staat zu erfüllen und etwas in eigene Nutzung zu bekommen. Die neuen Beziehungen sind in ihrer Form noch so unausgereift, daß man sie auch dann nur schwer in Zahlen erfassen könnte, wenn die Sowjetstatistik ehrlicher wäre, als sie ist. Allerdings lassen die vielen Anzeichen den Schluß zu, daß die Zwergwirtschaft für die persönliche Existenz der Bauern bislang nicht weniger bedeutet als die Kolchose. Das bedeutet, daß der Kampf zwischen den individualistischen und kollektivistischen Tendenzen die gesamte Bauernschaft in Bewegung bringt und daß der Ausgang dieses Aufeinanderprallens der Gegensätze noch nicht entschieden ist. Welcher Seite neigt der Bauer am ehesten zu? Er weiß es selbst nicht genau.

Der Volkskommissar für Landwirtschaft sagte Ende 1935: »Bis in die letzte Zeit hinein stießen wir bei den Kulakenelementen auf heftigen Widerstand gegen die der Erfüllung des Staatsplans bezüglich der Getreideaufbringung.« Das heißt doch nichts anderes, als daß die Kolchosbauern in ihrer Mehrzahl »bis in die letzte Zeit hinein« (und heute?) die Kornablieferung an den Staat als eine für sie unvorteilhafte Maßnahme betrachteten und zum privaten Handel tendierten. Den gleichen Tatbestand bezeugen auch die drakonischen Gesetze zum Schutz des Kolchoseigentums vor der Ausplünderung durch die Kolchosbauern.[23] Äußerst lehrreich ist auch die Tatsache, daß das Kolchoseigentum beim Staat mit 20 Milliarden Rubel versichert ist, das Privateigentum der Kolchosbauern aber mit 21 Milliarden. Bedeutet dieses Verhältnis auch nicht notwendigerweise, daß die Kolchosbauern, einzeln genommen, reicher seien als die Kolchosen, so doch jedenfalls, daß die Kolchosbauern ihren eigenen Besitz sorgsamer versichern als den gemeinsamen.

Nicht weniger aufschlußreich für die uns interessierende Fragestellung ist die Entwicklung der Viehzucht. Während die Anzahl der Pferde sich bis 1935 fortlaufend verringerte und erst infolge einer Reihe von Regierungsmaßnahmen im letzten Jahr eine leichte Erhöhung aufzuweisen begann, vermehrte sich das Hornvieh im vergangenen Jahr bereits um vier Millionen Tiere. Bezüglich der Pferde wurde der Plan im günstigen Jahr 1935 nur zu 94 % erfüllt, hinsichtlich des Hornviehs aber erheblich übertroffen. Diese Angaben machen Sinn, wenn man berücksichtigt, daß Pferde nur Kolchoseigentum sind, während Kühe sich bereits auch im Privatbesitz der meisten Kolchosbauern befinden. Es bleibt nur noch hinzuzufügen, daß in den Steppenbezirken, wo es den Kolchosbauern ausnahmsweise erlaubt ist, ein eigenes Pferd zu besitzen, der Pferdebestand bei diesen Eigentümern

23 Als Grundlage einer Reihe von Ausnahmegesetzen gegen die Landbevölkerung diente das »Gesetz zum Schutz des sozialistischen Eigentums« vom 7.8.1932. Diebstahl von Kolchoseigentum wurde mit der Todesstrafe, bei mildernden Umständen mit Freiheitsentzug nicht unter zehn Jahren und Vermögenskonfiskation bedroht.
(Vgl. Hofmann, *Arbeitsverfassung*, S. 239.)

erheblich schneller wächst als bei den Kolchosen, die ihrerseits den Sowchosen den Rang ablaufen. Aus all dem folgt keineswegs eine Überlegenheit des Kleinbetriebs über den vergesellschafteten Großbetrieb. Aber der Übergang von ersterem zu letzterem, von der Barbarei zur Zivilisation, birgt so manche Schwierigkeiten, die sich nicht durch administrativen Druck allein überwinden lassen.

»Das Recht kann nie höher sein als die ökonomische Gestaltung und dadurch bedingte Kulturentwicklung der Gesellschaft«.[24] Obgleich gesetzlich verboten[25], ist die Verpachtung des Bodens in Wirklichkeit recht weit verbreitet, und zwar in ihrer schädlichsten Form — der des Abarbeitens der Pacht. Land wird verpachtet von Kolchosen an Kolchosen, zuweilen an fremde Personen, schließlich an eigene tatendurstige Mitglieder. So unwahrscheinlich es klingen mag, auch Sowchosen, d.h. »sozialistische« Unternehmungen suchen ihr Heil in der Verpachtung. Besonders lehrreich ist, daß selbst die Sowchosen der GPU davon nicht ausgenommen sind. Unter dem schützenden Mantel dieser hohen Institution, der Hüterin des Gesetzes, erlegt der Sowchosendirektor den Pachtbauern Bedingungen auf, wie sie aus den alten gutsherrschaftlichen Leibeigenschaftsverträgen abgeschrieben sein könnten. Wir haben hier folglich mit Fällen zu tun, in denen die Bürokraten die Bauern bereits nicht mehr als Agenten des Staates, sondern als halblegale Landlords ausbeuten.

Ohne das Ausmaß solcher, der Statistik natürlich entzogener Entartungserscheinungen im geringsten zu übertreiben, dürfen wir deren enorme symptomatische Bedeutung nicht übersehen. Sie sind ein untrügliches Zeugnis von der Kraft der bürgerlichen Tendenzen in einem noch

24 Marx, »Kritik des Gothaer Programms«, MEW 19, S. 21.

25 Durch Art. 2, Abs. 1-3 des Kolchosstatuts von 1935 wurden Verkauf und Verpachtung von Boden untersagt. (Vgl. Brunner-Westen, *Die sowjetische Kolchosordnung,* S. 16f.) In den dreißiger Jahren häuften sich Fälle von Amtsmißbrauch durch Kolchosvorsitzende. In einzelnen Provinzen der Sowjetunion gingen Gerichte gegen ein Viertel oder gar die Hälfte aller Vorsitzenden der Kollektivwirtschaften vor. (Vgl. Walter D. Connor, *Deviance in Soviet Society,* Crime, Delinquency and Alcoholism, New York - London [Columbia University Press] 1972, S. 25f.) »In der Sowjetunion ist das Land dem privaten Gebrauch entzogen, es ist keine Ware, es hat keinen Wert und es kann nicht als Besitz im normalen, dem bürgerlichen Gesetzbuch entsprechenden Sinn des Wortes angesehen werden ... Das Land bleibt im Besitz der Sowjetregierung als einzigem Eigentümer... Land kann zur Nutzung in Form von Parzellen... auf der Basis spezieller gesetzgeberischer Akte erworben werden, welche die Zuteilung von Land betreffen und von den entsprechenden Staatsorganen vorgenommen werden.« (M. I. Kosyr, »Wie muß das neue Kolchos-Musterstatut sein«, russ. in: *Sowjetskaja Justizija,* 1966, zit. in Wädekin, *The Private Sector...,* S. 4. Zum sozialen Typus des Kolchosvorsitzenden vgl. Jerry F. Hough, »The Changing Nature of the Kolkhoz Chairman«, in: Millar [Hg.], *The Soviet Rural Community,* S. 103-120.)

ungemein rückständigen Wirtschaftszweig, der die überwältigende Mehrheit der Bevölkerung umfaßt. Die Marktverhältnisse verstärken unvermeidlich die individualistischen Tendenzen und vertiefen die soziale Differenzierung auf dem Lande, trotz der neuen Struktur der Eigentumsverhältnisse.

Im Durchschnitt verfügte 1935 ein Kolchoshof über ein Geldeinkommen von 4000 Rubeln. Doch in bezug auf die Bauern sind die »Durchschnitts«-zahlen noch irreführender als in bezug auf die Arbeiter. Im Kreml wurde zum Beispiel berichtet, daß die Kolchosfischer 1935 verglichen mit 1934 das Doppelte verdienten, nämlich je 1919 Rubel. Der Beifall anläßlich der Bekanntgabe dieser letzten Ziffer verdeutlicht nur, wie groß die Differenz zu dem Einkommen der großen Masse der Kolchosen ist. Andererseits gibt es Kolchosen, wo auf jeden Hof rund 30000 Rubel entfallen, ohne daß die Geld- und Naturaleinkünfte der Individualwirtschaften oder die Naturaleinkünfte des Betriebes in seiner Gesamtheit in die Rechnung eingegangen sind: im allgemeinen ist das Einkommen jener Kolchosgroßbauern 10- bis 15mal höher als der Verdienst eines »Durchschnitts«arbeiters oder eines gewöhnlichen Kolchosbauern.

Die Einkommensunterschiede sind nur zum Teil durch Fertigkeit und Fleiß bedingt. Die Kolchosen wie auch die privaten Parzellen der Bauern produzieren je nach Klima, Bodenbeschaffenheit, Anbausorten, Entfernungen zu den Städten und Industriezentren, unter außerordentlich ungleichen Bedingungen. Der Gegensatz zwischen Stadt und Land wurde im Verlauf der Fünfjahrespläne nicht nur nicht gemildert, sondern hat sich infolge des fieberhaften Wachstums der Städte und der neuen Industriebezirke außerordentlich verschärft. Dieser grundlegende soziale Gegensatz der Sowjetgesellschaft erzeugt unvermeidlich Widersprüche zwischen den Kolchosen und in ihnen, hauptsächlich kraft der Differentialrente.[26]

Die uneingeschränkte Macht der Bürokratie ist selbst ein nicht weniger machtvolles Werkzeug der sozialen Differenzierung. Die Bürokratie hat Hebel wie den Arbeitslohn, die Preise, die Steuern, das Budget und den Kredit in der Hand. Die unverhältnismäßig großen Gewinne mehrerer mittelasiatischer Baumwollkolchosen sind in viel stärkerem Maße durch die von der Regierung festgesetzten Preisverhältnisse bedingt als durch die eigentliche Arbeitsleistung der Kolchosbauern. Die Ausbeutung der einen Bevölkerungsschicht durch die andere ist nicht überwunden, sondern nur

26 Marx schreibt über die Differentialrente: »Sie entspringt stets aus der Differenz zwischen dem individuellen Produktionspreis des Einzelkapitals, dem die monopolisierte Naturkraft zur Verfügung steht, und dem allgemeinen Produktionspreis des in der fraglichen Produktionssphäre überhaupt angelegten Kapitals.« (Marx, »Differentialrente I«, in: *Kapital*, Bd. 3, MEW 25, S. 653-755, hier S. 659; vgl. Mandel, *Marxistische Wirtschaftstheorie*, Frankfurt [Suhrkamp] 1968, S. 288-290.)

verschleiert worden. Die ersten paar Zehntausend »wohlhabenden« Kolchosen erwarben ihren Wohlstand auf Kosten der zurückgebliebenen Kolchosen und der Masse der Industriearbeiter. Alle Kolchosen zum Wohlstand zu führen, ist eine unermeßlich schwierige und langwierigere Aufgabe, als einer Minderheit auf Kosten der Mehrheit Privilegien zuzuschanzen. Die Linke Opposition stellte 1927 fest, daß »sich das Einkommen des wohlhabenden Bauern unverhältnismäßig mehr als das des Arbeiters vermehrt hat«.[27] Dies hat auch heute noch, freilich in abgeänderter Form, Gültigkeit: Das Einkommen der Kolchosspitzen ist viel stärker gestiegen als das der großen Masse der Bauern und Arbeiter. Die Unterschiede im materiellen Niveau sind heute sogar wohl noch bedeutender als kurz vor der Entkulakisierung.

Die sich *innerhalb* der Kolchosen vollziehende Differenzierung[28] äußert sich teils auf der Ebene des persönlichen Konsums, teils in der privaten Hofwirtschaft, da ja die Produktionsmittel des Kolchos selbst vergesellschaftet sind. Die Differenzierung *zwischen* den Kolchosen zeitigt schon heute tiefergehende Auswirkungen, da sich den reichen Kolchosen die Möglichkeit bietet, mehr Dünger zu verwenden und mehr Maschinen einzusetzen, folglich sich schneller zu bereichern. Aufblühende Kolchosen werben häufig Arbeitskräfte bei den armen Kolchosen ab, und die Machthaber drücken beide Augen zu. Die Verschreibung ungleichwertiger Grundstücke an die Kolchosen leistet der weiteren Differenzierung Vorschub und führt folglich zur Aussonderung einer Art »bourgeoiser« Kolchosen oder »Millionärskolchosen«, wie sie schon heute genannt werden.

Natürlich hat die Staatsgewalt die Möglichkeit, als Regulator in den Prozeß der sozialen Differenzierung der Bauernschaft einzugreifen. Doch mit welchen Zielen und in welchen Grenzen? Auf die Kulakenkolchosen und Kolchoskulaken einzuschlagen, würde einen neuen Konflikt mit den »progressivsten« Schichten der Bauernschaft heraufbeschwören, die gerade jetzt nach einer schmerzhaften Unterbrechung besonders lebhaften Gefallen am »glücklichen Leben« gefunden haben. Und außerdem — das ist die Hauptsache — wird die Staatsgewalt selbst immer unfähiger zu sozialistischer Kontrolle. In der Landwirtschaft sucht sie, ebenso wie in der Industrie, die Unterstützung und Freundschaft der Starken, der Erfolgreichen, der »Stachanowisten des Ackers«, der Millionärskolchosen. Von der Sorge um die Entwicklung der Produktivkräfte ausgehend, endet sie unausweichlich bei der Sorge um sich selbst.

27 »Die Plattform der Vereinigten Opposition«, in: Wolter [Hg.], *Die Linke Opposition,* Bd. 5, S. 335.

28 Ungelernte Kolchosarbeiter erhielten ein Viertel, Traktoristen und Mähdrescherfahrer hingegen das Vierfache des Durchschnittslohnes. (Vgl. Alec Nove, *Die sowjetische Wirtschaft*, Wiesbaden [Rheinische Verlagsanstalt] o. J., S. 52, 137.)

Gerade in der Landwirtschaft, wo Konsum so unmittelbar mit der Produktion verknüpft ist, eröffnete die Kollektivierung dem Schmarotzertum der Bürokratie und damit ihrer Verflechtung mit den Kolchosspitzen vorzügliche Möglichkeiten. Die Ehren»geschenke«, welche die Kolchosbauern den Führern auf den feierlichen Tagungen im Kreml überreichen, sind nur der symbolische Ausdruck für den ganz und gar nicht symbolischen Tribut, den sie den lokalen Vertretern der Macht zollen.

So gerät in der Landwirtschaft noch unvergleichlich mehr als in der Industrie das niedrige Produktionsniveau ständig in Konflikt mit den sozialistischen und sogar den genossenschaftlichen (kollektivwirtschaftlichen) Eigentumsformen. Dieser Widerspruch wird von der Bürokratie, die in letzter Hinsicht aus ihm hervorging, weiter verschärft.

## Die soziale Physiognomie der herrschenden Schicht

In der sowjetischen politischen Literatur stößt man häufig darauf, daß der »Bürokratismus« als eine Art schlechter Denk- und Arbeitsweise angeprangert wird. (Die Anprangerung zielt immer von oben nach unten; sie ist eine Methode der Selbstverteidigung der Spitzen.) Was man allerdings nirgends finden kann, das sind Untersuchungen über die Bürokratie als herrschende Schicht, ihre zahlenmäßige Stärke, ihre Struktur, ihr Fleisch und Blut, ihre Privilegien und ihre Gelüste, über den von ihr verschlungenen Anteil am Volkseinkommen. Indes, die Bürokratie existiert. Und die Tatsache, daß sie ihre soziale Physiognomie so sorgfältig verbirgt, bezeugt, daß sie das spezifische Bewußtsein einer herrschenden »Klasse« besitzt, die allerdings von der Überzeugtheit von ihrem Recht auf Herrschaft noch weit entfernt ist.

Eine Darstellung der Sowjetbürokratie mittels genauer Zahlen ist aus zweierlei Gründen vollkommen unmöglich: erstens ist es in einem Land, wo der Staat nahezu der einzige Unternehmer ist, schwer festzustellen, wo der Verwaltungsapparat aufhört; zweitens bewahren die Sowjetstatistiker, -ökonomen und -publizisten in der uns interessierenden Frage, wie bereits an anderer Stelle erwähnt, ein besonders angestrengtes Schweigen. Die »Freunde« folgen ihrem Beispiel. Bemerken wir beiläufig, daß die Webbs in ihrem 1200 Seiten starken Wälzer auf die Sowjetbürokratie als soziale Kategorie überhaupt nicht eingehen. Kein Wunder: schrieben sie ja doch im Grunde unter deren Diktat.

Den offiziellen Angaben zufolge zählte der zentrale Staatsapparat am 1. November 1933 rund 55 000 Personen in Leitungspositionen. Doch diese Zahl, die in den letzten Jahren außerordentlich gewachsen ist, berücksichtigt weder das Militär- und Marinewesen noch die GPU, die Genossenschaftszentrale und die sogenannten gesellschaftlichen Organisationen wie die Ossoawiachim usw. Jede Teilrepublik verfügt außerdem noch über ihren eigenen Regierungsapparat. Parallel zu den staatlichen, gewerkschaftlichen, genossenschaftlichen und anderen Generalstäben existiert der mächtige Parteiapparat, der teilweise eng mit den anderen Apparaten verflochten ist. Wir übertreiben kaum, wenn wir die kommandierende Oberschicht der UdSSR und der Republiken auf 400000 Personen schätzen.[29] Möglicherweise umfaßt dieser Personenkreis heute bereits eine halbe Million Menschen. Es handelt sich dabei nicht einfach um Beamte, sondern sozusagen um die »Würdenträger«, die »Führer«, eine herrschende Kaste im eigentlichen Sinne des Wortes, freilich ihrerseits nochmals durch sehr beachtliche horizontale Trennungslinien hierarchisch unterteilt.

Diese eine halbe Million Menschen umfassende Oberschicht bildet die Spitze einer gewichtigen Verwaltungspyramide mit einem breiten und vielseitigen Fundament. Die Exekutivkomitees der Gebiets-, Stadt- und Bezirkssowjets, zusammen mit den parallelen Organen der Partei, der Gewerkschaften und des Komsomol, den örtlichen Transportstellen, dem Kommandopersonal der Armee, der Flotte und der GPU ergeben eine Zahl, die sich den zwei Millionen nähert. Man vergesse auch nicht die Sowjetvorsitzenden von 600000 Flecken und Dörfern!

Die unmittelbare Leitung der Industrieunternehmungen lag 1933 (Angaben jüngeren Datums fehlen) in den Händen von 17000 Direktoren und ihren Stellvertretern.[30] Das in den Betrieben, Fabriken und Bergwerken für Verwaltung und Technik zuständige Personal, einschließlich derjenigen auf unteren Posten bis hin zum Vorarbeiter, umfaßt rund 250000 Menschen (darunter allerdings 54000 Spezialisten im eigentlichen Wortsinn, d.h. ohne Verwaltungsaufgaben). Hinzugerechnet werden muß auch der betriebliche Partei- und Gewerkschaftsapparat, da die Verwaltung bekanntlich durch das ‚Dreieck'[31] ausgeübt wird. Beziffert man die Anzahl der Menschen auf 500000, die dem Verwaltungsapparat der Industrieunternehmen angehören, die von Bedeutung für die gesamte Union sind, so ist dies gegenwärtig keine Übertreibung. Dem muß man noch das Verwaltungspersonal der Betriebe der Teilrepubliken und örtlichen Sowjets hinzufügen.

In einer anderen Aufstellung beziffert die offizielle Statistik für 1933 die Anzahl der Administratoren und Spezialisten für die gesamte Sowjetwirt-

29 Auch Voslensky schätzt die »Nomenklatura« 1970 auf 400000 Personen; 250000 davon übten tatsächlich »politische Herrschaft« aus. (Michael Voslensky, *Nomenklatura*, Die herrschende Klasse der Sowjetunion, Wien [Molden] 1980, S. 184-187.)

30 In Industrie und Landwirtschaft gab es, Voslensky zufolge, 1970 301000 Betriebsleiter, davon 112000 Direktoren von Sowchosen und Vorsitzende von Kolchosen. (Voslensky, *Nomenklatura*, S. 187.)

31 Zu dieser Zeit bestand die Betriebsleitung aus dem Direktor, dem Sekretär und dem Leiter der Gewerkschaftsgruppe.

schaft auf 860 000 Menschen; auf die Industrie entfallen über 480 000, auf das Transportwesen über 100 000, auf die Landwirtschaft 93 000 und auf den Handel 25 000. In dieser Aufstellung sind zwar auch die Spezialisten ohne administrative Verfügungsgewalt eingegangen, nicht aber das Verwaltungspersonal der Kolchosen oder Genossenschaften. Und diese Daten sind durch die Entwicklung der letzten zweieinhalb Jahre ebenfalls weit überholt worden.

Auf 250 000 Kolchosen, berücksichtigt man nur die Vorsitzenden und Parteiorganisatoren, entfallen eine halbe Million Administratoren. In Wirklichkeit ist ihre Zahl noch ungleich höher. Fügt man die Sowchosen und die Maschinen- und Traktorenstationen hinzu, so überschreitet die Gesamtzahl der Leitungskader der vergesellschafteten Landwirtschaft bei weitem die Millionengrenze.

Der Staat verfügte 1935 über 113 000 Handelsniederlassungen, die Genossenschaften über 200 000. Die Leiter dieser Einrichtungen sind im Grunde keine Handelsangestellten, sondern Staatsbeamte und darüber hinaus Monopolisten. Selbst die Sowjetpresse beklagt sich von Zeit zu Zeit darüber, daß die »Kooperatoren aufgehört haben, in den Kolchosmitgliedern ihre Wähler zu erblicken«. Als ob sich der Genossenschaftsmechanismus qualitativ vom Mechanismus der Gewerkschaften, der Sowjets und der Partei unterscheiden könnte!

Diese ganze Schicht, die nicht unmittelbar produktive Arbeit leistet, sondern anleitet, anordnet, befiehlt, Gnade erteilt und bestraft — die Lehrer und Gelehrten lassen wir beiseite — ist auf fünf bis sechs Millionen Personen zu schätzen. Diese Gesamtangabe erhebt, ebenso wie die zur Addition herangezogenen Einzelangaben keinesfalls Anspruch auf Genauigkeit; sie ist aber immerhin als eine erste Annäherung brauchbar. Sie gestattet, sich davon zu überzeugen, daß die »Generallinie« der Führung keineswegs ein körperloser Geist ist.

Auf den verschiedenen Etagen der kommandierenden Schicht, durchläuft man sie von unten nach oben, beträgt der Anteil der Kommunisten zwanzig bis neunzig Prozent. In der Gesamtmasse der Bürokratie bilden die Kommunisten zusammen mit den Komsomolzen ein Massiv von 1 1/2 bis 2 Millionen — angesichts der unaufhörlichen Säuberungen gegenwärtig eher weniger denn mehr. Das ist das Rückgrat der Staatsgewalt. Dieselben kommunistischen Administratoren bilden das Rückgrat der Partei und des Komsomol. Die ehemalige bolschewistische Partei ist heute nicht die Avantgarde des Proletariats, sondern die politische Organisation der Bürokratie. Die übriggebliebene Masse der Partei- und Komsomolmitglieder dient nur zur Aussonderung des »Aktivs«[32], d. h. der Reserve zur Selbster-

32 Unter »Aktiv« wird im Parteijargon die aktive Minderheit der Mitglieder verstanden. Das außerhalb der Partei organisierte »Aktiv der Parteilosen« bilden

neuerung und Komplettierung der Bürokratie. Denselben Zielen dient auch das parteilose »Aktiv«.

Hypothetisch kann man annehmen, daß die Gesamtsumme der Arbeiter- und Kolchosaristokratie — Stachanowisten, parteilose Aktivisten, Vertrauenspersonen, Verwandte und Gevattersleute — der Zahl ungefähr gleichkommt, die wir für die Bürokratie angenommen haben: fünf bis sechs Millionen. Mit ihren Familien ergeben die beiden, einander durchdringenden Schichten an die 20 bis 25 Millionen Menschen. Wir schätzen hier deshalb die Zahl der Familienmitglieder so niedrig ein, weil nicht selten Mann wie Frau, zuweilen auch der Sohn oder die Tochter zum Apparat gehören. Außerdem ist es für die Frauen aus der herrschenden Schicht viel leichter, die Größe ihrer Familie zu beschränken, als für die Arbeiterinnen, oder gar die Bäuerinnen. Die derzeitige Kampagne gegen die Abtreibungen ist von der Bürokratie initiiert, berührt sie selbst aber nicht. Zwölf, vielleicht fünfzehn Prozent der Bevölkerung — das ist die wirkliche soziale Basis der selbstherrlich herrschenden Spitze.

Wenn immer noch nur eine kleine Minderheit über ein eigenes Zimmer, ausreichende Nahrung und saubere Kleidung verfügt, dann trachten die Millionen Bürokraten, die großen wie die kleinen, danach, sich der Macht in erster Linie zur Sicherung des eigenen Wohlergehens zu bedienen. Daher der kolossale Egoismus dieser Schicht, ihr starker innerer Zusammenhalt, ihre Furcht vor der Unzufriedenheit der Massen, ihre zähe Wut, mit der sie jegliche Kritik ersticken, schließlich ihre heuchlerisch-religiöse Verehrung des »Führers«[33], der die Macht und die Privilegien der neuen Herren verkörpert und schützt.

Die Bürokratie selbst ist noch weitaus weniger homogen als das Proletariat oder die Bauernschaft. Zwischen dem Vorsitzenden eines Dorfsowjets

qualifizierte und gesellschaftlich aktive Personen, die mit der Partei sympathisieren und deren Politik vertreten. Aus dem »Aktiv der Parteilosen« gewinnt die Partei neue Mitglieder.

33 Die wachsende Kluft zwischen sowjetischer Ideologie und Realität führte seit Lenins Tod zu einem Götzendienst um die jeweils amtierende politische Führung. »Wie einst das Christentum ... Elemente des Heidenglaubens und heidnische Riten in sich aufnahm ..., nahm auch jetzt der Marxismus ... Elemente der byzantinischen Tradition in sich auf.« (Vgl. Isaac Deutscher, *Stalin*, S. 291.) Seit den 30er Jahren wurde der um den toten Staatsgründer Lenin entfaltete Kult auf den lebenden Nachfolger Stalin übertragen und ausgedehnt, der wie ein »lebender Gott« verehrt wurde. Stalin erschien als Inkarnation der Macht der nachrevolutionären Gesellschaft und der sie kommandierenden Bürokratie. Zehntausende von Fabriken, Kolchosen und Städten wurden nach ihm und seinen getreuesten Gefolgsleuten (vor allem auch nach dem ermordeten Kirow) benannt. Das Stalin-Monument im Elbrusgebirge trug die Aufschrift »Dem größten Manne aller Zeiten«. (Elleinstein, *Geschichte des »Stalinismus«*, Hamburg [VSA], 1977, S. 147.)

und einem hohen Kremlbeamten klafft ein Abgrund. Das Dasein der unteren Beamten der verschiedenen Kategorien bewegt sich im Grunde genommen auf einem sehr primitiven Niveau, das nicht an den Lebensstandard eines qualifizierten Arbeiters im Westen heranreicht. Aber alles ist relativ: Der Lebensstandard der ihn umgebenden Bevölkerung ist noch erheblich tiefer. Die Zukunft des Kolchosvorsitzenden, des Parteiorganisators, des unteren Genossenschaftlers hängt ebensowenig wie die des höheren Beamten von den sogenannten »Wählern« ab. Jeder Beamte kann von der ihm übergeordneten Instanz in jedem beliebigen Augenblick geopfert werden, um die Unzufriedenheit zu besänftigen. Aber dafür kann auch jeder von ihnen gegebenenfalls eine Stufe höher steigen. Sie alle sind — wenigstens bis zur ersten ernsthaften Erschütterung — durch gegenseitige Haftung mit dem Kreml verbunden.

Gemäß den Lebensbedingungen umfaßt die herrschende Schicht alle Abstufungen vom Kleinbürgertum der tiefsten Provinz bis zur Großbourgeoisie der Hauptstädte. Die Gepflogenheiten, die Interessen und die Gedankenwelt entsprechen den materiellen Bedingungen. Die heutigen Führer der Sowjetgewerkschaften unterscheiden sich gar nicht so sehr von Citrine, Jouhaux und Green: andere Traditionen, eine andere Phraseologie, aber dasselbe verächtlich bevormundende Verhalten gegenüber den Massen, dieselbe gewissenlose Gewandtheit in zweitrangigen Manövern, derselbe Konservativismus, dieselbe Enge des Horizonts, dieselbe rücksichtslose Sorge um das eigene ruhige Wohlergehen, schließlich dieselbe Verehrung für die trivialsten Formen der bürgerlichen Kultur. Die Sowjetobersten und -generäle unterscheiden sich meistens wenig von den Obersten und Generälen der fünf Erdteile und sind jedenfalls bestrebt, ihnen möglichst stark zu ähneln. Die Sowjetdiplomaten haben von den westlichen Diplomaten nicht nur den Frack, sondern auch die Denkweise übernommen. Die Sowjetjournalisten betrügen die Leser nicht weniger als ihre ausländischen Kollegen, wenn auch in anderer Manier.

Ist es schon schwierig, die eigentliche Bürokratie zahlenmäßig zu erfassen, so ist es noch schwerer, ihre Einkünfte zu ermitteln. Bereits 1927 protestierte die Opposition dagegen, daß der »angeschwollene und privilegierte Verwaltungsapparat ... einen ganz beträchtlichen Teil unseres Mehrwerts verschlingt«. In der Oppositionsplattform wurde berechnet, daß allein der Handelsapparat »einen enormen Teil unseres Nationaleinkommens verschlingt, mehr als ein Zehntel der Gesamtproduktion«.[34] Daraufhin ergriff die Staatsmacht die notwendigen Maßnahmen, um solche Berechnungen zukünftig zu verunmöglichen. Doch gerade darum sind die laufenden Unkosten nicht gesunken, sondern gestiegen.

34 Wolter (Hg.), *Die Linke Opposition*, Bd. 5, S. 345 und S. 333.

Kaum besser als um den Handel ist es mit den anderen Bereichen bestellt. Es bedurfte, wie Rakowski 1930 schrieb, eines vorübergehenden Streits zwischen der Partei- und Gewerkschaftsbürokratie, damit die Bevölkerung aus der Presse erfahren durfte, daß von 400 Millionen Rubel des Gewerkschaftsbudgets 80 Millionen auf den Unterhalt des Personals entfielen.[35] Wir merken an: es war nur vom legalen Budget die Rede. Darüber hinaus erhält ja die Gewerkschaftsbürokratie zum Zeichen der Freundschaft von der Industriebürokratie große Geldgeschenke, Wohnungen, Transportmittel usw... »Wieviel wird für den Unterhalt des Partei-, Genossenschafts-, Kolchos-, Sowchos-, Industrie- und Verwaltungsapparats mit allen seinen Verzweigungen ausgegeben?«, fragt Rakowski. »Darüber stehen uns weder exakte noch annähernde Angaben zur Verfügung.«[36]

Das Ausbleiben jeglicher Kontrolle hat unvermeidlich Mißbräuche zur Folge, und zwar auch in bezug auf die Finanzen. Am 29. September 1935 sah sich die Regierung wieder einmal gezwungen, die Frage der schlechten Arbeit im Genossenschaftswesen aufs Tapet zu bringen. Mit den Unterschriften von Molotow und Stalin versehen, wurde nicht zum ersten Mal das »Vorhandensein umfangreicher Diebstähle und Unterschlagungen und die verlustbringende Arbeit in vielen ländlichen Verbrauchervereinen« bemängelt. Auf der Tagung des Zentralexekutivkomitees vom Januar 1936 beklagte sich der Volkskommissar für das Finanzwesen darüber, daß die lokalen Exekutivkomitees eine völlig willkürliche Ausgabenpolitik mit den staatlichen Mitteln betreiben.[37] Wenn der Volkskommissar die Zentralbehörde unerwähnt ließ, so nur, weil er ihr selbst angehört.

Es besteht keine Möglichkeit zu berechnen, welchen Teil des Volkseinkommens die Bürokratie sich aneignet. Dies nicht nur, weil sie sorgfältig sogar ihre legalisierten Einkünfte verbirgt, und auch nicht nur, weil sie, an der Grenze zum Mißbrauch stehend und diese häufig überschreitend, weitgehend nicht vorgesehene Einkünfte genießt, sondern vor allem deshalb, weil der gesamte Fortschritt des gesellschaftlichen Lebens, der städtischen Technik, des Komforts, der Kultur und der Kunst bislang hauptsächlich, wenn nicht ausschließlich der privilegierten Spitzenschicht dient.

Hinsichtlich der Bürokratie als Konsumentin kann man, mit den notwendigen Änderungen, wiederholen, was an anderer Stelle von der Bourgeoisie gesagt wurde: es gibt keinen Grund und es hat keinen Sinn, ihren Appetit auf einfache Konsumgüter zu übertreiben. Doch die Lage ändert sich schroff,

35 Vgl. Ch. Rakowski - W. Kossior - N. Muralow - W. Kasparowa, »Erklärung vom April 1930«, engl. in: Rakovsky, *Selected Writings*, S. 166-179, hier S. 173. Frz. in: *Cahiers Léon Trotsky*, Nr. 6, 1980, S. 90-103, hier S. 97 f.

36 Ebd.

37 Vgl. den Artikel »Das Schlußwort des Genossen Grinko«, in: *Rundschau*, Nr. 4, 23.1.1936, S. 146.

sobald wir unser Augenmerk auf ihre fast monopolartige Nutznießung der alten und neuen Errungenschaften der Zivilisation richten. Formal stehen diese Güter natürlich der Benutzung durch die gesamte Bevölkerung offen oder wenigstens der städtischen — in Wirklichkeit aber hat diese dazu nur ausnahmsweise Zutritt. Die Bürokratie dagegen verfügt in der Regel über sie, wann und soviel sie will: genau wie über Gegenstände. Rechnet man nicht nur das Gehalt, alle Arten von Naturaldiensten und mannigfachen halbgesetzlichen zusätzlichen Einkommensquellen, sondern fügt die Vorteile hinzu, die Bürokratie und Sowjetaristokratie aufgrund ihrer Vorrechte bei der Nutzung der Theater, der Erholungspaläste, Krankenhäuser, Sanatorien, Kurorte, Museen, Klubs, Sporteinrichtungen usw. usf. genießen, so ist der Schluß zwingend, daß auf diese 15, sagen wir 20 % der Bevölkerung nicht mehr und nicht weniger Anteil am gesellschaftlichen Reichtum entfällt als auf die übrigen 80 bis 85 %.

Möchten die »Freunde« unsere Ziffern bestreiten? Dann sollen sie uns andere, genauere geben. Mögen sie die Bürokratie veranlassen, das Buch der Einnahmen und Ausgaben der Sowjetgesellschaft zu veröffentlichen. Bis dahin werden wir bei unserer Meinung bleiben. Die Verteilung der Güter ist in der UdSSR unbestreitbar viel demokratischer als im zaristischen Rußland und als selbst in den demokratischsten Ländern des Westens. Aber mit Sozialismus hat das bisher noch recht wenig zu tun.

## VII. Familie, Jugend, Kultur

### Thermidor in der Familie

Die Oktoberrevolution erfüllte uneigennützig ihre Pflicht gegenüber der Frau. Die neue Macht gab ihr nicht nur die gleichen politischen und juridischen Rechte wie dem Mann[1], sondern setzte, was noch wichtiger ist, alles daran, jedenfalls unvergleichlich mehr als irgendein anderer Staat, ihr wirklich Zugang zu allen Zweigen der Wirtschafts- und Kulturarbeit zu

1 Progressive russische Denker erfüllte die Unterjochung der Frau und die Ausbeutung der Kinder in der typischen Arbeiter- und Bauernfamilie unter zaristischem Regime mit Abscheu. In den asiatischen Gebieten bildete die polygame und patriarchalische Familienstruktur das Hauptbollwerk gegen die moderne Welt. (Carr, *A History...*, Bd. 5, S. 30.)
Unmittelbar nach der Oktoberrevolution wurden die zaristischen Familiengesetze durch das »Dekret über die Ehescheidung« und das »Dekret über die Zivilehe, die Kinder und die Führung der Personenstandsregister« vom 19. und 20.12.1917 aufgehoben. (Vgl. die russischen Texte, in: *Dekrety Sowjetskoi Wlastji*, Bd. 1, 25 Oktjabrja 1917 g. - 16 Marta 1918 g., Moskau, 1957.) Diese

verschaffen. Doch selbst die kühnste Revolution könnte ebensowenig wie das »allmächtige« britische Parlament die Frau in einen Mann umwandeln oder, besser gesagt, die Last der Schwangerschaft, des Gebärens, des Stillens und der Kindererziehung zu gleichen Teilen zwischen beiden aufteilen. Die Revolution unternahm einen heroischen Versuch, den sogenannten »Familienherd« zu zerstören[2], jene archaische, muffige und starre Einrichtung, in der die Frau der werktätigen Klassen von der Kindheit bis zum Tode wahre Zwangsarbeit leisten muß.[3] An die Stelle der Familie als geschlossener Kleinbetrieb sollte, so war es vorgesehen, ein vollendetes System öffentli-

Dekrete „nahmen dem Mann das Recht zur Führung in der Familie, gaben der Frau volle materielle und auch sexuelle Selbstbestimmung, erklärten es für selbstverständlich, daß die Frau frei Namen, Wohnsitz und Staatsbürgerschaft bestimmen könne«. (Wilhelm Reich, *Die sexuelle Revolution*, Zur charakterlichen Selbststeuerung des Menschen [1936], Frankfurt [Fischer] 1971, S. 169. Vgl. auch Reich, *Die Sexualität im Kulturkampf*, Zur sozialistischen Umstrukturierung des Menschen [1. Auflage von *Sexuelle Revolution*], Kopenhagen [Sexpol] 1936, Teil II.)
Für Eheschließung und -scheidung genügte einfache standesamtliche Registrierung (die Scheidung war auch auf Antrag nur einer Seite möglich). Die Dekrete des Jahres 1917 wurden durch das Familiengesetz der RSFSR vom 17.10.1918 bestätigt.
(Vgl. Rudolf Schlesinger [Hg.], *The Family in the U.S.S.R.*, Documents and Readings, London [Routledge and Kegan Paul] 1949; Wilhelm A. Scheuerle, »Ehescheidung und Ehescheidungsprozeß nach sowjetrussischem Recht«, in: *Jahrbücher für Geschichte Osteuropas*, 1953, Nr. 4, S. 428-445; Dorothy Atkinson - Alexander Dallin - Gail Warshofsky Lapidus [Hg.], *Women in Russia*, Stanford [Harvester Press] 1978.)

2 »Von den niederträchtigen Gesetzen über die Rechtsungleichheit der Frau, über die Beschränkungen der Ehescheidung, die schändlichen Formalitäten, an die sie geknüpft war, über die Nichtanerkennung der unehelichen Kinder, über die Nachforschung nach ihren Vätern usw. — Gesetzen, von denen es in allen zivilisierten Ländern zur Schande der Bourgeoisie und des Kapitalismus so zahlreiche Überreste gibt, haben wir im wahrsten Sinne des Wortes keinen Stein auf dem anderen gelassen.« (Lenin, »Die große Initiative« [Juli 1919], LW 29, S. 397-427, hier S. 418f.).
(Vgl. Trotzki, »Von der alten Familie zur neuen«, in: ders., *Fragen des Alltagslebens* [1923], Dortmund [intarlit] 1977, S. 53-67.)

3 »Die Frau bleibt nach wie vor *Haussklavin*, trotz aller Befreiungsgesetze, denn sie wird erdrückt, erstickt, abgestumpft, erniedrigt von der *Kleinarbeit der Hauswirtschaft*, die sie an die Küche und an das Kinderzimmer fesselt und sie ihre Schaffenskraft durch eine geradezu barbarisch unproduktive, kleinliche, entnervende, abstumpfende, niederdrückende Arbeit vergeuden läßt. Die wahre *Befreiung der Frau*, der wahre Kommunismus, wird erst dort und dann beginnen, wo und wann der Massenkampf (unter Führung des am Staatsruder stehenden Proletariats) gegen diese Kleinarbeit der Hauswirtschaft oder, richtiger, ihre *massenhafte Umgestaltung* zur sozialistischen Großwirtschaft beginnt.« (Lenin, »Die große Initiative« [Anm. 2], S. 419.)

cher Pflege und Dienstleistungen treten: Entbindungsanstalten, Krippen, Kindergärten, Schulen, öffentliche Kantinen, öffentliche Wäschereien, Kliniken, Krankenhäuser, Sanatorien, Sportvereine, Kinos, Theater usw. Die wirtschaftlichen Funktionen der Kleinfamilie sollten durch Einrichtungen der sozialistischen Gesellschaft aufgesogen werden, auf daß alle Generationen in Solidarität und gegenseitigem Beistand geeint würden. Dies sollte der Frau und damit auch dem Ehepaar die wirkliche Befreiung aus tausendjährigen Fesseln bringen. Solange diese wichtigste aller Aufgaben nicht gelöst ist, bleiben die 40 Millionen Sowjetfamilien in ihrer erdrückenden Mehrheit Brutstätten einer mittelalterlichen Daseinsweise, der weiblichen Knechtschaft und der Hysterie, der täglichen Demütigung der Kinder, des weiblichen und kindlichen Aberglaubens. In dieser Frage darf man sich keiner Illusion hingeben. Die sukzessiven Änderungen der Einstellung zur Familie in der UdSSR werfen ein bezeichnendes Licht auf das Wesen der Sowjetgesellschaft und die Evolution ihrer herrschenden Schicht.

Es ist nicht gelungen, die alte Familie im Sturm zu nehmen. Nicht weil es an gutem Willen gemangelt hätte. Auch nicht, weil die Familie so fest in den Herzen verwurzelt wäre. Im Gegenteil, nach einer kurzen Periode des Mißtrauens gegenüber dem Staat, den Krippen, den Kindergärten und ähnlichen Einrichtungen wußten die Arbeiterinnen und nach ihnen auch die fortgeschrittenen Bäuerinnen die unermeßlichen Vorzüge der kollektiven Kinderpflege sowie der Vergesellschaftung der gesamten Familienwirtschaft wohl zu schätzen. Leider erwies sich die Gesellschaft als zu arm und zu unkultiviert. Die realen Mittel des Staates entsprachen nicht den Plänen und Absichten der kommunistischen Partei. Man kann die Familie nicht einfach »abschaffen«, man muß sie durch etwas anderes ersetzen. Eine wirkliche Befreiung der Frau ist auf der Basis des »verallgemeinerten Mangels« nicht zu verwirklichen. Die Erfahrung bestätigte bald diese bittere Wahrheit, die Marx 80 Jahre zuvor formuliert hatte.

Während der Hungerjahre ernährten sich die Arbeiter, zum Teil auch ihre Familien, wo sie konnten in Fabrik- und anderen Gemeinschaftskantinen[4]. Das galt offiziell als ein Übergang zu sozialistischen Lebensformen. Es ist nicht erforderlich, nochmals bei den Besonderheiten der einzelnen Perioden zu verweilen: dem Kriegskommunismus, der NEP, dem ersten Fünfjahresplan. Tatsache ist, daß seit der Abschaffung des Bezugskartensystems im Jahre 1935 alle bessergestellten Arbeiter begannen, an den häuslichen Tisch zurückzukehren. Es wäre jedoch falsch, diesen Rückzug

4 Um die Ernährung der städtischen Bevölkerung zu sichern, wurden in der Zeit des Bürgerkrieges Kantinen eingerichtet, die in Petrograd oder Moskau mehr als vier Fünftel der Einwohner versorgten. (Vgl. Alix Holt, »Die Bolschewiki und die Frauenunterdrückung«, in: Jacqueline Heinen - Alix Holt - Annik Maheim, *Frauen und Arbeiterbewegung*, Frankfurt [ISP] 1984, S. 87-126, hier S. 98.)

als eine Ablehnung des sozialistischen Systems zu werten, das ja überhaupt noch nicht erprobt worden war. Ein um so vernichtenderes Urteil fällten die Arbeiter und ihre Frauen über die von der Bürokratie organisierte »gesellschaftliche Ernährung«. Dieses Urteil muß man auch auf die öffentlichen Wäschereien übertragen, wo die Wäsche mehr gestohlen und verdorben als gewaschen wird. Zurück zu Heim und Herd! Aber Küche und Wäsche zu Hause, was heute von den Rednern und Journalisten halb verschämt gepriesen wird, bedeutet für die Arbeiterfrauen ein Zurück an die Töpfe und Tröge, d.h. zur alten Sklaverei. Die Resolution der Komintern über den »vollständigen und unwiderruflichen Sieg des Sozialismus in der UdSSR«[5] klingt kaum sehr überzeugend für die Hausfrauen der Vorstädte!

Die Bauernfamilie, die nicht nur mit der Haus-, sondern auch mit der Landwirtschaft verbunden ist, ist viel stabiler und konservativer als die städtische Familie. Nur kleine und in der Regel ausgezehrte und erschöpfte ländliche Gemeinden führten in der ersten Periode die Gemeinschaftsernährung und die Krippen ein. Die Kollektivierung sollte, wie es anfangs hieß, eine entscheidende Umwälzung auch auf dem Gebiet der Familie bringen: nicht von ungefähr expropriierte man bei den Bauern nicht nur die Kühe, sondern auch die Hühner. An Meldungen über den Triumphzug der Gemeinschaftsernährung auf dem Lande war jedenfalls kein Mangel. Als aber der Rückzug einsetzte, kam unter dem Schaum der Prahlerei die Wirklichkeit zum Vorschein. Vom Kolchos erhält der Bauer in der Regel nur Brot für den Eigenbedarf und Futter fürs Vieh. Fleisch, Milchprodukte und Gemüse werden fast ausschließlich von der eigenen Parzelle bezogen. Wo aber die grundlegenden Nahrungsmittel durch die isolierten Arbeitsleistungen der Familie erwirtschaftet werden, kann von Gemeinschaftsernährung nicht die Rede sein. So bürdet die Parzellenwirtschaft, indem sie zur Grundlage für den häuslichen Herd wird, der Frau ein doppeltes Joch auf.

Die Zahl der 1932 in den Krippen ständig verfügbaren Plätze betrug alles in allem 600000; 4 Millionen Plätze stehen saisonmäßig, d. h. nur für die Zeit der Feldarbeiten, zur Verfügung. 1935 wurden rund 5,6 Millionen Krippenplätze gezählt, aber die festen Plätze machen wie bisher lediglich einen unbedeutenden Anteil der Gesamtzahl aus. Außerdem werden die bestehenden Krippen selbst in Moskau, Leningrad und den anderen Zentren in der Regel auch bescheidensten Anforderungen nicht gerecht. »Krippen, wo das Kind sich weniger wohl fühlt als zu Hause, sind keine Krippen, sondern ein schlechtes Asyl«, klagt eine führende Sowjetzeitung. Kein Wunder, wenn die bessergestellten Arbeiterfamilien die Krippen meiden. Für die

5 Vgl. »Der Sieg des Sozialismus in der Sowjetunion und seine weltgeschichtliche Bedeutung (Resolution zum Bericht des Genossen Manuilski, angenommen am 20. August 1935)«, in: *Rundschau*, Nr. 45, 11.9.1935, S. 2038-2040.

Masse der Werktätigen gibt es aber selbst von diesen »schlechten Asylen« viel zu wenige. Kürzlich erließ das Zentralexekutivkomitee eine Verfügung, wonach Findelkinder und Waisen privaten Haushalten zur Erziehung übergeben werden sollen: durch sein höchstes Organ mußte der bürokratische Staat auf diese Weise sein Unvermögen in einer höchst wichtigen sozialistischen Funktion eingestehen. Die von den Kindergärten erfaßte Zahl der Kinder stieg in dem Jahrfünft 1930-1935 von 370 000 auf 1 181 000. Man staunt über die kärgliche Zahl für 1930! Aber auch die Zahl für 1935 ist nur ein Tropfen im Meer der Sowjetfamilien. Eine eingehendere Untersuchung würde zweifelsohne den Nachweis erbringen, daß der größte und jedenfalls der beste Teil dieser Kindergartenplätze auf die Familien des administrativen und technischen Personals, der Stachanowisten usw. entfällt.

Das Zentralexekutivkomitee sah sich ebenfalls unlängst gezwungen, offen zuzugeben, daß »der Beschluß über die Liquidierung der Verwahrlosung und Nichtbeaufsichtigung von Kindern nur in geringem Maße verwirklicht wird«.[6] Was verbirgt sich hinter diesem trockenen Eingeständnis? Nur zufällig erfahren wir aus kleingedruckten Pressemeldungen, daß allein in Moskau mehr als tausend Kinder »in außerordentlich schwierigen Familienverhältnissen« aufwachsen; daß in den sogenannten Kinderheimen der Hauptstadt 1 500 Halbwüchsige leben, die nicht wissen wohin und denen nur die Straße übrigbleibt; daß in zwei Herbstmonaten des Jahres 1935 in Moskau und Leningrad »7 500 Eltern, die ihre Kinder ohne Aufsicht gelassen hatten, zur Verantwortung gezogen wurden«. Welchen Erfolg brachten diese gerichtlichen Verfolgungen? Wieviel Tausend Eltern entgingen diesem Schicksal? Wieviel Kinder, die unter »außerordentlich schwierigen Bedingungen« aufwachsen, blieben unerfaßt? Worin unterscheiden sich die *außerordentlich* schwierigen von den *durchschnittlich* schwierigen Bedingungen? Das sind Fragen, die unbeantwortet bleiben. Das gewaltige Ausmaß der Kinderverwahrlosung, nicht nur der sichtbaren und offenen, sondern auch der verschleierten, ist ein unmittelbares Resultat der großen sozialen Krise, in der die alte Familie viel rascher zerfällt, als die neuen Einrichtungen imstande sind, sie zu ersetzen.

6 1935 wurde die Hauptverwaltung der Milizen durch eine Verordnung der Sowjetregierung »über die Organisierung des Kampfes gegen das Rowdytum der Kinder auf der Straße« angewiesen, streng gegen die verwahrlosten Jugendlichen (»Besprisornyje«) vorzugehen (vgl. Reich, *Die sexuelle Revolution*, S. 256). Am 7. April 1935 wurde ein Dekret verabschiedet, das sämtliche Strafen, auch die Todesstrafe, schon für Kinder vom 12. Lebensjahr an vorsah (diese Bestimmung konnte auch gegen Kinder von Oppositionellen angewandt werden). Vgl. Conquest, *Am Anfang...*, S. 111.

Aus denselben zufälligen Pressenotizen, aus den Episoden der Kriminalchronik kann der Leser von der Existenz der Prostitution in der UdSSR erfahren[7], d.h. der schlimmsten Erniedrigung der Frau im Interesse des zahlungsfähigen Mannes. Die *Iswestija* meldete beispielsweise im Herbst vergangenen Jahres überraschend aus Moskau die Verhaftung von »an die 1000 Frauen, die sich auf den Straßen der proletarischen Hauptstadt heimlich verkauften«. Unter den Verhafteten waren 177 Arbeiterinnen, 92 Angestellte, 5 Studentinnen usw. Was trieb sie aufs Trottoir? Unzureichende Entlohnung, Not, die Notwendigkeit, »sich nebenher Kleider und Schuhe zu verdienen«. Vergebens versuchten wir, auch nur annähernd das Ausmaß dieses sozialen Übels zu ergründen. Die sittsame Bürokratie befiehlt den Statistikern zu schweigen. Aber gerade das erzwungene Schweigen ist ein einwandfreier Beweis für den großen Umfang der »Klasse« der Sowjetprostituierten. Hier kann es sich schon von der Natur der Sache her nicht um »Überreste der Vergangenheit« handeln: Die Prostituierten gehören der jungen Generation an. Keinem vernünftigen Menschen wird es natürlich einfallen, diese Plage, die so alt ist wie die Zivilisation, speziell dem Sowjetregime zur Last zu legen. Aber angesichts der bestehenden Prostitution vom Triumph des Sozialismus zu sprechen, ist unverzeihlich. Die Zeitungen behaupten zwar — soweit es ihnen überhaupt gestattet ist, dies heikle Thema anzurühren —, daß »die Prostitution zurückgeht«. Es ist möglich, daß dem wirklich so ist — im Vergleich mit den Jahren des Hungers und Zerfalls (1931-1933). Die daraufhin erfolgte Wiederherstellung der Geldbeziehungen, die alle Formen der Naturalwirtschaft bei der Ernährung verdrängten, führte unvermeidlich zum Wiederaufleben der Prostitution und der Kinderverwahrlosung. Wo es Privilegierte gibt, gibt es auch Parias!

Die massenhafte Verwahrlosung von Kindern ist zweifellos das unbestreitbarste und tragischste Symptom für die harte Lage der Mütter. In dieser Frage ist selbst die optimistische *Prawda* manchmal zu bitteren Geständnissen gezwungen. »Die Geburt eines Kindes ist für viele Frauen eine ernste Bedrohung ihrer Lage ...« Eben deshalb hatte die Revolutionsmacht der Frau das Recht auf Abtreibung gebracht[8], das, wo Armut und Familienjoch weiterhin existieren, eines der bedeutendsten politischen und

7 Vgl. dazu Fannina W. Halle, *Die Frau in Sowjetrußland*, Berlin [Zsolnay] 1932, S. 317-375 (»Auf dem Wege zur Abschaffung der Prostitution«).

8 Durch ein Gesetz vom 18.11.1920 wurde die Abtreibung in den ersten drei Schwangerschaftsmonaten legalisiert. »Die Schwangerschaftsunterbrechung sollte in den öffentlichen Kliniken für Geburtshilfe vorgenommen werden. Streng bestraft wurde nur derjenige, der unbefugterweise geheime Aborte durchführte.« (W. Reich, *Die sexuelle Revolution*, S. 120.)
(Vgl. Holt, »Die Bolschewiki ...« [Anm. 4], S. 94 f. und S. 108; Lapidus, *Women in Soviet Society*, S. 60 f., und den Artikel »Abtreibung«, in: *Große Sowjetenzyklopädie* (russ.), 3. Ausg., Bd. 1, Moskau 1970.)

kulturellen Bürgerrechte ist — was die Eunuchen und alten Jungfern beiderlei Geschlechts darüber auch sagen mögen. Allein, auch dies an sich traurige Recht der Frau wird durch die faktische soziale Ungleichheit zu einem Privileg. Vereinzelt in die Presse gelangte Angaben über die Abtreibungspraxis sind wirklich erschütternd. Ein einziges Dorfkrankenhaus eines Bezirks im Ural behandelte allein im Jahre 1935 »195 von den Engelmacherinnen verstümmelte Frauen«, darunter waren 33 Arbeiterinnen, 28 Angestellte, 65 Kolchosbäuerinnen, 58 Hausfrauen usw. Dieser Uralbezirk unterscheidet sich von den meisten anderen Bezirken nur dadurch, daß er in der Presse erwähnt wurde. Wieviel Frauen werden tagtäglich auf dem gesamten Territorium der UdSSR verstümmelt?...

Nachdem der Staat seine Unfähigkeit unter Beweis gestellt hatte, den Frauen, die zur Abtreibung Zuflucht nehmen mußten, die notwendige medizinische Hilfe und hygienische Einrichtungen zur Verfügung zu stellen, wurde das Steuer jäh herumgerissen und erneut der Weg des Verbots eingeschlagen.[9] Wie schon bei anderen Gelegenheiten macht die Bürokratie aus der Not eine Tugend. Solz[10], Mitglied des Obersten Sowjetgerichtshofs und Spezialist für Ehefragen, begründet das bevorstehende Abtreibungsverbot mit dem Hinweis, daß in der sozialistischen Gesellschaft, wo die Arbeitslosigkeit überwunden ist usw. usf., die Frau kein Recht habe, auf »Mutterfreuden« zu verzichten. Philosophie eines Pfaffen, der zudem noch die Macht des Gendarmen ausübt! Kürzlich lasen wir im Zentralorgan der regierenden Partei, daß die Geburt eines Kindes für viele Frauen — richtiger wäre: für die erdrückende Mehrheit — eine »Bedrohung ihrer Lage« darstellt. Soeben erst hörten wir aus dem Munde der höchsten Sowjetinstitution: »Die Liquidierung der Verwahrlosung und Nichtbeaufsichtigung von Kindern wird so gut wie gar nicht verwirklicht«, was zweifellos auf eine weitere Zunahme der Verwahrlosung von Kindern hindeutet. Und da

9 Während des zweiten Fünfjahresplans (1933-1937) kam es zunächst zu einer faktischen Einschränkung des Rechts auf Abtreibung: »Für Erstgebärende wurde es unmöglich, die Schwangerschaft zu unterbrechen. Die Indikation wurde im stillen wiedereingeführt, die Kommissionen üben einen großen moralischen Druck aus.« (Reich, *Die sexuelle Revolution*, S. 210). Am 27.6.1936 wurde dann die Abtreibung durch Regierungsdekret verboten. (Vgl. den Text des Dekrets in: G. N. Serebrennikow, *The Position of Women in the U.S.S.R.*, London [Gollancz] 1937, S. 261-277; vgl. auch W. A. Scheuerle, »Ehescheidung und Ehescheidungsprozeß...« [Anm. 1].)

10 Aron Alexandrowitsch Solz (1872-1945), Sohn eines jüdischen Händlers aus Solenikas (Gouvern. Wilna), studierte Jura in St. Petersburg. Politisch aktiv seit 1898; mehrfach verhaftet und verbannt. Nach der Februarrevolution gehörte Solz dem Moskauer Gebietskomitee der Bolschewiki an, 1921-34 war er Präsidiumsmitglied der Parteikontrollkommission und seit 1921 am Obersten Sowjetgerichtshof tätig. Louis Fischer nannte ihn den »hervorragendste(n) bolschewistische(n) Puritaner« (Louis Fischer, »Liebe und Ehe in USSR«, in: *Die neue Weltbühne*, Nr. 35, 29.8.1935, S. 1087-1092, hier S. 1088).

erdreistet sich ein hoher Sowjetrichter anzukündigen, daß in dem Lande, wo das »Leben froh« ist, Abtreibungen ebenso wie in den kapitalistischen Ländern, wo das Leben eine Trübsal ist, mit Gefängnis bestraft werden müssen. Von vornherein sollte klar sein, daß in der UdSSR ebenso wie im Westen in erster Linie die Arbeiterinnen, Dienstbotinnen und Bäuerinnen dem Kerkermeister in die Fänge geraten werden, da sie ihren Zustand kaum werden verheimlichen können. Was »unsere Frauen« betrifft, die nach guten Parfüms und anderen schönen Dingen verlangen, so werden sie unter den Augen einer ihnen wohlgesonnenen Justiz nach wie vor tun, was ihnen beliebt.. »Wir brauchen Leute«, tönt Solz, vor den Besprisornyje die Augen verschließend. »Dann seien Sie so freundlich und gebären selber welche«, würden die Millionen werktätiger Frauen dem hohen Richter zurufen, hätte die Bürokratie sie nicht zum Schweigen gebracht. Diese Herren haben offenbar vollends vergessen, daß der Sozialismus die Ursachen beseitigen soll, die die Frau zur Abtreibung zwingen, anstatt ihr die »Mutterfreuden« durch schäbige Eingriffe der Polizei in ihr Intimleben aufzunötigen.

Der Gesetzentwurf über das Abtreibungsverbot wurde zur sogenannten Volksdiskussion gestellt.[11] Selbst das feine Sieb der Sowjetpresse konnte nicht verhindern, daß nicht wenig bittere Klagen und verhaltener Groll an die Öffentlichkeit drangen. Die Diskussion wurde ebenso plötzlich für beendet erklärt, wie sie begonnen hatte. Am 27. Juni gestaltete das Zentralexekutivkomitee den unverschämten Gesetzentwurf in ein Gesetz von doppelter und dreifacher Unverschämtheit um. Selbst so mancher eingeschworene Advokat der Bürokratie geriet in Verlegenheit. Louis Fischer erklärte, die Gesetzgebung sei eine Art bedauerliches Mißverständnis.[12] In Wirklichkeit ist dieses gegen die Frauen gerichtete neue Gesetz — freilich mit Ausnahmen für die Damenwelt — eine ganz und gar gesetzmäßige Frucht der thermidorianischen Reaktion!

Das materielle und kulturelle Versagen des Staates führte zur feierlichen Rehabilitierung der Familie[13], die — welch ein Wunder der Vorsehung — auch gleich mit der Rehabilitierung des Rubels zusammenfiel. Statt offen zu sagen: »Es hat sich gezeigt, daß wir noch zu arm und zu roh sind, um sozialistische Beziehungen zwischen den Menschen zu schaffen — diese

11 Vgl. »Der Gesetzentwurf über das Abtreibungsverbot und den Mutterschutz«, in: *Rundschau*, Nr. 25, 28.5.1936, S. 1009f.

12 Vgl. Fischer, »Liebe und Ehe ...« (Anm. 10).

13 1936 hieß es z.B. im Komsomolstatut: Der Jugendverband hilft, »dem Sowjetstaate bei der *Festigung der Familie* und in seiner *Sorge für Kind und Mutter*.« (»Der Kongreß der Sowjetjugend, Von unserem Berichterstatter L. F. Boross, V. Die Jugend und ihr sozialistisches Vaterland«, in: *Rundschau*, Nr. 23, 14.5.1936, S. 939-940, hier S. 939.) Im »Dekret über das Verbot der Abtreibung ...« hieß es, »leichtfertiges Verhalten gegenüber der Familie und den familiären Pflichten« sei »zu bekämpfen«. (Serebrennikow, *The Position of Women in the U.S.S.R.*, S. 261-277, hier S. 276.)

Aufgabe werden unsere Kinder und Enkel erfüllen«, verlangen die Führer nicht nur, die Scherben der zerbrochenen Familie wieder zu kitten, sondern auch — unter Androhung schlimmster Strafen —, in ihr die geheiligte Grundzelle des siegreichen Sozialismus zu sehen. Das Ausmaß dieses Rückzugs ist mit bloßem Auge nicht zu ermessen.

Alles und alle werden vom neuen Kurs mitgerissen: Gesetzgeber und Belletristen, Richter und Milizionäre, Presse und Schule. Wenn ein naiver und aufrichtiger Jungkommunist sich erkühnt, an seine Zeitung zu schreiben: »Ihr tätet besser daran, euch mit der Lösung der Frage zu befassen, wie die Frau aus der Zwangsjacke der Familie befreit werden kann«, so erhält er als Antwort ein paar Faustschläge und — schweigt. Das ABC des Kommunismus wird zur »ultralinken Abweichung« erklärt. Im Namen der neuen Moral erleben die stumpfsinnigen und beschränkten Vorurteile des kulturarmen Spießertums eine Renaissance. Und was muß erst im Alltagsleben dieses unermeßlichen Landes mit all seinen Ecken und Winkeln vorgehen? Die Presse vermittelt uns nur ein unzureichendes Bild von der Tiefe der thermidorianischen Reaktion auf dem Gebiet der Familie.

Da die moralische Leidenschaft der Prediger mit den Lastern wächst, erlangt das siebente Gebot in der herrschenden Schicht große Popularität. Die Sowjetmoralisten brauchen die Phraseologie nur leicht aufzufrischen. Gegen die allzu häufigen und leichten Scheidungen hat ein Feldzug eingesetzt. Das schöpferische Denken des Gesetzgebers ersann bereits eine so »sozialistische« Maßnahme wie die Gebührenerhebung bei der Registrierung einer Scheidung, mit Zuschlägen im Wiederholungsfall.[14] Nicht umsonst wiesen wir weiter oben darauf hin, daß die Wiedergeburt der Familie Hand in Hand geht mit einer Aufwertung der erzieherischen Rolle des Rubels. Die Gebühr erschwert zweifellos die Eintragung für alle, deren Geldmittel beschränkt sind. Für die Oberschicht stellt die Gebühr ja hoffentlich kein Hindernis dar. Außerdem regeln Leute, die gute Wohnungen, Automobile und andere schöne Dinge besitzen, ihre persönlichen Angelegenheiten ohne überflüssige Verlautbarungen und folglich auch

14 Die Eheschließung wurde auch weiterhin kostenlos registriert. Nach dem Gesetz vom 27.6.1936 waren für eine erste Scheidung 50, für die zweite 150, für die dritte 300 Rubel zu entrichten (vgl. Halle, *Die Frau* ..., S. 194). Eine Textilarbeiterin verdiente 1935 im Monat 150, hochbezahlte Arbeiter (wie Hauer im Kohlebergbau) kamen auf 400-500 Rubel.
Auch 50 Jahre später gilt die Scheidung als gesellschaftlich unerwünscht: Vor dem 27. Parteitag der KPdSU sagte Gorbatschow: »Zwar ist die Zahl der Ehescheidungen zurückgegangen, doch bleibt sie ... groß genug. Es gibt auch nicht wenige Familien mit ungeordneten Verhältnissen. Die Gesellschaft kann ... nicht teilnahmslos bleiben. Eine feste Familie ist eine ihrer wichtigsten Grundlagen.« (*Sowjetunion zu neuen Ufern?*, S. 94.)

ohne Registrierung. Die Prostitution ist nur am Grunde der Gesellschaft Bürde und Erniedrigung — in der Oberschicht der Sowjetgesellschaft, wo Macht sich mit Komfort verbindet, nimmt die Prostitution die elegante Form kleiner gegenseitiger Gefälligkeiten und selbst die Gestalt der »sozialistischen Familie« an. Von Sosnowski erfuhren wir bereits etwas über die Bedeutung des »Auto-Harem-Faktors« bei der Entartung der herrschenden Schicht.

Die lyrischen, akademischen und sonstigen »Freunde der Sowjetunion« haben Augen, um nichts zu sehen. Unterdessen wird die Ehe- und Familiengesetzgebung der Oktoberrevolution, eine Errungenschaft, auf die man einst mit Fug und Recht stolz war, durch umfassende Anleihen aus den Gesetzbüchern der bürgerlichen Länder umgestaltet und entstellt. Wie um dem Verrat noch den Stempel des Hohns aufzudrücken, werden dieselben Argumente, die früher für die bedingungslose Scheidungs- und Abtreibungsfreiheit ins Feld geführt wurden — »Befreiung der Frau«, »Verteidigung der Persönlichkeitsrechte«, »Schutz der Mutterschaft«[15] —, heute wiederholt, um diese Freiheiten einzuschränken oder aufzuheben.

Der Rückzug nimmt nicht nur die Form einer abscheulichen Heuchelei an, sondern geht im Grunde viel weiter, als es angesichts der Wirtschaftslage erforderlich wäre. Zu den objektiven Ursachen der Rückkehr zu bürgerlichen Normen wie der Zahlung von Alimenten, gesellt sich das soziale Interesse der herrschenden Schicht an der Ausdehnung des bürgerlichen Rechts. Das zwingendste Motiv für den heutigen Familienkult ist zweifelsohne das Bedürfnis der Bürokratie nach einer stabilen Hierarchie der gesellschaftlichen Beziehungen und nach einer durch 40 Millionen Stützpunkte von Autorität und Macht disziplinierten Jugend.

Als die Hoffnung noch lebendig war, die Erziehung der jungen Generationen dem Staat in die Hand zu geben, kümmerte er sich nicht nur nicht um die Aufrechterhaltung der Autorität der »Alten«, insbesondere von Vater und Mutter, sondern trachtete im Gegenteil danach, die Kinder so weit wie möglich von der Familie zu trennen, um sie so vor dem Einfluß der Traditionen der althergebrachten Lebensart zu bewahren. Noch vor kurzem, während des ersten Fünfjahresplanes, bedienten sich Schule und Komsomol weitgehend der Kinder, um den trunksüchtigen Vater oder die religiöse Mutter bloßzustellen, zu beschämen, überhaupt »umzuerzie-

15 »Nur unter dem Sozialismus, wo es eine Ausbeutung des Menschen durch den Menschen nicht mehr gibt, wo die Frau ein vollberechtigtes Mitglied der Gesellschaft ... ist — kann ernsthaft die Frage des Kampfes gegen die Abtreibung, darunter auch durch Verbote, gestellt werden.« (»Der Gesetzentwurf über das Abtreibungsverbot und den Mutterschutz, in: *Rundschau*, Nr. 25, 28.5.1936, S. 1010.)

hen«[16]; mit welchem Erfolg, sei dahingestellt. Jedenfalls lief diese Methode darauf hinaus, die elterliche Autorität in ihren Grundfesten zu erschüttern. Heute ist auch auf diesem nicht unwichtigen Gebiet ein jäher Wechsel vollzogen worden: neben dem siebenten ist auch das fünfte Gebot wieder vollständig rehabilitiert, allerdings noch ohne die Berufung auf Gott; aber auch die französische Schule kommt schließlich ohne dies Attribut aus, was sie keineswegs hindert, mit Erfolg Konservatismus und Anpassungsfähigkeit zu züchten.

Die Sorge um die Aufrechterhaltung der Autorität der Erwachsenen führte übrigens auch schon zu einer Änderung in der Religionspolitik. Die Leugnung Gottes, seiner Gehilfen und seiner Wunder war von allen Keilen, welche die revolutionäre Macht zwischen Kinder und Eltern trieb, der spitzeste. Der Kampf gegen den Einfluß der Kirche eilte der Entfaltung der Kultur, der ernsthaften Propaganda und der wissenschaftlichen Erziehung voraus und artete unter der Leitung von Leuten wie Jaroslawski oft in Mummenschanz und Unfug aus. Heute ist es mit der Himmelstürmerei ebenso wie mit der Familienstürmerei vorbei. Die Bürokratie, besorgt um ihren guten Ruf, wies die jungen Gottlosen an, die Rüstung abzulegen und sich die Bücher vorzunehmen. In bezug auf die Religion greift allmählich ein Regime ironischer Neutralität Platz.[17] Doch das ist nur eine erste Etappe. Die zweite und die dritte wären unschwer vorherzusehen, wenn der Gang der Ereignisse nur von der obersten Gewalt abhinge.

Die Heuchelei der herrschenden Anschauungen entwickelt sich immer und überall als zwei- bzw. dreifache Potenzierung der sozialen Widersprü-

16 »Früher war der Kampf in der Familie ein Teil des Klassenkampfs. Waren die Eltern Konterrevolutionäre, war der Vater ein Kleinhändler oder ein kapitalistischer Bauer, so konnte er nicht in Frieden mit seinen Kindern leben, die zum Komsomol tendierten, zum Kommunistischen Jugendverband. Die Familie war in feindliche politische Lager zerrissen. ... Das Regime, das nun keinen schlechten politischen Einfluß der Eltern zu befürchten braucht, begrüßt nun ihren notwendigen moralischen und kulturellen Einfluß. Mit Nachdruck lehrt man die alte Weisheit: ‚Ehret Vater und Mutter'. Den alternden Eltern sollen die Kinder helfen; Knaben und Mädchen müssen von der Straße weggeholt und ins warme, liebevolle Familienleben eingeschlossen werden.« (Fischer, »Liebe und Ehe ...« [Anm. 10], S. 1088.)
Im Parteiprogramm von 1986 heißt es: »Die Gesellschaft ist zutiefst an einer stabilen, geistig und moralisch gesunden Familie interessiert. Davon ausgehend erachtet es die Partei für notwendig, die Familie zu festigen und bei der Erfüllung ihrer sozialen Funktionen und bei der Erziehung der Kinder zu unterstützen.« (*Sowjetunion zu neuen Ufern?*, S. 218.)

17 Der Sowjetstaat war in sozialdemokratischer Tradition, die sich an der amerikanischen und französischen Verfassung orientierte, laizistisch konzipiert, d. h. von allen klerikalen Bindungen frei und darum Garant der religiösen und

antireligiösen Gewissens- und Meinungsfreiheit. Die atheistische und antikirchliche Propaganda war Aufgabe der Partei: »Die KPR läßt sich von der Überzeugung leiten, daß nur die Verwirklichung von Planmäßigkeit und Bewußtheit in der gesamten gesellschaftlichen und wirtschaftlichen Tätigkeit der Massen das völlige Absterben der religiösen Vorurteile nach sich ziehen wird. Die Partei ist bestrebt, das Band zwischen den Ausbeuterklassen und der Organisation der religiösen Propaganda vollständig zu zerstören, indem sie die tatsächliche Befreiung der werktätigen Massen von religiösen Vorurteilen fördert und die wissenschaftlich aufklärende und antireligiöse Propaganda in breitestem Ausmaße organisiert. Dabei ist jede Verletzung der religiösen Gefühle der Gläubigen, die nur zur Stärkung des religiösen Fanatismus führt, sorgfältig zu vermeiden.« (»Programm der Kommunistischen Partei Rußlands [Bolschewiki] angenommen auf dem VIII. Parteikongreß 1919«, in: Meissner [Hg.], *Parteiprogramm*, S. 121-142, hier S. 132.)

In seiner Autobiographie erwähnt Trotzki beiläufig, Lenin habe ihm die antiklerikale Propaganda anvertrauen wollen, doch sei diese Aufgabe dann in Folge von bürokratischen Manövern Jaroslawski zugefallen (vgl. *Mein Leben*, S. 460). Isaac Deutscher schreibt in seiner Trotzki-Biographie, von dieser Bemerkung angeregt, Trotzki sei 1922 Vorsitzender des »Bundes der Gottlosen« gewesen und dann von Jaroslawski abgelöst worden (vgl. Deutscher, *Trotzki*, Bd. 2, S. 40; ders., *Stalin*, S. 517f.). Der Atheistenbund bildete sich aus einem Freundeskreis um Jaroslawskis seit Dezember 1922 erscheinende Zeitung *Besboschnik* (»Der Gottlose«) und konstituierte sich erst im Juni 1925. Die Vereinigung konnte sich Ende der zwanziger Jahre mit Unterstützung Stalins gegen eine Konkurrenzorganisation durchsetzen; sie stieß vor allem in der Roten Armee und in der Ukraine auf Widerstand.

Die Funktionäre im bolschewistischen Justiz- und Polizeiapparat verhielten sich gegenüber Kirche und Gläubigen eher tolerant; antireligiöse Eiferer kamen aus dem Komsomol oder aus dem »Bund der Gottlosen«. Trotzki hielt die direkte antireligiöse Propaganda für unwirksam. Er setzte auf die Erhöhung des Lebensstandards, moderne Technologie und neue Medien wie das Kino.

Die russisch-orthodoxe Kirche reagierte auf die ersten Maßnahmen der bolschewistischen Regierung mit völliger Ablehnung; der Patriarch Tichon (1865-1925) belegte die Bolschewiki mit dem Kirchenbann. Während der Hungersnot von 1922 beschlagnahmten die Bolschewiken die Kirchenschätze (in der Kommission arbeiteten Sapronow und Trotzki); daraufhin rief der Patriarch Priester und Gläubige zum Widerstand auf, er wurde festgenommen, und die Justizbehörden verhängten über die Träger des kirchlichen Widerstandes viele Todesurteile. Von der orthodoxen Kirche spaltete sich die sogenannte »Lebendige Kirche« ab, die einen regierungsfreundlichen Kurs einschlug. Tichon kapitulierte im Juni 1923 und erwirkte bis zum Ende der zwanziger Jahre staatliche Toleranz. Der Kompromiß zwischen Kirche und Staat zerbrach an der Zwangskollektivierung. In den dreißiger Jahren wurde die orthodoxe Hierarchie wie alle anderen autonomen gesellschaftlichen Organisationen zerschlagen. Erst im Zweiten Weltkrieg verbündete sich Stalin neuerlich mit Tichons Nachfolger Sergei Stragorozki, um den kirchlichen Einfluß zur Mobilisierung der Bevölkerung gegen die deutschen Okkupanten nutzen zu können.

(Vgl. Trotzki, *Fragen des Alltagslebens*, S. 49-52; Robert Stupperich, *Kirche und Staat in der Sowjetunion*, Witten [Luther] 1962; Bohdan R. Bociurkiw, »Church-State Relations in the USSR«, in: *Survey*, Nr. 66, 1968, S. 4-32; Roman Rössler, *Kirche und Revolution in Rußland*, Köln [Böhlau] 1969; Joan Delaney, »The Origins of Soviet Antireligious Organizations«, in: Richard H. Marshall, jr.

che — so ungefähr lautet das historische Gesetz der Ideologien, übertragen in die Sprache der Mathematik. Sozialismus bedeutet, wenn er diesen Namen verdient: menschliche Beziehungen ohne Gewinnsucht, Freundschaft ohne Neid und Intrigen, Liebe ohne niedrige Berechnung. Die offizielle Doktrin erklärt diese Idealnormen um so nachdrücklicher für bereits verwirklicht, je lauter die Wirklichkeit gegen diese Behauptungen protestiert. »Auf der Grundlage der wirklichen Gleichheit von Mann und Frau«, sagt zum Beispiel das neue Komsomolprogramm, das im April 1936 angenommen wurde, »wird eine neue Familie geschaffen, für deren Gedeihen der Sowjetstaat sorgt.«[18] Ein offizeller Kommentar ergänzt das Programm: »Unsere Jugend kennt bei der Wahl des Lebensgefährten — Mann oder Frau — nur ein Motiv, einen Antrieb: die Liebe. Die bürgerliche Interessen- oder Geldheirat existiert für unsere heranwachsende Generation nicht« (*Prawda*, 4. April 1936). Soweit von einfachen Arbeitern und Arbeiterinnen die Rede ist, stimmt dies mehr oder weniger. Aber die »Interessenheirat« ist auch bei den Arbeitern der kapitalistischen Länder verhältnismäßig selten anzutreffen. Ganz anders sieht die Sache bei den mittleren und höheren Schichten aus: Neue soziale Gruppierungen drücken den persönlichen Beziehungen automatisch ihren Stempel auf. Die Laster, die Macht und Geld in sexuellen Beziehungen schaffen, blühen in den Kreisen der Sowjetbürokratie so üppig, als hätte sie sich in dieser Hinsicht das Ziel gesetzt, die Bourgeoisie des Westens zu überholen.

Ganz im Gegensatz zu der soeben zitierten Behauptung der *Prawda* ist die Interessenheirat in vollem Umfang wiedererstanden, was auch die Sowjetpresse in Stunden zufälliger oder erzwungener Offenheit zugibt. Qualifikation, Verdienst, Stellung, Zahl der Tressen an der Militäruniform — dies alles erlangt immer größere Bedeutung, denn damit verbunden sind Fragen wie Schuhe, Pelz, Wohnung, Badezimmer und der Traum des Lebens — das Auto. Einzig und allein der Kampf um die eigenen vier Wände vereint und trennt in Moskau täglich keine geringe Anzahl Paare. Außerordentliche Bedeutung kommt den verwandtschaftlichen Beziehungen zu. Es ist nützlich, einen Militärkommandeur oder einflußreichen Kommunisten zum Schwiegervater oder die Schwester eines hohen Beamten zur Schwiegermutter zu haben. Soll man sich darüber wundern? Könnte das anders sein?

[Hg.], *Aspects of Religion in the Soviet Union, 1917-1967*, Chicago - London [University of Chicago Press] 1971; Carr, *A History*..., Bd. 5, S. 38-46; George M. Enteen, »Writing Party History in the USSR: The Case of E. M. Yaroslavskii«, in: *Journal of Contemporary History*, Nr. 2, 1986, S. 321-339.)

18 *Programm und Statut des Leninschen Kommunistischen Jugendverbandes der Sowjetunion*, Moskau [Verlagsgenossenschaft ausländischer Arbeiter in der UdSSR] 1936, S. 12.

Ein sehr dramatisches Kapitel im großen Sowjetbuch bildet die Erzählung von der Zwietracht und dem Zerfall der Sowjetfamilien, wo der Mann als Parteimensch, Gewerkschafter, Militärkommandeur oder Verwalter emporstieg, sich entwickelte, neuen Geschmack am Leben fand, aber die von der Familie unterdrückte Frau auf dem alten Niveau verharrte. Der Weg zweier Generationen der Sowjetbürokratie ist mit Tragödien zurückbleibender und verstoßener Frauen gepflastert. Dieselbe Erscheinung ist heute in der jungen Generation zu beobachten. Die größten Brutalitäten und Grausamkeiten sind wohl gerade in den Spitzen der Bürokratie anzutreffen, die zu einem hohen Prozentsatz aus unkultivierten Emporkömmlingen bestehen, die davon ausgehen, daß ihnen alles erlaubt sei. Die Archive und Memoiren werden einmal zutage fördern, welch geradezu kriminelle Verbrechen an den Ehefrauen und den Frauen überhaupt von seiten der gerichtlich nicht belangbaren Priester der Familienmoral und der obligatorischen »Mutterfreuden« begangen wurden.

Nein, die Sowjetfrau ist noch nicht frei. Die völlige Gleichberechtigung brachte bisher unvergleichlich größere Vorteile für die Frauen der Oberschicht, die Vertreterinnen der bürokratischen, technischen, pädagogischen, überhaupt geistigen Arbeit, als für die Arbeiterinnen und besonders die Bäuerinnen. Solange die Gesellschaft nicht imstande ist, die materiellen Dienste der Familie zu übernehmen, kann eine Mutter nur dann mit Erfolg eine gesellschaftliche Funktion ausüben, wenn ihr eine weiße Sklavin zu Diensten steht — als Kinderbetreuerin, Dienstmädchen, Köchin usw. Der »Herd« von 5%, vielleicht auch 10% der 40 Millionen Familien in der Sowjetunion basiert direkt oder indirekt auf der Arbeit von Haussklavinnen und -sklaven. Die genaue Anzahl der Sowjetdienstboten zu kennen[19], wäre für die sozialistische Beurteilung der Lage der Frauen in der UdSSR nicht weniger wichtig als die gesamte Sowjetgesetzgebung, so fortschrittlich sie auch sein mag. Aber eben deshalb versteckt die Statistik die Dienstboten in der Rubrik »Arbeiterinnen« oder »Diverse«!

Die Lage einer Familienmutter, die eine geachtete Kommunistin ist, ihre Köchin hat, Bestellungen in den Kaufläden per Telefon erledigt, Auto fährt usw., hat wenig mit der Lage einer Arbeiterin gemein, die von Laden zu Laden laufen, selbst die Mahlzeiten zubereiten, die Kinder zu Fuß aus dem Kindergarten abholen muß — wenn überhaupt einer da ist. Keine sozialistischen Etiketten können diesen sozialen Gegensatz verdecken, der nicht

19 In der Volkszählung von 1926 und den Beschäftigungsstatistiken der Jahre 1926-27 und 1930 (sowie der Schätzung von 1939) erscheint das private Personal unter der Rubrik »Gelegenheitsarbeit, häusliche Dienstleistungen«. Die Gesamtzahl der dieser Kategorie zugerechneten Personen ging von 1926 bis 1939 von 1476000 auf 317000 zurück. (Vgl. Frank Lorimer, *The Population of the Soviet Union,* History and Prospects, Genf [League of Nations] 1946, S. 100.)

geringer ist als der Gegensatz zwischen einer bürgerlichen Dame und der Proletarierin in einem beliebigen Lande des Westens.

Die wirklich sozialistische Familie, der die Gesellschaft die Last der unerträglichen und erniedrigenden Alltagssorgen abnimmt, wird keiner Reglementierung bedürfen, und schon die Vorstellung von Abtreibungs- oder Scheidungsgesetzen wird als genauso bedrückend empfunden werden wie die Erinnerung an Freudenhäuser oder Menschenopfer. Die Oktobergesetzgebung leitete einen kühnen Schritt zu einer solchen Familie ein. Die wirtschaftliche und kulturelle Rückständigkeit erzeugten eine heftige Reaktion. Die thermidorianische Gesetzgebung geht nun zu den bürgerlichen Vorbildern zurück und verhüllt ihren Rückzug mit heuchlerischen Reden über die Heiligkeit der »neuen« Familie. Das Versagen des Sozialismus verbirgt sich auch in dieser Frage hinter frömmelnder Ehrerbietung.

Es gibt aufrichtige Beobachter, die, besonders in der Frage der Kinder, erschüttert sind von dem Widerspruch zwischen den hohen Prinzipien und der häßlichen Wirklichkeit. Eine Tatsache wie die grausamen Strafen gegen verwahrloste Kinder kann zu dem Schluß führen, daß die sozialistische Gesetzgebung zum Schutze der Frau und des Kindes nichts weiter ist als eine einzige Heuchelei. Es gibt den umgekehrten Typus von Beobachtern, die sich durch das Ausmaß und die Großzügigkeit der Absichten, wie sie sich in Gesetzen und Behörden äußern, verführen lassen. Beim Anblick der mit dem Elend ringenden Mütter, Prostituierten und Besprisornyje sagen sich diese Optimisten, daß das weitere Wachstum des materiellen Reichtums allmählich den sozialistischen Gesetzen Fleisch und Blut verleihen wird. Es ist nicht leicht zu entscheiden, welche von diesen beiden Denkweisen die verfehltere und die schädlichere ist. Das Ausmaß und die Kühnheit des sozialen Plans, die Bedeutung der ersten Etappen seiner Erfüllung und der eröffneten gewaltigen Möglichkeiten können nur Leute übersehen, die mit historischer Blindheit geschlagen sind. Doch andererseits kann man auch nicht umhin, sich über den passiven, im Grunde gleichgültigen Optimismus derer zu empören, die die Augen vor dem Anwachsen der sozialen Widersprüche verschließen und sich mit Ausblicken auf eine Zukunft vertrösten, deren Schlüssel sie ehrerbietig in den Händen der Bürokratie zu belassen vorschlagen. Als ob die Rechtsgleichheit von Mann und Frau nicht bereits zur Gleichheit ihrer Rechtlosigkeit vor der Bürokratie verkommen wäre! Als ob es ausgeschlossen werden kann, daß die Sowjetbürokratie statt der Befreiung nicht auch ein neues Joch bringen kann.

Wie der Mann die Frau versklavte, wie der Ausbeuter sie sich alle beide unterwarf, wie die Werktätigen sich um den Preis ihres Blutes aus der Sklaverei zu befreien versuchten und ihre Ketten nur gegen andere vertauschten — von all dem weiß die Geschichte uns viel zu berichten; ja, im Grunde erzählt sie gar nichts anderes. Wie aber tatsächlich das Kind, die Frau, der Mensch befreit werden kann, dafür gibt es noch keine positiven

Beispiele. Die gesamte, durch und durch negative historische Erfahrung fordert von den Werktätigen vor allen Dingen ein unversöhnliches Mißtrauen gegen ihre privilegierten und unkontrollierten Vormünder.

## Der Kampf gegen die Jugend

Jede revolutionäre Partei findet ihre Stütze vor allem in der jungen Generation der aufsteigenden Klasse. Politische Altersschwäche äußert sich im Verlust der Fähigkeit, die Jugend um das eigene Banner zu scharen. Gewöhnlich sind die von der Bühne abtretenden Parteien der bürgerlichen Demokratie gezwungen, die Jugend an die Revolution oder an den Faschismus abzugeben. In der Illegalität war der Bolschewismus stets eine Partei der jungen Arbeiter.[20] Die Menschewiki stützten sich auf die gediegenen Facharbeiter, die Oberschicht des Proletariats. Herablassend prahlten sie damit gegenüber den Bolschewiki, bis die späteren Ereignisse ihnen unbarmherzig ihren Fehler aufzeigten, denn im entscheidenden Augenblick riß die Jugend die reiferen Schichten und sogar die Alten mit.

Die revolutionäre Umwälzung gab den neuen Sowjetgenerationen einen grandiosen historischen Antrieb, riß sie mit einem Schlage aus den konservativen Daseinsformen heraus und offenbarte ihnen das große Geheimnis — das oberste Geheimnis der Dialektik —, daß nichts auf der Welt unveränderlich ist und die Gesellschaft sich aus plastischen Materialien formt.[21] Wie dumm ist doch im Lichte der Ereignisse unserer Epoche die Theorie von den unveränderlichen Rassentypen! Die Sowjetunion stellt einen prächtigen Schmelztiegel dar, der die Charaktere Dutzender Völkerschaften vermischt. Die Mystik der »slawischen Seele«[22] wird als Schlacke ausgeschieden.

20 Von den bolschewistischen Parteimitgliedern waren 1907 20 Prozent jünger als 20, von den menschewistischen nur etwa 5 Prozent. Das Durchschnittsalter der bolschewistischen Führungsgruppe lag damals bei 34, das der menschewistischen bei 44 Jahren. (Vgl. Putz, *Jugend und Partei*, S. 44f.)

21 »In ihrer mystifizierten Form ward die Dialektik deutsche Mode, weil sie das Bestehende zu verklären schien. In ihrer rationellen Gestalt ist sie dem Bürgertum und seinen doktrinären Wortführern ein Ärgernis und ein Greuel, weil sie in dem positiven Verständnis des Bestehenden zugleich auch das Verständnis seiner Negation, seines notwendigen Untergangs einschließt, jede gewordne Form im Flusse der Bewegung, also auch nach ihrer vergänglichen Seite auffaßt, sich durch nichts imponieren läßt, ihrem Wesen nach kritisch und revolutionär ist.« (Marx, »Nachwort zur zweiten Auflage« in: *Das Kapital*, Bd. 1, MEW 23, S. 27f.)

22 Anspielung auf die »slawophilen« Ideologen (Chomjakow, Kirejewski, Aksakow), die — in Frontstellung gegen die an westeuropäischen Vorbildern orientierten Modernisierer — einen Ausweg aus der russischen Rückständigkeit durch Rückbesinnung auf altrussische Gesellungsformen (Mir, Artel) und Frömmigkeit suchten. Die konservative Utopie der Slawophilen nahm Motive des deut-

Doch der Antrieb, den die jungen Generationen erhielten, hat bis heute noch nicht zu einer entsprechenden historischen Unternehmung geführt. Freilich, die Jugend ist sehr rührig auf dem Gebiet der Wirtschaft: in der UdSSR sind sieben Millionen Arbeiter im Alter bis zu 23 Jahren (3 140 000 in der Industrie, 700 000 bei der Eisenbahn, 700 000 im Bauwesen). In den riesigen neuen Fabriken stellen die jungen Arbeiter rund die Hälfte der Belegschaft. In den Kolchosen arbeiten heute allein schon 1 200 000 Jungkommunisten. Hunderttausende von Komsomolmitgliedern wurden in den letzten Jahren im Bauwesen, im Forstbetrieb, im Kohlebergbau, in den Goldminen für Arbeitseinsätze in den arktischen Regionen, auf Sachalin oder am Amur gewonnen, wo eine neue Stadt mit Namen Komsomolsk[23] entsteht. Die junge Generation stellt die Stoßbrigadisten, die Rekordarbeiter, die Stachanowisten, Werkmeister und das untere Verwaltungspersonal. Die Jugend lernt, und ein bedeutender Teil mit Fleiß. Nicht minder regsam ist sie auf dem Gebiet des Sports. Sie übt sich in seinen waghalsigsten bzw. militärischsten Sparten, dem Fallschirmspringen und dem Schießsport. Die Verwegensten stellen ihren Unternehmungsgeist durch die Teilnahme an gefahrvollen Expeditionen unter Beweis.

»Der beste Teil unserer Jugend«, so kürzlich der bekannte Polarforscher Schmidt[24], »will dort arbeiten, wo ihn Schwierigkeiten erwarten«. Zweifellos ist dem so, aber auf allen Gebieten unterstehen die nachrevolutionären Generationen noch der Vormundschaft. Was sie und wie sie es zu tun haben, wird ihnen von oben zugewiesen. Die Politik als höchste Kommandosache bleibt gänzlich in den Händen der sogenannten »alten Garde«. Und bei allen glühenden, oft schmeichelnden Ansprachen an die Jugend wachen die Alten doch scharf über ihr Monopol.

Die Entwicklung der sozialistischen Gesellschaft war für Engels nicht denkbar ohne das Absterben des Staates, d.h. ohne daß die Selbstverwaltung der kulturell hochstehenden Produzenten und Konsumenten an die

schen Idealismus und der Romantik auf; sowohl die Narodniki als auch die Ideologen des großrussischen Nationalismus waren von ihnen beeinflußt. (Vgl. Alexander von Schelting, *Rußland und Europa im russischen Geschichtsdenken*, Berlin [Francke] 1948; P. K. Christoff, *An Introduction to 19th Century Russian Slavophilism*, 3 Bde., s'Gravenhage [Mouton] 1961-1982.)

23 Komsomolsk na Amure wurde 1932 von Komsomolzen gegründet. Es liegt im Fernen Osten am Unterlauf des Amur, etwa 1 000 km nördlich von Wladiwostok. Das Industriezentrum ist Endpunkt einer Stichbahn der Transsibirischen Eisenbahn. Die Einwohnerzahl erreichte 1939 71 000 und stieg bis 1972 auf 226 000.

24 Otto Juljewitsch Schmidt (1891-1956), Geograph, unternahm mit dem Schiff »Tscheljuskin« eine Arktisexpedition. Im Februar 1934 wurde der Eisbrecher von Eismassen blockiert und sank. In einer dramatischen Rettungsaktion konnte die Besatzung geborgen werden. Stalin ließ Schmidt und seiner Mannschaft in Moskau einen triumphalen Empfang bereiten.

Stelle der Polizeiherrschaft tritt. Er sah die junge Generation zur Vollendung dieser Aufgabe berufen, die »als ein in neuen, freien Gesellschaftszuständen herangewachsenes Geschlecht imstande sein wird, den ganzen Staatsplunder von sich abzutun.«[25] Lenin fügt hinzu: »jedes Staatswesen abzuschaffen, auch das demokratisch-republikanische ...«[26] So etwa läßt sich die Perspektive des Aufbaus der sozialistischen Gesellschaft im Denken von Engels und Lenin zusammenfassen: Die Generation, die die Macht eroberte, die »alte Garde«, beginnt mit der Liquidierung des Staates, an der kommenden Generation liegt es, das Werk zu vollenden.

Wie steht es in Wirklichkeit? 43 % der Bevölkerung der UdSSR wurden nach der Oktoberumwälzung geboren. Nimmt man eine Altersgrenze von 23 Jahren, so ergibt sich, daß über 50 Prozent der Sowjetbürger darunter liegen. Die Mehrheit der Bevölkerung kennt folglich aus persönlicher Erinnerung kein anderes Regime als das der Sowjets. Aber diese neuen Generationen wachsen eben nicht unter »freien Gesellschaftszuständen« auf, so wie Engels es sich vorstellte, sondern sind dem unerträglichen und ständig wachsenden Druck der herrschenden Schicht ausgesetzt, derselben, die gemäß der offiziellen Fiktion die große Umwälzung vollbrachte. In der Fabrik, im Kolchos, in der Kaserne, in der Universität, in der Schule, selbst im Kindergarten, wenn nicht gar in den Krippen gilt die Führertreue und der unbedingte Gehorsam als Haupttugend des Menschen.[27] Viele der pädagogischen Formeln und Vorschriften aus jüngster Zeit könnten aus Goebbels' Feder stammen, wenn dieser sie nicht selbst in hohem Maße bei Stalins Mitarbeitern abgeschrieben hätte.

Die Schule und das gesellige Leben der Schüler sind vollständig von Formalismus und Heuchelei durchtränkt. Die Kinder haben gelernt, unzählige sterbenslangweilige Versammlungen mit dem unvermeidlichen Ehrenpräsidium zu veranstalten, mit Lobpreisungen der teuren Führer nicht zu sparen und jene vorher auswendig gelernten, rechtgläubigen Debatten zu führen, in denen — schon ganz wie bei den Erwachsenen — das, was man sagt, und das, was man denkt, zweierlei ist. Die unschuldigsten Schülerzirkel, die versuchen, sich in der Wüste des Amtsgeistes eine Oase zu schaffen,

25 Engels, »Einleitung zu ›Der Bürgerkrieg in Frankreich‹ [Ausgabe 1891]«, MEW 17, S. 614-625, hier S. 625.

26 Lenin, »Staat und Revolution« [August-September 1917], LW 25, S. 393-507, hier S. 470.

27 »Das disziplinierte Lernen in der Schule wie die Arbeitsdisziplin in der Fabrik wurden ... zu den wichtigsten staatsbürgerlichen Tugenden erklärt«, schreibt Oskar Anweiler über die dreißiger Jahre. »Die neuen hierarchischen Strukturen in Schule, Armee und Staatsapparat wurden durch den ›Dienst am Ganzen‹ und das Gelöbnis auf den ›Führer‹ (›vozd‹) legitimiert« (»Erziehungs- und Bildungspolitik«, in: ders. und Karl-Heinz Ruffmann [Hg.], *Kulturpolitik der Sowjetunion*, Stuttgart [Kröner] 1973, S. 1-144, hier S. 70.)

werden wütend unterdrückt. Durch ihre Agentur träufelt die GPU in die sogenannte »sozialistische« Schule das entsetzliche Gift der Angeberei und des Verrats. Die Nachdenklichsten unter den Pädagogen und Kinderbuchautoren können zuweilen trotz erzwungenem Optimismus angesichts dieses Klimas, das mittels Zwang, Verlogenheit und Langeweile die geistige Entwicklung an den Schulen erdrosselt, ihr Entsetzen nicht verbergen.

Da die jungen Generationen nicht über Klassenkampf- und Revolutionserfahrungen verfügen, könnten sie zu selbständiger Teilnahme am gesellschaftlichen Leben des Landes nur im Rahmen einer Sowjetdemokratie, durch eine bewußte Verarbeitung der Erfahrung der Vergangenheit und der Lehren der Gegenwart heranreifen. Selbstbewußte Charaktere und selbständiges Denken können sich ohne Kritik nicht entfalten. Doch der Sowjetjugend werden die elementarsten Möglichkeiten verwehrt, Gedanken auszutauschen, sich zu irren, eigene und fremde Fehler zu überprüfen und zu korrigieren. Alle Fragen, einschließlich der sie selbst betreffenden, werden über ihren Kopf hinweg entschieden. Sie hat nur auszuführen und zu lobsingen. Auf jedes Wort der Kritik antwortet die Bürokratie, indem sie dem Kritiker an die Gurgel fährt. All diejenigen, die durch überdurchschnittliche Leistungen herausragen oder durch Unbotmäßigkeit auffallen, werden verfolgt, unterdrückt oder physisch vernichtet. Daraus erklärt sich auch die Tatsache, daß aus dem Heer der Millionen und Abermillionen Jungkommunisten bisher nicht eine einzige führende Persönlichkeit hervorgegangen ist.

Die Jugend legt auf den Gebieten der Technik, der Wissenschaft, der Literatur, des Sports oder des Schachspiels eine erstaunliche Energie an den Tag und verdient sich so gleichsam die Sporen für kommende große Aufgaben. Auf all diesen Gebieten wetteifert sie mit einer schlecht vorbereiteten alten Generation, hier und da sie ein- und überholend. Aber bei jeder Berührung mit der Politik verbrennt sie sich die Finger. Ihr bleiben somit drei Möglichkeiten: in der Bürokratie aufgehen und Karriere machen, sich stillschweigend dem Joch beugen und sich ganz der Arbeit in Wirtschaft und Wissenschaft bzw. den kleinen Privatangelegenheiten widmen, oder aber der Weg in die Illegalität, d.h. lernen, sich zu stählen und für die Zukunft zu kämpfen. Der Karriereweg steht nur einer begrenzten Anzahl offen — während am anderen Pol eine ebenso kleine Minderheit die Reihen der Opposition verstärkt. Die ganze mittlere Gruppe, d.h. die überwiegende Mehrheit, ist äußerst heterogen. Unter der eisernen Presse spielen sich, wenn auch verborgene, so doch höchst bedeutsame Prozesse ab, die in vielem für die Zukunft der Sowjetunion bestimmend sein werden.

Die asketischen Tendenzen der Bürgerkriegsepoche machten während der NEP epikureischeren, um nicht zu sagen genußsüchtigeren Stimmungen Platz. Der erste Fünfjahresplan wurde wieder eine Zeit der unfreiwilligen Askese, doch lediglich für die Massen und die Jugend: die herrschende Schicht hatte sich auf Positionen persönlichen Wohlstands festzusetzen vermocht. Der zweite Fünfjahresplan ist ohne Zweifel von einer scharfen Reaktion gegen den Asketismus gekennzeichnet. Die Sorge um das eigene Wohlergehen ergreift breite Bevölkerungsschichten, besonders die Jugend. Tatsache ist jedoch, daß auch in der jungen Sowjetgeneration Auskommen und Wohlstand nur für die dünne Schicht erreichbar sind, die sich über die Masse zu erheben vermag und in jedem Fall in der herrschenden Schicht aufgehen wird. Auf der anderen Seite züchet und selektiert die Bürokratie ganz bewußt Apparatmenschen und Karrieristen.

»Der Sowjetjugend«, versicherte der Hauptberichterstatter auf dem Komsomolkongreß (April 1936)[28], »sind Gewinndurst, spießige Borniertheit und niederer Egoismus unbekannt«. Neben der heute vorherrschenden Losung vom »behaglichen und schönen Leben«, den Akkordmethoden, Prämien und Orden klingen diese Behauptungen wie eine Dissonanz. Der Sozialismus ist nicht asketisch, im Gegenteil: er steht der Asketik des Christentums wie überhaupt jeglicher Religion zutiefst feindlich gegenüber und ist nur *dieser* Welt, nur ihr allein zugetan. Aber der Sozialismus verfügt über eine eigene Skala der irdischen Werte. Die Entfaltung der menschlichen Persönlichkeit beginnt für ihn nicht mit der Sorge um ein behagliches Dasein, sondern erst mit dem Wegfall dieser Sorge. Doch war es noch keiner Generation gegeben, über ihren eigenen Schatten hinwegzuspringen. Die ganze Stachanowbewegung basiert bislang auf eben jenem »niederen Egoismus«. Der Erfolgsmaßstab selbst: die Anzahl der verdienten Hosen und Krawatten zeugt von »spießiger Borniertheit«. Selbst wenn man davon ausgeht, daß dieses Stadium historisch unvermeidlich ist, so

28 Allunionskongresse des Komsomol fanden zunächst jährlich (1918-1922), später dann alle zwei Jahre (1924-1931) statt. In der zweiten Periode organisierte der Komsomol jeweils zwischen den Kongressen eine Allunionskonferenz. Während der Säuberungen zwischen der 7. Konferenz und dem 10. Kongreß (1932 bzw. 1936) fanden keine nationalen Treffen mehr statt, ebensowenig nach 1936. Der 11. Kongreß wurde erst dreizehn Jahre später (1949) abgehalten. (Vgl. Fisher, *Pattern for Soviet Youth*. Auf dem 10. Allunionskongreß des Komsomol (11.-21.4.1936) ging es vor allem darum, mit der Verabschiedung eines neuen Programms und Statuts einen Schlußstrich unter die 1935 begonnene Reorganisation des Verbandes zu ziehen. In seinem Rechenschaftsbericht hob Kossarew die jüngsten Aktivitäten der Jugendlichen, darunter den Aufbau der Stadt Komsomolsk und die Beteiligung an der Stachanow-Kampagne hervor. Anschließend ging er auf die Verbreitung des Sowjetpatriotismus in der Jugend und auf die neue soziale Zusammensetzung des Komsomol (durch Zulassung von Angestellten, Intellektuellen und Kindern von Kulaken) ein. (Vgl. »Der 10. Kongreß des Kommunistischen Jugendverbandes der Sowjetunion«, in: *Rundschau* Nr. 17, 16.4.1936, S. 695.) Als Berichterstatter über den neuen Programmentwurf trat Feinberg auf, der die Revisionsbedürftigkeit des alten Programms aufzeigte. (Vgl. »Der Kongreß der Sowjetjugend, Von unserem Sonderberichterstatter L. F. Boross«, in: *Rundschau* Nr. 21, 7.5.1936, S. 865-868, hier S. 866 f.)

muß man es sehen, wie es ist. Zweifellos ermöglicht die Wiederherstellung der Marktverhältnisse eine bedeutende Steigerung des persönlichen Lebensstandards. Es erklärt sich keineswegs aus dem Anreiz des sozialistischen Aufbaus, daß die sowjetischen Jugendlichen so darauf erpicht sind, Ingenieur zu werden. Vielmehr ist dies der einfachen Tatsache geschuldet, daß Ingenieure viel mehr verdienen als Ärzte und Lehrer.[29] Wo sich derartige Tendenzen inmitten geistiger Bedrückung und ideologischer Reaktion, bei bewußter Entfesselung der Streberinstinkte von oben herausbilden, da reduziert sich die Entwicklung »sozialistischer Kultur« auf eine Erziehung im Geiste des extremsten antisozialen Egoismus.

Und dennoch wäre es eine grobe Beleidigung der Jugend, sie als ausschließlich oder auch nur vorwiegend egoistisch hinzustellen. Nein, in ihrer Masse zeichnet sie sich durch Großzügigkeit, Lernbereitschaft und Tatkraft aus. Das Karrierestreben beschränkt sich auf die Oberfläche. Im Innern hingegen, getragen von einem Heroismus, der erst noch nach Verwendung sucht, sind neue, noch nicht ausgestaltete Tendenzen lebendig. Aus diesen Stimmungen nährt sich im besonderen der neue, zweifellos sehr tiefe, aufrichtige und lebendige Sowjetpatriotismus.[30] Aber auch durch diesen Patriotismus zieht sich ein Riß, der die Jungen von den Alten trennt.

Den gesunden Lungen der Jugend ist es zuwider, die stickige Luft der

29 In den dreißiger Jahren verdiente ein technischer Spezialist im Durchschnitt doppelt so viel wie ein Industriearbeiter, Anfang der achtziger Jahre nur noch 10 bis 20 Prozent mehr. Das Einkommen von Beschäftigten im Bereich des Bildungswesens entsprach in den dreißiger Jahren etwa dem Arbeiterdurchschnittslohn. 1984 verdienten im Volksbildungsbereich Beschäftigte ein Viertel, die im Gesundheits- und Sozialwesen Arbeitenden fast ein Drittel weniger als die in der Industrie.

30 »Wir lieben unser Vaterland und sind bereit, es zu verteidigen, *weil es der erste sozialistische Staat ist*, wo es keine Ausbeutung gibt, wo man nicht mit Menschenleben und Menschenwürde handelt, wo die große Freundschaft der Millionenmassen der Werktätigen der verschiedenen Nationalitäten blüht.« (»Der Kongreß...« [Anm. 28], S. 939 f.)
Seinen Höhepunkt erreichte der Sowjetpatriotismus im »Großen Vaterländischen Krieg«, als am 1.1.1944 im sowjetischen Rundfunk die »Internationale« durch eine Nationalhymne ersetzt wurde, in der es hieß: »Stalin erzog uns zur Treue zum Volke, / zur Arbeit und zu Ruhmestaten begeisterte er uns ... / wir entscheiden in Schlachten das Schicksal der Geschlechter! / Wir schreiten zum Ruhm des Vaterlandes voran!«
Seither ist der Sowjetpatriotismus fester Bestandteil der Staatsideologie. »Der Patriotismus«, schreibt etwa Samoilenko, »ist der bewußte Stolz auf die sozialen, ökonomischen, kulturellen Errungenschaften des eigenen Volkes, das ehrfurchtsvolle Verhalten zu seinen revolutionären Traditionen.« (W. F. Samoilenko, *Grundlage des Kampfbündnisses*, Der Internationalismus als Faktor der Verteidigungsmacht der sozialistischen Gesellschaft, Berlin/DDR [Militärverlag] 1984, S. 91.)

Heuchelei zu atmen, die vom Thermidor, d.h. von der Reaktion, die noch gezwungen ist, sich mit dem Gewand der Revolution zu schmücken, nicht zu trennen ist. Der schreiende Gegensatz zwischen den sozialistischen Plakaten und dem realen Leben untergräbt das Vertrauen in die offiziellen Glaubensgrundsätze. Ein nicht unerheblicher Teil der Jugend trägt Verachtung gegenüber der Politik, Grobheit und Liederlichkeit zur Schau. In vielen, wahrscheinlich den meisten Fällen sind Gleichgültigkeit und Zynismus Ausdruck einer frühen Form von Unzufriedenheit und des geheimen Wunsches, auf eigenen Füßen zu stehen. Die Ausschlüsse aus dem Komsomol und der Partei, die Verhaftungen und Verbannungen Hunderttausender junger »Weißgardisten« und »Opportunisten« einerseits, »Bolschewiki-Leninisten« andererseits, zeugen davon, daß die Quellen der bewußten politischen Opposition, der rechten wie der linken, nicht versiegen. Im Gegenteil, in den letzten ein, zwei Jahren sprudelten sie mit neuer Kraft. Schließlich sinnen die Ungeduldigsten, Hitzigsten, Unausgeglichensten, die, deren Interessen und Gefühle am meisten verletzt wurden, auf terroristische Rache. So läßt sich etwa das Spektrum der politischen Stimmungen in der Sowjetjugend darstellen.

An der Geschichte des individuellen Terrors in der UdSSR können wir deutlich die Etappen der allgemeinen Entwicklung des Landes ablesen. In der Frühzeit der Sowjetmacht, in der Atmosphäre des noch nicht beendeten Bürgerkrieges, wurden terroristische Attentate von Weißen oder Sozialrevolutionären verübt. Als die ehemals herrschenden Klassen die Hoffnung auf eine Restauration verloren hatten, verschwand auch der Terrorismus. Der Kulakenterror, dessen Nachwehen noch in der jüngeren Vergangenheit spürbar waren, war stets lokaler Natur und ergänzte den Partisanenkrieg gegen das Sowjetregime. Was den Terrorismus der jüngsten Zeit betrifft, so stützt er sich weder auf die alten herrschenden Klassen noch auf die Kulaken. Die Terroristen des letzten Aufgebots rekrutieren sich ausschließlich aus der Sowjetjugend, aus den Reihen des Komsomol und der Partei, oft sogar aus den Sprößlingen der herrschenden Schicht. Völlig außerstande, die Aufgaben zu lösen, die er sich selbst stellt, ist der individuelle Terror doch von überaus symptomatischer Bedeutung und bezeichnend für die Schärfe des Gegensatzes zwischen der Bürokratie und den breiten Volksmassen, insbesondere der Jugend.

Wirtschaftliches Draufgängertum, Fallschirmsport, Polarexpeditionen, betonte Gleichgültigkeit, »Rowdyromantik«, terroristische Neigungen und vereinzelte Terrorakte — das alles sind Anzeichen für eine bevorstehende Explosion der jungen Generation gegen die unerträgliche Bevormundung durch die Alten. Ein Krieg könnte gewiß als Ventil für die angestaute Unzufriedenheit dienen. Aber nicht auf Dauer. Die Jugend würde in kurzer Zeit die nötige Kampferfahrung und Autorität erlangen, an der es ihr heute noch mangelt. Zugleich würde das Ansehen der meisten »Alten« dadurch nicht wiedergutzumachenden Schaden nehmen. Bestenfalls würde der

Krieg der Bürokratie lediglich einen kurzen Aufschub gewähren, so daß der politische Konflikt bei Kriegsende um so schärfer ausbrechen würde.

Selbstverständlich ist es zu einseitig, das politische Grundproblem der UdSSR auf das Generationenproblem zurückzuführen. Unter den Alten zählt die Bürokratie nicht wenige erklärte oder heimliche Gegner, wie es auch unter der Jugend Hunderttausende ausgemachter Bürokraten gibt. Doch gleich von welcher Seite der Angriff auf die Positionen der herrschenden Schicht erfolgen wird, von links oder rechts, die Angreifer werden ihre Hauptstreitkräfte aus der bedrängten, politisch rechtlosen und unzufriedenen Jugend rekrutieren. Die Bürokratie versteht dieses Problem ausgezeichnet, wie sie überhaupt ein feines Gespür für alles hat, was ihre Vormachtstellung gefährden könnte. Natürlich bemüht sie sich, ihre Positionen rechtzeitig zu konsolidieren. Gerade deswegen legt sie ihre Hauptschützengräben und ihre Betonbefestigungen gegen die junge Generation an.

Im April 1936 tagte im Kreml, wie bereits erwähnt, der 10. Komsomol-Kongreß. Niemand gab sich natürlich die Mühe zu erklären, warum der Kongreß entgegen den Statuten volle fünf Jahre nicht einberufen worden war. Dafür stellte sich bald heraus, daß der sorgfältig ausgelesene und gesiebte Kongreß diesmal ausschließlich tagte, um die Jugend politisch zu expropriieren: nach dem neuen Statut[31] ist der Komsomol sogar juridisch des Rechts beraubt, am Gesellschaftsleben des Landes teilzunehmen. Sein einziges Arbeitsgebiet ist nunmehr Aufklärung und kulturelle Erziehung. Der Generalsekretär des Komsomol erklärte im Auftrag von oben: »Wir müssen *aufhören mit dem Geschwätz* über Industrie- und Finanzplan, Unkostensenkung, Wirtschaftsberechnung, Aussaat und andere höchst wichtige Staatsaufgaben, *als ob wir darüber entscheiden würden.*« Das ganze Land könnte die letzten Worte nachsprechen: »Als ob wir darüber entscheiden würden!« Der freche Verweis: »Mit dem Geschwätz aufhören!«, der selbst bei dem auf Linie getrimmten Kongreß keinerlei Begeisterung auslöste, scheint um so verblüffender, als das Sowjetgesetz die Volljährigkeit auf das 18. Lebensjahr festgesetzt hat (von diesem Alter an sind junge Männer und Frauen im Besitz des vollen Wahlrechts) und die Altersgrenze beim Komsomol gemäß dem alten Statut bei 23 Jahren lag, wobei faktisch ein ganzes Drittel der Organisationsmitglieder diese Grenze überschritten hatte. Der letzte Kongreß nahm gleichzeitig zwei Reformen vor: er legalisierte die Beteiligung der älteren Jahrgänge am Komsomol, erhöhte damit die Zahl der Komsomolwähler und nahm zugleich der gesamten Organisation das Recht, nicht nur, sich in die allgemeine Politik (davon kann erst

31 Vgl. *Programm und Statut des Leninschen Kommunistischen Jugendverbandes der Sowjetunion.*

recht keine Rede sein!), sondern auch in die laufenden Wirtschaftsfragen einzumischen. Die Aufhebung der alten Altersgrenze wurde dadurch diktiert, daß der Übergang aus dem Komsomol in die Partei, der sich früher fast automatisch vollzog, enorm erschwert ist. Der Entzug des letzten Rests, ja selbst des Scheins von politischen Rechten ist ursächlich mit dem Bestreben verbunden, den Komsomol vollständig und endgültig der gesäuberten Partei unterzuordnen. Beide einander deutlich widersprechende Maßnahmen gehen dennoch auf ein- und dieselbe Quelle zurück: die Furcht der Bürokratie vor der jungen Generation.

Die Berichterstatter, die nach ihren eigenen Worten direkte Aufträge Stalins ausführten — diese Warnungen sollten von vornherein selbst die bloße Möglichkeit von Debatten ausschließen —, erläuterten das Ziel der Reform mit einer beinahe verblüffenden Offenheit: »Wir brauchen keine zweite Partei.«[32] Dieses Argument ließ erkennen, daß der Komsomol nach Ansicht der herrschenden Spitze sich in eine zweite Partei zu verwandeln droht, wenn er nicht ein- für allemal erdrosselt wird. Wie um die möglichen Tendenzen einer solchen Partei zu umreißen, erklärte der Berichterstatter warnend: »Seinerzeit versuchte niemand anders als Trotzki, demagogisch mit der Jugend schäkernd, ihr den antileninistischen, antibolschewistischen Gedanken von der Notwendigkeit des Aufbaus einer zweiten Partei einzuimpfen« usw. Die historische Anspielung des Berichterstatters enthält einen Anachronismus: In Wirklichkeit warnte Trotzki »seinerzeit« nur davor, daß eine weitere Bürokratisierung des Regimes unvermeidlich zum Bruch mit der Jugend führen und die Gefahr einer zweiten Partei heraufbeschwören müsse.[33] Dennoch: Der Gang der Ereignisse hat diese Warnung

32 Auf dem 11. Plenum des Komsomol-ZK berichtete der Generalsekretär des Jugendverbandes, Kossarew, Stalin selbst habe ihm erklärt, »daß der Apparat des Komsomol nicht mechanisch die Komitees der Partei kopieren dürfe«, und hinzugefügt: »Wir wissen, daß es solches Kopieren bei uns gab ...« Zusammenfassend erläuterte Kossarew den ZK-Mitgliedern die Aufgaben des Jugendverbands: »Die Funktionen des Partei- und des Komsomol-Apparats sind nicht gleich. Die Partei führt das Land, der Komsomol aber hilft lediglich durch seine Erziehungs- und Organisationsarbeit zu führen.« (*Komsomolskaja Prawda*, 28.6.1935, zitiert nach Putz, *Jugend und Partei*, S. 365.) Auf dem 10. Kongreß der Jugendorganisation wiederholten neben Kossarew auch der Berichterstatter Feinberg und der Parteivertreter Andrejew die Warnung, der Komsomol dürfe die KPdSU nicht kopieren.

33 »Die heutige Stimmung der Jugend, die — wie es jedem denkenden Parteimitglied klar ist — ausgesprochen symptomatisch ist, wird durch eben dieselben Methoden ,absoluter Ruhe' erzeugt, die die *einstimmig* angenommene Resolution des Politbüros tadelt. Mit anderen Worten: gerade die ,absolute Ruhe' barg die Gefahr einer zunehmenden Entfremdung zwischen den führenden Schichten der Partei und ihren jüngeren Mitgliedern, d. h. ihrer überwiegenden Mehrheit.«

bekräftigt und sie damit zu einem Programm gemacht. Die entartete Partei übt nur noch auf die Karrieristen Anziehungskraft aus. Die aufrichtigen und denkenden jungen Frauen und Männer muß es ekeln vor der byzantinischen Kriecherei[34], vor der falschen, Privilegien und Willkür verschleiernden Rhetorik, vor der Prahlerei der mittelmäßigen, sich gegenseitig beweihräuchernden Bürokraten, vor allen diesen Marschällen, die noch keine Sterne vom Himmel geholt haben, sich aber um so mehr an die Brust heften. Es handelt sich folglich nicht mehr wie vor zwölf, dreizehn Jahren um die »Gefahr« einer zweiten Partei, sondern um ihre historische Notwendigkeit als der einzigen Kraft, die imstande sein wird, die Sache der Oktoberrevolution weiterzutreiben. Die Änderung der Komsomolstatuten, werde sie auch durch die Androhung neuer Polizeistrafen bekräftigt, wird die politische Reifung der Jugend nicht aufhalten und ihren Zusammenstoß mit der Bürokratie nicht verhindern können.

Auf welche Seite wird sich die Jugend im Falle einer großen politischen Erschütterung schlagen? Um welches Banner wird sie sich scharen? Jetzt kann noch niemand auf diese Frage eine gesicherte Antwort geben, am wenigsten die Jugend selbst. Widersprüchliche Tendenzen arbeiten an ihrem Bewußtsein. Letzten Endes wird der Weg, den die Hauptmasse der Jugend einschlagen wird, von historischen Ereignissen von weltweiter Bedeutung abhängen: Krieg, neue Erfolge des Faschismus oder — umgekehrt — Sieg der proletarischen Revolution im Westen. Auf jeden Fall wird sich die Bürokratie davon überzeugen müssen, daß diese rechtlose Jugend eine historische Zeitbombe mit kolossaler Sprengkraft darstellt.

(Trotzki, *Der Neue Kurs* [1924], Berlin [Neuer Kurs] 1972, S. 113.) »Bedeutende Kreise der Partei, die sich nicht als aktive Teilnehmer der Parteiarbeit fühlen und die keine entsprechende und rechtzeitige Antwort auf ihre an die Partei gerichteten Anforderungen erhalten, würden beginnen, für sich ein Surrogat zu suchen... für die Parteitätigkeit in Form aller möglichen Gruppierungen und Fraktionsbildungen.« (Trotzki, »Schriften zum Neuen Kurs der Partei« [1923-24], in: Wolter [Hg.], *Die Linke Opposition...*, Bd. 1, S. 346-408, hier S. 406.)

34 Die Gesellschaftsform des 330 nach der Verlegung der Hauptstadt des römischen Reiches nach Byzanz (Konstantinopel, Istanbul) und anschließender Reichsteilung entstandenen oströmischen Kaiserreichs entsprach dem Typus der orientalischen Despotie. Es umfaßte Anatolien und die Balkanhalbinsel, Süd- und Mittelitalien, dehnte sich aber zeitweilig bis nach Ägypten und Nordafrika aus und vermittelte den slawischen Völkern die griechische Kultur. Die totale Unterwürfigkeit der Untertanen gegenüber dem christlichen Kaiser von Gottes Gnaden hat sich als befremdliches, »byzantinisches« Ritual dem Bewußtsein der westeuropäischen Völker eingeprägt. (Vgl. Karl A. Wittfogel, *Die orientalische Despotie*, Eine vergleichende Untersuchung totaler Macht [1957], Köln [Kiepenheuer & Witsch] 1962, S. 199-206.) Die Allmacht der Bürokratie und die Vergottung Stalins gemahnten Trotzki an die Autokratie der Zaren, die in Moskau das »Dritte Rom« sahen.

Bekanntlich antwortete 1894 das russische Selbstherrschertum durch den Mund des jungen Zaren Nikolaus II.[35] den Semstwo[36]-Abgeordneten, die schüchtern davon träumten, am politischen Leben teilnehmen zu können, mit den berühmten Worten: »Unsinnige Träumereien!«[37] 1936 antwortete die Sowjetbürokratie auf die noch verworrenen Ansprüche der jungen Generation mit dem noch gröberen Zuruf: »Mit dem Geschwätz aufhören!« Diese Worte werden ebenfalls in die Geschichte eingehen. Stalins Regime möge nicht weniger schwer dafür bezahlen als jenes, an dessen Spitze Nikolaus II. stand.

35 Nikolaus II. (1868-1918), letzter Zar (1894-1917). »Seine Ahnen ... bedachten ihn mit keiner einzigen Eigenschaft, die ihn befähigt hätte, ein Reich zu verwalten, oder auch nur ... einen Kreis.« (Trotzki, *Geschichte der Russischen Revolution*, Februarrevolution, S. 60f.; *Schriften*, Bd. 10.1.) Nikolaus versuchte zunächst, das autokratische Regime seines Vaters Alexanders III. fortzuführen und sich im Bunde mit dem grundbesitzenden Adel der Industrialisierung zu widersetzen. Rußlands Niederlage im Krieg mit Japan führte zur Revolution von 1905. Im Oktobermanifest gestand der Zar das allgemeine Wahlrecht, Grundrechte und eine gesetzgebende Volksvertretung (die Duma) zu. 1907 schränkte er mit Unterstützung seines Ministers Stolypin das Duma-Wahlrecht zugunsten der konservativen Schichten wieder ein. 1915 übernahm er den Oberbefehl des Heeres und dankte nach Ausbruch der Revolution auf Druck der Generalität am 15.3.1917 ab. Interniert in Jekaterinburg (Swerdlowsk) wurde er anläßlich eines bedrohlichen Vorstoßes weißer Truppen in der Nacht zum 17.7.1918 samt seinen Familienangehörigen auf Anweisung des Politbüros erschossen. (Vgl. Trotzki, *Tagebuch im Exil*, S. 80-83.)
(Constantin de Grünwald, *Der letzte Zar*, Wien - Berlin [Neff] 1966.)

36 Semstwo (»Landschaft«) hieß das seit 1864 auf Kreis- und Gouvernementsebene eingerichtete Organ der ländlichen Selbstverwaltung, zu dessen Kompetenzen die Beratung und Versorgung der Landbevölkerung in medizinischen und agronomischen Fragen, die Feuerversicherung, der Wegebau und ähnliches gehörten. Unter Nikolaus II. politisierten sich die Semstwos und wurden zu Zentren der demokratisch-konstitutionellen Opposition. Der Vorsitzende des 1904 gegründeten »Bundes der Semstwo-Konstitutionalisten«, Fürst G. E. Lwow, wurde nach der Februarrevolution 1917 erster Ministerpräsident der Provisorischen Regierung.

37 »Ich bin erfreut, Vertreter aller Stände zu sehen, die hierher kamen, um mir ihre untertänigen Gefühle auszudrücken. Aber es ist mir bekannt, daß in letzter Zeit in einigen Semstwo-Versammlungen Stimmen von Leuten laut geworden sind, die sich von *sinnlosen Träumereien* hinreißen ließen. Mögen nun alle wissen, daß ich meine Kräfte dem Wohle des Volkes widmen, das Prinzip der *Selbstherrschaft* aber *ebenso fest und unbeugsam hochhalten* werde, wie es mein unvergeßlicher Vater getan hat.« (Nikolaus II., zitiert nach Gitermann, *Geschichte Rußlands*, Bd. 3, S. 340.)

Nation und Kultur

Die Politik des Bolschewismus in der nationalen Frage sicherte den Sieg der Oktoberrevolution und half der Sowjetunion, in der Folgezeit trotz innerer zentrifugaler Kräfte und trotz feindlicher Einkreisung zu überleben. Die bürokratische Degeneration des Staates belastete die Nationalitätenpolitik wie ein Mühlstein. Gerade in der nationalen Frage gedachte Lenin, gegen die Bürokratie und vor allem gegen Stalin auf dem 12. Parteitag im Frühjahr 1923 den ersten Schlag zu führen. Doch noch bevor der Parteitag zusammentrat, schied Lenin aus unseren Reihen. Die Dokumente, die er damals vorbereitete, werden bis heute von der Zensur unterdrückt.[38]

Die kulturellen Bedürfnisse der von der Revolution erweckten Nationen verlangen nach großzügigster Autonomie. Gleichzeitig kann die Wirtschaft sich nur dann erfolgreich entwickeln, wenn sich alle Teile der Union einem gemeinsamen zentralen Plan unterordnen. Wirtschaft und Kultur sind aber voneinander nicht durch unüberwindbare Mauern getrennt. Das Streben nach kultureller Autonomie und der Zwang zum wirtschaftlichen Zentralismus geraten daher von Zeit zu Zeit miteinander in Konflikt. Jedoch ist der Gegensatz zwischen ihnen keineswegs unüberbrückbar. Gibt es zu seiner Lösung auch keine fertige Formel und kann es eine solche auch gar nicht geben, so gibt es doch den geschmeidigen Willen der interessierten Massen selbst: nur ihre tätige Teilnahme an der Bestimmung ihres eigenen Geschicks vermag in jeder neuen Etappe den notwendigen Trennungsstrich zwischen den rechtmäßigen Anforderungen des wirtschaftlichen Zentralismus und den Lebensansprüchen der nationalen Kulturen zu ziehen. Das Unglück ist aber, daß in der UdSSR der Wille der Bevölkerung in all ihren nationalen Bestandteilen heute ganz und gar dem Willen der Bürokratie untergeordnet ist, die sowohl an die Wirtschaft wie an die Kultur vom Standpunkt der Bequemlichkeit für die Leitung und der spezifischen Interessen der herrschenden Schicht herantritt.

Allerdings leistet die Sowjetbürokratie auf dem Gebiet der Nationalitätenpolitik wie auf dem der Wirtschaft weiterhin eine gewisse progressive Arbeit, auch wenn die dadurch entstehenden Unkosten unverhältnismäßig hoch sind. Dies bezieht sich vor allem auf die rückständigen Völkerschaften der Union, die notwendigerweise eine mehr oder weniger lange Periode der

38 Gemeint sind drei Dokumente: Lenin, »Über die Bildung der UdSSR, Brief an L. B. Kamenew für die Mitglieder des ZK der KPR(B)« (26.9.22), LW Ergänzungsband 1917-1923, S. 443-445 (russische Erstveröffentlichung: 1959); Ders., »Zur Frage der Nationalitäten oder der ‚Autonomisierung'« (30.12.22), LW 36, S. 590-592 (russische Erstveröffentlichung: 1956); Ders., »Notiz für das Politbüro übr den Kampf gegen den Großmachtchauvinismus« (6.10.22.), LW 33, S. 358 (russische Erstveröffentlichung: 1937).
(Vgl. Moshé Lewin, *Lenins letzter Kampf*, S. 52-71, 72-80 und 81-92.)

Übernahme, Aneignung und Verarbeitung ihnen unbekannter Fertigkeiten und Kenntnisse durchmachen müssen. Die Bürokratie baut ihnen eine Brücke zu den elementaren Errungenschaften der bürgerlichen, zum Teil auch noch vorbürgerlichen Kultur. Bezogen auf eine Reihe von Gebieten und Völkern vollbringt die Sowjetmacht ein historisches Werk von ähnlicher Bedeutung wie dasjenige, das Peter I.[39] und seine Gefolgsleute in bezug auf das alte Moskowien vollbrachten — allerdings in größerem Maßstab und in schnellerem Tempo.

In den Schulen der Union wird heute in nicht weniger als achtzig Sprachen unterrichtet. Für die meisten mußten ein neues Alphabet geschaffen oder die sehr aristokratischen asiatischen durch ein demokratischeres, das lateinische ersetzt werden. In ebensovielen Sprachen erscheinen Zeitungen, welche die Bauern und Hirtennomaden erstmalig mit den elementaren Vorstellungen der menschlichen Kultur bekanntmachen. In den entlegensten Randgebieten des ehemaligen Zarenreichs entstehen eigenständige Industrien. Die alte, noch halb vom Stammesdasein geprägte Kultur bricht unter dem Traktor auseinander. Neben dem Schreiben und Lesen werden die Erkenntnisse der Agrarwissenschaft und der Medizin vermittelt. Schwerlich ist die Bedeutung dieses Aufbauwerks an dem neuen Menschenschlag zu überschätzen. Nicht ohne Grund sagte Marx, die Revolution sei die Lokomotive der Geschichte.[40]

39 Peter I., »der Große« (1672-1725), verschaffte Rußland in Kriegen gegen die Türkei (1695-96) und Schweden (1700-1721) den Rang einer europäischen Großmacht, verlegte die Hauptstadt von Moskau nach Petersburg, um »ein Fenster nach Europa durchzubrechen«. Im Inneren setzte er sich gegenüber dem Adel durch und modernisierte nach westeuropäischem Vorbild Staatsverwaltung, Heer und Lebensformen.
»Das moskowiter Reich wurde in der schrecklichen und nichtswürdigen Schule mogolischer Sklaverei genährt und aufgezogen. Zu Kräften gelangte es nur, weil es in der Kunst des Sklaventums zum Virtuosen wurde. Selbst nach seiner Emanzipation spielte es die traditionelle Rolle des zum Herrn gewordenen Sklaven weiter. Peter der Große schließlich war es, der das politische Gewerbe dieses Mongolensklaven mit dem stolzen Ehrgeiz des mongolischen Gebieters vereinte, dem Dschingis Khan in seinem Testament die Eroberung der Erde vermacht hatte.« »Waren die moskowiter Zaren, die in neue Gebiete hauptsächlich mit Hilfe der tatarischen Khans vordrangen, gezwungen gewesen, Moskau zu *tatarisieren*, so war Peter der Große durch seinen Entschluß, mittels des westlichen Einflusses zu arbeiten, gezwungen, Rußland zu *zivilisieren*.« »Petersburg, das *exzentrische Zentrum* des Reiches, deutete zugleich auf noch zu ziehende Grenzen hin.« (Marx, *Enthüllungen zur Geschichte der Diplomatie im 18. Jh.*, hg. von K. A. Wittfogel, Frankfurt [Suhrkamp] 1981, S. 126, 132 und 130. Vgl. Reinhard Wittram, *Peter I., Zar und Kaiser*, Zur Geschichte Peters des Großen in seiner Zeit, 2 Bde., Göttingen [Vandenhoeck und Ruprecht] 1964.)

40 »Die Revolutionen sind die Lokomotiven der Geschichte.« (Marx, »Die Klassenkämpfe in Frankreich 1848 bis 1850« [1850], MEW 7, S. 9-107, hier S. 85.)

Aber auch die stärkste Lokomotive vollbringt keine Wunder: sie ändert nicht die Gesetze des Raums, sondern beschleunigt nur die Bewegung. Allein die Notwendigkeit, Dutzende von Millionen Erwachsener mit dem ABC, der Zeitung oder den einfachsten Hygieneregeln bekannt zu machen, zeigt, welch ein langer Weg noch zurückzulegen ist, bevor die Frage der neuen sozialistischen Kultur wirklich gestellt werden kann. Die Presse teilt beispielsweise mit, daß die Oiroten[41] in Westsibirien, die früher nicht wußten, was es heißt, ein Bad zu nehmen, heute »in vielen Dörfern Bäder haben, wohin man zuweilen 30 Kilometer weit kommt, um sich zu waschen.« Dies extreme, dem niedrigsten Kulturniveau entsprechende Beispiel rückt jedoch die vielen anderen Errungenschaften ins rechte Licht, und nicht nur in den rückständigen Randgebieten.

Wenn das Regierungsoberhaupt das Kulturwachstum belegen möchte und darauf hinweist, daß in den Kolchosen die Nachfrage nach »eisernen Betten, Wanduhren, Strickkleidung, Wolljacken, Fahrrädern« usw. gestiegen ist, so bedeutet das nur, daß die wohlhabenden Oberschichten des Sowjetdorfs beginnen, sich der Industrieartikel zu erfreuen, die seit langem zum Bedarf der Bauernmassen im Westen gehören. Tagaus, tagein werden in den Reden und in der Presse Unterweisungen zum Thema des »kultivierten sozialistischen Handels« erteilt. Im Grunde handelt es sich nur darum, den Staatsläden ein sauberes und ansprechendes Äußeres zu geben, sie mit der nötigen technischen Ausstattung und einer ausreichenden Warenauswahl zu versehen, die Äpfel nicht verfaulen zu lassen, den Strümpfen Stopfgarn beizulegen, schließlich den Verkäufern beizubringen, sich höflich dem Käufer gegenüber aufmerksam und höflich zu verhalten — mit einem Wort, das zu erreichen, was beim kapitalistischen Handel die Regel ist. Selbst bis zur Lösung dieser sehr wichtigen Aufgabe, die jedoch kein Quentchen Sozialismus enthält, ist es noch ein weiter Weg.

Lassen wir eine Minute lang die Gesetze und Institutionen beiseite und nehmen wir uns das Alltagsleben der großen Masse der Bevölkerung vor. Dabei wollen wir weder uns selbst noch anderen etwas vormachen und müssen doch eingestehen, daß in den Sitten und Gebräuchen das Erbe des zaristischen und bürgerlichen Rußlands die Keime des Sozialismus noch bei weitem überwiegt. Dies beweist am überzeugendsten das Verhalten der Bevölkerung selbst, die sich bei der geringsten Erhöhung des Lebensstan-

41 Die Oiroten leben im Autonomen Gebiet Hochaltai (West-Sibirien). Sie sind überwiegend Schafzüchter. Ihre Sprache, das zur Gruppe der Turksprachen gehörende Altaische, hat erst seit 1917 eine eigene Literatur hervorgebracht. Es wird seit 1938 mit dem kyrillischen Alphabet geschrieben. Das am 1. Juni 1922 errichtete Autonome Oirotengebiet, das 1948 in Hochaltai-Gebiet umbenannt wurde (Hauptstadt Gorno Altaisk), hatte 1976 etwa 169000 Einwohner. Es liegt innerhalb der Altai-Region der RSFSR und grenzt im Süden an die VR China und an die Mongolische VR.

dards gierig auf die westlichen Fertigwaren stürzt. Die jungen Sowjetangestellten, häufig sogar die Arbeiter, sind bemüht, es in Kleidung und Verhaltensformen den amerikanischen Ingenieuren und Technikern nachzutun, mit denen sie gelegentlich in der Fabrik eng in Berührung kommen. Die Industriearbeiterinnen oder weiblichen Büroangestellten verschlingen die ausländischen Touristinnen mit den Augen, um ihnen Mode und Stil abzugucken. Die Glückliche, der dies gelungen ist, wird zum Objekt der allgemeinen Nachahmung. Statt der alten Haarwickel lassen sich die besser bezahlten Arbeiterinnen »Dauerwellen« drehen. Die Jugend schreibt sich mit Vorliebe in Kurse für »westliche Tänze« ein. In gewissem Sinne ist all dies ein Fortschritt. Doch drückt sich darin bislang nicht die Überlegenheit des Sozialismus über den Kapitalismus aus, sondern lediglich die der kleinbürgerlichen Kultur über die patriarchale, die der Stadt über das Land, die des Zentrums über die Provinz und die des Westens über den Osten.

Die privilegierten Sowjetschichten machen ihre Anleihen hingegen bei den höhergestellten kapitalistischen Kreisen, wobei die Diplomaten, Trustdirektoren und Ingenieure, die häufig Gelegenheit haben, nach Europa und Amerika zu reisen, als Schiedsrichter fungieren. Die Sowjetsatire greift dieses Thema nicht auf, da es ihr streng verboten ist, das Verhalten der oberen »Zehntausend« aufs Korn zu nehmen. Doch sieht man nicht ohne Bitterkeit, daß die hohen Sendboten der Sowjetunion es nicht verstanden haben, gegenüber der kapitalistischen Zivilisation einen eigenen Stil oder auch nur irgendeinen selbständigen Zug zu entwickeln. Es fehlte ihnen an der Standfestigkeit, den äußeren Glanz zu verachten und die nötige Distanz zu wahren. Ihr Hauptehrgeiz besteht gewöhnlich darin, sich so wenig wie möglich von den perfekten bürgerlichen Snobs zu unterscheiden. Mit einem Wort, in ihrer Mehrzahl fühlen und benehmen sie sich nicht wie Vertreter einer neuen Welt, sondern wie gewöhnliche Emporkömmlinge.

Festzustellen, die Sowjetunion leiste heutzutage im Grunde nur die Kulturarbeit, welche die fortgeschrittenen Länder auf der Basis des Kapitalismus längst vollbracht haben, wäre jedoch nur die halbe Wahrheit. Die neuen Gesellschaftsformen sind dabei keinesfalls unwesentlich. Sie gestatten es dem zurückgebliebenen Land nicht nur, das Niveau der fortgeschrittenen zu erreichen, sondern ermöglichen ihm auch, diese Aufgabe in einem viel kürzeren Zeitraum durchzuführen, als seinerzeit im Westen dazu benötigt wurde. Die Erklärung für dieses Rätsel der beschleunigten Entwicklung ist einfach: Die bürgerlichen Pioniere mußten ihre Technik erfinden und lernen, sie in der ökonomischen und kulturellen Sphäre einzusetzen. Die Sowjetunion hingegen übernimmt das vervollkommnete Resultat und wendet dank der vergesellschafteten Produktionsmittel diese Anleihen nicht stückweise und allmählich, sondern mit einem Mal und in gigantischem Maßstab an.

Die Militärführer vergangener Epochen haben nicht selten die Rolle der Armee als Kulturträgerin, insbesondere gegenüber der Bauernschaft, gerühmt. Wir machen uns keine Illusionen über die spezifische, vom bürgerlichen Militarismus gezüchtete »Kultur«. Dennoch kann nicht bestritten werden, daß viele fortschrittliche Kenntnisse und Praktiken mittels der Armee in den Volksmassen verankert wurden: nicht ohne Grund standen gewöhnlich ehemalige Soldaten und Unteroffiziere an der Spitze von revolutionären, insbesondere bäuerlichen Bewegungen. Das Sowjetregime hat die Möglichkeit, auf das Alltagsleben des Volkes nicht nur durch die Armee einzuwirken, sondern auch durch den gesamten Staatsapparat und die mit ihm verflochtenen Apparate der Partei, des Komsomol und der Gewerkschaften. Die staatlichen Eigentumsformen, die politische Diktatur und die planmäßige Leitung gewährleisten, daß die fertigen Muster auf den Gebieten der Technik, des Gesundheitswesens, der Kunst und des Sports in ungleich kürzeren Fristen angeeignet werden könnten, als in ihren Ursprungsländern zu deren Entwicklung benötigt wurden.

Hätte die Oktoberrevolution weiter nichts als dies beschleunigte Tempo gebracht, allein das würde sie historisch rechtfertigen, denn das bürgerliche Regime zeigte sich aufgrund seiner Verfallserscheinungen im letzten Vierteljahrhundert außerstande, auch nur in einem Erdteil einem einzigen der rückständigen Länder einen entscheidenden Impuls nach vorn zu geben. Doch das russische Proletariat vollbrachte den Umsturz im Namen viel weitergehender Aufgaben. Wie weit die politische Unterdrückung zur Zeit auch gehen mag — sein bester Teil hat das kommunistische Programm und die damit verbundenen gewaltigen Hoffnungen nicht aufgegeben. Die Bürokratie ist gezwungen, dem Proletariat Rechnung zu tragen, zum Teil in der Ausrichtung ihrer Politik, größtenteils aber durch eine entsprechende Auslegung derselben. Daher wird jeder Schritt vorwärts auf dem Gebiet der Wirtschaft oder der Existenzbedingungen, unabhängig von seinem tatsächlichen historischen Gehalt oder seiner realen Bedeutung für das Leben der Massen, als unglaubliche, noch nie dagewesene Errungenschaft der »sozialistischen Kultur« verkündet. Toilettenartikel und Zahnbürsten zu einem selbstverständlichen Gebrauchsartikel von Millionen zu machen, die bis gestern nicht einmal die einfachsten Sauberkeitansprüche kannten, stellt ohne Frage ein sehr großes Kulturwerk dar. Aber weder Seife noch Bürsten oder gar Parfüms, wie sie »unsere Frauen« begehren, machen bereits die sozialistische Kultur aus, vor allem dann nicht, wenn diese armseligen Attribute der Zivilisation nur für einige 15 % der Bevölkerung erschwinglich sind.

Die »Umgestaltung der Menschen«, von der in der Sowjetpresse so häufig geredet wird, ist tatsächlich voll im Gange. Aber in welchem Umfang ist dies auch eine sozialistische Umgestaltung? Das russische Volk kannte in seiner Vergangenheit weder eine große religiöse Reformation wie die Deutschen noch eine große bürgerliche Revolution wie die Franzosen. Aus diesen Schmelztiegeln — läßt man die Reformation-Revolution der britischen Inselbewohner im 17. Jahrhundert beiseite — ging die bürgerliche Individualität hervor, diese bedeutsame Stufe in der Entwicklung der menschlichen Persönlichkeit überhaupt.[42] Die russischen Revolutionen von 1905 und 1917 bedeuteten notwendigerweise ein erstes Erwachen der Individualität in den Massen. Sie leisteten damit, wenn auch in verkleinertem Umfang, aber mit einem beschleunigten Tempo, das Erziehungswerk der bürgerlichen Reformationen und der Revolutionen des Westens. Jedoch schon lange bevor dieses Werk auch nur in Umrissen hätte vollendet werden können, wurde die russische Revolution, die beim Niedergang des Kapitalismus ausbrach, durch den Gang des Klassenkampfes in sozialistische Bahnen gelenkt. Die Widersprüche auf dem Gebiet der Sowjetkultur spiegeln und brechen nur die aus diesem Sprung erwachsenen wirtschaftlichen und sozialen Widersprüche. Das Erwachen der Persönlichkeit nimmt dabei notwendigerweise mehr oder weniger kleinbürgerliche Züge an, nicht nur in der Wirtschaft, sondern auch im Familienleben und in der Lyrik. Zur Trägerin eines extremen, zuweilen zügellosen bürgerlichen Individualismus wurde die Bürokratie selbst. Sie gestattet und fördert einerseits die Entwicklung des Individualismus auf dem Gebiet der Wirtschaft (Akkordwesen, Parzellenwirtschaft, Prämien, Orden) und unterdrückt gleichzeitig andererseits grausam die fortschrittlichen Seiten des Individualismus auf dem Gebiet der Geisteskultur (kritische Anschauung, Bildung einer eigenen Meinung, Erziehung zur persönlichen Würde).

Je höher das Bildungsniveau einer Nationalität, je intensiver die Entfaltung ihrer Kulturarbeit ist, und je zielstrebiger sie sich der Probleme der Gesellschaft und der Persönlichkeit annimmt, um so drückender und unerträglicher wird ihr die bürokratische Umklammerung. Es kann in der Tat von einer Eigenart der nationalen Kulturen nicht die Rede sein, wenn ein- und derselbe Taktstock, besser Polizeiknüppel, sich anmaßt, alle

42 Marx deutet den Geschichtsprozeß als einen Prozeß der allmählichen Freisetzung der Individuen aus ihrer Einbindung in Gemeinschaften und ihrer Verhaftung an von diesen bearbeiteten Boden. Ein bedeutsamer Fortschritt ist hier der Übergang von persönlichen Herrschaftsformen (Sklaverei, Leibeigenschaft) der ersten Stufe von Klassengesellschaften zu den unpersönlichen, sachlich (über den Markt) vermittelten der zweiten, kapitalistischen Entwicklungsstufe. Die bürgerlich-städtische Gesellschaft ist eine der formell freien »vereinzelten Einzelnen«, die autonom sind, sofern sie sich selbst erhalten können, freilich abhängig von Klassenlagen und Marktverhältnissen, die sie als »Schicksal« erfahren. Erst in der klassenlosen Gesellschaft können sich wahrhaft »freie gesellschaftliche Individuen« entwickeln.
(Marx, Grundrisse der Kritik der politischen Ökonomie [1857/58], MEW 42, S. 91; vgl. Max Weber, *Wirtschaftsgeschichte*, München [Duncker & Humblot] 1924; Antonio Gramsci, »Alcuni problemi per lo studio dello svolgimento della filosofia della praxis«, in: *Quaderni del Carcere*, Bd. 3, Turin [Einaudi] 1977, S. 1854-1864; Herbert Marcuse, *Vernunft und Revolution* [1941] Neuwied [Luchterhand] 1962, Teil 2, Kap. 1.5; Max Horkheimer, *Zur Kritik der instrumentellen Vernunft* [1947], Frankfurt [Fischer] 1967, Teil 1, Kap. 4.)

geistigen Tätigkeiten sämtlicher Völker der Union zu dirigieren. Die ukrainischen, weißrussischen, georgischen oder türkischen Zeitungen und Bücher enthalten nichts anderes als Übersetzungen der bürokratischen Imperative in die Sprache der betreffenden Völkerschaften. Beispiele für die Kreativität des Volkes publiziert die Moskauer Presse täglich in Form der ins Russische übersetzten Oden preisgekrönter Dichter der verschiedenen Nationalitäten zu Ehren der Führer — in Wahrheit klägliche Knittelverse, die sich voneinander nur durch den Grad des fehlenden Talents und der Servilität unterscheiden.[43]

Die großrussische Kultur, die unter diesem Überwachungsregime nicht weniger leidet als all die anderen, lebt vornehmlich auf Kosten der alten, noch vor der Revolution geformten Generation. Die Jugend ist unterdrückt, als ob eine eiserne Planke auf ihr laste. Es handelt sich somit nicht um die Unterjochung einer Nationalität durch die andere im eigentlichen Sinne des Wortes, sondern um die Unterjochung der kulturellen Entwicklung sämtlicher Nationen, angefangen mit der großrussischen, durch den zentralisierten Polizeiapparat. Wir können indes nicht umhin, die Aufmerksamkeit darauf zu lenken, daß 90 % aller Publikationen in der UdSSR in russischer Sprache erscheinen. Wenn aber auch dieser Prozentsatz in krassem Mißverhältnis zum Anteil der großrussischen Bevölkerung an der Gesamtbevölkerung steht, so entspricht er schon eher dem allgemeinen Einfluß der russischen Kultur, sowohl was ihr Eigengewicht angeht als auch ihre Rolle als Vermittlerin zwischen den rückständigen Völkern des Landes und dem Westen. Bedeutet nicht bei alledem der übermäßige Anteil der Großrussen am Verlagswesen (und nicht nur daran natürlich), daß sie faktisch eine privilegierte Großmachtstellung auf Kosten der übrigen Nationalitäten der Union einnehmen? Durchaus möglich. Doch man kann auf diese außerordentlich wichtige Frage nicht so kategorisch antworten, wie es nötig wäre. Denn in der Realität der UdSSR wird diese Frage nicht so sehr durch die Zusammenarbeit, das Wetteifern und die gegenseitige Befruchtung der verschiedenen Kulturen entschieden als vielmehr durch

43 »Die abgöttische Verehrung Stalins kam bei allen nur denkbaren Gelegenheiten zum Ausdruck, ganz besonders jedoch im Zusammenhang mit den Prozessen ..., sowie anläßlich der Verkündung der Stalinschen Verfassung im Jahre 1936 ... Dieser Stalin-Kult fand seine Widerspiegelung auch in der Literatur. In den Gedichten von Prokof'ev und vieler anderer, die sich in den dreißiger Jahren einen Namen machten, wird Stalin immer wieder umschmeichelt. Auch ältere Schriftsteller konnten sich der Ansteckung nicht entziehen.« (Gleb Struve, *Geschichte der Sowjetliteratur*, München [Goldmann] 1957, S. 346 f.). Antonow-Owssejenko (*Stalin*, S. 281) schildert den Auftritt des aserbeidschanischen Dichters Samed Burgun auf einem Kremlempfang, wo er die folgenden Verse zu Ehren des Generalsekretärs vortrug: »Sohn meines Landes ist er, mit Vaterlächeln wärmt die Völker er, — und voller Glück ist, wer die Hand ihm je gedrückt ... Dort in der Höhe härmt der Himmel sich, der uns beneidet.«

den unumstößlichen Schiedsspruch der Bürokratie. Da nun aber die Macht im Kreml residiert und die Peripherie sich stets nach dem Zentrum zu richten hat, erhält die Bürokratie unvermeidlich einen großmachtähnlichen, russifizierenden Anstrich — den anderen Nationalitäten beläßt sie nur ein unbestrittenes Recht: das Loblied auf den Schiedsrichter in ihrer eigenen Sprache zu singen.

*

Die offizielle Kulturdoktrin verändert sich stets in Abhängigkeit vom Zickzack-Kurs der Wirtschaft oder einfach nur entsprechend dem administrativen Gutdünken. Doch behält sie bei allen Wendungen ihren absoluten und kategorischen Charakter. Gleichzeitig mit der Theorie vom »Sozialismus in einem Lande« gelangte die bis dahin vernachlässigte Theorie von der »proletarischen Kultur«[44] offiziell zu Ehren. Seinerzeit begründeten die Gegner dieser Theorie ihre Ablehnung mit dem Hinweis darauf, daß das

44 Das Programm einer eigenständigen proletarischen Kultur (»Proletkult«) wurde vor allem von A. A. Bogdanow (Malinowski) — unter dem Einfluß revolutionär-syndikalistischer Ideen — entwickelt: Partei und Gewerkschaft sollten die politische und wirtschaftliche Aktivität des Proletariats koordinieren, für die kulturellen Aktivitäten der Klasse bedürfte es aber einer autonomen Kulturorganisation. In den ersten Jahren der russischen Revolution gründete der »Proletkult« eine Vielzahl von literarisch-künstlerischen Studios und Bildungszentren für Arbeiter. Die aus dem »Proletkult« hervorgegangenen Schriftsteller (die Moskauer Gruppe »Die Schmiede«; die Petrograder Gruppe »Der Kosmist«) schrieben im Stil eines romantischen revolutionären Heroismus über Kollektivismus und Fabrikarbeit (hieran knüpfte in den dreißiger Jahren die stalinistische Doktrin des »sozialistischen Realismus« an). In den Auseinandersetzungen um den »Proletkult« ging es vor allem um den von der Gruppe propagierten Bruch mit der künstlerischen Tradition der Vergangenheit und um den Anspruch der Gruppe, ihre Doktrin und künstlerische Produktion sei die einzig wahrhaft »proletarische«. Lunatscharski sympathisierte mit der Proletkultgruppe, mit der sich Trotzki im Kapitel VI. von Literatur und Revolution kritisch auseinandersetzte.
(Lenin, »Über proletarische Kultur« [8.10.1920], LW 31, S. 307f.; A. Bogdanow, *Die Wissenschaft und die Arbeiterklasse* [1920], Frankfurt [Makol] 1971; A. Lunatscharski, *Die Kulturaufgaben der Arbeiterklasse* [1919], Frankfurt [Makol] 1971; ferner N. Bucharin, *Proletarische Revolution und Kultur* [1923], Frankfurt [Makol] 1971; Trotzki, *Literatur und Revolution*, Wien [Literatur und Politik] 1924, München [dtv] 1972; Dietrich Grille, *Lenins Rivale,* Bogdanov und seine Philosophie, Köln [Wissenschaft und Politik] 1966; Richard Lorenz [Hg.], *Proletarische Kulturrevolution in Sowjetrußland,* Dokumente des Proletkult, München [dtv] 1966; Sheila Fitzpatrick, *The Commissariat of Enlightenment,* Soviet Organization of Education and the Arts under Lunacharsky, Cambridge [Cambridge University Press] 1970; Peter Gorsen - Eberhard Knödler-Bunte, *Proletkult,* Dokumentation, 2 Bde., Stuttgart-Bad Cannstadt [Frommann-

Regime der proletarischen Diktatur nichts weiter als ein Übergangsregime darstellt, daß, im Unterschied zur Bourgeoisie, das Proletariat sich nicht anschickt, mehrere Geschichtsepochen zu herrschen, somit die gegenwärtige Generation der neuen herrschenden Klasse vor allem die Aufgabe verfolgen muß, alles Wertvolle der bürgerlichen Kultur zu assimilieren. Denn je länger das Proletariat Proletariat bleibt, d.h. ihm noch die Spuren der alten Unterdrückung anhaften, um so weniger wird es imstande sein, sich über das Erbe der Vergangenheit zu erheben. Die Möglichkeiten einer neuen Kultur eröffnen sich in Wahrheit nur in dem Maße, wie das Proletariat sich in der sozialistischen Gesellschaft auflöst. All dies bedeutet mit anderen Worten, daß die bürgerliche Kultur von der sozialistischen und nicht von einer proletarischen abgelöst werden muß.[45]

In der Polemik gegen die Theorie einer im Laboratorium geschaffenen »proletarischen Kunst« schrieb der Autor dieser Zeilen: »Die Kultur nährt sich von den Säften der Wirtschaft, und es bedarf eines materiellen Überflusses, damit eine Kultur wachsen und sich sublimieren kann.« Selbst die erfolgreichste Bewältigung der elementaren Wirtschaftsaufgaben würde »noch keineswegs den völligen Sieg des neuen geschichtlichen Prinzips — des Sozialismus — bedeuten. Nur die Weiterentwicklung des wissenschaftlichen Denkens auf der Grundlage des ganzen Volkes und die Entwicklung einer neuen Kunst würden bedeuten, daß der geschichtliche Keim nicht allein einen Halm, sondern auch eine Blüte gezeitigt hat. In diesem Sinne ist die Entwicklung der Kunst die beste Kontrolle für die Lebensfähigkeit und Bedeutung einer jeden Epoche.«[46] Diese Einschätzung, die bis vor kurzem noch herrschende Auffassung war, wurde über Nacht in einer offiziellen Erklärung als »Kapitulation« gebrandmarkt, da es ihr »am Glauben« an die schöpferischen Kräfte des Proletariats mangele.[47] Nun

Holzbog] 1974 f.; Robert C. Williams, »Collective Immortality: The Syndicalist Origins of Proletarian Culture, 1905-1910«, in: *Slavic Review*, Nr. 3, 1980, S. 389-402; James C. McClelland, »Utopianism versus Revolutionary Heroism in the Bolshevik Policy: The Proletarian Culture Debate«, in: *Slavic Review*, Nr. 3, 1980, S. 403-425.)

45 Vgl. Trotzki, *Literatur und Revolution*, S. 12.

46 Trotzki, *Literatur und Revolution*, S. 9.

47 »Für den Trotzkismus ist die Kulturrevolution nur noch die reaktionäre Idee einer kulturellen Zusammenarbeit aller Klassen. Er schmälert in unerhörtem Maße die Aufgaben des Proletariats beim kulturellen Aufbau, was damit zusammenhängt, daß er nicht an die Kräfte des Proletariats glaubt, die Notwendigkeit der kritischen Umformung des kulturellen Erbes falsch einschätzt...« (»Die Kulturrevolution und die zeitgenössische Literatur [Resolution des Ersten Allunionskongresses der proletarischen Schriftsteller im Anschluß an den Vortrag von L. Averbach]« [Juli 1928], in: Karl Eimermacher [Hg.], *Dokumente zur sowjetischen Literaturpolitik 1917-1932*, Stuttgart u.a. [Kohlhammer] 1972, S. 362-371, hier S. 366.)

brach die Stalin-Bucharin-Ära an; der letztere war von jeher ein Herold der »proletarischen Kultur« gewesen[48], während der andere wohl noch nie über diese Fragen nachgedacht hatte. Beide teilten jedenfalls die Meinung, die Entwicklung zum Sozialismus werde sich im »Schneckentempo« vollziehen. Demnach würden dem Proletariat Jahrzehnte zur Verfügung stehen, um eine eigene Kultur zu schaffen. Was deren Charakter betrifft, so waren die Ideen der Theoretiker darüber ebenso verworren wie anspruchslos.

Die stürmischen Jahre des ersten Fünfjahresplans warfen die Schneckenperspektive über den Haufen: Das Land trat bereits 1931, am Vorabend der grausamsten Hungersnot, »in den Sozialismus ein«. Bevor die offiziell protegierten Schriftsteller, Künstler und Maler auch nur die Zeit gehabt hätten, die proletarische Kunst zu schaffen oder auch nur erste bemerkenswerte Proben ihres Könnens abzulegen, ließ die Regierung schon verlauten, daß das Proletariat sich von nun an in der klassenlosen Gesellschaft auflöse. Den Künstlern blieb nichts anderes übrig, als sich mit der Tatsache abzufinden, daß dem Proletariat zur Schaffung seiner proletarischen Kultur die notwendigste Voraussetzung fehlte: die Zeit. Die gestrige Konzeption fiel sogleich der Vergessenheit anheim, ohne Umschweife wurde nun die »sozialistische Kultur« auf die Tagesordnung gesetzt. Weiter oben haben wir uns zum Teil bereits mit ihren Inhalten beschäftigt.

Geistiges Schaffen erfordert Freiheit. Das eigentliche Vorhaben des Kommunismus, die Natur der Technik und die Technik dem Plan zu unterwerfen, damit die Materie ohne Sträuben alles hergebe, was der Mensch braucht, und noch weit mehr, hat zum höchsten Ziel, die schöpferischen Kräfte des Menschen endgültig und ein für allemal aus aller Bedrängnis, allen Beschränkungen und erniedrigenden Abhängigkeiten zu befreien.

48 Bucharin war in den Jahren 1926-1929 Chefredakteur der *Prawda*. Er unterstützte als einziges Politbüro-Mitglied die »Proletkult«-Gruppen. Die Stellung der wichtigsten bolschewistischen Führer zur nachrevolutinären Literatur erhellt ein Auszug aus der Rede Trotzkis vom 10.5.1924: »Genosse Pletnev [Vorsitzender des »Proletkult«] hat hier in Verteidigung seiner abstrakten Vorstellungen von einer proletarischen Kultur und ihres grundlegenden Bestandteils, der proletarischen Literatur, Lenin gegen mich angeführt ... Diese Methode ist zur Zeit sehr in Mode ... Dabei wissen Sie doch ganz genau, Genosse Pletnev, wie sich die Sache verhalten hat, denn Sie sind selbst zur mir gekommen, um sich vor Lenins Donnerwetter zu retten, der sich anschickte, wie Sie glaubten, mit dem ganzen Proletkult Schluß zu machen. Und ich habe Ihnen versprochen, daß ich die Existenz des Proletkults aus gewissen Gründen verteidigen würde, daß ich aber, was die Bogdanovschen Abstraktionen über die proletarische Kultur angeht, gänzlich anderer Meinung sei als Sie und Ihr Gönner Bucharin und mit Lenin völlig übereinstimme.« (Trotzki, »Rede vor dem ZK der RKP auf einer Konferenz über Literatur am 10. Mai 1924«, in: H. C. Buch [Hg.], *Parteilichkeit der Literatur oder Parteiliteratur?* Materialien zu einer undogmatischen marxistischen Ästhetik, Reinbek [Rowohlt] 1972, S. 124-138, hier S. 130. Vgl. die »Rede von N. Bucharin«, in: Eimermacher [Hg.], *Literaturpolitik*, S. 207-209.)

Die persönlichen Beziehungen, die Wissenschaft und die Kunst werden keinem von außen aufgezwungenen »Plan« oder auch nur dem Schatten eines Zwangs unterliegen. In welchem Ausmaß die geistig-kulturelle Entwicklung individuelle oder kollektive Formen annehmen wird, soll ganz allein von den Geistesschaffenden selbst abhängen.

Anders verhält es sich in der Übergangsperiode. Die Diktatur ist ein Ausdruck der früheren Barbarei und nicht der zukünftigen Kultur. Sie legt notwendigerweise jeder Tätigkeit, auch der geistigen, harte Beschränkungen auf. Das Programm der Revolution betrachtete von Anfang an diese Beschränkungen als ein vorübergehendes Übel und verpflichtete sich, in dem Maße, wie die Konsolidierung des neuen Regimes voranschreiten würde, sämtliche Einschränkungen der Freiheitsrechte schrittweise aufzuheben.[49] Jedenfalls waren sich die Führer der Revolution auch in den schwierigsten Jahren des Bürgerkrieges darüber im klaren, daß die Regierung, ausgehend von politischen Erwägungen, zwar die Schaffensfreiheit einschränken, keinesfalls aber Anspruch auf eine kommandierende Rolle in der Wissenschaft, der Literatur und der Kunst erheben könne. Bei einem persönlich ziemlich »konservativen« Kunstgeschmack verhielt Lenin sich politisch in Kunstfragen äußerst zurückhaltend und entzog sich, auf seine Inkompetenz verweisend, gern jeder Debatte.[50] Die Vorlieben des Volkskommissars für Unterricht und Kunst, Lunatscharski[51], der alle Arten von

49 »Die Aufgabe der Partei des Proletariats besteht darin, unentwegt die Unterdrückung des Widerstandes der Ausbeuter zu betreiben, die tiefeingewurzelten Vorurteile über den absoluten Charakter der bürgerlichen Rechte und Freiheiten ideologisch zu bekämpfen und gleichzeitig klarzustellen, daß die Entziehung der politischen Rechte und jedwede Freiheitsbeschränkung ausschließlich als vorübergehende Kampfmaßnahmen gegen die Versuche der Ausbeuter, ihre Vorrechte zu verteidigen oder wiederherzustellen, notwendig sind. In dem Maße, in dem die objektive Möglichkeit der Ausbeutung des Menschen durch den Menschen verschwinden wird, wird auch die Notwendigkeit dieser vorübergehenden Maßnahme verschwinden, und die Partei wird deren Einschränkung und völlige Aufhebung anstreben.« (»Programm der Kommunistischen Partei Rußlands [Bolschewisten], angenommen auf dem VIII. Parteikongreß 1919«, in: Meissner [Hg.], *Parteiprogramm*, S. 121-141, hier S. 126.)

50 Clara Zetkin erzählt von einem Gespräch mit Lenin über die neue Kunst: »Wir sind gute Revolutionäre, aber wir fühlen uns verpflichtet zu beweisen, daß wir auf ‚der Höhe zeitgenössischer Kultur' stehen. Ich habe den Mut, mich als ‚Barbar' zu zeigen. Ich kann die Werke des Expressionismus, Futurismus, Kubismus und anderer Ismen nicht als höchste Offenbarung des künstlerischen Genies preisen. Ich verstehe sie nicht. Ich habe keine Freude an ihnen.« (Clara Zetkin, »Erinnerungen an Lenin«, in: *Ausgewählte Reden und Schriften*, Bd. 3, Berlin/DDR [Dietz] 1960, S. 89-160, hier S. 96; »Lenin über Kunst und Literatur«, in: Louis Fischer, *Das Leben Lenins*, München [dtv] 1970, S. 717-745; Hans-Dietrich Sander, *Marxistische Ideologie und allgemeine Kunsttheorie*, Tübingen [Kyklos-Mohr] 1970, S. 86ff.)

51 Anatoli Wassiljewitsch Lunatscharski (1875-1933), bolschewistischer Intellek-

Modernismen protegierte, brachten Lenin oft in Verlegenheit, doch beschränkte er sich auf ironische Bemerkungen in Privatgesprächen. Der Gedanke, seinen literarischen Geschmack zum Gesetz zu erheben, lag ihm gänzlich fern. 1924, bereits an der Schwelle der neuen Periode, formulierte der Autor dieses Buches das Verhältnis des Staats zu den verschiedenen Künstlergruppen und Kunstrichtungen folgendermaßen: »Indem wir sie alle vor das kategorische Kriterium stellen: *Für* die Revolution oder *gegen* die Revolution?«, müssen wir »ihnen auf dem Gebiet der künstlerischen Selbstbestimmung völlige Freiheit geben.«[52]

tueller; geboren in Poltawa (Ukraine) als Sohn eines Notars, 1894 Studium der Philosophie in Zürich, 1896 Rückkehr nach Moskau, Mitglied der SDAPR, mehrfach verurteilt und verbannt, 1903 Bolschewik, emigrierte in die Schweiz, wo er mit Lenin den *Wperjod* (»Vorwärts«) und *Proletari* (»Proletarier«) herausgab. 1905 kehrte er nach St. Petersburg zurück und publizierte mit Maxim Gorki die Zeitschrift *Nowaja Schisn* (»Neues Leben«). Seit 1906 in der Emigration, gehörte er mit Bogdanow zu den Begründern des »Proletkults«. Lenin kritisierte beider philosophische Theorien in »Materialismus und Empiriokritizismus, Kritische Bemerkungen über eine reaktionäre Philosophie« (LW 14, S. 7-366; vgl. bes. S. 347-350). Später arbeitete Lunatscharski mit Trotzki zusammen, gab 1915 in Paris mit ihm und anderen *Nasche Slowo* (»Unser Wort«) heraus und trat im Juli 1917 mit der Gruppe um Trotzki (»Meschrajonka«) in die bolschewistische Partei ein.

Als Volkskommissar für Erziehung und Unterricht (1917-1929) hielt Lunatscharski das kulturelle Leben von staatlicher Gängelung frei, förderte das Volksbildungswesen und schrieb selbst neben vielen Essays Schauspiele und Filmdrehbücher. An den Fraktionskämpfen in der bolschewistischen Partei beteiligte er sich seit 1923 nicht. Seine *Profile der Revolution* (1923, 1924) enthielten keinen Stalin gewidmeten Beitrag. »Diese Unterlassung kam einer Majestätsbeleidigung gleich. Und so verschwand das Buch kurz darauf aus dem Verkauf — vierzig Jahre lang blieb es verboten. (Erst 1956 wurden einige sorgfältig ausgewählte und zensierte Abschnitte veröffentlicht.)« (Isaac Deutscher, »Einleitung«, in: Lunatscharski, *Profile...*, S. 5-21, hier S. 18.) Seit 1927 verwaltete Lunatscharski sein Volkskommissariat nur mehr nominell, trat 1929 zurück und leitete bis 1933 das Komitee für Forschungs- und Lehranstalten. Zum Sowjetbotschafter in Madrid ernannt, starb er Ende 1933 auf der Reise dorthin in Menton (Südfrankreich).

(Vgl. Anatoli W. Lunatscharski, *Profile der Revolution*, Frankfurt [EVA] 1968; ders., *Faust und die Stadt*, Ein Lesedrama, Mit Essays zur Faustproblematik, Frankfurt [Röderberg] 1973; ders., *Die Revolution und die Kunst*, Essays, Reden, Notizen, Dresden [Verlag der Kunst] 1974, *A. W. Lunatscharskij über den Film*, hg. von Klaus Eiselt, Potsdam-Babelsberg [Hochschule für Film und Fernsehen der DDR] 1975; Anatolij Lunačarskij, *Musik und Revolution*, Schriften zur Musik, Leipzig [Reclam] 1985. Trotzkis Nachruf: »Anatoli Wassiljewitsch Lunatscharski« [1.1.1934], engl. in: TWr 1933-34, S. 181-185.)

52 Trotzki, *Literatur und Revolution*, S. 13.

Solange sich die Diktatur noch auf eine dynamische Massenbasis stützen konnte und die Perspektive der Weltrevolution vor Augen hatte, fürchtete sie weder Experimente noch das Suchen und den Wettbewerb der verschiedenen Schulen, denn sie begriff, daß nur auf diesem Wege die neue Kulturepoche vorbereitet werden kann. Die Volksmassen bebten noch in allen Fibern und begannen, erstmals nach tausend Jahren, laut zu denken. Die besten jungen Kräfte der Kunst waren von Leben erfüllt. In den ersten, an Hoffnungen und Verwegenheit reichen Jahren, wurden nicht nur die unschätzbaren Vorbilder jeder sozialistischen Gesetzgebung geschaffen, sondern auch die besten Produkte der revolutionären Literatur verfaßt.[53] In diesen Zeitraum fällt übrigens auch die Herstellung der berühmten Sowjetfilme, die trotz ihrer Armut an technischen Mitteln in der gesamten Welt aufgrund ihrer Frische und Eindringlichkeit, mit der sie die Wirklichkeit beleuchteten, Erstaunen hervorgerufen haben.[54]

Im Verlauf des Kampfes gegen die Opposition in der Partei wurden die verschiedenen literarischen Schulen eine nach der anderen unterdrückt. Diese Entwicklung beschränkte sich übrigens nicht nur auf die Literatur; kein Bereich der Ideologie blieb davon verschont. Da dies größtenteils bewußtlos vonstatten ging, waren die Auswirkungen um so verheerender. Die heute herrschende Schicht fühlt sich dazu berufen, nicht nur das

53 »Bis 1930 erschienen, um dreizehn Meisterwerke in Prosa zu nennen, die auch ins Deutsche übersetzt wurden: Ilja Ehrenburg, ‚Julio Jurenito‘ (1922, im Ausland), Viktor Schklowskij, ‚Sentimentale Reise‘ (1923), Alexander Newerow, ‚Taschkent, die brotreiche Stadt‘ (1923), Wsewolod Iwanow ‚Die Rückkehr des Buddha‘ (1923), Isaak Babel ‚Budjonnys Reiterarmee‘, Nikolaj Nikitin ‚Der Flug‘, Leonid Leonow, ‚Die Dachse‘ (‚Die Bauern von Wory‘, 1925), Jurij Olescha, ‚Neid‘ (1927), Jewgenij Samjatin, ‚Wir‘ (geschrieben 1921, veröffentlicht 1927 im Ausland), Anatolij Mariengof, ‚Die Zyniker‘ (1929), Boris Pilnjak, ‚Mahagony‘ (1929 im Ausland).« (Sander, *Marxistische Ideologie*, S. 18. Vgl. Gleb Struve, *Geschichte der Sowjetliteratur*, S. 49.)

54 Die bolschewistischen Führer waren sich der Bedeutung des neuen Massenmediums Film bewußt. Ein von Lenin formuliertes Dekret des Rates der Volkskommissare vom 27.9.1919 ermöglichte die Verstaatlichung der Film- und Fotoindustrie unter Ägide des Volkskommissariats für das Bildungswesen (Lunatscharski). (Vgl. Lenin, »Das Film-Dekret«, in: Lawrenjew, S. 18.) Die berühmtesten sowjetischen Filmregisseure der zwanziger Jahre waren Sergei Eisenstein (1898-1948) — »Panzerkreuzer Potemkin« (1925), »Oktober« (1927) - Wsewolod Pudowkin (1893-1953) — »Die Mutter« (1926), »Das Ende von St. Petersburg« (1927), »Sturm über Asien« (1928) — und Dsiga Wertow (1896-1954) — »Kinoprawda, Ein Filmjournal« (1922-1925), »Der Mann mit der Kamera« (1929).
(Vgl. Sergei Eisenstein, *Schriften*, 4 Bde., München [Hanser] 1973-1984; Boris Lawrenjew, *Der russische Revolutionsfilm*, Eine Bildchronik mit Texten von Eisenstein, Pudowkin, Dowjenko u.a., Zürich [Sanssouci] 1960; Jay Leyda, *Kino*, A History of the Russian and Soviet Film, London [Allen & Unwin] 1960; Ulrich Gregor - N. O. Patalas, *Geschichte des Films*, 2 Bde., Reinbek [Rowohlt] 1976.)

geistige Schaffen politisch zu kontrollieren, sondern ihm auch noch die Entwicklungsrichtung vorzuschreiben. Die Macht zur unumstößlichen Entscheidung erstreckt sich in gleichem Maße über Konzentrationslager, Ackerbau und Musik. Das Zentralorgan der Partei veröffentlicht im Stil militärischer Befehle anonyme, richtungweisende Artikel über Architektur, Literatur, dramatische Kunst, Ballett, ganz zu schweigen von der Philosophie, den Natur- und Geschichtswissenschaften.[55]

Die Bürokratie fürchtet abergläubisch alles, was ihren Zwecken nicht unmittelbar dient oder was sie nicht versteht. Fordert sie eine Verbindung zwischen den Naturwissenschaften und der Produktion, so hat sie — in groben Zügen — recht; verordnet sie aber, daß die Forscher sich nur unmittelbar praktische Aufgaben stellen sollen, so droht sie die kostbarste Quelle des Schaffens zu verstopfen und damit auch die praktischen Entdeckungen zu verhindern, die meist auf unvorhergesehenen Wegen gemacht werden. Bittere Erfahrungen haben die Naturwissenschaftler, Mathematiker, Philologen und Militärtheoretiker gelehrt, kühne Verallgemeinerungen zu meiden, aus Furcht, daß irgendein »roter Professor«[56], meist ein ungebildeter Streber, den Neuerer mit einem an den Haaren herbeigezogenen Lenin- oder sogar Stalin-Zitat fürchterlich zurechtweisen könne. In solchen Fällen seinen Gedanken und seine wissenschaftliche Würde verteidigen heißt, sich totsicher Repressionen zuzuziehen.

Aber noch viel schlimmer ist es um die Gesellschaftswissenschaften bestellt. Die Ökonomen, Historiker, sogar Statistiker, gar nicht zu reden von den Journalisten, sind vornehmlich darum besorgt, ja nicht, und sei es auch nur indirekt, in Widerspruch zur jeweiligen Richtung des offiziellen

55 1929 wurde Lunatscharski im Volkskommissariat für das Bildungswesen von A. S. Bubnow abgelöst, der seit 1923 zur Stalin-Fraktion gehörte und aus der politischen Hauptverwaltung der Roten Armee kam. Bubnow versuchte, die Presse- und Kulturarbeit zu militarisieren. Seine Politik war darauf gerichtet, im Rahmen der forcierten Kollektivierung und Industrialisierung den Massenanalphabetismus zu überwinden und alle Formen von künstlerischer Autonomie zu eliminieren. (Vgl. Oskar Anweiler - Karl-Heinz Ruffmann, *Kulturpolitik der Sowjetunion*, Stuttgart [Kröner] 1973, S. 47-49; den Abschnitt »Wirkung des Stalinismus auf Kunst und Wissenschaft« in: Medwedew, *Die Wahrheit...*, S. 551-590 sowie »Das Leben ist fröhlicher geworden«, in: Heller - Nekrich, *Geschichte der Sowjetunion*, Bd. 1, S. 245-262.)

56 Das 1921 in Moskau gegründete »Institut der Roten Professoren« diente der Ausbildung marxistisch geschulter Hochschullehrer. Unter der Leitung von M. N. Pokrowski (1868-1932) wurden dort in den zwanziger Jahren zunächst Ökonomie, Geschichte und Philosophie, seit 1928 dann auch Parteigeschichte, Naturwissenschaften und Literatur gelehrt. Dozenten am Institut waren u.a. Bubnow, Deborin, Jaroslawski, Lunatscharski und Varga; zu den prominentesten Schülern gehörten M. A. Suslow und B. N. Ponomarjew. In den dreißiger Jahren wurde das Institut aufgelöst und seine Aufgaben den Hochschulen übertragen.

Zickzack-Kurses zu geraten. Über die Sowjetwirtschaft, die Innen- und Außenpolitik des Landes läßt sich nur schreiben, wenn durch häufiges Zitieren der Banalitäten aus den Reden des »Führers« für entsprechende Rückendeckung und den erforderlichen Flankenschutz gesorgt ist und man sich von vornherein nur die Aufgabe zu eigen macht nachzuweisen, daß alles just so läuft, wie es laufen soll, oder gar noch besser. Mag der hundertprozentige Konformismus auch von irdischem Ungemach befreien, dafür zieht er die schwerste aller Strafen nach sich: Sterilität.

Obgleich der Marxismus in der UdSSR formell den Status einer Staatsdoktrin genießt, erschien in den letzten zwölf Jahren nicht eine einzige marxistische Untersuchung, die Aufmerksamkeit oder Übersetzung in eine andere Sprache verdient hätte — weder in der Ökonomie noch in der Soziologie, der Geschichte oder Philosophie. Die marxistische Produktion geht über scholastisches Flickwerk nicht hinaus; in einem fort werden ein und dieselben bereits gebilligten Gedanken wiedergekäut und alte Zitate aufgewärmt — immer entsprechend den jeweiligen konjunkturellen Bedürfnissen des Apparats. Über die Staatskanäle werden in Millionen Exemplaren Bücher und Broschüren vertrieben, die niemand braucht und die mit Hilfe von Kleister, Schmeichelei und anderen Klebstoffen produziert werden. Die Marxisten, die etwas Gewichtiges und Selbständiges zu sagen hätten, sitzen längst hinter Schloß und Riegel oder sind gezwungen zu schweigen. Und dies, obwohl die Entwicklung der Gesellschaftsform auf Schritt und Tritt grandiose wissenschaftliche Probleme aufwirft!

Geschmäht und mit Füßen getreten wird die Lauterkeit, ohne die theoretische Arbeit unmöglich ist. Selbst die Anmerkungen zu Lenins Werken werden von Auflage zu Auflage entsprechend den persönlichen Interessen der herrschenden Schicht radikal umgearbeitet: zum Ruhm der »Führer«, zur Verleumdung der Gegner und zur Beseitigung von Spuren. Das gleiche läßt sich von den Büchern zur Partei- und Revolutionsgeschichte sagen. Tatsachen werden entstellt, Dokumente unterschlagen oder sogar fabriziert, Reputationen geschaffen oder vernichtet. Die einfache Gegenüberstellung der in den letzten zwölf Jahren hintereinander erschienenen Varianten ein und desselben Buches erlaubt, untrüglich den Prozeß der Entartung des Denkens und des Gewissens der herrschenden Schicht nachzuvollziehen.

Nicht weniger unheilbringend ist der Einfluß des »totalitären« Regimes auf die schöne Literatur. An die Stelle des Kampfes der Richtungen und Schulen ist längst die Deutung des Willens der Führer getreten. Für alle Schriftsteller besteht eine gemeinsame Zwangsorganisation[57], eine Art

57 Durch einen Beschluß des Zentralkomitees der KPdSU wurde am 23.4.1932 die Assoziation proletarischer Schriftsteller (VOAPP, RAPP) aufgelöst und ein

Konzentrationslager für das gestaltete Wort. Mittelmäßige, aber rechtgläubige Erzähler, wie Serafimowitsch[58] und Gladkow[59], werden in den Rang von Klassikern erhoben. Begabten Schriftstellern, die sich nicht genügend Gewalt anzutun verstehen, heftet sich eine Meute von Lehrmeistern an die Fersen, bewaffnet mit Skrupellosigkeit und mit einem Dutzend Zitate. Hervorragende Künstler enden entweder durch Selbstmord, suchen ihren Stoff in zurückliegenden Zeiten oder ziehen das Schweigen vor.[60] Die Bücher ehrlicher und talentierter Schriftsteller erscheinen gleichsam aus Versehen, irgendwoher aus dem Verborgenen hervorschlüpfend, und stellen eine Art künstlerischer Konterbande dar.

einheitlicher sowjetischer Schriftstellerverband geschaffen. Die kommunistische Führung machte damit den Hegemoniebestrebungen der Proletkult-Gruppen der Künstler und Schriftsteller ein Ende. Gorki wurde zum Patron der neuen, für jedwede künstlerische Produktion verbindlichen Doktrin vom »sozialistischen Realismus«, der dann auf dem Schrifstellerkongreß vom August 1934 propagiert wurde. (»Über die Umbildung der Literatur- und Kunstorganisationen [Verordnung des ZK der VKP[B] vom 23. April 1932]«, in: Eimermacher [Hg.], *Dokumente zur sowjetischen Literaturpolitik,* S. 433 f.)

58 Alexander Serafimowitsch (Popow) (1863-1949), stammte von Don-Kosaken ab, studierte in St. Petersburg und wurde in Zusammenhang mit dem Attentatsplan gegen Alexander III. (1887) verbannt. Später gehörte er zu der Schriftstellergruppe um Maxim Gorki, unterstützte das bolschewistische Regime mit Artikeln und Flugschriften, leitete das Feuilleton der *Iswestija* und gab die literarische Zeitschrift *Oktober* heraus. Sein Bürgerkriegs-(Partisanen-)Roman *Der eiserne Strom* (1924) wurde wegen seiner Massenszenen bekannt.

59 Fjodor Wassiljewitsch Gladkow (1883-1958) entstammte einer armen Bauernfamilie, nahm sich Gorki zum literarischen Vorbild, beteiligte sich an der Revolution von 1905 und wurde für drei Jahre nach Sibirien verbannt. Bis 1917 Dorfschullehrer im Kubangebiet, seit 1920 Mitglied der bolschewistischen Partei, nach 1922 Mitglied der »Schmiede« und anderer Schriftstellerorganisationen. 1925 erschien sein Hauptwerk, der Roman »Zement« (die deutsche Übersetzung erschien im Berliner Verlag Literatur und Politik 1927), in dem ein aus dem Bürgerkrieg heimkehrender Zementarbeiter sich bemüht, entgegen allen Widerständen eine Zementfabrik im Schwarzmeerhafen Noworossisk wieder in Gang zu bringen. Von Interesse ist die von Gladkow geschilderte innere Widersprüchlichkeit der Hauptfiguren des Romans; in einer späteren Bearbeitung versuchte der Autor, den Mischmasch verschiedener Stile etwas zu mäßigen. Gladkow wurde vom stalinistischen Regime mehrfach ausgezeichnet. 1958 erschienen in Moskau gesammelte Werke in 8 Bänden.

60 »Die Verlierenden — das ist unsere Generation. Diejenigen etwa, die jetzt zwischen 30 und 45 Jahre alt sind ... die Erschießung von Gumilev (1886-1921), die dauernde geistige Agonie, das unerträgliche psychische Leiden und schließlich das Ende Bloks (1880-1921), die grausamen Entbehrungen und der nach unmenschlichen Qualen eingetretene Tod Chlebnikovs (1885-1922), der vorbedachte Selbstmord Esenins (1895-1925) und Majakovskijs (1894-1930). So gingen im Verlauf eines Jahrzehnts die Inspiratoren einer Generation zugrunde.« (Roman Jakobson, »Von einer Generation, die ihre Dichter vergeudet hat« [1930], in: Ders., *Poetik,* Ausgewählte Aufsätze 1921-1971, Frankfurt [Suhr-

Das Leben der Sowjetkunst ist ein eigener Martyrolog. Nach einem richtungweisenden Artikel der *Prawda* gegen den »Formalismus«[61] setzt eine Epidemie demütiger Beichten von Schriftstellern, Malern, Regisseuren und selbst Opernsängerinnen ein. Alle bereuen ihre in der Vergangenheit begangenen Sünden zutiefst, hüten sich jedoch — man kann ja nie wissen — vor einer genaueren Umschreibung des Formalismus, um nicht irgendwann später in Verlegenheit zu geraten. Am Ende sind die Machthaber dann gezwungen, durch einen neuen Ukas dem überschäumenden Reuestrom Einhalt zu gebieten. Innerhalb weniger Wochen werden literarische Urteile revidiert, Schulbücher umgearbeitet, Straßen umbenannt, Denkmäler errichtet, dies alles als Ergebnis einer lobenden Bemerkung Stalins über den Dichter Majakowski[62]. Der Eindruck einer neuen Oper auf hohe Zuschauer verwandelt sich unverzüglich in eine musikalische Direktive für die Kompo-

kamp] 1979, S. 159f. Vgl. Trotzki, »Zur Erinnerung an Sergei Jessenin [19.1.1926]«, und »Der Selbstmord Wladimir Majakowskis [Mai 1930]«, engl. in: ders., *On Literature and Art*, S. 162-166 und 174-178.)

61 Die um 1915 im Spannungsfeld von experimenteller (futuristischer) Lyrik und Linguistik entstandene »formale Schule« (von ihren Kritikern als »formalistische Schule« bezeichnet) gilt heute als die einflußreichste Literaturtheorie des frühen 20. Jahrhunderts. Zu den Theoretikern der Gruppe gehörten neben Wiktor Schklowski Roman Jakobson, Boris M. Eichenbaum und Juri Tynjanow; ihre Gesprächspartner unter den Dichtern waren u.a. Welimir Chlebnikow und Andrei Belyj. Die Dichter und Theoretiker der formalen Schule haben die These radikalisiert, daß die dichterische Sprache die Alltagssprache verfremdet und verdichtet; daß das revolutionäre Potential der Kunst an die Form gebunden ist, mit Hilfe deren sie die Wirklichkeit transzendiert. Schklowski deutete das Kunstwerk als eine Wortkomposition, die durch eine Reihe von »Kunstgriffen« zustande kommt. Trotzki hat sich mit der »Formalen Schule« im Kapitel V von *Literatur und Revolution* auseinandergesetzt.
Seit den dreißiger Jahren wurde dann unter dem Etikett »Formalismus« die autonome Kunst überhaupt und die westliche Literatur und Malerei des 20. Jahrhunderts (samt ihren Vorläufern im 19.) zugunsten der stalinistischen Doktrin des »Sozialistischen Realismus« und der ihr entsprechenden affirmativen Literatur und Malerei verworfen.
(A. A. Hansen-Löve, *Der russische Formalismus*, Wien [Österr. Akademie der Wissenschaften] 1978; Jurij Striedter [Hg.], *Texte der russischen Formalisten*, 2 Bde., München [Fink] 1969-72; R. Jakobson - K. Pomorska, *Poesie und Grammatik*, Frankfurt [Suhrkamp] 1982; Gleb Struve, *Geschichte der Sowjetliteratur*, Teil 3, Kap. 9; Hans Günther, *Marxismus und Formalismus*, München [Hanser] 1973.)

62 Wladimir Majakowski (1893-1930), schloß sich noch in der Schulzeit dem bolschewistischen Flügel der russischen Sozialdemokraten an und gehörte seit 1912 zur Gruppe der russischen Futuristen. Nach 1917 verkörperte er das Bündnis zwischen futuristischer lyrischer Avantgarde und Revolution; er popularisierte die Sprachspiele und Sprachexperimente Welimir Chlebnikows. »Seine Verse sind zum Vortragen bestimmt. In seinen Händen verlor der russische Vers den Wohlklang, den die Symbolisten ihm zu geben versucht hatten, aber er erlangte Männlichkeit und rhythmische Kraft.« (Gleb Struve, *Geschichte der*

nisten.[63] Der Komsomolsekretär sagt auf einer Schriftstellertagung: »Die Weisungen des Genossen Stalin sind uns allen Gesetz«, und alles applau-

*Sowjetliteratur*, S. 32.) Trotzki befaßte sich in *Literatur und Revolution* (Kap. IV, S. 125) ausführlich mit Majakowski und dem russischen Futurismus: »Majakowski schreit allzuoft dort, wo er hätte sprechen müssen: darum erscheint sein Schrei dort, wo er schreien müßte, als unzureichend. Das Pathos des Dichters erstirbt durch Überanstrengung und Heiserkeit.« Efim Etkind (*Russische Lyrik von der Oktoberrevolution bis zur Gegenwart*, Versuch einer Darstellung, München [Beck] 1984) schreibt, Majakowski habe keinen Weg gefunden, die Revolution lyrisch angemessen darzustellen; dann habe er sich mit der nachrevolutionären Situation im Rußland der NEP nicht abfinden können; »später wurde es noch viel schlimmer, denn anstelle der NÖP kam Stalin, der die Hölle der Bürokratie schuf. Der neue Staat brauchte keinen Majakowski, er brauchte überhaupt keine Dichter, am wenigsten aber Avantgardisten — weder in der Poesie noch in der Malerei, noch im Theater...« (S. 50f.) Ein Beispiel für die Ironie der Geschichte ist, daß Majakowski, der zu Lebzeiten stets umstritten war, 1936 ausgerechnet von Stalin als Sowjetdichter kanonisiert wurde: »Majakowski war und bleibt der beste, begabteste Dichter unserer Sowjetepoche. Es ist ein Verbrechen, seinem Gedächtnis und seinem Werk teilnahmslos gegenüberzustehen.« (Zit. nach Hugo Huppert, *Wladimir Majakowski in Selbstzeugnissen und Bilddokumenten*, Reinbek [Rowohlt] 1965, S. 160).
(W. Majakowski, *Werke*, hg. von L. Kossuth, dt. von H. Huppert, Frankfurt [Insel] 1980.)

63 »Am 28. Januar 1936 gingen wir in Archangelsk auf den Bahnhof, um die neueste *Prawda* zu kaufen. Ich durchblättere sie und finde auf der dritten Seite den Artikel ‚Chaos statt Musik'. ... Er trug keine Unterschrift, war also ein redaktionseigener Artikel. Das heißt, er verkündete die Meinung der Partei. In Wirklichkeit die Stalins, und das wog bedeutend mehr.« (Solomon Volkow [Hg.], *Zeugenaussage*, Die Memoiren des Dmitrij Schostakowitsch, Frankfurt [Ullstein] 1981, S. 157.) Die Attacke der *Prawda* richtete sich gegen Schostakowitschs Oper *Lady Macbeth von Mzensk*, die am 22. Januar 1934 in Leningrad uraufgeführt und zwei Tage später unter dem Titel *Katerina Ismailowa* in Moskau nachgespielt worden war. Bis Anfang 1936 hatte es in Leningrad 83 und in Moskau 97 Aufführungen der Oper gegeben. Mit dem *Prawda*-Artikel verschwand sie über Nacht von den Theaterbühnen. Die Polemik des Parteiblatts galt vor allem dem Einsatz von Jazz-Elementen im Werk Schostakowitschs und der musikalischen Darstellung des Geschlechtsakts. »Die Musik ächzt und stöhnt, keucht und gerät außer Atem, um die Liebesszenen möglichst natürlich darzustellen. ... Der Komponist hat sich offensichtlich nicht die Aufgabe gestellt, dem Gehör zu schenken, was die sowjetischen Opernbesucher von der Musik erwarten und in ihr suchen. Als hätte er bewußt seine Musik chiffriert, alle Töne in ihr so durcheinandergebracht, daß sie nur für Ästheten und Formalisten, die ihren gesunden Geschmack verloren haben, genießbar bleibt.« (»Wirrwarr statt Musik«, *Prawda*, 28.1.36, zitiert nach Bernd Feuchtner, *Dmitri Schostakowitsch*, Künstlerische Identität und staatliche Repression, Frankfurt [Sendler] 1986, S. 61.) Diese Polemik war nur der Auftakt zu einer Serie ähnlicher *Prawda*-Artikel über Architektur, Ballett und Kunst. (Vgl. Dmitri Schostakowitsch, *Erfahrungen*, Aufsätze, Erinnerungen, Reden, Diskussionsbeiträge, Interviews, Briefe, Leipzig [Reclam] 1983; Norman Kay, *Shostakovich*, London [Oxford University Press] 1971; Boris Schwarz, *Music and Musical Life*

diert, wenn auch wahrscheinlich einige vor Scham erröten. Wie um die Literatur vollends zu verspotten, wird Stalin, der keinen richtigen russischen Satz bilden kann, zum Klassiker des Stils erkoren.[64] Dieser Byzantinismus und diese Polizeiherrschaft haben, trotz der unfreiwilligen Komik einzelner Erscheinungen, etwas tief Tragisches.

Die offizielle Formel lautet: Die Kultur soll dem Inhalt nach sozialistisch, der Form nach national sein. Doch über den sozialistischen Inhalt der Kultur lassen sich nur mehr oder weniger wohlklingende Vermutungen anstellen. Niemandem wird es gelingen, sie auf einer unzureichenden Wirtschaftsbasis zu entfalten. Die Kunst ist in viel geringerem Grade als die Wissenschaft imstande, die Zukunft vorwegzunehmen. Jedenfalls vermögen Rezepte wie: »den Aufbau der Zukunft darstellen«, »dem Sozialismus den Weg weisen«, »den Menschen umgestalten«, der schöpferischen Phantasie nicht viel mehr zu sagen als eine Preisliste für Feilen oder ein Eisenbahnfahrplan.

Unter der nationalen Form der Kunst wird »Allgemeinverständlichkeit« verstanden. »Was das Volk nicht braucht«, befiehlt die *Prawda* den Künstlern, »kann auch keine ästhetische Bedeutung besitzen«. Diese alte Formel der Narodniki[65], mit der die Aufgabe der kulturellen Erziehung der Massen geleugnet wird, ist um so reaktionärer geworden, als das Recht zu entschei-

*in Soviet Russia.* 1917-1970, London [Barrie & Jenkins] 1972, S. 110-174; Detlef Gojowy, *Dimitri Schostakowitsch mit Selbstzeugnissen und Bilddokumenten dargestellt*, Reinbek [Rowohlt] 1983.)

64 Was mit dem Einfügen von Stalin-Zitaten in beliebige Texte begann, endete mit der perfekten Nachahmung von Stalins Schreib- und Redeweise. In sowjetischen Publikationen dominierte ein Jargon »dessen Kennzeichen steife, verbohrte Wiederholung und plebejische Formlosigkeit waren, die sich mit pseudowissenschaftlichen Prätentionen mischten, und in die sich ungehemmt grammatikalische und logische Schnitzer schlichen« (Deutscher, *Stalin*, S. 390).

65 Die Literatur-Theorie der Narodniki wurde besonders prägnant 1865 von Dmitri Iwanowitsch Pissarew (1840-1868), der wie Tschernyschewski und Dobroljubow der literaturkritischen Schule Belinskis entstammte, formuliert. In einer Abhandlung mit dem Titel »Zerstörung der Ästhetik« schrieb er, die Lehre vom »ewig Schönen« sei nur ein Betrugsmanöver der Privilegierten zu Lasten des Volkes. »Die Musik wurde als nichtiges Spiel verworfen. Beethoven und Raffael wurden verpönt. Malerei und Architektur wurden hingestellt als Ergebnis der Jagd geldstarker Mäzene nach sinnlosem Genuß oder der Willfährigkeit feiger Maler, Dekorateure und Architekten, die für billiges Geld ihren Lüsten frönten.« Die Literatur hatte für Pissarew nur dann Sinn, wenn sie in der Lage war, »dem Volk wirklichen, handgreiflichen Nutzen zu bringen.« (Adolf Stender-Petersen, *Geschichte der russischen Literatur*, Bd. 2, München [Beck] 1957, S. 358.) Trotzki schreibt über Pissarew und seine Freunde, sie hätten »nicht so sehr gegen die wirtschaftlichen Verhältnisse als gegen Ungereimtheiten, Reaktionärtum und Asiatentum des Lebens« angekämpft; ihr Leitbild war ein »neuer Mensch«, ein »Realist« und »Utilitarist«, »der sein Leben nach den Gesetzen der Vernunft aufbauen will...« (Trotzki, *Fragen des Alltagslebens*, S. 40; vgl. Edward J. Brown,

den, welche Kunst das Volk braucht und welche nicht, allein der Bürokratie vorbehalten bleibt: sie druckt die Bücher nach eigener Auslese und verkauft sie zwangsweise, ohne dem Leser irgendeine Wahl zu lassen. Letzten Endes läuft doch alles darauf hinaus, daß sich die Kunst der Interessen der Bürokratie annimmt und diese dann den Volksmassen im rosigsten Licht darzustellen hat.

Vergebens! Keine Literatur wird dieser Aufgabe gerecht werden. Die Führer müssen selbst zugeben, daß »weder der erste noch der zweite Fünfjahresplan bislang zu einer neuen literarischen Welle geführt hat, welche die erste aus dem Oktober geborene Welle überträfe«. Das ist sehr gelinde gesagt. In Wirklichkeit wird die Epoche des Thermidor trotz einzelner Ausnahmen in die Geschichte des Kunstschaffens eingehen als eine »Epoche« von Stümpern, Laureaten und Leisetretern!

# VIII. Außenpolitik und Armee

## Von der Weltrevolution zum Status quo

Die Außenpolitik ist immer und überall eine Fortsetzung der Innenpolitik, denn sie wird von derselben herrschenden Klasse betrieben und verfolgt historisch dieselben Aufgaben. Die Degeneration der herrschenden Schicht in der UdSSR mußte mit einer entsprechenden Änderung in den Zielen und Methoden der Sowjetdiplomatie einhergehen. Bereits die »Theorie« vom Sozialismus in einem Lande, die zum erstenmal im Herbst 1924 verkündet wurde, deutete auf den Wunsch hin, die Sowjetaußenpolitik vom Programm der internationalen Revolution zu befreien. Die Bürokratie hatte jedoch nicht im Sinn, dabei ihre Verbindung mit der Komintern zu liquidieren, denn diese hätte sich unvermeidlich in eine oppositionelle internationale Organisation verwandelt mit den daraus folgenden negativen Auswirkungen auf das Kräfteverhältnis innerhalb der UdSSR. Im Gegenteil, je weniger die Kremlpolitik sich von ihrem ehemaligen Internationalismus leiten ließ, um so fester nahm die herrschende Schicht das Ruder der Komintern in die Hand. Unter dem alten Namen mußte die Komintern nunmehr neuen Zielen dienen. Für die neuen Ziele bedurfte es jedoch neuer Menschen. Ab Herbst 1923 ist die Geschichte der Komintern eine Geschichte der vollständigen Erneuerung ihres Moskauer Stabs und der

»Pisarev and the Transformation of Two Russian Novels«, in: William Mills Todd III [Hg.], *Literature and Society in Imperial Russia* [1800-1914], Stanford [Stanford University Press] 1978, S. 151-172.)

Führungen sämtlicher nationaler Sektionen, durchgesetzt über eine Serie von Palastrevolutionen, verfügten Säuberungen, Ausschlüssen usw.[1] Gegenwärtig stellt die Komintern einen ganz und gar gehorsamen und jederzeit zu jedem beliebigen Zickzack bereiten Apparat im Dienste der Sowjetaußenpolitik dar.

Die Bürokratie hat nicht nur mit der Vergangenheit gebrochen, sondern auch die Fähigkeit eingebüßt, deren wichtigste Lehren zu begreifen. Die bedeutendste dieser Lehren ist: Die Sowjetmacht hätte keine zwölf Monate standgehalten, wären nicht die direkte Hilfe des internationalen, insbesondere des europäischen Proletariats und die revolutionäre Bewegung der Kolonialvölker gewesen.[2] Ihren Angriff auf Sowjetrußland führte die österreichisch-deutsche Soldateska nur deswegen nicht zu Ende, weil sie in ihrem

1 Der jeweils herrschende Block in der sowjetischen Parteiführung bestimmte auch die Politik der Komintern-Sektionen, deren Führungen bei Kursänderungen häufig ausgewechselt wurden. »Im Zuge der ‚Bolschewisierung' der Kommunistischen Internationale 1924/25 hatte Sinowjew (...) die Anhänger Trotzkis aus den Führungspositionen der Sektionen verdrängt. (In Polen wurden Warski und Walecki, in der Tschechoslowakei Šmeral und Kreibich aus der Führung verdrängt, in Frankreich Souvarine ausgeschlossen.) Die Ausschaltung der linken Führungen der Sektionen, die Sinowjews Anhänger waren, begann im Herbst 1925 mit dem ‚Offenen Brief' an die KPD. 1926/27 wurden nicht nur die deutschen Linken ausgeschlossen, sondern auch die ultralinke polnische Parteiführung (Domski, Ossinskaja), die Linken in der Tschechoslowakei (Michalec̆, Pollac u. a.), in Belgien (Overstraeten), Holland (Sneevliet) und selbst in Japan. Die ‚sinowjewistische' Parteiführung Frankreichs (Treint, Girault) wurde abgesetzt und 1928 ausgeschlossen und auch die Ultralinken in Italien (um Bordiga) entmachtet. Nicht anders ging 1928/29 der Ausschluß ‚rechter' Kommunisten und die Absetzung von ‚Versöhnlern' vor sich. In der Tschechoslowakei wurden die Rechten um Hais, die ‚Versöhnler' um Neurath, Jilek u. a. ausgeschlossen. Die KP der Tschechoslowakei erhielt im November 1928 ebenfalls einen ‚Offenen Brief' des EKKI über die ‚rechte Gefahr'. Die KP Schwedens spaltete sich, und mit ihrem Führer Kilbom verließ die große Mehrheit der schwedischen Mitglieder die Komintern. In der KP der USA wurden der Generalsekretär Lovestone u. a. ausgeschlossen, in England der frühere Parteiführer Murphy, in Italien die Parteiführer Serra (Tasca), Santini, Pasquine, in Südafrika Bunting.« (Hermann Weber, *Die Wandlung des deutschen Kommunismus*, Die Stalinisierung der KPD in der Weimarer Republik, Frankfurt [EVA] 1969, Bd. 1, S. 302 f. Vgl. auch Trotzki, *Wer leitet heute die Kommunistische Internationale?*, Berlin [Aktion] 1930.)

2 Vgl. dazu Carr, *A History...*, Bd. 3, Kapitel 25 (Revolution over Europe), S. 165-228 und Kapitel 26 (Revolution over Asia) S. 229-270.
Zur »direkten Hilfe« gehörte auch die Beteiligung ausländischer Freiwilliger an der militärischen Verteidigung der Sowjetmacht im Bürgerkrieg. Im Februar 1918 wurde in Petrograd die erste internationale Abteilung der Roten Armee gebildet. Im April 1918 versammelten sich 400 Delegierte in Moskau zum ersten Allrussischen Kongreß internationalistischer Kriegsgefangener; sie riefen die mehr als 2 Millionen deutschen, österreichisch-ungarischen, türkischen, bulgarischen u.a. Kriegsgefangenen in Rußland dazu auf, »Pioniere der internationalen

Rücken den glühenden Atem der Revolution verspürte. Knapp ein dreiviertel Jahr dauerte es, bis die Aufstände in Deutschland und Österreich-Ungarn dem Friedensvertrag von Brest-Litowsk ein Ende bereiteten.[3] Die Meuterei der französischen Matrosen im Schwarzen Meer vom April 1919 nötigte die Regierung der Dritten Republik, auf weitere Militäroperationen im Süden des Sowjetlandes zu verzichten.[4] Die Regierung Großbritan-

sozialistischen Revolution« zu werden und sich der Roten Armee anzuschließen. Die Gesamtzahl der Ausländer, die diesem Aufruf folgten, wird auf 250 000 bis 300 000 Mann geschätzt. Die Operationen der 250 während des Bürgerkriegs von den »Internazionalisty« gebildeten internationalen Abteilungen der Roten Armee (in Kompanie-, Bataillons- und Regimentsstärke) wurden seit Juni 1918 von einer besonderen Kommission des Kriegskommissariats koordiniert. Anglo-Amerikaner, Bulgaren, Deutsche und Österreicher, Ungarn, Italiener, Rumänen und Südslawen bildeten eigene nationale Gruppen der KPR, die in der »Zentralföderation ausländischer Gruppen der KPR« zusammengeschlossen waren. Sie übernahmen die Agitation unter den Mannschaften der konterrevolutionären Interventionstruppen, gaben oft die ersten kommunistischen Zeitschriften und Zeitungen in der jeweiligen Landessprache heraus und warben für den Übertritt zur Roten Armee. Nach Ende des Bürgerkriegs half die Zentralföderation bei der Repatriierung der ehemaligen Kriegsgefangenen; die internationalen Abteilungen der Roten Armee wurden aufgelöst. Einige »Internazionalisty« spielten nach ihrer Heimkehr eine führende Rolle bei der Bildung kommunistischer Parteien; viele von den in der Sowjetunion gebliebenen wurden später Opfer der stalinistischen Säuberungen.

3 Nach der Unterzeichnung des Waffenstillstandsvertrags zwischen den Alliierten und dem Deutschen Reich und nach Ausbruch der Novemberrevolution in Deutschland erklärte das Zentralexekutivkomitee der Sowjets am 13. November 1918 den Brest-Litowsker Friedensvertrag für nichtig, stellte die Kontributionszahlungen ein und rief zum Kampf gegen die Okkupationstruppen auf. »In der Sowjeterklärung zum Widerruf des Friedensvertrages hieß es, daß die aufständischen deutschen Arbeiter und Soldaten mit Hochrufen vor die Sowjetbotschaft zogen und man daher mit größtem Stolz sagen könne, ‚daß der Brest-Litowsker Gewalt- und Raubvertrag unter den vereinten Anstrengungen der deutschen und russischen proletarischen Revolution zunichte wurde.'« (William Henry Chamberlin, *Die russische Revolution*, Frankfurt/M. [EVA] 1958, Bd. 2, S. 115; vgl. den Text des ZEK-Dekrets in: Jane Degras [Hg.] *Soviet Documents on Foreign Policy*, Bd. 1, *1917-1924*, London [Oxford University Press] 1951, S. 124 f.)

4 Unter dem Einfluß der Agitation, die in Odessa von der französischen Gruppe der KPR unter Jeanne Labourbe (1877-1919) betrieben wurde, nahmen seit Anfang Februar 1919 bei den im Süden der Sowjetrepublik eingesetzten französischen Interventionstruppen Fälle von Befehlsverweigerung und Fraternisierung zu. Aus dieser Bewegung entwickelte sich schließlich am 19. April eine offene Meuterei der Schwarzmeerflotte, die das französische Oberkommando zur überstürzten Räumung Odessas und Sewastopols (Mitte April) sowie zum Abzug des insgesamt 40 000 Mann umfassenden Expeditionskorps (Ende April) veranlaßte.

(Die umfassendste Darstellung der Meutereien unter den französischen Interventionstruppen stammt von André Marty, der als Maschinist auf einem Torpedoboot zu deren Anführern gehörte und im Juli 1919 von einem Kriegsge-

niens zog im September 1919 unter dem unmittelbaren Druck der englischen Arbeiter ihre Expeditionstruppen aus dem Sowjetnorden zurück.[5] Nach dem Rückzug der Roten Armee vor Warschau im Jahre 1920 hinderte nur eine machtvolle Welle revolutionärer Proteste die Entente, Polen zu Hilfe zu kommen[6], um so das Sowjetregime zu zerschmettern. Lord Curzon[7] waren, als er 1923 Moskau das drohende Ultimatum stellte, im entscheidenden Augenblick durch den Widerstand der britischen Arbeiterorganisationen die Hände gebunden.[8] Diese leuchtenden Episoden stehen nicht vereinzelt da; sie geben der ganzen ersten und schwierigsten Periode der Existenz der Sowjets die Farbe. Wenn auch die Revolution außerhalb Rußlands nirgends siegte, die auf sie gesetzten Hoffnungen waren nicht vergebens gewesen.

richt zu zwanzig Jahren Zwangsarbeit verurteilt wurde. Marty wurde später einer der bekanntesten und populärsten Führer der KPF. Sein Buch *La révolte de la mer Noire* [1927/28], Paris [Maspero] 1970 [Reprint] wurde bis zu seinem Ausschluß aus der Partei im Jahre 1952 mehrfach aufgelegt. Vgl. auch Pierre Durand, *Les sans-culottes du bout du monde 1917-1921*, Contre-révolution et intervention étrangère en Russie, Moskau [Progrès] 1977, S. 156-163.)

5 In Nordrußland standen 37000, in Südrußland und im Kaukasus 140000 Mann britische Truppen, ein weiteres Kontingent im Fernen Osten.
Der Parteitag der oppositionellen Labour Party nahm Ende Juni 1919 eine Resolution gegen die Intervention an. Vereinzelte Meutereien unter den in Nordrußland eingesetzten britischen Truppen, die Zunahme von Demonstrationen und Streiks gegen die Intervention in Großbritannien sowie die militärischen Rückschläge der konterrevolutionären Armeen bewogen die britische Regierung im September 1919 dazu, sich an der Intervention nicht mehr zu beteiligen.
(Vgl. Richard H. Ullman, *Britain and the Russian Civil War*, November 1918 - February 1920, Princeton [Princeton University Press] 1968, S. 171-203; Schmidt, *Churchills privater Krieg*, S. 165-168, 207-224.)

6 Nach den Anfangserfolgen der Roten Armee im sowjetisch-polnischen Krieg verlangte die britische Regierung Anfang August 1920 ultimativ den Abbruch des sowjetischen Vormarsches auf Warschau und drohte — gemeinsam mit der französischen Regierung — eine militärische Intervention an. Daraufhin setzte in England eine Welle von Protstversammlungen und Demonstrationen unter dem Slogan »Hands Off Russia!« ein. Eine gemeinsame Konferenz von Vertretern des TUC und der Labour Party warnte am 9. August die Regierung, »daß die ganze industrielle Macht der organisierten Arbeiter zur Verhinderung des Krieges zwischen den Entente-Mächten und Sowjetrußland eingesetzt werden wird.« (Zit. in G. D. H. Cole, *A History of the Labour Party from 1914* [1948], London [Routledge & Kegan] 1969, S. 105.) Der damalige britische Kriegsminister Winston Churchill schrieb später über die Proteste: »Die öffentliche Meinung von Frankreich und England war gänzlich erschlafft. ... Die englische Arbeiterpartei hatte eine heftige Agitation gegen jede britische Hilfe für Polen in Szene gesetzt, und unter dem Einfluß und der Leitung der Kommunisten wurden in manchen Teilen Großbritanniens Betriebsräte gebildet. In der Öffentlichkeit fand sich nirgends das geringste Verständnis für die aus einem polnischen Zusammenbruch entstehenden Gefahren. Unter diesem Druck sah sich Mr.

Lloyd George gezwungen, der polnischen Regierung nahezulegen, daß ... ,die britische Regierung ... keine Aktion gegen Rußland unternehmen könne'«. (Winston S. Churchill, *Nach dem Kriege*, Zürich [Amalthea-Verlag] 1930, S. 257 f.)

7 George Nathaniel Curzon (1859-1925), wurde nach seinem Studium in Oxford 1886 konservativer Unterhausabgeordneter und 1891 Unterstaatssekretär für das unter britischer Kolonialherrschaft stehende Indien. Er unternahm zwischen 1887 und 1894 Reisen nach Rußland, China, Japan, Indien und Persien. 1898 bis 1905 war er Vizekönig und Generalgouverneur von Indien, seit 1908 gehörte er dem britischen Oberhaus an. Curzon wurde 1917 Minister ohne Geschäftsbereich und 1918 unter Lloyd George (als Präsident des Geheimen Staatsrates und Führer des House of Lords) Mitglied des Kriegskabinetts. 1919 bis 1924 war er als Außenminister an den Verhandlungen zur Neuregelung der europäischen Grenzen nach dem Ersten Weltkrieg beteiligt. Während des polnisch-sowjetischen Krieges schlug Curzon im Juli 1920 eine von den Alliierten bereits Ende 1919 als Ostgrenze des neugebildeten polnischen Staates vorgeschlagene Linie als Waffenstillstandslinie vor. Die im Friedensvertrag vom März 1921 festgelegte polnische Ostgrenze verlief dann sehr viel weiter östlich. Nach dem Beginn des Zweiten Weltkriegs rückte die Rote Armee (entsprechend den Vereinbarungen im deutsch-sowjetischen Nichtangriffspakt von 1939) bis zur Curzon-Linie vor; auf der Konferenz von Jalta im Februar 1945 reklamierte die Sowjetregierung abermals die Curzon-Linie als Grenze zwischen Polen und der Sowjetunion; ein sowjetisch-polnischer Vertrag vom August 1945 machte dann die Curzon-Linie definitiv zur polnischen Ostgrenze.
(Curzon, *Russia in Central Asia in 1889 and the Anglo-Russian Question*, London [Longmans, Green & Co.] 1889; *Persia and the Persian Question*, London [Longmans, Green & Co.] 1892, 2 Bde.; *Britisch Government in India*, London [Cassel & Co.] 1925, 2 Bde.; *War Poems and Other Translations*, London - New York [John Lane] 1915.
Harald George Nicolson, *Curzon*, The Last Phase 1919-1925, A Study in Post-war Diplomacy, London [Constable & Co.] 1934; Leonard Oswald Mosley, *Curzon*, The End of an Epoch, London [Longmans] 1960.)

8 Am 8. Mai 1923 stellte der britische Geschäftsträger in Moskau im Auftrag des Londoner Außenministeriums unter Lord Curzon der sowjetischen Regierung ein Memorandum zu, in dem u.a. die Einstellung der Komintern-Propaganda in den britischen Kolonien, die Abberufung der für antibritische Aktivitäten verantwortlich gemachten Sowjetbotschafter aus Afghanistan und Iran und Entschädigungszahlungen für zwei in der Sowjetunion verurteilte britische Agenten gefordert wurden. In dem als »Curzon-Ultimatum« bekanntgewordenen Memorandum wurde für die Erfüllung dieser Forderungen eine Frist von 10 Tagen gesetzt, als Sanktionen der Abbruch der erst im März 1921 aufgenommenen Handelsbeziehungen und die Abberufung des britischen Gesandten angedroht. Das Ultimatum fiel zeitlich zusammen mit Manöverbesuchen des französischen Marschalls Foch bei der polnischen Armee und mit der Ermordung des sowjetischen Gesandten Worowski durch einen weißen Emigranten in der Schweiz. Die Sowjetregierung fürchtete neue militärische Auseinandersetzungen und zeigte sich konzessionsbereit; in ihrer Antwortnote schonte sie die »englischen Eitelkeiten« und bewies, »daß sie über den kleinlichen Prestigerücksichten der bürgerlichen Regierungen steht« (»Sowjetrußlands Antwortnote an England«, in: *Inprekorr*, Nr. 81, 15.5.1923, S. 679-682).
Gegen das Curzon-Ultimatum protestierten die britischen Gewerkschaften und die Labour-Party. Die Krise wurde dann beigelegt.
(Vgl. Carr, *A History...*, Bd. 4, S. 165-173; W. G. Truchanowski, *Neueste*

Die Sowjetregierung schloß bereits in jenen Jahren mehrere Verträge mit bürgerlichen Regierungen: den Vertrag von Brest-Litowsk vom März 1918, den Vertrag mit Estland im Februar 1920[9], den Rigaer Frieden mit Polen im Oktober 1920[10], den Rapallovertrag mit Deutschland vom April 1922[11], und andere weniger bedeutende diplomatische Abkommen. Weder der Sowjetregierung als Ganzem noch irgendeinem ihrer Mitglieder im besonderen konnte es jedoch in den Sinn kommen, ihre bürgerlichen Vertrags-

*Geschichte Englands 1917-1951*, Berlin/DDR [Rütten & Loening] 1962, S. 111-113.)

9 Die RSFSR schloß am 2. Februar 1920 einen Friedensvertrag mit der Republik Estland. Sie erkannte die Unabhängigkeit Estlands an, das im Gegenzug zusagte, künftig auf antisowjetische Aktionen zu verzichten. Lenin schrieb über den Vertrag von Dorpat: »Dieser Frieden ist ein Fenster nach Europa. Er erschließt uns die Möglichkeit, mit den Ländern des Westens in Warenaustausch zu treten. ... Wenn sich die kleinen Nationalitäten, die ein Spielball in den Händen der Entente sind, zum Frieden mit Sowjetrußland geneigt zeigen, so erklärt sich das daraus, daß wir praktisch bewiesen haben, wie sie von den Imperialisten betrogen wurden und wie gern ihnen das russische Proletariat die Hand zum Frieden reicht.« (»Rede auf der Konferenz der Eisenbahner des Moskauer Eisenbahnknotenpunkts« [5.2.1920], LW 30, S. 336 f.)

10 Im Vorfriedensvertrag mit Polen vom 12. Oktober 1920 wurden ein Waffenstillstand und Verhandlungen über einen Friedensvertrag vereinbart, der dann am 18. März 1921 zwischen der RSFSR, der ukrainischen SSR und Polen geschlossen wurde. Sowjetische Westgebiete, u.a. Galizien, wurden an Polen abgetreten. Die im Vertrag von Riga festgelegte polnische Grenze verlief mehr als 200 km östlich der »Curzon-Linie«. Dadurch kamen 4 Millionen Ukrainer und 1,4 Millionen Weißrussen unter polnische Herrschaft.

11 Am 16. April 1922 unterzeichneten der Außenminister des Deutschen Reiches, Rathenau, und der Volkskommissar für Auswärtiges, Tschitscherin, am Rande der Weltwirtschaftskonferenz von Genua im italienischen Riviera-Seebad Rapallo ein Abkommen, das die Aufnahme diplomatischer Beziehungen, den Verzicht auf Reparationsforderungen und die Meistbegünstigung in den Wirtschafts- und Handelsbeziehungen vorsah. Das Zentralexekutivkomitee der Sowjets »begrüßt(e) den in Rapallo abgeschlossenen russisch-deutschen Vertrag als den einzig richtigen Weg aus den Schwierigkeiten, dem Chaos und Kriegsgefahren«; »*nur Verträge dieses Typus*« seien »normal für die Beziehungen der RSFSR mit kapitalistischen Staaten«. (Resolution des ZEK vom 19.5.1922, zit. nach Carr, *A History...*, Bd. 3, S. 380.) Das Rapallo-Abkommen beendete die internationale Isolierung der Weimarer Republik und der Sowjetrepublik; in Deutschland heftig umstritten, blieb es bis 1933 die Grundlage der deutschen Politik gegenüber der Sowjetunion.
(Vgl. den Text des Vertrages in Helmut Stoecker [Hg.], *Handbuch der Verträge 1871-1964*, Berlin/DDR [Dt. Verlag der Wissenschaften] 1968, S. 227-229. Theodor Schieder, *Die Probleme des Rapallo-Vertrags*, Eine Studie über die deutsch-russischen Beziehungen, Köln [Westdt. Vlg.] 1956; Herbert Helbig, *Die Träger der Rapallo-Politik*, Göttingen [Vandenhoeck & Ruprecht] 1958; Alfred Anderle [Hg.], *Rapallo und die friedliche Koexistenz*, Berlin/DDR [Akademie Vlg.] 1963.)

partner als »Friedensfreunde« hinzustellen, und noch weniger, die kommunistischen Parteien Deutschlands, Polens oder Estlands aufzufordern, mit ihren Stimmen die bürgerlichen Regierungen, die diese Verträge abgeschlossen hatten, zu unterstützen. Indes ist gerade diese Frage von entscheidender Bedeutung für die revolutionäre Erziehung der Massen. Die Sowjets konnten nicht umhin, den Brest-Litowsker Frieden zu unterzeichnen, wie restlos erschöpfte Streikende nicht umhin können, die härtesten Bedingungen des Kapitalisten anzunehmen; daß aber die deutsche Sozialdemokratie in der heuchlerischen Form der »Stimmenthaltung« für diesen Frieden stimmte[12], wurde von den Bolschewiki als Unterstützung der Gewalt und der Gewalttäter gebrandmarkt. Wenn das Rapalloabkommen mit dem demokratischen Deutschland vier Jahre später auch auf der Grundlage formeller »Gleichberechtigung« der Partner getroffen wurde, so wäre doch die deutsche Kommunistische Partei, wäre ihr aus diesem Anlaß eingefallen, der Diplomatie ihres Landes das Vertrauen auszusprechen, sofort aus der Internationale ausgeschlossen worden.[13] Im Grundsatz ging die internationale Politik der Sowjets davon aus, daß diese oder jene Handels-, diplomatischen oder militärischen Abkommen des Sowjetstaats mit den Imperialisten, an sich unvermeidlich, auf keinen Fall den Kampf des Proletariats der betreffenden kapitalistischen Länder beeinträchtigen oder abschwächen dürften, denn letzten Endes wird allein die Entwicklung der Weltrevolution

12 Zur Begründung der Stimmenthaltung der SPD-Abgeordneten erklärte ihr Sprecher, Philipp Scheidemann, am 22. März 1918 im Reichstag: »Wir können uns mit der Art des Zustandekommens des Vertrags, bei dem der Reichstag ausgeschlossen war, und mit wesentlichen Teilen seines Inhalts nicht einverstanden erklären. Da aber durch diesen Vertrag der Kriegszustand im Osten tatsächlich beendet wird, wollen wir ihn auch nicht ablehnen.« (»Erklärung Scheidemanns im Namen der SPD-Fraktion zum Friedensvertrag von Brest-Litowsk in der Reichstagssitzung vom 22. März 1918«, in: *Dokumente und Materialien zur Geschichte der deutschen Arbeiterbewegung*, Reihe II: 1914-1945, Band 2, November 1917 - Dezember 1918, Berlin/DDR [Dietz] 1957, S. 125.)

13 Die Haltung der KPD-Führung wird aus einem ihrer damaligen Rundschreiben deutlich: »Der deutsch-russische Vertrag von Rapallo ist von der deutschen Regierung abgeschlossen worden, als sie in Genua einsah, daß sie auch in Zukunft von der Entente ausgeschaltet und als Macht zweiten Ranges behandelt werden würde... Der abgeschlossene Vertrag wird aber nur ein bloßes Stück Papier bleiben, wenn nicht die Arbeiterschaft seine Verwirklichung fordert und durchsetzt. Nur eine Arbeiterregierung wird mit Sowjetrußland auf dem Boden der Gleichberechtigung und nicht mit hinterhältigen Kapitalistenwünschen verhandeln.« (»Politisches Rundschreiben der Zentrale der KPD vom 3. Mai 1922 über die Kampagne für den Arbeiterweltkongreß und zum Rapallovertrag«, in: *Dokumente und Materialien zur Geschichte der deutschen Arbeiterbewegung*, Bd. VII/2, Januar 1922 - Dezember 1923, Berlin/DDR [Dietz] 1966, S. 53-58, hier S. 57.)

dem Arbeiterstaat zum Heil gereichen. Als Tschitscherin[14] während der Vorbereitung zur Genua-Konferenz[15] vorschlug, mit Rücksicht auf die

14 Georgi Wassiljewitsch Tschitscherin (1872-1936), sowjetischer Diplomat, entstammte einer Adelsfamilie. Nach dem Studium der Philosophie und der Geschichte an der Petersburger Universität war er seit 1896 im Archiv des Außenministeriums beschäftigt. Seit 1899 arbeitete er mit den Sozialrevolutionären zusammen. 1904 wurde er während einer Erholungsreise in Deutschland unter dem Einfluß deutscher Sozialdemokraten, vor allem seines Freundes Karl Liebknecht, Marxist. 1905 Bolschewik, wechselte er nach der Niederlage der Revolution von 1905 zu den Menschewiki über. Bis 1914 polemisierte er häufig gegen die Bolschewiki und gegen Lenin, durch dessen Politik er die Einheit der russischen Sozialdemokratie gefährdet sah. 1915 war er Internationalist und Mitarbeiter der von Trotzki herausgegebenen Zeitung *Nasche Slowo*. Im westeuropäischen Exil stand er in Kontakt mit verschiedenen Gruppen der radikalen Linken (Bremer Linke, Gruppe Internationale, britische Socialist Party). 1916 wurde er in England Sekretär des »Komitees der Delegierten der russischen sozialistischen Gruppen«, das sich um die antizaristischen Emigranten und — nach der Februarrevolution — um deren Rückkehr nach Rußland bemühte. Im August 1917 wurde er unter der Beschuldigung prodeutscher Aktivität verhaftet und erst nach Trotzkis Ankündigung, Tschitscherin solle Sowjetbotschafter am britischen Hof werden, im Januar 1918 nach Petersburg abgeschoben. Er wurde Mitglied der bolschewistischen Partei und im Mai 1918 Trotzkis Nachfolger als Kommissar für Auswärtige Angelegenheiten. Tschitscherin trug entscheidend zum Aufbau des ersten sowjetischen diplomatischen Korps bei. Auf dem 14. und dem 15. Parteitag der KPR (1925 und 1927) ins Zentralkomitee gewählt, beteiligte er sich an den innerparteilichen Kämpfen nicht. Nach einem Kuraufenthalt in Deutschland 1928/1929 trat er im Juli 1930 das Volkskommissariat an seinen Stellvertreter Litwinow ab. Bis zu seinem Tode am 7. Juli 1936 lebte er zurückgezogen in Moskau und verfaßte u.a. eine Arbeit über Mozart, die erst 1970 in der Sowjetunion veröffentlicht wurde (dt.: Georgi W. Tschitscherin, *Mozart*, Eine Studie, Leipzig [Deutscher Verlag für Musik] 1975). In der Stalin-Ära »aus dem Buch der Geschichte getilgt« (Medwedew, *Die Wahrheit...*, S. 226), werden Tschitscherins Leistungen erst seit 1956 offiziell wieder anerkannt.
(Richard K. Debo, *George Chicherin: Soviet Russia's Second Foreign Commissar*, [Dissertation an der University of Nebraska] 1964; Stanislaw W. Sarnitzki, Anatoli N. Sergejew, *Tschitscherin*, russ., Moskau [Molodaja gwardija] 1966, $1975^2$.)

15 Zu Verhandlungen über europäische Wirtschaftsbeziehungen und Reparationszahlungen wurde im Frühjahr 1922 eine Konferenz nach Genua einberufen (10.4.-19.5.), an der 28 Staaten, u.a. erstmals die Sowjetunion, nicht aber die USA, teilnahmen. Die Westmächte drängten die Sowjetregierung dazu, vom Deutschen Reich Reparationen zu fordern, um mit deren Hilfe die zaristischen Vorkriegsschulden zu begleichen. Die sowjetischen Delegierten traten für allgemeine Abrüstung und eine Annullierung aller Kriegsschulden ein. Die Konferenz wurde vertagt und trat noch einmal im Juni und Juli 1922 ergebnislos in Den Haag zusammen.
(Vgl. Tschitscherin, »Rede in der Eröffnungssitzung der Konferenz in Genua am 10. April 1922«, *Russische Korrespondenz*, Nr. 4/5, 1922, S. 230-232; »Memorandum der russischen Delegation an die Konferenz von Genua«, ebd., S. 232-245.

»öffentliche Meinung« Amerikas an der Sowjetverfassung eine »demokratische« Änderung vorzunehmen, empfahl Lenin in einem offiziellen Brief vom 23. Januar 1922 nachdrücklichst, Tschitscherin unverzüglich in ein Sanatorium einzuliefern.[16] Hätte sich damals irgendjemand erkühnt, die Gewogenheit eines »demokratischen« Imperialismus durch den Beitritt sagen wir zum leeren und verlogenen Kellogg-Pakt[17] oder durch eine Abschwächung der Kominternpolitik zu erkaufen, so hätte Lenin seinerseits ohne Zweifel vorgeschlagen, den Neuerer ins Irrenhaus zu stecken — und wäre damit im Politbüro kaum auf Widerstand gestoßen.

Besonders unversöhnlich zeigte sich die damalige Führung in bezug auf pazifistische Illusionen aller Art: Völkerbund, kollektive Sicherheit, Schiedsgerichtshöfe, Abrüstung usw. Sie erblickte darin nur ein Mittel, die Arbeitermassen einzulullen, um sie desto sicherer im Augenblick des Ausbruchs eines neuen Krieges zu überrumpeln. In dem von Lenin ausgearbeiteten und 1919 auf dem Kongreß angenommenen Parteiprogramm finden wir darüber folgende unzweideutige Zeilen:

»Der wachsende Ansturm des Proletariats und insbesondere seine Siege in den einzelnen Ländern verstärken den Widerstand der Ausbeuter und veranlassen diese zur Schaffung neuer Formen der internationalen Vereinigung der Kapitalisten (Völkerbund usw.), die im Weltmaßstabe die systematische Ausbeutung aller Völker der Erde organisieren und ihre nächsten Anstrengungen auf die unmittelbare

(Carole Fink, *The Genoa Conference. European Diplomacy 1921-1922*, Chapel Hill [University of North Carolina Press] 1984.)

16 Tschitscherin hatte in einem Brief an Lenin vom 20. Januar 1922 geschrieben: »... falls uns die Amerikaner mit der Forderung nach representative institutions sehr zusetzen sollten — meinen Sie nicht, daß es möglich wäre, gegen eine anständige Kompensation eine kleine Änderung in unserer Verfassung vorzunehmen ...?« (zit. in: Lenin, *Briefe*, Bd. 9, S. 467.) Lenin schrieb daraufhin am 23. und am 24. Januar an Molotow für das Politbüro: »Dieser Vorschlag Tschitscherins zeigt meines Erachtens, daß man ihn ... sofort in ein Sanatorium schicken muß ...« »Dieser und der folgende Brief Tschitscherins zeigen deutlich, daß er krank ist, und zwar ernstlich. Wir wären Narren, schickten wir ihn nicht fort, und sei es mit Gewalt, ins Sanatorium.« (Ebd., S. 139 f.) Tschitscherins Gesundheitszustand war schon zuvor im Politbüro erörtert worden (vgl. ebd., S. 121, 462); er führte aber die Verhandlungen in Genua zu Ende.

17 Der Kellogg-Pakt (auch Briand-Kellogg-Pakt genannt) beruhte auf einem am 27. August 1928 in Paris unterzeichneten Abkommen, das auf Vorschläge des französischen Außenministers Aristide Briand und seines US-amerikanischen Kollegen Frank Billings Kellogg zurückging. In dem Abkommen wurde »der Krieg als Mittel zur Lösung internationaler Streitfälle« verurteilt. Die Unterzeichnerstaaten vereinbarten, »die Regelung und Entscheidung aller Streitigkeiten oder Konflikte« »niemals anders als durch friedliche Mittel« anzustreben. Erstunterzeichner waren Belgien, Deutschland, Frankreich, Großbritannien, Italien, Japan, Polen, die Tschechoslowakei und die USA. Die Sowjetunion trat dem Pakt am 6. September 1928 bei. Bei Ausbruch des Zweiten Weltkriegs hatten sich 63 Staaten dem Pakt angeschlossen.
(Vgl. den Vertragstext in: Stoecker [Hg.], *Handbuch der Verträge*, S. 253 f.)

Unterdrückung der revolutionären Bewegungen des Proletariats aller Länder richten.

Dies alles führt unvermeidlich zur Verknüpfung des Bürgerkrieges innerhalb der einzelnen Staaten mit den Revolutionskriegen, die von proletarischen Ländern zu ihrer Verteidigung sowie von unterdrückten Völkern gegen das Joch der imperialistischen Mächte geführt werden.

Unter diesen Umständen sind die Losungen des Pazifismus, der internationalen Abrüstung unter dem Kapitalismus, der Schiedsgerichte usw. nicht nur eine reaktionäre Utopie, sondern auch ein direkter Betrug an den Werktätigen, der darauf hinzielt, das Proletariat zu entwaffnen und es von der Aufgabe, die Ausbeuter zu entwaffnen, abzulenken.«[18]

Diese Zeilen des bolschewistischen Programms enthalten eine vorweggenommene und darum wahrhaft treffende Verurteilung der derzeitigen Sowjetaußenpolitik und der Politik der Komintern nebst all ihren pazifistischen »Freunden« in allen Erdteilen.

Nach der Interventions- und Blockadeperiode erwies sich der wirtschaftliche und militärische Druck der kapitalistischen Welt auf die Sowjetunion allerdings erheblich schwächer, als man hätte befürchten können. Europa stand noch unter dem Zeichen des vergangenen, nicht des künftigen Krieges. Es folgte der Ausbruch einer gewaltigen Weltwirtschaftskrise, die die herrschenden Klassen der ganzen Welt mit Ohnmacht schlug. Nur dank dieser Umstände vermochte die Sowjetunion ungestraft die Probe des ersten Fünfjahresplans zu bestehen, während dessen das Land erneut zur Arena des Bürgerkriegs, des Hungers und der Seuchen wurde. Die ersten Jahre des zweiten Planjahrfünfts[19], die eine deutliche Besserung der inneren Lage der UdSSR mit sich brachten, fielen mit dem Beginn einer wirtschaftlichen Wiederbelebung der kapitalistischen Welt, einem neuen Anwachsen der Hoffnungen, der Appetite, der Ungeduld und der Aufrüstung zusammen. Die Gefahr eines kombinierten Überfalls auf die UdSSR nimmt vor unseren Augen nur darum konkrete Gestalt an, weil das Land der Sowjets immer noch isoliert ist, weil auf dem »Sechstel der Erde« in bedeutenden Gebieten primitive Rückständigkeit herrscht, weil die Arbeitsproduktivität trotz der Verstaatlichung der Produktionsmittel noch viel niedriger ist als in den kapitalistischen Ländern, weil schließlich — und das ist jetzt das Wichtigste — die Haupttruppen des Weltproletariats geschlagen, verunsichert und einer zuverlässigen Führung bar sind. So liefert die Oktoberrevolution, in der ihre Führer nur einen Ausgangspunkt für die Weltrevolution erblickten, die aber durch den Lauf der Dinge zeitweise eine selbstgenügsame Bedeutung bekam, auf einer neuen Stufe der Geschichte den Beweis für ihre tiefe Abhängigkeit von der Weltentwicklung. Erneut wird es offenkundig, daß die historische Frage *»Wer wen?«* nicht im

18 Meissner (Hg.), *Parteiprogramm,* S. 123 f.
19 Das zweite Planjahrfünft umfaßte die Jahre 1933 bis 1937.

nationalen Rahmen gelöst werden kann, daß die Erfolge oder Mißerfolge im Innern lediglich mehr oder weniger günstige Bedingungen für eine Lösung auf Weltebene schaffen.

Die Sowjetbürokratie — man muß ihr diese Gerechtigkeit widerfahren lassen — erwarb eine gewaltige Erfahrung in der Führung von Menschenmassen durch Einlullen, Spalten und Schwächen, durch direkten Betrug, um uneingeschränkt über sie herrschen zu können. Aber aus ebendiesem Grund verlor sie jede Spur von Befähigung, die Massen revolutionär zu erziehen. Während sie daheim die Selbständigkeit und Initiative der unteren Volksschichten erstickt, kann sie in der Welt natürlich nicht kritisches Denken und revolutionären Wagemut wecken und fördern. Als herrschende und privilegierte Schicht schätzt sie im Westen außerdem weit mehr die Hilfe und Freundschaft der — ihr dem sozialen Typus nach verwandten — bürgerlichen Radikalen, reformistischen Parlamentarier und Gewerkschaftsbürokraten als die der von ihr sozial durch einen Abgrund getrennten einfachen Arbeiter. Hier ist nicht die Stelle für eine Geschichte des Verfalls und der Degeneration der Dritten Internationale — eine Frage, der der Autor mehrere eigene Untersuchungen gewidmet hat, die in fast allen Sprachen der zivilisierten Welt veröffentlicht wurden. Tatsache bleibt, daß die nationalbornierte und konservative, ungebildete und verantwortungslose Sowjetbürokratie als Führerin der Komintern der Weltarbeiterbewegung nichts als Unheil gebracht hat. Gleichsam als geschichtliche Vergeltung ist die heutige internationale Lage der UdSSR in weit höherem Maße durch die Auswirkungen der Niederlagen des Weltproletariats bestimmt als durch die Fortschritte des isolierten sozialistischen Aufbaus. Es genügt, daran zu erinnern, daß die Zerschlagung der chinesischen Revolution von 1925-1927, wodurch der japanische Militarismus im Osten freie Hand erhielt[20], sowie die Zerschlagung des deutschen Proletariats, die zu Hitlers Triumph führte und zum wütenden Wachsen des deutschen Militarismus, in gleichem Maße Früchte der Kominternpolitik sind.

Die thermidorianische Bürokratie verriet die Weltrevolution, fühlte sich aber dabei selbst von ihr verraten, und richtete daraufhin ihre Hauptanstrengungen auf das Ziel, die Bourgeoisie zu »neutralisieren«. Dazu mußte sie als gemäßigte, solide, echte Stütze der bestehenden Ordnung erscheinen. Um aber lange und mit Erfolg als etwas zu erscheinen, muß man es wirklich werden. Dafür sorgte die organische Entwicklung der herrschenden Schicht. So kam die Bürokratie, Schritt für Schritt vor den eigenen Fehlern zurückweichend, auf den Gedanken, die Unantastbarkeit der UdSSR durch ihren Anschluß an das System des europäisch-asiatischen

20 1931 besetzten japanische Truppen die Mandschurei, 1932 wurde der Marionettenstaat Mandschukuo gebildet. Damit hatte sich Japan das Aufmarschgebiet für seinen 1937 beginnenden Eroberungskrieg in China geschaffen.

Status quo zu garantieren. Was kann es in der Tat Besseres geben als einen ewigen Nichtangriffspakt zwischen Sozialismus und Kapitalismus? Die heutige offizielle Formel der derzeitigen Außenpolitik, die nicht nur von der Sowjetdiplomatie, der es erlaubt ist, in der konventionellen Sprache ihrs Handwerks zu reden, sondern auch von der Komintern, der es zustände, die Sprache der Revolution zu führen, breit propagiert wird, lautet: »Wir wollen keinen Fußbreit fremden Bodens. Aber auch von unserem eigenen Boden werden wir niemand auch nur einen Zollbreit überlassen.«[21] Als ob es um bloße Zusammenstöße wegen Stücken Bodens ginge und nicht um den weltumfassenden Kampf zweier unversöhnlicher Gesellschaftsordnungen!

Als die UdSSR es für ratsamer hielt, Japan die Ostchinesische Eisenbahn abzutreten, wurde dieser durch den Zusammenbruch der chinesischen Revolution vorbereitete Akt der Schwäche als im Dienst des Friedens stehende Äußerung selbstbewußter Stärke besungen.[22] In Wirklichkeit hat es die Sowjetregierung mit der Auslieferung dieses strategisch so ungemein wichtigen Schienenstranges an den Feind Japan erleichtert, in Nordchina weitere Eroberungen zu machen und die Mongolei zu bedrohen. Das erzwungene Opfer bedeutet keine »Neutralisierung« der Gefahr, sondern bestenfalls einen kurzen Aufschub. Gleichzeitig wurde aber der unbändige Appetit der regierenden Militärclique in Tokio geweckt.

Die Frage der Mongolei ist bereits eine Frage der nächstgelegenen strategischen Positionen Japans im Kriege gegen die UdSSR. Die Sowjetregierung sah sich diesmal gezwungen, offen zu erklären, daß sie auf einen Einfall der japanischen Truppen in die Mongolei mit Krieg antworten werde.[23] Indes handelt es sich hier gar nicht unmittelbar um den Schutz »unseres Bodens«: Die Mongolei ist ein unabhängiger Staat.[24]

21 Stalin, »Politischer Rechenschaftsbericht des Zentralkomitees an den XVI. Parteitag der KPdSU(B)« (27. Juni 1930), SW 12, S. 207-326, hier S. 229.

22 In einem am 23. März 1935 zwischen der Sowjetunion und Japan geschlossenen Vertrag trat die UdSSR die Ostchinesische Eisenbahn für 140 Millionen Yen an die Regierung des japanischen Marionettenstaates Mandschukuo ab. Unter der Überschrift »Ein neuer Erfolg der Friedenspolitik der Sowjetunion« hieß es dazu in der *Rundschau* (Nr. 15, 28.3.1935, S. 770): »Zum Schluß muß noch die Bedeutung der am 23. März in Tokio erfolgten Unterfertigung der Dokumente über den Verkauf der Ostchinabahn durch die Sowjetunion an Mandschukuo hervorgehoben werden. Damit ist im Fernen Osten einer der Streitpunkte aus dem Wege geräumt. Die Friedenspolitik der Sowjetunion verzeichnet einen neuen Erfolg, und Japan wird nun zu zeigen haben, ob es in diesem Teil der Welt wirklich den Frieden zu wahren geneigt ist, was so lange bezweifelt werden muß, wie es sich weigert, den von der Sowjetunion vorgeschlagenen Nichtangriffspakt anzunehmen.«

23 In seinem Interview mit dem amerikanischen Journalisten Roy Howard antwortete Stalin am 1.3.1936 auf die Frage »Wie wird die Haltung der Sowjetunion sein, im Falle sich Japan zu einem ernsten Angriff auf die Mongolische Volksrepublik entschließen sollte?«: »Falls sich Japan entschließen sollte, die Mongolische

Die passive Verteidigung der Sowjetgrenzen schien zu genügen in einer Periode, als niemand sie ernsthaft bedrohte. Die wirkliche Methode, die UdSSR zu verteidigen, besteht darin, die Positionen des Imperiums zu schwächen und die Positionen des Proletariats und der Kolonialvölker in der ganzen Welt zu stärken. Ein ungünstiges Kräfteverhältnis kann dazu zwingen, so manchen »Fußbreit« Boden abzutreten, wie dies beim Brest-Litowsker, dann beim Rigaer Frieden und schließlich bei der Abtretung der Ostchinesischen Eisenbahn der Fall war. Zugleich macht es der Kampf um eine vorteilhafte Änderung des Kräfteverhältnisses auf Weltebene dem Arbeiterstaat zur ständigen Pflicht, den Befreiungsbewegungen in anderen Ländern zu Hilfe zu eilen. Aber diese Hauptaufgabe steht eben in unversöhnlichem Widerspruch zur konservativen Politik des Status quo.

## Der Völkerbund und die Komintern

Die durch den Sieg des deutschen Nationalsozialismus verursachte Annäherung und dann direkte militärische Verständigung mit Frankreich[25], dem hauptsächlichen Hüter des Status quo, bringt Frankreich ungleich größere

Volksrepublik zu überfallen und auf ihre Unabhängigkeit einen Anschlag zu verüben, werden wir ... der Mongolischen Volksrepublik ebenso helfen müssen, wie wir ihr im Jahre 1921 geholfen haben.« (»Die Unterredung des Genossen Stalin mit Roy Howard«, in: *Rundschau*, Nr. 11, 5.3.1936, S. 409.) (1921 hatten Einheiten der Roten Armee die Mongolei von konterrevolutionären russischen Truppen freigekämpft und ihre Souveränität wiederhergestellt.)

24 Nach jahrhundertelanger Beherrschung durch China erklärte sich die Äußere Mongolei 1911 für unabhängig; Staatsoberhaupt wurde der höchste lamaistische Geistliche, der Jebsun Damba Khutukhtu. 1918/19 besetzten chinesische Truppen, 1920 konterrevolutionäre russische unter dem General von Ungern-Sternberg das Land. Diese unterlagen 1921 der Roten Armee, von der die Souveränität der Mongolei wiederhergestellt wurde. Nach dem Tod des Jebsun Damba Khutukhtu im Mai 1924 wurde am 26. November die Mongolische Volksrepublik gegründet. Durch die Bildung Mandschukuos im März 1932 und den militärischen Vormarsch der Japaner im Nordosten Chinas wurde ihre Unabhängigkeit zeitweilig bedroht.
(Vgl. Thomas E. Ewing, *Between the Hammer and the Anvil?* Chinese and Russian Policies in Outer Mongolia 1911-1921, Bloomington [Indiana University] 1980; Robert Rupen, *How Mongolia is Really Ruled*, A Political History of the Mongolian People's Republic 1900-1978, Stanford [Hoover Institution Press] 1979.)

25 Am 2. Mai 1935 wurde in Moskau ein Beistandspakt zwischen der Sowjetunion und Frankreich abgeschlossen, der fünf Jahre gelten sollte. Frankreich setzte die Klausel durch, wonach der für den Kriegsfall zugesicherte militärische Beistand erst nach Konsultation des Völkerbundsrates (dem 1935 als ständige Mitglieder neben Frankreich und der Sowjetunion Großbritannien und Italien angehörten) gewährt werden sollte.
(Vgl. »Beistandspakt zwischen der UdSSR und Frankreich«, in: Stoecker [Hg.],

Vorteile als den Sowjets. Die Verpflichtung der UdSSR zu militärischem Beistand ist laut Vertrag zwingend, während der Beistand Frankreichs vom vorherigen Einverständnis Englands und Italiens abhängt. Dies eröffnet feindlichen Machenschaften gegenüber der UdSSR ein weites Feld. Die mit der Besetzung des Rheinlandes verbundenen Ereignisse bewiesen, daß Moskau bei realistischerer Einschätzung der Lage und größerem Nachdruck von Frankreich viel bessere Garantien hätte erlangen können[26], soweit Verträge überhaupt als »Garantien« angesehen werden können in einer Epoche schroffer Wendungen in der Lage, beständiger diplomatischer Krisen, Annäherungen und Abbrüchen der Beziehungen. Doch nicht zum erstenmal zeigt es sich, daß die Sowjetbürokratie viel mehr Standfestigkeit im Kampf gegen die fortgeschrittenen Arbeiter ihres eigenen Landes aufbringt, als in den Verhandlungen mit bürgerlichen Diplomaten.

Die Behauptung, der Beistand Rußlands sei wenig wirksam angesichts des Fehlens einer gemeinsamen Grenze zwischen der UdSSR und Deutschland, ist kein ernsthafter Einwand. Im Falle eines Angriffs Deutschlands auf die UdSSR wird die angreifende Seite die erforderliche gemeinsame Grenze schon finden.[27] Im Falle eines Angriffs Deutschlands auf Österreich, die Tschechoslowakei oder Frankreich kann Polen nicht einen Tag lang neutral bleiben. Erkennt es seine Bündnisverpflichtungen gegenüber Frankreich an[28], so wird es unvermeidlich der Roten Armee den Durchmarsch gestatten; bricht Polen dagegen seinen Bündnisvertrag, so wird es auf der Stelle zum Helfershelfer Deutschlands werden. In diesem Fall wird die UdSSR ohne Mühe die »gemeinsame Grenze« finden. Obendrein werden im kommenden Krieg die See- und Luft»grenzen« eine nicht geringere Rolle spielen als die zu Lande.

*Handbuch der Verträge*, S. 274 f.; Jonathan Haslam, *The Soviet Union and the Struggle for Collective Security in Europe 1933-39*, London [Macmillan] 1984, S. 27-51.)

26 Die Besetzung des seit Abschluß des Versailler Vertrages (Art. 42-44) entmilitarisierten Rheinlandes durch deutsche Truppen am 7.3.1936 machte den Versuchen der parlamentarischen Rechten in Frankreich, die Ratifizierung des Beistandspaktes mit der Sowjetunion zu verhindern, ein Ende. Am 12.3.1936 billigte der Senat den Vertrag mit großer Mehrheit. »Selbst erklärte Gegner des Bündnisses mit der Sowjetunion hielten es nun offenbar für klüger, Rückversicherung im Osten zu suchen.« (Haslam, *The Soviet Union and the Struggle for Collective Security*, S. 98.)

27 Diese gemeinsame Grenze kam im September 1939 durch die arbeitsteilige Besetzung Polens durch deutsche und sowjetische Truppen zustande (wie es die Geheimklauseln im deutsch-sowjetischen Nichtangriffspakt vorgesehen hatten). Von dieser Demarkationslinie — die nach dem Zweiten Weltkrieg zur polnischen Ostgrenze wurde — ging 1941 der deutsche Überfall auf die Sowjetunion aus.

28 Polen und Frankreich hatten sich im Garantievertrag vom 16. Oktober 1925 »für den Fall, daß Polen oder Frankreich unter einer Nichteinhaltung der am heutigen

Der Eintritt der UdSSR in den Völkerbund, der dem eigenen Volk mit Hilfe einer des Herrn Goebbels würdigen Regie als Triumph des Sozialismus und Resultat des »Drucks« des Weltproletariats geschildert wurde[29], war für die Bourgeoisie nur infolge der großen Abschwächung der revolutionären Gefahr annehmbar. Das war kein Sieg der UdSSR, sondern eine Kapitulation der thermidorianischen Bürokratie vor der durch und durch kompromittierten Institution in Genf[30], die nach der uns bereits bekannten Feststellung des Programms »ihre nächsten Anstrengungen darauf richtet, die revolutionären Bewegungen zu unterdrücken«. Was hat sich seit der Annahme der Charta des Bolschewismus[31] eigentlich so grundlegend verändert: Das Wesen des Völkerbunds, die Funktion des Pazifismus in der kapitalistischen Gesellschaft oder die Politik der Sowjets? Diese Frage stellen, heißt, sie beantworten.

Die Erfahrung sollte bald zeigen, daß die Beteiligung am Völkerbund den praktischen Vorteilen, die man auch durch Abkommen mit einzelnen bürgerlichen Regierungen erreichen konnte, nichts hinzufügt, dafür aber

Tag zwischen ihnen und Deutschland zur Erhaltung des allgemeinen Friedens eingegangenen Verpflichtungen zu leiden hätte«, zu sofortiger gegenseitiger Hilfe und Unterstützung verpflichtet, »falls diese Nichteinhaltung von einem nicht provozierten Gebrauch von Waffengewalt begleitet ist.« (Stoecker [Hg.], *Handbuch der Verträge*, S. 249.) (Am selben Tag war zwischen den Regierungen Belgiens, Deutschlands, Frankreichs, Großbritanniens, Italiens, Polens und der Tschechoslowakei der sogenannte Locarno-Pakt geschlossen worden. Dessen wichtigste Bestimmungen waren der gegenseitige Verzicht auf die gewaltsame Revision der deutsch-belgischen und der deutsch-französischen Grenzen; eine entsprechende Garantie für die deutsch-polnische und die deutsch-tschechoslowakische Grenze fehlte hier. [Vgl. Stoecker [Hg.], *Handbuch der Verträge*, S. 243-249.] Entsprechend dem Garantievertrag erfolgte nach dem deutschen Überfall auf Polen am 1. September 1939 die französische Kriegserklärung vom 3.9.1939.)

29 Der Beitritt der Sowjetunion zum Völkerbund im September 1934 wurde offiziell folgendermaßen kommentiert: »Die Sowjetunion schlug den weitgehendsten Plan einer vollständigen Abrüstung vor; der Vorschlag wurde jedoch nicht angenommen. Allein ihr Auftreten auf den Abrüstungskonferenzen blieb nicht ohne Wirkung. Die UdSSR bewies damit, daß sie der einzige Staat ist, der tatsächlich konsequent die Sache des Friedens vertritt. Diese Friedenspolitik der Sowjetunion zwang sogar viele ihrer Feinde, die Ehrlichkeit der Friedensbestrebungen der Sowjetregierung anzuerkennen. Die Stellung, die sich die Sowjetunion durch ihre unbeirrbare Friedenspolitik erobert hatte, hatte zur Folge, daß die Mehrzahl der Mitglieder des Völkerbundes sie zum Eintritt in den Völkerbund aufforderte.« (»Die *Iswestija* über die Einladung an die Sowjetunion, dem Völkerbund beizutreten.«, *Rundschau*, Nr. 51, 20.9.1934, S. 2162 f.)

30 Die Gremien des Völkerbundes, die Bundesversammlung, der Völkerbundsrat und das Sekretariat, hatten ihren Sitz in Genf.

31 Das auf dem 8. Parteitag 1919 angenommene Programm der Kommunistischen Partei Rußlands (Bolschewiki), in: Meissner (Hg.), *Parteiprogramm*, S. 121-141.

erhebliche Einschränkungen und Pflichten auferlegt, die von der UdSSR im Interesse ihres erst vor kurzem erworbenen konservativen Prestiges aufs pedantischste erfüllt werden. Die Notwendigkeit, sich innerhalb des Völkerbunds nicht nur nach Frankreich, sondern auch nach dessen Verbündeten zu richten, zwang die Sowjetdiplomatie zu einer äußerst zweideutigen Haltung im italienisch-abessinischen Konflikt. Während Litwinow, der in Genf nur als Lavals[32] Schatten fungierte, Frankreichs und Englands Diplomaten seinen Dank für ihre Bemühungen »zugunsten des Friedens« aussprach, die so glücklich in der Eroberung Abessiniens ihre Krönung fanden[33], floß kaukasisches Erdöl weiterhin in die Tanks der italienischen

32 Pierre Laval (1883-1945), Rechtsanwalt, französischer Politiker. Von 1914 bis 1919 sozialistischer Abgeordneter, zunächst Kriegsgegner, dann Unterstützer Clemenceaus. Trat 1920 aus der Sozialistischen Partei aus, war später Bürgermeister von Aubervilliers, parteiloser Abgeordneter, mehrfach Minister und 1931/32 Ministerpräsident. Nach der Ermordung Barthous im Oktober 1934 wurde er dessen Nachfolger als Außenminister. Von Juni 1935 bis Januar 1936 war er erneut Premierminister und schloß den französisch-sowjetischen Beistandspakt ab. Nach der deutschen Besetzung Frankreichs war Laval stellvertretender Ministerpräsident und seit April 1942 Ministerpräsident in der mit den Nationalsozialisten kollaborierenden Vichy-Regierung unter Pétain. Laval sprach sich für den Sieg des »Dritten Reiches« aus, in dem er ein Bollwerk gegen den Bolschewismus sah. Nach der Befreiung Frankreichs wurde er im Oktober 1945 zum Tode verurteilt und hingerichtet.
(Hubert Cole, *Pierre Laval*, Paris [Fayard] 1964; Gaston Jacquemin, *La Vie publique de Pierre Laval 1883-1945*, Paris [Plon] 1973; Fred Kupferman, *Pierre Laval*, Paris [Masson] 1976.)

33 Der italienische Überfall auf Abessinien (Äthiopien) begann am 2. Oktober 1935. Am 7. Oktober 1935 wurde Italien von einem Unterkomitee des Völkerbundrates als Aggressor bezeichnet; am 11. Oktober empfahl ein vom Völkerbund benanntes Koordinationskomitee ein Export-Embargo für Waffen, Munition und Kriegsmaterial. Die britische und die französische Regierung »hätten beide nichts dagegen gehabt, Mussolini in Äthiopien tun zu lassen, was er wollte — im Juli 1935 kam ein britischer interministerieller Ausschuß zu der Schlußfolgerung, es gebe ‚in Abessinien oder den anliegenden Ländern keine Lebensinteressen Englands, die den Widerstand Englands gegen eine Eroberung Abessiniens durch Italien notwendig' machten. Die Schwierigkeit bestand darin, daß, wenn Mussolini einen Angriff gegen Äthiopien unternahm, er damit die Satzung des Völkerbundes brach ... Daher suchte die britische Regierung verzweifelt einen Konflikt zwischen Italien und dem Völkerbund zu vermeiden und gegebenenfalls gegenüber der Öffentlichkeit den Eindruck zu erwecken, als unterstütze sie den Völkerbund, während sie inoffiziell versuchte, einen Kompromiß mit Mussolini zu finden ... Laval war genötigt, nach außen hin England und daher den Völkerbund zu unterstützen und dabei auf gutem Fuß mit Italien zu bleiben. Sowohl Frankreich als auch England wünschten also, die Probleme irgendwie im Rahmen der Grundsätze des Völkerbundes zu regeln. Sie hatten einen erheblichen Vorteil — sie konnten es unter sich ausmachen, die Tätigkeit des Völkerbundes zu regeln.« (R.A.C. Parker, *Das Zwanzigste Jahrhundert I, 1918-1945*, Frankfurt [Fischer] 1967, S. 271 f.)

Flotte. Kann man noch verstehen, daß die Moskauer Regierung es vermied, offen einen Handelsvertrag zu brechen, so waren die Gewerkschaften jedenfalls nicht verpflichtet, auf die Obligationen des Außenhandelskommissariats Rücksicht zu nehmen. Eine faktische Einstellung des Exports nach Italien auf Beschluß der Sowjetgewerkschaften hätte zweifellos eine weltumfassende Boykottbewegung ausgelöst, die unvergleichlich wirksamer gewesen wäre als die verräterischen, vorher von den Diplomaten und Juristen im Einverständnis mit Mussolini abgemessenen »Sanktionen«[34]. Wenn jedoch die Sowjetgewerkschaften im Unterschied zu 1926, als sie offen Millionen von Rubeln für den britischen Bergarbeiterstreik sammelten, es diesmal nicht wagten, den kleinen Finger zu rühren, so nur, weil ihnen eine derartige Initiative von der herrschenden Bürokratie — hauptsächlich zum Gefallen Frankreichs — untersagt war. Indes, kein Militärbündnis ist im kommenden Weltkrieg ein Ersatz für das verlorene Vertrauen seitens der Kolonialvölker wie überhaupt der werktätigen Massen in die UdSSR.

Kann es sein, daß dies im Kreml nicht begriffen wird? »Das Hauptziel des deutschen Faschismus«, antwortet uns ein halbamtliches Sowjetblatt, »bestand in der Isolierung der UdSSR. Und nun? Die UdSSR hat heute mehr Freunde in der Welt denn je.« (*Iswestija*, 17. Sept. 1935.) Das italienische Proletariat vom Faschismus in Fesseln geschlagen; die chinesische Revolution zerschlagen, und Japan schaltet und waltet in China; das deutsche Proletariat derart zermalmt, daß Hitlers Plebiszite auf keinerlei Widerstand stoßen[35]; das Proletariat Österreichs an Händen und Füßen gefesselt;

34 Bei der Verhängung der Sanktionen gegen Italien wurden kriegswichtige Produkte wie Öl, Kohle, Eisen und Stahl, auf deren Einfuhr Italien angewiesen war, ausgenommen. Die Sowjetunion gehörte zu den Exporteuren von Erdöl nach Italien; sie erklärte sich zur Einstellung ihrer Lieferungen bereit, wenn alle Exportländer dem folgen würden. Die USA erfüllten diese Bedingung nicht; sie verdreifachten im Dezember 1935 ihren Ölexport nach Italien. Die anhaltende Lieferung von Öl aus der Sowjetunion widersprach den formellen Beschlüssen des Völkerbundes nicht. »Aber es bleibt die Tatsache, daß die Sowjetunion während der Sanktionen ihre Handelsinteressen nicht opferte.« (Lowell R. Tillett, »The Soviet Role in League Sanctions against Italy, 1935-36«, *The American Slavic and East European Review*, Nr. 1, Februar 1956, S. 11-16, hier S. 16.) Nach der italienischen Eroberung Äthiopiens hob der Völkerbund die von ihm beschlossenen Sanktionen am 4. Juli 1936 wieder auf; wie schon beim japanischen Überfall auf die Mandschurei erwies die Organisation sich als untauglich, Angriffskriege zu verhindern.

35 Durch Plebiszite suchte sich der faschistische Staat (wie die klassischen bonapartistischen Regime) zu »legitimieren«. Propagandakampagnen, Massenaufmärsche, Treuegelöbnisse, aber auch Terrormaßnahmen gegen jede erkennbare Opposition und sogar gegen Nichtwähler gaben den Rahmen dieser Plebiszite ab, deren Rechtsgrundlage das Gesetz über Volksabstimmungen vom 14.7.1933 bot. Nach dem am 14.10.1933 verkündeten Austritt aus dem Völkerbund wurde am 12.11.1933 über folgende Frage abgestimmt: »Billigst du,

die revolutionären Parteien auf dem Balkan niedergetreten[36]; die Arbeiter Frankreichs und Spaniens im Fahrwasser der radikalen Bourgeoisie. Und trotz alledem hat die Sowjetregierung seit ihrem Eintritt in den Völkerbund »mehr Freunde in der Welt denn je«! Diese auf den ersten Blick phantastisch erscheinende Prahlerei bekommt durchaus einen realen Sinn, bezieht man sie nicht auf den Arbeiterstaat, sondern auf die herrschende Schicht. Gerade die grausamen Niederlagen des Weltproletariats erlaubten es der Sowjetbürokratie, im eigenen Lande die Macht zu usurpieren und das mehr oder weniger große Wohlwollen der »öffentlichen Meinung« in den kapitalistischen Ländern zu genießen. Je weniger die Komintern imstande ist, die Positionen des Kapitals zu gefährden, um so kreditfähiger im politischen Sinn wird damit die Kreml-Regierung in den Augen der französischen, tschechischen und der anderen Bourgeoisien. So erweist es sich, daß die interne und internationale Stärke der Bürokratie in einem umgekehrt proportionalen Verhältnis zur Stärke der UdSSR als sozialistischem Staat und Stützpunkt der proletarischen Revolution steht. Allein, dies ist nur eine Seite der Medaille, es gibt noch eine andere.

Lloyd George, dessen Kapriolen und sensationelle Auftritte oft großen Scharfsinn verraten, warnte im November 1934 das Unterhaus vor einer Verurteilung des faschistischen Deutschland, das seinen Worten nach dazu

deutscher Mann, und du, deutsche Frau, diese Politik deiner Reichsregierung und bist du bereit, sie als den Ausdruck deiner eigenen Auffassung und deines eigenen Willens zu erklären und dich feierlich zu ihr zu bekennen?« 95 % stimmten mit »ja«. Zugleich fanden Reichstagswahlen statt, bei denen erstmals nur noch eine »Liste des Führers« zur Wahl stand, die 92 Prozent der Stimmen erhielt.
Aufgrund eines Gesetzes vom 2.8.1934 übernahm Hitler nach dem Tod des Reichspräsidenten Hindenburg dessen Funktion und amtierte nun als »Führer und Reichskanzler«. Am 19.8.1934 wurde auch diese Ämterfusion (bei einer Wahlbeteiligung von 96 Prozent) von 90 Prozent der Abstimmenden gebilligt. Bei den Reichstagswahlen vom 29.3.1936 stimmten 99 Prozent für die Einheitsliste.

36 Die in der Kommunistischen Balkanföderation (1920-1932) zusammengeschlossenen kommunistischen Parteien Bulgariens, Griechenlands, Jugoslawiens und Rumäniens mußten durch die ultralinke Politik der Komintern schwere Rückschläge hinnehmen. Die jugoslawische Partei unternahm im Februar 1929 einen (später von Tito als »töricht« und »verantwortungslos« bezeichneten) bewaffneten Aufstandsversuch, der in einem Desaster endete. Durch polizeiliche Verfolgung wurde die KP fast ausgelöscht; sie verlor den Großteil ihres Führungskaders und hatte 1932 nur noch 200 Mitglieder. Die bulgarische KP, mit 1931 (nach eigenen Angaben) 30 000 Mitgliedern die größte kommunistische Partei auf dem Balkan, wurde durch den Militärputsch vom 19. Mai 1934 in die Illegalität gezwungen. Eine Erklärung ihres Zentralkomitees sprach im Januar 1935 von »Passivität« der Partei während des Putsches und machte »die schweren politischen und taktischen Fehler« der Parteiführung dafür verantwortlich.

berufen sei, das zuverlässigste Bollwerk gegen den Kommunismus in Europa zu werden: »Wir werden es noch als unseren Freund begrüßen.«[37] Hochbedeutende Worte! Das halb gönnerhafte, halb ironische Lob der Weltbourgeoisie gegenüber dem Kreml ist nicht die mindeste Garantie für den Frieden oder auch nur für einen Abbau der Kriegsgefahr. Die Evolution der Sowjetbürokratie ist für die Weltbourgeoisie letztlich vom Gesichtspunkt möglicher Veränderungen der Eigentumsformen von Interesse. Napoleon I., der radikal mit den jakobinischen Traditionen gebrochen, sich die Krone aufgesetzt und den katholischen Kult wiedereingeführt hatte, blieb nichtsdestoweniger das Haßobjekt des gesamten regierenden, halbfeudalen Europa, insofern er fortfuhr, die von der Revolution geschaffene neue Eigentumsform zu verteidigen. Solange das Außenhandelsmonopol nicht aufgehoben und das Kapital nicht wieder in seine Rechte eingesetzt ist, bleibt die UdSSR in den Augen der Weltbourgeoisie trotz aller Verdienste ihrer herrschenden Schicht ein unversöhnlicher Feind und der deutsche Nationalsozialismus ein Freund, wenn nicht von heute, so von morgen. Bereits während der Verhandlungen Barthous[38] und Lavals mit Moskau weigerte sich die französische Großbourgeoisie beharrlich, auf die sowjetische Karte zu setzen[39] — trotz der von Hitler ausgehenden drohenden Gefahr und der jähen Wende der französischen kommunistischen Partei zum Patriotismus.[40] Der Unterzeichner des Paktes mit der UdSSR, Laval, wurde von der Linken beschuldigt, er habe, indem er Berlin mit Moskau

37 Lloyd George erklärte in der außenpolitischen Debatte des britischen Unterhauses am 23. November 1934, »die konservativen Elemente in England würden vielleicht schon in kurzer Zeit Deutschland als Bollwerk gegen den Kommunismus ansehen« (*Keesings Archiv der Gegenwart*, 28.11.1934, S. 1746).

38 Louis Barthou (1862-1934), Rechtsanwalt, französischer Politiker. 1889 als Vertreter der bürgerlichen Mitte zum Abgeordneten gewählt; 1894-1914 mehrfach Minister, seit Dezember 1912 Premierminister, verantwortlich für die 1913 erfolgte Verlängerung der Wehrdienstzeit auf drei Jahre. Als Präsident der französischen Reparationskommission (1922-1926) verfocht er gegenüber dem Deutschen Reich einen unnachgiebigen Kurs. Als Außenminister im Kabinett Doumergue vertrat er 1934 den Gedanken der kollektiven Sicherheit in Europa, befürwortete den Beitritt der Sowjetunion in den Völkerbund und leitete anfangs die Verhandlungen, die im Mai 1935 zum Abschluß des französisch-sowjetischen Beistandspaktes führten. Barthou fiel im Oktober 1934 in Marseille einem Attentat auf den jugoslawischen Monarchen Alexander I. zum Opfer.

39 Der am 2.5.1935 unterzeichnete französisch-sowjetische Beistandspakt war in Frankreich Gegenstand heftigen Streits. Die politische Rechte agitierte gegen den Vertrag und versuchte, seine Ratifizierung zu verhindern. Erst fast ein Jahr nach Unterzeichnung des Paktes wurden am 27.3.1936 die Ratifikationsurkunden ausgetauscht.

40 Im Mai 1935 besuchte der französische Regierungschef Laval Moskau und führte Gespräche mit der sowjetischen Führung. Über die Ergebnisse dieser Gespräche hieß es in dem offiziellen Kommuniqué, die »beiden Parteien« seien »der Sache der Erhaltung des Friedens aufrichtig ergeben« und verpflichteten sich, »vor

aufschreckte, in Wirklichkeit eine gegen Moskau gerichtete Annäherung an Berlin und Rom gesucht. Dieses Urteil greift vielleicht den Ereignissen etwas vor, steht aber keineswegs in Widerspruch zu ihrer natürlichen Entwicklung.[41]

Gleichwie man auch die Vor- und Nachteile des französisch-russischen Paktes beurteilt, kein einziger revolutionärer Politiker wird dem Sowjetstaat das Recht absprechen, durch befristete Abkommen mit dem einen oder anderen Imperialismus ergänzenden Schutz für seine Unantastbarkeit zu suchen. Man muß nur den Massen klar und deutlich die Stelle weisen, die ein solches taktisches Teilabkommen im allgemeinen System der historischen Kräfte einnimmt. Um im besonderen den französisch-deutschen Gegensatz auszunutzen, ist es nicht im geringsten erforderlich, den bürgerlichen Verbündeten oder die Kombination der imperialistischen Länder, die sich momentan hinter dem Schirm des Völkerbunds verbirgt, zu idealisieren. Indes nicht nur die Sowjetdiplomatie, sondern in ihrem Gefol-

allem die Mittel der staatlichen Verteidigung nicht zu schwächen. Dabei sprach insbesondere Stalin volles Verständnis und Billigung der Politik der staatlichen Verteidigung aus, die Frankreich betreibt, um seine bewaffneten Kräfte auf dem Stand zu halten, der den Bedürfnissen seiner Sicherheit entspricht.« (»Communiqué zum Ergebnis der Besprechungen Stalins, Molotows und Litwinows mit Laval«, in: *Rundschau*, Nr. 22, 16.5.1935, S. 1097 f.). In einer redaktionellen Vorbemerkung der *Rundschau* hieß es: »Das Communiqué, besonders der angeführte Satz des Genossen Stalin, hat eine gewaltige Bedeutung im Kampf des internationalen Proletariats gegen Krieg und Faschismus ... Es ist die schärfste Ablehnung jenes pazifistischen Scheinkampfes für den Frieden, der allein gegen die technischen Maßnahmen der Verteidigung gerichtet ist und als die beste Verteidigung gegen Hitler eigentlich den Verzicht auf jede Verteidigung propagiert« (S. 1097). Bis zu diesem Zeitpunkt hatte die französische Kommunistische Partei eine von der Komintern als vorbildlich bewertete antimilitaristische Arbeit in der Armee geleistet, jetzt aber schwenkte sie nach kurzem Zögern auf die neue Linie ein und ließ im ganzen Land Plakate mit dem Titel »Stalin hat recht!« anschlagen. Die antimilitaristische Arbeit und die Agitation gegen den unpopulären zweijährigen Wehrdienst wurde eingestellt. Kommunistische Abgeordnete stimmten ab nun für den Militäretat. (Vgl. Jean-Max Girault. »Le P.C.F., l'armée et la défense nationale en France avant et après le pacte franco-soviétique«, in: *Cahiers Léon Trotsky*, Nr. 27, September 1986, S. 68-91.)
Pierre Frank urteilt in seiner Geschichte der Komintern: »Die Laval-Stalin-Erklärung ist der genaue Zeitpunkt, an dem der Übergang der Sektionen der KI von revolutionären Parteien, die sie bis dahin waren, zu reformistischen Parteien zu verzeichnen ist.« (Frank, *Geschichte der Kommunistischen Internationale*, Bd. 2, S. 613.)
(Vgl. dazu auch Trotzki, »Stalin hat die Todesurkunde der III. Internationale unterzeichnet« [veröffentlicht am 25.5.1935], engl. in: TWr 1934-35, S. 291-300; franz.: TŒ 5, S. 301-313; dt. in Band 3 der *Schriften*.)

41 »Für Laval bedeutete das französisch-sowjetische Bündnis im besten Falle ein Tauschpfand für Verhandlungen über eine deutsch-französische Verständigung.« (R.A.C. Parker, *Das Zwanzigste Jahrhundert*, S. 265.)

ge auch die Komintern tüncht systematisch jeden episodischen »Friedensfreund« Moskaus in einen »Friedensfreund« um, betrügt die Arbeiter mit Losungen wie »kollektive Sicherheit« und »Abrüstung« und wird somit in Wirklichkeit zu einer politischen Agentur der Imperialisten gegenüber den Arbeitermassen.

Das berüchtigte Interview, das Stalin dem Vorsitzenden der Scripps-Howard Newspapers, Roy Howard, am 1. März 1936 gewährte, ist ein unschätzbares Dokument zur Charakterisierung der bürokratischen Blindheit in den großen Fragen der Weltpolitik sowie der Verlogenheit, die zwischen den Führern der UdSSR und der Weltarbeiterbewegung gang und gäbe geworden ist. Auf die Frage: Ist ein Krieg unvermeidlich? antwortet Stalin: »Ich bin der Ansicht, daß sich die Positionen der Friedensfreunde festigen. Die Friedensfreunde können offen arbeiten, sie stützen sich auf die Macht der öffentlichen Meinung, in ihrer Verfügung befinden sich solche Werkzeuge, wie zum Beispiel der Völkerbund.«[42] In diesen Worten steckt nicht ein Gran Realismus. Die bürgerlichen Staaten teilen sich durchaus nicht in Friedens»freunde« und Friedens»feinde«, um so weniger, als es überhaupt keinen »Frieden« an sich gibt. Jedes imperialistische Land ist an der Erhaltung *seines* Friedens interessiert, und zwar um so heftiger, je unerträglicher dieser Frieden für seine Gegner ist. Die Stalin, Baldwin, Léon Blum usw. gemeinsame Formel: »Der Frieden wäre wirklich gesichert, wenn alle Staaten sich im Völkerbund zu seinem Schutz zusammenschließen würden« bedeutet nur, daß der Friede gesichert wäre, wenn es keine Gründe gäbe, ihn zu verletzen. Der Gedanke ist wohl richtig, aber nicht sehr gehaltvoll. Die Großmächte, die — wie die Vereinigten Staaten — dem Völkerbund nicht angehören[43], schätzen eine freie Hand offenbar mehr als die Abstraktion »Frieden«. Wozu sie freie Hand brauchen, das werden sie zu gegebener Zeit schon zeigen. Die Staaten, die aus dem Völkerbund austreten, wie Japan und Deutschland[44], oder sich zeitweilig von ihm »entfernen«, wie Italien[45], haben dafür ebenfalls genug materielle Gründe. Ihr Bruch mit dem Völkerbund verändert nur die diplomatische Form der Gegensätze,

42 »Die Unterredung des Genossen Stalin mit Roy Howard«, in: *Rundschau*, Nr. 11, 5.3.1936, S. 410.

43 Obwohl die Bildung des Völkerbundes Bestandteil des 14-Punkte-Programms des US-Präsidenten Woodrow Wilson (1856-1924) vom 8. Januar 1918 gewesen war, hatten 1919 die Verfechter des Isolationismus im Senat die Oberhand behalten und einen Beitritt der USA abgelehnt.

44 Japan erklärte am 27. März 1933 nach der Verurteilung der japanischen Annexion der Mandschurei durch den Völkerbund seinen Austritt. Deutschland folgte am 14. Oktober 1933; zur Begründung diente die Weigerung, die deutsche Wiederbewaffnung offiziell zu billigen.

45 Der italienische Delegierte, Baron Aloisi, verließ am 11. Mai 1936 aus Protest gegen die Anwesenheit eines Vertreters Äthiopiens die Sitzung des Völkerbundrates. Er »bemerkte, daß er nicht zulassen könne, daß der sogenannte Vertreter

nicht aber deren Wesen noch das des Völkerbundes. Die Gerechten, die da dem Völkerbund ewige Treue schwören, gedenken ihn nur um so entschiedener zur Wahrung *ihres* Friedens auszunutzen. Doch auch zwischen ihnen herrscht kein Einvernehmen. England ist vollauf bereit, die Friedensperiode zu verlängern, wenn es auf Kosten der Interessen Frankreichs in Europa oder Afrika geschieht. Frankreich seinerseits ist bereit, die Sicherheit der britischen Seewege zu opfern, um Italiens Unterstützung zu erlangen. Aber zur Verteidigung der eigenen Interessen sind sie beide bereit zum Krieg zu greifen, zum gerechtesten aller Kriege, versteht sich. Die Kleinstaaten schließlich, die mangels eines Besseren im Schatten des Völkerbundes Schutz suchen, werden letzten Endes nicht auf der Seite des »Friedens«, sondern auf der der stärksten Gruppe im Kriege stehen.

Der Völkerbund zum Schutz des Status quo ist keine Organisation des »Friedens«, sondern eine Organisation der Gewalt der imperialistischen Minderheit über die erdrückende Mehrheit der Menschheit. Diese »Ordnung« läßt sich nur mit Hilfe ständiger Kriege, großer wie kleiner, aufrechterhalten, heute in den Kolonien, morgen zwischen den Mutterländern. Die imperialistische Treue zum Status quo ist immer eine bedingte, zeitweilige und begrenzte. Italien war gestern für den Status quo in Europa, aber nicht in Afrika; welches morgen seine Politik in Europa sein wird, ist niemandem bekannt. Doch schon die Grenzveränderung in Afrika wirkte augenblicklich auf Europa zurück. Hitler wagte nur deshalb die militärische Besetzung des Rheinlandes, weil Mussolini über Abessinien herfiel. Schwerlich kann man Italien zu den Friedens»freunden« zählen. Indes, Frankreich liegt Italiens Freundschaft weit mehr am Herzen als die der Sowjetunion. England seinerseits sucht die Freundschaft Deutschlands.[46] Die Gruppierungen ändern sich — die Appetite bleiben. Die Aufgabe der sogenannten

Abessiniens am Ratstisch Platz nehme, da die einzige in Abessinien vorhandene Souveränität diejenige Italiens sei und da keine andere staatliche Organisation im Lande vorhanden sei.« (*Keesings Archiv der Gegenwart*, 11.5.1936, S. 2549.) Am 12. Mai wies Mussolini die italienische Völkerbunddelegation an, Genf zu verlassen; am 28. Mai meinte er in einem Interview mit dem *Daily Telegraph*, »die Frage des Verbleibens im Völkerbund werde sich in dringenderer Form stellen, sollten die Sanktionen fortgesetzt werden.« (Ebd., 1.6.1936, S. 2578.)

46 Das britische Interesse an einer Verständigung mit Deutschland fand Ausdruck in einem am 18.6.1935 vereinbarten Flottenabkommen, das gegen Bestimmungen des Versailler Friedensvertrages von 1919 verstieß. Obwohl die in diesem Abkommen Deutschland zugebilligte Flottenstärke über die Begrenzungen durch den Versailler Vertrag weit hinausging, wurden andere Signatarstaaten von Großbritannien nicht konsultiert. (Vgl. »Flottenabkommen zwischen Großbritannien und Deutschland«, in: Stoecker [Hg.], *Handbuch der Verträge*, S. 276-278.) »Das Vorgehen der Engländer rief in Frankreich und Italien große Verärgerung hervor.« In Berlin hieß es, nun sei »die Gleichberechtigung Deutschlands formell anerkannt worden.« (R.A.C. Parker, *Das Zwanzigste Jahrhundert*, S. 269.)

Anhänger des Status quo besteht im wesentlichen darin, im Völkerbund die vorteilhafteste Kräftekombination und die günstigste Deckung für die Vorbereitung des künftigen Krieges zu finden. Wer ihn wie beginnen wird, das hängt von Umständen zweiter Ordnung ab. Doch irgendwer wird ihn beginnen müssen, denn der Status quo ist ein einziges großes Pulverfaß.

Das Programm der »Abrüstung« bei Erhaltung der imperialistischen Gegensätze ist die schädlichste aller Fiktionen. Selbst wenn die Abrüstung durch ein allgemeines Einvernehmen verwirklicht wäre — eine sichtlich phantastische Annahme! — würde dadurch keinesfalls ein neuer Krieg verhindert werden. Die Imperialisten führen nicht Krieg, weil es Waffen gibt, sondern umgekehrt, sie schmieden Waffen, wenn es für sie erforderlich wird, Krieg zu führen. Die Möglichkeit einer neuen, dabei sehr raschen Wiederaufrüstung ist durch die moderne Technik gegeben. Bei allen Vereinbarungen, Beschränkungen und »Abrüstungen« verlieren die Waffenlager, Kriegsfabriken, Laboratorien, die kapitalistische Industrie in ihrer Gesamtheit nichts von ihrer Stärke. So wird das unter wachsamer Kontrolle der Sieger entwaffnete Deutschland[47] (nebenbei gesagt: die einzig reale Form der »Abrüstung«!) dank seiner mächtigen Industrie wieder zur Zitadelle des europäischen Militarismus. Es schickt sich seinerseits an, gewisse Nachbarn zu »entwaffnen«. Der Gedanke der sogenannten »allmählichen Abrüstung« ist nur ein Versuch, in Friedenszeiten die über das Maß der Kräfte gehenden Militärausgaben herabzuschrauben: es ist eine Frage der Kasse und nicht der Friedensliebe. Doch selbst dieses Vorhaben erweist sich als undurchführbar. Infolge der Unterschiede in der geographischen Lage, der ökonomischen Macht und der kolonialen Sättigung würde jede beliebige Abrüstungsnorm das Kräfteverhältnis zum Vorteil der einen und zum Nachteil der anderen verändern. Daher die Fruchtlosigkeit der Genfer Versuche. Beinahe zwanzig Jahre Verhandlungen und Unterredungen über die Abrüstung haben lediglich zu einer neuen Aufrüstungswelle geführt, die alles übertrifft, was auf diesem Gebiet je zu sehen war. Die revolutionäre Politik des Proletariats auf das Abrüstungsprogramm bauen, heißt nicht einmal auf Sand bauen, sondern auf den Rauchschleier des Militarismus.

Die Abwürgung des Klassenkampfes im Interesse eines ungehinderten Verlaufs des imperialistischen Krieges ist nur durch Vermittlung der Führer der Arbeitermassenorganisationen zu erreichen. Die Losungen, unter de-

47 Der Versailler Vertrag vom Juni 1919 legte in Teil V (Art. 159-213) die Obergrenze der deutschen Heeresstärke auf 100 000 und die der Marine auf 15 000 Mann fest. Die allgemeine Wehrpflicht wurde aufgehoben, der Generalstab aufgelöst, die Herstellung und Einfuhr von Panzern und Kriegsschiffen sowie die Aufstellung einer Luftwaffe verboten. Die Einhaltung dieser Bestimmungen sollte durch eine alliierte Kommission überwacht werden. (Vgl. »Friedensvertrag von Versailles«, in: Stoecker [Hg.], *Handbuch der Verträge*, S. 182-203, hier S. 196 f.)

nen diese Aufgabe 1914 gelöst wurde, »Der letzte Krieg«, »Krieg gegen den preußischen Militarismus«, »Krieg für die Demokratie«, sind durch die Geschichte der letzten zwei Jahrzehnte zu stark kompromittiert. Die »kollektive Sicherheit« und die »allgemeine Abrüstung« traten an ihre Stelle. Unter dem Vorwand der Unterstützung des Völkerbunds bereiten die Führer der europäischen Arbeiterorganisationen eine Neuauflage der »Union sacrée«[48], des »Burgfriedens« vor, die der Krieg nicht weniger notwendig braucht als Panzer, Flugzeuge und »verbotene« Giftgase.

Die Dritte Internationale wurde aus dem empörten Protest gegen den Sozialpatriotismus geboren. Doch der revolutionäre Gehalt, den ihr die Oktoberrevolution verlieh, ist längst dahin. Die Komintern steht heute ebenso wie die Zweite Internationale unter dem Banner des Völkerbunds, nur mit einem frischeren Vorrat an Zynismus. Als der britische Sozialist Sir Stafford Cripps[49] den Völkerbund als eine internationale Banditenvereinigung[50] bezeichnete — was vielleicht unhöflich, aber gar nicht so falsch ist — fragte die *Times* ironisch: »Wie soll man sich in diesem Fall den Beitritt der

48 Als »Union sacrée« wurde während des Ersten Weltkriegs in Frankreich die Unterstützung der »Vaterlandsverteidigung« durch die Sozialisten bezeichnet.

49 Richard Stafford Cripps (1889-1952), britischer Anwalt und Mitglied der Labour Party. 1913 Anwalt, seit 1926 Kronanwalt; trat 1929 der Labour Party bei, wurde 1930 geadelt. Er gehörte zunächst zum linken Flügel der Labour Party; im Oktober 1932 war er einer der Mitbegründer der Socialist League (Zusammenschluß der Labour-Linken). 1936 trat Cripps für ein Bündnis mit der Independent Labour Party und der Kommunistischen Partei ein, später warb er für die Bildung einer auch die Liberalen umfassenden Volksfront. Im Januar 1939 wurde er daraufhin aus der Labour Party ausgeschlossen. Von Mai 1940 bis Januar 1941 war er britischer Botschafter in Moskau; 1942 Handelsminister. Nach dem Zweiten Weltkrieg wieder in der Labour Party, war er 1947 bis 1950 Finanzminister in der ersten Nachkriegs-Labour-Regierung und führte eine rigide Sparpolitik durch.
Trotzki charakterisierte ihn im April 1936 in einem Brief an britische Genossen: »Soweit ich weiß, ist Sir Cripps ein gänzlich konfuser Exzentriker, der heute mit der Revolution flirten und morgen vor dem König auf dem Bauch kriechen kann.« (TWr 35/36, S. 298 f.; TŒ 9, S. 168.)
(Colin Cooke, *The Life of Sir Richard Stafford Cripps*, London [Hodder & Stoughton] 1957.)

50 »International Burglars' Union« (*Report of the Thirty-fifth Annual Conference of the Labour Party*, London [Labour Party] 1935, S. 158). Der 35. Parteitag der britischen Labour Party fand vom 30. September bis zum 4. Oktober 1935 in Brighton statt. Auf der Tagesordnung stand eine Debatte über den italienisch-äthiopischen Konflikt. Der Parteivorstand hatte hierzu einen Resolutionsentwurf vorgelegt, in dem die britische Regierung aufgefordert wurde, »in Zusammenarbeit mit anderen, im Völkerbundsrat und in der Völkerbundsversammlung vertretenen Nationen alle im Völkerbundsvertrag vorgesehenen Maßnahmen zu ergreifen, um Italiens ungerechten und räuberischen Angriff auf das Territorium eines anderen Mitglieds des Völkerbundes zu vereiteln«. (Zitiert in: Cole, *A History of the Labour Party*, S. 307.) Gegen diesen Antrag sprach (für

Sowjetunion zum Völkerbund erklären?« Die Antwort ist nicht so leicht. So verleiht die Moskauer Bürokratie dem Sozialpatriotismus, dem die Oktoberrevolution einst einen vernichtenden Schlag versetzte, heute eine mächtige Stütze.

Roy Howard versuchte, auch hierüber Aufklärung zu erhalten. »Wie steht es«, fragte er Stalin, »mit den Plänen und Absichten in bezug auf die Weltrevolution?« »Solche Pläne und Absichten hatten wir niemals.« Ja aber... »Dies ist das Ergebnis eines Mißverständnisses.« Howard: »Eines tragischen Mißverständnisses?« Stalin: »Nein, eines komischen. Oder noch eher: eines tragikomischen.« Wir zitieren wörtlich. »Ich sehe nicht«, fuhr Stalin fort, »welche Gefahr die umgebenden Staaten in den Ideen der Sowjetleute sehen können, wenn diese Staaten tatsächlich fest im Sattel sitzen.« Wenn sie nun aber — hätte der Interviewer fragen können — nicht so fest sitzen? Stalin führte noch ein beruhigendes Argument an: »Export der Revolution — das ist Unsinn. Jedes Land führt selbst seine Revolution durch, wenn es will, wenn es aber nicht will, so wird es keine Revolution geben. Unser Land zum Beispiel wollte die Revolution durchführen und hat sie durchgeführt.«[51] Wohlgemerkt, wir zitieren wörtlich. Von der Theorie des Sozialismus in einem Lande führt ein ganz natürlicher Übergang zur Theorie der Revolution in einem Lande. Wozu aber dann die Internationale, hätte der Interviewer fragen können. Aber er kannte offensichtlich die Grenzen berechtigter Neugier. In Stalins besänftigenden Erklärungen, die nicht nur von Kapitalisten, sondern auch von Arbeitern gelesen werden, klaffen Lücken. Bevor »unser Land« die Revolution durchführen wollte, importierten wir die Ideen des Marxismus aus verschiedenen Ländern und machten uns fremde revolutionäre Erfahrung zunutze. Jahrzehntelang hatten wir im Ausland unsere Emigration, die den Kampf in Rußland leitete. Wir erhielten moralische und materielle Hilfe von den Arbeiterorganisationen Europas und Amerikas. Nach unserem Sieg organisierten wir 1919 die Kommunistische Internationale. Wir proklamierten mehr als einmal die Pflicht des Proletariats im Lande der siegreichen Revolution, den unterdrückten und aufständischen Klassen zu Hilfe zu eilen, und zwar nicht nur mit Ideen, sondern wenn möglich auch mit der Waffe. Wir begnügten uns nicht mit Erklärungen. Wir halfen seinerzeit mit Waffengewalt den

die Socialist League) Stafford Cripps, der Sanktionen der britischen Regierung gegen Italien als einen ersten Schritt zu militärischen Auseinandersetzungen bezeichnete, in denen Großbritannien nicht für die Demokratie kämpfen, sondern eigene imperialistische Ziele verfolgen werde. »Hätten wir eine Arbeiterregierung, wie sie in Rußland eine haben, wäre die ganze Situation eine andere.« (*Report*..., S. 157.)

51 »Die Unterredung des Genossen Stalin mit Roy Howard«, in: *Rundschau*, Nr. 11, 5.3.1936, S. 410.

Arbeitern Finnlands[52], Lettlands[53], Estlands[54] und Georgiens. Wir machten den Versuch, einem Aufstand des polnischen Proletariats durch den Marsch der Roten Armee auf Warschau beizustehen. Wir schickten Organisatoren und Kommandeure, um den aufständigen Chinesen zu helfen.[55] 1926 sammelten wir Millionen Rubel für die britischen Streikenden. Nun stellt sich heraus, daß das alles nur ein Mißverständnis gewesen sein soll. Ein

52 Nach der Verkündung der »Deklaration der Rechte der Völker Rußlands« vom 15. November 1917, die die »Gleichheit und Souveränität der Völker Rußlands« und ihr Recht auf »freie Selbstbestimmung, bis hin zu einer Loslösung und Bildung eines selbständigen Staates« (»Deklaration der Rechte der Völker Rußlands«, in: Altrichter [Hg.], *Die Sowjetunion*, S. 135-137), festschrieb, erklärte Finnland durch Beschluß seines Landtages am 7. Dezember 1917 seine Unabhängigkeit, die von der Sowjetrepublik am 31.12. anerkannt wurde. Am 27. Januar 1918 wurde die amtierende bürgerliche Regierung unter Pehr Evind Svinhufvud (1861-1944) durch einen Aufstand gestürzt. Ein vierzehnköpfiger Rat der Volksbeauftragten übernahm die Macht und rief die »Finnische Sozialistische Arbeiterrepublik« aus. Der Aufstand siegte jedoch nur im südlichen Teil des Landes. Die Regierung Svinhufvud flüchtete nach Norden und ersuchte die deutsche Regierung um militärische Unterstützung. In dem darauf folgenden, drei Monate währenden Bürgerkrieg, der durch massiven Einsatz deutscher Truppen zugunsten der Bürgerlichen ausging, kämpften auch Einheiten der sowjetischen Roten Armee (3000 bis 4000 Mann, d.h. etwa 10% der Revolutionsstreitmacht).
(Vgl. Anthony F. Upton, *The Finnish Revolution 1917-1918*, Minneapolis [University of Minnesota Press] 1980, S. 421.)

53 Am 14. Dezember 1918 rief die in Moskau gebildete Provisorische Sowjetregierung Lettlands eine unabhängige Sowjetrepublik aus, die am 22.12. vom Rat der Volkskommissare der RSFSR anerkannt wurde. Nach der Räumung Rigas, der lettischen Hauptstadt, durch die deutschen Besatzungstruppen übernahmen dort aufständische Arbeiter die Macht. Im Bürgerkrieg kämpften Einheiten der Roten Armee der RSFSR neben Soldaten der Lettischen Roten Armee gegen die von deutschen Truppen gestützten Weißen. Ende Mai 1919 wurde Riga erneut von den Deutschen eingenommen, was das Ende der lettischen Sowjetrepublik bedeutete.
(Vgl. Louis Fischer, *The Soviets in World Affairs 1917-1929* [1930], Bd. 1, [Princeton University Press] 1951, S. 191-193; Carr, *A History...*, Bd. 1, S. 311-313; v. Rauch, *Geschichte der baltischen Staaten*, S. 64-68.)

54 Nach dem Rückzug der deutschen Besatzungstruppen rückten Einheiten der Roten Armee und estnische Schützenregimenter im November 1918 in Estland ein. Nach der Einnahme Narwas wurde dort am 29.11. die »Estnische Arbeitskommune« ausgerufen. Sie wurde am 7. Dezember von der RSFSR anerkannt. Nach nur sechswöchiger Existenz wurde die estnische Sowjetrepublik von konterrevolutionären estnischen Truppen mit Unterstützung der Briten, der deutschen »Baltischen Landeswehr« und antibolschewistischer finnischer und russischer Truppen niedergeschlagen. (Vgl. v. Rauch, *Geschichte der baltischen Staaten*, S. 57-63.)

55 Vgl. Dieter Heinzig, *Sowjetische Militärberater bei der Kuomintang 1923-1927*, Baden-Baden [Nomos] 1978; *Soviet Volunteers in China 1925-1945*, Moskau [Progress] 1980.

tragisches? Nein, ein komisches! Nicht von ungefähr verkündete Stalin, das Leben in der Sowjetunion sei eine »Lust« geworden: selbst die Kommunistische Internationale verwandelte sich aus einer ernsten in eine komische Figur.

Stalin würde bei seinen Gesprächspartnern einen überzeugenderen Eindruck hinterlassen haben, hätte er, statt die Vergangenheit zu leugnen, die Politik des Thermidor offen der Politik des Oktober gegenübergestellt. »In Lenins Augen«, so hätte er sagen sollen, »war der Völkerbund eine Maschine zur Vorbereitung eines neuen imperialistischen Krieges. Wir erblicken in ihm ein Instrument des Friedens. Lenin sprach von der Unvermeidlichkeit revolutionärer Kriege.[56] Wir aber halten den Export der Revolution für einen Unsinn. Lenin brandmarkte ein Bündnis des Proletariats mit der imperialistischen Bourgeoisie als Verrat. Wir jedoch setzen unsere ganze Kraft ein, das internationale Proletariat auf diesen Weg zu stoßen. Lenin geißelte die Losung der Abrüstung unter dem Kapitalismus als Betrug an den Werktätigen.[57] Wir hingegen bauen auf diese Losung unsere gesamte

56 »Im Kapitalismus, und besonders in seinem imperialistischen Stadium, sind Kriege unvermeidlich. Andererseits können die Sozialdemokraten nicht die positive Bedeutung von revolutionären Kriegen leugnen, d.h. von Kriegen, die keine imperialistischen Kriege sind, sondern solche, wie sie z.B. in der Zeit von 1789 bis 1871 geführt wurden, um die nationale Unterdrückung zu beseitigen und aus den zersplitterten Feudalstaaten kapitalistische Nationalstaaten zu schaffen, oder wie sie möglich werden können, um die Errungenschaften des im Kampf gegen die Bourgeoisie siegreichen Proletariats zu verteidigen.« (Lenin, »Die Konferenz der Auslandssektionen der SDAPR« [März 1915], LW 21, S. 147-153, hier S. 152.) Vier Jahre später schrieb Lenin: »Sowohl der Widerstand der Ausbeuter, der im Maße des zunehmenden Drucks des Proletariats wächst und besonders verstärkt wird durch den Sieg des Proletariats in einzelnen Ländern, als auch die internationale Solidarität und die internationale Organisiertheit der Bourgeoisie — all das führt unvermeidlich zur Verflechtung des Bürgerkriegs innerhalb einzelner Länder mit revolutionären Kriegen zwischen den proletarischen und den die Herrschaft des Kapitals verteidigenden bürgerlichen Ländern.« (»Entwurf des Programms der KPR« [Februar-März 1919], LW 29, S. 83-124, hier S. 113.) Dieser Abschnitt ging in das vom 8. Parteitag der KPR im März 1919 verabschiedete Parteiprogramm ein. (Vgl. Meissner [Hg.], *Parteiprogramm*, S. 123 f.)

57 »Eine Friedenspropaganda, die nicht begleitet ist von der Aufrufung der Massen zu revolutionären Aktionen, kann in der gegenwärtigen Zeit nur Illusionen erwecken, das Proletariat dadurch demoralisieren, daß man ihm Vertrauen in die Humanität der Bourgeoisie einflößt, und es zu einem Spielzeug in den Händen der Geheimdiplomatie der kriegführenden Länder machen. Insbesondere ist der Gedanke grundfalsch, daß ein sogenannter demokratischer Frieden ohne eine Reihe von Revolutionen möglich sei.« (Lenin, »Die Konferenz der Auslandssektionen ...«, [Anm. 56], S. 152.) 1919 schrieb er: »Darum weist die KPR die Hoffnungen auf Entwaffnung im Kapitalismus als reaktionäre spießbürgerliche Illusionen kleinbürgerlicher Demokraten, mögen diese sich auch als Sozialisten und Sozialdemokraten bezeichnen, zurück und stellt allen solchen Losungen, die

Politik. »Ihr tragikomisches Mißverständnis«, so hätte Stalin enden können, »besteht darin, daß Sie uns für die Fortführer des Bolschewismus halten, während wir doch seine Totengräber sind.«

## Die Rote Armee und ihre Doktrin

Der alte russische Soldat, Erziehungsprodukt der patriarchalischen Strukturen des Dorf-»Mir«, zeichnete sich in erster Linie durch seinen blinden Herdentrieb aus. Suworow, Generalissimus Katharinas II. und Pauls I., war der unbestrittene Meister des Heeres aus leibeigenen Sklaven. Die Große Französische Revolution machte der Militärkunst des alten Europa und des zaristischen Rußland für immer und ewig den Garaus. Das Imperium verzeichnete freilich in seiner Geschichte auch später noch gewaltige Gebietsaneignungen, doch Siege über Armeen zivilisierter Nationen kannte es bereits nicht mehr. Es bedurfte einer Reihe äußerer Niederlagen und innerer Erschütterungen, um in ihrem Feuer den Nationalcharakter umzuschmelzen. Erst auf dieser neuen sozialen und psychologischen Grundlage konnte die Rote Armee entstehen. Passivität, Herdentrieb und Unterordnung unter die Natur machten in den jungen Generationen Wagemut und einem Kult der Technik Platz. Das Erwachen der Persönlichkeit führte rasch zu einer Steigerung des Kulturniveaus. Analphabetische Rekruten werden immer seltener; die Rote Armee entläßt niemanden, der nicht lesen und schreiben kann. In der Armee und in ihrem Umkreis entwickeln sich stürmisch alle Arten von Sport. Unter den Arbeitern, Angestellten und Lernenden genießt die Auszeichnung für gutes Schießen große Popularität. Skier vermitteln den Truppenteilen in den Wintermonaten eine früher nicht erreichte Beweglichkeit. Auf dem Gebiet des Fallschirmspringens, des Segelfliegens und des Flugwesens werden hervorragende Leistungen erzielt. Die arktischen Flüge[58] und der Aufstieg in die Stratosphäre sind in aller Gedächtnis. Diese Gipfel bezeichnen die ganze Gebirgskette des Erreichten.

in Wirklichkeit lediglich der Bourgeoisie in die Hände spielen, die Losung: Bewaffnung des Proletariats und Entwaffnung der Bourgeoisie entgegen, die Losung der restlosen und schonungslosen Unterdrückung des Widerstandes der Ausbeuter, die Losung des Kampfes bis zum Sieg über die Bourgeoisie der ganzen Welt sowohl im inneren Bürgerkrieg als auch in internationalen revolutionären Kriegen.« (Lenin, »Entwurf des Programms« [Anm. 56], S. 114.) Vgl. das Parteiprogramm von 1919, in dem »die Losungen des Pazifismus, der internationalen Abrüstung unter dem Kapitalismus, der Schiedsgerichte usw. nicht nur (als) reaktionäre Utopie, sondern auch (als) ein direkter Betrug an den Werktätigen« bezeichnet werden. (Meissner [Hg.], *Parteiprogramm*, S. 124.)

58 Im Juli 1936 hatte eine sowjetische Flugzeugbesatzung in einem Non-Stop-Flug von mehr als 5000 Kilometern die Arktis überflogen. In zweieinhalb Tagen

Es besteht kein Grund, das Organisations- oder Operativniveau der Roten Armee in den Bürgerkriegsjahren zu idealisieren. Für den jungen Kommandostab war es jedoch die Zeit einer großen Feuertaufe. Einfache Soldaten der Zarenarmee, Unteroffiziere, Fähnriche bewiesen als Organisatoren und Heerführer Talent und stählten ihren Willen in einem Kampf immensen Ausmaßes. Diese Autodidakten sollten mehr als einmal geschlagen werden, aber letzten Endes siegten sie doch. Die Besten von ihnen haben dann mit Eifer studiert. Unter den heutigen Oberbefehlshabern, die samt und sonders durch die Schule des Bürgerkriegs gegangen sind, hat die überwiegende Mehrzahl die Akademie oder spezielle Weiterbildungskurse absolviert. Von den Mitgliedern des alten Kommandobestandes hat rund die Hälfte eine höhere militärische Ausbildung erhalten, der Rest eine durchschnittliche. Die Kriegstheorie hat ihnen die notwendige Disziplin im Denken vermittelt, ohne aber ihren in den dramatischen Operationen des Bürgerkriegs geweckten Wagemut abzutöten. Diese Generation ist jetzt rund 40 bis 50 Jahre alt, d. h. in einem Alter, wo sich körperliche und geistige Kräfte das Gleichgewicht halten, sich die kühne Initiative auf die Erfahrung stützt, aber noch nicht von ihr erdrückt wird.

Partei, Komsomol und Gewerkschaften — selbst unabhängig davon, wie sie ihre sozialistische Mission erfüllen —, die Verwaltungen der nationalisierten Industrie, des Genossenschaftswesens, der Kolchosen und Sowchosen — selbst unabhängig davon, wie sie ihren wirtschaftlichen Aufgaben nachkommen — bilden zahllose Kader junger Administratoren heran, die gewohnt sind, mit Menschen- und Warenmassen umzugehen und sich mit dem Staat zu identifizieren. Diese sind das natürliche Reservoir des Kommandostabes. Die höhere vormilitärische Ausbildung der lernenden Jugend schafft ein weiteres selbständiges Reservoir. Die Studentenschaft ist in besonderen Ausbildungsbataillonen zusammengefaßt, die sich im Mobilisierungsfall in Schnellschulen des Kommandostabes verwandeln können. Zur Beurteilung der Größe dieser Quelle genügt der Hinweis darauf, daß die Zahl der Absolventen der höheren Schulen jetzt 80 000 pro Jahr beträgt, daß die Zahl der Studenten die halbe Million überschritten hat und die Gesamtzahl der Schüler sämtlicher Lehranstalten des Landes bei 28 Millionen liegt.

Auf dem Gebiet der Wirtschaft, insbesondere der Industrie, verschaffte die soziale Umwälzung der Sache der Verteidigung Vorzüge, wie sie das alte Rußland nicht einmal ahnen konnte. Methoden der Planung bedeuten dem Wesen nach eine ständige Mobilisierung der Industrie in den Händen der Regierung und gestatten es, schon beim Bau und bei der Ausstattung der

wurde die Strecke Moskau - Nördliches Eismeer - Kamtschatka - Nikolajewsk (am Amur) zurückgelegt. Der Pilot Wladimir Kokkinaki stellte im Juli und August zwei neue Weltrekorde im Höhenflug auf. (Vgl. *Rundschau*, Nr. 34, 30.7.1936, S. 1411 f. und Nr. 37, 20.8.1936, S. 1524.)

neuen Betriebe die Verteidigungsinteressen voranzustellen. Was das Verhältnis zwischen lebendiger und mechanischer Kraft angeht, so kann man davon ausgehen, daß die Rote Armee sich im großen und ganzen auf dem Niveau der fortgeschrittenen Armeen des Westens bewegt.[59] Hinsichtlich der Neuausrüstung der Artillerie wurden bereits während des ersten Fünfjahresplans ausschlaggebende Erfolge erzielt. Riesige Mittel fließen in die Herstellung von Transportern, leichten und schweren Panzern, sowie in den Flugzeugbau. Das Land verfügt jetzt über rund eine halbe Million Traktoren; 1936 sollen weitere 160000 fertiggestellt werden mit einer Gesamtleistung von 8,5 Millionen Pferdestärken. Die Fabrikation von Panzern hält mit dieser Entwicklung Schritt. Die Mobilmachungspläne der Roten Armee rechnen mit 30 bis 45 Panzern pro Kilometer aktiver Front.[60]

Der Weltkrieg hatte einen Rückgang der *Seeflotte* von 548000 Tonnen im Jahre 1917 auf 82000 im Jahre 1928 zur Folge. Hier galt es fast ganz von vorn anzufangen. Im Januar 1936 erklärte Tuchatschewski auf der Sitzung des Zentralexekutivkomitees: »Wir schaffen eine starke Seeflotte. In erster Linie haben wir unsere Anstrengungen auf die Entwicklung einer Unterseeflotte konzentriert.«[61] Der Stab der japanischen Marine dürfte über die auf diesem Gebiet erzielten Fortschritte[62] gut unterrichtet sein. Nicht weniger Aufmerksamkeit wird jetzt der Ostsee gewidmet. Trotzdem wird die Kriegsmarine in den kommenden Jahren bei der Verteidigung der Seegrenzen lediglich eine Hilfsrolle beanspruchen können.

Hingegen ist die *Luftflotte* gut vorangekommen. Vor mehr als zwei Jahren schon war eine Delegation französischer Flugzeugtechniker den Worten der Presse zufolge über die auf diesem Gebiet gemachten Fortschritte »erstaunt und begeistert«. Sie hatte insbesondere Gelegenheit, sich davon zu überzeugen, daß die Rote Armee in wachsender Anzahl schwere

59 Vgl. Text 25.

60 1935 verfügte die Rote Armee über drei Millionen Gewehre, 137000 MGs, annähernd 14000 Geschütze, mehr als 10000 Panzer und 6700 Flugzeuge. Der französische General Loizeau schrieb nach einem Manöverbesuch: »Das technische Niveau der Roten Armee scheint außerordentlich hoch zu sein. Es besteht kein Zweifel, daß im nächsten Krieg die Sowjetsoldaten zu den besten gehören werden.« (*Le Temps*, 19.9.1936, zit. bei Gosztony, *Die Rote Armee*, S. 126.)

61 »Die Grenzen des sozialistischen Vaterlandes sind unbezwingbar, Wortlaut der Rede des Genossen Tuchatschewski auf der II. Session des Zentralexekutivkomitees der Sowjetunion«, in: *Rundschau*, Nr. 4, S. 133-136, hier S. 135.

62 »Bei der Roten Flotte hatte sich das Flottenbauprogramm von 1926 ausgewirkt. Während der Bestand an Schlachtschiffen, Kreuzern und Zerstörern praktisch unverändert blieb, war die Zahl der U-Boote von 1928 bis 1935 enorm gestiegen, nämlich von 11 auf 103 Einheiten, und diejenige der Torpedoschnellboote von 36 auf 205 Einheiten.« (Gosztony, *Die Rote Armee*, S. 124.) Bei den U-Booten handelte es sich um relativ kleine, technisch veraltete Modelle.

Bomber mit einem Aktionsradius von 1200 bis 1500 Kilometern baut: im Falle eines Krieges im Fernen Osten lägen somit die politischen und militärischen Zentren Japans im Aktionsbereich der Sowjetküste bei Wladiwostok. Nach Angaben, die in die Presse drangen, sah der Fünfjahresplan der Roten Armee für das Jahr 1935 62 Luftgeschwader vor, imstande gleichzeitig 5000 Flugzeuge ins Gefecht zu werfen. Es gibt kaum Zweifel, daß der Plan erfüllt, ja übertroffen wurde.

Die Luftfahrt ist untrennbar verknüpft mit einem Industriezweig, den es im zaristischen Rußland so gut wie nicht gab, der aber in der letzten Zeit ungeheure Fortschritte machte: der Chemie. Es ist kein Geheimnis, daß die Sowjetregierung, wie übrigens alle Regierungen der Welt, nicht eine Minute lang den wiederholten »Verboten« der Giftgasanwendung Vertrauen schenkte. Das Werk der italienischen Zivilisatoren in Abessinien hat aufs neue anschaulich gezeigt, was die humanitären Beschränkungen der internationalen Mordbrennerei wert sind. Man darf annehmen, daß die Rote Armee gegen katastrophale Überraschungen seitens der Kriegschemie und der Kriegsbakteriologie, dieser besonders geheimnisvollen und unheilbringenden Fächer, kaum schlechter gewappnet ist als die Armeen des Westens.

Berechtigte Zweifel sind allerdings bei der Qualität der Produkte der Rüstungsindustrie angebracht. Erinnern wir jedoch daran, daß in der UdSSR Produktionsmittel gediegener ausgeführt werden als Massengebrauchsartikel. Wo die einflußreichen Gruppen der herrschenden Bürokratie selbst die Auftraggeber sind, übersteigt die Produktionsqualität erheblich den sehr niedrigen Durchschnitt. Der einflußreichste Kunde ist die Militärkommandantur. Kein Wunder, daß die Vernichtungsmaschinerie an Qualität nicht nur die Konsumgüter, sondern auch die Produktionsmittel übertreffen. Die Rüstungsindustrie bleibt nichtsdestoweniger ein Teil der Gesamtindustrie und spiegelt daher, wenn auch abgeschwächt, all deren Mängel wider. Woroschilow und Tuchatschewski verpassen keine Gelegenheit, den Verantwortlichen für die Wirtschaft öffentlich einzuprägen: »Wir sind nicht immer vollauf zufrieden mit der Qualität der Produktion, die ihr der Roten Armee liefert.«[63] In den geschlossenen Sitzungen drücken sich die Leiter der Militärverwaltung gewiß kategorischer aus. Das Material der Wirtschaftsverwaltung des Heeres ist in der Regel minderwertiger als das Kampfmaterial. Die Stiefel sind schlechter als die Maschinengewehre. Aber auch die Qualität der Flugmotoren bleibt trotz unbestreitbarer Fortschritte noch erheblich hinter der der besten westlichen Typen zurück. Hinsichtlich der Militärtechnik insgesamt bleibt die alte Aufgabe bestehen: sich dem Niveau der künftigen Feinde so weit wie möglich anzunähern.

Schlimmer ist es um die Landwirtschaft bestellt. In Moskau wird nicht

63 Vgl. Text 25, Anm. 20 und 21.

selten wiederholt, die UdSSR sei, da das Einkommen aus der Industrie bereits das aus der Landwirtschaft übersteigt, schon dadurch allein aus einem industriellen Agrarland zu einem agrarischen Industrieland geworden. In Wahrheit ist die neue Einkommensverteilung nicht so sehr durch das Wachstum der Industrie bestimmt, wie bedeutend dies auch sein mag, als vielmehr durch das außerordentlich niedrige Niveau der Landwirtschaft. Die außergewöhnliche Nachgiebigkeit, welche die Sowjetdiplomatie jahrelang Japan gegenüber an den Tag legte[64], war unter anderem auf große Versorgungsschwierigkeiten bei Lebensmitteln zurückzuführen. Die letzten drei Jahre brachten jedoch eine beträchtliche Entlastung und gestatteten insbesondere, im Fernen Osten ernst zu nehmende Proviantdepots anzulegen.

Die verwundbarste Stelle der Armee, so paradox es klingen mag, ist das Pferd. Im Taumel der restlosen Kollektivierung kamen rund 55 % des Pferdebestands um. Allein, trotz der Motorisierung braucht die moderne Armee wie zu Napoleons Zeiten ein Pferd auf drei Soldaten.[65] Im letzten Jahr ist jedoch ein günstiger Umschwung auch in dieser Hinsicht eingetreten: Die Zahl der Pferde im Lande begann aufs neue zu steigen. Auf jeden

64 Nach der japanischen Besetzung der Mandschurei im September 1931 verfolgte die Sowjetunion Japan gegenüber eine Beschwichtigungspolitik. Nach einem japanischen Protest wegen der sowjetischen Unterstützung des mandschurischen Widerstandes wies die Regierung im November 1931 die Verwaltung der Ostchinesischen Eisenbahn an, keinerlei Waffentransporte zuzulassen. Im Februar 1932 gab sie dem japanischen Druck nach und billigte die Nutzung der Ostchinabahn durch die Japaner. sie erkannte den im März 1935 gegründeten japanischen Marionettenstaat Mandschukuo faktisch an und trat ihm im März 1935 die Ostchinesische Eisenbahn ab. Die sowjetischen Bemühungen um einen Nichtangriffspakt mit Japan blieben erfolglos.
(Vgl. Haslam, *Soviet Foreign Policy 1930-33*, S. 78-81.)

65 Bei der Bildung der Roten Armee war die Aufstellung eines Kavalleriekorps umstritten. Trotzki stand ihr zunächst ablehnend gegenüber, änderte jedoch seine Meinung im Sommer 1919. (Vgl. seinen Artikel »Proletarier auf's Pferd!« [11. September 1919], engl. in: Trotsky, *Military Writings*, Bd. 2, S. 412-414.) Am 2. Dezember 1919 wurde Budjonnys Reiterabteilung in die offizielle Erste Reiterarmee umgewandelt. Die Kavallerie spielte dann im Bürgerkrieg eine wichtige Rolle. 1925 war sie die zweitstärkste Waffengattung der Landstreitkräfte; 1935 verfügte die Rote Armee nach offiziellen Angaben über 19 Kavalleriedivisionen, 1936 sogar über 32. Danach, insbesondere nach Auswertung der Erfahrungen mit den »Blitzkriegen« der deutschen Wehrmacht in Polen und Frankreich, wurden die Kavallerieverbände auf die Hälfte reduziert. 1953 wurde die sowjetische Kavallerie als eigenständige Waffengattung abgeschafft. (Vgl. Gosztony, *Die Rote Armee*, S. 124, 171, 192; J. I. Korabljow - W. A. Anfilow - W. A. Mazulenko, *Kurzer Abriß der Geschichte der Streitkräfte der UdSSR von 1917 bis 1972*, Berlin/DDR [Militärverlag der DDR] 1976, S. 110, 260. Zur Stärke der jeweiligen Waffengattungen und zur Zusammensetzung der Roten Armee 1918-1941 vgl. Erickson, *The Soviet High Command*, S. 763-768.)

Fall würde es, selbst wenn der Krieg in ein paar Monaten ausbrechen würde, einem Staat mit einem 170-Millionen-Volk immer möglich sein, die für die Front erforderlichen Nahrungsmittel und Pferde aufzubringen, natürlich auf Kosten der Zivilbevölkerung. Aber die Volksmassen aller Länder können von einem zukünftigen Krieg ja ohnedies nichts anderes erwarten als Hunger, Giftgase und Seuchen.

Die Große Französische Revolution schuf ihre Armeen durch eine Vermischung der neuen Truppenformationen mit den königlichen Linienbataillonen. Die Oktoberrevolution ließ vom Zarenheer keinen Stein auf dem anderen. Die Rote Armee wurde von Grund auf neu gemauert. Gleich alt wie das Sowjetregime, teilte sie im großen wie im kleinen dessen Los. Ihre grenzenlose Überlegenheit gegenüber dem Zarenheer verdankte sie gänzlich der großen sozialen Umwälzung. Sie blieb jedoch von den Degenerationsprozessen des Sowjetregimes nicht verschont; im Gegenteil, diese kamen in ihr am vollendetsten zum Ausdruck. Bevor wir uns der wahrscheinlichen Rolle der Roten Armee im Weltengewitter des kommenden Krieges zuwenden, müssen wir noch bei der Entwicklung ihrer leitenden Ideen wie ihrer Struktur verweilen.

Der Erlaß des Rats der Volkskommissare vom 12. Januar 1918, der den Grundstein für die regulären Streitkräfte legte, umriß ihre Aufgabe mit folgenden Worten: »Mit dem Übergang der Macht auf die werktätigen und ausgebeuteten Klassen entstand die Notwendigkeit, eine neue Armee zu schaffen, die gegenwärtig zu einem Bollwerk für die Sowjetmacht ... und zur Unterstützung für die vorwärts schreitende sozialistische Revolution in Europa wird.«[66] An jedem 1. Mai legen die jungen Rotarmisten den »Sozialistischen Eid« ab, der seit 1918 nicht verändert wurde, und mit dem sie sich »vor dem Angesicht der werktätigen Klassen Rußlands und der ganzen Welt« verpflichten, im Kampf »für die Sache des Sozialismus und die Brüderschaft der Völker weder (ihre) Kräfte noch (ihr) Leben zu schonen.«[67] Wenn Stalin heute den internationalen Charakter der Revolution ein »komisches Mißverständnis« und »Unsinn« nennt, so bekundet er unter anderem mangelnde Achtung vor grundlegenden Erlassen der Sowjetmacht, die bis auf den heutigen Tag nicht aufgehoben worden sind.[68]

66 Altrichter (Hg.), *Die Sowjetunion*, S. 104. Das Dekret des Rates der Volkskommissare über die Gründung der Roten Armee der Arbeiter und Bauern datiert vom 15. (28.) Januar 1918.

67 »Formel des feierlichen Versprechens für Soldaten der Roten Armee, festgelegt vom Allrussischen Zentralen Exekutivkomitee, 22.4.1918«, Altrichter (Hg.), *Die Sowjetunion*, S. 105.

68 Der »sozialistische Schwur« wurde am 3. Januar 1939 durch ein Dekret des Präsidiums des Obersten Sowjets abgeschafft und durch einen neuen Fahneneid ersetzt, in dem alle Bezüge auf den Sozialismus und die Weltrevolution fehlten. (Vgl. »Wortlaut des neuen Fahneneides für die Rote Armee«, in: Altrichter [Hg.], *Die Sowjetunion*, S. 308.)

Die Armee nährte sich natürlich von denselben Ideen wie die Partei und der Staat. Die Gesetzgebung, die Publizistik und die mündliche Agitation waren gleichermaßen von der internationalen Revolution als einer praktischen Aufgabe beseelt. Im Rahmen des Militärs bekam das Programm des revolutionären Internationalismus häufig ein übertriebenes Aussehen. Der verstorbene S. Gussew[69], eine Zeitlang Leiter der Politischen Verwaltung der Armee und in der Folgezeit engster Bundesgenosse Stalins, schrieb 1921 in einer offiziellen Militärzeitschrift: »Wir bereiten die Klassenarmee des Proletariats ... nicht nur auf die Verteidigung gegen die bürgerlich-grundherrschaftliche Konterrevolution vor, sondern auch auf die revolutionären (sowohl Verteidigungs- wie Angriffs-) Kriege gegen die imperialistischen Mächte.« Dabei warf Gussew dem damaligen Kriegskommissar[70] vor, die Rote Armee nur ungenügend auf ihre internationalen Aufgaben vorzubereiten. Der Autor dieser Zeilen erklärte ihm in der Presse, daß die auswärtige Militärgewalt im revolutionären Prozeß nicht berufen sei, die Haupt-, sondern eine Nebenrolle zu spielen: nur wenn günstige Bedingungen vorliegen, vermöge sie den Ausgang zu beschleunigen und den Sieg zu erleichtern. »Die militärische Intervention wirkt ähnlich wie die Geburtszange: rechtzeitig angewendet, kann sie die Geburtswehen kürzen, vorzeitig in's Werk gesetzt, kann sie nur eine Fehlgeburt zeitigen.« (5. Dezember 1921.)[71] Wir können hier leider nicht mit der notwendigen Ausführlichkeit

69 Sergei Iwanowitsch Gussew (Pseudonym für Jakow Dawidowitsch Drabkin) (1874-1933), bolschewistischer Berufsrevolutionär und Funktionär, kam als Student in Petersburg in Kontakt mit revolutionären Gruppen und wurde Mitglied des Petersburger Kampfbundes zur Befreiung der Arbeiterklasse; arbeitete 1899 bis 1903 in Rostow am Don für die SDAPR; 1903 Teilnehmer des 2. Parteitags, anschließend für die Bolschewiki in Odessa, Moskau und Petersburg tätig. Im Oktober 1917 war Gussew einer der Sekretäre des Militärischen Revolutionskomitees; während des Bürgerkriegs als Mitglied des Revolutionären Kriegsrates an der Ost- und Südfront; im Frühjahr 1921 Leiter der Politischen Verwaltung des Revolutionären Kriegsrates. Für den 10. Parteitag der KPR im März 1921 schrieb Gussew gemeinsam mit Frunse Thesen über die Reorganisation der Roten Armee (gegen deren Umwandlung in eine Milizarmee), die von den Autoren zurückgezogen wurden, nachdem Lenins ablehnende Haltung und Trotzkis offene Opposition bekannt wurden. Auf Trotzkis Vorschlag hin wurde Gussew im Herbst 1922 als Leiter der Politischen Verwaltung des Revolutionären Kriegsrates abgelöst. 1923 wurde er Sekretär der Zentralen Kontrollkommission und entwickelte sich zu einem zuverlässigen Gehilfen Stalins. 1925-1926 war er Leiter der Presseabteilung des ZK und von 1929 bis zu seinem Tode im Sommer 1933 Mitglied des EKKI. Er wurde mit militärischen Ehren an der Kremlmauer begraben, dann aber »nachträglich aus der Parteigeschichte getilgt. Viele seiner Bekannten und Verwandten wurden verhaftet« (Medwedew, *Die Wahrheit*, S. 225). Heute wird Gussew in der Sowjetunion offiziell wieder als ‚hervorragender Militär' bezeichnet.

70 Vom 8.4.1918 bis zum 15.1.1925 war Trotzki der Volkskommissar für das Kriegswesen.

die ganze Geschichte dieses nicht unwichtigen Problems darstellen. Halten wir jedoch fest, daß sich im Jahre 1921 der heutige Marschall Tuchatschewski an die Kommunistische Internationale mit dem schriftlichen Vorschlag wandte, ihrem Präsidium einen »internationalen Generalstab« anzugliedern.[72] Dieser interessante Brief wurde damals von Tuchatschewski in einem Sammelband seiner Artikel unter dem bezeichnenden Titel *Klassenkrieg* veröffentlicht.[73] Der talentierte, aber zu ausnehmendem Ungestüm neigende Feldherr mußte aus einer gedruckten Erwiderung erfahren, daß »ein internationaler Generalstab nur auf der Grundlage der nationalen Generalstäbe *einiger* proletarischer Staaten entstehen (könnte); solange diese proletarische Staaten nicht existieren, müßte der internationale Generalstab sich unvermeidlich in eine Karikatur verwandeln.«[74] Wenn nicht sogar Stalin selbst, der es damals grundsätzlich vermied, in prinzipiellen Fragen, vor allem neuen, eine bestimmte Position einzunehmen, so standen doch viele seiner später engsten Mitarbeiter in jenen Jahren »links« von der Führung der Partei und der Armee. In ihren Anschauungen gab es nicht wenig naive Übertreibungen oder, wenn man will, »komische Mißverständnisse«. Ist jedoch eine große Umwälzung möglich ohne das? Jedenfalls, gegen die linke »Karikatur« des Internationalismus führten wir den Kampf, lange bevor wir gezwungen waren, die Waffen gegen die nicht weniger eine Karikatur darstellende Theorie vom »Sozialismus in einem Lande« zu kehren.

Entgegen den später in Umlauf gebrachten retrospektiven Darstellungen war das geistige Leben gerade in der schwersten Periode des Bürgerkriegs ungemein rege. Auf allen Ebenen der Partei und des Staatsapparats, einschließlich der Armee, fanden breite Diskussionen über alle, vor allem aber militärische Fragen statt. Die Politik der Führung war einer freien, oft erbitterten Kritik unterworfen. Anläßlich gewisser Übergriffe der Militärzensur schrieb der damalige Kriegskommissar in einer führenden Militärzeitschrift: »Ich gebe gern zu, daß sich die Zensur eine Unmasse Fehlgriffe geleistet hat, und ich halte es für höchst notwendig, dieser anerkannten

71 Trotzki, »Militärische Doktrin oder pseudomilitärischer Doktrinarismus«, in: *Kommunistische Internationale*, Nr. 19, 1922, S. 137-164, hier S. 153.

72 Vgl. »Tuchatschewskis Brief an Sinowjew vom 18. Juli 1920«, (engl.) in: Erickson, *The Soviet High Command*, S. 784 f. In diesem Brief heißt es: »Die Komintern muß dem Proletariat eine militärische Orientierung für den Fall des Bürgerkriegs, des weltweiten Angriffs aller bewaffneten Kräfte des Proletariats gegen das internationale bewaffnete Kapital geben ... Angesichts der Unvermeidlichkeit eines Weltbürgerkriegs in der nächsten Zukunft müssen wir jetzt einen Generalstab der Komintern schaffen.«

73 M. N. Tuchatschewski, *Wojna klassow*, Statji 1919-1920 g., Moskau [Gosizdat] 1921.

74 Trotzki, »Militärische Doktrin ...« (Anm. 71), S. 160.

Einrichtung einen bescheidenen Platz zuzuweisen. Die Zensur soll das Kriegsgeheimnis hüten... alles übrige geht sie nichts an.« (23. Februar 1919.)[75]

Die Frage des internationalen Generalstabs war nur eine harmlose Episode in diesem Kampf der Ideen, der — sich im Rahmen der Aktionsdisziplin haltend — sogar zur Bildung einer Art oppositioneller Fraktion innerhalb der Armee, zumindest ihrer Führungsschicht führte. Die Schule der »proletarischen Kriegsdoktrin«, der Frunse[76], Tuchatschewski, Gussew, Woroschilow u.a. angehörten oder sich anschlossen, ging von der apriorischen Überzeugung aus, daß die Rote Armee nicht nur in ihren politischen Zielen, sondern auch in ihrer Struktur, Strategie und Taktik nichts mit den nationalen Armeen der kapitalistischen Länder gemein haben dürfe. Die neue herrschende Klasse müsse über ein in jeder Beziehung andersartiges Militärsystem verfügen, das es nur aufzubauen gelte. Während des Bürgerkriegs beschränkte sich die Sache übrigens hauptsächlich auf prinzipielle Proteste gegen die Heranziehung der »Generäle«, d. h. ehemaliger Offiziere

75 Trotzki, »Was für eine Art militärischer Zeitschrift brauchen wir?«, russ., in: *Wojennoje Djelo*, Nr. 5-6, 23. Februar 1919, engl. in: ders., *Military Writings*, Bd. 2, S. 221-229, hier S. 228.

76 Michail Wassiljewitsch Frunse (1885-1925), bolschewistischer Spezialist für militärische Fragen und Kriegskommissar, studierte am Petersburger Polytechnischen Institut, wurde 1904 Bolschewik und war 1905 einer der Organisatoren des Textilarbeiterstreiks in Iwanowo-Wosnjessensk, in dessen Verlauf es im Mai 1905 zur Bildung des ersten Sowjets der russischen Revolution kam. 1906 nahm er am 4. Parteitag der SDAPR in Stockholm teil. Mehrfach wegen illegaler revolutionärer Arbeit verhaftet und wieder entflohen, wurde er 1914 nach Sibirien deportiert. Nach seiner Flucht im März 1916 ging er an die Westfront und arbeitete unter falschem Namen in der Armee. 1917 wurde er in Minsk zum ersten Kongreß der Arbeiter- und Soldatensowjets delegiert. Als Führer der Roten Garden nahm er am Moskauer Aufstand im November 1917 teil. Im Bürgerkrieg schlug er 1920 als Kommandeur der Südfront die weißen Truppen des Generals Wrangel. Für den 10. Parteitag der KPR arbeitete er zusammen mit S. I. Gussew Thesen zur Reorganisation der Roten Armee aus. Auf dem 11. Parteitag im April 1922 trat er gegen Trotzki in Fragen der Militärdoktrin und des Aufbaus der Roten Armee auf. Im Januar 1924 wurde er als Nachfolger Skljanskis stellvertretender Volkskommissar für das Kriegswesen. In der Auseinandersetzung zwischen der Troika und Trotzki wurde Frunse im Januar 1925 an Stelle Trotzkis zum Kriegskommissar ernannt. Im Oktober des gleichen Jahres starb er während einer von Stalin angeordneten, medizinisch zweifelhaften Operation. Boris Pilnjak hat das Ende Frunses in seiner Erzählung »Die Geschichte vom nicht ausgelöschten Mond« (dt. in Pilnjak, *Mahagoni und andere Erzählungen*, München [Goldmann] 1961, S. 140-170) gestaltet. (Vgl. Medwedew, *Die Wahrheit*, S. 62-64; Erickson, *The Soviet High Command*, S. 199 f.; Trotzki, *Stalin*, S. 532-534; Souvarine, *Stalin*, S. 369.) Frunse gilt heute in der Sowjetunion als »hervorragender Militär«.
(M. W. Frunse, *Über sozialistische Landesverteidigung*, Berlin/DDR [Militärverlag] 1977.)

des Zarenheeres, zum Heeresdienst, sowie auf eine Fronde gegen das Oberkommando, das mit lokalen Improvisationen und häufigen Disziplinarverletzungen zu kämpfen hatte. Die extremsten Verkünder der neuen Lehre versuchten sogar, namens der ins Absolute erhobenen strategischen Prinzipien der »Manövrierfähigkeit« und der »Angriffsbereitschaft«, die zentralisierte Organisation der Armee als hinderlich für die revolutionäre Initiative auf den künftigen internationalen Schlachtfeldern abzulehnen. Im wesentlichen war dies ein Versuch, die Guerillamethoden der ersten Bürgerkriegsperiode in den Rang eines allgemeingültigen und universellen Systems zu erheben. Einige der revolutionären Feldherren traten um so bereitwilliger für die neue Doktrin ein, als sie die alte nicht erlernen wollten. Zentrum dieser Stimmungen war Zarizyn[77] (heute Stalingrad), wo Budjonny, Woroschilow und später Stalin ihre militärische Laufbahn begannen.

Erst nach Eintritt des Friedens wurden systematische Versuche unternommen, die Neuerungstendenzen in eine geschlossene Doktrin zu bringen. Als Initiator trat einer der hervorragendsten Befehlshaber des Bürgerkriegs auf, der verstorbene Frunse, ein ehemaliger politischer Katorga-Sträfling, unterstützt von Woroschilow und zum Teil von Tuchatschewski. Im Grunde war die »proletarische Kriegsdoktrin« der Doktrin der »proletarischen Kultur«[78] völlig analog und teilte gänzlich deren Schematismus und Metaphysik. In den wenigen, von den Anhängern dieser Richtung hinterlassenen Arbeiten[79] wurden mancherlei praktische, gewöhnlich gar nicht neuen Rezepte durch Deduktion aus einer klischeehaften Charakterisierung des Proletariats als internationaler und angreifender Klasse abgelei-

77 »Die Zarizyner Affäre hat (übertriebenen) Ruhm als Anfang des Duells zwischen Stalin und Trotzki erlangt. Im Sommer 1918 wurde Stalin an die untere Wolga entsandt, um den Transport von Lebensmitteln nordwärts nach Mittelrußland zu sichern. In Zarizyn (später Stalingrad) übernahm er die Verteidigung der Stadt gegen die weißen Einkreisungsarmeen. Die dortigen roten Streitkräfte standen unter dem taktischen Kommando Woroschilows, mit Ordshonikidse als politischem Kommissar. Ernste Mißhelligkeiten entstanden, als sich die Zarizyner örtlichen Führer den Befehlen des Revolutionären Kriegsrates der Republik (des militärischen Oberkommandos unter Trotzki) zu widersetzen wagten. Die Zarizyner Gruppe stand der Verwendung zaristischer Offiziere besonders feindselig gegenüber. Entgegen seiner Vorliebe für den Zentralismus stellte sich Stalin in diesem Fall auf die Seite der örtlichen Führer gegen Trotzki. Es kam so weit, daß Trotzki drohte, Woroschilow vor ein Kriegsgericht zu bringen. Beide Seiten appellierten an Lenin; schließlich wurde Stalin abberufen und Trotzkis zentrale militärische Autorität bestätigt.« (Daniels, *Das Gewissen der Revolution*, S. 134.)

78 Vgl. Kapitel 7.

79 Zu den wichtigsten Texten gehören Michael Frunse, »Die Reorganisation der Roten Armee« (Thesen für den 10. Parteitag der KPR im März 1921), in: Ders., *Über sozialistische Landesverteidigung*, S. 41-42, »Die einheitliche Militärdoktrin und die Rote Armee« (Juli 1921), in: ebd., S. 43-67, »Die militärische und politische Erziehung der Roten Armee« (Referat vor Kommandeuren der Roten

tet, d.h. aus starren psychologischen Abstraktionen und nicht aus den realen Bedingungen von Raum und Zeit. Der Marxismus, obwohl in jeder Zeile verkündigt, verwandelte sich in Wirklichkeit in puren Idealismus. Bei aller Aufrichtigkeit dieser Gedankenverirrungen ist darin unschwer der Keim des rasch wachsenden Dünkels der Bürokratie zu entdecken: zu glauben und andere glauben machen zu wollen, daß man auf allen Gebieten ohne besondere Vorbereitung und selbst ohne materielle Voraussetzungen imstande sei, historische Wunder zu vollbringen.

Der damalige Kriegskommissar antwortete Frunse in der Presse: »Auch ich bezweifle nicht, daß die Strategie eines Landes mit einer *entwickelten sozialistischen Wirtschaft*, wäre es gezwungen, mit einem bürgerlichen Land Krieg zu führen, von völlig anderen Gesichtspunkten ausgehen würde. Doch das ist kein Grund, sich *heute* eine ‚proletarische Strategie' aus den Fingern zu saugen... Indem wir die sozialistische Wirtschaft entwickeln und das Kulturniveau der Massen heben..., werden wir ohne Zweifel die Kriegskunst mit neuen Methoden bereichern.«[80] Doch dazu heiße es, unermüdlich von den fortgeschrittenen kapitalistischen Ländern lernen, ohne zu versuchen, »auf spekulativem Wege aus der revolutionären Natur des Proletariats eine neue Strategie abzuleiten.« (1. April 1922.) Archimedes[81] versprach, die Welt aus den Angeln zu heben, wenn man ihm einen festen Punkt gäbe. Das war nicht übel gesagt. Jedoch, hätte man ihm diesen

Armee in der Ukraine im März 1922), in: ebd., S. 74-109, S. Gussew, »Die politische Arbeit in der Roten Armee«, in: *Kommunistische Internationale*, Nr. 19, 1922, S. 165-172, M. Tuchatschewski, »Die Rote Armee und die Miliz« (14. Januar 1921), in: *Russische Korrespondenz*, Nr. 6, Juni 1921, S. 549-558; S. I. Gussew, *Die Lehren des Bürgerkrieges*, Hamburg [Hoym] 1921.

80 Trotzki, »Bericht und abschließende Bemerkungen. Konferenz der militärischen Delegierten zum 11. Parteitag der KPR, 1. April 1922«, engl. in: ders., *Military Writings*, Bd. 5, S. 358-400, hier S. 397f.

81 Archimedes (287-212 v.u.Z.), bedeutendster Mathematiker und Physiker der Antike, studierte in Alexandria, lebte in Syrakus (Sizilien). Er berechnete den Inhalt von Flächen und Körpern, formulierte das hydrostatische Grundgesetz und führte ein Verfahren zur Exponentialschreibweise beliebig großer Zahlen ein. Seine Ableitung des Hebelgesetzes ermöglichte ihm die Konstruktion von Kriegsmaschinen (Hebelwerke, Schleudern), die bei der Abwehr der römischen Belagerer von Syrakus eingesetzt wurden. Bei der Einnahme der Stadt wurde er von einem römischen Soldaten erschlagen. Archimedes wird der Ausspruch zugeschrieben: »Gebt mir einen Platz, wo ich stehen kann, und ich werde die Erde bewegen.« Ein solcher gedachter fester Punkt außerhalb der Erde heißt »Archimedischer Punkt«.
(Archimedes, *Opera omnia cum commentariis*, 4 Bde., Stuttgart [Teubner] 1972-1975.
Eduard Jan Dijksterhuis, *Archimedes*, engl., Kopenhagen [Munksgaard] 1956; Marshall Clagget, *Archimedes in the Middle Ages*, 4 Bde., Madison [University of Wisconsin Press] 1964-1980; Ivo Schneider, *Archimedes*, Ingenieur, Naturwissenschaftler und Mathematiker, Darmstadt [Wissensch. Buchgesellschaft] 1979.)

Punkt gegeben, so hätte sich herausgestellt, daß er weder den Hebel besaß, noch die Kraft, ihn zu bewegen. Die siegreiche Revolution hat einen neuen Stützpunkt geschaffen. Aber um die Welt aus den Angeln zu heben, muß erst noch der Hebel geschmiedet werden.

Die »proletarische Kriegsdoktrin« wurde, ebenso wie ihre ältere Schwester, die Doktrin der »proletarischen Kultur«, von der Partei abgelehnt.[82] Jedoch ihr weiteres Schicksal war, wenigstens dem Anschein nach, grundverschieden. Das Banner der »proletarischen Kultur« pflanzten Stalin-Bucharin während der siebenjährigen Periode zwischen der Verkündung des Sozialismus in einem Lande und der Aufhebung aller Klassen (1924-1931), freilich ohne merkliche Erfolge, wieder auf. Hingegen war der »proletarischen Kriegsdoktrin« keine Wiederauferstehung mehr beschieden, obwohl ihre ehemaligen Anhänger bald ans Ruder kamen. Der äußere Unterschied im Schicksal zweier so verwandter Lehren ist sehr bezeichnend für die Entwicklung der Sowjetgesellschaft. Bei der »proletarischen Kultur« ging es um unwägbare Dinge und die Bürokratie gewährte dem Proletariat diesen moralischen Ausgleich um so großherziger, je brutaler sie es von der Macht wegstieß. Dagegen berührte die Militärdoktrin unmittelbar nicht nur die Interessen der Verteidigung, sondern auch die der herrschenden Schicht. Hier war kein Platz für ideologische Spielerei. Diejenigen, die früher gegen die Heranziehung der »Generäle« zur Armee protestierten, sind mittlerweile selbst Generäle geworden; die Herolde des internationalen Generalstabs besänftigten sich im Zeichen des Generalstabs »in einem Lande«; der »Klassenkrieg wurde durch die Doktrin der »kollektiven Sicherheit« abgelöst; die Perspektive der Weltrevolution machte der Vergötterung des Status quo Platz. Um das Vertrauen eventueller Verbündeter zu gewinnen und die Feinde nicht allzusehr zu reizen, galt es, sich von den kapitalistischen Armeen nicht mehr um jeden Preis zu unterscheiden, sondern im Gegenteil, ihnen so weit wie möglich zu ähneln. Hinter den Wandlungen der Doktrin und dem Neuanstrich der Fassade vollzogen sich unterdessen soziale Prozesse von historischer Bedeutung. Das Jahr 1935 war für die Armee bedeutsam durch einen gewissermaßen zweifachen Staatsstreich: in bezug auf das Milizsystem und in bezug auf den Kommandostab.

82 Zu einer heftigen Polemik kam es auf der während des 11. Parteitages (27.3.-2.4.1922) abgehaltenen Konferenz von Delegierten aus der Roten Armee, bei der Trotzki als Berichterstatter und Frunse als Korreferent auftraten. (Vgl. Trotzkis Bericht in: Ders., *Military Writings*, Bd. 5, S. 358-400; Auszüge aus dem Gegenreferat in: Frunse, *Über sozialistische Landesverteidigung*, S. 149-166.) Die von Frunse und Woroschilow vorgelegten Thesen fanden auf dem Parteitag keine Mehrheit. Der Parteitag faßte Beschlüsse über die Mannschaftsstärke der Roten Armee, das Budget, die Entlastung der Armee von nichtmilitärischen Aufgaben und die Einberufung von Rekruten. (Vgl. *Russische Korrespondenz*, Nr. 4/5, April/ Mai 1922, S. 296.) (Die Diskussion über die Militärdoktrin schildert Erickson, *The Soviet High Command*, S. 124-136.)

## Die Zertrümmerung der Miliz und die Wiederherstellung der Offiziersränge

In welchem Maße entspricht die sowjetische Armee am Ende des zweiten Jahrzehnts ihrer Existenz dem Typus, den die bolschewistische Partei auf ihr Banner geschrieben hatte?

Die Armee der proletarischen Diktatur soll entsprechend dem Programm einen »offenen Klassencharakter haben, d. h. sich ausschließlich aus dem Proletariat und den ihm nahestehenden halbproletarischen Schichten der Bauernschaft rekrutieren. Erst mit der Beseitigung der Klassen wird sich eine solche Klassenarmee in eine sozialistische Volksmiliz verwandeln.«[83] Dadurch daß die Partei für die allernächste Periode den *allgemeinen Volks*charakter des Heeres verwarf, verzichtete sie keineswegs auf das *Miliz*system. Im Gegenteil, laut Beschluß des 8. Parteitags (März 1919) »übertragen wir die Miliz auf Klassengrundlagen und machen sie zu einer Klassenmiliz«. Aufgabe der militärischen Arbeit sollte die allmähliche Schaffung einer Armee sein, »nach Möglichkeit außerhalb der Kaserne, d. h. unter Bedingungen, die den Arbeitsbedingungen der Arbeiterklasse nahekommen«. Letzten Endes sollten alle Armeeteile territorial zusammenfallen mit Fabriken, Bergwerken, Dörfern, landwirtschaftlichen Kommunen und sonstigen organischen Einheiten »mit einem örtlichen Kommandostab, mit örtlichen Waffenreserven und mit Beständen an allgemeiner Ausrüstung«. Die Verbundenheit der Jugend über Landsmannschaft, Schule, Betrieb und Sport sollte ihr den von der Kaserne gezüchteten Korpsgeist mehr als ersetzen und ihr eine bewußte Disziplin einimpfen, ohne Zutun eines über der Armee stehenden Korps von Berufsoffizieren.

Dem Wesen der sozialistischen Gesellschaft am meisten entsprechend, verlangt die Miliz jedoch ein hohes wirtschaftliches Fundament. Für eine kasernierte Armee werden künstliche Bedingungen geschaffen, ein Territorialheer dagegen spiegelt die tatsächliche Lage des Landes viel unmittelbarer wider. Je niedriger die Kultur, je krasser der Unterschied zwischen Stadt und Land, um so unvollkommener und verschiedenartiger die Miliz. Unzulängliche Eisenbahnen, Landstraßen und Wasserwege, fehlende Autostraßen und mangelhafte Kraftwagenparks — all das verurteilt das Territorialheer in den ersten kritischen Kriegswochen und -monaten zu äußerster Langsamkeit. Zur Sicherung der Grenzen für die Zeit der Mobilmachung, zu strategischen Verschiebungen und Kräftekonzentrationen sind neben den Territorialtruppen auch kasernierte Einheiten erforderlich. Die Rote Armee wurde von Anfang an als erzwungener Kompromiß zweier Systeme aufgebaut, wobei das Element der Kaserne überwog.

83 Meissner (Hg.), *Parteiprogramm*, S. 129.

Im Jahre 1924 schrieb der damalige Kriegskommissar: »Man muß sich stets zwei Dinge vor Augen halten: ist an sich durch das Sowjetregime zum ersten Mal die Möglichkeit eines Übergangs zum Milizsystem gegeben, so hängt doch das Tempo dieses Übergangs vom allgemeinen Stand der Kultur des Landes, der Technik, der Verkehrswege, der Bildung usw. ab. Die politischen Voraussetzungen für die Miliz sind bei uns unwiderruflich geschaffen, aber die wirtschaftlich-kulturellen sind äußerst zurückgeblieben.«[84] Wären die notwendigen materiellen Voraussetzungen vorhanden, das Territorialheer stünde der Kasernenarmee nicht nur nicht nach, sondern würde es bei weitem übertreffen. Die Sowjetunion muß ihre Verteidigung teuer bezahlen, da sie für das billigere Milizheer nicht reich genug ist. Man sollte sich hierüber nicht wundern: gerade wegen ihrer Armut hat sich die Sowjetgesellschaft ja auch die kostspielige Bürokratie auf den Hals geladen.

Ein und dasselbe Problem, das Mißverhältnis zwischen ökonomischer Basis und gesellschaftlichem Überbau, begegnet uns mit bemerkenswerter Regelmäßigkeit auf ausnahmslos allen Gebieten des gesellschaftlichen Lebens. Ob in der Fabrik, dem Kolchos, der Familie, der Schule, der Literatur oder der Armee, der Widerspruch zwischen dem selbst vom kapitalistischen Standpunkt aus niedrigen Stand der Produktivkräfte und Eigentumsformen, die im Prinzip sozialistisch sind, liegt allen Beziehungen zugrunde. Die neuen gesellschaftlichen Beziehungen heben die Kultur empor. Aber die ungenügende Kultur zieht die Gesellschaftsformen hinab. Die Sowjetwirklichkeit ist die Resultante aus diesen beiden Tendenzen. In der Armee ist dank der äußersten Klarheit ihrer Strukturen diese Resultante in ziemlich genauen Zahlen zu erfassen. Das Verhältnis zwischen Kasernen- und Miliztruppen ist kein so schlechtes Merkmal des tatsächlichen Vordringens zum Sozialismus.[85]

Natur und Geschichte haben dem Sowjetstaat, bei geringer Bevölkerungsdichte und schlechten Verkehrswegen, offene, 10000 km voneinander entfernte Grenzen beschieden. In den letzten Monaten seines Wirkens, am

84 Trotzki zitiert aus seinem drei Monate vor seiner Ablösung als Kriegskommissar geschriebenen Vorwort zum 3. Band der russischen Ausgabe seiner militärischen Schriften. Vgl. ders., *Military Writings*, Bd. 5, S. 1-8, hier S. 5.

85 Anfang 1923 wurde mit der Umwandlung von zehn regulären Divisionen in Territorialverbände begonnen; im Herbst 1925 bestand die Rote Armee aus 36 Territorial- und 26 Kaderdivisionen. Bis 1928 waren 26 % der Schützendivisionen (Infanterie) auf das Territorialprinzip umgestellt, bis 1930 sogar 58 %. »Bis Ende 1935 wurde dieses Verhältnis radikal verändert. Nunmehr bestand die Rote Armee aus 65 % Kader- und 35 % Territorial-Schützendivisionen, deren Anteil in den folgenden Jahren weiterhin abnahm.« (Gosztony, *Die Rote Armee*, S. 124.) Anfang 1936 waren bereits 77 % der Schützendivisionen Kaderverbände. (Korabljow - Anfilow - Mazulenko, *Kurzer Abriß...*, S. 132, vgl. ebd., S. 94, 101; Erickson, *The Soviet High Command*, S. 128, 180, 405.)

15. Oktober 1924, warnte das alte Kriegskommissariat nochmals, eines nicht zu vergessen: »In der nächsten Zeit wird der Aufbau der Miliz zwangsläufig vorbereitender Natur sein müssen. Jeden folgenden Schritt müssen wir aus dem streng geprüften Ergebnis des vorhergehenden ableiten.«[86] Aber 1925 brach eine neue Ära an: an die Macht kamen nun die ehemaligen Verkünder der proletarischen Kriegsdoktrin. Dem Wesen der Sache nach widersprach das Territorialheer radikal dem Ideal der »Angriffsbereitschaft« und »Manövrierfähigkeit«, von dem diese Schule einst ausgegangen war. Doch die Weltrevolution geriet allmählich in Vergessenheit. Den Krieg hofften die neuen Führer durch »Neutralisierung« der Bourgeoisie zu vermeiden. Im Laufe der nächsten Jahre wurden 74 % der Armee auf Milizbasis umgestellt!

Solange Deutschland entwaffnet und zudem noch »befreundet« blieb, basierten die Berechnungen des Moskauer Generalstabs hinsichtlich der Westgrenzen auf den Streitkräften der unmittelbaren Nachbarn: Rumänien, Polen, Litauen, Lettland, Estland, Finnland, denen wahrscheinlich materielle Unterstützung durch mächtigere Gegner, hauptsächlich Frankreich, zuteil werden würde. In jener fernen Zeit (sie endete 1933) war Frankreich noch nicht zum »Friedensfreund« auserkoren. Die Randstaaten verfügten insgesamt über ungefähr 120 Infanteriedivisionen, d.h. etwa 3500000 Mann. Der Mobilmachungsplan der Roten Armee sah an der Westgrenze eine Armee erster Ordnung von annähernd derselben Größe vor. Im Fernen Osten kann, entsprechend allen Umständen des Kriegsschauplatzes, nur von Hunderttausenden, nicht aber von Millionen Kämpfern die Rede sein. Für je hundert Frontsoldaten braucht man im Laufe eines Jahres annähernd 75 Mann als Ersatz für Verluste. Zwei Jahre Krieg würden, sieht man von den aus den Lazaretten an die Front Zurückkehrenden ab, dem Lande etwa 10 bis 12 Millionen Menschen entziehen. Die Rote Armee zählte 1935 insgesamt 562000 Mann, mit den GPU-Truppen 620000, darunter 40000 Offiziere, wobei noch Anfang 1935, wie gesagt, 74 % auf die territorialen und nur 26 % auf die kasernierten Divisionen entfielen. Bedarf es eines besseren Beweises, daß die sozialistische Miliz, wenn nicht zu 100 %, so doch zu 74 %, jedenfalls aber »endgültig und unwiderruflich« gesiegt hat?

Jedoch all diese, schon an und für sich reichlich bedingten Berechnungen hingen nach Hitlers Machtübernahme plötzlich in der Luft. Deutschland begann fieberhaft zu rüsten, in erster Linie gegen die UdSSR. Die Perspektive friedlichen Zusammenlebens mit dem Kapitalismus war mit einem Male dahin. Die schnell nahende Kriegsgefahr veranlaßte die Sowjetregierung, außer zu einer Erhöhung der Streitkräfte auf 1300000 Mann[87], auch zu einer

86 Trotsky, *Military Writings*, Bd. 5, S. 5.
87 In den Jahren 1923/24 betrug die Mannschaftsstärke der Roten Armee 500000 -

radikalen Änderung der Struktur der Roten Armee: gegenwärtig umfaßt die Rote Armee 77 % sogenannte »Kader«- und nur 23 % Territorialdivisionen! Diese Zerstörung der Territorialtruppen ähnelt nur allzusehr einem Verzicht auf das Milizsystem — vergißt man nicht, daß die Armee nicht für ungetrübte Friedenszeiten, sondern gerade für den Kriegsfall gebraucht wird. So zeigt die geschichtliche Erfahrung — angefangen mit dem Gebiet, auf dem es sich am wenigsten spaßen läßt —unbarmherzig, daß nur das »endgültig und unwiderruflich« erkämpft ist, was durch die Produktionsbasis der Gesellschaft gesichert wurde.

Immerhin erscheint der Rückgang von 74 % auf 23 % über die Maßen stark. Dies geschah vermutlich nicht ohne »freundschaftlichen Druck« seitens des französischen Generalstabs.[88] Noch wahrscheinlicher ist es, daß die Bürokratie die günstige Gelegenheit nutzte, um diese in bedeutendem Maße von politischen Erwägungen diktierte Zerschlagung vorzunehmen. Die Milizdivisionen stehen ihrer ganzen Natur nach in unmittelbarer Abhängigkeit von der Bevölkerung. Darin liegt eben, vom sozialistischen Standpunkt aus betrachtet, der wesentliche Vorteil dieses Systems, aber darin liegt auch, vom Standpunkt des Kreml aus, seine Gefährlichkeit. Lehnen doch die Militärfachleute der fortgeschrittenen kapitalistischen Länder, wo die Miliz technisch durchaus zu verwirklichen wäre, sie gerade wegen der allzu großen Nähe des Heeres zum Volke ab. Die starke Gärung in der Roten Armee in den Jahren des ersten Fünfjahresplans war zweifellos ein ernster Grund für die spätere Zerschlagung der Territorialdivisionen.

Ein genaues Diagramm der Roten Armee vor und nach der Konterreform würde unsere Annahme unbestreitbar bestätigen. Die Daten eines solchen Diagramms stehen uns jedoch nicht zur Verfügung, und besäßen wir sie, würden wir es nicht für möglich halten, sie öffentlich auszuwerten. Es gibt aber eine allen zugängliche Tatsache, die nur eine Deutung zuläßt: zur selben Zeit, als die Sowjetregierung das spezifische Gewicht der Miliz in der

600 000 Mann (Frunse, *Über sozialistische Landesverteidigung*, S. 187). 1934 betrug sie 940 000 und 1935 1,3 Millionen (Hans-Christian Pilster, *Rußland-Sowjetunion*, Werden, Wesen, Wirken einer Militärmacht, Herford [Mittler] 1981, S. 115).

88 Nach der Unterzeichnung des französisch-sowjetischen Beistandspaktes kam es zu einer militärischen Zusammenarbeit der beiden Staaten. Im Frühjahr und Herbst 1935 besuchten französische Offiziere die Rote Armee und sowjetische Kommandeure Frankreich. Die französische Einschätzung der Kampfstärke der Roten Armee fiel unterschiedlich aus. Der sowjetische Botschafter in Paris berichtete im März 1936, seine Gesprächspartner meinten, die Rote Armee sei für einen offensiv geführten Krieg ungenügend vorbereitet. Mitglieder des französischen Generalstabes, die sowjetische Manöver beobachtet hatten, äußerten sich hingegen im September 1936 sehr positiv über die Kampfkraft der Roten Armee.
(Vgl. Haslam, *The Soviet Union and the Struggle for Collective Security*, S. 101; Gosztony, *Die Rote Armee*, S. 126.)

Armee auf 51 % reduzierte, stellte sie das *Kosakentum* wieder her, die einzige Milizformation der Zarenarmee.[89] Die Kavallerie ist stets der privilegierte und konservativste Teil der Armee. Die Kosaken aber waren von jeher der konservativste Teil der Kavallerie. Während des Krieges und der Revolution dienten sie als Polizeitruppe — erst dem Zaren, dann Kerenski. Auch unter der Sowjetmacht waren sie stets die Vendée.[90] Die Kollektivierung, die zudem bei den Kosaken besonders gewaltsam durchgeführt wurde, hat deren Traditionen und Denkart natürlich noch nicht verändern können. Dafür wurde den Kosaken ausnahmsweise das Recht eingeräumt, eigene Pferde zu halten. Auch an anderen Begünstigungen besteht natürlich kein Mangel. Kann man daran zweifeln, daß die Steppenreiter, sich aufs neue auf die Seite der Privilegierten gegen die Unzufriedenen schlagen werden?[91] Auf dem Hintergrund unausgesetzter Repression

89 »Im April 1936 wurden in Anerkennung der ,Treue und Ergebenheit der Kosaken gegenüber der Sowjetmacht' die meisten Vorschriften aufgehoben, die den Dienst von Kosaken in der Roten Armee beschränkten. Marschall Woroschilow veranlaßte, daß fünf Kavalleriedivisionen kosakische Namen erhielten, und ließ dafür Männer vom Don, Terek und Kuban anwerben. Die Kosakenuniformen wurden ebenfalls wiedereingeführt, und wenn die neuen Divisionen auch nicht rein kosakisch waren, weil in ihnen auch Bauern, Fabrikarbeiter, Armenier und Juden dienten, die die Tscherkesska tragen und einen Säbel schwingen konnten, sofern sie nur in den alten Kosakengebieten lebten, so führte diese Maßnahme doch dazu, daß sich die Moral bei den Kosaken wieder hob.« (Philipp Longworth, *Die Kosaken*, Legende und Geschichte, Frankfurt [Fischer] 1977, S. 258; vgl. Erickson, *The Soviet High Command*, S. 423.)

90 Die fanatisch religiösen Bauern der rückständigen Vendée-Region (der westfranzösischen Küstenlandschaft südlich der Loiremündung) erhoben sich im März 1793 nach der Hinrichtung Ludwigs XVI. im Bunde mit Adel und Klerus gegen die Pariser Revolutionsregierung, die die Aushebung von 300 000 Soldaten für den Krieg gegen die Koalitionsmächte angeordnet hatte. Die Aufständischen konnten weite Teile der Vendée unter ihre Kontrolle bringen; die erfolgreiche Verteidigung von Nantes machte aber ihren Plan, auf Paris zu marschieren, zunichte. Im Oktober und Dezember 1793 wurden die Rebellen in überaus blutigen Gefechten geschlagen. 1795/96 flammte die Vendée-Rebellion abermals auf. Zu kleineren, royalistischen Aufständen kam es dann noch 1799, 1815 und 1832.
(Vgl. Charles Tilly, *The Vendée*, Cambridge [Harvard University Press] 1964; Pierre Victor Jean de Bourniseaux, *Histoire des guerres de la Vendée et des Chouans*, Depuis l'année 1792 jusqu'en 1815, 3 Bde., Paris 1819, Reprint Genf [Megariotis] 1979; Fabienne Pichard du Page - Georges Gondinet, *Histoire des Vendéens*, Paris [Nathan] 1982.)

91 Kosakenverbände kämpften nach dem deutschen Überfall auf die Sowjetunion als Freiwillige auf deutscher Seite. Von der über die slawischen Völker verhängten Deklassierung zu »Untermenschen« wurden die Kosaken ausgenommen; am 10.11.1943 wurden ihnen ausdrücklich ihre Rechte und Privilegien garantiert. Zu den berüchtigsten deutschen Kosakenverbänden gehörte das 30 000 bis 35 000 Mann starke, der Waffen-SS unterstellte XV. Kosaken-Kavalleriekorps unter

gegen die oppositionelle Arbeiterjugend ist die Wiederauferstehung der Hosenstreifen und Schöpfe der Kosaken zweifellos eine der krassesten Erscheinungen des Thermidor!

Ein noch wuchtigerer Schlag gegen die Prinzipien der Oktoberrevolution war das Dekret über die Wiederherstellung des Offizierskorps in seiner ganzen bourgeoisen Pracht.[92] Der Stab der Roten Armee ist mit allen seinen Mängeln, aber auch unschätzbaren Verdiensten aus der Revolution und dem Bürgerkrieg hervorgegangen. Die Jugend, der selbständige politische Tätigkeit untersagt ist, entsendet zweifellos nicht wenige hervorragende Vertreter in die Reihen der Roten Armee. Andererseits mußte auch die fortschreitende Umwandlung des Staatsapparates sich auf breite Kreise des Kommandostabs auswirken. Auf einer öffentlichen Tagung entwickelte Woroschilow Allgemeinplätze darüber, wie notwendig es sei, daß der Kommandeur seinen Untergebenen zum Vorbild diene, er hielt es aber für nötig, sofort zu bekennen: »Leider kann auch ich, Genossen, nicht besonders prahlen«: die einfachen Soldaten machen Fortschritte, »die kommandierenden Kader können oft nicht Schritt halten«; »die Kommandeure sind oft nicht imstande, den Bedürfnissen in der notwendigen Weise zu entsprechen«[93], usw. Dies bittere Bekenntnis des wenigstens der Form nach verantwortlichsten Heerführers kann wohl Unruhe hervorrufen, aber kein Erstaunen: was Woroschilow von den Kommandeuren sagt, gilt für die ganze Bürokratie. Allerdings, der Redner selbst läßt nicht einmal den Gedanken zu, daß die herrschende Spitze zu denen gerechnet werden könne, die »nicht Schritt halten«: nicht umsonst schilt sie stets und überall gegen jedermann, stampft sie mit den Füßen und befiehlt, auf der Höhe zu sein. Jedoch in Wirklichkeit ist gerade diese kontrollose Korporation der »Führer«, zu der Woroschilow gehört, die Hauptursache des Zurückbleibens, der Routine und vieles anderes mehr.

Das Heer ist ein Abbild der Gesellschaft und leidet an all ihren Krankheiten, meistens mit erhöhter Temperatur. Das Kriegshandwerk ist zu rauh, um sich mit Fiktionen und Fälschungen zufriedenzugeben. Das Heer

dem deutschen General von Pannwitz. Kosaken wurden vor allem zur Partisanenbekämpfung in Jugoslawien und Norditalien eingesetzt. 70000 Kosakenkämpfer nahmen am Rückzug der deutschen Armee teil. (Gerald Reitlinger, *Ein Haus auf Sand gebaut*, Hitlers Gewaltpolitik in Rußland 1941-1944, Hamburg [Rütten & Loening] 1962; Longworth, *Die Kosaken*; Joachim Hoffmann, *Die Geschichte der Wlassow-Armee*, Freiburg [Rombach] 1984.)

92 »Über die Einführung persönlicher Dienstgrade bei den Führungsstäben der Arbeiter- und Bauernarmee, Verordnung des Zentralen Exekutivkomitees und des Rates der Volkskommissare der UdSSR, 22. September 1935«, in: Altrichter (Hg.), *Die Sowjetunion*, S. 196-199.

93 »Rede des Genossen K. E. Woroschilow am 17. November in der I. Unionsberatung der Stachanow-Arbeiter und -Arbeiterinnen«, in: *Deutsche Zentralzeitung*, Nr. 266, 20.11.1935, S. 3.

braucht die frische Luft der Kritik. Der Stab braucht demokratische Kontrolle. Die Organisatoren der Roten Armee haben von Anfang an die Augen hiervor nicht verschlossen und hielten es für notwendig, Maßnahmen wie die Wählbarkeit des Kommandopersonals vorzubereiten. »Das Wachsen der inneren Geschlossenheit der Truppen, die Entwicklung der Selbstkritik der Soldaten sich und ihren Offizieren gegenüber ...«, so lautet der grundlegende Beschluß der Partei zur Militärfrage, »schaffen jene günstigen Bedingungen, unter denen das Prinzip der Wählbarkeit des Kommandobestandes immer größere Anwendbarkeit erhalten kann.«[94] Jedoch, fünfzehn Jahre nachdem dieser Beschluß gefaßt wurde — eine doch offenbar genügende Frist, um den inneren Zusammenhalt und die Selbstkritik zu festigen —, hat die herrschende Spitze den direkt entgegengesetzten Weg eingeschlagen.

Im September 1935 erfuhr die zivilisierte Menschheit, Freunde wie Feinde, nicht ohne Erstaunen, daß die Rote Armee von nun an eine Offiziershierarchie krönen würde, die beim Leutnant beginnt und beim Marschall aufhört. Nach einer Erklärung Tuchatschewskis, des tatsächlichen Militärchefs[95], »bietet die Einführung militärischer Rangbezeichnungen durch die Regierung eine stabilere Grundlage für die Heranbildung von Kommandeur- und technischen Kadern.«[96] Die Erklärung ist bewußt zweideutig. Die Kommandokader werden vor allem durch das Vertrauen der Soldaten gefestigt. Eben darum begann die Rote Armee mit der Abschaffung des Offizierskorps.[97] Die Wiederherstellung der hierarchischen Kaste ist im Interesse der militärischen Sache keineswegs erforder-

94 »Unsere Politik in der Frage der Armeebildung, Thesen, angenommen auf dem VIII. Parteitag der KPR im März 1919«, in: Trotzki, *Geburt der Roten Armee*, S. 171.

95 Während (auch unter den Kommandeuren der Roten Armee) z.T. erhebliche Zweifel an der militärischen Kompetenz des Kriegskommissars Woroschilow bestanden (vgl. Deutscher, *Trotzki*, Bd. 2, S. 337; Medvedev, *All Stalin's Men*, S. 12f.), galt Tuchatschewski, seit 1931 dessen offizieller Stellvertreter, unangefochten als fähigster Kopf der Roten Armee.

96 »Die Grenzen des sozialistischen Vaterlandes sind unbezwingbar, Wortlaut der Rede des Genossen Tuchatschewski auf der II. Session des Zentralexekutivkomitees der Sowjetunion«, in: *Rundschau*, Nr. 4, 23.1.1936, S. 133-136, hier S. 135.

97 Durch das Dekret des Rates der Volkskommissare »Über die Angleichung der Rechte aller Militärpersonen« vom 29.12.1917 wurden »alle Stände und Ränge, vom Gefreiten bis hinauf zum General, aufgehoben«, »alle Vorrechte, die mit früheren Ständen und Rängen verbunden waren, einschließlich der äußeren Erkennungszeichen«, »alle Titel«, »alle Orden und anderen Dienstabzeichen ... abgeschafft« und »mit der Beseitigung der Offiziersränge ... auch alle speziellen Offiziersorganisationen beseitigt.« (Altrichter [Hg.], *Die Sowjetunion*, S. 101 f.) In den ersten Jahren der Roten Armee war die Bezeichnung »Offizier« verpönt; man sprach lieber von »Militärspezialisten«.

lich. Praktisch von Bedeutung ist der Kommandoposten, nicht die Rangstufe. Ingenieure oder Ärzte haben keinen Rang, und dennoch findet die Gesellschaft Mittel, jeden von ihnen an den rechten Platz zu stellen. Das Recht auf einen Kommandoposten wird erworben durch Studium, Begabung, Charakter, Erfahrung, die einer ununterbrochenen und zwar individuellen Bewertung bedürfen. Der Majorsrang wird dem Bataillonskommandanten nichts hinzufügen. Die Erhebung der fünf Oberbefehlshaber der Roten Armee in den Marschallstand wird ihnen weder neue Talente noch mehr Macht verleihen.[98] Auf »stabile Grundlage« wird in Wirklichkeit nicht das Heer, sondern das Offizierskorps gestellt, um den Preis der Distanzierung von der Armee. Die Reform verfolgt einen rein politischen Zweck: den Offizieren ein neues soziales Gewicht zu verleihen. So hat Molotow das Dekret im Grunde auch ausgelegt: »Die Bedeutung der leitenden Kader unserer Armee noch mehr zu verstärken und zu erhöhen.«[99] Die Sache beschränkt sich dabei nicht bloß auf die Einführung der Ränge. Gleichzeitig ist ein verstärkter Wohnungsbau für das Kommandopersonal zu beobachten: im Jahre 1936 sollen 47000 Zimmer bereitgestellt werden; für den Sold wurden 57% mehr bewilligt als im vergangenen Jahr. »Die Bedeutung der leitenden Kader verstärken und erhöhen«, bedeutet also nichts anderes, als das Offizierskorps um den Preis der Schwächung des moralischen Zusammenhalts der Armee enger mit den herrschenden Spitzen zu verbinden.

Bemerkenswert ist lediglich, daß die Reformer es nicht für nötig erachten, für die wiedereingeführten Rangstufen neue Benennungen zu erfinden: im Gegenteil, sie wollten offensichtlich mit dem Westen Tritt fassen. Gleichzeitig zeigten sie ihre Achillesferse, als sie es nicht wagten, den Generalstitel wieder einzuführen, der in der Sprache des russischen Volkes allzu ironisch klingt.[100] Als die Sowjetpresse die Erhebung der fünf militärischen Würdenträger in den Marschallstand meldete — die Auswahl der Fünf ist, nebenbei

98 Am 20. November 1935 wurden Blücher, Budjonny, Jegorow, Tuchatschewski und Woroschilow durch ein Dekret des ZEK zu »Marschällen der Sowjetunion« ernannt. Die drei fähigsten unter ihnen fielen den Säuberungen zum Opfer: Tuchatschewski im Juni 1937, Blücher im November 1938, Jegorow im Februar 1939.

99 »Der Plan und unsere Aufgaben, Von W. M. Molotow, Bericht des Vorsitzenden des Rates der Volkskommissare, erstattet auf der II. Session des Zentralexekutivkomitees der Sowjetunion«, in: *Rundschau*, Nr. 3, 16.1.1936, S. 81-91, hier S. 90.

100 Erst »am 7. Mai 1940 brachte die *Prawda* die überraschende Mitteilung, daß die bisher verpönten Generalsränge in der Roten Arbeiter- und Bauern-Armee wieder eingeführt werden. Von nun an sollte es bei den Landstreitkräften wieder Generalmajore, Generalleutnante, Generaloberste und auch Armeegeneräle geben, und in den Seestreitkräften Konter-Admirale, Vize-Admirale, Admirale und Flotten-Admirale.« (Gosztony, *Die Rote Armee*, S. 187.)

bemerkt, mehr gemäß der persönlichen Ergebenheit zu Stalin erfolgt als nach Begabung und Verdiensten —, wurde nicht vergessen, hierbei auch an die Zarenarmee mit ihrem ... »Kastengeist, ihrer Titelverehrung und ihrer Unterwürfigkeit« zu erinnern. Wozu sie dann so sklavisch nachahmen, fragt man sich. Zur Schaffung neuer Privilegien benutzt die Bürokratie auf Schritt und Tritt die Argumente, die einst zur Vernichtung der alten Privilegien dienten. Unverschämtheit mischt sich mit Feigheit, ergänzt durch immer stärkere Dosen Heuchelei.

So überraschend auf den ersten Blick die offizielle Wiederauferstehung »des Kastengeistes, der Titelverehrung und der Unterwürfigkeit« auch scheinen mag, man muß zugeben, daß die Regierung in der Wahl des Weges kaum mehr große Freiheit hatte. Die Beförderung der Kommandeure nach Gesichtspunkten der persönlichen Befähigung ist nur dann zu verwirklichen, wenn innerhalb der Armee Freiheit der Kritik und der Initiative herrscht und die Armee der Kontrolle durch die öffentliche Meinung des Landes unterliegt.

Strenge Disziplin kann sich ausgezeichnet mit größter Demokratie vertragen und sich sogar unmittelbar auf sie stützen. Allein, keine Armee kann demokratischer sein als das sie nährende Regime. Quelle des Bürokratismus mit seiner Routine und seinem Dünkel sind nicht die besonderen Erfordernisse des Militärwesens, sondern die politischen Bedürfnisse der herrschenden Schicht. In der Armee kommen diese nur am vollendetsten zum Ausdruck. Die Wiederherstellung der Offizierskaste achtzehn Jahre nach ihrer revolutionären Abschaffung zeugt gleich stark sowohl von dem Abgrund, der die Führer bereits von den Geführten trennt, wie davon, daß die Sowjetarmee die wichtigsten Eigenschaften, die ihr erlaubten, sich *Rote* Armee zu nennen, eingebüßt hat, wie schließlich von dem Zynismus, mit dem die Bürokratie diese Auswirkungen der Zersetzung zum Gesetz erhebt.

Die bürgerliche Presse hat diese Gegenreform gebührend gewürdigt. Das französische halbamtliche Blatt *Le Temps* schrieb am 25. September 1935: »Dieser äußere Wandel ist eines der Anzeichen der tiefen Transformation, die sich heute in der ganzen Sowjetunion vollzieht. Das heute endgültig gefestigte Regime stabilisiert sich allmählich. Die revolutionären Gewohnheiten und Gebräuche innerhalb der Sowjetfamilie und der Sowjetgesellschaft machen Gefühlen und Sitten Platz, die nach wie vor innerhalb der sogenannten kapitalistischen Länder herrschen. Die Sowjets verbürgerlichen.«[101] Diesem Urteil ist fast nicht hinzuzufügen.

101 »U.R.S.S. Le rétablissement des grades dans l'armée et dans la marine«, in: *Le Temps*, 25.9.1935, S. 2.

## Die UdSSR im Kriege

Die Kriegsgefahr ist nur eine der Formen, in der sich die Abhängigkeit der Sowjetunion von der übrigen Welt ausdrückt, folglich auch eines der Argumente gegen die Utopie einer isolierten sozialistischen Gesellschaft; aber gerade jetzt wird dieses furchteinflößende »Argument« vor allem vorgebracht.

Alle Faktoren der bevorstehenden Völkerschlacht im voraus berechnen zu wollen, ist ein hoffnungsloses Vorhaben: wäre eine derartige apriorische Berechnung möglich, so würde der Interessenkonflikt immer mit einem friedlichen Buchhaltervergleich beigelegt. Die blutige Gleichung des Krieges enthält viele Unbekannten. Auf der Seite der Sowjetunion gibt es jedenfalls gewaltige Plusgrößen, sowohl aus der Vergangenheit geerbte, als auch vom neuen Regime geschaffene. Die Erfahrung der Interventionen in der Bürgerkriegsperiode hat erneut bewiesen, daß die Flächenausdehnung Rußlands größter Vorteil war und bleibt. Sowjetungarn wurde vom ausländischen Imperialismus, allerdings nicht ohne Mithilfe der unseligen Regierung Béla Kun[102], in einigen Tagen gestürzt.[103] Sowjetrußland, das von

102 Béla Kun (1886-1939), Gründer der ungarischen Kommunistischen Partei und 1919 Führer der kurzlebigen Räterepublik, arbeitete vor 1914 als Journalist für verschiedene sozialdemokratische Zeitungen. 1914 eingezogen, geriet er zwei Jahre später in russische Kriegsgefangenschaft. Von der Revolution befreit, arbeitete er unter Karl Radek in der Propagandaabteilung des Kommissariats für Auswärtige Angelegenheiten. Im März 1918 war er einer der vier Gründungsmitglieder der ungarischen Gruppe der KPR(B), aus der acht Monate später die ungarische KP gebildet wurde. Nach seiner Rückkehr nach Budapest im November 1918 wurde Kun von der Regierung Károlyi verhaftet und erst nach dem Rücktritt der Regierung und der Ausrufung der Räterepublik befreit. Kun wurde Außenkommissar und Führer der Revolutionsregierung. Nach der Niederlage der Räterepublik im August 1919 floh er nach Österreich und kehrte 1920 in die Sowjetunion zurück. Im Herbst 1920 nahm er an den Kämpfen gegen die konterrevolutionäre Wrangel-Armee auf der Krim teil. (Seine Brutalität gegenüber weißen Gefangenen rief unter den Bolschewiki Protest hervor, und er wurde nach Turkestan geschickt.) Ende Februar 1921 wurde Kun in das Präsidium des EKKI kooptiert und als Emissär nach Deutschland geschickt. Dort war er einer der Inspiratoren der »März-Aktion« (bewaffnete Kämpfe im mitteldeutschen Bergwerksgebiet von Mansfeld-Eisleben). Auf dem III. Weltkongreß der Komintern war Kun Sprecher der von Lenin und Trotzki bekämpften Ultralinken. In den Fraktionskämpfen der zwanziger Jahre betätigte er sich aktiv in der Kampagne der Stalinfraktion gegen Trotzki. 1928 wurde er auf dem VI. Weltkongreß ins EKKI gewählt. 1937 wurde er verhaftet und zwei Jahre später, im November 1939 (zur Zeit des Hitler-Stalin-Pakts) hingerichtet. Durch einen mit »E. Varga« gezeichneten Artikel in der *Prawda* vom 21. Februar 1956 wurde er posthum rehabilitiert.

103 Nachdem die bürgerliche Regierung des Grafen Mihaly Károlyi abgedankt hatte, riefen die zu einer Einheitspartei zusammengeschlossenen Sozialdemo-

Anfang an von seinen Randgebieten abgeschnitten war, kämpfte drei Jahre lang gegen die Interventionen; in gewissen Momenten reduzierte sich das Territorium der Revolution fast auf das alte Moskauer Fürstentum, aber das genügte, um sich zu halten und später auch zu siegen.

Der zweite große Vorteil ist das Menschenreservoir. Bei einer jährlichen Zunahme um 3 Millionen hat die Bevölkerung der UdSSR offenbar 170 Millionen bereits überschritten. Ein einziger Rekrutenjahrgang umfaßt etwa 1300000 Mann. Bei strengster physischer und politischer Auslese entfallen nicht mehr als 400000. Die Reserven, die man theoretisch auf 18 bis 20 Millionen schätzen darf, sind praktisch unbegrenzt.

Aber die Natur und die Menschen sind nur das Rohmaterial des Krieges. Das sogenannte Kriegs-»Potential« hängt vor allem von der wirtschaftlichen Stärke des betreffenden Staates ab. Auf diesem Gebiet sind die Vorzüge der Sowjetunion gegenüber dem alten Rußland gewaltig. Die Planwirtschaft hat bisher, wie bereits gesagt, die größten Vorteile unter militärischen Gesichtspunkten gezeitigt. Die Industrialisierung der Randgebiete, besonders Sibiriens, gibt den ausgedehnten Steppen und Wäldern ganz neuen Wert. Dennoch bleibt die Sowjetunion ein rückständiges Land. Die geringe Arbeitsproduktivität, die ungenügende Qualität der Produkte und die unzulänglichen Verkehrsmittel, all das wird durch Flächenausdehnung, Naturreichtümer und hohe Bevölkerungszahl nur bis zu einem gewissen Grad ausgeglichen. In Friedenszeiten kann die ökonomische Kraftprobe der feindlichen sozialen Systeme — lange, aber keinesfalls für immer — mit Hilfe politischer Maßnahmen, hauptsächlich des Außenhandelsmonopols, aufgeschoben werden. Während des Krieges erfolgt sie unmittelbar auf den Schlachtfeldern. Daher die Gefahr.

Wenn militärische Niederlagen auch gewöhnlich große politische Verän-

kraten und Kommunisten am 21. März 1919 die Räterepublik aus. Sie existierte nur 133 Tage; am 1. August mußte sie den konterrevolutionären rumänischen und tschechischen Ententetruppen weichen. »Nachdem sie die Macht ohne Kampf erhalten hatten, zeigten die ungarischen Führer, daß sie durchaus unfähig waren, sie festzuhalten. Ihre Politik war eine Kette von Fehlern: 1. vergaßen sie die Bauern, indem sie ihnen kein Land gaben; 2. vereinigten sie in ihrer Freude die junge kommunistische Partei mit der linken Sozialdemokratie, sobald die letztere sich der Macht anbiederte. Damit zeigten sie — und in erster Linie Béla Kun —, daß die Erfahrungen der russischen Revolution sie weder die Bauernfrage, noch die Frage der Rolle der Partei während der Revolution zu verstehen gelehrt hatte.« (Leo Trotzki, *Wer leitet heute die Kommunistische Internationale?*, S. 9.)
(Tibor Hajdu, *The Hungarian Soviet Republic*, Budapest [Akademiai Kiado] 1979; Peter Pastor, *Hungary between Wilson and Lenin: The Hungarian Revolution 1918-1919 and the Big Three*, New York [Columbia University Press] 1976; Rudolf L. Tokes, *Bela Kun and the Hungarian Soviet Republic*, The Origins and Role of the Communist Party of Hungary in the Revolutions of 1918-1919, New York [Praeger] 1967.)

derungen hervorrufen, bewirken sie jedoch bei weitem nicht immer eine Erschütterung der ökonomischen Grundlagen der Gesellschaft. Eine Gesellschaftsordnung, die eine höhere Entwicklungsstufe der Reichtümer und der Kultur gewährleistet, kann nicht durch Bajonette gestürzt werden. Im Gegenteil, die Sieger übernehmen Institutionen und Sitten der Besiegten, wenn ihnen diese in ihrer Entwicklung überlegen sind. Eigentumsformen können nur dann mit Waffengewalt gestürzt werden, wenn sie sich in scharfem Widerspruch zu den ökonomischen Grundlagen des Landes befinden. Eine Niederlage Deutschlands im Kriege gegen die Sowjetunion würde unweigerlich nicht nur den Zusammenbruch Hitlers, sondern auch des kapitalistischen Systems nach sich ziehen. Andererseits kann man kaum daran zweifeln, daß eine militärische Niederlage nicht nur der sowjetischen herrschenden Schicht, sondern auch den sozialen Grundlagen der UdSSR zum Verhängnis gereichen würde.[104] Die Unbeständigkeit des heutigen Regimes in Deutschland ist dadurch bedingt, daß seine Produktivkräfte längst über die kapitalistischen Eigentumsformen hinausgewachsen sind. Und umgekehrt beruht die Instabilität des Sowjetregimes darauf, daß seine Produktivkräfte sozialistischen Eigentumsformen noch längst nicht gewachsen sind. Die sozialen Grundlagen der UdSSR sind durch eine militärische Niederlage aus demselben Grunde gefährdet, aus dem sie in Friedenszeiten der Bürokratie und des Außenhandelsmonopols bedürfen, das heißt aufgrund ihrer Schwäche.

Kann man jedoch erwarten, daß die Sowjetunion aus dem kommenden großen Krieg ohne Niederlage hervorgehen wird? Auf diese direkt gestellte Frage wollen wir ebenso direkt antworten: Bliebe der Krieg nur ein Krieg, dann wäre die Niederlage der Sowjetunion unvermeidlich. Technisch, wirtschaftlich und militärisch ist der Imperialismus unvergleichbar stärker. Wenn die Revolution im Westen ihn nicht lähmt, wird er das aus der Oktoberrevolution hervorgegangene Regime auslöschen.

Man mag antworten, »Imperialismus« sei eine Abstraktion, da er selbst von inneren Gegensätzen zerrissen wird. Vollkommen richtig: gäbe es diese

104 Hitlers Ziele im Osten waren »Raumgewinn« und »rücksichtslose Germanisierung«. Der europäische Teil der UdSSR sollte in eine Agrarkolonie verwandelt werden, »wobei im wesentlichen die ökonomischen Strukturen des zaristischen Rußland wiederhergestellt werden sollten« (Lorenz, *Sozialgeschichte*, S. 277). Unter deutschem Besatzungsregime wurde eine Entkollektivierung der Landwirtschaft und eine Reprivatisierung der Produktionsmittel eingeleitet; deutsches Kapital sollte die Ausbeutung der sowjetischen Rohstoffvorkommen übernehmen.
(Vgl. Alexander Dallin, *Deutsche Herrschaft in Rußland 1941-1945*, Eine Studie über Besatzungspolitik, Düsseldorf [Droste] 1958; Rolf-Dieter Müller, »Von der Wirtschaftsallianz zum kolonialen Ausbeutungskrieg«, in: Horst Boog - Jürgen Förster - Joachim Hoffmann - Ernst Klink - Rolf-Dieter Müller - Gerd R. Überschär, *Der Angriff auf die Sowjetunion*, Stuttgart [DVA] 1983.)

Gegensätze nicht, die Sowjetunion wäre längst von der Bildfläche verschwunden. Auf ihnen ruhen im besonderen die diplomatischen und militärischen Abkommen der UdSSR. Es wäre jedoch ein verhängnisvoller Fehler, nicht die Grenze zu sehen, an der diese Gegensätze verstummen müssen. So wie der Kampf zwischen den bürgerlichen und kleinbürgerlichen Parteien, von den allerreaktionärsten bis zu den sozialdemokratischen, vor der unmittelbaren Gefahr der proletarischen Revolution aufhört, so werden auch die imperialistischen Widersacher stets einen Kompromiß finden, um den militärischen Sieg der Sowjetunion zu verhindern.

Diplomatische Abmachungen sind, wie ein Kanzler nicht zu Unrecht sagte, nur ein »Fetzen Papier«[105]. Nirgends steht geschrieben, ob sie auch nur die Zeit bis zum Kriegsausbruch überdauern werden. Bei der unmittelbaren Gefahr einer sozialen Umwälzung in irgendeinem Teil Europas wird kein einziger Vertrag mit der UdSSR standhalten. Genügen würde, daß die politische Krise in Spanien — von Frankreich schon garnicht zu reden — in eine revolutionäre Phase tritt, und schon würden alle bürgerlichen Regierungen unweigerlich von den von Lloyd George gepredigten Hoffnungen auf Hitler den Retter erfaßt! Würde andererseits die unsichere Lage in Spanien, Frankreich, Belgien u.a. mit einem vollen Sieg der Reaktion enden, so bliebe von den Sowjetpakten ebenfalls keine Spur. Schließlich darf man, selbst wenn die »Fetzen Papier« noch in der ersten Zeit der Kriegsoperationen in Kraft bleiben, nicht daran zweifeln, daß die Kräftegruppierungen in der entscheidenden Phase des Krieges von Faktoren unermeßlich größerer Bedeutung bestimmt werden, als den Treueschwüren von Diplomaten, die schon von Berufs wegen Eidbrüchige sind.

Die Lage würde sich natürlich gründlich ändern, wenn die bürgerlichen Verbündeten die materiellen Garantien dafür bekämen, daß die Moskauer Regierung nicht nur militärisch, sondern auch klassenmäßig mit ihnen im selben Schützengraben steht. Die kapitalistischen »Friedensfreunde« werden sich die Schwierigkeiten der zwischen zwei Feuer geratenen UdSSR zunutze machen und selbstverständlich alle Maßnahmen ergreifen, um in das Außenhandelsmonopol und die sowjetischen Eigentumsgesetze eine Bresche zu schlagen. Die wachsende »Vaterlandsverteidigungs«bewegung

105 Zu dem britischen Botschafter Sir Edward Goschen sagte der deutsche Kanzler Theobald von Bethmann Hollweg (1856-1921) am 4. August 1914, »nur um des Wortes ‚Neutralität' willen, das in Kriegszeiten so oft mißachtet worden ist — nur um eines Fetzen Papiers willen wolle Großbritannien einer verwandten Nation, die nichts mehr wünscht, als sein Freund zu sein, den Krieg erklären.« (Christopher H. D. Howard [Hg.], *The Diary of Edward Goschen 1900-1914*, London [Royal Historical Society] 1980, S. 51; vgl. ebd., S. 298-302.) Als »Fetzen Papier« bezeichnete Bethmann Hollweg in diesem Zusammenhang die Verträge von 1831 und 1839, die die Neutralität Belgiens garantierten, die durch den Einmarsch deutscher Truppen verletzt wurde.

innerhalb der weißen russischen Emigration Frankreichs und der Tschechoslowakei geht gänzlich von solchen Überlegungen aus.[106] Und nimmt man an, daß das Weltringen in kriegerischer Form ausgetragen wird, so haben die Verbündeten gute Chancen, ihr Ziel zu erreichen. Ohne Dazwischentreten der Revolution werden die sozialen Grundlagen der UdSSR nicht nur im Falle einer Niederlage, sondern auch im Falle eines Sieges zusammenbrechen müssen.

Vor mehr als zwei Jahren zeichnete das programmatische Dokument »Die Vierte Internationale und der Krieg« diese Perspektive mit folgenden Worten: »Unter dem Einfluß des dringenden Bedürfnisses des Staates nach den allernotwendigsten Gegenständen werden die individualistischen Tendenzen der Bauernwirtschaft eine beträchtliche Stärkung erfahren und die Zentrifugalkräfte innerhalb der Kolchosen mit jedem Kriegsmonat wachsen... In der überhitzten Kriegsatmosphäre darf man gefaßt sein auf... Heranziehung auswärtigen ‚verbündeten' Kapitals, Breschen im Außenhandelsmonopol, Abschwächung der Staatskontrolle über die Trusts, Verschärfung der Konkurrenz unter den Trusts, ihren Zusammenprall mit den Arbeitern usw.... Mit anderen Worten: im Falle eines langen Krieges, bei Passivität des Weltproletariats, würden die inneren sozialen Widersprüche in der UdSSR zur bürgerlich-bonapartistischen Konterrevolution nicht nur führen können, sondern müssen.«[107] Die Ereignisse der vergangenen zwei Jahre verleihen dieser Voraussage doppelte Kraft.

Aus all dem vorher Gesagten ergeben sich jedoch keinesfalls sogenannte »pessimistische« Schlußfolgerungen. Wollen wir weder vor dem riesigen materiellen Übergewicht der kapitalistischen Welt, noch vor dem unausbleiblichen Treubruch der imperialistischen »Verbündeten«[108], noch vor den inneren Widersprüchen des Sowjetregimes die Augen verschließen, so

106 In der russischen Emigration im Westen hatte sich seit Mitte der dreißiger Jahre unter dem Einfluß der thermidorianischen Wende in der Sowjetunion eine Bewegung für die »Rückkehr in die Heimat« gebildet. Die nach dem Sieg der Nationalsozialisten in Deutschland wachsende Kriegsgefahr polarisierte die Emigranten und verschaffte der »Heimkehrer«-Bewegung neuen Zulauf. (Vgl. Heller - Nekrich, *Geschichte der Sowjetunion*, Bd. 1, S. 302-304.)

107 *Die Vierte Internationale und der Krieg*, Thesen angenommen vom Internationalen Sekretariat der Liga der Kommunisten-Internationalisten (Bolschewisten-Leninisten), Brüssel [G. Vereecken] 1934, S. 24.

108 Die vor allem von der britischen Regierung in den Jahren 1933 bis 1939 verfolgte Politik eines Ausgleichs mit Hitler führte zum Münchner Abkommen (29./30.9.1938), demzufolge die Tschechoslowakei die deutschbesiedelten Grenzgebiete, das Sudetenland, an Hitlerdeutschland abtreten mußte. Damit »war das ganze Geschwätz über kollektive Sicherheit null und nichtig geworden ... Den Völkerbund und den Rat des Völkerbundes, in dem Rußland jetzt ständiges Mitglied war, hatte man völlig übergangen und ignoriert; die Sowjetregierung war von der britischen Regierung einfach übersehen worden. Das

sind wir andererseits keineswegs geneigt, die Stabilität des kapitalistischen Systems sowohl der feindlichen als auch der verbündeten Länder zu überschätzen. Lange bevor der Ermattungskrieg das ökonomische Kräfteverhältnis bis auf den Grund wird ausmessen können, wird er die relative Stabilität ihrer Regime auf die Probe gestellt haben. Alle ernsten Theoretiker des zukünftigen Völkermordens rechnen in seinem Gefolge mit der Wahrscheinlichkeit, ja Unvermeidlichkeit der Revolution. Die in gewissen Kreisen immer wieder auftauchende Idee kleiner »Berufs«-Armeen[109], kaum realer als die Idee eines Heldenzweikampfes nach dem Vorbild Goliaths und Davids, läßt gerade in ihren phantastischen Zügen die reale Angst vor dem bewaffneten Volke erkennen. Hitler versäumt keine Gelegenheit, seine »Friedensliebe« zu bekräftigen[110], unter Berufung auf die Unvermeidlich-

mochte noch hingehen, denn zwischen den beiden Regierungen bestanden keine bindenden Verpflichtungen. Anders war es mit Frankreich. Mußte man nicht den Eindruck haben, daß die französische Regierung ihren Bündnisvertrag [von 1935] vor den Augen der ganzen Welt zerrissen habe? ... Die französische Regierung kümmerte sich nicht um die Interessen ihres russischen Verbündeten, ..., behandelte statt dessen Hitler — ihren zukünftigen Feind — beinahe wie einen Verbündeten und ihren nominellen Verbündeten Rußland beinahe wie einen Feind.« (Deutscher, *Stalin,* S. 452 f.; vgl. Haslam, *The Soviet Union and the Struggle for Collective Security*, S. 195-200.) Im Juni 1941 wurde die Sowjetunion dann abermals Opfer des »Treubruchs« eines »Verbündeten« — diesmal Hitlers.

109 Seit den zwanziger Jahren entwickelten einflußreiche Militärschriftsteller die These, Massenheere seien veraltet bzw. politisch unerwünscht. Gut ausgebildete und relativ kleine Berufsarmeen würden mit Hilfe der modernen Waffentechnik in kurzer Zeit den Krieg für sich entscheiden können. Der italienische General Giulio Douhet (1869-1930) hielt die Luftwaffe für kriegsentscheidend. Bodentruppen könnten nurmehr eine defensive Rolle spielen. Die Zivilbevölkerung sollte durch Luftangriffe auf die Städte demoralisiert und der Sieg durch den Zusammenbruch des Hinterlandes errungen werden. (Vgl. G. Douhet, *Il dominio dell'aria*, probabili aspetti della guerra futura, Verona 1932, dt. *Luftherrschaft*, Berlin [Drei Masken Verlag] o.J. [1935].)
Der damalige französische Oberst Charles de Gaulle (1890-1970) forderte eine Berufsarmee von nur 100000 Mann, die, ständig einsatzbereit, mit starken Panzerverbänden, Artillerie- und Luftwaffenunterstützung und motorisierter Infanterie in den ersten Tagen eines Krieges eine Entscheidung erreichen sollte. (Vgl. Charles de Gaulle, *Vers l'armée de métier*, Paris [Berger-Levrault] 1934; ders., *Frankreichs Stoßarmee*, Das Berufsheer, die Lösung von morgen, Potsdam [Voggenreiter] 1935.)
Der britische General Fuller forderte, in der militärischen Organisation Quantität durch Qualität zu ersetzen, um den Übergang des Krieges in den Bürgerkrieg zu vermeiden. Die Kriegführung müsse wissenschaftlich betrieben, die Zivilbevölkerung angegriffen werden. (Vgl. J. F. C. Fuller, *War and Western Civilization, 1832-1932*, London [Duckworth] 1932, S. 252-255).

110 In seiner am 17.5.1933 im Reichstag abgegebenen außenpolitischen Erklärung forderte Hitler eine Revision des Versailler Vertrages und die internationale Billigung der deutschen Aufrüstung im Namen von »Gleichberechtigung«,

keit eines neuen bolschewistischen Ansturms im Falle eines Krieges im Westen. Die Kraft, die einstweilen die Kriegsfurie noch bändigt, ist nicht der Völkerbund, sind nicht die Garantieverträge und pazifistischen Volksbefragungen, sondern einzig und allein die gesunde Angst der Herrschenden vor der Revolution.

Gesellschaftliche Regime gilt es wie alle anderen Erscheinungen relativ einzuschätzen. Verglichen mit den Regimen seiner wahrscheinlichen Gegner weist das Sowjetregime, trotz all seiner Widersprüche, in Hinsicht auf Stabilität immer noch große Vorzüge auf. Daß die Naziherrschaft über das deutsche Volk möglich ist, ist die Folge der unerträglichen Spannung der sozialen Gegensätze in Deutschland. Diese sind nicht beseitigt und nicht einmal gemildert, sondern nur vom Bleideckel des Faschismus überdeckt. Ein Krieg wird sie wieder an die Oberfläche treten lassen. Hitler hat viel weniger Aussichten, einen Krieg siegreich zu beenden als Wilhelm II. Nur eine rechtzeitige Revolution könnte Deutschland vor dem Kriege und damit vor einer neuen Niederlage bewahren.

Die Weltpresse stellt das blutige Abrechnen der japanischen Offiziere mit den Ministern[111] als unvorsichtige Äußerungen eines allzu glühenden Patriotismus dar. In Wirklichkeit gehören diese Handlungen, trotz der Unterschiede in der Ideologie, zur selben historischen Kategorie wie die Bomben der russischen Nihilisten gegen die Zarenbürokratie. Japans Bevölkerung erstickt unter dem vereinten Druck des asiatischen Agrarjochs und ultramoderner kapitalistischer Ausbeutung.[112] Korea, Mandschukuo, China werden sich beim ersten Nachlassen der Militärschraube gegen die

»Selbstbestimmung« und »gerechtem Frieden«. (Vgl. dazu Trotzki, »Hitler und die Abrüstung« [2.6.1933] und »Pazifist Hitler« [23.11.1933], SüD II, S. 553-566 und S. 635-638.) Friedensreden sollten die deutsche Wiederaufrüstung kaschieren. Am 21.5.1935 sagte Hitler: »Das nationalsozialistische Deutschland will den Frieden aus tiefinnersten weltanschaulichen Üerzeugungen ... Was könnte ich anderes wünschen als Ruhe und Frieden? ... Deutschland braucht den Frieden und will den Frieden!« (Walter Hofer [Hg.], *Der Nationalsozialismus*, Dokumente 1933-1945, Frankfurt [Fischer] 1957, S. 179.) Bis zu Beginn des Zweiten Weltkrieges bediente sich Hitler der »bewährte(n) Taktik, nach gebrochenen Verträgen ‚unabänderliche' Entscheidungen in neue Versprechungen und Friedensschwüre einzuhüllen.« (Karl Dietrich Bracher, *Die deutsche Diktatur*, Entstehung, Struktur, Folgen des Nationalsozialismus, Köln [Kiepenheuer & Witsch] 1972, S. 325.)

111 Am 26. Februar 1936 putschte in Tokio eine Gruppe von nationalistischen Offizieren. Mit mehr als 1000 Mann besetzten sie das Stadtzentrum und griffen die Residenz des Premierministers Okada an; mehrere Regierungsmitglieder wurden getötet. Erst nach drei Tagen wurde die Rebellion niedergeschlagen. (Vgl. W. G. Beasley, *The Modern History of Japan*, New York [St. Martins Press] 1981, S. 241 f., 250; Richard Storry, *Geschichte des modernen Japan*, München [Goldmann] 1962, S. 193, 198-200.)

112 Die Vorherrschaft einiger weniger Großkonzerne und eine rückständige Land-

japanische Tyrannei erheben. Der Krieg wird das Imperium des Mikado in die gewaltigste aller sozialen Katastrophen stürzen.

Nicht viel besser ist die Lage Polens. Pilsudskis Regime, das unfruchtbarste aller Regime, erwies sich als außerstande, die Hörigkeit des Bauern auch nur zu mildern. Die Westukraine (Galizien) lebt unter schwerer nationaler Bedrückung.[113] Die Arbeiter erschüttern das Land durch ununterbrochene Streiks und Aufruhr. Mit ihren Versuchen, sich durch ein Bündnis mit Frankreich und durch Freundschaft mit Deutschland Sicherheit zu verschaffen, und mit ihren Manövern vermag die polnische Bourgeoisie nur den Krieg zu beschleunigen, um dann umso sicherer darin umzukommen.

Die Gefahr des Krieges und einer Niederlage der UdSSR ist Realität. Aber auch die Revolution ist Realität. Wenn die Revolution den Krieg nicht verhindert, dann wird der Krieg der Revolution helfen. Die zweite Geburt ist meistens leichter als die erste. Im neuen Kriege wird man nicht zweieinhalb Jahre auf den ersten Aufstand warten müssen.[114] Einmal begonnen, wird die Revolution diesmal nicht auf halbem Wege stehen bleiben. Das Schicksal der UdSSR wird letzten Endes nicht auf der Generalstabskarte entschieden, sondern auf der Karte der Klassenkämpfe. Nur das europäische Proletariat, das seiner Bourgeoisie, auch im Lager der »Friedensfreunde«, unversöhnlich trutzt, wird die UdSSR vor einer Zerschmetterung oder einem Dolchstoß in den Rücken seitens ihrer »Verbündeten« bewahren können. Ja, sogar eine militärische Niederlage der UdSSR wäre im Falle eines Sieges des Proletariats in anderen Ländern nur eine kurze Episode. Umgekehrt aber wird kein militärischer Sieg das Erbe der Oktoberrevolution retten können, wenn in der übrigen Welt der Imperialismus sich behauptet.

Die Nachbeter der Sowjetbürokratie werden sagen, wir »unterschätzten« die inneren Kräfte der UdSSR, die Rote Armee usw., wie sie auch sagten, wir

wirtschaft, in der mehr als die Hälfte der arbeitenden Bevölkerung beschäftigt war, kennzeichneten die japanische Wirtschaft der zwanziger und dreißiger Jahre. Infolge der Weltwirtschaftskrise kam es zu einem starken Exportrückgang, der vor allem die Produzenten von Rohseide, ungefähr die Hälfte der japanischen Bauern (vor allem die Pächter) hart traf. 1932 kam es in Nordjapan zu Hungersnöten. (Vgl. Beasley, *The Modern History of Japan*, S. 230; Storry, *Geschichte des modernen Japan*, S. 177 f.)

113 Nach dem polnisch-russischen Krieg von 1920 fiel die Westukraine an Polen. Die polnische Regierung betrieb in diesem Gebiet eine Polonisierungspolitik. (Vgl. »Western Ukraine under Poland«, in: Volodymyr Kubijovič (Hg.), *Ukraine*, A Concise Encyclopedia, Toronto [Toronto University Press] 1963, S. 833-850; Jörg K. Hoensch, *Geschichte Polens*, Stuttgart [Eugen Ulmer] 1983, S. 257, 263 f.) Trotzki forderte im April 1939 eine vereinigte, freie und (von polnischer und russischer Vorherrschaft) unabhängige Sowjet-Ukraine. (Vgl. die Texte 50, 56 und 57.)

114 Zweieinhalb Jahre nach Ausbruch des Ersten Weltkrieges (August 1914) begann im Februar 1917 die russische Revolution.

»leugneten« die Möglichkeit des Aufbaus des Sozialismus in einem Lande. Diese Argumente stehen auf einem so tiefen Niveau, daß sie nicht einmal einen fruchtbaren Meinungsaustausch zulassen. Ohne Rote Armee würde die Sowjetunion ähnlich wie China erdrückt und zerstückelt.[115] Nur ihr hartnäckiger, heroischer Widerstand gegen die künftigen kapitalistischen Feinde kann günstige Voraussetzungen für die Entwicklung des Klassenkampfes im imperialistischen Lager schaffen. Die Rote Armee ist somit ein Faktor von größter Bedeutung. Das heißt aber nicht, daß sie der einzige historische Faktor ist. Genug schon, daß sie der Revolution einen mächtigen Antrieb geben kann. Aber nur die Revolution kann die Hauptarbeit leisten, der die Rote Armee allein nicht gewachsen ist.

Niemand verlangt von der Sowjetregierung internationale Abenteuer, Unbesonnenheiten, Versuche, den Gang der Weltereignisse gewaltsam zu forcieren. Im Gegenteil, sofern solche Versuche von der Bürokratie in der Vergangenheit gemacht wurden (Bulgarien, Estland, Kanton u.a.) haben sie nur der Reaktion in die Hände gespielt und sind seinerzeit von der Linken Opposition verurteilt worden. Es handelt sich um die allgemeine Richtung der Politik des Sowjetstaates. Der Widerspruch zwischen seiner Außenpolitik und den Interessen des Weltproletariats sowie der Kolonialvölker kommt am verheerendsten zum Ausdruck in der Unterwerfung der Komintern unter die konservative Bürokratie mit ihrer neuen Religion der Regungslosigkeit.

Die europäischen Arbeiter und die Kolonialvölker werden sich gegen den Imperialismus und gegen den neuen Krieg, der ausbrechen und den Status quo mit derselben Unausweichlichkeit umstürzen muß wie ein ausgebildeter Embryo den Status quo der Schwangerschaft durchbricht, nicht unter dem Banner des Status quo erheben können. Die Werktätigen haben nicht das geringste Interesse, die heutigen Grenzen, insbesondere in Europa zu verteidigen, weder unter dem Kommando ihrer Bourgeoisie, noch erst recht im revolutionären Aufstand gegen sie. Europas Verfall ist gerade dadurch verursacht, daß es ökonomisch in beinahe vierzig Quasi-Nationalstaaten zerfällt, die mit ihren Zöllen, Pässen, Währungen und monströsen Armeen zum Schutz des nationalen Partikularismus das größte Hemmnis für die wirtschaftliche und kulturelle Entwicklung der Menschheit geworden sind.

Aufgabe des europäischen Proletariats ist nicht die Verewigung der

115 In den Jahren 1916 bis 1926 zerfiel die Chinesische Republik in zahlreiche Provinzen und Regionen, die unter der Herrschaft von »Warlords« (Kriegsherren) standen; die Zentralregierung war nur eine Regierung neben anderen. Bürgerkriege zwischen rivalisierenden Warlords und zwischen der bürgerlich-nationalistischen Kuomintang und den Kommunisten wurden 1937 durch den Einfall der Japaner überlagert, die schon 1932 in den Nordostprovinzen Chinas den Marionettenstaat Mandschukuo gebildet hatten.

Grenzen, sondern im Gegenteil ihre revolutionäre Beseitigung. Nicht Status quo, sondern Vereinigte Sozialistische Staaten von Europa![116]

## IX. Was ist die UdSSR?

### Die sozialen Verhältnisse in der UdSSR

Fast uneingeschränkt herrscht in der Industrie das staatliche Eigentum an den Produktionsmitteln vor. In der Landwirtschaft herrscht es nur in den Sowchosen, die nicht mehr als 10% der Anbaufläche erfassen. In den Kolchosen ist das genossenschaftliche oder Gruppeneigentum in verschiedenen Abstufungen mit staatlichem und privatem kombiniert. Der Grund und Boden, der juridisch dem Staat gehört, ist den Kolchosen in »ewige« Nutzung übergeben: was sich wenig vom Gruppeneigentum unterscheidet. Die Traktoren und Maschinen sind Staatseigentum, kleinere Ausrüstungsgegenstände gehören den Kolchosen. Jeder Kolchosbauer betreibt außerdem seine Privatwirtschaft. Schließlich sind über 10% der Bauern Einzelbauern.

Laut der Volkszählung von 1934 bestanden 28,1 % der Bevölkerung aus Arbeitern und Angestellten staatlicher Betriebe und Ämter. Industrie- und Bauarbeiter gab es 1935, die Familienmitglieder nicht eingerechnet, 7,5 Millionen. Die Kolchosen und das genossenschaftliche Handwerk umfaß-

116 Die Losung »Vereinigte Staaten von Europa« wurde sowohl von Trotzki als auch von Lenin nach Ausbruch des Ersten Weltkrieges aufgestellt. (Vgl. Deutscher, *Trotzki*, Bd. 1, S. 229-231; Lenin, »Die Aufgaben der revolutionären Sozialdemokratie im europäischen Krieg« [August 1914], LW 21, S. 1-5, bes. S. 4f.; »Der Krieg und die russische Sozialdemokratie« [September 1914], LW 21, S. 13-21, bes. S. 19.) 1915 entwickelte Lenin jedoch Bedenken, da sie im Kapitalismus »unrealisierbar« oder »eine reaktionäre Losung« sei und »die Vereinigten Staaten der Welt (nicht aber Europas) ... jene staatliche Form der Vereinigung und der Freiheit der Nationen (seien), die wir mit dem Sozialismus verknüpfen.« (»Über die Losung der Vereinigten Staaten von Europa« [August 1915], LW 21, S. 342-347, hier S. 347 u. 345.) Während der Krise des Jahres 1923 (französische Ruhrbesetzung, Vorbereitung des »deutschen Oktober«) machte sich die Komintern auf Vorschlag Trotzkis die Losung der »Vereinigten Sowjetstaaten von Europa« zu eigen. (Vgl. Trotzki, »Ist die Zeit reif für die Losung ,Vereinigte Staaten von Europa'?«, russ. in: *Prawda*, 30.6.1923, später von ihm in sein Buch *Europa und Amerika*, Berlin [Neuer Deutscher Verlag] 1926, S. 92-99, übernommen. Vgl. auch ders., *Die internationale Revolution und die Kommunistische Internationale*, S. 19-25; Carr, *A History...*, Bd. 7, S. 493.) Bis 1926 vertreten, wurde sie dann als ein Kernstück des »Trotzkismus« und als unvereinbar mit dem »Sozialismus in *einem* Lande« von der Stalin-Bucharin-Führung verworfen. (Vgl. Carr, *A History...*, Bd. 7, S. 504-507.)

ten zur Zeit der Volkszählung 45,9 % der Bevölkerung. Studenten, Rotarmisten, Rentner und andere unmittelbar vom Staat abhängige Sektoren machten 3,4 % aus. Insgesamt gehörten 74 % der Bevölkerung zum »sozialistischen Sektor«, auf den 95,8 % des Grundkapitals des Landes entfielen. Die Zahl der Einzelbauern und Handwerker betrug im Jahre 1934 noch 22,5 %; doch konzentrierte sich in ihren Händen nur wenig mehr als 4 % des nationalen Kapitals!

Seit 1934 hat es keine Volkszählung mehr gegeben: die nächste steht für 1937 bevor. Zweifellos jedoch ist der privatwirtschaftliche Sektor in den letzten zwei Jahren noch mehr zugunsten des »sozialistischen« zurückgedrängt worden. Die Einzelbauern und Handwerker bilden heute, nach den Berechnungen der offiziellen Wirtschaftler, insgesamt etwa 10 % der Bevölkerung, d.h. etwa 17 Millionen Menschen; ihre wirtschaftliche Bedeutung ist noch weit tiefer gesunken als ihre Anzahl. Der Sekretär des Zentralkomitees, Andrejew, teilte im April 1936 mit: »Das spezifische Gewicht der sozialistischen Produktion soll in unserem Lande im Jahre 1936 98,5 % betragen, d.h. daß ganz geringfügige 1,5 % noch zum nichtsozialistischen Sektor gehören werden.« Diese optimistischen Zahlen scheinen auf den ersten Blick ein unumstößlicher Beweis für den »endgültigen und unwiderruflichen« Sieg des Sozialismus zu sein. Aber wehe dem, der hinter der Arithmetik die soziale Wirklichkeit nicht sieht!

Die Ziffern selbst sind an den Haaren herbeigezogen: es genügt zu sagen, daß der Privatanbau der Kolchosbauern zum »sozialistischen« Sektor hinzugerechnet wurden. Jedoch nicht hier liegt der Kern der Frage. Das riesige und völlig unbestreitbare statistische Übergewicht der staatlichen und kollektiven Wirtschaftsformen, so wichtig es für die Zukunft auch sein mag, beseitigt nicht eine andere, kaum minder wichtige Frage: die der Stärke der bürgerlichen Tendenzen innerhalb des »sozialistischen« Sektors selbst, und zwar nicht nur in der Landwirtschaft, sondern auch in der Industrie. Die erreichte Anhebung des materiellen Niveaus ist bedeutend genug, um bei allen erhöhte Ansprüche zu wecken, aber völlig ungenügend, um diese zu befriedigen. Die Dynamik des wirtschaftlichen Aufschwungs führt deshalb zum Erwachen kleinbürgerlicher Appetite nicht nur bei den Bauern und Vertretern der »geistigen« Arbeit, sondern auch bei den bessergestellten Teilen des Proletariats. Die nackte Gegenüberstellung der Einzelbauern und Kolchosbauern, der Handwerker und der Staatsindustrie gibt nicht die geringste Vorstellung von der Sprengkraft dieser Appetite, die die ganze Wirtschaft des Landes durchdringen und die sich, summarisch gesprochen, in dem Bestreben aller ausdrücken, der Gesellschaft möglichst wenig zu geben und möglichst viel von ihr zu erhalten.

Auf die Lösung der Verbrauchs- und Erwerbsfrage wird nicht weniger Energie und Erfindungsgeist verwandt als auf den sozialistischen Aufbau im eigentlichen Sinne des Wortes: hieraus ergibt sich im besonderen die äußerst niedrige Produktivität der gesellschaftlichen Arbeit. Während sich der

Staat in einem ununterbrochenen Kampf gegen die molekulare Aktivität der zentrifugalen Kräfte befindet, bildet die herrschende Schicht selbst das Hauptreservoir der gesetzlichen und ungesetzlichen privaten Akkumulation. Verborgen hinter neuen juristischen Normen lassen sich die kleinbürgerlichen Tendenzen allerdings statistisch nicht leicht erfassen. Aber ihr direktes Übergewicht im Wirtschaftsleben wird vor allem bewiesen durch die »sozialistische« Bürokratie selbst, diese himmelschreiende contradictio in adjecto, diese ständig wachsende monströse soziale Ausgeburt, die ihrerseits zur Quelle bösartiger Geschwüre der Gesellschaft wird.

Die neue Verfassung, die, wie wir später sehen werden, gänzlich auf der Gleichsetzung der Bürokratie mit dem Staat und des Staates mit dem Volk aufgebaut ist, spricht von »Staatseigentum, *d.h.* Besitz des ganzen Volkes...«[1] In dieser Identifizierung liegt der grundlegende Sophismus der offiziellen Doktrin. Es ist nicht zu bestreiten, daß die Marxisten, angefangen mit Marx selbst, in bezug auf den Arbeiterstaat die Ausdrücke *Staats-*, *Volks-* oder *sozialistisches* Eigentum einfach als Synonyme gebrauchten. Im großen historischen Maßstab gesehen, führte dieser Gebrauch zu keinerlei besonderen Schwierigkeiten. Er wird aber dann zu einer Quelle grober Fehler und direkten Betrugs, wenn es sich um die ersten, noch nicht gesicherten Etappen in der Entwicklung einer neuen Gesellschaft handelt, die zudem isoliert und wirtschaftlich hinter den kapitalistischen Ländern zurückgeblieben ist.

Um gesellschaftliches Eigentum zu werden, muß das Privateigentum unvermeidlich das staatliche Stadium durchlaufen, so wie die Raupe durch das Stadium der Larve gehen muß, um ein Schmetterling zu werden. Aber die Larve ist noch kein Schmetterling. Myriaden von Larven kommen um, bevor sie Schmetterlinge werden. Das Staatseigentum wird nur in dem Maße »Volkseigentum«, in dem die sozialen Privilegien und Unterschiede verschwinden, und folglich auch das Bedürfnis nach dem Staat. Mit anderen Worten: Das Staatseigentum verwandelt sich in sozialistisches Eigentum in dem Maße, wie es aufhört, Staatseigentum zu sein. Und umgekehrt: je höher sich der Sowjetstaat über das Volk erhebt, um so wütender stellt er sich als Hüter des Eigentums dem Volk, dessen Verschwender, gegenüber, um so krasser zeugt er selbst gegen den sozialistischen Charakter des Staatseigentums.

1 »Das sozialistische Eigentum in der Sowjetunion hat entweder die Form von Staatseigentum (allgemeines Volkseigentum) oder die Form von genossenschaftlich-kollektivwirtschaftlichem Eigentum (Eigentum einzelner Kollektivwirtschaften, Eigentum genossenschaftlicher Vereinigungen).« (»Entwurf der Verfassung der Union der Sozialistischen Sowjetrepubliken vorgelegt von der Verfassungskommission des ZEK der UdSSR und vom Präsidium des ZEK der UdSSR gebilligt zur Einreichung zwecks Behandlung durch den Unionskongreß der Sowjets«, in: *Rundschau*, Nr. 28, 18.6.1936, S. 1093-1100, hier S. 1093.)

»Wir sind noch weit entfernt von der *völligen* Vernichtung der Klassen«, gibt die offizielle Presse zu, wobei sie sich auf die noch bestehenden Unterschiede zwischen Stadt und Land, zwischen geistiger und körperlicher Arbeit beruft. Dies rein akademische Bekenntnis hat den Vorteil, daß es gestattet, die Einnahmen der Bürokratie unter dem Ehrentitel der »geistigen« Arbeit zu verbergen. Die »Freunde«, denen Platon viel lieber ist als die Wahrheit[2], beschränken sich ebenfalls auf die rein akademische Anerkennung der Überbleibsel der alten Ungleichheit. In Wirklichkeit reichen die für alles herangezogenen »Überbleibsel« keineswegs zur Erklärung der Sowjetwirklichkeit aus. Wenn sich der Unterschied zwischen Stadt und Land auch in mancher Beziehung linderte, so hat er sich in anderer Beziehung infolge des außergewöhnlich schnellen Wachstums der Städte und der städtischen Kultur, d. h. des Komforts der städtischen Minderheit, bedeutend verschärft. Die soziale Spanne zwischen körperlicher und geistiger Arbeit ist in den letzten Jahren größer und nicht kleiner geworden, trotz der Erweiterung des wissenschaftlichen Kaders durch Neuzugänge aus den Unterschichten. Die tausendjährigen Kastenschranken, die das Leben eines jeden Menschen nach allen Seiten abstecken — der geschliffene Städter und der ungehobelte Bauer, der Magier der Wissenschaft und der Handlanger —, haben sich nicht einfach in mehr oder weniger gemilderter Form aus der Vergangenheit hinübergerettet, sondern sind in erheblichem Maße neu entstanden und nehmen einen immer herausfordernderen Charakter an.

Die berüchtigte Parole »Die Kader entscheiden alles« charakterisiert viel offener, als Stalin es selbst möchte, die Natur der Sowjetgesellschaft.[3] Schon ihrem Wesen nach sind Kader ein Herrschafts- und Kommandoorgan. Der »Kader«kult bedeutet in erster Linie einen Kult der Bürokratie, der Administration, der technischen Aristokratie.[4] Hinsichtlich der Ausbildung, Entwicklung und Erziehung von Kadern hat das Sowjetregime, wie

2 »Platon ist mir ein Freund, doch höher steht mir die Wahrheit« (lat. *Amicus Plato, sed magis amica veritas*) — Das Sprichwort geht auf eine Stelle in Platons Phaidon zurück, an der Sokrates sagt: »Ihr aber, wenn ihr mir folgen wollt, kümmert euch wenig um den Sokrates, sondern weit mehr um die Wahrheit.« (*Phaidon*, Kap. 49, 91.) Die sprichwörtliche Form findet sich bei dem alexandrinischen Philosophen Ammonios Hermeiou (um 385 n. u. Z.) und bei dem englischen Theologen Roger Bacon (um 1219 - um 1292). Schon Martin Luther ersetzte den Namen Sokrates' durch den Platons; doch scheint die endgültige Form des geflügelten Wortes auf Miguel Cervantes de Saavedra (1547-1616) zurückzugehen. Nach Ansicht Trotzkis ist den »Freunden der Sowjetunion« Stalin (bzw. die Bürokratie) teurer als die Wahrheit.

3 »Wenn in unseren erstklassigen Fabriken und Werken, in unseren Sowjetgütern und Kollektivwirtschaften, in unserer Roten Armee eine genügende Anzahl von Kadern vorhanden wäre, die fähig sind, diese Technik zu meistern, dann würde unser Land einen drei- und viermal größeren Nutzeffekt erzielen, als es jetzt erzielt. Deshalb muß jetzt das Schwergewicht auf die Menschen, auf die Kader,

auch auf anderen Gebieten, noch die Aufgabe zu lösen, die die fortgeschrittene Bourgeoisie längst gelöst hat. Da aber die Sowjetkader unter sozialistischem Banner antreten, beanspruchen sie fast göttliche Ehren und immer höheres Gehalt. Die Herausbildung der »sozialistischen« Kader ist somit von einer Wiedergeburt der bürgerlichen Ungleichheit begleitet.

Betrachtet man die Frage des Eigentums an den Produktionsmitteln, so scheint es zwischen dem Marschall und dem Dienstmädchen, dem Leiter eines Trusts und dem Handlanger, dem Sohn eines Volkskommissars und einem Besprisornyje keinen Unterschied zu geben. Indes, die einen verfügen über herrschaftliche Wohnungen und mehrere Sommervillen in verschiedenen Gegenden des Landes, fahren in erstklassigen Autos und haben längst vergessen, wie man seine Stiefel putzt; die anderen wohnen in Holzbaracken, oft ohne Zwischenwände, leiden ständig Hunger und putzen ihre Stiefel nur deshalb nicht, weil sie barfuß laufen. Für den Würdenträger verdient dieser Unterschied keine Aufmerksamkeit. Dem Handlanger hingegen scheint er nicht ohne Grund sehr wesentlich.

Oberflächliche »Theoretiker« können sich natürlich damit trösten, daß die Verteilung der Güter gegenüber ihrer Herstellung ein Faktor zweiter Ordnung ist. Die Dialektik der Wechselwirkung[5] bleibt jedoch auch hier

auf die Mitarbeiter gelegt werden, die die Technik beherrschen. Deshalb muß die alte Losung — ,die Technik entscheidet alles' —, die die bereits zurückgelegte Periode widerspiegelt, als es bei uns Hunger nach der Technik gab — durch eine neue Losung ersetzt werden, durch die Losung ,die Kader entscheiden alles'. Das ist jetzt die Hauptsache.«
(»Rede des Genossen Stalin gehalten am 4. Mai 1935 im Kremlpalast anläßlich der Abschlußfeier der Akademieabsolventen der Roten Armee«, in: *Rundschau*, Nr. 22, 16.5.1935, S. 1127 f., hier S. 1128.)

4 »Kader« (frz. »cadre«: Rahmen): Stamm (meist Offiziere und Unteroffiziere) eines Heeres; im stalinistischen Jargon eine die Massen aktivierende Schicht qualifizierter und politisch geschulter Funktionäre, Manager und Bestarbeiter. Die *Große Sowjetenzyklopädie*, russ., 3. Ausg., Bd. 11, S 132 f., definiert: »Grundlegender (permanenter) Stab geübter, qualifizierter Arbeiter in Unternehmungen, Institutionen, Partei, Gewerkschaft und öffentlichen Organisationen, der in einigen Arbeitsgebieten beschäftigt ist. Im weiten Sinne alle permanenten Mitglieder eines Stabs.«

5 »Das Resultat, wozu wir gelangen, ist nicht, daß Produktion, Distribution, Austausch, Konsumption identisch sind, sondern daß sie alle Glieder einer Totalität bilden, Unterschiede innerhalb einer Einheit. Die Produktion greift über, sowohl über sich in der gegensätzlichen Bestimmung der Produktion, als über die andren Momente. Von ihr beginnt der Prozeß immer wieder von neuem. Daß Austausch und Konsumption nicht das Übergreifende sein können, ist von selbst klar. Ebenso von der Distribution als Distribution der Produkte. Als Distribution der Produktionsagenten aber ist sie selbst ein Moment der Produktion ... Es findet Wechselwirkung zwischen den verschiedenen Momenten statt. Dies der Fall bei jedem organischen Ganzen.« (Marx, »Einleitung zu den ,Grundrissen'« [1857], MEW 42, S. 19-45, hier S. 34.)

voll in Kraft. Je nachdem, nach welcher Seite hin sich die Unterschiede in den persönlichen Daseinsbedingungen entwickeln werden, wird schließlich auch die Frage nach dem endgültigen Schicksal der verstaatlichten Produktionsmittel gelöst werden. Wenn ein Dampfer zum Kollektiveigentum erklärt wird, die Passagiere aber nach wie vor in erste, zweite und dritte Klasse eingeteilt werden, so ist offensichtlich, daß für die Passagiere der dritten Klasse der Unterschied in den Existenzbedingungen von weit größerer Bedeutung sein wird als der juristische Eigentumswechsel. Umgekehrt werden die Passagiere der ersten Klasse bei Kaffee und Zigarren dem Gedanken huldigen, das Kollektivgut sei alles, die bequeme Kajüte dagegen nichts. Die hieraus erwachsenden Gegensätze können ein unstabiles Kollektiv sprengen.

Die Sowjetpresse berichtete mit Genugtuung, wie ein Junge im Moskauer Zoologischen Garten, nachdem man ihm auf seine Frage »*Wem gehört dieser Elefant?*« antwortete »*Dem Staat*« sofort daraus schloß: »*Also ein bißchen auch mir*«. Allein, bei einer tatsächlichen Aufteilung des Elefanten würden auf die Auserwählten die kostbaren Stoßzähne entfallen, einige würden sich am Elefantenschinken laben, während die Mehrheit sich mit den Innereien oder den Haxen begnügen müßte. Die übervorteilten Jugendlichen werden das Staatseigentum kaum mit ihrem eigenen identifizieren. Die Besprisornyje betrachten als ihnen gehörig nur das, was sie dem Staate stehlen. Der kleine »Sozialist« im Zoologischen Garten war bestimmt der Sohn irgendeines bekannten Würdenträgers, gewohnt, nach der Formel zu urteilen: »Der Staat — das bin ich!«[6]

Übersetzt man der Anschaulichkeit halber die sozialistischen Beziehungen in die Börsensprache, so mag man sich die Bürger als Teilhaber einer Aktiengesellschaft vorstellen, in deren Besitz sich der Reichtum des Landes befindet. Der allgemeine Volkscharakter des Eigentums setzt eine gleichmäßige Verteilung der »Aktien« und folglich ein Anrecht aller »Aktionäre« auf gleiche Dividenden voraus. Die Bürger sind jedoch am nationalen Unternehmen nicht nur als »Aktionäre« beteiligt, sondern auch als Produzenten. Auf der untersten Stufe des Kommunismus, die wir Sozialismus zu nennen pflegen, erfolgt die Bezahlung der Arbeit noch nach bürgerlichen Normen, d. h. nach Qualifikation, Intensität usw. Theoretisch würde sich das Einkommen eines jeden Bürgers somit aus zwei Teilen, $a + b$, d. h. Dividende plus Arbeitslohn, zusammensetzen. Je höher die Technik, je

6 Wahlspruch des absolutistischen »Sonnenkönigs« Ludwig XIV. von Frankreich (1638-1715). »Die höchste Macht erlangte der Absolutismus, als die Bourgeoisie, die sich auf den Schultern des dritten Standes erhoben hatte, den Kräften des Feudaladels das Gleichgewicht halten konnte. Eine solche Situation, in der die herrschenden Klassen sich politisch die Waage hielten, sicherte der Staatsorganisation die größte Unabhängigkeit. Ludwig XIV. pflegte zu sagen: L'état c'est moi (Der Staat bin ich).« (Trotzki, *Die Russische Revolution 1905*, S. 18.)

vollkommener die Organisation der Wirtschaft, einen um so größeren Platz wird *a* im Verhältnis zu *b* einnehmen, einen um so geringeren Einfluß wird der individuelle Unterschied in der Arbeit auf das Lebensniveau ausüben. Aus der Tatsache, daß die Lohnunterschiede in der UdSSR nicht kleiner, sondern größer sind als in den kapitalistischen Ländern, muß man den Schluß ziehen, daß die Aktien der Sowjetbürger nicht gleichmäßig verteilt sind, und daß das Einkommen der Bürger neben ungleichen Löhnen auch einen ungleichen Dividendenanteil enthält. Während der Handlanger nur *b* erhält, einen Minimallohn, den er, bei sonst gleichbleibenden Bedingungen, auch in einem kapitalistischen Unternehmen erhalten würde, bekommt ein Stachanowarbeiter oder ein Beamter $2a + B$ oder $3a + B$ usw., wobei $B$ seinerseits mit $2b$, $3b$ usw. angesetzt werden kann. Die Einkommensunterschiede sind, mit anderen Worten, nicht nur durch die Unterschiede im individuellen Arbeitsertrag bestimmt, sondern auch durch verschleierte Aneignung fremder Arbeit. Eine privilegierte Minderheit der Aktionäre lebt auf Kosten der übervorteilten Mehrheit.

Nimmt man an, daß ein durchschnittlicher Sowjetarbeiter mehr erhält, als er bei gleichem Stand der Technik und der Kultur in einem kapitalistischen Unternehmen erhalten würde, d. h. also doch ein kleiner Aktionär ist, so muß man seinen Arbeitslohn gleich $a + b$ annehmen. Der Verdienst höherer Kategorien würde sich in Formeln wie $3a + 2b$, $10a + 15b$ usw. ausdrücken. Das bedeutet: der Durchschnittsarbeiter hat eine Aktie, der Stachanowmann drei, der Spezialist zehn; darüber hinaus verhalten sich ihre Arbeitslöhne im eigentlichen Sinne des Wortes wie 1 : 2 : 15. Die Hymnen auf das heilige sozialistische Eigentum klingen unter diesen Umständen für einen Direktor oder Stachanowarbeiter viel überzeugender als für einen gewöhnlichen Arbeiter oder Kolchosbauern. Indessen stellen die einfachen Werktätigen die überwiegende Mehrheit der Gesellschaft dar, und um sie ging es dem Sozialismus, nicht um die neue Aristokratie.

»Der Arbeiter in unserem Lande ist kein Lohnsklave, kein Verkäufer seiner Ware, der Arbeitskraft. Er ist ein freier Werktätiger.« (*Prawda*.) Für die Gegenwart stellt diese pathetische Formel ein unstatthaftes Geprahle dar. Die Übernahme der Fabriken durch den Staat hat die Lage des Arbeiters nur juridisch verändert; in Wirklichkeit ist er, während er eine bestimmte Anzahl von Stunden für einen bestimmten Lohn arbeitet, gezwungen zu darben. Die Hoffnungen, die der Arbeiter früher auf die Partei und die Gewerkschaften setzte, hat er nach der Revolution auf den von ihm geschaffenen Staat übertragen. Aber die nützliche Arbeit dieses Werkzeugs fand ihre Grenze im Niveau von Technik und Kultur. Um dieses Niveau zu erhöhen, griff der Staat auf die alten Methoden des Drucks auf Muskeln und Nerven der Werktätigen zurück. Es entstand ein Korps von Antreibern. Die Verwaltung der Industrie wurde erzbürokratisch. Die Arbeiter verloren jeglichen Einfluß auf die Leitung der Betriebe. Bei Akkordlohn, schweren materiellen Daseinsbedingungen, fehlender Freizügigkeit[7], einem fürchterlichen Polizeiapparat, der in das Leben jedes Betriebes eindringt, fühlt sich der Arbeiter schwerlich als »freier Werktätiger«. Im Beamten sieht er den Vorgesetzten, im Staat den Herrn. Freie Arbeit ist unvereinbar mit der Existenz eines bürokratischen Staates.

Mit den notwendigen Einschränkungen läßt sich das Gesagte auch auf das flache Land übertragen. Laut der offiziellen Theorie ist das Kolchoseigentum eine besondere Form des sozialistischen Eigentums. Die *Prawda* schreibt, daß die Kolchosgüter »ihrem Wesen nach bereits zum Typus der staatlichen, folglich sozialistischen Unternehmungen gehören«, man fügt aber sogleich hinzu: Garantie für die sozialistische Entwicklung der Landwirtschaft ist der Umstand, daß »die bolschewistische Partei die Kolchosen leitet«; d. h. sie verweist uns von der Wirtschaft auf die Politik. Das bedeutet im Grunde genommen, daß die sozialistischen Beziehungen bislang noch nicht auf realen Beziehungen zwischen den Menschen beruhen, sondern auf dem fürsorglichen Herzen der Obrigkeit. Die Werktätigen tun gut daran, diesem Herzen zu mißtrauen. In Wirklichkeit stellt die Kolchoswirtschaft ein Mittelding zwischen der einzelbäuerlichen und der staatlichen dar, wobei die kleinbürgerlichen Tendenzen innerhalb der Kolchosen durch die Entwicklung der Hausgarten- oder Privatwirtschaften der Kolchosbauern aufs beste ergänzt werden.

Obwohl die individuelle Anbaufläche der Kolchosbauern insgesamt nur 4 Millionen Hektar beträgt, gegenüber 108 Millionen der kollektivwirtschaftlichen Anbaufläche, d. h. weniger als 4 %, deckt sie doch dank intensiver Bearbeitung, besonders im Gemüseanbau, den Hauptbedarf der Bauernfamilie. Hornvieh, Schafe und Schweine sind größtenteils Eigentum der Kolchosbauern und nicht der Kolchosen selbst. Die Bauern machen ihre Nebenwirtschaft durchweg zur Hauptwirtschaft und drängen die unrentablen Kolchosen in den Hintergrund. Umgekehrt steigen die Kolchosen mit hohem Arbeitslohn auf eine höhere soziale Stufe und bilden eine Kategorie von wohlhabenden Bauern. Die zentrifugalen Tendenzen schwinden noch nicht, im Gegenteil, werden stärker und wachsen. Jedenfalls haben die Kolchosen bisher nur die juridischen Formen der ökonomischen Beziehungen auf dem Lande umzuwandeln vermocht, insbesondere die Art der Gewinnverteilung, die alte Kate aber, den Gemüsegarten, die Viehhaltung, den ganzen Rhythmus der Schwerarbeit des Muschiks haben sie fast unverändert gelassen, in bedeutendem Maße auch das alte Verhältnis zum

7 Im Juni 1931 erklärte Stalin, die Fluktuation der Arbeiter sei »zu einer Geißel der Produktion geworden, die unsere Betriebe desorganisiert.« (»Neue Verhältnisse — Neue Aufgaben des wirtschaftlichen Aufbaus« [23. Juni 1931], SW 13, S. 51). Am 27.12.1932 wurde — unter Rückgriff auf Kontrollmaßnahmen des zaristischen Polizeistaates — ein Inlandspaß eingeführt, der, ebenso wie das »Arbeitsbuch« die Freizügigkeit für Arbeiter und Kolchosbauern praktisch aufhob.

Staat. Dieser dient zwar nicht mehr den Gutsbesitzern und den Bourgeois, aber er nimmt den Dörfern zum Besten der Städte zuviel fort und er unterhält übermäßig viele gefräßige Beamte.

Für die am 6. Januar 1937 stattfindende Sowjetvolkszählung ist ein Verzeichnis folgender sozialer Kategorien aufgestellt worden: Arbeiter, Angestellte, Kolchosbauern, Einzelbauern, Handwerker, freie Berufe, Bedienstete der Religionsgemeinschaften und sonstige nichtarbeitende Elemente. Laut offizieller Verlautbarung enthält diese Liste nur deshalb keine anderen sozialen Charakteristika, weil es in der UdSSR keine Klassen gibt. In Wirklichkeit wurde diese Einteilung zu dem Zweck vorgenommen, die Existenz der privilegierten Spitzen und der am stärksten benachteiligten unteren Schichten zu vertuschen. Die wahren Schichten der Sowjetgesellschaft, die man mit Hilfe einer ehrlichen Volkszählung mühelos feststellen könnte und müßte, sind folgende: die Oberschicht der Bürokratie, Spezialisten u.a., die in bürgerlichen Verhältnissen leben; die mittlere und untere Schicht, die sich auf dem Niveau des Kleinbürgertums befindet; die Arbeiter- und Kolchosaristokratie auf etwa demselben Niveau; die mittlere Schicht der Arbeitermasse; die Mittelschichten im Kolchos; die Einzelbauern und Kleingewerbetreibenden; die untersten Arbeiter- und Bauernschichten, die ins Lumpenproletariat übergehen; die Besprisornyje, Prostituierten usw.

Wenn die neue Verfassung verkündet, in der UdSSR sei »die Abschaffung der Ausbeutung des Menschen durch den Menschen«[8] erreicht, so spricht sie die Unwahrheit. Die neue soziale Schichtenbildung hat die Voraussetzungen für das Wiedererstehen der barbarischsten aller Formen der Ausbeutung des Menschen durch den Menschen geschaffen, für seinen Ankauf als Sklave zur persönlichen Bedienung. Im Register der neuen Volkszählung ist die private Dienstmagd überhaupt nicht erwähnt; vermutlich soll sie in der Rubrik »Arbeiter« verschwinden. Es fehlen andererseits Fragen wie: Hat der sozialistische Bürger Dienstboten und, wenn ja, wieviele (Stubenmädchen, Köchin, Amme, Kindermädchen, Chauffeur)? Verfügt er über ein Auto zur persönlichen Benutzung? Wie groß ist seine Wohnung? U.a.m. Nichts, überhaupt nichts über die Höhe des Verdienstes! Würde man das Gesetz wieder einführen, wonach die Ausbeutung fremder Arbeitskraft den Verlust der politischen Rechte zur Folge hat, so würde sich plötzlich herausstellen, daß die Elite der herrschenden Schicht sich außerhalb der Sowjetverfassung gestellt hätte.[9] Zum Glück ist die volle Rechtsgleichheit eingeführt ... für die Dienstboten sowohl wie für die Herrschaften.

8 »Entwurf der Verfassung ...«, Art. 4, (Anm. 1), S. 1093.

9 Entsprechend hieß es dann im Programm der antibürokratischen Revolution in der UdSSR: »So wie früher weder Bourgeoisie, noch Kulakentum zu den Sowjets zugelassen waren, so müssen auch heute die Bürokratie und die neue Aristokratie

Das Sowjetregime läßt zwei entgegengesetzte Tendenzen wachsen. Soweit es im Gegensatz zum verfaulenden Kapitalismus die Produktivkräfte entwickelt, bereitet es das ökonomische Fundament für den Sozialismus vor. Soweit es den Oberschichten zuliebe die bürgerlichen Verteilungsnormen ins Extreme steigert, bereitet es die kapitalistische Restauration vor. Der Widerspruch zwischen Eigentumsformen und Verteilungsnormen kann nicht endlos wachsen. Entweder werden die bürgerlichen Normen — so oder so — auch auf die Produktionsmittel übergreifen, oder umgekehrt die Verteilungsnormen mit dem sozialistischen Eigentum in Einklang gebracht werden müssen.

Die Bürokratie fürchtet die Aufdeckung dieser Alternative. Stets und überall — in Presse, Reden, Statistik, in den Romanen der Belletristen, in den Versen ihrer Dichter, schließlich im Text der neuen Verfassung — verbirgt sie sorgsam die wirklichen Verhältnisse in Stadt und Land hinter Abstraktionen aus dem sozialistischen Wörterbuch. Deshalb ist die ganze offizielle Ideologie so leblos, so falsch und so gekünstelt!

### Staatskapitalismus?

Vor unbekannten Erscheinungen sucht man oft bei bekannten Begriffen Zuflucht. So hat man das Rätsel des Sowjetregimes hinter dem Etikett Staatskapitalismus[10] verschwinden lassen wollen. Dieser Ausdruck hat den Vorteil, daß niemand genau weiß, was er eigentlich bedeutet. Ursprünglich

aus den Sowjets vertrieben werden.« (Trotzki, »Das Übergangsprogramm« [1938], in: *Schriften*, Bd. 3.)

10 In den ersten Jahren der Revolution wurde als »Staatskapitalismus« die Fortexistenz des Privateigentums in bestimmten Wirtschaftssektoren unter Kontrolle des Arbeiterstaats verstanden. (Zu Lenins Konzeption vgl. Text 23, Anm. 30.) Die »Linken Kommunisten« (Bucharin, Ossinski, Radek, W. Smirnow) attackierten 1918 Lenins Industriepolitik als »Staatskapitalismus«. Verschiedenartige ultralinke Strömungen (die »Demokratischen Zentralisten«, vgl. Text 21 Anm. 31; die Gruppe um Hugo Urbahns, vgl. Text 23) haben die politische Ökonomie der UdSSR als »staatskapitalistisch« charakterisiert. Menschewistische Theoretiker, so etwa Theodor Dan (»Das dritte, entscheidende Jahr«, in: *RSD*, Mitteilungsblatt der Russischen Sozial-Demokratie, Nr. 50, 30.12.31, S. 1) sprachen vom »Staatskapitalismus einer terroristischen *Diktatur*, nicht eines demokratischen Staates«; entsprechend war 1932 bei Solomon Schwarz die Rede vom »Überwiegen staatskapitalistischer Züge im russischen Wirtschaftssystem« (zitiert nach: Simon Wollin, »The Menshewiks under the NEP and in Emigration«, in: Haimson [Hg.], *The Mensheviks*, S. 327).
(Vgl. zu einigen neueren Interpretationen der UdSSR als »staatskapitalistisches« Land: Paul Mattick, »Marxismus und die Unzulänglichkeiten der Arbeiterbewegung, Über den Zusammenhang von kapitalistischer Entwicklung und sozialer Revolution«, in: Claudio Pozzoli [Hg.], *Jahrbuch Arbeiterbewegung*, Bd. 1, Über

diente der Begriff »Staatskapitalismus« zur Bezeichnung der Fälle, in denen der bürgerliche Staat Transportmittel oder Industrieunternehmungen unmittelbar in eigene Regie nimmt. Die Notwendigkeit solcher Maßnahmen ist an sich schon ein Symptom dafür, daß die Produktivkräfte über den Kapitalismus hinausgewachsen sind und ihn in der Praxis zu partieller Selbstverneinung nötigen. Aber das überlebte System existiert mitsamt seinen Elementen von Selbstverneinung doch weiter als kapitalistisches System.

Theoretisch kann man sich zwar eine Situation vorstellen, in der die Bourgeoisie als ganze sich als Aktiengesellschaft etabliert, die vermittels ihres Staates die ganze Volkswirtschaft verwaltet. Die ökonomische Ordnung eines solchen Regimes birgt kein Geheimnis. Der Profit des Einzelkapitalisten entspricht bekanntermaßen nicht dem unmittelbar von den Arbeitern seines Betriebes erzeugten Teil des Mehrwerts, sondern stellt nur eine seinem Kapitalanteil entsprechende Rate des im ganzen Lande erzeugten Gesamtmehrwert dar. Bei einem integralen »Staatskapitalismus« käme das Gesetz der Durchschnittsprofitrate nicht auf Umwegen, d. h. durch die Konkurrenz der Kapitale zur Anwendung, sondern direkt und unmittelbar über die Staatsbuchhaltung. Ein solches Regime hat jedoch nie existiert und wird infolge der schweren Gegensätze unter den Besitzenden auch nie existieren — um so weniger, als der Staat als Universalvertreter des kapitalistischen Eigentums für die soziale Revolution ein allzu verlockendes Objekt wäre.

Seit dem Krieg und besonders seit den faschistischen Wirtschaftsexperimenten versteht man unter Staatskapitalismus meistens ein System staatlicher Einmischung und Regulierung. Die Franzosen benutzen in diesem Fall die viel treffendere Bezeichnung »Etatismus«. Zwischen Staatskapitalismus und Etatismus gibt es zweifellos Berührungspunkte, doch als Systeme genommen, sind sie eher gegensätzlich als identisch. Staatskapitalismus bedeutet Ersetzung des Privateigentums durch Staatseigentum und bleibt eben deshalb die Ausnahme. Etatismus bedeutet — gleichgültig, ob in Mussolini-Italien[11], Hitler-Deutschland[12], Roosevelt-Amerika[13] oder im

Karl Korsch, Frankfurt [Fischer] 1973, S. 189-216; Werner Olle, »Zur Problematik der mao-strukturalistischen Theorie des Staatskapitalismus«, in: Peter W. Schulze [Hg.], *Übergangsgesellschaft: Herrschaftsform und Praxis am Beispiel der Sowjetunion*, Frankfurt [Fischer] 1974, S. 17-28; Werner Olle, »Zur Theorie des Staatskapitalismus — Probleme von Theorie und Geschichte in Theorien der Übergangsgesellschaft«, in: *Probleme des Klassenkampfs*, Nr. 11/12, 1974, S. 91-144; Tony Cliff, *Staatskapitalismus in Rußland*, Eine marxistische Analyse, Frankfurt [SAG] 1975; Amadeo Bordiga, *Struttura economica e sociale della Russia d'oggi*, Mailand [il programma comunista] 1976.)

11 Durch Staatsinterventionen versuchten die Regierungen der kapitalistischen Länder die Folgen der Wirtschaftskrise seit 1929 einzudämmen.

Frankreich Léon Blums[14] — Einmischung des Staates auf der Grundlage des Privateigentums mit dem Ziel, es zu retten. Welches die Regierungsprogramme auch sein mögen, der Etatismus führt unweigerlich dazu, die Verluste des faulenden Systems von den Schultern der Starken auf die der Schwachen abzuwälzen. Er »rettet« die kleinen Eigentümer vor dem völligen Untergang nur, soweit ihre Existenz für die Erhaltung des Großbesitzes

In Italien wurden zunächst die drei vom Zusammenbruch bedrohten Großbanken gestützt und in das Institut für industriellen Wiederaufbau (IRI) überführt. Damit gerieten die von den Kreditinstituten kontrollierten Wirtschaftszweige unter staatliche Aufsicht. Es handelte sich um die Kohlengruben, zwei Drittel des übrigen Bergbaus und der Stahlbranche, 43,9 % der Telefonindustrie und 36,8 % des Transportwesens (vgl. Karin Priester, *Der italienische Faschismus*, Ökonomische und ideologische Grundlagen, Köln [Pahl-Rugenstein] 1972, S. 264 f.; Jens Petersen, »Faschismus und Industrie in Italien 1919-1929«, in: *Gesellschaft*. Beiträge zur Marxschen Theorie, Bd. 7, Frankfurt [Suhrkamp] 1976, S. 133-190).

12 In Deutschland intervenierte der Staat mit Hilfe von öffentlichen Aufträgen, Rohstoff-, Preis- und Gewinnkontrollen. Im Rahmen der »totalitären Monopolwirtschaft« (Neumann) kooperierten von der NSDAP kontrollierte staatliche Planungsinstanzen und Industrielle bei der Vorbereitung und Durchführung des imperialistischen Krieges. (Vgl. Franz Neumann, *Behemoth*, Struktur und Praxis des Nationalsozialismus 1933-1944, Frankfurt [EVA] 1977, Teil 2 und zweiter Teil des Anhangs; Charles Bettelheim, *Die deutsche Wirtschaft unter dem Nationalsozialismus*, München [Trikont] 1974.)

13 Nachdem 1929 das Hauptwerk des englischen Ökonomen John Maynard Keynes erschienen war, das für eine staatsinterventionistische Politik eintrat, wurden in den USA 1933-1938 die ersten Versuche mit keynesianischer Wirtschaftssteuerung unternommen. Über Arbeitsbeschaffungs-Programme, sozialstaatliche Hilfsmaßnahmen für Industriearbeiter, Pächter und Landarbeiter sollte die Wirtschaftskrise eingedämmt werden. Die Finanzierung erfolgte durch eine defizitäre Haushaltspolitik. Der »New Deal« war konjunkturpolitisch ein Fehlschlag; die Arbeitslosigkeit wurde auch in den USA erst durch die Aufrüstungskonjunktur und den Zweiten Weltkrieg beseitigt.
(Vgl. Arthur Alphonse Ekirch, *Ideologies and Utopias*, The Impact of the New Deal on American Thought, 3 Bde., Chicago [Quadrangle Books] 1971; Wilhelm Kreiner, *Der New Deal im amerikanischen politischen Denken*, Dissertation Universität Mainz 1971; Heinrich August Winkler [Hg.], *Die große Krise in Amerika*, Vergleichende Studien zur politischen Sozialgeschichte 1929-1939, Göttingen [Vandenhoeck und Ruprecht] 1973.)

14 Das Programm der in der französischen »Volksfront« zusammengeschlossenen Parteien beschränkte sich auf die Verstaatlichung der Kriegsindustrie und weniger anderer Unternehmungen; faktisch wurden schließlich zehn Rüstungsunternehmen gegen hohe Entschädigungszahlungen nationalisiert. Die Bank von Frankreich blieb in privater Hand; allerdings standen nun den 200 Großaktionären auch Vertreter von 4000 Kleinaktionären, Unternehmerverbänden, Gewerkschaften und Genossenschaften im Aufsichtsrat gegenüber.
(Georges Lefranc, *Le Front Populaire [1934-1938]*, Paris [Presses Universitaires] 1974, S. 79; Jacques Kergoat, *La France du Front Populaire*, Paris [La Découverte] 1986, S. 343-346.)

notwendig ist. Die Planmaßnahmen des Etatismus sind nicht von den Entwicklungsnotwendigkeiten der Produktivkräfte diktiert, sondern von der Sorge um die Erhaltung des Privateigentums auf Kosten der sich gegen dieses auflehnenden Produktivkräfte. Etatismus bedeutet deshalb Bremsung des technischen Fortschritts, Aufrechterhaltung lebensunfähiger Betriebe, Verewigung der schmarotzenden Gesellschaftsschichten; er ist mit einem Wort durch und durch reaktionär.[15]

Die Worte Mussolinis »Dreiviertel der italienischen Wirtschaft, sowohl im industriellen wie im landwirtschaftlichen Bereich, befinden sich in Händen des Staates« (26. Mai 1934)[16], darf man nicht wörtlich nehmen. Der faschistische Staat ist nicht Eigentümer der Unternehmungen, sondern nur Vermittler zwischen den Unternehmern. Das ist nicht dasselbe. Der *Popolo d'Italia* sagt darüber: »Der korporativ-faschistische Staat[17] leitet und ver-

15 Die systematische staatliche Förderung des technischen Fortschritts durch Aufträge, Subventionen und Beteiligungen datiert aus dem Zweiten Weltkrieg. Die eigentliche Domäne der mit öffentlichen Mitteln betriebenen privaten und staatlichen Forschung war zunächst der Rüstungssektor (Flugzeuge, Raketen, Atomenergie, elektronische Datenverarbeitung). Nach und nach wurde die staatliche Finanzierung aber zu einem unentbehrlichen Schrittmacher für die Steigerung der naturwissenschaftlich-technischen Kapazität der nationalen Wirtschaften überhaupt, und das heißt zur Steigerung ihrer Konkurrenzfähigkeit auf dem Weltmarkt. (Vgl. Mandel, *Spätkapitalismus*, Kapitel VII.)

16 Benito Mussolini, »La situazione economica (Discorso pronunciato alla Camera dei Deputati nella seconda tornata del 26 maggio 1934)«, jetzt in: ders., *Opera Omnia*, Bd. 26, S. 233-259, hier S. 256.

17 »Korporativer Staat« (»Ständestaat«): Von »korporativistischen« Ideologien geprägte Ordnung von Gesellschaft und Staat auf der Basis von Berufsverbänden (statt Territorialeinheiten). Korporativistische Zwangsvereinigungen von Kapital und Arbeit in hierarchisch-zentralistischen Organisationen richteten sich gegen freie Konkurrenz, Klassenkampf, Koalitions- und Meinungsfreiheit. Etatistische Nationalisten und nationalistische Syndikalisten traten in Italien gemeinsam für den Kolonialkrieg in Nordafrika (1911) und eine Beteiligung am Ersten Weltkrieg (1914) ein. Beide Strömungen trafen sich dann im korporativistischen Faschismus. In der Zeit zwischen den beiden Weltkriegen entwickelten neben den Faschisten auch katholische Bewegungen korporative Programme. Die Politik des Mussolini-Regimes war seit 1925 vom Korporativismus geprägt: 1926 entstand ein Ministerium, 1930 ein Nationalrat der Korporationen; der formell noch existierende Parlamentarismus wurde abgeschafft und ein korporativistisches Wahlsystem eingeführt. Schließlich wurde auch die Abgeordnetenkammer in »Kammer der Fasci und Korporationen« umbenannt. Am italienischen Vorbild orientierten sich die korporativen Systeme und Verfassungen Spaniens, Portugals und einiger lateinamerikanischer Staaten. In der Regel hatten die korporativistischen Institutionen, die als Alternative zu Kapitalismus und Sozialismus propagiert wurden, nur beratende Funktion. Ihre Hauptaufgabe war es, eine dekorative Fassade für faschistische und reaktionäre Diktaturen bereitzustellen. (Vgl. Priester, *Der italienische Faschismus;* Enzo Santarelli, *Storia del fascismo*, Bd. 2, Rom [Editori Riuniti] 1973; Alexander De Grand, *Bottai e la cultura fascista*, Bari [Laterza] 1978.)

einheitlicht die Wirtschaft, aber er führt sie nicht, er verwaltet nicht [die Produktion als Monopol] (dirige e porta alla unità l'economia, ma non fa l'economia, non gestisce, [cioè, in monopolio la produzione]), was Kollektivismus wäre.«[18] (11. Juni 1936). Den Bauern und den Kleinbesitzern überhaupt tritt die faschistische Bürokratie als gestrenger Herr gegenüber, den kapitalistischen Magnaten als oberster Bevollmächtigter. »Der korporative Staat«, schreibt der italienische Marxist Feroci[19] richtig, »ist nichts als ein Kommis des Monopolkapitals ... Mussolini bürdet dem Staat das ganze Risiko der Unternehmungen auf und überläßt den Industriellen die Vorteile der Ausbeutung«.[20] Hitler tritt auch in dieser Beziehung in Mussolinis

18 Rosario Sottilaro, »,L'economia mista', Dal sindacalismo giuridico al sindacalismo economico«, in: *Il Popolo d'Italia*, 11.6.36 (Rezension von Sergio Panunzio, *L'economia mista*, Mailand [Hoepli] 1936). (Die von uns in eckige Klammern gesetzte Textpassage fehlt bei Trotzki.)

19 »Feroci« — einer der Decknamen von Alfonso Leonetti (1895-1984), der in den dreißiger Jahren dem Sekretariat der Internationalen Linken Opposition angehörte. Aus Andria (Süditalien) stammend, arbeitete Leonetti seit 1918 in Turin als Redakteur der sozialistischen Parteizeitung *Avanti!* (»Vorwärts!«) unter Leitung von Serrati. Gehörte zur Gruppe des *Ordine nuovo* (»Neue Ordnung«) um Antonio Gramsci und Angelo Tasca, die 1921 zusammen mit den Anhängern Amadeo Bordigas die Kommunistische Partei Italiens (KPI) gründeten. Als Journalist verschiedener Parteizeitungen, Mitglied des ZK und des PB war Leonetti zunächst illegal in Italien, dann im Pariser Exil tätig. Als er gemeinsam mit den Politbüro-Mitgliedern Paolo Ravazzoli und Pietro Tresso gegen die Kominternpolitik der sogenannten »3. Periode« protestierte, wurde er 1930 aus der KPI ausgeschlossen. Nach der Kontaktaufnahme mit Trotzki gab die »Neue Italienische Opposition« um Leonetti (*NOI* in Abgrenzung von der alten, bordighistischen Oppositionsströmung) von April 1931 bis Juli 1933 ein eigenes Bulletin heraus. Da Leonetti Trotzkis Kritik an der Volksfront-Politik der Komintern ablehnte, trennte er sich von der Linken Opposition. Als antifaschistischer Widerstandskämpfer wurde er 1945 Mitglied der französischen KP. 1960 schloß er sich nach seiner Rückkehr nach Italien der KPI an. Er setzte sich für die Rehabilitierung der Opfer des Stalinismus ein und war Mitarbeiter von Publikationen der revolutionären Linken. In seinem Testament von 1982 bekannte er sich »zum Banner Trotzkis und der IV. Internationale, der Utopie, die aus dieser barbarischen Gesellschaft die *Cité communiste* der freien Menschheit machen wird.« (»Alfonso Leonetti [1895-1984]«, in: *Cahiers Leon Trotsky* Nr. 21, 1985, S. 122-124, hier S. 124.)
(Alfonso Leonetti, *Da Andria contadina a Torino operaia*, Urbino [Argalia] 1974; *Un comunista. 1895-1930*, hg. v. Ugo Dotti, Milano [Feltrinelli] 1977.
Zur Geschichte der *NOI* vgl. Roberto Massari [Hg.], *All'opposizione nel PCI con Trotsky e Gramsci* [Bollettino dell'Opposizione Comunista Italiana, 1931-1933], eingeleitet v. Alfonso Leonetti, Roma [Controcorrente] 1977.)

20 Das Zitat stammt aus einem undatierten Brief Leonettis an Trotzki (Trotzki-Archiv, Nr. 2724), der Informationen über die Wirtschaftspolitik des italienischen Faschismus enthielt, auf die Trotzki sich in einem Antwortschreiben (vom 7.6.1936, frz. in: TŒ 10, S. 65 f.) bezog, in dem er Leonetti um ergänzende Angaben zur italienischen Wirtschaftssituation bat.

Fußstapfen. Die Klassenabhängigkeit des faschistischen Staats legt die Grenzen des Planprinzips und dessen wirklichen Sinn fest: nicht um die Erhöhung der Macht des Menschen über die Natur im Interesse der Gesellschaft geht es, sondern um die Ausbeutung der Gesellschaft im Interesse Weniger. »Wenn ich«, brüstete sich Mussolini, »in Italien — was wirklich nicht der Fall ist — Staatskapitalismus oder Staatssozialismus einführen wollte, alle dazu notwendigen objektiven Bedingungen stünden mir heute ausreichend zur Verfügung.«[21] Außer einer: *die Enteignung der Kapitalistenklasse.* Um diese Bedingung zu erfüllen, müßte der Faschismus sich auf die andere Seite der Barrikade stellen, »was wirklich nicht der Fall ist«, wie Mussolini schleunigst beteuert, und natürlich auch nie sein wird: die Enteignung der Kapitalisten erfordert andere Kräfte, andere Kader und andere Führer.

Die in der Geschichte erstmalige Konzentration der Produktionsmittel in den Händen des Staates wurde vom Proletariat mit der Methode der sozialen Revolution verwirklicht, und nicht von Kapitalisten mit der Methode der staatlichen »Vertrustung«. Schon diese kurze Analyse zeigt, wie absurd die Versuche sind, den kapitalistischen Etatismus mit dem Sowjetsystem gleichzusetzen. Jener ist reaktionär, dieses fortschrittlich.

## Ist die Bürokratie eine herrschende Klasse?

Klassen werden durch ihre Stellung im gesellschaftlichen System der Wirtschaft bestimmt, in erster Linie durch ihr Verhältnis zu den Produktionsmitteln. In zivilisierten Gesellschaftsordnungen sind die Besitzverhältnisse in Gesetzen verankert. Die Verstaatlichung von Grund und Boden, industriellen Produktionsmitteln, Transport und Verkehr bildet mitsamt dem Außenhandelsmonopol in der UdSSR die Grundlage der Gesellschaftsordnung. Diese von der proletarischen Revolution geschaffenen Verhältnisse definieren für uns im wesentlichen den Charakter der UdSSR als den eines proletarischen Staates.

In ihrer vermittelnden und regulierenden Funktion, ihrer Sorge um die Erhaltung der sozialen Rangstufen und der Ausnutzung des Staatsapparates zu Privatzwecken ähnelt die Sowjetbürokratie jeder anderen Bürokratie, besonders der faschistischen.[22] Aber es gibt auch enorme Unterschiede.

21 Mussolini, »La situazione ...« (Anm. 17), S. 256.

22 In den Jahren 1938-41 erschienen eine Reihe von politisch-soziologischen Publikationen, deren Autoren in den politisch-ökonomischen Systemen des italienischen und deutschen Faschismus, des Stalinismus und sogar des amerikanischen »New Deal« verwandte Züge zu entdecken glaubten, die das Aufkommen einer neuen Gesellschaftsformation zwischen Kapitalismus und Sozialismus anzeig-

Unter keinem anderen Regime, mit Ausnahme der UdSSR, hat die Bürokratie einen solchen Grad der Unabhängigkeit von der herrschenden Klasse erlangt. In der bürgerlichen Gesellschaft vertritt die Bürokratie die Interessen der besitzenden und gebildeten Klasse, die über unzählige Mittel verfügt, ihre Verwaltung zu kontrollieren. Die Sowjetbürokratie jedoch erhob sich über eine Klasse, die, eben erst aus Elend und Dunkel befreit, im Herrschen und Kommandieren keine Tradition besitzt. Während die Faschisten, nachdem sie die Futterkrippe erreicht haben, mit der Großbourgeoisie gemeinsame Interessen-, Freundschafts-, Ehebande usw. knüpfen[23], macht sich die Bürokratie der UdSSR die bürgerlichen Sitten zu eigen, ohne eine nationale Bourgeoisie als Partner zu haben. In diesem Sinne muß man zugeben, daß sie etwas mehr ist als eine Bürokratie. Sie ist die einzige im vollen Sinne des Wortes privilegierte und Kommandogewalt ausübende Schicht der Sowjetgesellschaft.

Nicht minder wichtig ist ein anderer Unterschied. Die Sowjetbürokratie expropriierte das Proletariat politisch, um seine sozialen Eroberungen mit *ihren* Methoden zu verteidigen. Aber alleine der Umstand, daß sie in einem Lande, in dem sich die Hauptproduktionsmittel in Staatshänden befinden, die politische Macht an sich riß, schafft ein neues, noch nie dagewesenes Verhältnis zwischen der Bürokratie und den Reichtümern der Nation. Die Produktionsmittel gehören dem Staat. Aber der Staat »gehört« gewissermaßen der Bürokratie. Wenn diese noch ganz neuen Verhältnisse gegen oder ohne den Widerstand der Werktätigen sich verfestigten, zur Norm und legalisiert würden, so würden sie letzten Endes zur völligen Liquidierung der sozialen Errungenschaften der proletarischen Revolution führen. Doch heute davon zu reden, ist zumindest verfrüht. Das Proletariat hat sein letztes Wort noch nicht gesprochen. Die Bürokratie hat für ihre Herrschaft noch keine sozialen Stützpunkte, d.h. besondere Eigentumsformen, geschaffen. Sie ist gezwungen, das Staatseigentum als die Quelle ihrer Macht und ihrer Einkünfte zu verteidigen. Geht man von dieser Seite ihres

ten. Bruno Rizzi nannte sie »bürokratischen Kollektivismus«, James Burnham sprach von der »Revolution der Manager«, Rudolf Hilferding von »totalitärer Staatswirtschaft«.
(Vgl. Bruno Rizzi, *La bureaucratisation du monde*, Paris [Presses modernes] 1939 [vgl. dazu Text 61, Anm. 4.]; Rudolf Hilferding, »Staatskapitalismus oder totalitäre Staatswirtschaft?« [1940], in: Cora Stephan [Hg.], *Zwischen den Stühlen oder Über die Unvereinbarkeit von Theorie und Praxis*, Schriften Rudolf Hilferdings 1904 - 1940, Berlin - Bonn [Dietz], S. 288-296; James Burnham, *Das Regime der Manager* [1941], Stuttgart [Union] 1948; Franz Neumann, *Behemoth*; Antonio Carlo, *Politische und ökonomische Struktur der UdSSR* [1917-1975], Diktatur des Proletariats oder bürokratischer Kollektivismus?, Berlin [Wagenbach] 1972.)

23 Vgl. das Kapitel »Die herrschende Klasse« in: Neumann, *Behemoth*, S. 425-463.

Wirkens aus, so bleibt sie immer noch ein Werkzeug der Diktatur des Proletariats.

Der Versuch, die Sowjetbürokratie als eine Klasse von »Staatskapitalisten« hinzustellen, hält der Kritik sichtlich nicht stand. Die Bürokratie hat weder Aktien noch Obligationen. Sie rekrutiert, ergänzt, erneuert sich kraft einer administrativen Hierarchie, ohne Rücksicht auf irgendwelche besonderen, ihr eigenen Besitzverhältnisse. Der einzelne Beamte kann seine Anrechte auf die Ausbeutung des Staatsapparates nicht weitervererben. Die Bürokratie genießt ihre Privilegien in mißbräuchlicher Weise. Sie verschleiert ihre Einkünfte. Sie tut, als existiere sie gar nicht als besondere soziale Gruppe. Die Aneignung eines enormen Anteils des Volkseinkommens durch die Bürokratie ist soziales Schmarotzertum. All das macht die Lage der kommandierenden Sowjetschicht trotz ihrer Machtfülle und trotz des sie umgebenden Dunstschleiers der Schmeichelei im höchsten Grade widersprüchlich, zweideutig und würdelos.[24]

Die bürgerliche Gesellschaft hat in ihrer Entwicklung oft das politische Regime und die bürokratischen Kasten gewechselt, ohne ihre sozialen Grundlagen zu ändern. Gegen eine Wiederherstellung der Leibeigenschaft und des Zunftwesens schützte sie die Überlegenheit ihrer Produktionsweise. Die Staatsmacht konnte die kapitalistische Entwicklung fördern oder hemmen, doch im allgemeinen verrichteten die Produktivkräfte auf der Grundlage des Privateigentums und der freien Konkurrenz ihr Werk selbständig. Hingegen sind die aus der sozialistischen Revolution hervorgegangenen Besitzverhältnisse unlösbar an den neuen Staat, ihren Träger, gebunden. Die Vorherrschaft sozialistischer Tendenzen über die kleinbürgerlichen ist keineswegs durch den Automatismus der Wirtschaft gesichert — bis dahin ist es noch weit —, sondern durch politische Maßnahmen der Diktatur. Der Charakter der Wirtschaft hängt somit völlig von dem der Staatsmacht ab.

Ein Zusammenbruch des Sowjetregimes würde unweigerlich einen Zusammenbruch der Planwirtschaft und damit die Abschaffung des staatlichen Eigentums nach sich ziehen. Die Zwangsbindung der Trusts unterein-

24 Die Bürokratie wurde Herr einer herrenlosen Wirtschaft; sie etablierte sich als politischer und kultureller Vormund der Nation. »Was die oberen Schichten der Bürokratie, der Parteihierarchie, der Managergruppen und des Militärs« mit jeder Ausbeuterklasse gemein haben, ... ist, daß ihre Einkünfte zumindest teilweise dem von den Arbeitern produzierten ‚Mehrwert' entstammen. Ferner beherrschen sie die Sowjetgesellschaft wirtschaftlich, politisch und kulturell. Aber was dieser sogenannten neuen Klasse fehlt, ist Eigentum. Sie besitzen weder Produktionsmittel noch Boden. Ihre materiellen Privilegien sind auf die Sphäre des Verbrauchs beschränkt ... Sie können ihren Nachkommen keinen Reichtum hinterlassen; das heißt, sie können sich nicht als Klasse verewigen.« (Isaac Deutscher, *Die unvollendete Revolution* [1967], Frankfurt [Fischer] 1970, S. 70 und 67 f.)

ander und zwischen den Fabriken eines Trusts würde sich lockern. Die erfolgreichsten Unternehmen würden sich beeilen, eigene Wege zu gehen. Sie könnten sich in Aktiengesellschaften umwandeln oder eine andere transitorische Form des Eigentums finden, etwa eine mit Gewinnbeteiligung der Arbeiter. Gleichzeitig und noch leichter würden die Kolchosen zerfallen. Der Sturz der heutigen bürokratischen Diktatur wäre also, wenn keine neue sozialistische Macht diese ersetzt, gleichbedeutend mit einer Rückkehr zu kapitalistischen Verhältnissen bei katastrophalem Rückgang von Wirtschaft und Kultur.

Ist aber die sozialistische Macht für die Erhaltung und Entwicklung der Planwirtschaft noch unbedingt nötig, so wird die Frage, auf wen sich die heutige Sowjetmacht stützt und in welchem Maße der sozialistische Charakter ihrer Politik als gesichert angesehen werden kann, um so wichtiger. Auf dem 11. Parteitag im März 1922 sagte Lenin gleichsam zum Abschied von der Partei, an die führende Schicht gerichtet: »Die Geschichte kennt alle möglichen Sorten von Metamorphosen; sich auf Überzeugungstreue, Ergebenheit und sonstige prächtige seelische Eigenschaften verlassen — das sollte man in der Politik ganz und gar nicht ernst nehmen.«[25] Das Sein bestimmt das Bewußtsein. Im Laufe der vergangenen anderthalb Jahrzehnte hat die Macht die soziale Zusammensetzung ihrer führenden Kreise noch gründlicher verändert als ihre Ideen. Da die Bürokratie von allen Schichten der Sowjetgesellschaft ihre eigene soziale Frage am besten gelöst hat und mit dem Bestehenden vollauf zufrieden ist, bietet sie keinerlei subjektive Garantien mehr für eine sozialistische Ausrichtung ihrer Politik. Sie verteidigt das Staatseigentum nur in dem Maße, in dem sie das Proletariat fürchtet. Diese heilsame Furcht wird aufrechterhalten und genährt durch die illegale Partei der Bolschewiki-Leninisten[26], die den bewußtesten Ausdruck der sozialistischen Tendenz gegen die bürgerliche Reaktion darstellt, von der die thermidorianische Bürokratie ganz und gar durchdrungen ist. Als bewußte politische Kraft hat die Bürokratie die Revolution verraten. Aber die siegreiche Revolution ist zum Glück nicht nur ein Programm und ein Banner, nicht nur ein Ensemble politischer Institutionen, sondern auch ein System sozialer Beziehungen. Es zu verraten, ist wenig, man muß es auch noch stürzen. Die Oktoberrevolution ist von der herrschenden Schicht verraten, aber noch nicht gestürzt. Sie besitzt eine große Widerstandskraft, die zusammenfällt mit den neuen Eigentumsverhältnissen, der lebendigen

25 Vgl. Lenin, »Politischer Bericht des Zentralkomitees der KPR(B)«, (27.3.1922), LW 33, S. 274.

26 Vgl. Trotzki, »Über die Sowjetische Sektion der Vierten Internationale« (11.1.1936), engl. in: TWr 1935-36, S. 235-241, auch *Schriften*, Bd. 3; Pierre Broué, »Les trotskystes en Union soviétique [1929-1938]«, in: *Cahiers Leon Trotsky*, Nr. 6 [1980], S. 5-66.

Kraft des Proletariats, dem Bewußtsein seiner besten Elemente, der ausweglosen Lage des Weltkapitalismus und der Unvermeidlichkeit der Weltrevolution.

## Die Geschichte hat die Frage des Charakters der UdSSR noch nicht entschieden

Um den Charakter der heutigen UdSSR besser zu verstehen, stellen wir zwei Hypothesen über ihre Zukunft auf. Stellen wir uns vor, die Sowjetbürokratie sei von einer revolutionären Partei gestürzt, die alle Eigenschaften des alten Bolschewismus besitzt, zugleich aber auch um die Welterfahrung der letzten Periode reicher ist. Eine derartige Partei würde zunächst die Demokratie in den Gewerkschaften und den Sowjets wiederherstellen. Sie könnte und müßte den Sowjetparteien die Freiheit wiedergeben. Gemeinsam mit den Massen und an ihrer Spitze würde sie den Staatsapparat schonungslos säubern. Sie würde Titel und Orden, überhaupt alle Privilegien abschaffen und die Ungleichheit in der Entlohnung auf das Maß des für Wirtschaft und Staatsapparat Lebensnotwendigen beschränken. Sie würde der Jugend Gelegenheit geben, selbständig zu denken, zu lernen, zu kritisieren und sich zu formen. Sie würde entsprechend den Interessen und dem Willen der Arbeiter- und Bauernmassen tiefgehende Änderungen in der Verteilung des Volkseinkommens vornehmen. Doch was die Eigentumsverhältnisse betrifft, bräuchte die neue Macht keine revolutionären Maßnahmen zu ergreifen. Sie würde das Planwirtschaftsexperiment fortsetzen und weiterentwickeln. Nach der politischen Revolution, d.h. nach dem Sturz der Bürokratie, hätte das Proletariat in der Wirtschaft eine Reihe höchst wichtiger Reformen, doch keine neue soziale Revolution durchzuführen.

Würde dagegen die herrschende Sowjetkaste von einer bürgerlichen Partei gestürzt, so fände letztere unter den heutigen Bürokraten, Administratoren, Technikern, Direktoren, Parteisekretären, den privilegierten Spitzen überhaupt, nicht wenige willfährige Diener. Eine Säuberung des Staatsapparates wäre natürlich auch in diesem Falle erforderlich, doch hätte die bürgerliche Restauration wahrscheinlich weniger Leute zu entfernen als eine revolutionäre Partei. Die Hauptaufgabe der neuen Staatsmacht wäre jedoch, das Privateigentum an den Produktionsmitteln wiederherzustellen. Vor allen Dingen gälte es, die Vorbedingungen zur Absonderung von Großbauern aus den schwachen Kolchosen und zur Umwandlung der starken Kolchosen in Produktionsgenossenschaften bürgerlichen Typs, in landwirtschaftliche Aktiengesellschaften, zu schaffen. Auf dem Gebiete der Industrie würde die Entnationalisierung bei den Betrieben der Leicht- und Nahrungsmittelindustrie beginnen. Das Planprinzip würde während einer Übergangszeit auf eine Reihe von Kompromissen hinauslaufen, die zwischen der Staatsmacht und den einzelnen »Genossenschaften«, d.h. den potentiellen Eigentümern (Sowjetindustriekapitänen, ehemaligen, emigrierten Besitzern und ausländischen Kapitalisten), geschlossen würden. Obwohl die Sowjetbürokratie einer bürgerlichen Restauration gut vorgearbeitet hat, müßte das neue Regime auf dem Gebiete der Eigentumsformen und der Wirtschaftsmethoden nicht Reformen, sondern eine soziale Umwälzung durchführen.

Nehmen wir jedoch an, daß weder die revolutionäre noch die konterrevolutionäre Partei die Macht erobert und die Bürokratie nach wie vor an der Spitze des Staates bliebe. Selbst unter diesen Bedingungen werden die sozialen Beziehungen nicht gerinnen, d.h. feste Form annehmen. Keinesfalls kann man damit rechnen, daß die Bürokratie friedlich und freiwillig zum Besten der sozialistischen Gleichheit ihrer selbst entsage. Hält sie es heute für möglich, trotz der offensichtlichen Peinlichkeit einer solchen Maßnahme, Titeln und Orden wiedereinzuführen, so wird sie sich auf einer weiteren Stufe unvermeidlich nach Stützen in den Eigentumsverhältnissen umsehen müssen. Man mag einwenden, es sei dem großen Bürokraten gleichgültig, welche Eigentumsformen vorherrschen, solange sie ihm nur das nötige Einkommen garantieren. Dieser Einwand übersieht nicht nur, wie unsicher die Rechte des Bürokraten sind, sondern auch die Frage der Nachkommenschaft. Vom Himmel ist der neuerstandene Familienkult nicht gefallen. Die Privilegien sind nur halb soviel wert, wenn man sie nicht den Kindern vermachen kann. Doch das Erbrecht ist vom Eigentumsrecht nicht zu trennen. Es genügt nicht, Direktor eines Trusts zu sein, man muß Teilhaber sein. Ein Sieg der Bürokratie auf diesem entscheidenden Gebiet würde bedeuten, daß sie sich in eine neue besitzende Klasse verwandelt hat. Umgekehrt würde ein Sieg des Proletariats über die Bürokratie die Wiedergeburt der sozialistischen Revolution gewährleisten. Die dritte Variante führt uns folglich zurück zu den beiden ersten, mit denen wir der Einfachheit und Klarheit halber begannen.

*

Das Sowjetregime als Übergangs- oder Zwischenregime zu bezeichnen heißt, abgeschlossene soziale Kategorien wie *Kapitalismus* (darunter den »Staatskapitalismus«) oder auch *Sozialismus* auszuschalten. Aber diese an sich schon ganz ungenügende Bezeichnung kann die falsche Vorstellung erwecken, als sei vom heutigen Sowjetregime ein Übergang *nur* zum Sozialismus möglich. Tatsächlich ist auch ein Zurückgleiten zum Kapitalismus durchaus möglich. Eine vollständigere Definition wird notwendigerweise komplizierter und schwerfälliger sein.

Die UdSSR ist eine zwischen Kapitalismus und Sozialismus stehende, widerspruchsvolle Gesellschaft, in der a) die Produktivkräfte noch längst nicht ausreichen, um dem staatlichen Eigentum sozialistischen Charakter zu verleihen, b) das aus Not geborene Streben nach ursprünglicher Akkumulation allenthalben durch die Poren der Planwirtschaft dringt, c) die bürgerlich bleibenden Verteilungsnormen einer neuen Differenzierung der Gesellschaft zugrunde liegen, d) der Wirtschaftsaufschwung die Lage der Werktätigen langsam bessert und die rasche Herausbildung einer privilegierten Schicht fördert, e) die Bürokratie unter Ausnutzung der sozialen Gegensätze zu einer unkontrollierten und dem Sozialismus fremden Kaste wurde, f) die von der herrschenden Partei verratene soziale Umwälzung in den Eigentumsverhältnissen und im Bewußtsein der Werktätigen noch fortlebt, g) die Weiterentwicklung der angehäuften Gegensätze sowohl zum Sozialismus hin- als auch zum Kapitalismus zurückführen kann, h) auf dem Wege zum Kapitalismus eine Konterrevolution den Widerstand der Arbeiter brechen müßte, i) auf dem Wege zum Sozialismus die Arbeiter die Bürokratie stürzen müßten. Letzten Endes wird die Frage durch den Kampf lebendiger sozialer Kräfte in der nationalen wie der internationalen Arena entschieden werden.

Doktrinäre werden zweifellos mit solch fakultativen Bestimmungen nicht zufrieden sein. Sie möchten kategorische Formulierungen: ja ja, nein nein.[27] Soziologische Fragen wären ohne Zweifel einfacher, wären die sozialen Erscheinungen immer vollendet. Nichts ist jedoch gefährlicher, als auf der Suche nach logischer Vollendung aus der Wirklichkeit die Elemente auszumerzen, die bereits heute das Schema verletzen, morgen aber es vollends über den Haufen werfen können. In unserer Analyse hüten wir uns am meisten davor, der Dynamik des gesellschaftlichen Werdens, das keine Vorläufer und keine Analogien kennt, Gewalt anzutun. Die wissenschaftliche wie die politische Aufgabe besteht nicht darin, einen unvollendeten Prozeß mit einer vollendeten Definition zu versehen, sondern darin, ihn in all seinen Etappen zu verfolgen, seine fortschrittlichen und seine reaktionären Tendenzen herauszuschälen, deren Wechselwirkung aufzuzeigen, die möglichen Entwicklungsvarianten vorauszusehen und in dieser Voraussicht eine Stütze für das Handeln zu finden.

27 »Für den Metaphysiker sind die Dinge und ihre Gedankenabbilder, die Begriffe, vereinzelte, eins nach dem anderen zu betrachtende, feste, starre, ein für allemal gegebne Gegenstände der Untersuchung. Er denkt in lauter unvermittelten Gegensätzen; seine Rede ist ja, ja, nein, nein, was darüber ist, das ist vom Übel. Für ihn existiert ein Ding entweder, oder es existiert nicht: Ein Ding kann ebenso wenig zugleich es selbst und ein andres sein.« (Engels, »Die Entwicklung des Sozialismus von der Utopie zur Wissenschaft« [1880], MEW 19, S. 189-228, hier S. 203. Vgl. auch Trotzki, »ABC der materialistischen Dialektik« (1939), in: Ders., *Denkzettel*, S 412-416.)

# X. Die UdSSR im Spiegel der neuen Verfassung[1]

## Arbeit »nach den Fähigkeiten« und persönliches Eigentum

Am 11. Juni 1936 billigte das Zentralexekutivkomitee den Entwurf der neuen Sowjetverfassung, die laut einem täglich in der gesamten Presse wiederholten Ausspruch Stalins die »demokratischste der Welt« sein soll.[2] Freilich, die Art und Weise, wie diese Verfassung ausgearbeitet wurde, erweckt Zweifel. Weder in der Presse noch in Versammlungen war von der großen Reform die Rede. Indes, bereits am 1. Mai 1936 erklärte Stalin dem amerikanischen Interviewer Roy Howard: »Wir werden unsere neue Verfassung voraussichtlich Ende des Jahres annehmen«[3]. Somit wußte Stalin schon ganz genau, wann die Verfassung, von der das Volk in dem Augenblick noch gar nichts wußte, angenommen werden sollte. Die Schlußfolgerung ist erlaubt, daß die »demokratischste Verfassung der Welt« in nicht ganz demokratischer Weise ausgearbeitet und in Kraft gesetzt wurde. Allerdings wurde der Entwurf den Völkern der UdSSR im Juni zur »Erörterung« unterbreitet.[4] Man würde jedoch auf diesem Sechstel der Erdoberfläche

1 Vgl. die Verfassungstexte »Entwurf der Verfassung ...« (Kap. 9, Anm. 1); »Verfassung (Grundgesetz) der Union der Sozialistischen Sowjetrepubliken (Wortlaut)«, in: *Rundschau*, Nr. 58, S. 2277-2284, 23.12.36; »Die Verfassung (Grundgesetz) der UdSSR von 1936« [Fassung von 1941], in: Altrichter (Hg.), *Die Sowjetunion*, S. 266-292.

2 »Unsere neue Sowjetverfassung wird meiner Ansicht nach die demokratischste Verfassung aller in der Welt bestehenden Verfassungen sein.« (»Die Unterredung des Genossen Stalin mit Roy Howard«, in: *Rundschau*, Nr. 11, 5.3.1936, S. 409-412, hier S. 412.)

3 Ebd., S. 411.

4 Anfang Februar 1935 beschloß das Zentralkomitee der KPdSU(B) eine Verfassungsrevision, um »das Wahlsystem weiter zu demokratisieren und die sozialökonomischen Grundlagen der Verfassung mit der neuen Klassenstruktur in Einklang zu bringen ...« (*Geschichte der Kommunistischen Partei der Sowjetunion*, Bd. IV.2, S. 541). Eine Verfassungskommission aus 31 Mitgliedern (u.a. Molotow, Kalinin, Kaganowitsch, Jenukidse) unter Vorsitz Stalins erarbeitete zwischen Juli 1935 und März 1936 den Rohentwurf einer völlig neuen Verfassung. Der eigentliche Autor des Entwurfs der später so genannten »Stalin-Verfassung« war Nikolai Bucharin. Boris Nikolajewski erzählt von einer Unterhaltung mit Bucharin im Frühjahr 1936 in Paris, Bucharin habe ihm seinen Füllhalter gezeigt und ihm gesagt: »Hiermit wurde die ganze neue Sowjetverfassung geschrieben, vom ersten bis zum letzten Wort. Und ich habe das allein gemacht; nur Karl [Radek] hat ein wenig geholfen.« (Interview mit Boris Nikolajewski [1964], in: Nicolaevsky, *Power and the Soviet Elite*, S. 22). Der Verfassungsentwurf wurde im Juni 1936 in einer Auflage von mehr als 60 Millionen publiziert und in Hunderttausenden von Meetings von Millionen Menschen erörtert. Victor Serge schrieb: »In der Sowjetunion wurden die Bürger eingeladen, Stalins Entwurf zu diskutieren. Einige verglichen ihn mit den größten Werken menschli-

vergeblich einen Kommunisten suchen, der es gewagt hätte, das Werk des Zentralkomitees zu kritisieren, oder einen Parteilosen, der den Vorschlag der Regierungspartei abgelehnt hätte. Die Erörterung ist nicht mehr als das Senden von Dankeserklärungen an Stalin für das »glückliche Leben«. Schon unter der alten Verfassung prägten sich der Stil und der Inhalt solcher Grußbotschaften aus.

Der erste Abschnitt, betitelt »Der gesellschaftliche Aufbau«, endet mit den Worten: »In der UdSSR wird der Grundsatz des Sozialismus verwirklicht: *Von einem jeden nach seinen Fähigkeiten, einem jeden nach seiner Arbeit.*«[5] Diese innerlich wenig überzeugende, um nicht zu sagen sinnlose Formel, die — so unwahrscheinlich es auch klingen mag — aus Reden und Artikeln in den reiflich durchdachten Text eines grundlegenden Staatsgesetzes einging, offenbart nicht allein, wie tief das theoretische Niveau der Gesetzgeber gesunken ist, sondern auch, wie stark Lüge die neue Verfassung, den Spiegel der herrschenden Schicht, durchdringt. Wie es zu diesem neuen »Prinzip« kam, ist nicht schwer zu erraten. Bei der Umschreibung der kommunistischen Gesellschaft bediente sich Marx der berühmten Formel: »Jeder nach seinen Fähigkeiten, jedem nach seinen Bedürfnissen«[6]. Beide Teile der Formel sind voneinander nicht zu trennen. »Jeder nach seinen Fähigkeiten«, kommunistisch und nicht kapitalistisch verstanden, heißt: Arbeit hat aufgehört, eine Fron zu sein, und ist nunmehr individuelles Bedürfnis[7], die Gesellschaft entbehrt jeglichen Zwangs, nur körperlich und

chen Genies und mit der ‚9. Symphonie' von Beethoven. Andere waren so naiv, Kritiken anzubringen. Die Naiven sind im Gefängnis. Die Kampagne für die Diskussion des Verfassungsentwurfs war nichts anderes als eine Provokation, um die Leute zum Sprechen zu bringen und sie anschließend einzusperren.« (Victor Serge, »Le cauchemar stalinien«, in: *La Révolution prolétarienne*, Nr. 229, 25.8.1936, S. 5.) Als Resultat der Verfassungsdiskussion gingen »rund 2 Millionen« »Verbesserungs- und Ergänzungsanträge und Bemerkungen« ein (*Geschichte der Kommunistischen Partei der Sowjetunion*, Bd. IV.2, S. 542). Ein aus 220 Menschen bestehender Redaktionsausschuß des außerordentlichen 8. Sowjetkongresses benötigte nur drei Tage, um die Änderungsvorschläge in den Entwurf einzuarbeiten, der dann am 5.12.1936 als neues Grundgesetz der UdSSR proklamiert wurde (S. 543).
(Während die neue Verfassung verabschiedet und gefeiert wurde, trafen Stalin und die GPU Vorbereitungen für den zweiten der Moskauer Schauprozesse [gegen Pjatakow, Radek, u.a.], der Ende Januar 1937 stattfand und dem Massenterror den Weg bahnte.)

5 »Entwurf der Verfassung ...« (Kap. 9, Anm. 1), S. 1093; vgl. Art. 12, Abs. 2 in: »Die Verfassung (Grundgesetz) der UdSSR von 1936« [Fassung von 1941] (Kap. 10, Anm. 1), S. 268: »In der UdSSR wird der Grundsatz des Sozialismus verwirklicht: ‚Jeder nach seinen Fähigkeiten, jedem nach seiner Leistung.'«

6 Marx, »Kritik des Gothaer Programms«, MEW 19, S. 21.

7 »In einer höheren Phase der kommunistischen Gesellschaft, nachdem die knechtende Unterwerfung der Individuen unter die Teilung der Arbeit, damit auch der

geistig Kranke können die Arbeit verweigern. Die Mitglieder der Kommune werden »nach ihren Fähigkeiten«, d.h. nach Maßgabe ihrer körperlichen und geistigen Kräfte arbeiten, ohne sich im geringsten Gewalt anzutun, und dank hoher Technik die Vorratslager der Gesellschaft so füllen, daß diese jedermann »nach seinen Bedürfnissen« ohne demütigende Kontrolle versorgen kann. Die zweigliedrige, aber unteilbare Formel des Kommunismus setzt also Überfluß, Gleichheit, allseitige Entfaltung und hohe kulturelle Disziplin der Persönlichkeit voraus.

In all diesen Punkten steht der Sowjetstaat einem rückständigen Kapitalismus viel näher als dem Kommunismus. Er darf noch nicht einmal daran denken, allen »nach ihren Bedürfnissen« zu geben. Aber aus dem gleichen Grund kann er seinen Bürgern nicht gestatten, »nach ihren Fähigkeiten« zu arbeiten. Er sieht sich gezwungen, das Akkordlohnsystem beizubehalten, dessen Prinzip sich folgendermaßen zusammenfassen läßt: »Aus jedem möglichst viel herauspressen und ihm dafür möglichst wenig geben.« Selbstverständlich, in der UdSSR arbeitet niemand über seine »Fähigkeiten« im absoluten Sinne des Wortes, d.h. über sein körperliches und geistiges Vermögen hinaus, aber das ist auch unter dem Kapitalismus nicht der Fall: die brutalsten wie die raffiniertesten Ausbeutungsmethoden bleiben in den von der Natur gesteckten Grenzen. Auch ein Maulesel plagt sich unter der Peitsche seines Treibers »nach seinen Fähigkeiten«, woraus nicht folgt, daß die Peitsche für den Maulesel ein sozialistisches Prinzip ist. Die Lohnarbeit hört auch unter dem Sowjetregime nicht auf, das erniedrigende Brandmal der Sklaverei zu tragen. Die Bezahlung »nach der Leistung« — in Wirklichkeit Bezahlung zum Vorteil der »geistigen« auf Kosten der körperlichen, insbesondere der nichtqualifizierten Arbeit — ist eine Quelle von Ungerechtigkeit, von Unterdrückung und Zwang für die Mehrheit, von Privilegien und »frohem Leben« für die Minderheit.

Statt offen zuzugeben, daß in der UdSSR noch die bürgerlichen Arbeits- und Verteilungsnormen vorherrschen, schnitten die Autoren der Verfassung das integrale kommunistische Prinzip entzwei, vertagten die zweite Hälfte auf eine unbekannte Zukunft, erklärten die erste für bereits verwirklicht, verquickten sie mechanisch mit dem kapitalistischen Akkordlohnsystem, nannten das ganze ein »Prinzip des Sozialismus« und errichteten auf diesem Betrug das Verfassungsgebäude!

Die größte praktische Bedeutung auf dem Gebiet der Wirtschaft wird zweifellos der Artikel 10 erlangen, der im Unterschied zu den meisten

Gegensatz geistiger und körperlicher Arbeit verschwunden ist; nachdem die Arbeit nicht mehr Mittel zum Leben, sondern selbst das erste Lebensbedürfnis geworden (...) — erst dann kann der enge bürgerliche Rechtshorizont ganz überschritten werden und die Gesellschaft auf ihre Fahne schreiben: Jeder nach seinen Fähigkeiten, jedem nach seinen Bedürfnissen!« (Ebd.)

anderen ziemlich klar formuliert ist und das persönliche Eigentum der Bürger an Haushalts-, Gebrauchs- und Komfortgegenständen gegen Anschläge von seiten der Bürokratie selbst schützen soll.[8] Vom »Haushalt« abgesehen, wird derartiges Eigentum, befreit von der mit ihm heute verbundenen Mentalität der Habgier und des Neides, unter dem Kommunismus nicht nur weiterexistieren, sondern sich ungeahnt entfalten. Es sei allerdings gestattet, daran zu zweifeln, daß der Mensch von hoher Kultur sich überhaupt mit dem Plunder des Luxus belasten wollen wird. Aber auf die Errungenschaften des Komforts wird er keineswegs verzichten. Allen sämtliche Annehmlichkeiten des Lebens zu sichern, das eben ist die erste Aufgabe des Kommunismus. In der Sowjetunion jedoch präsentiert sich die Frage des persönlichen Eigentums bisher noch nicht unter kommunistischem, sondern unter kleinbürgerlichem Aspekt. Das persönliche Eigentum der Bauern und der nicht zur »Aristokratie« gehörigen Städter wird zum Objekt empörender Willkür seitens der Bürokratie, die sich in ihren unteren Gliedern oft gerade auf diese Art und Weise ihren eigenen relativen Komfort verschafft. Der steigende Wohlstand im Lande gestattet heute, von der Beschlagnahme persönlichen Eigentums Abstand zu nehmen und ist sogar ein Anlaß, seine Anhäufung als Anreiz zur Erhöhung der Arbeitsproduktivität zu schützen. Zugleich aber — und das ist nicht unwichtig — mit der Kate, der Kuh und dem Hausrat des Bauern, Arbeiters und Angestellten schützt das Gesetz auch die Villa, die Datscha, das Auto und alle sonstigen »Gegenstände des persönlichen Bedarfs und Komforts« des Bürokraten, die er auf Grund des sozialistischen Prinzips »Jeder nach seinen Fähigkeiten, jedem nach seiner Leistung« erworben hat. Dem Automobil des Bürokraten wird das neue Grundgesetz jedenfalls mehr Schutz angedeihen lassen als der Karre des Bauern.

## Sowjets und Demokratie

Auf politischem Gebiet unterscheidet sich die neue Verfassung von der alten durch die Abkehr vom Sowjetwahlsystem nach Klassen- und Produktionsgruppen und die Rückwendung zum System der bürgerlichen Demokratie, das auf dem sogenannten »allgemeinen, gleichen und direkten« Wahlrecht der atomisierten Bevölkerung fußt.[9] Es handelt sich kurz gesagt

8 »Das persönliche Eigentumsrecht der Staatsbürger an ihren Arbeitseinkünften und Ersparnissen, am Wohnhaus und an der häuslichen Nebenwirtschaft, an den Hauswirtschafts- und Haushaltsgegenständen, an den Gegenständen des persönlichen Bedarfs und Komforts, ebenso wie das Erbrecht an dem persönlichen Eigentum der Staatsbürger werden durch das Gesetz geschützt.« (»Entwurf der Verfassung ...« [Kap. 9, Anm. 1], S. 27.)
9 Vgl. Text 29, Anm. 2.

um die juristische Liquidierung der Diktatur des Proletariats. Wo es keine Kapitalisten gibt, gibt es auch kein Proletariat, erklären die Schöpfer der neuen Verfassung — folglich verwandelt sich der Staat von einem proletarischen in einen Volksstaat[10]. Dieser äußerlich so verlockende Gedanke kommt entweder neunzehn Jahre zu spät oder viele Jahre zu früh. Mit der Enteignung der Kapitalisten begann das Proletariat tatsächlich, sich als Klasse zu liquidieren. Aber der Weg von der Liquidierung im Prinzip bis zum tatsächlichen Aufgehen in der Gesellschaft ist um so weiter, je länger der neue Staat gezwungen ist, die grobe Vorarbeit des Kapitalismus noch nachzuholen. Das Sowjetproletariat existiert immer noch als eine von der Bauernschaft, der technischen Intelligenz und der Bürokratie zutiefst unterschiedene, ja selbst als einzige restlos am Sieg des Sozialismus interessierte Klasse. Indes, die neue Verfassung will es politisch in der »Nation« auflösen, lange bevor es sich ökonomisch in der Gesellschaft aufgelöst hat.

Zwar haben die Reformer nach einigem Schwanken beschlossen, es bei der Benennung *Sowjet*staat zu belassen. Doch das ist nur ein plumper politischer Schwindel, der denselben Erwägungen gehorcht, die Napoleon veranlaßten, sein Kaiserreich weiterhin Republik zu nennen. Die Sowjets sind ihrem eigentlichen Wesen nach Organe eines Klassenstaats und können nichts anderes sein. Die demokratisch gewählten Organe der lokalen Selbstverwaltung sind Gemeindevertretungen, Dumas, Semstwos, alles was man will — nur keine Sowjets. Die gesamtstaatliche gesetzgebende Körperschaft nach demokratischem Muster ist ein spätgeborenes Parlament (richtiger die Karikatur eines Parlaments), aber keinesfalls ein höch-

10 Gemäß der politischen Programmatik der vereinigten deutschen Sozialdemokratie von 1875 sollte der Klassenstaat durch einen »Volksstaat« abgelöst werden. Marx und Engels stellten dagegen die Losung der »revolutionären Diktatur des Proletariats« (Marx, »Kritik des Gothaer Programms«, MEW 19, S. 28 f.). Engels erläuterte die Kritik in einem Brief an Bebel (März 1875): »Da nun der Staat doch nur eine vorübergehende Erscheinung ist, deren man sich im Kampf, in der Revolution bedient, um seine Gegner gewaltsam niederzuhalten, so ist es purer Unsinn, vom freien Volksstaat zu sprechen: solange das Proletariat den Staat noch *gebraucht*, gebraucht es ihn nicht im Interesse der Freiheit, sondern der Niederhaltung seiner Gegner, und sobald von Freiheit die Rede sein kann, hört der Staat als solcher auf zu bestehen. Wir würden daher vorschlagen, überall statt *Staat* ‚Gemeinwesen' zu setzen, ein gutes altes deutsches Wort, das das französische ‚Kommune' sehr gut vertreten kann.« (MEW 19, S. 3-9, hier S. 6 f.) Auf dem 22. Parteitag der KPdSU ließ N. S. Chruschtschow die sozialdemokratische bzw. Stalinsche Formel in das neue Programm aufnehmen: »Der Staat, der als Staat der proletarischen Diktatur entstand, ist in der *neuen, gegenwärtigen Etappe* zu einem Staat des gesamten Volkes geworden, zu einem Organ, das dem Willen des gesamten Volkes Ausdruck verleiht.« (»Programm der Kommunistischen Partei der Sowjetunion, angenommen auf dem XXII. Parteikongreß 1961«, in: Meissner [Hg.], *Parteiprogramm*, S. 143-244, hier S. 214.)

stes Sowjetorgan. Mit ihrer Bemühung, sich mit der historischen Autorität des Sowjetsystems zu decken, haben die Reformer nur bewiesen, daß die grundsätzlich neue Richtung, die sie dem Staatswesen aufprägen, noch nicht unter ihrem eigenen Namen aufzutreten wagt.

An sich tastet die Gleichstellung der Arbeiter und Bauern in ihren politischen Rechten die soziale Natur des Staates nicht an, wenn nur der Einfluß des Proletariats auf die Dorfbevölkerung durch den allgemeinen Stand von Wirtschaft und Kultur hinreichend gesichert ist. Das ist ohne Zweifel die Richtung, in die die Entwicklung des Sozialismus gehen muß. Wenn aber das Proletariat, das eine Minderheit des Volkes bleibt[11], keiner politischen Vorrechte mehr bedarf, um den sozialistischen Kurs des gesellschaftlichen Lebens zu sichern, dann wird auch staatlicher Zwang überflüssig, und an seine Stelle tritt Disziplin durch Kultur. Einer Aufhebung des ungleichen Wahlrechts müßte in diesem Falle eine deutliche und sichtbare Schwächung der Zwangsfunktionen des Staates vorangehen. Allein, davon ist weder in der neuen Verfassung noch — was wichtiger ist — im Leben die Rede.

Allerdings »garantiert« die neue Charta den Bürgern die Rede-, Presse-, Versammlungs- und Demonstrations-»Freiheit«[12]. Doch jede dieses Garantien hat die Form eines Maulkorbs oder von Hand- und Fußschellen. Die Pressefreiheit bedeutet Aufrechterhaltung einer wütenden Vorzensur[13],

11 »Obwohl in den Jahren vor dem Ersten Weltkrieg eine industrielle Arbeitskraft im Aufbau begriffen war, blieb die Bevölkerung des Russischen Reichs 1917 überwiegend in der Landwirtschaft beschäftigt. Dieses Bild verstärkte sich in der Periode des Kriegskommunismus und der Neuen Ökonomischen Politik (NEP), als industrielle Arbeiter, von denen viele als saisonale Wanderarbeiter beschäftigt gewesen waren, in Scharen in die Dörfer zurückkehrten. Auch 1925 waren noch 85 Prozent der Arbeitskraft in der Landwirtschaft beschäftigt. Die Bewegung weg von der Landwirtschaft war in den folgenden Jahren sehr schnell. Hieraus resultierte ein unmittelbares absolutes Sinken der landwirtschaftlichen Beschäftigung ganz im Gegensatz zu dem Bild, das die meisten Länder auf dem Wege der Industrialisierung bieten, und d.h. einem anfänglichen relativen Sinken, dem erst später ein absolutes Sinken folgt. Zwischen 1928 und 1940 fiel der Anteil der landwirtschaftlichen Beschäftigung an der gesamten Arbeitskraft von 71 auf 54 Prozent.« (»Occupational structure«, in: *The Cambridge Encyclopedia of Russia and the Soviet Union*, Cambridge u.a. [Cambridge University Press] 1984, S. 374-376, hier S. 374.)

12 Art. 125 des Verfassungsentwurfs garantierte den Bürgern der UdSSR:
»a) die Freiheit des Wortes,
b) die Freiheit der Presse,
c) die Freiheit der Versammlungen und Meetings,
d) die Freiheit der Straßenumzüge und Kundgebungen.«
(»Entwurf der Verfassung ...«, [Kap. 9, Anm. 1], S. 1099)

13 Seit Juni 1922 wurde die Pressezensur durch eine dem Volkskommissariat für Bildungswesen unterstehende »Hauptbehörde für Literatur und Publikations-

deren Fäden im Sekretariat des von niemandem gewählten Zentralkomitees zusammenlaufen. Die Freiheit der byzantinischen Lobpreisungen ist natürlich voll und ganz »garantiert«. Dafür bleiben unzählige Artikel, Reden und Briefe Lenins, einschließlich seines »Testaments«, auch unter der neuen Verfassung unter Verschluß, einzig und allein weil darin die heutigen Führer nicht allzu gut wegkommen. Wenn schon mit Lenin so umgesprungen wird, was soll man dann erst von anderen Autoren sagen? Das ungehobelte und ignorante Kommando über Wissenschaft, Literatur und Kunst bleibt vollkommen erhalten. Die »Versammlungsfreiheit« wird auch weiterhin für gewisse Bevölkerungsgruppen gleichbedeutend sein mit der Pflicht, auf von den Machthabern einberufenen Versammlungen zu erscheinen, um vorher festgelegte Beschlüsse zu fassen. Unter der neuen Verfassung werden ebenso wie unter der alten Hunderte von ausländischen Kommunisten, die sich dem Sowjet-»Asylrecht« anvertrauten, für Verstöße gegen das Dogma der Unfehlbarkeit in Gefängnissen und Konzentrationslagern schmachten.[14] In bezug auf die »Freiheiten« bleibt alles beim alten; die Sowjetpresse

angelegenheiten« ausgeübt. Zusätzlich wurde im Februar 1923 ein »Hauptkomitee für Spielplankontrolle« ins Leben gerufen. Ein neues Statut vom 6. Juni 1931 erweiterte die Kompetenzen der Zensurbehörde. Gefürchteter als die offizielle Kontrolle war das völlig willkürliche Eingreifen Stalins und seiner engsten Mitarbeiter aus dem Parteisekretariat. (Vgl. »Censorship«, in: *The Cambridge Encyclopedia of Russia and the Soviet Union*, S. 409-411.)

14 Viele ausländische Kommunisten fielen dem Terror der 2. Hälfte der 30er Jahre zum Opfer; Überlebenschancen hatten die Mitglieder legaler kommunistischer Parteien (Skandinavier, Engländer und Franzosen), weil Stalin mit Protesten gegen deren Verfolgung oder Verschwinden rechnen mußte. Zu den prominentesten nichtrussischen Opfern gehörten zahlreiche Angehörige der Zimmerwalder Linken (Bronski, Warszawski, Horwitz, Fürstenberg, Stein-Krajewski, Lewinson, Platten, Koritschoner, Bersin), die ganze Führungsgruppe der Polnischen Kommunistischen Partei (Leszczyński, Próchnik, Stein, Heryng, Bortnowski, Lauer, Amsterdam, Dabal, Lańcucki, Ciszewski, Wroblewski, Bobinski, Sochacki-Czeszejko), Béla Kun zusammen mit zwölf weiteren Führern der ungarischen Revolution und Volkskommissaren der Räterepublik von 1919, von denen nur zwei die Lagerhaft überlebten. »Die Liste der deutschen Kommunisten, die Opfer der Stalinschen Säuberungen wurden, ist umfangreich. Betrachtet man das oberste Spitzenorgan der Partei, das Politbüro, so zeigt sich, daß hier Stalins Zugriff mehr Opfer forderte als der Terror Hitlers.« (Hermann Weber, *Kommunismus in Deutschland* 1918-1945, Darmstadt [Wiss. Buchgesellschaft] 1983, S. 159.) Von 1933 bis 1945 wurden in Deutschland vier Politbüro-Mitglieder ermordet. Opfer des Stalinismus wurden in der UdSSR in den dreißiger Jahren fünf Mitglieder und zwei Kandidaten des KPD-Politbüros: Hugo Eberlein, Leo Flieg, Hermann Remmele, Hermann Schubert, Fritz Schulte sowie Heinz Neumann und Heinrich Süßkind. In einem Zwangsarbeitslager starb die KJV-Führerin Grete Wilde. Unter den Opfern befanden sich mit Max Hölz und Max Levien zwei weitere bekannte deutsche Revolutionäre. (Vgl. Weber, *Kommunismus in Deutschland*, S. 159 f.; »Das ausländische Element«, in: Conquest, *Am Anfang...*, S. 513-525; Branko Lazitch, »Stalin's Massacre of the Foreign Com-

versucht gar nicht erst, darüber Illusionen zu erwecken. Im Gegenteil, als Hauptziel der Verfassungsreform wird eine »weitere Festigung der Diktatur«[15] bezeichnet. Wessen Diktatur und über wen?

Wie wir bereits hörten, soll der Boden für die politische Gleichheit durch die Aufhebung der Klassengegensätze bereitet worden sein. Es handle sich nicht um eine Klassen-, sondern eine »Volks«-Diktatur. Wenn aber das von Klassengegensätzen befreite Volk zum Träger der Diktatur wird, so kann das nichts anderes bedeuten als die Auflösung der Diktatur in der sozialistischen Gesellschaft und vor allen Dingen die Liquidierung der Bürokratie. So lehrt es die marxistische Doktrin. Vielleicht irrte sie sich? Aber die Verfassungsurheber berufen sich ja selbst, wenn auch recht vorsichtig, auf das von Lenin geschriebene Parteiprogramm. Dort steht in der Tat: »Die Entziehung der politischen Rechte und jedwede Freiheitsbeschränkung (sind) ausschließlich als vorübergehende Kampfmaßnahmen ... notwendig. In dem Maße, wie die objektive Möglichkeit der Ausbeutung des Menschen durch den Menschen verschwinden wird, wird auch die Notwendigkeit dieser vorübergehenden Maßnahmen verschwinden ...«[16] Der Verzicht auf die »Entziehung der politischen Rechte« ist also unlösbar mit der Aufhebung »jedweder Freiheitsbeschränkung« verknüpft. Der Anbruch der sozialistischen Gesellschaft ist nicht nur dadurch gekennzeichnet, daß die Bauern mit den Arbeitern gleichgestellt werden, und daß einige Prozent Staatsbürger bourgeoiser Herkunft die politischen Rechte zurückerhalten, sondern in erster Linie dadurch, daß sämtliche hundert Prozent der Bevölkerung wirkliche Freiheit genießen. Mit der Aufhebung der Klassen stirbt nicht nur die Bürokratie, nicht nur die Diktatur, sondern auch der Staat selbst ab. Aber soll nur irgendwer einmal versuchen, darauf anzuspielen: die GPU wird in der neuen Verfassung genug Anhaltspunkte finden, um den Unbesonnenen in einem der zahlreichen Konzentrationslager verschwinden zu lassen. Die Klassen sind vernichtet, von den Sowjets ist nur noch der Name übrig, aber die Bürokratie bleibt. Die Gleichberechtigung von Arbeitern und Bauern bedeutet in Wirklichkeit gleiche Rechtslosigkeit vor der Bürokratie.

Nicht weniger bedeutsam ist die Einführung der geheimen Abstimmung. Nimmt man für bare Münze, daß die politische Gleichheit einer erreichten

munist Leaders«, in: Milorad M. Drachkovitch - Branko Lazitch [Hg.], *The Comintern,* Historical Highlights, Essays, Recollections, Documents, New York [Praeger] 1966, S. 139-183.)

15 »Was ist das anderes, als eben die proletarische Diktatur, ja die *Festigung* der proletarischen Diktatur ...« (»Um die Staatsverfassung des Sozialismus, Eine kritische Presseschau«, in: *Rundschau*, Nr. 31, 9.7.36, S. 1250-1253, hier S. 1251.)

16 »Programm der Kommunistischen Partei Rußlands (Bolschewiki) angenommen auf dem VIII. Parteikongreß 1919«, in: Meissner (Hg.), *Parteiprogramm*, S. 125 f.

sozialen Gleichheit entspricht, so wird rätselhaft, warum in diesem Fall die Abstimmung von nun an geheim sein soll. Wen fürchtet denn die Bevölkerung des sozialistischen Landes, und gegen wessen Angriffe gilt es, sie zu schützen? Die alte Sowjetverfassung sah in der offenen Stimmabgabe wie in der Wahlrechtsbeschränkung eine Waffe der revolutionären Klasse gegen die bürgerlichen und kleinbürgerlichen Feinde. Es ist nicht anzunehmen, daß die geheime Wahl heute der konterrevolutionären Minderheit zu Gefallen eingeführt wird. Es handelt sich anscheinend darum, die Rechte des Volkes zu schützen. Wen also fürchtet das sozialistische Volk, das vor gar nicht so langer Zeit Zaren, Adlige und Bourgeoisie davonjagte? Die Sykophanten[17] denken darüber gar nicht erst nach. Dabei ist diese eine Frage vielsagender als sämtliche Schriften von Barbusse, Louis Fischer, Duranty, den Webbs und ihresgleichen.

In der kapitalistischen Gesellschaft soll die geheime Wahl die Ausgebeuteten vor dem Terror der Ausbeuter schützen.[18] Wenn die Bourgeoisie sich schließlich auf diese Reform einließ — natürlich unter dem Druck der Massen — so nur, weil sie selbst daran interessiert war, ihren Staat wenigstens zum Teil vor der Demoralisierung zu bewahren, die sie selbst gestiftet hatte. In der sozialistischen Gesellschaft aber kann es, sollte man meinen, keinen Ausbeuterterror geben. Vor wem brauchen dann die Sowjetbürger Schutz? Die Antwort ist klar: vor der Bürokratie. Stalin gab es ziemlich offen zu. Auf die Frage: Wozu geheime Wahlen?, antwortete er wörtlich: »Darum, weil *wir* den Sowjetmenschen volle Freiheit geben wollen, für jene zu stimmen, die sie wählen wollen.«[19] So erfuhr die Menschheit aus berufenem Munde, daß die »Sowjetmenschen« heute noch nicht für jene stimmen können, die sie wählen möchten. Es wäre jedoch voreilig, hieraus zu schließen, daß die Verfassung ihnen morgen diese Möglichkeit einräumen wird. Doch hier beschäftigt uns ein anderer Aspekt der Frage. Wer sind eigentlich diese »wir«, die dem Volk das freie Wahlrecht geben oder auch nicht geben können? Es ist immer die gleiche Bürokratie, in deren Namen

17 Im Athen des 4. Jahrhunderts v. u. Z. waren »Sykophanten« (griech. für »Feigenanzeiger«) Personen, die den Diebstahl oder Schmuggel von Feigen meldeten. Später fand eine Bedeutungs-Ausweitung statt; das Wort steht heute für Denunzianten oder gewinnsüchtige Verleumder.

18 In Deutschland wurde erstmals 1867 geheim gewählt, als der Norddeutsche Reichstag zusammentrat. Im Zuge der Verallgemeinerung des Wahlrechts (»one man — one vote«) sollte die geheime Wahl den Staatsbürgern eine politische Willensbekundung unabhängig von Sanktionsfurcht und Gruppenloyalität ermöglichen. In England wurde sie 1884 durchgesetzt. Eigene Wahlzellen oder -kabinen, die das geheime Votum garantieren sollten, fanden zunächst in Australien und einigen Bundesstaaten der USA Anwendung.

19 »Die Unterredung des Genossen Stalin ..« (Anm. 2), S. 412; Hervorhebung von Trotzki.

Stalin redet und handelt. Seine entlarvenden Worte gelten für die herrschende Partei ebenso wie für den Staat, denn das Amt des Generalsekretärs hat Stalin inne vermittels eben des Systems, das den Mitgliedern der herrschenden Partei nicht gestattet, jene zu wählen, die sie wählen möchten. Die Worte ‚*Wir* wollen den Sowjetmenschen Stimmfreiheit geben', sind unermeßlich bedeutsamer als die alte und die neue Verfassung zusammen genommen, denn dieser unvorsichtige Satz ist die wahre Verfassung der UdSSR, wie sie sich nämlich nicht auf dem Papier, sondern im Kampf lebendiger Kräfte gebildet hat.

## Demokratie und Partei

Das Versprechen, den Sowjetmenschen die Freiheit zu geben, »für jene, die sie wählen möchten«, zu stimmen, ist eher eine schöne Metapher als eine politische Aussage. Die Sowjetmenschen werden das Recht haben, ihre »Vertreter« nur unter den Kandidaten zu wählen, die ihnen unter der Flagge der Partei von den zentralen oder lokalen Führern zugewiesen werden. Zwar hatte die bolschewistische Partei auch in der ersten Periode der Sowjetära eine Monopolstellung inne. Jedoch, diese beiden Erscheinungen gleichzusetzen, hieße, den Schein für das Wesen nehmen. Das Verbot der Oppositionsparteien war eine vorübergehende Maßnahme, diktiert durch Bürgerkrieg, Blockade, Intervention und Hunger. Die herrschende Partei, damals noch die echte Organisation der proletarischen Vorhut, kannte ein reges inneres Leben: der Kampf der Gruppen und Fraktionen ersetzte zu einem gewissen Grade den der Parteien. Heute, wo der Sozialismus angeblich »endgültig und unwiderruflich« gesiegt hat, wird Fraktionsbildung mit Konzentrationslager, wenn nicht mit Erschießung bestraft. Das Verbot der anderen Parteien ist aus einem vorübergehenden Übel zum Prinzip erhoben worden. Sogar dem Komsomol wurde just in dem Augenblick, als die Verfassung veröffentlicht wurde, das Recht genommen, sich mit politischen Fragen zu befassen. Allein, das Wahlrecht besitzen Bürger und Bürgerinnen vom 18. Lebensjahr an, aber die Altersgrenze für Jungkommunisten, die bis 1936 bei 23 Jahren lag, ist heute ganz abgeschafft. Die Politik ist auf immerdar zum Monopol der unkontrollierten Bürokratie erklärt worden.

Auf die Frage des amerikanischen Reporters nach der Rolle der Partei in der neuen Verfassung, antwortete Stalin: »Aber sobald es keine Klassen gibt, sobald sich die Grenzen zwischen den Klassen verwischen [»keine Klassen gibt«, »die Grenzen zwischen den« — nicht vorhandenen! — »Klassen sich verwischen«... L. T.], sobald nur ein gewisser, aber kein grundverschiedener Unterschied zwischen den verschiedenen Schichten der sozialistischen Gesellschaft bleibt, kann es keinen Nährboden für die Bildung einander bekämpfender Parteien geben. Wo es nicht mehrere

Klassen gibt, kann es auch nicht mehrere Parteien geben, denn die Partei ist ein Teil der Klasse.«[20] Jedes Wort ein Fehler, zuweilen sogar zwei! Als wären die Klassen gleichförmig, die Grenzen zwischen ihnen scharf und auf ewig umrissen, als entspräche das Bewußtsein einer Klasse exakt ihrer Stellung in der Gesellschaft. Die marxistische Lehre von der Klassennatur der Parteien ist hier in eine Karikatur verkehrt worden. Die Dynamik politischen Bewußtseins wird Interessen administrativer Ordnung zuliebe aus dem Geschichtsprozeß ausgeschaltet. In Wirklichkeit sind Klassen heterogen, von inneren Gegensätzen zerrissen; ihre gemeinsamen Aufgaben vermögen sie nicht anders als durch den inneren Kampf der Richtungen, Gruppierungen und Parteien zu lösen. Man kann mit gewissen Vorbehalten beipflichten, daß »die Partei ein Teil der Klasse« ist. Aber da eine Klasse viele »Teile« hat — die einen schauen vorwärts, die anderen rückwärts —, kann ein und dieselbe Klasse mehrere Parteien hervorbringen. Aus demselben Grunde kann eine einzige Partei sich auf Teile verschiedener Klassen stützen. Ein Beispiel, wo einer Klasse nur eine Partei entspräche, ist in der gesamten politischen Geschichte nicht zu finden, vorausgesetzt natürlich, daß man nicht den polizeilichen Anschein für die Wirklichkeit hält.

Seiner sozialen Struktur nach ist das Proletariat die am wenigsten heterogene Klasse der kapitalistischen Gesellschaft. Nichtsdestoweniger genügt schon das Vorhandensein von »Schichten« wie der Arbeiteraristokratie und der Arbeiterbürokratie, um opportunistische Parteien hervorzubringen, die durch den Lauf der Dinge zu Werkzeugen der bürgerlichen Herrschaft werden. Ob vom Standpunkt der Stalinschen Soziologie der Unterschied zwischen Arbeiteraristokratie und proletarischer Masse ein »grundverschiedener« oder nur ein »gewisser« ist, bleibt gleichgültig; doch gerade aus diesem Unterschied erwuchs seinerzeit die Notwendigkeit, mit der Sozialdemokratie zu brechen und die Dritte Internationale zu gründen. Gibt es in der Sowjetgesellschaft »keine Klassen«, so ist sie auf jeden Fall viel heterogener und komplexer als das Proletariat der kapitalistischen Länder und kann infolgedessen ausreichenden Nährboden für mehrere Parteien abgeben. Unvorsichtigerweise das Gebiet der Theorie betretend, beweist Stalin viel mehr als er wollte. Aus seinen Darlegungen ergibt sich nicht nur, daß es in der UdSSR keine *verschiedenen* Parteien geben darf, sondern daß es *überhaupt keine* Parteien geben darf: denn wo es keine Klassen gibt, ist auch kein Platz für Politik. Jedoch, von diesem Gesetz macht Stalin eine »soziologische« Ausnahme zugunsten der Partei, deren Generalsekretär er ist.

Bucharin versucht, sich der Frage von einer anderen Seite zu nähern. In der Sowjetunion stehe die Frage, ob zurück zum Kapitalismus oder vor-

20 Ebd., S. 412.

wärts zum Sozialismus, nicht mehr zur Diskussion; darum können »in Parteien organisierte Anhänger der liquidierten feindlichen Klassen… nicht… zugelassen werden.«[21] Ganz zu schweigen davon, daß im Lande des siegreichen Sozialismus die Anhänger des Kapitalismus als lächerliche Don Quijotes erscheinen müßten, unfähig, eine Partei zu gründen, erschöpfen sich die vorhandenen politischen Streitfragen keineswegs in der Alternative: »Zum Sozialismus oder zum Kapitalismus?« Es geht auch um Fragen wie diese: »Wie zum Sozialismus kommen? In welchem Tempo?« u.a.m. Die Wahl des Weges ist nicht weniger wichtig als die des Ziels.[22] Wer wird über den Weg entscheiden? Ist der Nährboden für politische Parteien wirklich verschwunden, dann gibt es keinen Grund, sie zu verbieten. Im Gegenteil, dann gilt es laut Programm, »jedwede Freiheitsbeschränkung« aufzuheben.

Um die natürlichen Zweifel seines amerikanischen Gesprächspartners zu zerstreuen, brachte Stalin eine neue Überlegung vor: »Kandidatenlisten werden bei diesen Wahlen nicht nur die Kommunistische Partei, sondern auch alle möglichen gesellschaftlichen parteilosen Organisationen… einreichen. Solche Organisationen aber gibt es bei uns Hunderte… Jede dieser Schichten [der Sowjetgesellschaft] kann ihre speziellen Interessen haben und sie durch die vorhandenen zahlreichen gesellschaftlichen Organisationen zum Ausdruck bringen.«[23] Dieser Sophismus ist nicht besser als die anderen. Die sowjetischen »gesellschaftlichen« Organisationen — Gewerkschaften, Genossenschaften, kulturelle Vereinigungen usw. — vertreten keineswegs die Interessen der verschiedenen »Schichten«, haben sie doch alle ein und dieselbe hierarchische Struktur: selbst in den Fällen, wo sie scheinbar Massenorganisationen sind, wie bei den Gewerkschaften und den Genossenschaften, spielen in ihnen ausschließlich die Vertreter der privilegierten Spitzen eine aktive Rolle, und das letzte Wort gehört immer der »Partei«, d.h. der Bürokratie. Die Verfassung schickt den Wähler bloß von Pontius zu Pilatus.

Dieser Mechanismus kommt im Text des Grundgesetzes deutlich zum Ausdruck. Artikel 126, der die Achse der Verfassung als politisches System bildet, soll allen Bürgern und Bürgerinnen »das Recht sichern«, sich in Gewerkschaften, Genossenschaften, Jugend-, Sport- und Wehrvereinigungen, kulturellen, technischen und wissenschaftlichen Verbänden zu organi-

21 N. I. Bucharin, »Konstituzija sozialistitscheskowo gossudarstwa« [Die Verfassung des sozialistischen Staats], in: *Iswestija*, 14. und 15.6.1936, hier 15.6., S. 3.

22 Zum Verhältnis von Weg und Ziel vergleiche Trotzki, *Ihre Moral und unsere* (1938), Berlin [Voltaire] 1967 und Schriften, Bd. 3; Auszug in Trotzki, *Denkzettel*, S. 386-397. Trotzki zitiert dort aus Ferdinand Lassalles Drama *Franz von Sickingen*: »Das *Ziel* nicht zeige, zeige auch den *Weg*. / Denn so verwachsen ist hienieden Weg und Ziel, / daß eines sich stets ändert mit dem andern / Und andrer Weg auch andres Ziel erzeugt.«

23 »Die Unterredung des Genossen Stalin…« (Anm. 2), S. 411 f.

sieren. Was die Partei betrifft, d.h. den Mittelpunkt der Macht, so handelt es sich hier nicht um ein Recht für alle, sondern um ein Privileg für eine Minderheit. »Die aktivsten und bewußtesten [d.h. als solche von oben anerkannten — L.T.] Staatsbürger aus den Reihen der Arbeiterklasse und anderer Schichten der Werktätigen vereinigen sich in der Kommunistischen Partei ..., die ... den *führenden Kern sämtlicher Organisationen ..., sowohl der gesellschaftlichen als der staatlichen, darstellt.*«[24] Diese in ihrer Offenheit verblüffende Formulierung, die in den Verfassungstext Eingang fand, enthüllt die ganze Fiktion von der politischen Rolle der »gesellschaftlichen Organisationen«, diesen untergeordneten Zweigstellen der bürokratischen Firma.

Wenn aber kein Kampf der Parteien, dann werden vielleicht die verschiedenen Fraktionen innerhalb der einzigen Partei bei den demokratischen Wahlen in Erscheinung treten können? Auf die Frage des französischen Journalisten, die Gruppierungen der herrschenden Partei betreffend, antwortete Molotow: »In der Partei ... wurden Versuche unternommen, besondere Fraktionen zu bilden. ... Es sind aber nun schon einige Jahre her, daß sich die Situation in dieser Beziehung grundlegend geändert hat und die Kommunistische Partei in der Tat einheitlich ist.«[25] Das beweisen am besten die ununterbrochenen Säuberungen und die Konzentrationslager! Nach Molotows Kommentar ist der Mechanismus der Demokratie ein für allemal klar. »Was bleibt übrig von der Oktoberrevolution«, fragt Victor Serge, »wenn jeder Arbeiter, der es wagt, eine Forderung zu stellen oder ein kritisches Urteil abzugeben, mit Gefängnis bestraft wird? Ah, dann kann man gut irgendwelche geheimen Abstimmungen einführen!«[26] In der Tat, die geheime Wahl hat selbst Hitler nicht angetastet.

Die theoretischen Erörterungen der Reformer über das Wechselverhältnis von Klasse und Partei sind an den Haaren herbeigezogen. Nicht um Soziologie geht es, sondern um materielle Interessen. Die herrschende Partei der UdSSR ist eine das Monopol innehabende politische Maschine einer Bürokratie, die wohl etwas zu verlieren, aber nichts mehr zu gewinnen hat. Den »Nährboden« will sie für sich allein behalten.

24 »Entwurf der Verfassung« ... (Kap. 9, Anm. 1), S. 1099; Hervorhebung von Trotzki.

25 »Genosse Molotow über die Politik der Sowjetunion in der gegenwärtigen Lage. Eine Unterredung mit dem Chefredakteur des ‚Temps'«, in: *Rundschau*, Nr. 14, 26.3.1936, S. 589-591, hier S. 591. Jacques Albert Chastenet de Castaing (1893-1978), Diplomat, Historiker und Journalist, war von 1934 bis 1940 Ko-Direktor (nicht »Chefredakteur«, wie es in der *Rundschau* hieß) des *Temps*; wurde 1956 Mitglied der »Académie française«.

26 Victor Serge, »Brief an Magdeleine Paz« (Mai 1936), in: ders., *Die sechzehn Erschossenen*, Unbekannte Aufsätze Bd. 2, Hamburg [Association] 1977, S. 65-69, hier S. 69.

In einem Lande, wo die Lava der Revolution noch nicht erkaltet ist, brennen den Privilegierten die eigenen Privilegien auf den Fingern, wie einem Amateurdieb die gestohlene goldene Uhr. Die herrschende Sowjetschicht hat gelernt, vor den Massen eine durch und durch bürgerliche Angst zu empfinden. Mit Hilfe der Komintern gibt Stalin den Privilegien eine »theoretische« Rechtfertigung, mit Hilfe der Konzentrationslager schützt er die Sowjetaristokratie vor den Unzufriedenen. Damit dieser Mechanismus funktioniert, muß Stalin sich von Zeit zu Zeit auf die Seite des »Volkes« gegen die Bürokratie stellen, natürlich mit deren stillschweigendem Einverständnis. Er ist gezwungen, zur geheimen Wahl zu greifen, um wenigstens teilweise den Staatsapparat von der ihn anfressenden Korruption zu säubern.

Bereits 1928 schrieb Rakowski anläßlich einiger an die Öffentlichkeit gelangter Fälle bürokratischen Gangstertums: »Das, was die Flut der Skandale, die bekannt wurden, charakterisiert, was die größte Gefahr darstellt, ist gerade diese Passivität der Massen (die unter den kommunistischen Massen sogar noch größer ist als unter den parteilosen Massen)... Aus Angst vor den Machthabern oder aus politischer Gleichgültigkeit ließen die Arbeiter alles zu, oder sie beschränkten sich auf wenige Bemerkungen.«[27] In den seither verflossenen acht Jahren hat sich die Lage maßlos verschlimmert. Die Fäulnis des Apparats, die auf Schritt und Tritt zum Vorschein kommt, bedroht längst die Existenz des Staates, nicht mehr als Werkzeug zur sozialistischen Umgestaltung der Gesellschaft, sondern als Macht-, Einkommens- und Privilegienquelle der herrschenden Schicht. Stalin mußte dieses Motiv der Reform durchscheinen lassen. »Es gibt bei uns nicht wenig Institutionen«, sagte er Howard, »die schlecht arbeiten... Die... geheimen Wahlen in der UdSSR werden in den Händen der Bevölkerung eine Geißel gegen schlecht arbeitende Machtorgane sein.«[28] Ein bemerkenswertes Eingeständnis: nachdem die Bürokratie mit eigener Hand die sozialistische Gesellschaft geschaffen hat, verspürt sie das Bedürfnis... nach einer Geißel! Das ist eines der Motive für die Verfassungsreform. Es gibt noch ein anderes, nicht weniger wichtiges.

Mit der Abschaffung der Sowjets löst die Verfassung die Arbeiter in der allgemeinen Bevölkerungsmasse auf. Politisch haben die Sowjets ihre Bedeutung freilich schon längst verloren. Aber mit dem Anwachsen der neuen sozialen Gegensätze und dem Erwachen der neuen Generation könnten sie wiederaufleben. Am meisten sind natürlich die Stadtsowjets zu fürchten, mit dem zunehmenden Anteil, den junge und anspruchsvolle Komsomolzen daran nehmen. In den Städten springt der Kontrast von Luxus und

27 Vgl. »Ch. G. Rakowski, »Die Ursachen der Entartung von Partei und Staatsapparat« in: Anhang.
28 »Die Unterredung des Genossen Stalin...« (Anm. 2), S. 412.

Elend allzusehr in die Augen. Die erste Sorge der Sowjetaristokratie lautet daher: weg mit den Arbeiter- und Rotarmistensowjets. Mit der Unzufriedenheit des amorphen flachen Landes ist viel leichter fertig zu werden. Die Kolchosbauern kann man sogar mit Erfolg gegen die städtischen Arbeiter ausspielen. Es ist nicht das erste Mal, daß sich die bürokratische Reaktion im Kampf gegen die Stadt auf das Dorf stützt.

Was die neue Verfassung an Prinzipiellem und Bedeutendem enthält, was sie tatsächlich hoch über die demokratischsten Verfassungen der bürgerlichen Länder emporhebt, ist nur ein verwässerter Aufguß der grundlegenden Dokumente der Oktoberrevolution. Alles was sich auf die Einschätzung der wirtschaftlichen Errungenschaften bezieht, verzerrt die Wirklichkeit durch falsche Perspektiven und Eigenlob. Schließlich ist alles, was sich auf die Freiheiten und die Demokratie bezieht, vollständig vom Geiste der Usurpation und des Zynismus durchtränkt.

Die neue Verfassung, die einen enormen Rückschritt von sozialistischen zu bürgerlichen Grundsätzen darstellt und der herrschenden Schicht auf Maß zugeschnitten ist, bleibt in jener historischen Linie, deren Etappen lauten: Verzicht auf die Weltrevolution zugunsten des Völkerbunds, Wiederherstellung der kleinbürgerlichen Familie, Ersetzung der Miliz durch die kasernierte Armee, Wiedereinführung von Titeln und Orden, wachsende Ungleichheit. Den Absolutismus der »klassenlosen« Bürokratie sichernd, schaft die neue Verfassung die politischen Voraussetzungen für die Wiedergeburt einer neuen besitzenden Klasse.

## XI. Wohin treibt die UdSSR?

### Bonapartismus als Krisenregime

Die Frage, die wir bereits weiter oben im Namen des Lesers stellten »Wie konnte die herrschende Gruppe angesichts ihrer unzähligen Fehler die uneingeschränkte Macht an sich reißen?«, oder anders »Wie erklärt sich der Widerspruch zwischen der Ideenarmut der Thermidorianer und ihrer materiellen Machtfülle?«, kann jetzt viel konkreter und kategorischer beantwortet werden. Die Sowjetgesellschaft ist nicht harmonisch. Was für die eine Klasse oder Schicht ein Laster ist, erweist sich für die andere als Tugend. Unter dem Gesichtspunkt sozialistischer Gesellschaftsformen verblüfft die Politik der Bürokratie durch ihre Widersprüche und Ungereimtheiten, unter dem Gesichtspunkt der Machtbefestigung der neuen herrschenden Schicht erweist sich dieselbe Politik als durchaus konsequent.

In der staatlichen Unterstützung des Kulaken (1923-1928) lag eine tödliche Gefahr für die sozialistische Zukunft. Dafür gelang es der Bürokratie, mit Hilfe des Kleinbürgertums die proletarische Vorhut in Ketten zu legen und die bolschewistische Opposition zu zerschlagen. Was vom Standpunkt des Sozialismus ein »Fehler« war, war vom Standpunkt der Bürokratie ein voller Erfolg. Als der Kulak für sie selbst zu einer unmittelbaren Gefahr wurde, wandte sie die Waffe gegen ihn. Das panische Wüten gegen den Kulaken, das auch den Mittelbauern ergriff, kostete die Wirtschaft nicht weniger als ein ausländischer Militärüberfall. Aber die Bürokratie hatte ihre Stellung gerettet. Kaum war der gestrige Verbündete geschlagen, begann sie mit allen Kräften eine neue Aristokratie zu züchten. Eine Untergrabung des Sozialismus? Gewiß, doch dafür eine Festigung der kommandierenden Kaste. Die Sowjetbürokratie ähnelt allen herrschenden Klassen in ihrer Bereitschaft, vor den gröbsten Fehlern ihrer Führer auf dem Gebiet der allgemeinen Politik die Augen zu schließen, solange diese nur unbedingte Treue bei der Verteidigung ihrer Privilegien bekunden. Je beunruhigter die Stimmung der neuen Herren der Lage ist, desto mehr schätzen sie Schonungslosigkeit im Vorgehen gegen die geringste Bedrohung ihrer wohlerworbenen Rechte. Unter diesem Gesichtswinkel wählt die Kaste der Emporkömmlinge ihre Führer aus. Darin besteht das Geheimnis von Stalins Erfolg.

Macht und Unabhängigkeit der Bürokratie können jedoch nicht endlos wachsen. Es gibt historische Faktoren, die stärker sind als Marschälle und selbst Generalsekretäre. Die Rationalisierung der Wirtschaft ist unvorstellbar ohne genaue Rechnungsführung. Genaue Rechnungsführung verträgt sich aber nicht mit bürokratischer Willkür. Die Sorge um die Wiederherstellung eines stabilen, d. h. von den »Führern« unabhängigen Rubels, wird der Bürokratie durch den Umstand aufgezwungen, daß ihr Selbstherrschertum immer heftiger in Widerspruch zur Entwicklung der Produktivkräfte im Lande gerät, so wie die absolute Monarchie seinerzeit unvereinbar wurde mit der Entwicklung des bürgerlichen Marktes. Die Geldrechnung muß jedoch den Kampf der verschiedenen Schichten um die Verteilung des Nationaleinkommens offener werden lassen. Die während der Zeit des Bezugskartensystems fast gleichgültige Frage der Lohneinheiten bekommt jetzt für die Arbeiter eine ausschlaggebende Bedeutung, und damit auch die Frage der Gewerkschaften. Die Ernennung der Gewerkschaftsfunktionäre von oben wird auf immer größeren Widerstand stoßen. Mehr noch: bei Akkordlöhnen ist der Arbeiter unmittelbar am regelmäßigen Funktionieren der Fabrik interessiert. Die Stachanowarbeiter klagen immer lauter über Mängel in der Organisation der Produktion. Der bürokratische Nepotismus bei der Ernennung der Direktoren, Ingenieure usw. wird immer unerträglicher. Genossenschaften und staatlicher Handel geraten in viel größerem Maße als früher in Abhängigkeit vom Verbraucher. Die Kolchosen und die einzelnen Kolchosbauern lernen, ihre Verrechnung mit dem Staat in die Sprache der Ziffern zu übertragen. Sie werden die von oben ernannten Leiter, deren einziges Verdienst nicht selten darin besteht, Liebkind der lokalen bürokratischen Clique zu sein, nicht ewig gehorsam ertragen wollen. Schließlich verspricht der Rubel ein Licht in den geheimsten Bereich zu werfen: die gesetzlichen und ungesetzlichen Einkünfte der Bürokratie. Die Geldzirkulation wird so in einem politisch erdrosselten Lande zu einem wichtigen Hebel für die Mobilisierung der oppositionellen Kräfte und verkündet den Anfang vom Ende des »aufgeklärten« Absolutismus[1].

1 Als »Absolutismus« wird die für das 17. und 18. Jahrhundert in Europa charakteristische Staatsform einer von gesellschaftlichen Kontrollen unabhängigen Monarchie »von Gottes Gnaden« bezeichnet. Vorbilder der absolutistischen Herrscher waren die spätrömischen Kaiser und die italienischen Stadttyrannen des 13. bis 15. Jahrhunderts. Der bedeutendste Theoretiker des Absolutismus war Thomas Hobbes (*Leviathan*, 1651), zur Rechtfertigung wurde auch auf Machiavelli zurückgegriffen. Die Bezeichnung selbst (»von Gesetzen losgelöste Fürstengewalt«) geht auf Bodin zurück. Die absolutistischen Regime brachen die Macht der Feudalherren und bereiteten so — oft im Bunde mit dem aufstrebenden städtischen Bürgertum — dem modernen Nationalstaat den Weg (Ludwig XIV.). Vertreter eines »aufgeklärten Absolutismus« (Friedrich II., Joseph II.) versuchten, die gesellschaftlichen und politischen Probleme ihrer Zeit durch Modernisierung von oben (nach der Losung »Alles für, aber nichts durch das Volk«) zu bewältigen (Toleranz in Glaubensfragen, Abschaffung der Folter, Beschränkung des kirchlichen Einflusses, Förderung von Wissenschaft und Bildung).
Eine Diskussion unter Historikern über den »aufgeklärten Absolutismus« wurde 1928 von Michel Lhéritier eingeleitet (vgl. ders., *Le VIe Congrès international des sciences historiques* [Oslo, 14.-18.8.1928], Paris [Auszug aus der »Revue des études historiques«, Januar-März 1928]); an dieser Debatte war auch M. N. Pokrowski beteiligt. Trotzki schrieb über die spezifische Funktion des russischen Absolutismus: »Der Zarismus hatte in seinem Bestreben, einen zentralisierten Machtapparat zu schaffen, nicht so sehr die Ansprüche der privilegierten Stände niederzuhalten, als gegen die Wildheit, die Armut und die Zerrissenheit des Landes zu kämpfen, dessen einzelne Teile ein selbständiges wirtschaftliches Leben führten. Es war nicht das Gleichgewicht der ökonomisch herrschenden Klassen wie im Westen, sondern ihre soziale Schwäche und politische Wertlosigkeit, die den bureaukratischen Absolutismus in eine sich selbst genügsame Organisation verwandelte. In dieser Hinsicht erscheint der Zarismus als die Zwischenform zwischen dem europäischen Absolutismus und der asiatischen Despotie — vielleicht mit größerer Annäherung an die letztere.« (Trotzki, *1905*, S. 18; vgl. zur Auseinandersetzung zwischen Pokrowski und Trotzki, M. N. Pokrowski, »Wie ist die ‚klassenlose' Theorie der Entwicklung des russischen Absolutismus entstanden?« [1923], in: ders., *Historische Aufsätze*, Ein Sammelband, Wien [Vlg. für Literatur und Politik] 1928, S. 39-81; Trotzki, *Geschichte der russischen Revolution*, Erster Teil: Februarrevolution, Anhang 1; Fritz Hartung, »Der Aufgeklärte Absolutismus«, in: *Historische Zeitschrift*, Nr. 180 [1955], S. 15-52.
Rudolf Vierhaus, »Absolutismus«, in: *Sowjetsystem und demokratische Gesellschaft*, Eine vergleichende Enzyklopädie, hg. v. C. D. Kernig, Bd. 1, Freiburg u.a. 1966, S. 17-37; »Legitimation und Theorie des frühmodernen Staates«, in: *Entstehung des frühneuzeitlichen Europa 1550-1648* [Fischer Weltgeschichte Bd. 24] hg. v. Richard van Dülmen, Frankfurt [Fischer] 1982, S. 343-350; Perry Anderson, *Die Entstehung des absolutistischen Staates*, Frankfurt [Suhrkamp] 1979.)

Während das Industriewachstum und die Einbeziehung der Landwirtschaft in den Bereich des Staatsplans die Aufgabe der Leitung außerordentlich erschwert und das Problem der *Qualität* an die erste Stelle rückt, tötet die Bürokratie jede schöpferische Initiative und jedes Verantwortungsgefühl ab, ohne die in der Qualität Fortschritt weder erzielt wird noch erzielt werden kann. Das Geschwür des Bürokratismus, das in der Großindustrie vielleicht nicht so augenfällig ist, zerfrißt außer den Genossenschaften auch die Leicht- und Nahrungsmittelindustrie, die Kolchosen, die kleine örtliche Industrie, d.h. all die Wirtschaftszweige, die der Bevölkerung am nächsten stehen.

Die fortschrittliche Rolle der Sowjetbürokratie fällt zusammen mit jener Periode, in der die wichtigsten Elemente der kapitalistischen Technik in die Sowjetunion eingeführt wurden. Auf den von der Revolution geschaffenen Grundlagen vollzog sich die grobe Vorarbeit des Entlehnens, Nachahmens, Verpflanzens, Pfropfens. Ein neues Wort ist bisher weder in der Technik noch in der Wissenschaft oder der Kunst gesprochen worden. Gigantische Fabriken nach fertigen westlichen Mustern kann man auch auf bürokratisches Kommando errichten, freilich um den dreifachen Preis. Aber je weiter die Entwicklung voranschreitet, um so mehr wird sich in der Wirtschaft das Problem der Qualität stellen, das der Bürokratie wie ein Schatten entgleitet.[2] Die Sowjetproduktion scheint geprägt vom grauen Stempel der Indifferenz. In einer nationalisierten Wirtschaft sind die Demokratie des Produzenten und Konsumenten, Kritik- und Initiativfreiheit, d.h. Bedingungen, die mit einem totalitären Regime der Angst, der Lüge und der Kriecherei unvereinbar sind, die Voraussetzung für *Qualität.*

Die Qualitätsfrage wirft sowohl kompliziertere als auch grandiosere Aufgaben auf, die sich zusammenfassen lassen unter dem Begriff *selbständiges, technisches und kulturelles Schaffen.* Ein Philosoph des Altertums bemerkte, der Streit sei der Vater aller Dinge.[3] Wo sich die Ideen nicht frei

2 Rabinowitz (*Arbeitszeit- und Arbeitslohnpolitik*, S. 82) schreibt, das Akkordlohnsystem habe zwar eine mengenmäßige Steigerung der Produktion ermöglicht, gleichzeitig sei aber »die Qualität des Produkts in beängstigender Form zurückgegangen«. In einem *Prawda*-Artikel vom 21.5.1931 hieß es beispielsweise über die Produktion eines sowjetischen Musterbetriebs: »Leider läßt die Qualität der Stalingrader Traktoren zu wünschen übrig. Vor uns liegen zwei große Aktenstücke. Diese Aktenstücke sind *Anklageschriften gegen die Metallarbeiter der Stalingrader Traktorenwerke.*« Anschließend wurden eine Vielzahl von technischen Mängeln (lockere Schrauben und Nieten, undichte Kühler, Ventilfederbrüche, fehlendes Zubehör usw.) festgestellt. (Der *Prawda*-Bericht wurde in dem Artikel »Stalingrader Traktoren arbeiten. Und die Abnehmer stöhnen«, in: *RSD. Mitteilungsblatt der Russischen Sozial-Demokratie*, Nr. 22, 4.6.1931, zitiert.)

3 Das geflügelte Wort geht auf ein Fragment des griechischen Philosophen Heraklit von Ephesus (etwa 550-480 v.u.Z.) zurück, in dem es hieß: »Der Kampf ist

messen können, werden auch keine neuen Werte geschaffen. Es ist wahr, eine revolutionäre Diktatur bedeutet ihrem Wesen nach eine starke Freiheitsbeschneidung. Gerade deswegen waren die Zeiten der Revolutionen dem kulturellen Schaffen nie unmittelbar förderlich: sie brachen ihm nur Bahn. Die Diktatur des Proletariats gewährt dem menschlichen Genie in dem Maße größeren Raum, wie sie aufhört, Diktatur zu sein. Die sozialistische Kultur wird nur in dem Maße aufblühen, wie der Staat abstirbt. In diesem einfachen unumstößlichen Gesetz liegt das Todesurteil für das heutige politische Regime in der UdSSR. Die Sowjetdemokratie ist keine Forderung abstrakter Politik, noch weniger eine der Moral. Sie ist für das Land eine Frage von Leben und Tod geworden.

Hätte der neue Staat keine anderen Interessen als die der Gesellschaft, so würde das Absterben seiner Zwangsfunktionen allmählich und schmerzlos erfolgen. Aber der Staat ist nicht körperlos geworden. Die spezifischen Funktionen schufen sich spezifische Organe. Die Bürokratie als Ganzes genommen ist nicht so sehr um die Funktion besorgt als um den Tribut, den diese Funktion ihr einträgt. Die kommandierende Kaste ist bemüht, die Zwangsorgane zu stärken und zu verewigen. Um ihre Macht und ihre Einkünfte zu sichern, schont sie nichts und niemanden. Je mehr der Gang der Entwicklung sich gegen sie richtet, um so schonungsloser springt sie mit den fortgeschrittensten Elementen des Volkes um. Wie die katholische Kirche stellte sie das Dogma der Unfehlbarkeit[4] in ihrer Niedergangsperiode auf, aber dafür hob sie es in eine Höhe, wie sie sich der römische Papst nie hätte träumen lassen.

Vater aller Dinge, aller Herrscher ist er, die einen lehrt er Götter, die anderen Menschen werden, diese macht er zu Sklaven, jene zu Freien. Man muß aber erkennen, daß der Kampf das (allen) Gemeinsame ist und daß Streit zu Recht besteht und daß alles nur entsteht gemäß dem Streit und der Notwendigkeit.« (Heraklit, »Fragmente«, Nr. 232 und 233, in: E. Howald [Hg.], *Die Anfänge der abendländischen Philosophie*, Fragmente und Lehrberichte der Vorsokratiker, Zürich [Artemis] 1949, S. 59. Zu Heraklit vgl. Hegel, *Vorlesungen über die Geschichte der Philosophie*, 1. Bd., Sämtliche Werke [Jubiläumsausgabe] Bd. 17, 1. Teil, S. 349-369; Ferdinand Lassalle, *Die Philosophie Herakleitos des Dunklen von Ephesos* [1858], in: *Gesammelte Reden und Schriften*, hg. v. Eduard Bernstein, Bd. 8, Berlin [Cassirer] 1920, bes. § 4.)

4 Unfehlbarkeit in Glaubensdingen beansprucht die katholische Kirche insgesamt (aufgrund göttlicher Offenbarung); strittig war lange Zeit die Unfehlbarkeit einzelner kirchlicher Instanzen. Im 13. Jahrhundert wurde die These von der Unfehlbarkeit des Papstes erstmals von dem Franziskanerpater Petrus Olivi vertreten, 1324 aber von Johannes XXII. als »Teufelswerk« verurteilt. Als im Gefolge der Französischen Revolution (durch Enteignung des Grundbesitzes, Säkularisierung der kirchlichen Fürstentümer und Trennung von Staat und Kirche) die kirchliche Macht radikal eingeschränkt wurde und die italienische Einheitsbewegung den mittelitalienischen Kirchenstaat bedrohte, setzte Pius IX. 1870 auf dem 1. Vatikanischen Konzil das Dogma von der Unfehlbarkeit des Papstes (in Lehr- und Glaubensfragen) durch. »Die europäischen Mächte be-

Die immer aufdringlicher werdende Vergottung Stalins bildet, mit all ihrem Karikaturhaften, einen unerläßlichen Bestandteil des Regimes. Die Bürokratie braucht einen unantastbaren obersten Schiedsrichter, einen Ersten Konsul[5], wenn nicht einen Kaiser, und sie erhebt den auf ihre Schultern, der ihren Herrschaftsansprüchen am meisten gerecht wird. Die »Charakterstärke« des Führers, die die literarischen Dilettanten des Westens so begeistert[6], ist in Wirklichkeit nur das Resultat des kollektiven Drucks einer Kaste, die zu allem bereit ist, um ihre Stellung zu behaupten. Jedes ihrer Mitglieder auf seinem Posten meint: »Der Staat — bin ich!« In Stalin finden sie ohne Mühe sich selbst. Doch auch Stalin entdeckt in jedem von ihnen Teile seines eigenen Geistes. Stalin ist die personifizierte Bürokratie, und das macht seine politische Persönlichkeit aus.

Der Cäsarismus oder seine bürgerliche Form, der Bonapartismus, betritt die Bühne der Geschichte immer dann, wenn der scharfe Kampf zweier Lager die Staatsmacht gleichsam über die Nation erhebt und sie scheinbar von den Klassen völlig unabhängig macht, ihr aber in Wirklichkeit nur die notwendige Freiheit für die Verteidigung der Privilegierten gibt. Das Stalin-Regime, das die politisch atomisierte Gesellschaft überragt, sich auf die Polizei und das Offizierskorps stützt und keinerlei Kontrolle über sich duldet, ist deutlich eine Art Bonapartismus neuen Typs, wie ihn die Geschichte bisher nicht kannte. Der Cäsarismus entstand in der von inneren Kämpfen erschütterten Gesellschaft des Sklavenzeitalters. Der Bonapartismus ist ein politisches Werkzeug des kapitalistischen Regimes in seinen Krisenperioden. Der Stalinismus ist eine Abart desselben Systems, doch auf dem Fundament des vom Gegensatz zwischen der organisierten und bewaffneten Sowjetaristokratie und den waffenlosen werktätigen Massen zerrissenen Arbeiterstaats.

Die Geschichte ist Zeuge, daß sich der Bonapartismus mit dem allgemeinen und selbst geheimen Wahlrecht ausgezeichnet verträgt. Das demokrati-

fürchteten wegen der neuen Lehre Eingriffe der Kirche in die staatliche Sphäre und waren darüber verärgert.« Frankreich, Österreich und Deutschland duldeten daher die Einverleibung des Kirchenstaats in das italienische Königreich (im Oktober 1870).

(Vgl. August Bernhard Hasler, *Wie der Papst unfehlbar wurde,* Macht und Ohnmacht eines Dogmas, Frankfurt u.a. [Ullstein] 1981, S. 199 f.)

5 Vgl. Text 10, Anm. 6.

6 »Er ist ein Mann von Eisen. Sein Name kennzeichnet ihn: Stalin — der Mann aus Stahl ... Seine Macht liegt in seinem unerhörten gesunden Menschenverstand, in seinen ausgedehnten Kenntnissen, in seiner erstaunlichen inneren Ordnung, seiner leidenschaftlichen Sauberkeit, seiner unerschütterlichen Konsequenz, der Schnelligkeit, Sicherheit und durchdringenden Kraft seiner Entschlüsse, in seinem unermüdlichen Bestreben, die richtigen Menschen an die richtigen Stellen zu setzen.« (Henri Barbusse, *Staline,* Un monde nouveau à travers un homme, Paris [Flammarion] 1935, S. 85.)

sche Ritual des Bonapartismus ist das *Plebiszit*[7]. Von Zeit zu Zeit wird den Bürgern die Frage vorgelegt »*Für* oder *gegen* den Führer?«, wobei der Abstimmende den Revolverlauf an seiner Schläfe spürt. Seit den Zeiten Napoleons III., der uns heute als ein provinzieller Dilettant erscheint, hat diese Technik eine ungeahnte Entwicklung erfahren. Die neue Sowjetverfassung, die den *Bonapartismus auf plebiszitärer Grundlage* errichtet, ist wahrlich die Krönung des Systems.

Seine Entstehung verdankt der Sowjetbonapartismus letzten Endes der Verspätung der Weltrevolution. Dieselbe Ursache aber erzeugte in den kapitalistischen Ländern den Faschismus. Wir gelangen zu einer auf den ersten Blick überraschenden, doch in Wirklichkeit unabweislichen Schlußfolgerung: Die Erstickung der Sowjetdemokratie durch die allmächtige Bürokratie geht, ebenso wie die Zerschlagung der bürgerlichen Demokratie durch den Faschismus, auf ein und dieselbe Ursache zurück — die Verspätung des Weltproletariats bei der Lösung der ihm von der Geschichte gestellten Aufgabe. Stalinismus und Faschismus sind trotz des tiefen Unterschieds ihrer sozialen Grundlagen symmetrische Erscheinungen. In vielen Zügen sind sie sich erschreckend ähnlich. Eine siegreiche revolutionäre Bewegung in Europa würde augenblicklich nicht nur den Faschismus, sondern auch den Sowjetbonapartismus erschüttern. Der Weltrevolution

7 »Der niedere ‚Demagoge' setzt sich selbst als unersetzlich, er schafft um sich die Wüste, systematisch erdrückt und eliminiert er mögliche Konkurrenten, er will in ein direktes Verhältnis zu den Massen treten (Plebiszit usw. ...).« (Antonio Gramsci, »Grande ambizione e piccole ambizioni«, in: *Quaderni del Carcere*, Bd. 2, Turin [Einaudi] 1977, S. 771-772, hier S. 772.)
In der Tradition der römischen Republik und Jean Jacques Rousseaus spielt in den Verfassungen der bürgerlichen Demokratien das Plebiszit, d. h. die direkte Volksbefragung über Verfassungen, Verfassungsänderungen, bestimmte Sachfragen oder Neugliederungen des Staatsgebiets, die Rolle eines Korrektivs zum repräsentativen System, d. h. zur indirekten Bekundung des Volkswillens durch (aus Parteien) gewählte Repräsentanten. Im Vergleich zum Grundgesetz der BRD war die plebiszitäre Komponente in der Verfassung der Weimarer Republik stärker betont (direkte Wahl des Reichspräsidenten, Volksbegehren und Volksentscheid). Autoritäre und faschistische Regime (Napoleon I. und III., Hitler) haben sich wiederholt des Plebiszits bedient, um sich eine scheindemokratische Legitimation zu verschaffen; Hitler ließ sich zum Beispiel den Austritt Deutschlands aus dem Völkerbund, seine Übernahme des Reichspräsidenten-Amtes und den »Anschluß« Österreichs durch Plebiszite bestätigen.
(Vgl. Carl Schmitt, *Volksentscheid und Volksbegehren*, Ein Beitrag zur Auslegung der Weimarer Verfassung, Berlin - Leipzig [de Gruyter] 1927; Ernst Fraenkel, »Die repräsentative und die plebiszitäre Komponente im demokratischen Verfassungsstaat« [1958], in: ders., *Deutschland und die westlichen Demokratien*, Stuttgart [Kohlhammer] 1964, S. 81-119; »Plebiszit«, in: *Fischer-Lexikon*, Staat und Politik, hg. von Ernst Fraenkel u. Karl Dietrich Bracher, Frankfurt [Fischer] 1970, S. 29-253.)

den Rücken kehrend, hat die Stalinsche Bürokratie auf ihre Weise recht: sie folgt lediglich ihrem Selbsterhaltungstrieb.

## Der Kampf der Bürokratie gegen die »Klassenfeinde«

Als Gegengewicht zur Bürokratie diente in der ersten Zeit des Sowjetregimes die Partei. Leitete die Bürokratie den Staat, so kontrollierte die Partei die Bürokratie. Scharf darüber wachend, daß die Ungleichheit nicht die Grenzen des Notwendigen überschreite, stand die Partei stets in einem bald offenen, bald verdeckten Kampf mit der Bürokratie. Die historische Rolle der Stalinfraktion bestand darin, diese Zweiteilung zu beseitigen, die Partei ihrem eigenen Apparat zu unterwerfen und diesen mit dem Staatsapparat zu verschmelzen. So entstand das heutige totalitäre Regime. Stalins Sieg war dadurch gesichert, daß er der Bürokratie diesen nicht unwichtigen Dienst erwies.

In den ersten zehn Jahren ihres Kampfes ging die Linke Opposition den Weg der geistigen Eroberung der Partei, nicht den der Machteroberung gegen die Partei. Ihre Losung lautete: Reform, nicht Revolution. Allein, die Bürokratie war, um sich gegen eine demokratische Reform zu verteidigen, schon damals zu jedem beliebigen Coup bereit. Als 1927 der Kampf in ein besonders heftiges Stadium trat, erklärte Stalin in einer Sitzung des Zentralkomitees, an die Adresse der Opposition gerichtet: »Diese Kader kann man nur durch einen Bürgerkrieg beseitigen!«[8] Was in Stalins Worten eine Drohung war, ist infolge einer Reihe von Niederlagen des europäischen Proletariats historische Tatsache geworden. Aus dem Weg der Reform wurde der Weg der Revolution.

Die ununterbrochenen Säuberungen der Partei und der Sowjetorganisationen sollen verhindern, daß die Unzufriedenheit der Massen einen artikulierten politischen Ausdruck finden kann. Aber Repressalien töten das Denken nicht, sie treiben es nur in den Untergrund. Breite Kreise von Kommunisten und Parteilosen haben zweierlei Ansichten: eine offizielle und eine geheime. Schnüffelei und Angebertum zerfressen die gesellschaftlichen Beziehungen. Die Bürokratie stellt ihre Gegner unveränderlich als Feinde des Sozialismus hin. Mittels betrügerischer Prozesse, die längst zur Norm geworden sind, schiebt sie ihnen je nach Gutdünken jedes beliebige

8 »Um eine solche Mehrheit ‚hinwegzufegen', muß man einen Bürgerkrieg in der Partei beginnen. Und Trotzki gedenkt nun, in dem Augenblick, wenn der Feind 80 Kilometer vor dem Kreml steht, einen Bürgerkrieg in der Partei zu beginnen. Weiter, scheint's, kann man nicht mehr gehen.« (Stalin, »Die internationale Lage und die Verteidigung der UdSSR, Rede am 1. August, Vereinigtes Plenum des ZK und der ZKK der KPdSU[B]« [1927], SW 10, S. 3-74, hier S. 48.)

Verbrechen in die Schuhe. Durch die Drohung mit Erschießung entreißt sie den Schwachen Geständnisse, die sie selbst diktiert, und macht diese dann zur Grundlage der Anklagen gegen die Standhafteren.

»Es wäre unverzeihlich töricht und verbrecherisch«, belehrt die *Prawda* vom 5. Juni 1936 im Kommentar zur »demokratischsten Verfassung der Welt«[9], anzunehmen, daß trotz der Vernichtung der Klassen »die dem Sozialismus klassenmäßig feindlichen Kräfte sich mit ihrer Niederlage abgefunden haben ... Der Kampf geht weiter.« Wer sind diese »klassenmäßig feindlichen Kräfte«? Antwort: »Reste konterrevolutionärer Gruppen, Weißgardisten aller Schattierungen, *insbesondere* der trotzkistisch-sinowjewistischen« ... Nach dem unvermeidlichen Hinweis auf die »Spionage-, Diversanten- und Terrorarbeit« (der Trotzkisten und Sinowjewisten!) verspricht Stalins Organ: »Mit fester Hand werden wir auch weiterhin die Feinde des Volkes, die trotzkistischen Reptile und Furien schlagen und vernichten, wie geschickt sie sich auch maskieren mögen.«[10] Solche Drohungen werden in der Sowjetpresse täglich wiederholt und sind bloß Begleitmusik zur Arbeit der GPU.

Ein gewisser Petrow, Parteimitglied seit 1918, Teilnehmer am Bürgerkrieg, später Sowjetagronom und Anhänger der rechten Opposition, dem 1936 aus der Verbannung die Flucht ins Ausland gelang, schreibt heute in einer liberalen Emigrantenzeitung über die sogenannten Trotzkisten: »Die Linken? ... Psychologisch sind sie die letzten Revolutionäre. Die echten, glühenden. Kein graues Geschäftemachertum, keine Kompromisse. Wunderbare Menschen. Aber idiotische Ideen ... Weltbrand und ähnlicher Wahnwitz ...« Lassen wir die Fragen der »Ideen« beiseite. Das moralisch-politische Urteil über die Linken aus dem Munde eines ihrer rechten Gegner spricht für sich selbst. Eben diese »letzten Revolutionäre, die echten, glühenden«, werden von den Generälen und Obersten der GPU ... konterrevolutionärer Tätigkeit im Interesse des Imperialismus bezichtigt.

Die Hysterie des bürokratischen Hasses gegen die bolschewistische Opposition bekommt einen besonders krassen politischen Sinn, wenn man die Aufhebung der Beschränkungen für Personen bürgerlicher Herkunft danebenhält. Die versöhnlerischen Dekrete über deren Zulassung zu öffentlichen Ämtern, Arbeit und Bildungswesen gehen von der Erwägung aus, daß der Widerstand der ehemals herrschenden Klassen in dem Maße abstirbt, wie sich die neue Ordnung als unerschütterlich erweist. »Jetzt bedarf es dieser Einschränkungen nicht mehr«, erklärte Molotow auf der Sitzung des Zentralexekutivkomitees im Januar 1936. Gleichzeitig heißt es jedoch, daß die schlimmsten »Klassenfeinde« sich aus jenen rekrutieren, die

9 »Istoritscheski pljenum stalinskowo zentralnowo komitjeta« (»Historische Sitzung des Stalinschen Zentralkomitees«), in: *Prawda*, 5.6.1936.
10 »Ebd.

ihr ganzes Leben lang für den Sozialismus gekämpft haben, angefangen bei Lenins nächsten Mitarbeitern, wie Sinowjew und Kamenjew. Anders als die Bourgeoisie geraten die »Trotzkisten«, nach den Worten der *Prawda*, in um so größere Wut, »je schärfer die Konturen der klassenlosen sozialistischen Gesellschaft hervortreten«. Der Wahnwitz dieser Philosophie, der der Notwendigkeit entspringt, die neuen Beziehungen mit alten Formeln zu überdecken, kann natürlich die wirkliche Verschiebung der sozialen Gegensätze nicht verbergen. Einerseits eröffnet die Bildung eines »Adels«-Standes den ehrgeizigsten Sprößlingen der Bourgeoisie breite Möglichkeiten, Karriere zu machen: ihnen die Gleichberechtigung zu geben, bedeutet keinerlei Risiko. Andererseits ruft dieselbe Erscheinung eine tiefe und höchst gefährliche Unzufriedenheit bei den Massen, insbesondere bei der Arbeiterjugend hervor: daher der Vernichtungsfeldzug gegen die »Furien und Reptile«.

Das Schwert der Diktatur, das früher jene traf, die die Privilegien der Bourgeoisie wiederherstellen wollten, wird jetzt gegen die gerichtet, die sich gegen die Privilegien der Bürokratie auflehnen. Die Hiebe treffen nicht die Klassenfeinde des Proletariats, sondern die proletarische Avantgarde. Entsprechend der grundlegenden Änderung ihrer Funktionen setzt sich die politische Polizei, zu der einst nur besonders ergebene und opferbereite Bolschewiki angeworben wurden, heute aus dem demoralisierten Teil der Bürokratie zusammen.[11]

Bei der Verfolgung der Revolutionäre entladen die Thermidorianer ihren ganzen Haß gegen jene, die sie an die Vergangenheit erinnern und um die Zukunft fürchten lassen. Die Gefängnisse, die entlegensten Winkel Sibiriens und Mittelasiens, die sich ständig vermehrenden Konzentrationslager bergen die Blüte der bolschewistischen Partei, die Standhaftesten und Treuesten. Selbst in den Isolatoren und in Sibirien quält man die Oppositionellen mit Hausdurchsuchungen, Postsperren und Hunger. Die Frauen werden in der Verbannung gewaltsam ihren Männern entrissen zu dem einzigen Zweck, deren Widerstand zu brechen und ihnen Reueerklärungen abzupressen. Aber auch die Bußfertigen retten sich nicht: bei dem geringsten Verdacht oder einer Denunziation werden sie doppelt schwer bestraft. Wer den Verbannten beisteht, selbst wenn es sich um Verwandte handelt, wird als Verbrecher verfolgt. Gegenseitige Hilfe wird als Verschwörung bestraft.

Das einzige Mittel der Selbsthilfe ist unter diesen Bedingungen der Hungerstreik. Die GPU antwortet darauf entweder mit Zwangsernährung oder läßt es einem frei zu sterben. Hunderte von russischen und ausländischen Oppositionellen sind in diesen Jahren erschossen worden, in Hungerstreiks gestorben oder haben Selbstmord verübt. Seit zwölf Jahren verkün-

11 Vgl. Text 2, Anm. 2; Robert Conquest, *Inside Stalin's Secret Police*, NKVD-Politics, 1936-39, London [MacMillan] 1985.

dete die Regierung der Welt dutzendfach die endgültige Ausrottung der Opposition.[12] Aber während der »Säuberungen«, die in den letzten Monaten des Jahres 1935 und der ersten Hälfte des Jahres 1936 stattfanden, wurden erneut Hunderttausende von Parteimitgliedern ausgeschlossen, darunter einige zehntausend »Trotzkisten«[13]. Die aktivsten wurden auf der Stelle verhaftet und in Gefängnisse und Konzentrationslager geworfen. Was die anderen betrifft, hat Stalin durch die *Prawda* die Lokalbehörden in aller Öffentlichkeit angewiesen, ihnen keine Arbeit zu geben.[14] In einem Lande, in dem der Staat der einzige Arbeitgeber ist, bedeutet das den langsamen Hungertod. Der alte Grundsatz »Wer nicht arbeitet, soll auch nicht essen«, ist durch einen neuen ersetzt: »Wer nicht gehorcht, soll nicht essen.« Wieviele Bolschewiki seit 1923, dem Beginn der bonapartistischen Ära, ausgeschlossen, verhaftet, verbannt, ausgerottet wurden, das werden wir erst erfahren, wenn wir die Archive von Stalins politischer Polizei durchsehen werden. Wieviele in der Illegalität überlebt haben, das wird sich zeigen, wenn der Zusammenbruch der Bürokratie beginnt. anbricht.

Was können 20000 bis 30000 Oppositionelle bei einer Partei von zwei Millionen bedeuten? Die nackte Gegenüberstellung der Zahlen sagt in dieser Frage nichts. Ein Dutzend Revolutionäre in einem Regiment genügt, um es in einer zugespitzten politischen Atmosphäre auf die Seite des Volkes zu ziehen. Nicht von ungefähr fürchten die Stäbe die kleinen illegalen Zirkel, ja selbst die Einzelgänger bis auf den Tod. Diese reaktionäre Angst des Generalstabs, der die Stalinsche Bürokratie durch und durch infiziert hat, erklärt den äußerst gereizten Charakter ihrer Verfolgungsmaßnahmen und ihrer giftigen Verleumdungen.

12 Auf der Sitzung des Komintern-Exekutivkomitees vom 6.1.1924, erklärte z. B. der damals mit Stalin verbündete Sinowjew: »Die Besorgnisse wegen einer eventuellen Spaltung der Partei sind natürlich verständlich. Nun, wir versichern Ihnen, daß wir die Bedeutung der Minderheit um Trotzki keineswegs unterschätzen. Dennoch können wir Ihnen garantieren, daß es in unserer Partei unter keinen Umständen zu einer Spaltung (...) kommen wird. Wir haben allen Grund zu behaupten, daß es uns gelingen wird, die ganze Angelegenheit schnell und schmerzlos zu liquidieren.« (»Bericht des Genossen Sinowjew in der Sitzung der Exekutive der Komintern vom 6.1.24«, in: Wolter [Hg.], *Die Linke Opposition*, Bd. 1, S. 483-518, hier S. 515.)

13 Auf der Basis von Angaben über ausgeschlossene »Trotzkisten« in den Gebieten Charkow und West-Sibirien (in der *Prawda* vom 23. und 26.12.1935) versuchte Trotzki die Gesamtzahl seiner Anhänger in der Sowjetunion zu erschließen: »Nehmen wir das Mittel der westsibirischen und der Charkower Ziffern, so kommen wir auf 25000. Höchstwahrscheinlich kommt die zuletzt genannte Zahl der Wahrheit am nächsten.« (»Über die Sowjetsektion der Vierten Internationale« [11.1.1936], engl. in: TWr 1935-36, S. 235-241, hier S. 239.)

14 Eine entsprechende Aufforderung erschien in der *Prawda* vom 1.3.1936. (Vgl. Trotzki, »Der Plan zur physischen Ausrottung der Bolschewiki-Leninisten« [25.3.1936], frz. in: TŒ 9, S. 91-92.)

Victor Serge, der in der Sowjetunion alle Etappen der Unterdrückung durchlebt hat, brachte nach Westeuropa die erschütternde Kunde derer, die wegen Treue zur Revolution und wegen Feindschaft gegen ihre Totengräber gefoltert werden. »Ich übertreibe nichts«, schreibt er, »ich wäge jedes Wort ab, jedes kann ich mit tragischen Beweisen und mit Namen belegen. In dieser zumeist schweigsamen Menge von Opfern und Unbotmäßigen steht mir eine heldenhafte Minderheit näher als alle anderen, kostbar durch ihre Energie, ihren klaren Blick, ihren Stoizismus, ihre Verbundenheit mit dem Bolschewismus der großen Epoche. Einige Tausend sind es — Kommunisten der ersten Stunde, Gefährten Lenins und Trotzkis, Erbauer der Sowjetrepubliken, als es noch Sowjets gab —, die dem inneren Verfall des Regimes die Grundsätze des Sozialismus entgegenhalten und die Rechte der Arbeiterklasse verteidigen, wie sie es können (und sie können nichts anderes mehr, als sich in alle Opfer zu fügen)... Ich bringe euch Kunde von denen, die dort eingeschlossen sind. Sie werden standhalten, so lange wie nötig, bis zum Schluß, und sollten sie auch nicht mehr die neue Morgenröte der Revolution erblicken... Die Revolutionäre des Westens können auf sie zählen: das Feuer glimmt weiter, und sei es nur in den Gefängnissen. Sie zählen auch auf euch. Ihr müßt, wir müssen sie verteidigen, um die Arbeiterdemokratie in der Welt zu verteidigen, um der Diktatur des Proletariats ihr befreiendes Antlitz zurückzugeben, um der UdSSR eines Tages ihre moralische Größe und das Vertrauen der Arbeiter wiederzugeben...«[15]

## Die Unvermeidlichkeit einer neuen Revolution

Als Lenin seine Überlegungen über das Absterben des Staates anstellte, schrieb er, daß die Gewöhnung an die Einhaltung der Regeln des gesellschaftlichen Zusammenlebens allen Zwang überflüssig machen kann, »*wenn* nichts vorhanden ist, was empört, zu Protest und Auflehnung herausfordert, was die Notwendigkeit der Niederhaltung schafft«.[16] In diesem *wenn* liegt alles. Das heutige Regime der UdSSR fordert auf Schritt und Tritt Protest heraus, und um so glühenderen, als er unterdrückt wird. Die Bürokratie ist nicht nur ein Zwangsapparat, sondern auch eine nie versiegende Quelle der Provokation. Die bloße Existenz der habgierigen, verlogenen und zynischen Herrenkaste muß heimliche Empörung hervorrufen. Die Besserung der materiellen Lage der Arbeiter versöhnt diese nicht mit den Machthabern, im Gegenteil, sie hebt ihre Würde, macht ihr Denken frei für die allgemeinen politischen Fragen und bereitet so einen offenen Konflikt mit der Bürokratie vor.

15 »La vérité sur l'U.R.S.S. Deux lettres de Victor Serge. Lettre à ses amis (Mai 1936)«, in: *La Révolution prolétarienne*, Nr. 224, 10.6.1936.
16 Lenin, *Staat und Revolution*, LW 25, S. 476; Hervorhebung von Trotzki.

Die unabsetzbaren »Führer« propagieren mit Vorliebe, daß es gelte zu »lernen«, die »Technik zu meistern«, »kulturelle Selbsterziehung« zu pflegen und andere schöne Dinge. Aber die herrschende Schicht selbst ist roh und ungebildet, auf ernstes Studium nicht versessen, illoyal und grob im Umgang. Um so unerträglicher ist ihr Anspruch, alle Gebiete des öffentlichen Lebens zu bevormunden, nicht nur den Kooperativladen, sondern auch das Musikschaffen zu kommandieren. Die Sowjetbevölkerung wird eine höhere Kulturstufe nicht erklimmen können, wenn sie dies entwürdigende Joch der Usurpatorenkaste nicht abschüttelt.

Wird der Beamte den Arbeiterstaat auffressen oder der Arbeiter den Beamten bezwingen? So steht jetzt die Frage, von deren Lösung das Schicksal der UdSSR abhängt. Die große Mehrheit der Sowjetarbeiter ist heute schon der Bürokratie feindlich gesonnen, die Bauernmassen verabscheuen sie mit gesundem plebejischem Haß. Wenn die Arbeiter, im Unterschied zu den Bauern, sich fast gar nicht auf offene Kämpfe einließen und so das protestierende flache Land seinen Irrungen und der Ohnmacht preisgaben, so nicht nur der Repressalien wegen; die Arbeiter fürchteten, mit der Niederwerfung der Bürokratie der kapitalistischen Restauration den Weg zu bahnen. Die Beziehungen zwischen Staat und Klasse sind viel verwickelter, als die Vulgär-»Demokraten« meinen. Ohne Planwirtschaft würde die Sowjetunion um Jahrzehnte zurückgeworfen werden. In diesem Sinne übt die Bürokratie auch weiterhin eine notwendige Funktion aus. Aber sie tut dies in einer solchen Weise, daß sie eine Sprengung des ganzen Systems vorbereitet, die die Ergebnisse der Revolution vollständig zunichtemachen kann. Die Arbeiter sind Realisten. Ohne sich irgendwie über die herrschende Kaste, zumindest die ihnen am nächsten stehenden unteren Schichten dieser Kaste zu täuschen, sehen sie einstweilen noch in ihr den Wächter eines gewissen Teils ihrer eigenen Errungenschaften. Sie werden den unehrlichen, frechen und unzuverlässigen Wächter davonjagen, sobald sie eine Möglichkeit sehen. Dazu ist notwendig, daß sich im Westen oder im Osten ein neuer revolutionärer Lichtblick zeigt.

Daß der sichtbare politische Kampf aufgehört hat, wird von den Freunden und Agenten des Kreml als »Stabilisierung« des Regimes hingestellt. In Wirklichkeit bedeutet es lediglich eine zeitweilige Stabilisierung der Bürokratie; die Unzufriedenheit des Volkes ist dabei nur in die Tiefe verdrängt. Die junge Generation spürt das Joch des »aufgeklärten Absolutismus« — der weit mehr Absolutismus als Aufklärung ist — besonders schmerzlich. Die immer bösartigere Wachsamkeit der Bürokratie gegenüber jedem Schimmer eines lebendigen Gedankens sowie die unerträgliche Überspanntheit der Lobgesänge auf die weise Vorsehung in Gestalt des »Führers« sind Zeichen gleichermaßen für das wachsende Auseinanderklaffen von Staat und Gesellschaft wie für eine immer stärkere Verdichtung der inneren Gegensätze, die gegen die Wände des Staates prallen, nach einem Ausweg suchen und ihn unweigerlich finden werden.

Für eine richtige Beurteilung der Lage im Lande sind die nicht seltenen terroristischen Anschläge auf Vertreter der Staatsmacht von größter Bedeutung. Das meiste Aufsehen erregte der Mord an Kirow, dem geschickten und skrupellosen Diktator Leningrads, einem typischen Vertreter seiner Zunft. An sich sind Terroranschläge am wenigsten geeignet, die bonapartistische Oligarchie zu stürzen. Mag der einzelne Bürokrat den Revolver fürchten, die Bürokratie als Ganzes nutzt den Terror nicht ohne Erfolg, um eigene Gewalttätigkeiten zu rechtfertigen und bei Gelegenheit ihren politischen Gegnern einen Mord anzuhängen (die Sache Sinowjew, Kamenjew u. a.). Der individuelle Terror ist eine Waffe ungeduldiger und verzweifelter Einzelgänger, die meist der jüngeren Generation der Bürokratie selbst angehören. Aber die politischen Morde sind, wie zur Zeit der Zaren, ein untrügliches Vorzeichen eines aufziehenden Gewitters; sie künden vom Bevorstehen einer offenen politischen Krise.

Mit der Einführung der neuen Verfassung zeigt die Bürokratie, daß sie die Gefahr bemerkt und Vorbeugungsmaßnahmen trifft. Doch es wäre nicht das erste Mal, daß eine bürokratische Diktatur, die in »liberalen« Reformen Rettung suchte, sich nur selbst schwächte. Dadurch, daß die neue Verfassung den Bonapartismus bloßlegt, schafft sie gleichzeitig eine halblegale Deckung für den Kampf gegen ihn. Das Rivalisieren der bürokratischen Cliquen bei den Wahlen kann der Ausgangspunkt eines breiteren politischen Kampfes werden. Die Geißel gegen die »schlecht arbeitenden Machtorgane« kann zur Geißel gegen den Bonapartismus werden. Alles deutet darauf hin, daß es im weiteren Verlauf der Entwicklung unvermeidlich zum Zusammenstoß der durch die Entwicklung der Kultur gestärkten Kräfte des Volkes mit der bürokratischen Oligarchie kommen muß. Einen friedlichen Ausweg aus der Krise gibt es nicht. Kein Teufel hat jemals freiwillig seine Krallen beschnitten. Die Sowjetbürokratie wird ihre Positionen nicht kampflos aufgeben. Die Entwicklung führt eindeutig auf den Weg der Revolution.

Bei energischem Druck der Volksmassen und unter diesen Umständen unvermeidlicher Zersetzung des Regierungsapparates kann der Widerstand der Herrschenden sich als viel schwächer erweisen, als es heute scheinen möchte. Aber darüber sind nur Vermutungen möglich. Jedenfalls kann die Bürokratie nur durch eine revolutionäre Kraft beseitigt werden. Dies wird um so weniger Opfer kosten, je kühner und entschiedener der Angriff sein wird. Ihn vorbereiten und sich in einer günstigen historischen Situation an die Spitze der Massen stellen — das ist die Aufgabe der Sowjetsektion der Vierten Internationale. Heute ist sie noch schwach und in die Illegalität gedrängt. Aber daß eine Partei im Untergrund agiert, bedeutet nicht, daß sie nicht existiert: es ist nur eine schwierige Form der Existenz.[17] Repressalien können gegen eine vom Schauplatz abtretende Klasse durchaus wirksam sein: die revolutionäre Diktatur von 1917 bis 1923 hat das vollauf bewiesen. Aber Gewalt gegen die revolutionäre Avantgarde wird eine Kaste, die sich selbst überlebt hat, wenn nur der Sowjetunion eine weitere Entwicklung beschieden ist, nicht retten.

Die Revolution, die die Bürokratie gegen sich selbst vorbereitet, wird nicht wie die Oktoberrevolution von 1917 eine soziale Revolution sein. Diesmal gilt es nicht, die ökonomischen Grundlagen der Gesellschaft zu ändern und die vorhandenen Eigentumsformen durch andere zu ersetzen. Die Geschichte hat in der Vergangenheit neben sozialen Revolutionen, die das Feudalregime durch das bürgerliche ersetzten, auch politische gekannt, die, ohne die ökonomischen Grundlagen der Gesellschaft anzutasten, die alten herrschenden Spitzen hinwegfegten (1830 und 1848 in Frankreich, Februar 1917 in Rußland u. a.). Der Sturz der bonapartistischen Kaste wird selbstverständlich tiefgehende soziale Folgen haben, aber er wird im Rahmen eines politischen Umsturzes bleiben.

Zum erstenmal in der Geschichte gibt es einen aus einer Arbeiterrevolution hervorgegangenen Staat. Nirgends sind die Etappen, die er durchlaufen muß, niedergeschrieben. Freilich hofften die Theoretiker und Erbauer der UdSSR, daß das vollkommen durchsichtige und geschmeidige Rätesystem es dem Staat erlauben werde, sich friedlich, nach Maßgabe der in der wirtschaftlichen und kulturellen Entwicklung der Gesellschaft zurückgelegten Etappen, umzugestalten, aufzulösen und abzusterben. Das Leben erwies sich jedoch auch diesmal als komplizierter, als die Theorie angenommen hatte. Dem Proletariat eines zurückgebliebenen Landes war es beschieden, die erste sozialistische Revolution zu vollbringen. Dieses geschichtliche Vorrecht wird es allem Anschein nach mit einer zweiten, ergänzenden Revolution, einer gegen den bürokratischen Absolutismus, bezahlen müssen. Das Programm der neuen Revolution hängt in vielem vom Zeitpunkt ab, in dem sie ausbrechen wird, vom dann erreichten Entwicklungsniveau des Landes und in hohem Maße von der internationalen Lage. Grundelemente des Programms, die schon heute deutlich sind, sind in diesem Buch als

17 Im Frühjahr 1936 gehörte der freigelassene Victor Serge zu den letzten, die zuverlässige Nachrichten von in der UdSSR inhaftierten Trotzkisten überbrachten: »Wir sind zur Zeit nicht sehr viele: einige hundert, an die fünfhundert. Aber diese Fünfhundert beugen sich nicht mehr; das sind abgehärtete Menschen, die gelernt haben, selbständig zu denken und zu fühlen, und die ruhig mit der Möglichkeit endloser Verfolgung rechnen ... Es wird immer schwieriger, standhaft zu bleiben ... Die Alten sind diskreditiert, die Jungen verstehen es, selbst zu denken. Mit den ‚Alten' meine ich hier die Generation der Oppositionellen von 23-28, von denen nur einige bewundernswerte Kader bleiben, die überdies jung sind, wie Jakowin und Dingelstedt. In den Isolationszellen und anderswo findet man jetzt vor allem die trotzkistischen Opponenten von 1930-1933. Es bleibt eine einzige Autorität: die Ihre«. (Victor Serge an Trotzki [27.5.36], Harvard-Bibliothek Nr. 5013, zitiert nach Pierre Broué, »Les trotskystes en Union soviétique [1929-1938]«, in: *Cahiers Leon Trotsky,* Nr. 6, 1980, S. 5-65, hier S. 55 f.)

objektive Schlußfolgerung aus der Analyse der Widersprüche des Sowjetregimes dargelegt.

Es handelt sich nicht darum, eine herrschende Clique durch eine andere zu ersetzen, sondern darum, die Methoden selbst zu ändern, nach denen die Wirtschaft und die Kultur geleitet werden. Das bürokratische Selbstherrschertum muß der Sowjetdemokratie Platz machen. Die Wiederherstellung des Rechts auf Kritik und wirklich freie Wahlen ist die notwendige Vorbedingung für die weitere Entwicklung des Landes. Das setzt voraus, daß den Sowjetparteien, angefangen mit der Partei der Bolschewiki, die Freiheit wiedergegeben wird und daß die Gewerkschaften wiederauferstehen. Auf die Wirtschaft übertragen, bedeutet die Demokratie die radikale Revision der Pläne im Interesse der Werktätigen. Die freie Diskussion der Wirtschaftsprobleme wird die aus bürokratischen Fehlern und Zickzacks resultierenden Kosten senken. Teures Spielzeug — Sowjetpaläste, neue Theater, protzige Untergrundbahnen — wird zurücktreten zugunsten von Arbeiterwohnungen. Die »bürgerlichen Verteilungsnormen« werden auf das unbedingt Notwendige zurückgeführt werden, um in dem Maße, wie der gesellschaftliche Reichtum wächst, der sozialistischen Gleichheit Platz zu machen. Die Titel werden sofort abgeschafft, der Ordenplunder wird in den Schmelztiegel wandern. Die Jugend wird frei atmen, kritisieren, sich irren und reifen können. Wissenschaft und Kunst werden von ihren Ketten befreit. Schließlich wird die Außenpolitik zu den Traditionen des revolutionären Internationalismus zurückkehren.

Heute ist das Schicksal der Oktoberrevolution mehr denn je mit dem Europas und der ganzen Welt verbunden. Auf der Pyrenäenhalbinsel, in Frankreich, Belgien, wird augenblicklich das Los der Sowjetunion entschieden.[18] In dem Augenblick, wo dies Buch im Druck erscheint, wird die Lage vermutlich unvergleichlich klarer sein als heute, wo der Bürgerkrieg vor den Toren Madrids tobt. Wenn es der Sowjetbürokratie gelingt, durch ihre verräterische »Volksfront«-politik den Sieg der Reaktion in Spanien und Frankreich zu sichern — und die Komintern tut alles, was sie kann, in dieser Richtung — so wird die Sowjetunion am Rand des Abgrunds stehen; dann ist eher die bürgerliche Konterrevolution an der Tagesordnung als ein Arbeiteraufstand gegen die Bürokratie. Wenn aber trotz vereinigter Sabotage seitens der reformistischen und »kommunistischen« Führer das Prole-

18 Trotzki schloß das Manuskript der »Verratenen Revolution« am 4. August 1936 ab und übergab es den Übersetzern. Zu diesem Zeitpunkt war die internationale Situation aufs äußerste gespannt. In Spanien hatte sich die Armee am 17./18. Juli gegen die Regierung erhoben. Das katalanische Proletariat hatte den Putschisten eine vernichtende Niederlage bereitet. In Barcelona und Madrid waren ebenso wie in Paris mit Unterstützung der kommunistischen Parteien Volksfront-Regierungen entstanden. In Belgien streikten die Arbeiter im Hafen von Antwerpen und die Beschäftigten im Kohlenbergbau.

tariat Westeuropas sich den Weg zur Macht bahnt, so wird in der Geschichte der UdSSR ein neues Kapitel beginnen. Schon der erste Sieg der Revolution in Europa wird die Sowjetmassen elektrisieren, sie aufrichten, ihren unabhängigen Geist beleben, die Traditionen von 1905 und 1917 wecken, die Positionen der bonapartistischen Bürokratie untergraben und für die Vierte Internationale von nicht geringerer Bedeutung sein als die Oktoberrevolution für die Dritte Internationale. Nur auf diesem Weg wird der erste Arbeiterstaat für die sozialistische Zukunft zu retten sein.

# Anhang

## I. »Sozialismus in einem Lande«

Die reaktionären Tendenzen der Autarkie[1] sind ein Verteidigungsreflex des senilen Kapitalismus auf die von der Geschichte gestellte Aufgabe: Die Wirtschaft aus den Fesseln des Privateigentums und des Nationalstaats zu befreien und auf der gesamten Oberfläche unseres Planeten planmäßig zu organisieren.

In Lenins »Deklaration der Rechte des werktätigen und ausgebeuteten

1 »Wie könnte man zur Wirtschaftseinheit des europäischen Territoriums gelangen bei vollständiger Freiheit in der kulturellen Entwicklung seiner Völker? Wie das geeinte Europa in eine ausgewogene Wirtschaft der ganzen Welt einfügen? Die Lösung dieser Frage wird nicht erfolgen auf dem Weg der Vergottung der Nation, sondern umgekehrt auf dem Weg der völligen Befreiung der Produktivkräfte aus den Fesseln, die ihnen der Nationalstaat angelegt hat. Aber die herrschenden Klassen Europas ... versuchen, die Wirtschaft gewaltsam dem überlebten Nationalstaat zu unterwerfen. Die Sage vom Bett des Prokrustes wird in großem Ausmaß wieder lebendig: Anstatt der modernen Technik den ihr angemessenen Raum zu schaffen, hacken und schneiden die Herrschenden den lebendigen Organismus der Wirtschaft in Stücke ... Versuche, die Wirtschaft zu retten, indem man sie mit dem Leichengift des Nationalismus impft, führen zu jener Blutvergiftung, die den Namen Faschismus trägt ... Der jüngste Wirtschaftsnationalismus ist durch seine Rückschrittlichkeit unwiderruflich verurteilt: er bremst und senkt die Produktivkraft des Menschen.« (Trotzki, »Nation und Weltwirtschaft« [30.11.1933], SüD, Bd. 2, S. 642). Trotzki hatte schon den Ersten Weltkrieg als Rebellion der Produktivkräfte gegen die Schranken der Nationalstaaten interpretiert. Die neuerlichen Versuche in den dreißiger Jahren, die sich aus der Weltwirtschaftskrise ergebenden Probleme in nationalem Rahmen zu lösen, nannte er »reaktionär« und »utopisch« (ebd., S. 643), weil sie die Produktivkräfte hemmten und weil die zum Scheitern verurteilte Autarkie-Politik nur die Vorbereitung für den kriegerischen Ausbruch auf dem Weltmarkt darstellte.
(Vgl. Day, *Leon Trotsky and the Politics of Economic Isolation.*)

Volkes«[2], die vom Rat der Volkskommissare der Konstituierenden Versammlung[3] in den wenigen Stunden ihrer Existenz zur Annahme vorgelegt wurde, wird die »Grundaufgabe« der neuen Ordnung folgendermaßen

2 In der von Lenin verfaßten »Deklaration der Rechte des werktätigen und ausgebeuteten Volkes« hieß es: »Rußland wird zur Republik der Arbeiter-, Soldaten- und Bauerndeputierten erklärt. Die gesamte zentrale und lokale Staatsmacht gehört diesen Sowjets.« (Lenin, »Deklaration der Rechte des werktätigen und ausgebeuteten Volkes«, LW 26, S. 422-426, hier S. 422.) Am 5. (18.) Januar 1918 legte Swerdlow die Deklaration im Namen des Gesamtrussischen Exekutivkomitees der Konstituierenden Versammlung zur Bestätigung vor, doch wurde der Antrag auf Beratung mit Stimmenmehrheit abgelehnt. Die »Deklaration« wurde dann vom III. Allrussischen Sowjetkongreß noch im Januar 1918 verabschiedet und bildete den ersten Teil der vom V. Gesamtrussischen Sowjetkongreß am 10. Juli 1918 beschlossenen ersten Verfassung der RSFSR. (Vgl. »Verfassung der Russischen Sozialistischen Föderativen Sowjetrepublik«, in: Hellmann [Hg.], *Die russische Revolution 1917*, S. 357-370; Altrichter [Hg.], *Die Sowjetunion*, S. 143-160.)

3 Die aus der Februarrevolution 1917 hervorgegangene Provisorische Regierung hatte die Einberufung einer Konstituierenden Versammlung angekündigt und die Wahlen für den 17. (30.) September 1917 anberaumt, sie dann aber verschoben, so daß sie erst nach der Oktoberrevolution (vom 12. [25.] bis 14. [27.] November) stattfanden. Von 703 Sitzen der Konstituierenden Versammlung fielen (nach der allerdings nicht vollständigen Stimmenauszählung) 399 (57 %) an die russischen, ukrainischen und sonstigen nationalen Sozialrevolutionäre, 18 (2,56 %) an die Menschewiki, 15 (2,13 %) an die Kadetten, 168 (23,9 %) an die Bolschewiki und 39 (5,55 %) an die mit ihnen zeitweilig verbündeten Linken Sozialrevolutionäre.

Die Sozialrevolutionäre kandidierten mit einer vor der Revolution erstellten, Mitte Oktober 1917 eingereichten gemeinsamen Liste, obwohl sie sich inzwischen in Linke (Anhänger der Rätemacht) und Rechte (Gegner des Oktoberumsturzes und des Sowjetregimes) gespalten hatten. (Auf ihrem Kongreß vom 19. bis 28.11.1917 konstituierten sich die Linken Sozialrevolutionäre als eigenständige Partei.)

Das Wahlergebnis zeigte ein Gefälle zwischen den ländlichen Wahlkreisen, in denen die Sozialrevolutionäre durchweg den größten Stimmenanteil erzielten, und den städtischen Industriezentren, in denen die Bolschewiki deutliche Mehrheiten gewannen. (Vgl. dazu die auf Zahlenangaben der Sozialrevolutionäre beruhende Auswertung des Wahlergebnisses durch Lenin: »Die Wahlen zur Konstituierenden Versammlung und die Diktatur des Proletariats« [Dezember 1919], LW 30, S. 242-265.)

Die Konstituierende Versammlung trat am 5. (18.) Januar 1918 zu ihrer einzigen Sitzung zusammen. Nachdem die Mehrheit der Abgeordneten die Beratung der »Deklaration der Rechte des werktätigen und ausgebeuteten Volkes« und die Bestätigung der Dekrete des II. Sowjetkongresses über die Landverteilung, den Frieden und die Übertragung der Macht an die Sowjets verweigerte, wurde die Versammlung auf Beschluß des ZEK (unter Einschluß der Stimmen der Linken Sozialrevolutionäre) am 6. (19.) Januar aufgelöst. Im Auflösungsdekret hieß es: »Die Konstituierende Versammlung, gewählt auf Grund von Kandidatenlisten, die vor der Oktoberrevolution aufgestellt worden waren, brachte das alte

definiert: »Schaffung einer sozialistisch organisierten Gesellschaft und ... Sieg des Sozialismus in allen Ländern«[4]. Der internationale Charakter der Revolution wurde somit in der Gründungsurkunde des neuen Regimes niedergelegt. Niemand hätte damals gewagt, das Problem anders zu stellen! Im April 1924, drei Monate nach Lenins Tod, schrieb Stalin in seiner zusammengestoppelten Broschüre »Die Grundlagen des Leninismus«: »Zum Sturz der Bourgeoisie genügen die Anstrengungen *eines* Landes — davon zeugt die Geschichte unserer Revolution. Zum endgültigen Sieg des Sozialismus, zur Organisierung der sozialistischen Produktion, genügen nicht die Anstrengungen *eines* Landes, zumal eines Bauernlandes wie Rußland — dazu sind die Anstrengungen der Proletarier mehrerer fortgeschrittener Länder notwendig.«[5] Diese Zeilen bedürfen keiner Erläuterung. Dafür wurde die Ausgabe, in der sie stehen, aus dem Verkehr gezogen.

Die schweren Niederlagen des europäischen Proletariats und die ersten, noch sehr bescheidenen Wirtschaftserfolge der Sowjetunion brachten Stalin im Herbst 1924 auf den Gedanken, die historische Mission der Sowjetbürokratie sei der Aufbau des Sozialismus in einem Lande. Um diese Frage

politische Kräfteverhältnis zum Ausdruck, aus einer Zeit, als die Kompromißler und die Kadetten an der Macht waren. Das Volk konnte damals, als es für die Kandidaten der Partei der Sozialrevolutionäre stimmte, nicht zwischen den Rechten Sozialrevolutionären, den Anhängern der Bourgeoisie, und den Linken Sozialrevolutionären, den Anhängern des Sozialismus, seine Wahl treffen. So kam es, daß diese Konstituierende Versammlung ... sich der Oktoberrevolution und der Sowjetmacht unvermeidlich in den Weg stellen mußte. ... Jeder Verzicht auf die uneingeschränkte Macht der Sowjets, auf die vom Volk eroberte Sowjetrepublik zugunsten des bürgerlichen Parlamentarismus und der Konstituierenden Versammlung wäre jetzt ein Schritt rückwärts, würde den Zusammenbruch der ganzen Oktoberrevolution der Arbeiter und Bauern bedeuten.« (»Dekret über die Auflösung der Konstituierenden Versammlung«, in: Hellmann [Hg.], *Die russische Revolution 1917*, S. 347 f.)

(Vgl. Oliver Henry Radkey, *The Elections to the Russian Constituent Assembly of 1917*, Cambridge [Harvard University Press] 1950; Lenin, »Thesen über die Konstituierende Versammlung«, (11.-12. [24.-25.] 12.1917), LW 26, S. 377-381; Ders., »Deklaration der Fraktion der SDAPR (Bolschewiki), verlesen in der Sitzung der Konstituierenden Versammlung am 5. (18.) Januar 1918«, ebd., S. 429 f.; Ders., »Entwurf eines Dekrets über die Auflösung der Konstituierenden Versammlung«, (6. [19.] Januar 1918), ebd., S. 434-436; Ders., »Rede über die Auflösung der Konstituierenden Versammlung in der Sitzung des Gesamtrussischen Zentralexekutivkomitees am 6. (19.) Januar 1918«, ebd., S. 437-441; Ders., *Die proletarische Revolution und der Renegat Kautsky*, [Oktober/November 1918], LW 28, S. 225-327, bes. S. 262-271; Trotzki, *Von der Oktoberrevolution bis zum Brester Friedensvertrag*, S. 99-106.)

4 Lenin, »Deklaration ...«, LW 26, S. 422; Altrichter (Hg.), *Die Sowjetunion*, S. 143 f.

5 »Über die Grundlagen des Leninismus« (erste Ausgabe), von Stalin selbst zitiert in: »Zu den Fragen des Leninismus« [25. Januar 1926], SW 8, S. 12-81, hier S. 55.

entbrannte eine Diskussion, die vielen oberflächlichen Geistern akademisch oder scholastisch vorkam, die in Wirklichkeit aber die beginnende Entartung der Dritten Internationale zum Ausdruck brachte und die Vierte Internationale vorbereitete.

Der uns bereits bekannte ehemalige Kommunist und heutige weiße Emigrant Petrow berichtet aus eigener Erinnerung, wie heftig die junge Generation der Administratoren sich gegen die Lehre sträubte, nach der die UdSSR von der internationalen Revolution abhinge. »Wieso sollen wir denn mit der Schaffung eines glücklichen Lebens in unserem Lande nicht selber fertig werden?« Wenn es bei Marx anders steht, dann sind wir »eben keine Marxisten, sondern russische Bolschewiki, und basta«. Diesen Erinnerungen aus der Mitte der zwanziger Jahre fügt Petrow hinzu: »Heute kann ich nicht umhin zu denken, daß die Theorie vom Aufbau des Sozialismus in einem Lande nicht bloß Stalins Erfindung ist.« Ganz richtig! Sie war der getreue Ausdruck der Stimmung der Bürokratie: wenn diese vom Sieg des Sozialismus sprach, meinte sie damit ihren eigenen Sieg.

Um den Bruch mit der marxistischen Tradition des Internationalismus zu begründen, beging Stalin die Unvorsichtigkeit, sich darauf zu berufen, Marx und Engels hätten das Gesetz ... von der ungleichmäßigen Entwicklung des Kapitalismus nicht gekannt, das angeblich zuerst von Lenin entdeckt wurde.[6] In einem Katalog geistiger Kuriosa stünde dieser Behauptung einer der ersten Plätze zu. Ungleichmäßigkeit der Entwicklung durchzieht die ganze Geschichte der Menschheit, insbesondere die des Kapitalismus. Der junge russische Historiker und Ökonom Solnzew[7], ein Mann von außergewöhnlicher Begabung und moralischer Qualität, der in den Gefäng-

6 Vgl. Text 8, Anm. 32.

7 Eleasar B. Solnzew (1900-1936) gehörte seit 1923 zur Linken Opposition; er studierte Geschichte und Wirtschaftswissenschaft am »Institut der Roten Professur« und arbeitete mehrere Jahre bei sowjetischen Handelsgesellschaften in den USA und in Deutschland. Während seiner Zeit in den USA arbeitete er bei der Herausgabe von Schriften Trotzkis und der Linken Opposition mit Max Eastman zusammen. Nach seiner Rückkehr in die Sowjetunion wurde er 1928 verhaftet, nach fünfjährigem Aufenthalt in verschiedenen Isolatoren nach Sibirien verbannt und von seiner ebenfalls deportierten Familie getrennt. Im September 1935 erneut verhaftet und zu fünf Jahren Freiheitsentzug verurteilt, begann er einen Hungerstreik und setzte durch, wieder mit seiner Familie zusammenleben zu können. Durch den Hungerstreik geschwächt, starb Solnzew wenig später an den Folgen einer Infektion. (Vgl. »Solnzews Tod«, in: *Unser Wort*, Nr. 11 (75), Anfang Juni 1936, S. 3.)
Trotzki bezeichnete Solnzew als »einen der begabtesten Köpfe der jungen Generation der Sowjetunion« und zählte ihn zu seinen »engsten Mitarbeitern« (TWr 1935-36, S. 326, TWr Suppl. 1934-40, S. 657, TŒ 9, S. 271 u. 213).
Ein im November 1928 in Berlin geschriebener Bericht Solnzews über die Opposition in den Kominternsektionen, Auszüge aus einem Brief an Rakowski

nissen der Sowjetbürokratie wegen seiner Zugehörigkeit zur Linken Opposition in den Tod gehetzt wurde, schrieb 1926 eine ausgezeichnete theoretische Abhandlung über das Gesetz der ungleichmäßigen Entwicklung bei Marx; es versteht sich von selbst, daß diese Arbeit in der UdSSR nicht erscheinen konnte. Mit Verbot wurde auch, freilich aus umgekehrten Erwägungen heraus, die Arbeit des längst verstorbenen und vergessenen deutschen Sozialdemokraten Vollmar belegt, der bereits 1878 die Perspektive eines »isolierten sozialistischen Staates« entwickelte[8] — nicht für Rußland, sondern für Deutschland — unter Hinweis auf das vor Lenin angeblich unbekannte »Gesetz« der ungleichmäßigen Entwicklung.

»Der Sozialismus setzt unbedingt wirtschaftlich entwickelte Verhältnisse voraus«, schrieb Georg Vollmar, »und käme es nun auf letztere allein an, so müßte er da am mächtigsten sein, wo die wirtschaftliche Entwicklung am größten ist. Das ist aber keineswegs der Fall. England ist gewiß das wirtschaftlich entwickeltste Land; trotzdem sehen wir in ihm den Sozialismus noch eine sehr untergeordnete Rolle spielen, während derselbe in dem ökonomisch minder entwickelten Deutschland bereits eine solche Macht ist, daß sich die ganze alte Gesellschaft nicht mehr sicher wähnt...«[9] Vollmar weist auf die Vielfalt der historischen Faktoren hin, die den Gang der Ereignisse bestimmen, und fährt fort: »Daß beim Zusammenwirken so zahlreicher Kräfte die Entwicklung irgendeiner allgemein menschlichen Bewegung bisher kaum in ein paar Ländern, geschweige denn in allen ... eine nach Zeit und Art gleichheitliche sein ... kann, ... ist klar. Und demselben Gesetz wird auch der Sozialismus unterliegen... (Es) erscheint so die *Annahme eines gleichzeitigen Sieges des Sozialismus in allen Kulturländern* als *schlechthin ausgeschlossen*; nicht weniger und aus denselben Gründen aber auch die, daß dem Beispiele eines sozialistisch organisierten Staates notwendig sofort alle übrigen zivilisierten Staaten folgen würden... Damit wären wir also«, schließt Vollmar, »auf den *isolierten sozialistischen Staat* gekommen und hätten in ihm den verhältnismäßig sichersten Anhaltspunkt gefunden.«[10] In dieser Arbeit, die geschrieben wurde, als Lenin acht Jahre alt war, ist das Gesetz der ungleichmäßigen Entwicklung viel korrekter dargestellt als bei den Sowjetepigonen seit dem Herbst 1924. Man muß übrigens

vom Juli 1929 und von ihm mitverfaßte Thesen über die »Krise der Revolution, Perspektiven des Kampfes und Aufgaben der Opposition« vom Juni 1930 finden sich in den *Cahiers Léon Trotsky*, Nr. 7/8, 1981, S. 43-54 und S. 64-67, sowie in der Nr. 6, 1980, S. 154-171.

8 Georg von Vollmars Studie »Der isolierte sozialistische Staat« (1878 verfaßt, 1879 im 1. Jahrgang des *Jahrbuchs für Sozialwissenschaft und Sozialpolitik* erschienen) ist in den von Willy Albrecht herausgegebenen Sammelband *Reden und Schriften zur Reformpolitik*, S. 51-73, aufgenommen worden.

9 G. v. Vollmar, *Reden und Schriften*, S. 53.

10 Ebd., S. 54-56.

bemerken, daß Vollmar, ein durchaus zweitrangiger Theoretiker, in diesem Teil seiner Untersuchung lediglich einen Gedanken von Engels wiedergibt, dem das Gesetz der ungleichmäßigen Entwicklung des Kapitalismus angeblich »unbekannt« geblieben sei.

Der »isolierte sozialistische Staat« ist aus einer historischen Hypothese längst zur Tatsache geworden, freilich nicht in Deutschland, sondern in Rußland. Aber die Tatsache der Isolierung ist ja gerade ein Ausdruck für die relative Stärke des Weltkapitalismus und die relative Schwäche des Sozialismus. Vom isolierten »sozialistischen« Staat bis zur sozialistischen Gesellschaft, die für immer mit dem Staat Schluß gemacht haben wird, ist ein langer historischer Weg, der eben mit dem der internationalen Revolution zusammenfällt.

Beatrice und Sidney Webb wollen uns ihrerseits weismachen, Marx und Engels hätten nur deshalb nicht an die Möglichkeit des Aufbaus einer isolierten sozialistischen Gesellschaft geglaubt, weil sie sich eine so mächtige Waffe wie das Außenhandelsmonopol nicht hatten träumen lassen (»neither Marx nor Engels had ever dreamt«)[11]. Man kann diese Zeilen nicht ohne ein peinliches Gefühl gegenüber den betagten Autoren lesen. Die Verstaatlichung der Handelsbanken und -gesellschaften, der Eisenbahnen und der Handelsflotte ist eine ebenso notwendige Maßnahme der sozialistischen Revolution wie die Nationalisierung der Produktionsmittel, darunter auch der der Exportindustriebranchen. Das Außenhandelsmonopol ist nichts anderes als eine Zusammenfassung der materiellen Mittel des Exports und des Imports in den Händen des Staats. Zu behaupten, Marx und Engels hätten sich das Außenhandelsmonopol nicht »träumen lassen«, unterstellt, daß sie sich die sozialistische Revolution nicht träumen ließen. Zu allem Übel bezeichnet Vollmar in seiner Arbeit das Außenhandelsmonopol vollkommen richtig als eines der wichtigsten Instrumente des »isolierten sozialistischen Staats«.[12] Marx und Engels müssen also dies Geheimnis

11 Sidney and Beatrice Webb, *Soviet Communism*, A New Civilisation?, London [Longmans, Green & Co.] 1935, Bd. 2, S. 1102: »To this it may to-day be answered that the injurious effects of foreign capitalist competition on the nascent industries of the USSR, which might be undersold by cheap foreign products, and the possible catastrophic currency depreciation and price-changes that foreign manipulations of the exchanges might effect, were both obviated by the plan that the Bolsheviks had already adopted (but of which neither Marx nor Engels had ever dreamt) of a rigid Government monopoly of all international trade, and an absolute prohibition of any import or export of the Soviet currency.«

12 »Unser Staat bedarf — von den geistigen Gütern, welche ja ohnehin Gemeingut aller Menschen sind, abgesehen — zahlreicher Produkte, welche er nicht hat und von anderen Ländern beziehen muß, während hinwiederum diese viele Produkte brauchen, welche er im Überfluß erzeugt. Der nötige Ausgleich wird durch den *internationalen Handel* bewirkt. Diese wichtige ökonomische Funktion befindet

von Vollmar erfahren haben, hätte dieser es nicht selbst vorher von ihnen erfahren.[13]

Die »Theorie« vom Sozialismus in einem Lande, die Stalin, nebenbei bemerkt, nirgends dargestellt oder begründet hat, ließe sich auf den recht sterilen und ungeschichtlichen Gedanken zurückführen, daß die sozialistische Gesellschaft dank der Naturreichtümer des Landes in den geographischen Grenzen der UdSSR errichtet werden könnte. Mit demselben Recht dürfte man behaupten, der Sozialismus könne auch siegen, falls die Bevölkerung der Erde zwölfmal kleiner wäre als sie ist. In Wirklichkeit jedoch sollte die neue Theorie ein konkreteres System von Ansichten in das gesellschaftliche Bewußtsein einführen, nämlich: die Revolution ist endgültig abgeschlossen, die sozialen Gegensätze werden sich fortwährend mildern, der Kulak unmerklich in den Sozialismus hineinwachsen, die Entwicklung im ganzen — unabhängig von den Ereignissen der Außenwelt — friedlich und planmäßig verlaufen. Bucharin versuchte, die neue Theorie zu begründen, indem er als unerschütterlich bewiesen verkündete: »Wegen der Klassenunterschiede innerhalb unseres Landes, wegen unserer technischen Rückständigkeit (werden wir) nicht zugrunde gehen, ... den Sozialismus (können wir) selbst auf dieser elenden technischen Basis aufbauen, ... dieses Wachstum des Sozialismus (wird) vielleicht viel langsamer vor sich gehen, ... wir (werden) in seinem Aufbau vielleicht nur mit Schneckenschritten vorwärtsschreiten, aber wir werden ihn vollenden.«[14] Merken wir uns diese Formulierung »den Sozialismus selbst auf dieser elenden technischen Basis aufbauen«, und erinnern wir nochmals an die geniale Vorahnung des jungen Marx, der sagte, auf niedriger technischer Grundlage werde »nur der *Mangel* verallgemeinert, also mit der *Notdurft* auch der Streit um das Notwendige wieder beginnen und die ganze alte Scheiße sich herstellen«.[15]

sich in der innigsten Wechselwirkung mit der inneren Produktion und Konsumtion, von denen sie nicht getrennt werden kann, und muß daher ganz denselben ökonomischen Gesetzen unterliegen wie jene. Will also der Staat seine ökonomischen Verhältnisse nach dem Prinzip des Sozialismus umgestalten und entzieht er zu diesem Zweck Produktion und Konsumtion der Willkür des Privateigentums, so muß er das auch beim Handel tun, weil dieser heute auf demselben Ausbeutungsprinzip wie jene beruht und überhaupt gar nicht durchzuführen ist, ohne daß auch der Handel sozialistisch organisiert ist.« (v. Vollmar, *Reden und Schriften*, S. 65.)

13 Schon in Engels' »Grundsätzen des Kommunismus« [1847] hieß es: Nach dem ersten radikalen Angriff gegen das Privateigentum werde »das Proletariat sich gezwungen sehen, immer weiter zu gehen«, Kapital, Ackerbau, Industrie, Transport und »allen Austausch in den Händen des Staates zu konzentrieren.« (MEW 4, S.374.)

14 Bucharin in einem Diskussionsbeitrag auf dem 14. Parteitag der KPdSU(B) im Dezember 1925. (Vgl. Wolter [Hg.], *Die Linke Opposition*, Bd. 3, S. 341.)

15 Karl Marx/Friedrich Engels, »Die deutsche Ideologie« (1845/1846), MEW 3, S. 9-530, hier S. 34 f.

Im April 1926 brachte die Linke Opposition auf der Plenarsitzung des Zentralkomitees[16] folgenden Antrag zur Theorie des Schneckentempos ein: »Es wäre von Grund auf falsch zu glauben, man könne unter kapitalistischer Umklammerung in willkürlichem Tempo auf den Sozialismus zugehen. Ein weiterer Vormarsch zum Sozialismus wird nur unter der Bedingung gewährleistet sein, daß der Abstand zwischen unserer Industrie und der des fortgeschrittenen Kapitalismus eindeutig und fühlbar kleiner und nicht größer wird.«[17] Stalin nannte ganz zu Recht diesen Antrag eine »verschleierte Attacke« auf die Theorie des Sozialismus in einem Lande und lehnte kategorisch selbst die Bestrebung ab, das Tempo des inneren Aufbaus mit den Bedingungen der internationalen Entwicklung zu verknüpfen. Laut Stenogramm des Plenums[18] sagte er wortwörtlich: »Wer hier den internationalen Faktor einflicht, der versteht die eigentliche Fragestellung überhaupt nicht, der verwirrt die Frage entweder aus Unverständnis für die Sache oder absichtlich.« Der Antrag der Opposition wurde abgelehnt.

Aber die Illusion eines im Schneckentempo, auf armseliger Grundlage und umgeben von mächtigen Feinden erbauten Sozialismus hat den Schlägen der Kritik nicht lange standgehalten. Im November desselben Jahres gab die 15. Parteikonferenz[19], ohne die geringste Vorbereitung in der Presse,

16 Das Plenum des Zentralkomitees tagte vom 6. bis 9. April 1926. Auf der Tagesordnung standen u.a. Fragen der Wirtschaftspolitik, vor allem das Verhältnis von Landwirtschaft und Industrie. Trotzki nutzte die durch das Auseinanderbrechen der »Troika« (Stalin, Sinowjew, Kamenjew) entstandene Situation, um erneut in die Auseinandersetzungen innerhalb der Parteiführung einzugreifen. Er schrieb einen Zusatzantrag zu einem von Rykow vorgelegten Resolutionsentwurf, in dem er die Notwendigkeit einer rascheren, durch die Besteuerung der Kulaken zu finanzierenden Industrialisierung unterstrich und darauf hinwies, daß bei ungleichem Entwicklungstempo von Industrie und Landwirtschaft ein Auseinanderbrechen des Arbeiter-und-Bauern-Bündnisses drohe. (»Abänderungsanträge zu Rykows Resolution« [12.4.1926], engl. in: Trotsky, *Challenge 1926-27*, S. 47-55.) Im Verlauf der Debatte ergab sich weitgehende Übereinstimmung zwischen Trotzki und Kamenjew in der Frage eines härteren Vorgehens gegen die Kulaken; daraus entwickelte sich der spätere Zusammenschluß von Trotzkisten und Sinowjewisten zur Vereinigten Opposition. Rykows Resolution (»Die wirtschaftliche Lage der Sowjetunion und die Wirtschaftspolitik der KPdSU«, in: Wolter [Hg.], *Die Linke Opposition*, Bd. 4, S. 48-57), wurde auf der ZK-Sitzung einstimmig angenommen, Trotzkis Zusatzantrag abgelehnt.

17 Trotzki, »Abänderungsanträge zu Rykows Resolution«, in: ders., *Challenge 1926-27*, S. 53.

18 Das stenographische Protokoll der ZK-Sitzung vom April 1926 wurde nicht veröffentlicht.

19 Die 15. Parteikonferenz fand vom 26. Oktober bis zum 3. November 1926 statt. Schon während der vorausgehenden Sitzung des Zentralkomitees am 23. Oktober hatte die Stalin-Fraktion den von der Opposition angebotenen Waffenstillstand abgelehnt, indem sie »eine weitere Arbeit des Genossen Sinowjew in der

die Notwendigkeit zu, »in verhältnismäßig (?) minimaler historischer Frist den Stand der industriellen Entwicklung der fortgeschrittenen kapitalistischen Länder einzuholen und dann auch zu überholen«.[20] Die Linke Opposition jedenfalls war »überholt« worden. Aber mit der Losung, die ganze Welt in »minimaler Frist« einzuholen und zu überholen, wurden die gestrigen Theoretiker des Schneckentempos Gefangene eben des »internationalen Faktors«, der der Sowjetbürokratie eine derart abergläubische Angst einflößt. So wurde binnen acht Monaten die erste, klarste Version der Stalinschen Theorie begraben.

Der Sozialismus wird den Kapitalismus unweigerlich auf allen Gebieten »überholen« müssen, schrieb die Linke Opposition in einem im März 1927 illegal verbreiteten Dokument. »Aber jetzt handelt es sich nicht um das Verhältnis des Sozialismus zum Kapitalismus überhaupt, sondern um die ökonomische Entwicklung der UdSSR im Verhältnis zu Deutschland, England und den Vereinigten Staaten. Was ist unter ,minimaler historischer Frist' zu verstehen? Im Laufe einiger weiterer Fünfjahrespläne werden wir noch entfernt nicht den Stand der fortgeschrittenen Länder des Westens erreichen. Was wird in dieser Zeit mit der kapitalistischen Welt geschehen? ... Hält man es für möglich, daß sie eine neue, jahrzehntelange Blütezeit erlebt, dann ist es eine erbärmliche Abgeschmacktheit, von Sozialismus zu reden, dann wird man sagen müssen, daß wir uns in der Einschätzung der ganzen Epoche als einer Epoche der kapitalistischen Fäulnis[21] geirrt haben,

Komintern für unmöglich« erklärte und Trotzki und Kamenjew aus dem Politbüro ausschloß. Stalin bezeichnete die Opposition erstmalig als »sozialdemokratische Abweichung« und rief dazu auf, »es dahin zu bringen, daß die Opposition gezwungen ist, sich von ihren Fehlern loszusagen, wenn sie nicht endgültig zerschlagen werden will« (Stalin, »Über die sozialdemokratische Abweichung in unserer Partei, Referat auf der XV. Unionskonferenz der KPdSU(B) [1.11.1926]«, SW 8, S. 209-265, hier S. 219). Auf der Konferenz kam es zu heftigen Auseinandersetzungen. Trotzki, der »eine seiner größten Reden« hielt (Deutscher, *Trotzki*, Bd. 2, S. 290), trat zum letzten Mal vor einer Parteikonferenz (oder einem Parteitag) auf. (Die Auseinandersetzungen über die innerparteiliche Situation während der 15. Parteikonferenz sind dokumentiert in: Wolter [Hg.], *Die Linke Opposition*, Bd. 4, S. 202-400, darin Trotzkis Rede auf S. 288-321.)

20 *XV. Konferenzija VKP(b).* Stenografitscheski otschot, Moskau - Leningrad [Gosisdat] 1927, S. 775.

21 Auf dieser Prämisse beruhte die Gründung der Kommunistischen Internationale. Vgl. das u.a. von Lenin und Trotzki für das ZK der KPR(B) unterzeichnete Einladungsschreiben an die KPD (Spartakusbund) zur Teilnahme am ersten Kongreß der Komintern: »Die jetzige Periode ist diejenige der Auflösung und des Zusammenbruchs des gesamten kapitalistischen Weltsystems, welche den Zusammenbruch der europäischen Kultur überhaupt bedeuten werden, falls der Kapitalismus mit seinen unlösbaren Gegensätzen nicht vernichtet wird.« (»Das Einladungsschreiben an die Kommunistische Partei Deutschlands [Spartakusbund]«, in: *Die Kommunistische Internationale*, Nr. 1, 1919, S. 3-7, hier S. 4.)

dann wäre die Sowjetunion nach der Pariser Kommune das zweite Experiment einer Diktatur des Proletariats gewesen, ein größeres und fruchtbareres, aber nur ein Experiment... Liegen jedoch irgendwelche ernstzunehmenden Gründe vor, unsere Ansichten über die gesamte Epoche und den Sinn der Oktoberrevolution als ein Glied der Weltrevolution so entscheidend zu revidieren? Nein! ... Nachdem die kapitalistischen Staaten mehr oder weniger ihre Wiederaufbauperiode (nach dem Kriege) beendet haben... stellen sie, und zwar in ungleich zugespitzterer Form als vor dem Kriege, alle ihre alten inneren und internationalen Widersprüche wieder her. Das eben ist die Grundlage für die proletarische Revolution. Daß wir am Sozialismus bauen, ist Tatsache. Aber eine nicht geringere, sondern größere Tatsache, sofern das Ganze überhaupt größer ist als das Teil, ist die Vorbereitung der europäischen und der Weltrevolution. Das Teil wird nur zusammen mit dem Ganzen siegen... Das europäische Proletariat braucht für den Anlauf zur Machtergreifung viel weniger Zeit, als wir brauchen, um Europa und Amerika technisch einzuholen... Wir müssen inzwischen systematisch den Abstand zwischen unserer Arbeitsproduktivität und der der Welt verringern. Je weiter wir vorrücken, um so ungefährlicher wird für uns die mögliche Intervention mittels niedriger Preise und folglich auch die Militärintervention... Je höher wir den Lebensstandard der Arbeiter und Bauern schrauben, um so gewisser werden wir die proletarische Revolution in Europa beschleunigen, um so rascher wird diese Revolution uns um die Welttechnik bereichern, um so sicherer und vollständiger wird unser sozialistischer Aufbau als Teil des europäischen und des internationalen Aufbaus erfolgen.« Dies Dokument blieb wie alle anderen ohne Erwiderung, es sei denn, man betrachte Parteiausschlüsse und Verhaftungen als eine Erwiderung.

Nach dem Verzicht auf das Schneckentempo hieß es auch Abstand zu nehmen von dem damit verbundenen Gedanken des Hineinwachsens des Kulaken in den Sozialismus. Die administrative Zerschlagung des Kulakentums gab jedoch der Theorie vom Sozialismus in einem Lande neue Nahrung: sind die Klassen »im wesentlichen« vernichtet, dann ist der Sozialismus »im wesentlichen« verwirklicht (1931). Im Grunde genommen gelangte damit die Konzeption von der sozialistischen Gesellschaft »auf elender Basis« wieder zur Geltung. Just in jenen Tagen äußerte, wie wir uns erinnern, ein halbamtlicher Journalist, daß sich das Fehlen von Milch für die Kinder aus dem Mangel an Kühen erkläre, beileibe nicht aus Mängeln des sozialistischen Systems.[22]

Die Sorge um die Arbeitsproduktivität erlaubte jedoch nicht, lange an den beruhigenden Formulierungen von 1931 festzuhalten, die als moralischer Trost für die Verwüstungen der restlosen Kollektivierung zu dienen

22 Gemeint ist Karl Radek; vgl. Text 17.

hatten. »Manche glauben«, erklärte Stalin plötzlich anläßlich der Stachanowbewegung, »daß man den Sozialismus durch eine gewisse materielle Gleichstellung des Menschen auf der Grundlage eines Daseins in Armut festigen könne. Das ist nicht richtig... In Wirklichkeit kann der Sozialismus nur auf der Grundlage einer hohen Arbeitsproduktivität, einer höheren als unter dem Kapitalismus... siegen.«[23] Vollkommen richtig! Jedoch zur gleichen Zeit definiert das neue Komsomolprogramm, im April 1936 auf der Sitzung angenommen, auf der dem Komsomol die letzten kümmerlichen politischen Rechte entzogen wurden[24], das soziale Wesen der UdSSR mit folgenden kategorischen Worten: »Die ganze Volkswirtschaft ist sozialistisch geworden.«[25] Niemand kümmert sich darum, diese einander widersprechenden Konzeptionen in Einklang zu bringen. Je nach den Bedürfnissen des Augenblicks wird die eine oder die andere in Umlauf gesetzt. Kritik wagt ohnehin niemand.

Die eigentliche Notwendigkeit des neuen Programms begründete der vortragende Jungkommunist folgendermaßen: »Das alte Programm enthält die völlig verkehrte, antileninistische Behauptung, daß Rußland *nur durch die proletarische Weltrevolution zum Sozialismus gelangen kann.* Dieser Programmpunkt ist grundfalsch: darin kamen trotzkistische Ansichten zum Ausdruck«[26], d.h. Ansichten, die Stalin noch im April 1924

23 Stalin, »Die historische Bedeutung der Stachanowbewegung und die nächsten Aufgaben, Rede, gehalten auf der ersten Unionsberatung der Stachanowleute« (17.11.1935), in: *Rundschau*, Nr. 69, 28.11.1935, S. 2673-2677, hier S. 2674.

24 Der 10. Kongreß des »Leninschen Kommunistischen Jugendverbandes der Sowjetunion (LKJVdSU) (Komsomol)« fand vom 11. bis zum 22. April 1936 in Moskau statt. Unter Berufung auf den von der Parteiführung proklamierten »endgültigen Sieg des Sozialismus in der Sowjetunion« erklärte der Verband seine Umwandlung aus einer proletarischen Jugendorganisation in einen Verband der (nicht länger nach Klassen unterschiedenen) »Sowjetjugend« und seinen Verzicht auf jugendspezifische Forderungen. (»‚Warum nehmen wir in unser neues Programm keine Forderungen auf über die Jugendarbeit?', fragt der Referent Feinberg. ‚Weil alle diese Forderungen bei uns bereits erfüllt sind!' lautet die stolze Antwort.« L. F. Boross, »Der Kongreß der Sowjetjugend«, *Rundschau* Nr. 21, 7.5.1936, S. 865-868 und Nr. 23, 14.5.1936, S. 937-940, hier S. 866.) »In unserem Land gibt es keine gegensätzlichen Klassen und auch keine Ausbeutung, vor der die werktätige Jugend geschützt werden müßte. Deshalb ergibt sich nicht mehr die Notwendigkeit, den Kampf zur Verteidigung der Interessen der Jugend zu führen und zum Schutz ihrer Rechte und Interessen irgendwelche Forderungen in unser Programm aufzunehmen.« (Feinberg auf dem 10. Kongreß, zitiert nach Putz, *Jugend und Partei*, S. 238 f.)
Vgl. auch R. T. Fisher, *Pattern for Soviet Youth*, bes. S. 182-186.)

25 *Programm und Statut des Leninschen Kommunistischen Jugendverbandes der Sowjetunion*, S. 11.

26 *X sjesd WLKSM*, Stenografitscheski otschot, Moskau [Partisdat] 1936, Bd. 2, S. 5 f. Referent zur Frage des neuen Programms war E. L. Feinberg. Seine gesamte Rede S. 1-41.

verteidigte. Dunkel bleibt jedenfalls, wieso das Programm[27], das 1921 von Bucharin geschrieben und vom Politbüro unter Lenins Mitwirkung sorgfältig geprüft wurde, sich nach fünfzehn Jahren als »trotzkistisch« herausstellt und im umgekehrten Sinn revidiert zu werden verlangt! Doch logische Argumente sind machtlos, wo es um Interessen geht. Nachdem die Bürokratie sich vom Proletariat des eigenen Landes unabhängig gemacht hat, kann sie die Abhängigkeit der UdSSR vom Weltproletariat nicht zugeben.

Das Gesetz der ungleichmäßigen Entwicklung bewirkte, daß der Widerspruch zwischen der Technik und den Eigentumsverhältnissen des Kapitalismus die Weltkette in ihrem schwächsten Glied reißen ließ. Der rückständige russische Kapitalismus hatte als erster für den Bankrott des Weltkapitalismus zu zahlen. Zum Gesetz der *ungleichmäßigen* Entwicklung gesellt sich im ganzen Verlauf der Geschichte das Gesetz der *kombinierten* Entwicklung. Der Zusammenbruch der Bourgeoisie in Rußland hatte eine proletarische Diktatur zur Folge, d.h. den Sprung eines rückständigen Landes nach vorn, verglichen mit den fortgeschrittenen Ländern. Allein, die Schaffung sozialistischer Eigentumsformen in einem rückständigen Lande stieß sich am unzureichenden Niveau der Technik und der Kultur. Selbst dem Widerspruch zwischen hochentwickelten Weltproduktivkräften und kapitalistischen Eigentumsformen entsprungen, erzeugte die Oktoberrevolution ihrerseits den Widerspruch zwischen den gering entwickelten nationalen Produktivkräften und dem sozialistischen Eigentum.

Die Isolation der Sowjetunion hatte allerdings nicht unmittelbar jene bösen Folgen, die man hätte befürchten können: die kapitalistische Welt war zu desorganisiert und zu gelähmt, um ihre potentielle Stärke voll auszuspielen. Die »Atempause« dauerte länger, als kritischer Optimismus zu hoffen erlaubte. Jedoch die Isolation und die Unmöglichkeit, die Hilfsquellen der Weltwirtschaft, sei es auch nur auf kapitalistischer Basis, auszunutzen (der Außenhandel ging seit 1913 auf ein Viertel bis ein Fünftel zurück)[28], zogen neben riesigen Verteidigungsausgaben[29] eine äußerst un-

27 Das vom 4. Gesamtrussischen Komsomol-Kongreß im September 1921 angenommene Programm in: *WLKSM w resoljuzijach jewo sjesdow i konferenzijach 1918-1928* gg, Moskau - Leningrad [Partisdat] 1929, S. 82-89.

28 »Selbst in den günstigsten Jahren dieser Periode blieb der Außenhandelsumsatz erheblich hinter dem Vorkriegsstand zurück; im besten Jahr 1931 erreichte die Ausfuhr nur 64,9 v.H., die Einfuhr 78,0 v.H. des Volumens von 1913, im Jahre 1937 waren es bei der Ausfuhr nur 31,7 v.H., bei der Einfuhr 26,3 v.H.« (Karl C. Thalheim, »Sowjetunion und Ostblock in der Weltwirtschaft«, in: *Osteuropa-Handbuch.* Bd. *Sowjetunion.* Teil: *Das Wirtschaftssystem*, S. 515-534, hier S. 516; vgl. Werner von Knorre, »Der Ausbau des Außenhandelsmonopols«, ebd., S. 461-483, bes. S. 465-479.)

29 In der Zeit des Bürger- und Interventionskrieges bis 1921 war die Produktion hauptsächlich auf die Bedürfnisse der Roten Armee abgestellt. Nach einem kurzen Intervall in den zwanziger Jahren wurden die Rüstungsanstrengungen

günstige Verteilung der Produktivkräfte und eine nur sehr langsame Zunahme des Lebensstandards der Massen nach sich. Doch das bösartigste Produkt der Isolation und der Rückständigkeit ist der Krake des Bürokratismus.

Die von der Revolution geschaffenen juristischen und politischen Normen wirken einerseits progressiv auf die rückständige Wirtschaft und unterliegen andererseits selbst dem erdrückenden Einfluß der Rückständigkeit. Je länger die UdSSR in kapitalistischer Umkreisung bleibt, um so tiefer wird der Entartungsprozeß das gesellschaftliche Gewebe erfassen. Eine andauernde Isolation müßte unweigerlich nicht in Nationalkommunismus, sondern in der Restauration des Kapitalismus enden.

Wie die Bourgeoisie nicht friedlich in die sozialistische Demokratie hineinwachsen kann, so kann auch ein sozialistischer Staat nicht friedlich in das kapitalistische Weltsystem hineinwachsen. Auf der Tagesordnung der Geschichte steht nicht die friedliche sozialistische Entwicklung »eines Landes«, sondern eine lange Kette welterschütternder Kriege und Revolutionen. Erschütterungen sind auch im inneren Leben der UdSSR unvermeidlich. Wie die Bürokratie im Kampf um die Planwirtschaft den Kulaken entkulakisieren mußte, so wird das Proletariat im Kampf um den Sozialismus die Bürokratie entbürokratisieren müssen. Auf ihren Grabstein wird es meißeln: »Hier ruht die Theorie vom Sozialismus in einem Lande«.

## II. Die »Freunde« der UdSSR

Zum erstenmal schmiert eine mächtige Regierung im Ausland nicht die wohlwollende rechte, sondern die linke und extrem linke Presse.[1] Die Sympathien der Volksmassen für die Große Revolution werden sehr kunstvoll kanalisiert und auf die Mühle der Bürokratie geleitet. Die »sympathisierende« westliche Presse verliert unmerklich das Recht, irgendetwas zu veröffentlichen, was die herrschende Schicht der UdSSR verdrießen könn-

seit dem 1. Fünfjahresplan wieder verstärkt. Der Anteil der Verteidigungsausgaben am Staatsbudget stieg von 3,4 % im Jahr 1930 auf 9,1 % 1934, 11,1 % 1935 und 16,1 % 1936. Im Jahr 1940 sollte er 32,6 % erreichen. (Nove, *An Economic History of the USSR*, S. 228 f.)

1 Nach Angaben aus einem (von der GPU fabrizierten) Finanzbericht der Komintern, den Trotzki zitiert, betrugen die Zahlungen allein für offizielle Publikationen ausländischer kommunistischer Parteien in den Jahren 1929, 1930 und 1931 jeweils 435 000 $, 641 000 $ und 756 000 $. (Trotzki, »Die Komintern und die GPU« [17.8.1940], engl. in: TWr 1939-40, S. 348-391, hier S. 374.) Trotzki schätzt die Summe solcher Zuwendungen 1940 auf einige zehn Millionen, von denen »der größere Teil zweifellos für Publikationen und ‚Freunde' ausgegeben wird, die nicht formell der Komintern angegliedert sind« (ebd., S. 374).

te. Bücher, die dem Kreml nicht genehm sind, werden böswillig totgeschwiegen. Marktschreierische und stümperhafte Apologien erscheinen in mehreren Sprachen. Wir haben in dieser Arbeit vermieden, die spezifischen Werke der offiziellen »Freunde« zu zitieren, da wir die plumpen Originale den stilisierten ausländischen Nacherzählungen vorziehen. Jedoch stellt die Literatur der »Freunde«, gemeinsam mit der der Komintern, der flachsten, und vulgärsten von allen, in Kubikmetern gemessen eine beachtliche Größe dar und spielt in der Politik nicht die letzte Rolle. Man kann nicht umhin, ihr zum Abschluß einige Seiten zu widmen.

Augenblicklich gilt das Buch der beiden Webbs mit dem Titel *Sowjetkommunismus* als große Bereicherung des Denkschatzes. Statt zu erzählen, was erreicht wurde und wohin das Erreichte sich entwickelt, breiten diese Autoren auf 1200 Seiten aus, was in den Kanzleien ersonnen und geplant wird oder in den Gesetzen niedergelegt ist. Ihre Schlußfolgerung lautet: wenn die Absichten, Pläne und Gesetze befolgt sein werden, dann ist in der UdSSR der Kommunismus verwirklicht. Das ist der ganze Inhalt dieses Wälzers, in dem nur Berichte der Moskauer Presse aufgewärmt werden.

Freundschaft mit der Sowjetbürokratie ist nicht Freundschaft mit der proletarischen Revolution, sondern im Gegenteil eine Versicherung gegen sie. Die Webbs sind zwar bereit anzuerkennen, daß das kommunistische System sich irgendwann einmal auch über die restliche Welt ausbreiten wird. »Aber wie, wann, wo, mit welchen Abänderungen, ob durch gewaltsame Revolution oder mittels friedlicher Durchdringung, oder gar durch bewußte Nachahmung, das sind Fragen, die wir nicht beantworten können.« (»But how, when, where, with what modifications, and whether through violent revolution or by peaceful penetration, or even by conscious imitation, are questions we cannot answer.«[2]) Dies diplomatische Ablehnen einer Antwort — in Wirklichkeit eine unzweideutige Antwort — ist in höchstem Maße bezeichnend für die »Freunde« und zeigt den wahren Wert ihrer Freundschaft. Hätten alle zum Beispiel vor 1917, als das Antworten noch weit schwerer fiel, so auf die Frage der Revolution geantwortet, auf der Welt gäbe es heute keinen Sowjetstaat, und die britischen »Freunde« müßten ihren Vorrat an Freundschaft auf andere Objekte verwenden.

Die Webbs sprechen von der eitlen Hoffnung auf die europäische Revolution in naher Zukunft wie von etwas Selbstverständlichem und schöpfen daraus den tröstlichen Beweis für die Richtigkeit der Theorie vom Sozialismus in einem Lande. Mit der Autorität von Leuten, die von der Oktoberrevolution vollkommen und zudem unangenehm überrascht wurden, belehren sie uns über die Notwendigkeit, die sozialistische Gesellschaft in

2 Webb, *Soviet Communism*, S. 1143. (Vgl. auch Marcel Liebman, »Fabianisme et Communisme: Les Webb et l'Union Soviétique«, in: *International Review of Social History*, Nr. 3, 1960, S. 400-423 und Nr. 1, 1961, S. 49-73.)

Ermangelung anderer Perspektiven innerhalb der Grenzen der UdSSR zu errichten. Nur mit Mühe unterdrücken wir ein unhöfliches Achselzucken! Mit den Webbs können wir uns in der Tat nicht in einen Streit darüber einlassen, ob man in der UdSSR Fabriken bauen und in den Kolchosen Kunstdünger verwenden soll, sondern nur, ob und wie es in Großbritannien die Revolution vorzubereiten gilt. Aber diesbezüglich antworten die gelehrten Soziologen: »Wissen wir nicht.« Schon die Frage allein halten sie natürlich für »unwissenschaftlich«.

Lenin war voll heftiger Feindseligkeit gegen konservative Bourgeois, die sich als Sozialisten aufspielen, insbesondere die britischen Fabier. An Hand des Namensregisters, das seinen »Werken« beigefügt ist, kann man sich ohne Mühe davon überzeugen, daß sein Verhalten den Webbs gegenüber im Verlaufe seiner gesamten Tätigkeit durchgängig aus grimmiger Feindschaft bestand. 1907 charakterisiert er zum erstenmal die Webbs als die »bornierten Lobredner des englischen Spießertums«, die »bemüht sind, den Chartismus, die revolutionäre Periode der englischen Arbeiterbewegung, als einfache Kinderei hinzustellen.«[3] Indes, ohne Chartismus keine Pariser Kommune, ohne beide keine Oktoberrevolution. Die Webbs fanden in der UdSSR nichts als den administrativen Mechanismus und bürokratische Pläne: vom Chartismus, von der Kommune oder dem Oktoberumsturz haben sie nichts bemerkt. Die Revolution bleibt für sie auch heute noch ein fremdes und feindliches Ding, wenn nicht »einfach eine Kinderei«.

In Polemiken mit Opportunisten kannte Lenin bekanntlich keine salonmäßige Zurückhaltung. Aber in seinen Schmähungen (»Lakaien der Bourgeoisie«, »Verräter«, »Lakaienseelen« u.a.) äußerte sich über mehrere Jahre ein sorgfältig abgewogenes Urteil über die Webbs als Prediger des Fabianismus, d.h. der traditionellen Hochachtung und Anbetung des Bestehenden.[4] Von einer Wendung in den Ansichten der Webbs kann, was die letzten Jahre betrifft, gar keine Rede sein. Dieselben Leute, die während des Krieges

3 Lenin, »Gegen den Boykott« (9.7.1907), LW 13, S. 1-37, hier S. 25.

4 »... dieser Lakaien der Bourgeoisie ..., dieser feilen Kreaturen nach Art unserer Menschewiki und Sozialrevolutionäre, nach Art der Henderson und Sidney Webb in England, der Albert Thomas und Renaudel in Frankreich usw.« (Lenin, »Schreiben an die gemeinsame Sitzung des gesamtrussischen Zentralexekutivkomitees und des Moskauer Sowjets mit Vertretern der Betriebskomitees und der Gewerkschaften« [3.10.1918], LW 28, S. 90-93, hier S. 90.) »Heute schon muß jeder klassenbewußte Arbeiter, jeder aufrechte Sozialist sehen, was für einen niederträchtigen Verrat am Sozialismus diejenigen begangen haben, die gleich den Menschewiki und den ‚Sozialrevolutionären' in Rußland, den Renaudel und Vandervelde in Frankreich, den Henderson und Webb in England, den Gompers und Co. in Amerika im Krieg 1914-1918 ‚ihre' Bourgeoisie unterstützten.« (Lenin, »Brief an die Arbeiter Europas und Amerikas« [21.1.1919], LW 28, S. 441-449, hier S. 442.)

ihre Bourgeoisie unterstützten[5] und später aus der Hand des Königs den Rang eines Lord Passfield annahmen[6], schlossen sich, ohne auf das geringste zu verzichten, ohne sich im mindesten untreu zu werden, dem Kommunismus in einem, noch dazu fremden Lande an. Sidney Webb war Kolonialminister, d. h. oberster Gefängniswärter des britischen Imperialismus, just in der Periode, als er sich der Sowjetbürokratie anbiederte, aus ihren Kanzleien das Material erhielt, mit dessen Inhalten er seinen zweibändigen Wälzer zusammenflickte.

Noch 1923 sahen die Webbs keinen großen Unterschied zwischen Bolschewismus und Zarismus (siehe z. B. *The Decay of Capitalist Civilisation*, 1923)[7]. Dafür findet heute die »Demokratie« des Stalinregimes ihre volle Anerkennung. Man suche hier nicht nach Widersprüchen. Die Fabier waren empört, als das revolutionäre Proletariat der »gebildeten« Gesellschaft die Handlungsfreiheit nahm, aber sie betrachten es als völlig in Ordnung, wenn die Bürokratie dem Proletariat die Handlungsfreiheit nimmt. War das nicht

5 »Man vergleiche nun die *Tatsachen* und lasse die *Theorien* einen Augenblick beiseite. Man wird alsbald sehen, daß das *Verhalten* der Fabier während des Krieges (siehe z.B. ihre [1913 von Sidney und Beatrice Webb gegründete] Wochenschrift *The New Statesman*) und das der deutschen sozialdemokratischen Partei, einschließlich Kautskys, *vollkommen das gleiche* ist. Dieselbe — direkte wie indirekte — Verteidigung des Sozialchauvinismus, dieselbe Verbindung dieser Verteidigung mit der Bereitschaft, alle nur erdenklichen Phrasen über Frieden, Abrüstung usw. usf. von sich zu geben.« (Lenin, »Der englische Pazifismus und die englische Abneigung gegen die Theorie« [Juni 1915], LW 21, S. 257-263, hier S. 258.) (Zu Sidney Webbs Rolle als Führungsmitglied der Labour Party während des Ersten Weltkrieges vgl. Radice, *Beatrice and Sidney Webb*, S. 204-212.)

6 Nach dem Wahlsieg der britischen Labour Party im Mai 1929 wurde Sidney Webb Kolonialminister in der zweiten Regierung MacDonald; im Juni wurde er geadelt und nahm als Lord Passfield seinen Platz im Oberhaus ein. (Vgl. Radice, *Beatrice and Sidney Webb*, S. 269.)

7 »Unter dem Einfluß der grausamen und korrupten Autokratie Rußlands mit ihrem völligen Ausschluß der städtischen Arbeiter und der Bauern von der Regierungsbeteiligung waren die Führer des ‚bolschewistischen' oder ‚Mehrheits'-Flügels der sozialistischen Bewegung, als ihnen plötzlich durch die Revolution von 1917 die Regierungsverantwortung aufgebürdet wurde, gezwungen, auf den demokratischen Anstrich zu verzichten und ‚die Diktatur des Proletariats' zu errichten, die sicherlich eine Diktatur war, aber eine, unter der dem Proletariat diktiert wurde wie zuvor, unter der die Regierungsgefängnisse so voll und die bewaffneten Kommandos so aktiv waren wie unter dem Zarismus — trotz allen guten Willens, etwas für das Gemeinwohl zu tun.« (Sidney und Beatrice Webb, *The Decay of Capitalist Civilisation*, London [Fabian Society and George Allen & Unwin] 1923, S. 161.) Vgl. auch Trotzkis Auseinandersetzung mit dem Buch der Webbs, das nach seinen Worten »die politische Tendenz des Fabiertums … in ihrer ganzen … Hoffnungslosigkeit« zum Ausdruck bringt. (Trotzki, *Wohin treibt England?*, Berlin [Neuer Deutscher Verlag] 1926, S. 60-62; auch in Trotzki, *Denkzettel*, S. 232 f.)

stets die Funktion der Labour-Arbeiterbürokratie? Die Webbs schwören beispielsweise, Kritik sei in der UdSSR völlig frei. Gefühl für Humor geht diesen Leuten ab. Sie weisen allen Ernstes auf die berüchtigte »Selbstkritik« hin, die dort wie Zwangsarbeit geübt wird, und deren Richtung sowie Grenzen man immer fehlerlos im voraus angeben kann.[8]

Naivität? Weder Engels noch Lenin hielten Sidney Webb für naiv.[9] Eher Respektabilität. Handelt es sich ja um ein etabliertes Regime und um gastfreundliche Wirte. Die Webbs mißbilligen die marxistische Kritik des Bestehenden ungemein. Sie fühlen sich gar berufen, das Erbe der Oktoberrevolution gegen die Linke Opposition in Schutz zu nehmen. Erwähnen wir der Vollständigkeit halber, daß die Labourregierung, in der Lord Passfield saß, dem Verfasser dieser Schrift seinerzeit das Einreisevisum für Großbritannien verweigerte.[10] Somit verteidigt Sidney Webb, der damals gerade an seinem Buch über die UdSSR arbeitete, die Sowjetunion theoretisch, das Reich Seiner Majestät aber praktisch vor Wühlarbeit. Zu seiner Ehre sei gesagt, in beiden Fällen bleibt er sich treu.

Für viele Kleinbürger, die weder Feder noch Pinsel führen, ist die amtlich eingetragene »Freundschaft« mit der UdSSR gleichsam eine Bescheinigung

8 Vgl. »The Practice of Self-Criticism« in: Webb, *Soviet Communism*, S. 773-779. Dort heißt es u.a.: »Nirgendwo in der Welt außerhalb der UdSSR gibt es ständig so viel unbarmherzige Kritik an jedem Teil der Regierung, jedem Industrieunternehmen und jeder kulturellen Einrichtung.« (Ebd., S. 773 f.)

9 Engels charakterisierte die Fabian Society als »eine Clique von bürgerlichen ‚Sozialisten' gemischten Kalibers, vom Streber bis zum Gefühlssozialisten und Philantropen, einig nur in ihrer Angst vor der drohenden Herrschaft der Arbeiter und alles aufbietend, dieser Gefahr die Spitze abzubrechen durch Sicherung *ihrer* Leitung, der Leitung durch die ‚Jebildeten'... Die Leute sitzen bis über die Ohren im Klüngel der Liberalen Partei, haben liberale Parteiämter, wie z.B. Sidney Webb, der überhaupt ein echter britischer politician ist. Alles, wovor man die Arbeiter warnen muß, das praktizieren die Leute.« (Engels, »Brief an Karl Kautsky« [4.9.1892], MEW 38, S. 446-448, hier S. 447 f.)

10 Nach dem Wahlsieg der Labour Party hatte Trotzki im Juni 1929 den britischen Premierminister MacDonald formell um ein Einreisevisum ersucht. Obwohl die Liberalen, auf deren parlamentarische Unterstützung die Labour-Regierung damals angewiesen war, protestierten, wurde das Gesuch abgelehnt. Ein Mitglied des Kabinetts, das mit dieser Entscheidung nicht einverstanden war (George Lansbury), überlieferte Trotzki folgende Äußerung aus der Kabinettsdiskussion: »In Konstantinopel kommt er uns nicht ins Gehege — niemand ist daran interessiert, daß er sich anderswo aufhält. Wir haben alle vor ihm Angst.« (Deutscher, *Trotzki,* Bd. 3, S. 32.) Beatrice Webb schrieb an Trotzki: »Mein Mann und ich bedauerten es sehr, daß Sie nicht nach England gelassen wurden. Aber ich fürchte, daß jeder, der die Permanenz der Revolution predigt, und das heißt, den revolutionären Krieg in die Politik anderer Länder hineintragen, allezeit vom Betreten dieser Länder ausgeschlossen sein wird.« (Deutscher, *Trotzki,* Bd. 3, S. 32. Vgl. auch das Kapitel »Der Planet ohne Visum«, in: Trotzki, *Mein Leben*, S. 552-569.)

höherer geistiger Interessen. Die Zugehörigkeit zu Freimaurerlogen oder pazifistischen Klubs hat mit der Mitgliedschaft zur Gesellschaft der »Freunde der Sowjetunion« vieles gemein, denn sie gestattet, gleichzeitig zwei Leben zu führen: ein Werktagsleben inmitten der alltäglichen Interessen, und ein sonntägliches zur Erhebung der Seele. Von Zeit zu Zeit besuchen die »Freunde« Moskau. Ihrer Erinnerung prägen sich Traktoren, Kinderkrippen, Pioniere, Paraden, Fallschirmspringer ein, mit einem Wort alles außer der neuen Aristokratie. Die Besten von ihnen schließen davor die Augen aus Feindschaft gegen die kapitalistische Reaktion. André Gide[11] bekennt das offen: »Viel trägt auch die Dummheit und Tücke der Angriffe

11 André Gide (1869-1951) entstammte dem Kreis um Mallarmé, übte mit seiner 1909 gegründeten literarischen Zeitschrift *Nouvelle Revue Française* großen Einfluß auf das französische Geistesleben aus und wurde zu einem der bedeutendsten Repräsentanten der französischen literarischen Intelligenz in der Zeit zwischen den beiden Weltkriegen. Gides in einer experimentellen Technik geschriebene Romane dokumentieren seine Kritik an der lebensfeindlichen Moral und Religion und seine Suche nach alternativen Formen des Lebens und der Politik. Sein umfangreiches literarisches Werk umfaßt Romane, Dramen, Lyrik, Reisebeschreibungen und Übersetzungen (u.a. Goethe, Shakespeare, Whitman, Puschkin), u.a. *L'Immoraliste* (1902; dt.: *Der Immoralist* 1905), *Les Caves du Vatican* (1914; dt. *Die Verliese des Vatikan* 1922), *Les Faux-Monnayeurs* (1926; dt.: *Die Falschmünzer* 1928), *L'Ecole des Femmes* (1929; dt.: *Die Schule der Frauen* 1929), *Journal 1889-1939* (1939; dt.: *Tagebuch* 1950) und *1939-1949* (1949; dt. 1968).
Neben Romain Rolland und André Malraux galt Gide zeitweilig als »Weggefährte« der KPF, wandte sich aber nach einer Reise in die Sowjetunion im Jahre 1936 gegen den Stalinismus. In seinem Bericht *Retour de l'URSS* (1936; dt.: *Zurück aus Sowjetrußland*, Zürich [Jean Christophe] 1937, Neuauflage in: André Gide, *Reisen*, Stuttgart [DVA] 1966, S. 331-384) schreibt er: »Diese kleinbürgerliche Geistesverfassung, die in der Sowjet-Union um sich zu greifen droht, ist meines Erachtens tief und abgründig kontra-revolutionär. Was man aber heute in der USSR ‚kontra-revolutionär' nennt, das ist es keineswegs. Es ist sogar ziemlich das Gegenteil. Der Geist, den man heute als ‚kontra-revolutionär' betrachtet, das ist jener selbe revolutionäre Geist, jener Gärstoff, der zuerst die halb-verfaulten Dauben der alten zaristischen Welt gesprengt hat.« (S. 356 f.) Die *Prawda* vom 3.12.1936 griff Gide daraufhin als »würdigen Sohn des französischen Kleinbürgertums« an und meinte: »Man kann seine Freunde nicht gleichzeitig im Lager der Arbeiterklasse und in dem ihrer Feinde, der Trotzkisten-Faschisten, suchen. Es ist offensichtlich, daß André Gide in seinem Buch *Zurück aus Sowjetrußland* ein Opfer geschickter anti-sowjetischer Agenten geworden ist.« In einer Antwort auf Kritiker »guten Glaubens« verteidigte Gide seinen Standpunkt, daß »man Stalin verwerfen kann, ohne deswegen gleich Trotzkist zu werden.« (*Retouches à mon Retour de l'URSS*, [1937], dt. *Retuschen zu meinem Rußlandbuch*, Zürich [Jean Christophe] 1937, S. 124, und in: *Reisen*, S. 387-457, hier S. 442.) Trotzki charakterisierte Gide als »absolut unabhängigen Charakter«, bei dem sich »sehr großer Scharfblick« und »intellektuelle Aufrichtigkeit« miteinander verbanden (»André Malraux, die Moskauer Prozesse und die spanische Revolution« [8.3.1937], frz. in: TŒ 13, S. 49-51, hier S. 50).

gegen die UdSSR dazu bei, daß wir ihre Verteidigung mit einem gewissen Eigensinn führen.«[12] Aber die Dummheit und Tücke der Feinde sind keine Rechtfertigung für eigene Blindheit. Die Arbeitermassen brauchen jedenfalls sehende Freunde.

Die allgemeine Sympathie bürgerlicher Radikaler und sozialistischer Bourgeois für die herrschende Schicht der UdSSR hat nicht unbedeutende Gründe. Die Kreise der Berufspolitiker sind trotz aller Programmunterschiede dominiert von Freunden des »Fortschritts«, der bereits verwirklicht oder leicht zu verwirklichen ist. Es gibt auf der Welt weitaus mehr Reformisten als Revolutionäre, mehr Anpassungsbereite als Unbeugsame. Erst in außergewöhnlichen Geschichtsperioden, wenn die Massen in Bewegung geraten, treten die Revolutionäre aus ihrer Isolation heraus; die Reformisten aber ähneln dann aufs Trockene geworfenen Fischen.

Unter den heutigen Sowjetbürokraten gibt es niemanden, der nicht von April 1917 und sogar noch bedeutend später die Idee einer Diktatur des Proletariats in Rußland für phantastisch gehalten hätte (damals hießen diese »Phantasien« ... Trotzkismus)[13]. Für die ausländischen »Freunde« der

(Gide, *Œuvres complètes*, 15 Bde. und 2 Ergänzungsbände, Paris [NRF] 1932-1954; *Sämtliche Erzählungen*, Stuttgart [DVA] 1965; *Theater, Gesammelte Stücke*, Stuttgart [DVA] 1968; *Romane und lyrische Prosa*, Stuttgart [DVA] 1973.

Klaus Mann, *André Gide und die Krise des modernen Denkens*, [1948], Reinbek [Rowohlt] 1984; Claude Martin, *André Gide in Selbstzeugnissen und Bilddokumenten*, Reinbek [Rowohlt] 1963; George Duncan Painter, *André Gide*, A critical biography, London [Weidenfels & Nicolson] 1968; Janine Robrieux, »Gide et les procès de Moscou«, *Cahiers Léon Trotsky*, Nr. 25, 1986, S. 93-104.)

12 Gide, *Zurück aus Sowjetrußland*, in: *Reisen*, S. 330. (Gide zitiert aus einem von ihm für die *Nouvelle Revue française* geschriebenen Beitrag vom März 1936.)

13 Vgl. das Kapitel »‚Trotzkismus' im Jahre 1917«, in: Trotzki, *Mein Leben*, S. 315-319: »Keinem der Parteiführer, die (vor Lenins Rückkehr am 4. April 1917) in Rußland waren — nicht einem einzigen! — war vorher in den Sinn gekommen, den Kurs auf die Diktatur des Proletariats, auf die sozialistische Revolution zu halten. Die Parteikonferenz, die am Vorabend der Ankunft Lenins einige Dutzend Bolschewiki versammelte, bewies, daß niemand über die Demokratie hinausging. Nicht grundlos wird das Protokoll dieser Konferenz bis jetzt verheimlicht. Stalin hielt den Kurs auf die Unterstützung der Provisorischen Regierung Gutschkow - Miljukow und auf die Vereinigung der Bolschewiki mit den Menschewiki. Auf einer ähnlichen oder noch opportunistischeren Position standen: Rykow, Kamenjew, Molotow, Tomski, Kalinin und alle übrigen heutigen Führer und Halbführer. Jaroslawski, Ordschonikidse, der Vorsitzende des ukrainischen Zentralexekutivkomitees Petrowski und andere gaben während der Februarrevolution in Jakutsk zusammen mit den Menschewiki die Zeitung ‚Sozialdemokrat' heraus, in der sie die banalen Ansichten des provinziellen Opportunismus entwickelten.« (*Mein Leben*, S. 315 f.)

(Ein in Trotzkis Besitz befindliches Protokoll der erwähnten Parteikonferenz ist in *The Stalin School of Falsification*, S. 231-301, abgedruckt.)

alten Generation galten jahrzehntelang die russischen Menschewiki, die für eine »Volksfront« mit den Liberalen waren und die Idee einer Diktatur als glatten Unsinn ablehnten, als die Realpolitiker. Etwas anderes ist es, die Diktatur anzuerkennen, wenn sie einmal verwirklicht und sogar bürokratisch verpfuscht ist: dem sind die »Freunde« gerade noch gewachsen. Jetzt geben sie dem Kaiser, was des Kaisers ist, ja nehmen sogar den Sowjetstaat gegen seine Feinde in Schutz, allerdings weniger gegen die Befürworter einer Rückkehr zur Vergangenheit als gegen die Vorbereiter seiner Zukunft. Sind die »Freunde« aktive Patrioten wie die französischen, belgischen, englischen und anderen Reformisten, so können sie bequem ihr Bündnis mit der Bourgeoisie mit der Sorge um die Verteidigung der UdSSR bemänteln. Wurden sie umgekehrt Defätisten wider Willen wie die deutschen und österreichischen Sozialpatrioten von gestern[14], so hoffen sie, Frankreichs Bündnis mit der UdSSR werde ihnen helfen, mit Hitler oder Schuschnigg[15] abzurechnen. Léon Blum, der ein Feind des Bolschewismus in dessen heroischer Epoche war und die Spalten des *Populaire*[16] einer regelrechten Hetze gegen die Oktoberrevolution öffnete[17], druckt jetzt nicht eine Zeile, die die wahren Verbrechen der Sowjetbürokratie enthüllen könnte.[18] Wie es dem biblischen Moses, als es ihn Jehova zu schauen gelüstete, nur vergönnt war, sich vor dem Hinterteil der göttlichen Anatomie zu verneigen[19], so

14 In ihrem »Prager Manifest« vom 28. Januar 1934 kam z. B. die Emigrationsleitung der SPD gegenüber dem Hitler-Regime auf die klassische sozialistische Losung »Diesem System keinen Mann und keinen Groschen!« zurück, die sie bei der Bewilligung der kaiserlichen Kriegskredite für den Ersten Weltkrieg 1914 fallengelassen hatte. (Vgl. »Das Prager Manifest von 1934«, in: Wolfgang Abendroth, *Aufstieg und Krise der deutschen Sozialdemokratie*, Frankfurt [Stimme-Vlg.] 1964, S. 114-122, bes. S. 121.)

15 Kurt von Schuschnigg (1897-1977), österreichischer Politiker, 1927 als Christlich-Sozialer im Nationalrat, seit 1930 Führer der Milizen der Ostmärkischen Sturmscharen, 1932-1934 Justiz-, ab 1933 zugleich Unterrichtsminister des klerikal-faschistischen Dollfuß-Regimes. Nach der Ermordung von Dollfuß durch Nazi-Putschisten im Juli 1934 Bundeskanzler; kämpfte gegen die Arbeiterbewegung und die österreichischen Nationalsozialisten für eine ständisch-autoritäre Ordnung; seit 1936 Führer der »Vaterländischen Front«, der Einheitsorganisation des autoritären Regimes; stimmte bei seiner Zusammenkunft mit Hitler in Berchtesgaden am 12.2.1938 den von diesem gewünschten Auflagen für die österreichische Außen- und Verteidigungspolitik, der Aufnahme des Nationalsozialisten Seyß-Inquardt in das Kabinett und der Amnestie für die österreichischen Nationalsozialisten zu. Sein Versuch, das Abkommen durch eine Volksabstimmung zu unterlaufen, führte zu seinem Sturz (11.3.1938) und zum deutschen Einmarsch (12.3.). Er war bis 1945 in Haft, emigrierte dann in die USA und verbrachte die letzten Jahre seines Lebens wieder in Österreich.
(*Dreimal Österreich*, Wien [Thomas-Verlag] 1937; *Ein Requiem für Rot-Weiß-Rot* [1946], Wien [Amalthea] 1978; *Im Kampf gegen Hitler*, Wien [Molden] 1969.
Ulrich Eichstaedt, *Von Dollfuss zu Hitler*, Geschichte des Anschlusses Österreichs 1933-1938, Wiesbaden [Steiner] 1955.)

vermögen die Herren Reformisten, Anbeter der vollendeten Tatsache, an der Revolution nur ihr fleischiges bürokratisches a posteriori zu erkennen und anzuerkennen.

Die heutigen kommunistischen »Führer« gehören im Grunde genommen demselben Typus an. Nach einer langen Reihe affenartiger Grimassen und Purzelbäume entdeckten sie plötzlich die großartigen Vorteile des Opportunismus und befleißigten sich seiner mit der unbekümmerten Unwissenheit, die sie schon immer auszeichnete. Schon diese ihre sklavische und nicht immer uneigennützige Verneigung vor den Kremlspitzen macht sie absolut unfähig zu revolutionärer Initiative. Sie antworten auf kritische Argumente nicht anders als mit Gebrüll und Gebell. Aber droht der Herr mit der Peitsche, so wedeln sie mit dem Schwanz. Für diese wenig reizenden Herrschaften, die in der Stunde der Gefahr nach allen Seiten auseinanderstieben werden, sind wir ausgemachte »Konterrevolutionäre«. Was soll man da tun? Die Geschichte, so gestreng sie ist, entbehrt doch nicht der Possen.

16 Die 1917 von Jean Longuet gegründete Zeitung *Le Populaire* erschien seit dem 8. April 1921 als Tageszeitung der SFIO. Unter der Leitung von Léon Blum wurde die außenpolitische Redaktion dem im französischen Exil lebenden Mitglied der Menschewiki, Oreste Rosenfeld (1891-1964), übertragen, der 1932 Chefredakteur der Zeitung wurde.

17 Vgl. Nicole Racine, »Le Parti socialiste (SFIO) devant le bolchevisme et la Russie soviétique, 1921-1924«, in: *Revue Française de Science Politique*, Nr. 2, April 1971, S. 281-315.

18 »Das zwischen PCF und PS geschlossene Abkommen über die Aktionseinheit gegen den Faschismus (27. Juli 1934) sah vor, daß beide Parteien sich gegenseitiger Angriffe und Kritik enthielten. Die russische Frage wurde also offiziell ausgeklammert. Léon Blum selbst gab auf dem Parteitag im Mai 1934 zu, die Artikelserie von O. Rosenfeld über die UdSSR vor dem 6. Februar 1934 unterbrochen zu haben, um die Bemühungen um die Aktionseinheit nicht zu behindern. Während der ganzen Periode der Aktionseinheit respektierte der *Populaire* unter der Leitung von Léon Blum die Verpflichtungen des Einheitsabkommens. Die großen Reportagen über die UdSSR verschwanden; die sozialistische Tageszeitung veröffentlichte nur noch die offiziellen sowjetischen Dokumente und begnügte sich während der Moskauer Prozesse mit der kommentarlosen Wiedergabe der offiziellen Berichte.« (Nicole Racine, »Les socialistes français devant le régime soviétique [1920-1939]«, in: Evelyne Pisier-Kouchner [Hg.], *Les interprétations du stalinisme*, Paris [Presses Universitaires de France] 1983, S. 91-107, hier S. 102 f.)

19 »Moses sprach: ‚Laß mich doch deine Herrlichkeit schauen!‘ Gott antwortete ihm: ‚Du kannst mein Angesicht nicht schauen, denn kein Mensch bleibt am Leben, der mich schaut ... Siehe, da ist Raum neben mir; tritt auf den Felsen. Wenn nun meine Herrlichkeit vorübergeht, will ich dich in eine Kluft des Felsens stellen und meine Hand schützend über dich breiten, bis ich vorüber bin. Und wenn ich dann meine Hand weghebe, darfst du mir nachschauen, aber mein Angesicht kann niemand sehen.‘« (2. Buch Mose [Exodus], Kap. 33, 18 und 20-23; *Züricher Bibel*, Zürich [Verlag der Zwingli-Bibel] 1954, S. 95.)

Die ehrlicheren oder klarer sehenden »Freunde« geben allenfalls unter vier Augen die Flecken auf der Sowjetsonne zu, aber sie ersetzen die dialektische Analyse durch eine fatalistische und trösten sich damit, daß eine »gewisse« bürokratische Entartung unter den gegebenen Umständen geschichtlich unvermeidlich sei.[20] Mag dem so sein! Aber auch der Widerstand gegen diese Entartung fiel nicht vom Himmel. Die Notwendigkeit hat zwei Enden: ein reaktionäres und ein fortschrittliches. Die Geschichte lehrt, daß Personen und Parteien, die an den entgegengesetzten Enden der Notwendigkeit ziehen, zuletzt auf den entgegengesetzten Seiten der Barrikade stehen werden.

Das letzte Argument der »Freunde« heißt: Kritik am Sowjetregime wird von den Reaktionären aufgegriffen. Ganz unbestreitbar! Sie werden vermutlich auch aus diesem Buch ihren Nutzen zu ziehen versuchen. Wann wäre das je anders gewesen? Schon das »Kommunistische Manifest« erwähnte verächtlich, wie die feudale Reaktion die Pfeile der sozialistischen Kritik gegen den Liberalismus auszunutzen versuchte.[21] Das hinderte jedoch den revolutionären Sozialismus nicht daran, seinen Weg zu gehen. Das wird auch uns nicht hindern. Die Presse der Komintern freilich versteigt sich zu

20 Diesem Typus entsprach z. B. Bertolt Brecht: »Dem Publikum — und mitunter sich selbst als seinem Publikum — präsentierte er sich als unkritischer Freund der stalinistischen Sowjetunion ... Der Korsch-Schüler bewahrte sich freilich seinen Scharfblick als Privatmann, im Gespräch mit Freunden — eine reservatio mentalis. Im Sommer 1938 notierte Walter Benjamin folgende Brecht-Aussprüche zur Situation der Sowjetunion: ‚Es kann keine sozialistische Wirtschaft in einem Lande geben ... In Rußland herrscht das persönliche Regiment.' ... Anfang August schließlich formulierte Brecht: ‚In Rußland herrscht eine Diktatur über das Proletariat. Es ist solange zu vermeiden, sich von ihr loszusagen, als diese Diktatur noch praktische Arbeit für das Proletariat leistet ...'« (Helmut Dahmer, »Bertolt Brecht und der Stalinismus«, in: *Jahrbuch Arbeiterbewegung*, Bd. 1, hg. v. Claudio Pozzoli, Frankfurt [Fischer] 1973, S. 349-356, hier S. 350f.) Kennzeichnend für Brechts Haltung ist auch folgende Äußerung aus seinen zwischen 1926 und 1939 verfaßten »Marxistischen Studien«: »Ob die Diktatur des Proletariats, ohne die eine Befreiung der Produktivkräfte nicht erfolgen kann, die (uns bekannte) Form annimmt, in der sie in der Diktatur eines einzigen Mannes gipfelt, hängt davon ab, ob in dem Land, in dem die Revolution stattfindet, eine solche Form für die Entfaltung der Produktivkräfte nötig ist oder nicht.« (*Schriften zur Politik und Gesellschaft*, Gesammelte Werke, Bd. 20, Frankfurt [Suhrkamp] 1967, S. 46-178, hier S. 104.)

21 »Um Sympathie zu erregen, mußte die Aristokratie scheinbar ihre Interessen aus dem Auge verlieren und nur im Interesse der exploitierten Arbeiterklasse ihren Anklageakt gegen die Bourgeoisie formulieren ... Auf diese Art entstand der feudalistische Sozialismus ... Den proletarischen Bettelsack schwenkten sie als Fahne in der Hand, um das Volk hinter sich her zu versammeln. Sooft es ihnen aber folgte, erblickte es auf ihrem Hintern die alten feudalen Wappen und verlief sich mit lauten und unehrerbietigem Gelächter.« (»Manifest der Kommunistischen Partei« [1847/48], MEW 4, S. 482f.)

der Behauptung, unsere Kritik bereite ... die Militärintervention gegen die Sowjets vor. Das ist offenbar so zu verstehen, daß die kapitalistischen Regierungen, sobald sie aus unseren Arbeiten von der Entartung der Sowjetbürokratie erfahren, auf der Stelle eine Strafexpedition ausrüsten werden, um die in den Staub getretenen Grundsätze des Oktober zu rächen. Die Polemiker der Komintern fechten nicht mit Degen, sondern mit Deichselstangen oder anderen noch unhandlicheren Instrumenten. In Wahrheit kann die marxistische Kritik, indem sie die Dinge beim Namen nennt, nur den konservativen Kredit der Sowjetdiplomatie in den Augen der Bourgeoisie erhöhen.

Anders ist es bei der Arbeiterklasse und ihren aufrichtigen Anhängern in der Intelligenz. Hier kann unsere Arbeit tatsächlich Zweifel wecken und Mißtrauen hervorrufen, nicht zur Revolution, sondern gegenüber ihren Usurpatoren. Allein, das eben ist ja unsere Absicht. Triebfeder des Fortschritts ist die Wahrheit, nicht die Lüge.

# (37)
# Rede über den Moskauer Prozeß

## (Rede an amerikanische Arbeiter)*

*Coyoacán, 9. Februar 1937*

Am 9. Februar sollte ich per Telephon eine Rede vor einer Versammlung in New York halten, die anläßlich der Moskauer Prozesse stattfand. Freunde warnten mich, man müsse mit technischer Sabotage seitens der »Freunde« Moskaus rechnen, die zwar in den Massen nicht verwurzelt, aber bereits in verschiedenen administrativen und technischen Behörden eingenistet seien. Das traf auch ein. Geheimnisvolle Mächte stellten sich im letzten Moment zwischen mich und meine siebentausend Zuhörer in New York.

* T4084-90 *Rech na mitinge v zale ippodroma v Niu Iorke* (9.2.1937). BO 54-55 (März 1937). Dt. »Rede auf dem Meeting im Hippodrom in Neuyork« in: *Stalins Verbrechen*, S. 140-161. Engl. in: *Leon Trotsky Speaks*, New York [Pathfinder] 1972, S. 277-294.
Die Veranstaltung in New York war eine wichtige Etappe in der Vorbereitung des von Trotzki angestrebten Gegenprozesses, in dem eine unabhängige Jury die gegen ihn in den beiden ersten Moskauer Schauprozessen erhobenen Beschuldigungen überprüfen sollte. Im Oktober 1936 — zwei Monate nach dem ersten Prozeß — war in den USA ein »Komitee zur Verteidigung Trotzkis« gebildet worden, das die Unterstützung von vielen prominenten Intellektuellen und linken Aktivisten fand. Dieses Komitee organisierte dann die Kundgebung vom 9.2.1937, zu der sich 6000 Personen einfanden und auf der der Trotzkist George Novack (einer der Organisatoren des Komitees), Roy Burt (von der Sozialistischen Partei), die italienische Linkssozialistin Angelica Balabanoff und Max Shachtman (ebenfalls ein Trotzkist) sprachen. Die geplante telefonische Übermittlung der Ansprache Trotzkis (von Mexiko-Stadt nach New York) kam — offenbar infolge von Sabotage — nicht zustande (vgl. Trotzki, »Die Nicht-Übertragung der Rede«, 10.2.1937, frz. in: TŒ 12, S. 287 f.); Max Shachtman verlas daraufhin den Text. Die Trotzki-Verteidigungskomitees verschiedener Länder bildeten schließlich im März 1937 eine gemeinsame Untersuchungskomission, die den Gegenprozeß durchführte [vgl. Text 39]. (Vgl. G. R., »Une thèse magistrale: Contreprocès de Thomas R. Poole«, in: *Cahiers Léon Trotsky*, Nr. 3, 1979, S. 19-31, hier S. 22-26.)

Die wirren Erklärungen der zuständigen Techniker wurden von ernstzunehmenden Fachleuten widerlegt. Die wahre Erklärung erschöpft sich in drei Buchstaben: GPU. Zum Glück hatte ich, in Voraussicht eventueller Sabotage, den Veranstaltern des Meetings den Text meiner Rede rechtzeitig zugesandt. Die Rede wurde vor dem aufmerksamen Auditorium verlesen und blieb nicht ohne Wirkung, wie der weitere Verlauf der Ereignisse zeigte. Das Meeting im Hippodrom-Saal am 9. Februar wurde eine wichtige Etappe auf dem Wege zur Schaffung der Untersuchungskommission.

*

Verehrte Hörer, Genossen und Freunde!

Mein erstes Wort sei die Entschuldigung für mein unmögliches Englisch. Mein zweites Wort ist ein Dank an das Komitee, das mir die Möglichkeit verschafft hat, zu Ihnen zu sprechen. Gegenstand meiner Ausführungen sind die Moskauer Prozesse. Ich beabsichtige nicht, den Rahmen dieses Themas auch nur für einen Augenblick zu verlassen, da er ohnehin viel zu umfangreich ist. Ich werde weder an Leidenschaften noch an Nerven, sondern an Vernunft appellieren. Ich zweifle nicht, daß die Vernunft auf der Seite der *Wahrheit* steht.

Der Sinowjew-Kamenjew-Prozeß[1] hat in der öffentlichen Meinung Schrecken, Fassungslosigkeit, Empörung, Mißtrauen oder, mindestens,

1 Der Sinowjew-Kamenjew-Prozeß (»Prozeß der Sechzehn«), der erste der drei großen Moskauer Schauprozesse, fand vom 19. bis zum 24. August 1936 statt. Angeklagt waren elf alte Bolschewisten, teils ehemalige Sinowjewisten, teils ehemalige Trotzkisten, die 1929 kapituliert hatten, teils Parteimitglieder, die nur zeitweilig mit der Opposition sympathisiert hatten: Sinowjew, Kamenjew, Jewdokimow, Bakajew, Ter-Waganjan, Mratschkowski, Dreizer, Golzman, Iwan Smirnow, Pikel und Reingold. (Sinowjew, Kamenjew, Jewdokimow und Bakajew waren schon im Januar 1935 unter der Anschuldigung, sie seien für den Kirow-Mord verantwortlich, verurteilt worden.) Dieser Gruppe waren fünf geständnisfreudige Angeklagte zugesellt, die als Agents provocateurs dem Ankläger Wyschinski die Stichworte gaben. Die Angeklagten wurden beschuldigt, ein »trotzkistisch-sinowjewistisches terroristisches Zentrum« gebildet zu haben, das in Zusammenarbeit mit Trotzki (der samt seinem Sohn in Abwesenheit angeklagt war) die Ermordung der Sowjetführung geplant haben sollte; angebliche Verbindungen des Zentrums zur Gestapo wurden angedeutet. Alle Angeklagten erklärten sich für schuldig, wurden zum Tode verurteilt und kurz darauf erschossen.
Außer den »Geständnissen« der Angeklagten hatte es keinerlei Beweise gegeben. (Bei der Verhaftungswelle nach dem Kirow-Mord waren dem NKWD möglicherweise Informationen über den Oppositionsblock von 1932 [vgl. Text 15, Anm. 7] in die Hände gefallen; davon war zwar im Prozeß keine Rede, doch hatte der damalige Oppositionsblock vielleicht der Anklage die Idee des fikti-

ven terroristischen »Zentrums« eingegeben.) Die »Geständnisse« der Angeklagten waren in langen Verhören während ihrer Haftzeit zustandegekommen; die Inquisitoren arbeiteten mit Appellen an das »Parteigewissen« (»Man muß der Partei einen Dienst erweisen«), bedienten sich der Familienangehörigen der Angeklagten als Geiseln, versprachen ihnen das Leben (Begnadigung) und brachen, wenn nötig, den Willen der Angeklagten durch Folter. (Intransigente Angeklagte wurden ohne Prozeß erschossen.) Aus den den Angeklagten soufflierten »Geständnissen« wurde ein Drehbuch zusammengestellt, das mit dem öffentlichen Verfahren nur abgefragt wurde; nur einige wenige Angeklagte versuchten später im zweiten und dritten Schauprozeß, aus dieser Inszenierung auszubrechen; in den meisten Fällen gelang es aber dem Ankläger Wyschinski, sie wieder in die ihnen zugewiesene Rolle zurückzuzwingen. (Spätestens am jeweils folgenden Verhandlungstag widerriefen solche Angeklagten nach entsprechender »Bearbeitung« ihren Ausbruchsversuch.) Geständnisfreudigkeit und Reue der Angeklagten sollten für die sowjetische und die internationale Öffentlichkeit die Absurdität der Anklage kompensieren. In der sowjetischen Presse und im Rundfunk wurde eine große Propagandakampagne entfacht; während der Prozesse wurde auf vielen Massenkundgebungen die Todesstrafe für die Angeklagten gefordert. Rasch zeigte sich, daß der erste Schauprozeß nicht der Höhepunkt oder der Abschluß, sondern eher ein neuer Ausgangspunkt zur Aufdeckung weiterer »terroristischer Zentren« und »Verschwörergruppen« war; Wyschinskis Drehbuch für den ersten Prozeß war schon im Hinblick auf weitere Schauprozesse geschrieben; der stalinistische Massenterror gegen potentielle Oppositionelle steigerte sich Jahr um Jahr zum »politischen Genozid« (I. Deutscher).

Durch die Kominternpresse wurde die stalinistische Propaganda weltweit verbreitet; in kurzer Frist erschienen auch umfangreiche protokollarische Prozeßberichte in den wichtigsten Sprachen. Die Mehrheit der Linken und Liberalen, die in der stalinistischen Sowjetunion das einzige Gegengewicht gegenüber dem sich ausbreitenden Faschismus sahen, schenkten der Moskauer Propaganda auch in der Frage der Prozesse Glauben. Zwar kam es zu einem Gegenprozeß (durch die »Dewey-Kommission«), auf dem die Unsinnigkeit der Anklage und die mit den Prozessen verfolgte politische Absicht herausgestellt werden konnten. Die nach Moskauer Vorbild in einer Reihe von Ländern zur Absicherung von deren Glaubwürdigkeit angestrengten Prozesse konnten auch behindert oder gar zum Scheitern gebracht werden (vgl. *Les procès de Moscou dans le monde*, Nr. 3, Juli 1979, der *Cahiers Léon Trotsky*). Im allgemeinen erreichte es die mit enormem Aufwand geführte stalinistische Propagandakampagne jedoch, die Gegner der Prozesse zu isolieren.

(Der offizielle Prozeßbericht: *Prozeßbericht über die Strafsache des trotzkistisch-sinowjewistischen terroristischen Zentrums*, hg. vom Volkskommissariat für Justizwesen der UdSSR, Moskau 1936; Auszüge in: Theo Pirker [Hg.], *Die Moskauer Schauprozesse 1936-1938*, München [dtv] 1963. Zu Vorbereitung und Durchführung des Prozesses: Conquest, *Am Anfang...*, S. 106-152. Trotzkis Stellungnahmen engl. in: TWr 1935-36 und frz. in: TŒ 11. Leo Sedow, *Rotbuch über den Moskauer Prozeß*, Amsterdam [De Lee] 1937, Reprint Hamburg [Spartakus] 1972. Der Gegenprozeß: *The Case of Leon Trotsky*, Report of the Hearings on the Charges Made Against Him in the Moscow Trials [1937], New York [Merit] 1969, und *Not Guilty*, Report of the Commission of Inquiry into the Charges Made Against Leon Trotsky in the Moscow Trials [1938], New York [Monad] 1971.)

Unverständnis ausgelöst. Der Radek-Pjatakow-Prozeß[2] hat diese Gefühle noch verstärkt. Diese Tatsache läßt sich nicht bestreiten. Zweifel an der Rechtsprechung bedeuten in diesem Falle Verdacht auf Fälschung. Kann man sich etwas Tödlicheres vorstellen als einen solchen Verdacht gegenüber einer Regierung, die unter dem Banner des Sozialismus auftritt? Woran muß die Sowjetregierung selbst interessiert sein? Daran, diesen Verdacht zu zerstreuen. Worin besteht die Pflicht wahrer Freunde der Sowjetunion? Darin, der Moskauer Regierung mit allem Nachdruck zu sagen: es ist um jeden Preis notwendig, die Zweifel des Westens an der sowjetischen Rechtsprechung zu zerstreuen.

Auf diese Forderung zu antworten: »Wir haben unser Rechtswesen, alles andere geht uns nichts an« — das heißt, nicht sozialistische Massenaufklärung, sondern eine Politik des aufgeblasenen *Prestiges* zu treiben, im Stile Hitlers oder Mussolinis.

Sogar jene »Freunde der UdSSR«, die innerlich von der Rechtlichkeit des Moskauer Gerichtsverfahrens überzeugt sind (aber wie viele solcher Menschen gibt es schon? Schade, daß man keine Zählung der Gewissen durchführen kann!), sogar diese unerschütterlichen »Freunde« der Bürokratie sind verpflichtet, mit uns zusammen die Bildung einer autoritativen Untersuchungskommission zu fordern. Die Moskauer Regierung wäre verpflichtet, einer solchen Kommission alle notwendigen Beweise zur Verfügung zu stellen. Es kann doch offenbar daran keinen Mangel geben, wenn auf Grund dieser Unterlagen in den »kirowschen« Prozessen 49 Menschen erschossen wurden, die hundertundfünfzig nicht gerechnet, die man ohne Verfahren erschoß.[3]

2 Der Radek-Pjatakow-Prozeß (»Prozeß der Siebzehn«) fand vom 23. bis zum 30. Januar 1937 statt; angeklagt waren Pjatakow, Radek, Sokolnikow, Serebrjakow, Muralow, Liwschitz, Drobnis, Boguslawski, Knjasew, Rataitschak, Norkin, Schestow, Stroilow, Turok, Hrasche, Puschin und Arnold. Abermals wurden alte Bolschewisten — in diesem Fall Angehörige der trotzkistischen Opposition, die nach dem Parteiausschluß von 1927 kapituliert hatten — gemeinsam mit NKWD-Provokateuren als »sowjetfeindliches trotzkistisches Zentrum« präsentiert. Dieses »terroristische Zentrum« sollte Wirtschaftssabotage betrieben und — in Zusammenarbeit mit Deutschland und Japan — die Wiedereinführung des Kapitalismus geplant haben. Dreizehn der Angeklagten wurden zum Tode, fünf, darunter Sokolnikow und Radek (dieser angeblich wegen seiner guten Zusammenarbeit mit der Anklagebehörde) zu Gefängnisstrafen verurteilt. (Der offizielle Prozeßbericht: *Prozeßbericht über die Strafsache des sowjetfeindlichen trotzkistischen Zentrums*, hg. vom Volkskommissariat für Justizwesen der UdSSR, Moskau 1937. Trotzkis Stellungnahmen engl. in: TWr 1936-37 und frz. in: TŒ 12. Der Gegenprozeß: *The Case of Leon Trotsky* und *Not Guilty*. Zu Vorbereitung und Durchführung: Conquest, *Am Anfang...*, S. 201-225; Medwedjew, *Die Wahrheit...*, S. 194-196.

3 Unmittelbar nach der Ermordung Kirows am 1. Dezember 1934 kam es nicht nur in Leningrad, sondern auch in Moskau, Kiew und anderen Großstädten zu

Erinnern wir uns daran, daß vor der Weltöffentlichkeit zwei Advokaten als Bürgen für die Richtigkeit der Moskauer Urteile auftreten: Pritt[4] aus London und Rosenmark[5] aus Paris, den amerikanischen Journalisten Durant nicht gerechnet. Wer aber bürgt für diese Bürgen? Beide Advokaten, Pritt und Rosenmark, verweisen dankbar darauf, daß die Sowjetregierung ihnen alle notwendigen Erklärungen gegeben habe. Fügen wir hinzu, daß der »königliche Berater« Pritt beizeiten nach Moskau eingeladen wurde, während die Welt den Termin des Prozesses erst im letzten Moment erfuhr. Die Sowjetregierung hält es also nicht für Verletzung der Würde ihrer Rechtspflege, hinter den Kulissen die Hilfe ausländischer Advokaten und Journalisten in Anspruch zu nehmen. Als aber die sozialistische und die Gewerkschaftsinternationale vorschlugen, ihre Advokaten nach Moskau zu entsenden[6], bezeichnete man sie — nicht mehr und nicht weniger — als

Massenverhaftungen. Viele der Verhafteten wurden sogleich erschossen. (Vgl. Conquest, *Am Anfang...*, S. 71-75.)

4 Denis Nowell Pritt (1887-1973), bekannter britischer Rechtsanwalt und Mitglied des Kronrats, der u.a. 1933 den »Gegenprozeß« zum Leipziger Reichstagsbrandprozeß geleitet hatte. 1935 bis 1950 Unterhausabgeordneter der Labour Party. Pritt galt Trotzki als Prototyp der »Freunde der Sowjetunion«, der kritiklosen Verteidiger des Stalinismus. Pritt war von der Sowjetunion als Beobachter zum ersten Moskauer Schauprozeß eingeladen worden. Nach seiner Rückkehr erklärte er in der Presse, er sei von der Rechtsstaatlichkeit des Verfahrens und der Schuld der Angeklagten überzeugt.
(Vgl. Trotzkis Memorandum vom 29.10.1936 zu Pritts Erklärungen, frz. in: TŒ 11, S. 235-239, und seinen Artikel »Schande« vom 18.12.1936, frz. ebd., S. 331-345, und engl. in: TWr 1935-36, S. 489-500.)

5 Hermann, genannt Raymond, Rosenmark (1885-1950), französischer Rechtsanwalt, Mitglied der Ligue des Droits de l'Homme, der 1898 auf dem Höhepunkt der Dreyfus-Affäre gegründeten, einflußreichen Menschenrechtsorganisation, die später auch am Zustandekommen der »Volksfront« beteiligt war. Auf Grund der von einem Teil der Mitglieder der Ligue des Droits de l'Homme geäußerten Zweifel wurde eine Kommission zur Untersuchung des ersten Moskauer Prozesses eingesetzt, zu deren Sekretär Rosenmark ernannt wurde. Im Namen dieser Kommission legte er am 18.10.1936 einen Bericht vor, der zu dem Schluß kam, daß »das Urteil von Moskau der Ausdruck der Gerechtigkeit selbst« ist. (Zit. nach Gérard Rosenthal, *Avocat de Trotsky*, Paris [Laffont] 1975, S. 167.)

6 Von diesem Vorschlag abgesehen (vgl. dazu auch *The Case of Leon Trotsky*, S. 461) war die Haltung der Sozialistischen Arbeiterinternationale und des Internationalen Gewerkschaftsbundes zu den Moskauer Prozessen insgesamt jedoch ausweichend. Der Sekretär der SAI, Friedrich Adler, hatte anläßlich des ersten Prozesses energisch protestiert, doch scheiterten Trotzkis Bemühungen, die beiden Organisationen dazu zu gewinnen, sich an einer Untersuchungskommission zu beteiligen: »Adler tat, was er konnte; aber alles, was er erreichte, war, daß die Exekutive der Internationale nach langer Verzögerung eine Erklärung abgab, in der sie die Säuberungen verurteilte; sie lehnte es ab, an irgendeiner

Verteidiger der Mörder und der Gestapo[7]! Ihr wißt vielleicht, daß ich kein Parteigänger der II. oder der Gewerkschaftsinternationale bin. Aber ist es nicht evident, daß ihre moralische Autorität weit höher steht als die von Advokaten ohne Rückgrat? Dürfen wir nicht mit Recht sagen: Die Moskauer Regierung ist bereit, ihr »Prestige« angesichts solcher Autoritäten und Experten beiseite zu lassen, deren Zustimmung sie von vornherein sicher ist; sie ist gerne bereit, den »königlichen Berater« Pritt in einen Berater der GPU zu verwandeln. Dagegen hat sie bisher rüde jede Nachprüfung abgelehnt, die Objektivität und Unparteilichkeit garantiert. Das ist eine unbezweifelbare und an sich schon vernichtende Tatsache!

Aber vielleicht ist diese Schlußfolgerung falsch? Nichts einfacher, als sie zu widerlegen: soll doch die Moskauer Regierung einer internationalen Untersuchungskommission seriöse, genaue und konkrete Erklärungen über all die dunklen Punkte der Kirowschen Prozesse geben. Außer dunklen Punkten gibt es jedoch — leider — nichts! Eben deshalb unternimmt Moskau alles, um mich, den Hauptangeklagten, zum Schweigen zu bringen. Angesichts des furchtbaren ökonomischen Drucks von Moskau hat mich die norwegische Regierung hinter Schloß und Riegel gesetzt und dabei auf

Untersuchungskommission oder einem Gegenprozeß teilzunehmen. Das war auch die Haltung der Gewerkschaftsinternationale. Die beiden Organisationen ... standen unter der Fuchtel Leon Blums, und als Haupt der Volksfrontregierung war er von der Unterstützung Stalins abhängig ... er benutzte seinen Einfluß, um jede ... Aktion seiner eigenen Partei und ‚brüderlicher' Sektionen zu unterbinden. Und daher zogen es diesmal die westeuropäischen Sozialdemokraten, die meistens einen solchen Eifer bekunden, ‚die Freiheiten und Rechte des Individuums' gegen den Kommunismus zu verteidigen, vor, ein diplomatisches Schweigen zu bewahren oder gar Stalin zu entlasten.« (Deutscher, *Trotzki*, Bd. 3, S. 343.)

7 Die Geheime Staatspolizei (»Gestapo«) war die bei der Errichtung der nationalsozialistischen Diktatur 1933 geschaffene politische Polizei. 1936 wurde sie mit der Kriminalpolizei zur Sicherheitspolizei vereinigt und Heinrich Himmler zum Leiter der deutschen Polizei bestellt; 1939 wurde die Sicherheitspolizei mit dem Sicherheitsdienst der SS kombiniert. Die Gestapo wurde damit zur wichtigsten Abteilung des Reichssicherheitshauptamtes, das alle Polizeiorgane dirigierte. Die Gestapo hatte weitreichende Vollmachten (u.a. die Verhängung von »Schutzhaft« in KZs) zur Verfolgung der politischen Gegner der faschistischen Diktatur; nach Beginn des Zweiten Weltkriegs beteiligte sie sich auch an der Judenvernichtung. Das Nürnberger Internationale Militärtribunal erklärte sie zu einer verbrecherischen Organisation.
(Vgl. Neumann, *Behemoth*, S. 572-578; Edward Crankshaw, *Die Gestapo*, Berlin [Colloquium] 1959; Shlomo Aronson, *Reinhard Heydrich und die Frühgeschichte von Gestapo und SD*, Stuttgart [DVA] 1971; Jacques Delarue, *Geschichte der Gestapo*, Königstein [Athenäum] 1979; Christoph Graf, *Politische Polizei zwischen Demokratie und Diktatur*, Die Entwicklung der preußischen Politischen Polizei vom Staatsschutzorgan der Weimarer Republik zum Geheimen Staatspolizeiamt des Dritten Reichs, Berlin [Colloquium] 1983.)

meinen Artikel über Frankreich in der amerikanischen *Nation* verwiesen![8] Wer glaubt das schon?... Welches Glück, daß die großmütige Gastfreundschaft Mexikos, auf die Initiative seines Präsidenten, General Cardenas, mir und meiner Frau erlaubt, dem neuen Prozeß nicht in Gefangenschaft, sondern in Freiheit entgegenzusehen.[9] Doch alle Hebel sind schon in

8 Nach dem Wahlsieg der Arbeiterpartei im Frühjahr 1935 wurde Trotzki in Norwegen Asyl gewährt, wo er am 18.6.1935 eintraf. Trotz strengen Auflagen (keine Einmischung in norwegische Verhältnisse, Beschränkung des Wohnrechts) wurde er zunächst freundlich behandelt. Mitglieder der Arbeiterpartei besuchten ihn, seine Erklärungen wurden in der Parteipresse abgedruckt. Trotzki konnte politisch und schriftstellerisch arbeiten. Der erste Moskauer Schauprozeß im August 1936 brachte die Wende. Als Antwort auf Trotzkis Denunziation des stalinistischen Terrors forderte die Stalin-Regierung Ende August seine Ausweisung und drohte, andernfalls die Handelsbeziehungen mit Norwegen abzubrechen. Die norwegische Regierung stellte Trotzki daraufhin unter Hausarrest. Als Vorwand diente seine politische Arbeit für den Aufbau der Vierten Internationale, besonders aber sein Artikel »Die französische Revolution hat begonnen« (9. Juni 1936), den u.a. die linksliberale US-amerikanische Wochenzeitschrift *The Nation* veröffentlicht hatte. Zweck der Maßnahmen der norwegischen Regierung war es, Trotzki ein öffentliches Auftreten gegen den Terror in der Sowjetunion unmöglich zu machen. Mitte Dezember 1936 konnte er dann nach Mexiko ausreisen (vgl. Anm. 9).
(Vgl. Deutscher, *Trotzki*, Bd. 3, S. 275-280, 319-324 und 328-332.)

9 Lázaro Cárdenas (1895-1970) hatte in der (1910 ausgebrochenen) mexikanischen Revolution gekämpft, wurde 1924 General, anschließend Minister und war 1934 bis 1940 Präsident. Cárdenas versuchte, das Programm der Revolution durch eine umfassende Agrarreform (Wiederherstellung des indianischen Gemeindeeigentums) und durch die Enteignung der ausländischen Erdölkonzerne zu realisieren. Er reorganisierte die Regierungspartei, indem er ihr die Gewerkschaften und die Bauernverbände anschloß (und unterordnete). Mexiko war das einzige Land, das von Anfang an die spanische Republik im Bürgerkrieg unterstützte; 1939 nahm es spanische Republikaner und nach Ausbruch des Weltkriegs großzügig Flüchtlinge aus ganz Europa auf. (Nach Ende der Amtszeit Cárdenas' gewannen proimperialistische Kräfte in der mexikanischen Regierung wieder die Oberhand.)
Im Sommer 1936 hatten die mexikanischen Trotzkisten sich bei Cárdenas um Asyl für Trotzki bemüht. Ihre kleine Organisation (mit etwa hundert Mitgliedern) hatte zwar nur geringen Einfluß, zählte aber den bekannten Maler Diego Rivera, der ihr bis 1939 angehörte, zu ihren Mitgliedern. Wichtig war die Unterstützung der Initiative durch einen Minister von Cárdenas, den Revolutionsgeneral Francisco Múgica (1884-1954), der zu den Mitbegründern der Kommunistischen Partei gehörte und Mitte der dreißiger Jahre die Presse der mexikanischen Trotzkisten finanziell unterstützt hatte. Trotz eifriger Bemühungen der Kommunistischen Partei, zu deren Sympathisanten Vicente Lombardo Toledano, der mächtige Vorsitzende des Gewerkschaftsbundes, aber auch einflußreiche Männer aus der Umgebung des Präsidenten gehörten, gewährte die mexikanische Regierung am 9. Dezember 1936 Trotzki Asyl. Bereits zehn Tage später befanden sich Trotzki und seine Frau, begleitet von einer Polizei-Eskorte, auf einem von der norwegischen Regierung angeheuerten Schiff auf dem Weg

Bewegung gesetzt, um mich wieder zum Schweigen zu zwingen. Warum fürchtet man in Moskau die Stimme eines einzelnen Menschen derart? Nur weil ich die Wahrheit, die ganze Wahrheit weiß. Nur weil ich nichts zu verbergen habe. Nur weil ich bereit bin, öffentlich einer unparteiischen Untersuchungskommission Dokumente, Tatsachen und Beweise vorzulegen und die Wahrheit ganz aufzudecken. Ich erkläre: sollte diese Kommission zu der Feststellung kommen, daß ich auch nur zum kleinsten Teil jener Verbrechen schuldig bin, deren mich Stalin bezichtigt, *so verpflichte ich mich im voraus, mich freiwillig den Henkern der GPU auszuliefern.* Ich hoffe, das ist deutlich. Ich gebe diese Erklärung vor der Weltöffentlichkeit ab. Ich bitte die Presse, diese meine Worte bis in die entlegensten Winkel unseres Planeten zu übermitteln. Wenn aber die Kommission feststellt, daß die Moskauer Prozesse eine bewußte und absichtliche Fälschung sind, errichtet auf menschlichen Nerven und Knochen, so werde ich von meinen Anklägern nicht verlangen, daß sie sich dem Hinrichtungskommando freiwillig stellen. Nein, die ewige Schande im Gedenken aller Menschen ist genug. Hört mich der Ankläger im Kreml? Ich schleudere den Anklägern im Kreml meine Herausforderung ins Gesicht. Und ich warte auf ihre Antwort!

Mit meiner Erklärung gebe ich nebenbei Antwort auf die häufigen Einwände oberflächlicher Skeptiker: »Warum sollten wir Trotzki glauben und nicht Stalin?« Es ist sinnlos, sich mit psychologischen Vermutungen zu beschäftigen. Es geht nicht um persönliches *Vertrauen*. Es geht um die *Nachprüfung*. Ich schlage eine Nachprüfung vor! Ich verlange Nachprüfung!

Sie erwarten von mir heute keine Widerlegung von »Umständen«, die tatsächlich nicht existent waren, keine detaillierte Analyse von »Geständnissen«, diesen widernatürlichen, unmenschlichen Monologen, die ihre Widerlegung schon in sich beschließen. Zur genauen Analyse des Prozesses würde ich mehr Zeit benötigen als der Staatsanwalt, denn zu entwirren ist schwieriger als zu verwirren. Diese Arbeit leiste ich in der Presse und demnächst vor der Kommission. Meine Aufgabe heute ist es, die grundlegende, die ursprüngliche Fehlerhaftigkeit der Moskauer Prozesse aufzudecken, die Triebkräfte der Verleumdung, ihre politischen Ziele, die Psychologie ihrer Teilnehmer und Opfer.

Beim Sinowjew-Kamenjew-Prozeß stand der »Terrorismus«[10] im Mittel-

nach Mexiko, wo sie am 9. Januar 1937 eintrafen. (Vgl. den 1956 erschienenen Bericht von Octavio Fernández Vilchis, einem Führer der mexikanischen Trotzkisten während der dreißiger Jahre, »Wie das Asylrecht für Trotzki in Mexiko erreicht wurde«, frz. in: *Cahiers Léon Trotsky*, Nr. 11, 1981, S. 63-73.
Zu Mexiko unter der Präsidentschaft von Cárdenas vgl. die Nr. 26, Juni 1986, der *Cahiers Léon Trotsky*.)

10 Im Urteil des Prozesses hieß es, daß die Hauptangeklagten »das vereinigte trotzkistisch-sinowjewistische terroristische Zentrum zur Verübung von Mor-

punkt. Im Pjatakow-Radek-Prozeß stand nun nicht mehr der Terror im Zentrum, sondern der Pakt der Trotzkisten mit Deutschland und Japan zwecks Kriegsvorbereitung, Teilung der Sowjetunion, Industriesabotage und Ausrottung der Arbeiter.[11] Wie lassen sich diese ins Auge stechenden Ungereimtheiten erklären? Nach der Erschießung der 16 hat man uns doch gesagt, die Aussagen Sinowjews, Kamenjews und der anderen wären freiwillig und aufrichtig gewesen und entsprächen den Tatsachen. Außerdem haben Sinowjew und Kamenjew doch den eigenen Tod gefordert![12] *Warum haben sie dann nicht von der Hauptsache gesprochen, vom Bündnis der Trotzkisten mit Deutschland und Japan, dem Plane der Zerstückelung der UdSSR?* Konnten sie solche »Details« der Verschwörung vergessen? Ist es möglich, daß sie, die Führer des sogenannten *Zentrums*, nicht gewußt haben, was den Angeklagten des letzten Prozesses, Leute zweiten Ranges, bekannt war? Die Antwort ist klar: das neue Amalgam ist *nach* der Erschießung der 16 fabriziert worden, im Verlauf der letzten fünf Monate, als Antwort auf das negative Echo der Weltpresse.

Der schwächste Punkt im Prozeß der 16 ist die gegen alte Bolschewiki erhobene Anschuldigung, mit Hitlers Geheimpolizei, der Gestapo, im Bunde gewesen zu sein. Weder Sinowjew noch Kamenjew, noch Smirnow, überhaupt keiner von den Angeklagten mit politischem Namen hat diese Verbindung zugegeben: vor dieser Grenze der Erniedrigung machten sie Halt! So läuft es darauf hinaus, daß ich durch dunkle Unbekannte, wie Olberg, Berman, Fritz David und andere, mit der Gestapo in Verbindung trat mit dem großen Ziele — einen honduranischen Paß für Olberg zu erhalten ...[13] Das sah zu dumm aus. Niemand wollte dem glauben. Der ganze Prozeß war kompromittiert. Man mußte den Fehler des Regisseurs um jeden Preis korrigieren. Man mußte die Bresche schließen. Jagoda wurde

den an den Führern der Sowjetregierung und der KPdSU(B) organisiert, die Kirow-Ermordung durchgeführt und weitere Morde vorbereitet« hätten. (*Prozeßbericht...*, 1936, S. 183 f.)

11 Im Urteil dieses Prozesses hieß es, daß die Angeklagten »auf direkte Anweisung des im Ausland befindlichen Volksfeindes L. Trotzki zur Beschleunigung eines militärischen Überfalls auf die Sowjetunion, zur Hilfeleistung an die ausländischen Aggressoren bei Eroberung von Sowjetterritorien, zum Sturz der Sowjetmacht, zur Wiederherstellung des Kapitalismus und der Macht der Bourgeoisie ... verräterische Diversions-, Schädlings-, Spionage- und Terrortätigkeit« ausgeübt hätten. (*Prozeßbericht...*, 1937, S. 634.)

12 In ihren Schlußworten forderten die Angeklagten für sich die »härteste Bestrafung« — entsprechend der Anklage die Erschießung. Wahrscheinlich war ihnen vorher versprochen worden, das Urteil werde nicht vollstreckt werden. (Vgl. *Prozeßbericht...*, 1936, S. 168-178; Conquest, *Am Anfang...*, S. 145-148.)

13 Die drei Angeklagten waren GPU-Provokateure: Walentin Olberg (1907-1936), ein Lette, hatte in Berlin gelebt und sich dort 1930 der Linken Opposition angeschlossen, die er 1931 mit der Gruppe um Kurt Landau verließ. Wegen seiner russischen Sprachkenntnisse betraute ihn aber Trotzkis Sohn, Leo Se-

durch Jeschow[14] ersetzt. Ein neuer Prozeß stand auf der Tagesordnung. Stalin beschloß, den Kritikern zu antworten: Ihr glaubt nicht, daß Trotzki fähig ist, wegen Olberg und des honduranischen Passes mit der Gestapo in Verbindung zu treten? Gut, ich werde euch zeigen, daß der Zweck seines Bundes mit Hitler war, einen Krieg zu entfachen und die Welt neu zu verteilen.

Jedoch fehlten für dieses zweite, grandiosere Schaustück die wichtigsten handelnden Personen: Stalin hatte sie bereits ermordet. Es blieb ihm nichts anderes übrig, als die Hauptrollen des neuen Hauptdramas mit Schauspielern zweiten Ranges zu besetzen! Man muß hier anmerken, daß Stalin Pjatakow und Radek als Mitarbeiter sehr geschätzt hat. Aber es waren keine anderen mit bekannten Namen übrig, die man — aufgrund noch so lange zurückliegender Ereignisse — für »Trotzkisten« hätte ausgeben können. Deshalb fiel das Los auf Radek und Pjatakow. Die Version von meiner Verbindung mit Achtgroschenjungen der Gestapo durch unbekannte Zufallsfiguren wurde verworfen. Die Sache wurde gleich auf Weltniveau gebracht. Jetzt ist die Rede nicht mehr vom honduranischen Paß, sondern von Teilung der UdSSR und sogar von der Zertrümmerung der Vereinigten

dow, auch weiterhin mit bestimmten technischen Arbeiten, ehe er — und sein Vater (dem Olberg sich als Sekretär anbot) — Mißtrauen schöpften. 1932 verschwand er aus ihrem Gesichtskreis. Olberg war der einzige Angeklagte in diesem Prozeß, der einmal zur Opposition gehört hatte. Im Prozeß erklärte er, er habe seit längerem Kontakt zur Gestapo unterhalten und eine Verbindung zwischen ihr und Trotzki hergestellt. Um seine terroristischen Aktivitäten in der UdSSR ausüben zu können, habe er sich — als Staatenloser — mit Gestapo-Geld, das er von Sedow erhalten habe, in Prag einen honduranischen Paß gekauft.
(Seine Aussage in: *Prozeßbericht...*, 1936, S. 86-92. Zur Glaubwürdigkeit Olbergs vgl. den Abschlußbericht der Dewey-Kommission *Not Guilty*, S. 97-115; Sedow, *Rotbuch*, S. 34 f.; Conquest, *Am Anfang...*, S. 116 f.)

14 Nikolai Iwanowitsch Jeschow (1894-1940?), seit 1917 Mitglied der bolschewistischen Partei, Kommissar der Roten Armee im Bürgerkrieg, in den zwanziger Jahren Gebietsparteisekretär, 1929 stellvertretender Volkskommissar für die Landwirtschaft. 1930 wurde er in den ZK-Apparat aufgenommen und übernahm die Leitung der Abteilung für führende Parteiorgane, die unter anderem für deren personelle Zusammensetzung zuständig war; hier gewann er das besondere Vertrauen Stalins. 1934 wurde er vom 17. Parteitag ins ZK gewählt und wurde Mitglied des Orgbüros, stellvertretender Vorsitzender der Kontrollkommission und Chef der Industrieabteilung des ZK; seit 1935 war er auch Mitglied des EKKI. Als Verbindungsmann zwischen dem Parteiapparat und den Sicherheitsorganen wurde er mit der offiziellen Untersuchung des Kirow-Mords beauftragt und leitete die Säuberungskampagne in der Partei. Im Oktober 1936 übernahm er nach direkter Intervention Stalins das NKWD, das Volkskommissariat für Innere Angelegenheiten, und leitete in den folgenden zwei Jahren den Massenterror (in der UdSSR »Jeschowschtschina« genannt). Im Dezember 1938 wurde er als NKWD-Leiter abgelöst, Anfang 1939 verhaftet und später erschossen.

Staaten von Nordamerika. Sozusagen mit Hilfe eines gigantischen Lifts hat man die Verschwörung während der fünf Monate aus dem schmutzigen Polizeikeller in jene Höhen gehoben, wo sich Schicksale von Staaten entscheiden. Sinowjew, Kamenjew, Smirnow, Mratschkowski sind ins Grab gesunken, ohne etwas von diesen grandiosen Plänen, Bündnissen und Perspektiven zu ahnen. Das ist der lügenhafte Kern des letzten Amalgams!

Um den schreienden Widerspruch zwischen den beiden Prozessen immerhin ein wenig zu vertuschen, sagten Pjatakow und Radek nach dem Diktat der GPU aus, sie hätten ein »*paralleles*« Zentrum gebildet, wegen ... Trotzkis Mißtrauen gegenüber Sinowjew und Kamenjew.[15] Eine sinnlosere und falschere Erklärung kann man sich kaum ausdenken! Ich habe Sinowjew und Kamenjew nach ihrer Kapitulation tatsächlich mißtraut und mit ihnen seit Ende 1927 keine Beziehungen unterhalten. Aber Radek und Pjatakow habe ich noch weniger vertraut! Bereits im Jahre 1929 hat Radek den Oppositionellen Bljumkin an die GPU verraten, der daraufhin ohne Gericht und in aller Stille erschossen wurde. Ich habe damals in dem im Auslande erscheinenden *Bulletin der Opposition* folgendes veröffentlicht: »Nachdem er die letzten Reste des sittlichen Gleichgewichts verloren hat, scheut Radek vor keiner Lumperei zurück.«[16] Nicht viel besser waren meine Urteile über Pjatakow, sowohl in der Presse wie in Privatbriefen.[17] Es ist

15 Radek erklärte zur Frage des Parallelzentrums: »Wir haben diese Frage sowohl vom Standpunkt der persönlichen Zusammensetzung des Hauptzentrums als auch vom Standpunkt unseres politischen Mißtrauens gegenüber dem sinowjewistischen Teil besprochen, obwohl zwischen uns ein Block bestand ... Wir waren zur Überzeugung gekommen, daß dieser Block wohl kaum irgendeine ernste Prüfung bestehen kann. Eine der ersten Sorgen Sinowjews wird sein, die Trotzkisten zu verdrängen: die persönlichen Momente werden eine große Rolle spielen ... Es gilt daher, unter äußerlicher Beibehaltung des Blocks, als Gegengewicht eine eigene Organisation zu haben.« (*Prozeßbericht...*, 1937, S. 44.)

16 Diese Charakterisierung stammt aus einem Brief, den Trotzki über die Ermordung Bljumkins von einem anonym bleibenden Linksoppositionellen aus Moskau (datiert vom 25.12.1929) erhielt und den er mit einem Kommentar veröffentlichte. (Vgl. »Kak i sa schto Stalin rasstrjeljal Bljumkina?«, in: BO, Nr. 9, Februar-März 1930, S. 9-11, hier S. 10. Trotzki gab diese Charakterisierung auch vor der Dewey-Kommission wieder. Vgl. *The Case of Leon Trotsky*, S. 108.)

17 Über Pjatakow, der im Februar 1928 als erster prominenter Linksoppositioneller kapitulierte, schrieb Trotzki in einem Brief vom 17.3.1928 an einen Oppositionellen, der ihn darüber informiert hatte: »Sie sprechen von Pjatakows enttäuschendem und dummen Dokument mit Betroffenheit. Ich kann dies ganz und gar verstehen, aber ich muß gestehen, daß ich nicht so fühle, weil ich Pjatakow bereits seit langem für einen politisch erledigten Menschen hielt. In Augenblicken der Aufrichtigkeit sagte er mir mehr als einmal in einem müden und skeptischen Ton, ihn interessiere die Politik nicht und er wolle seinen Status in den eines ‚Spezialisten' ändern. Mehr als einmal sagte ich ihm halb scherzend, halb ernst, daß er, wenn er sich eines Morgens beim Erwachen unter einem

schmerzlich, daß ich gezwungen bin, diese scharfen Urteile über Stalins unglückliche Opfer zu wiederholen. Doch wäre es ein Verbrechen, aus Sentimentalität die Wahrheit zu vertuschen ... Radek und Pjatakow haben zu Sinowjew und Kamenjew stets aufgeblickt, und in dieser Selbsteinschätzung haben sie sich nicht geirrt. Aber weiter. Während des Prozesses der 16 nannte der Staatsanwalt den Angeklagten Smirnow »das Haupt der Trotzkisten in der UdSSR«.[18] Um zu zeigen, wie nahe er mir stand, erklärte der Angeklagte Mratschkowski, daß man mich nur durch ihn hätte erreichen können, und der Staatsanwalt unterstrich diesen Umstand auf jede Weise.[19] Wieso haben dann nicht nur Sinowjew und Kamenjew, sondern auch Smirnow, »das Haupt der Trotzkisten in der UdSSR«, und der mir so nahestehende Mratschkowski nichts von jenen Plänen gewußt, in die Radek, den ich öffentlich als Verräter gebrandmarkt hatte, eingeweiht war? Das ist die kapitale Lüge des letzten Prozesses. Sie drängt von selbst ans Licht. Wir kennen die Quelle ihrer Entstehung. Wir sehen die geheimen Fäden. Wir sehen die plumpe Hand, die an ihnen zerrt. Radek und Pjatakow beichteten die scheußlichsten Verbrechen. Aber ihre Verbrechen haben vom Standpunkt der Angeklagten, nicht aber der Ankläger, gar *keinen Sinn.* Mit Terror, Sabotage und durch Bündnisse mit den Imperialisten wollten sie in der UdSSR den Kapitalismus restaurieren. Wozu? Ihr ganzes Leben haben sie gegen den Kapitalismus gekämpft. Haben sie vielleicht persönliche Motive geleitet: Machtgier, Gewinnsucht? Unter keinem anderen Regime hätten Radek und Pjatakow hoffen können, einen höheren Rang einzunehmen als den, den sie bis zum Tage ihrer Verhaftung einnahmen.

Bonaparte wiederfände, mit seiner Aktentasche ins Büro gehen und irgendeine miserable pseudomarxistische ‚Theorie' erfinden würde, um sich zu rechtfertigen ... Pjatakow ist ein politischer Leichnam, der vorgibt, lebendig zu sein, und alle möglichen Sophismen erfindet, um sich das Erscheinungsbild eines revolutionären Politikers zu geben.« (Trotsky, *Challenge 1928-29*, S. 64-66, hier S. 64. Vgl. auch *The Case of Leon Trotsky*, S. 116-121.)

18 Im *Prozeßbericht*..., 1936, S. 79, wird er folgendermaßen charakterisiert, offensichtlich eine Zusammenfassung der Worte des Staatsanwalts: »I. N. Smirnow ist seit ihrer Entstehung einer der Leiter der trotzkistischen Organisation. Er ist der nächste Freund Trotzkis, der tatsächliche Organisator und Leiter der trotzkistischen konterrevolutionären illegalen Organisation in der UdSSR, der persönlich die Verbindung mit Trotzki und den trotzkistischen Organisationen im Auslande unterhielt. Smirnow, der Stellvertreter Trotzkis in der Sowjetunion ...« (Vgl. *Prozeßbericht*..., 1936, S. 79.)

19 Im *Prozeßbericht*..., 1936, heißt es auf S. 40 und 44: »Als erster wird der Angeklagte Mratschkowski vernommen, der nächste Vertrauensmann Trotzkis, dem er persönlich nahestand ... Mratschkowski betont, daß er Trotzki besonders nahestand, und weist darauf hin, daß in den letzten Jahren seiner Zusammenarbeit mit Trotzki, in den Jahren 1923-1927, niemand ohne ihn zu Trotzki gelangen konnte und daß die gesamte Korrespondenz Trotzkis ebenfalls durch seine Hände ging.«

Vielleicht opferten sie sich so sinnlos aus Freundschaft zu mir? Lächerliche Hypothese! Durch ihre Handlungen, Reden, Artikel während der letzten acht Jahre haben sich Radek und Pjatakow als meine erbitterten Feinde erwiesen. Terror? Aber konnten denn Oppositionelle nach der ganzen revolutionären Erfahrung in Rußland nicht voraussehen, daß Terror nur Anlaß zur Ausrottung der besten Kämpfer war? Nein, das haben sie gewußt, vorausgesehen, es hundertmal erklärt. Nein, wir brauchen Terror nicht. Die herrschende Clique brauchte ihn so nötig wie die Atemluft. Am 4. März 1929, das heißt vor acht Jahren, schrieb ich in einem Artikel, der sich mit der Politik Stalins befaßte: »Stalin bleibt nur eines übrig: der Versuch, zwischen der offiziellen Partei und der Opposition einen blutigen Strich zu ziehen. Er muß unumgänglich die *Opposition mit Attentaten, Vorbereitung von bewaffneten Aufständen usw. in Verbindung bringen.*«[20] Man erinnere sich: Bonapartismus hat noch niemals in der Geschichte ohne polizeiliche Fabrikation von Verschwörungen existiert!

Die Opposition müßte aus Kretins bestehen, wenn sie glaubte, ein Bündnis mit Hitler oder dem Mikado, die beide dazu noch im nächsten Krieg zu einer Niederlage verurteilt sind, ein solch idiotisches, undenkbares, irrsinniges Bündnis könne revolutionären Marxisten etwas anderes bringen als Schande und Untergang. Dagegen ist ein solches Bündnis — der Trotzkisten mit Hitler — für Stalin im höchsten Maße nötig. Voltaire sagt: Wenn es Gott nicht gibt, muß man ihn erfinden.[21] Die GPU sagt: Wenn es ein Bündnis nicht gibt, muß man es fabrizieren.

Die Grundlage, auf der die Moskauer Prozesse aufgebaut sind, ist absurd. Nach der offiziellen Version haben die Trotzkisten seit 1931[22] die ungeheuerlichste Verschwörung organisiert, wobei sie alle, wie auf Kommando, das eine geschrieben und gesagt, und das andere getan haben. Obwohl Hunderte von Personen in die Verschwörung einbezogen wurden, entstanden im Laufe von fünf Jahren weder Meinungsverschiedenheiten noch Spaltungen, noch Denunziationen, noch wurde je ein Brief abgefangen — genau so lange,

20 Trotzki, »Was ist das unmittelbare Ziel von Trotzkis Exilierung?«, engl. in: TWr 1929, S. 60-62, hier Seite 61.

21 »Wenn Gott nicht existierte, müßte man ihn erfinden.« Diese Äußerung Voltaires stammt aus seiner *Epître à l'Auteur du Livre des Trois Imposteurs* (»Epistel an den Verfasser des Buches von den drei Betrügern«) von 1769. Voltaire gab damit aber nur einen Gedanken des Erzbischofs von Canterbury, John Tillotson, aus einer Predigt im Jahre 1712 wieder.

22 In den Jahren 1931-32 war es zum Wiederaufleben oppositioneller Gruppen im Parteiapparat gekommen; ehemalige Anhänger der linken und rechten Opposition erörterten die Möglichkeit der Bildung eines Oppositionsblocks. Die GPU kam einem solchen Versuch durch Verhaftungen zuvor. Im Prozeß von 1936 wurden die Anfänge der »Verschwörung« dementsprechend auf die Jahre 1931-32 zurückdatiert.

bis die Stunde der allgemeinen Reue schlug. Und dann geschah ein neues Wunder. Menschen, die Morde organisiert, Kriege vorbereitet, die Sowjetunion verraten und zerstückeln gewollt hatten, diese eingefleischten Verbrecher legten im August 1936 jäh Geständnisse ab, und zwar nicht unter der Last von Indizien, nein, denn es gab keine, sondern aus irgendwelchen mystischen Gründen, die heuchlerische Psychologen mit Eigenschaften der »russischen Seele« erklären. Man bedenke nur: gestern haben sie Eisenbahnkatastrophen verursacht, Arbeiter vergiftet — auf ein unhörbares Kommando von Trotzki hin.[23] Heute entbrennen sie in Haß gegen Trotzki und wälzen auf ihn alle ihre angeblichen Verbrechen ab. Gestern haben sie nur daran gedacht, wie sie Stalin ermorden könnten. Heute singen alle ihm Hymnen. Was ist das: ein Irrenhaus? Nein, sagen uns die Herren Durant, das ist kein Irrenhaus, sondern die »russische Seele«. Nein, meine Herren, das ist eine Verleumdung der russischen Seele! Das ist eine Verleumdung der menschlichen Seele überhaupt!

Phantastisch ist nicht nur das Generelle und Gleichzeitige der Reuebekenntnisse. Phantastisch vor allem ist der Umstand, daß die Verschwörer nach eigenem Eingeständnis gerade das getan haben, was für ihre eigenen politischen Interessen tödlich, für die regierende Clique aber von höchstem Nutzen war. Vor Gericht sagten die Verschwörer wiederum nur das, was sklavische Agenten Stalins gesagt hätten. Normale Menschen, die einem eigenen Willen gehorchen, würden sich vor Gericht niemals so benehmen, wie Sinowjew, Kamenjew, Radek, Pjatakow und die anderen. Ergebenheit gegenüber den eigenen Ideen, politische Würde, ja einfacher Selbsterhaltungstrieb hätten sie zwingen müssen, um ihre Persönlichkeit, um ihre Interessen, um ihr Leben zu kämpfen. Die einzige richtige und vernünftige Frage kann nur lauten: *wer und was hat diese Menschen in einen solchen Zustand gebracht, bei dem alle normalen menschlichen Reflexe zertreten sind?* Die Jurisprudenz kennt ein sehr einfaches Prinzip, das den Schlüssel zu vielen Geheimnissen bietet: is fecit cui prodest, wem es nützt, der hat es getan. Das ganze Benehmen der Angeklagten ist von Anfang bis zu Ende nicht von ihren Ideen und Interessen, sondern von den Interessen der regierenden Clique diktiert. Sowohl die angebliche Verschwörung, wie die Reuebekenntnisse, wie das Gerichtstheater und die ganz realen Erschießungen, — das alles hat die gleiche Hand ausgeführt. Wessen? Cui prodest? Stalins Hand! Weg mit der Lüge, der Verleumdung, dem Geschwätz von der »russischen Seele«! Vor Gericht sind nicht Kämpfer und nicht Verschwörer aufgetreten, sondern Puppen in den Händen der GPU. Sie haben einstudierte Rollen gespielt. Der Zweck der schändlichen Vorstellung:

23 Zu entsprechenden »Geständnissen« der Angeklagten kam es im Pjatakow-Radek-Prozeß. Vgl. *Prozeßbericht...*, 1937, passim.

jegliche Opposition zu zermalmen, die Quelle jedes kritischen Denkens zu vergiften, das totalitäre Regime Stalins endgültig zu festigen.

Wir wiederholen: die Anklage ist eine vorsätzliche Fälschung. Diese Fälschung zeigt sich unabweislich in jedem Geständnis, wenn man diese Geständnisse den Fakten gegenüberstellt. Der Staatsanwalt Wyschinski[24] weiß das sehr gut, denn er hat die Fälschungen zusammengebraut. Darum hat er den Angeklagten keine einzige konkrete Frage gestellt, die sie in Schwierigkeiten hätte bringen können. Namen, Dokumente, Daten, Situationen, Verkehrsmittel, Umstände der Zusammenkünfte — alle entscheidenden Anhaltspunkte hat Wyschinski mit einem *Schleier der Scham bedeckt, den man besser als einen Schleier der Schamlosigkeit nennen sollte.* Wyschinski hat mit den Angeklagten nicht in der Sprache des Juristen, sondern im Rotwelsch des Komplizen, des Mitverschwörers, des obersten Fälschers, im Diebsjargon gesprochen. Der Insinuationscharakter der Fragen Wyschinskis bildet — neben dem völligen Mangel an materiellen Beweisen — das *zweite tödliche Indiz gegen Stalin.*

Doch beabsichtige ich keinesfalls, mich auf solche negative Beweisführung zu beschränken, oh nein! Wyschinski hat nicht bewiesen und konnte nicht beweisen, daß die *subjektiven Geständnisse* wahr sind, das heißt den *objektiven Tatsachen* entsprechen. Ich nehme die viel schwierigere Aufgabe auf mich: zu beweisen, daß jedes dieser Geständnisse falsch ist, d.h. der Wirklichkeit widerspricht. Was sind meine Beweise? Ich werde zwei, drei Beispiele anführen. Ich würde mindestens zwei Stunden brauchen, um vor Ihnen nur die beiden Hauptepisoden zu analysieren: die angebliche Reise

24 Andrei Januarjewitsch Wyschinski (1883-1954), Jurist, seit 1902 Mitglied der russischen Sozialdemokratie, nach der Parteispaltung 1903 Menschewik; 1917 auf deren rechtem Flügel. Als sich im Verlaufe des Bürgerkriegs ein Sieg der Bolschewiki abzeichnete, näherte er sich ihnen an und wurde 1920 Mitglied der KP. Wyschinski galt bald als bolschewistischer Rechtstheoretiker, wurde Professor an der Moskauer Universität und 1925 deren Rektor. Schon in den »Schädlings-Prozessen« der Jahre 1930/31 bewährte er sich als Gerichtsvorsitzender, wurde 1933 stellvertretender Generalstaatsanwalt und war in den Jahren 1935 bis 1939 Staatsanwalt der UdSSR und Ankläger in den Moskauer Schauprozessen. 1940 wechselte er in den auswärtigen Dienst über, war 1940-49 stellvertretender Außenminister, 1949-53 Außenminister und von 1953 bis zu seinem Tod im folgenden Jahr sowjetischer UNO-Vertreter. In der Entstalinisierung nach 1956 wurde seine Rolle während der Säuberungen kritisiert. In der *Großen Sowjetenzyklopädie* (3. Ausgabe, Moskau 1971, Bd. 5, S. 574) hieß es: »W. überbetonte die Rolle des Zwangs und unterschätzte die Rolle der Erziehung und der Prävention. Er überschätzte auch die Wichtigkeit des Geständnisses des Angeklagten als Beweismittel im Fall konterrevolutionärer Verschwörungen... In der Praxis führten seine Fehler zu größeren Verletzungen der sozialistischen Gesetzlichkeit.« (*Gerichtsreden*, Berlin/DDR [Dietz] 1951; *Theorie der gerichtlichen Beweise im sowjetischen Recht*, Berlin/DDR [Deutscher Zentralverlag] 1955.)

des Angeklagten Golzman nach Kopenhagen, um von mir terroristische Instruktionen einzuholen[25], und die angebliche Reise des Angeklagten Pjatakow nach Oslo, um von mir Instruktionen über die Zerstückelung der UdSSR zu erhalten.[26] Ich verfüge über ein ganzes Arsenal dokumentarischer Beweise, daß mich weder Golzman in Kopenhagen noch Pjatakow in Oslo besucht haben. Ich werde hier nur die einfachsten Beweise anführen, die am wenigsten Zeit in Anspruch nehmen. — Im Unterschiede von den übrigen Angeklagten hat Golzman ein Datum genannt (23. bis 25. November 1932) — das Geheimnis ist einfach: aus den Zeitungen war bekannt, wann ich nach Kopenhagen gekommen bin — und folgende konkrete Details angegeben: ihn, Golzman, habe in Kopenhagen mein Sohn, Leo Sedow[27], mit mir zusammengebracht, der sich mit ihm, Golzman, im Hotel

25 Vgl. *Prozeßbericht...*, 1936, S. 99-101, und *Not Guilty*, S. 76-96. In Wirklichkeit hatte Golzman 1932 Leo Sedow während einer Dienstreise in Berlin aufgesucht (vgl. Deutscher, *Trotzki*, Bd. 3, S. 163 f.) und mit ihm die Bildung eines Oppositionsblocks erörtert. Eduard Solomonowitsch Golzman (Holtzman) (1882-1936) war ein alter Bolschewik und arbeitete nach der Oktoberrevolution in der Wirtschaftsverwaltung. Er war wahrscheinlich nicht Mitglied der Linken Opposition, hatte aber mit ihr sympathisiert. Als Freund und Mitarbeiter Iwan Smirnows war er 1932 in Kontakt mit Leo Sedow getreten.

26 Vgl. *Prozeßbericht...*, 1937, S. 64-74, und *Not Guilty*, S. 160-191.

27 Leo Sedow (1905-1938) war der erste von zwei Söhnen Trotzkis aus seiner (zweiten) Ehe mit Natalja Sedowa. In Rußland geboren, als sein Vater als ehemaliger Vorsitzender des Petrograder Sowjets im Gefängnis war, teilte er das Emigrantenschicksal seiner Eltern und kehrte 1917 mit ihnen nach Rußland zurück. Er wurde aktives Mitglied des Komsomol, verließ die Wohnung seiner Eltern im Kreml, lebte in einer Komsomolzenkommune und begann ein Ingenieurstudium. Seit dem ersten Auftreten der Opposition 1923 wurde er zu einem ihrer aktiven Mitglieder. Er begleitete Trotzki in die Verbannung nach Alma-Ata und 1929 in die Türkei. Sedow organisierte die geheimen Verbindungen zwischen Trotzki und den oppositionellen Gruppen in der Sowjetunion, ging darum 1931 nach Berlin und leitete bis zu seinem Tode die Herausgabe des *Bulletin der Opposition*. Bei den Versuchen, 1932 einen Block aller Oppositionsgruppen zu schaffen, spielte er eine wichtige Rolle. Nach Hitlers Machtantritt siedelte er im April 1933 nach Frankreich über. Hier gelang es dem NKWD 1935, den Agent Mark Zborowski (alias »Etienne«) in seiner Nähe zu plazieren. Seit August 1936 organisierte Sedow die Aufklärungskampagne gegen die Moskauer Schauprozesse, in denen er als wichtigster Helfer seines Vaters und wegen seiner Kontakte zu sowjetischen Oppositionellen zum Hauptangeklagten Nr. 2 erklärt wurde. Während sein Vater von der norwegischen Regierung unter Arrest gestellt war, veröffentlichte er das *Rotbuch*. Im Februar 1938 starb Sedow unter mysteriösen Umständen nach einer Blinddarmoperation in einem Pariser Krankenhaus; ein Komplott des sowjetischen Geheimdienstes ist wahrscheinlich.
(Vgl. die Nummern 13 und 14, 1983, der *Cahiers Léon Trotsky*, die sowohl Aufsätze über ihn wie eine Reihe seiner Artikel enthalten. Ferner Trotzkis Nachruf »Leo Sedow — Sohn, Freund, Kämpfer« [20.2.1938], engl. in: TWr 1937-38, S. 166-179; frz. in: TŒ 16, S. 178-194.

Bristol getroffen hätte. Über das Hotel Bristol hätten sie sich schon in Berlin verständigt. In Kopenhagen angekommen, habe Golzman Sedow tatsächlich im Vestibül des genannten Hotels getroffen. Von dort seien sie gemeinsam zu mir gegangen. Während Golzman mit mir sprach, sei Sedow, nach Golzmans Worten, häufig im Zimmer aus- und eingegangen. Welch malerische Einzelheiten! Wir atmen erleichtert auf: endlich besitzen wir nicht nur nebelhafte Reuebekenntnisse, sondern so etwas wie Fakten. Schade nur, meine verehrten Zuhörer, daß mein Sohn weder im November 1932 noch überhaupt jemals in seinem Leben in Kopenhagen war. Das bitte ich fest im Gedächtnis zu behalten! Im November 1932 befand sich mein Sohn in Berlin, d. h. in Deutschland und nicht in Dänemark, und unternahm dort vergebliche Versuche, sich mit mir und seiner Mutter in Kopenhagen zu treffen: man darf nicht vergessen, daß die Weimarer Demokratie bereits in ihren letzten Zügen lag und die Berliner Polizei immer strenger wurde. Alle Schritte meines Sohnes zur Erlangung einer Aus- und Rückreiseerlaubnis sind mit genauen Zeugenaussagen belegt. Unsere täglichen telephonischen Gespräche aus Kopenhagen mit meinem Sohn in Berlin können auf dem Fernmeldeamt Kopenhagen überprüft werden. Dutzende von Zeugen, die mich und meine Frau in Kopenhagen die ganze Zeit umgaben, wußten, daß wir ungeduldig, aber vergeblich auf unseren Sohn gewartet haben. Andererseits wußten alle Freunde meines Sohnes in Berlin, daß er sich vergeblich um ein Visum bemühte. Gerade wegen der Beharrlichkeit der Bemühungen und den unüberwindlichen Hindernissen blieb das Faktum, daß das Treffen nicht zustande kam, Dutzenden von Menschen im Gedächtnis haften. Sie leben alle im Auslande und haben ihr Zeugnis schon schriftlich niedergelegt. Genügt das? Ich hoffe, ja! Pritt und Rosenmark werden vielleicht mit Nein antworten. Nachsicht üben sie ja nur mit der GPU! Gut, ich will ihnen entgegenkommen. Ich verfüge über noch direktere, unmittelbarere, ganz unbestreitbare Beweise. Die Sache ist nämlich die, daß das Treffen mit unserem Sohn, gleich nachdem wir Kopenhagen verlassen hatten, stattfand, und zwar in Frankreich, auf dem Wege in die Türkei. Dieses Zusammentreffen wurde möglich durch das *persönliche Eingreifen des damaligen französischen Ministerpräsidenten Herriot.* Das französische Außenministerium besitzt das Telegramm meiner Frau an Herriot vom 1. Dezember, dem Tage vor unserer Abreise aus Kopenhagen, wie auch die telegraphische Anweisung Herriots vom 3. Dezember an den französischen Konsul in Berlin, meinem Sohn unverzüglich ein Visum zu geben. Ich hatte immer Angst, Agenten der GPU in Paris würden diese

Sein Archiv, das vor allem die Korrespondenz mit seinem Vater enthält, galt lange Zeit als verschollen oder war unzugänglich; es soll in den nächsten Jahren vom Amsterdamer IISG und von der Hoover Institution in Stanford veröffentlicht werden.)

Dokumente stehlen. Glücklicherweise sind sie zu spät gekommen. *Beide Telegramme sind vor wenigen Wochen im französischen Ministerium des Auswärtigen gefunden worden.* Verstehen Sie mich klar? Ich halte Kopien beider Telegramme in den Händen. Ich lese ihren Text, Datum und Numerierung hier nicht vor, um keine Zeit zu verlieren: ich werde sie morgen der Presse übergeben. Im Paß meines Sohnes befindet sich das vom französischen Konsulat am 3. Dezember ausgestellte Visum. Am 4., morgens, fuhr mein Sohn aus Berlin ab. In seinem Paß steht auch der Grenzstempel vom gleichen Datum. Dieser Paß ist unversehrt erhalten. Die Begegnung mit unserem Sohne fand in Paris statt, auf dem Gare du Nord, in dem Waggon zweiter Klasse, der uns aus Dünkirchen gebracht hatte, in Gegenwart von etwa zehn Freunden, die uns begleiteten. Ich hoffe, dies genügt. Weder die GPU noch Pritt können sich da herauswinden. Sie sitzen fest in der Klemme. Golzman hat meinen Sohn in Kopenhagen nicht sehen können, weil sich mein Sohn in Berlin befand. Mein Sohn hat während des Gesprächs nicht im Zimmer ein- und ausgehen können. Wer glaubt jetzt noch an die Zusammenkunft? Wer kann nun dem Geständnis Golzmans überhaupt Glauben schenken?

Aber auch das ist noch nicht alles. Golzman erklärte, seine Begegnung mit meinem Sohne habe im Hotel Bristol, im Vestibül, stattgefunden. Schön-!... Bloß stellt sich heraus, daß das Hotel Bristol in Kopenhagen im Jahre 1917 bis auf die Grundmauern abgetragen wurde! Im Jahre 1932 existierte von diesem Hotel nur die Erinnerung in alten Reiseführern. Der dienstfertige Pritt stellt die Hypothese von einem möglichen Schreib»fehler« auf. Die russische Stenographin hat, verstehen Sie, fälschlich das Wort Bristol verstanden, und keiner der Journalisten und Redakteure des Berichts hat den Fehler bemerkt und korrigiert. Gut! Und was ist mit meinem Sohn? Auch ein Fehler der Stenographin? Darüber schweigt Pritt ebenso vielsagend wie Wyschinski. In Wirklichkeit hat die GPU durch ihre Agenten in Berlin von den Bemühungen meines Sohnes, ein Visum nach Kopenhagen zu bekommen, gehört und war überzeugt, er habe sich mit mir in Kopenhagen getroffen. Daher der Schreib»fehler«! Golzman kannte wahrscheinlich aus der Zeit seiner Emigration das Hotel Bristol und hat deshalb dieses Hotel genannt. Daher der zweite Schreib»fehler«! Zwei Schreibfehler haben sich zu einer Katastrophe vereinigt: von den Geständnissen Golzmans bleibt nur eine Staubwolke, wie vom Hotel Bristol im Augenblick seines Abrisses. Indes aber — vergessen Sie das nicht! — ist dies das wichtigste Geständnis im Prozeß der 16: von allen alten Revolutionären hat sich nur Golzman angeblich mit mir persönlich getroffen und terroristische Instruktionen entgegengenommen!

Gehen wir zur zweiten Episode über. Angeblich ist Pjatakow Mitte Dezember 1935 per Flugzeug aus Berlin zu mir nach Oslo gekommen. Auf dreizehn präzise Fragen, die ich dem Gericht noch zu Lebzeiten Pjatakows stellte, kam keine einzige Antwort. Jede dieser Fragen erledigt die mysteriöse Reise Pjatakows[28]. Inzwischen haben mein norwegischer Hauswirt, Konrad Knudsen[29], Mitglied des Stortings, und mein damaliger Sekretär, Erwin Wolf[30], in der Presse Erklärungen abgegeben, daß ich im Dezember 1935 keinen einzigen russischen Besucher empfangen und keine Reise unternommen habe. Genügen Ihnen diese Angaben nicht? Hier ist noch eine: die Leitung des Flugplatzes in Oslo hat offiziell erklärt, daß nach ihren Unterlagen während des Dezembers 1935 auf dem Flugplatz kein einziges ausländisches Flugzeug gelandet ist! Vielleicht ist auch in den Unterlagen des Flugplatzes ebenfalls ein — Schreibfehler passiert? Mister Pritt, lassen Sie uns in Ruhe mit Ihren Schreibfehlern, denken Sie sich etwas Gescheiteres aus! Doch Ihre Findigkeit wird Ihnen nichts helfen: ich besitze noch viele direkte und indirekte Beweise dafür, daß sie falsch sind, die Aussagen des unglücklichen Pjatakow, den die GPU gezwungen hat, in einem imaginären Flugzeug zu mir zu fliegen, genau so wie die Heilige Inquisition die Hexen zwang, auf Besen zum Rendezvous mit dem Teufel zu reiten! Die Technik hat sich verändert, der Kern blieb derselbe!

Im Saal des Hippodrom, den ich von hier aus gerne sehen würde, gibt es sicherlich kompetente Juristen. Ich bitte diese zu beachten, daß weder Golzman noch Pjatakow mit einem Worte *meine Adresse*, das heißt den Ort

28 Vgl. »Pjatakows Phantomflug nach Oslo« (27.1.1937), engl. in: TWr 1936-37, S. 154-156; frz. in: TŒ 12, S. 188-191.

29 Konrad Knudsen (1890-1959) war 1909 in die USA emigriert und hatte sich dort der Sozialistischen Partei angeschlossen. 1920 kehrte er in seine norwegische Heimat zurück. Dort arbeitete Knudsen seit 1923 als Journalist für Zeitungen der Norwegischen Arbeiterpartei und gehörte als Abgeordneter zu deren Parlamentsfraktion. Als die Familie Trotzki im Juni 1935 nach Norwegen übersiedelte, wohnte sie bei Knudsen (der politisch eher zum gemäßigten Flügel der Arbeiterpartei gehörte).

30 Erwin Wolf (1902-1937) entstammte einer reichen jüdischen Kaufmannsfamilie aus Reichenberg (tschech. Liberec) im Sudetenland. Er studierte in Oxford, Paris und Berlin und schloß sich 1932 in Berlin der Linken Opposition an. Nach Hitlers Machtübernahme ging er nach Paris und arbeitete unter dem Pseudonym Nicolle Braun in der Auslandsleitung der deutschen Trotzkisten. Im November 1935 wurde er Trotzkis Sekretär in Norwegen; im Juli 1936 wurde er auf einer Konferenz der IKL in das Internationale Sekretariat (Brüssel) gewählt. Im August 1936 wurde er in Norwegen verhaftet und ausgewiesen. Nach Beginn des Pjatakow-Radek-Prozesses im Januar 1937 spielte er (inzwischen in Brüssel) eine zentrale Rolle bei der Widerlegung der »Anklage«. Im Mai 1937 reiste er nach Spanien, um die kleine spanische trotzkistische Organisation zu unterstützen. Im Juli 1937 wurde er dort verhaftet und umgebracht. (Einem Gerücht zufolge soll er in die Sowjetunion verschleppt worden sein, um dort als »Zeuge« für einen Schauprozeß präpariert zu werden.)
(Vgl. Pierre Broué, »Quelques proches collaborateurs de Trotsky«, in: *Cahiers Léon Trotsky*, Nr. 1, 1979, S. 61-85, hier S. 76-79; ders., »La mission de Wolf en Espagne«, in: ebd., Nr. 10, S. 75-84.)

des Zusammentreffens erwähnen. Sowohl der eine wie der andere haben verschwiegen, mit welchem *Paß* und unter welchem *Namen* sie in ein fremdes Land gereist sind. Der Staatsanwalt hat ihnen betreffs der Pässe keine Frage gestellt. Der Grund ist klar: in der Liste der angekommenen Ausländer wären diese Namen nicht enthalten. Pjatakow hätte in Norwegen übernachten müssen, die Dezembertage sind dort sehr kurz. Er hat jedoch kein Hotel genannt. Der Staatsanwalt hat ihn nach dem Hotel nicht gefragt? Warum? Weil das Gespenst des Bristol-Hotels über Wyschinskis Kopf schwebte! Der Staatsanwalt ist kein Staatsanwalt, sondern der Inquisitor und Inspirator von Pjatakow, wie Pjatakow nur ein unglückliches Opfer der GPU ist.

Ich könnte hier noch eine riesige Zahl von Zeugenaussagen und Dokumenten anführen, die die Angaben einer Reihe von Angeklagten zur Gänze widerlegen: die von Smirnow, Mratschkowski, Dreizer[31], Radek, Wladimir Romm[32], kurz aller jener, die auch nur einen Versuch gemacht haben, Tatsachen, Umstände, Zeit und Ort anzudeuten. Eine solche Arbeit kann jedoch nur eine *Untersuchungskommission* unter Beteiligung von Juristen erfolgreich vornehmen, da es Zeit braucht zur eingehenden Prüfung der Dokumente und der Zeugenaussagen.

Aber, ich denke, bereits das Gesagte erlaubt, den allgemeinen Verlauf der kommenden Untersuchung vorauszusehen. Zum einen ist die Anklage ihrem Wesen nach phantastisch: die gesamte alte Generation der Bolschewiki wird des scheußlichsten Verrats beschuldigt, eines Verrats, der weder Sinn noch Zweck hat. Zur Begründung dieser Anklage besitzt der Staatsanwalt keinen einzigen Sachbeweis, trotz Tausender von Verhaftungen und Haussuchungen. *Das völlige Fehlen von Indizien ist das schwerste Indiz gegen Stalin!* Die Erschießungen stützen sich ausschließlich auf erzwungene Geständnisse. Wenn aber in diesen Geständnissen Tatsachen genannt werden, zerfallen sie bei der leisesten Berührung mit Kritik. Die GPU ist nicht nur der Fälschung schuldig. Sie ist auch schuldig, die Fälschung

31 Jefim Alexandrowitsch Dreizer (1894-1936), seit 1917 Parteimitglied, während des Bürgerkriegs Kommandeur der Roten Armee, organisierte auf dem Höhepunkt des Fraktionskampfes im Jahre 1927 mit weiteren Offizieren eine Leibwache für Trotzki. Nach dem Parteiausschluß Anfang 1928 kapitulierte er im folgenden Jahr.

32 Wladimir Romm war sowjetischer Auslandskorrespondent, der im Pjatakow-Radek-Prozeß als Belastungszeuge auftrat. Er erklärte, ein langjähriger Bekannter Radeks zu sein und in den zwanziger Jahren zur Opposition gehört zu haben. In den dreißiger Jahren habe er durch seine Auslandsarbeit die Verbindung zwischen Radek und Trotzki hergestellt und sei im Juli 1933 mit Trotzki in Frankreich zusammengetroffen. Trotzki erklärte dazu, er habe von Romm noch nie zuvor etwas gehört und wies nach, daß dessen Aussage falsch war. (Vgl. *Not Guilty*, S. 203-229.)

schlecht, plump und dumm durchgeführt zu haben. Straflosigkeit demoralisiert. Kontrollosigkeit paralysiert die Kritik. Die Fälscher arbeiten nachlässig. Sie rechnen mit dem summarischen Effekt der Geständnisse und der — Erschießungen. Wenn man das grundsätzlich Phantastische der Anklage mit den bewußt erlogenen Tatsachenangaben konfrontiert, was bleibt von all den monotonen Geständnissen übrig? Ein beklemmender Geruch vom Inquisitionstribunal und nichts weiter!

Es gibt aber noch eine Art von Beweisen, die mir nicht weniger wichtig erscheint. In dem Jahr der Verbannung und den acht Jahren der Emigration habe ich meinen näheren und ferneren Freunden ungefähr zweitausend Briefe geschrieben, die akuten Fragen der Tagespolitik gewidmet waren.[33] Die Briefe, die ich empfing, und die Kopien meiner Antworten besitze ich. Infolge ihrer Kontinuität decken diese Briefe die groben Widersprüche, Anachronismen und direkten Sinnlosigkeiten der Anklage auf, und zwar nicht nur in bezug auf mich und meinen Sohn, sondern auch in bezug auf die anderen Angeklagten. Jedoch besteht die Bedeutung der Briefe nicht nur darin. Meine gesamte politische und theoretische Tätigkeit dieser Jahre spiegelt sich erschöpfend in diesen Briefen wider. Sie werden durch meine Artikel und Bücher ergänzt. Die Untersuchung meiner Korrespondenz, scheint mir, hat entscheidende Bedeutung für die Charakterisierung nicht nur meiner eigenen politischen und moralischen Persönlichkeit, sondern auch der meiner Korrespondenten. Wyschinski war nicht in der Lage, dem Gericht auch nur einen einzigen Brief vorzulegen. Ich stelle der Kommission oder einem Gericht Tausende von Briefen zur Verfügung, die meine wirklichen Gedankengänge wiedergeben, und zwar im Verkehr mit den Menschen, die mir am nächsten stehen und vor denen ich nichts zu verbergen habe, insbesondere mit meinem Sohn Leo. Dieser Briefwechsel allein erstickt durch seine innere Überzeugungskraft das Stalinsche Amalgam im Keime. Der Staatsanwalt mit all seinen Kniffen und die Angeklagten mit all ihren Monologen der Verzweiflung hängen in der Luft. Das ist die Bedeutung meiner Korrespondenz. Solcherart ist der Inhalt meiner Archive. Ich verlange von niemandem Vertrauen. Ich appelliere an die Vernunft, an die Logik, an die Kritik. Ich biete Fakten und Dokumente. Ich fordere eine Nachprüfung!

33 Diese Korrespondenz bildete mit den Manuskripten seiner Veröffentlichungen den Teil seiner Archive, den Trotzki 1940 an die Harvard-Universität (USA) verkaufte. Bis 1980 war der größte Teil dieses Materials unzugänglich; in den letzten Jahren wurde es im Rahmen der französischen (TŒ)-Ausgabe seiner Schriften aus den dreißiger Jahren veröffentlicht. 1936 hatte er denjenigen Teil seines Archivs, der die Zeit von 1917 bis 1922 — u.a. die Korrespondenz mit Lenin — umfaßte, dem Internationalen Institut für Sozialgeschichte in Amsterdam übergeben. (Vgl. *The Trotsky Papers, 1917-1922*, hg. von Jan M. Meijer, 2 Bde., Den Haag 1964 und 1971.)

Unter Ihnen, liebe Zuhörer, befinden sich sicherlich nicht wenige Menschen, die gerne wiederholen: »Die Geständnisse der Angeklagten sind falsch, das ist klar; aber wie gelingt es Stalin, solche Geständnisse zu erlangen: das ist das Geheimnis!« In Wirklichkeit ist das Geheimnis gar nicht so tief. Die Inquisition hat mit einer unvollkommenen Technik Angeklagten jedes beliebige Geständnis entrissen. Das demokratische Strafrecht hat darum die mittelalterlichen Methoden abgelehnt, weil sie nicht zur Feststellung der Wahrheit führten, sondern zur Bestätigung jeglicher von der Untersuchung diktierten Beschuldigung. *Die Prozesse der GPU sind durch und durch von inquisitorischem Charakter:* darin liegt das simple Geheimnis der Geständnisse!

Die gesamte politische Atmosphäre der Sowjetunion ist vom Geist der Inquisition durchdrungen. Haben Sie das Buch von André Gide *Zurück aus Sowjet-Rußland* gelesen? Gide ist ein Freund der Sowjets, aber kein Lakai der Bürokratie. Außerdem hat dieser Künstler Augen. Eine kleine Episode in Gides Buch ist zum Verständnis der Prozesse von unschätzbarem Wert. Am Ende seiner Reise wollte Gide Stalin ein Telegramm senden; da er aber keine Inquisitions-Erziehung erhalten hatte, sprach er Stalin mit dem einfachen, demokratischen Wort »Sie« an. Man weigerte sich, das Telegramm anzunehmen. Sie glauben das nicht? Ja, ja, man weigerte sich, das Telegramm anzunehmen! Die behördlichen Personen setzten Gide auseinander: »Man muß an Stalin schreiben: ‚Führer der Werktätigen' oder ‚Lehrer der Völker' und nicht einfach ‚Sie'.« Gide versuchte sich zu widersetzen: »Hat Stalin diese Schmeicheleien nötig?« Es half nichts. Man lehnte es strikt ab, das Telegramm ohne die byzantinischen Schmeicheleien anzunehmen. Endlich erklärte Gide: »Ich füge mich, des Kampfes müde, lehne aber jede Verantwortung ab...«[34] Auf diese Weise hatte man den weltberühmten Schriftsteller und geachteten Gast in wenigen Minuten zermürbt und gezwungen, nicht das Telegramm zu schreiben, das er gewollt, sondern jenes, das ihm kleine Inquisitoren diktierten. Wer eine Spur Phantasie besitzt, möge sich nicht einen berühmten Reisenden, sondern einen in Ungnade gefallenen Sowjetbürger, einen isolierten und zu Tode gehetzten Oppositionellen, einen Paria vorstellen, der nicht gezwungen ist, ein Begrüßungstelegramm an Stalin zu schreiben, sondern das zehnte oder zwanzigste Geständnis seiner Schuld. Vielleicht gibt es in der Welt viele Helden, die jegliche Foltern, physische und moralische, an sich selbst, ihren Frauen und ihren Kindern ertragen können... Ich weiß es nicht... Meine persönlichen Beobachtungen sagen mir, daß das Widerstandsvermögen der menschlichen Nerven begrenzt ist. Mit Hilfe der GPU ist Stalin imstande, sein Opfer in einen solchen ausweglosen Abgrund des

34 Vgl. Gide, *Zurück aus Sowjet-Rußland*, in: ders., *Reisen*, S. 359.

Entsetzens, der Erniedrigung, der Ehrlosigkeit zu stürzen, daß als einziger Ausweg bleibt, das ungeheuerlichste Verbrechen auf sich zu nehmen, mit der Aussicht auf den sicheren Tod oder mit einem schwachen Hoffnungsstrahl vor sich. Es sei denn, man zieht, wie Tomski, den Selbstmord vor! Denselben Ausweg wählten früher Joffe[35], zwei Mitglieder meines Kriegssekretariats: Glasman[36] und Butow[37], Sinowjews Sekretär Bogdan[38], meine

35 Adolf Abramowitsch Joffe (1883-1927) entstammte einer reichen Händlerfamilie auf der Krim (die zur jüdischen Sekte der Karäer gehörte) und schloß sich als Schüler 1902 der russischen Sozialdemokratie an. Seit 1903 lebte er im Ausland (zunächst in Berlin), kehrte aber immer wieder im Parteiauftrag nach Rußland zurück. 1908 ging er nach Wien und arbeitete als enger Freund Trotzkis an dessen Zeitung *Prawda* mit. Joffe war zeitweilig in Behandlung bei dem Psychoanalytiker Alfred Adler und machte Trotzki auf die Psychoanalyse aufmerksam. Wie Trotzki nahm er eine »überfraktionelle« Position zwischen Bolschewiki und Menschewiki ein. 1912 wurde er in Rußland verhaftet und nach Sibirien verbannt. Durch die Februarrevolution befreit, ging Joffe nach Petrograd und stieß mit den von Trotzki geführten Meschrajonzy (der »Zwischenbezirksorganisation«) zu den Bolschewiki. Im Oktober 1917 war er einer der Führer des Revolutionären Militärkomitees des Petrograder Sowjets. Joffe war an den Brest-Litowsker Friedensverhandlungen beteiligt, gehörte dann aber zu den Gegnern der Unterzeichnung des Vertrages mit Deutschland. Im April 1918 wurde er als Botschafter nach Berlin geschickt, aber wenige Tage vor der Novemberrevolution ausgewiesen. Im Bürgerkrieg mit einer Vielzahl von Sonderaufgaben betraut, wurde er doch vor allem zu einem der wichtigsten Begründer der Sowjetdiplomatie, dann Diplomat (u.a. in China 1922/23, 1924/25 in Österreich). Nach 1925 gehörte er zur Leitung des Gosplan. Joffe unterstützte die Linke Opposition. Schwerkrank, beging er nach Trotzkis Ausschluß aus der Partei am 16. November 1927 Selbstmord. Seine Beerdigung, an der trotz Behinderungen durch die GPU Tausende teilnahmen und auf der u.a. Trotzki und Rakowski sprachen, wurde zur letzten Massendemonstration der Linken Opposition. (Joffes Abschiedsbrief an Trotzki, in dessen *Die wirkliche Lage in Rußland*, S. 259-272. Trotzkis Rede bei der Beerdigung Joffes in ders., *Portraits Political & Personal*, New York [Pathfinder] 1970, S. 78-80. Joffes Witwe wurde in den dreißiger Jahren in das Lager von Workuta deportiert, überlebte aber die Massenvernichtung der Trotzkisten. (Vgl. Maria Joffe, *One Long Night*.)

36 Michail Glasman, Stenograph, schloß sich 1918 der bolschewistischen Partei an; während des Bürgerkriegs arbeitete er als Sekretär in Trotzkis Panzerzug. Auch später arbeitete er weiter für Trotzki und war u.a. mit der Herausgabe von dessen Werken befaßt. Nach der Niederlage der Opposition von 1923 wurde Glasman aus der Partei ausgeschlossen und verübte Anfang September 1924 aus Protest dagegen Selbstmord. Trotzki widmete ihm die »Lehren des Oktober« und einen Nachruf. (Vgl. *Portraits Political & Personal*, S. 64-68.)

37 Georgi Wassiljewitsch Butow war während des Bürgerkriegs Sekretär des von Trotzki geleiteten Revolutionären Militärrats. 1928 wurde er verhaftet; die GPU versuchte, ihn zu Falschaussagen gegen Trotzki zu erpressen, er antwortete mit einem Hungerstreik, an dessen Folgen er im September 1928 starb.

38 Bogdan war ein alter Bolschewik und langjähriger Sekretär Sinowjews. Er beging aus Protest gegen die Säuberungen Selbstmord; vermutlich wollte er sich

Tochter Sinaida[39] und viele Dutzende andere. Selbstmord oder moralische Selbstvernichtung: ein Drittes gibt es nicht! Nur darf man nicht vergessen, daß im Gefängnis der GPU auch der Selbstmord häufig ein unerreichbarer Luxus ist!

Die Moskauer Prozesse entehren die Revolution nicht; sie sind Kinder der Reaktion. Die Moskauer Prozesse entehren die alte Generation der Bolschewiki nicht: sie zeigen nur, daß auch Bolschewiki aus Fleisch und Blut sind und daß sie es nicht endlos ertragen können, wenn über ihren Köpfen jahrelang das Todespendel schwebt. Die Moskauer Prozesse entehren das politische Regime, das sie erzeugt hat: das Regime des Bonapartismus ohne Ehre und Gewissen! Sämtliche Erschossenen starben mit Flüchen auf den Lippen gegen dieses Regime.

Wer Lust hat, mag Tränen darüber vergießen, daß die Geschichte sich im Zickzack bewegt: *zwei Schritte vorwärts, einen Schritt zurück.* Tränen helfen aber nicht. Man muß, wie Spinoza empfiehlt, nicht lachen, nicht weinen, sondern begreifen. Versuchen wir zu begreifen!

Wer sind die Hauptangeklagten? Alte Bolschewiki, die die Partei, den Sowjetstaat, die Rote Armee, die Komintern geschaffen haben. Wer ist als Ankläger gegen sie aufgetreten? *Wyschinski*, ein bürgerlicher Advokat, der sich nach der Februarrevolution als Menschewik gab und sich nach ihrem völligen Siege den Bolschewiki angeschlossen hat. Wer hat in der *Prawda* gegen die Angeklagten scheußliche Verleumdungen geschrieben? *Saslawski*, die frühere Säule einer Bankzeitung, den Lenin im Jahre 1917 in seinen Artikeln einen »Schuft« nannte! Der frühere Redakteur der *Prawda, Bucharin*, ein alter Bolschewik, ist verhaftet. Hauptsäule der *Prawda* ist heute Michail *Kolzow*[40], ein bürgerlicher Feuilletonist, der den ganzen

nicht zu Falschaussagen erpressen lassen. Im ersten Schauprozeß vom August 1936 behauptete einer der Angeklagten (Pikel), Bogdan sei vom »sinowjewistischen Zentrum« vor die Wahl gestellt worden, entweder Stalin oder sich selbst umzubringen. (Vgl. *Prozeßbericht...*, 1936, S. 63 f.)

39 Sinaida Wolkowa (1902-1933) war Trotzkis älteste Tochter aus seiner ersten Ehe mit Alexandra Sokolowskaja. Ihr Mann, Platon Wolkow, war als Oppositioneller nach Sibirien verbannt worden. Sie selbst durfte mit ihrem Sohn Sjewa zur Behandlung ihrer Tuberkulose im Januar 1931 aus der UdSSR ausreisen. Nach zehn Monaten in Prinkipo siedelte sie nach Berlin über. Am 20.2.1932 wurde sie mit der ganzen Trotzki-Familie ausgebürgert. Isoliert und verzweifelt beging sie am 5.1.1933 Selbstmord.
(Vgl. Trotzki, »Der Selbstmord meiner Tochter«, engl. in: TWr 1932-33, S. 69-72.)

40 Michail Jefimowitsch Kolzow (Fridljand) (1898-1942?) arbeitete seit 1916 als Journalist, trat (nach offiziellen sowjetischen Angaben) 1918 in die Kommunistische Partei ein und kämpfte in der Roten Armee. 1921 bis 1923 im diplomatischen Dienst, wurde er später zu einem der führenden Journalisten der Sowjetpresse, berühmt wegen seiner feuilletonistischen Skizzen des sowjetischen All-

Bürgerkrieg im Lager der Weißen zugebracht hat. *Sokolnikow*, der Teilnehmer der Oktoberrevolution und des Bürgerkriegs, ist als Verräter verurteilt. *Rakowski* wartet auf die Anklage. Sokolnikow und Rakowski waren Gesandte in London. Ihren Platz nimmt jetzt *Maiski* ein, ein rechter Menschewik, der während des Bürgerkriegs Minister der weißen Regierung auf Koltschaks Territorium war. *Trojanowski*, der Sowjetgesandte in Washington, erklärt die Trotzkisten für Konterrevolutionäre. Er selbst war in den ersten Jahren der Oktoberrevolution im Zentralkomitee der Menschewiki und hat sich den Bolschewiki erst angeschlossen, nachdem sie reizvolle Posten zu verteilen begannen. Bevor er Gesandter wurde, war Sokolnikow Volkskommissar für Finanzen. Wer hat diesen Posten jetzt inne? *Grinko*, der gemeinsam mit den Weißgardisten in den Jahren 1917-1918 im »Komitee der Rettung« gegen die Sowjets gekämpft hat. Einer der besten Sowjetdiplomaten war *Joffe*, der erste Sowjetgesandte in Deutschland. Man hat ihn in den Selbstmord gehetzt. Wer ersetzte ihn in Berlin? Zuerst der reuige Oppositionelle Krestinski[41], dann *Chintschuk*, ein früherer Menschewik, Mitglied des konterrevolutionären »Komitees der Rettung«, schließlich *Suriz*, der das Jahr 1917 ebenfalls jenseits der Barrikaden verbracht hat. Diese Liste könnte ich ins Endlose fortsetzen.

Der grandiose Wechsel des Personenbestandes, besonders verblüffend in

tags und seiner Aufsätze zu literarischen Themen. Kolzow wurde dann einer der auch international bekannten stalinistischen Propagandisten im Kulturleben, trat 1934 als Redner auf dem ersten sowjetischen Schriftstellerkongreß auf und war führend an den internationalen Schriftstellerkongressen von Paris (1935) und Madrid/Valencia (1937) beteiligt. Im spanischen Bürgerkrieg gehörte er 1936/37 in der Rolle eines *Prawda*-Redakteurs zu den wichtigsten Repräsentanten des Stalin-Regimes und nahm auf die Politik der spanischen Republik Einfluß. (Vgl. sein *Spanisches Tagebuch* [1938/56], dt. Berlin/DDR [Deutscher Militärverlag] 1986[3]). Nach seiner Rückkehr in die Sowjetunion wurde er 1938 verhaftet und kam in einem Lager um.

41 Nikolai Nikolajewitsch Krestinski (1883-1938) schloß sich als Jura-Student den Bolschewiki 1903 an; mehrmals verhaftet, wurde er 1914 verbannt. Den größten Teil des Jahres 1917 war er politisch in Jekaterinburg tätig und wurde nach der Oktoberrevolution Finanzkommissar. 1919 bis 1921 gehörte Krestinski dem Politbüro an und war Sekretär des ZK. Er war ein Gegner der Unterzeichnung des Brest-Litowsker Friedensvertrages und unterstützte 1920/21 Trotzki während der Gewerkschaftsdebatte. Von 1921 bis 1930 war er Botschafter in Deutschland und seit 1930 stellvertretender Volkskommissar für Auswärtige Angelegenheiten. Mit der Linken Opposition sympathisierte er; eine aktive Teilnahme war ihm als Diplomat unmöglich. Im Frühjahr 1928 kapitulierte er. Nach seiner Verhaftung im Jahre 1937 war er einer der Angeklagten im dritten Moskauer Schauprozeß vom März 1938 (gegen Bucharin, Rykow, Rakowski u.a.). Während des Prozesses widerrief er plötzlich sein »Geständnis«, widerrief aber am folgenden Tag auch diesen Widerruf. Er wurde zum Tode verurteilt und erschossen. Nach 1956 wurde Krestinski rehabilitiert.

der Provinz, hat tiefe soziale Ursachen. Welche? Es ist höchste Zeit, sich endlich Rechenschaft darüber abzulegen, daß sich in der UdSSR eine *neue Aristokratie* herausgebildet hat. Die Oktoberrevolution marschierte unter dem Zeichen der *Gleichheit*. Die Bürokratie verkörpert eine ungeheure *Ungleichheit*. Die Revolution hat den Adel abgeschafft. Die Bürokratie hat neue Privilegierte geschaffen. Die Revolution hat *Rangstufen* und *Orden* abgeschafft. Die Bürokratie läßt *Marschälle, Generale* und *Obersten* wieder aufleben. Die neue Aristokratie verschlingt einen riesigen Teil des Nationaleinkommens. Ihre Stellung gegenüber der Bevölkerung ist falsch und verlogen. Ihre Führer sind gezwungen, die Wirklichkeit zu verbergen, die Massen zu betrügen, sich zu maskieren und aus Schwarz Weiß zu machen. Die gesamte Politik der neuen Aristokratie ist ein *Betrug*. Ein Betrug ist auch die neue Verfassung.

Die Angst vor der Kritik ist Angst vor der Masse. Die Bürokratie fürchtet das Volk. Die Lava der Revolution ist noch nicht erkaltet. Mit blutigen Repressalien gegen die Unzufriedenen und Kritiker vorgehen, nur weil sie die Einschränkung der Privilegien fordern, kann die Bürokratie nicht. Die gefälschten Beschuldigungen gegen die Opposition sind darum kein Zufall, sondern ein System, das sich aus der heutigen Lage der regierenden Kaste ergibt. Erinnern wir uns, wie die Thermidorianer der Französischen Revolution gegen die Jakobiner vorgingen. Der Historiker Aulard[42] schreibt: »Die Feinde gaben sich nicht damit zufrieden, Robespierre und seine Freunde getötet zu haben: sie verleumdeten sie, indem sie sie in den Augen Frankreichs als Royalisten und Leute, die sich ans Ausland verkauft hätten, darstellten.« Stalin hat sich nichts Neues ausgedacht. Er hat nur »Royalisten« durch »Faschisten« ersetzt.

Wenn die Stalinisten uns »Verräter« nennen, so liegt darin nicht nur Haß, sondern auch eine eigenartige Aufrichtigkeit. Sie meinen, wir hätten die Interessen der heiligen Kaste der Generale und Marschälle verraten, die angeblich allein fähig ist, den »Sozialismus aufzubauen«, die aber in Wirklichkeit die Idee des Sozialismus kompromittiert. Wir halten unsererseits die Stalinisten für Verräter an den Interessen der russischen Volksmassen und des Weltproletariats. Es ist sinnlos, diesen erbitterten Kampf mit persönlichen Motiven zu erklären. Es handelt sich nicht nur um verschiedene *Programme*, sondern um verschiedene *soziale Interessen*, die stets feindlicher aufeinanderprallen …

42 Alphonse Aulard (1849-1928), Professor an der Sorbonne, bedeutender Historiker der französischen Revolution; *Histoire politique de la Révolution française* (1901, dt. 1924). Rakowski, der Aulard während seiner Zeit als Botschafter in Frankreich kennengelernt hatte, machte Trotzki 1928 auf diese Revolutionsgeschichte aufmerksam (vgl. seinen Brief an Trotzki vom 17.2.1928 in: *Cahiers Léon Trotsky*, Nr. 18, 1984, S. 44-47, hier S. 46).

Aber wo ist die Gesamtdiagnose?, werden Sie fragen. Wo ist die Prognose? Ich habe bereits zu Beginn gesagt: meine Rede befaßt sich nur mit den Moskauer Prozessen. Der sozialen Diagnose und Prognose gilt mein letztes Buch *Verratene Revolution*. Jedoch will ich in zwei Worten sagen, was ich denke. Die grundlegenden Errungenschaften der Oktoberrevolution, das heißt die neuen Formen des Eigentums, die die Entwicklung der Produktivkräfte gestatten, sind noch nicht vernichtet, doch sie sind bereits in einen unversöhnlichen Gegensatz zu dem politischen Despotismus geraten. Der Sozialismus ist undenkbar ohne Selbsttätigkeit der Massen, ohne Aufblühen der menschlichen Persönlichkeit. Der Stalinismus tritt das eine wie das andere mit Füßen. Ein offener Konflikt zwischen dem Volk und der neuen Despotie ist unvermeidlich. Stalins Regime ist dem Untergang geweiht. Wird die kapitalistische Konterrevolution oder die Arbeiterdemokratie es ersetzen? Die Geschichte hat diese Frage noch nicht gelöst. Die Lösung hängt auch von der Aktivität des Weltproletariats ab. Wenn man für einen Augenblick annimmt, der Faschismus werde in Spanien triumphieren und danach in Frankreich — dann wird das Sowjetland, vom faschistischen Ring umgeben, zum weiteren Verfall verurteilt sein, der sich vom politischen Überbau auf das soziale Fundament ausbreiten wird. Mit anderen Worten: die Niederschlagung des europäischen Proletariats wird auch unvermeidlich den Zusammenbruch der UdSSR bedeuten. Umgekehrt: wenn die werktätigen Massen Spaniens mit dem Faschismus fertig werden, wenn die französische Arbeiterklasse den Weg der Befreiung beschreitet, dann werden auch die unterdrückten Massen der UdSSR sich aufrichten und das Haupt erheben. Dann hat die letzte Stunde des Stalinschen Despotismus geschlagen.

Aber der Triumph der Sowjetdemokratie kommt nicht von selbst. Er hängt auch von euch ab. Die Massen brauchen Hilfe. Die erste Hilfe ist: ihnen die Wahrheit sagen. Die Frage stellt sich folgendermaßen: der demoralisierten Bürokratie gegen das Volk helfen oder den fortschrittlichen Kräften des Volkes gegen die Bürokratie. Die Moskauer Prozesse sind ein Signal. Wehe dem, der es nicht hört! Der Reichstagsbrand-Prozeß[43] war

43 Am 27.2.1933 brannte das Gebäude des Deutschen Reichstags in Berlin nieder. Die Naziregierung erklärte, die Kommunisten hätten damit ein Fanal für einen Aufstand setzen wollen. Es kam sogleich zu Massenverhaftungen von Kommunisten und anderen NS-Gegnern, und am folgenden Tag wurde die »Notverordnung zum Schutz von Volk und Staat« erlassen, die die Grundrechte suspendierte. Im Dezember 1933 inszenierten die Nazis einen Prozeß, der zum Nachweis einer angeblichen kommunistischen Verschwörung dienen sollte. Angeklagt waren drei bulgarische Kommunisten (unter ihnen Georgi Dimitroff), die illegal in Berlin gelebt hatten, der Vorsitzende der KPD-Reichstagsfraktion Torgler sowie der Holländer Marinus van der Lubbe, der am Tatort verhaftet worden war und laut Anklage im kommunistischen Auftrag den Reichstag

selbstverständlich von großer Bedeutung. Aber dort ging es um den verächtlichen Faschismus, um die Verkörperung aller Laster der Finsternis und Barbarei. Die Moskauer Verbrechen geschehen unter dem Banner des Sozialismus. Dieses Banner werden wir den Oberfälschern nicht überlassen. Wenn unsere Generation sich als zu schwach erweist, den Sozialismus auf der Erde zu verwirklichen, so wollen wir das Banner unbefleckt unseren Kindern weitergeben. Der Kampf, der bevorsteht, übersteigt bei weitem die Kräfte einzelner Menschen, Fraktionen oder Parteien. Es ist der Kampf um die Zukunft der ganzen Menschheit. Er wird hart sein. Er wird langwierig sein. Wer physische Ruhe und seelischen Komfort sucht, der trete beiseite. In Zeiten der Reaktion ist es bequemer, sich auf die Bürokratie als auf die Wahrheit zu stützen. Aber alle, für die der *Sozialismus* kein leeres Wort ist, sondern der Inhalt des sittlichen Lebens — vorwärts! Weder Drohungen noch Verfolgungen, noch Gewalt werden uns aufhalten. Vielleicht werden wir zugrundegehen, aber die Wahrheit wird triumphieren. Wir werden ihr den Weg bahnen. Sie wird siegen. Und unter den schrecklichen Schlägen des Gerichts werde ich mich wie in den besten Tagen meiner Jugend glücklich schätzen, wenn ich gemeinsam mit euch zu ihrem Siege beitragen kann.

angezündet haben sollte. Torgler und die Bulgaren mußten freigesprochen werden, van der Lubbe wurde als Brandstifter hingerichtet.
Die neuere Forschung hat nachgewiesen, daß van der Lubbe den Reichstag *allein* und ohne Auftrag in Brand gesteckt hat. Er hatte früher mit den niederländischen Rätekommunisten in Verbindung gestanden und wollte mit seiner Aktion vermutlich gegen die Passivität der Arbeiterorganisationen protestieren und zum Kampf gegen den Faschismus aufrufen. Tatsächlich bewirkte er damit ungewollt das genaue Gegenteil, da die Nazis seine Tat für den Beginn eines kommunistischen Aufstands ausgaben und zum Vorwand für die Stabilisierung ihrer Diktatur nutzten.
Die Komintern organisierte unter Leitung von Pritt einen Gegenprozeß, in dem bewiesen werden sollte, daß die Nazis selbst den Brand inszeniert und sich van der Lubbes als eines Werkzeugs bedient hätten.
(Eine Zusammenfassung der neueren Forschungsergebnisse findet sich in: Uwe Backes u.a., *Reichstagsbrand — Aufklärung einer historischen Legende*, München - Zürich [Piper] $^{3}$1986. Trotzkis Kommentar zum Prozeß: »Lektion für einen Staatsanwalt« [26.11.1933], in: SüD, Bd. 2, S. 645-651. Zur Person van der Lubbes vgl. das von den Rätekommunisten 1933 herausgegebene »Rotbuch«: *Marinus van der Lubbe und der Reichstagsbrand*, Hamburg [Nautilus] 1983.)

# (38)
# Thermidor und Antisemitismus*

*Coyoacán, 22. Februar 1937*

Während des letzten Moskauer Prozesses habe ich in einer meiner Erklärungen gesagt, daß Stalin im Kampf gegen die Opposition die antisemitischen Stimmungen im Land ausgenützt hat. Zu diesem Punkt habe ich eine Reihe von Briefen und Anfragen erhalten, die im allgemeinen — es gibt keinen Grund, die Wahrheit zu verschweigen — sehr naiv waren. »Wie kann jemand die Sowjetunion wegen Antisemitismus anklagen?« »Wenn die UdSSR ein antisemitisches Land ist, was bleibt dann noch übrig?« Das war

* T 4105, 4106 *Termidor i antisemitizm* (22.2.1937). Engl. in: *The New International*, Nr. 5, Mai 1941, und *Leon Trotsky on the Jewish Question*, New York [Pathfinder] 1970, S. 22-29. Frz. in: TŒ 12, S. 342-351. Dt. »Thermidor und Antisemitismus«, in: Iring Fetscher (Hg.), *Marxisten gegen Antisemitismus*, Hamburg [Hoffmann und Campe] 1974, S. 179-188.
Trotzki geht hier auf die Kritik ein, die ein Interview, das er der New Yorker jiddischen Tageszeitung *Forwerts* (18.1.1937; frz. in: TŒ 12, S. 116-122) gegeben hatte, auslöste. Er hatte darin auf antisemitische Untertöne in den Moskauer Prozessen hingewiesen und erwähnt, daß Stalin sich seit 1923 im Kampf gegen die Opposition auch antisemitische Ressentiments zunutze machte. Dieser Aufsatz erschien erst postum in der Zeitschrift *The New International* im Mai 1941 (die von einer Abspaltung der US-amerikanischen Trotzkisten um Max Shachtman herausgegeben wurde).
Edmund Silberner schreibt dazu (in *Kommunisten zur Judenfrage*, Zur Geschichte von Theorie und Praxis des Kommunismus, Opladen [Westdeutscher Verlag] 1983, S. 105 f.): »(Trotzki) scheute sich ... nicht, innerhalb der Partei und der Linksopposition den Parteiantisemitismus zu brandmarken. Es unterliegt aber keinem Zweifel, daß er jahrelang abgeneigt war, den internen Parteiantisemitismus ausführlich und öffentlich zu erörtern. Das Thema muß ihm aus rein persönlichen Gründen peinlich und ekelerregend gewesen sein.«
(Zur systematischen Darstellung von Trotzkis Verhältnis zur jüdischen Frage vgl. Silberner, *Kommunisten zur Judenfrage*, S. 94-117; Joseph Nedava, *Trotsky and the Jews*, Philadelphia [Jewish Publication Society] 1971; *Leon Trotsky on the Jewish Question*, New York [Pathfinder] 1970.)

der vorherrschende Ton in diesen Briefen.[1] Diese Leute protestieren und sind verwirrt, weil sie es gewöhnt sind, den faschistischen Antisemitismus der Emanzipation der Juden gegenüberzustellen, die durch die Oktoberrevolution erreicht wurde.[2] Diese Leute denken, ich würde ihnen ein magi-

1 Die in New York erscheinende jiddische Tageszeitung *Der Tog* schrieb im Januar 1937: »Das ist das erste Mal, daß wir von der jüdischen Presse eine solche Beschuldigung hören. Wir pflegten in der Sowjetunion, soweit der Antisemitismus betroffen war, unseren einzigen Lichtblick zu sehen. Es ist unverzeihlich, daß Trotzki gegen Stalin grundlose Beschuldigungen erhebt.« (Zit. bei Deutscher, *Trotzki*, Bd. 3, S. 344. Vgl. auch Nedava, *Trotsky and the Jews*, S. 186, 270.) Der bekannte amerikanische Zionist Rabbi Stephen Wise lehnte die Teilnahme an der Dewey-Kommission ab: »Mich zur Teilnahme an ihrem Komitee einzuladen ... hat den Beigeschmack von Trotzkis eigener Unaufrichtigkeit, mit der er die jüdische Frage in die gegenwärtige Situation einbringt. Wenn seine anderen Anklagen gegen die Sowjetregierung so unbegründet sind wie seine Klage über das Ausmaß des Antisemitismus, dann hat er überhaupt keinen Grund.« (Zit. bei ebd., S. 187.)

2 Der russische Staat hatte wie jeder christliche Staat Europas eine jahrhundertealte Tradition von Ausnahmebestimmungen gegen die Juden. Aber erst mit der Einverleibung großer Teile des polnischen Staates im Gefolge der polnischen Teilungen (1772, 1793 und 1795) gab es überhaupt eine zahlenmäßig bedeutsame jüdische Bevölkerung. Der russische Staat reagierte auf die ca. eine Million neuen jüdischen Untertanen, indem er ihr Siedlungsgebiet im Rahmen ungefähr der alten polnischen Grenzen festschrieb. Sie durften also nicht in die russischen Kerngebiete umziehen. Nur wenige Ausnahmen wurden erlaubt.
In den folgenden Jahrzehnten gab es eine schwankende Politik, die sich nach 1881 (Ermordung des Zaren Alexander II.) drastisch verschlimmerte. Angesichts der wachsenden revolutionären Bewegung hatte die Regierung den Antisemitismus als eine Möglichkeit entdeckt, die Unzufriedenheit der Bevölkerung von sich abzulenken, wobei sie jahrhundertealte nationale und soziale Spannungen zwischen Juden einerseits und Ukrainern, Weißrussen etc. andererseits (die selbst von den Russen national unterdrückt wurden) ausbeuten konnte. Gab es vor dieser Zeit nur gelegentlich Pogrome, denen gegenüber der Staat sich zu keiner eindeutigen Haltung durchgerungen hatte, so waren sie nun, von der Staatsbürokratie organisiert, fast an der Tagesordnung. Es wurde eine offene antisemitische Propaganda betrieben (u.a. fabrizierte die zaristische Polizei 1905 die »Protokolle der Weisen von Zion«, die eine angebliche »jüdische Weltverschwörung« nachweisen sollten). Ständig wurden die Gesetze gegen die Juden verschärft. Typische Maßnahmen waren z.B. ein Numerus clausus an den Universitäten, die Diskriminierung des Jiddischen und das Verbot der Ansiedlung auf dem Land. Es kam zu einer Massenauswanderung von mindestens zwei Millionen Juden (bis 1914), hauptsächlich in die USA. Es wuchs aber auch die Beteiligung der Juden an der revolutionären Bewegung; so entstand der Bund.
Nach der Februarrevolution wurden von der Provisorischen Regierung alle diskriminierenden Gesetze aufgehoben, aber erst im Gefolge der Oktoberrevolution wurden diese Maßnahmen tatsächlich durchgeführt und garantiert. Im Bürgerkrieg war der Antisemitismus eine furchtbare Waffe der Weißen (am berüchtigsten waren die Pogrome der ukrainischen Nationalisten unter Petlju-

sches Amulett entwenden. Eine solche Denkweise ist typisch für Leute, die an das gängige, undialektische Denken gewöhnt sind.[3] Sie leben in einer Welt unveränderlicher Begriffe. Sie akzeptieren nur das, was ihnen paßt: Hitler-Deutschland ist das absolute Königreich des Antisemitismus, die UdSSR ist demgegenüber das Königreich der nationalen Harmonie. Sie sind blind gegenüber wesentlichen Veränderungen, Übergängen von einer Lage in die andere, mit einem Wort gegenüber den aktuellen geschichtlichen Vorgängen.

Ich bin sicher, daß man noch nicht vergessen hat, daß der Antisemitismus im zaristischen Rußland bei den Bauern, dem Kleinbürgertum aus der Stadt, der Intelligenzija und den rückständigeren Schichten der Arbeiterschaft ziemlich verbreitet war. »Mütterchen« Rußland war nicht nur für ihre periodischen Judenpogrome berühmt, sondern auch für die Existenz einer beträchtlichen Anzahl an antisemitischen Publikationen, die sich in jenen Tagen einer großen Verbreitung erfreuten. Die Oktoberrevolution hat den Paria-Status der Juden abgeschafft. Das bedeutet jedoch keineswegs, daß sie mit einem Schlag den Antisemitismus beseitigt hat. Ein langer und ausdauernder Kampf gegen die Religion hat selbst bis heute nicht vermocht, Tausende und Abertausende von Betern davon abzuhalten, Kirchen, Moscheen und Synagogen zu füllen. Die gleiche Situation herrscht auf dem Gebiet der nationalen Vorurteile. Gesetzgebung allein ändert die Menschen nicht. Ihre Gedanken, Gefühle, Ansichten hängen von Tradition, materiellen Lebensbedingungen, kulturellem Niveau usw. ab. Das Sowjet-Regime ist noch keine zwanzig Jahre alt. Die ältere Hälfte der Bevölkerung wurde im Zarismus erzogen. Die jüngere Hälfte hat eine Menge von der älteren ererbt. Diese allgemeinen geschichtlichen Bedingun-

ra). In den zwanziger Jahren nahm das jüdische Leben in der UdSSR einen nie gekannten Aufschwung. Jiddisch wurde eine gleichberechtigte Sprache, die jüdische Kultur fand eine intensive Unterstützung (1931 gab es z.B. 1208 jiddische Schulen, 1935 18 jiddische Tageszeitungen). In der Kommunistischen Partei entstand 1918 eine jüdische Sektion (»Jewsekzija«), die im wesentlichen zum Bolschewismus übergetretene ehemalige Angehörige der früheren jüdischen Parteien umfaßte und die Parteiarbeit unter den jüdischen Massen betrieb. Sie wurde 1930 aufgelöst. Der Sieg des Stalinismus hatte nun Schritt für Schritt die Rückkehr zu einer Politik der Diskriminierung zur Folge.
(Vgl. Heinz-Dietrich Löwe, *Antisemitismus und reaktionäre Utopie*, Russischer Konservatismus im Kampf gegen den Wandel von Staat und Gesellschaft 1890-1917, Hamburg [Hoffmann und Campe] 1978; Manfred Hildermeier, »Die jüdische Frage im Zarenreich, Zum Problem der unterbliebenen Emanzipation«, in: *Jahrbücher für Geschichte Osteuropas*, 31. Jg., Nr. 3, 1983, S. 321-357; Robert J. Brym, *The Jewish Intelligentsia and Russian Marxism*, A Sociological Study of Intellectual Radicalism and Ideological Divergence, New York [Schocken] 1978.)

3 Vgl. Trotzki, »ABC der materialistischen Dialektik« (15.12.1939), in: ders., *Denkzettel*, S. 412-416.

gen allein sollten jeden denkenden Menschen erkennen lassen, daß es trotz der vorbildlichen Gesetzgebung der Oktoberrevolution unmöglich ist, daß nationale und chauvinistische Vorurteile — insbesondere der Antisemitismus — nicht in den rückständigeren Schichten der Bevölkerung hartnäckig überdauert haben.

Aber das ist keineswegs alles. In Wirklichkeit hat das Sowjet-Regime eine Reihe von neuen Phänomenen hervorgerufen, die es infolge der Armut und des niedrigen Bildungsstandes der Bevölkerung möglich machten, von neuem eine antisemitische Atmosphäre zu schaffen, und sie tatsächlich geschaffen hat. Die Juden sind eine typische Stadtbevölkerung. Sie machen einen beachtlichen Prozentsatz der Stadtbevölkerung in der Ukraine, in Weißrußland und sogar in Großrußland aus. Das Sowjet-Regime braucht mehr als irgendein anderes Regime der Welt eine große Anzahl von Staatsbediensteten. Staatsbedienstete kommen aus der kultivierteren Stadtbevölkerung. Natürlich stellten die Juden einen unverhältnismäßig hohen Anteil in der Bürokratie, und das besonders in den unteren und mittleren Rängen. Natürlich können wir unsere Augen vor dieser Tatsache verschließen und uns auf vage Allgemeinplätze über die Gleichheit und Brüderlichkeit aller Völker beschränken. Aber eine Vogel-Strauß-Politik wird uns keinen einzigen Schritt weiterbringen. *Der Haß der Bauern und Arbeiter auf die Bürokratie ist eine fundamentale Tatsache im sowjetischen Alltag.* Die Gewaltherrschaft des Regimes, die Verfolgung jeglicher Kritik, das Erstarren jedes lebendigen Gedankens, schließlich die gerichtlichen Fälschungsmanöver sind einzig die Widerspiegelung dieser grundlegenden Tatsache. Schon durch *Apriori*-Überlegungen muß man zu dem Schluß gelangen, daß der Haß auf die Bürokratie eine antisemitische Färbung annehmen würde, zumindest an solchen Orten, wo die jüdischen Funktionäre einen signifikanten Prozentsatz der Bevölkerung bilden und sich gegen den Hintergrund der bäuerlichen Massen abheben. Im Jahr 1923 schlug ich auf der Partei-Konferenz der Bolschewiki der Ukraine vor, daß die Funktionäre verpflichtet sein sollten, die Sprache der sie umgebenden Bevölkerung zu sprechen und zu schreiben.[4] Wie viele ironische Bemerkungen wurden

4 Trotzki sprach am 5.4.1923 auf der 7. Konferenz der KP der Ukraine (*Leon Trotsky Speaks*, New York [Pathfinder] 1972, S. 134-173, hier S. 162-167). Er forderte dazu auf, mit der dann vom 12. Parteitag beschlossenen »Verwurzelung« (Korenisazija) der Partei zu beginnen. Die kommunistische Partei bestand in den nichtrussischen Gebieten, auch in der Ukraine, mehrheitlich aus Russen (oder russifizierten Juden). Diese sollten die jeweilige Landessprache beherrschen und verstärkt einheimische Mitglieder werben. Erst 1927 bestand die Mehrheit der ukrainischen KP aus Ukrainern.
(Vgl. zur »Ukrainisierung« James E. Mace, *Communism and the Dilemmas of National Liberation*, National Communism in Soviet Ukraine, 1918-1933, Cambridge [Harvard University Press] 1983.)

über diesen Vorschlag gemacht, hauptsächlich von der jüdischen Intelligenzija, die Russisch sprach und las und die ukrainische Sprache nicht lernen wollte. Gewiß hat sich die Situation in dieser Hinsicht beträchtlich gebessert. Aber die nationale Zusammensetzung der Bürokratie hat sich wenig geändert, und, was unermeßlich viel wichtiger ist, der Antagonismus zwischen der Bevölkerung und der Bürokratie ist während der letzten zehn oder zwölf Jahre ungeheuer gewachsen. Alle ernsthaften und aufrichtigen Beobachter, besonders diejenigen, die für lange Zeit unter den arbeitenden Massen gelebt haben, bezeugen die Existenz des Antisemitismus, nicht nur des alten und althergebrachten, sondern auch des neuen, der sowjetischen Spielart.

Der sowjetische Bürokrat fühlt sich selbst moralisch in einer belagerten Festung. Er versucht mit all seiner Kraft aus seiner Isolation auszubrechen. Die Politik Stalins ist zumindest zu 50 Prozent von diesem Drang geleitet. Das zeigt: 1. die pseudosozialistische Demagogie (»Der Sozialismus ist schon erreicht«; »Stalin gab, gibt und wird dem Volk ein glückliches Leben geben« usw.); 2. politische und wirtschaftliche Maßnahmen, die dazu bestimmt sind, um die Bürokratie herum eine breite Schicht von neuen Aristokraten aufzubauen (die unverhältnismäßig hohen Löhne der Stachanow-Arbeiter, militärische Auszeichnungen, Ehrenorden, der neue »Adel« usw.); und 3. das Sich-Sorgen um nationale Gefühle und Vorurteile der rückständigen Schichten der Bevölkerung.

Der ukrainische Bürokrat wird, falls er selbst ein eingeborener Ukrainer ist, im kritischen Moment unvermeidlich herausstellen, daß er der Bruder des *Muschik* und des Bauern ist — nicht irgendein Fremder und unter keinen Umständen ein Jude. Natürlich liegt in einer solchen Haltung — o weh — nicht ein Korn von »Sozialismus« oder bloß von Demokratie. Aber das ist genau der Kern der Frage. Die privilegierte Bürokratie, die um ihre Privilegien fürchtet und folglich moralisch total verdorben ist, stellt gegenwärtig die am stärksten antisozialistische und am stärksten antidemokratische Schicht der sowjetischen Gesellschaft dar. Im Kampf für ihre Selbsterhaltung nutzt sie die eingefleischtesten Vorurteile und die dunkelsten Instinkte aus. Wenn Stalin in Moskau Prozesse inszeniert, die die Trotzkisten anschuldigen, sie planten, die Arbeiter zu vergiften, dann ist es nicht schwer, sich vorzustellen, in welch trüben Tiefen sich die Bürokratie in einigen ukrainischen oder zentralasiatischen Hütten bewegen kann.

Derjenige, der aufmerksam das Leben in der Sowjetunion verfolgt, wenn auch nur durch offizielle Publikationen, wird von Zeit zu Zeit in verschiedenen Teilen des Landes scheußliche bürokratische Auswüchse offengelegt sehen: Bestechung, Korruption, Unterschlagung, Mord an Personen, deren Existenz für die Bürokratie unbequem ist, Schändung von Frauen und ähnliches mehr. Könnten wir in die Tiefe dringen, so würden wir sehen, daß ein jeder dieser Abszesse in der bürokratischen Schicht wurzelt. Manchmal ist Moskau gezwungen, von Schauprozessen Gebrauch zu machen. In all solchen Prozessen bilden die Juden einen signifikanten Prozentsatz, teilweise, weil sie — wie bereits festgestellt — einen großen Teil der Bürokratie ausmachen und mit ihrem Makel gebrandmarkt sind, weil die führenden Kader der Bürokratie, getrieben vom Instinkt der Selbsterhaltung, im Zentrum und in den Provinzen danach streben, den Unmut der arbeitenden Massen von sich selbst weg auf die Juden zu lenken. Diese Tatsache war bereits vor zehn Jahren jedem kritischen Beobachter in der UdSSR bekannt, als das Stalin-Regime gerade erst seine Grundzüge enthüllt hatte.[5]

Der Kampf gegen die Opposition war für die herrschende Clique eine Frage von Leben und Tod. Das Programm, die Grundsätze, die Beziehungen zu den Massen, alles wurde aus der Angst der neuen herrschenden Clique um ihre Selbsterhaltung heraus ausgerottet und verworfen. Diese Leute schrecken vor nichts zurück, um ihre Privilegien und ihre Macht zu erhalten. Vor kurzem wurde eine Ankündigung des Inhalts auf die ganze Welt losgelassen, daß mein jüngster Sohn, Sergei Sedow[6], unter der Anklage stehe, eine Massenvergiftung der Arbeiter auszuhecken. Jeder normale Mensch wird daraus folgern: Leute, die fähig sind, eine solche Anschuldigung hervorzubringen, haben den letzten Grad an moralischer Entartung erreicht. Kann man in diesem Fall auch nur einen Moment zweifeln, daß dieselben Kläger fähig sind, antisemitische Vorurteile der Massen zu fördern? Gerade im Falle meines Sohnes sind diese beiden Vorgehen vereint. Es lohnt sich, diesen Fall näher zu betrachten. Vom Tage ihrer Geburt an trugen meine Söhne den Namen ihrer Mutter (Sedow). Sie benutzten nie irgendeinen anderen Namen — weder in der Volksschule noch an der Universität, noch in ihrem späteren Leben. Was mich betrifft, so habe ich während der letzten 35 Jahre den Namen Trotzki getragen. In der sowjetischen Zeit hat mich nie jemand beim Namen meines Vaters (Bronstein) genannt, genauso wie nie jemand Stalin Dschugaschwili genannt hat. Damit meine Söhne nicht gezwungen wären, ihren Namen zu ändern, nahm ich aus »staatsbürgerlichen« Erfordernissen den Namen meiner Frau an (was nach sowjetischem Gesetz ausdrücklich erlaubt ist). Als mein Sohn, Sergei

5 Über den in der Mitte der zwanziger Jahre stark anwachsenden Antisemitismus vgl. Silberner, *Kommunisten zur Judenfrage*, S. 186-191.

6 Sergei Sedow (1908-1938) war der zweite Sohn von Trotzki und Natalja Sedowa. Im Unterschied zu seinem älteren Bruder Leo interessierte er sich nicht für Politik, wurde Ingenieur und lehrte dann an einer technischen Hochschule. Nach dem Kirow-Mord Ende 1934 verhaftet, wurde er 1936 erneut inhaftiert, um von ihm Aussagen gegen seinen Vater zu erpressen. Er weigerte sich jedoch standhaft und wurde schließlich nach Workuta gebracht, wo er sich den Trotzkisten anschloß und sich an ihren Hungerstreiks beteiligte; 1938 wurde er wie seine Genossen erschossen.
(Vgl. Deutscher, *Trotzki*, Bd. 2, S. 356 f., Bd. 3, S. 267-274, 373-375. Trotzki, »Die Verhaftung Sergei Sedows«, 27.1.1937, und »Antisemitische Praktiken«, 30.1.1937, frz. in: TŒ 12, S. 192 f., 221.)

Sedow, jedoch unter die äußerst unglaubliche Anklage gestellt wurde, Arbeiter vergiften zu wollen, kündigte die GPU in der sowjetischen und ausländischen Presse an, daß der »echte« Name meines Sohnes nicht Sedow, sondern Bronstein sei. Falls meine Wahrheitsverdreher die Verbindung des Beschuldigten mit mir herausstellen wollen, dann hätten sie ihn Trotzki genannt, da der Name Bronstein politisch für niemanden etwas bedeutet. Aber sie wollten auf ein anderes Spiel hinaus: d. h. sie wollten meine jüdische Herkunft und die halbjüdische Herkunft meines Sohnes herausstellen. Ich habe mich bei diesem Vorfall kurz aufgehalten, weil er ein wesentliches und doch keineswegs ungewöhnliches Merkmal enthüllt. Der ganze Kampf gegen die Opposition ist voll von solchen Episoden.

Zwischen 1923 und 1926, als Stalin mit Sinowjew und Kamenjew noch Mitglied der »Troika« war, trug das Spiel auf den Saiten des Antisemitismus vorsichtige und verhüllte Züge. Besonders geschulte Redner (Stalin führte schon damals unter der Hand den Kampf gegen seine Kollegen) sagten, daß die Anhänger Trotzkis Kleinbürger aus den »Schtetln«[7] seien, ohne ihre Nationalität genau zu bezeichnen. In Wirklichkeit war daran kein wahres Wort. Der Prozentsatz jüdischer Intellektueller in der Opposition war keineswegs größer als der in Partei und Bürokratie. Es genügt, die Führer der Opposition für die Jahre 1923-25 zu nennen: I. N. Smirnow, Serebrjakow[8],

7 Schtetl (jidd. »kleine Stadt«, bei Trotzki russ. »mestetschko«) war die Bezeichnung derjenigen osteuropäischen Kleinstädte (in Galizien, Weißrußland und der Ukraine), in denen bis zum Zweiten Weltkrieg vorwiegend Juden lebten. Daß die Oppositionellen aus dem »Schtetl« kamen, war ein Hinweis darauf, daß sie alle Juden seien. Eine *offene* antisemitische Propaganda erlaubte die Situation Mitte der zwanziger Jahre noch nicht.
Die »Schtetl« waren im ausgehenden Mittelalter entstanden, als der polnische Adel Juden zur Verwaltung seines Landbesitzes ansiedelte, die vor den Verfolgungen aus Mitteleuropa geflohen waren. Mit dem aufkommenden Kapitalismus verfielen sie, und die Juden lebten nun vorwiegend von Handel und Handwerk.
Trotz großer Armut der Bevölkerung wurde das Schtetl im 19. Jahrhundert Zentrum der modernen Kultur der osteuropäischen Juden; das Leben in ihm wurde das bevorzugte Sujet der jiddischen Literatur (Scholem Alejchem), aber auch der Malerei (Marc Chagall). Der nationalsozialistische Holocaust vernichtete das Schtetl mit seinen Bewohnern.

8 Leonid Petrowitsch Serebrjakow (1890-1937), Metallarbeiter, seit 1905 Mitglied der Bolschewiki, seit 1909 Berufsrevolutionär, wurde mehrmals verhaftet und verbannt. 1917 war er einer der Führer der Revolution in Moskau. Im Bürgerkrieg leitete er zeitweilig die Politische Verwaltung der Roten Armee. Nach 1921 im Volkskommissariat für das Transportwesen, 1919 bis 1921 Mitglied des Zentralkomitees, wurde er seit 1923 einer der Führer der Opposition. 1927 im Zusammenhang mit der Affäre um den »Wrangel-Offizier« aus der Partei ausgeschlossen, kapitulierte er 1929. Im Pjatakow-Radek-Prozeß war er einer der Hauptangeklagten und wurde zum Tode verurteilt.

Rakowski, Pjatakow, Preobraschenski, Krestinski, Muralow, Beloborodow, Mratschkowski, W. Jakowlewa[9], Sapronow, W. M. Smirnow, Ischtschenko[10] — alles geborene Russen. Radek war zu dieser Zeit erst ein halber Sympathisant. Aber wie in den Prozessen von den Schiebern und anderen Schurken, so betonte die Bürokratie zur Zeit des Ausschlusses der Opposition aus der Partei absichtlich die Namen jüdischer Mitglieder, die von beiläufiger und zweitrangiger Bedeutung waren. Das wurde ziemlich offen in der Partei diskutiert, und damals, 1925, sah die Opposition in dieser Situation das unmißverständliche Symptom des Niedergangs der herrschenden Clique.

Nachdem Sinowjew und Kamenjew sich der Opposition angeschlossen hatten, wandelte sich die Situation radikal zum Schlechteren. An diesem Punkt bot sich eine vorzügliche Chance, den Arbeitern zu sagen, daß an der Spitze der Opposition drei »unzufriedene jüdische Intellektuelle« stünden. Unter der Leitung von Stalin setzten Uglanow[11] in Moskau und Kirow in Leningrad diese Linie systematisch und fast völlig offen durch. Um noch schärfer den Arbeitern die Unterschiede zwischen dem »alten« und dem »neuen« Kurs klarzumachen, wurden die Juden, selbst wenn sie vorbehalt-

9 Warwara N. Jakowlewa (1885-1944), seit 1904 Mitglied der Bolschewiki, verbrachte Jahre im Gefängnis und in der Verbannung. Sie gehörte 1917 zu den Parteiführern in Moskau und wurde Kandidatin des ZK. 1918 gehörte sie zu den linken Kommunisten um Bucharin, die den Brest-Litowsker Friedensvertrag ablehnten. 1918 in der Tscheka-Leitung, wurde sie 1920 Mitglied des Sibirischen Büros des ZK. 1923 war sie Mitunterzeichnerin der »Erklärung der 46«, brach aber später mit der Opposition. Während des Massenterrors wurde sie verhaftet und zu einer Aussage im dritten Schauprozeß vom März 1938 (gegen Rykow, Bucharin, Rakowski u.a.) gezwungen. Sie kam im Lager um.

10 Alexander G. Ischtschenko (1895-?), seit April 1917 Mitglied der bolschewistischen Partei, gehörte zur Führung der Seeleutegewerkschaft. Im Bürgerkrieg war er Kommissar der Roten Flotte, danach in der Führung der Roten Gewerkschaftsinternationale. Seit 1923 gehörte er zur Linken Opposition und wurde 1927 aus der Partei ausgeschlossen. 1929 spielte er eine wichtige Rolle bei der Kapitulation von Radek, Preobraschenski und Smilga und wurde — bis zu seinem erneuten Ausschluß im Februar 1935 — wieder in die Partei aufgenommen. Er kam wahrscheinlich in den Säuberungen um.

11 Nikolai Alexandrowitsch Uglanow (1886-1940?), seit 1907 Parteimitglied; 1917 in Petrograd, war er 1920/21 Sekretär der dortigen Parteiorganisation und der Gewerkschaften. In den Fraktionskämpfen der zwanziger Jahre wurde er ein führender Vertreter der Rechten. Seit 1924 Sekretär der Moskauer Partei, wurde er 1925 Kandidat des Politbüros. Im November 1928 als Moskauer Parteisekretär, 1929 auch als Kandidat des Politbüros abgelöst, 1932 im Zusammenhang mit der Rjutin-Affäre aus der Partei ausgeschlossen, dann aber wieder aufgenommen und 1936 verhaftet. Obwohl sein Name mehrmals in den Schauprozessen erwähnt wurde, verweigerte er offenbar ein »Geständnis« und kam im Lager um.

los der allgemeinen Linie treu waren, aus verantwortlichen Partei- und Sowjet-Posten entfernt. Nicht nur auf dem Land, sondern sogar in Moskauer Fabriken nahm 1926 die Hetze gegen die Opposition einen unzweideutig antisemitischen Charakter an. Viele Agitatoren äußerten unverhohlen: »Die Juden sind Aufrührer.« Ich habe Hunderte von Briefen erhalten, die die antisemitischen Methoden im Kampf gegen die Opposition beklagten. Während einer der Sitzungen des Politbüros schrieb ich Bucharin eine Notiz: »Sie können nicht umhin zu erkennen, daß sogar in Moskau im Kampf gegen die Opposition Methoden der Schwarzhundertschaften[12] (Antisemitismus usw.) angewandt werden.« Bucharin antwortete mir ausweichend auf dem gleichen Stück Papier: »Vereinzelte Vorfälle kann es natürlich geben.« Ich schrieb zurück: »Ich habe nicht vereinzelte Vorfälle im Sinn, sondern eine systematische Agitation unter den Parteisekretären großer Moskauer Unternehmen. Wenn Sie einverstanden sind, so kommen Sie mit mir in die ‚Skorochod'-Fabrik, um das exemplarisch zu untersuchen.« Bucharin antwortete: »In Ordnung, wir können gehen.«[13] Vergeblich habe ich versucht, ihn dazu zu bringen, sein Versprechen einzulösen. Stalin verbot es ihm ausdrücklich. In den Monaten der Vorbereitungen für den Ausschluß der Opposition aus der Partei, der Verhaftungen, der Ausweisungen (in der zweiten Hälfte 1927) nahm die antisemitische Agitation einen völlig ungehemmten Charakter an. Der Slogan »Schlagt die Opposition« bekam oft die Bedeutung des alten Slogans »Schlagt die Juden und rettet Rußland«. Die Sache ging so weit, daß Stalin genötigt war, eine gedruckte Erklärung abzugeben, die besagte: »Wir kämpfen gegen Trotzki, Sinowjew und Kamenjew, nicht weil sie Juden sind, sondern weil sie die Opposition sind« usw. Jedem politisch denkenden Menschen war es vollständig klar, daß diese bewußt doppeldeutigen Worte, die sich gegen die Auswüchse des Antisemitismus richteten, diesen zur selben Zeit mit vollem Bedacht nährten. »Vergeßt nicht, die Führer der Opposition sind — Juden!« Das war die *Bedeutung* der Feststellung Stalins, die in allen sowjetischen Zeitungen veröffentlicht wurde.[14]

12 »Schwarze Hundertschaften« war der Name, der den in der Revolution von 1905 entstandenen, rechtsradikalen Terrorbanden gegeben wurde. Sie brachten oppositionelle Politiker um, taten sich aber vor allem durch militanten Antisemitismus und die Organisierung von Pogromen hervor. Sie wurden meist von dem rechtsextremen »Bund des russischen Volkes« organisiert, der im Innenministerium, vor allem aber bei der lokalen Verwaltung Unterstützung fand. Nach der Niederschlagung der Revolution verloren die »Schwarzen Hundertschaften« an Bedeutung, »Schwarzhunderttum« wurde zu einem Synonym für ultrarechte und antisemitische Einstellungen.

13 Vgl. Trotzkis Brief an Bucharin vom 4.3.1926, engl. in: Trotsky, *Challenge 1926-27*, S. 44-46, und Deutscher, *Trotzki*, Bd. 2, S. 253 f.

14 In ihrer Plattform aus dem Jahre 1927 hatte die Opposition die zunehmenden antisemitischen Tendenzen angeprangert: »In der Partei sind ... nicht nur

Als die Opposition entschlossener und offener im Kampf fortfuhr, um den Repressalien entgegenzutreten, sagte Stalin zu Pjatakow und Preobraschenski in Form eines sehr bezeichnenden »Scherzes«: »Ihr geht gegen das ZK offen mit Äxten los. Das zeigt Eure orthodoxe[15] Vorgehensweise. Trotzki handelt heimlich und nicht mit einer Axt.« Preobraschenski und Pjatakow berichteten mir dieses Gespräch mit starkem Abscheu. Dutzende Male versuchte Stalin, den Kern der Opposition gegen mich aufzuwiegeln.

Der bekannte deutsche radikale Journalist Franz Pfemfert, der frühere Herausgeber der *Aktion*, der im Augenblick im Exil lebt, schrieb mir im August 1936:

> »Vielleicht erinnern Sie sich, daß ich vor einigen Jahren in der *Aktion* behauptet habe, daß viele Handlungen Stalins aus seinen antisemitischen Tendenzen her erklärt werden können. Die Tatsache, daß er in diesem scheußlichen Prozeß es fertigbrachte, durch *TASS* die Namen von Sinowjew und Kamenjew ,richtigzustellen', stellt für sich allein eine Geste dar. Auf diese Weise gab Stalin allen antisemitischen, skrupellosen Elementen ,Grünes Licht'.«

Tatsächlich scheint es, als seien die Namen Sinowjew und Kamenjew bekannter als die Namen von Radomilski und Rosenfeld. Welch anderes Motiv könnte Stalin gehabt haben, die »echten« Namen seiner Opfer bekanntzumachen, wenn nicht, um mit antisemitischen Stimmungen sein Spiel zu treiben? Solches widerfuhr, wie wir gesehen haben, gleichermaßen dem Namen meines Sohnes, und dabei ohne die geringste gesetzliche Berechtigung. Am erstaunlichsten ist jedoch die Tatsache, daß sich alle vier »Terroristen«, die angeblich von mir aus dem Ausland geschickt worden sind, als Juden entpuppten und — zur gleichen Zeit — Agenten der

Streberei, Bureaukratismus und Bevorzugung im Wachsen begriffen, es fließen auch schmutzige Ströme aus fremden und klassenfeindlichen Quellen herein —zum Beispiel Antisemitismus. Der einfache Selbsterhaltungstrieb der Partei verlangt einen rücksichtslosen Kampf gegen solche Besudelung.« (Wolter [Hg.], *Die Linke Opposition*, Bd. 5, S. 409.) Jaroslawski wies als Sprecher der Parteiführung diesen Vorwurf zurück: »... die Opposition wende dieser Frage krankhafte Aufmerksamkeit zu; sie bausche sie auf, indem sie versuche, die Sache so darzustellen, als ob der Antisemitismus eine *Methode* der Oppositionsbekämpfung sei.. (Der Antisemitismus) sei unzulässig, und wo er in der Partei erhoben werde, müsse man ihn bekämpfen. Der Versuch der Opposition aber, die *Partei* des Antisemitismus zu beschuldigen, sei die giftige Waffe einer schändlichen Verleumdung.« Silberner kommentiert diesen von ihm wiedergegebenen Auszug aus der Rede Jaroslawskis: »In der Tat bekämpfte die Partei den Antisemitismus, nutzte ihn aber auch zur gleichen Zeit geschickt gegen die Linksopposition aus.« (Silberner, *Kommunisten zur Judenfrage*, S. 188.)

15 Stalin spielte mit dem Wort »orthodox« (»prawoslawny«), das die russisch-orthodoxe Kirche meint, auf das »echt-russische« (im Gegensatz zum jüdischen) Element an.

antisemitischen Gestapo sein sollten. Da ich keinen dieser Unglücklichen je gesehen habe, ist klar, daß die GPU sie absichtlich wegen ihrer Abstammung ausgewählt hat. Und das hat die GPU nicht vermöge eigener Inspiration getan.

Noch einmal: Wenn solche Methoden an oberster Stelle praktiziert werden, wo die persönliche Verantwortlichkeit Stalins absolut fraglos ist, dann ist es nicht schwer, sich vorzustellen, was in den unteren Rängen, in den Fabriken und besonders in den *Kolchosen* geschieht. Und wie könnte es auch anders sein? Die physische Ausrottung der älteren Generation der Bolschewiki ist für jeden Menschen, der denken kann, ein unumstößlicher Ausdruck der Thermidor-Reaktion, und zwar in fortgeschrittenstem Stadium. Die Geschichte hat bisher kein Beispiel gesehen, wo die Reaktion, die einem revolutionären Aufschwung folgte, nicht von den unverhohlensten chauvinistischen Leidenschaften begleitet gewesen wäre, den Antisemitismus eingeschlossen!

In der Meinung einiger »Freunde der UdSSR« stellt mein Hinweis auf das Ausnutzen antisemitischer Tendenzen durch einen beachtlichen Teil der gegenwärtigen Bürokratie eine böswillige Erfindung dar, die sich gegen Stalin richtet. Es ist schwierig, mit berufsmäßigen »Freunden« der Bürokratie zu diskutieren. Diese Leute leugnen die Existenz einer Thermidor-Reaktion. Sie nehmen sogar die Moskauer Prozesse für bare Münze. Es gibt »Freunde«, die die UdSSR mit der besonderen Absicht besuchen, die Flecken auf der Sonne nicht zu sehen. Nicht wenige von ihnen bekommen eine besondere Bezahlung für ihre Bereitwilligkeit, nur das zu sehen, worauf der Finger der Bürokratie für sie hinzeigt. Aber wehe den Arbeitern, Revolutionären, Sozialisten, Demokraten, die mit den Worten Puschkins »einen Wahn, der uns verzückt«[16], der bitteren Wahrheit vorziehen. Ein gesunder revolutionärer Optimismus hat keinen Bedarf an Illusionen. Man muß das Leben so nehmen, wie es ist. Es ist notwendig, in der Wirklichkeit selbst die Kraft zu finden, ihre reaktionären und barbarischen Erscheinungen zu überwinden. Das ist es, was uns der Marxismus lehrt.

Einige »Möchtegernweise« haben mich sogar beschuldigt, »plötzlich« die »jüdische Frage« aufgebracht zu haben, um eine Art Ghetto für die Juden zu schaffen. Da kann ich nur voller Mitleid mit den Schultern zucken. Ich habe mein ganzes Leben lang außerhalb jüdischer Kreise gelebt. Ich habe immer in der russischen Arbeiterbewegung gewirkt. Meine Muttersprache ist Russisch. Leider habe ich noch nicht einmal Jiddisch lesen gelernt. Die jüdische Frage hat daher nie im Mittelpunkt meiner Aufmerksamkeit gestanden. Aber das heißt nicht, daß ich das Recht hätte, gegenüber dem jüdischen Problem blind zu sein; es existiert und verlangt eine Lösung. Die

16 Aus dem Gedicht »Der Held« (1830) über Napoleon I. (Vgl. Alexander Sergejewitsch Puschkin, *Gesammelte Werke*, Bd. 1, Frankfurt [Insel] 1973, S. 346-348.)

»Freunde der UdSSR« sind mit der Schaffung von Birobidschan[17] zufriedengestellt. Ich werde nicht aufhören, darüber nachzudenken, ob es auf eine feste Grundlage gebaut wurde und welche Art von Regime dort existiert. (Birobidschan kann nicht anders, als alle Gemeinheiten der bürokratischen Willkürherrschaft widerspiegeln.) Aber nicht ein einziges, progressives Individuum wird etwas dagegen einzuwenden haben, daß die UdSSR ein besonderes Territorium für diejenigen Bürger bereitstellt, die sich als Juden betrachten, die die jiddische Sprache allen anderen bevorzugen und die wünschen, in konzentrierter Zahl unter sich zu wohnen. Ist das nun ein Ghetto, oder ist es keins? Während der Periode der sowjetischen Demokratie, der völlig freiwilligen Wanderungen, konnte von Ghettos nicht die Rede sein. Aber die jüdische Frage setzte gerade durch die Art und Weise, in der die Ansiedlung der Juden erfolgte, einen internationalen Aspekt voraus. Haben wir nicht recht, wenn wir sagen, daß eine sozialistische Weltföderation die Schaffung eines »Birobidschan« für diese Juden möglich machen muß, die ihre eigene autonome Republik als Forum für ihre eigene Kultur wünschen? Es kann vorausgesetzt werden, daß eine sozialistische Demokratie keinen Gebrauch von zwangsweiser Assimilation machen wird. Es kann durchaus möglich sein, daß in zwei bis drei Generationen die Grenzen einer

17 Zwischen 1927 und 1935 wurden in der Ukraine und auf der Krim fünf jüdische Rayons geschaffen. Am 7. Mai 1934 erließ das ZEK ein Dekret über die Schaffung eines »Jüdischen Autonomen Gebiets« im Rayon Birobidschan im Fernen Osten, wo schon seit 1927 jüdische Siedler lebten. Der Sowjetführung ging es dabei darum, angesichts des nationalsozialistischen Antisemitismus international Sympathien zu gewinnen und zugleich einen Schritt zur Besiedlung des strategisch wichtigen — an der Grenze zur Mandschurei gelegenen, von Japan bedrohten — Gebiets zu tun. Trotzki stand dem Projekt zunächst positiv gegenüber (vgl. seine Antwort auf eine Anfrage sowjetischer Linksoppositioneller) »Antwort auf einen Brief aus der Sowjetunion über Birobidschan« [Oktober 1934], frz. in: TŒ 4, S. 224). In Birobidschan lebten — trotz der extremen klimatischen Verhältnisse — 1934 etwa 10 000 jüdische Siedler, weitere 10 000 kamen in den nächsten beiden Jahren hinzu. Nach Beginn des Terrors wurden die mit der Besiedlung befaßten Organisationen zerschlagen. Eine größere Einwanderungswelle von Überlebenden des Holocausts gab es dann erst wieder nach dem Zweiten Weltkrieg. 1948 inszenierte Stalin eine antisemitische Kampagne; die Besiedlung wurde eingestellt und nach Stalins Tod nicht wieder aufgenommen. Birobidschan besteht aber noch heute offiziell als Jüdisches Autonomes Gebiet.
Die heute in der Sowjetunion lebenden 1,8 Mio. Juden (nach der Volkszählung von 1979) sind zwangsassimiliert; viele von ihnen fühlen sich deswegen Israel und dem Zionismus verbunden. Birobidschan ist für sie bedeutungslos geworden. Die meisten russischen Juden streben heute die Emigration an; die sowjetische Regierung ließ von 1968 bis 1980 etwa 250 000 Juden (zumeist in die USA) auswandern.
(Vgl. Silberner, *Kommunisten zur Judenfrage*, S. 150-168.)

unabhängigen Republik wie so vieler anderer nationaler Regionen fallen werden. Ich habe weder Zeit noch das Verlangen, darüber nachzudenken. Unsere Nachkommen werden besser als wir wissen, was zu tun ist. Ich habe eine historische Übergangszeit im Sinn, während der die jüdische Frage als solche noch akut ist und angemessene Maßnahmen von einer Welt-Föderation von Arbeiterstaaten verlangt. Die gleiche Methode der Lösung der jüdischen Frage, die im untergehenden Kapitalismus einen utopischen und reaktionären Charakter hat (Zionismus)[18], wird unter dem Regime einer sozialistischen Föderation eine reale und heilsame Bedeutung erhalten. Das ist es, was ich klarstellen wollte. Wie kann ein Marxist oder sogar ein konsequenter Demokrat dagegen sein?

18 Der Zionismus, das Programm der Errichtung eines jüdischen Nationalstaats, entstand im 19. Jahrhundert als Reaktion auf das Scheitern der Assimilation, das der zunehmende Antisemitismus signalisierte. Der Zionismus verband die religiöse Tradition mit modernem bürgerlichen Nationalismus. — Ein zionistisches Programm entwickelten schon Moses Hess (1812-1875) und Leo Pinsker (1821-1891); Theodor Herzl (1860-1905; »Der Judenstaat«, 1896) wurde dann zum wichtigsten Ideologen des modernen Zionismus. 1897 entstand die zionistische Weltorganisation, die sich — nach der imperialistischen Aufteilung der Welt im 19. Jahrhundert —bei den europäischen Großmächten um die Überlassung eines Territoriums für einen jüdischen Staat bemühte. Seit dem Ersten Weltkrieg konzentrierten sich die zionistischen Bemühungen auf Palästina, die ‚historische Heimstätte' der Juden. Die Zionisten bildeten auch nach der Entstehung eines »sozialistischen Zionismus« zunächst eine Minderheit im Judentum. Seit den zwanziger Jahren nahm die jüdische Einwanderung nach Palästina zu; sie führte zu einem permanenten Konflikt mit der arabischen Bevölkerung, der sich besonders nach 1933 zuspitzte, als die Einwanderung im Gefolge der nationalsozialistischen Judenverfolgung in Deutschland nochmals stark zunahm. Nach dem Zweiten Weltkrieg gingen Tausende von Überlebenden des »Holocausts« nach Palästina; der Zionismus konnte nun auf die Unterstützung der Mehrheit der Juden zählen. Am 14. Mai 1948 wurde die Unabhängigkeit Israels proklamiert und kriegerisch gegen die arabischen Staaten durchgesetzt, wobei der größte Teil der arabisch-palästinensischen Bevölkerung vertrieben wurde.
(Walter Z. Laqueur, *Der Weg zum Staat Israel*, Geschichte des Zionismus, Wien [Europa] 1975; Nathan Weinstock, *Le Sionisme contre Israel*, Paris [Maspero] 1969, gek. dt. Ausgabe *Das Ende Israels?*, Nahostkonflikt und Geschichte des Zionismus, Berlin [Wagenbach] 1975; Jakob Taut, *Judenfrage und Zionismus*, Frankfurt [ISP] 1987.)

# (39)
# Warum und wozu diese Prozesse?*

*Coyoacán, 17. April 1937*

Ein amerikanischer Schriftsteller[1] klagte mir im Gespräch: »Es fällt mir schwer zu glauben, daß Sie mit den Faschisten ein Bündnis eingegangen sind, aber es fällt mir auch schwer zu glauben, daß Stalin eine so schreckliche Fälschung begangen hat.« Ich konnte meinen Gesprächspartner nur bedauern. Es ist in der Tat schwer, eine Lösung zu finden, wenn man an die Frage

* Why and Wherefore These Trials? (17.4.1937). In: *The Case of Leon Trotsky*, New York — London [Harper & Brothers] 1937, Reprint New York [Merit] 1968, S. 580-585. Dt. Warum und wozu diese Prozesse?, in: *Stalins Verbrechen*, Zürich [Jean Christophe] 1937, S. 348-361.
Der Text ist ein Teil von Trotzkis Schlußwort vor der »Dewey-Kommission«, die im März 1937 auf Initiative des amerikanischen Komitees zur Verteidigung Trotzkis in Zusammenarbeit mit den britischen, französischen und tschechoslowakischen Komitees gebildet worden war, um eine unabhängige Untersuchung der Beschuldigungen durchzuführen, die in den Moskauer Schauprozessen gegen Trotzki und Leo Sedow erhoben wurden. Den Vorsitz der Kommission übernahm der amerikanische Philosoph und Pädagoge John Dewey (1859-1952). Außerdem gehörten ihr an: Alfred Rosmer, die ehemaligen KPD-Reichstagsabgeordneten Otto Rühle und Wendelin Thomas, der italo-amerikanische Anarchist Carlo Tresca, die US-Schriftstellerin Suzanne LaFolette, die US-Journalisten Benjamin Stolberg und John Chamberlain, die Dozenten Edward Ross und Carlton Beals aus den USA sowie der mexikanische Journalist Francisco Zamora. Außer Rosmer, einem Mitbegründer der KPF, war keiner von ihnen je ein politischer Anhänger Trotzkis gewesen. Ein Unterausschuß (Dewey, Beals, Rühle und LaFolette) führte in Mexiko vom 10. bis 17. April 1937 ein Kreuzverhör Trotzkis durch. Beals versuchte, Trotzki politisch zu provozieren; als das scheiterte, trat er aus der Kommission mit der Begründung aus, sie sei nicht unabhängig.
Zu dem Verfahren waren Vertreter der sowjetischen Regierung, der KP der USA und anderer stalinistischer Organisationen eingeladen worden, die aber nicht teilnahmen. Die Kommission führte Zeugenvernehmungen in New York und Paris durch und fällte am 21.9.1937 ihr Urteil: »Nicht schuldig«.

ausschließlich von der individuell-psychologischen und nicht von der politischen Seite herangeht. Ich will damit die Bedeutung des individuellen Elements in der Geschichte nicht bestreiten. Sowohl Stalin als auch ich befinden uns nicht zufällig auf unseren heutigen Posten. Aber diese Posten haben nicht wir geschaffen. Jeder von uns ist in das Drama hineingezogen worden als Verteter bestimmter Ideen und Prinzipien. Ideen und Prinzipien wiederum hängen nicht in der Luft, sondern haben tiefe soziale Wurzeln. Man muß darum nicht mit der psychologischen Abstraktion »Stalin als Mensch« operieren, sondern seine konkrete historische Persönlichkeit als Führer der Sowjetbürokratie ins Auge fassen. Stalins Handlungen kann man nur verstehen, wenn man von den Existenzbedingungen der neuen privilegierten Schicht ausgeht, die, gierig nach der Macht, gierig nach den Gütern des Lebens, Angst hat um ihre Positionen, Angst vor den Massen — und jegliche Opposition tödlich haßt.

Die Lage einer privilegierten Bürokratie in einer Gesellschaft, die sie selbst sozialistisch nennt, ist nicht nur widerspruchsvoll, sondern auch falsch. Je jäher die Wendung von der Oktoberrevolution, die die soziale Lüge bis auf den Grund enthüllte, zur heutigen Situation, die eine Kaste von Parvenus zwingt, die sozialen Wunden zu maskieren — desto gröber die thermidorianische Lüge. Es handelt sich folglich nicht um die individuelle Lasterhaftigkeit der einen oder der anderen Gruppe, für die die Lüge zur politischen Notwendigkeit geworden ist. Im Kampf um ihre neuen Positionen hat diese Kaste sich selbst umerzogen, und parallel dazu hat sie ihre Führer umerzogen oder richtiger demoralisiert. Sie hat den Mann auf ihre Schultern gehoben, der am besten, am entschiedensten und am erbarmungslosesten ihre Interessen ausdrückt. So wurde Stalin, der einmal ein Revolutionär war, zum Führer der thermidorianischen Kaste.

Die Formeln des Marxismus, die die Interessen der Massen ausdrücken, haben die Bürokratie immer mehr behindert, da sie sich unvermeidlich gegen die Interessen dieser Bürokratie wenden. Seit ich in Opposition zur Bürokratie gegangen bin, begannen deren Hoftheoretiker das revolutionäre Wesen des Marxismus *Trotzkismus* zu nennen. Gleichzeitig veränderte sich der offizielle Begriff *Leninismus* von Jahr zu Jahr, indem er immer mehr den Bedürfnissen der regierenden Kaste angepaßt wurde. Bücher, die der Geschichte der Partei, der Oktoberrevolution oder der Theorie des Leni-

Das stenographische Protokoll der Verhöre in Mexiko, das Urteil und die Begründung wurden veröffentlicht. Vgl. *The Case of Leon Trotsky* und *Not Guilty*; Deutscher, *Trotzki*, Bd. 3, S. 346-356, 366 f.; Alan Wald, »La commission Dewey: quarante ans après«, in: *Cahiers Léon Trotsky*, Nr. 3, 1979, S. 43-56.

1 Vermutlich Waldo Frank (1889-1967), der Trotzki Anfang März 1937 in Mexiko besucht hatte. Er sympathisierte mit dem Stalinismus.

nismus gewidmet waren, wurden jedes Jahr abgeändert. Ich habe ein Beispiel aus der literarischen Tätigkeit Stalins angeführt. Im Jahre 1918 schrieb er, daß der Sieg des Oktoberaufstandes »hauptsächlich und vor allem« durch Trotzkis Leitung gesichert war. Im Jahre 1924 schrieb er, daß Trotzki bei der Oktoberumwälzung keine besondere Rolle spielen konnte.[2] Nach dieser Stimmgabel wurde die ganze Historiographie gestimmt. Das bedeutet praktisch, daß Hunderte von jungen Gelehrten und Tausende von Journalisten systematisch im Geiste der Fälschung erzogen wurden. Wer Widerstand leistete, dem schnürte man die Kehle zu. In noch größerem Maße gilt das für die Propagandisten, Beamten und Richter, von den Staatsanwälten der GPU ganz zu schweigen. Die ununterbrochenen Säuberungen der Partei waren vor allem auf die Ausrottung des Trotzkismus gerichtet, wobei als Trotzkisten nicht nur unzufriedene Arbeiter bezeichnet wurden, sondern auch alle jene Schriftsteller, die gewissenhaft historische Tatsachen und Zitate anführten, die dem jeweils letzten offiziellen Standard widersprachen. Dichter und Künstler unterwarfen sich dem gleichen Regime. Die geistige Atmosphäre des Landes füllte sich mit dem Gift der Konvention, der Lüge und der direkten Fälschung.

Alle Möglichkeiten auf diesem Wege waren jedoch bald erschöpft. Theoretische und historische Fälschungen erfüllten nicht mehr den Zweck: man gewöhnte sich zu sehr an sie. Man mußte den bürokratischen Repressalien eine massivere Begründung geben. Um die literarischen Fälschungen zu stützen, wurden sie durch die Beschuldigung krimineller Handlungen ergänzt. Meine Ausweisung aus der UdSSR wurde offiziell damit motiviert, daß ich einen »bewaffneten Aufstand« vorbereitet hätte. Allerdings wurde diese mir persönlich vorgehaltene Beschuldigung von der Presse nicht

2 Stalin schrieb am 6. November 1918 (Nr. 241) in der *Prawda* unter der Überschrift »Die Rolle der hervorragendsten Funktionäre der Partei« über die Oktoberrevolution: »Die gesamte Arbeit der praktischen Organisierung des Aufstandes ging unter der unmittelbaren Leitung des Vorsitzenden des Petrograder Sowjets, Trotzkis, vor sich. Man kann mit Bestimmtheit sagen, daß den raschen Übertritt der Garnison auf die Seite der Sowjets und die geschickte Organisierung der Arbeit des Revolutionären Kriegs-Komitees die Partei vor allem und hauptsächlich dem Genossen Trotzki zu danken hat.« (Zit. nach Trotzki, *Die Fälschung...*, S. 13.) In den Stalin-Werken (SW 4, S. 133-135) ist die Passage über Trotzki gestrichen worden. Im November 1924 erklärte Stalin dann im Rahmen der Diskussion um Trotzkis *Lehren des Oktober*: »Doch muß ich sagen, daß Trotzki beim Oktoberaufstand keineswegs eine besondere Rolle gespielt hat noch spielen konnte, daß er als Vorsitzender des Petrograder Sowjets lediglich den Willen der entsprechenden Parteiinstanzen ausführte, die jeden Schritt Trotzkis leiteten... Trotzki, ein in der Periode des Oktober für unsere Partei verhältnismäßig neuer Mann, hat weder in der Partei noch beim Oktoberaufstand irgendeine *besondere* Rolle gespielt.« (Stalin, »Trotzkismus oder Leninismus?«, SW 6, S. 290-319, hier S. 293 f.)

einmal gedruckt. Es mag vielleicht jetzt unglaublich scheinen, aber schon im Jahre 1929 beschuldigte die Sowjetpresse die Trotzkisten der »Sabotage« und »Spionage«, der »Vorbereitung von Eisenbahnkatastrophen« usw. Prozesse hat es jedoch wegen dieser Beschuldigungen nicht gegeben. Die Sache beschränkte sich auf literarische Verleumdungen, die jedoch ein wichtiges Glied in der Vorbereitung späterer Prozeßfälschungen waren. Um die Repressalien zu rechtfertigen, brauchte man falsche Beschuldigungen. Um den falschen Beschuldigungen Gewicht zu verleihen, mußte man sie durch noch schärfere Repressalien bekräftigen. So stieß die Logik des Kampfes Stalin auf den Weg der blutigen Prozeß-Amalgame.

Sie wurden auch aus internationalen Gründen für ihn zu einer Notwendigkeit. Wenn die Sowjetbürokratie Revolutionen nicht wünscht und sie fürchtet, so kann sie sich dennoch nicht offen von der revolutionären Tradition lossagen, ohne ihre Reputation im Innern der UdSSR völlig zu untergraben. Ein offener Bankrott der Kommunistischen Internationale schafft Raum für eine neue Internationale. Seit dem Jahre 1933 hat der Gedanke neuer revolutionärer Parteien unter dem Banner der IV. Internationale große Fortschritte in der Alten und in der Neuen Welt gemacht. Ein außenstehender Beobachter kann das wirkliche Ausmaß dieser Erfolge nur schwer einschätzen. Sie lassen sich mit der Statistik der Mitgliedskarten allein nicht berechnen. Viel größere Bedeutung hat die allgemeine Tendenz der Entwicklung. Durch alle Sektionen der Komintern gehen tiefe Risse, die beim ersten historischen Stoß zu Spaltungen und Zusammenbrüchen führen werden. Wenn Stalin vor dem kleinen *Bulletin der Opposition* Angst hat und seine Einfuhr in die UdSSR mit Erschießungen bestraft, dann ist es nicht schwer zu begreifen, welche Furcht die Bürokratie davor hat, daß in die UdSSR Nachrichten dringen könnten über die aufopfernde Arbeit der IV. Internationale im Dienst der Arbeiterklasse.

Die moralische Autorität der Führer der Bürokratie und vor allem Stalins hängt in hohem Maße von dem Babylonischen Turm von Verleumdungen und Fälschungen ab, der im Laufe von dreizehn Jahren errichtet wurde. Die moralische Autorität der Komintern beruht voll und ganz auf der moralischen Autorität der Moskauer Bürokratie. Stalin wiederum braucht unbedingt die moralische Autorität der Komintern und deren Unterstützung vor der russischen Arbeiterklasse. Dieser Babylonische Turm, der seine Erbauer selbst schreckt, hält sich im Innern der UdSSR mit Hilfe immer schrecklicherer Repressalien aufrecht, außerhalb der UdSSR mit Hilfe des gigantischen Apparats, der auf Kosten der sowjetischen Arbeiter und Bauern die Weltöffentlichkeit mit Lüge, Fälschung und Erpressung vergiftet. Millionen von Menschen in der ganzen Welt identifizieren die Oktoberrevolution mit der thermidorianischen Bürokratie, die Sowjetunion — mit Stalins Clique, die revolutionären Arbeiter — mit dem durch und durch demoralisierten Apparat der Komintern.

Die erste größere Bresche im Babylonischen Turm wird dazu führen, daß er völlig zusammenstürzt und unter seinen Trümmern die Autorität der thermidorianischen Führer begräbt. Deshalb ist es für Stalin eine Frage auf Leben und Tod, die IV. Internationale im Keim zu ersticken! In dem Augenblick, da wir hier die Moskauer Prozesse analysieren, tagt in Moskau, nach den Zeitungsberichten, das Exekutivkomitee der Komintern. Auf ihrer Tagesordnung steht der *Kampf gegen den Welttrotzkismus.*[3] Diese Tagung des Exekutivkomitees der Komintern ist nicht nur ein Glied in der langen Kette der Moskauer Fälschungen, sondern auch deren Projektion auf die Weltarena. Wir werden morgen von neuen Verbrechen der Trotzkisten in Spanien hören, von ihrer direkten oder indirekten Unterstützung für die Faschisten. Wir werden morgen hören, daß Trotzkisten in den Vereinigten Staaten Eisenbahnkatastrophen vorbereiten und im Interesse Japans den Panamakanal zuschütten wollen. Wir werden übermorgen hören, daß die Trotzkisten in Mexiko Maßnahmen zur Wiedereinsetzung von Porfirio Diaz[4] treffen. Man wird einwenden, Diaz sei schon lange tot? Die Moskauer Schöpfer des Amalgams machen vor solchen Kleinigkeiten nicht halt. Sie machen überhaupt vor nichts halt. Politisch und moralisch ist es für sie eine Frage auf Leben und Tod. Die Emissäre der GPU jagen durch alle Länder der Alten und der Neuen Welt. Mangel an Geld leiden sie nicht. Was bedeutet für die regierende Clique eine Mehrausgabe von 20 bis 50 Millionen Dollar, wenn ihre Autorität und ihre Macht auf dem Spiele stehen! Menschliche Gewissen werden von diesen Herren wie Kartoffeln gekauft. Wir werden nicht wenige Beispiele dafür sehen.

Zum Glück sind nicht alle käuflich. Andernfalls wäre die Menschheit schon längst verfault. In der Untersuchungskommission besitzen wir eine wertvolle Zelle des unbestechlichen öffentlichen Gewissens. Alle, die sich nach einer Reinigung der öffentlichen Atmosphäre sehnen, wird die Kommission instinktiv anziehen. Trotz der Intrigen, Bestechungen und Verleumdungen wird sie die Sympathie der breiten Volksmassen bald wie ein Panzer umgeben.

Meine Damen und Herren der Kommission! Es sind nun fünf Jahre, ich wiederhole: fünf Jahre!, daß ich unablässig die Schaffung einer internationalen Untersuchungskommission fordere. Der Tag, an dem ich das Tele-

3 Vgl. Frank, *Geschichte der Kommunistischen Internationale*, Bd. 2, S. 650-653.

4 Porfirio Díaz (1830-1915) hatte sich an dem von Präsident Benito Juárez 1864-67 geführten Kampf gegen die französische Besetzung Mexikos beteiligt und war zum General aufgestiegen. Er war 1877-1880 und dann wieder seit 1884 Präsident. Díaz errichtete eine durch scheindemokratische Wahlen abgesicherte Diktatur. Er begünstigte Großgrundbesitzer und ausländisches Kapital. Seine auf Wahlfälschung beruhende Wiederwahl 1910 löste die mexikanische Revolution aus, die ihn 1911 zur Abdankung zwang.

gramm erhielt, das mich über die Bildung Ihrer Kommission unterrichtete, war ein großes Fest in meinem Leben. Freunde fragten mich, nicht ohne Besorgnis: Werden nicht Stalinisten in die Kommission eindringen, so wie sie in das Komitee zur Verteidigung Trotzkis eingedrungen sind?[5] Ich antwortete: Bei Tageslicht sind die Stalinisten nicht schrecklich. Im Gegenteil: Ich werde die vergifteten Fragen der Stalinisten begrüßen; um sie zu zerschmettern, brauche ich nur zu erzählen, was in Wirklichkeit war. Die Weltpresse wird meinen Antworten die notwendige Öffentlichkeit verschaffen. Ich habe gewußt, daß die GPU einzelne Journalisten und ganze Zeitungen bestechen wird. Doch habe ich keinen Augenblick gezweifelt, daß man das Weltgewissen nicht bestechen kann und daß es in diesem Falle einen seiner glänzenden Siege erringen wird.

Geehrte Kommissionsmitglieder! Die Erfahrung meines Lebens, in dem es weder an Erfolgen noch an Mißerfolgen fehlte, hat nicht nur meinen Glauben an die Zukunft der Menschheit nicht zerstört, sondern ihn im Gegenteil unzerstörbar gemacht. Diesen Glauben an die Vernunft, an die Wahrheit, an die menschliche Solidarität, der mich im Alter von achtzehn Jahren in die Arbeiterquartiere der Provinzstadt Nikolajew führte, — diesen Glauben habe ich mir voll und ganz bewahrt. Er ist reifer geworden, hat aber an Glut nicht verloren. In der Tatsache, daß es zur Bildung Ihrer Kommission kam, in der Tatsache, daß deren Vorsitzender ein Mann von unerschütterbarer moralischer Autorität ist, ein Mann, dem es wegen seines Alters vergönnt sein sollte, den Kämpfen in der politischen Arena fernzubleiben, in diesen Tatsachen sehe ich eine neue, großartige Bestätigung des revolutionären Optimismus, der mein Lebenselement ist ...[6]

5 Dem im Oktober 1936 in den USA gebildeten Komitee zur Verteidigung Trotzkis hatten sich etwa 100 Mitglieder angeschlossen. Viele kamen aus dem Umkreis stalinistisch beeinflußter Organisationen und wurden von der KP der USA unter starken Druck gesetzt; einige Mitglieder des Komitees hatten dem nachgegeben und traten nach öffentlicher Distanzierung aus. (Vgl. G. R., »Une thèse magistrale: Contre-procès de Thomas R. Poole«, in: *Cahiers Léon Trotsky*, Nr. 3, 1979, S. 17-31, hier S. 24 f., und »Rapport à ses membres sur le travail du comité américain de défense de Léon Trotsky«, in: ebd., S. 33-41, hier S. 39 f.)

6 Vgl. Trotzkis Artikel »Über Pessimismus, Optimismus; über das 20. Jahrhundert und viele andere Themen« vom 17.2.1901 (auszugsweise in *Denkzettel*, S. 43 f.).

# (40)
# Stalin über seine Fälschungen*

*Coyoacán, Juni 1937*

Mit seinem typischen prahlerischen Zynismus verrät Hitler das Geheimnis seiner politischen Strategie:

»Es gehört zur Genialität eines großen Führers, selbst auseinanderliegende Gegner immer als nur zu einer Kategorie gehörend erscheinen zu lassen, weil die Erkenntnis verschiedener Feinde bei schwächlichen und unsicheren Charakteren nur zu leicht zum Anfang des Zweifels am eigenen Recht führt.«[1]

Dieses Prinzip ist marxistischer Politik wie auch jeder wissenschaftlichen Erkenntnis direkt entgegengesetzt, denn diese basieren auf der Zergliederung, Gegenüberstellung und Aufdeckung nicht nur der Hauptunterschiede, sondern auch der Übergangsnuancen. Insbesondere hat sich der Marxismus stets der Behandlung aller politischer Gegner als »einer reaktionären Masse«[2] widersetzt. Der Unterschied zwischen der marxistischen und der

* Dt. in: *Stalins Verbrechen*, Zürich [Jean-Christophe] 1937, S. 348-361. Engl. »Stalin on His Own Frame-Ups«, in: *Socialist Appeal*, 30.10. und 6.11.1937. Frz. in: TŒ 14, S. 104-116.

1 Adolf Hitler, *Mein Kampf*, München [Franz Eher Nachf.] 1925 und 1927, zitiert nach der 55. Auflage, 1933, S. 129.

2 In seinen kritischen Randglossen zum Programmentwurf für die Vereinigung der Sozialdemokratie in Deutschland (aus dem Jahre 1875) schrieb Marx, im *Kommunistischen Manifest* sei die Bourgeoisie als »revolutionäre Klasse« aufgefaßt — »gegenüber Feudalen und Mittelständen«, die also nicht »*zusammen mit der Bourgeoisie* nur eine reaktionäre Masse (bilden)«; andrerseits sei das Proletariat der Bourgeoisie gegenüber revolutionär. Die Formulierung des Programmentwurfs, der Arbeiterklasse »gegenüber (bilden) alle andern Klassen *nur eine reaktionäre Masse*«, sei »Lassallesches Zitat vom reinsten Wasser« (MEW 19, S. 22f.). Franz Mehring kommentierte diese Passage wie folgt: »Härter denn je sprang Marx mit Lassalle um. Dieser habe das ‚Kommunistische Manifest‘

faschistischen Agitation ist der Unterschied zwischen wissenschaftlicher Erziehung und demagogischer Hypnotisierung. Die Methode der Stalinschen Politik, die ihren vollendetsten Ausdruck in den Prozeßfälschungen findet, entspricht vollständig Hitlers Rezept, läßt es aber dem Schwunge nach weit zurück. Alle, die sich vor der regierenden Moskauer Clique nicht beugen, sind von nun an »eine faschistische Masse«.

Während der Moskauer Prozesse hat sich Stalin demonstrativ abseits gehalten. Es wurde sogar geschrieben, er sei nach dem Kaukasus verreist. Das ist ganz sein Stil. Wyschinski und die *Prawda* erhielten Instruktionen hinter den Kulissen. Allerdings wurde Stalin durch den Mißerfolg der Prozesse in den Augen der Weltöffentlichkeit und durch das Anwachsen der Unruhe und der Zweifel in der UdSSR gezwungen, in die Öffentlichkeit zu treten. Am 3. März hielt er im Plenum des ZK eine Rede, die nach sorgfältiger Zurechtmachung in der *Prawda* abgedruckt wurde.[3] Von einem theoretischen Niveau dieser Rede zu sprechen, ist unmöglich; sie bewegt sich nicht nur außerhalb jeder Theorie, sondern auch außerhalb

auswendig gekannt, aber es grob verfälscht, um seine Allianz mit den absolutistischen und feudalen Gegnern wider die Bourgeoisie zu beschönigen, indem er alle anderen Klassen für eine reaktionäre Masse gegenüber der Arbeiterklasse erklärt habe. Dabei war das Schlagwort der ‚reaktionären Masse' gar nicht von Lassalle, sondern erst nach dessen Tode von Schweitzer geprägt worden, und als Schweitzer es aufbrachte, war er dafür von Engels ausdrücklich belobt worden.« (Franz Mehring, *Karl Marx*, Geschichte seines Lebens [1918], in: *Gesammelte Schriften*, Bd. 3, Berlin/DDR [Dietz] 1960, S. 517.)

3 Die Plenarsitzung des Zentralkomitees vom 23. Februar bis zum 5. März 1937 war, wie Conquest schreibt, »der Zeitpunkt, an dem sein [Stalins] Despotismus zur absoluten Autokratie wurde«. Stalin sprach am 3. und 5. März. Beide Reden wurden erst am 29. März, stark überarbeitet, in der *Prawda* veröffentlicht. Das ZK-Plenum war unter strenger Geheimhaltung abgelaufen, weder ein Protokoll, noch ausführliche Berichte wurden veröffentlicht. Einzelheiten sind erst viel später durch inhaftierte Teilnehmer und Samizdat-Publikationen bekanntgeworden.
Nach der Liquidierung der ehemaligen Linksoppositionellen trat ein Teil der bis dahin Stalin treu ergebenen Gefolgschaft gegen ihn auf, um ein Ende der Säuberungen durchzusetzen, die bereits ehemalige Rechte erfaßte und nun auch Stalinisten bedrohte. Wortführer soll Postyschew gewesen sein, der schon Anfang Februar angegriffen worden war. Er wurde von anderen unterstützt, vor allem von Militärs. Die Opponenten konnten sich aber gegen Stalin und seine Anhänger nicht durchsetzen. Bucharin und Rykow — beide als ZK-Kandidaten anwesend — wurden nach einem entsprechenden Beschluß aus der Sitzung heraus verhaftet. Etwa 70 % der ZK-Mitglieder wurden in den folgenden Monaten umgebracht. (Vgl. Conquest, *Am Anfang...*, S. 233-240, Zitat auf S. 240. Die deutsche Fassung der Reden Stalins »Über die Mängel der Parteiarbeit und die Maßnahmen zur Liquidierung trotzkistischer und sonstiger Doppelzüngler« und »Schlußwort des Genossen Stalin«, in: *Rundschau*, Nr. 15, 8.4.1937, S. 585-599.)

jeglicher Politik, sofern man das Wort ernst nimmt. Sie ist nichts anderes als eine Instruktion, wie die bisherigen Fälschungen am besten auszunutzen und neue vorzubereiten sind.

Stalin beginnt mit einer Definition des Trotzkismus, der »sich aus einer politischen Strömung in der Arbeiterklasse, die er vor sieben bis acht Jahren war, in eine hemmungslose und prinzipienlose Bande von Schädlingen, Diversanten, Spionen und Mördern verwandelt hat...«[4] Der Autor dieser Definition hat jedoch vergessen, daß er »vor sieben bis acht Jahren« gegen den Trotzkismus die gleichen Beschuldigungen wie heute erhob, nur in vorsichtigerer Form. Bereits seit der zweiten Hälfte 1927 verknüpfte die GPU Trotzkisten, allerdings weniger bekannte, mit Weißgardisten und ausländischen Agenten. Meine Ausweisung aus der UdSSR wurde offiziell damit begründet, daß ich einen bewaffneten Aufstand vorbereite; nur hatte Stalin damals nicht gewagt, diese phantastische Feststellung der GPU zu veröffentlichen. Zur Rechtfertigung der Erschießung Bljumkins, Silows und Rabinowitschs teilte die *Prawda* schon im Jahre 1929 mit, die Trotzkisten hätten Eisenbahnkatastrophen organisiert. Im Jahre 1930 wurde eine Reihe verbannter Oppositioneller wegen ihrer Korrespondenz mit mir der Spionage beschuldigt. In den Jahren 1930-1932 versuchte die GPU, wiederum von weniger bekannten Oppositionellen »freiwillige Geständnisse« über Vorbereitungen terroristischer Attentate zu erpressen. Ich habe der New Yorker Untersuchungskommission Dokumente über diese ersten Rohentwürfe des späteren Amalgams eingereicht. Vor sieben, acht Jahren jedoch hatte Stalin den Widerstand der Partei und sogar der Spitzen der Bürokratie noch nicht zu brechen vermocht und mußte sich deshalb mit Intrigen, vergifteten Verleumdungen, Verhaftungen, Ausweisungen und vereinzelten »Probe«-Erschießungen begnügen. Er hat seine Agenten — und sich selbst — allmählich erzogen. Denn es wäre falsch zu glauben, dieser Mensch sei als vollendeter Kain geboren worden.

»Die Hauptmethode der trotzkistischen Arbeit«, fährt Stalin fort, ist »jetzt nicht die offene und ehrliche Propagierung ihrer Anschauungen in der Arbeiterklasse..., sondern die Maskierung ihrer Anschauungen,... eine... verlogene Art, ihre eigenen Anschauungen in den Schmutz zu treten.«[5] Schon vor zehn Jahren konnten Eingeweihte sich nicht in die Augen blicken, wenn Stalin seine Gegner des Mangels an »Aufrichtigkeit« und »Ehrlichkeit« beschuldigte! In jenen Tagen pflegte Jagoda die hohen Prinzipien der Moral... Stalin sagt nicht, wie man »offene« Propaganda in einem Lande treiben kann, in dem jede Kritik am »Führer« unermeßlich wütender verfolgt wird als im faschistischen Deutschland. Die Notwendigkeit, sich

4 Stalin, »Über die Mängel...« (Anm. 3), S. 587.
5 Ebd., S. 587.

vor der GPU zu verbergen und die eigenen Ansichten illegal zu propagieren, kompromittiert nicht die Revolutionäre, sondern das bonapartistische Regime.

Stalin erklärt auch nicht, wie man »seine eigenen Anschauungen in den Schmutz treten« und gleichzeitig Tausende von Menschen beeinflussen kann, für diese Ansichten das Leben zu opfern. Die Rede und ihr Autor stehen auf dem Niveau jener reaktionären Presse, die stets behauptet hat, Stalins Kampf gegen den »Trotzkismus« habe fiktiven Charakter, in Wirklichkeit verbände uns eine geheime Verschwörung gegen die kapitalistische Ordnung, und meine Ausweisung sei nur Maske unserer gemeinsamen Arbeit. Vielleicht rottet Stalin die Trotzkisten aus und bemüht sich, ihre Ansichten »in den Schmutz zu treten«, bloß um seine Solidarität mit uns besser zu verbergen?

Am plumpesten entlarvt sich der Redner durch die Frage nach dem Programm der Opposition. »Im Prozeß von 1936 haben Kamenjew und Sinowjew, wie ihr euch erinnert, energisch geleugnet, irgendwelche politische Plattform gehabt zu haben. ... Es kann kein Zweifel bestehen, daß beide logen, als sie leugneten, eine politische Plattform gehabt zu haben.«[6] In Wirklichkeit sei ihre Plattform die »Restaurierung des Kapitalismus«. Das Wort »Zynismus« ist zu harmlos und patriarchalisch, um auf diesen Moralisten angewandt zu werden, der seinen Opfern wissentlich falsche Aussagen aufzwang, sie auf Grund einer wissentlich falschen Anklage ermordete und dann nicht sich, Jagoda und Wyschinski, nein, sondern die von ihnen erschossenen Kamenjew und Sinowjew zu Lügnern erklärt. Aber gerade hier läßt sich der Meister der Fälschung auf frischer Tat ertappen!

Im Januar 1935 nämlich, im ersten Prozeß, gestanden Sinowjew und die übrigen Angeklagten, wie aus dem offiziellen Bericht hervorgeht, daß sie in ihrer Tätigkeit von der *geheimen Absicht der Wiederherstellung des kapitalistischen Systems* geleitet wurden. So wurden auch in der Anklageschrift die Ziele der angeblichen Trotzkisten formuliert. Also haben die Angeklagten damals die Wahrheit gesprochen? Das Unglück bestand aber darin, daß niemand diese offiziell festgestellte »Wahrheit« glauben wollte. Aus diesem Grunde wurde bei der Vorbereitung des zweiten Prozesses Sinowjew-Kamenjew (August 1936) beschlossen, das Programm der Restaurierung des Kapitalismus, weil zu absurd, fallen zu lassen und die Sache auf »Machtgier« zu konzentrieren; das würde der Philister leichter glauben. *»Somit steht es außer Zweifel«*, lautet die Anklageschrift, »daß der trotzkistisch-sinowjewistische Block ... *nur das eine erstrebte — zur Macht zu gelangen ...*«[7] Das Vorhandensein irgendeiner »Plattform« bei den Trotzkisten bestritt diesmal der Staatsanwalt selbst; darin eben bestand ihre besondere Schuld! Ob die unglücklichen Angeklagten gelogen haben oder nicht, ist bedeutungs-

6 Ebd., S. 587.
7 *Prozeßbericht...*, 1936, S. 18; Hervorhebung von Trotzki.

los; die Stalinsche Justiz selbst hat »außer Zweifel« festgestellt, daß die Trotzkisten »nur das eine erstrebten — zur Macht zu gelangen ...« Zu diesem Zwecke hätten sie zum Terror gegriffen.

Diese neue Version, auf Grund derer Sinowjew, Kamenjew und die anderen erschossen wurden, hat aber die erwarteten Resultate nicht erbracht. Weder die Arbeiter noch die Bauern konnten sich über die angeblichen Trotzkisten, die die Macht erobern wollten, besonders entrüsten; schlimmer als die regierende Clique konnten sie keinesfalls sein. Um dem Volke Angst zu machen, mußte man hinzufügen, daß die Trotzkisten das Land den Gutsbesitzern und die Betriebe den Kapitalisten zurückgeben wollten. Die Anklage wegen Terrorismus, ohne Terrorakte, schränkte außerdem die weiteren Möglichkeiten zur Ausrottung der Gegner ein. Um den Kreis der Angeklagten zu erweitern, mußte man Sabotage, Schädlingsarbeit und Spionage in die Sache einbeziehen. Jedoch konnte man der Sabotage und Spionage nur durch die Feststellung einer Verbindung der Trotzkisten mit den Feinden der UdSSR einen Sinn verleihen. Aber weder Deutschland noch Japan würden die Trotzkisten nur wegen deren »Machtgier« unterstützen. Es blieb also nichts anderes übrig, als einer neuen Angeklagtengruppe den Befehl zu erteilen, zum Programm der »Wiederherstellung des Kapitalismus« zurückzukehren.[8]

Diese erweiterte Fälschung ist derart lehrreich, daß es sich verlohnt, bei ihr zu verweilen. Jeder, der lesen kann, ist mühelos imstande, mit Hilfe einer kompletten Sammlung irgendeiner Zeitung der Komintern drei Etappen in der Entwicklung der Anklage zu verfolgen, eine Art Hegelsche Triade der Fälschung: These, Antithese, Synthese. Nach dem Januar 1935 beschuldigten die Söldlinge Moskaus in allen Teilen der Welt den später erschossenen Vorsitzenden der Komintern[9] auf Grund seiner »Geständnisse« der Urheberschaft am Programm der Wiederherstellung des Kapitalismus. Tonangebend war die *Prawda*, das persönliche Organ Stalins. Auf sein Kommando sprang die Presse der Komintern dann von der These zur Antithese und brandmarkte im August 1936, während des Prozesses der 16, die Trotzkisten als Mörder, denen jegliches Programm fehle. An diese neue Version hielten sich die *Prawda* und die Komintern-Presse jedoch nur etwa einen Monat: bis zum 12. September. Die Zickzacks der Komintern spiegelten nur die Wendungen Wyschinskis wider, der sich seinerseits den laufenden Instruktionen Stalins anpaßt.

Das Schema der letzten »synthetischen« Anklage hatte, ohne es zu ahnen,

8 Vgl. dazu die Anklageschrift in *Prozeßbericht...*, 1937, S. 5-21.

9 Sinowjew war seit der Gründung der Komintern im Jahre 1919 bis zum 7. EKKI-Plenum im November 1926 offiziell Vorsitzender des EKKI und damit im allgemeinen Sprachgebrauch »Vorsitzender der Komintern«.

Radek entworfen. Am 21. August 1936 erschien sein Artikel gegen die »trotzkistisch-sinowjewistische faschistische Bande«.[10] Die Absicht des unglückseligen Autors bestand darin, zwischen sich und den Angeklagten eine möglichst tiefe Kluft zu schaffen. Bemüht, aus den angeblichen »Verbrechen« die schrecklichsten nationalen und internationalen Folgen zu ziehen, schrieb Radek über die Angeklagten und vor allem über mich: »Sie wissen, daß ... die Untergrabung des Vertrauens zur Stalinschen Leitung ... Wasser auf die Mühlen der deutschen, japanischen, polnischen und aller anderen Faschismen bedeutet. Sie wissen ebenfalls, daß die Ermordung des genialen Führers der Sowjetvölker, Stalin, direkte Arbeit für den Krieg ist ...« Radek tat noch einen Schritt weiter auf dem gleichen Wege. »Es handelt sich nicht um die Vernichtung von Ehrgeizlingen, die sich zum schrecklichsten Verbrechen haben fortreißen lassen, es handelt sich um die Vernichtung von Agenten des Faschismus, die bereit waren, den Kriegsbrand zu entzünden, dem Faschismus den Sieg zu erleichtern, um aus seinen Händen das Gespenst der Macht zu empfangen.« Diese Zeilen bildeten nicht die juristische Anklage, sondern waren nur politische Rhetorik. Schrecken auf Schrecken häufend, sah Radek selbstverständlich nicht voraus, daß er dafür würde büßen müssen. Im gleichen Sinne und mit den gleichen Folgen schrieben Pjatakow und Rakowski.[11]

Diese öffentlichen Äußerungen der auf den Tod erschrockenen Kapitulanten griff Stalin bei der Vorbereitung des neuen Prozesses auf. Am 12. September, das heißt drei Wochen nach Radeks Artikel, verkündete der Leitartikel der *Prawda* plötzlich, die Angeklagten »... .haben versucht, das wahre Ziel ihres Kampfes zu verheimlichen. Sie haben die Version verbreitet, daß sie kein Programm gehabt hätten. In Wahrheit hatten sie ein Programm, das Programm der Zerschmetterung des Sozialismus und der Wiederherstellung des Kapitalismus.« Zur Bestätigung dieser Behauptung brachte die *Prawda* natürlich nicht die geringsten Beweise. Welche Beweise hätte es auch geben können!

Somit war das neue Programm der Angeklagten nicht durch Dokumente, Tatsachen, Geständnisse der Angeklagten oder auch nur durch logische Schlußfolgerung der Staatsanwaltschaft bewiesen; nein, es war einfach, über Wyschinskis Kopf hinweg, von Stalin proklamiert worden, nach Erschießung der Angeklagten. Beweise? Die sollte nachträglich die GPU liefern,

10 Karl Radeks Artikel erschien am 21. August 1936 in der *Iswestija*, auf deutsch in der *Rundschau*, Nr. 39, 1.9.1936, S. 1636 f., unter dem Titel »Die trotzkistisch-sinowjewistische Faschistenbande und ihr Hetman Trotzki«. (Das Zitat auf S. 1637.)

11 Vgl. Christian Rakowski, »Keine Gnade«, und G. Pjatakow, »Schonungslos müssen die verachtungswürdigen Mörder und Verräter vernichtet werden!«, in: *Rundschau*, Nr. 39, 1.9.1936, S. 1637-1640. (Beide Artikel ursprünglich in der *Prawda* vom 21.8.1936.)

und zwar in der einzigen Form, die ihr möglich war: in Form von »freiwilligen Geständnissen«. Unverzüglich ging Wyschinski an die Durchführung des neuen Auftrags. Radeks Konstruktion aus einer hysterischen in eine juristische, aus einer pathetischen in eine kriminelle zu verwandeln. Aber das neue Schema — das hatte Radek nicht vorausgesehen — bezog Wyschinski nicht auf die sechzehn Angeklagten (Sinowjew und die anderen) — die waren ja nicht mehr unter den Lebenden —, sondern auf die siebzehn, wobei der Autor dieses Schemas, Radek, eines der ersten Opfer wurde. Fieberwahn? Nein: Realität. Die Hauptangeklagten des neuen Prozesses ähnelten frommen Mitarbeitern der Inquisition, die eifrig Gräber gruben, Särge bereiteten, Exkommunizierungs-Nachrufe für andere anfertigten und die dann der Inquisitor beauftragte, ihre eigenen Namen in die Opferliste einzutragen und nachzumessen, ob die Särge ihrer eigenen Größe entsprechen. Nach Beendigung dieser Prozedur trat Stalin aus dem Schatten hervor und erklärte als unfehlbarer Richter, Sinowjew und Kamenjew »haben beide gelogen«. Nie hat die menschliche Phantasie Infameres ausgedacht!

Die Erläuterungen Stalins zur Frage der Sabotage bewegen sich auf gleichem Niveau wie seine ganze Rede. »Warum aber haben unsere Leute all dies nicht bemerkt?«, so stellte er die Frage, der nicht auszuweichen war. Die Antwort lautet, »daß unsere Parteigenossen in den letzten Jahren restlos in der wirtschaftlichen Arbeit aufgingen, daß sie ... alles übrige vernachlässigten.«[12] Wie es stets bei Stalin der Fall ist, variiert er, ohne Beweise, diesen Satz auf zehn Arten. Hingerissen von den wirtschaftlichen Erfolgen haben die Leiter die Sabotage »einfach nicht beachtet«. Einfach nicht beachtet. Hatten dafür kein Interesse. Von welcher Wirtschaftsarbeit waren diese Menschen »so in Anspruch genommen«, daß sie die Vernichtung der Wirtschaft zu übersehen vermochten? Wer eigentlich sollte die Sabotage »beachten«, wenn deren Organisatoren selbst die Organisatoren der Wirtschaft waren? Stalin versucht gar nicht, die Fäden zu verknüpfen. In Wirklichkeit ist sein Gedanke der folgende: von der praktischen Arbeit zu sehr in Anspruch genommen, »vergaßen« die Wirtschaftler die höheren Interessen der regierenden Clique, die gefälschte Beschuldigungen brauchte, wenn auch zum Schaden der Wirtschaft.

In den früheren Jahren, fährt Stalin fort, hätten bürgerliche Techniker die Schädlingsarbeit ausgeführt. Aber wir haben »in der verflossenen Periode Zehntausende und Hunderttausende technisch geschulter bolschewistischer Kader (Hunderttausende Kader?) herangebildet. Nun treten in der Rolle von Schädlingen nicht offenkundig fremde Elemente auf ..., sondern Leute ..., die zufällig das Parteibuch erhielten.«[13] Alles ist

12 Stalin, »Über die Mängel ...« (Anm. 3), S. 589.
13 Ebd., S. 590.

auf den Kopf gestellt! Um zu erklären, weshalb gut bezahlte Ingenieure sich gern mit dem »Sozialismus« abfinden, während Bolschewiki sich in Opposition zu ihm stellen, findet Stalin nichts Besseres, als die ganze alte Parteigarde als »Schädlinge, die zufällig das Parteibuch erhielten« und wohl »zufällig« einige Jahrzehnte in der Partei steckengeblieben sind, zu deklarieren. Wie aber konnten »Zehntausende und Hunderttausende technisch geschulter bolschewistischer Kader« die Sabotage übersehen, die eine ganze Reihe von Jahren die Industrie untergrub? Die geistvolle Erklärung haben wir ja gehört: sie waren von der Wirtschaft zu sehr in Anspruch genommen, als daß sie deren Vernichtung hätten bemerken können.

Für erfolgreiche Sabotage ist jedoch ein günstiges soziales Milieu erforderlich. Woher konnte es in einer Gesellschaft des siegreichen Sozialismus kommen? Stalins Antwort: »Je mehr wir vorwärtsschreiten, ... desto verbissener werden die Überreste der zerschmetterten Ausbeuterklassen ...«[14] Aber erstens genügt die ohnmächtige »Verbissenheit« irgendwelcher vom Volk isolierter »Überreste« nicht, um die Sowjetwirtschaft zu erschüttern. Und zweitens, seit wann haben sich Sinowjew, Kamenjew, Rykow, Bucharin, Tomski, Smirnow, Jewdokimow, Pjatakow, Radek, Rakowski, Mratschkowski, Sokolnikow, Serebrjakow, Muralow, Sosnowski Beloborodow, Elzin[15], Mdivani[16], Okudschawa, Gamarnik[17], Tuchatschewski,

14 Ebd., S. 591.

15 Boris Michailowitsch Elzin (1875-1937?) schloß sich 1897 einem sozialdemokratischen Zirkel an. Bolschewik seit 1903, war er einer der Unterzeichner der »Erklärung der 46«. Nach der Verbannung der wichtigsten Oppositionsführer Anfang 1928 leitete er das »Moskauer Zentrum« der Opposition, bis er 1929 verhaftet wurde. Er kam in den Lagern um.

16 Budu Mdivani (1877-1937) war Georgier, Bolschewik seit 1903, Teilnehmer des Bürgerkrieges, danach Parteiführer in Georgien. 1923 trat er gegen den Plan von Stalin und Ordschonikidse auf, Georgien als eigenständige Sowjetrepublik aufzulösen. Weil er Sympathisant der Linken Opposition war, wurde er 1924-1928 als Handelsattaché nach Frankreich entsandt. 1928 wurde er aus der Partei ausgeschlossen, kapitulierte 1930 und wurde wieder aufgenommen; er hatte dann hohe Ämter in Georgien inne, 1936 wurde er verhaftet und im Juli 1937 mit anderen georgischen Altbolschewiki in Tiflis wegen »Terrorismus« und »Spionage« angeklagt, zum Tode verurteilt und erschossen. Nach 1956 wurde die Gruppe rehabilitiert. (Vgl. Leo Sedow, »Die Affäre Mdivani-Okudschawa 1922-1937«, frz. in: *Cahiers Léon Trotsky*, Nr. 14, 1983, S. 166-169.)

17 Jan Borissowitsch Gamarnik (1894-1937) entstammte einer armen jüdischen Familie aus der Ukraine. Als Student wurde er 1916 Bolschewik und 1917 einer der Parteiführer in Kiew. Im Bürgerkrieg war er Mitglied der Parteileitung und Kommandeur in der Ukraine, danach Parteisekretär. 1923 galt er vorübergehend als Sympathisant der Linken Opposition. Am 1.10.1929 wurde er Leiter der Politischen Verwaltung der Roten Armee. Bereits seit 1925 war er Kandidat, seit 1927 Mitglied des ZK, seit 1930 auch des Orgbüros. Gamarnik unterstützte die technische Modernisierung, aber auch die Hierarchisierung der Roten

Jakir[18] und Hunderte andere, weniger bekannte — die gesamte alte führende Schicht der Partei, des Staates und der Armee — in »Überreste der zerschmetterten Ausbeuterklassen« verwandelt? Durch die Anhäufung von Fälschungen hat sich Stalin in eine Sackgasse hineingetrieben, daß es schwer wird, in seinen Erklärungen auch nur den Schatten eines Sinnes zu finden. Der Zweck aber ist klar: Alles verleumden und vernichten, was sich der bonapartistischen Diktatur in den Weg stellt.

»Es wäre ein Irrtum anzunehmen,« fährt der Redner fort, »daß die Sphäre des Klassenkampfes sich auf den Bereich der UdSSR beschränkt. Spielt sich das eine Ende des Klassenkampfes innerhalb der Grenzen der UdSSR ab, so reicht das andere Ende auf das Gebiet der uns umgebenden bürgerlichen Staaten.«*[19] Es stellt sich also heraus, daß mit der Festigung des Sozialismus in einem Lande der Klassenkampf nicht erlischt, sondern sich verschärft, und daß der wichtigste Grund dieser widernatürlichen Tatsache das Nebenherbestehen bürgerlicher Staaten ist. Von ungefähr und unmerklich für ihn gelangt Stalin zum Eingeständnis der *Unmöglichkeit eines Aufbaus der klassenlosen Gesellschaft in einem Lande.* Doch wissenschaftliche Verallgemeinerungen beschäftigen ihn wenig. Die ganze Abhandlung trägt nicht theoretischen, sondern polizeilichen Charakter. Stalin muß einfach das eine »Ende« der Fälschung ins Ausland verlegen.

* Durch diesen Stil zeichnet sich die ganze Rede aus. »Hunderttausende Kader.« Der Klassenkampf hat ein »Ende«. Dieses »Ende ... hat seine Wirkung«. Die ehrfurchtsvollen Redakteure wagen es nicht, den Führer auf seinen Analphabetismus hinzuweisen. Der Stil ist nicht nur der Mensch, sondern auch das Regime.

Armee. Er beging im Mai 1937 Selbstmord, als er zu Beginn der Säuberungen in der Armee als stellvertretender Volkskommissar abgesetzt wurde. Daraufhin wurde behauptet, er sei an der Verschwörung Tuchatschewskis und Jakirs beteiligt gewesen. Nach 1956 wurde er rehabilitiert. (Vgl. Text 41.)

18 Jona Emanuilowitsch Jakir (1896-1937) entstammte einer jüdischen Familie aus Bessarabien. Seit 1917 Bolschewik, gewann er im Bürgerkrieg einen legendären Ruf als wagemutiger Militärführer und wurde Kommandeur einer Armeegruppe im Krieg gegen Polen. Seit 1925 Kommandeur des ukrainischen Militärbezirks, besuchte er Generalstabslehrgänge in Deutschland. Seit 1930 war er Kandidat und seit 1934 Mitglied des ZK. Auf dem ZK-Plenum im Februar/März 1937 unterstützte er offenbar die Versuche, die Säuberungen zu beenden. Im Mai 1937 wurde er von Kiew nach Leningrad versetzt, am 30. Mai verhaftet, im Juni im Geheimprozeß gegen die Militärführung (vgl. Text 41) zum Tode verurteilt und erschossen. Vergeblich appellierte er an Woroschilow, seine Familie zu schonen; die Angehörigen wurden verhaftet und kamen großenteils um. Sein Sohn Pjotr, mit 14 Jahren inhaftiert, überlebte, schrieb über seine Erlebnisse einen Bericht und gehörte in den sechziger Jahren zu den aktivsten sowjetischen Dissidenten. Jona Jakir wurde nach 1956 rehabilitiert.

19 Stalin, »Über die Mängel ...« (Anm. 3), S. 591.

»Nehmen wir beispielsweise«, fährt er fort, »die trotzkistische konterrevolutionäre Vierte Internationale, die zu zwei Dritteln aus Spionen und Diversanten besteht... Ist es nicht klar, daß diese Spionage-Internationale Kader für die Spionage- und Schädlingsarbeit der Trotzkisten stellen wird?«[20] Der Stalinsche Syllogismus ist in der Regel eine einfache Tautologie: die Spionage-Internationale wird Spione aussondern. »Ist es nicht klar?« Nicht ganz! Sogar im Gegenteil: völlig unklar. Um sich davon zu überzeugen, genügt es, zu der uns bereits bekannten Behauptung Stalins zurückzukehren: der Trotzkismus habe aufgehört, »eine Strömung in der Arbeiterklasse zu sein« und sei zu »einer engen Gruppe von Verschwörern« geworden. Die Trotzkisten besitzen eine Plattform, von der sie zu keinem laut sprechen können, nur Jagoda und Jeschow flüstern sie davon ins Ohr. Aber hören wir Stalin weiter an: »Es versteht sich, daß die Trotzkisten eine solche Plattform vor dem Volke, vor der Arbeiterklasse verbergen mußten,... auch vor den trotzkistischen Anhängern, ja nicht nur vor den trotzkistischen Anhängern, sondern sogar vor der führenden trotzkistischen Spitze..., die aus einem kleinen Häuflein von Leuten, aus dreißig bis vierzig Menschen bestand. Als Radek und Pjatakow von Trotzki die Erlaubnis zur Einberufung einer kleinen Konferenz der Trotzkisten von dreißig bis vierzig Mann forderten, um sie über den Charakter dieser Plattform zu informieren, verbot ihnen Trotzki das.«[21] Lassen wir die erstaunliche Darstellung der Beziehungen innerhalb der Opposition beiseite. Alte Revolutionäre wagen nicht, sich in der UdSSR ohne »Erlaubnis« des fernen Emigranten Trotzki zu versammeln! Aber nicht diese totalitäre Polizeikarikatur, die den Geist des Stalinschen Regimes widerspiegelt, interessiert uns hier. Wichtiger ist etwas anderes: Wie ist die Charakteristik des Trotzkismus mit der Charakteristik der IV. Internationale zu verbinden? Trotzki »verbot«, über Spionage und Sabotage auch nur die 30-40 erprobten Trotzkisten in der UdSSR zu informieren. Andererseits besteht die viele Tausende junger Mitglieder zählende IV. Internationale »zu zwei Dritteln aus Spionen und Diversanten«. Während er also sein »Programm« vor wenigen Dutzend Menschen geheimhielt, hat Trotzki es Tausenden mitgeteilt? Wahrhaftig, der Bosheit und Schlauheit fehlt's an Vernunft! Und doch verbirgt sich hinter der schwerfälligen Dummheit der Verleumdung ein ganz bestimmter praktischer Plan, der die physische Ausrottung der internationalen revolutionären Avantgarde zum Ziel hat.

Noch bevor dieser Plan in Spanien[22] Wirklichkeit zu werden begann, wurde er mit völliger Schamlosigkeit von der Wochenschrift der Komintern (und der GPU) *La Correspondance Internationale* enthüllt, fast gleichzeitig

20 Ebd., S. 592.
21 Ebd., S. 587 f.
22 Vgl. Text 42.

mit der Veröffentlichung der Rede Stalins: am 20. März 1937.[23] In einem Artikel gegen den österreichischen Sozialdemokraten Otto Bauer, der, trotz aller Hinneigung zur Sowjetbürokratie, Wyschinski keinen Glauben schenken kann, steht unter anderem folgendes: »Übrigens wenn jemand, so ist es Otto Bauer, der schon heute etwas sehr ‚authentisches' über die Verhandlung Trotzkis mit Heß[24] erfahren könnte. Sowohl *der französische als auch der englische Generalstab besitzen Kenntnisse von diesen.* Dank seinen guten Beziehungen zu Léon Blum und zu Citrine (der sowohl mit Baldwin, als auch mit Sir Samuel Hoare[25] befreundet ist), brauchte er sich nur an diese zu wenden. Sie würden ihm eine vertrauliche Mitteilung für den Hausgebrauch nicht abschlagen.«[26] Wessen Hand hat diese Feder geführt? Woher kennt der anonyme Publizist der Komintern die Geheimnisse des englischen und des französischen Generalstabs? Eins von beiden: entweder haben die Generalstäbe der kapitalistischen Länder ihre Dossiers dem kommunistischen Journalisten gezeigt oder umgekehrt, dieser »Journalist« hat das Dossier zweier Generalstäbe durch Produkte seiner Schöpfung bereichert. Die erste Hypothese ist zu unwahrscheinlich: der britische oder der französische Generalstab brauchen die Hilfe eines Journalisten der Komintern nicht, um den »Trotzkismus« zu entlarven. Bleibt die zweite Version: die GPU hat irgendwelche Dokumente für die ausländischen Generalstäbe fabriziert. Im Prozeß Pjatakow - Radek wurde von meiner »Zusammenarbeit« mit dem deutschen Minister Heß nur sehr flüchtig und

23 Dieser nicht gezeichnete Artikel erschien auch in dem deutschen Gegenstück zur *Correspondance Internationale*, der *Rundschau* (Nr. 12, 18.3.1937, S. 489-492) unter dem Titel »Otto Bauer natürlich in der Front der Antisowjethetzer«). Otto Bauer hatte sich zwar gegen offizielle Proteste der SAI gegen die Moskauer Prozesse ausgesprochen, zugleich aber in öffentlichen Erklärungen seine Zweifel an den Anschuldigungen ausgedrückt, woraufhin er von den Stalinisten als Helfershelfer der »Sowjetfeinde« gebrandmarkt wurde.

24 Rudolf Heß (1894-1987), seit 1920 Mitglied der NSDAP, als Teilnehmer am Hitler-Putsch von 1923 zusammen mit Adolf Hitler inhaftiert, dem er bei der Abfassung von »Mein Kampf« half. Seit 1925 dessen Privatsekretär, wurde Heß 1933 »Stellvertreter des Führers«. Bei Kriegsbeginn ernannte ihn Adolf Hitler für den Fall seines Todes zu seinem 2. Nachfolger (nach Göring). Als Befürworter eines Ausgleichs mit Großbritannien, das er für einen gemeinsamen Kampf gegen die Sowjetunion zu gewinnen suchte, flog er unter bis heute nicht völlig geklärten Umständen am 10.5.1941 nach Schottland, wurde dort aber sofort festgenommen. 1946 wurde Heß vom Internationalen Militärtribunal in Nürnberg zu lebenslanger Haft verurteilt. Die Forderung Natalja Sedowas, der Witwe Trotzkis an das Tribunal, ihn auch über seine in den Moskauer Prozessen behaupteten Kontakte zu Trotzki zu befragen, wurde ignoriert.

25 Sir Samuel Hoare (1880-1959), britischer konservativer Politiker, war unter Baldwin bis Mai 1937 Außenminister und wurde dann unter dem neuen Premierminister Chamberlain Innenminister.

26 »Otto Bauer...« (Anm. 23), S. 492; Hervorhebungen von Trotzki.

nebenbei gesprochen.[27] Trotz seiner (angeblichen) Intimität mit mir hat Pjatakow bei unserer (angeblichen) Zusammenkunft nicht den geringsten Versuch gemacht, irgendwelche Details über meine (angebliche) Zusammenkunft mit Heß zu erfahren. Wyschinski ging in üblicher Weise schweigend über diese Absurdität hinweg. Später aber wurde beschlossen, dieses Thema auszubauen. Der französische und der englische Generalstab haben offenbar irgendwelche »Dokumente« erhalten. Das weiß der Stab der Komintern mit Sicherheit. Jedoch hat man weder in Paris noch in London Verwendung von diesem wertvollen Material gemacht. Weshalb? Vielleicht aus Mißtrauen gegen die Quelle. Vielleicht weil Léon Blum und Daladier[28] nicht Partner der Moskauer Henker sein wollten. Vielleicht schließlich, weil die Herren Generale die »Dokumente« für einen heißeren Moment aufsparen. Wie dem auch sei, Stalin hat keine Geduld. Er braucht eine, wenn auch nur indirekte Bestätigung seiner Fälschungen von irgendeiner »unparteiischen« Seite. Da aber die Generalstäbe Schweigen bewahren, beauftragte die GPU den Journalisten, ihnen die Zunge zu lösen. Das ist zweifellos die Entstehungsgeschichte des von Stalin inspirierten Artikels und der ihn ergänzenden Rede. Vielleicht wird Herr Daladier nun eine kompetentere Auskunft geben?

Die Resolution zu Stalins Rede lautet: Die Entlarvung der Trotzkisten erfolgte in der Regel durch Organe des Volkskommissariats des Innern (d.h. die GPU) und einzelne freiwillige Parteimitglieder. Die Organe der Industrie und bis zu einem gewissen Grade auch die des Transports haben dabei weder Aktivität noch Initiative gezeigt. Noch mehr: einige Organe der Industrie haben die Sache sogar »gebremst« (*Prawda*, 21. April 1937).[29]

27 Pjatakow erklärte im Prozeß, Trotzki habe ihm bei seinem Besuch in Norwegen im Dezember 1935 mitgeteilt, er habe mit Heß gesprochen. Vgl. *Prozeßbericht...*, 1936, S. 70.

28 Edouard Daladier (1884-1970), von 1919 bis 1958 Abgeordneter der französischen Nationalversammlung, gehörte in der Dritten Republik zum linken Flügel der Radikalen Partei. Seit 1924 mehrfach Minister, 1933/34 Ministerpräsident, war er an der Asylgewährung für Trotzki beteiligt. 1934 war Daladier Befürworter der Volksfront mit den Sozialisten und Kommunisten; 1938-1940 wieder Ministerpräsident, betrieb er eine Politik des Sozialabbaus. Ein dagegen gerichteter Generalstreik der Gewerkschaften am 30.11. wurde durch Polizei und Armee zerschlagen. Diese Niederlage führte zu Massenentlassungen und Austritten aus den Gewerkschaften. Das Volksfrontbündnis zerbrach.
Gegenüber Deutschland verfolgte Daladier eine Politik des Nachgebens, die zum Münchner Abkommen führte. Als Polen überfallen wurde, erklärte er Deutschland den Krieg und verbot die KPF. 1940 wurde er von der Vichy-Regierung verhaftet und später an Deutschland ausgeliefert. Nach 1945 wurde Daladier wieder politisch aktiv, spielte aber keine herausragende politische Rolle mehr.

29 Auch zit. in: Molotow, »Die Lehren der Schädlingsarbeit, der Diversionen und Spionage der japanisch-deutsch-trotzkistischen Agenten«, in: *Rundschau*, Nr. 21, 19.5.1937, S. 781-796, hier S. 789.

Mit anderen Worten: die Leiter der Wirtschaft und des Transportwesens konnten, obwohl sie von oben mit glühendem Eisen gebrannt wurden, keine »Sabotage« in ihren Ressorts entdecken. Das Mitglied des Politbüros, Ordschonikidse, hat seinen Stellvertreter, Pjatakow, eben nicht durchschaut. Das Mitglied des Politbüros, Kaganowitsch, hat die Schädlingsarbeit seines Stellvertreters, Liwschiz[30], übersehen. Auf der Höhe waren nur die Agenten Jagodas und die sogenannten »Freiwilligen«, d. h. die Provokateure. Allerdings wurde bald danach Jagoda selbst als »Feind des Volkes, Gangster und Verräter« entlarvt. Doch hat diese zufällige Entdeckung jene, die er erschossen hat, nicht wieder zum Leben erweckt.

Gleichsam um die Bedeutung dieser skandalösen Selbstenthüllungen noch zu unterstreichen, hat der Vorsitzende des Sowjets der Volkskommissare, Molotow, öffentlich vom Mißerfolg der Regierungsversuche berichtet, Tatsachen der Sabotage nicht durch Provokateure der GPU, sondern durch die offizielle Wirtschaftskontrolle festzustellen. Wir zitieren Molotow: »Im Februar dieses Jahres (1937) begab sich im Auftrage des Kommissariats für Schwerindustrie eine autoritative Sonderkommission zum »Uralwaggonstroi« [Uralwaggonfabrik], um die Schädlingsarbeit dort festzustellen. An der Spitze dieser Kommission standen solche Genossen wie der Chef des Glawstrojprom, Gen. Ginsburg, und der Kandidat für das ZK der KPdSU, Gen. Pawlunowski[31] ... Die Kommission hat die Resultate ihrer Untersuchung im »Uralwaggonstroi« folgendermaßen formuliert: »Die Untersuchung der Uralwaggonfabrik brachte uns zu der *festen Überzeugung*, daß die Schädlingsarbeit Pjatakows und Marjassins[32] auf dem Bau keine große Entwicklung genommen hat...« Molotow ist empört. »Die politische Kurzsichtigkeit der Kommission« sagt er, »ist völlig offensichtlich. ... *Es genügt darauf hinzuweisen, daß diese Kommission keine einzige Tatsache der Schädlingsarbeit auf dem Bau angeführt hat.* Es ergibt sich, daß der Erzschädling Marjassin, zusammen mit dem anderen Schädling Okudschawa, sich selbst verleumdet hat.« (*Prawda*, 21. April 1937, meine Hervorhebung, L. T.)[33] Man traut seinen Augen nicht! Diese Menschen haben nicht nur die Scham verloren, sondern auch die Vorsicht.

30 Jakow Abramowitsch Liwschiz (1896-1937), alter Bolschewik und Stellvertreter des Volkskommissars für das Eisenbahnwesen, Kaganowitsch. Als Angeklagter im Pjatakow-Radek-Prozeß »gestand« er, Sabotage im Transportwesen durchgeführt zu haben.

31 Iwan P. Pawlunowski (1888-1940) hatte wichtige Positionen in der Tscheka und dann der GPU sowie der Zentralen Kontrollkommission inne.

32 Marjassin war Leiter der Uralwaggonfabrik. Im Pjatakow-Radek-Prozeß wurde er von einem der Angeklagten, Turok, als Anstifter zu »Schädlingstätigkeit« im Verkehrswesen benannt, trat jedoch in dem Prozeß nicht auf.

33 Vgl. Molotow, »Die Lehren...« (Anm. 29), S. 790.

Wozu war es aber überhaupt notwendig, nachdem die Angeklagten erschossen waren, noch eine Kontrollkommission zu entsenden? Eine posthume Nachuntersuchung der »Fakten der Schädlingsarbeit« war wohl deshalb erforderlich geworden, weil die öffentliche Meinung weder den von der GPU erhobenen Anklagen noch den von ihr erpreßten Geständnissen Glauben schenkte. Doch hat die Kommission unter Leitung Pawlunowskis, eines früheren langjährigen Mitarbeiters der GPU, keinen einzigen Sabotageakt entdeckt. Eine evidente »politische Kurzsichtigkeit«! Sabotage muß man auch unter der Maske wirtschaftlicher Erfolge entdecken können. »Sogar die Hauptverwaltung für Chemie des Volkskommissariats der Schwerindustrie, an deren Spitze Rataitschak[34] stand«, fährt Molotow fort, »hat ihren Plan sowohl für das Jahr 1935 als auch für das Jahr 1936 überholt. Bedeutet das«, scherzt das Haupt der Regierung, »daß Rataitschak — nicht Rataitschak, ein Schädling — kein Schädling, ein Trotzkist — kein Trotzkist ist?«[35] Die Sabotage des im Zusammenhang mit dem Prozeß Pjatakow-Radek erschossenen Rataitschak bestand also darin, daß er den Plan mehr als erfüllt hatte. Es ist nicht verwunderlich, wenn die strengste Kommission ohnmächtig ist vor Fakten und Ziffern, die mit dem »freiwilligen Geständnis« Rataitschaks und der andern nicht übereinstimmen. Im Resultat »erweist es sich«, nach Molotows Worten, daß die Schädlinge »sich selbst verleumdet haben«. Und noch schlimmer: es erweist sich, daß die Inquisition viele ehrliche Arbeiter gezwungen hat, sich selbst mit scheußlichen Verleumdungen zu bedecken, um Stalin den Kampf gegen den Trotzkismus zu erleichtern. Dies »erweist sich« aus Stalins Rede, die durch Molotows Rede ergänzt wird. Und dies sind die zwei bedeutendsten Figuren der UdSSR!

34 Stanislaw Antonowitsch Rataitschak (1894-1937) war Leiter der Hauptverwaltung der chemischen Industrie und einer der Angeklagten im Pjatakow-Radek-Prozeß, in dem er der »Sabotage« beschuldigt wurde.

35 Vgl. Molotow, »Die Lehren...« (Anm. 29), S. 795.

# (41)
# Die Enthauptung der Roten Armee*

*Coyoacán, 17. Juni 1937*

Muß man wirklich in Details wühlen, jeden Buchstaben in den Prozeßberichten prüfen, Gegenbeweise sammeln, die Fälschungen unter dem Mikroskop analysieren? Stalin widerlegt sich selbst mit unvergleichlich gewichtigeren Argumenten. Jeder Tag bringt sensationelle Nachrichten aus der UdSSR, die davon zeugen, daß das Regime von einer letzten Krise erfaßt ist, die man Agonie nennen könnte, wenn eine solche Analogie mit lebendigen Organismen nicht eine falsche Vorstellung von den Zeiträumen erwecken würde.

Die »alte Garde«, in deren Namen im Jahre 1923 der Kampf gegen den »Trotzkismus« begann, ist *politisch* längst liquidiert. Ihre *physische* Vernichtung wird jetzt im Stalinschen Stile vollzogen, die sadistische Bestialität mit bürokratischer Pedanterie vereinigt. Es wäre jedoch zu oberflächlich, die mörderischen und selbstmörderischen Maßnahmen Stalins allein mit Herrschsucht, Grausamkeit, Rachsucht und anderen persönlichen Eigenschaften zu erklären. Stalin hat schon längst die Kontrolle über die eigene Politik verloren. Die Bürokratie insgesamt hat die Kontrolle über die eigenen Selbstverteidigungsreflexe verloren. Neue Verfolgungen, die alle Grenzen des Faßbaren überschreiten, werden ihr in Progression der alten Verfolgungen aufgezwungen. Ein Regime, das vor den Augen der ganzen Welt eine Fälschung nach der anderen inszenieren, den Kreis seiner Opfer automatisch erweitern muß, ein solches Regime ist dem Untergang geweiht.

* T4157, 4158 *Obezglavlenie Krasnoi armii* (17.6.1937). BO 56-57 (Juli-August 1937). Dt. »Die Enthauptung der Roten Armee«, in: *Stalins Verbrechen*, Zürich [Jean Christophe] 1937, S. 331-347. Engl. in: TWr 1936-37, S. 336-349. Frz. in: TŒ 14, S. 133-147. Trotzki schrieb diesen Artikel nach dem Geheimprozeß vom 11. Juni 1937 gegen führende Militärs der UdSSR. (Vgl. Text 25 und 36, Kapitel »Außenpolitik und Heer«.)

Nach den gemachten Erfahrungen ist Stalin bereits gezwungen, auf »öffentliche« Gerichtsverfahren zu verzichten. Offiziös wird dieser Verzicht damit motiviert, daß das Land vor »wichtigeren Aufgaben« stehe. Mit dieser Parole bekämpfen die »Freunde« im Westen die Gegenprozesse. Inzwischen werden in verschiedenen Teilen der UdSSR neue Herde »des Trotzkismus, der Sabotage und Spionage« entdeckt. Im Fernen Osten sind, nach den veröffentlichten Angaben, seit Anfang Mai dreiundachtzig* »Trotzkisten« erschossen worden. Die Arbeit geht weiter. Weder über den Verlauf der Prozesse, nicht einmal über die Namen der Opfer teilt die Presse etwas mit. Wer sind diese Erschossenen? Einen gewissen Prozentsatz stellen wahrscheinlich echte Spione: im Fernen Osten ist an ihnen kein Mangel. Eine zweite Gruppe rekrutiert sich aus Oppositionellen, Unzufriedenen, Unbequemen. Eine dritte Gruppe bilden Agents provocateurs, die als Bindeglied zwischen den »Trotzkisten« und den Spionen dienten und damit zu gefährlichen Zeugen geworden sind. Aber es gibt noch eine vierte Gruppe, die immer mehr anwächst: das sind die Verwandten, Freunde, Untergebenen, Bekannten der Erschossenen, Menschen, die von den Fälschungen wissen und, wenn sie auch nicht protestieren, so doch von Stalins Verbrechen anderen Menschen erzählen könnten.

Was sich in der unteren Volksschicht abspielt — besonders in den Gebieten weitab von den Zentren —, wo die Morde anonymen Charakter tragen, kann man nur daran ermessen, was jetzt in der Oberschicht vor sich geht. Stalin ist es nicht gelungen, seinerzeit einen öffentlichen Prozeß gegen Bucharin und Rykow zu inszenieren, weil die Angeklagten sich weigerten, »zu bereuen«.[1] Man war gezwungen, ihre Erziehung fortzusetzen. Es gibt

* Nach letzten Telegrammen aus Moskau ist diese Zahl auf 214 gestiegen. (L.T.)

1 Die Anführer der ehemaligen Rechten Opposition, Bucharin, Rykow und Tomski, wurden zum ersten Mal während des Sinowjew-Kamenjew-Prozesses im August 1936 von einigen Angeklagten als Mitverschwörer genannt. Daraufhin erklärte Staatsanwalt Wyschinski, gegen sie sei ein Untersuchungsverfahren eingeleitet worden. Während Tomski Selbstmord beging, mußten die Ermittlungen gegen Bucharin und Rykow — vermutlich auf Grund starken Widerstandes in der Parteiführung — im September 1936 eingestellt werden. Stalin ersetzte daraufhin Jagoda durch Jeschow, um ein Verfahren gegen die ehemaligen Rechten zustandezubringen. Bucharin und Rykow wurden im Pjatakow-Radek-Prozeß im Januar 1937 erneut schwer »belastet«. Daraufhin beschloß das ZK auf seiner Sitzung vom Februar/März (immer noch gegen den Widerstand einiger seiner Mitglieder) deren Verhaftung. Es dauerte jedoch noch bis zum März 1938, ehe man wagen konnte, diese beiden Angeklagten in einem Schauprozeß auftreten zu lassen, in dem sie dann zum Tode verurteilt wurden. (Die von Trotzki erwähnte Information über einen Geheimprozeß erwies sich als Gerücht. Vgl. Conquest, *Am Anfang...*, S. 143, 186-189, 233-242.)

Informationen, daß Rykow und Bucharin, das ehemalige Regierungsoberhaupt und der ehemalige Führer der Komintern, hinter verschlossenen Türen zu 8 Jahren Gefängnis verurteilt wurden, wie man im Juli 1935 — zwischen zwei Prozeßkomödien — Kamenjew hinter verschlossenen Türen zu zehn Jahren verurteilt hat. Schon allein diese Parallele legt die Schlußfolgerung nahe, daß das Urteil über Rykow und Bucharin nicht endgültig ist. Die von dem unverschämten Analphabeten Mechlis[2], früher persönlicher Sekretär Stalins, geleitete Presse fordert die »Ausrottung« der Volksfeinde. Aber das Erstaunlichste — wenn man sich den Luxus zu staunen noch leisten darf — ist die Tatsache, daß Rykow und Bucharin heute als »Trotzkisten« bezeichnet werden. Dabei haben sich doch die Hauptschläge der linken Opposition stets und unabänderlich gegen den rechten Flügel gerichtet, dessen Repräsentanten Rykow und Bucharin waren. Auf der anderen Seite hat allein Bucharin im Kampfe gegen den Trotzkismus so etwas wie eine Doktrin geliefert, auf die sich Stalin einige Jahre lang gestützt hat — soweit er überhaupt auf eine Doktrin zurückgreift. Jetzt stellt sich heraus, daß Bucharins zahllose Artikel und Bücher gegen den Trotzkismus, mit denen der gesamte Apparat der Komintern erzogen wurde, nur zur Verschleierung seiner geheimen Zusammenarbeit mit den Trotzkisten auf dem Boden des Terrors dienten, wie dem Bischof von Canterbury[3] die kirchlichen Funktionen lediglich zur Maskierung seiner atheistischen Propaganda dienen. Aber wer kümmert sich heute um solche Lappalien! Jene, die die Vergangenheit kennen, sind ausgerottet oder durch Angst vor Ausrottung zum Schweigen gebracht worden. Die Mietlinge der Komintern, die einige Jahre zuvor vor Bucharin auf dem Bauche krochen, fordern jetzt, daß man ihn als »Trotzkisten« und Volksfeind kreuzige.

2 Lew Sacharowitsch Mechlis (1889-1953) entstammte einer jüdischen Familie aus Odessa. 1911 als Wehrpflichtiger einberufen und dann Soldat im Ersten Weltkrieg, schloß er sich 1918 der Roten Armee und der KP an. Danach arbeitete er in der von Stalin geleiteten Arbeiter-und-Bauern-Inspektion und wechselte 1922 in den Apparat des Parteisekretariats über. Er wurde bald zu einem wichtigen Helfer Stalins gegen die Opposition. 1930 wurde er Herausgeber der *Prawda*, 1937 Leiter der Presseabteilung des ZK, Ende 1937 stellvertretender Volkskommissar für Verteidigung und Leiter der Politischen Verwaltung der Roten Armee, bei deren Säuberung er eine wichtige Rolle spielte. Im Finnisch-Sowjetischen Krieg 1940 und beim deutschen Überfall 1941 war er mitverantwortlich für die schweren Niederlagen. Er wurde jedoch nicht, wie andere, zur Verantwortung gezogen, sondern 1942 abgelöst. Bis 1945 gehörte er verschiedenen Kriegsräten an und wurde dann Minister für Staatskontrolle, d.h. Leiter der Nachfolgeorganisation der Arbeiter-und-Bauern-Inspektion. Nach langer Krankheit starb er am 13.2.1953.

3 Der Erzbischof von Canterbury ist das geistliche Oberhaupt der anglikanischen Kirche.

Eine revolutionäre Epoche schweißt die Volksmassen zusammen. Umgekehrt bedeutet eine Periode der Reaktion den Sieg der Zentrifugalkräfte. Während der letzten 14 Jahre[4] ist nicht ein Riß in der bolschewistischen Partei ausgebessert worden, nicht eine Wunde ist vernarbt, nicht ein Konflikt ist durch Versöhnung aus der Welt geschafft worden. Kapitulationen und Erniedrigungen haben nichts genützt. Die Zentrifugalkräfte verbreiterten jeden Spalt bis zu einer unüberwindlichen Kluft. Wer nur mit dem kleinen Finger in den Spalt geriet, war unwiderruflich verloren.

Mit der »alten Garde«, das heißt mit den Bolschewiki aus der Zeit der zaristischen Illegalität ist soweit Schluß gemacht worden. Jetzt richtet sich die Mauser der GPU auf die nächste Generation, die ihren Aufstieg im Bürgerkrieg begann. Gewiß sind schon in den früheren Prozessen neben den alten Bolschewiki jüngere Angeklagte aufgetreten. Jedoch waren es Hilfsfiguren, die man zur Abrundung des Amalgams nahm. Jetzt nimmt die Überprüfung der Vierzigjährigen, das heißt der Generation, die Stalin half, die alte Garde zu erledigen, systematischen Charakter an. Es geht bereits nicht mehr um zufällige Figuren, sondern um Sterne zweiter Ordnung.

Postyschew war dank seiner eifrigen Beteiligung am Kampfe gegen den Trotzkismus zum ZK-Sekretär aufgestiegen. In der Ukraine führte er im Jahre 1933 eine Säuberung des Partei-und-Staats-Apparates von »Nationalisten« durch und trieb mit seiner Hetze wegen »Begünstigung von Nationalisten« den ukrainischen Volkskommissar Skrypnik[5] zum Selbstmord.

4 D.h. seit Beginn des Fraktionskampfes im Jahre 1923.

5 Mykola Skrypnik (1872-1933) entstammte einer armen ukrainischen Eisenbahnerfamilie. Seit 1897 Sozialdemokrat, wurde er bald Berufsrevolutionär und mehrfach verhaftet; 1903 Bolschewik, spielte er (in der Parteiführung der einzige gebürtige Ukrainer) seit 1917 in der ukrainischen KP und im Rat der Volkskommissare eine wichtige Rolle. Er verteidigte zunächst die Souveränität der Sowjetukraine und bei der Bildung der UdSSR 1922/23 ihre Rechte als Föderativstaat. Nach 1923 gehörte er zur Stalinfraktion und griff jene an, die eine größere Eigenständigkeit der Ukraine forderten. Er trat aber für eine kulturelle »Ukrainisierung« ein und war — seit 1927 als Volkskommissar für Erziehung — z.B. für eine Schriftreform verantwortlich, die das kyrillische Alphabet dem ukrainischen Lautstand anpaßte. Diese »Ukrainisierungs«-Politik wurde in den dreißiger Jahren als »bürgerlicher Nationalismus« verurteilt und teilweise wieder rückgängig gemacht. Seit Beginn der Zwangskollektivierung und überstürzten Industrialisierung 1929 bekämpften die Stalinisten den ukrainischen Nationalismus, um von den Folgen ihrer Politik (die 1932/33 in der Ukraine zu einer Hungersnot mit Millionen Todesopfern führte) abzulenken. Postyschew griff Skrypnik auf einer Sitzung des Politbüros der ukrainischen KP am 7.7.1933 als angeblichen Beschützer bürgerlich-nationalistischer Elemente an, woraufhin der Beschuldigte sich in seinem Büro erschoß. 1962 wurde er rehabilitiert.
(Vgl. Trotzki, »Skrypniks Selbstmord«, 15.7.1933, russ. BO 36-37, Oktober 1933, S. 27f., engl. in: TWr 1932-33, S. 302f.)

Diese Tatsache hat die Partei um so mehr überrascht, als ein Jahr zuvor der sechzigste Geburtstag Skrypniks, eines alten Bolschewiken, Mitglied des ZK und hundertprozentigen Stalinisten, in Charkow und in Moskau mit großem Gepränge gefeiert wurde. Im Oktober 1933 schrieb ich aus diesem Anlaß: »... Die Tatsache, daß das Stalinsche System solcher Opfer bedarf, beweist, welche scharfen Gegensätze es sogar in der Führungsspitze spalten!« (*Bulletin der Opposition*, Nr. 36/37.)[6] Vier Jahre später erwies es sich, daß Postyschew — nach seinen Heldentaten nunmehr Diktator der Ukraine — sich selbst der Begünstigung von Nationalisten schuldig machte. Der in Ungnade gefallene Würdenträger wurde vor kurzem ins Wolgagebiet versetzt. Man darf annehmen, nicht für lange. Nicht nur Wunden, auch Kratzer vernarben nicht mehr. Ob Postyschew sich umbringen oder nichtbegangene Verbrechen reuig bekennen wird, Rettung gibt es für ihn in keinem Falle. In Weißrußland erschoß sich der Vorsitzende des Zentralexekutivkomitees, Tscherwjakow[7]. Früher war er mit den Rechten verbunden, hatte sich aber schon vor langer Zeit öffentlich gegen sie gewandt. Der offizielle Bericht sagt verschämt, Tscherwjakow, der nach der Konstitution gleiche Rechte wie Kalinin[8] besitzt, habe aus »familiären Gründen« Hand an

Iwan Koscheliwetz, *Mykola Skrypnik* [ukrainisch], München [Sučasnist'] 1972. Zu Skrypniks Bedeutung für die »Ukrainisierung« vgl. auch Mace, *Communism and the Dilemmas of National Liberation*.)

6 Trotzki, »Skrypniks Selbstmord« (vgl. Anm. 5).

7 Alexander Grigorjewitsch Tscherwjakow (1892-1937), seit 1917 Mitglied der bolschewistischen Partei, spielte eine führende Rolle bei der Errichtung der weißrussischen Sowjetrepublik. Seit 1924 war er Vorsitzender des weißrussischen ZEK, somit »Staatsoberhaupt« der weißrussischen Sowjetrepublik. Er nahm sich am 16. Juni 1937 das Leben, als Stalin den Beginn der Säuberungen in Weißrußland einleitete. Zunächst als Selbstmord aus »familiären Gründen« dargestellt, hieß es dann — im Bucharin-Rykow-Prozeß vom März 1938 —, er habe zu einer »nationalfaschistischen Organisation« gehört, die im Auftrage Polens gearbeitet habe. (Diese imaginäre Verschwörung diente der »Rechtfertigung« für die Säuberungen in Weißrußland.) Nach 1956 wurde er rehabilitiert.

8 Michail Iwanowitsch Kalinin (1875-1946) entstammte einer russischen Bauernfamilie und schloß sich als Arbeiter der Putilow-Werke in Petersburg dem von Lenin geführten »Kampfbund zur Befreiung der Arbeiterklasse« an. Er wurde Berufsrevolutionär und mehrfach verbannt. Seit 1903 Bolschewik, 1912 Kandidat des ZK, war Kalinin 1917 in Petrograd Vertreter des rechten Parteiflügels, der eine enge Zusammenarbeit mit den Menschewiki und Sozialrevolutionären anstrebte und darum den Aufstandsplan zunächst ablehnte. Nach der Oktoberrevolution wurde er Bürgermeister von Petrograd, 1919 Vorsitzender des ZEK und damit Staatsoberhaupt der RSFSR (nach 1922 der UdSSR); aufgrund seiner Herkunft galt er als Repräsentant des Bauerntums. Seit 1919 gehörte er wieder dem ZK an, wurde Kandidat und 1925 Mitglied des Politbüros. In den zwanziger Jahren galt er als Sympathisant der Rechten. Politisch unselbständig, unterstützte er seit 1929 Stalins Politik und soll auf eine gewisse Mäßigung hingewirkt haben. Trotz seiner Mitgliedschaft im Politbüro übte er nur reprä-

sich gelegt. Stalin hat sich also doch nicht entschließen können, das Oberhaupt der BSSR als deutschen Agenten zu bezeichnen. Doch zur gleichen Zeit wie dieser Selbstmord wurden in Minsk die Volkskommissare von Weißrußland verhaftet[9], die mit Tscherwjakow eng verbunden waren. Ebenfalls aus »familiären Gründen«? Betrachtet man die Bürokratie als eine »Familie«, dann kann man allerdings sagen, daß sich diese Familie im Stadium der Zersetzung befindet.

Ungleich erstaunlicher (abermals: wenn Staunen gestattet ist) ist die Kometenbahn Jagodas, der Person, die in den letzten zehn Jahren Stalin am nächsten war. Keinem einzigen Mitglied des Politbüros vertraute Stalin jene Geheimnisse an, die er dem Chef der GPU anvertraute. Daß Jagoda ein Lump ist, wußten alle. Aber erstens unterschied er sich damit nicht sonderlich von manchen seiner Kollegen. Zweitens brauchte ihn Stalin gerade in der Eigenschaft eines vollendeten Lumpen für die Ausführung äußerst zwielichtiger Aufträge. Der ganze Kampf gegen die Opposition, der eine Kette immer ungeheurerer Fälschungen und Verleumdungen war, wurde unter Jagodas Leitung nach unmittelbaren Direktiven Stalins geführt. Und dieser Hüter des Staates, der die ältere Generation der Partei mit der Wurzel ausgerottet hat, ist nun ein Gangster und Verräter. Er wird verhaftet. Legt er ein Reuebekenntnis ab nach dem Ritual, das er selber ausgearbeitet hat? Sein Schicksal ändert das nicht. Indes stellt die Weltpresse mit ernster Miene Erwägungen darüber an, ob Jagoda mit den ... Trotzkisten in Verbindung gestanden habe. Warum auch nicht? Wenn Bucharin den Trotzkismus theoretisch erledigte, so konnte Jagoda die Trotzkisten physisch erledigen, um so eine Verbindung mit ihnen besser zu maskieren.

Aber die allerseltsamsten Dinge gehen im Kriegsministerium vor, und zwar an seiner allerhöchsten Spitze. Nachdem Stalin die Partei und den Sowjetapparat enthauptet hatte, machte er sich an die Enthauptung der Armee.

Am 11. Mai wurde der ruhmreiche Marschall Tuchatschewski plötzlich seines Postens als Stellvertretender Volkskommissar für Verteidigung enthoben und auf einen kleinen Posten in die Provinz berufen. In den folgenden Tagen wurden die Kommandierenden der Wehrkreise und einige hervorragende Generale versetzt.[10] Diese Maßnahmen verhießen nichts

sentative Funktionen aus und blieb ohne wirklichen Einfluß. 1939 wurde seine Frau als Geisel verhaftet und erste wenige Tage vor seinem Tode am 3.6.1946 freigelassen. (*Die Macht des Sowjetstaates*, Moskau [Fremdsprachliche Literatur] 1945; ders., *Vom moralischen Antlitz des sowjetischen Volkes*, [Verlag der sowjetischen Militärverwaltung in Deutschland] 1946; ders., *Die Arbeit des sozialistischen Staatsapparates*, Reden und Aufsätze, Berlin [Dietz] 1960.)

9 Zu den Säuberungen in Weißrußland vgl. Conquest, *Am Anfang...*, S. 299-301.

10 In ihren Garnisonen bestand Gefahr, daß diesen Generalen ergebene Offiziere

Gutes. Am 16. Mai wurden per Dekret wieder Kriegsräte in Wehrkreisen, Heer und Flotte eingerichtet.[11] Es war klar, die Führungsspitze war in einen ernsten Konflikt mit dem Offizierskorps geraten. »Revolutionäre Kriegsräte« hatte ich während des Bürgerkriegs eingeführt. Ein Rat bestand aus dem militärischen Führer und zwei, manchmal drei politischen Mitgliedern. Obwohl der Kommandeur formell die volle Kommandogewalt besaß, hatten seine Befehle ohne die Unterschrift der politischen Mitglieder des Rats doch keine Gültigkeit. Die Notwendigkeit dieser Rückversicherung, die als ein vorübergehendes Übel betrachtet wurde, ergab sich aus dem Mangel an zuverlässigen Kommandeuren und dem Mißtrauen der Soldaten auch den loyalen Truppenführern gegenüber. Die allmähliche Formierung eines roten Offizierskorps sollte mit den Räten ein Ende machen und das auf dem militärischen Gebiet unabdingbare Prinzip der Einzelleitung wiederherstellen. Frunse, der mich im Jahre 1925 als Leiter des Kriegskommissariats ablöste, führte die Einzelleitung im beschleunigten Tempo ein. Den gleichen Weg ging dann Woroschilow. Der Sowjetstaat hatte, sollte man meinen, Zeit genug, einen zuverlässigen Offizierskader zu erziehen und die lästige Notwendigkeit, den Kommandeur durch einen Kommissar zu kontrollieren, abzuschaffen. Es kam aber anders. Am Vorabend des zwanzigsten Jubiläums der Revolution, als die Moskauer Oligarchie daran ging, den Kommandeurskader zu zerschlagen, hielt sie es für nötig, das Kollegialprinzip in der Armee wieder einzuführen. Die neuen Kriegsräte heißen nicht mehr »revolutionäre«. Und in der Tat, sie haben mit ihrem Urbild nichts gemein. Die Kriegsräte des Bürgerkrieges sicherten der revolutionären Klasse die Kontrolle über die Kriegstechniker, die einer feindlichen Klasse entstammten. Die Sowjets von 1937 haben die Aufgabe, der Oligarchie, die sich über die revolutionäre Klasse erhoben hat, zu helfen, die von ihr usurpierte Macht gegen Attentate seitens ihrer eigenen Marschälle und Generale zu schützen.

Nach der Absetzung Tuchatschewskis fragte sich jeder Eingeweihte: wer wird nun die Leitung der Landesverteidigung übernehmen? Der an Tuchatschewskis Stelle berufene Marschall Jegorow[12], ein Oberstleutnant aus

und Soldaten sie bei Verhaftungen geschützt hätten. Darum wurden die Kommandeure versetzt und erst auf der Reise oder kurz nach der Ankunft an ihrem neuen Standort verhaftet.
(Vgl. Michael Morozow, *Die Falken des Kreml*, Die sowjetische Militärmacht von 1917 bis heute, München [Langen-Müller] 1982, S. 155-160.)

11 In den militärischen Einheiten wurde dem Kommandeur wieder ein Kommissar zur Kontrolle beigeordnet. In den Wehrkreisen gab es bis 1940 und dann wieder seit 1941/42 (nun auch zusätzlich bei den größeren Einheiten) Kriegsräte.
(Vgl. »Das Statut über die Militärräte«, in: *Rundschau*, Nr. 22, 20.5.1937, S. 806; Morozow, *Die Falken...*, S. 140 f.)

12 Alexander Iljitsch Jegorow (1883-1939?), Berufsoffizier der zaristischen Armee,

dem Großen Kriege, ist eine verschwommene Mittelmäßigkeit. Der neue Stabschef, Schaposchnikow[13], ist ein gebildeter und gewissenhafter Offizier der alten Armee, jedoch ohne strategische Begabung und ohne Initiative. Woroschilow? Es ist kein Geheimnis, daß der »alte Bolschewik« Woroschilow nur eine Schaufensterpuppe ist. Zu Lenins Lebzeiten ist es keinem in den Sinn gekommen, ihn in das Zentralkomitee aufzunehmen. Während des Bürgerkrieges bewies Woroschilow neben unbestreitbarem persönlichem Mut einen völligen Mangel an militärischen und administrativen Qualitäten und außerdem eine hinterwäldlerische Enge des Horizonts. Seine einzige Legitimation für den Posten eines Mitgliedes des Politbüros und des Volkskommissars für Verteidigung besteht darin, daß er schon in Zarizyn und im Kampfe gegen das Kosakentum eine Stütze der Stalinschen Opposition gegen jene Kriegspolitik war, die den Sieg im Bürgerkriege gesichert hat. Weder Stalin noch die übrigen Mitglieder des Politbüros habe sich übrigens je Illusionen in bezug auf Woroschilow als militärischen Führer gemacht. Sie bemühten sich deshalb, ihn durch qualifizierte Mitarbeiter einzurahmen. Die wirklichen Führer der Armee sind in den letzten Jahren zwei Männer gewesen: Tuchatschewski und Gamarnik.

Weder der eine noch der andere gehörten zur alten Garde. Beide sind im Bürgerkriege aufgestiegen, nicht ohne die Mithilfe des Autors dieser Zeilen.

im Bürgerkrieg in der Roten Armee, Oberbefehlshaber der Südwestfront im Polnisch-Sowjetischen Krieg, zu deren Kriegsrat Stalin gehörte, der ihn zu eigenmächtigem Vorgehen, das zur sowjetischen Niederlage führte, ermunterte. Nach dem Bürgerkrieg war Jegorow Befehlshaber verschiedener Wehrkreise und 1931 bis 1937 Generalstabschef. 1935 wurde er einer von fünf Marschällen der UdSSR. Parteimitglied seit 1918, wurde er 1934 auch Kandidat des ZK. Auf Grund seiner Verbindungen zu Stalin blieb Jegorow zunächst von den Säuberungen verschont und wurde im Mai 1937 (als Nachfolger Tuchatschewskis) stellvertretender Volkskommissar für Verteidigung. (Stalin soll ihm Tuchatschewskis Datscha angeboten haben, die er aber ausschlug.) Im Februar 1938 wurde er abgesetzt und verhaftet; er kam im Gefängnis um.

13 Boris Michailowitsch Schaposchnikow (1882-1945), Stabsoffizier der zaristischen Armee, im Bürgerkrieg in der Roten Armee, danach Wehrkreisbefehlshaber in Moskau und Leningrad, löste Tuchatschewski 1928 als Stabschef der Roten Armee ab (bis 1931). Erst 1931 trat er der Kommunistischen Partei bei. Im Mai 1937 löste er Jegorow als Stabschef ab und war im folgenden Monat einer der Beisitzer im Prozeß gegen die Führung der Roten Armee. Im Finnisch-Sowjetischen Krieg warnte er als einer der wenigen hohen Offiziere vor der Unterschätzung des Gegners und wurde im Sommer 1940 zum Marschall befördert. Im August 1940 wurde er als Stabschef abgelöst und zum stellvertretenden Volkskommissar für Verteidigung ernannt. Seit 1941 ZK-Kandidat, wurde er nach Kriegsbeginn erneut Stabschef. Schwerkrank, mußte er 1942 zurücktreten und hatte nur noch formell wichtige Positionen inne. Er war einer der wenigen hohen Offiziere aus der Anfangszeit der Roten Armee, die eines natürlichen Todes starben.

Tuchatschewski hat zweifellos hervorragende strategische Begabung bewiesen. Es fehlte ihm jedoch die Fähigkeit, eine militärische Situation allseitig einzuschätzen. Seine Strategie zeigte stets ein Element von Abenteurertum. Darüber hatten wir einige Zusammenstöße, die übrigens der Form nach absolut freundschaftlich waren. Ich mußte auch Kritik üben an den Versuchen Tuchatschewskis, mit Hilfe von ein paar Grundformeln des Marxismus, die er sich in aller Eile angeeignet hatte, eine »neue Kriegsdoktrin« zu schaffen. Man darf jedoch nicht vergessen, daß Tuchatschewski damals sehr jung war und einen zu großen Sprung gemacht hatte: aus den Reihen des Gardekorps in das Lager des Bolschewismus. Seit jener Zeit hat er offenbar fleißig gelernt, zwar nicht im Marxismus (den lernt heute in der UdSSR keiner), so doch im Kriegshandwerk. Er hat sich ein Verständnis von moderner Technik angeeignet und spielte nicht ohne Erfolg die Rolle des »Mechanisators« der Armee. Ob es ihm gelungen war, die notwendige innere Ausgeglichenheit zu gewinnen — ohne die kein großer Heerführer auskommt —, hätte nur ein neuer Krieg beweisen können, in dem Tuchatschewski die Rolle des Generalissimus im voraus zugewiesen wäre.

Jan Gamarnik, der aus einer jüdischen Familie in der Ukraine stammt, hat sich schon während des Bürgerkrieges durch politische und administrative Fähigkeiten ausgezeichnet, allerdings in provinziellem Maßstab. Im Jahre 1924 hörte ich über ihn als einen ukrainischen »Trotzkisten«. Meine persönlichen Beziehungen zu ihm waren bereits unterbrochen. Die damals in der Partei führende »Troika« (Sinowjew - Stalin - Kamenjew) war vordringlich bemüht, fähige Trotzkisten aus ihrer gewohnten Umgebung zu reißen, sie an neue Orte zu versetzen und womöglich durch Perspektiven einer Karriere zu bestechen. Gamarnik wurde aus Kiew nach dem Fernen Osten gesandt, wo er die administrative Leiter schnell emporstieg und mit dem »Trotzkismus« bereits im Jahre 1925 radikal brach, das heißt zwei bis drei Jahre vor der Kapitulation der angesehensten Angeklagten der letzten Prozesse. Als die »Umerziehung« Gamarniks abgeschlossen war, holte man ihn nach Moskau und stellte ihn an die Spitze der politischen Verwaltung von Armee und Flotte. Zehn Jahre lang bekleidete Gamarnik verantwortliche Posten in der Zentrale des Parteiapparats und in täglicher Zusammenarbeit mit der GPU. Ist es denkbar, unter solchen Bedingungen zwei politische Linien zu verfolgen: die eine für die Außenwelt, die andere geheim? Mitglied des ZK und höchster Vertreter der herrschenden Partei in der Armee, war Gamarnik wie Tuchatschewski Fleisch vom Fleische und Blut vom Blute der herrschenden Kaste.

Warum aber sind diese beiden Führer der bewaffneten Macht ins Feuer geraten? Sinowjew und Kamenjew gingen zugrunde, weil sie dank ihrer Vergangenheit gefährlich schienen und vor allem, weil Stalin hoffen konnte, durch ihre Erschießung dem »Trotzkismus« einen tödlichen Schlag zu versetzen. Pjatakow und Radek, früher angesehene Trotzkisten, waren die einzigen passenden Figuren für einen neuen Prozeß, der die Fehler der ersten, allzu plumpen Intrige korrigieren sollte. Weder Tuchatschewski noch Gamarnik paßten dafür. Tuchatschewski war niemals Trotzkist. Gamarnik hat den Trotzkismus in einer Periode gestreift, als sein Name noch völlig unbekannt war. Warum aber hatte Radek dann den Auftrag, während der gerichtlichen Untersuchung Tuchatschewskis Namen zu nennen?[14] Und warum geriet Gamarnik sofort nach seinem geheimnisvollen Tod auf die Liste der »Volksfeinde«?

Als Erzieher des Kommandeurskorps und zukünftiger Generalissimus mußte Tuchatschewski notwendig seine Hand über talentierte Truppenführer halten. Putna[15] war einer der hervorragendsten Offiziere des Generalstabs. Hat ihn Tuchatschewski tatsächlich zu Radek gesandt, um irgendwelche Auskünfte zu holen? Radek war der Offiziosus der Außenpolitik, Putna Militärattaché in England. Tuchatschewski konnte durch Putna Nachrichten von Radek erhalten, so wie Stalin nicht selten Informationen von Radek für seine Reden und Interviews benutzte. Es ist allerdings auch möglich, daß diese ganze Episode frei erfunden ist, wie so vieles andere. An der Sache ändert es nichts. Tuchatschewski hat wahrscheinlich für Putna wie für andere Offiziere, die die GPU in ihr Amalgam hineinzog, interveniert. Man mußte ihm eine Lehre erteilen. Welche Rolle spielte dabei

14 Radek sagte in seinem Prozeß aus, Tuchatschewski habe Putna — der schon im Sinowjew-Kamenjew-Prozeß »belastet« worden war — wegen einer Auskunft zu ihm geschickt. Auf Nachfrage Wyschinskis betonte er, daß nur Putna, nicht aber Tuchatschewski in antisowjetische Verschwörungen verwickelt sei. Conquest vermutet, dies sei ein von Stalin diktiertes Manöver gewesen. Tuchatschewski, dessen Name schon in einem früheren Prozeß gefallen war, forderte eine Ehrenerklärung, die er auch erhielt. Doch Wyschinski beklagte in seinem Plädoyer, die Angeklagten hätten nicht alles gestanden. Dies ließ damit die Möglichkeit zur Beschuldigung Tuchatschewskis wieder offen. (Vgl. *Prozeßbericht...*, 1936, S. 118; *Prozeßbericht...*, 1937, S. 115 und 160; Conquest, *Am Anfang...*, S. 257.)

15 Witowt Kasimirowitsch Putna (1893-1937) entstammte einer litauischen Bauernfamilie. 1913 wurde er wegen antizaristischer Aktivitäten verhaftet, war dann im Weltkrieg Soldat, nach der Februarrevolution Bolschewik und seit 1918 in der Roten Armee. Im Bürgerkrieg hochdekorierter Kommandeur, war er später in der Offiziersausbildung tätig. 1923 unterstützte er vorübergehend die Linke Opposition und wurde dann Militärattaché in Japan, Finnland und Deutschland (1927-1931) sowie Großbritannien (1934-1936). Putna wurde 1936 zurückgerufen und verhaftet. In beiden großen Schauprozessen wurde er »belastet«. Offensichtlich war ihm — als zeitweise engem Mitarbeiter und langjährigem Freund Tuchatschewskis — von der Prozeßregie die Rolle eines angeblichen Verbindungsmannes zwischen dem Marschall und Trotzki bzw. dem britischen Geheimdienst zugedacht worden. Wahrscheinlich verweigerte er aber die gewünschten »Geständnisse«. Im Geheimprozeß vom 11. Juni 1937 wurde er verurteilt und anschließend hingerichtet; nach 1956 wurde er rehabilitiert.

Woroschilow? Die Bindung an Stalin hat bisher seine Politik stärker bestimmt als die Bindung an die Armee. Außerdem vermochte Woroschilow, ein beschränkter und ziemlich unausgeglichener Mensch, seinen allzu begabten Stellvertretern nicht anders als feindselig zu begegnen. Dies kann der Beginn des Konfliktes gewesen sein.

Gamarnik nahm leitenden Anteil an allen Säuberungen in der Armee und tat alles, was man von ihm verlangte. Doch da ging es früher wenigstens um Oppositionelle, Unzufriedene, Verdächtige, also um Interessen des »Staates«. Aber im letzten Jahr galt es, aus der Armee ganz schuldlose Menschen hinauszuwerfen, die aufgrund irgendwelcher alten Verbindungen, ihres Amtes oder einfach zufällig zur Organisierung einer neuen Justizfälschung gebraucht wurden. Mit vielen dieser Kommandeure waren Gamarnik wie Tuchatschewski durch Bande der Kameradschaft und der Freundschaft verbunden. Als Chef der Politischen Verwaltung war Gamarnik nicht nur verpflichtet, seine Mitarbeiter Wyschinski auszuliefern, sondern er mußte sich auch an der Fabrikation falscher Beschuldigungen gegen sie beteiligen. Sehr wahrscheinlich hat er den Kampf mit der GPU aufgenommen und sich über Jeschow beschwert ... bei Stalin. Schon dies allein hat ihn wohl in die Schußlinie gebracht.

Im Interesse der Landesverteidigung haben sich vielleicht die Wehrkreiskommandeure und die verantwortlichen Generale für Tuchatschewski eingesetzt. Der Wirrwarr der Versetzungen und Verhaftungen während des Monats Mai und der ersten Junitage läßt sich nur mit Panik in den regierenden Kreisen erklären. Am 31. Mai erschoß sich Gamarnik — oder wurde erschossen. Die Wehrkreiskommandeure waren kaum in ihren neuen Standorten angekommen, als sie schon verhaftet und vor Gericht gestellt wurden. Es wurden verhaftet: der eben nach Samara versetzte Tuchatschewski, der eben nach Leningrad versetzte Jakir, der Befehlshaber des Weißrussischen Wehrkreises, Uborewitsch[16], der Chef der Kriegsakademie, Kork[17], der Chef der Personalverwaltung der Armee, Feldman[18], der

16 Ieronim Petrowitsch Uborewitsch (1896-1937) entstammte einer litauischen Bauernfamilie, war im Ersten Weltkrieg Unterleutnant; nach der Februarrevolution wurde er Bolschewik und organisierte Rote Garden. Im Bürgerkrieg war er Kommandeur einer Armee, danach Befehlshaber verschiedener Wehrkreise (1925 im Nordkaukasus, 1928 in Moskau und seit 1931 in Weißrußland); er spielte eine wichtige Rolle beim Aufbau einer schlagkräftigen, technisch hochentwickelten Armee. Seit 1930 gehörte Uborewitsch dem ZK als Kandidat an. nach dem Geheimprozeß vom 11. Juni 1937 wurde er erschossen; nach 1956, in der Chruschtschow-Ära, rehabilitiert.

17 Awgust Iwanowitsch Kork (1887-1937) entstammte einer estnischen Bauernfamilie, Berufsoffizier und hoch dekorierter Stabsoffizier, schloß er sich 1918 als »militärischer Spezialist« der Roten Armee an, der er zunächst als Stabsoffizier, später als Armeekommandeur diente. Der KP trat er 1927 bei. Er wurde

Chef der Ossoawiachim, Eideman[19], kurze Zeit vorher der frühere Militärattaché in Japan und England, Putna, und der Kavalleriegeneral Primakow[20]. Alle acht wurden zum Tode verurteilt und erschossen.[21]

Befehlshaber der Militärbezirke Weißrußland, Leningrad und (1929 bis 1935) Moskau. 1928/29 war er Militärattaché in Deutschland, 1935 Leiter der Kriegsakademie. Im Mai 1937 wurde er verhaftet und im Geheimprozeß vom 11. Juni 1937 zum Tode verurteilt; nach 1956 rehabilitiert.

18 Boris Mironowitsch Feldman (1890-1937) stammte aus einer jüdischen Familie, war im Ersten Weltkrieg Soldat, schloß sich 1918 der Roten Armee an und stieg im Bürgerkrieg bis zum Stabschef einer Division auf. 1919 trat er der Kommunistischen Partei bei, war in den zwanziger Jahren Stabschef in verschiedenen Wehrbezirken, zuletzt in Leningrad, und wurde 1931 Chef der Hauptverwaltung (Kaderchef) der Roten Armee. Feldman schrieb verschiedene militärtheoretische Arbeiten und arbeitete bei der Mechanisierung der Roten Armee eng mit Tuchatschewski zusammen. Im Mai 1937 verhaftet, wurde er nach dem Geheimprozeß vom 11. Juni 1937 hingerichtet; nach 1956 rehabilitiert.

19 Robert Petrowitsch Eideman (1895-1937) stammte aus Lettland, wurde 1916 als Student eingezogen und unterstützte nach der Revolution die Bolschewiki. Der Partei trat er erst 1918 bei, kämpfte im Bürgerkrieg zunächst in Sibirien, später in der Ukraine und kommandierte zum Schluß mehrere Armeen. Danach blieb er in der Roten Armee, wurde aber gleichzeitig Schriftsteller, begründete die lettische Sowjetliteratur und gehörte der Leitung des 1934 gegründeten sowjetischen Schriftstellerverbandes an. Neben Gedichten schrieb er viele militärtheoretische und -historische Arbeiten. 1925 wurde er Leiter der Kriegsakademie (bis 1935), leitete seit 1932 auch die Ossoawiachim, wurde 1937 verhaftet und hingerichtet, dann, nach 1956, rehabilitiert.

20 Witali Markowitsch Primakow (1897-1937) schloß sich 1914 der bolschewistischen Partei an. Wegen Antikriegspropaganda wurde er bald darauf nach Sibirien verbannt. Im April 1917 kehrte er nach Kiew zurück. Nach der Oktoberrevolution kommandierte er Rote Garden und organisierte dann Kosakeneinheiten. In den zwanziger Jahren leitete er die Kavallerieschule der Roten Armee, war 1925/26 Militärberater in China und 1927-1930 Militärattaché in Afghanistan und Japan. 1934 wurde er verhaftet, auf Intervention Woroschilows jedoch bald wieder freigelassen. 1935 wurde er stellvertretender Kommandeur des Leningrader Wehrbezirks. Im September 1936 wurde Primakow erneut verhaftet; als ehemaliger Attaché sollte er offensichtlich ‚ausländische Verbindungen gestehen'. Er schwieg und wurde im Geheimprozeß vom 11. Juni 1937 zum Tode verurteilt; nach 1956 rehabilitiert.

21 Am 11. Juni 1937 gab die *Prawda* bekannt, Tuchatschewski, Jakir, Uborewitsch, Kork, Feldman, Eideman, Putna und Primakow seien wegen Hochverrats und Spionage verhaftet und vor ein Militärtribunal gestellt worden. Am 12. Juni informierte die Zeitung über das Todesurteil. Noch heute sind nicht alle Einzelheiten bekannt, doch läßt sich der Ablauf wie folgt rekonstruieren: Putna und Primakow wurden 1936, die übrigen in der zweiten Mai-Hälfte 1937 verhaftet; Gamarnik, dem offensichtlich die Hauptrolle in einem Prozeß zugedacht worden war, beging Selbstmord. Am 1. Juni begann eine mehrtägige Tagung des Militärrats der Roten Armee, eines Beratungsgremiums, das dem Verteidigungskommissariat zugeordnet war. Stalin legte die von den Angeklagten der ersten beiden Schauprozesse und weiteren Verhafteten erpreßten »Ge-

Das muß die Armee bis ins Mark erschüttert haben. Die legendären Helden des Bürgerkrieges, die begabten Strategen und Organisatoren, die Führer der Armee, gestern noch Stütze und Hoffnung des Regimes — warum und auf welche Weise sind sie umgekommen?

In zwei Worten wollen wir jedem von ihnen gedenken.

Wie Tuchatschewski aus einem zaristischen Offizier zum Bolschewik wurde, so wurde Jakir aus einem jungen, tuberkulösen Studenten zum roten Kommandeur. Schon bei den ersten Schritten bewies er die Phantasie und den Scharfsinn des Strategen; alte Offiziere betrachteten den hageren Kommissar nicht selten mit Verwunderung, wenn er mit einem Streichholz über die Karte fuhr. Seine Ergebenheit für die Revolution und die Partei hat Jakir direkter beweisen können als Tuchatschewski. Nach Beendigung des

ständnisse« über Spionage und Hochverrat der verhafteten Offiziere vor. Proteste der Anwesenden scheint es nicht gegeben zu haben. Der Militärrat, dessen Reihen schon gelichtet waren und von dessen 80 Mitgliedern nur fünf den Terror überleben sollten, stimmte dem Prozeß zu. Nicht genau geklärt ist die Rolle, die ein »deutsches Dossier« spielte: ein angeblicher Briefwechsel Tuchatschewskis mit dem deutschen Generalstab, der seine Hochverratspläne belegen sollte. Dieses Material wurde von der Gestapo gefälscht und über den tschechoslowakischen Staatspräsidenten Beneš der Sowjetführung zugespielt. Es gibt aber auch Hinweise darauf, daß die Gestapo hier letztlich von russischen Emigranten, die ohne Wissen der Nazis im Solde des NKWD standen, inspiriert worden war. Stalin erhielt dieses Material Anfang 1937, war aber von dessen Wertlosigkeit offenbar selbst überzeugt, da er es nie genau überprüfen ließ. Es wurde allem Anschein nach weder auf der Tagung des Militärrats noch im Prozeß verwandt, sondern erst danach der Akte Tuchatschewskis beigelegt. Auf jeden Fall ließ Stalin aber sofort ausstreuen, es gäbe solche »Beweise«, um seiner Vernichtungsaktion Glaubwürdigkeit zu verleihen.

Das geheime Militärgerichtsverfahren fand am 11. Juni statt. Dem Richter Ulrich waren acht Kommandeure — darunter die Marschälle Budjonny und Blücher — beigeordnet, von denen fünf später ebenfalls umgebracht wurden. Über den Ablauf ist nichts bekannt. Alle Verurteilten wurden sofort erschossen.

Dieses Verfahren war Auftakt zu einer umfassenden Säuberung der Roten Armee. Das Prozeßmaterial wurde 1938 auch im Prozeß gegen Bucharin, Rykow und andere verwandt, in dem die Rechten als an der militärischen Verschwörung Beteiligte präsentiert wurden. Nach 1956 war eine der ersten Maßnahmen der Entstalinisierung die Rehabilitierung aller Angeklagten des Prozesses gegen die Führung der Roten Armee: die Dokumente des Verfahrens von 1937 wurden nie publiziert.

(Vgl. Morozow, *Die Falken...*, S. 163-164; Medwedjew, *Die Wahrheit...*, S. 332-335; Conquest, *Am Anfang...*, S. 243-274. Zu offiziellen Stellungnahmen vgl. »Entlarvte trotzkistische Verräter des sozialistischen Vaterlandes«, in: *Rundschau*, Nr. 26, 17.6.1937, S. 933-935. Sowjetische Darstellungen aus der Zeit der »Entstalinisierung« in: Wanda Bronska-Pampuch [Hg.], *Geköpfte Armee*, Berlin [Propyläen] 1965.)

Bürgerkrieges hat er ernsthaft weiterstudiert. Die Autorität, die er genoß, war groß und verdient. In eine Reihe mit ihm kann man Uborewitsch stellen, den weniger glanzvollen, aber ebenso erprobten und zuverlässigen Heerführer des Bürgerkrieges. Diesen beiden war der Schutz der Westgrenze anvertraut, und sie haben sich jahrelang auf ihre Rolle im nächsten großen Krieg vorbereitet. Kork, ein Zögling der zaristischen Kriegsakademie, führte in kritischen Jahren erfolgreich eine Armee, dann einen Wehrkreis, und kam zuletzt an die Spitze der Kriegsakademie an Stelle von Eideman, der zur nächsten Umgebung Frunses gehörte. In den letzten Jahren war Eideman Chef der Ossoawiachim, die die aktive Verbindung der Zivilbevölkerung mit der Armee gewährleistet. Putna war ein gebildeter, junger General mit internationalem Horizont. In Feldmans Händen lag die unmittelbare Überwachung des Kommandeurskaders; das allein zeigt das Maß des Vertrauens, das er genoß. Primakow war zweifellos nach Budjonny der hervorragendste Kavallerieführer. Man kann ohne Übertreibung sagen, daß in der ganzen Roten Armee kein Name, außer Budjonnys, übrig geblieben ist, der sich an Popularität, von Begabung und Kenntnissen zu schweigen, mit den Namen dieser plötzlich zu Verbrechern Gestempelten messen könnte. Die Vernichtung der Führung der Roten Armee ist demnach mit großer Sachkenntnis durchgeführt worden!

Schärfste Aufmerksamkeit verdient die Organisation des Gerichts: unter Vorsitz des minderwertigen Bürokraten Ulrich[22] war eine Gruppe älterer Generale mit Budjonny an der Spitze gezwungen, ihren Kriegskameraden das von Stalins Sekretariat diktierte Todesurteil zu sprechen. Das war eine teuflische Treueprüfung. Die am Leben gebliebenen Heerführer sind durch die Schande, in die er sie bewußt verstrickt hat, nun zu Knechten Stalins geworden. Das System der Intrigen geht indes weiter. Stalin hat nicht nur Angst vor Tuchatschewski, sondern auch vor Woroschilow. Das beweist vor allem die Ernennung Budjonnys zum Kommandierenden des Moskauer Wehrkreises. Als alter Kavallerie-Unteroffizier hat Budjonny stets den militärischen Dilettantismus Woroschilows verachtet. In der Periode der gemeinsamen Arbeit in Zarizyn haben sie wiederholt einander mit dem Revolver bedroht. Die steile Karriere hat die äußeren Formen der Feindschaft abgeschliffen, aber nicht gemildert. Die militärische Macht in der Hauptstadt ist aber jetzt als Gegengewicht gegen Woroschilow Budjonny

22 Wassili Wassiljewitsch Ulrich (1889-1951) wurde im Bürgerkrieg Militärrichter in der Roten Armee. Seit 1920 gehörte er dem Obersten Gericht der RSFSR an und leitete dann dessen Militärkollegium. Neben Wyschinski war er Stalins wichtigster Akteur im Justizapparat. Er präsidierte nicht nur in den drei Moskauer Schauprozessen und im Geheimprozeß gegen die Militärführer, sondern auch in einer Unzahl von weiteren Gerichtsverfahren während der Zeit des Stalin-Terrors.

übertragen. Wer von ihnen der nächste auf der Liste der Verdammten ist, wird die Zukunft zeigen.

Die Beschuldigung gegen Tuchatschewski, Jakir und die anderen, sie wären Agenten Deutschlands gewesen, ist derart dumm und schändlich, daß sie kaum widerlegt zu werden verdient. Stalin hat auch gar nicht gehofft, man würde im Ausland dieser schmutzigen Verleumdung Glauben schenken. Doch hat er auch diesmal durch stark wirkende Argumente die Ermordung dieser begabten und selbständigen Menschen vor den russischen Arbeitern und Bauern rechtfertigen müssen. Er rechnet auf die hypnotische Wirkung der totalitären Presse und des nicht weniger totalitären Radios.

Welches aber sind die wirklichen Gründe für die Ausrottung der besten Sowjetgenerale? Darüber kann man nur Hypothesen äußern, auf Grund einer Reihe direkter und indirekter Symptome. In Anbetracht der nahenden Kriegsgefahr konnten die verantwortlichen Kommandeure nicht ohne Sorge die Tatsache betrachten, daß an der Spitze der bewaffneten Kräfte Woroschilow steht. Zweifellos hatte man in diesen Kreisen dessen Ablösung und die Kandidatur Tuchatschewskis betrieben. Im ersten Stadium hat das Generals-»Komplott« wahrscheinlich versucht, sich auf Stalin zu stützen, der schon lange das ihm gewohnte Doppelspiel spielte und den Antagonismus zwischen Tuchatschewski und Woroschilow für seine Zwecke ausnutzte. Tuchatschewski und seine Anhänger haben offenbar ihre Kräfte überschätzt. Im letzten Moment vor die Notwendigkeit der Wahl gestellt, zog Stalin Woroschilow vor, der bisher ein gehorsames Werkzeug war, und verriet Tuchatschewski, der unter Umständen ein gefährlicher Rivale werden konnte.[23] Die in ihren Hoffnungen betrogenen und durch den »Verrat« Stalins gereizten Generale haben vielleicht davon gesprochen, daß man die Armee überhaupt von der Bevormundung durch das Politbüro befreien müßte. Von hier bis zur direkten Verschwörung ist es noch weit. Aber unter dem totalitären Regime bedeutet das den ersten Schritt.

Wenn man die Vergangenheit der Erschossenen und die Physiognomie jedes einzelnen von ihnen richtig wägt, kann man kaum annehmen, daß sie irgendein gemeinsames politisches Programm verband. Jedoch hat ein Teil von ihnen mit Tuchatschewski an der Spitze vielleicht auf dem Gebiete der Landesverteidigung ein eigenes Programm gehabt. Man darf nicht vergessen, daß Stalin nach Hitlers Machtantritt alles tat, um die freundschaftli-

23 Nach den bisher vorliegenden Informationen hat Tuchatschewski nicht versucht, Woroschilow tatsächlich die Führung streitig zu machen. Aber er war der populärste Offizier der Roten Armee und hätte die Rolle eines »Napoleon« spielen können. Nach den »Säuberungen« stellten die Streitkräfte keine Gefahr mehr für Stalins Herrschaft dar.

chen Beziehungen mit Deutschland aufrechtzuerhalten. Die Sowjetdiplomaten kargten nicht mit zuvorkommenden Erklärungen an die Adresse des Faschismus, die heute skandalös klingen. Die Philosophie dieser Politik wurde von Stalin geliefert: »Vor allem muß man den Aufbau des Sozialismus in unserem Lande schützen. Faschismus und Demokratie sind Zwillinge und keine Gegensätze. Frankreich wird uns nicht überfallen, und die Bedrohung seitens Deutschlands kann man nur durch Zusammenarbeit mit ihm neutralisieren.« Auf Zeichen von oben bemühten sich die Führer der Armee, freundschaftliche Beziehungen mit den deutschen Militärattachés, Ingenieuren und Industriellen zu unterhalten und ihnen den Gedanken an eine mögliche Zusammenarbeit der beiden Länder nahezulegen. Einige der Generale akzeptierten diese Politik um so bereitwilliger, als ihnen die deutsche Technik und die deutsche »Disziplin« stark imponierten.

Stalin war jedoch gezwungen, die »freundschaftlichen« Beziehungen mit Deutschland durch ein Defensivbündnis mit Frankreich zu ergänzen. Darauf konnte Hitler nicht eingehen. Er braucht freie Hand in die eine oder in die andere Richtung. Als Antwort auf die Annäherung Moskaus an Paris löste er sich demonstrativ von Stalin. Nach ihm tat das auch Mussolini. Entgegen seinen ursprünglichen Absichten war Stalin gezwungen, die Philosophie von den »Zwillingen« aufzugeben und Kurs auf eine Freundschaft mit den westlichen »Demokratien« zu nehmen. Im Ministerium des Auswärtigen wurde ein symbolischer Wechsel vorgenommen: der Stellvertreter Litwinows, Krestinski, der frühere Sowjetgesandte in Deutschland, wurde abgelöst, an seine Stelle kam Potemkin, der frühere Sowjetgesandte in Frankreich. An der Spitze des Offizierskorps konnte man die Wendung nicht so leicht vollziehen, was im Charakter der Militärkaste liegt, die weit zahlreicher und weit weniger beweglich ist als die Diplomatenkaste.

Nimmt man an, daß Tuchatschewski tatsächlich bis in die letzten Tage eine progermanische Orientierung vertrat (ich bin davon nicht überzeugt), so jedenfalls nicht als Agent Hitlers, sondern als Sowjetpatriot, aufgrund strategischer und ökonomischer Erwägungen, die noch vor kurzem von Stalin geteilt wurden. Außerdem fühlten sich einige Generale wohl an die vorangegangenen Freundschaftsbeteuerungen für Deutschland gebunden. Da Stalin lange lavierte, bemüht, beide Türen offenzuhalten, gab er den Generalen absichtlich kein Signal zum Rückzug. Auf seine Unterstützung rechnend, sind die Generale wohl weitergegangen, als sie ursprünglich beabsichtigt hatten. Es ist andererseits auch sehr wahrscheinlich, daß Woroschilow, der als Mitglied des Politbüros von der neuen Orientierung rechtzeitig unterrichtet war, Tuchatschewski absichtlich die Militär- und Parteidisziplin überschreiten ließ, um dann mit der ihm eigenen Grobheit plötzlich einen Kurswechsel zu verlangen. Die Frage, ob man mit Deutschland oder mit Frankreich gehen müsse, verwandelte sich in eine Frage, wer die Armee führt: das Politbüro-Mitglied Woroschilow oder Tuchatschewski, der die Blüte des Kommandeurskaders hinter sich hatte. Da es keine öffentliche Meinung, keine Partei, keine Sowjets gibt und das Regime die letzten Reste der Elastizität verloren hat, wird jede akute Frage durch die Mauser entschieden. Stalin ging um so williger auf eine blutige Lösung ein, als er, um den neuen internationalen Verbündeten seine Treue zu beweisen, Sündenböcke für jene Politik brauchte, von der er sich gestern losgesagt hatte.

Die Stellung der Generale zur Linken Opposition? Gamarnik wurde nach seinem Tode von den Moskauer Zeitungen als »Trotzkist« bezeichnet. Einige Monate zuvor wurde Putna in den Prozessen Sinowjew und Radek als »Trotzkist« erwähnt. Die anderen hat niemand mit diesem schrecklichen Namen belegt, weder vor dem Prozeß noch, wie anzunehmen ist, im Prozeß, denn sowohl Richter wie Angeklagte brauchten hinter verschlossenen Türen keine Komödie zu spielen. An der Umwandlung Tuchatschewskis, Jakirs, Uborewitschs, Eidemans und der anderen in »Trotzkisten« hinderte nicht nur das Fehlen jeglicher äußerer Anhaltspunkte, sondern auch der Wunsch, die Macht des Trotzkismus in der Armee nicht zu sehr aufzubauschen. Dennoch werden einen Tag nach der Hinrichtung im Befehl Woroschilows sämtliche Erschossenen bereits als Trotzkisten tituliert. Wie wir sehen, hat auch die Fälschung ihre Logik: wenn die Generale, wie die Trotzkisten, Deutschland gedient haben zum Zwecke der »Wiederherstellung des Kapitalismus«, so mußte Deutschland sie in seinen Interessen vereinigt haben. Außerdem ist »Trotzkismus« schon längst zum Sammelbegriff für all das geworden, was der Ausrottung unterliegt.

Unsere Betrachtungen über die Gründe der Enthauptung der Armee enthalten ein Element der Mutmaßung. In den Details, die man nicht so bald erfahren wird, mag die Sache anders geschehen sein. Doch ist der politische Sinn der neuen Schlächterei schon jetzt klar. Wenn Stalin die Generale hätte retten wollen, so hätte er die Möglichkeit gehabt, ihnen rechtzeitig Rückzugswege zu öffnen. Aber er wollte nicht. Er fürchtet, Schwäche zu zeigen. Er fürchtet die Armee. Er fürchtet die eigene Bürokratie.

Und das nicht ohne Grund. Tausende und Abertausende Beamte und Kommandeure, die aus dem Bolschewismus hervorgegangen sind oder sich dem Bolschewismus angeschlossen haben, haben Stalin bis vor kurzem auf Treu und Gewissen unterstützt. Doch die jüngsten Ereignisse haben in ihnen die Angst geweckt — um das Schicksal des Regimes und um das eigene Schicksal. Jene, die Stalin beim Aufstieg geholfen haben, erweisen sich immer mehr als untauglich dafür, ihn auf der schwindelerregenden Höhe zu halten. Stalin ist gezwungen, die Werkzeuge seiner Herrschaft immer wieder zu erneuern. Und gleichzeitig fürchtet er, daß die erneuerten Werkzeuge an ihre Spitze einen anderen Führer stellen könnten.

Besonders akut stellt sich diese Gefahr in bezug auf die Armee dar. Wenn eine Bürokratie sich von der Kontrolle durch das Volk befreit, dann strebt die Militärkaste unvermeidlich danach, sich von der Bevormundung durch die Zivilbürokratie zu befreien. Der Bonapartismus hat stets die Tendenz, die Form der offenen Herrschaft des Säbels anzunehmen. Unabhängig von den wirklichen oder angeblichen Ambitionen Tuchatschewskis muß das Offizierskorps immer stärker von dem Bewußtsein durchdrungen werden, den Diktatoren im Zivilrock überlegen zu sein. Andererseits muß Stalin erkennen, daß die Polizeiherrschaft über das Volk, die er mit Hilfe der Hierarchie der Parteisekretäre ausübt, einfacher und direkter von einem der »Marschälle« mit Hilfe des Militärapparates verwirklicht werden kann. Die Gefahr ist zu evident. Eine Verschwörung hat es zwar noch nicht gegeben, doch steht sie auf der Tagesordnung. Die Schlächterei trug präventiven Charakter. Stalin hat einen »glücklichen« Zufall benutzt, um dem Offizierskorps eine blutige Lehre zu erteilen.

Doch kann man voraussagen, daß diese Lehre niemand zurückhalten wird. Stalin konnte die Rolle des Totengräbers des Bolschewismus nur spielen, weil er selbst ein alter Bolschewik ist. Diese Deckung hat die Bürokratie nie nötig gehabt, um die Massen zu ersticken und den Rahmen der spartanischen Tradition zu sprengen. Das Lager des Thermidors ist aber nicht einheitlich. Die Oberschicht der Privilegierten repräsentieren Menschen, die von den Traditionen des Bolschewismus selbst noch nicht ganz frei sind. Mit dieser Zwischenformation, den Postyschews, Tscherwjakows, Tuchatschewskis, Jakirs, von den Jagodas ganz zu schweigen, kann sich das Regime nicht halten. Die nächstfolgende Schicht verkörpern gleichgültige Administratoren, wenn nicht durchtriebene Kanaillen und Karrieristen. Stalin kennt diese Schichtungen besser als sonst einer. Deshalb wähnt er, nun, nachdem die Massen erdrosselt sind und die alte Garde ausgerottet ist, liege die Rettung des Sozialismus bei ihm allein.

Es handelt sich nicht einfach um persönliche Machtgier oder Grausamkeit. Stalin muß die juristische Festigung seiner persönlichen Macht anstreben, sei es als lebenslänglicher »Führer«, als mit allen Vollmachten ausgestatteter Präsident oder gar als gekrönter Imperator. Gleichzeitig aber muß er fürchten, daß sich aus der Mitte der Bürokratie selbst oder vor allem aus der Armee gegen seine cäsaristischen Pläne Widerstand erheben kann. Das bedeutet, daß Stalin, bevor er — mit oder ohne Krone — stürzt, vor allem versuchen wird, die besten Elemente des Staatsapparates zu vernichten.

Der Roten Armee hat er jedenfalls einen schrecklichen Schlag zugefügt. Als Folge der neuen Justizfälschung ist sie um einige Köpfe gekürzt worden. Moralisch ist sie bis auf den Grund erschüttert. Die Interessen der Landesverteidigung sind den Interessen der Selbsterhaltung der regierenden Clique geopfert worden.[24] Nach den Prozessen Sinowjew - Kamenjew und

24 Gosztony schreibt über die Folgen der Säuberungen in der Roten Armee: »Ihr sind zum Opfer gefallen: Etwa die Hälfte aller Regimentskommandeure und

Radek - Pjatakow bezeichnet der Prozeß Tuchatschewski - Jakir usw. den Anfang vom Ende der Stalinschen Diktatur.

etwa ein Drittel der Regimentskommissare, fast alle Brigade- und Divisionskommandeure und beinahe alle Chefs der Militärbezirke, die Mehrzahl der Korpskommandeure und der Kommissare der Korps, Divisionen und Brigaden sowie zahlreiche Lehrkräfte der höheren und mittleren militärischen Lehranstalten. Diese Angaben, so schrecklich sie auch sind, erfassen nur einen Teil der Säuberungsopfer, nämlich die in der Zeit vom Juni 1937 bis September 1938 ‚liquidierten'. Sie wurden als *offizielle Angaben* in der Chruschtschow-Ära veröffentlicht. (In der Breschnew-Ära wurde dieser Blutzoll der Roten Armee nirgends mehr erwähnt.) Nach westlichen Schätzungen verlor die Rote Armee zwischen 1937 und 1939 durch die Säuberungen mehr als 35 000 Kommandeure und Kommissare. Von den fünf Sowjetmarschällen blieben bis Ende 1939 nur zwei übrig: Woroschilow und Budjonny. *Keine Armee hat bisher je in einem Kriege so viele höhere Kommandeure verloren wie die Rote Armee in dieser Periode des Friedens!* ... Und all dies am Vorabend eines auch von der Sowjetregierung erwarteten europäischen Krieges! Hitler hat klar den Nutzen erkannt, den er aus Stalins neronischem Verfolgungswahn ziehen konnte. In dieser Beziehung ist seine Rechnung aufgegangen. Wie Generalfeldmarschall Wilhelm Keitel 1946 vor dem Internationalen Militärgerichtshof in Nürnberg aussagte, hatte Hitler die Warnung seiner Generäle vor einem Angriff auf Rußland mit der Bemerkung zerstreut: ‚Stalin hat 1937 die erste Garnitur seiner Offiziere liquidiert. Die neue Generation verfügt noch nicht über die Hirne, die gebraucht werden!' Und am 9. Januar 1941 ermutigte Hitler seine Generalstabsoffiziere, die mit der Planung des Feldzugs gegen die Sowjetunion beauftragt waren, mit dem Hinweis, daß die Rote Armee nicht von großem Wert sei, denn: ‚Sie haben keine guten Kommandeure!'« (Vgl. Gosztony, *Die Rote Armee*, S. 161 f.)

# (42)
# Der Anfang vom Ende*

*Coyoacán, August 1937*

In allen Sphären des öffentlichen und politischen Lebens ist die Bürokratie zum Werkzeug der Schwächung, Demoralisierung und Demütigung des Landes geworden. Vor allem auf dem Gebiet der Wirtschaft. Die nach rechts und nach links ausgestreuten Sabotage-Beschuldigungen haben den ganzen Verwaltungsapparat desorganisiert. Jede objektive Schwierigkeit deutet man als persönliches Versäumnis. Jedes Versäumnis stellt man, wenn nötig, der Sabotage gleich. In jedem Gebiet, in jedem Rayon ist ein Pjatakow erschossen worden. Die Ingenieure der Planungsorgane, die Direktoren der Trusts und Fabriken, die Meister, alle sind auf den Tod erschrocken. Keiner möchte Verantwortung tragen. Jeder hat Angst, Initiative zu entwickeln. Gleichzeitig aber kann man wegen Mangel an Initiative erschossen werden. Die Überspannung des Despotismus führt zu Anarchie. Die Sowjetwirtschaft braucht die Demokratie nicht weniger als Qualitäts-Rohstoffe oder Schmierstoffe. Das Stalinsche Führungssystem ist nichts anderes als universelle Sabotage der Wirtschaft.

Noch schlimmer, wenn das überhaupt möglich ist, steht es auf dem Gebiet der Kultur: Eine Diktatur der Unbildung und der Lüge würgt und vergiftet das geistige Leben von hundertundsiebzig Millionen. Die letzten Prozesse wie überhaupt die ganze, Zielen und Methoden nach ehrlose Säuberung haben die Herrschaft der Intrige, der Denunziation, der Lumperei und der Feigheit endgültig installiert. Die Sowjetschule verkrüppelt das Kind nicht weniger radikal als das katholische Seminar, von dem sie sich nur durch ihre geringere Beständigkeit unterscheidet. Alle, auch nur ein wenig unabhängigen und begabten Gelehrten, Pädagogen, Schriftsteller und

* *Nachalo kontsa* (undatiert, vermutlich August 1937). BO 58-59 (September-Oktober 1937). Dt. »Der Anfang vom Ende«, in: *Stalins Verbrechen*, S. 362-371. Engl. in: TWr 1936-37, S. 325-333. Frz. in: TŒ 14, S. 280-287.

Künstler sind eingeschüchtert, werden verfolgt, verhaftet, verbannt, wenn nicht erschossen. Der talentlose Lump triumphiert auf der ganzen Linie. Er schreibt der Wissenschaft die Marschroute vor und diktiert der Kunst die Regeln ihres Schaffens. Der stickige Geruch der Fäulnis entsteigt der Sowjetpresse.

Kann es etwas Schändlicheres geben als die Gleichgültigkeit, die die Bürokratie für das internationale Prestige des Landes zeigt? Die Großbourgeoisie der ganzen Welt und die Generalstäbe aller Länder machen sich von den Moskauer Fälschungen und den eigentlichen Gründen der Säuberungen ein viel klareres Bild als viele der von ihren Führern betrogenen Arbeiterorganisationen. Was müssen kapitalistische Auguren von einer »sozialistischen« Regierung denken, die sich auf so schmutzige Abenteuer einläßt? In Berlin und in Tokio weiß man jedenfalls, daß die gegen die Trotzkisten und die roten Generale erhobene Beschuldigung des Landesverrats im Interesse des deutschen und des japanischen Militarismus reinster Unsinn ist. Man muß sich über die Moral der japanischen, der deutschen und aller anderen Regierungen natürlich keine Illusionen machen. Es handelt sich auch nicht um einen Wettstreit im Einhalten der Zehn Gebote, sondern um die Beurteilung der Stabilität des Sowjetregimes. In den Prozessen, die sie organisiert hat, hat sich die Moskauer Regierung bis auf die Knochen blamiert. Feinde wie eventuelle Verbündete schätzen Macht und Autorität dieser Regierung heute deutlich niedriger ein als vor der letzten Säuberung. Diese Einschätzung wird ihrerseits zum wichtigsten Faktor der internationalen Gruppierungen. Unterdessen tritt die Regierung der UdSSR schrittweise vor ihrem schwächsten Gegner, Japan, den Rückzug an. Die lärmenden Artikel und Reden, die die Kapitulation begleiten, täuschen niemand. Die Moskauer Oligarchie führt Krieg im Innern und ist deshalb zu einem Widerstand nach außen nicht fähig. Die Übergabe der Amur-Inseln[1] hat Japan die Hände gegen China freigemacht.

1 Sowohl die Sowjetunion als auch der japanische Satellitenstaat Mandschukuo erhoben Anspruch auf zwei Inseln im Amur-Fluß, die am 21. Juni 1937 von sowjetischen Truppen besetzt wurden. Nach japanischen Protesten bot die sowjetische Regierung Verhandlungen an. Dennoch kam es zu heftigen Kämpfen. Nach der Zusage der japanischen Regierung, ihre Truppen aus dem Raum abzuziehen, wurden die Inseln von der Roten Armee geräumt. Am 6. Juli 1937 aber wurden sie überraschend von den japanischen Truppen besetzt. Die Sowjetunion protestierte scharf in Tokio; anschließend verlief die Angelegenheit jedoch im Sande. Conquest schreibt (*Am Anfang...*, S. 552): »Es ist nicht zu bezweifeln, daß es sich hier um ein Sondierungsunternehmen japanischer Militärs handelte, die der Ansicht waren, daß die sowjetische Kampfkraft in diesem Gebiet weitgehend gelähmt worden sei.« Im Sommer 1938 kam es in diesem Raum abermals zu schweren Kämpfen.
(Vgl. Max Beloff, *The Foreign Policy of Soviet Russia 1929-1941*, Bd. 2, London [Oxford University Press] 1952, S. 179 f.)

Es ist sehr gut möglich, daß man Litwinow beauftragt hat, den japanischen Diplomaten von vornherein zu sagen: »Macht mit China, was ihr wollt, aber rührt uns nicht an — wir werden uns nicht einmischen.« Die regierende Clique verzichtet auf alles, außer auf die eigene Selbsterhaltung.

Nicht weniger verhängnisvoll wirkt jener Teil der diplomatischen Arbeit, der vom Apparat der Komintern ausgeführt wird. England und Frankreich allein wäre es niemals gelungen, dem revolutionären Spanien eine bürgerliche konterrevolutionäre Regierung im Stile Negrins[2] aufzuzwingen. Die Diplomaten in London und Paris haben dazu den Transmissions-Mechanismus der sogenannten Kommunistischen Internationale benötigt. Im Ringen um das Vertrauen der französischen und der englischen Bourgeoisie bestand die Hauptsorge Stalins die ganze Zeit darin, die spanischen Arbeiter zu hindern, den Weg der sozialistischen Revolution zu betreten. Die Unterstützung der »Volksfront«-Regierung knüpfte Moskau an die Bedingung, gegen Revolutionäre mit energischen Repressalien vorzugehen. Wie zu erwarten, führte der Kampf gegen die Arbeiter und Bauern im eigenen

2 Juan Negrín López (1889-1956), Medizinprofessor, war seit 1931 sozialistischer Abgeordneter und gehörte zum rechten Flügel seiner Partei. Vom September 1936 bis Mai 1937 Finanzminister in der Regierung des linken Sozialisten Largo Caballero, organisierte er die Verschickung des spanischen Goldschatzes in die UdSSR, mit dem die sowjetischen Waffenlieferungen bezahlt wurden, und erwarb sich dadurch das Vertrauen der Stalinisten. Dank deren Unterstützung, aber auch der des rechten Flügels seiner Partei und der der bürgerlichen Republikaner, wurde er Nachfolger Largo Caballeros als Ministerpräsident. Dieser hatte sich geweigert, die POUM — wie von der KP gefordert — als Verantwortliche für die »Mai-Tage« in Barcelona zu verbieten. (Vom 3. bis zum 7. Mai 1937 hatten sich die Arbeiter der Stadt unter Führung der Anarchisten und der POUM nach einer stalinistischen Provokation — der versuchten Besetzung der von den Anarchisten verwalteten Telefonzentrale — gegen die Versuche, die revolutionäre Bewegung zurückzudrängen, erhoben, aber schließlich auf Drängen der anarchistischen Führer die Kämpfe ergebnislos abgebrochen. In der stalinistischen Propaganda wurde daraus ein »trotzkistisch-faschistischer« Putschversuch.) Die Regierung Negrín verbot die POUM, beseitigte die Überbleibsel der Arbeitermilizen und schränkte die Selbstverwaltung in den Betrieben und die landwirtschaftlichen Kollektive ein. Die Hoffnung, als Preis für solche »Mäßigung« militärische Hilfe von Frankreich und Großbritannien zu erlangen, zerschlug sich aber. Mehrere Großoffensiven an der Front (bei Teruel im Winter 1936/37, am Ebro im Sommer 1938) scheiterten. Auch Negríns Versuche, durch Verhandlungen zu einer Vereinbarung mit Franco zu kommen, blieben ergebnislos, da dieser auf die Unterstützung des deutschen und italienischen Faschismus bauen konnte. Die Franco-Truppen errangen Anfang April 1939 den Sieg über die Volksfronttruppen.
(Vgl. Broué - Témime, *Revolution und Krieg*; Trotzki, *Revolution und Bürgerkrieg*; Léon Trotsky, *La révolution espagnole 1930-1940*, Textes recueillis, présentés et annotés par Pierre Broué, Paris [Minuit] 1975.)

Hinterland unabwendbar zu Niederlagen an der Front. Gegen Franco[3] ist die Moskauer Clique ebenso ohnmächtig wie gegen den Mikado. Und genau so, wie er Sündenböcke für seine Innenpolitik braucht, zwangen Niederlagen in Spanien — Ergebnisse seiner reaktionären Politik — Stalin, in der Ausrottung der revolutionären Avantgarde Rettung zu suchen.

Die Methoden der Amalgamierung und der Fälschung — ausgearbeitet in Moskau — werden in fertiger Form auf den Boden von Barcelona und Madrid verpflanzt. Die Führer der POUM[4], die man lediglich des Opportu-

3 Francisco Franco Bahamonde (1892-1975) war spanischer Berufsoffizier und begann seine Karriere in den zwanziger Jahren mit der Bekämpfung von Aufständischen in der spanischen Kolonie Marokko. 1926 wurde er General, 1934 Kommandeur der Truppen, die den Aufstand der asturischen Arbeiter blutig niederschlugen. An der Vorbereitung des Militärputsches vom Juli 1936 gegen die Republik beteiligt, rückte er nach dem Tode anderer Putschisten zum Führer der Rebellion auf und wurde nach dem Sieg über die Republik zum »Caudillo« des faschistischen Staates.

4 Die POUM (Partido Obrero de Unificación Marxista — Arbeiterpartei der marxistischen Vereinigung) entstand im September 1935 aus der Verschmelzung der spanischen Trotzkisten (ICE — Izquierda Comunista Española — Kommunistische Linke Spaniens) mit dem vor allem in Katalonien starken BOC (Bloc Obrer i Camperol — Arbeiter-und-Bauern-Block), einer Abspaltung der KP aus den Jahren 1930/31, die politisch zur Rechten Opposition tendierte, aber der IVKO nicht angehört hatte. Der BOC hatte sich 1934 radikalisiert und sich mit der kleineren, aber aus theoretisch und politisch erfahrenen Kadern bestehenden ICE zusammengeschlossen. (Trotzki hatte der ICE vorgeschlagen, der Sozialistischen Partei beizutreten, um deren linken Flügel zu gewinnen.) Die POUM hatte sich dem Londoner Büro der linkssozialistischen Parteien angeschlossen. Im Februar 1936 unterzeichnete sie »aus taktischen Gründen« das Volksfrontabkommen, was von Trotzki scharf kritisiert wurde. Vor allem in Katalonien verankert, übte die Partei nach Ausbruch der Revolution starken Einfluß aus. Trotzki trat Mitte August 1936 in einem Brief an eine sich in Barcelona aufhaltende Delegation des Internationalen Sekretariats der Trotzkisten für eine Verständigung mit der POUM ein. Dieser Brief wurde aber vom italienischen Geheimdienst abgefangen (und erst 1970 in einem italienischen Polizeiarchiv entdeckt); das Diskussionsangebot erreichte also die POUM-Führung nicht. Als die POUM dann Ende September in die katalanische Regionalregierung eintrat, vertiefte sich der Bruch zwischen ihr und dem Trotzkismus. Obwohl die POUM Maßnahmen wie die Eingliederung der Milizen in die Armee und die Beseitigung der Revolutionskomitees widerstrebend mittrug, wurde sie auf Drängen der KP im Dezember 1936 aus der Regierung ausgeschlossen, hatte sie doch als einzige Gruppierung der spanischen Arbeiterbewegung gegen die Moskauer Prozesse protestiert und für Trotzki Asyl in Spanien gefordert. Die POUM hatte sich zwar gegen die Gründung der Vierten Internationale ausgesprochen, wurde aber von der stalinistischen Propaganda als »trotzkistisch« angegriffen. Am 16. Juni 1937 verhaftete ein Polizeikommando unter Leitung kommunistischer Offiziere die Mitglieder des Exekutivkomitees der POUM. Die Partei wurde verboten und ihre Mitglieder verfolgt, während gleichzeitig die Soldaten der POUM gegen Franco kämpften. Die stalinistische

nismus und der Unentschlossenheit gegenüber der Stalinschen Reaktion beschuldigen kann, erklärt man plötzlich zu »Trotzkisten« und, selbstverständlich, zu »Verbündeten des Faschismus«. Die Agenten der GPU in Spanien »fanden« von ihnen selbst fabrizierte Briefe, mit denen nach allen Regeln der Moskauer Fälscherwerkstatt die Verbindung der Revolutionäre von Barcelona mit Franco bewiesen wird. An Halunken zur Durchführung der blutigen Aufträge besteht kein Mangel. Der ehemalige Revolutionär Antonow-Owssejenko[5], der 1927 ein Reuebekenntnis seiner oppositionel-

Propaganda erfand verschiedene »Beweise« für ein von ihr behauptetes Komplott der POUM mit Franco. Sie wurden von der in der Illegalität kämpfenden Partei und der internationalen Solidaritätsbewegung als Fälschung entlarvt. Im Oktober 1938 — Andreu Nin war schon ermordet worden — wurden die verhafteten Führer der POUM von der Anklage freigesprochen, Agenten Francos zu sein. Sie wurden ausdrücklich wegen ihrer revolutionären Überzeugung verurteilt.

Nach dem faschistischen Sieg arbeitete die POUM illegal weiter, obwohl viele Mitglieder 1939 aus Spanien geflohen waren. Bis Anfang der fünfziger Jahre spielte sie in Katalonien eine wichtige Rolle im Widerstand. Danach wurde sie bedeutungslos und existierte nur noch im Exil. Nach dem Ende der Franco-Diktatur Mitte der siebziger Jahre scheiterten Versuche, die POUM wieder aufzubauen. Die noch lebenden Mitglieder schlossen sich zumeist der Sozialistischen Partei an.

(Vgl. Reiner Tosstorff, *Die POUM [Partido Obrero de Unificación Marxista] während des spanischen Bürgerkriegs [1936-1939]*, Frankfurt [ISP] 1987. Zur Haltung Trotzkis gegenüber der POUM vgl. die in Anm. 2 genannten Sammelbände mit Trotzkis Spanien-Schriften. Zur Verfolgung seit 1937 und zum Prozeß vgl. die Aufzeichnungen des POUM-Führers Julián Gorkin, *Stalins langer Arm.* Die Vernichtung der freiheitlichen Linken im spanischen Bürgerkrieg, Köln [Kiepenheuer & Witsch] 1980.)

5 Wladimir Alexandrowitsch Antonow-Owssejenko (1884-1938?) schloß sich 1901 der revolutionären Bewegung an und trat 1902 in eine Offiziersakademie ein, um revolutionäre Agitation in der Armee zu betreiben. Er stand zunächst mit den Sozialrevolutionären in Verbindung und wurde 1903 Bolschewik, später Menschewik. In der Revolution von 1905 versuchte er, Truppen zum Aufstand zu bewegen. Nach Jahren im Untergrund floh er 1910 nach Paris. 1914 bis 1917 war er einer der Redakteure der in Paris erscheinenden Zeitungen der russischen sozialistischen Kriegsgegner (zuerst *Golos*, dann *Nasche Slowo*). Nachdem er im August 1917 mit den Meschrajonzy zu den Bolschewiki gestoßen war, wurde er einer der Führer des Oktoberaufstandes und bekleidete dann im Bürgerkrieg führende Positionen in der Roten Armee. 1923 war er einer der entschlossensten Führer der Opposition, die sich um die »Erklärung der 46« gruppierte. Als er die Thesen der Opposition in Parteizellen der Roten Armee vertrat, wurde er Anfang 1924 unter der Beschuldigung der »Aufwiegelei« von seinem Posten als Leiter der Politischen Verwaltung der Roten Armee abgelöst. 1925 wurde er als Botschafter in die Tschechoslowakei geschickt. Nach einer ersten Distanzierung 1927 sagte er sich im darauffolgenden Jahr öffentlich von der Opposition los. Im gleichen Jahr wurde er Botschafter in Litauen, 1930 in Polen, 1934 dann Generalstaatsanwalt der RSFSR. Nach Ausbruch des spani-

len Sünden ablegte und im Jahre 1936 von Todesangst erfaßt war, auf die Anklagebank zu geraten, hat in der *Prawda* seine volle Bereitschaft erklärt, die Trotzkisten »mit eigenen Händen« zu erwürgen.[6] Unter der Maske eines Konsuls wurde dieses Subjekt sofort nach Barcelona geschickt mit Weisungen, wer zu erdrosseln sei. Die Verhaftung Nins[7] auf Grund einer

schen Bürgerkrieges wurde er als sowjetischer Generalkonsul nach Barcelona entsandt, vertrat dort die stalinistische Politik und griff die POUM öffentlich an. Im August 1937 wurde er nach Moskau zurückbeordert, zum Volkskommissar für Justiz ernannt, aber nur wenige Tage später verhaftet. Da er kein »Geständnis« ablegte, wurde er ohne Prozeß erschossen. Nach 1956 wurde er als einer der ersten rehabilitiert. (Sein Sohn, der 1940 ebenfalls verhaftet wurde, ist der Historiker und Stalin-Biograph Anton Wladimirowitsch Antonow-Owssejenko.)

6 Vgl. W. Antonow-Owsejenko, »Endgültig zur Strecke bringen!«, in: *Rundschau*, Nr. 40, 3.9.1936, S. 1676f.

7 Andreu (spanisch: Andrés) Nin i Pérez (1892-1937), Katalane, schloß sich 1911 der Sozialistischen Partei an, die er aber einige Jahre darauf wieder verließ, da die Partei das Recht Kataloniens auf nationale Selbstbestimmung ablehnte. Von Beruf Volksschullehrer, widmete er sich seit 1914 dem Journalismus. Während des Ersten Weltkriegs schloß er sich der anarcho-syndikalistisch beeinflußten Gewerkschaft CNT an (ohne selbst Anarchist zu werden). 1921 wurde er Sekretär ihres Nationalkomitees. Nin war einer der Wortführer der probolschewistischen Tendenz in der CNT und gehörte zu ihrer offiziellen Delegation auf dem Gründungskongreß der Roten Gewerkschaftsinternationale im Jahre 1921, deren Aufgabe es war, die prokommunistischen Gewerkschaften weltweit zu organisieren. Die CNT verließ den Verband bald, während Nin in der Sowjetunion blieb, weil in Spanien ein Haftbefehl gegen ihn vorlag. Er wurde Sekretär der RGI und gehörte zu den ersten ausländischen Kommunisten, die die Linke Opposition unterstützten. Seit 1926 gehörte er (mit Radek, Victor Serge, Charitonow, Fritz Wolf, dem Bulgaren Lebedeff und einigen anderen) ihrer internationalen Kommission an. 1928 aus der Komintern ausgeschlossen, wurde er 1930 mit seiner Familie aus der Sowjetunion ausgewiesen. Er kehrte nach Barcelona zurück und arbeitete am Aufbau der spanischen Linken Opposition mit. Die Fusion der spanischen Trotzkisten mit dem BOC zur POUM (1935), für die Nin eintrat, führte zu Meinungsverschiedenheiten mit Trotzki und dem Internationalen Sekretariat der IKL. Nach der Unterstützung des Volksfrontabkommens im Februar 1936 durch die POUM und ihrem Eintritt in die Regierung Kataloniens im September 1936 kam es zum definitiven Bruch.
Der einflußreichste Führer der POUM, ihr Generalsekretär Joaquín Maurín, wurde beim Ausbruch des Bürgerkrieges auf frankistischem Gebiet überrascht, konnte zunächst untertauchen, wurde aber bald verhaftet. Nin wurde an seiner Stelle politischer Sekretär, wurde am 16. Juni 1937 mit der POUM-Führung verhaftet und sofort von ihr getrennt. Er scheint von kommunistischen Polizisten gefoltert worden zu sein, um ein »Geständnis« zu erpressen. Die später aufgetauchten Verhörprotokolle zeigen ihn aber als einen unerschütterlichen Revolutionär. Es ist unklar, ob er in Spanien oder in der Sowjetunion umgebracht wurde. Der bis Mai 1937 amtierende sozialistische Ministerpräsident der

wissentlich falschen Anklage, seine Entführung aus dem Gefängnis und die geheime Ermordung sind das Werk Antonow-Owssejenkos.[8] Aber es geschah natürlich nicht auf seine Initiative hin. Solche verantwortungsvollen Unternehmen geschehen nur im direkten Auftrag des »Generalsekretärs«.

Die Amalgamierungen in Europa benötigt Stalin nicht nur, um die Aufmerksamkeit von seiner durch und durch reaktionären internationalen Politik abzulenken, sondern auch zur Stützung der allzu groben Amalgamierungen in der Sowjetunion. Die entstellte Leiche Nins soll als Beweis dienen ... für Pjatakows Flug nach Oslo. Die Sache beschränkt sich nicht auf Spanien. Schon längst werden in einer Reihe anderer Länder Vorbereitungen getroffen. In der Tschechoslowakei hat man den deutschen Emigranten Anton Grylewicz, einen alten, tadellosen Revolutionär, verhaftet wegen des Verdachts ... der Verbindung mit der Gestapo.[9] Die Beschuldigung ist

Republik, Largo Caballero, schrieb später, Nins Standhaftigkeit habe vielen spanischen Revolutionären das Leben gerettet.
(*Los movimientos de emancipación nacional*, Barcelona [Fontamara] 1977; ders., *La revolución española*, Barcelona [Fontamara] 1978; ders., *La revolución rusa*, Barcelona [Fontamara] 1979.
Pelai Pagès, *Andreu Nin: su evolución política [1911-1937]*, Madrid [Zero-Zyx] 1975; ders., *El movimiento trotskista en España [1930-1935]*, La Izquierda Comunista de España y las disidencias comunistas durante la segunda República, Barcelona [Península] 1977; Francesco Bonamusa, *Andreu Nin y el movimiento comunista en España [1930-1937]*, Barcelona [Anagrama] 1977. Zu seiner Rolle in der POUM und zur Rekonstruktion seines vermutlichen Endes vgl. auch Tosstorff, *Die POUM*.)

8 Antonow-Owssejenko deckte mit seinem Prestige als Revolutionär die politische Repression. Neben ihm und anderen offiziellen Repräsentanten der UdSSR gab es eine starke Abteilung von NKWD-Agenten und deren ausländischen Helfern, zu denen z.B. die späteren Minister für Staatssicherheit der DDR, Wilhelm Zaisser (1951-1953) und Erich Mielke (seit 1957) gehörten. Der NKWD-Vertreter in Spanien war Alexander Orlow (Lew Feldbin, 1895-1973), der im Juli 1938 dann selbst von den stalinistischen Säuberungen bedroht wurde und in die USA floh. Er stritt seine Beteiligung an der Verfolgung der Revolutionäre in Spanien, u.a. der Ermordung Nins, ab und behauptete, nur ‚normale' nachrichtendienstliche Tätigkeit ausgeübt zu haben. Vertreter der Komintern, die in Spanien eng mit dem NKWD zusammenarbeiteten, waren der KPI-Führer Palmiro Togliatti (»Ercoli«) und der spätere ungarische Innenminister Ernö Gerö.
(Vgl. Gorkin, *Stalins langer Arm*, S. 111-120, 235-238; Tosstorff, *Die POUM*; Patrik von zur Mühlen, *Spanien war ihre Hoffnung*. Die deutsche Linke im Spanischen Bürgerkrieg 1936-1939, Bonn [Neue Gesellschaft] 1983, Kap. »Im Untergrund des Spanienkrieges«, S. 143-177.)

9 Anton Grylewicz (1885-1971) schloß sich 1905 der sozialistischen Jugendbewegung an und war seit 1912 SPD-Mitglied. Über die USPD kam er 1920 zur KPD. Er gehörte zur Fischer-Maslow-Gruppe und wurde am 1. April 1927 aus der KPD ausgeschlossen. Als Mitbegründer des Leninbundes führte er dessen trotzkistische Minderheit, die 1930 die Linke Opposition in der KPD gründete.

zweifellos von der GPU fabriziert und in fertiger Form der dienstfertigen tschechoslowakischen Polizei überreicht worden. Wirkliche und angebliche Trotzkisten sind vor allem in jenen Ländern Verfolgungen ausgesetzt, die das Unglück hatten, in die Abhängigkeit von Moskau zu geraten: Spanien und die Tschechoslowakei.[10] Aber das ist erst der Anfang. Unter Ausnutzung internationaler Schwierigkeiten, mit Hilfe der zu allem bereiten Söldlinge der Komintern und, nicht zuletzt, der Mittel der florierenden Goldförderung hofft Stalin, auch in anderen Ländern die Anwendung seiner Methoden durchsetzen zu können. Die Reaktion ist überall bereit, Revolutionäre loszuwerden, besonders wenn eine ausländische »revolutionäre« Regierung die Arbeit der Fälschung und des Meuchelmordes übernimmt unter Heranziehung einheimischer »Freunde«, die aus dem gleichen ausländischen Budget bezahlt werden.

Der Stalinismus ist die Geißel der Sowjetunion geworden und die Lepra der internationalen Arbeiterbewegung. Im Reiche der Ideen ist der Stalinismus ein Nichts. Doch dafür ist er ein grandioser Apparat, der die Dynamik der größten Revolution und die Tradition ihres Heroismus und ihres Sieges ausbeutet. Aus der schöpferischen Rolle der revolutionären Gewalt in einer bestimmten historischen Periode hat Stalin mit der ihn kennzeichnenden empirischen Beschränktheit die Schlußfolgerung gezogen, Gewalt sei über-

Bis 1933 fungierte er als Verleger wichtiger aktueller Schriften von Trotzki. Nach der NS-Machtübernahme 1933 lebte er im Exil, zunächst in der Tschechoslowakei, seit 1937 in Frankreich und seit 1941 auf Kuba. 1955 kehrte er, der sich inzwischen vom Trotzkismus getrennt hatte, nach West-Berlin zurück. Grylewicz wurde im Juli 1937 in Prag von der tschechoslowakischen Polizei verhaftet. Auf Grund eines »anonymen« Hinweises beschlagnahmte die tschechische Polizei einen ihm gehörenden Koffer, den er einem tschechoslowakischen Trotzkisten geliehen hatte (der, wie man heute vermuten kann, ein getarnter sowjetischer Agent war) und in dem nun »Dokumente« über seine angebliche Zusammenarbeit mit den Nazis »gefunden« wurden. Kurz darauf abgesprungene NKWD-Agenten enthüllten dann den Plan, mit solchen »Beweisen« weltweit Prozesse gegen Linksoppositionelle auszulösen, die als internationale »trotzkistisch-faschistische Verschwörer« »entlarvt« werden sollten, um den Moskauer Schauprozessen mehr Glaubwürdigkeit zu verleihen. (Vgl. Pierre Broué, »Procès manqué à Prague: L'affaire Grylewicz« und Anton Grylewicz, »Le procès d'espionnage manqué«, 17.11.1937, in: *Cahiers Léon Trotsky*, Nr. 3, S. 141-150.)

10 Da nur die Sowjetunion nach Ausbruch des spanischen Bürgerkrieges den Republikanern in großem Umfang Waffen lieferte, wurde die republikanische Regierung von ihr abhängig. Die Sowjetunion erzwang den Verzicht auf die Weiterführung der Revolution, die ihre Außenpolitik, vor allem ihr Bündnis mit Frankreich, gefährdet hätte. Die Tschechoslowakei, die unmittelbar von Nazi-Deutschland bedroht wurde, hatte im Mai 1935 einen Pakt mit der UdSSR geschlossen, der sowjetische Unterstützung im Fall eines deutschen Angriffs gewährleisten sollte. Dem tschechoslowakischen Staatspräsidenten Eduard Beneš (1884-1948) wurden Sympathien für Stalin nachgesagt.

haupt allmächtig. Ohne es selbst zu merken, ist er von der revolutionären Gewalt der Werktätigen gegen die Ausbeuter zur konterrevolutionären Gewalt gegen die Werktätigen übergegangen. So vollzieht sich die Arbeit zur Liquidierung der Oktoberrevolution unter den alten Namen und Formeln.

Niemand, Hitler inbegriffen, hat dem Sozialismus so tödliche Schläge versetzt wie Stalin. Das ist auch nicht verwunderlich: Hitler hat die Arbeiterorganisationen von außen attackiert, Stalin — von innen. Hitler attackiert den Marxismus. Stalin attackiert ihn nicht nur, sondern prostituiert ihn auch. Nicht ein ungeschändetes Prinzip, nicht eine unbefleckte Idee sind übriggeblieben. Selbst die Worte Sozialismus und Kommunismus sind grauenhaft kompromittiert, seit wildgewordene Gendarmen unter der Titulatur »Kommunisten« ihr Gendarmenregime Sozialismus nennen. Eine abscheuliche Lästerung! Die GPU-Kaserne ist nicht das Ideal, für das die Arbeiterklasse kämpft. Sozialismus bedeutet eine durch und durch transparente Gesellschaftsordnung, die auf der Selbstverwaltung der Werktätigen beruht. Stalins Regime basiert auf einer Verschwörung der Herrschenden gegen die Beherrschten. Sozialismus bedeutet ständig zunehmende Gleichheit aller. Stalin hat ein System abscheulicher Privilegien geschaffen. Der Sozialismus hat die allseitige Entfaltung der Persönlichkeit zum Ziel. Wo und wann wurde die Persönlichkeit so erniedrigt wie in der UdSSR? Der Sozialismus hätte gar keinen Wert, wenn nicht die Menschen miteinander uneigennützig, ehrlich, human umgehen. Stalins Regime hat die gesellschaftlichen und persönlichen Beziehungen mit Lüge, Karrierismus und Verrat durchtränkt. Gewiß, nicht Stalin bestimmt die Wege der Geschichte. Wir kennen die objektiven Ursachen, die der Reaktion in der UdSSR den Weg geebnet haben. Doch nicht zufällig kam Stalin an die Spitze der thermidorianischen Welle. Dem gierigen Appetit der neuen Kaste verstand er unheilvollen Ausdruck zu geben. Er trägt keine Verantwortung für die Geschichte. Aber er trägt die Verantwortung für sich und seine Rolle in der Geschichte. Diese Rolle ist verbrecherisch. Die Maßstäbe des Verbrecherischen sind derart, daß Ekel sich mit Schrecken multipliziert.

In den strengsten Gesetzbüchern der Menschheit findet sich keine Strafe, die für die regierende Moskauer Clique und vor allem für ihr Oberhaupt hart genug ist. Wenn wir trotzdem in unseren Aufrufen an die Sowjetjugend vor dem individuellen Terror warnten, der auf dem russischen, von Willkür und Gewalt durchtränkten Boden so leicht entsteht, so ist das nicht aus moralischen, sondern aus politischen Erwägungen geschehen. Akte der Verzweiflung ändern nichts am System, erleichtern nur den Usurpatoren die blutige Abrechnung mit den Gegnern. Sogar unter dem Gesichtswinkel der »Rache« könnten terroristische Schläge keine Genugtuung bringen. Was bedeutet der Untergang eines Dutzends hoher Bürokraten im Vergleich mit Zahl und Umfang der von ihnen begangenen Verbrechen? Die Aufgabe besteht darin, die Verbrecher vor dem Gewissen der Menschheit restlos zu entlarven und sie in die Mistgrube der Geschichte hinunterzustürzen. Mit weniger darf man sich nicht zufrieden geben.

Gewiß, die Sowjetbürokratie, wie die nazistische, rechnen mit einem tausendjährigen Reich. Ihrer Überzeugung nach stürzt ein Regime nur infolge mangelnder Entschlossenheit zu Repressalien. Das Geheimnis ist einfach: schlägt man jeden kritischen Kopf rechtzeitig ab, dann läßt sich die Herrschaft ewig aufrechterhalten. Während einer gewissen Periode, in der die Sowjetbürokratie eine relativ fortschrittliche Arbeit leistete — zum größten Teil jene, die im Westen seinerzeit die Bürokratie des Kapitals durchgeführt hat —, hat Stalin schwindelerregende Erfolge erzielen können. Doch das war eine sehr kurze Periode. Gerade in dem Augenblick, als Stalin endgültig die Überzeugung gewann, daß seine »Methode« den Sieg über alle Hindernisse sichere, erschöpfte die Sowjetbürokratie ihre Mission und begann schon in der ersten Generation zu verfaulen. Und daraus erwuchsen die jüngsten Anklagen und Prozesse, die für den Durchschnittsphilister wie aus heiterem Himmel zu kommen scheinen.

Hat Stalin seine Herrschaft durch die blutige Säuberung gestärkt oder geschwächt? Die Weltpresse hat darauf doppelt und doppelsinnig geantwortet. Die erste Reaktion auf die Moskauer Fälschungen war fast bei allen die Schlußfolgerung, daß ein Regime, das zu solchen Inszenierungen greifen muß, nicht von langer Dauer sein könne. Doch bald hat die konservative Presse, deren Sympathien im Kampfe gegen die Revolution die regierende Sowjetkaste stets sicher sein kann, eine Wendung gemacht. Stalin habe mit der Opposition endgültig abgerechnet, die GPU erneuert, die widerspenstigen Generale erledigt, und das alles unter dem Stillschweigen des Volkes, also: er hat seine Macht befestigt. Auf den ersten Blick scheint jede dieser zwei Schlußfolgerungen überzeugend. Aber nur auf den ersten Blick.

Der soziale und der politische Sinn der »Säuberung« ist klar: die regierende Schicht hat alle jene aus ihrer Mitte ausgeschieden, die sie an die revolutionäre Vergangenheit erinnerten, an die Prinzipien des Sozialismus, an Freiheit, Gleichheit, Brüderlichkeit, an die ungelösten Fragen der Weltrevolution. Die bestialische Grausamkeit bei der Abrechnung verrät den Haß, den die privilegierte Kaste gegen Revolutionäre hegt. In diesem Sinne steigert die Säuberung die Einheitlichkeit der regierenden Schicht und festigt gleichsam Stalins Position.

Doch ist diese Festigung ihrem Wesen nach nur eine scheinbare. Stalin ist, immerhin, ein Produkt der Revolution. Seine nächste Clique, das sogenannte Politbüro, besteht aus reichlich unbedeutenden Menschen, die aber größtenteils in der Vergangenheit mit dem Bolschewismus verbunden waren.[11] Die Sowjetaristokratie, die die Stalinsche Clique erfolgreich zur Abrechnung mit den Revolutionären benutzt hat, hegt für die heutigen

Führer weder Sympathie noch Achtung. Sie will von allen Einschränkungen des Bolschewismus völlig frei sein, sogar noch von jener verkrüppelten Form, die Stalin zur Disziplinierung seiner Clique braucht. Morgen wird Stalin für die regierende Schicht eine Last bedeuten.

Unermeßlich wichtiger aber ist, daß die Säuberung der Bürokratie von ihr fremden Elementen damit bezahlt wird, daß eine größer werdende Kluft zwischen der Bürokratie und dem Volk aufreißt. Man kann ohne Übertreibung behaupten, daß die ganze Atmosphäre der Sowjetgesellschaft erfüllt ist von Haß gegen die privilegierte Spitze. Stalin wird sich bei jedem Schritt davon überzeugen müssen, daß zur Rettung des überlebten Regimes die nackte Entschlossenheit zu Erschießungen nicht ausreicht. Die Säuberungen in Armee und GPU erinnern deutlich genug daran, daß auch der Apparat der Gewalt aus lebenden Menschen besteht, die dem Einfluß der Umgebung unterworfen sind. Der wachsende Haß gegen die Bürokratie wie die unterirdische Feindschaft der Mehrheit der Bürokratie gegen Stalin zersetzen unabwendbar den Repressionsapparat und schaffen so eine Bedingung für den Sturz des Regimes.

Die bonapartistische Macht ist erwachsen aus dem tiefgehenden Gegensatz zwischen Bürokratie und Volk wie aus dem Gegensatz zwischen den Revolutionären und den Thermidorianern innerhalb der Bürokratie. Stalin stützte sich bei seinem Aufstieg vorwiegend auf die Bürokratie gegen das Volk, auf die Thermidorianer gegen die Revolutionäre. Aber in gewissen kritischen Augenblicken war er gezwungen, Unterstützung bei den revolutionären Elementen zu suchen und mit deren Hilfe beim Volk gegen den zu ungeduldigen Angriff der Privilegierten. Man kann sich aber nicht auf einen sozialen Gegensatz stützen, der sich in einen Abgrund verwandelt. Daher der erzwungene Übergang zur thermidorianischen Geschlossenheit durch Ausrottung der letzten Reste revolutionären Geistes und des geringsten Ausdrucks politischer Selbständigkeit der Massen. Während sie vorüberge-

11 Das auf dem 17. Parteitag 1934 gewählte ZK bestimmte folgende Politbüromitglieder und -kandidaten: Andrejew, Kaganowitsch, Kalinin, Kirow, Kossior, Kuibyschew, Molotow, Ordschonikidse, Woroschilow, Mikojan, Petrowski, Postyschew, Rudsutak und Tschubar. Davon begingen zwei Mitglieder, Kuibyschew und Ordschonikidse, nach offiziellen Angaben Selbstmord. Kirow wurde 1934 im Auftrage Stalins umgebracht. Kossior, Postyschew, Rudsutak und Tschubar kamen in den Säuberungen seit 1936 um. Petrowski wurde auf dem Parteitag im Jahre 1939 nicht wieder in das ZK gewählt und verlor zugleich seine Staats- und Parteiämter in der Ukraine. Nach Moskau gerufen, überlebte er die Stalin-Ära als stellvertretender Direktor des Revolutionsmuseums, während ein großer Teil seiner Familie umgebracht wurde; er starb 1958, nachdem er in der mit dem 20. Parteitag einsetzenden Entstalinisierung noch zu einem Kronzeugen der Anklage gegen Stalins »Personenkult« wurde. Er gab den antistalinistischen Historikern Roy Medwedew und Anton Antonow-Owssejenko wichtige Informationen.

hend die Macht Stalins rettet, erschüttert die blutige Säuberung endgültig die sozialen und politischen Fundamente des Bonapartismus.

Stalin steht nahe vor der Vollendung seiner tragischen Mission. Je mehr es ihm scheint, daß er niemand mehr braucht, um so näher rückt die Stunde, daß niemand ihn braucht. Gelingt es der Bürokratie, durch Umwandlung der Form des Eigentums aus sich heraus eine besitzende Klasse zu schaffen, dann wird diese ihre eigenen, mit keiner revolutionären Vergangenheit verbundenen und qualifizierteren Führer finden. Dabei wird Stalin kaum ein Dankeswort für die vollbrachte Arbeit zu hören bekommen. Die offene Konterrevolution wird mit ihm wahrscheinlich unter der Anklage des ... Trotzkismus abrechnen. Stalin wird dann selber Opfer des von ihm erfundenen Amalgams werden. Jedoch, diese Entwicklung muß nicht so eintreten. Die Menschheit tritt von neuem in eine Epoche von Kriegen und Revolutionen. Nicht nur politische, sondern auch soziale Systeme werden dabei wie Kartenhäuser zusammenstürzen. Es ist sehr wahrscheinlich, daß die revolutionären Erschütterungen in Asien und Europa dem Sturz der Clique Stalins durch eine kapitalistische Konterrevolution zuvorkommen und deren Sturz unter den Schlägen der Werktätigen herbeiführen werden. In diesem Falle hat Stalin noch weniger auf Dankbarkeit zu rechnen.

Wenn strenge Maßnahmen angewandt werden im Dienste großer historischer Ziele, ist das Gedächtnis der Menschheit großmütig. Aber die Geschichte wird keinen Tropfen Blut verzeihen, der dem neuen Moloch der Willkür und der Privilegien zum Opfer gebracht wurde. Das sittliche Gefühl findet seine höchste Befriedigung in der unerschütterlichen Gewißheit, daß die historische Sühne dem Ausmaß des Verbrechens entsprechen wird. Die Revolution wird alle Geheimschränke öffnen, alle Prozesse nachprüfen, die Verleumdeten freisprechen, den Opfern der Willkür Denkmäler errichten[12] und die Namen der Henker mit ewigem Fluch bedecken. Stalin wird von der Bühne abtreten, belastet mit allen Verbrechen, die er begangen hat — nicht nur als Totengräber der Revolution, sondern auch als die unheilvollste Figur der menschlichen Geschichte.

12 Auf dem 22. Parteitag der KPdSU (17.-31.10.1961) sagte Chruschtschow in seinem Schlußwort, das Präsidium des Parteitags habe einen Brief alter Bolschewiken erhalten, worin sie vorschlagen, die Erinnerung an die bedeutenden Partei- und Staatsfunktionäre, die Opfer unbegründeter Repressionen in der Periode des Personenkults wurden, für die Ewigkeit wachzuhalten. Wir halten diesen Vorschlag für richtig. (Stürmischer, anhaltender Applaus.) Zweckmäßig wäre es, das vom 22. Parteitag gewählte Zentralkomitee zu beauftragen, diese Frage grundlegend zu lösen. Vielleicht sollte man in Moskau ein Denkmal errichten, um die Erinnerung an die Genossen, die Opfer der Willkür wurden, für die Ewigkeit wachzuhalten. (Applaus.)« (*XXII Sjesd Kommunistitscheskoj Partii Sowjetskowo Sojusa*, 17-31 oktjabrja 1961 g., Stenografitscheski otschot, Bd. 2, Moskau [Politisdat] 1962, S. 587.)

# (43) Noch einmal: die UdSSR und ihre Verteidigung*

*Coyoacán, 4. November 1937*

## Craipeau[1] vergißt die Hauptlehren des Sozialismus

Genosse Craipeau möchte uns nochmals davon überzeugen, daß die Sowjetbürokratie als solche eine Klasse ist. Es ist für ihn jedoch nicht eine rein »soziologische« Frage. Nein, alles, was er möchte, ist — wie wir sehen werden — ein für allemal einen freien und geraden Weg zu seiner Art des Internationalismus zu markieren, einem Internationalismus, der leider seiner selbst durchaus nicht sicher ist. Wenn die Bürokratie keine Klasse ist, wenn die Sowjetunion noch als Arbeiterstaat verstanden werden kann, so

* T4229, 4230 *Once Again: The USSR and Its Defense* (4.11.1937). *Internal Bulletin*, Organizing Committee for the Socialist Party Convention, Nr. 2, November 1937, und TWr 1937-38, S. 34-44. Frz. in: TŒ 15, S. 255-267. Yvan Craipeau (vgl. Anm. 1), ein Mitglied der französischen trotzkistischen Organisation, hatte für deren Konferenz im November 1937 Thesen ausgearbeitet, in denen er die Bürokratie als eine neue herrschende Klasse charakterisierte. Trotzki nahm mit diesem Artikel dazu Stellung; auf der Konferenz stimmte die Mehrheit gegen die Thesen Craipeaus. Sein Text »La Quatrième Internationale et la contre-révolution russe« zirkulierte zunächst innerhalb der Organisation und wurde dann auszugsweise in einer Sondernummer der theoretischen Zeitschrift der französischen Trotzkisten, *Quatrième Internationale* (vom Juni 1938), veröffentlicht. Er ist wieder abgedruckt im Anhang zu Léon Trotsky, *Défense du marxisme*, URSS, marxisme et bureaucratie, Paris [E.D.I.] 1976, S. 311-319.

1 Yvan Craipeau (geb. 1911) kam als Oberschüler in Paris in Kontakt zur französischen Linksopposition und leitete bald deren Jugendarbeit. 1933 lebte er nach Übersiedlung der Familie Trotzki nach Frankreich einige Monate in deren Haushalt. 1934 sprach er sich für den Eintritt der französischen Trotzkisten in die Sozialistische Partei aus. Der Übergang des revolutionären Flügels der sozialistischen Jugend um Fred Zeller zur trotzkistischen Organisation war im wesentlichen Craipeau zu verdanken. Nach 1936 gehörte er zur Führung der POI, der neuen trotzkistischen Organisation in Frankreich. Nach dem Aus-

muß man sie im Kriege unterstützen. Wie kann man denn unversöhnlicher Gegner der eigenen Regierung bleiben, wenn diese mit den Sowjets verbündet ist? Da besteht doch eine schreckliche Versuchung, dem Sozialpatriotismus zu verfallen! Nein, es ist weitaus besser, reinen Tisch zu machen: Die stalinistische Bürokratie ist eine ausbeutende Klasse, und im Kriegsfalle brauchen wir zwischen den Sowjets und Japan kaum Unterschied zu machen.

Unglücklicherweise bringt dieser terminologische Radikalismus die Dinge nicht viel weiter. Nehmen wir einen Augenblick lang an, die Bürokratie sei im Sinne der marxistischen Soziologie wirklich eine *Klasse*. Wir besäßen dann eine neue Form von Klassengesellschaft, die weder mit der feudalistischen noch mit der kapitalistischen Gesellschaft identisch ist, und die niemals von marxistischen Theoretikern vorausgesehen worden ist. Eine derartige Entdeckung verdient etwas aufmerksamere Analyse.

Warum befindet sich die kapitalistische Gesellschaft in einer Sackgasse? Weil sie nicht mehr imstande ist, die Produktivkräfte in den fortgeschrittenen wie auch in den zurückgebliebenen Ländern weiterzuentwickeln. Die Kette des Weltimperialismus brach an ihrem schwächsten Glied, in Rußland. Nun erfahren wir, daß anstelle der bürgerlichen Gesellschaft eine neue Klassengesellschaft errichtet worden ist. Craipeau hat ihr bisher keinen Namen gegeben, auch nicht ihre inneren Gesetze analysiert. Das hindert uns aber nicht daran zu erkennen, daß die neue Gesellschaft im Vergleich zum Kapitalismus fortschrittlich ist, denn die neue besitzende »Klasse« hat auf der Grundlage des nationalisierten Eigentums eine Entwicklung der Produktivkräfte möglich gemacht, die in der Weltgeschichte nie zuvor erreicht worden ist. Der Marxismus lehrt uns doch, daß die Produktivkräfte der grundlegende Faktor des historischen Fortschritts sind. Eine Gesellschaft, die nicht imstande ist, das wirtschaftliche Wachstum zu sichern, ist

schluß des linken Flügels der sozialistischen Partei, der sich 1938 als PSOP organisierte, trat er für den Anschluß der POI an diese neue Partei ein. Als das abgelehnt wurde, schloß er sich Anfang 1939 der PSOP mit einer Minderheit der POI an. Seit 1940 war er einer der Organisatoren des Widerstandes der französischen Trotzkisten gegen die deutsche Besatzungsmacht und entkam mehrmals nur knapp der Gestapo. Craipeau spielte eine wichtige Rolle bei der Wiedervereinigung der trotzkistischen Organisationen im Jahre 1944; er wurde 1946 Generalsekretär ihrer neuen Partei, der PCI, und Mitglied der Führung der IV. Internationale. In der PCI vertrat er eine Tendenz, die auf die Bildung einer linkssozialistischen Partei zusammen mit dem linken Flügel der Sozialisten drängte. Diese Gruppe blieb in der Minderheit, und ihre Anhänger verließen 1948 die PCI. Craipeau war dann Mitglied verschiedener linkssozialistischer Organisationen. Seit 1960 ist er in der Parti Socialiste Unifié.
(Yvan Craipeau, *Le mouvement trotskyste en France*, Des origines aux enseignements de mai 68, Paris [Syros] 1971; ders., *Contre vents et marées*, Paris [Savelli] 1977; ders., *La libération confisquée*, Paris [Savelli-Syros] 1978.)

noch weniger in der Lage, für die Bedürfnisse der arbeitenden Massen zu sorgen, wie immer auch der Verteilungsmodus aussehen mag. Der Antagonismus zwischen Feudalismus und Kapitalismus und der Niedergang des ersteren ist eben durch die Tatsache bestimmt worden, daß der letztere den stagnierenden Produktionskräften neue und großartige Möglichkeiten eröffnete. Das gleiche gilt für die UdSSR. Wie auch ihre Ausbeutungsformen sein mögen — die neue Gesellschaft ist schon durch diesen Charakterzug der kapitalistischen Gesellschaft überlegen. Hier liegt der wirkliche Ausgangspunkt für eine marxistische Analyse!

Dieser grundlegende Faktor, die Produktivkräfte, spiegelt sich auch im Ideologischen wider. Während uns das Wirtschaftsleben kapitalistischer Länder lediglich verschiedene Stufen der Stagnation und des Verfalls zeigt, ist die nationalisierte und geplante Wirtschaft der UdSSR das größte Vorbild für alle Teile der Menschheit, die nach einer besseren Zukunft streben. Man müßte blind sein, um diesen Unterschied nicht zu sehen!

In einem Kriege zwischen Japan und Deutschland auf der einen, der UdSSR auf der anderen Seite ginge es nicht um die gleiche Einkommensverteilung, die proletarische Demokratie oder Wyschinskis Justiz, sondern um das Schicksal des *nationalisierten Eigentums und der Planwirtschaft.* Der Sieg der imperialistischen Staaten würde nicht nur die Beseitigung der neuen ausbeutenden »Klasse« in der UdSSR, sondern auch die der neuen Produktionsformen bedeuten — das Absinken der gesamten Sowjetwirtschaft auf das Niveau eines rückständigen und halbkolonialen Kapitalismus. Nun frage ich Craipeau: Wenn wir es mit einem Kampf zweier Staaten zu tun haben, die — nehmen wir einmal an — beide Klassenstaaten sind, wovon der eine jedoch imperialistische Stagnation und der andere einen immensen ökonomischen Fortschritt repräsentiert, müssen wir dann nicht den progressiven gegen den reaktionären Staat unterstützen? Ja oder nein?

In seiner Polemik spricht Craipeau über die verschiedensten Dinge, auch über solche, die von dem eigentlichen Gegenstand sehr weit entfernt sind, aber nicht ein einziges Mal erwähnt er den entscheidenden Faktor marxistischer Soziologie, die Entwicklung der Produktivkräfte. Aus diesem Grunde eben hängt seine ganze Konstruktion in der Luft. Er jongliert mit terminologischen Schemen (»Klasse«, »Nichtklasse«), anstatt die Realität zu analysieren. Er meint, es genüge, die Bürokratie mit dem Begriff »Klasse« zu bezeichnen, um der Notwendigkeit enthoben zu sein, die Stellung zu analysieren, die die neue Gesellschaft in der historischen Entwicklung der Menschheit einnimmt. Indem Craipeau uns zwingen will, eine Gesellschaft, die absolut reaktionär ist, weil sie die Produktivkräfte fesselt und sogar zerstört, nicht von einer zu unterscheiden, die relativ fortschrittlich ist, da sie einen großen Wirtschaftsaufschwung gesichert hat, will er uns eine Politik reaktionärer »Neutralität« vorschreiben. Jawohl, Genosse Craipeau, reaktionär!

## Aber ist die Bürokratie eine Klasse?

Aus dem bisher Gesagten geht hervor, daß wir sehr gut darauf verzichten könnten, nochmals die theoretische Frage zu analysieren, mit der allein Craipeau sich beschäftigt, und die an sich für unsere Politik in Kriegszeiten keineswegs ausschlaggebend ist. Aber die Frage nach dem gesellschaftlichen Charakter der Bürokratie ist trotz allem von einer allgemeinen Warte her sehr wichtig, und wir sehen keinen Grund, Craipeau auf diesem Gebiet die geringste Konzession zu machen. Unser Kritiker wechselt seine Argumente, ohne sich darüber irgendwelche Kopfschmerzen zu machen. Diesmal bezieht er sein schlagendes Argument aus einem Zitat in *Die Verratene Revolution*: »Die Produktionsmittel gehören dem Staat. Aber der Staat ‚gehört' *gewissermaßen* der Bürokratie«[2] (Hervorhebung von mir). Craipeau ist überglücklich. Gehören die Produktionsmittel dem Staat, und der Staat der Bürokratie, dann wird diese zum Kollektiveigentümer der Produktionsmittel und durch diese Tatsache zur besitzenden und ausbeutenden Klasse. Die restliche Argumentation Craipeaus trägt beinahe rein literarischen Charakter. Er erzählt uns noch einmal, indem er vorgibt, gegen mich zu polemisieren, daß die thermidorianische Bürokratie schlecht, habgierig, reaktionär, blutdürstig usw. ist. Eine wirkliche Offenbarung! Wir haben allerdings nie gesagt, daß die stalinistische Bürokratie Tugenden besitzt. Wir haben ihr nur die Eigenschaft einer Klasse im marxistischen Sinn, das heißt in bezug auf das Eigentum an den Produktionsmitteln, abgesprochen. Aber da zwingt mich Craipeau, mich selbst zu verleugnen, weil ich festgestellt habe, daß die Bürokratie den Staat als ihr Eigentum behandelt. »Und das ist des Pudels Kern!«

Mit diesem über Gebühr vereinfachten Argument beweist Craipeau einen bedauerlichen Mangel an dialektischem Verständnis. Ich habe niemals behauptet, die Sowjetbürokratie gleiche der Bürokratie der absoluten Monarchie oder des liberalen Kapitalismus. Die nationalisierte Ökonomie schafft für die Bürokratie eine völlig neue Situation und eröffnet neue Möglichkeiten — des Fortschritts wie auch der Entartung. Mehr oder weniger wußten wir das sogar vor der Revolution. Die Analogie zwischen der Sowjetbürokratie und der Bürokratie des faschistischen Staates geht viel weiter, vor allem aus dem Blickwinkel, der uns interessiert. Die faschistische Bürokratie behandelt den Staat ebenfalls als ihr Eigentum. Sie legt dem Privatkapital erhebliche Beschränkungen auf und versetzt es oft in große Unruhe. Als logisches Argument können wir nennen: Wenn es der faschistischen Bürokratie gelungen ist, den Kapitalisten ihre Disziplin und ihre Beschränkungen aufzuzwingen, ohne daß diese wirksamen Widerstand

2 Vgl. Text 36, S. 953.

geleistet haben, dann könnte diese Bürokratie sich schrittweise in eine neue herrschende »Klasse« verwandeln, die der Sowjetbürokratie völlig entspricht. Aber der faschistische Staat »gehört« der Bürokratie nur »*gewissermaßen*«. (Siehe das obige Zitat.)

Dies eine Wort wird von Craipeau absichtlich übersehen. Aber es hat sein Gewicht. Es ist sogar entscheidend. Es ist integraler Bestandteil des Gesetzes der Dialektik vom Umschlagen von Quantität in Qualität.[3] Wenn Hitler versucht, sich den Staat, und damit das Privateigentum völlig und nicht nur »gewissermaßen« anzueignen, wird er auf die heftige Opposition der Kapitalisten stoßen; das aber würde den Arbeitern große revolutionäre Möglichkeiten eröffnen. Es gibt aber Ultralinke, die die Schlußfolgerungen Craipeaus hinsichtlich der Sowjetbürokratie auf die faschistische Bürokratie beziehen und die das faschistische und das stalinistische Regime gleichsetzen (wie einige deutsche Spartakisten[4], Hugo Urbahns, gewisse Anarchisten usw.). Über diese sagen wir das gleiche wie über Craipeau: Ihr Irrtum liegt in der Auffassung, die Grundlagen einer Gesellschaft könnten ohne Revolution oder Konterrevolution verändert werden; sie lassen den Film des Reformismus rückwärts ablaufen.

Aber hier zitiert Craipeau — noch immer triumphierend — eine andere Stelle aus *Die Verratene Revolution*, die sich auf die Sowjetbürokratie bezieht: »Wenn diese ... Verhältnisse gegen oder ohne den Widerstand der Werktätigen sich verfestigten, zur Norm und legalisiert würden, so würden sie letzten Endes zur völligen Liquidierung der sozialen Errungenschaften der proletarischen Revolution führen.«[5] Und Craipeau folgert: »Damit zieht Genosse Trotzki (in der Zukunft) die Möglichkeit in Betracht, daß sich der Arbeiterstaat ohne Militärintervention (?) in einen kapitalistischen Staat umwandelt. Im Jahre 1933 nannte man das gewöhnlich: den Film des Reformismus rückwärts ablaufen lassen.« 1937 erhält das die gleiche Bezeichnung. Was für mich ein rein logisches Argument ist, hält Craipeau für eine historische Prognose. Ohne einen siegreichen Bürgerkrieg kann die

3 Vgl. dazu Friedrich Engels, »Anti-Dühring«, 1876-78, Abschnitt XII. Dialektik. Quantität und Qualität, in: MEW 20, S. 111-120.

4 Trotzki bezieht sich nicht auf den »Spartakusbund« von Rosa Luxemburg und Karl Liebknecht, eine der Vorläuferorganisationen der KPD, sondern auf den »Spartakusbund der linkskommunistischen Organisationen« (auch »Spartakusbund Nr. 2«), der 1926 aus dem Zusammenschluß mehrerer ultralinker Absplitterungen des deutschen Kommunismus entstand, keine Bedeutung gewann und 1927 wieder zerfiel. Einer seiner Führer war Franz Pfemfert.
(Vgl. Siegfried Bahne, »Zwischen ‚Luxemburgismus' und ‚Stalinismus'. Die ultralinke Opposition in der KPD«, in: *Vierteljahreshefte für Zeitgeschichte*, Nr. 4, 1961, S. 359-383, hier S. 366-370; Hans Manfred Bock, *Geschichte des ‚linken Radikalismus' in Deutschland.* Ein Versuch, Frankfurt [Suhrkamp] 1976, S. 136-138.)

Bürokratie keine neue herrschende Klasse hervorbringen. Dies war und ist meine Absicht. Zudem, was jetzt in der UdSSR vorgeht, ist nur ein von der Bürokratie begonnener Präventiv-Bürgerkrieg. Und trotzdem hat sie noch nicht die ökonomischen Grundlagen des Staates angerührt, die von der Revolution geschaffen wurden und die — trotz allen Entstellungen und Verzerrungen — eine beispiellose Entwicklung der Produktivkräfte sichern.

Niemand hat je die Möglichkeit ausgeschlossen — vor allem im Falle eines weiter anhaltenden Zersetzungsprozesses in der Welt —, daß eine neue, aus der Bürokratie hervorgehende besitzende Klasse entstehen kann. Die gegenwärtige soziale Stellung der Bürokratie, die mit Hilfe des Staates »gewissermaßen« über die Produktivkräfte verfügt, ist ein äußerst wichtiger Ausgangspunkt für diesen Umwandlungsprozeß. Es ist jedoch nur eine historische Möglichkeit und nicht eine bereits vollzogene Tatsache.

## Ist eine Klasse das Produkt ökonomischer oder politischer Umstände?

In *Die Verratene Revolution* habe ich versucht, eine Definition des gegenwärtigen Sowjetregimes zu geben.[6] Diese Definition umfaßt neun Punkte. Zugegebenermaßen ist diese Auflistung beschreibender und vorsichtiger Formulierungen nicht sehr elegant. Aber sie versucht gegenüber der Realität ehrlich zu sein. Das ist immer von Vorteil. Craipeau erwähnt diese Definition nicht einmal. Er setzt ihr keine andere entgegen. Er sagt nicht, ob die neue ausbeutende Gesellschaft der alten überlegen oder unterlegen ist, und er stellt sich nicht die Frage, ob diese neue Gesellschaft eine unvermeidliche Stufe zwischen Kapitalismus und Sozialismus ist, oder ob es sich nur im einen historischen »Unfall« handelt. Indessen nimmt vom Gesichtspunkt unserer allgemeinen historischen Perspektive, wie sie von Marx und Engels im *Kommunistischen Manifest*[7] formuliert wurde, die soziologische Definition der Bürokratie eine überragende Bedeutung an.

Die Bourgeoisie entstand aus der neuen Produktionsweise; sie blieb solange eine historische Notwendigkeit, wie die neue Produktionsweise ihre Möglichkeiten nicht erschöpft hatte. Die gleiche Behauptung kann gegenüber allen vorangegangenen sozialen Klassen aufgestellt werden:

5 Text 36, S. 953.
6 Vgl. Text 36, S. 957 f.
7 Vgl. dazu auch die von Trotzki kurz vor der Abfassung des vorliegenden Textes (am 30.10.1937) auf Bitten der südafrikanischen Trotzkisten geschriebene Einleitung zu einer Ausgabe des *Kommunistischen Manifestes* in Afrikaans: »Neunzig Jahre ‚Kommunistisches Manifest'«, in: *Denkzettel*, S. 328-339.

gegenüber den Sklavenbesitzern, den Feudalherren, den mittelalterlichen Handwerksmeistern. Zu ihrer Zeit waren sie alle Vertreter und Führer eines Produktionssystems, das für den Fortschritt der Menschheit seinen Stellenwert hatte. Wie schätzt dann Craipeau den historischen Stellenwert der »Bürokratie-Klasse« ein? Über diese entscheidende Frage äußert er nichts. Trotzdem haben wir viele Male, mit der Hilfe Craipeaus selbst, wiederholt, die Entartung der Sowjetunion sei das Produkt der Verzögerung der Weltrevolution, das heißt das Ergebnis sozusagen politischer und »konjunktureller« Ursachen. Kann man von einer neuen ... »konjunkturellen« Klasse sprechen? Ich bezweifle das ernsthaft. Wenn Craipeau bereit ist, seine wohl eher übereilte Auffassung vom Standpunkt der historischen Entwicklung sozialer Ordnungen aus zu prüfen, wird er sicher selbst erkennen, daß die Bezeichnung der Bürokratie als besitzende Klasse nicht nur ein terminologischer Mißgriff ist, sondern noch dazu eine große politische Gefahr, die zu einem völligen Schiffbruch unserer politischen Perspektiven führen kann. Sieht Craipeau hinreichende Gründe, um die marxistische Konzeption in diesem entscheidenden Punkt zu revidieren? Ich selbst sehe keine. Aus diesem Grunde weigere ich mich, Craipeau zu folgen.

Wir können und müssen jedoch sagen, daß die Sowjetbürokratie alle Laster einer besitzenden Klasse besitzt, ohne in irgendeiner Weise ihre »Tugenden« (organische Stabilität, gewisse Moralnormen usw.) aufzuweisen. Die Erfahrung hat uns gelehrt, daß der Arbeiterstaat noch ein Staat, das heißt ein Produkt der barbarischen Vergangenheit ist, daß er unter ungünstigen Umständen bis zur Unkenntlichkeit entarten kann und daß eine zusätzliche Revolution erforderlich sein könnte, um ihn zu erneuern! Aber trotzdem bleibt der Arbeiterstaat eine unvermeidliche Stufe auf unserem Weg. Diese Stufe kann nur durch die permanente Revolution des internationalen Proletariats überwunden werden.

## Und wo bleibt die Dialektik?

Ich kann nicht Punkt für Punkt der gesamten Argumentation des Genossen Craipeau folgen; dazu müßte man tatsächlich die gesamte marxistische Konzeption rekapitulieren. Die Schwierigkeit liegt darin, daß Craipeau nicht die Tatsachen, wie sie sind, analysiert, sondern eher logische Argumente zugunsten einer vorgefaßten These sammelt. Diese Methode ist ihrem Wesen nach antidialektisch und deshalb antimarxistisch. Ich will dafür einige Beispiele anführen.

a) »Das russische Proletariat hat schon vor vielen Jahren alle Hoffnung auf politische Macht verloren ...« Craipeau hütet sich, den *genauen Zeitpunkt* mit Bestimmtheit anzugeben. Er möchte nur den Eindruck erwecken, unsere Tendenz habe sich »seit vielen Jahren« Illusionen hingegeben. Er vergißt zu erwähnen, daß die Bürokratie im Jahre 1923 ziemlich erschüttert war und daß nur die deutsche Niederlage und die darauf folgende Entmutigung des russischen Proletariats ihre Position wieder stabilisierte. Während der chinesischen Revolution (1925-27) wiederholte sich die Krise auf ähnliche Weise. Der erste Fünfjahresplan und das tiefe Grollen in Deutschland (1931-33), das Hitlers Aufstieg vorausging, bedrohte nochmals die bürokratische Herrschaft. Können wir schließlich einen Augenblick daran zweifeln, daß — wäre die spanische Revolution siegreich und die französischen Arbeiter imstande gewesen, ihre Mai-Juni-Offensive 1936 zur Entscheidung voranzutreiben — das russische Proletariat seinen Mut und seine Kampfeslust zurückgewonnen und die Thermidorianer mit geringer Mühe gestürzt hätte? Nur die Aufeinanderfolge entsetzlicher und bedrückender Niederlagen in der ganzen Welt hat Stalins Regime stabilisiert. Craipeau stellt das Ergebnis, das nebenbei bemerkt in sich recht widersprüchlich ist, dem Prozeß gegenüber, der zu ihm führte, und unserer Politik, welche die Reflexion dieses Prozesses war.

b) Um das Argument zu widerlegen, die Bürokratie bediene sich der nationalen Ressourcen nur wie eine Zunft, eine äußerst unentschlossene zudem, und die einzelnen Bürokraten hätten nicht das Recht, frei über Staatseigentum zu verfügen, erwidert Craipeau: »Die Bourgeois (?) mußten auch lange warten, bevor sie ihren Nachkommen den Besitz an Produktionsmitteln übertragen konnten. In der Frühphase des Zunftwesens wurde der Meister von Ebenbürtigen gewählt ...« usw. Aber Craipeau läßt die Kleinigkeit außer acht, daß gerade in der »Frühphase des Zunftwesens« die Zünfte noch nicht in Klassen zerfielen, und daß der Meister kein »Bourgeois« im modernen Sinne des Wortes war. Der Umschlag von Quantität in Qualität existiert für Craipeau nicht.

c) »Das Privateigentum wird wiederhergestellt, das Erbrecht wieder eingeführt ...« Aber Craipeau spricht nicht aus, daß es sich um Eigentum an Gütern des persönlichen Gebrauchs, und nicht um Eigentum an Produktionsmitteln handelt. Ebenso vergißt er, den Umstand zu erwähnen, daß das Privateigentum der Bürokraten, selbst jener in hohen Positionen, in keinem Vergleich zu den materiellen Ressourcen steht, die ihnen durch ihre Stellungen zugänglich werden, und daß gerade die gegenwärtige »Säuberung«, die durch einen Federstrich Abertausende von bürokratischen Familien in die größte Armut hinabstieß, demonstriert, wie leicht die Bande zwischen den Bürokraten — und noch mehr ihren Familien — und dem Staatseigentum brechen.

d) Der Präventiv-Bürgerkrieg, der gegenwärtig von der herrschenden Clique geführt wird, beweist erneut, daß sie nur durch revolutionäre Gewalt gestürzt werden kann. Da sich aber diese neue Revolution auf der Grundlage von Staatseigentum und Planwirtschaft entwickeln muß, haben wir den

Sturz der Bürokratie als eine politische Revolution — zur Unterscheidung von der sozialen Revolution von 1917 — gekennzeichnet. Craipeau meint, diese Unterscheidung »gehöre in den Bereich der Spitzfindigkeiten«. Warum so streng? Weil, wohlverstanden, die Wiedereroberung der Macht durch das Proletariat auch gesellschaftliche Konsequenzen nach sich ziehen wird. Aber die bürgerlichen politischen Revolutionen von 1830, 1848 und vom September 1870 hatten ebenfalls gesellschaftliche Konsequenzen, da auch sie die Verteilung des Nationaleinkommens erheblich veränderten.[8] Jedoch, mein teurer Craipeau, alles ist relativ in dieser Welt, die keine Schöpfung ultralinker Formalisten ist. Die von den sogenannten politischen Revolutionen bewirkten gesellschaftlichen Veränderungen, so bedeutend sie waren, erscheinen in Wirklichkeit als zweitrangig, wenn man sie mit der Großen Französischen Revolution vergleicht, welche die bürgerliche *gesellschaftliche* Revolution schlechthin gewesen ist. Was dem Genossen Craipeau fehlt, ist ein Verständnis für Verhältnismäßigkeit und ein Begriff von Relativität. Unser junger Freund ist überhaupt nicht an dem Gesetz des Umschlagens von Quantität in Qualität interessiert. Und doch ist dies das wichtigste Gesetz der Dialektik. Es stimmt allerdings, daß die Autoritäten der bürgerlichen akademischen Welt meinen, die Dialektik selbst gehöre in den »Bereich der Spitzfindigkeiten«.

e) Es ist kein Zufall, daß Craipeau von der Soziologie eines M. Yvon[9] begeistert ist. Die persönlichen Beobachtungen Yvons sind ehrlich und sehr wichtig. Aber nicht von ungefähr hat er in dem kleinen Hafen der *Révolution Prolétarienne* Zuflucht gefunden. Yvon ist an der »Ökonomie«, an der »Werkstatt« — um den Ausdruck Proudhons zu benutzen — interessiert, und nicht an der »Politik«, das heißt, an der *verallgemeinerten Ökonomie*. Er gehört begrifflich der proudhonistischen Schule an; gerade das ermöglichte

8 1830 wurde in Frankreich das Regime der Restauration gestürzt. Der »Bürgerkönig« Louis Philippe begünstigte die Großbourgeoisie (Finanzkapital, Eisenbahnbau). 1848 wurde dann die Republik erkämpft. Nach der Niederschlagung des erstmals selbständig auftretenden Proletariats (»Junischlacht« 1848) kam es zum Staatsstreich Napoleons III., dessen zweites Kaiserreich erst im September 1870 mit der Niederlage im Krieg gegen Preußen zusammenbrach, woraufhin die Republik proklamiert wurde.

9 M. Yvon war das Pseudonym von Robert Guiheneuf (geb. 1899), einem französischen Kommunisten, der lange an leitender Stelle in der sowjetischen Industrie gearbeitet hatte. 1934 kehrte er enttäuscht nach Frankreich zurück und veröffentlichte zahlreiche Artikel, vor allem in der Zeitschrift *La Révolution prolétarienne*, in denen er die These vertrat, die Sowjetunion habe sich zu einer neuen Klassengesellschaft entwickelt.
(Vgl. *Ce qu'est devenue la révolution russe*, Préface de Pierre Pascal, Paris, [Coopérative Ouvrière Ægitna], 1937 [Auszüge daraus in Deutsch bei: Frits Kool, *Die Linke gegen die Parteiherrschaft*, Olten [Walter] 1970, S. 537-561]; *L'U.R.S.S., telle qu'elle est*, Préface d'André Gide, Paris [Gallimard] 1938.)

ihm, während des Kampfes zwischen der Linken Opposition und der Bürokratie neutral zu bleiben; er verstand nicht, daß das Schicksal der »Werkstatt« davon abhing. Was er über den Kampf »um das Erbe Lenins« zu sagen hat, ohne zwischen gesellschaftlichen Tendenzen — selbst heute, im Jahre 1937! — zu unterscheiden, zeigt mit voller Deutlichkeit seine durchaus kleinbürgerliche, gänzlich betrachtende und keineswegs revolutionäre Konzeption. Der Begriff der Klasse ist für Yvon eine Abstraktion, die er über die Abstraktion »Werkstatt« stülpt. Es ist wirklich traurig, daß Craipeau keine andere Quelle theoretischer Anregung findet!

## Verteidigung der UdSSR und Sozialpatriotismus

Dieses ganze leider sehr brüchige soziologische Gerüst dient Craipeau, wie wir ausführten, nur dazu, um im Falle eines Krieges der Notwendigkeit zu entgehen, zwischen der UdSSR und den imperialistischen Staaten Unterschiede zu machen. Die beiden letzten Abschnitte seines Schriftstücks, die diesen Gegenstand behandeln, sind besonders aufschlußreich. Craipeau teilt uns mit: »Jeder europäische, jeder Weltkrieg wird heutzutage durch imperialistische Konflikte ausgelöst, und nur stalinistische und reformistische Narren können annehmen, daß es bei dem bevorstehenden Krieg etwa um das faschistische oder das demokratische System ginge.« Man beachte diese stolze These: Wenn auch etwas vereinfacht, so hat er sie doch diesmal dem marxistischen Arsenal entliehen. Unmittelbar darauf schreibt Craipeau, um die UdSSR als »Vorkämpfer des imperialistischen Krieges« zu charakterisieren und herabzuwürdigen: »Im Lager von Versailles spielt ihre Diplomatie (die der UdSSR) jetzt die gleiche treibende Rolle wie die Hitlersche Diplomatie im anderen Lager.« Räumen wir das einmal ein. Aber wird der imperialistische Charakter des Krieges durch die provokative Rolle einer faschistischen Diplomatie bestimmt? Durchaus nicht. »Nur stalinistische und reformistische Narren können das annehmen.« Und ich hoffe, daß wir anderen nicht im Begriff sind, das gleiche Kriterium auf den Sowjetstaat anzuwenden. Man ist in den imperialistischen Staaten Defätist — nicht wahr? —, weil man das System des Privateigentums zerstören will, und nicht, weil man irgendwelche »Aggressoren« zu züchtigen wünscht. In einem Kriege Deutschlands gegen die UdSSR geht es, soweit es die Imperialisten betrifft, darum, die ökonomischen Grundlagen der UdSSR zu verändern, und nicht darum, Stalin und Litwinow zu bestrafen. Nicht wahr? Craipeau hat seine grundsätzliche These nur aufgestellt, um sofort den entgegengesetzten Weg einzuschlagen. Ihm zufolge besteht die Gefahr, die wirkliche Gefahr, darin, daß den Sozialpatrioten aller Schattierungen die Verteidigung der UdSSR als Vorwand für neuen Verrat dient. »Unter diesen Umständen ist in unserer Haltung jede Zweideutigkeit verhängnisvoll.«

Und schließlich: »Heute muß man wählen: entweder die bedingungslose Verteidigung der UdSSR, das heißt (!!!) die Sabotierung der Revolution in unserem Lande und in der UdSSR, oder Defätismus und Revolution.«

Da haben wir es. Es ist überhaupt keine Frage des gesellschaftlichen Charakters der UdSSR — der ist gleichgültig —, denn Craipeau zufolge schließt die Verteidigung eines Arbeiterstaates, auch eines ganz echten, ein, daß das Proletariat des verbündeten imperialistischen Landes eine heilige Allianz mit seiner eigenen Bourgeoisie eingeht. »Und das ist des Pudels Kern«, wie man so sagt. Craipeau glaubt, daß im Kriege — im Kriege ganz allgemein — das Proletariat sich nicht darum kümmern sollte, ob es ein Krieg gegen Deutschland, die UdSSR, oder gegen ein aufständisches Marokko[10] ist, denn in all diesen Fällen muß man »Defätismus ohne Umschweife« proklamieren, weil das die einzige Möglichkeit ist, den Klauen des Sozialpatriotismus zu entrinnen. Nochmals, und sehr deutlich erkennen wir, daß Ultralinkstum immer ein Opportunismus ist, der vor sich selbst Angst hat und absolute Garantien verlangt — das heißt nichtexistente Garantien —, daß er seiner Fahne treu bleibt. Dieser unversöhnliche Typus erinnert an jene Art eines schüchternen und schwachen Menschen, der, in Wut geraten, seinen Freunden zuruft: »Haltet mich fest, sonst werde ich etwas Fürchterliches tun!« Gib mir absolut unanfechtbare Thesen, bedecke meine Augen mit undurchdringlichen Scheuklappen, andernfalls … werde ich etwas Fürchterliches tun! Wahrlich, das ist des Pudels Kern!

Aber bezweifelt Craipeau überhaupt den proletarischen Charakter des Sowjetstaates zum Beispiel zwischen 1918 und 1923 oder, um den Ultralinken eine Konzession zu machen, wenigstens zwischen 1918 und 1921?[11] In jener Periode manövrierte der Sowjetstaat in der Arena der Weltpolitik und suchte zeitweilige Verbündete. Zugleich, genau in jener Periode, wurde den Arbeitern aller imperialistischer Länder, bei den »Feinden« genau so wie bei den zeitweiligen »Verbündeten«, Defätismus zur Pflicht gemacht. Die Pflicht, die UdSSR zu verteidigen, hat dem revolutionären Proletariat

10 Marokko wurde 1912 zwischen Frankreich und, zu einem geringen Teil, Spanien aufgeteilt. Formal war es ein von einem Sultan regiertes Protektorat, tatsächlich aber eine Kolonie. Jahrelange Unabhängigkeitskämpfe folgten; am erfolgreichsten war der Aufstand unter Führung von Abd el Krim (1921-1926). Die Komintern und die französische kommunistische Partei unterstützten die Bewegung, forderten die französischen Soldaten zur Verbrüderung mit den Rebellen auf und organisierten am 12. Oktober 1925 einen Proteststreik gegen den Kolonialkrieg. Erst 1956 wurde Marokko unabhängig.

11 Trotzki bezieht sich auf die »Konzessionen« nach dem Kronstadter Aufstand, mit denen die »Neue Ökonomische Politik« (NEP) eingeleitet wurde. Nach Meinung vieler Ultralinker begann damit bereits die Degeneration der Sowjetunion.

niemals bedeutet, seiner Bourgeoisie ein Vertrauensvotum zu geben. Die Haltung des Proletariats im Kriege ist die Fortsetzung seiner Haltung in Friedenszeiten. Das Proletariat verteidigt die UdSSR durch seine revolutionäre Politik, die niemals der Bourgeoisie untergeordnet, sondern stets den konkreten Umständen angepaßt wird. Das war die Lehre der ersten vier Kongresse der Kommunistischen Internationale. Verlangt Craipeau eine nachträgliche Revision dieser Lehre?

Hätte Blum — der wie immer den Befehlen des Finanzkapitals gehorchte —, anstatt die niederächtige »Nichteinmischung«[12] zu verkünden, Caballero[13] und Negrin samt ihrer kapitalistischen Demokratie unterstützt, hätte sich dann Craipeau von seiner unversöhnlichen Opposition gegen die »Volksfront«-Regierung losgesagt? Oder hätte er die Pflicht geleugnet, einen Unterschied zwischen den beiden in Spanien kämpfenden Lagern zu machen, und seine Politik dieser Unterscheidung anzupassen?

Das gleiche gilt für den Fernen Osten. Wenn Tschiang morgen, in den Fußstapfen Englands, Japan den Krieg erklären sollte, gedenkt dann Craipeau, an einer »Union sacrée« zur Unterstützung Chinas teilzunehmen? Oder wird er im Gegenteil verkünden, daß es für ihn keinen Unterschied zwischen China und Japan gibt, der seine Politik beeinflussen könnte? Craipeaus Alternative — entweder Verteidigung der UdSSR, Äthiopiens, des republikanischen Spaniens, des kolonialen China usw. durch Abschluß einer »Union sacrée«, oder vollendeter Defätismus, hermetisch verschlossen und von kosmischem Ausmaß — diese grundlegend falsche Alternative wird bei der ersten Prüfung durch die Ereignisse zu Staub zerfallen und dem krassesten Sozialpatriotismus die Tore öffnen.

12 Auf Vorschlag des französischen (Volksfront-)Ministerpräsidenten Léon Blum erklärten die europäischen Mächte — neben Frankreich v. a. Großbritannien, Italien, Deutschland und die Sowjetunion — ihre »Nichteinmischung« in den spanischen Bürgerkrieg. Auch die USA schlossen sich an. Über Spanien wurde eine Art Quarantäne verhängt, über deren Einhaltung ein Komitee in London wachte. Die republikanische Regierung konnte keine Waffen kaufen. Da die faschistischen Staaten sich nicht an das Embargo hielten und Franco in großem Umfang unterstützten, lief diese Politik, durch die die Revolution isoliert werden sollte, auf eine Begünstigung der Putschisten hinaus. Die sowjetische Regierung gab das Prinzip der »Nichteinmischung« offiziell nie auf, begann aber im Oktober 1936, die Republik massiv mit Kriegsgütern zu unterstützen, wofür sie — abgesehen vom spanischen Goldschatz — auch einen politischen Preis, nämlich den Verzicht auf eine soziale Revolution, forderte.
(Vgl. Broué-Témime, *Revolution und Krieg in Spanien*, S. 214 f., 231-234, 393-423; Angel Viñas, *El oro español en la guerra civil*, Madrid [Instituto de Estudios Fiscales] 1976.)

13 Francisco Largo Caballero (1869-1946) war Bauarbeiter, schloß sich 1890 der sozialistischen spanischen Gewerkschaft (UGT) und 1894 der sozialistischen Partei (PSOE) an und stieg schnell in Führungspositionen auf. 1917 wurde er als Anführer eines Generalstreiks zu lebenslänglicher Haft verurteilt, dann aber

»Sind unsere Thesen über den Krieg«[14], fragt Craipeau, »in dieser Frage von jeder Zweideutigkeit frei?« Leider nicht! Bei der Analyse der Notwendigkeit von Defätismus unterstreichen sie, *»im Charakter der praktischen Aktionen können sich beachtliche Unterschiede ergeben, hervorgerufen durch die konkrete Kriegslage«*.[15] Zum Beispiel — so führen diese Thesen aus — dürfen wir im Fall eines Krieges zwischen der UdSSR und Japan »nicht die Waffenlieferungen an die UdSSR sabotieren«[16], infolgedessen müssen wir davon absehen, zu Streiks aufzufordern, die die Waffenherstellung usw. stören würde. Man glaubt, seinen Augen nicht zu trauen. Die Ereignisse haben unsere These zu diesem Punkt mit einer unbestreitbaren Wucht und vor allem in Frankreich bestätigt. Monatelang ertönte in Arbeiterversammlungen der Ruf: »Flugzeuge für Spanien!« Man stelle sich einen Augenblick vor, Blum hätte beschlossen, einige zu schicken. Man stelle sich weiter vor, daß gerade in diesem Augenblick Hafenarbeiter oder Seeleute gestreikt hätten. Was hätte Craipeau getan? Wäre er gegen den Ruf »Flugzeuge für Spanien« gewesen? Hätte er den streikenden Arbeitern den Rat gegeben, für diese Ladung Flugzeuge eine Ausnahme zu machen? Aber die UdSSR

amnestiert. Er wandte sich gegen einen Anschluß der spanischen Sozialisten an die Komintern und war nach 1923 sogar zu vorübergehender Zusammenarbeit mit der Diktatur Primo de Riveras bereit.
Nach der Proklamation der Republik 1931 war er in einer Koalitionsregierung mit den bürgerlichen Republikanern Arbeitsminister. Die bürgerlichen Bündnispartner blockierten die reformistischen Pläne der Sozialisten (die geplante Mitbestimmung der Arbeiter, vor allem aber eine radikale Agrarreform). Largo Caballero, der inzwischen die UGT leitete, wurde zum Wortführer des sich seit 1933 herausbildenden linken Flügels der Sozialisten und bekam den Beinamen »spanischer Lenin«. Nach Ausbruch des Bürgerkrieges wurde er im September 1936 Ministerpräsident einer Volksfrontregierung, die Schritt für Schritt die Errungenschaften der Revolution zurücknahm, um internationale Unterstützung zu gewinnen. Nach den Mai-Tagen 1937 weigerte er sich, die POUM zu unterdrücken, wurde von einer »großen Koalition« aus Kommunisten, rechten Sozialisten und bürgerlichen Republikanern gestürzt und im Herbst auch aus der Führung der UGT verdrängt. Als Emigrant in Frankreich wurde er 1940 an Nazi-Deutschland ausgeliefert und im KZ Oranienburg inhaftiert. Nach der Befreiung kehrte er nach Frankreich zurück und starb an den Folgen seiner Haft.
(*Discursos a los trabajadores* [1934], Barcelona [Fontamara] 1979; *Mis recuerdos*, Cartas a un amigo, Mexico [Ediciones Unidas] 1976. Von seinen Memoiren *Notas historicas de la guerra en España [1917-1940]* ist bisher nur der erste von drei geplanten Bänden erschienen: *Escritos de la república*, hg. von Santos Juliá, Madrid [Pablo Iglesias] 1985.)

14 Es handelt sich dabei um den von Trotzki 1934 zunächst für die Diskussion im »Viererblock« geschriebenen Text »Der Krieg und die Vierte Internationale« (engl. in: TWr 1933-34, S. 299-329, frz. in: TŒ 4, S. 68; auch *Schriften*, Bd. 3.)

15 Vgl. These 44 von »Der Krieg und die Vierte Internationale«, frz. in: TŒ 4, engl. in: TWr 1933-34, S. 315.

16 Ebd.

schickte tatsächlich Flugzeuge (zu einem recht hohen Preis und unter der Bedingung, wie ich sehr wohl weiß, das kapitalistische Regime zu unterstützen). Hätten die Bolschewiki-Leninisten die Sowjetarbeiter auffordern sollen, diese Sendungen zu sabotieren? Ja oder nein? Wenn morgen die französischen Arbeiter erfahren sollten, zwei Schiffsladungen Munition würden für den Seetransport aus Frankreich vorbereitet, eine nach Japan und die andere nach China — wie wird sich Craipeau dazu stellen? Ich halte ihn soweit für einen Revolutionär, daß er die Arbeiter auffordern würde, das für Tokio bestimmte Schiff zu boykottieren und das Schiff nach China durchzulassen, ohne jedoch seine Meinung über Tschiang Kai-schek zu verbergen, und das geringste Vertrauen für Chautemps[17] zu äußern. Das ist genau das, was unsere Thesen besagen: »Im Charakter der praktischen Aktionen können sich beachtliche Unterschiede ergeben, hervorgerufen durch die konkrete Kriegslage.« Zu der Zeit, als der Thesenentwurf veröffentlicht wurde, konnte es über diese Formulierung noch Zweifel geben. Wer aber heutzutage, nach den Erfahrungen mit Abessinien, Spanien und dem chinesisch-japanischen Krieg, von Zweideutigkeit in unseren Thesen spricht, ist wohl ein ultralinker Bourbone, der nichts lernen und nichts vergessen will.[18]

Genosse Craipeau, die Zweideutigkeit ist gänzlich auf Ihrer Seite. Ihr Artikel ist voll solcher Zweideutigkeiten. Es ist wirklich höchste Zeit, sich davon zu trennen. Ich verstehe sehr gut, daß Sie sogar bei Ihren Irrtümern von Ihrem revolutionären Haß gegen die Unterdrückung der thermidorianischen Bürokratie getrieben werden. Aber eine noch so berechtigte Emotion allein kann eine richtige, auf objektiven Fakten beruhende Politik nicht ersetzen. Das Proletariat hat hinreichend Gründe, die bis auf die Knochen korrupte stalinistische Bürokratie zu stürzen und zu verjagen. Aber gerade deshalb kann es diese Aufgabe weder direkt noch indirekt Hitler oder dem Mikado überlassen. Stalins Sturz durch die Arbeiter — das ist ein großer Schritt vorwärts zum Sozialismus. Stalin von den Imperialisten gestürzt — das ist die siegreiche Konterrevolution. Das eben ist der Sinn unserer Verteidigung der UdSSR. Aus diesem Blickwinkel gilt das gleiche im Weltmaßstab für unsere Verteidigung der Demokratie auf nationaler Ebene!

17 Camille Chautemps (1885-1963) war ein führender Politiker der französischen Radikalen. Seit 1924 mehrfach Minister, war er 1930, 1933/34 und dann vom Juni 1937 bis März 1938 Ministerpräsident der Volksfront, 1940 sprach er sich für die Kapitulation aus, wurde Minister unter Pétain, emigrierte aber noch im selben Jahr in die USA, wo er als Sprachlehrer lebte.

18 Der Ausspruch »nichts gelernt und nichts vergessen« wird verschiedenen Personen zugeschrieben; er sollte die Haltung der französischen Aristokraten nach Ausbruch der französischen Revolution von 1789 charakterisieren, die nicht verstanden, was vorging, emigrierten, auf Rache sannen und darum die ausländische Intervention unterstützten.

# (44) Weder proletarischer noch bürgerlicher Staat?*

*Coyoacán, 25. November 1937*

## Politische Form und sozialer Inhalt

Die Genossen Burnham[1] und Carter[2] haben den Klassencharakter des Sowjetstaates erneut mit einem Fragezeichen versehen. Ihre Antwort ist meiner Meinung nach vollkommen falsch. Da die genannten Genossen aber nicht wie einige Ultralinke versuchen, die wissenschaftliche Analyse durch lautes Geschrei zu ersetzen, kann und muß diese außerordentlich wichtige Frage mit B. und C. erörtert werden.

* T 4235, 4236 *Nerabochee i neburzhuaznoe gosudarstvo?* (25.11.1937). BO 62-63 (Februar 1938). Dt. in: *Der einzige Weg*, Zeitschrift für die Vierte Internationale, Nr. 2, Januar 1938. Engl. »Not a Workers' and not a Bourgeois State?«, in: *Internal Bulletin*, Organizing Committee for the Socialist Party Convention, Nr. 3, Dezember 1937, und TWr 1937-38, S. 60-71. Frz. in: TŒ 15, S. 304-317. Beitrag zur internen Diskussion der amerikanischen Trotzkisten, die der Gründung der Socialist Workers Party im Januar 1938 vorausging. Die amerikanischen Trotzkisten hatten sich 1934 mit einer linkssozialistischen Gruppe — der von dem ehemaligen Pfarrer A. J. Muste geführten Workers Party — zur Workers Party of the U.S. zusammengeschlossen, die 1936 kollektiv der Sozialistischen Partei beitrat. 1937 wurden die Trotzkisten ausgeschlossen (vgl. *Schriften*, Bd. 3); daraufhin bereiteten sie die Gründung einer unabhängigen Partei vor. In den dann folgenden internen Diskussionen schlugen die beiden Parteiführer Burnham und Carter eine neue Definition des Klassencharakters der sowjetischen Gesellschaft vor.
(Zur Gründung der SWP vgl. *The Founding of the Socialist Workers Party*, Minutes and Resolutions 1938-39, New York [Monad] 1982. Dort S. 141-145 auch der Text von Burnham und Carter.)

1 James Burnham (1906-1987) war in den dreißiger Jahren Philosophieprofessor an der Columbia Universität in New York. Er hatte zur Workers Party gehört und war dort einer der entschiedensten Befürworter eines Zusammenschlusses mit den amerikanischen Trotzkisten. Er gehörte dann zur Führung der amerikanischen Trotzkisten und war ihr prominentester Intellektueller. 1937 äußer-

B. und C. vergessen nicht, daß der Hauptunterschied zwischen der UdSSR und dem bürgerlichen Staat in der Gegenwart seinen Ausdruck in der gewaltigen Entwicklung der Produktivkräfte findet — Ergebnis der veränderten Eigentumsformen. Sie anerkennen ferner, daß die »ökonomische Struktur, wie sie von der Oktoberrevolution geschaffen wurde, im wesentlichen noch unverändert ist.«[3] Sie ziehen daraus den Schluß, daß das Sowjet- und Weltproletariat zur Verteidigung der Sowjetunion gegen den Imperialismus verpflichtet ist. In diesem Rahmen herrscht zwischen uns, B. und C. volle Übereinstimmung. Doch wie weitgehend diese Übereinstimmung auch sein mag, sie deckt nicht das ganze Problem ab. Auch wenn sich B. und C. keineswegs mit den Ultralinken solidarisieren, so meinen sie doch, daß die UdSSR »im traditionellen (?) Sinn des Marxismus« kein Arbeiterstaat mehr ist.[4] Weil aber die »ökonomische Struktur ... im wesentlichen noch unverändert geblieben ist«, ist die UdSSR auch kein bürgerlicher Staat geworden.[5] Gleichzeitig lehnen es B. und C. ab — und dazu kann man sie nur beglückwünschen —, die Bürokratie als eine selbständige Klasse zu bezeich-

te er — unterstützt von Joe Carter — Zweifel an der trotzkistischen Einschätzung der Sowjetunion und kritisierte die »bürokratisch-rigide« Organisation der SWP. Auf dem Gründungsparteitag der SWP wurde die Position Burnham/Carter mit 69 gegen drei Stimmen abgelehnt.
Nach Abschluß des Hitler-Stalin-Paktes und dem Beginn des Zweiten Weltkrieges entwickelte sich in der SWP ein scharfer Fraktionskampf. Eine starke Minderheit, zu der auch Burnham gehörte, vertrat die Meinung, die Sowjetunion sei eine imperialistische Macht und die Bürokratie eine neue herrschende Klasse. Die Minderheit trat im April 1940 aus der SWP aus und gründete die Workers Party, die Burnham aber schon einen Monat später — nach einem grundsätzlichen Bruch mit dem Marxismus — ebenfalls verließ. Er wurde dann vor allem durch sein 1941 erschienenes Buch *The Managerial Revolution* (dt. *Das Regime der Manager*, 1948) bekannt, in dem er die These vertrat, in allen modernen Industriegesellschaften bilde sich eine neue, nachkapitalistische »herrschende Klasse« von Managern heraus. Damit übernahm er im wesentlichen die Thesen von Bruno Rizzi (vgl. Text 61). Später wurde Burnham zu einem führenden Ideologen des Kalten Krieges.
(*Die Machiavellisten Verteidiger der Freiheit*, Zürich [Pan] 1949, *Begeht der Westen Selbstmord*, Ein Versuch über Bedeutung und Zukunft des Liberalismus, Düsseldorf - Wien [Econ] 1965. Für Trotzkis Diskussion mit Burnham in den Jahren 1939 und 1940 vgl. Texte 61 und 62 sowie *Schriften*, Bd. 3.)

2 Joseph Friedman, genannt Joe Carter (1910-196?), war in jungen Jahren einer der Führer der Sozialistischen Jugend in New York; 1928 schloß er sich 1928 der Kommunistischen Jugend und der Linken Opposition an. Danach baute er die Jugendorganisation der amerikanischen Trotzkisten auf und gehörte zu deren National-(Zentral-)komitee. In organisatorischen Fragen stand er in Opposition zur Mehrheit und gehörte 1940 zu der Minderheit, die die SWP verließ.

3 *The Founding of the Socialist Workers Party*, S. 144.

4 Ebd.

5 Ebd.

nen. Die Schlußfolgerung aus diesen widersprüchlichen Aussagen lautet genau wie bei den Stalinisten, daß der Sowjetstaat überhaupt keine Organisation von Klassenherrschaft ist. Aber was ist er dann?

Wir haben hier also einen neuen Versuch, die Klassentheorie des Staates zu revidieren. Wir sind natürlich keine Fetischisten: Wenn neue historische Fakten eine Revision der Theorie erfordern, werden wir uns dem nicht verschließen. Aber die kläglichen Erfahrungen der bisherigen Revisionen sollten uns jedenfalls zu heilsamer Vorsicht veranlassen. Wir müssen die alte Theorie und die neuen Fakten zehnmal überdenken, ehe wir eine neue Doktrin zu formulieren versuchen.

B. und C. bemerken beiläufig, daß die Herrschaft des Proletariats »in einer Vielzahl verschiedener Regierungsformen zum Ausdruck kommen kann«.[6] Der Deutlichkeit halber fügen wir hinzu: entweder durch die freie Auseinandersetzung der verschiedenen Parteien in den Sowjets oder im Monopol einer einzigen Partei, ja sogar in der faktischen Konzentration der Macht in den Händen einer einzelnen Person. Ohne Zweifel ist die persönliche Diktatur ein Symptom größter Gefahr für das Regime. Aber zugleich ist sie manchmal das einzige Mittel, um dieses Regime zu retten. Die Klassennatur eines Staates ist folglich nicht durch seine politische Form, sondern durch seinen sozialen Inhalt bestimmt, d.h. durch den Charakter jener Eigentumsformen und Produktionsverhältnisse, die der jeweilige Staat schützt und verteidigt.

Im Prinzip streiten B. und C. das nicht ab. Wenn sie sich dennoch weigern, die UdSSR als einen Arbeiterstaat anzuerkennen, dann nur aus zwei Gründen, deren einer ökonomischer und deren anderer politischer Natur ist. »Während des letzten Jahres«, schreiben sie, »hat die Bürokratie endgültig den Kurs eingeschlagen, der zur Zerstörung der geplanten und nationalisierten Wirtschaft führt.«[7] (Erst jetzt hat sie den Kurs »eingeschlagen«?) Ferner vernehmen wir, daß durch den weiteren Gang der Entwicklung »die Bürokratie in einen zunehmend stärkeren Konflikt mit den Erfordernissen und Interessen der nationalen Wirtschaft gerät«. (Erst »gerät«?) Der Widerspruch zwischen der Bürokratie und der Wirtschaft war schon früher zu beobachten, aber seit dem letzten Jahr »sabotieren die Handlungen der Bürokratie aktiv den Plan und zerstören das Staatsmonopol«.[8] (Erst »zerstören«? Folglich ist es noch nicht zerstört?)

Der zweite Einwand ist, wie gesagt, politischer Natur. »Der Begriff der Diktatur des Proletariats ist in erster Linie keine ökonomische, sondern wesentlich eine politische Kategorie ... Alle Formen, Organe und Einrichtungen der Klassenherrschaft des Proletariats sind heute zerstört; das

6 Ebd., S. 141.
7 Ebd., S. 142.
8 Ebd., S. 143.

bedeutet, daß auch die Klassenherrschaft des Proletariats zerstört ist.«[9] Für sich genommen kommt dieser zweite Einwand nach den Ausführungen über die »verschiedenen Formen« des proletarischen Regimes etwas unerwartet. Selbstverständlich ist die Diktatur des Proletariats nicht nur »überwiegend«, sondern in jeder Beziehung eine »politische Kategorie«. Doch ist Politik selbst nur konzentrierte Ökonomie. Die Herrschaft der Sozialdemokratie im Staat und in den Räten (Deutschland 1918/1919) hatte mit einer Diktatur des Proletariats nichts gemein, insofern sie das bürgerliche Eigentum unangetastet ließ. Hingegen ist ein Regime, das das expropriierte und nationalisierte Eigentum gegen den Imperialismus verteidigt, unabhängig von seiner politischen Form, eine Diktatur des Proletariats.

B. und C. erkennen dies »im allgemeinen« auch an. Deshalb verbinden sie auch das ökonomische mit dem politischen Argument. Die Bürokratie, sagen sie, hat das Proletariat nicht nur endgültig der politischen Macht beraubt, sondern auch die Wirtschaft in eine Sackgasse geführt. Wenn die Bürokratie bei allen ihren reaktionären Eigenschaften in der vorangegangenen Periode eine verhältnismäßig progressive Rolle spielte, so hat sie sich in der letzten Zeit endgültig in einen reaktionären Faktor verwandelt. In dieser Überlegung steckt ein wahrer Kern, der sich in voller Übereinstimmung mit allen früheren Einschätzungen und Prognosen der Vierten Internationale befindet.

Wir haben mehrmals daran erinnert, daß der »aufgeklärte Absolutismus« bei der Entwicklung der Bourgeoisie eine progressive Rolle spielte, um sich später in ein Hemmnis für diese Entwicklung zu verwandeln: Bekanntlich fand dieser Konflikt seine Lösung in der Revolution. Bei der Vorbereitung der sozialistischen Wirtschaft, so schrieben wir, kann der »aufgeklärte Absolutismus« über einen viel kürzeren Zeitraum hin eine fortschrittliche Rolle spielen. Diese Prognose wird vor unseren Augen gerade klar bestätigt. Von den eigenen Erfolgen irregeführt, erwartete die Bürokratie immer höhere wirtschaftliche Wachstumsraten. Statt dessen wurde sie mit einer tiefen wirtschaftlichen Krise konfrontiert, die eine der Quellen ihrer gegenwärtigen Panik und tollwütigen Repressionen ist. Heißt das, daß die Entwicklung der Produktivkräfte in der UdSSR bereits zum Stillstand gekommen ist? Wir würden eine solche Behauptung nicht wagen. Die schöpferischen Möglichkeiten der nationalisierten Wirtschaft sind so groß, daß die Produktivkräfte trotz der bürokratischen Hemmnisse sich noch eine Reihe von Jahren weiter entwickeln können, wenn auch in einem bedeutend langsameren Tempo als bisher. Genau kann das heute jedoch kaum prognostiziert werden. Auf jeden Fall ist die *politische* Krise, die die Bürokratie entzweit, heute für sie viel bedrohlicher als die Perspektive eines

9 Ebd., S. 143.

Stillstands der Entwicklung der Produktivkräfte. Nehmen wir der Einfachheit halber an, daß die Bürokratie schon heute zu einem absoluten Hemmnis für die Wirtschaftsentwicklung geworden ist. Kann allein schon auf Grund dessen die UdSSR ihre Klassennatur verändert oder überhaupt jeglichen Klassencharakter verloren haben? Hier scheint mir der Hauptfehler unserer Genossen zu liegen.

Die bürgerliche Gesellschaft entwickelte bis zum Weltkrieg die Produktivkräfte. Erst in den letzten 25 Jahren wurde die Bourgeoisie zu einem absoluten Hemmnis für die Wirtschaftsentwicklung. Heißt das, daß die bürgerliche Gesellschaft keine bürgerliche mehr ist? Nein, das bedeutet nur, daß die bürgerliche Gesellschaft in das Stadium der *Verwesung* übergegangen ist. In einer Reihe von Ländern konnte das bürgerliche Eigentum nur durch die Errichtung eines faschistischen Regimes erhalten werden. Mit anderen Worten: Die Bourgeoisie ging aller Formen und Mittel der unmittelbaren politischen Herrschaft verlustig. Heißt das nun, daß der Staat nicht mehr bürgerlich ist? Nein, denn solange der Faschismus durch seine barbarischen Methoden das Privateigentum an den Produktionsmitteln erhält, bleibt der Staat auch unter dem Faschismus ein bürgerlicher.

Wir gedenken durchaus nicht, unserer Analogie erschöpfende Bedeutung beizumessen. Aber sie zeigt doch, daß allein die Machtkonzentration in den Händen der Bürokratie und sogar die Beeinträchtigung der Entwicklung der Produktivkräfte noch nicht den Klassencharakter einer Gesellschaft und ihres Staates verändern. Das kann nur durch das Einwirken revolutionärer oder konterrevolutionärer Gewalt auf die Eigentumsverhältnisse geschehen.*

* Der Londoner *New Leader*[10], der von Fenner Brockway[11] herausgegeben wird, schreibt in einem Leitartikel vom 12. November dieses Jahres: »Die Independent Labour Party[12] akzeptiert nicht die trotzkistische Ansicht, daß in Sowjetrußland die wirtschaftlichen Grundlagen des Sozialismus zerstört worden sind.« Was kann man über diese Leute sagen? Sie verstehen die Gedanken anderer nicht, weil sie keine eigenen entwickeln. Sie können in den Köpfen der Arbeiter nur Verwirrung erzeugen. (L.T.)

10 Der *New Leader* war das Zentralorgan der Independent Labour Party.

11 Archibald Fenner Brockway (geb. 1888) entstammt einer britischen Missionarsfamilie; er wandte sich unter dem Einfluß religiöser Sozialisten der Arbeiterbewegung zu. 1907 wurde er Mitglied der Independent Labour Party (ILP), wo er schnell eine führende Stellung, u.a. als Chefredakteur ihrer Zeitung, einnahm. Er prägte den pazifistischen und antikolonialistischen Kurs der Partei, der Ende der zwanziger Jahre zum Konflikt mit dem Reformismus der Labour Party, der die ILP kollektiv angehörte, führte. 1932 — nach der Erfahrung mit der seit 1929 regierenden Labour Party unter Ramsay MacDonald, der 1931 eine Koalition mit den Konservativen einging (was allerdings zu seiner Trennung von der Labour Party führte) — betrieb Brockway die Lösung der ILP von der Labour Party und der SAI (zu deren Exekutive er von 1926 bis 1931 gehört hatte und in

Aber kennt die Geschichte nicht Fälle eines Klassengegensatzes zwischen Staat und Wirtschaft? Sehr wohl! Als der Dritte Stand die Macht eroberte, blieb die Gesellschaft noch mehrere Jahre lang feudalistisch.[13] Während der ersten Monate des Sowjetregimes herrschte das Proletariat über eine bürgerliche Ökonomie. In der Landwirtschaft stützte sich die Diktatur des Proletariats mehrere Jahre lang auf eine kleinbürgerliche Wirtschaft (in erheblichem Maß ist das auch heute noch der Fall). Im Falle einer erfolgreichen bürgerlichen Konterrevolution in der UdSSR müßte sich die neue Regierung für eine längere Zeitspanne auf die nationalisierte Wirtschaft stützen. Was bedeutet dann aber ein derartiger zeitweiliger Gegensatz zwischen Staat und Wirtschaft? Er bedeutet *Revolution* oder *Konterrevolu-*

der er sich vergeblich um die Bildung eines linken Flügels bemüht hatte). Die ILP wurde dann unter seiner Führung zu einer der maßgeblichen Kräfte im »Londoner Büro« der linkssozialistischen Parteien, das den Ausbruch des Zweiten Weltkriegs nicht überlebte. Nach dem Wahlsieg der Labour Party 1945 trat er für die Auflösung der ILP ein und kehrte wieder zur Labour Party zurück. Von 1950 bis 1964 gehörte er dem Unterhaus an und wechselte, geadelt, in das Oberhaus über. Trotz seinem Alter spielte er auch weiterhin eine aktive Rolle, z.B. in der britischen Anti-Atomtod-Bewegung und in der Vietnam-Solidaritätskampagne. (Autobiographie: *Inside the Left*, London [Allen & Unwin] 1942; *Outside the Right*, London [Allen & Unwin] 1963; *Towards Tomorrow*, St. Albans [Hart-Davis MacGibbon] 1977.)

12 Die Independent Labour Party entstand 1893 aus dem Zusammenschluß verschiedener sozialistischer Gruppen und gehörte zu den treibenden Kräften bei der Bildung der Labour Party (die nach 1900 vor allem dadurch entstand, daß die britischen Gewerkschaften ihre bisherige Unterstützung der bürgerlichen Liberalen Partei aufgaben). Die ILP existierte im Rahmen der neuen Partei. Im Ersten Weltkrieg war sie pazifistisch, aber — bis auf eine Minderheit, die dann die KP mitbegründete — nicht revolutionär orientiert. Ende der zwanziger Jahre radikalisierte sich die Organisation und versuchte, einen breiteren linken Flügel in der SAI zu bilden. 1932 löste sich die ILP dann von der Labour Party und von der internationalen Sozialdemokratie. Trat sie zunächst für die Vereinigung der sozialdemokratischen und der kommunistischen Internationale auf marxistischer Grundlage ein, so war sie nach 1934 neben der SAP und der POUM die wichtigste Organisation des »Londoner Büros«. Nach dem Zweiten Weltkrieg und dem Labour-Wahlsieg (1945) sah die große Mehrheit der ILP für eine unabhängige sozialistische Politik keine Möglichkeit mehr; die Partei löste sich auf, und ihre Mitglieder traten wieder der Labour Party bei.
(Vgl. R. E. Dowse, *Left in the Centre: The Independent Labour Party 1893-1940*, London [Longmans] 1966; Buschak, *Das Londoner Büro*.)

13 Am 17. Juni 1789 proklamierten sich die Abgeordneten des »Dritten Standes« zur französischen Nationalversammlung und leiteten damit den Sturz des Absolutismus ein. Im August wurde die Beseitigung des Feudalregimes auf dem Wege des Loskaufs von den feudalen Pflichten beschlossen. Erst nach der Errichtung der Jakobinerdiktatur beschloß der Konvent am 17. Juli 1793 die endgültige und entschädigungslose Abschaffung aller grundherrlichen Rechte.

*tion.* Der Sieg einer Klasse über eine andere bedeutet doch, daß sie die Wirtschaft im Interesse des Siegers umgestalten wird. Aber ein solcher zwiespältiger Zustand, der ein notwendiges Stadium jedes sozialen Umsturzes ist, hat nichts gemein mit der Theorie eines klassenlosen Staates, der wegen der Abwesenheit des wirklichen Herrn von einem Kommis, d. h. der Bürokratie, ausgebeutet wird.

## Norm und Tatsache

Das, was vielen Genossen eine richtige soziologische Einschätzung der UdSSR erschwert, ist, daß sie das Problem subjektiv und normativ, anstatt objektiv und dialektisch angehen. Nicht ohne Grund sprechen B. und C. davon, daß man die Sowjetunion nicht als Arbeiterstaat »im traditionellen Sinn des Marxismus« bezeichnen kann. Das heißt einfach, daß die UdSSR nicht den Normen eines Arbeiterstaates entspricht, wie sie in unserem Programm niedergelegt sind. Darüber kann es keinen Streit geben. Unser Programm rechnet auf eine progressive Entwicklung des Arbeiterstaates und damit auf sein allmähliches Absterben. Doch die Geschichte, die nicht immer »programmgemäß« abläuft, hat uns den Entartungsprozeß des Arbeiterstaates beschert.

Heißt das aber, daß ein Arbeiterstaat, der in Gegensatz zu unseren programmatischen Forderungen gerät, deswegen kein Arbeiterstaat mehr ist? Eine von der Malaria zerfressene Leber entspricht nicht mehr einer gesunden Leber. Aber deswegen ist sie doch eine Leber. Um ihre Beschaffenheit verstehen zu können, reichen Anatomie und Physiologie nicht aus. Dazu bedarf es noch der Pathologie. Es ist natürlich viel leichter, beim Anblick einer kranken Leber zu sagen: »Das Ding gefällt mir nicht«, und sich abzuwenden. Doch ein Arzt kann sich einen solchen Luxus nicht leisten. Er muß je nach Krankheitsbild und den durch die Krankheit verursachten Deformationen des Organs entweder ein therapeutisches Heilverfahren (»Reformen«) oder einen chirurgischen Eingriff (»Revolution«) einleiten. Doch dazu muß er vor allem erkannt haben, daß das mißgestaltete Organ eine Leber ist und nicht etwas anderes.

Nehmen wir einen näherliegenden Vergleich: den zwischen Arbeiterstaat und Gewerkschaft. Vom Standpunkt unseres Programms soll die Gewerkschaft eine Organisation des Klassenkampfes sein. Doch wie verhält es sich mit der American Federation of Labor?[14] An ihrer Spitze stehen offenkun-

14 Die AFL (American Federation of Labor) entstand 1896 als Dachverband von 90 Berufsverbänden und vertrat vor allem die Interessen weißer Facharbeiter, die sich besonders nach dem Ersten Weltkrieg zunehmend organisierten (1914 gab es zwei, 1920 vier Millionen Mitglieder). Sie lehnte eine unabhängige

dige Agenten der Bourgeoisie. In allen wesentlichen Fragen verfolgen die Herren Green, Woll[15] und Konsorten eine Politik, die in direktem Gegensatz zu den Interessen des Proletariats steht. Man kann die Analogie weitertreiben und sagen, daß die AFL bis zur Gründung des CIO[16] noch zu einem gewissen Grad progressiv tätig war, daß heute aber Greens Apparat, da er das Schwergewicht seiner Aktivitäten auf den Kampf gegen die progressiveren (oder weniger reaktionären) Tendenzen der CIO verlegt hat, sich endgültig zu einem reaktionären Faktor gewandelt hat. Das wäre völlig richtig. Deswegen ist die AFL aber dennoch eine Gewerkschaftsorganisation.

Der Klassencharakter eines Staates ist durch sein Verhältnis zu den Formen des Eigentums an den Produktionsmitteln bestimmt. Der Charakter einer Arbeiterorganisation wie etwa einer Gewerkschaft ist durch ihr Verhältnis zur Verteilung des Nationaleinkommens bestimmt. Der Umstand, daß Green und Konsorten das Privateigentum an den Produktionsmitteln verteidigen, kennzeichnet sie als Bourgeois. Verteidigten diese Herren zudem noch die Einkünfte der Bourgeoisie gegen alle Angriffe der Arbeiter, d. h. führten sie einen Kampf gegen Streiks, gegen Lohnerhöhun-

politische Arbeiterbewegung ab und unterstützte statt dessen die beiden großen bürgerlichen Parteien (Demokraten und Republikaner); in der internationalen Gewerkschaftsbewegung verteidigte die AFL die Interessen des amerikanischen Imperialismus. Während der Depressionszeit der dreißiger Jahre entstanden in ihrem Rahmen Industriegewerkschaften, die 1938 die AFL wegen ihrer reaktionären Politik verließen, um einen eigenen Dachverband, den CIO zu gründen. In der AFL verblieben etwa drei Millionen Mitglieder. 1955 schlossen beide Organisationen sich zum größten Gewerkschaftsdachverband der kapitalistischen Welt mit 15 Millionen Mitgliedern zusammen.

15 Matthew Woll (1880-1956), Fotograveur, dann Rechtsanwalt, wurde 1906 Präsident seiner Berufsvereinigung, die der AFL angehörte, und hatte auch in der AFL wichtige Führungspositionen inne. Politisch unterstützte er die Republikaner und repräsentierte in der AFL-Führung das konservativste und dezidiert antikommunistische Element.

16 Das Committee (seit 1938 Congress) of Industrial Organisations entstand 1935 aus industriegewerkschaftlichen Ansätzen der AFL. Von Anfang an stark von der politischen Linken beeinflußt (Sozialisten, Trotzkisten, vor allem Kommunisten), stand es bald in Konflikt mit der reaktionären AFL-Bürokratie, die u.a. die militanten Organisierungskampagnen ablehnte. 1938 entstand ein eigener Dachverband mit 2 Millionen Mitgliedern, vor allem aus der Automobil- und Stahlindustrie sowie aus dem Bergbau. Obwohl der CIO links orientiert war, kam es nicht zur Bildung einer unabhängigen Arbeiterpartei, da die Führung (nicht zuletzt unter dem Einfluß der KP) an der Unterstützung Roosevelts und des New Deals festhielt. Nach dem Ende des Weltkriegs und dem Beginn des Kalten Kriegs wurden die kommunistischen (wie alle sonstigen klassenkämpferischen) Strömungen in der Organisation erstickt. Der 5 Millionen Mitglieder umfassende CIO machte einen scharfen Schwenk nach rechts und vereinigte sich 1955 wieder mit der AFL.

gen und gegen die Arbeitslosenunterstützung, dann hätten wir eine gelbe Organisation[17] und keine Gewerkschaft vor uns. Indes sind aber Green und Konsorten gezwungen, um nicht die Verbindung mit ihrer Basis zu verlieren, in begrenztem Umfang den Kampf der Arbeiter um die Erhöhung ihres Anteils am Nationaleinkommen — oder wenigstens gegen die Verringerung ihres Anteils — zu führen. Dieses objektive Merkmal reicht aus, um in allen wichtigen Fällen eine Scheidelinie zwischen der reaktionärsten Gewerkschaft und einer gelben Organisation ziehen zu können. Wir sind deswegen nicht nur verpflichtet, in der AFL zu arbeiten, sondern sie auch gegen die Gelben, den Ku-Klux-Klan[18] usw. zu verteidigen.

Stalins Funktion ist ebenso wie die Funktion Greens eine doppelte. Stalin dient der Bürokratie und damit auch der Weltbourgeoisie; aber er kann der Bürokratie nicht dienen, ohne das soziale Fundament zu erhalten, das die Bürokratie in ihrem Interesse ausbeutet. Insoweit verteidigt Stalin das nationalisierte Eigentum gegen den Imperialismus und gegen die allzu ungeduldigen und habgierigen Schichten der Bürokratie selbst. Jedoch organisiert er diese Verteidigung mit Methoden, die den Zusammenbruch der gesamten Sowjetgesellschaft vorbereiten. Eben darum muß die Stalinclique gestürzt werden. Aber nur das revolutionäre Proletariat kann sie stürzen. Den Imperialisten kann diese Aufgabe nicht anvertraut werden.

17 Als »gelbe Organisationen« wurden die um die Jahrhundertwende zuerst in Frankreich und dann in Deutschland entstandenen wirtschaftsfriedlichen Gewerkschaften bezeichnet, die Arbeitskämpfe zur Durchsetzung von Forderungen der Belegschaften ablehnten und statt dessen die »Interessengemeinschaft« von Kapital und Arbeit im Betrieb proklamierten. Sie wurden oft von den Unternehmern selbst zur Bekämpfung sozialistischer Gewerkschaften geschaffen.

18 Der Ku-Klux-Klan entstand 1865 nach dem Ende des US-amerikanischen Bürgerkrieges als Geheimbund weißer Großgrundbesitzer in den ehemaligen Südstaaten (der Konföderation). Unter Verwendung von obskuren Symbolen und Trachten terrorisierte er die schwarze Bevölkerung und seine weißen Gegner durch Mord und Brandstiftung, um die im Rahmen der »Rekonstruktion« (1865-1877) von der Bundesregierung getroffenen Maßnahmen zur politischen Integration des Südens und zugunsten der Schwarzen zu blockieren. 1869 wurde er aufgelöst, entstand aber Anfang dieses Jahrhunderts neu. Während der Agrarkrise der zwanziger und dreißiger Jahre hatte er mehrere Millionen Mitglieder. Nun terrorisierte der Ku-Klux-Klan nicht nur die Schwarzen, sondern auch religiöse und ethnische Minderheiten (Katholiken, Iren), vor allem aber die politische und gewerkschaftliche Linke. In den sechziger Jahren bekämpfte er die Bürgerrechtsbewegung der Schwarzen. Unter den veränderten gesellschaftlichen Verhältnissen der Industrialisierung und Verstädterung verlor er an Bedeutung, wenn er auch regional noch eine Rolle spielt.
(Vgl. Allen W. Trelease, *White Terror*, The Ku Klux Klan Conspiracy and Southern Reconstruction, London [Secker & Warburg] 1972; Patsy Sims, *The Klan*, New York [Stein and Day] 1978; William Peirce Randel, *Ku-Klux-Klan*, Bern u. a. [Scherz] 1965.)

Das Proletariat verteidigt die UdSSR trotz Stalin gegen imperialistische Angriffe.

Die geschichtliche Entwicklung hat uns mit den unterschiedlichsten Gewerkschaften bekanntgemacht: kämpferischen, reformistischen, revolutionären, reaktionären, liberalen und katholischen. Anders verhält es sich mit dem Arbeiterstaat. Diese Erscheinung beobachten wir zum erstenmal. Daher resultiert die Neigung, die UdSSR ausschließlich unter dem Blickwinkel der *Normen* des revolutionären Programms zu betrachten. Indessen ist der Arbeiterstaat eine objektive geschichtliche *Tatsache*, auf die verschiedene geschichtliche Kräfte einwirken und die, wie wir sehen, in vollen Widerspruch zu den »traditionellen« Normen geraten kann.

Die Genossen B. und C. sagen vollkommen richtig, daß Stalin und Konsorten mit ihrer Politik der internationalen Bourgeoisie dienen. Aber dieser richtige Gedanke muß in einen bestimmten räumlichen und zeitlichen Zusammenhang gestellt werden. Hitler dient ebenfalls der Bourgeoisie. Dennoch besteht zwischen den Funktionen Stalins und Hitlers ein Unterschied. Hitler verteidigt die bürgerlichen Eigentumsformen. Stalin paßt die Interessen der Bürokratie den proletarischen Eigentumsformen an. Derselbe Stalin erfüllt in Spanien, d.h. auf dem Boden eines bürgerlichen Regimes, die Funktion Hitlers (in den politischen Methoden unterscheiden sie sich überhaupt nur wenig voneinander). Eine Gegenüberstellung der verschiedenen sozialen Rollen desselben Stalin in der UdSSR und in Spanien verdeutlicht gleichermaßen, daß die Bürokratie keine selbständige Klasse, sondern das Werkzeug von Klassen ist und daß man die soziale Natur eines Staates nicht aufgrund der Tugendhaftigkeit oder Niederträchtigkeit der Bürokratie bestimmen kann.

## Bürgerliche Bürokratie im Arbeiterstaat?

Die Behauptung, die Bürokratie eines Arbeiterstaates habe bürgerlichen Charakter, muß Menschen von formaler Denkungsart nicht nur als unverständlich, sondern als geradezu unsinnig erscheinen. Doch chemisch reine Staatstypen hat es nie gegeben und gibt es im allgemeinen auch heute nicht. Die halbfeudale preußische Monarchie erfüllte die wichtigsten politischen Aufgaben der Bourgeoisie, aber auf ihre Art, d.h. im feudalen und nicht im jakobinischen Stil.[19] In Japan beobachten wir auch heute noch ein ähnliches

19 Nach der Niederlage gegen Frankreich im Jahre 1806 versuchte der preußische Staat durch die sogenannten Stein-Hardenbergschen Reformen eine grundlegende Modernisierung von oben (u.a. Bauernbefreiung 1807, Gewerbefreiheit 1811, Judenemanzipation 1812, die Heeresreform seit 1807). Diese Reformen wurden äußerst vorsichtig und unter Wahrung der privilegierten Stellung des

Verhältnis zwischen dem bürgerlichen Charakter des Staates und dem halbfeudalen Charakter der herrschenden Kaste.[20] All das hindert uns jedoch nicht, klar zwischen feudaler und bürgerlicher Gesellschaft zu unterscheiden. Man kann freilich einwenden, daß die Zusammenarbeit zwischen feudalen und bürgerlichen Kräften weitaus leichter zu verwirklichen ist als die Zusammenarbeit zwischen bürgerlichen und proletarischen Kräften, weil es sich im ersten Fall um zwei Formen von Klassenausbeutung handelt. Das ist vollkommen richtig. Doch der Arbeiterstaat erschafft die neue Gesellschaft nicht an einem Tag. Marx schrieb, daß in der ersten Phase des Arbeiterstaates die *bürgerlichen* Verteilungsnormen noch weiterbestehen.[21] (Vergleiche dazu *Die Verratene Revolution*, Kapitel »Sozialismus und Staat«.)[22] Diesen Gedanken gilt es, sorgfältig zu Ende zu denken. Der Arbeiterstaat ist als *Staat* notwendig, weil die bürgerlichen Verteilungsnormen noch in Kraft sind.

Die Bürokratie ist das Organ dieser Verteilung. Das heißt: Sogar die revolutionärste Bürokratie ist bis zu einem bestimmten Grad ein *bürgerliches Organ* im Arbeiterstaat. Selbstverständlich sind der *Grad* dieser

Adels durchgeführt, der für die Aufgabe seiner feudalen Rechte entschädigt wurde. Nach der Niederschlagung der bürgerlichen Revolution von 1848 setzte der preußische Staat unter Bismarck mit Unterstützung großer Teile des deutschen Bürgertums die nationale Einigung Deutschlands unter Ausschluß Österreichs gewaltsam durch (1864 gegen Dänemark, 1866 gegen Österreich, 1870/71 gegen Frankreich). Diese schon von Marx und Engels im Unterschied zur »klassischen« westlichen, d.h. englischen und französischen, bürgerlichen Revolution »von unten« als »Revolution von oben« charakterisierte Entwicklung wurde in Deutschland dann verklärend »deutscher Sonderweg« getauft; nach 1945 wurde dieser Terminus eher kritisch gebraucht.
(Vgl. dazu Helga Grebing, *Der ‚deutsche Sonderweg' in Europa 1806-1945*, Eine Kritik, Stuttgart u.a. [Kohlhammer] 1986.)

20 Siehe dazu den Vergleich zwischen der französischen Revolution und der Aufhebung des Feudalismus in Japan durch die sogenannte Meiji-Revolution (1867) bei Albert Soboul, *Kurze Geschichte der Französischen Revolution* [1965], Berlin [Wagenbach] 1977, S. 138-140.

21 »Womit wir es ... zu tun haben, ist eine kommunistische Gesellschaft, nicht wie sie sich auf ihrer eigenen Grundlage *entwickelt* hat, sondern umgekehrt, wie sie eben aus der kapitalistischen Gesellschaft *hervorgeht*... Demgemäß erhält der einzelne Produzent — nach den Abzügen — exakt zurück, was er ihr gibt... Es herrscht hier offenbar dasselbe Prinzip, das den Warenaustausch regelt, soweit er Austausch Gleichwertiger ist... Was aber die Verteilung... unter die einzelnen Produzenten betrifft, herrscht dasselbe Prinzip wie beim Austausch von Warenäquivalenten, es wird gleich viel Arbeit in einer Form gegen gleich viel Arbeit in einer anderen ausgetauscht. Das *gleiche Recht* ist hier daher immer noch — dem Prinzip nach — das *bürgerliche Recht*...« (Karl Marx, »Kritik des Gothaer Programms«, 1875, in: MEW 19, S. 15-32, S. 20.)

22 Text 36, S. 733-757.

Verbürgerlichung und die allgemeine Entwicklungstendenz von entscheidender Bedeutung. Wenn der Arbeiterstaat sich entbürokratisiert und allmählich abstirbt, so verläuft die Entwicklung in Richtung Sozialismus. Wenn aber umgekehrt die Bürokratie immer mächtiger, anmaßender, privilegierter und konservativer wird, so wachsen im Arbeiterstaat die bürgerlichen Tendenzen auf Kosten der sozialistischen; mit anderen Worten, dann geht der innere Widerspruch, der dem Arbeiterstaat seit dem ersten Tag seines Bestehens bis *zu einem gewissen Grad* innewohnt, nicht zurück, wie es die »Norm« verlangt, sondern verschärft sich. Solange dieser Widerspruch nicht von der Distributions- auf die Produktionssphäre überspringt und nicht das nationalisierte Eigentum und die Planwirtschaft beseitigt, solange bleibt der Staat ein Arbeiterstaat.

Lenin hat schon vor fünfzehn Jahren gesagt, daß »unser Staat ein Arbeiterstaat *mit bürokratischen Auswüchsen* ist.«[23] Die bürokratische Verzerrung war damals ein direktes Erbe des bürgerlichen Regimes und erschien demgemäß als ein einfaches Überbleibsel. Unter dem Einfluß ungünstiger historischer Bedingungen erhielt das bürokratische »Überbleibsel« jedoch neue Nahrung und wurde zu einem bedeutenden historischen Faktor. Deshalb sprechen wir heute von der *Entartung* des Arbeiterstaates. Diese Entartung nähert sich einem kritischen Punkt, wie die gegenwärtige Orgie des bonapartistischen Terrors zeigt. Das, was einst nur eine »bürokratische Verzerrung« war, schickt sich an, den Arbeiterstaat mit Haut und Haaren zu verschlingen und auf den Trümmern des nationalisierten Eigentums eine neue besitzende Klasse auszusondern. Eine solche Möglichkeit ist in drohende Nähe gerückt. Dennoch ist es nur eine Möglichkeit, und wir werden nicht im Vorfeld kapitulieren.

## Für die Dialektik!

Die UdSSR als Arbeiterstaat entspricht nicht der »traditionellen« Norm. Das heißt nicht, daß sie kein Arbeiterstaat ist. Ebensowenig heißt das, daß sich die Norm als falsch erwiesen hat. Die »Norm« ist auf den vollständigen Sieg der proletarischen Weltrevolution ausgelegt. Die UdSSR ist nur der teilweise und entstellte Ausdruck eines zurückgebliebenen und isolierten Arbeiterstaates.

Das »rein«-normative, idealistische und ultimatistische Denken will die Welt nach seinen eigenen Vorstellungen formen und übergeht einfach alle

23 Vgl. z.B. Lenin in seiner Rede vom 30.12.1920 »Über die Gewerkschaften, die gegenwärtige Lage und die Fehler Trotzkis« (LW 32, S. 1-26, hier S. 7): »Aus unserem Parteiprogramm ... ist bereits ersichtlich, daß unser Staat ein Arbeiterstaat *mit bürokratischen Auswüchsen* ist.«

Erscheinungen, die nicht nach seinem Geschmack sind. Von leeren idealistischen Normen lassen sich Sektierer leiten, d. h. Menschen, die nur in ihrer eigenen Einbildung Revolutionäre sind. Sie sagen: »Diese Gewerkschaften gefallen uns nicht, wir werden nicht ihre Mitglieder; dieser Arbeiterstaat gefällt uns nicht, wir werden ihn nicht verteidigen.« Sie versprechen jedesmal, die Geschichte wieder neu zu beginnen. Sie werden ganz gewiß den idealen Arbeiterstaat errichten, wenn ihnen der Herrgott eine ideale Partei und ideale Gewerkschaften zur Verfügung stellt. Aber bis zu diesem glücklichen Augenblick werden sie über die Wirklichkeit beleidigt eine Schnute ziehen. Die Schnute ist der höchste Ausdruck des sektiererischen »Revolutionarismus«.

Das rein »historische«, das reformistische, menschewistische, konservative und passive Denken ist — wie Marx es ausdrückte — damit beschäftigt, die heutige Schweinerei durch die Schweinerei von gestern zu entschuldigen. Die Vertreter dieses Typs treten in Massenorganisationen ein, um in ihnen aufzugehen. Die verachtenswerten »Freunde« der UdSSR arrangieren sich mit den Schurkereien der Bürokratie, indem sie auf die historischen Bedingungen verweisen.

Im Gegensatz zu diesen beiden Typen begreift das dialektische —nämlich das marxistische und bolschewistische — Denken Erscheinungen in ihrer objektiven Entwicklung und findet gleichzeitig in den inneren Widersprüchen dieser Entwicklung eine Grundlage für die Verwirklichung seiner »Normen«. Selbstverständlich darf man dabei nicht vergessen, daß programmatische Normen nur dann verwirklicht werden können, wenn sie verallgemeinerter Ausdruck der *fortschrittlichen* Tendenzen des objektiven Geschichtsprozesses selbst sind.[24]

Die programmatische Definition der Gewerkschaft wird ungefähr folgendermaßen lauten: Sie ist eine Organisation von Arbeitern eines Berufs- oder Industriezweiges mit dem Ziel, 1. den Kampf gegen das Kapital für die Verbesserung der Lage der Arbeiter zu führen, 2. sich am revolutionären Kampf für den Sturz der Bourgeoisie zu beteiligen, 3. an der Organisierung der Wirtschaft auf sozialer Grundlage teilzunehmen. Wenn wir diese »normative« Bestimmung mit der heutigen Wirklichkeit vergleichen, müßten wir zugeben, daß es in der gesamten Welt keine einzige Gewerkschaft gibt. Aber eine solche Gegenüberstellung von Normen und Tatsachen, d. h. des *verallgemeinerten* Ausdrucks der Entwicklung und der *Einzel*erschei-

24 Vgl. Marx und Engels, »Kommunistisches Manifest«, 1848 (MEW 4, S. 461-493, hier S. 474 f.): »Die theoretischen Sätze der Kommunisten beruhen keineswegs auf Ideen, auf Prinzipien, die von diesem oder jenem Weltverbesserer erfunden oder entdeckt sind. Sie sind nur allgemeine Ausdrücke tatsächlicher Verhältnisse eines existierenden Klassenkampfes, einer unter unsern Augen vor sich gehenden geschichtlichen Bewegung.«

nung derselben Entwicklung — diese formale, ultimatistische und undialektische Gegenüberstellung von Programm und Wirklichkeit ist völlig leblos und öffnet der revolutionären Partei keinen Weg, in die Wirklichkeit einzugreifen. Unter dem Einfluß des kapitalistischen Niedergangs *können* sich indessen die heutigen opportunistischen Gewerkschaften unseren programmatischen Normen annähern und eine historisch fortschrittliche Rolle spielen, ja sie *müssen* es sogar, wenn wir in den Gewerkschaften eine richtige Politik betreiben. Das setzt natürlich einen kompletten Führungswechsel voraus. Die Arbeiter der Vereinigten Staaten, Englands und Frankreichs müssen Green, Citrine, Jouhaux und Konsorten davonjagen. Die Arbeiter der UdSSR müssen Stalin und Konsorten davonjagen. Wenn das Proletariat die Sowjetbürokratie *rechtzeitig* davonjagt, so findet es nach seinem Sieg noch die nationalisierten Produktionsmittel und die Grundelemente der Planwirtschaft vor. Das heißt, daß es nicht noch einmal von vorne zu beginnen braucht. Nur radikale Snobs, die gewohnt sind, sorglos von Zweig zu Zweig zu hüpfen, können leichtfertig über diesen Vorteil hinwegsehen. Die sozialistische Revolution ist eine zu großartige und schwierige Aufgabe, als daß man leichtsinnig auf ihre unschätzbaren materiellen Errungenschaften verzichten und wieder neu beginnen kann.

Es ist sehr gut, daß die Genossen B. und C., im Unterschied zu unserem französischen Genossen Craipeau und einer Reihe anderer, nicht den Faktor Produktivkräfte vergessen und die Verteidigung der Sowjetunion nicht ablehnen. Doch das reicht bei weitem nicht aus. Was geschieht, wenn die verbrecherische Führung der Bürokratie ein weiteres Wirtschaftswachstum unterbindet? Werden die Genossen B. und C. dann etwa untätig zusehen, wie der Imperialismus die sozialen Grundlagen der UdSSR zerstört? Nein, wir sind vom Gegenteil überzeugt. Aber ihre unmarxistische Charakterisierung der UdSSR als nichtproletarischem und nichtbürgerlichem Staat öffnet *jeder beliebigen* Schlußfolgerung Tür und Tor. Deshalb muß diese Definition kategorisch zurückgewiesen werden.

## Die herrschende und gleichzeitig unterdrückte Klasse

»Wie soll sich unser politisches Gewissen nicht empören«, sagen die Ultralinken, »wenn man uns glauben machen will, in der UdSSR, wo Stalin regiert, sei das Proletariat die ›herrschende‹ Klasse ...?!« In so abstrakter Form kann diese Behauptung tatsächlich »empören«. Aber es ist doch so, daß abstrakte Kategorien, die für eine Analyse notwendig sind, für eine Synthese, die so konkret wie möglich sein soll, überhaupt nicht taugen. Das Proletariat der UdSSR ist die herrschende Klasse in einem *zurückgebliebenen* Land, wo nicht einmal die elementarsten Lebensbedürfnisse befriedigt sind. Das Proletariat der UdSSR herrscht in einem Land, das nur ein

Zwölftel der Menschheit umfaßt; über die übrigen elf Zwölftel herrscht der Imperialismus. Die Herrschaft des Proletariats, die schon aufgrund der Rückständigkeit und Armut des Landes mißgestaltet ist, wird durch den Druck des Weltimperialismus doppelt und dreifach deformiert. Das Herrschaftsorgan des Proletariats, der Staat, wird zu einem Organ des imperialistischen Drucks (Diplomatie, Armee, Außenhandel, Ideen und Sitten). Historisch gesehen findet der Kampf um die Herrschaft nicht zwischen Proletariat und Bürokratie statt, sondern zwischen Proletariat und Weltbourgeoisie. Die Bürokratie nimmt in diesem Kampf nur die Funktion eines Transmissionsriemens ein. Der Kampf ist noch nicht zu Ende. Trotz aller Anstrengungen der Moskauer Clique, ihre konservative Zuverlässigkeit unter Beweis zu stellen (Stalins konterrevolutionäre Politik in Spanien!) mißtraut der Weltimperialismus Stalin, verschont ihn nicht mit erniedrigenden Nasenstübern und ist bereit, ihn bei der erstbesten Gelegenheit zu stürzen. Hitler bringt das Verhältnis der Weltbourgeoisie zur Sowjetbürokratie nur konsequenter und offener zum Ausdruck — und darin liegt seine Stärke. Der faschistischen wie der demokratischen Bourgeoisie reichen Stalins einzelne konterrevolutionäre Taten nicht aus; sie benötigt eine vollständige Konterrevolution in den Eigentumsverhältnissen und die Öffnung des russischen Marktes. Solange das nicht der Fall ist, hält sie den Sowjetstaat für feindlich. Und hat recht damit.

*

Die Gesellschaftsordnung in den kolonialen und halbkolonialen Ländern hat überwiegend bürgerlichen Charakter. Doch der Druck des ausländischen Imperialismus verändert und entstellt die ökonomische und politische Struktur dieser Länder so sehr, daß die nationale Bourgeoisie (sogar in den politisch unabhängigen Staaten Südamerikas) nur teilweise den Status einer herrschenden Klasse erlangt. Der Druck des Imperialismus auf die rückständigen Länder verändert natürlich nicht ihren *grundlegenden* sozialen Charakter, weil Subjekt und Objekt dieses Drucks nur verschiedene Entwicklungsstufen in ein und derselben bürgerlichen Gesellschaft repräsentieren. Dennoch ist der Unterschied zwischen England und Indien, Japan und China, den Vereinigten Staaten und Mexiko so groß, daß wir streng zwischen unterdrückenden und unterdrückten bürgerlichen Ländern unterscheiden müssen und es für unsere Pflicht halten, letztere gegen erstere zu unterstützen. Die Bourgeoisie der kolonialen und halbkolonialen Länder ist teils eine herrschende, teils eine unterdrückte Klasse.

Der Druck des Imperialismus auf die Sowjetunion verfolgt das Ziel, den Charakter der Sowjetgesellschaft selbst zu ändern. Der — heute friedliche, morgen militärische — Kampf geht um die Eigentumsformen. In ihrer Funktion als Transmissionsriemen in diesem Kampf stützt sich die Bürokratie auf das Proletariat gegen den Imperialismus und auf den Imperialismus gegen das Proletariat, um ihre eigene Macht zu vergrößern. Gleichzeitig nützt sie erbarmungslos ihre Rolle als Verteilerin der dürftigen Mittel zur Bedürfnisbefriedigung aus, um ihren eigenen Wohlstand und ihre eigene Macht abzusichern. Dadurch erhält die Herrschaft des Proletariats einen beschränkten, entstellten und verzerrten Charakter. Man kann mit vollem Recht sagen, daß das Proletariat, das in einem zurückgebliebenen und isolierten Land *herrscht*, dennoch eine *unterdrückte* Klasse bleibt. Die Ursache der Unterdrückung ist der Weltimperialismus; der Transmissionsriemen der Unterdrückung ist die Bürokratie. Wenn in den Worten »eine herrschende und zugleich unterdrückte Klasse« ein Widerspruch enthalten ist, so resultiert dieser nicht aus einem Denkfehler, sondern aus der Widersprüchlichkeit der Situation in der UdSSR selbst. Gerade deshalb lehnen wir ja die Theorie des Sozialismus in *einem* Land ab.

Wenn wir die UdSSR als Arbeiterstaat — nicht als Modell, sondern als Entstellung des Modells — anerkennen, so folgt daraus in keiner Weise eine theoretische oder politische Amnestie für die Sowjetbürokratie. Im Gegenteil, ihre reaktionärer Charakter wird erst vor dem Hintergrund des Widerspruchs zwischen ihrer antiproletarischen Politik und den Bedürfnissen des Arbeiterstaates vollkommen deutlich. Nur wenn wir die Frage so stellen, gewinnt unsere Entlarvung der Verbrechen der stalinistischen Clique an Durchschlagskraft. Die Verteidigung der UdSSR bedeutet nicht nur härtesten Kampf gegen den Imperialismus, sondern auch Vorbereitung zum Sturz der bonapartistischen Bürokratie.

Die Erfahrung der UdSSR zeigt, wie groß die dem Arbeiterstaat innewohnenden Möglichkeiten sind, und wie groß seine Widerstandskraft ist. Doch diese Erfahrung zeigt auch, wie stark der Druck des Kapitals und seiner bürokratischen Agentur ist, wie schwierig es für das Proletariat ist, seine vollständige Befreiung zu erkämpfen, und wie wichtig es ist, die neue Internationale im Geist des unversöhnlichen revolutionären Kampfes zu erziehen und zu stählen.

# (45) Folgt die Sowjetregierung noch ihren vor zwanzig Jahren aufgestellten Prinzipien?*

*Coyoacán, 13. Januar 1938*

Um die Frage, die in der Überschrift dieses Artikels gestellt wird, richtig zu beantworten, muß zu Anfang der Kontrast zwischen der wesentlichen Errungenschaft der Oktoberrevolution, der Nationalisierung des Eigentums, und der Politik der gegenwärtigen Regierung festgestellt werden. Die revolutionäre Form des Eigentums und die thermidorianische, d. h. reaktionäre Politik widersprechen einander. Aber bis zum heutigen Tag hat die Politik es nicht vermocht, gewagt oder erreicht, die revolutionären Eigentumsformen abzuschaffen. Die Grundideen der gegenwärtigen Regierung sind dem Programm des Bolschewismus direkt entgegengesetzt. Aber da die von der Revolution gegründeten Institutionen noch bestehen, ist die Bürokratie gezwungen, wenigstens äußerlich ihre Grundideen den alten Prinzipien des Bolschewismus anzupassen: sie legt weiter Eide ab auf das Vermächtnis des Oktober, die Interessen des Proletariats, und bezeichnet das sowjetische System tatsächlich als sozialistisch. Ohne Risiko, sich zu irren, kann man sagen, daß es in der Geschichte der Menschheit noch nie eine derart verlogene und heuchlerische Regierung gegeben hat, wie die gegenwärtige sowjetische Bürokatie.

Die Wahrung der staatlichen Verfügungsgewalt über die Produktionsmittel an sich hat eine ungeheuer fortschrittliche Bedeutung, da mit Hilfe der Planwirtschaft eine schnelle Entwicklung der Produktivkräfte erreicht werden kann. Zwar verdient die Wirtschaftsstatistik der Bürokratie kein

* T 4266, 4267 *Prodolzhaet li eshche sovetskoe pravitel'stvo sledovat printsipam, usvoennym 20 let tomu nazad?* (13.1.1938). BO 66-67 (Mai-Juni 1938). Dt. »Folgt die Sowjetregierung noch den vor 20 Jahren angeeigneten Prinzipien?«, in: *Das Banner*, Internationale Kommunisten der ČSR, Nr. 2, September 1938. Engl. »Does the Soviet Government Still Follow the Principles Adopted 20 Years Ago?«, in: *Fourth International*, Jg. 6, Nr. 3, März 1945, S. 87-89, und TWr 1937-38, S. 126-133.

Vertrauen: systematisch übertreibt sie die Erfolge und verheimlicht Mißerfolge. Dennoch kann man unmöglich leugnen, daß sich die Produktivkräfte in der Sowjetunion auch heute noch in einem solchen Tempo entwickeln, wie es bisher kein anderes Land der Welt gekannt hat. Wer diese Seite der Angelegenheit nicht sehen will und das sowjetische Regime dem Faschismus gleichsetzt, wie es etwa Max Eastman[1] tut, der schüttet, wie man im Deutschen zu sagen pflegt, das Kind mit dem Bade aus. Die Entwicklung der Produktivkräfte ist der wesentliche Faktor der menschlichen Kultur. Ohne Stärkung der Herrschaft des Menschen über die Natur darf man an die Beseitigung der Herrschaft des Menschen über den Menschen nicht denken. Man kann den Sozialismus nicht auf Rückständigkeit und Armut errichten. Mit der technischen Vorbedingung für den Sozialismus ist man in den letzten 20 Jahren in der Sowjetunion einen gewaltigen Schritt vorwärts gekommen.

Das ist jedoch am wenigsten das Verdienst der Bürokratie. Im Gegenteil, die regierende Kaste ist zum größten Hemmschuh für die Entwicklung der Produktivkräfte geworden. Die sozialistische Wirtschaft muß ihrem Wesen nach von den Interessen der Produzenten und den Bedürfnissen der Konsumenten geleitet werden. Diese Interessen und Bedürfnisse können ihren Ausdruck nur in einer hochentwickelten Demokratie von Produzenten und Konsumenten finden. Demokratie ist in diesem Fall nicht irgendein abstraktes Prinzip. Sie ist der einzig denkbare Mechanismus zur Vorbereitung und Verwirklichung des sozialistischen Wirtschaftssystems.

1 Max Eastman (1883-1969) wurde als Herausgeber der amerikanischen sozialistischen Zeitschrift *The Masses* und (nach deren Verbot im Ersten Weltkrieg) *The Liberator* bekannt. Er gehörte zu den frühen Propagandisten der Oktoberrevolution in den USA, wurde aber nie Mitglied der KP. Nach 1922 hielt er sich längere Zeit in der Sowjetunion auf. Er stand in engem Kontakt zu Trotzki, schrieb eine biographische Skizze über dessen Jugend (*Leon Trotsky: The Portrait of a Youth*, New York 1925) und vertrat die Positionen der Linken Opposition. 1925 kehrte er in die USA zurück und berichtete in *Since Lenin Died* (New York [Boni and Liveright] 1925) von den Fraktionskämpfen und von Lenins »Testament«. Trotzki distanzierte sich zunächst aus taktischen Gründen von Eastman und von dessen Buch. Eastman blieb zunächst ein Anhänger von Trotzkis Ideen und übersetzte einige seiner Schriften (u.a. *Die wirkliche Lage in Rußland, Geschichte der russischen Revolution* und *Verratene Revolution)* ins Englische. Mitte der dreißiger Jahre änderte er dann seine politische Haltung; 1941 wurde er Mitherausgeber von *Reader's Digest* und vertrat extrem konservative Positionen.
(*Marx, Lenin, and the Science of Revolution*, London [Allen & Unwin] 1926; Autobiographie: *Enjoyment of Living*, New York [Harper] 1948; *Love and Revolution: My Journey Through an Epoch*, New York [Random] 1964. Vgl. auch Trotzki: »Marxismus und Eastman« (4.1.1933), engl. in: TWr 1932-33, S. 68.)

Die gegenwärtige Regierung hat die Demokratie in Sowjet, Partei, Gewerkschaften und Genossenschaften durch Behördendirektiven ersetzt. Aber eine Bürokratie, selbst wenn sie durchweg aus Genies bestünde, könnte von ihren Kanzleien aus nicht das notwendige Gleichgewicht aller Wirtschaftszweige garantieren, d.h. die notwendige Entsprechung von Produktion und Konsum. Das, was in der Sprache der stalinistischen Justiz »Sabotage« genannt wird, ist in Wirklichkeit die unglückselige Folge bürokratischer Kommandomethoden. Disproportion, Verschwendung und Durcheinander, die immer weiter um sich greifen, drohen die Grundlagen der Planwirtschaft zu erschüttern. Die Bürokratie sucht starrsinnig nach »Schuldigen«. Das ist in den meisten Fällen der geheime Sinn der sowjetischen Prozesse gegen Saboteure.[2]

Das gegenwärtige Regime als persönliche »Herrschsucht« Stalins zu erklären, ist zu oberflächlich. Stalin ist nicht eine Person, sondern das Symbol einer Kaste. Macht ist nichts Körperloses. Macht gibt die Möglichkeit, über materielle Werte zu verfügen und sie sich anzueignen. Natürlich, völlige Gleichheit kann man nicht mit einem einzigen Sprung erreichen. Eine gewisse Differenzierung des Arbeitslohns wird im gegebenen Stadium von den Interessen der Steigerung der Arbeitsproduktivität diktiert. Entscheidende Bedeutung für die Beurteilung der Natur einer Gesellschaft hat jedoch die Frage: entwickelt sie sich in Richtung Gleichheit oder in Richtung Privilegierung? Die Antwort auf diese Frage läßt keinen Raum für irgendwelche Zweifel. Die Differenzierung der Gesellschaft hat längst die Grenzen ökonomischer Notwendigkeit überschritten. Die materiellen Privilegien der Bürokratie wachsen lawinenartig. In ihrer Angst vor Isolierung von den Massen versucht die Bürokratie, unter dem Banner der Stachanowerei eine neue Arbeiter- und Kolchos-Aristokratie zu gründen.

Die Verteilung des Nationaleinkommens bestimmt seinerseits die politische Ordnung. Die regierende Kaste kann keine Demokratie von Produzenten und Konsumenten zulassen, und zwar aus dem einfachen Grunde, weil sie die einen wie die anderen unerbittlich ausraubt. Man kann als erwiesen

2 Auch während des zweiten Fünfjahresplanes wurde versucht, trotz unzureichender technischer Mittel und mit unerfahrenem Personal eine hohe Arbeitsleistung zu erzwingen. Das führte zu einer Serie von schweren Unfällen. Seit Herbst 1936 wurden diese Unglücksfälle der Sabotage durch »trotzkistische Elemente« zugeschrieben. Im November ordnete — wie 1965 bekannt wurde — Wyschinski an, sämtliche Unfälle in diesem Sinne zu überprüfen.
Während im ersten Schauprozeß im August 1936 dieser Sabotagevorwurf noch nicht erhoben wurde, gehörte er seit dem zweiten vom Januar 1937 zum Repertoire der Anklage, die auf diese Weise Sündenböcke für das Desaster der ersten Fünfjahrespläne fand und die technische Intelligenz einschüchtern konnte.
(Vgl. Conquest, *Am Anfang...*, S. 193-196, 202-206, 309f., und 366-369.)

nehmen, daß die Bürokratie nicht weniger als die Hälfte des Fonds verschlingt, der für den nationalen Verbrauch bestimmt ist, wobei nicht nur Wohnungen, Nahrung, Kleidung, Transportmittel und Mittel für Post- und Fernmeldewesen gerechnet werden, sondern auch die für Bildungswesen, Presse, Literatur, Sport, Kino, Radio, Theater, Museen usw. Mit vollem Recht können wir deshalb sagen, daß, obwohl die Bürokratie sich noch mit den Institutionen und Traditionen der Oktoberrevolution einrichten muß, ihre Politik doch Ausdruck ihrer eigenen Interessen ist und den Interessen des Volks und des Sozialismus direkt entgegengesetzt.

Diesen grundlegenden Widerspruch kann man auch auf allen anderen Gebieten des öffentlichen Lebens, wie Staat, Armee, Familie, Schule, Kultur, Wissenschaft und Künste usw. nachweisen.

Vom Standpunkt des Marxismus aus ist der *Staat* ein Apparat der Herrschaft einer Klasse über die andere. Die Diktatur des Proletariats ist nur eine zeitweilige Einrichtung, darum für die Werktätigen notwendig, um mit dem Widerstand der Ausbeuter fertigzuwerden und die Ausbeutung abzuschaffen. In der klassenlosen Gesellschaft muß der Staat als Gewaltapparat allmählich absterben und durch die freie Selbstverwaltung von Produzenten und Konsumenten ersetzt werden. Doch was geschieht in Wirklichkeit? 20 Jahre nach der Revolution ist der sowjetische Staat ein extrem zentralisierter, despotischer und blutiger Apparat der Gewalt und Unterdrückung geworden. Die Evolution des sowjetischen Staates verläuft also in vollem Widerspruch zu den Prinzipien des bolschewistischen Programms. Die Ursache dafür ist, wie bereits gezeigt, daß die Gesellschaft sich nicht zum Sozialismus hin entwickelt, sondern in Richtung auf eine Wiedergeburt sozialer Unterschiede. Wenn die Entwicklung auf diesem Wege noch weiter fortgeht, wird sie unweigerlich zum Wiederentstehen von Klassen, zur Liquidierung der Planwirtschaft und zur Wiederherstellung des kapitalistischen Eigentums führen. In diesem Fall wird das staatliche Regime unweigerlich zu einem faschistischen.

Die Oktoberrevolution hat als eine ihrer Aufgaben die Auflösung der *Armee* im Volk verkündet. Es war beabsichtigt, bewaffnete Streitkräfte nach dem Prinzip der Miliz aufzubauen. Nur eine solche Armeeorganisation, die das Volk zum bewaffneten Herrn seines Schicksals macht, entspricht der Natur der sozialistischen Gesellschaft. Der Übergang von der kasernierten zu einer Milizarmee wurde im Verlauf der ersten zehn Jahre systematisch vorbereitet. Aber in dem Augenblick, als die Bürokratie endgültig jede Äußerung der Selbständigkeit der Arbeiterklasse unterdrückte, machte sie die Armee offen zum Werkzeug ihrer Herrschaft. Das Milizsystem wurde vollkommen abgeschafft. Die Zweimillionenarmee hat jetzt einen reinen Kasernenhofcharakter. Die Offizierskaste mit Generälen und Marschällen ist wiederhergestellt. Aus einem Werkzeug sozialistischer Verteidigung ist die Armee zum Instrument zur Wahrung der Privilegien der Bürokratie geworden. Doch damit war es nicht zu Ende. Der Kampf zwischen der engen Clique um Stalin und den maßgeblichen und talentiertesten Militärs, die den Interessen der Verteidigung wirklich ergeben waren, führte dazu, daß man die Rote Armee ihrer Spitze beraubte.

Die Situation der *Frau* ist der deutlichste und überzeugendste Gradmesser zur Beurteilung von Sozialordnung und staatlicher Politik.[3] Die Oktoberrevolution hat die Befreiung der Frau auf ihr Banner geschrieben und die fortschrittlichste Ehe- und Familiengesetzgebung geschaffen, die es je in der Geschichte gegeben hat. Das heißt natürlich nicht, daß für die sowjetische Frau damit sofort ein »glückliches Leben« begonnen hat. Eine wirkliche Befreiung der Frau ist ohne allgemeine Anhebung von Wirtschaft und Kultur, ohne Zerstörung der kleinbürgerlichen Familienwirtschaft und ohne Einführung von Gemeinschaftsverpflegung und -erziehung undenkbar. Statt dessen ließ sich die Bürokratie von ihrem konservativen Instinkt leiten und bekam Angst vor der »Zerstörung« der Familie. Sie begann, Lobeshymnen auf Mahlzeit und Waschtag im Einfamilienhaushalt zu singen, d. h. auf die Versklavung der Frau durch die Familie. Als Höhepunkt stellte sie Abtreibung unter Strafe und versetzte die Frau damit offiziell wieder in den Status eines Lasttieres. So hat die regierende Kaste in vollem Widerspruch zum kleinen Einmaleins des Kommunismus den reaktionären und finsteren Zellkern der Klassenherrschaft wiedereingeführt, nämlich die kleinbürgerliche Familie.

Nicht besser steht es auf dem Gebiet der *Kultur*. Das Anwachsen der Produktivkräfte hat die materiellen Voraussetzungen für eine neue Kultur geschaffen. Aber die Entwicklung der Kultur ist undenkbar ohne Kritik, ohne Fehler, ohne Irrwege, ohne selbständiges Schaffen, mit einem Wort, ohne Erweckung der Persönlichkeit. Doch die Bürokratie duldet keinerlei unabhängiges Denken auf dem Gebiet schöpferischer Tätigkeit. Und auf ihre Weise hat sie Recht: wenn in der Kunst oder der Pädagogik Kritik wach wird, dann wird sie sich unweigerlich gegen die Bürokratie, gegen ihre Privilegien, ihre Unwissenheit und ihre Willkür richten. Daraus erklärt sich, daß die „Säuberung“, nachdem sie in der Partei angefangen hatte, ausnahmslos in alle Sphären des öffentlichen Lebens vorgedrungen ist. Die

3 Trotzki paraphrasiert Engels: Fourier »spricht es zuerst aus, daß in einer gegebenen Gesellschaft der Grad der weiblichen Emanzipation das natürliche Maß der allgemeinen Emanzipation ist.« (*Anti-DühRung* [1878], MEW 20, S. 242.) Engels bezog sich auf Charles Fourier, *Theorie der vier Bewegungen und der allgemeinen Bestimmungen* (1808), Frankfurt [EVA] 1966, S. 190: »Allgemein läßt sich die These aufstellen: Der soziale Fortschritt und der Übergang von einer Periode zur anderen erfolgt auf Grund der Fortschritte in der Befreiung der Frau, und der Niedergang der Gesellschaftsordnung wird durch die Abnahme der Freiheit für die Frau bewirkt ... Zusammenfassung: die Erweiterung der Privilegien der Frauen ist die allgemeine Grundlage allen sozialen Fortschritts.«

GPU »säubert« Dichter, Astronome, Pädagogen und Musiker als »Trotzkisten«, wobei die besten Köpfe der »Mauser« zum Opfer fallen. Kann man unter solchen Umständen überhaupt von einer »sozialistischen« Kultur sprechen?

Auf dem Gebiet einfacher Alphabetisierung gibt es zweifellos Erfolge. Viele Millionen haben lesen und schreiben gelernt. Doch haben sie zugleich das Recht verloren, ihren Ansichten und Interessen mit Hilfe des gedruckten Wortes Ausdruck zu verleihen. Die Presse dient allein der Bürokratie. Die sogenannten »sozialistischen« Dichter haben nur das Recht, Hymnen auf Stalin zu schreiben. Mit dem gleichen Recht sind auch die Prosaisten ausgestattet. Die Bevölkerung ist verpflichtet, diese Hymnen zu lesen. Das gleiche geschieht im Kino, im Radio, im Theater usw. Vor kurzem wurde in den Schulen ein neues, prämiiertes Lehrbuch der russischen Geschichte eingeführt.[4] Man kann ohne Übertreibung sagen, daß dieses Lehrbuch ausschließlich aus Fälschungen besteht, die den Despotismus der Bürokratie und die persönliche Autokratie Stalins rechtfertigen sollen. Selbst die Geschichtsbücher der katholischen Kirche, die mit Billigung des Vatikans verlegt werden, sind Vorbilder an wissenschaftlicher Gewissenhaftigkeit, verglichen mit den stalinisierten Lehrbüchern der UdSSR. Viele Millionen von Kindergehirnen werden von dieser schändlichen Literatur verseucht und vergiftet.

Die Oktoberrevolution hat das Recht einer jeden *Nation* nicht nur auf eigenständige kulturelle Entwicklung, sondern auch auf staatliche Eigenständigkeit verkündet. In Wirklichkeit hat die Bürokratie die Sowjetunion in ein neues Gefängnis der Völker verwandelt. Zwar bestehen Nationalsprache und Nationalschule weiter; auf diesem Gebiet kann auch der mächtigste Despotismus das Rad der Geschichte nicht mehr zurückdrehen. Aber die Sprachen der verschiedenen Nationalitäten sind nicht Mittel ihrer eigenständigen Entwicklung, sondern Mittel der bürokratischen Befehlsgewalt über sie. Die Regierungen der nationalen Republiken werden natürlich von Moskau, genauer gesagt von Stalin ernannt. Aber es ist eine merkwürdige Sache: Dreißig dieser Regierungen erweisen sich plötzlich als »Volksfeinde« und Agenten eines ausländischen Staates.[5] Hinter dieser Beschuldigung, die

4 Das 1937 auf Stalins Anweisung neu eingeführte Grundschullehrbuch zur Geschichte der UdSSR brach mit der damaligen, von Pokrowski geprägten marxistischen Interpretation. Russische Herrscher wie Peter I. und Alexander Newski wurden nun positiv bewertet, die Bedeutung der Bauernaufstände wurde relativiert, die koloniale Unterwerfung nichtrussischer Völker gerechtfertigt.
(Vgl. Erwin Oberländer, *Sowjetpatriotismus und Geschichte*, Dokumentation, Köln [Wissenschaft und Politik] 1967, S. 44 f.)

5 Über die Säuberungen in den nichtrussischen Republiken und Gebieten vgl. Conquest, *Am Anfang...*, S. 299-314 und 463-466.

sogar aus dem Munde Stalins und Wyschinskis allzu plump und albern klingt, verbirgt sich in Wirklichkeit der Umstand, daß die Beamten, auch wenn sie vom Kreml eingesetzt worden sind, in den nationalen Republiken in Abhängigkeit von lokalen Bedingungen und Stimmungen geraten und allmählich vom oppositionellen Geist gegen den erstickenden Zentralismus Moskaus angesteckt werden. Sie beginnen, davon zu träumen oder zu reden, daß man den »geliebten Führer« ersetzen und den Schraubstock lockern müsse. Das ist die wirkliche Ursache dafür, daß man vor kurzem alle nationalen Republiken der UdSSR ihrer Spitze beraubt hat.

Es ist schwer, in der Geschichte ein Beispiel von Reaktion zu finden, die nicht durch *Antisemitismus* gefärbt wurde. Dieses eigenartige historische Gesetz wird gegenwärtig in der Sowjetunion voll und ganz bestätigt. In seinem interessanten, wenn auch nicht tiefschürfenden Buch *Assignment in Utopia* zeigt Eugene Lyons[6], der lange Jahre in Moskau verbracht hat, daß die Bürokratie systematisch, wenn auch in versteckter Form, antisemitische Vorurteile zur Festigung ihrer Herrschaft ausgenutzt hat. Wie könnte es auch anders sein? Der bürokratische Zentralismus ist ohne Chauvinismus undenkbar, und der Antisemitismus war für den Chauvinismus immer der Weg des geringsten Widerstandes.

In der *Außenpolitik* hat sich in diesen 20 Jahren eine Wende vollzogen, nicht weniger radikal als in der Innenpolitik. Nur aus Trägheit oder mit irgendwelchen Hintergedanken beschuldigt die bürgerliche Reaktion Stalin weiterhin, Inspirator der Weltrevolution zu sein. In Wirklichkeit ist der Kreml Stütze der konservativen Ordnung geworden. Die Periode, in der die Moskauer Regierung das Schicksal der Sowjetrepublik mit dem Schicksal des Weltproletariats und der unterdrückten Völker des Ostens verknüpft hat, liegt weit zurück. Die Politik der »Volksfronten«, unabhängig davon, ob sie gut ist oder schlecht, ist immerhin die traditionelle Politik des Menschewismus, gegen die Lenin sein ganzes Leben gekämpft hat. Sie bedeutet eine Absage an die proletarische Revolution zugunsten einer konservativen bürgerlichen Demokratie. Die regierende Kaste in Moskau will jetzt nur das eine: mit allen herrschenden Klassen in Frieden leben.

Der Widerspruch zwischen der Oktoberrevolution und der thermidorianischen Bürokratie hat seinen dramatischsten Ausdruck in der Ausrottung der *alten Generation der Bolschewiki* gefunden. Wyschinski, Jeschow,

6 Eugene Lyons (1898-1985), kam 1907 aus Rußland in die USA. Er arbeitete seit 1919 als Journalist, 1924-27 für TASS. Von 1928 bis 1934 berichtete er als Korrespondent von United Press aus Moskau, bis er auf Verlangen der sowjetischen Regierung abberufen wurde. Seine Erfahrungen in der UdSSR verarbeitete er u.a. in dem hier erwähnten Buch *Assignment in Utopia* (New York [Harcourt, Brace] 1937). Später entwickelte er sich nach rechts, wurde 1946 Redakteur und 1952 leitender Redakteur beim *Reader's Digest* und schrieb eine Reihe von populären antikommunistischen Büchern über die Sowjetunion.

Trojanowski, Maiski, Agenten der Komintern und der GPU, Journalisten vom Typ Durantys und Louis Fischers, Advokaten vom Typ Pritts werden die Meinung der Weltöffentlichkeit nicht täuschen. Kein einziger zurechnungsfähiger Mensch glaubt noch, daß Hunderte von alten Revolutionären, die Führer der bolschewistischen Partei in der Illegalität, die leitenden Köpfe des Bürgerkriegs, die revolutionären Sowjetdiplomaten, die Befehlshaber der Roten Armee, die Spitzen von 30 nationalen Sowjetrepubliken, alle auf einmal, wie auf Kommando, zu Agenten des Faschismus geworden sind. Die New Yorker Untersuchungskommission, die aus unbescholtenen und unvoreingenommenen Leuten besteht, hat nach neunmonatiger Arbeit die Moskauer Richter der grandiosesten Fälschung in der Geschichte der Menschheit beschuldigt. Es geht jetzt nicht mehr darum zu beweisen, daß Sinowjew, Kamenjew, Smirnow, Pjatakow, Serebrjakow, Sokolnikow, Radek, Rakowski, Krestinski, Tuchatschewski und Hunderte anderer das Opfer einer Fälschung geworden sind. Das steht fest. Jetzt geht es darum zu erklären, wie und warum die Kreml-Clique sich zu einer so ungeheuerlichen Fälschung entschließen konnte. Die Antwort darauf ergibt sich aus all dem Vorausgegangenen. Im Kampf um Macht und Einkünfte war die Bürokratie gezwungen, diejenigen Gruppen zu zerschlagen und zu vernichten, die mit der Vergangenheit verbunden waren, das Programm der Oktoberrevolution kannten und erinnerten, und die den Aufgaben des Sozialismus aufrichtig ergeben waren. Die Ausrottung der alten Generation der Bolschewiki und der sozialistischen Elemente der mittleren und jüngeren Generation ist ein notwendiges Teilstück der Anti-Oktober-Reaktion. Darum tritt in den Prozessen der ehemalige Weißgardist Wyschinski als Ankläger auf. Das ist der Grund, weshalb die UdSSR in Washington vom ehemaligen Weißgardisten Trojanowski und in London von Maiski, einem ehemaligen Minister Koltschaks, vertreten wird usw. usf. Die rechten Leute kommen an die rechte Stelle.

Wohl kaum jemand wird sich von der Komödie der letzten Moskauer Wahlen täuschen lassen. Hitler und Goebbels haben schon verschiedentlich das Gleiche getan — mit denselben Methoden. Man muß nur lesen, was die sowjetische Presse über Hitlers Volksabstimmungen geschrieben hat, um das Geheimnis von Stalins »Erfolg« zu verstehen. Totalitäre Parlamentserfahrungen zeugen nur für das eine: wenn man alle Parteien, darunter auch die eigene, vernichtet, wenn man die Gewerkschaften erstickt, die Presse, das Radio und das Kino der Gestapo oder der GPU unterwirft, Arbeit und Brot nur an Gehorsame oder Schweigsame vergibt und jedem Wähler die Pistole auf die Brust setzt, dann erreicht man »einmütige« Wahlen. Aber diese Einmütigkeit ist nicht ewig und nicht dauerhaft. Die Traditionen der Oktoberrevolution sind aus dem öffentlichen Leben verschwunden, aber sie leben im Gedächtnis der Massen weiter. Unter dem Schutz von Justiz- und Wahlfarcen werden die Widersprüche immer schärfer und müssen letztlich zu einem Ausbruch führen. Die reaktionäre Bürokratie muß gestürzt werden und wird es auch. Eine politische Revolution in der UdSSR ist unvermeidbar. Sie bedeutet Befreiung der Elemente der neuen Gesellschaft von der usurpatorischen Bürokratie. Nur unter dieser Bedingung kann sich die UdSSR in Richtung Sozialismus entwickeln.

# (46)
# Totalitäre Defätisten*

*Coyoacán, 3. Juli 1938*

Seit dem Jahre 1933 nahm die internationale Bedeutung der UdSSR sehr schnell zu. Immer wieder konnte man von europäischen Journalisten die folgende Meinung hören: »Der Kreml hält das Schicksal Europas in den Händen«, »Stalin ist jetzt Schiedsrichter der Welt«, und so weiter. Wie sehr diese Einschätzungen zu jener Zeit auch übertrieben gewesen sein mögen, so entsprangen sie doch zwei nicht wegzuleugnenden Faktoren — der Verschärfung der weltweiten Gegensätze und der zunehmenden Stärke der Roten Armee. Der relative Erfolg des ersten Fünfjahresplans, die optimistischen Prognosen für den zweiten Fünfjahresplan, die sich daraus ergaben, die jedermann sichtbaren Resultate der Industrialisierung, die für Armee und Flotte eine industrielle Basis schufen, die Überwindung der fortschreitenden Lähmung des Eisenbahnverkehrs, die ersten guten Ernten in Kolchosen, das Wachstum des Viehbestandes, das Abflauen von Not und Hunger — das waren die internen Vorbedingungen für die Erfolge der Sowjetdiplomatie. Stalins Worte »Das Leben ist leichter geworden, das Leben ist fröhlicher geworden« beziehen sich auf diese Periode. Für die arbeitenden Massen wurde das Leben tatsächlich ein wenig leichter. Für die Bürokratie — ein gutes Stück fröhlicher.

Indes wurde ein Großteil des Nationaleinkommens für Verteidigung ausgegeben. Die Präsenzstärke der Armee in Friedenszeiten wurde von 800000 Mann auf anderthalb Millionen erhöht. Die Flotte erstand neu. Während der Jahre der Sowjetordnung bildete sich ein neuer Kommando-

* T 4372, 4373 *Totalitarnye porazhentsy* (3.7.1938). BO 68-69 (August-September 1938). Frz. »Les défaitistes totalitaires«, in: *Quatrième Internationale*, Nr. 14-15, November-Dezember 1938, S. 237-239.
Das Manuskript dieses Textes im Trotzki-Archiv (Harvard-Universität) enthält einige vom 12. September 1938 datierte handschriftliche Ergänzungen Trotzkis, auf deren Wiedergabe hier verzichtet wurde.

kader, vom Leutnant bis zum Marschall, heraus. Ein politischer Faktor spielte noch eine Rolle: die Opposition — von links wie von rechts — war zerschlagen. Der Sieg über die Opposition schien in den wirtschaftlichen Errungenschaften seine objektive Rechtfertigung zu finden. Stalins Macht erschien unerschütterlich. All das zusammen machte die Sowjetregierung vielleicht nicht zum Schiedsrichter Europas, doch jedenfalls zu einem wichtigen internationalen Faktor.

Die letzten zwei Jahre haben diese Situation völlig auf den Kopf gestellt. Das spezifische Gewicht der Sowjetdiplomatie ist gegenwärtig geringer als in den kritischsten Monaten des ersten Fünfjahresplans. London hat sich nicht nur selbst Rom und Berlin zugewandt, sondern verlangt sogar, daß auch Paris Moskau den Rücken kehrt.[1] Somit hat jetzt Hitler die Möglichkeit, seine Politik der Isolierung der UdSSR mit Chamberlain[2] zu verwirklichen. Wenn Frankreich sein Abkommen mit der UdSSR auch nicht aufkün-

1 Durch den französisch-sowjetischen Vertrag von 1935 hatte Frankreich eine gegen Deutschland gerichtete Allianz mit der UdSSR geschlossen, auf die die britische Regierung aber negativ reagierte. In einem Dokument des französischen Generalstabs vom Mai 1937 hieß es, die »französische Sicherheit [beruhe] vor allem auf einer engen Verständigung mit England« und »ein französisch-sowjetisches Militärabkommen [bringe] die Gefahr mit sich, die Herzlichkeit und Aufrichtigkeit der französisch-englischen Beziehungen aufs Spiel zu setzen«. Seit der Bildung der Regierung Chamberlain im Mai 1937 verstärkte Großbritannien seine »Gleichgewichtspolitik«, die Deutschlands Gleichberechtigung mit den europäischen Mächten, also auch seine Aufrüstung förderte. Hitlers Forderungen sollten mehr oder weniger befriedigt (»Appeasement«), die deutsche Expansion gegen die UdSSR gerichtet werden. So konnte das »Dritte Reich« im März 1938 ohne Risiko den »Anschluß« Österreichs und Ende September die Annexion des Sudetenlandes vornehmen.
(Vgl. Haslam, *The Soviet Union and the Struggle for Collective Security*, S. 150f., 166f., Zitat auf S. 141; Reinhard Meyers, *Britische Sicherheitspolitik 1934-1938*, Studien zum außen- und sicherheitspolitischen Entscheidungsprozeß, Düsseldorf [Droste] 1976; Lothar Höbelt, *Die britische Appeasementpolitik*, Entspannung und Nachrüstung 1937-1939, Wien [Österreichischer Bundesverlag] 1983; Wolfgang J. Mommsen und Lothar Kettenacker (Hg.), *The Fascist Challenge and the Policy of Appeasement*, London [Allen & Unwin] 1983.)

2 Neville Chamberlain (1869-1940), seit 1918 Abgeordneter der Konservativen Partei im britischen Unterhaus, bekleidete zwischen 1922 und 1937 — mit Unterbrechungen — verschiedene Ministerämter. Als Premierminister (1937 bis 1940) war er für die Appeasement-Politik gegenüber Hitler verantwortlich, steuerte dann aber, nach der Zerschlagung der Rest-Tschechei im März 1939, auf einen Konflikt mit dem »Dritten Reich« zu; nach dem deutschen Überfall auf Polen am 1.9.1939 erfolgte die Kriegserklärung. Chamberlain wurde am 10. Mai 1940, zu Beginn der deutschen Offensive im Westen, von Churchill abgelöst.
(Vgl. Ian Colvin, *The Chamberlain Cabinet*, How the Meeting in 10, Downing Street, 1937-9 led to the 2nd World War, Told for the First Time from the Cabinet Papers by Ian Colvin, London [Gollancz] 1971; David Dilks, *Neville*

digt, so hat Paris es doch zu einer zweitrangigen Reserve herabgestuft. Da die Dritte Republik das Vertrauen in den Moskauer Beistand verloren hat, folgt sie hartnäckig den Spuren Englands. Konservative französische Patrioten klagen nicht ohne Bitterkeit, daß Frankreich Großbritanniens »letztes Dominion« geworden ist. Italien und Deutschland planen mit Zustimmung genau desselben Chamberlain, sich in Spanien fest einzunisten, dort, wo Stalin — und das glaubte nicht nur er selbst — bis vor kurzem Herr der Lage zu sein schien.[3] Im Fernen Osten, wo die Japaner auf unerwartete Schwierigkeiten von gigantischen Ausmaßen stießen, konnte Moskau lediglich Grenzgefechte liefern, und zwar stets auf die Initiative Japans hin.[4]

Die Ursache für die abnehmende internationale Bedeutung der Sowjets in den letzten zwei Jahren liegt ganz gewiß nicht in der Aufgebung oder Abschwächung der internationalen Gegensätze. Wie auch die politische Konjunktur episodisch schwanken mag, die imperialistischen Länder gehen unausweichlich einem Weltkrieg entgegen. Die Schlußfolgerung ist klar: Stalins Bankrott auf der Bühne der Weltpolitik ist vor allem Ergebnis der inneren Entwicklung der UdSSR. Was ist denn nun in der Sowjetunion während der letzten zwei Jahre vorgegangen, daß sich die Stärke in Ohnmacht verwandelt hat? Die Wirtschaft scheint weiter zu wachsen; die Industrie rühmt sich, trotz angeblicher »Sabotage«, ihrer Erfolge; die Ernten werden besser; Kriegsgerät steht in wachsendem Umfang zur Verfügung, Stalin hält innere Feinde erfolgreich nieder. Woran liegt es dann?

*Chamberlain*, Bd. 1, Pioneering and Reform, 1869-1929, Cambridge [Cambridge University Press] 1984; Larry William Fuchser, *Neville Chamberlain and Appeasement*, A Study in the Politics of History, New York [Norton] 1982.)

3 Franco konnte den Krieg nur mit deutscher und italienischer Hilfe führen, mußte dafür aber militärische und politische Konzessionen machen. Die Regierungen der Gegenseite blieben, vor allem auf Betreiben Großbritanniens, bei ihrer Politik der »Nichteinmischung«, die die faschistische Intervention begünstigte. Wenige Tage vor dem Ende des Bürgerkrieges, am 27.3.1939, trat die Franco-Regierung dem Antikominternpakt Deutschlands, Italiens und Japans bei.
(Vgl. Broué-Témime, *Revolution und Krieg in Spanien*, S. 424-458.)

4 Nach der japanischen Besetzung der Mandschurei in den Jahren 1931/32 begann Japan mit dem Überfall auf die chinesischen Truppen bei Lugutjau (10 km südwestlich von Peking) am 7. Juli 1937 seinen Eroberungskrieg. Die japanischen Armeen trafen jedoch auf unerwartet harten Widerstand der 19. Kuomintang-Armee, die Schanghai verteidigte. Nach dem schließlichen Fall der Stadt nahm Japan großangelegte Offensiven zur Eroberung des Landes erst ein Jahr später wieder auf.
Zwischen der Sowjetunion, der von ihr abhängigen Mongolei und dem japanischen Satellitenstaat Mandschukuo kam es zwischen 1937 und 1939 immer wieder zu Grenzkonflikten. Japan schreckte aber vor einem offenen Angriff zurück, da es alle Kräfte für den Krieg in China brauchte.

Es ist nicht lange her, daß die Welt die Sowjetunion fast ausschließlich nach den Sowjetstatistiken beurteilte. Trotz tendenziöser Übertreibung zeugten diese Zahlen dennoch von unbestreitbaren Erfolgen. Man vermutete hinter der papierenen Zahlenwand eine dauernd wachsende Prosperität der Bevölkerung und des Systems. Aber es erwies sich, daß es durchaus anders war. Letzten Endes beruhen ökonomische, politische und kulturelle Prozesse auf den Beziehungen zwischen lebendigen Menschen, Gruppen und Klassen. Die Moskauer Justiztragödien enthüllten, daß diese Beziehungen erbärmlich, oder genauer gesagt, unerträglich waren.

Die Armee ist die Quintessenz eines Regimes, nicht in dem Sinne, daß es nur seine »besten« Qualitäten verkörpert, sondern daß es in konzentriertester Form seinen positiven wie seinen negativen Tendenzen Ausdruck verleiht. Wenn die Widersprüche und Antagonismen eines Regimes eine gewisse Schärfe erreichen, beginnen sie, die Armee von innen her zu untergraben. Der Umkehrschluß: Wenn die Armee — als diszipliniertestes Instrument der herrschenden Klasse — von inneren Gegensätzen zerrissen zu werden droht, ist das ein untrügliches Zeichen für die unerträgliche Krise der Gesellschaft selbst.

Die ökonomischen Erfolge der Sowjetunion, die momentan Armee und Diplomatie stärkten, haben vor allem die herrschende bürokratische Schicht gefördert und gestärkt. In der Geschichte hat es keine soziale Klasse gegeben, die jemals in ihren Händen in so kurzer Zeit derartig viel Besitz und Macht vereinigt hat wie die Bürokratie im Verlauf der zwei Fünfjahrespläne. Aber eben aus diesem Grunde hat sie sich in immer stärkeren Gegensatz zur Bevölkerung gesetzt, die drei Revolutionen[5] und den Sturz der zaristischen Monarchie, des Adels und der Bourgeoisie mitgetragen hat. Die Sowjetbürokratie vereinigt nun gewissermaßen in sich selbst die Charakterzüge all der gestürzten Klassen, doch ohne deren soziale Wurzeln oder Traditionen. Sie kann ihre ungeheuerlichen Privilegien nur durch organisierten Terror verteidigen, und sie kann ihren Terror nur durch lügenhafte Anklagen und Fälschungen rechtfertigen. Die autokratische Herrschaft der Bürokratie, erwachsen aus wirtschaftlichen Erfolgen, ist Haupthindernis auf dem Weg zu weiteren Erfolgen geworden. Fortschritt des Landes ist unmöglich ohne allgemeines Wachstum der Kultur — das heißt ohne Selbständigkeit für jeden einzelnen, ohne freie Kritik und freie Forschung. Diese elementaren Bedingungen des Fortschritts sind für die Armee noch weit wichtiger als für die Wirtschaft, da in der Armee der reale oder fiktive Gehalt statistischer Daten mit Blut geprüft wird. Aber die politische Ordnung der UdSSR hat sich endgültig dem Drillsystem eines

5 Die Revolution von 1905 und die Februar- und Oktoberrevolution des Jahres 1917.

Strafbataillons angenähert. Alle progressiven und schöpferischen Elemente, die wirklich den Interessen der Wirtschaft, der Volksbildung und der nationalen Verteidigung ergeben sind, geraten unausweichlich in Konflikt mit der herrschenden Oligarchie. So war es seinerzeit unter dem Zarismus, so geschieht es in unvergleichlich schnellerem Tempo unter dem Regime Stalins. Wirtschaft, Kultur und die Armee brauchen Menschen mit Initiative, Aufbauwillen und Kreativität. Der Kreml braucht pflichttreue Erfüllungsgehilfen, zuverlässige und erbarmungslose Agenten. Diese Typen menschlichen Verhaltens — Agent und Schöpfer — stehen sich in unversöhnlicher Feindschaft gegenüber.

In den letzten fünfzehn Monaten hat die Rote Armee fast ihren gesamten Kommandeurkader verloren, der ursprünglich in den Jahren des Bürgerkrieges (1918-20) rekrutiert und dann in den folgenden fünfzehn Jahren erzogen, ausgebildet und vervollständigt wurde. Das radikal und immer wieder erneuerte Offizierkorps unterwarf Stalin der offenen Überwachung durch neue Kommissare. Tuchatschewski, und mit ihm die Blüte des Kommandeurkaders ging im Kampf gegen die Polizeidiktatur über das Offizierkorps der Roten Armee unter. In ihren sozialen Eigenschaften ist die Militärbürokratie gewiß nicht besser als die zivile. Aber Auseinandersetzungen folgen nicht immer dieser Wasserscheide. Die Bürokratie als ganzes konzentriert in ihren Händen zwei Funktionen: Herrschaft und Verwaltung. Diese beiden Funktionen sind jetzt in scharfen Gegensatz geraten, es ist notwendig, die totalitäre Herrschaft zu liquidieren. Um die Herrschaft aufrechtzuerhalten muß man selbständige, fähige Administratoren vernichten. In der Flotte, wo die starken und schwachen Seiten der Streitkräfte einen besonders konzentrierten Charakter annehmen, ist die Ausrottung der Offiziersspitze in einem noch umfassenderen Ausmaß als bei den Landstreitkräften durchgeführt worden. Man muß immer von neuen wiederholen: Die Streitkräfte der UdSSR haben ihre Führung verloren. Die Verhaftungen und Hinrichtungen gehen weiter. Ein nicht enden wollendes Duell wird zwischen dem Kreml und dem Offizierkorps ausgefochten, bei dem das Schußrecht allein auf seiten des Kreml liegt.

Das System der Kommissare, erstmals eingeführt, als die Rote Armee aus dem Nichts aufgebaut wurde, bedeutete zwangsläufig ein System des Doppelkommandos. Die Unannehmlichkeiten und Gefahren einer solchen Einrichtung waren schon damals augenfällig, aber sie wurden als ein kleineres und außerdem zeitweiliges Übel angesehen. Die tatsächliche Notwendigkeit eines Doppelkommandos in der Armee erwuchs aus dem Zusammenbruch der zaristischen Armee und den Bedingungen des Bürgerkriegs. Was hat die neue Doppelführung zu bedeuten? Das erste Stadium des Zusammenbruchs der Roten Armee und den Beginn eines neuen Bürgerkriegs im Lande?

Die Kommissare der ersten Stunde brachten die Kontrolle der Arbeiterklasse über fremde und zumeist feindliche Militärspezialisten zum Ausdruck. Die Kommissare neuer Prägung stehen für die Kontrolle der bonapartistischen Clique über die Militär- und Zivilverwaltung und dadurch über die Bevölkerung.

Die Kommissare der ersten Periode wurden aus den Reihen verdienter, ehrlicher Revolutionäre rekrutiert. Die Kommandeure, die in ihrer Mehrheit aus den Rängen der alten Offiziere und Feldwebel kamen, fanden sich unter den neuen Umständen nur schlecht zurecht, und die Besten von ihnen wandten sich von sich aus um Rat und Unterstützung an die Kommissare. Wenn es auch nicht ohne Reibungen und Konflikte blieb, so führte die Doppelleitung zu jenen Zeiten doch zu einer freundschaftlichen Zusammenarbeit.

Gegenwärtig sieht die Situation ganz anders aus. Die heutigen Kommandeure sind aus der Roten Armee hervorgegangen, sind mit ihr unauflösbar verbunden und genießen eine über Jahre hinweg erworbene Autorität. Die Kommissare hingegen rekrutieren sich aus Bürokratensöhnchen, die weder revolutionäre Erfahrung, militärisches Wissen noch moralisches Ansehen besitzen. Sie verkörpern den reinen Typ des Karrieristen der neuen Schule. Sie erhielten das Kommando nur, weil sie die »Wachsamkeit« verkörpern, das heißt Polizeiaufsicht über die Armee. Die Kommandeure entwickeln ihnen gegenüber einen berechtigten Haß. Das System der Doppelführung wird somit zu einem Kampf zwischen politischer Polizei und Armee, wobei die Zentralmacht auf seiten der Polizei steht.

Der Film der Geschichte läuft rückwärts ab, und das, was eine fortschrittliche Maßnahme der Revolution war, ist als widerliche thermidorianische Karikatur wiedererstanden. Die neue Doppelführung durchzieht den Regierungsapparat von oben bis unten. Dem Namen nach steht an der Spitze der Armee Woroschilow, der Volkskommissar, Marschall, Träger vieler Orden und so weiter und so weiter. Die wirkliche Macht liegt jedoch in den Händen einer Null, von Mechlis, der in der Armee auf direkte Anweisungen Stalins alles auf den Kopf stellt. Das ereignet sich in jedem Wehrkreis, jeder Division und jedem Regiment. Das gleiche gilt für die See- und Luftstreitkräfte. Überall sitzt ein Mechlis, ein Agent Stalins und Jeschows, und verbreitet »Wachsamkeit« statt Wissen, Ordnung und Disziplin. Jede Garnison hat ihren eigenen Mechlis, der anstelle von Wissen, Ordnung und Disziplin »Wachsamkeit« beibringt. Die Verhältnisse in der ganzen Armee bekommen schwankenden, unsicheren, fließenden Charakter. Niemand weiß, wo der Patriotismus aufhört, wo der Verrat beginnt. Niemand ist sicher, was man tun oder nicht tun darf. Wenn sich Befehle von Kommandeur und Kommissar widersprechen, muß jedermann erraten, welcher Weg zu einer Auszeichnung und welcher ins Gefängnis führt. Jeder wartet ab und schaut sich besorgt nach allen Seiten um. Ehrliche Mitarbeiter verlieren allen Ehrgeiz. Schurken, Diebe und Karrieristen machen ihre Geschäfte unter der Maske patriotischer Denunziation. Die Grundfesten der Armee sind erschüttert. Im großen wie im kleinen herrscht Unordnung. Die

Waffen werden nicht gereinigt und nicht inspiziert. Die Kasernen wirken verdreckt und unbewohnbar. Die Dächer sind undicht, Badehäuser fehlen, die Soldaten der Roten Armee erhalten keine saubere Bettwäsche. Das Essen wird schlechter und nicht zu den festgesetzten Stunden ausgegeben. Der Kommandeur reagiert auf Beschwerden, indem er sie dem Kommissar weiterreicht; wirkliche Übeltäter sichern sich ab durch die Denunziation von »Schädlingen«. Der Alkoholismus nimmt bei den Kommandeuren immer mehr zu. Die Kommissare wetteifern mit ihnen auch in dieser Hinsicht. Die von Polizeiwillkür verschleierte Herrschaft der Anarchie untergräbt gegenwärtig alle Bereiche des Sowjetlebens. Besonders verhängnisvoll ist das in der Armee, die nur unter einer korrekten Führung und bei vollständiger Transparenz aller Beziehungen existieren kann. Das ist unter anderem der Grund dafür, warum die größen Manöver der Streitkräfte dieses Jahr ausfielen.

Die Diagnose ist klar. Die Entwicklung des Landes, vor allem das Wachstum seiner neuen Bedürfnisse, ist mit dem totalitären Greuel unvereinbar. Deshalb zeigt sie die Tendenz, die Bürokratie aus allen Gebieten zu verdrängen, zu vertreiben, zu verstoßen. Wenn Stalin diesem oder jenem Teil des Apparats Mangel an »Wachsamkeit« vorwirft, so sagt er damit: »Ihr kümmert euch um die Bedeutung der Wirtschaft, der Wissenschaft oder der Armee, aber ihr kümmert euch nicht um meine persönliche Bedeutung!« Die Stalinisten befinden sich in allen Landesteilen und in allen Schichten der bürokratischen Pyramide in der gleichen Position. Die Bürokratie kann ihre Position nur noch dadurch halten, daß sie die Grundlagen des wirtschaftlichen und kulturellen Fortschritts untergräbt. Der Kampf für eine totalitäre Macht hatte die Vernichtung der besten Menschen des Landes durch seine heruntergekommensten Schurken zur Folge.

Zum Glück für die UdSSR wird die bereits heute angespannte interne Lage ihrer potentiellen Feinde in der kommenden Zeit immer kritischer werden. Das ändert jedoch nichts an der Analyse der internen Situation der UdSSR. Stalins totalitäres System ist zu einer wahren Brutstätte für kulturelle Sabotage und militärischen Defätismus geworden. Gegenüber den Völkern der UdSSR und der Weltöffentlichkeit ist es eine Pflicht, dies ganz deutlich auszusprechen. Politik, vor allem Militärpolitik, läßt sich nicht mit frei Erfundenem in Einklang bringen. Die Feinde wissen nur zu gut, was im Reiche Stalins vor sich geht. Es gibt da eine Kategorie von »Freunden«, die es vorziehen, den Agenten des Kreml blind zu vertrauen. Wir schreiben nicht für sie, sondern für diejenigen, die sich entscheiden, der kommenden stürmischen Epoche offen entgegenzusehen.

# (47)
# Ein politischer Dialog*

*Coyoacán, 20. Dezember 1938*

(Das Gespräch findet in Paris statt, könnte aber auch in Brüssel stattfinden. Der genannte A. ist einer jener »Sozialisten«, die sich nur dann stark auf den Beinen fühlen, wenn sie sich an irgendeine Macht anlehnen können. A. ist natürlich ein »Freund der UdSSR«. Selbstverständlich ist er Anhänger der Volksfront. Den genannten B. zu charakterisieren, fällt dem Autor schwer, da er sein Freund und Gesinnungsgenosse ist.)

A. — Sie können jedoch nicht leugnen, daß die Faschisten sich Ihrer Kritik bedienen. Wenn Sie die UdSSR entlarven, frohlockt die Reaktion. Natürlich glaube ich nicht dem Gerede über Ihre Freundschaft mit den Faschisten, Zusammenarbeit mit den Nazis usw. All das ist für Dummköpfe. Subjektiv stehen Sie selbstverständlich auf einem revolutionären Standpunkt. In der Politik sind indessen nicht die subjektiven Absichten, sondern die objektiven Folgen entscheidend. Ihre Kritik dient gegen Ihren Willen der Rechten. In diesem Sinne kann man sagen, daß Sie sich objektiv in einem Block mit der Reaktion befinden.

B. — Ich danke Ihnen für Ihre glänzende Objektivität. Sie entdecken indessen, lieber Freund, ein langentdecktes Amerika. Schon im Kommunistischen Manifest wird erzählt, wie die feudale Reaktion versuchte, die gegen die liberale Bourgeoisie gerichtete Kritik für ihre Zwecke auszunützen.[1] Gerade darum haben die Liberalen und vulgären »Demokraten«

* T 4486, 4487 *Politicheskii dialog* (20.12.1938). BO 75-76 (März-April 1939). Dt. »Ein politischer Dialog«, in: *Unser Wort*, Nr. 97-98, 7. Jg. (Nr. 6-7), Anfang Juli 1939, S. 4, und *Kommunismus oder Stalinismus*, o. O. [Vierte Internationale] 1947, S. 3-8, Reprint Mannheim [Kübler] 1972. Engl. in: TWr 1938-39, S. 154-158. Frz. in. TŒ 19, S. 264-269.

1 Vgl. dazu im »Kommunistischen Manifest« von 1848 den Abschnitt »Der feudale Sozialismus« (MEW 4, S. 482-484).

immer und unentwegt die Sozialdemokraten des Bündnisses mit der Reaktion bezichtigt. Ehrliche, aber — wie soll man sagen? — etwas beschränkte Herren sprachen von einem »objektiven« Bündnis, von einer »faktischen« Zusammenarbeit: abgebrühte Schufte hingegen beschuldigten die Revolutionäre direkt des Bündnisses mit den Reaktionären, verbreiteten Gerüchte, daß die Sozialdemokraten mit ausländischem Gelde arbeiten[2] usw. Wahrhaftig, Freund, Sie haben das Pulver nicht erfunden.

A. — Gegen Ihre Analogie kann man zwei entscheidende Einwände machen. Erstens: insofern es sich um die bürgerliche Demokratie handelt...

B. — Um die imperialistische!

A. — Ja, um die bürgerliche Demokratie, die sich — man kann es nicht ignorieren — in Todesgefahr befindet. Die Unzulänglichkeit der bürgerlichen Demokratie entlarven, wenn sie stark und kräftig ist, das ist eine Sache; aber sie von links untergraben in einer Zeit, wo der Faschismus sie von rechts zu stürzen versucht, bedeutet...

B. — Sie brauchen nicht fortzufahren, die Melodie ist uns bekannt.

A. — Gestatten Sie, ich habe noch nicht geendet... Mein zweiter Einwand zielt darauf hin, daß es sich diesmal nicht nur um die bürgerliche Demokratie handelt. Es besteht auch die UdSSR, die Sie als Arbeiterstaat anerkannt haben und die Sie, wie es scheint, noch immer als solchen anerkennen. Diesem Staat droht gegenwärtig vollständige Isolierung. Indem Sie die Mängel der UdSSR — einzig und allein die Mängel — enthüllen und das Prestige des ersten Arbeiterstaates in den Augen der Arbeitenden der ganzen Welt zerstören, helfen Sie objektiv dem Faschismus.

B. — Ich danke Ihnen nochmals für Ihre Objektivität. Sie meinen also, man dürfe die »Demokratie« nur dann kritisieren, wenn diese Kritik für sie keine Gefahr bedeutet. Dann aber, wenn die verfaulte imperialistische Demokratie (und nicht die »bürgerliche Demokratie« im allgemeinen) tatsächlich ihre vollständige Unfähigkeit bezeugt, die Aufgaben zu lösen, die ihr durch die Geschichte gestellt sind (gerade darum fällt die »Demokratie« so leicht unter den Schlägen der Reaktion), in dieser Periode also solle der Sozialismus, nach Ihrer Meinung, sich ein Schloß vor den Mund hängen. Sie erniedrigen den Sozialismus zur Rolle eines »kritischen« Ornaments am Gebäude der bürgerlichen Demokratie; die Rolle des *Erben* der Demokratie gestehen Sie ihm nicht zu. Im Grunde sind Sie nur ein zu Tode erschrockener, konservativer Demokrat und nichts weiter. Und Ihre »sozialistische« Phraseologie ist nur ein billiges Ornament an Ihrem Konservatismus.

A. — Und wie verhält es sich mit der UdSSR, die unzweifelhaft Erbe der Demokratie und Embryo der neuen Gesellschaft ist: Ich leugne natürlich

2 Vgl. z.B. den 1917 gegen die Bolschewiki erhobenen Vorwurf, deutsche Agenten zu sein, auf den Trotzki im folgenden eingeht.

nicht, daß es in der UdSSR Fehler und Unzulänglichkeiten gibt. Irren ist menschlich. Unvollkommenheiten sind unvermeidlich. Jedoch greift die gesamte Reaktion die UdSSR nicht zufällig an...

B. — Genieren Sie sich denn nicht, solche Banalitäten zu wiederholen? Ja, ungeachtet der freiwilligen und zwecklosen Bücklinge des Kreml setzt die Weltreaktion ihren Kampf gegen die UdSSR fort. Warum? Weil in der UdSSR bis heute die Nationalisierung der Produktionsmittel und das Außenhandelsmonopol bewahrt geblieben sind. Wir Revolutionäre greifen die *Bürokratie* der UdSSR an, weil sie mit ihrer Politik des Schmarotzertums und der Unterdrückung die Nationalisierung der Produktionsmittel und das Außenhandelsmonopol unterhöhlt. Hierin besteht der winzig kleine Unterschied zwischen uns und der Reaktion. Der Weltimperialismus fordert von der Oligarchie des Kreml, daß sie ihre Arbeit zu Ende führt, und daß sie nach der Wiedereinführung der Dienstgrade, der Orden, der Privilegien, der Dienerschaft, der Interessenheirat, der Prostitution, der Strafen für Abtreibung usw., usw. auch das Privateigentum an den Produktionsmitteln wiederherstellt. Wir dagegen rufen die Arbeiter der UdSSR auf, die Kreml-Oligarchie zu stürzen und die wahrhafte Sowjetdemokratie als notwendige Bedingung für den sozialistischen Aufbau aufzurichten. Darin besteht der Unterschied, ein ganz kleiner Unterschied!

A. — Sie können aber nicht leugnen, daß die UdSSR trotz all ihrer Unvollkommenheiten einen Fortschritt darstellt?

B. — Nur ein oberflächlicher Tourist, der die Gunstbezeichnungen der gastfreundlichen Wirte von Moskau genossen hat, kann die UdSSR als einheitliches Ganzes betrachten. Neben äußerst fortschrittlichen gibt es bösartige, reaktionäre Tendenzen in der UdSSR. Man muß verstehen, sie zu unterscheiden und die einen gegen die anderen verteidigen. Die unaufhörlichen Säuberungen zeigen selbst dem Blinden die Gewalt und die Spannung der neuen Antagonismen. Die grundlegenden sozialen Widersprüche verlaufen zwischen den betrogenen Massen und der neuen aristokratischen Kaste, welche die Restauration einer Klassengesellschaft vorbereitet. Darum kann ich nicht »für die UdSSR« im allgemeinen sein. Ich bin für die arbeitenden Massen, die die UdSSR geschaffen haben, und gegen die Bürokratie, die die Eroberungen der Revolution usurpiert hat.

A. — Aber fordern Sie denn die unmittelbare Einführung einer vollständigen Gleichheit in der UdSSR? Indessen, schon Marx...

B. — Ich bitte Sie, lassen Sie diese, von allen gemieteten Advokaten Stalins abgenutzten Phrasen beiseite. Ich versichere Ihnen, daß ich ebenfalls gelesen habe, daß es in dem ersten Stadium des Sozialismus keine vollständige Gleichheit geben kann, daß dies die Aufgabe des Kommunismus ist. Nicht darin besteht jedoch die Frage; sie besteht darin, daß zusammen mit dem Wachsen der Allmacht der Bürokratie die Ungleichheit in der ungeheuerlichsten Weise *wächst*. Entscheidend ist nicht die Statik, sondern die Dynamik, d.h. die allgemeine Richtung der Entwicklung. In der UdSSR vermindert sich die Ungleichheit nicht, sie verschärft sich, und zwar nicht täglich, sondern stündlich. Das Wachstum der sozialen Ungleichheit kann man unmöglich anders als durch revolutionäre Maßnahmen gegen die neue Aristokratie aufhalten. Das allein ist der Inhalt unserer Position.

A. — Aber die imperialistische Reaktion nutzt Ihre Kritik in ihrer Gesamtheit, demzufolge also auch gegen die Eroberungen der Revolution aus?

B. — Natürlich *versucht* sie es. Im politischen Kampf versucht jede Klasse die Gegensätze in den Reihen der Gegner auszunutzen. Zwei Beispiele: Lenin, der, wie Sie vielleicht gehört haben, niemals ein Vertreter der Einheit um der Einheit willen war, bemühte sich, die Bolschewiki von den Menschewiki zu trennen. Wie aus den zaristischen Archiven hervorgeht, hat auch das Polizeidepartement mit Hilfe seiner Provokateure seinerseits an der Spaltung zwischen den Bolschewiki und Menschewiki mitgearbeitet. Nach der Februarrevolution von 1917 haben die Menschewiki unaufhörlich in den verschiedensten Tonarten wiederholt, daß die Ziele und Methoden Lenins mit denen der zaristischen Polizei identisch seien. Ein billiges Argument! Die Polizei hoffte, daß die Spaltung die Sozialdemokratie schwächen würde. Lenin war dagegen überzeugt, daß die Spaltung von den Menschewiki den Bolschewiki die Möglichkeit geben würde, eine wahrhaft revolutionäre Politik zu entfalten und die Massen zu erobern. Wer hat recht behalten? Zweites Beispiel: Wilhelm II. und sein General Ludendorff[3] versuchten während des Krieges, Lenin für ihre eigenen Zwecke auszunutzen und stellten ihm sogar einen Waggon für seine Rückkehr nach

3 Erich Ludendorff (1865-1937), preußischer General, 1914 Stabschef der 2. Armee unter Hindenburg, die bei Tannenberg den ersten großen deutschen Sieg über russische Armeen errang. Seit November 1914 Stabschef des Oberkommandos Ost, wurde er im August 1916 Erster Generalquartiermeister. Mit dieser neu geschaffenen Stelle übernahm er die strategische Führung des Landkrieges und wurde zum eigentlichen politischen Führer des Reichs. Er trat für eine konsequente Ausweitung der Kriegführung (uneingeschränkter U-Boot-Krieg 1917) und Annexionen (Frieden von Brest Litowsk) ein. Wegen der aussichtslosen militärischen Lage forderte er Ende September 1918 von der Reichsregierung den sofortigen Abschluß eines Waffenstillstandes und trat, um die Verantwortung für die Niederlage nicht tragen zu müssen, Ende Oktober zurück. Als im November die Revolution in Deutschland ausbrach, zog Ludendorff sich nach Schweden zurück. Als er im Frühjahr 1919 zurückkehrte, propagierte er die »Dolchstoß-Legende« (wonach die Revolution ein Dolchstoß in den Rücken des unbesiegten Heeres war und die militärische Niederlage verschuldete) und wurde einer der Führer der extremen Rechten. So war er einer der Köpfe der »Nationalen Vereinigung«, der »Schaltstelle der Verschwörung« (Winkler), mit der der Kapp-Putsch vorbereitet wurde. Obwohl er in dem Hitler-Putsch (9.11.1923) als Kommandeur der rebellierenden Truppen vorgesehen war, wurde er in dem nachfolgenden Verfahren freigesprochen. Im Mai 1924 wurde er als einer von drei Reichsführern für die Nationalsozialistische Freiheitsbewegung Großdeutsch-

Rußland zur Verfügung. Die russischen Kadetten und Kerenski nannten Lenin stets einen Agenten des deutschen Imperialismus. Und sie brachten dabei wirkungsvollere oder zumindest weniger dumme Beweise als die, deren sich heute ihre Nachahmer bedienen. Und das Resultat? Nach der Niederlage Deutschlands hat Ludendorff eingestanden — lesen Sie seine Memoiren! — daß er, als er auf Lenin rechnete, den größten Fehler seines Lebens begangen hatte. Nach dem Eingeständnis von Ludendorff selbst wurde die deutsche Armee nicht von den Armeen der Entente, sondern von den Bolschewiki durch die Oktoberrevolution zerstört.

A. — Aber die militärische Sicherheit der UdSSR? Aber die Zerrüttung ihrer Verteidigungsfähigkeit?

B. — Darüber schweigen Sie besser! Stalin brach mit der spartanischen Einfachheit der Roten Armee und krönte das Offizierskorps mit fünf Marschällen. Doch dadurch hat er den *Kommandeurkader* nicht bestechen können. Dann beschloß er, ihn zu vernichten. Von den fünf Marschällen wurden vier, und zwar die fähigsten, erschossen und mit ihnen die Blüte des Kommandeurkaders. Über der Armee wurde eine Institution von persönlichen Spionen Stalins errichtet. Die Armee ist bis in ihre Grundfesten erschüttert. Die UdSSR ist geschwächt. Die Schwächung der Armee dauert an. Touristische Parasiten können sich mit dem Paradetheater auf dem Roten Platz zufriedengeben. Die Pflicht des ernsten Revolutionärs ist, offen zu sagen: Stalin bereitet die Niederlage der UdSSR vor.

A. — Und die Schlußfolgerung?

B. — Sie ist einfach: die kleinen Taschendiebe der Politik glauben, mit Hilfe billiger Schönrednerei, mit List, mit Kombinationen hinter den Kulissen, mit Betrug der Massen ein grandioses historisches Problem lösen zu können. Von solchen Taschendieben wimmelt es in den Reihen der internationalen Arbeiterbürokratie. Ich aber denke, daß das soziale Problem nur die Arbeitermasse lösen kann, wenn sie die Wahrheit weiß. Die sozialistische Erziehung bedeutet: *den Massen sagen, was ist*. Die Wahrheit hat oft einen bitteren Geschmack und die »Freunde der UdSSR« lieben Süßigkeiten. Aber die Liebhaber von Süßigkeiten sind Elemente der Reaktion und nicht des Fortschritts. Wir werden auch weiterhin den Massen die Wahrheit sagen. Es gilt die Zukunft vorzubereiten. Die revolutionäre Politik ist eine Politik auf lange Sicht.

lands in den Reichstag gewählt. Im März 1925 erhielt er als Reichspräsidenten-Kandidat 286000 Stimmen. Nachdem 1925 der Block mit der DVFP zerbrach, gehörte er dem Reichstag bis 1928 noch als Unabhängiger an. Sein Einfluß ging aber rasch zurück und Ludendorff wandte sich einem religiös gefärbten Mystizismus zu.
(Vgl. Erich Ludendorff, *Meine Kriegserinnerungen 1914-1918*, Berlin [Mittler] 1919.)

# (48)
# Hitler und Stalin*

*Coyoacán, 6. März 1939*

In den letzten Monaten schrieben die Zeitungen viel über Geheimverhandlungen zwischen Berlin und Moskau.[1] Gerüchteweise verlautete, daß ein politisches und sogar militärisches Abkommen unter dem Deckmantel eines Wirtschaftsvertrags vorbereitet werde. Vorläufig ist schwer zu beurteilen, was an diesen Nachrichten wahr ist. Auf jeden Fall gibt es ganz

* T 4542, 4543 *Gitler i Stalin* (6.3.1939). BO 75-76 (März-April 1939). Dt. »Kommt es zu einer Verständigung Stalin-Hitler?«, in: *Unser Wort*, Nr. 95-96, 7. Jg. (Nr. 4-5), Anfang Mai 1939, S. 3. Engl. »What Lies Behind Stalin's Bid for Agreement with Hitler?«, in: TWr 1938-39, S. 200-203. Frz. TŒ 20, S. 205-209.

1 Mit dem Münchner Abkommen vom 29.9.1938 gaben die englische und die französische Regierung, die Hitlers Expansionsdrang gegen die Sowjetunion zu richten hofften, ihm den Zugriff auf die Tschechoslowakei frei. Damit wurde der (gegen Hitler-Deutschland gerichteten) sowjetischen Bündnispolitik (Abkommen mit Frankreich und der Tschechoslowakei) die Grundlage entzogen. Ende 1938 hieß es in der internationalen Presse, die Westmächte würden Deutschland nun auch die Ukraine zugestehen. Die Sowjetregierung, vor allem Außenminister Litwinow, blieb zunächst noch auf die »demokratischen Mächte« orientiert. Während Stalin sich zurückhielt, äußerten einzelne Sprecher wie Schdanow und Molotow, der nächste Krieg brächte eine Auseinandersetzung zwischen dem deutsch-italienischen und dem britisch-französischen Machtblock, zwischen denen keine nennenswerten Unterschiede bestünden. Am 10. Januar 1939 unterbreitete der sowjetische Botschafter in Berlin ein Angebot zur Wiederaufnahme der im März 1938 (nach der Besetzung Österreichs) abgebrochenen Wirtschaftsverhandlungen. Dies war ein deutliches Angebot an Nazi-Deutschland. Die Reichsregierung ging zunächst darauf ein, doch ihr Delegierter erschien dann nicht in Moskau. Die Nazi-Führung und vor allem Hitler waren sich noch nicht darüber im klaren, ob sie die »sowjetische Karte« ausspielen sollten. Hitler hoffte noch immer, daß ihm die Westmächte grünes Licht für einen Eroberungsfeldzug gegen die Sowjetunion geben würden. In dieser Situation ergriff Stalin mit seiner Rede vom 10. März die Initiative.

untrügliche Anzeichen dafür, daß Verhandlungen geführt wurden und werden. Welches Resultat die Geheimgespräche haben werden, hängt jedenfalls im gegenwärtigen Stadium weder von Stalins Loyalität zu den Prinzipien der Demokratie noch von der Treue Hitlers zum Banner des »Antimarxismus« ab, sondern allein von der internationalen Konjunktur. Falls ein Abkommen zwischen Hitler und Stalin zustande kommt — und das ist ganz und gar nicht unmöglich —, so könnte das nur die hoffnungslosesten Einfaltspinsel der verschiedenen demokratischen »Fronten« und pazifistischen »Ligen« erstaunen.

Wir sollten uns hier nicht länger mit der Frage aufhalten, inwieweit ein Abkommen Stalins mit Hitler, oder richtiger, Hitlers mit Stalin, in der *nächsten* Zukunft wahrscheinlich ist. Diese Frage würde eine detaillierte Analyse der internationalen Lage in all ihren möglichen Variationen erfordern. Aber auch in diesem Fall wäre nur sehr bedingt eine Antwort möglich, können doch selbst die Beteiligten an diesem Spiel heute kaum mit völliger Sicherheit sagen, wohin sie dieses Spiel führen wird. Schon bevor die Annäherung zwischen Moskau und Berlin wirklich erreicht worden ist, stellt sie in der internationalen Politik einen Faktor dar, denn mit seiner *Möglichkeit* rechnen bereits alle diplomatischen Zentren Europas und der Welt. Versuchen auch wir, diese Möglichkeit kurz zu überdenken.

Ein Abkommen mit einem imperialistischen Land — ganz gleich ob faschistischen oder demokratischen Typs — ist ein Abkommen mit Sklavenhaltern und Ausbeutern. Ein zeitlich begrenztes Abkommen dieser Art kann natürlich durch die Umstände aufgezwungen werden. Man kann nicht ein für allemal festlegen, daß Abkommen mit Imperialisten unter keinen Umständen zulässig sind, genauso wie man einer Gewerkschaft nicht sagen kann, daß sie unter keinen Umständen das Recht hat, mit den Kapitalisten einen Kompromiß zu schließen. Diese Art von »Unversöhnlichkeit« hätte rein verbalen Charakter. Solange der Arbeiterstaat isoliert bleibt, sind Abkommen mit den Imperialisten in gewissen Grenzen gelegentlich unvermeidlich. Aber wir müssen uns darüber klar sein, daß es nur darum geht, die Gegensätze zwischen zwei imperialistischen Banden auszunutzen, um mehr nicht. Es kann nicht die Rede davon sein, solche Abkommen durch geläufige idealistische Losungen, wie zum Beispiel die von der gemeinsamen

(Vgl. Jonathan Haslam, *The Soviet Union and the Struggle for Collective Security in Europe*, 1933-39, London [Macmillan] 1984, S. 198-204.)
Trotzki hatte bereits am 22.9.1938 (als klar war, daß die Westmächte die Tschechoslowakei opfern würden) zum ersten Mal eine Annäherung zwischen Stalin und Hitler vorausgesagt. (Vgl. »Postskriptum«, engl. in: TWr 1938-39, S. 29f.; frz. in: TŒ 18, S. 313f.) Diese Warnung wurde von den meisten Linken ignoriert, da sie die Stalin-Führung für prinzipiell antifaschistisch und ein Bündnis mit Hitler darum für undenkbar hielten.

»Verteidigung der Demokratie«, zu tarnen — Losungen, die lediglich zum schändlichsten Betrug an den Arbeitern taugen. Es ist wesentlich, daß die Arbeiter der kapitalistischen Länder in ihrem Klassenkampf gegen die eigene Bourgeoisie nicht durch Verträge gehindert werden dürfen, die der Arbeiterstaat aus taktischen Erwägungen abgeschlossen hat. Das ist die Grundregel, die in der ersten Periode des Bestehens der Sowjetrepublik strengstens eingehalten wurde.

Die Frage jedoch, ob ein Arbeiterstaat überhaupt Abkommen mit imperialistischen, darunter auch faschistischen, Staaten schließen darf, und wenn ja, unter welchen Bedingungen, diese Frage hat heute, wenn man sie abstrakt stellt, jegliche Bedeutung verloren. Es geht nicht um einen Arbeiterstaat im allgemeinen, sondern um einen degenerierten und verfaulenden Arbeiterstaat. Die Natur eines Abkommens, sein Ziel und seine Grenzen, hängen unmittelbar davon ab, *wer* das Abkommen eingeht. Die Regierung Lenins war gezwungen, in Brest-Litowsk mit den Hohenzollern ein zeitlich begrenztes Abkommen zu schließen — zur Rettung der Revolution. Die Regierung Stalins kann Verträge nur im Interesse der herrschenden Kreml-Clique und zum Schaden der Interessen des internationalen Proletariats unterzeichnen. Die Abkommen des Kreml mit den »Demokratien« bedeuteten für die entsprechenden Sektionen der Komintern Verzicht auf Klassenkampf, Erdrosseln revolutionärer Organisationen, Unterstützung des Sozialpatriotismus und, als Resultat, den Zusammenbruch der spanischen Revolution und die Sabotage des Klassenkampfs des französischen Proletariats. Das Abkommen mit Tschiang Kai-schek bedeutete die sofortige Liquidierung der revolutionären Bauernbewegung, den Verzicht auf die letzten Reste an Selbständigkeit der Kommunistischen Partei, die offizielle Ersetzung des Marxismus durch die Lehre Sun Yat-Sens.[2] Das Teilabkom-

2 Sun Yat-sen (1866-1925) entstammte einer chinesischen Bauernfamilie; er studierte Medizin. 1894 gründete er im Ausland eine revolutionäre Geheimgesellschaft, die für den Sturz des Kaisers und die Errichtung einer Republik kämpfte. Ein Aufstandsversuch nach seiner Rückkehr scheiterte, und er mußte jahrelang im Exil (v.a. in Japan) leben. Nach dem Sturz des Kaisers im Jahre 1911 wurde er 1912 Präsident der neuen Republik, trat aber schon nach zwei Monaten zurück. Er propagierte eine bürgerliche Revolution, die vor allem die halbfeudale Agrarstruktur zerschlagen sollte. Von Südchina (Kanton) aus versuchte er, diese Revolution zu organisieren. 1919 gründete er die Kuomintang. 1923 schloß er ein Bündnis mit Sowjetrußland, deren Militärberater seine Armee reorganisierten. Sun starb Anfang 1925 vor Beginn der revolutionären Welle der Jahre 1925-1927. Seine Konzeption einer Klassenzusammenarbeit wurde dann von der Kuomintang-Führung um Tschiang Kai-schek in eine antikommunistische Doktrin verwandelt; die stalinisierte KP Chinas berief sich auf ihn als auf einen »großen Patrioten« und Vertreter der »nationalen Einheit«. (*Aufzeichnungen eines chinesischen Revolutionärs*, hg. und eingeleitet von K. A.

men mit Polen bedeutete die Zerstörung der polnischen kommunistischen Partei und die Beseitigung ihrer Führung.[3] Jedes Abkommen der Kreml-Clique mit einer ausländischen Bourgeoisie richtet sich sofort sowohl gegen das Proletariat des Landes, mit dem der Vertrag geschlossen wird, wie gegen das Proletariat der UdSSR. Die bonapartistische Kreml-Bande kann nur noch überleben, indem sie, wo sie nur kann, das Proletariat schwächt, demoralisiert und unterdrückt.

In Großbritannien propagiert die Komintern gegenwärtig die Bildung einer »Volksfront« unter Einschluß der Liberalen. Auf den ersten Blick erscheint diese Politik völlig unverständlich. Die Labour Party ist eine mächtige Organisation. Man kann leicht verstehen, wenn die sozialpatriotische Komintern sich um Annäherung bemüht. Dagegen stellen die Liberalen eine völlig kompromittierte und politisch zweitrangige Größe dar.[4]

Wittfogel, Wien - Berlin [Agis] o.J. [1927]; *Reden und Schriften*, hg. und eingeleitet von Brigitte Scheibner und Helga Scherner, Leipzig [Reclam] 1974. Gottfried-Karl Kindermann, *Konfuzianismus, Sunyatsenismus und chinesischer Kommunismus*, Freiburg [Rombach] 1963; Harold Z. Schiffrin, *Sun Yat-sen and the Origins of the Chinese Revolution*, Berkeley [University of California Press] 1968.)

3 1932 war zwischen der Sowjetunion und Polen ein Nichtangriffsabkommen abgeschlossen worden, das bedeutungslos wurde, als Polen 1934 einen entsprechenden Vertrag auch mit Deutschland einging. Im Zeichen der Volksfront wurde die polnische KP dann angewiesen, die polnische Regierung neuerlich für eine Verständigung mit der Sowjetunion zu gewinnen.
Ein großer Teil der polnischen Kommunisten lebte im sowjetischen Exil. Während des Terrors der Jahre 1937/38 wurden etwa 700 ihrer Mitglieder hingerichtet oder deportiert, darunter 12 ZK-Mitglieder. Im Juni-Juli 1938 erfolgte dann die — geheime und erst im folgenden Jahr öffentlich bekanntgemachte — Auflösung der Partei, von der behauptet wurde, sie sei von Regierungsagenten unterwandert. Trotzki hielt die Auflösung für ein Zugeständnis Stalins an die polnische Regierung. Hinzu kam, daß eine von Rosa Luxemburg mitbegründete Partei in Stalins Optik politisch prinzipiell unzuverlässig war und die polnischen Kommunisten einer Verständigung der UdSSR mit Hitler auf Kosten Polens im Wege standen.
(Vgl. Haslam, *The Soviet Union and the Struggle for Collective Security*, S. 12f., 36 und 162-164; Frank, *Geschichte der Kommunistischen Internationale*, Bd. 2, S. 646-650; die Stellungnahme der polnischen Trotzkisten vom Juli 1938 russ. in: BO 68-69, August-September 1938, S. 31 f.; Isaac Deutscher, »Die Tragödie des polnischen Kommunismus zwischen den Weltkriegen« [1957], in: *Die Internationale*, Nr. 13, September 1978, S. 72-110.)

4 Die britische Liberale Partei, im 19. Jahrhundert die führende Partei des britischen Bürgertums, befand sich im Niedergang. Ihre Wähler gingen zu den Konservativen oder der 1906 entstandenen Labour Party über. Mit Lloyd George stellte die Partei, schon in Koalition mit den Konservativen, 1919-1922 zum letzten Mal den Premierminister. Seither spielten die Liberalen (nicht zuletzt wegen des Mehrheitswahlrechtes) eine nur untergeordnete Rolle. Gelegentlich unterstützten sie parlamentarisch Minderheitsregierungen der Labour Party.

Außerdem sind sie in mehrere Gruppen gespalten. Im Kampf um politischen Einfluß weist Labour natürlich jeden Gedanken an einen Block mit den Liberalen zurück, weil sie sich nicht mit Wundbrand infizieren wollten. Sie wehren sich — durch Ausschlüsse — ziemlich energisch gegen die Idee einer »Volksfront«. Warum beschränkt sich dann die Komintern nicht darauf, für eine Zusammenarbeit mit Labour zu kämpfen? Warum fordert sie statt dessen unablässig den Einschluß der liberalen Schatten der Vergangenheit in die Einheitsfront? Des Rätsels Lösung liegt darin, daß die Politik der Labour Party dem Kreml viel zu radikal ist. Ein Bündnis der Kommunisten mit den Labour-Leuten könnte eine antiimperialistische Tönung annehmen und würde damit eine Annäherung zwischen Moskau und London erschweren. Die Beteiligung der Liberalen an einer »Volksfront« bedeutete direkte und unmittelbare Zensur der Politik der Labour Party durch den Imperialismus. Unter dem Deckmantel dieser Zensur könnte Stalin dem britischen Imperialismus alle notwendigen Dienste erweisen.

Der Grundzug von Stalins internationaler Politik in den letzten Jahren ist folgender: Er treibt mit der Arbeiterbewegung Handel wie mit Petroleum, Mangan und anderen Waren. Diese Feststellung ist nicht die Spur übertrieben. Stalin betrachtet die Sektionen der Komintern in den verschiedenen Ländern und den Befreiungskampf der unterdrückten Völker als Wechselgeld im Handel mit imperialistischen Mächten. Braucht er die Hilfe Frankreichs, unterwirft er das französische Proletariat der Radikalen-Bourgeoisie. Muß er China gegen Japan unterstützen, unterwirft er das chinesische Proletariat der Kuomintang. Wie würde er im Falle eines Abkommens mit Hitler handeln? Hitler ist zweifellos auf Stalins Hilfe bei der Vernichtung der deutschen Kommunistischen Partei nicht in besonderem Maß angewiesen. Deren Bedeutungslosigkeit ist ja schon durch ihre gesamte bisherige Politik gesichert. Aber es ist sehr wahrscheinlich, daß Stalin einwilligen würde, jegliche Unterstützung der illegalen Arbeit in Deutschland einzustellen.[5] Das ist eines der kleinsten Zugeständnisse, das er machen

5 Die KPD propagierte das deutsch-sowjetische Bündnis, nahm bis 1941 keine defätistische Haltung ein und tolerierte damit praktisch den deutschen Angriffskrieg. Gleichwohl wurde versucht, die illegale Organisation wieder aufzubauen. In Moskau glaubten einige KPD-Führer anfangs sogar, der Hitler-Stalin-Pakt würde ihnen eine halblegale Arbeit ermöglichen. Der Pakt führte zu einer tiefgreifenden Demoralisierung unter den Parteimitgliedern; zwischen September 1939 und Juni 1941 gab es kaum mehr Widerstandsaktivitäten der illegalen KPD.
(Vgl. Horst Duhnke, *Die KPD von 1933 bis 1945*, Köln [Kiepenheuer & Witsch] 1972, S. 333-364; Arnold Sywottek, *Deutsche Volksdemokratie*, Studien zur politischen Konzeption der KPD 1935-1946, Düsseldorf [Bertelsmann

müßte, und er würde es recht gern tun. Man sollte zudem annehmen, daß diese geräuschvolle, hysterische und hohle Kampagne »gegen den Faschismus«, die die Komintern in den letzten Jahren führte, klammheimlich eingestellt wird. Es ist bemerkenswert, daß am 20. Februar, als unsere amerikanische Sektion beträchtliche Arbeitermassen zum Kampf gegen die amerikanischen Nazis mobilisierte[6], die Stalinisten es glattweg ablehnten, an dieser Gegendemonstration, die landesweit Widerhall fand, teilzunehmen; sie unternahmen alles in ihren Kräften Stehende, um deren Bedeutung herunterzuspielen und damit den amerikanischen Gesinnungsgenossen Hitlers zu helfen. Was liegt dieser wahrhaft verräterischen Politik zugrunde? Ist es nur konservative Borniertheit und der Haß gegen die Vierte Internationale? Oder ist es doch etwas Neues, zum Beispiel die jüngste Instruktion Moskaus, die den Herren »Antifaschisten« empfiehlt, sich einen Maulkorb anzulegen, um die Verhandlungen zwischen den Diplomaten Moskaus und Berlins nicht zu stören? Diese Annahme ist nicht so weit hergeholt. Die nahe Zukunft wird es zeigen.

Mit Sicherheit kann man eines sagen. Das Abkommen zwischen Stalin und Hitler würde nichts Wesentliches an der konterrevolutionären Funktion der Kreml-Oligarchie ändern. Es würde diese Funktion nur bloßlegen, würde sie offenkundiger machen und den Zusammenbruch von Illusionen und Verfälschungen beschleunigen. Unsere politische Aufgabe besteht nicht darin, Stalin vor der Umarmung Hitlers zu »bewahren«, sondern darin, beide zu stürzen.

Universitätsverlag] 1971, S. 101-112; Detlev Peukert, *Die KPD im Widerstand.* Verfolgung und Untergrundarbeit an Rhein und Ruhr 1933 bis 1945, Wuppertal [Hammer] 1980, S. 326-341.)

6 Am 20.2.1939 organisierte der German-American Bund, eine pronazistische Organisation von Deutschamerikanern, eine Großkundgebung im New Yorker Madison Square Garden. Als einzige Organisation rief die Socialist Workers Party zu einer Gegendemonstration auf. Nicht nur die viel stärkere amerikanische KP lehnte eine Beteiligung ab, sondern auch jüdische Organisationen (woran sich aber viele ihrer Mitglieder nicht hielten). Die zionistische Tageszeitung *Der Tog* argumentierte, man solle auf die Nazis nicht erst aufmerksam machen. Die linkszionistische Jugendorganisation Hashomer Hatzair erklärte, man beteilige sich außerhalb Palästinas nicht an der Politik. Die Gegendemonstration wurde gleichwohl ein großer Erfolg: 50000 New Yorker demonstrierten gegen 20000 Nazis; nur die Polizei verhinderte eine Sprengung ihrer Veranstaltung. Ähnliches ereignete sich am 23. Februar in Los Angeles. Daraufhin mußte der German-American Bund weitere geplante Veranstaltungen in San Francisco und Philadelphia absagen.
(Vgl. Lenni Brenner, *Zionism in the Age of Dictators*, Westport [Lawrence & Hill] 1983, S. 180-182.)

# (49) Stalins Kapitulation*

*Coyoacán, 11. März 1939*

Die ersten Berichte über Stalins Rede[1] auf dem zur Zeit in Moskau stattfindenden Parteitag der sogenannten Kommunistischen Partei der Sowjetunion[2] zeigen, daß Stalin sich beeilt, aus den spanischen Ereignissen[3]

* T 4552, 4553 *Kapitulyatsiya Stalina* (11.3.1939). BO 75-76 (März-April 1939). Dt. »Stalins Kapitulation« in: *Unser Wort*, Nr. 95-96, 7. Jg. (Nr. 4-5), Anfang Mai 1939, S. 2f. Engl. »Stalin's Capitulation« in: TWr 1938-39, S. 216-219. Frz. in: TŒ 20, S. 251-255.

1 Dem 18. Parteitag der KPdSU (Anm. 2) erstattete Stalin am 10. März einen »Rechenschaftsbericht über die Arbeit des ZK der KPdSU(B)« (*Rundschau*, Nr. 17, 25.3.1939, S. 453-471). Im außenpolitischen Teil dieses Berichts nahm er fast ausschließlich gegen die Westmächte Stellung, statt, wie in den vergangenen Jahren üblich, vor allem die Aggressivität Hitler-Deutschlands zu brandmarken. Stalin sagte, die Westmächte wollten Deutschland in einen Krieg gegen die Sowjetunion um die Ukraine treiben; sie seien enttäuscht, daß Hitler statt dessen von ihnen die ehemals deutschen Kolonien zurückfordere. Wie es Stalins politischem Stil entsprach, hielt er sich auch diesmal alle Optionen offen; das in der Rede enthaltene verklausulierte Verhandlungsangebot an Hitler wurde nicht einmal im sowjetischen Außenkommissariat bemerkt. Fünf Tage nach der Stalinrede marschierten deutsche Truppen in Prag ein und zerschlugen die Tschechoslowakei. Daraufhin gab Großbritannien die nachgiebige Politik gegenüber Deutschland auf, und der britische Premierminister erklärte am 31.3. eine Garantie für die polnischen und rumänischen Grenzen. In den folgenden Monaten betrieb die sowjetische Führung eine zweigleisige Außenpolitik: Zum einen wurden die Angebote an das »Dritte Reich« wiederholt — z.B. durch die Ablösung des bei den Nazis besonders verhaßten Außenkommissars Litwinow (3.5.) und seine Ersetzung durch Molotow —, zum anderen begannen Verhandlungen mit Frankreich und Großbritannien. Nachdem diese gescheitert waren und Hitler Bereitschaft zu Zugeständnissen gezeigt hatte, kam es dann am 23.8.39 zum Hitler-Stalin-Pakt.
(Vgl. Haslam, *The Soviet Union and the Struggle for Collective Security*, S. 204-229; Bianka Pietrow, *Stalinismus - Sicherheit - Offensive*, Das Dritte Reich in der

seine Lehre im Sinne einer weiteren Hinwendung zur Reaktion zu ziehen. In Spanien erlitt Stalin eine weniger direkte, aber nicht minder schwere Niederlage als Azaña[4] und Negrin. Dabei geht es um etwas weitaus Wichtigeres als um eine rein militärische Niederlage oder gar einen verlorenen Krieg. Die ganze Politik der spanischen »Republikaner« wurde von Moskau

Konzeption der sowjetischen Außenpolitik 1933 bis 1941, Melsungen [Schwartz] 1983, S. 61 f.)

2 Der 18. Parteitag fand vom 10. bis zum 21. März 1939 statt und diente vor allem einer Neubesetzung der durch den Terror dezimierten Führungsgremien der Partei. Im Rechenschaftsbericht des ZK wandte Stalin sich gegen Kritiker, die »mit pseudomarxistischen Argumenten« einen Abbau des Staatsapparats und des bürokratischen Terrors forderten (vgl. Text 51). Außerdem wurde der dritte Fünfjahresplan (für die Jahre 1938 bis 1942) beschlossen, der infolge des Krieges dann nicht realisiert werden konnte, und ein neues Parteistatut angenommen. Manuilski berichtete über die Arbeit der Komintern.

3 Am 23.12.1938 begann die Offensive der Franco-Truppen gegen Katalonien. Über Barcelona, das am 25. Januar 1939 von den republikanischen Truppen kampflos aufgegeben wurde, rückten sie bis Mitte Februar an die französische Grenze vor. Die republikanische Regierung, die seit Oktober 1937 ihren Sitz in Barcelona hatte, floh nach Frankreich. Die spanische Zentralregion befand sich aber noch unter Kontrolle der Republikaner. Versuche der KP und Negríns, den Widerstand fortzusetzen, scheiterten am fehlenden Verteidigungswillen der bürgerlichen, sozialdemokratischen und sogar der anarchistischen Bündnispartner, die eine Fortsetzung des Kampfes für sinnlos hielten und auf britische Vermittlung bei Waffenstillstandsverhandlungen hofften. Am 5. März putschten sie in Madrid gegen die Regierung Negrín. Es kam zu einem einwöchigen Bürgerkrieg im Bürgerkrieg, der mehrere Tausend Tote kostete und den Untergang der Republik beschleunigte. Die republikanische Front brach danach rasch zusammen; Franco war zu keinerlei Zugeständnissen gegenüber den Putschisten bereit, Großbritannien und Frankreich zeigten sich an einer Vermittlung desinteressiert. Am 1. April konnte Franco nach der Besetzung Madrids seinen Sieg verkünden.

4 Manuel Azaña y Díaz (1880-1940) wurde als Schriftsteller vor allem durch seine umfangreiche Essayistik bekannt und engagierte sich dann während der Primo-de-Rivera-Diktatur im bürgerlich-republikanischen Milieu. Nach Proklamation der Republik im Jahre 1931 wurde er als Vertreter der Acción Republicana (die Partei schloß sich 1934 mit anderen Gruppen zur Izquierda Republicana zusammen) zum führenden bürgerlichen Reformpolitiker, war (zwischen 1931 und 1933) zuerst Kriegsminister, dann Ministerpräsident in einer Koalitionsregierung mit den Sozialisten. Seine zaghaften Reformen (v.a. Agrar- und Heeresreform) scheiterten. Nach dem Wahlsieg der Rechtsparteien 1933 war Azaña politisch zunächst diskreditiert, wurde aber in den Tagen der Volksfrontpolitik der Komintern als Bündnispartner für die Arbeiterbewegung rehabilitiert. Nach dem Wahlsieg der Linken 1936 wurde er zunächst Ministerpräsident, dann Präsident der Republik. Dieses Amt bekleidete er während des ganzen Bürgerkriegs, obwohl er ein scharfer Gegner der Revolution war. Nach der Besetzung Kataloniens flüchtete er nach Frankreich und legte sein Amt nieder. (*Obras completas*, 4 Bde., hg. von Juan Marichal, Mexiko 1966 f.)

bestimmt. Die Beziehungen zwischen der republikanischen Regierung und den Arbeitern und Bauern waren nur eine Übersetzung der Beziehungen zwischen Kreml-Oligarchie und den Völkern der Sowjetunion in die Sprache des Krieges. Die Führungsmethoden von Azaña und Negrin waren die konzentrierten Methoden der Moskauer GPU. Die Grundtendenz dieser Politik bestand in der Ersetzung des Volkes durch die Bürokratie und der Bürokratie durch die politische Polizei. Unter Kriegsbedingungen fanden die Tendenzen des Moskauer Bonapartismus in Spanien nicht nur ihren höchsten Ausdruck, sondern wurden auch einer raschen Prüfung unterzogen. Darin liegt die Bedeutung der spanischen Ereignisse vom internationalen und vor allem vom sowjetischen Standpunkt aus gesehen. Stalin ist unfähig, Krieg zu führen; und wenn er zum Krieg gezwungen wird, ist er unfähig, anderes als Niederlagen zu erreichen.

In seiner Rede auf dem Parteitag bricht Stalin offen mit der Idee eines »Bündnisses der Demokratien zur Abwehr der faschistischen Aggressoren«. Die Provokation zu einem internationalen Krieg geht jetzt weder von Mussolini noch von Hitler aus, sondern von den beiden wichtigsten Demokratien Europas, Großbritannien und Frankreich, die, wie der Redner ausführt, Deutschland und die UdSSR unter dem Vorwand eines Attentats Deutschlands auf die Ukraine in einen bewaffneten Konflikt ziehen wollen. Faschismus? — der tut hier nichts zur Sache. Von einem Attentat Hitlers auf die Ukraine kann nach Stalins Worten gar nicht die Rede sein, und es gibt nicht den geringsten Anlaß für einen militärischen Konflikt mit Hitler. Auf die Absage an die Politik des »Bündnisses der Demokratien« folgt unverzüglich erniedrigende Kriecherei vor Hitler und eifriges Stiefellecken. Das ist Stalin![5]

In der Tschechoslowakei fand die Kapitulation der »Demokratie« vor dem Faschismus ihren personifizierten Ausdruck im Wechsel der Regierung.[6] In der UdSSR ist Stalin, dank den unschätzbaren Vorzügen eines

5 »In der Politik ... [Frankreichs und Großbritanniens] macht sich das Bestreben, der Wunsch geltend, den Aggressoren bei der Ausführung ihres dunklen Werks nicht hinderlich zu sein, zum Beispiel ... Deutschland nicht hinderlich zu sein, sich in den europäischen Angelegenheiten zu verstricken, sich in einen Krieg gegen die Sowjetunion einzulassen ... Kennzeichnend ist der Lärm, den die englische, französische und die nordamerikanische Presse wegen der Sowjetukraine erhoben ... Es hatte den Anschein, als ob dieser verdächtige Lärm den Zweck hatte, bei der Sowjetunion Wut gegen Deutschland zu erregen, die Atmosphäre zu vergiften und einen Konflikt mit Deutschland, ohne daß hierfür sichtbare Gründe vorliegen, zu provozieren.« (Stalin, »Rechenschaftsbericht ...« [vgl. Anm. 1], S. 456. Zur »ukrainischen Frage« vgl. Text 50.)

6 Im Sommer 1938 hatte Hitler beschlossen, seinen nächsten Schlag gegen die Tschechoslowakei zu führen. Einen Vorwand lieferte ihm die seit der Entstehung der tschechoslowakischen Republik im Jahre 1918 nach dem Zerfall

totalitären Regimes, sein eigener Beneš[7] und sein eigener General Syrový.[8] Er ändert die Prinzipien seiner Politik eben deshalb, um selbst nicht ausgewechselt zu werden. Die bonapartistische Clique will leben und regieren, alles andere ist für sie nur eine Frage der »Technik«.

Österreich-Ungarns betriebene Benachteiligung der deutschen Minderheit, der Sudetendeutschen.
Bei den Wahlen im Mai 1935 hatte die pronazistische Sudetendeutsche Partei unter Konrad Henlein die Mehrheit der deutschen Stimmen gewonnen. In verschiedenen Ultimaten an die tschechoslowakische Regierung, die auf die Annexion des Sudetenlandes abzielten, versuchte Hitler-Deutschland diese Situation auszunutzen. Die Tschechoslowakei war durch Verträge mit Frankreich (dadurch indirekt mit Großbritannien) und seit 1935 mit der UdSSR verbunden. Die Westmächte gaben nun aber Hitlers Pressionen nach, da seine Forderungen sich formal nur auf die tatsächlich benachteiligten Sudetendeutschen bezogen, die deutsche Expansionsrichtung anscheinend nur der Osten war und jeder offene Konflikt auf Grund der Verträge die Sowjetunion auf den Plan gerufen hätte. Am 29. September wurde im Münchner Abkommen zwischen Deutschland, Italien, Frankreich und Großbritannien die Abtretung des Sudetenlandes an Deutschland beschlossen und der nicht vertretenen tschechoslowakischen Regierung aufoktroyiert. Das war der Höhepunkt der von den Westmächten betriebenen »Appeasement«-Politik. Das Münchner Abkommen wurde von den daran beteiligten britischen und französischen Politikern als Friedensrettung ausgegeben. In der Tschechoslowakei war am 22. September die amtierende Regierung durch einen Generalstreik gestürzt worden, da sie sich bereitgefunden hatte, Hitler nachzugeben. Die neue bürgerlich-konservative Regierung der »starken Hand« unter General Syrový (vgl. Anm. 8) sollte statt dessen Widerstand leisten. Nach dem Münchner Abkommen kapitulierte allerdings auch sie und vollzog nach der Übergabe des Sudetengebiets am 1. Oktober einen innenpolitischen Rechtsruck. Die Linke wurde ausgeschaltet, die KP sogar verboten; ein Ermächtigungsgesetz und antisemitische Maßnahmen wurden erlassen. Die Regierung stellte sich auf die Rolle einer nationalsozialistischen Satellitenregierung ein, ohne dadurch die Okkupation des Landes durch deutsche Truppen (14./15.3.1939) aufhalten zu können.
(Vgl. Trotzki, »Eine frische Lektion, Nach dem imperialistischen ‚Frieden' in München«, 10.10.1938, engl. TWr 1938-39, S. 52-78.)

7 Edvard Beneš (1884-1948) war neben dem ersten tschechoslowakischen Staatspräsidenten Tomáš Masaryk der führende bürgerliche tschechische Politiker. Von 1918 bis 1935 war Beneš Außenminister (zeitweise auch Ministerpräsident), seit 1935, nach Masaryks Tod, Staatspräsident. Außenpolitisch trat er für ein Bündnis mit Frankreich und seit 1935 mit der UdSSR ein. Seit Mitte der dreißiger Jahre galt er als ein Bewunderer Stalins und wurde im Rahmen der Volksfrontpolitik von der tschechischen KP unterstützt. Nachdem er die Kapitulation vor dem Münchner Abkommen mitverantwortet hatte, trat er am 5. Oktober 1938 zurück und emigrierte nach England, wo er 1940 Präsident einer Exilregierung wurde. 1945 kehrte er als Staatspräsident in die Tschechoslowakei zurück. Noch im Exil hatte er mit der Regierung der UdSSR das Moskauer Abkommen vom Dezember 1943 geschlossen und die Regierungsbeteiligung der KP in die Wege geleitet (Kaschauer Abkommen vom April 1945).

Die politischen Methoden Stalins unterscheiden sich ihrem Wesen nach durch nichts von den Methoden Hitlers. Aber in der Sphäre der internationalen Politik springt der Unterschied der Resultate ins Auge. In kurzer Zeit gewann Hitler das Saargebiet[9] zurück, warf den Versailler Vertrag über den Haufen, riß Österreich[10] und die Sudetendeutschen an sich, unterwarf die Tschechoslowakei seiner Herrschaft und brachte eine Reihe zweit- und drittrangiger Staaten unter seinen Einfluß. In denselben Jahren erfuhr Stalin in der Arena der Weltpolitik nur Niederlagen und Demütigungen (China, Tschechoslowakei, Spanien). Es wäre viel zu oberflächlich, wollte man die Erklärung dieses Unterschiedes in den persönlichen Qualitäten Hitlers und Stalins suchen. Hitler ist ohne Zweifel geschickter und kühner als Stalin. Das ist jedoch nicht entscheidend. Entscheidend sind die sozialen Verhältnisse in beiden Ländern.

In oberflächlichen radikalen Kreisen ist es jetzt Mode geworden, die sozialen Herrschaftsformen Deutschlands und der UdSSR über einen Kamm zu scheren. Das ist Unsinn. In Deutschland existiert, trotz aller

Die Tschechoslowakei war in den Einflußbereich der UdSSR gerückt. Nach der endgültigen Machtübernahme der KP im Februar 1948 trat er zurück. (*Der Aufstand der Nationen*, Der Weltkrieg und die tschechoslowakische Revolution, Berlin [Cassirer] 1928; *Gedanke und Tat*, Aus den Schriften und Reden von Eduard Beneš, 4 Bde., Prag [Orbis] 1937; *Memoirs of Dr. Eduard Beneš*, From Munich to New War and New Victory, hg. von Godfrey Lias, London [Allen & Unwin] 1954; Eduard Taborský, *President Edvard Beneš*, Between East and West, 1938-1939, Stanford [Hoover] 1981.)

8 General Jan Syrový (1888-1958) hatte der aus Kriegsgefangenen in Rußland gebildeten »Tschechischen Legion« angehört, die auf seiten der Weißen kämpfte. Er wurde am 22. September 1938 mit der Bildung einer Regierung beauftragt, von der eine feste Haltung gegenüber den deutschen Forderungen erwartet wurde. Nach dem Münchner Abkommen kapitulierte er aber und bereitete die Errichtung eines halbfaschistischen Regimes vor. Seit November nur noch Kriegsminister, gehörte er der Regierung nach der deutschen Okkupation noch bis April 1939 an. 1946 wurde er als Kollaborateur angeklagt, aber freigesprochen. Auch nach der Machtübernahme der kommunistischen Partei blieb er im Lande.

9 Das Saarland befand sich seit 1920 unter einem durch Frankreich ausgeübten Völkerbundsmandat. Nach Ablauf des Mandats stimmten im Januar 1935 in einer Volksabstimmung fast 90 % der Bevölkerung für die Wiederangliederung an Deutschland. Dies war einer der ersten größeren außenpolitischen Erfolge Hitlers.

10 Im März 1938 erzwang Hitler den Rücktritt der christlich-sozialen Regierung Österreichs, die nach der Zerschlagung der Arbeiterbewegung im Februar 1934 ein autoritäres Regime errichtet und sich außenpolitisch an Italien angelehnt hatte (»Austrofaschismus«). Die österreichischen Nationalsozialisten übernahmen die Macht, und deutsche Truppen besetzten das Land am 12. März 1938. Durch eine Volksabstimmung ließ Hitler im April diesen »Anschluß« nachträglich »billigen«.

staatlichen »Regulierungen«, als Grundordnung das Privateigentum an Produktionsmitteln. In der Sowjetunion ist die Industrie nationalisiert und die Landwirtschaft kollektiviert. Uns sind alle sozialen Mißbildungen bekannt, die die Bürokratie auf dem Territorium der Oktoberrevolution hervorgebracht hat. Aber die Tatsache einer Planwirtschaft auf Grundlage von Verstaatlichung und Kollektivierung der Produktionsmittel bleibt bestehen. Diese verstaatlichte Wirtschaft hat ihre eigenen Gesetze, die immer weniger mit dem Despotismus, der Ignoranz und der Raubsucht der stalinistischen Bürokratie in Einklang zu bringen sind.

Der Monopolkapitalismus befindet sich in der ganzen Welt und besonders in Deutschland in einer ausweglosen Krise. Der Faschismus selbst ist Ausdruck dieser Krise. Aber im Rahmen des Monopolkapitalismus ist das Hitler-Regime für Deutschland das einzig mögliche. Die Erklärung für die Erfolge Hitlers liegt darin, daß er durch sein Polizeiregime den Tendenzen des Imperialismus den extremsten Ausdruck verleiht. Das Stalin-Regime hingegen ist in unauflösbare Widersprüche zu den Entwicklungstendenzen der sowjetischen Gesellschaft geraten. Selbstverständlich sind die Erfolge Hitlers unbeständig, unsicher und begrenzt durch die Möglichkeiten, die eine sterbende bürgerliche Gesellschaft hat. Hitler wird bald den Höhepunkt erreichen, wenn er ihn nicht schon erreicht hat, um dann in die Tiefe zu stürzen. Aber dieser Moment ist noch nicht gekommen. Hitler beutet weiterhin die dynamische Kraft eines um seine Existenz ringenden Imperialismus aus. Dagegen sind die Widersprüche zwischen dem bonapartistischen Stalin-Regime und den Erfordernissen von Wirtschaft und Kultur in eine unerträgliche Spannung geraten. Der Kampf des Kreml um seine Selbsterhaltung verschärft und vertieft nur die Widersprüche, die zu einem ständigen Bürgerkrieg und daraus folgenden Niederlagen in der Arena der Weltpolitik geführt haben.

Wie ist Stalins Rede zu verstehen? Ist sie Glied in der Kette einer sich formierenden, neuen Politik, die sich auf die ersten, bereits mit Hitler erreichten Übereinkommen stützt, oder ist sie nur ein Versuchsballon, ein einseitiges Angebot von Herz und Hand? Höchstwahrscheinlich kommt die Wirklichkeit der zweiten Variante näher als der ersten. Als Sieger hat es Hitler keineswegs eilig, sich auf seine Freundschaft oder Feindschaft festzulegen. Er ist im Gegenteil sehr daran interessiert, daß die Sowjetunion und die westlichen Demokratien sich gegenseitig vorwerfen, »einen Krieg zu provozieren«. Jedenfalls hat Hitler mit seiner Offensive schon soviel Erfolg gehabt, daß Stalin, der noch gestern der »Alexander Newski«[11] der

11 Alexander Newski (1220-1263), Fürst von Nowgorod (1236-1251) und Großfürst von Wladimir (seit 1252), der Keimzelle des späteren russischen Staates. Er verteidigte die nordwestliche Grenze des russischen Siedlungsgebietes gegen die Schweden (1240 Schlacht an der Newa) und den das Baltikum beherrschen-

westlichen Demokratien war, heute seinen Blick nach Berlin richtet und untertänigst die begangenen Fehler bekennt.

Was man uns für Lehren erteilt! In den letzten drei Jahren bezeichnete Stalin alle Kampfgenossen Lenins als Agenten Hitlers. Er rottete die Blüte des Kommandobestandes aus, erschoß, deportierte und verbannte etwa 30 000 Offiziere — alle unter der gleichen Beschuldigung, nämlich Agenten Hitlers oder seiner Verbündeten zu sein. Nachdem er die Partei zertrümmert und die Armee enthauptet hat, verkündet Stalin nun selbst offen seine Kandidatur als Hauptagent Hitlers. Mögen die Knechte der Komintern sich drehen und wenden, wie sie wollen. Die Fakten sind so klar und überzeugend, daß es niemandem mehr gelingen wird, die öffentliche Meinung der internationalen Arbeiterklasse durch marktschreierische Phrasen zu betrügen. Bevor Stalin fällt, wird die Komintern in Stücke fallen. Das eine wie das andere wird nicht mehr lange auf sich warten lassen.

den deutschen Ritterorden (1242 Schlacht auf dem Peipussee). 1252 erkannte er die Oberhoheit der mongolisch-tatarischen Eroberer an (mit der Folge hoher Tributlasten für das russische Volk). Im Gegenzug machten diese ihn zum »Großfürsten«.

Im zaristischen Rußland war (der 1546 kanonisierte) Alexander Newski Nationalheiliger. Auch unter Stalin wurde er in den dreißiger Jahren als antideutscher Volksheld gefeiert. Eisenstein hat ihn 1937 in einem Film glorifiziert, der während des deutsch-sowjetischen Bündnisses (1939-1941) nicht gezeigt werden durfte.

# (50)
# Die ukrainische Frage*

*Coyoacán, 22. April 1939*

Die ukrainische Frage[1], die viele Regierungen, viele »Sozialisten«, selbst viele »Kommunisten« zu vergessen oder auf die lange Bank der Geschichte zu schieben suchten, steht wieder einmal auf der Tagesordnung, aber diesmal mit doppelter Dringlichkeit. Die neue Zuspitzung der ukrainischen Frage ist aufs engste verknüpft mit der Entartung von Sowjetunion und

* T 4564, 4565 *Ob ukrainskom voprose* (22.4.1939). BO 77-78 (Mai-Juli 1939). Dt. »Das ukrainische Problem«, in: *Unser Wort*, Nr. 97-98, 7. Jg. (Nr. 6-7), Anfang Juli 1939, S. 1f. Engl. »The Problem of Ukraine«, in: *Socialist Appeal*, 9.5.1939, und »The Ukrainian Question«, in: TWr 1938-39, S. 301-307. Frz. in: TŒ 21, S. 124-132.
Ende des 19. Jahrhunderts waren viele ukrainische Emigranten nach Kanada gekommen; aus dieser Gruppe gingen viele Kommunisten, dann auch Trotzkisten hervor, die eine Zeitschrift in ihrer Muttersprache herausgaben. Sie drängten Trotzki 1936 zu einer Stellungnahme für das Selbstbestimmungsrecht der Ukraine. Trotzki, der als Jude in der Ukraine geboren war, sich aber als Russe betrachtete, hatte zwar das Recht der Ukraine auf Selbstbestimmung immer verteidigt, sich jedoch mit der ukrainischen Frage vorher nicht intensiv beschäftigt. Als die »ukrainische Frage« um die Jahreswende 1938/39 zu einem Thema der Weltpolitik wurde, griff er die Frage in diesem Artikel (und weiteren Aufsätzen, die er in den nächsten Monaten schrieb [vgl. die Texte 56, 57 und 60]) auf. (Vgl. ergänzend Trotzkis Vorwort zu einer Sammlung seiner Artikel über die ukrainische Frage vom 6.9.1939, TWr 1939-40, S. 86, sowie die Briefe an die ukrainischen Trotzkisten vom 20.10.1934, frz. in: TŒ 4, S. 233f., vom 6.4.1936, frz. in: TŒ 9, S. 156, und vom September 1939, engl. in: TWr Supplement 1934-40, S. 841 f.; ferner die Analyse der ukrainischen Frage in der Revolution von 1917 in Trotzkis *Geschichte der russischen Revolution*, Bd. 2, *Oktoberrevolution*, im Kapitel über die »Nationale Frage«.)

1 Nach der slawischen Völkerwanderung im Europa des 6./7. Jahrhunderts differenzierten sich in Osteuropa aus den ostslawischen Stämmen drei Gruppen heraus, die sich — zunächst noch im Rahmen der Kiewer Rus zwischen dem 9. und 13. Jahrhundert in einem Staat vereint — schließlich im ausgehenden Mittelalter und in der frühen Neuzeit zu drei Nationen ausdifferenzierten: Russen, Ukrainer und Weißrussen. Das Moskauer Großfürstentum wurde zur Keimzelle des russischen Nationalstaates; die Ukraine hingegen war geteilt: Ein großes Gebiet gehörte für Jahrhunderte zum litauisch-polnischen Staat. Ein bedeutender Teil wurde von den Krimtataren beherrscht, während ein kleines Gebiet in den Karpaten (die Karpato-Ukraine) seit dem 10. Jahrhundert zu Ungarn gehörte, und die Nord-Bukowina, dem Fürstentum Moldau zugehörig, bald unter türkische Oberhoheit kam. Versuche der Kosaken, ihre Unabhängig-

Komintern, den Erfolgen des Faschismus und dem Näherrücken des nächsten imperialistischen Krieges. Gekreuzigt zwischen vier Staaten, ist die Ukraine heute in der Entwicklung Europas in die gleiche Situation geraten

keit zu erkämpfen, scheiterten. Teils wurde die Ukraine russisch, teils blieb sie polnisch. Infolge der Aufteilung Polens (vgl. Anm. 2) am Ende des 18. Jahrhunderts wurde der russische Anteil vergrößert, doch kam das östliche Galizien (die »Westukraine«) unter österreichische Herrschaft. Im russischen Reich wurden die Ukrainer wie alle nichtrussischen Nationalitäten unterdrückt, vor allem als seit Mitte des vorigen Jahrhunderts die ersten Ansätze einer bürgerlichen Nationalbewegung entstanden; die ukrainische Sprache und Kultur wurden unterdrückt. Offiziell wurden die Ukrainer als »Kleinrussen« bezeichnet. Die österreichisch-ungarische Politik machte ihnen Zugeständnisse lediglich im kulturellen Bereich.
1917/18 schien die Bildung eines einheitlichen ukrainischen Nationalstaats möglich. Doch alle Versuche scheiterten: zunächst an der Politik Deutschlands, das die ehemals russische Ukraine besetzte, um sie zu einer Kolonie zu machen. Seit Beginn der russischen Revolution polarisierten sich die ukrainischen Parteien in Anhänger und Gegner einer sozialistischen Revolution. Es entstand eine Sowjetrepublik, die von den (russischen) Weißen und den bürgerlichen ukrainischen Nationalisten bekämpft wurde. In Galizien bildete sich 1918 eine westukrainische Republik, die aber von Polen annektiert wurde. Nach der Festlegung der Grenzen 1920/21 war die ukrainische Nation auf folgende Staaten aufgeteilt: die Sowjetukraine, die 1922/23 eine der Gründungsrepubliken der UdSSR war, die polnische Westukraine, die schon immer ein Zentrum der ukrainischen Nationalbewegung war, die nun vom polnischen Staat brutal unterdrückt wurde, die Karpato-Ukraine in der ČSR und die Nord-Bukowina in Rumänien. In den zwanziger Jahren, während der Phase der »Ukrainisie ungs«-Politik, hoffte vor allem die arme bäuerliche Mehrheit in den drei anderen Gebieten auf eine Vereinigung mit der Sowjetukraine. Als dann 1929 die Kollektivierung vor allem in der Ukraine Hunger und Elend nach sich zog und die Stalinisten zugleich den Kampf gegen den »bürgerlichen Nationalismus« proklamierten, verlor die Sowjetukraine ihre Anziehungskraft. In den abgetrennten Gebieten fanden bürgerlich-nationalistische Bewegungen großen Zulauf, die überwiegend klerikal oder faschistisch orientiert waren.
(Vgl. Michael Hruschewskyj, *Geschichte der Ukraine*, Bd. 1, Lemberg [Bund zur Befreiung der Ukraine] 1916; Borys Krupnyckyj, *Geschichte der Ukraine*. Von den Anfängen bis zum Jahre 1917, Wiesbaden [Harrassowitz] 1963; Abschnitt VI »History« in: *Ukraine*, A Concise Encyclopaedia, Bd. 1, Toronto [University of Toronto Press] 1963, S. 521-918; Bohdan Krawchenko, *Social Change and National Consciousness in Twentieth-Century Ukraine*, Houndmills - London [Macmillan] 1985. Zur Verfälschung der ukrainischen Geschichte durch die großrussisch-chauvinistische Historiographie — zaristischer oder stalinistischer Provenienz — vgl. folgende Analysen ukrainischer Exil- oder Dissidenten-Historiker: Natalia Polonska-Wasylenko, *Zwei Konzeptionen der Geschichte der Ukraine und Rußlands*, München [Ukrainische Freie Universität] 1970; Jurij Badzio, *Offener Brief an russische und ukrainische Historiker*, München [Ukrainisches Institut für Bildungspolitik] 1982; Mychajlo Brajčevskij, *Anschluß oder Wiedervereingung*, Kritische Anmerkungen zu einer Konzeption, München [Ukrainische Freie Universität] 1982.)

wie seinerzeit Polen[2], doch mit dem Unterschied, daß die internationalen Beziehungen heute unvergleichlich gespannter sind und das Tempo der Entwicklung sich beschleunigt hat. Die ukrainische Frage wird in allernächster Zukunft eine gewaltige Rolle im Leben Europas spielen. Nicht umsonst hat Hitler so geräuschvoll die Frage nach der Schaffung einer »Großukraine« gestellt, und nicht umsonst hat er diese Frage mit solch verstohlener Eile wieder fallen lassen.[3]

Die Zweite Internationale, die die Interessen der Arbeiterbürokratie und -aristokratie der imperialistischen Staaten auszudrücken pflegte, ignorierte die ukrainische Frage vollkommen. Selbst ihr linker Flügel schenkte der

2 Vor allem auf Drängen Rußlands wurde Polen 1772, 1793 und 1795 zwischen dem russischen Reich, Preußen und Österreich aufgeteilt. Erst 1918 entstand wieder ein polnischer Staat.
(Vgl. die Analyse der Teilungen und der daraus im 19. Jahrhundert entstandenen »polnischen Frage« bei Friedrich Engels, »Was hat die Arbeiterklasse mit Polen zu tun?«, 1866, MEW 16, S. 153-163. Ferner Michael G. Müller, *Die Teilungen Polens 1772 - 1793 - 1795*, München [Beck] 1984.)

3 Die Entwicklung in der Tschechoslowakei nach dem Münchner Abkommen vom 29.9.1938 hatte u.a. auch die Bildung einer autonomen Regierung der Karpato-Ukraine — neben der der Slowakei — am 8. Oktober 1938 zur Folge. Obwohl die Karpato-Ukraine mit 700000 Einwohnern keine reale Macht besaß, erhielt sie über Nacht weltpolitische Bedeutung als potentielle Keimzelle eines zukünftigen gesamtukrainischen Staates. In den folgenden Monaten nahm Nazi-Deutschland eine zweideutige Haltung ein. Zwar wurde zunächst die Karpato-Ukraine gegenüber ungarischen Annexionswünschen geschützt. Hitler ging es aber vor allem darum, aus der »ukrainischen Frage« gegenüber potentiellen Verbündeten in dem geplanten Krieg im Osten Nutzen zu ziehen. In Großbritannien und Frankreich, aber auch in den USA wurde in der Presse offen darüber diskutiert, einen solchen Krieg zu unterstützen und Hitler als Preis für die Zerschlagung der Sowjetunion die Ukraine zu überlassen.
Die Zerschlagung der Rest-Tschechoslowakei am 15. März 1939 durch deutsche Truppen (Bildung des »Reichsprotektorats Böhmen und Mähren«) und die Schaffung eines deutschen Marionettenstaats in der Slowakei führten jedoch zu einer brüsken Änderung der internationalen Politik. Großbritannien stellte sich mit einer Grenzgarantie für Polen Ende März gegen die weiteren deutschen Ansprüche im Osten, Frankreich folgte. Die Konfrontation zwischen Deutschland und den Westmächten war unausweichlich geworden. Am 15. März war ebenfalls die Besetzung der Karpato-Ukraine durch Ungarn mit deutscher Billigung erfolgt. Der Wunsch der Karpato-Ukraine, deutsches Protektorat zu werden, war abgelehnt worden. Die »ukrainische Frage« war für Hitler nun nicht mehr von Interesse, da sie für die Gewinnung von Bündnispartnern (zunächst Polen, dann aber vor allem die UdSSR) nur mehr ein Hindernis bildete.
(Vgl. Roman Ilnytzkyj, *Deutschland und die Ukraine 1934-1945*, München [Osteuropa-Institut] 1958, Bd. 1, S. 128-232.)

Frage nicht die nötige Aufmerksamkeit. Man muß sich nur daran erinnern, daß Rosa Luxemburg bei all ihrem glänzenden Intellekt und wahrhaft revolutionärem Geist die Aussage für möglich hielt, die ukrainische Frage sei Erfindung einer Handvoll Intellektueller.[4] Diese Einstellung hinterließ selbst bei der polnischen kommunistischen Partei einen tiefen Eindruck.[5]

4 Rosa Luxemburg schrieb in ihrem, 1918 noch im Gefängnis verfaßten und erst posthum veröffentlichten Manuskript »Zur russischen Revolution«, in dem sie die bolschewistische Politik kritisierte (*Gesammelte Werke*, Bd. 4, Berlin/DDR [Dietz] 1974, S. 332-365, hier S. 351): »Der ukrainische Nationalismus war in Rußland ganz anders als etwa der tschechische, polnische oder finnische, nichts als eine einfache Schrulle, eine Fatzkerei von ein paar Dutzend kleinbürgerlichen Intelligenzlern, ohne die geringsten Wurzeln in den wirtschaftlichen, politischen oder geistigen Verhältnissen des Landes, ohne jegliche historische Tradition, da die Ukraine niemals eine Nation oder einen Staat gebildet hatte, ohne irgendeine nationale Kultur, außer den reaktionär-romantischen Gedichten Schewtschenkos. Es ist förmlich, als wenn eines schönen Morgens die von der Waterkant auf den Fritz Reuter hin eine neue plattdeutsche Nation und einen selbständigen Staat gründen wollten! Und diese lächerliche Posse von ein paar Universitätsprofessoren und Studenten bauschten die Lenin und Genossen durch ihre doktrinäre Agitation mit dem ‚Selbstbestimmungsrecht bis einschließlich' usw. künstlich zu einem politischen Faktor auf.«
Dieses Urteil Rosa Luxemburgs entsprach ihrer prinzipiellen Ablehnung des Rechts auf nationale Selbstbestimmung im Rahmen einer sozialistischen Politik. Eine ähnliche Haltung hatten Marx und vor allem Engels in der Revolution von 1848 gegenüber den kleinen Völkern des Balkans und Osteuropas eingenommen, die in ihrer Geschichte keine Staaten gebildet hatten.
(Vgl. dazu die Untersuchung des ukrainischen marxistischen Historikers Roman Rosdolsky, *Zur Nationalen Frage*, Friedrich Engels und das Problem der »geschichtslosen« Völker [1964], Berlin [Olle & Wolter] 1979.) Engels hat später die Ukrainer als eine eigenständige Nation anerkannt, was den Widerspruch der ersten russischen Marxisten um Plechanow hervorrief, die in der Einverleibung der Ukraine durch Rußland einen historischen Fortschritt sahen. (Vgl. ebd., S. 133f. und 178-190.)

5 Vgl. Dziewanowski, *Communist Party of Poland*, S. 100, 105, 128f. (Zur Vorgeschichte dieses Problems siehe auch A. Walicki, »Rosa Luxemburg and the Question of Nationalism in Polish Marxism [1893-1914]«, in: *Slavonic and Eastern European Review*, Bd. 61, Nr. 4, 1983, S. 565-582.) Die Existenz besonderer kommunistischer Parteien in den von Polen nach dem Friedensvertrag von Riga annektierten Gebieten — der KP Westweißrußlands und der KP der Westukraine — war ein besonderes Problem der polnischen KP. Die bei ihrer Entstehung am Ende des Ersten Weltkriegs eigenständigen Parteien wurden Anfang der zwanziger Jahre der polnischen KP integriert, behielten aber ihre Namen und eigene Leitungen bei und unterhielten direkte Beziehungen zu den entsprechenden Sowjetparteien. Die Frage, ob diese Parteien ihre Angelegenheiten selbst regeln oder ob sie nur ausführende regionale Organe der polnischen Partei sein sollten, war ständig umstritten.
(Vgl. dazu Janusz Radziejowski, *The Communist Party of Western Ukraine 1919-1929*, Edmonton [Canadian Institute of Ukrainian Studies] 1983; Roman Solchanyk, »The Comintern and the Communist Party of Western Ukraine, 1919-1928«, in: *Canadian Slavonic Papers*, Nr. 2, 1981, S. 181-197.)

Die ukrainische Frage erschien den offiziellen Führern der polnischen Sektion der Komintern eher als ein Hindernis denn als ein revolutionäres Problem. Daher beständig die opportunistischen Versuche, dieser Frage auszuweichen, sie zu unterschlagen, mit Stillschweigen zu übergehen oder sie in eine unbestimmte Zukunft zu verschieben.

Der bolschewistischen Partei gelang es nicht ohne Schwierigkeiten und nur allmählich, unter dem ständigen Druck Lenins, eine richtige Herangehensweise an die ukrainische Frage zu finden. Das Recht auf Selbstbestimmung, d.h. das Recht auf Loslösung [von Rußland], gestand Lenin den Polen und den Ukrainern gleichermaßen zu. Aristokratische Nationen erkannte er nicht an. Jede Neigung, das Problem einer unterdrückten Nationalität zu umgehen oder auf die lange Bank zu schieben, betrachtete er als Ausdruck großrussischen Chauvinismus.[6]

Nach der Eroberung der Macht begann in der Partei eine ernste Auseinandersetzung um die Lösung der zahlreichen, vom alten Rußland ererbten nationalen Probleme. In seiner Eigenschaft als Volkskommissar für die Nationalitäten vertrat Stalin beständig die zentralistischste und bürokratischste Tendenz.[7] Das zeigte sich besonders deutlich an der georgischen

6 Vgl. folgende Lenin-Äußerungen: »Die Marxisten werden sich niemals mit einer nationalen Losung den Kopf verdrehen lassen, ob sie nun eine großrussische, polnische, jüdische, ukrainische oder sonst eine ist. Die Marxisten vergessen aber auch nicht die elementare Pflicht eines jeden Demokraten, jegliche Hetze gegen irgendeine Nation wegen ‚Separatismus' zu bekämpfen und für die Anerkennung der völligen und vorbehaltlosen Gleichberechtigung der Nationen und ihres Selbstbestimmungsrechts einzutreten.« (»Die Kadetten über die ukrainische Frage«, 16.7.1913; LW 19, S. 256f., hier S. 257.) »Durch die Hetze gegen die Ukrainer und andere wegen ihres ‚Separatismus', wegen ihres Strebens nach Lostrennung, verfechten die [russischen] Nationalisten das *Privileg* der russischen Gutsbesitzer und der großrussischen Bourgeoisie auf ‚ihren' Staat. Die Arbeiterklasse ist gegen *jegliche* Privilegien, daher verficht sie das *Recht* der Nationen auf Selbstbestimmung. Die klassenbewußten Arbeiter predigen keine *Lostrennung*, sie kennen die Vorteile großer Staaten und der Vereinigung großer Arbeitermassen. Die großen Staaten können jedoch nur bei voller Gleichberechtigung der Nationen demokratisch sein, und eine solche Gleichberechtigung bedeutet auch das *Recht* auf Lostrennung.« (»Noch einmal über ‚Nationalismus'« [20.2.1914], LW 20, S. 99-101, hier S. 100f.)

7 Stalin trat als Volkskommissar für Nationalitäten der RSFSR für eine zentralistische, die Selbständigkeit der Nichtrussen beschneidende Politik ein und konzipierte 1922 den »Autonomisierungsplan«: Die nichtrussischen Sowjetrepubliken sollten der RSFSR als »autonome Gebiete« beitreten. Dieser Plan wurde nicht zuletzt auf Grund der energischen Intervention Lenins zugunsten einer gleichberechtigten Föderation, der »Union der Sozialistischen Sowjetrepubliken«, verworfen. Der Kampf gegen den großrussischen Chauvinismus war eines der wichtigsten Anliegen Lenins in seinen letzten Jahren (1922-23).

und der ukrainischen Frage.[8] Die Korrespondenz über diese Angelegenheit ist bis heute nicht veröffentlicht worden.[9] Wir hoffen, einen Teil davon zu veröffentlichen — den sehr kleinen Teil, der uns zur Verfügung steht. Aus jeder Zeile der Briefe und Vorschläge Lenins spricht das Bestreben, den in der Vergangenheit unterdrückten Nationalitäten so weit wie möglich entgegenzukommen. In den Vorschlägen und Erklärungen Stalins hingegen klingt unverändert die Tendenz zum bürokratischen Zentralismus an. Um »administrative Erfordernisse«, d.h. die Interessen der Bürokratie zu sichern, wurden die legitimsten Ansprüche der unterdrückten Nationalitäten zu einer Erscheinung des kleinbürgerlichen Nationalismus erklärt. Alle diese Symptome waren schon in den Jahren 1922/1923 zu beobachten. Seitdem wuchsen sie in ungeheuerlichem Maße und führten zur vollständigen Erdrosselung jeder unabhängigen nationalen Entwicklung der Völker der UdSSR.

Nach Auffassung der alten bolschewistischen Partei sollte die Sowjetukraine eine machtvolle Achse werden, um die herum sich die übrigen Teile des ukrainischen Volkes vereinigen sollten. Es ist unbestreitbar, daß die Sowjetukraine in der ersten Periode ihres Bestehens eine mächtige Anziehungskraft, auch in nationaler Hinsicht, entwickelte und Arbeiter, Bauern und revolutionäre Intelligenz der von Polen versklavten Westukraine zum Kampf anspornte. In den Jahren der thermidorianischen Reaktion wandelte sich jedoch die Lage der Sowjetukraine und damit der Rahmen der ukrainischen Frage insgesamt deutlich. Je größer die einmal geweckten Hoffnungen waren, desto schmerzlicher war nun die Enttäuschung. Die Bürokratie unterdrückte und plünderte das Volk auch in Großrußland aus. Aber in der Ukraine komplizierte sich die Angelegenheit durch die Zerstörung nationaler Hoffnungen. Nirgendwo haben Unterdrückung, Säuberungen, Repressalien und überhaupt alle Formen des bürokratischen Rowdytums derart mörderische Ausmaße angenommen wie im Kampf gegen das machtvolle, tiefverwurzelte Streben der ukrainischen Massen nach mehr Freiheit und Unabhängigkeit.[10] Die Sowjetukraine wurde für die totalitäre

8 Die Ukraine war eines der Zentren des Widerstandes gegen Stalins ,Autonomisierungspläne'. Wortführer war der Vorsitzende des Rates der Volkskommissare der Ukraine, Rakowski. Stalin konnte 1923 seinen ursprünglichen Plan nicht durchsetzen, sorgte aber im Juli 1923 für Rakowskis Entlassung (und Ernennung zum Botschafter in Großbritannien).
(Vgl. Francis Conte, »Autour de la polémique Rakovskij-Staline sur la question nationale 1921-1923«, in: *Cahiers du monde russe et soviétique*, Bd. 16, Nr. 1, Januar-März 1975, S. 111-117.)

9 Vgl. *The Trotsky Papers*. Der von Lenin verfaßte Teil dieser Korrespondenz wurde in der Sowjetunion erst nach 1956 veröffentlicht.

10 Durch maßlos überhöhte Zwangsablieferungen in der Ukraine (die Ernteerträge waren von 1930 bis 1932 von 23 auf 14,4 Millionen Tonnen gesunken, das

Bürokratie zum Verwaltungsabschnitt einer Wirtschaftseinheit und einer UdSSR-Militärbasis. Die Stalinbürokratie errichtet Schewtschenko[11] zwar Denkmäler, aber nur, um das ukrainische Volk mit ihrem Gewicht zu

Zwangsablieferungssoll von 7 Millionen Tonnen Getreide unverändert geblieben) wurde 1933 eine Hungerkatastrophe mit mehreren Millionen Toten ausgelöst. Da die Kulaken bereits 1929/30 zwangsdeportiert worden waren und die Kollektivierung nun im großen und ganzen abgeschlossen war, traf die Hungersnot ausschließlich die in den Kolchosen zusammengefaßten »armen« und »mittleren« Bauern.

Zwar hatte die stalinistische Agrarpolitik seit 1929 in allen landwirtschaftlichen Gebieten verheerende Folgen. Sie führte aber auf Grund der Politik der sowjetischen Parteiführung nur in der Ukraine (und in einigen anderen nichtrussischen Gebieten) zur Hungersnot mit Millionen Opfern; die Flucht ukrainischer Bauern in angrenzende russische Gebiete wurde verhindert, Hilfeleistung unterlassen. Der Bauernschaft, der Trägerin des »ukrainischen Nationalismus«, sollte das Rückgrat gebrochen werden. (Vgl. James E. Mace, »Famine and Nationalism in Soviet Ukraine«, in: *Problems of Communism*, Nr. 3, 1984, S. 37-50; Krawchenko, *Social Change*, S. 124-129; Robert Conquest, *The Harvest of Sorrow*, Soviet Collectivization and the Terror-Famine, New York - Oxford [Oxford University Press] 1986.)

Schon 1930 wurde die ukrainische Intelligenzija durch Schauprozesse gegen angebliche »bürgerliche Nationalisten«, die im Auftrage fremder Mächte eine Lostrennung der Ukraine geplant hätten, eingeschüchtert. Zugleich wurde die »Ukrainisierung« rückgängig gemacht und die Kontrolle der Partei Russen anvertraut (1933 Postyschew anstelle des Ukrainer Skrypnik, nach dessen Ablösung im Jahre 1937 ab 1938 Nikita Chruschtschow).

(Vgl. Hryhory Kostiuk, *Stalinist Rule in the Ukraine*, A Study of the Decade of Mass Terror 1929-1939, München [Institute for the Study of the USSR] 1960.)

Eine Folge dieser Politik war, daß in den ersten Wochen nach Beginn des deutschen Überfalls auf die Sowjetunion (22.6.1941) viele Ukrainer, aber auch Weißrussen und Balten die deutschen Truppen für ihre »Befreier« hielten.

11 Taras Schewtschenko (1814-1861), der Nationaldichter der Ukraine. Als Leibeigener geboren, wurde er 1838 von Bewunderern seines Zeichentalents freigekauft. Schewtschenko studierte an der Petersburger Akademie der Schönen Künste, wandte sich dann der Dichtung zu und veröffentlichte 1840 seine erste Gedichtsammlung »Der Kobzar«. Bereits in Petersburg stand er in Kontakt zu einzelnen Mitgliedern des demokratischen Zirkels der Petraschewtzen (zu denen auch Dostojewski gehörte). 1845 ging er nach Kiew und erkundete reisend die Lage der ukrainischen Bauernschaft. Im folgenden Jahr schloß er sich dem geheimen oppositionellen Zirkel der »Kirill-und-Methodius-Gesellschaft« an, die für eine freie Ukraine als Teil eines gesamtslawischen demokratischen Staates eintrat. 1847 wurde die Geheimgesellschaft von der Polizei zerschlagen, Schewtschenko mit Schreib- und Zeichenverbot belegt und für zehn Jahre zum Militärdienst nach Sibirien eingezogen.

In seinem Werk griff Schewtschenko — der auch russisch schrieb — auf die ukrainische Volks-(Bauern-)sprache zurück und machte sie zu einer Literatursprache. Schewtschenko — der von der italienischen Nationalbewegung (Mazzini) und russischen revolutionären Demokraten wie den »Dekabristen« beeinflußt war, wurde Begründer und Symbolfigur der gegen die russische Annexion

erdrücken und es zu nötigen, der gewalttätigen Kreml-Clique Lobeshymnen in der Sprache Kobzars zu singen.

Gegenüber den ukrainischen Gebieten außerhalb der UdSSR verhält sich der Kreml so, wie gegenüber allen unterdrückten Nationalitäten, allen Kolonien und Halbkolonien, d. h. der Kreml betrachtet sie als Wechselgeld für seine internationalen Abmachungen mit imperialistischen Regierungen. Auf dem kürzlich stattgefundenen 18. Parteitag der Stalinschen »Partei« erklärte Manuilski, einer der widerlichsten Renegaten des ukrainischen Kommunismus, ganz offen, nicht nur die UdSSR, sondern auch die Komintern (ein »Krämerladen« nach Stalins Worten) lehne es ab, die Befreiung der unterdrückten Völker zu fordern, wenn deren Unterdrücker keine Feinde der herrschenden Moskauer Clique sind.[12] Indien wird heute von Stalin, Dimitroff[13] und Manuilski gegen Japan, aber nicht gegen

kämpfenden ukrainischen Nationalisten. (*Die Haidamaken und andere Dichtungen*, übers. von Erich Weinert, Berlin/DDR [Volk und Welt] 1951; *Der Kobsar*, Ausgewählte Dichtungen in zwei Bänden, hg. von Alfred Kurella, Moskau [Verlag für fremdsprachliche Literatur] 1951; *Taras Ševčenko — Sein Leben und sein Werk*, hg. von Jurij Bojko und Erwin Koschnieder, Wiesbaden [Harrassowitz] 1965; *Taras Ševčenko*, Zum 150. Geburts- und 100. Todestag des ukrainischen Nationaldichters 1814-1861, München [Sagner] 1964; *Der revolutionäre Demokrat Taras Schewtschenko, 1814-1861*, Beiträge zum Wirken des ukrainischen Dichters und Denkers sowie zur Rezeption seines Werkes im deutschen und westslawischen Sprachgebiet, hg. von Eduard Winter und Günther Jarosch, Berlin/DDR [Akademie-Verlag] 1976.)

12 »Es ist nicht ... Sache [der Kommunisten], die bestehenden Kolonialreiche zu verteidigen. Um so unversöhnlicher ist ihre Feindschaft gegen die Kolonialansprüche der faschistischen Staaten, die den kolonialen Völkern eine noch schlimmere Sklaverei bringen. Die Kommunisten ... fordern von den imperialistischen Regierungen der sogenannten bürgerlich-demokratischen Staaten [v.a. Frankreich und Großbritannien] eine unverzügliche, radikale Verbesserung der materiellen Lage der werktätigen Massen der Kolonien, sie fordern, daß den Kolonien breite demokratische Rechte und Freiheiten eingeräumt werden ... Bei der Verteidigung des Rechtes der Kolonialvölker auf Selbstbestimmung bis zur Lostrennung unterordnen die Kommunisten in Übereinstimmung mit der Lehre Lenins - Stalins die Verwirklichung des Rechtes auf Lostrennung ... dem Ziel der Zerschmetterung des Faschismus ... Die Kommunisten rücken den Kampf für die Verwirklichung des Rechtes auf Selbstbestimmung der Völker, die von den faschistischen Staaten unterjocht werden, an die erste Stelle.« (D. Manuilski, »Bericht der Delegation der KPdSU[B] im Exekutivkomitee der Kommunistischen Internationale«, in: *Rundschau*, Nr. 20, 31.3.1939, S. 529-542, hier S. 536.)

13 Georgi Dimitroff (1882-1949) schloß sich als Jugendlicher der bulgarischen Gewerkschaftsbewegung an und wurde 1902 auch Mitglied der Sozialdemokratie (die sich im folgenden Jahr — ähnlich wie die russische — in zwei Fraktionen spaltete). Er wurde der führende Gewerkschafter der sogenannten »Engherzigen« — wie sich die linke Fraktion nannte, die im Gegensatz zu den »Weitherzi-

England verteidigt.[14] Die Kremlbürokraten sind bereit, die Westukraine im Austausch gegen ein diplomatisches Abkommen, das ihnen gegenwärtig vorteilhaft erscheint, endgültig an Polen abzutreten.[15] Sie beschränken sich in ihrer Politik schon lange auf Männer im Rahmen der Tageskonjunktur.

Von dem früheren Vertrauen und der Sympathie der westukrainischen Massen für den Kreml ist keine Spur mehr übrig. Seit der letzten mörderischen »Säuberung« in der Ukraine wünscht im Westen niemand mehr, sich der Kreml-Satrapie anzuschließen, die weiterhin Sowjetukraine genannt wird. Die Arbeiter- und Bauernmassen in der Westukraine, der Bukowina[16]

gen« eine Zusammenarbeit mit den bürgerlichen Parteien ablehnte —, aus denen nach weiteren Spaltungen und Fusionen 1919 die Kommunistische Partei Bulgariens entstand. 1913 wählte man ihn zum ersten Mal zum Abgeordneten; 1923 mußte er, nach einem gescheiterten Aufstand, aus Bulgarien fliehen. Wie viele bulgarische Kommunisten wurde er Funktionär der Kommunistischen Internationale und gehörte Ende der zwanziger Jahre zum Berliner Westeuropäischen Büro der Komintern. 1933 wurde er von den Nazis verhaftet und erlangte Weltberühmtheit als einer der Angeklagten im Reichstagsbrandprozeß. Nach seinem Freispruch übernahm er in der UdSSR die Leitung der Komintern. Sein Name ist vor allem mit der Einführung der Volksfrontpolitik verknüpft, obwohl er in dieser wie in allen übrigen Fragen keine realen Entscheidungsbefugnisse hatte, da die Komintern längst ein ausführendes Organ der sowjetischen Parteiführung war. Nach der Besetzung Bulgariens durch sowjetische Truppen im Jahre 1944 ging er in seine Heimat zurück und wurde 1946 Ministerpräsident. Er galt als Befürworter einer Balkanföderation (Anlaß zum Bruch zwischen der Sowjetunion und Jugoslawien, da Stalin die Entstehung eines von der Sowjetbürokratie unabhängigen Machtzentrums fürchtete), stand aber nach Ausbruch des Kominform-Konflikts 1948 auf seiten der UdSSR. Er starb 1949 unter ungeklärten Umständen in der Sowjetunion, wo er sich zur medizinischen Behandlung aufhielt. Nach seinem Tode erfolgte in Bulgarien eine Säuberung.

14 Die britische Kolonie Indien war eines der Ziele der japanischen Expansion im Zweiten Weltkrieg. Die indischen Kommunisten traten dafür ein, den Kampf für die Unabhängigkeit des Landes dem Kampf gegen Japan unterzuordnen und kritisierten deshalb sogar die gemäßigte Politik der bürgerlichen Kongreß-Partei unter Gandhi. (Vgl. dazu auch Trotzkis »Offener Brief an die Arbeiter Indiens« [5.7.1939], engl. in: TWr 1939-40, S. 28-34.)

15 Auf der Grundlage des deutsch-sowjetischen Vertrages wurde die Westukraine der Sowjetunion zugestanden und am 17.9.1939 von sowjetischen Truppen besetzt. Bei dieser Annexion blieb es auch nach 1945; Polen wurde durch deutsche Gebiete östlich der Oder-Neiße-Linie entschädigt.

16 Die Nordbukowina wurde 1940 (zusammen mit Bessarabien, dessen Bevölkerung den Rumänen verwandt ist, das aber seit 1812 zum russischen Reich gehört hatte) gemäß dem deutsch-sowjetischen Vertrag von der sowjetischen Armee besetzt und der Ukrainischen Sowjetrepublik eingegliedert. 1941 erneut von Rumänien okkupiert, wurde das Gebiet 1944 von sowjetischen Truppen zurückerobert. 1947 erkannte Rumänien die Abtretung im Friedensvertrag mit der Sowjetunion an.

und der Karpato-Ukraine[17] sind desorientiert: Wohin soll man sich wenden? Was soll man fordern? In dieser Situation gerät die Führung natürlich in die Hände der reaktionärsten ukrainischen Cliquen, deren »Nationalismus« sich darin ausdrückt, das ukrainische Volk mit dem Versprechen einer fiktiven Unabhängigkeit an den einen oder anderen Imperialismus zu verkaufen. Auf diese tragischen Verwirrungen gründet Hitler seine Politik in der ukrainischen Frage. Seinerzeit sagten wir: Ohne Stalin (d. h. ohne die verhängnisvolle Politik der Komintern in Deutschland) hätte es Hitler nicht gegeben. Dem können wir heute hinzufügen: Ohne die Vergewaltigung der Sowjetukraine durch die stalinistische Bürokratie gäbe es keine Hitlersche Ukrainepolitik.

Wir wollen hier nicht bei der Analyse der Motive verweilen, die Hitler dazu bewegten, seine Losung von einer Großukraine, zumindest vorläufig, aufzugeben. Diese Motive müßte man einerseits in den betrügerischen Bündnissen des deutschen Imperialismus suchen, andererseits in der Befürchtung, man werde einen bösen Geist rufen, den man dann nur schwer wieder loswerde. Hitler schenkte den ungarischen Henkern die Karpato-Ukraine. Das geschah zwar nicht mit der offenen Billigung Moskaus, aber doch in Erwartung einer solchen Billigung. Es war, als ob Hitler zu Stalin gesagt hätte: ‚Hätte ich die Absicht, morgen die Sowjetukraine anzugreifen, dann hätte ich die Karpato-Ukraine in eigener Hand behalten.' Als Antwort darauf übernahm Stalin auf dem 18. Parteitag öffentlich die Verteidigung Hitlers gegen die Verleumdungen der »westlichen Demokratien«. Hitler beabsichtigt, die Ukraine anzugreifen? Kein Gedanke! Gegen Hitler kämpfen? Nicht die geringste Veranlassung! Stalin interpretiert die Übergabe der Karpato-Ukraine an Ungarn offensichtlich als einen Akt der Friedensliebe. Das bedeutet, daß Teile des ukrainischen Volkes für den Kreml zum Wechselgeld in seinen internationalen Kalkulationen geworden sind.

Die Vierte Internationale muß sich klar sein über die gewaltige Bedeutung der ukrainischen Frage für das Schicksal nicht nur Südost- und Osteuropas, sondern ganz Europas. Es geht um ein Volk, das seine Lebensfähigkeit bewiesen hat, das zahlenmäßig der Bevölkerung Frankreichs gleichkommt[18] und ein außergewöhnlich reiches Territorium besitzt, ein

17 Für die Karpato-Ukraine, die am 15. März 1939 durch Ungarn annektiert worden war, ergab sich durch den deutsch-sowjetischen Vertrag keine Änderung. Im Hinblick auf das militärische Kräfteverhältnis erklärte schon die Exilregierung Beneš ihre Bereitschaft zur Abtretung dieses Gebiets.

18 Ende 1938 lebten über 50 Mio. Ukrainer, aufgeteilt auf die UdSSR (31,9 Mio. innerhalb, 5,8 Mio. außerhalb der Sowjetukraine), Polen (10,2 Mio.), Rumänien (1,4 Mio.) und die ČSR (0,8 Mio.). (Vgl. *Encyclopedia of Ukraine*, Bd. *Map and Gazetteer*, Toronto [University of Toronto Press] 1984, S. 3.) Frankreich hatte 1936 41,9 Mio. Einwohner.

Territorium, das zudem von höchster strategischer Bedeutung ist. Die Frage nach dem Schicksal der Ukraine stellt sich in ihrer ganzen Bedeutung. Wir brauchen eine klare und prägnante Losung, die der neuen Situation entspricht. Meiner Meinung nach kann es heute keine andere Losung geben als diese: *Eine vereinigte, freie und unabhängige Sowjetukraine der Arbeiter und Bauern.*

Dieses Programm steht vor allem zu den Interessen der drei imperialistischen Staaten Polen, Rumänien und Ungarn in unversöhnlichem Widerspruch. Nur hoffnungslose, pazifistische Dummköpfe können sich vorstellen, daß die Befreiung und Vereinigung der Ukraine durch friedliche diplomatische Mittel, durch Referenden, Beschlüsse des Völkerbunds usw. erreicht werden kann. Keinen Deut besser sind freilich jene »Nationalisten«, die die ukrainische Frage dadurch lösen wollen, daß sie einem Imperialismus Handlangerdienste gegen den anderen leisten.[19] Diesen Abenteurern erteilte Hitler eine unschätzbare Lehre, indem er den Ungarn die Karpato-Ukraine überließ (für wie lange wohl?), die auf der Stelle eine nicht geringe Anzahl gutgläubiger Ukrainer ermordeten.[20] Da die Angelegenheit von der militärischen Stärke der imperialistischen Staaten abhängig ist, wird der Sieg dieser oder jener Gruppierung nichts anderes zu bedeuten haben, als eine erneute Zerstückelung und eine noch brutalere Unterjochung des ukrainischen Volkes. Das Programm für die Unabhängigkeit der Ukraine ist in der Epoche des Imperialismus unmittelbar und unlösbar mit dem Programm der proletarischen Revolution verbunden. Es wäre verbrecherisch, irgendwelche Illusionen in diesem Punkt zu hegen.

Aber die Unabhängigkeit einer vereinigten Ukraine würde doch die Loslösung der Sowjetukraine von der UdSSR bedeuten, werden die »Freunde« des Kreml im Chor rufen. Was ist denn daran so schrecklich? — entgegnen wir. Inbrünstige Verehrung von Staatsgrenzen ist uns fremd. Wir vertreten nicht die Position eines »vereinigten und unteilbaren« Ganzen. Sogar die Verfassung der UdSSR erkennt den in der Föderation zusammengeschlossenen Völkern das Recht auf Selbstbestimmung, das heißt das Recht auf Loslösung zu.[21] Folglich wagt nicht einmal die derzeitige Kreml-

19 Obwohl Hitler die Versklavung ganz Osteuropas plante, hofften viele ukrainische Nationalisten, Deutschland werde die ukrainische Unabhängigkeit ermöglichen. Hitler hatte die Eingliederung Österreichs, des Sudetenlandes und anderer Gebiete in das Dritte Reich mit dem Selbstbestimmungsrecht der deutschen Nation begründet und bereitete den Krieg gegen die Sowjetunion vor. (Vgl. Ilnytzkyj, *Deutschland und die Ukraine*, Bd. 1.)

20 Bei der karpato-ukrainischen Miliz, die den Ungarn vergeblich Widerstand leistete, gab es in diesen Kämpfen ca. 100 Tote; »... es wird geschätzt, daß bis zu 4000 getötet wurden, nachdem die Feindseligkeiten endeten.« (Paul Robert Magocsi, *The Shaping of a National Identity*, Subcarpathian Rus', 1848-1948, Cambridge [Harvard University Press] 1978, S. 450.)

Oligarchie, dieses Prinzip zu leugnen. Freilich steht es nur auf dem Papier. Der leiseste Versuch, offen die Frage nach einer unabhängigen Ukraine aufzuwerfen, würde die sofortige Erschießung wegen Hochverrats bedeuten. Aber gerade diese widerwärtige Zweideutigkeit, gerade diese erbarmungslose Hetzjagd auf jeden freien, nationalen Gedanken hat dazu geführt, daß die arbeitenden Massen der Ukraine, mehr noch als die Massen Großrußlands, die Kreml-Herrschaft als ungeheuer tyrannisch empfinden. Angesichts solcher inneren Verhältnisse kann von einem freiwilligen Anschluß der Westukraine an die UdSSR, so wie sie zur Zeit besteht, selbstverständlich keine Rede sein. Die Vereinigung der Ukraine setzt also die Befreiung der sogenannten Sowjetukraine vom stalinistischen Joch voraus. Auch in dieser Frage wird die bonapartistische Clique das ernten, was sie gesät hat.

Aber würde das nicht eine militärische Schwächung der UdSSR bedeuten? — werden die »Freunde« des Kreml entsetzt schreien. Die Schwächung der UdSSR antworten wir, ist Folge jener stetig anwachsenden zentrifugalen Tendenzen, die die bonapartistische Diktatur hervorbringt. Im Kriegsfall kann der Haß der Massen auf die herrschende Clique zur Vernichtung aller sozialen Errungenschaften des Oktober führen. Die Quelle der defätistischen Stimmungen liegt im Kreml. Eine unabhängige Sowjetukraine wäre andererseits, schon aufgrund ihrer eigenen Interessen, im Südwesten ein mächtiges Bollwerk für die UdSSR. [Eine Loslösung der Ukraine würde nicht eine Schwächung der Verbindungen mit den werktätigen Massen Großrußlands bedeuten, sondern lediglich eine Schwächung des totalitären Regimes, das Großrußland wie auch die anderen Völker der UdSSR unterdrückt.] Je eher die jetzige bonapartistische Kaste unterminiert, erschüttert, zerschlagen und hinweggefegt wird, desto solider wird die Verteidigung der Sowjetrepublik und desto gesicherter wird ihre sozialistische Zukunft sein.

Selbstverständlich könnte eine unabhängige Arbeiter-und-Bauern-Ukraine später der Sowjetföderation beitreten; aber freiwillig und zu Bedingungen, die sie selbst für akzeptabel hält, was wiederum eine revolutionäre Erneuerung der UdSSR selbst voraussetzt. Eine wirkliche Befreiung des ukrainischen Volkes ist undenkbar ohne die Revolution oder eine Reihe von Revolutionen im Westen, die letztendlich zur Gründung der Vereinigten Sowjetstaaten von Europa führen müssen. Eine unabhängige Sowjetukraine könnte und würde zweifellos dieser Föderation als gleichbe-

21 Artikel 17 der damaligen sowjetischen Verfassung lautete: »Jeder Unionsrepublik bleibt das Recht auf freien Austritt aus der UdSSR vorbehalten.« (»Verfassung [Grundgesetz] der Union der Sozialistischen Sowjetrepubliken«, in: *Rundschau*, Nr. 59, 23.12.1936, S. 2277-2284, hier S. 2278.) Diese Bestimmung wurde auch in die neue Verfassung von 1977 übernommen (Art. 72).

rechtigtes Mitglied beitreten. Die proletarische Revolution in Europa würde das widerliche Bauwerk des stalinistischen Bonapartismus Stein für Stein zerstören. In diesem Fall wäre das engste Bündnis der Vereinigten Sowjetstaaten von Europa mit der erneuerten UdSSR unvermeidlich und würde für den europäischen und den asiatischen Kontinent, natürlich einschließlich der Ukraine, unermeßliche Vorteile bieten. Aber hier kommen wir bereits auf Fragen zweiter und dritter Ordnung zu sprechen. Ein Problem erster Ordnung ist eine revolutionäre Gewährleistung der Einheit und Unabhängigkeit einer Arbeiter-und-Bauern-Ukraine im Kampf gegen den Imperialismus einerseits und den Moskauer Bonapartismus andererseits.

Die Ukraine verfügt über eine besonders reiche Erfahrung an Irrwegen im Kampf um die nationale Befreiung. Hier wurde schon alles versucht: die kleinbürgerlichen Rada[22], Skoropadski[23] und Petljura[24], das »Bündnis« mit

22 Die ukrainische Zentralrada (von ukr. »Rat«) entstand am 4. (17.) März 1917 in Kiew als die politische Vertretung der Ukraine durch Übereinkunft der wichtigsten ukrainischen Parteien: Progressisten (bürgerliche Liberale), Sozialrevolutionäre und Sozialdemokraten. (Die beiden letzteren hatten dominierenden Einfluß; es handelte sich um eigenständige ukrainische Parteien, die zwar eine ähnliche Politik wie die entsprechenden russischen verfolgten, aber den Vorrang der ukrainischen Eigenstaatlichkeit betonten.) Zunächst suchte die Rada die Übereinkunft mit der Provisorischen Regierung, die aber im Mai/Juni die Autonomiebestrebungen noch ablehnte, obwohl sie nicht mehr in der Lage war, ihnen entgegenzutreten. Mitte Juni ernannte die Rada eine Regierung (»Generalsekretariat«) und proklamierte die Autonomie. Daraufhin begann die Provisorische Regierung mit Verhandlungen, erkannte die Rada zwar als legitime Vertretung der Ukraine an, versuchte aber, die Kompetenzen der ukrainischen Regierung zu begrenzen. Nach der Oktoberrevolution, die von der Rada abgelehnt wurde, proklamierte sie am 7. (20.) November 1917 die »Ukrainische Volksrepublik« als Teil einer zukünftigen russischen Föderation. In den folgenden Monaten versuchte sie, die Unterstützung sowohl der Entente wie auch der Mittelmächte zu gewinnen. Die Rada schickte eine eigene Delegation nach Brest-Litowsk. Am 11. (24.) Januar 1918 schließlich proklamierte sie ihre Unabhängigkeit. Die Bolschewiki, die die Ukrainepolitik der Provisorischen Regierung verurteilt hatten, beriefen einen Sowjetkongreß in Charkow ein und bildeten am 17. (30.) 12.1917 eine Regierung. Einen Monat später besetzte die Rote Armee Kiew. Am 18.2.1918 begann aber die deutsch-österreichische Offensive, die zur Besetzung der ganzen Ukraine führte. Die Rada wurde wieder in ihr Amt eingesetzt. Die Bolschewiki mußten dann im Friedensvertrag von Brest-Litowsk die Abtretung der Ukraine anerkennen. Am 29.4.1918 wurde die Rada von Skoropadski mit deutscher Rückendeckung gestürzt, da sie der Besatzungsmacht wegen ihrer Bemühungen um eine Agrarreform zu links war und die deutschen Wünsche (vor allem Getreidelieferungen) nicht erfüllte.
(Vgl. Jurij Borys, *The Sovietization of Ukraine 1917-1923*, The Communist Doctrine and Practice of National Self-Determination, rev. Edition, Edmonton [Canadian Institute of Ukrainian Studies] 1980, S. 98-138, 171-202; John S. Reshetar Jr., *The Ukrainian Revolution, 1917-1920*, A Study in Nationalism,

Princeton [Princeton University Press] 1952, S. 45-142; ferner Trotzki, *Geschichte der russischen Revolution*, Bd. 2, *Oktoberrevolution*, Kap. ,Die nationale Frage'.)

23 Pawlo Skoropadski (1873-1945) entstammte einer reichen Familie russifizierter Großgrundbesitzer in der Ukraine und wurde Offizier der zaristischen Armee. Im Auftrage der Rada sollte er aus »ukrainisierten« Einheiten der russischen Armee Streitkräfte aufbauen, zog sich aber bald wegen der Agrarreformpläne zurück. Er organisierte dann den »Bund der Landbesitzer«, einen Zusammenschluß der ukrainischen Großgrundbesitzer. Am 29. April 1918 putschte er mit deutscher Hilfe — die Ukraine war inzwischen von Deutschland besetzt worden — und ließ sich zum Hetman (der alte Titel der Anführer der Kosaken) ausrufen. Unter dem Hetmanat wurde die Ukraine faktisch eine Kolonie Deutschlands. Im letzten Kriegshalbjahr wurden große Mengen an Lebensmitteln, vor allem Getreide, geliefert, während die Bauernbewegung blutig unterdrückt wurde. Als sich die drohende Niederlage der Mittelmächte abzeichnete, versuchte Skoropadski, das deutsche Protektorat durch ein französisch-englisches zu ersetzen. Sein Regime brach unmittelbar nach dem Abzug der deutschen Truppen zusammen und wurde im Nov./Dez. 1918 durch ein Direktorium unter Symon Petljura (vgl. Anm. 24) abgelöst. Skoropadski emigrierte nach Deutschland und suchte mit deutscher Hilfe — einschließlich der der Nationalsozialisten (Skoropadski machte 1923 die Bekanntschaft Hitlers) —, seine Ziele zu verwirklichen, blieb aber ohne Einfluß im ukrainischen Exil und in der nichtsowjetischen Ukraine. Kurz vor Ende des Zweiten Weltkriegs wurde er bei einem alliierten Bombenangriff getötet.
(Zum Hetmanat vgl. Oleh S. Fedyshyn, *Germany's Drive to the East and the Ukrainian Revolution, 1917-1918*, New Brunswick [Rutgers University Press] 1971; Reshetar, *Ukrainian Revolution*, S. 143-207.)

24 Symon Petljura (1879-1926) gehörte 1900 zu den Mitbegründern der Revolutionären Ukrainischen Partei, die sich 1905 in die Ukrainische Sozialdemokratische Union, die Teil der russischen Sozialdemokratie war, und die Ukrainische Sozialdemokratische Arbeiterpartei spaltete, die den Primat des nationalen Kampfes vor dem Klassenkampf vertrat. Petljura gehörte zu der letztgenannten Organisation, spielte aber vor dem Ersten Weltkrieg keine größere Rolle. In der Rada war er für die Organisierung einer ukrainischen Armee verantwortlich. Unter dem Hetmanat wurde er vorübergehend verhaftet, spielte dann aber die führende Rolle bei dessen Sturz und in der neugebildeten Regierung, dem »Direktorium«. Am 14. Dezember 1918 besetzten seine Truppen Kiew. Er suchte vergeblich die Unterstützung der Entente, deren Truppen an der Schwarzmeerküste gelandet waren und die Weißen (Denikin) unterstützten. Gleichzeitig begann die Rote Armee mit dem Einmarsch in die Ukraine. Eine provisorische Sowjetregierung wurde gebildet. Das Land wurde zum Schauplatz eines blutigen Bürgerkriegs, da auch die Bauern für die Agrarrevolution kämpften. Im Februar 1919 mußte Petljura Kiew vor den Bolschewiki räumen, konnte aber im August für einige Zeit zurückkehren, als die Offensive Denikins begann (mit dem er allerdings — wegen der Frage der Selbständigkeit der Ukraine — keine Verständigung erreichen konnte). Seine Truppen verübten Judenmorde (ca. 30000 Opfer) in bis dahin unbekanntem Ausmaß. Petljura floh im Dezember 1919 nach Polen und schloß einen Pakt mit Pilsudski gegen die Sowjets, der auch den Verzicht auf die von Polen okkupierte Westukraine einschloß. Im April 1920 eröffneten polnische Truppen und die Überreste der Petljura-Armee den polnisch-sowjetischen Krieg, eroberten Kiew, wurden aber schließlich geschlagen. Petljura blieb zunächst in Polen, wo er eine Exilregie-

Hohenzollern sowie Kombinationen mit der Entente. Nach all diesen Experimenten können nur noch politische Kadaver weiterhin hoffen, daß irgendeine der Fraktionen der ukrainischen Bourgeoisie als Führerin des nationalen Befreiungskampfs in Frage kommen kann. Allein das ukrainische Proletariat ist fähig, diese — ihrem Wesen nach revolutionäre — Aufgabe zu lösen und die Initiative zu ihrer Lösung zu ergreifen. Nur das Proletariat kann die Bauernmassen und die wirkliche revolutionäre nationale Intelligenz um sich vereinen.

Zu Beginn des letzten imperialistischen Krieges versuchten die Ukrainer Melenewski (»Basok«) und Skoropis-Jeltuchowski[25], die ukrainische Frei-

rung leitete (die — von Polen ausgehalten — bis zum Zweiten Weltkrieg existierte); 1924 ging er nach Frankreich, wo er zwei Jahre später von Samuel Schwarzbard, der die Pogrome des Jahres 1919 rächen wollte, erschossen wurde. (Zum Bürgerkrieg zwischen Bolschewiki und Petljura vgl. Borys, *The Sovietization of Ukraine*, S. 203-295; Reshetar, *Ukrainian Revolution*, S. 209-316; Arthur E. Adams, *Bolsheviks in the Ukraine*, The Second Campaign, 1918-1919, New Haven [Yale University Press] 1963. Zur Verantwortung Petljuras für die Pogrome und zu seiner Ermordung vgl. Saul S. Friedman, *Pogromchik*, The Assassination of Simon Petljura, New York [Hart] 1976.)

25 Marian Melenewski (1879-1938) und Olexander Skoropis-Joltuchowski (1880-1950) waren ukrainische Sozialdemokraten. Melenewski (bekannter unter dem Pseudonym Basok) war einer der Begründer der Wiener *Prawda*, der Zeitung, die seit 1908 von Trotzki redigiert wurde, und gehörte zu dem, unter maßgeblichem Einfluß von Trotzki gebildeten »Augustblock« des Jahres 1912, einer gegen Bolschewiki und rechte Menschewiki gerichteten Gruppierung innerhalb der russischen sozialdemokratischen Bewegung. Melenewski und Skoropis-Joltuchowski lebten bei Ausbruch des Ersten Weltkriegs im österreichischen Exil und gehörten zu den Mitbegründern des »Bundes zur Befreiung der Ukraine«. Diese Organisation existierte zwischen 1914 und 1918, finanziert von Deutschland und Österreich-Ungarn, und betrieb Propaganda unter den ukrainischen Kriegsgefangenen aus dem russischen Heer. Melenewski bemühte sich vergeblich um Lenins Unterstützung. Der »Bund« strebte die Bildung einer ukrainischen Monarchie unter dem Protektorat der Mittelmächte an, die nur den russischen Teil des Landes umfassen sollte. Faktisch war der »Bund« ein Werkzeug der Mittelmächte zur Zersetzung des russischen Reiches. Nach Bildung der Rada im März 1917 verlor er jede Bedeutung und wurde im folgenden Jahr aufgelöst.

Melenewski arbeitete später in der Wirtschaftsverwaltung der UdSSR und kam vermutlich in den Säuberungen um. Skoropis-Joltuchowski wurde dagegen Anhänger Skoropadskis und war der führende Ideologe der Hetman-Bewegung im deutschen Exil. 1945 fiel er der Roten Armee in die Hände und kam in einem sowjetischen Lager um.

(Vgl. Wolfdieter Bihl, »Österreich-Ungarn und der ‚Bund zur Befreiung der Ukraina'«, in: *Österreich und Europa*, Festgabe für Hugo Hantsch zum 70. Geburtstag, Graz u. a. [Styria] 1965, S. 505-526. Zu Lenins Ablehnung jeglicher Zusammenarbeit vgl. Lenin, *Briefe*, Bd. IV, S. 48; »Tow. Lenin i ‚Sojus Vyswolenija Ukrainy' [1914 g.]«, in: *Proletarskaja rewoljuzija*, Nr. 3, 1924, S. 245 f. Vgl. auch LW 25, S. 290 f.)

heitsbewegung dem Schutz des Hohenzollerngenerals Ludendorff zu unterstellen, wobei sie ihr Vorgehen mit linken Phrasen bemäntelten. Die revolutionären Marxisten beförderten diese Herren mit einem Fußtritt aus dem Weg. So müssen Revolutionäre auch künftig verfahren. Der näherrückende Krieg wird für alle möglichen Abenteurer, Wünschelrutengänger und solche, die das goldene Vlies[26] suchen, ein günstiges Klima schaffen. Diese Herren, die sich besonders gerne die Hände an der nationalen Frage wärmen, sollte man nicht einmal auf Kanonenschußweite an die Arbeiterbewegung heranlassen. Nicht den geringsten Kompromiß mit dem Imperialismus, weder dem faschistischen noch dem demokratischen! Nicht das geringste Zugeständnis an die ukrainischen Nationalisten, weder die klerikal-reaktionären noch die liberal-pazifistischen![27] Keine »Volksfronten«! Völlige Unabhängigkeit der proletarischen Partei als Avantgarde der Arbeiter!

26 Das »Goldene Vlies« des Widders, auf dem die Königskinder Phrixos und Helle von Theben durch die Luft nach Kolchis geflohen waren, war Ziel des »Argonautenzugs« — einer (etwa eine Generation vor dem Trojanischen Krieg spielenden) mythischen Darstellung der milesischen Kolonisation der Schwarzmeerküste im 7. Jahrhundert v. u. Z. Iason fährt mit vielen griechischen Helden und Halbgöttern von Iolkos auf dem fünfzigrudrigen Schiff Argo nach Kolchis und raubt mit Hilfe der Königstochter Medea das Vlies.

27 Zur bedeutendsten Organisation des ukrainischen Nationalismus hatte sich die 1929 gegründete »Organisation der ukrainischen Nationalisten« (OUN) entwickelt. Ihr Erfolg war eine Folge der Enttäuschung über die Entwicklung der Sowjetukraine unter stalinistischer Herrschaft. Sie vertrat ein antikommunistisches Programm mit ideologischen Anleihen beim Faschismus und setzte vor allem auf das Eingreifen Nazi-Deutschlands. In der außenpolitischen Konstellation nach Abschluß des Hitler-Stalin-Paktes kam es 1939/40 zu einer Spaltung der OUN. Eine Gruppe, angeführt von Stepan Bandera (die dann als OUN-B — für »Banderisten« bekannt wurde), begann sich von der Fixierung auf ein Bündnis mit Deutschland zu lösen, forderte die Vorbereitung auf einen langen Guerillakampf, hielt aber durchaus noch eine taktische Zusammenarbeit mit Nazi-Deutschland für möglich (so wurden mit deutscher Hilfe »ukrainische Legionen« aufgestellt, die bis 1942 bestanden).
Nach dem deutschen Überfall auf die Sowjetunion am 22.6.1941 proklamierte die OUN-B in Lemberg, der Hauptstadt der Westukraine, die Wiederherstellung des ukrainischen Staates und gab die Bildung einer provisorischen Regierung bekannt. Die deutschen Besatzungsbehörden unterbanden diese Bemühungen sofort und verhafteten die Führer der OUN-B, die als Sonderhäftlinge in ein deutsches Konzentrationslager gebracht wurden. Danach begann die OUN-B mit dem Partisanenkampf und bildete die Ukrainische Aufständische Armee (abgekürzt ukr. UPA), die in den folgenden Jahren ihre politische Haltung änderte und demokratische und antikapitalistische Positionen einnahm (was zu Auseinandersetzungen mit der OUN-B-Führung um Bandera führte, die sich nach dem Zweiten Weltkrieg im Westen befand und in vielen Positionen der UPA eine Kapitulation vor dem »Marxismus« sah). Die UPA

Das scheint mir die richtige Politik in der ukrainischen Frage zu sein. Ich spreche hier für meine Person und in meinem eigenen Namen. Die Frage bedarf einer internationalen Diskussion. Der vorderste Rang in dieser Diskussion gebührt den ukrainischen revolutionären Marxisten.[28] Wir werden ihnen mit größter Aufmerksamkeit zuhören. Doch sie sollen sich beeilen. Es bleibt uns nur wenig Zeit zur Vorbereitung!

bekämpfte zunächst die deutsche Wehrmacht und dann die Rote Armee. Ihr Guerillakampf dauerte bis zu Beginn der fünfziger Jahre und wurde mit den brutalsten Mitteln, vor allem von NKWD-Truppen, gebrochen. Der linke Flügel der OUN-B (der von einem ehemaligen Kommunisten, Iwan Mitringa, angeführt wurde und zu dem auch der spätere »Sowjetexperte« Borys Lewytzkyj gehörte) hatte 1942 eine eigene Partei im Untergrund gebildet. Im Exil entstand 1945 daraus in Zusammenarbeit mit geflohenen antistalinistischen Kommunisten aus der Ostukraine eine sich als revolutionär-sozialistisch verstehende Gruppierung um die Zeitschrift *Vpered* (»Vorwärts«), die sich auf die Traditionen der »Borotbisten« und der »Ukrainisierungspolitik« berief.
(Vgl. Boris Lewytskyj, »The Historical Significance of the Split in the OUN« [1950], in: *Meta*, Nr. 1, 1978, S. 11-15; Ilnytzkyj, *Deutschland und die Ukraine*; Alexander J. Motyl, *The Turn to the Right*: The Ideological Origins and Development of Ukrainian Nationalism 1919-1929, Boulder [East European Monographs] 1980; Krawchenko, *Social Change*, S. 168 f., 156-158.
Zur UPA vgl. John A. Armstrong, *Ukrainian Nationalism 1939-1945*, New York [Columbia University Press] 1955; Arthur Wilkins, »Le nationalisme révolutionnaire ukrainien en Union soviétique«, in: *Quatrième Internationale*, Nr. 21, 1986, S. 79-101.)

28 Nach der Vernichtung der trotzkistischen Opposition in der gesamten Sowjetunion bestand — abgesehen von den ukrainischen Trotzkisten in Kanada — noch eine kleine trotzkistische Gruppe in der Westukraine. Sie hatte sich Ende der zwanziger Jahre aus einer Strömung in der westukrainischen KP entwickelt, die die Opposition gegen die Russifizierungspolitik in der Ukraine, die sich in der KP der Sowjetukraine Mitte der zwanziger Jahre herausgebildet hatte, unterstützte. Die Westukrainer sahen in dieser falschen Nationalitätenpolitik eine Folge der stalinistischen Politik und schlossen sich der Linken Opposition an. (In der Sowjetukraine hatten die Vertreter der »Ukrainisierungspolitik« kein Bündnis mit der Linken Opposition gesucht, da sie in deren Industrialisierungsplänen einen Angriff auf die Interessen der Bauern sahen.) Zu dieser Gruppe gehörten auch Roman Rosdolsky und viele weitere Pioniere des Kommunismus in der Westukraine. Sie gaben in den dreißiger Jahren eine Zeitung heraus, die sich vor allem an die Arbeiter auf den galizischen Ölfeldern, dem bedeutendsten Industriezweig der Westukraine wandte. Nach dem sowjetischen Einmarsch in die Westukraine am 17. September 1939 begann das NKWD sofort mit der Verfolgung dieser Gruppe. Viele ihrer Mitglieder kamen durch stalinistischen Terror um, anderen gelang die Flucht in das von den Nazis besetzte Polen, wo die Gestapo sie verfolgte.
(Vgl. Radziejowski, *The Communist Party of Western Ukraine*, S. 194 f.; zu Roman Rosdolsky vgl. das Vorwort von Emily Rosdolsky in: Rosdolsky, *Zur nationalen Frage*, S. 5-15; Janusz Radziejowski, »Roman Rosdolsky: Man, Activist and Scholar«, in: *Science and Society*, Bd. 42, Nr. 2, 1978, S. 198-210.)

# (51) Bonapartistische Staatsphilosophie*

*Coyoacán, 1. Mai 1939*

Kernpunkt von Stalins Referat auf dem 18. Parteitag in Moskau war zweifellos die von ihm verkündete neue Staatstheorie.[1] Stalin wagte sich auf dieses gefährliche Gebiet nicht aus angeborener Neigung, sondern gezwungenermaßen. Erst vor kurzem wurden zwei orthodoxe Stalinisten, die Juristen Krylenko[2] und Paschukanis[3] beseitigt und zertreten, weil sie

* T 4567, 4568 *Bonapartistskaya filosofiya gosudarstva* (1.5.1939). BO 77-78 (Mai-Juli 1939). Dt. »Die bonapartistische Staatsphilosophie« in: *Kommunismus oder Stalinismus*, o. O. [Vierte Internationale] 1947, S. 29-38, Reprint Mannheim [Kübler] 1972. Frz. in: TŒ 21, S. 144-151.

1 In einem Abschnitt seiner Parteitagsrede über »einige Fragen der Theorie« erklärte Stalin, das klassische marxistische Postulat vom Absterben des Staats im Sozialismus sei durch die konkrete Entwicklung überholt. Marx und Engels seien von einem internationalen Sieg des Sozialismus ausgegangen. Nachdem der Sozialismus aber vorläufig nur in einem Lande gesiegt habe, müsse er sich gegenüber einer feindlichen Umgebung verteidigen und benötige dazu den Staat. Dessen repressive Funktion sei aber nur noch nach außen gerichtet. Der Staat müsse — selbst beim Übergang zum Kommunismus — weiterbestehen, solange die kapitalistische Einkreisung nicht beseitigt sei.
(Vgl. J. Stalin, »Rechenschaftsbericht über die Arbeit des ZK der KPdSU[B]«, in: *Rundschau*, Nr. 17, 25.3.1939, S. 453-471, hier S. 467-469.)

2 Nikolai Wassiljewitsch Krylenko (1885-1938) schloß sich als Student 1904 der russischen Sozialdemokratie an und wurde nach der Revolution von 1905 bolschewistischer Berufsrevolutionär. Während der Februarrevolution diente er als Soldat in der Armee und bekleidete dann wichtige Funktionen in den Soldatensowjets. Als Mitglied des Revolutionären Militärkomitees war er einer der Anführer des Oktoberumsturzes und wurde dann einer von drei Volkskommissaren für Armee und Flotte. Nach der Ablösung durch Trotzki im Frühjahr 1918 widmete er sich dem Aufbau des Justizapparates. Von 1922 bis 1931 war er zuerst stellvertretender Generalstaatsanwalt, dann Generalstaatsanwalt der RSFSR, Ankläger sowohl im Prozeß gegen die Sozialrevolutionäre 1922 wie

Marx', Engels' und Lenins Vorstellung, der Sozialismus bedeute das allmähliche Absterben des Staates, verbreitet haben. Der jetzige Kreml kann diese Theorie keineswegs hinnehmen. Wieso denn absterben? Die Bürokratie beginnt doch erst zu leben. Krylenko und Paschukanis, das sind offene »Schädlinge«.

## Die Wirklichkeit des Sowjetlebens

Die Wirklichkeit des Sowjetlebens läßt sich tatsächlich nur sehr schwer mit den Grundzügen der alten Theorie in Einklang bringen. Die Arbeiter sind an die Betriebe, die Bauern an die Kolchosen gefesselt. Der Paß wurde eingeführt. Die Bewegungsfreiheit wurde aufgehoben. Zuspätkommen zur Arbeit gilt als kriminelles Delikt. Nicht nur Kritik an Stalin, sondern schon bloßes Abweichen von der selbstverständlichen Pflicht, vor dem »Führer« auf allen Vieren zu kriechen, wird als Verrat bestraft. Die Staatsgrenzen sind wie nirgends anderswo in der Welt von einer ununterbrochenen Kette von Grenztruppen und Polizeihunden bewacht. Praktisch gelangt niemand hinaus und niemand hinein. Ausländer, die früher in das Land geraten sind, werden systematisch vernichtet.

Der Kern der Sowjetverfassung, »der demokratischsten der Welt«, besteht darin, daß jeder Bürger verpflichtet ist, zu bestimmten Zeiten für einen einzigen von Stalin oder seinen Agenten benannten Kandidaten zu stimmen. Presse, Radio, Propaganda, Agitation und Volksbildung befin-

1930/31 in den »Spezialisten«-Prozessen. 1931 wurde er Volkskommissar für Justiz der RSFSR, 1936 der UdSSR. Krylenko verfaßte eine Reihe von rechtstheoretischen Arbeiten und hatte eine Professur für Rechtswissenschaft inne. Trotz seiner Rolle bei der Durchsetzung der stalinistischen Unrechtsprinzipien wurde Krylenko Anfang 1938 verhaftet und kam — nach offiziellen Angaben — am 29.7.1938 um. Nach 1956 wurde er rehabilitiert.

3 Jewgeni Bronislawowitsch Paschukanis (1891-1937) war seit 1918 Mitglied der bolschewistischen Partei. Zwischen 1920 und 1923 arbeitete er im Volkskommissariat des Äußeren und war 1922 an der Organisierung der juristischen Sektion der Kommunistischen Akademie beteiligt. Vor allem durch sein 1924 verfaßtes Buch *Allgemeine Rechtslehre und Marxismus* (Reprint Frankfurt [Neue Kritik] 1966) erwarb er sich den Ruf des — neben P. I. Stutschka —bedeutendsten sowjetischen Rechtstheoretikers. Nachdem Paschukanis jahrelang hauptsächlich als Wissenschaftler tätig war und den Stalinismus durch rechtstheoretische Arbeiten unterstützte, wurde er 1936 zum stellvertretenden Volkskommissar für Justiz ernannt. Während der Säuberungen kam er nach offiziellen sowjetischen Angaben 1937 um. Nach 1956 wurde er rehabilitiert und als bedeutender Theoretiker wieder anerkannt; heute werden ihm »eine Anzahl irrtümlicher Positionen, wie z. B. eine Unterschätzung der Rolle des Rechts in der sozialistischen Gesellschaft« (*Große Sowjetenzyklopädie*, 3. Ausgabe, Moskau 1975, Bd. 19, S. 293) vorgeworfen.

den sich fest in den Händen der herrschenden Clique. Nach offiziellen Angaben sind nicht weniger als eine halbe Million Mitglieder während der letzten fünf Jahre aus der Partei ausgeschlossen worden. Wieviele von ihnen erschossen, ins Gefängnis und ins Konzentrationslager geworfen oder nach Sibirien verschickt worden sind, wissen wir nicht genau. In jedem Fall handelt es sich jedoch um einige Hunderttausend Parteimitglieder, die das Schicksal von Millionen Parteilosen teilen.[4] Es wäre schwierig, diesen Millionen, ihren Familien, Verwandten und Freunden weiszumachen, daß der Stalinsche Staat abstirbt. Er erdrosselt andere, aber selbst stirbt er keineswegs ab. Im Gegenteil, die staatliche Unterdrückung hat ein in der Menschheitsgeschichte unbekanntes, mörderisches Ausmaß erreicht.

Unterdessen wurde die Verwirklichung des Sozialismus proklamiert. Der offiziellen Version zufolge befindet sich das Land auf dem Wege zum vollendeten Kommunismus. Wer daran zweifelt, der wird von Berija[5]

4 Die Zahl der Opfer des Terrors der dreißiger Jahre läßt sich auch heute noch, solange die sowjetischen Archive verschlossen sind, nur abschätzen. Conquest (*Am Anfang...*, S. 625-638) kommt zu dem Schluß, daß etwa eine Million Parteimitglieder und -kandidaten und 7 bis 9 Millionen Nichtmitglieder verhaftet wurden. Von ihnen wurden ein bis drei Millionen Menschen erschossen. Weitere Millionen gingen in den Zwangsarbeitslagern zugrunde.

5 Lawrenti Pawlowitsch Berija (1899-1953) entstammte einer georgischen Bauernfamilie. Seine politischen Anfänge sind nicht aufgeklärt. Nach der Februarrevolution 1917 scheint er politische Kontakte sowohl zu den bürgerlichen kaukasischen Regierungen wie auch zu den Bolschewiki unterhalten zu haben. 1921 schloß er sich der aserbaidschanischen Tscheka an und wurde in Georgien deren regionaler Leiter, wo er sich durch besondere Brutalität und Skrupellosigkeit auszeichnete. Dadurch zog er Stalins Aufmerksamkeit auf sich, der ihn durch persönliche Intervention 1931 zum ersten Sekretär der georgischen KP, 1932 dann der kaukasischen Parteiorganisation machte. 1935 verfaßte Berija eine legendenhafte »Geschichte« des Bolschewismus in Kaukasien, in der Stalin eine führende Rolle zugeschrieben wurde. Berija leitete zunächst die Säuberungen im Kaukasus und wurde im Juli 1938 als Stellvertreter Jeschows, den er im Dezember als Leiter des NKWD ablöste, nach Moskau gerufen. Berija sollte Ordnung in das System der unkontrollierten »Säuberungen« bringen. Bereits im März 1939 wurde er Kandidat des Politbüros und rückte damit in den engsten Führungskreis auf. In den folgenden Jahren war er einer der wichtigsten Helfershelfer Stalins und an unzähligen Verbrechen beteiligt. Zu Beginn der fünfziger Jahre scheint Stalin Berijas Ausschaltung geplant zu haben. Eine Reihe seiner Gefolgsleute wurde aus Schlüsselstellungen entfernt. 1953 ließ Stalin einen großen Schauprozeß (den sogenannten »Ärzteprozeß«) vorbereiten, zu dessen Hauptangeklagten vermutlich Berija gehören sollte. Stalins Tod am 5. März 1953 rettete ihn. Seinem Anspruch, Stalins Nachfolge anzutreten, stellten sich die übrigen Mitglieder des Politbüros entgegen. Im Juni 1953 wurde er verhaftet und dann erschossen. Im Dezember 1953 wurde bekanntgegeben, Berija und seine engsten Mitarbeiter seien in einem Prozeß als langjährige Spione zum Tode verurteilt worden.

überzeugt. Doch zeigt sich hier eine grundlegende Schwierigkeit. Folgt man Marx, Engels und Lenin, so ist der Staat die Organisation der Klassenherrschaft. Alle anderen Definitionen des Staates hat der Marxismus seit langem als theoretische Fälschung entlarvt, die der Verschleierung der Interessen der Ausbeuter dienen. Welche Bedeutung hat aber der Staat in einem Land, in dem die Klassen beseitigt sind? Über diese Frage haben sich die Weisen des Kreml nicht zum ersten Mal den Kopf zerbrochen. Zunächst einmal verhafteten sie jeden, der sie an die Marxsche Staatstheorie erinnerte. Das allein erwies sich jedoch als ungenügend. Es war immerhin nötig, sich den Anschein einer theoretischen Erklärung des Stalinschen Absolutismus zu verschaffen. Diese Erklärung wurde in zwei Stufen gegeben. Zur Zeit des 17. Parteitages, vor fünf Jahren, hatten Stalin und Molotow erklärt, daß der Polizeistaat für den Kampf gegen die »Überreste« der alten herrschenden Klassen und besonders gegen die »Splitter« des Trotzkismus erforderlich sei.[6] Zwar waren diese Überreste und Splitter ihren eigenen Worten zufolge zweifellos unbedeutend; da sie aber aufs äußerste »erbittert« seien, erfordere der Kampf gegen sie höchste Wachsamkeit und Unerbittlichkeit. Diese Theorie überraschte vor allem durch ihre Dummheit. Warum war für den Kampf mit den kraftlosen »Überresten« ein totalitärer Staat notwendig, während sich für den Sturz der herrschenden Klassen selbst die Sowjet-

6 Vgl. Stalin (SW 13, S. 310f.): »Man begreift, daß diese Überreste [des Kapitalismus] unvermeidlich einen günstigen Nährboden bilden, um die Ideologie der zerschlagenen antileninistischen Gruppen in den Köpfen einzelner Mitglieder unserer Partei neu zu beleben. Nimmt man noch das nicht sehr hohe theoretische Niveau der Mehrzahl der Mitglieder unserer Partei hinzu ..., dann wird man verstehen, woher der Wirrwarr in einer Reihe von Fragen des Leninismus in den Köpfen einzelner Parteimitglieder kommt ... Nehmen wir zum Beispiel die Frage der Errichtung der *klassenlosen, sozialistischen Gesellschaft.* Die XVII. Parteikonferenz hat erklärt, daß wir der Schaffung der klassenlosen, sozialistischen Gesellschaft entgegengehen. Es ist klar, daß die klassenlose Gesellschaft nicht sozusagen von selbst kommen kann. Man muß sie durch die Anstrengung aller Werktätigen erkämpfen und errichten: durch Stärkung der Organe der Diktatur des Proletariats, durch Entfaltung des Klassenkampfes, durch Aufhebung der Klassen, durch Liquidierung der Überreste der kapitalistischen Klassen, im Kampf mit inneren und äußeren Feinden ... Wem wäre indessen nicht bekannt, daß die Verkündung dieser klaren und elementaren These des Leninismus bei einem Teil der Parteimitglieder einen nicht geringen Wirrwarr in den Köpfen und ungesunde Stimmungen hervorgerufen hat? In der These von unserem Vormarsch zur klassenlosen Gesellschaft ... haben sie unseren Vormarsch als spontanen Prozeß aufgefaßt. Und sie räsonnierten: Wenn von klassenloser Gesellschaft die Rede ist, so heißt das, daß man den Klassenkampf abschwächen, die Diktatur des Proletariats abschwächen und überhaupt dem Staat ein Ende machen könne, der ja ohnehin in der nächsten Zeit absterben müsse ... Wie Sie sehen, sind die Überreste der Ideologie der zerschlagenen antileninistischen Gruppen durchaus imstande, wieder aufzuleben, und haben ihre Zählebigkeit noch lange nicht eingebüßt.«

demokratie als gänzlich hinreichend erwiesen hatte? Diese Frage ist nie beantwortet worden.

Dessenungeachtet blieb die Theorie des 17. Parteitags in Kraft. Die vergangenen fünf Jahre waren in beträchtlichem Maße der Ausrottung der »Splitter des Trotzkismus« gewidmet. Partei, Regierung, Armee und diplomatisches Korps wurden enthauptet und ausgeblutet. Das ging so weit, daß sich Stalin auf dem letzten Parteitag zur Beschwichtigung seines eigenen Apparats zu dem Versprechen gezwungen sah, künftig keine summarischen Säuberungen mehr durchzuführen.[7] Das war natürlich eine Lüge: Der bonapartistische Staat wird auch in Zukunft gezwungen sein, die Gesellschaft nicht nur geistig, sondern auch physisch zu verschlingen. Das kann Stalin jedoch nicht offen eingestehen. Er schwört, daß es keine neuen Säuberungen geben wird. Wenn dem so ist, daß die »Splitter des Trotzkismus« zusammen mit den »Überresten« endgültig beseitigt worden sind, dann stellt sich doch die Frage: Gegen wen ist ein Staat eigentlich notwendig?

Stalin gibt darauf die Antwort: »Die Notwendigkeit des Staates ergibt sich aus der kapitalistischen Einkreisung und der daraus resultierenden Gefahr für das Land des Sozialismus.« Mit der ihm eigenen Monotonie des Seminaristen wiederholt und variiert er diesen Gedanken auf verschiedene Art: »Die Funktion der militärischen Unterdrückung innerhalb des Landes kam in Wegfall — starb ab ... Die Funktion des militärischen Schutzes des Landes vor Überfällen von außen blieb völlig erhalten.« Und weiter: »Was unsere Armee, die Straforgane und den Nachrichtendienst anbelangt, so ist nun ihre Spitze nicht nach dem Innern des Landes gerichtet, sondern nach außen, gegen die äußeren Feinde.«[8]

## Stalin widerlegt seine alte Theorie

Nehmen wir einmal an, das sei wirklich so. Nehmen wir an, die Notwendigkeit der Erhaltung und des Ausbaus des zentralisierten bürokratischen Apparates werde ausschließlich durch den imperialistischen Druck hervorgerufen. Indes bedeutet der Staat seinem Wesen nach die Herrschaft des

7 Stalin erklärte in seinem Referat, nachdem er eine Bilanz der Partei-»Säuberungen« der Jahre 1933 bis 1936 gezogen hatte (der viel weitergehende, auf physische Vernichtung abzielende Terror der Jahre 1937 und 1938 war offiziell nie als »Säuberung« deklariert worden): »Es unterliegt keinem Zweifel, daß wir die Methode der Reinigung im Massenmaßstab nicht mehr anzuwenden brauchen. Doch war die Reinigung in den Jahren 1933 bis 1936 unumgänglich und zeitigte im wesentlichen positive Ergebnisse. (Stalin, »Rechenschaftsbericht ...« [Anm. 1], S. 464.)

8 Ebd., S. 469.

Menschen über den Menschen. Aufgabe des Sozialismus hingegen ist es, die Herrschaft des Menschen über den Menschen in all ihren Formen abzuschaffen. Wenn der Staat nicht nur beibehalten, sondern ausgebaut und immer hemmungsloser wird, so heißt das, daß der Sozialismus noch nicht verwirklicht ist. Wenn der privilegierte Staatsapparat Frucht der kapitalistischen Einkreisung ist, dann bedeutet das, daß Sozialismus in einem einzelnen, sozialistischen Land in kapitalistischer Einkreisung nicht möglich ist. Indem Stalin versucht, den Schwanz herauszuwinden, gerät er mit der Schnauze in die Falle. Indem er seine bonapartistische Herrschaft zu rechtfertigen versucht, widerlegt er nebenbei sein theoretisches Grundkonzept über den Aufbau des Sozialismus in einem Lande.

Aber Stalins neue Theorie ist nur soweit wahr, wie sie die alte Theorie widerlegt; ansonsten ist sie völlig wertlos. Es versteht sich von selbst, daß der Arbeiterstaat für seinen Kampf gegen die kapitalistische Bedrohung einer Armee, eines Generalstabs, einer Spionageabwehr usw. bedarf. Bedeutet das jedoch, daß der Arbeiterstaat Obersten, Generäle und Marschälle mit den entsprechenden Gehältern und Privilegien benötigt? Am 31. Oktober 1920, als es in der spartanischen Roten Armee noch kein besonderes Offizierkorps gab, hieß es in einem speziellen Erlaß für die Armee: »Innerhalb der Militärorganisation ... besteht Ungleichheit, die in einigen Fällen völlig verständlich und unvermeidlich, aber in anderen Fällen völlig unangebracht, übertrieben und manchmal geradezu verbrecherisch ist.« Der Schlußsatz der Anordnung lautete: »Ohne die unerfüllbare Aufgabe der sofortigen Beseitigung aller und jeglicher Privilegien in der Armee zu stellen, müssen wir systematisch diese Vorrechte auf das unvermeidliche Minimum reduzieren. Möglichst schnell sollen alle Vorrechte abgeschafft werden, die nicht aus militärischen Erfordernissen erwachsen und darum das Gefühl der Rotarmisten für Gleichheit und Kameradschaft verletzen müssen.«[9] Das war die Grundlinie der Sowjetmacht in dieser Periode. Die heutige Politik schlägt eine direkt entgegengesetzte Richtung ein. Wenn jedoch die herrschende Kaste, Militär wie Zivil, wächst und stärker wird, dann bedeutet das, daß sich die Gesellschaft vom sozialistischen Ideal entfernt, anstatt sich ihm zu nähern, — und zwar unabhängig davon, wer daran mehr Schuld hat: die ausländischen Imperialisten oder die einheimischen Bonapartisten.

Dasselbe gilt für den Geheimdienst, in dem Stalin die Quintessenz des Staates sieht. »Der Geheimdienst«, belehrte er den Parteitag, auf dem die Agenten der GPU nahezu die Mehrheit ausmachten, »ist notwendig, um die Spione, Mörder und Saboteure, die ausländische Geheimdienste in unser

9 Trotzkis Brief »Mehr Gleichheit« an alle »Revolutionären Militärräte der Fronten und der Armeen« sowie an alle »verantwortlichen Arbeiter der Roten Armee und der roten Flotte« findet sich (engl.) in den *Military Writings*, Bd. 2, S. 115-120.

Land schicken, zu fassen und zu bestrafen.«[10] Natürlich wird niemand bestreiten, daß gegen die Intrigen des Imperialismus ein Geheimdienst notwendig ist. Entscheidend ist jedoch, welche Stellung die Organe des Geheimdienstes gegenüber den Sowjetbürgern einnehmen. In einer klassenlosen Gesellschaft muß innere Solidarität vorhanden sein. Über diese Solidarität, die sattsam bekannte »monolithische Geschlossenheit«, hat Stalin in seinem Vortrag mehrfach gesprochen. Spione, Schädlinge und Saboteure benötigen jedoch einen Unterschlupf und ein sympathisierendes Milieu. Je größer die Solidarität in einer Gesellschaft und je größer ihre Verbundenheit mit einem bestehenden Regime ist, um so weniger Raum bleibt für antisoziale Elemente. Wie ist dann aber zu erklären, daß in der UdSSR, wenn man Stalin Glauben schenkt, überall Verbrechen begangen werden, wie es sie selbst in der verfaulenden bürgerlichen Gesellschaft nicht gibt? Die Bösartigkeit der imperialistischen Staaten alleine reicht dazu nicht aus. Die Aktivität von Mikroben wird nicht so sehr durch ihre Virulenz als vielmehr durch die Widerstandskraft eines lebenden Organismus bestimmt. Auf welche Weise können die Imperialisten in einer »monolithischen« sozialistischen Gesellschaft eine solche Unzahl von Agenten, dazu noch in den exponiertesten Stellungen, finden? Oder anders gesagt: Wie können Spione und Saboteure in einer sozialistischen Gesellschaft Stellungen erlangen, wie die von Regierungsmitgliedern, oder gar die eines Regierungsoberhaupts, von Mitgliedern des Politbüros und von hervorragendsten Armeeführern? Wenn die sozialistische Gesellschaft so sehr an innerer Elastizität verloren hat, daß sie nur noch durch einen allmächtigen, universalen und totalitären Geheimdienst zu retten ist, muß es sehr schlecht um sie stehen. Wenn an der Spitze des Geheimdienstes gar solche Halunken wie Jagoda stehen, die man erschießen muß, oder solche wie Jeschow, die man mit Schimpf und Schande verjagen muß, worauf kann man dann noch Hoffnungen setzen? Auf Berija? Auch ihm schlägt bald die Stunde!

In Wirklichkeit vernichtet die GPU bekanntlich nicht Spione und imperialistische Agenten, sondern die politischen Gegner der herrschenden Clique. Stalin versucht einfach, seine eigenen Fälschungen auf ein »theoretisches« Niveau zu heben. Was zwingt eigentlich die Bürokraten dazu, ihre wirklichen Ziele zu verschleiern und ihre revolutionären Gegner als ausländische Spione auszugeben? Die imperialistische Einkreisung erklärt diese Lügen nicht. Die Gründe dafür müssen innerer Art sein, d. h. der Struktur der Sowjetgesellschaft entspringen.

Versuchen wir, bei Stalin selbst weitere Hinweise zu finden. »An Stelle

10 Stalin sprach, als er die Notwendigkeit des Fortbestehens des Staates wegen der feindlichen Umkreisung der UdSSR postulierte, von der »Unterschätzung der Rolle und Bedeutung der bürgerlichen Staaten und ihrer Organe, die in unser Land Spione, Mörder und Schädlinge entsenden«, sowie von der »Unterschät-

der Funktion der Unterdrückung«, sagt er ohne Zusammenhang mit dem Rest seines Referats, »erhielt der Staat die Funktion des Schutzes des sozialistischen Eigentums vor Dieben und Vergeudern des Volksguts.«[11] Es erweist sich so, daß der Staat nicht wegen der ausländischen Spione, sondern auch wegen der einheimischen Diebe besteht. Deren Bedeutung ist offenbar so groß, daß sie die Existenz einer totalitären Diktatur rechtfertigen und sogar als Begründung für eine neue Staatsphilosophie dienen. Wenn die einen Leute die anderen bestehlen, bedeutet das offenkundig, daß in der Gesellschaft noch bittere Not und erhebliche Ungleichheit herrschen, die zum Diebstahl anstiften. Hier kommen wir der Wurzel des Problems schon näher. Soziale Ungleichheit und Not sind sehr wichtige historische Faktoren, die an sich schon das Bestehen eines Staates erklären. Ungleichheit bedarf immer der Bewachung, Privilegien erfordern immer Absicherung, und Übergriffe der Armen erfordern Bestrafung. Darin genau besteht die Funktion des Staates in der Geschichte!

## Was Stalin verschweigt

Nicht das, was Stalin zur Struktur der »sozialistischen« Gesellschaft in seinem Referat gesagt hat, ist wichtig, sondern das, was er verschwieg. Die Zahl der Arbeiter und Angestellten hat sich nach seinen Worten von 22 Millionen im Jahre 1933 auf 38 Millionen im Jahre 1938 erhöht. Die Kategorie der »Angestellten« umfaßt hier nicht nur die Beschäftigten eines Genossenschaftsladens, sondern auch die Mitglieder des Rats der Volkskommissare. Arbeiter und Angestellte sind hier wie immer in der Sowjetstatistik, zusammengefaßt, um nicht die numerische Größe der Sowjetbürokratie, ihr schnelles Anwachsen und vor allem das rasche Ansteigen ihrer Einkünfte zu enthüllen.

In den fünf Jahren zwischen den beiden letzten Parteitagen ist der jährliche Lohnfonds der Arbeiter und Angestellten nach Stalins Worten von 35 Milliarden auf 96 Milliarden Rubel, d.h. fast auf das Dreifache gestiegen (wenn man den Kaufkraftverlust des Rubels unberücksichtigt läßt). Wie verteilen sich aber diese 96 Milliarden auf die verschiedenen Kategorien der Arbeiter und Angestellten? Dazu hört man kein Wort. Stalin teilt uns nur mit, »der mittlere Jahreslohn der Arbeiter der Industrie, der im Jahre 1933 1513 Rubel betrug, hob sich auf 3447 Rubel im Jahre 1938.«[12] Plötzlich wird nur noch von Arbeitern gesprochen; es ist aber nicht

zung der Rolle und Bedeutung unseres sozialistischen Staates und seiner Militär-, Straf- und Nachrichtendienstorgane, die zum Schutz ... (Stalin, »Rechenschaftsbericht ...« [Anm. 1], S. 467) gegen äußere Überfälle notwendig sind.«

11 Ebd., S. 469.

12 Ebd., S. 461 f.

schwer nachzuweisen, daß es sich auch hier um Arbeiter und Angestellte handelt: Es genügt, den durchschnittlichen Jahreslohn (3447 Rubel) mit der Gesamtzahl der Arbeiter und Angestellten (28 Millionen) zu multiplizieren, und wir erhalten die von Stalin genannte Jahreslohnsumme der Arbeiter und Angestellten, nämlich 96 Milliarden Rubel. Um die Lage der Arbeiter zu beschönigen, gestattet sich der »Führer« die schäbigsten Verdrehungen, derer sich selbst der gewissenloseste bürgerliche Journalist schämen würde. Wenn wir die Kaufkraftveränderung des Geldes außer acht lassen, bedeutet ein Durchschnittsjahreslohn von 3447 Rubel folglich nur, daß bei Zusammenziehung der Löhne von ungelernten, qualifizierten und Stachanowarbeitern, von Ingenieuren, Trustdirektoren und Volkskommissaren der Industrie[13] ein Jahresdurchschnittslohn von weniger als 3500 Rubel pro Person herauskommt. Um wieviel ist in den letzten fünf Jahren der Lohn von Arbeitern, Ingenieuren und leitendem Personal gewachsen? Darüber kein Wort. Zu den Durchschnittswerten für Arbeitslöhne, Gehälter usw. haben immer nur die minderwertigsten Apologeten der Bourgeoisie Zuflucht genommen. In entwickelten Industrieländern ist man von dieser Methode fast völlig abgekommen, weil man damit niemanden mehr täuschen kann. Dafür wurde sie zur beliebten Methode im Lande des verwirklichten Sozialismus, wo sich alle sozialen Beziehungen durch völlige Transparenz auszeichnen sollten. »Sozialismus ist Buchhaltung«, sagte Lenin. »Sozialismus ist Betrug«, lehrt Stalin.

Trotz alledem wäre es ein schwerer Fehler zu denken, daß in den von Stalin genannten Mittelwerten das gesamte Einkommen der höchsten »Angestellten«, d. h. der herrschenden Kaste eingeschlossen wäre. In Wirklichkeit erhalten sogenannte »verantwortliche Mitarbeiter« zusätzlich zum offiziellen, vergleichsweise bescheidenen Gehalt geheime Einkünfte aus der Kasse des Zentralkomitees oder der örtlichen Komitees; Automobile stehen ihnen zur Verfügung (es gibt sogar besondere Fabriken zur Herstellung von Luxusautomobilen für »verantwortliche Mitarbeiter«), prächtige Wohnungen, Datschen, Sanatorien und Krankenhäuser. Zur Befriedigung ihrer Bedürfnisse oder ihrer Eitelkeit werden alle Arten von »Sowjetpalästen« gebaut. Hochschulen, Theater usw. monopolisieren sie nahezu. All diese enormen Einkünfte (für den Staat sind es Ausgaben) gehen natürlich nicht in die von Stalin erwähnten 96 Milliarden ein. Davon abgesehen, wagte es Stalin jedoch nicht einmal, die Frage anzuschneiden, wie der legale Lohnfonds (96 Milliarden) zwischen Arbeitern und Angestellten, zwischen ungelernten und Stachanowarbeitern, zwischen niedrigen und hohen Angestellten aufgeteilt wird. Zweifellos fällt der Löwenanteil am

13 Gemeint sind die Leiter der einzelnen Industriezweige (die in der UdSSR durch Volkskommissariate [seit 1946 Ministerien] verwaltet werden).

Zuwachs des offiziellen Lohnfonds an die Stachanowarbeiter bzw. in Form von Prämien an die Ingenieure. Wenn Stalin mit Durchschnittsziffern operiert, die an sich schon keinerlei Vertrauen verdienen; wenn er die Arbeiter und Angestellten in einer Kategorie zusammenfaßt; wenn er die Spitzen der Bürokratie zu den Angestellten zählt; wenn er geheime Milliardenfonds verschweigt; wenn er »vergißt«, bei der Bestimmung des Durchschnittslohnes die Angestellten zu erwähnen und nur von den Arbeitern spricht, dann verfolgt er damit ein einfaches Ziel: die Arbeiter zu betrügen, die ganze Welt zu betrügen, und die gewaltigen und stetig anwachsenden Einkünfte der privilegierten Kaste zu verheimlichen.

## Ein Werkzeug für Räuber und Plünderer

»Der Schutz des sozialistischen Eigentums vor Dieben und Plünderern« bedeutet daher in neun von zehn Fällen den Schutz der Einkünfte der Bürokratie vor Übergriffen durch die nichtprivilegierten Schichten der Bevölkerung. Man muß noch hinzufügen, daß die geheimen Einkünfte der Bürokratie, die sich weder durch die Prinzipien des Sozialismus noch durch die Landesgesetze rechtfertigen lassen, nichts anderes sind als Diebstahl. Neben diesem legalisierten Diebstahl gibt es noch zusätzlich illegalen Diebstahl, über den Stalin hinwegsehen muß, weil die Diebe seine wichtigsten Stützen sind. *Der bonapartistische Staatsapparat ist folglich ein Organ zum Schutz der bürokratischen Diebe und Räuber des Volkseigentums.* Diese theoretische Formel kommt der Wahrheit um vieles näher.

Stalin muß über die soziale Natur seines Staates aus demselben Grund lügen, aus dem er über den Lohn der Arbeiter lügen muß; in dem einen wie in dem anderen Fall tritt er als Repräsentant der privilegierten Parasiten auf. In einem Land, das die proletarische Revolution vollzogen hat, kann man nur dann die Ungleichheit kultivieren, eine Aristokratie schaffen und Privilegien anhäufen, wenn man die Massen in eine Flut von Lügen und immer ungeheuerlicherer Unterdrückung stößt.

Unterschlagung und Diebstahl, die Haupteinnahmequellen der Bürokratie, stellen kein Ausbeutungssystem im wissenschaftlichen Sinn des Wortes dar. Aber von der Interessenlage der Volksmassen her sind sie unermeßlich schlimmer als jede »organische« Ausbeutung. Im wissenschaftlichen Sinn des Wortes ist die Bürokratie keine besitzende Klasse. Aber sie trägt in verzehnfachtem Maße alle Laster einer besitzenden Klasse in sich. Gerade das Fehlen entfalteter Klassenbeziehungen und deren Unmöglichkeit auf den sozialen Grundlagen der Oktoberrevolution verleihen der Arbeit der Staatsmaschine einen konvulsivischen Charakter. Zum Schutz des systematischen Diebstahls der Bürokratie muß ihr Apparat zu systematischer Gewalttat Zuflucht nehmen. Alles das zusammen macht das System des bonapartistischen Gangstertums aus.

Daran zu glauben, daß *dieser* Staat friedlich »absterben« könne, hieße, in einer Welt theoretischen Fieberwahns zu leben. Die bonapartistische Kaste muß zerschlagen werden. Der Sowjetstaat muß wiederbelebt werden. Erst dann eröffnen sich Aussichten auf das Absterben des Staates.

# (52)
# Das Zentralkomitee, seine Zusammensetzung und die Geschichte des Bolschewismus*

*Coyoacán, 7. Juni 1939*

Wir drucken im folgenden die Geschichte des Zentralkomitees der bolschewistischen Partei ab, wie sie sich in Zahlen widerspiegelt. Die Tabellen, die auf der Grundlage sowjetischer Presseveröffentlichungen sorgsam zusammengestellt sind, sprechen weitgehend für sich. Es scheint indessen nicht überflüssig, ihnen einen kurzen Kommentar voranzuschicken.

Wenn wir mit dem 6. Parteitag (Juli 1917) beginnen, haben im Laufe von 22 Jahren 13 Parteitage stattgefunden. Der Zeitabstand zwischen dem 6. und 7. Parteitag betrug acht Monate. Die folgenden sechs Parteitage folgten einander in einjährigem Abstand, wobei unter Lenin dieser Abstand, der durch Statut geregelt war, sehr streng eingehalten wurde.[1] Später wurden

* T 4570, 4571 *Istoriya bol'shevizma v zerkale Tsentral'nogo komiteta* (7.6.1939). BO 77-78 (Mai-Juli 1939). Dt. »Eine graphische Darstellung der Geschichte des Bolschewismus« in: *Der Todeskampf des Kapitalismus und die Aufgaben der IV. Internationale*, Essen [Ergebnisse und Perspektiven] 1975, S. 83-90. Engl. in: TWr 1938-39, S. 331-339. Frz. in. TŒ 21, S. 192-202.

1 Die verschiedenen Statuten regelten die Fristen zwischen den Parteitagen folgendermaßen: 1917, auf dem 6. Parteitag, und in den folgenden drei Statuten (von 1919, 1922 und 1925) wurde ein jährlicher Abstand beschlossen. 1927, auf dem 15. Parteitag, wurde die Frist auf zwei Jahre verlängert (nachdem der Parteitag selbst schon statutenwidrig ein Jahr zu spät einberufen worden war. 1934 wurde der Abstand auf drei, 1952 auf vier und schließlich 1971 auf fünf Jahre ausgedehnt. Zwischen 1924 und 1976 wurden die meisten Parteitage verspätet (und damit statutenwidrig) durchgeführt. Ausgenommen waren der 20. Parteitag (1956), der 21. (1959 — ein außerordentlicher) und der 22. (1961). Seit 1976 (25. Parteitag) wurden die im Statut vorgeschriebenen Fristen eingehalten.
(Vgl. Georg Brunner, *Das Parteistatut der KPdSU 1903-1961*, Köln [Wissenschaft und Politik] 1965, passim; *KPSS w resoljuzijach i reschenijach sjesdow,*

die Termine übertreten. Der 12. Parteitag fand im April 1923, der 13. im Mai 1924, mit Verspätung von einem Monat statt. Der folgende Parteitag, der 14., trat erst im Dezember 1925, d. h. nach anderthalb Jahren zusammen. Der 15. Parteitag, der die Linke Opposition aus der Partei ausschloß, fand im Dezember 1927, d. h. zwei Jahre nach dem 14. statt. Die Statutenverletzung war schon zur Regel geworden. Der 16. Parteitag wurde erst zweieinhalb Jahre später, im Juni 1930, einberufen. Doch auch dieser Zeitraum erwies sich noch als sehr kurz. Denn der 17. Parteitag wurde erst nach einer Pause von drei Jahren und acht Monaten einberufen. Schließlich trat der letzte, der 18. Parteitag, im März diesen Jahres, mehr als fünf Jahre nach dem vorhergehenden, zusammen.

Die Ausdehnung der Zeiträume ist natürlich kein Zufall. In den Revolutions- und Bürgerkriegsjahren konnte die Partei ihr eigenes Statut befolgen; das ZK blieb ein der Kontrolle der Partei unterworfenes Organ. Es hat sich über die Partei zur gleichen Zeit erhoben, als sich die Sowjetbürokratie über den Arbeiterstaat erhoben hat. Die Kontrolle der Partei wurde für das ZK, ungeachtet aller Einschüchterungen, eine unangenehme Last. Die Termine der Parteitage richten sich seitdem in steigendem Maße danach, wie es dem herrschenden Kern des ZK, d. h. der Clique Stalins, am bequemsten ist. So wurde der 14. Parteitag im Zusammenhang mit dem internen Konflikt der »Troika« (Stalin, Sinowjew, Kamenjew) um ein halbes Jahr zu spät einberufen. Stalin mußte erst in der Provinz seine Mehrheit organisieren, ehe er auf dem Parteitag erschien. Heute dreht es sich schon nicht mehr um Lösung von Streitfragen, und nicht um die Kontrolle über das ZK, sondern um die Sanktionierung vollendeter Tatsachen. Der 15. Parteitag wurde nur deshalb einberufen, um die Unterdrückung der Linken Opposition abzusegnen: diese Aufgabe bestimmte auch den Termin seiner Einberufung. Die gleiche Aufgabe erfüllte der 16. Parteitag hinsichtlich der rechten Opposition. Der 17. Parteitag wurde erst einberufen, als die Kolchoskrise die schlimmste Phase schon hinter sich hatte und das ZK einige »erfreuliche« Daten vorlegen konnte. Der 18. Parteitag schließlich trat erst zusammen, als die Säuberungsaktionen Jagodas, Jeschows und Berijas die Opposition erfolgreich ausgemerzt, die Partei terrorisiert und die Führungsapparate von Staat und Armee umgruppiert hatten. Die Wechselbeziehung von Partei und Staat war endgültig auf den Kopf gestellt.

Der Mitgliederbestand des ZK ist nicht zufällig zusammengesucht, sondern ist Resultat von Jahren der Arbeit, der Überprüfung und der Auslese. Es ist nur natürlich, wenn sich im ZK ein dauerhafter Kern bildet, der von Jahr zu Jahr wiedergewählt wird. Die Erneuerung des ZK ergibt sich

*konferenzijach i pljenumow ZK* [»Die KPdSU in Resolutionen und Beschlüssen der Kongresse, Konferenzen und ZK-Plenen«], Bd. 10, Moskau [Politisdat] 1972, S. 442.)

einerseits durch den Tod alter Mitglieder, andererseits durch das Nachrücken jüngerer Kräfte. Wie aus der *Tabelle 1* ersichtlich, gingen im allgemeinen in jedes ZK, bis zum 17. Parteitag, 60 - 86 % des vorigen ZK wieder ein. Es muß allerdings der Vorbehalt gemacht werden, daß die nackten Prozentzahlen selbst noch keine wirkliche Vorstellung von den tatsächlichen Erneuerungsvorgängen im ZK vermitteln. Im Verlauf der ersten sieben Parteitage (6. - 12.) wurde tatsächlich ein- und derselbe Kern wiedergewählt, und Veränderungen in der Zusammensetzung des ZK erfolgten durch Einbeziehung neuer Elemente, die man deshalb geprüft und ausgewählt hatte. Mit dem 13. Parteitag trat eine Wende ein. Die Änderung des politischen Charakters des bolschewistischen Stabes wird in der ersten Periode des Thermidor durch künstliche Erweiterung des ZK erreicht, d. h. der Verwässerung des Kerns alter Revolutionäre durch neue Funktionäre, die — dankbar für den schnellen Aufstieg — fest zum Generalsekretär

*Tabelle 1*

| Parteitag | Datum | Zahl<br>1. Mitglieder ZK<br>2. Kandidaten | Aus vorhergehendem ZK wiedergewählte Mitglieder und Kandidaten | % |
|---|---|---|---|---|
| 6. | August 1917 | 21 | — | — |
| | | 4 | — | — |
| 7. | März 1918 | 15 | 13 | 86,6 |
| | | 8 | 2 | 25,0 |
| 8. | März 1919 | 19 | 12 | 63,0 |
| | | 8 | 1 | 12,5 |
| 9. | März-April 1920 | 19 | 13 | 68,4 |
| | | 12 | 3 | 25,0 |
| 10. | März 1921 | 24 | 15 | 62,5 |
| | | 15 | 4 | 25,6 |
| 11. | März-April 1922 | 27 | 20 | 74,0 |
| | | 19 | 7 | 36,8 |
| 12. | April 1923 | 40 | 24 | 60,0 |
| | | 17 | 10 | 58,8 |
| 13. | Mai 1924 | 53 | 37 | 69,8 |
| | | 34 | 10 | 29,4 |
| 14. | Dezember 1925 | 63 | 49 | 77,7 |
| | | 43 | 22 | 51,1 |
| 15. | Dezember 1927 | 71 | 52 | 73,2 |
| | | 50 | 39 | 78,0 |
| 16. | Juni-Juli 1930 | 71 | 57 | 80,3 |
| | | 67 | 39 | 58,2 |
| 17. | Februar 1934 | 71 | 56 | 78,9 |
| | | 68 | 36 | 52,9 |
| 18. | März 1939 | 71 | 16 | 22,5 |
| | | 68 | 8 | 11,7 |

hielten. Bis 1923 schwankte die Zahl der ZK-Mitglieder zwischen 15 und 27. Seit 1923 erhöhte sie sich zunächst auf 40, dann auf 71. Es war für die Clique Stalins anfangs leichter, gefügige oder halbgefügige Neulinge ins ZK aufzunehmen, als den eigentlichen Kern der Leninschen Partei sogleich zu beseitigen. Seit Anfang 1927 stabilisiert sich die Zahl der Mitglieder, doch nun beginnt die Verdrängung des alten Leninschen Kerns. Als Parias waren die alten Bolschewiki indessen eine politische Gefahr. Eine noch größere Gefahr stellte das Anwachsen der Vierten Internationale dar. Stalin »kombiniert« diese beiden Gefahren auf seine Weise, um mit Hilfe von Jagoda und Jeschow mit ihnen abzurechnen; statt die alten Bolschewiki zu verdrängen, wurden sie nun — wie auch die Revolutionäre der jungen Generation — physisch vernichtet.

Die *Tabelle 1* abstrahiert notwendigerweise von diesen komplizierten Vorgängen. Sie charakterisiert nur in Zahlen den Grad der Erneuerung jedes ZK. Wie wir gesehen haben, hat zu einem bestimmten Zeitpunkt jedes ZK dem nächsten 60 bis 86,6 % seines Bestandes weitergereicht. Der letzte Fünfjahreszeitraum hat mit dieser Tradition radikal gebrochen. Der 18. Parteitag, der im März dieses Jahres tagte, hat vom letzten ZK nur 22,5 % seiner Mitglieder übernommen! Auf diese Weise erwies sich, daß das ZK, das im Verlauf der vergangenen 11 Jahre erst die linke, dann die vereinigte und zuletzt die rechte Opposition zerschlug und die völlige »Einheitlichkeit« der Stalinschen Partei sicherte, sich zu gut drei Vierteln aus Verrätern, Treubrüchigen und schlicht aus »Volksfeinden« zusammensetzte.

Die *Tabelle 2* zeigt, wieviele Mitglieder der vorhergehenden zwölf Zentralkomitees sich im jetzigen ZK wiederfinden, und charakterisiert das Schicksal der ausgeschiedenen Mitglieder. Nehmen wir als Beispiel das Zentralkomitee, das im August 1917 gewählt wurde und das den Oktober-Umsturz geleitet hat. Dieser historische Stab bestand aus 21 Mitgliedern.[2] Gegenwärtig ist in der Parteiführung nur noch eines davon vorhanden: Stalin. Sieben starben an Krankheit oder durch Feindeshand (über diese Ursachen brauchen wir nicht zu streiten). Erschossen oder zum Erschießen verurteilt wurden sieben; während der Säuberung verschwunden sind drei; insgesamt sind es dreizehn, d. h. fast 62 % der Teilnehmer des Oktober-Stabes stellten sich als »Volksfeinde« heraus. Stalin liefert uns hier seinerseits

2 Das Zentralkomitee des Jahres 1917 bestand aus folgenden Mitgliedern: J. A. Bersin, A. S. Bubnow, N. I. Bucharin, F. E. Dserschinski, L. B. Kamenjew, A. M. Kollontai, N. N. Krestinski, W. I. Lenin, W. P. Miljutin, M. K. Muranow, W. P. Nogin, A. I. Rykow, S. G. Schaumian, F. A. Sergejew, G. J. Sinowjew, I. T. Smilga, G. J. Sokolnikow, J. W. Stalin, J. M. Swerdlow, L. D. Trotzki, M. S. Urizki.

*Tabelle 2*

| Parteitag | Datum | Gesamtzahl 1. Mitglieder ZK / 2. Kandidaten | Gegenwärtig in der Parteiführung | in v. H. | verstorben | in v. H. | Opfer des Thermidor: verurteilt | Selbstmord | verschollen | politisch liquidiert | Gesamtzahl | in v. H. |
|---|---|---|---|---|---|---|---|---|---|---|---|---|
| 6. | Aug. | 21 | 1 | 4,8 | 7 | 33,3 | 7 | — | 3 | 3 | 13 | 61,9 |
| | 1917 | 4 | — | — | — | — | — | 2 | 2 | — | 4 | 100,0 |
| 7. | März | 15 | 2 | 13,3 | 5 | 33,3 | 5 | — | 3 | — | — | 53,3 |
| | 1918 | 8 | — | — | 2 | 25,0 | — | 1 | 4 | 1 | 6 | 75,0 |
| 8. | März | 19 | 2 | 10,5 | 3 | 15,8 | 9 | 1 | 3 | 1 | 14 | 73,7 |
| | 1919 | 8 | 2 | 25,0 | 2 | 25,0 | 1 | — | 2 | 1 | 4 | 50,0 |
| 9. | März-Apr. | 19 | 3 | 15,8 | 3 | 15,8 | 10 | 1 | 2 | — | 13 | 68,4 |
| | 1920 | 12 | 2 | 16,6 | 3 | 25,0 | — | — | 4 | 3 | 7 | 58,3 |
| 10. | März | 24 | 5 | 20,8 | 4 | 16,6 | 7 | 1 | 2 | 5 | 15 | 62,5 |
| | 1921 | 15 | — | — | 3 | 20,0 | 3 | — | 7 | 2 | 12 | 80,0 |
| 11. | März-Apr. | 27 | 6 | 22,2 | 5 | 18,5 | 9 | 1 | 4 | 2 | 16 | 59,2 |
| | 1922 | 19 | 3 | 15,8 | 3 | 15,8 | 2 | — | 6 | 5 | 13 | 68,4 |
| 12. | April | 40 | 7 | 17,5 | 7 | 17,5 | 11 | 1 | 9 | 5 | 26 | 65,0 |
| | 1923 | 17 | 2 | 11,8 | 1 | 5,9 | 1 | 1 | 3 | 9 | 14 | 82,3 |
| 13. | Mai | 53 | 9 | 17,0 | 8 | 15,0 | 10 | 1 | 16 | 9 | 36 | 67,9 |
| | 1924 | 34 | 2 | 5,8 | — | — | 3 | 1 | 9 | 19 | 32 | 94,1 |
| 14. | Dez. | 63 | 10 | 15,8 | 9 | 14,3 | 10 | 1 | 17 | 16 | 44 | 69,8 |
| | 1925 | 43 | 3 | 6,9 | 2 | 4,6 | 4 | 3 | 10 | 21 | 38 | 88,4 |
| 15. | Dez. | 71 | 10 | 14,0 | 11 | 15,5 | 5 | 3 | 25 | 17 | 50 | 70,4 |
| | 1927 | 50 | 5 | 10,0 | 1 | 2,0 | 3 | 1 | 12 | 28 | 44 | 88,0 |
| 16. | Nov.-Dez. | 71 | 11 | 15,5 | 6 | 8,4 | 6 | 4 | 25 | 19 | 54 | 76,0 |
| | 1930 | 67 | 4 | 6,0 | 1 | 1,5 | 7 | — | 21 | 34 | 62 | 92,0 |
| 17. | Feb. | 71 | 16 | 24,0 | 6 | 8,4 | 11 | 1 | 24 | 12 | 48 | 67,6 |
| | 1934 | 68 | 8 | 11,8 | 1 | 1,5 | 8 | 2 | 20 | 29 | 59 | 86,7 |

eine statistische Bekräftigung der alten Theorie von Miljukow und Kerenski, daß die Oktoberrevolution das Werk der Agenten des deutschen Generalstabes gewesen sei.[3]

Der 10. Parteitag, der im März 1921 zusammentrat und der den Grundstein für die »Neue Ökonomische Politik« legte, wählte ein Zentralkomitee aus 24 Mitgliedern. Gegenwärtig sind davon noch fünf Personen im Führungskern, d. h. 20 %. 15 Mitglieder wurden physisch und politisch liquidiert, d. i. 62,5 %. Der 15. Parteitag, der im Dezember 1927 die »Trotzkisten« ausschloß, wählte ein ZK aus 71 Mitgliedern. Heute sind davon noch 10 Personen in der Parteiführung übrig, d. h. 14 %; 50 Personen wurden liquidiert, d. h. mehr als 70 %. Aus dem auf dem 16. Parteitag (1930) gewählten ZK wurden 76 % physisch und politisch vernichtet. Schließlich sind von den 71 ZK-Mitgliedern, die auf dem 17. Parteitag (1934) gewählt wurden, jetzt nur noch 16 in der Parteiführung; 48 wurden liquidiert, d. h. 67,6 %. Wie und in welchem Ausmaß das jetzige ZK ausgerottet wird, können wir im Augenblick noch nicht sagen. Aber die Sterne stehen schlecht.

Für die Kandidaten sind die Folgen der Säuberungen noch verheerender. Auf dem letzten Parteitag wurden weniger als 12 % der Kandidaten des vorigen ZK wiedergewählt; 86,7% der Kandidaten wurden physisch und politisch liquidiert. Auf fast allen Parteitagen kann man die gleiche Gesetzmäßigkeit beobachten; der Prozentsatz der wiedergewählten Kandidaten ist geringer und der Prozentsatz der Liquidierten bedeutend höher als der entsprechende Prozentsatz bei den Vollmitgliedern. Diese Tatsache verdient außerordentliches Interesse: das Schicksal der Kandidaten, die sich aus neuen Parteikadern rekrutieren, zeigt, in welche Richtung sich die neue Parteibürokratie entwickelt. Entgegen ständig wiederholten Behauptungen, daß die Jugend Stalin bedingungslos »treu« ergeben sei, stellt sich heraus, daß der Prozentsatz der »Verräter«, der »Untreuen« und der allgemein unzuverlässigen Elemente bei den jungen Kadern noch höher ist, als in der der alten Garde. Das ist die unwiderlegbare Sprache der Zahlen! Der Unterschied besteht indessen darin, daß sich die »Verbrecher« der alten Garde meistens als schuldig erwiesen, weil sie der revolutionären Tradition treu geblieben waren; umgekehrt tendieren offensichtlich die »Verbrecher« der jungen Bürokratie, entschiedener als Stalin, zur Klassengesellschaft. Aber gefährlich sind die einen wie die anderen!

Der Wechsel im Personalbestand des ZK war von einem noch radikaleren Wechsel der Rolle des ZK begleitet. Das alte bolschewistische ZK war das

3 Sinngemäß erklärte dies sogar Stalin auf dem 18. Parteitag — natürlich ohne sich direkt darauf zu berufen —, als er sagte: »Ist es denn nicht verwunderlich, daß wir von der Spionage- und Verschwörertätigkeit der Anführer der Trotzkisten und Bucharinleute erst in der letzten Zeit, in den Jahren 1937 und 1938, erfahren haben, obwohl diese Herren, wie das aus den Materialien ersichtlich ist, schon in den ersten Tagen der Oktoberrevolution als Spione bei den ausländischen Spionageapparaten im Dienst standen...?« (Stalin, »Rechenschaftsbericht über die Arbeit des ZK der KPdSU[B]«, in: *Rundschau*, Nr. 17, 25.3.1939, S. 453-471, hier S. 467.)

unbedingte Führungsorgan der Partei und verhielt sich höchst gewissenhaft gegenüber Fragen der Theorie und der Stimme der Arbeiterschaft. Das jetzige ZK hat keinerlei selbständige Bedeutung. Es wird als Ergänzung zum herrschenden Kern gewählt und von diesem Kern zwischen zwei Parteitagen ausgewechselt. Instrument zum Austausch des ZK-Personals ist der Staatsapparat, genauer gesagt, bestimmte »geheime« Teile dieses Apparats, vor allem die GPU. Zu den 71 ZK-Mitgliedern gehören Berija, der Chef der GPU, und Wyschinski, der ehemalige Generalstaatsanwalt, jetzt Vertreter Molotows. Die Parteivergangenheit Berijas kann bestenfalls undurchsichtig genannt werden. Die Parteivergangenheit Wyschinskis ist vollkommen klar: Er stieß in den »heroischen« Augenblicken seiner Karriere zum Menschewismus, als man sich einer »linken« Partei anschließen mußte; im übrigen war er der Anwalt der Erdölindustriellen. In der sowjetischen Politik tauchte er zur Zeit der Vernichtung der trotzkistischen Opposition auf. Dieses Subjekt wurde nicht erst zum bonapartistischen Lakaien, sondern ist als solcher geboren. Stalin stützt sich nicht auf das ZK, sondern auf Berija, Wyschinski und ihre Helfer, vor denen die einfachen Mitglieder des ZK zittern.

Aus der Reihe der Diplomaten kamen Litwinow und Potemkin in das letzte ZK. Litwinow ist alter Bolschewik, der der Partei seit ihrer Gründung angehört. Potemkin ist ein früherer bürgerlicher Professor, der nach dem Sieg zu den Bolschewiken stieß und der sich als offensichtlicher und aufdringlicher Höfling die verdiente Geringschätzung all derer zuzog, die ihn kannten. Jetzt hat Potemkin Litwinow nicht nur als Leiter der Diplomatie abgelöst, sondern spielt auch auf Parteiebene eine weitaus größere Rolle als Litwinow. Von den alten Militärs ist Budjonnyj, im Grunde durch nichts mit der Partei verbunden, Mitglied des ZK, und der frühere General Schaposchnikow Kandidat. Die politische Physiognomie des letzteren läßt sich daran deutlich machen, daß während des sowjetisch-polnischen Krieges der damalige Volkskommissar die Zeitschrift »Militärwesen« (*Wojennoje djelo*) einstellen ließ, in der Schaposchnikow einen ungewöhnlich rüden, chauvinistischen Artikel im Geiste der guten Zarenzeit veröffentlicht hatte (»heimtückische Polacken« u. ä.). Schaposchnikow hat kein Profil, nicht einmal ein militärisches: er ist der gefügige Beamte des zaristischen Generalstabes, mehr nicht; über seine politische Physiognomie zu sprechen, ist ganz und gar überflüssig. Schaposchnikow, der die Säuberung, die die Blüte des Kommandobestands vernichtet hat, unbeschadet überstand, ist jetzt neben Potemkin eine Symbolfigur des Stalinschen ZK.

Das ZK als ZK ist eine vielköpfige Fiktion. Die wichtigsten Fragen, so die Säuberung des ZK selbst, können selbstverständlich nicht im ZK erörtert werden, weil 32,4 % der Mitglieder nicht beschließen können, die Vernichtung der restlichen 67,6 % Mitglieder durchzuführen. Solche Fragen löst das Über-ZK: Stalin-Jagoda-Jeschow-Wyschinski. Das Schicksal der Partei hängt kein bißchen vom ZK ab, so wie das Schicksal des ZK selbst nicht von der Partei abhängt.

Das Schicksal des Politbüros seinerseits hängt durchaus nicht vom Zentralkomitee ab. Am besten erweist sich das daran, daß sich das Politbüro in der Stalinzeit vergleichsweise wenig verändert hat, wohingegen das ZK, das es »wählt«, periodisch liquidiert wird. Aber sogar das unveränderte Politbüro ist nur eine mehr oder weniger standhafte Dekoration: Macht hat es keine. Im Unterschied zum Zentralkomitee setzt sich das Politbüro vorwiegend aus alten Bolschewiken zusammen. Von diesen war zu Lenins Zeiten nur Stalin Mitglied des Politbüros; Kalinin war eine gewisse Zeit Kandidat. Die meisten übrigen Mitglieder, wie Molotow, Andrejew, Woroschilow, Kaganowitsch, Mikojan, sind keineswegs junge Leute, deren Talent man in der letzten Zeit entdeckt hat. Sie waren vor 15 oder 20 Jahren recht gut bekannt; aber eben deshalb kam es niemandem in den Sinn, daß diese Leute fähig seien, die Partei zu führen. Sie halten sich im Politbüro erstens, weil sie ihre völlige Ergebenheit bewiesen haben; zweitens, weil sie in ihrer Eigenschaft als »alte Bolschewiken« eine gewisse Tarnung für Gauner vom Typ Wyschinski, Berija, Potemkin u.a. bieten. In jeder wichtigen Frage stellt Stalin sein »Politbüro« vor vollendete Tatsachen. Gestützt auf die oben wiedergegebenen Tabellen können wir als Ergebnis zwei außerordentlich wichtige Schlußfolgerungen ziehen.

1. Das, was jetzt »monolithische Einheit« der Partei genannt wird, hat einen sozialen und politischen Inhalt, der dem Bolschewismus direkt entgegengesetzt ist. Die echte bolschewistische Partei war stolz auf ihre Einmütigkeit, aber nur insofern, als sie die Avantgarde der Arbeiter auf der Grundlage eines unversöhnlichen revolutionären Programms bildete. Die Partei unterschied sich von allen anderen Strömungen durch Festhalten an der Linie des proletarischen Klassenkampfes. Was die Partei Stalins charakterisiert, ist das systematische Fortschreiten von proletarischer Politik zu einer Politik der Verteidigung der privilegierten Schichten (anfangs der Kulaken, der NEP-Leute, der Bürokraten; später der Bürokraten und der Arbeiter- und Kolchos-Aristokratie. Diese soziale Verlagerung ist eng mit der Änderung des ganzen Programms in Innen- und Außenpolitik verbunden (Sozialismus in einem Lande, Kampf gegen die Gleichheit, Verteidigung der imperialistischen Demokratie, Volksfront u.ä.). Der herrschende Apparat paßt die Partei und ihre Einrichtungen sytsematisch diesem veränderten Programm an, nämlich als Diener neuer stärker privilegierter sozialer Schichten. Die diktatorischen Säuberungen sind das wichtigste Instrument dieser Umformung. Die monolithische Einheit der Partei bedeutet heute nicht Einheit auf dem Boden des proletarischen Programms, sondern ihre Gefügigkeit gegenüber dem Apparat, der dieses Programm verraten hat. die Erneuerung des ZK spiegelte und spiegelt die soziale Wandlung der Partei von Unterdrückten zu Unterdrückern wider.

2. Die zweite Schlußfolgerung ist untrennbar mit der ersten verbunden. Die unbestreitbare Sprache der Zahlen widerlegt die bei der demokratischen Intelligenz gängige Überzeugung, Stalinismus und Bolschewismus seien »ein und dasselbe«.[2] Der Stalinismus entwickelte sich nicht organisch aus dem Bolschewismus, sondern entstand als dessen blutige Negation. Der Prozeß dieser Negation spiegelt sich in der Geschichte des ZK sehr anschaulich wider. Der Stalinismus mußte die führenden Kader des Bolschewismus ausrotten, um das zu werden, was er jetzt ist: Apparat der Privilegierten, Hemmschuh des historischen Fortschritts und Agentur des Weltimperialismus. Der Stalinismus und der Bolschewismus sind Todfeinde.

4 Vgl. Trotzkis »Stalinismus und Bolschewismus«, 28.8.1937, in: *Schriften*, Bd. 3.

# (53)
# Bilanz der Säuberungen*

*Coyoacán, 10. Juni 1939*

Walter Duranty, Korrespondent der *New York Times*, dem der Kreml stets die schmutzigsten journalistischen Aufgaben anvertraut, glaubt uns mitteilen zu müssen, daß die Säuberung Ausmaße erreicht hat, die weit über das hinausgehen, was im Ausland bekannt ist. Die Hälfte der ausgeschlossenen Kommunisten seien in die Reihen der Partei zurückgekehrt. Aber wieviel unschuldige Parteilose hätten gelitten und ähnliches mehr. Walter Duranty entrüstet sich auch diesmal im Auftrag des Kreml. Stalins eigene Lakaien müssen sich jetzt so laut wie möglich über die begangenen Ausschreitungen und Verbrechen empören. Sie sollen damit der öffentlichen Meinung suggerieren, Stalin selbst sei entrüstet, und die Fälschungen, Provokationen, die willkürlichen Verbannungen und Erschießungen hätten ohne sein Wissen und gegen seinen Willen stattgefunden.[1] So etwas können natürlich

* T 4576, 4577 *K itogam chistok* (10.6.1939). BO 77-78 (Mai-Juli 1939). Engl. in: TWr 1938-39, S. 346 f. Frz. in: TŒ 21, S. 218-220.

1 Mitte 1938 wurde auch den Funktionären des Terrors deutlich, daß die »Säuberungen« eine unberechenbare Dynamik angenommen hatten. Conquest (*Am Anfang* ..., S. 558 f.) schreibt: »... der NKWD selbst [hatte] auf seiner unteren, ausführenden Ebene schon Mitte 1938 die Säuberung aus naheliegenden Gründen einschränken wollen. So, wie die Verhaftungen vor sich gingen, wäre innerhalb weniger Monate praktisch die gesamte großstädtische Bevölkerung belastet gewesen. Aber die NKWD-Funktionäre waren in ihrem eigenen System gefangen. Es war unmöglich, einen Mann nicht zu verhaften, der als Agent Hitlers denunziert worden war ... Der Höhepunkt der Massensäuberungen kam im ersten Halbjahr 1938; in den folgenden Monaten ließ der Druck bereits ein wenig nach. Ob das lediglich auf den Verlust an Schwung auf der unteren, ausführenden Ebene zurückzuführen war oder auch auf politischen Druck, der von oben auf Jeschow ausgeübt wurde, ist nicht klar. Stalins Unzufriedenheit mit Jeschow beginnt bestimmt im Frühsommer, als die Pläne, Berija in die Leitung des NKWD zu versetzen, entstanden sein müssen.« Jedenfalls scheint Stalin immer

nur ausgesprochene Narren glauben. Aber selbst Leute, die nicht einfältig sind, neigen dazu, Stalin zumindest in diesem Punkt auf halbem Wege entgegenzukommen; ja, sagen sie, Stalin war zweifellos an der letzten gigantischen Terrorwelle schuld; aber er wollte sie im Rahmen des politisch Zweckmäßigen halten, das heißt, er wollte diejenigen vernichten, deren Vernichtung für seine Herrschaft nötig war. Statt dessen dehnten die unvernünftigen und demoralisierten Erfüllungsgehilfen, von niedrigeren Interessen geleitet, die Säuberung in einem ganz ungeheuerlichen Maße aus und riefen dadurch allgemeine Entrüstung hervor. An diesen Übertreibungen, an dieser selbst aus der Sicht des Kreml sinnlosen Vernichtung Hunderttausender »neutraler« Personen, ist Stalin natürlich nicht schuld.

Wie weit diese Vorstellungen auch das Denken des Mannes auf der Straße gewinnen mögen, so sind sie doch von Anfang bis Ende falsch. Sie setzen vor

mehr gespürt zu haben, daß er einen »Blitzableiter« für die große Unzufriedenheit brauchte. Berija wurde im Juli 1938 zum stellvertretenden Leiter des NKWD ernannt. Eine Kommission, von der Jeschow anscheinend ausgeschlossen war, untersuchte die Arbeit des NKWD im Sommer und Herbst 1938. In mehreren Erlassen wurde vor »Irregularitäten« bei Verhören und Untersuchungen gewarnt und die »Verbesserung« des Personalbestandes des NKWD gefordert. Kurz darauf, am 8.12.1938, wurde Jeschow als NKWD-Chef abgelöst (und Ende März 1939 verhaftet). Allerdings ließ Stalin in einem geheimen Rundschreiben am 20. Januar 1939 zugleich davor warnen, die Kritik am NKWD zu weit zu treiben. Öffentlich aber erklärte er auf dem Parteitag: »Es läßt sich nicht behaupten, daß die Reinigung ohne ernsthafte Fehler durchgeführt wurde. Leider wurden mehr Fehler begangen, als anzunehmen war.« (»Rechenschaftsbericht über die Arbeit des ZK«, in: *Rundschau*, Nr. 17, 25.3.1939, S. 453-471, hier S. 464.)
Obwohl Stalin (darin Hitler bei Anordnung der Judenvernichtung ähnlich) versuchte, seine Verantwortung zu verschleiern, sind nach 1956 unumstößliche Beweise bekanntgeworden, die in der UdSSR nie publiziert, aber von oppositionellen Historikern wie Medwedjew und Antonow-Owssejenko im Ausland veröffentlicht werden konnten; es handelt sich u.a. um von Stalin persönlich zusammengestellte oder abgezeichnete Listen mit Todeskandidaten.
Mit Berijas Amtsantritt wurde der stalinistische Unterdrückungsapparat natürlich nicht beseitigt. Vielen der unter Jeschow Verhafteten, deren »Untersuchung« noch nicht abgeschlossen war, wurde der Prozeß gemacht. Nur wenige (v. a. dringend benötigte Spezialisten) kamen frei, die übrigen wurden zum Tode oder zu langer Lagerhaft verurteilt. Auch gab es weiterhin zahlreiche Verhaftungen unter bestimmten Gruppen, z. B. den aus Spanien zurückkehrenden Offizieren. Die Bedingungen in den Lagern wurden minimal verbessert, um die Zwangsarbeit für den Staat effektiver zu gestalten. Berija wurde durch seine Tätigkeit bis 1953 mehr noch als sein Vorgänger Jeschow zu einem Symbol des Stalinschen Terrorapparats.
(Vgl. Medwedew, *Die Wahrheit...*, S. 268-286; Roy A. Medvedev, *On Stalin and Stalinism*, Oxford [Oxford University Press] 1979, S. 108-111; Conquest, *Am Anfang...*, S. 556-570; Antonow-Owssejenko, *Stalin*, S. 156 f.)

allem voraus, daß Stalin beschränkter ist, als es tatsächlich der Fall ist. Doch er verfügt, besonders auf diesem Gebiet, über genug Erfahrung, um vorhersagen zu können, welches Ausmaß eine Säuberung in dem Apparat annehmen muß, den er selbst maßgeblich geschaffen und geformt hat. Wie bekannt, wurde sie mit langer Hand vorbereitet. Sie begann im Jahre 1935 mit dem Parteiausschluß Zehntausender Oppositioneller, die längst abgeschworen hatten. Niemand verstand diese Maßnahmen. Am wenigsten natürlich die Ausgeschlossenen selbst. Stalins Aufgabe bestand darin, die Vierte Internationale zu vernichten und dabei auch die Generation der alten Bolschewiki auszurotten, und aus den folgenden Generationen alle jene, die mit der Tradition der bolschewistischen Partei moralisch verbunden waren. Um einen derart ungeheuerlichen Plan auszuführen, für den es in der Menschheitsgeschichte nichts Vergleichbares gibt, mußte der Apparat selbst in die Zange genommen werden. Man mußte jeden GPU-Agenten, jeden Verwaltungsfunktionär, jedes Parteimitglied fühlen lassen, daß die geringste Abweichung von diesem oder jenem verbrecherischen Auftrag den Tod des Widerspenstigen und die Zerstörung seiner Familie und Freunde bedeuten würde. Jeder Gedanke an Widerstand in der Partei oder in den arbeitenden Massen mußte von vornherein erstickt werden. Es handelte sich somit nicht um zufällige »Übertreibungen«, nicht um unvernünftigen Eifer auf seiten der Vollstrecker, sondern um eine unentbehrliche Vorbedingung zum Gelingen des eigentlichen Plans. Als Vollstrecker bedurfte es eines hysterischen Schurken wie Jeschow; Stalin kannte seinen Charakter und die Art seiner Arbeit im voraus und plante, sich von ihm zu distanzieren, wenn sein Hauptziel erreicht war. Auf diesem Gebiet ging alles nach Plan.

Noch während der Auseinandersetzung mit der Linken Opposition machte Stalin die Clique seiner nächsten Gesinnungsgenossen mit seiner größten soziologischen und historischen Entdeckung bekannt: Alle Regime der Vergangenheit sind durch die Unentschlossenheit und den Wankelmut der herrschenden Klasse zusammengebrochen. Geht die Staatsmacht im Kampf gegen ihre Feinde erbarmungslos genug vor und schreckt sie vor Massenvernichtung nicht zurück, wird sie stets mit allen Gefahren fertig werden. Schon im Herbst 1927 wurde diese Weisheit von Stalins Agenten in allen Tonarten propagiert mit der Absicht, die öffentliche Meinung der Partei auf die kommenden Säuberungen und Prozesse vorzubereiten. Heute mag es den Herren im Kreml so scheinen — jedenfalls schien es ihnen gestern so —, als sei das große Theorem Stalins durch Tatsachen bestätigt worden. Doch die Geschichte wird auch diesmal die polizeilichen Illusionen scheitern lassen. Wenn ein soziales oder politisches Regime in unversöhnliche Widersprüche zu den Erfordernissen der Entwicklung des Landes gerät, können Repressionen sicherlich seine Existenz eine Zeitlang verlängern, letztendlich jedoch wird der Unterdrückungsapparat selbst allmählich zerbrechen, abstumpfen und auseinanderzufallen beginnen. Stalins Polizeiapparat tritt gerade in dieses Stadium ein. Das Schicksal Jagodas und Jeschows kündigt das zukünftige Schicksal nicht nur Berijas an, sondern auch das des gemeinsamen Herrn dieser drei.

# (54)
# Rätsel UdSSR*

*Coyoacán, 21. Juni 1939*

Zwei Grundzüge charakterisieren gegenwärtig die auswärtige Politik der Großmächte. Erstens das Fehlen jeglichen Systems und jeglicher Konsequenz des Handelns. Besonders phantastische Schwankungen führte in letzter Zeit das Land vor, das historisch das Vorbild verläßlicher Stabilität war, nämlich Großbritannien. Zur Zeit des Münchner Abkommens, im September vergangenen Jahres, proklamierte Chamberlain »diese neue Welt«, die auf der Zusammenarbeit von vier europäischen Staaten gegründet ist.[1] Die inoffizielle Losung der Konservativen war in diesen Tagen, Deutschland den Weg nach Osten zu öffnen. Heute konzentriert die britische Regierung alle Anstrengungen darauf, zu einer Übereinkunft mit Moskau zu kommen — gegen Deutschland.[2] Die Londoner Börse, die

* T 4586-8 *Zagadka SSSR* (21.6.1939). BO 79-80 (August-Oktober 1939). Engl. in: *International Socialist Review*, Juni 1971, und TWr 1938-39, S. 350-360. Frz. TŒ 21, S. 228-239.

1 Die Zustimmung zum Münchner Abkommen wurde von Chamberlain und dem französischen Ministerpräsidenten Daladier damit begründet, durch Befriedigung der deutschen Ansprüche sei nun der Friede auf lange Zeit gesichert. So erklärte Neville Chamberlain am 30.9. nach seiner Rückkehr aus München einer jubelnden Menschenmenge vor Downing Street Nr. 10: »Dies ist das zweite Mal in unserer Geschichte, daß aus Deutschland ein ehrenhafter Friede in die Downing Street zurückgekommen ist. Ich glaube, es ist Friede für unsere Zeit.« (Zit. in: *Survey of International Affairs 1938*, Bd. 2, London u.a. [Oxford University Press] 1951, S. 451.)

2 Nachdem Hitler am 15. März die Tschechei besetzen ließ, rückten die Westmächte etwas von ihrer »Appeasement«-Politik ab. Im April überreichte die französische Regierung der Sowjetunion einen Vorschlag für gegenseitige Beistandsgarantien. Die UdSSR reagierte mit einem Plan für ein Abkommen zwischen Frankreich, Großbritannien und der Sowjetunion über gegenseitige Hilfe im

seinerzeit das Münchner Abkommen mit einer Aufwärtstendenz begrüßte, paßt ihren Pulsschlag jetzt dem Verlauf der anglo-sowjetischen Verhandlungen an. Frankreich folgt dem englischen Zickzack unterwürfig. Es bleibt ihm nichts anderes übrig. Das einzig stabile Moment in Hitlers Politik ist ihre aggressive Dynamik. Niemand weiß, in welche Richtung Deutschland den nächsten Schlag führt. Es ist möglich, daß selbst Hitler das heute noch nicht weiß. Die Peripetien des Gesetzes über die »Neutralität«[3] in den Vereinigten Staaten sind Illustrationen des gleichen Themas.

Der zweite Grundzug der internationalen Politik, der mit dem ersten eng zusammenhängt, ist der, daß niemand den Worten anderer, ja nicht einmal seinen eigenen Glauben schenkt. Jeder Vertrag setzt ein Minimum an gegenseitigem Vertrauen voraus, mehr noch ein Militärbündnis. Indessen haben die Umstände der anglo-sowjetischen Verhandlungen allzu offen gezeigt, daß ein solches Vertrauen nicht vorhanden ist. Dies ist keineswegs eine Frage abstrakter Moral; nur schließt gegenwärtig die objektive Lage der Weltmächte, denen es auf dem Globus nebeneinander zu eng wird, einfach die Möglichkeit einer konsequenten, vorhersehbaren und verläßlichen Politik aus. Jede Regierung versucht, sich gegen wenigstens zwei mögliche Konstellationen abzusichern. Daher rührt die fürchterliche Doppeldeutigkeit der Weltpolitik, die Heuchelei und die Verkrampfung. Je unausweichli-

Falle einer deutschen Aggression. Die britische und die französische Regierung antworteten im Mai ausweichend. Besonders Großbritannien wollte die Sowjetunion weitgehend verpflichten, sich selbst aber nicht binden. Offiziell bekundete die Sowjetunion trotz scharfer Kritik an den Angeboten der Westmächte auf einer Sitzung des Obersten Sowjets Ende Mai noch einmal ihr Interesse an einem solchen Abkommen, da Hitler auf die sowjetischen Annäherungsversuche noch nicht geantwortet hatte. Mitte Juni traf ein hoher Beamter des britischen Außenministeriums in Moskau ein, der weitere, für die UdSSR aber ebenfalls unbefriedigende Vorschläge unterbreitete. (Vgl. Haslam, *The Soviet Union and the Struggle for Collective Security*, S. 211-220.)
Zum Zeitpunkt der Abfassung dieses Artikels waren die diplomatischen Verhandlungen noch im Gange. Zwei Monate später bestätigte sich mit der Unterzeichnung des deutsch-sowjetischen Paktes Trotzkis Prognose des Scheiterns der Verhandlungen zwischen der UdSSR und den Westmächten.

3 Das Neutralitätsgesetz wurde im August 1935 vom Kongreß der USA verabschiedet. Es sollte die Verwicklung der USA in einen europäischen Krieg verhindern; bei Kriegsausbruch sollte automatisch ein Waffenembargo in Kraft treten. Die Verabschiedung dieses Gesetzes war Ausdruck isolationistischer und — nach den Erfahrungen des Ersten Weltkriegs — pazifistischer Stimmungen der großen Mehrheit der amerikanischen Bevölkerung. Präsident Roosevelt lehnte diese zwar ab, mußte aber auf sie Rücksicht nehmen. Im November 1939 wurde die amerikanische Neutralität faktisch aufgehoben, als Briten und Franzosen die Erlaubnis erhielten, Waffen in den USA einzukaufen. Die USA traten dann nach dem japanischen Angriff auf die Pazifikflotte in Pearl Harbor im Dezember 1941 in den Krieg ein.

cher und tragischer die allgemeine Prognose erkennbar wird — die Menschheit geht mit geschlossenen Augen einer neuen Katastrophe entgegen —, desto schwieriger werden Teilprognosen: Was tun England oder Deutschland morgen? Auf wessen Seite wird Polen stehen? Welche Stellung wird Moskau beziehen?

Zur Beantwortung der letzten Frage gibt es besonders wenig Daten. Die sowjetische Presse mischt sich so gut wie nicht in die internationale Politik ein. Weshalb gerade Mister Strang[4] nach Moskau kam und was er dort treibt, geht den sowjetischen Bürger nichts an. Ausländische Telegramme werden gewöhnlich auf der letzten Seite gebracht und meist in »neutraler« Färbung wiedergegeben. Über den Abschluß des deutsch-italienischen Bündnisses[5] oder über die Befestigung der Ålandinseln[6] wird so berichtet, als ob sich die Sache auf dem Mars zugetragen habe. Dieser Scheinobjektivismus vermeidet es, dem Kreml die Hände zu binden. In den vergangenen

4 William Strang (1893-1978) war seit 1919 Beamter des britischen Foreign Office (Außenministerium). Anfang der dreißiger Jahre war er in der britischen Botschaft in Moskau beschäftigt. Im Juni 1939 wurde er zu Verhandlungen in die Sowjetunion entsandt, die ebenso wie zwei Monate später die Militärverhandlungen ergebnislos endeten. Von 1943 bis 1945 war er an der alliierten Deutschlandplanung beteiligt und wirkte anschließend bis 1947 als politischer Berater des Oberkommandierenden der britischen Besatzungsstreitkräfte in Deutschland. Nach seiner Pensionierung 1953 wurde ihm 1954 der neugeschaffene, erbliche Titel eines Baron of Stonesfield verliehen, wodurch er Mitglied des House of Lords wurde. Von 1958 bis 1965 leitete er das Royal Institute of International Affairs.
(*Home and Abroad*, London [Deutsch] 1956.)

5 Am 22.5.1939 schlossen Deutschland und Italien einen militärischen Bündnisvertrag (»Stahlpakt«). Er formalisierte die seit 1936, seit Intervention im spanischen Bürgerkrieg und der deutschen Unterstützung für den italienischen Krieg in Äthiopien bestehende enge Zusammenarbeit (die »Achse Berlin - Rom«, wie Mussolini sie nannte). 1937 war Italien dem »Antikominternpakt« zwischen Japan und Deutschland (aus dem Jahre 1936) beigetreten, der ein gemeinsames propagandistisches und politisches Auftreten gegenüber der Sowjetunion vorsah. Für Hitler war dieser Vertrag neben dem deutsch-sowjetischen Pakt vom 23.8.1939 der wichtigste Schritt zur Vorbereitung des deutschen Angriffs auf Polen.

6 Die Ålandsinseln sind eine seit 1918 zu Finnland (vorher zum russischen Reich) gehörende Inselgruppe am Ausgang des Bottnischen Meerbusens. Wegen ihrer strategischen Bedeutung (Kontrolle des Zugangs nach Leningrad) waren die Ålandsinseln (auf die wegen der überwiegend schwedischen Bevölkerung auch Schweden Ansprüche erhob) 1921 durch ein internationales Abkommen neutralisiert worden. Finnland, das eine antisowjetische und deutschfreundliche Politik betrieb, versuchte seit 1938 die Inseln mit schwedischer Einwilligung zu befestigen, was scharfe sowjetische Proteste hervorrief und einer der Gründe für den finnisch-sowjetischen Krieg von 1939/40 war. Nach den Niederlagen von 1940 und 1944 mußte Finnland die Neutralisierung der Inseln endgültig akzeptieren.

Monaten schrieb die Weltpresse wiederholt über die »Undurchschaubarkeit« sowjetischer Absichten und die »Unvorhersehbarkeit« der Kreml-Methoden. Einer Lösung solcher »unauflösbarer« Rätsel kommen wir um so näher, je entschiedener wir die Erforschung der subjektiven Sympathien und Antipathien Stalins durch eine objektive Einschätzung der Interessen der sowjetischen Oligarchie ersetzen, die Stalin nur personifiziert.

## Haupttriebfedern der Kreml-Politik

Niemand »will« Krieg, und viele »hassen« den Krieg obendrein. Das heißt nur, daß jeder seine Ziele mit friedlichen Mitteln erreichen möchte. Es heißt aber keineswegs, daß es keinen Krieg gibt. Die Ziele, oh je, sind gegensätzlich und lassen eine Aussöhnung nicht zu. Weniger als sonst jemand will Stalin einen Krieg, denn mehr als sonst jemand fürchtet er den Krieg. Dafür hat er genug Gründe. Die nach Maß und Methode ungeheuerlichen »Säuberungen« spiegeln die unerträgliche Spannung zwischen der sowjetischen Bürokratie und dem Volk wider. Die Blüte der bolschewistischen Partei, die Wirtschaftsführer und die Spitzendiplomaten sind vernichtet. Die Blüte des Kommandokaders, die Helden und Idole von Armee und Flotte sind vernichtet. Von fünf Marschällen wurden drei liquidiert. Stalin initiierte diese Säuberung nicht aus der sinnentleerten Laune des orientalischen Despoten: Er war durch den Kampf um die Machterhaltung dazu gezwungen. Das muß man sich ernsthaft klarmachen. Wenn man in der sowjetischen Presse Tag für Tag das Leben in der UdSSR verfolgt und aufmerksam zwischen den Zeilen liest, wird ganz klar, daß die herrschende Schicht sich als Gegenstand des allgemeinen Hasses fühlt. Von den Volksmassen geht die Drohung aus: »Kommt der Krieg — werden wir es ihnen zeigen.« Die Bürokratie zittert um ihre frisch errungenen Positionen. Vorsicht ist der Grundzug ihres Führers, besonders in der Arena der Weltpolitik. Wagemut ist ihm vollkommen fremd. Zwar macht er nicht vor Gewaltanwendung in noch nie dagewesenem Ausmaß halt, jedoch wenn vorher Straflosigkeit gewiß ist. Dafür macht er leicht Zugeständnisse und tritt den Rückzug an, wenn er den Ausgang des Kampfes nicht übersieht. Japan hätte sich nie in einen Krieg mit China eingelassen, wenn es nicht im voraus gewußt hätte, daß Moskau sich den günstigen Vorwand zur Einmischung nicht zunutze machen würde. Auf dem Parteitag im März dieses Jahres erklärte Stalin erstmals laut, daß die Sowjetunion gegenüber den kapitalistischen Ländern ökonomisch noch weit zurück sei.[7] Dies mußte er nicht nur eingestehen, um

7 »Es ergibt sich also, daß wir in der Produktionstechnik und im Wachstumstempo unserer Industrie die wichtigsten Länder schon eingeholt und überholt haben. Worin aber bleiben wir zurück? Wir bleiben immer noch in ökonomi-

das niedrige Lebensniveau der Volksmassen zu erklären, sondern auch um seine Rückzüge auf außenpolitischem Gebiet zu rechtfertigen. Stalin ist bereit, für den Frieden teuer, um nicht zu sagen jeden Preis, zu bezahlen. Nicht, weil er den Krieg »haßt«, sondern weil er seine Folgen fürchtet wie den Tod.

Unter diesem Blickwinkel ist es nicht schwierig, im Vergleich die Vorteile einzuschätzen, die für den Kreml die Alternative eines Abkommen mit Deutschland oder eines Bündnisses mit den »Demokratien« konstituieren. Die Freundschaft mit Hitler würde sofort die Kriegsgefahr von Westen beseitigen und zugleich eine starke Abschwächung der vom Fernen Osten ausgehenden Gefahr. Das Bündnis mit den Demokratien eröffnet nur die Möglichkeit, im Falle eines Krieges Hilfe zu bekommen. Wenn Krieg nicht vermeidbar ist, ist es selbstverständlich besser, Verbündete zu haben, als isoliert zu sein. Aber die Hauptaufgabe Stalinscher Politik besteht nicht darin, günstigere Bedingungen für den Kriegsfall zu schaffen, sondern darin, den Krieg zu vermeiden. Das ist der verborgene Sinn der wiederholten Äußerungen Stalins, Molotows und Woroschilows, daß die UdSSR »keine Verbündeten braucht«.

Die Wiederbelebung der Entente[8] propagiert man heute zwar als verläßliches Mittel zur Vermeidung eines Krieges. Niemand erklärt uns jedoch, warum die Entente dieses Ziel vor 25 Jahren nicht erreicht hat. Die Schaffung des Völkerbundes wurde vor allem damit motiviert, daß andernfalls die Teilung Europas in zwei Lager unvermeidlich zu einem neuen Krieg führe. Als Ergebnis des Experiments der »kollektiven Sicherheit«, kam die Diplomatie jetzt zu dem Schluß, daß die Teilung Europas in zwei unversöhnliche Lager es ermöglicht, den Krieg abzuwenden. Das glaube, wer will! Der Kreml glaubt das jedenfalls nicht. Eine Übereinkunft mit Hitler würde die Grenzen der UdSSR sichern, allerdings Moskau aus der europäischen Politik ausschließen.[9] Stalin könnte sich nichts besseres wünschen. Das Bündnis mit den Demokratien sichert die Grenzen der UdSSR nur insoweit, wie es alle anderen europäischen Grenzen sichert, verwandelt die UdSSR in deren Bürgen und schließt so die Möglichkeit der Neutralität aus.

scher Hinsicht, d.h. in den Ausmaßen unserer Industrieproduktion pro Kopf der Bevölkerung zurück.«
(Josef Stalin, »Rechenschaftsbericht über die Arbeit des ZK der KPdSU[B]«, in: *Rundschau*, Nr. 17, 25.3.1939, S. 453-471, hier S. 458.)

8 Als »Entente« (frz. Einvernehmen) wurde vor dem Ersten Weltkrieg das Bündnis zwischen Frankreich, Großbritannien und Rußland bezeichnet.

9 Mit dem deutsch-sowjetischen Pakt vom 23.8.1939 schien Stalin dies gelungen zu sein. Zum einen akzeptierte Deutschland sowjetische Gebietsansprüche und erklärte sich mit den neuen Grenzen einverstanden, zum anderen griff Hitler die Westmächte an. Die Sowjetunion schien vom Kriege verschont zu bleiben. Doch schon 1940 begann der deutsche Generalstab mit der Vorbereitung des Angriffs auf die Sowjetunion.

Anzunehmen, die Neubildung der Entente sei geeignet, den Status quo zu verewigen, die Möglichkeit jeglicher Grenzverletzungen auszuschließen, hieße, in einer Welt der Schimären zu leben. Vielleicht wäre die Kriegsgefahr für die UdSSR zeitweilig nicht so bedrohlich; sie wäre dann aber weitaus extensiver. Ein Bündnis Moskaus mit London und Paris würde für Hitler bedeuten, daß er nun alle drei Staaten gleichzeitig gegen sich hätte, gleichgültig, welche Grenze er verletzt. Angesichts dieses Risikos wird er sicherlich den höchsten Einsatz wählen, d.h. den Feldzug gegen die UdSSR. In diesem Fall kann sich die »Versicherung« Entente leicht in ihr Gegenteil verkehren.

Auch in jeder anderen Beziehung wäre das Abkommen mit Deutschland die beste Lösung für die Moskauer Oligarchie. Die Sowjetunion könnte Deutschland systematisch fast alle Bodenschätze und Lebensmittel liefern, die ihm fehlen; Deutschland könnte die Sowjetunion mit Maschinen, Industriegütern sowie mit den nötigen technischen Rezepten versehen, sowohl für die zivile als auch für die Rüstungsindustrie.[10] Im Schraubstock der beiden Giganten bliebe Polen, Rumänien und den baltischen Staaten nichts anderes übrig, als jeden Gedanken an eine selbständige Politik aufzugeben und sich auf die bescheidenen Vorteile von Zusammenarbeit und Transit zu beschränken.[11] Moskau würde Berlin in der Außenpolitik gern volle Freiheit in jede Richtung gewähren, eine ausgenommen: die nach Osten. Wer unter diesen Bedingungen an die »Verteidigung der Demokratie« erinnern würde, würde vom Kreml zum Trotzkisten, Agenten Chamberlains und Söldner der Wallstreet erklärt und unverzüglich erschossen.

Vom ersten Tag des nationalsozialistischen Regimes an zeigte Stalin systematisch und nachdrücklich seine Bereitschaft zur Freundschaft mit Hitler. Mitunter geschah dies in Form offener Erklärungen; häufiger aber in Andeutungen, in tendenziösem Schweigen oder — umgekehrt — in Form von Betonungen, die die eigenen Bürger nicht bemerken konnten, ihren Adressaten hingegen unfehlbar erreichten. Über die Arbeit, die dazu hinter den Kulissen geleistet wurde, hat kürzlich W. Kriwitzki[12] sehr ausführlich

10 Über die Wirtschaftsbeziehungen zwischen Deutschland und der UdSSR nach Abschluß des Vertrages bis zum deutschen Überfall am 22. Juni 1941 berichtet Bianka Pietrow, *Stalinismus, Sicherheit, Offensive*, Das ‚Dritte Reich' in der Konzeption der sowjetischen Außenpolitik 1933 bis 1941, Melsungen [Schwartz] 1983, S. 172-178. Sie kommt zu der Schlußfolgerung, »daß Deutschland einen im Vergleich zur UdSSR weitaus größeren Gewinn zog«.

11 Die realen Folgen des deutsch-sowjetischen Paktes für diese Länder waren noch dramatischer: Polen wurde aufgeteilt, das Baltikum sowie die von Rumänien abgetrennte Nordbukowina und Bessarabien wurden von der UdSSR annektiert.

12 Walter Kriwitzki (Samuel Ginsberg) (1899-1941) stammte aus einer jüdischen Familie in der Westukraine und schloß sich 1917 der kommunistischen Bewe-

berichtet, der ehemalige Leiter der sowjetischen Spionageabwehr in Europa. Erst als Hitler mehrmals äußerst feindlich reagierte, setzte in der sowjetischen Politik ein Umschwung auf die Seite des Völkerbundes, der kollektiven Sicherheit und der Volksfront ein. Die neue diplomatische Melodie, untermalt von den Trommeln, Pauken und Saxophonen der Komintern, wurde im Laufe des letzten Jahres für das Trommelfell immer gefährlicher. Aber in Momenten der Stille waren darunter jedesmal leisere, leicht melancholische, intimere Noten zu hören, die für die Ohren Berchtesgadens[13] bestimmt waren. In dieser scheinbaren Ambivalenz liegt fraglos ihre innere Einheitlichkeit.

Die gesamte Weltpresse wandte ihre Aufmerksamkeit der Offenheit zu, mit der Stalin in seiner Rede auf dem letzten Parteitag im März dieses Jahres mit Deutschland kokettierte und gleichzeitig Schläge an England und

gung an. Schon im Bürgerkrieg übernahm er Geheimaufträge für die Rote Armee (z. B. Sabotage im Hinterland der Weißen) und wurde dann ein wichtiger Mitarbeiter des sowjetischen Geheimdienstes im Ausland. Trotz seiner Bedenken arbeitete er unter Stalin weiter. Nach den Moskauer Prozessen und nachdem der sowjetische Geheimdienstler Ignaz Reiss (»Ludwig«) sich 1937 öffentlich für Trotzki erklärt hatte und deswegen von GPU-Agenten ermordet worden war, gab Kriwitzki öffentliche Erklärungen über die Hintergründe der »Säuberungen« in der Sowjetunion und den stalinistischen Terror in Spanien ab. Dabei berichtete er auch zum ersten Mal von Stalins Versuchen, mit Hitler ins Gespräch zu kommen. Kriwitzki traf in Paris Leo Sedow, um ihn vor Stalins Mordplänen zu warnen, distanzierte sich aber politisch von Trotzki und näherte sich der Sozialdemokratie. Anfang 1938 ging er in die USA, wo er eine Reihe von (gegen seinen Willen sensationell aufgemachten) Enthüllungsartikeln schrieb, die dann als Buch erschienen. Er bemühte sich, stalinistische Agenten zu entlarven. Von der stalinistischen Presse verleumdet und vom sowjetischen Geheimdienst verfolgt, wurde er am 10. Februar 1941 in einem Hotel in Washington, D. C., tot aufgefunden. Als Todesursache gab die Polizei »Selbstmord« an.

(Vgl. »Is wospominanii sowjetskowo kommunista« [»Aus den Erinnerungen eines sowjetischen Kommunisten«], in: *Sozialistitscheski Wjestnik*, Nr. 6, 31.10.1938; Nr. 7, 15.4.1938; Nr. 8, 29.4.1938; seine Aussage vor einem amerikanischen Kongreß-Ausschuß in: US Congress, House Special Committee on Un-American Activities, *Investigations of Un-American Propaganda Activities in the US*, Hearings September 28 - October 14, 1939, Bd. 9, Washington 1939, S. 5719-5742; *Ich war in Stalins Dienst!*, Amsterdam [De Lange] 1940; Paul Wohl, »Walter G. Krivitsky«, in: *The Commonweal*, 28.2.1941, S. 462-468; Flora Lewis, »Who Killed Krivitsky«, in: *Washington Post*, 13.2.1966; Jean Monds, »Krivitsky & Stalinism in the Spanish Civil War«, in: *Critique*, Nr. 9, 1979, S. 7-35; Elisabeth K. Poretski, *Les Nôtres*, Vie et mort d'un agent soviétique, Paris [Denoël] 1969.)

13 Hitler hatte sich auf dem Obersalzberg bei Berchtesgaden ein Wochenend- und Sommerhaus errichten lassen, das ihm oft als Ersatz-Reichskanzlei diente.

Frankreich austeilte, als »Kriegstreiber, die das Feuer mit fremden Händen schüren«.[14] Völlig unbemerkt blieb dagegen der ergänzende Vortrag von Manuilski über die Kominternpolitik; indessen ist auch dieser Vortrag von Stalin redigiert. Die traditionelle Forderung nach Befreiung aller Kolonien hatte Manuilski erstmals durch eine neue Losung ersetzt: »Kampf für die Verwirklichung des Rechtes auf Selbstbestimmung der Völker, die *von den faschistischen Staaten unterjocht werden*... Die Kommunisten fordern die freie Selbstbestimmung Österreichs, des Sudetengebiets..., ... Koreas, Formosas, Abessiniens, ...« Was Indien, Indochina, Algerien und andere Kolonien Großbritanniens und Frankreichs angeht, so beschränkt sich Stalins Agent auf den harmlosen Wunsch nach »Verbesserung der Lage der werktätigen Massen«. Zugleich fordert er, daß die Kolonialvölker künftig ihren Befreiungskampf »dem Ziel der Zerschmetterung des Faschismus, dieses schlimmsten Feindes der Werktätigen«, unterordnen.[15] Mit anderen Worten, die englischen und französischen Kolonien sind nach der neuen Kominterntheorie verpflichtet, ihre Metropolen gegen Deutschland, Italien und Japan zu unterstützen. Der augenfällige Widerspruch beider Vorträge hat in Wirklichkeit nur Scheincharakter. Stalin übernahm den wichtigeren Teil der Aufgabe: den direkten Vorschlag an Hitler zur Einigung gegen die demokratischen »Kriegsprovokateure«. Manuilski beauftragte er, Hitler mit der Annäherung der UdSSR an die demokratischen »Provokateure« zu erschrecken und so die ihnen entstehenden enormen Vorteile hervorzuheben, die das Bündnis mit der UdSSR für sie hat: niemand außer dem Kreml, dem alten Freund der geknechteten Völker, wäre in der Lage, den Kolonien die Notwendigkeit zu suggerieren, ihren demokratischen Herren während eines Krieges mit dem Faschismus die Treue zu bewahren. Das sind die Haupttriebfedern der Kremlpolitik, einheitlich trotz äußerer Gegensätze. Von Anfang bis Ende ist sie durch die Interessen der herrschenden Kaste definiert, die alle Prinzipien über Bord geworfen hat, außer dem Prinzip der Selbsterhaltung.

## Hitler und die UdSSR

Die Mechanik lehrt, daß sich Kraft durch Masse und Geschwindigkeit definiert. Die Dynamik der Außenpolitik Hitlers sichert Deutschland eine beherrschende Lage in Europa, teilweise auch in der übrigen Welt. Für wie lange, ist eine andere Frage. Wenn Hitler sich unterwerfen würde (vorausge-

14 Vgl. Text 49.
15 D. Manuilski, »Bericht der Delegation der KPdSU(B) im Exekutivkomitee der Kommunistischen Internationale«, in: *Rundschau*, Nr. 20, 31.3.1939, S. 529-542, hier S. 536.

setzt, er könnte sich unterwerfen), würde London Moskau erneut den Rücken kehren. Andererseits hängt die stündlich erwartete Antwort Moskaus auf die Londoner Vorschläge weitaus mehr von Hitler als von Stalin ab. Wenn Hitler schließlich auf die diplomatischen Avancen Moskaus eingeht, erhält Chamberlain eine Absage. Wenn Hitler schwankt oder tut, als ob er schwanke, wird der Kreml mit allen Kräften die Verhandlungen hinauszögern. Stalin wird einen Vertrag mit England nur abschließen, wenn er überzeugt ist, daß ein Abkommen mit Hitler für ihn außer Reichweite ist.

Dimitroff, der Sekretär der Komintern, gab bald nach dem Münchner Abkommen im Auftrag Stalins einen genauen Kalender zukünftiger Eroberungszüge Hitlers bekannt.[16] Ungarn wird im Frühjahr 1939 unterworfen; *im Herbst desselben Jahres wird Polen Ziel der Eroberungspolitik.* Jugoslawien ist im folgenden Jahr an der Reihe. Im Herbst 1940 wird Hitler in Rumänien und Bulgarien einfallen. Im Frühjahr 1941 werden die Schläge gegen Frankreich, Belgien, Holland, Dänemark und die Schweiz gerichtet sein. *Für den Herbst 1941 schließlich will Deutschland den Angriff auf die Sowjetunion eröffnen.* Möglich, daß dies — natürlich weniger vollständig — Erkenntnisse der sowjetischen Aufklärung sind. Vielleicht sind sie aber auch Produkt reiner Spekulation, die beweisen soll, daß Deutschland zuerst seine westlichen Nachbarn niederwirft und erst dann die Waffen gegen die Sowjetunion richtet. Wieweit wird sich Hitler nach Dimitroffs Kalender richten? Um diese Frage drehen sich jetzt Vermutungen und Pläne in den verschiedenen Hauptstädten Europas.

Das erste Kapitel des Hitlerschen Weltplans, die Schaffung einer breiten nationalen Basis, dazu das tschechoslowakische Sprungbrett, ist abgeschlossen. Die nächste Etappe der deutschen Aggression hat zwei mögliche Varianten. Entweder ein sofortiges Abkommen mit der UdSSR, um die Hände im Südwesten und Westen freizubekommen; in diesem Fall würden die Vorstellungen bezüglich der Ukraine, des Kaukasus und des Urals in den Operationen Hitlers das dritte Kapitel ausmachen. Oder der sofortige Schlag nach Osten, die Zerstückelung der Sowjetunion, die Absicherung im Osten. In diesem Fall wäre der Schlag gegen den Westen das dritte Kapitel.

Ein dauerhaftes Abkommen mit Moskau, ganz im Geiste Bismarckscher

16 Vgl. Georgi Dimitroff, »Die Einheitsfront gegen den Faschismus nach der Münchener Verschwörung«, in: *Rundschau*, Nr. 55, 10.11.1938, S. 1861-1866, hier S. 1864.
Die tatsächliche Entwicklung verlief folgendermaßen: Ungarn, Rumänien und Bulgarien schlossen sich dem deutschen Bündnissystem an. Nach dem Überfall auf Polen am 1.9.1939 begann der Westfeldzug gegen die Benelux-Staaten und Frankreich am 10.5.1940, nachdem bereits am 9.4.1940 Dänemark und Norwegen angegriffen worden waren. Der Krieg auf dem Balkan gegen Jugoslawien und Griechenland wurde am 6.4.1941 eröffnet; der Angriff auf die UdSSR begann am 22.6.1941.

Tradition[17], würde für Deutschland nicht nur enorme wirtschaftliche Vorteile bringen, sondern ihm auch erlauben, aktive Weltpolitik zu betreiben. Jedoch hat Hitler seit dem Tag seines Machtantritts beharrlich die ausgestreckte Hand Moskaus zurückgewiesen. Da Hitler die deutschen »Marxisten« vernichtete, durfte er seine innenpolitische Position in den ersten Jahren nicht durch Annäherung an das »marxistische« Moskau schwächen. Wichtiger waren jedoch außenpolitische Überlegungen: Um England zu veranlassen, die Augen vor der illegalen Wiederbewaffnung Deutschlands und der Verletzung des Versailler Vertrages zu schließen, mußte Hitler als Beschützer der europäischen Kultur vor der bolschewistischen Barbarei auftreten. Diese beiden Gründe haben jetzt an Wichtigkeit verloren. In Deutschland sind die sozialdemokratische und die kommunistische Partei, die sich durch die schmähliche Kapitulation vor den Nazis selbst entehrt haben, heute eine bedeutungslose Größe. In Moskau sind vom Marxismus nur schlechte Marxbüsten übriggeblieben. Die Entstehung einer neuen privilegierten Schicht in der UdSSR und die Absage an eine internationale Revolutionspolitik, die durch massenhaftes Ausmerzen von Revolutionären bekräftigt wurde, verminderte in starkem Maße die Furcht, in die Moskau die kapitalistische Welt versetzte. Der Vulkan ist erloschen, die Lava erkaltet. Es versteht sich, daß die kapitalistischen Staaten auch jetzt gern bei der Wiedererrichtung des Kapitalismus in der UdSSR helfen würden. Aber sie betrachten dieses Land nicht mehr als Brutstätte der Revolution. Das Bedürfnis nach einem Feldherrn für den Kreuzzug gen Osten besteht nicht mehr. Hitler selbst hat früher als andere die gesellschaftliche Bedeutung der Moskauer Säuberungen und der Justizspektakel verstanden, weil er in jedem einzelnen Fall sicher wußte, daß weder Sinowjew noch Kamenjew, Rykow, Bucharin, Marschall Tuchatschewski, noch Hunderte anderer Revolutionäre, Staatsbeamte, Diplomaten und Generäle seine Agenten waren. Ebenso entfiel für Hitler die Notwendigkeit, die Downing Street[18] durch Interessengemeinschaft gegen die UdSSR zu hypnotisieren, weil er von seiten Englands mehr bekam, als er gehofft hatte — alles, was man bekommen konnte, ohne zu den Waffen zu greifen.[19] Wenn er nichtsdestoweniger dem Kreml entgegenkommt, dann

17 Bismarcks Außenpolitik zielte auf eine Verständigung mit dem zaristischen Rußland (Dreikaiserbund 1873, Rückversicherungsvertrag 1887), die Deutschland im Falle eines Krieges mit Frankreich den Rücken freihalten sollte. Beide Seiten teilten das Interesse an der Niederhaltung des geteilten Polens. Bismarcks Nachfolger setzten an die Stelle seiner europäischen Gleichgewichtspolitik den Kampf um die deutsche Vorherrschaft in Europa.

18 Downing Street Nr. 10 — der Wohn- und Amtssitz des britischen Premierministers.

19 Großbritannien hatte im Rahmen der »Appeasement«-Politik die deutsche Aufrüstung und Expansion hingenommen. Symptomatisch dafür waren das

offensichtlich deshalb, weil er die UdSSR fürchtet. Mit ihrer Bevölkerung von 170 Millionen, der Unerschöpflichkeit der natürlichen Reichtümer, den unbestrittenen Industrialisierungserfolgen, dem Ausbau der Verkehrswege, wird die UdSSR — so kombiniert Hitler — Polen, Rumänien und die Baltenstaaten schnell an sich reißen und mit all ihrer Masse gerade in dem Moment an die Grenzen Deutschlands vorrücken, wenn das Dritte Reich in den Kampf um die Neuverteilung der Welt einbezogen sein wird. Um England und Frankreich ihrer Kolonien zu berauben, muß man sich zunächst den eigenen Rücken freihalten, und so spielt Hitler mit dem Gedanken an einen Präventivkrieg gegen die UdSSR.

Gewiß kennt der deutsche Stab aufgrund früherer Erfahrung die Schwierigkeiten einer Besetzung Rußlands oder auch nur der Ukraine recht gut.[20] Hitler rechnet allerdings mit der Labilität des Stalinschen Regimes. Einige ernste Niederlagen der Roten Armee, so spekuliert er, werden für den Sturz der Kremlregierung ausreichen. Und weil es keinerlei organisierte Kräfte im Lande gibt, die weiße Emigration dem Volk völlig fremd ist, wird nach dem Niedergang Stalins lange Zeit ein Chaos herrschen, das man einerseits für die unmittelbare wirtschaftliche Plünderung, Aneignung der Goldreserven, Ausfuhr jeder Art von Bodenschätzen usw., andererseits für einen Schlag gegen den Westen ausnutzen kann. Die lebhaften Handelsbeziehungen zwischen Deutschland und der UdSSR[21] — jetzt ist erneut die Rede von einer Reise von Industrievertretern aus Berlin nach Moskau — zeugen für sich genommen noch nicht davon, daß eine lange Periode des Friedens vor uns liegt. Bestenfalls bedeuten sie, daß der Zeitpunkt für den Krieg noch nicht feststeht. Kredite in Höhe von einigen Hundert Millionen Mark können den Krieg nicht eine Stunde aufhalten, denn im Krieg geht es nicht um Hunderte von Millionen, sondern um -zig Milliarden, um die Eroberung von Ländern und Kontinenten, um die Neuverteilung der Welt. Verlorene Kredite werden nötigenfalls den kleinen Ausgaben des großen Unternehmens zugerechnet. Zugleich ist die Bewilligung neuer Kredite kurz vor Beginn militärischer Operationen eine passable Methode zur Desorientie-

deutsch-britische Flottenabkommen von 1935 (Großbritanniens Zustimmung zum Wiederaufbau der deutschen Kriegsflotte) und das Münchener Abkommen.

20 Im Ersten Weltkrieg war neben Polen, Teilen des Baltikums und Weißrußlands auch die Ukraine 1918 von deutschen und österreichisch-ungarischen Truppen besetzt worden. Das von Deutschland in der Ukraine errichtete Marionettenregime, das »Hetmanat«, stieß auf heftigen Widerstand, der zu einem Partisanenkampf gegen die Besatzungstruppen führte.

21 Zu den deutsch-sowjetischen Wirtschaftsbeziehungen zwischen 1933 und 1939 vgl. Pietrow, *Stalinismus*, S. 48 f., und Haslam, *The Soviet Union and the Struggle for Collective Security*, S. 81 f., 85 f., 103 und 202.

rung des Gegners. In jedem Fall entscheidet Hitler gerade jetzt, im kritischen Augenblick der anglo-sowjetischen Verhandlungen, in welche Richtung er seine Aggression lenken soll: in den Osten oder den Westen?

## Die Zukunft der Militärbündnisse

Vielleicht stellt sich heraus, daß die Unterscheidung zwischen »zweitem« und »drittem« Kapitel der bevorstehenden deutschen Expansion eine pedantische Konstruktion ist: Die Wiederherstellung der Entente würde Hitler der Möglichkeit berauben, seine Aufgaben der Reihe nach zu lösen und seine Schläge zu staffeln, weil der Konflikt, gleichgültig, wo er beginnt, sich unverzüglich auf alle Grenzen Deutschlands ausdehnt. Allerdings ist diese Überlegung nur bedingt zuverlässig. Deutschland hat gegenüber seinen zukünftigen Feinden eine zentrale Stellung inne; es kann manövrieren und seine Reserven auf inneren Operationslinien jeweils in die wichtigste Richtung werfen. Solange die Initiative der militärischen Operationen bei Deutschland liegt — und zu Beginn des Krieges wird sie zweifelsohne hier liegen — wird Deutschland jeweils einen Hauptfeind aussuchen und die anderen Fronten als zweitrangig behandeln. Einheitliches Vorgehen Englands, Frankreichs und der UdSSR könnte zwar die Handlungsfreiheit des deutschen Oberkommandos bedeutend einengen: und eben deshalb wäre ein Dreierbündnis notwendig. Aber einheitliches Handeln muß auch tatsächlich verwirklicht werden. Allerdings zeigt schon die angespannte Auseinandersetzung um die Vertragsformulierungen, wie sehr jeder Vertragspartner sich bemüht, die eigene Handlungsfreiheit auf Kosten seiner künftigen Bündnispartner zu bewahren. Wenn dieses oder jenes Mitglied der neuen Entente es für zweckmäßiger hielte, sich in einem gefährlichen Augenblick zurückzuhalten, würde ihm Hitler bereitwillig die juristische Grundlage für einen Vertragsbruch liefern: dazu würde es ausreichen, den Kriegsbeginn durch solche diplomatischen Manöver zu verschleiern, die die Bestimmung des »Aggressors« außerordentlich erschweren — wenigstens vom Standpunkt des Ententemitglieds, das an der Verschleierung der Frage interessiert ist. Doch lassen wir den Extremfall des offenen »Verrats« außer acht, bleibt dennoch die Frage nach dem Grad, in dem der Vertrag erfüllt wird. Wenn Deutschland gegen den westlichen Nachbarn losschlägt, wird England Frankreich sofort mit allen Kräften zu Hilfe kommen, weil das das Schicksal Großbritanniens unmittelbar berührt. Die Lage sähe jedoch ganz anders aus, sollte Deutschland seine Hauptkräfte nach Osten werfen. England und Frankreich sind natürlich nicht an einem entscheidenden Sieg Deutschlands über die Sowjetunion interessiert, aber sie haben nichts gegen eine wechselseitige Schwächung dieser beiden Länder. Hitlers Aufgaben im Osten sind angesichts des wahrscheinlichen Widerstandes Polens und Rumäniens, angesichts der riesigen Räume und Bevölkerungsmassen so unermeßlich, daß sie auch bei einem für ihn günstigen Verkauf der Operationen große Kräfte und viel Zeit erfordern würden. England und Frankreich können die gesamte erste Periode, die je nach den Ereignissen von längerer oder kürzerer Dauer ist, verhältnismäßig bequem nutzen, und zwar zur Mobilmachung, zum Übersetzen der englischen Truppen über den Kanal, zur Konzentrierung der Kräfte, zur Wahl des richtigen Augenblicks, wobei sie es der Roten Armee überlassen, die ganze Last des deutschen Angriffs auszuhalten.[22] Wenn die UdSSR dann in eine schwierige Lage gerät, können die Bündnispartner neue Bedingungen stellen, die der Kreml nicht einfach wird ablehnen können. Als Stalin im März auf dem Parteitag sagte, daß England und Frankreich an einem langwierigen Krieg zwischen Deutschland und der Sowjetunion interessiert seien, um im letzten Moment mit frischen Kräften als Schiedsrichter zu erscheinen[23], hatte er nicht unrecht.

22 Im Zweiten Weltkrieg zögerten die westlichen Alliierten die Eröffnung der »zweiten Front« hinaus, so daß die Sowjetunion fast drei Jahre lang allein die Last des Krieges trug. Großbritannien und die USA kämpften nur auf Nebenkriegsschauplätzen wie in Nordafrika (bis Mai 1943) und Italien (Landung auf Sizilien am 10.7.1943). Als sie am 6.6.1944 in der Normandie angriffen, zeichnete sich bereits der Sieg der Roten Armee im Osten ab.
Drei Viertel aller Verluste erlitt die Hitler-Armee im Zweiten Weltkrieg an der Ostfront; die Sowjetunion verlor im Verlauf des Krieges 20,3 Millionen Menschen.

23 »In der Politik ... [Frankreichs und Großbritanniens] macht sich das Bestreben, der Wunsch geltend, den Aggressoren bei der Ausführung ihres dunklen Werks nicht hinderlich zu sein, zum Beispiel Japan nicht hinderlich zu sein, sich in einen Krieg gegen China, noch besser aber gegen die Sowjetunion einzulassen, zum Beispiel Deutschland nicht hinderlich zu sein, sich in den europäischen Angelegenheiten zu verstricken, sich in einen Krieg gegen die Sowjetunion einzulassen, alle Kriegsteilnehmer tief in den Morast des Krieges versinken zu lassen, sie im stillen dazu anzuspornen, dazu zu bringen, daß sie einander abschwächen und erschöpfen, dann aber, wenn sie genügend geschwächt sein werden, mit frischen Kräften auf dem Schauplatz zu erscheinen und, natürlich, ‚im Interesse des Friedens' aufzutreten und den geschwächten Kriegsteilnehmern die Bedingungen zu diktieren.«
(Stalin, »Rechenschaftsbericht ...« [Anm. 7], S. 456.)

24 Danzig wurde nach dem Ersten Weltkrieg von Deutschland abgetrennt und als ‚Freie Stadt' unter die Aufsicht des Völkerbundes gestellt. Nachdem die Tschechoslowakei im März 1939 zerschlagen worden war, wurde Polen zum nächsten Angriffsziel des Dritten Reiches. Seit Frühjahr 1939 wurde in immer bedrohlicherer Form die Angliederung der Stadt an das Reich und eine Verbindung zwischen Ostpreußen und dem übrigen Reichsgebiet gefordert.

Ebenso richtig ist aber, daß Moskau, sollte Hitler, nachdem er die Aufmerksamkeit durch das Spektakel um Danzig[24] abgelenkt hat, den Hauptschlag gegen Westen führen, bereitwilligst die Vorteile seiner Lage ausnutzen wird. Seine freiwilligen und unfreiwilligen Helfer werden in dieser Beziehung die Anrainerstaaten sein. Ein direkter Einmarsch Hitlers nach Polen würde dort verständlicherweise das Mißtrauen gegenüber der UdSSR vertreiben, und die Warschauer Regierung würde die Rote Armee selbst zu Hilfe rufen. Wenn im anderen Fall Hitler nach Westen oder Süden vorgeht, würden sich Polen sowie Rumänien, in stillschweigendem Einverständnis mit dem Kreml, mit allen Kräften einem Einmarsch der Roten Armee in ihr Territorium widersetzen. Das Hauptgewicht des deutschen Schlags lastet in diesem Fall auf Frankreich. Moskau wird abwarten. Wie exakt auch immer der neue Pakt auf dem Papier formuliert sein wird, das Dreierabkommen ist nicht nur ein Militärbündnis, sondern auch ein Dreieck antagonistischer Interessen. Das Mißtrauen Moskaus ist um so natürlicher, als es niemals gelingen wird, Frankreich in Gegensatz zu England oder England in Gegensatz zu Frankreich zu bringen; dagegen finden diese Länder immer eine gemeinsame Sprache für vereinten Druck auf Moskau. Hitler kann diesen Antagonismus zwischen den Bündnispartnern mit Erfolg ausnutzen.

Aber nicht für lange. Im totalitären Lager brechen die Widersprüche vielleicht etwas später auf, aber dann um so heftiger. Selbst wenn man das ferne Tokio außer acht läßt, ist die »Achse Berlin — Rom« wohl nur kraft des gewaltigen Übergewichts Berlins gegenüber Rom und der direkten Unterwerfung Roms unter Berlin dauerhaft und verläßlich. Dadurch wird gewiß eine große Gemeinsamkeit und Schnelligkeit im Handeln erreicht. Doch nur bis zu einer gewissen Grenze. Alle drei Mitglieder dieses Lagers zeichnen sich durch das extreme Ausmaß ihrer Ansprüche aus, und ihr Appetit auf die Welt wird lange vor dem Sättigungsgrad aufeinanderprallen. Keine »Achse« wird die Last des kommenden Krieges aushalten.

Das Gesagte bestreitet selbstverständlich internationalen Verträgen und Bündnissen, die so oder anders die Ausgangslage der Staaten in einem zukünftigen Krieg bestimmen, nicht jegliche Bedeutung. Aber diese ist sehr eingeschränkt. Wenn er sich einmal von der Kette losgerissen hat, wird der Krieg schnell die Grenzen diplomatischer Abmachungen, wirtschaftlicher und militärischer Pläne überschreiten. Ein Regenschirm ist bei Londoner Nieselwetter sehr nützlich. Aber vor einem Zyklon schützt er nicht. Bevor aber ein erheblicher Teil unseres Planeten in Trümmer fällt, wird der Wirbelsturm des Krieges nicht wenige diplomatische Regenschirme zerbrechen. Die »Heiligkeit« von Bündnisverpflichtungen erweist sich als nichtiges Vorurteil, wenn die Völker sich in erstickenden Giftgaswolken krümmen. »Rette sich, wer kann!«, wird zur Parole der Regierungen, Nationen und Klassen. Verträge sind nicht dauerhafter als die Regierungen, die sie abgeschlossen haben. Die Moskauer Oligarchie wird in jedem Fall den Krieg nicht überleben, den sie aus gutem Grund fürchtet.[25] Der Sturz Stalins wird Hitler jedoch nicht retten, der mit der Unfehlbarkeit eines Schlafwandlers in die größten historischen Katastrophen tappt. Ob dabei die anderen Teilnehmer des blutigen Spieles gewinnen, ist eine andere Frage.

25 Tatsächlich ging die stalinistische Bürokratie infolge ihres Bündnisses mit dem »demokratischen Imperialismus« aus dem Weltkrieg als Siegermacht hervor und hatte neues »revolutionäres« Prestige errungen.

# (55) Der Kreml in der Weltpolitik*

*Coyoacán, 1. Juli 1939*

Moskau wird eingeladen, Moskau wird umschmeichelt, Moskau wird angefleht, sich der »Friedensfront« anzuschließen und zur Verteidigung des Status quo anzutreten. Grundsätzlich war Moskau dazu längst bereit, doch jetzt kommen ihm Zweifel, ob die kapitalistischen Demokratien bereit sind, für die bestehende Ordnung mit der erforderlichen Energie zu kämpfen. Dieser paradoxe Rollentausch zeigt, daß sich etwas unter der Sonne geändert hat, nicht so sehr an Themse und Seine, als an der Moskwa. Wie stets bei Prozessen organischen Charakters sind die Veränderungen allmählich gereift. Unter dem Einfluß eines großen historischen Ereignisses treten sie dann jedoch plötzlich zutage und werfen eben dadurch alle Vorstellungen über den Haufen.

In den letzten fünfzehn Jahren[1] hat die sowjetische Außenpolitik eine nicht weniger bedeutsame Entwicklung wie das innere Regime durchgemacht. Im August 1914 erklärte der Bolschewismus, daß die Grenzen der kapitalistischen Staaten mit ihren Zollschranken, Armeen und Kriegen ebenso große Hindernisse für die Entwicklung der Weltwirtschaft wären, wie es die Provinzzölle des Mittelalters für die Schaffung der Nationalstaaten gewesen waren. Der Bolschewismus sah seine historische Aufgabe in der Beseitigung der nationalen Grenzen im Namen der Vereinigten Sowjetstaaten Europas und der Welt. Im November 1917 begann die bolschewistische Regierung einen unversöhnlichen Kampf gegen alle bürgerlichen Staaten,

* T 4589-91 *Kreml - konservativnyi faktor mirovoi politiki* (1.7.1939). Engl. in: *New International*, Oktober 1942, und TWr 1938-39, S. 361-370. Frz. in: TŒ 21, S. 250-261.

1 Stalin verkündete die Doktrin vom »Sozialismus in *einem* Land« erstmals im Dezember 1924.

unabhängig davon, wie ihre Staatsform aussah. Nicht deshalb, weil Lenin im allgemeinen dem Unterschied zwischen Militärdiktatur und parlamentarischer Demokratie keine Bedeutung beimaß, sondern weil in seinen Augen die Außenpolitik eines Staates nicht durch die Staatsform, sondern durch die materiellen Interessen der herrschenden Klasse bestimmt wird. Gleichzeitig trennte der Kreml jener Periode scharf zwischen imperialistischen, kolonialen oder halbkolonialen Nationen und stellte sich völlig auf die Seite der Kolonien gegen die Mutterländer, auch hier, ohne auf die jeweilige Staatsform zu achten.

Es ist richtig, daß die Sowjetregierung im Kampf um ihre Selbstverteidigung von Anfang an nicht darauf verzichtete, die Gegensätze zwischen bürgerlichen Staaten auszunutzen und zeitweilige Abkommen mit den einen gegen andere schloß. Aber damals handelte es sich um Abkommen begrenzter Reichweite und spezifischen Charakters: mit dem besiegten und isolierten Deutschland, mit halbkolonialen Ländern wie der Türkei[2] und China und schließlich mit dem in Versailles benachteiligten Italien.[3] Das Grundprinzip der Kremlpolitik war außerdem, daß ein solches Abkommen der Sowjetregierung mit einem bürgerlichen Staat die betreffende nationale Sektion der Kommunistischen Internationale zu nichts verpflichtete. So mobilisierte die deutsche kommunistische Partei in der Zeit nach dem Vertrag von Rapallo (April 1922) — als zwischen Moskau und Berlin eine wirtschaftliche und teilweise auch eine militärische Zusammenarbeit zustande kam — die Massen offen für einen revolutionären Aufstand[4], und wenn ihr dabei kein Erfolg beschieden war, so war es keineswegs deswegen, weil sie durch die Kremldiplomatie daran gehindert wurde. Die der Sowjetregierung und der Komintern gemeinsame revolutionäre Ausrichtung der Politik schloß in dieser Periode natürlich die Möglichkeit aus, daß sich die Sowjetrepublik an einem System von Staaten beteiligte, die an der Erhaltung der bestehenden Ordnung interessiert waren.

Die Angst vor der revolutionären Rolle des Kremls hielt sich in den

2 Am 16.3.1921 schlossen die RSFSR und die Türkei einen Vertrag, in dem beide Staaten auf Gebietsansprüche verzichteten, ihre Grenzen festlegten und den Zugang zum Schwarzen Meer regelten.
(Vgl. Carr, *A History...*, Bd. 3, S. 303 f.)

3 Italien hatte sich am Ersten Weltkrieg auf seiten der Entente beteiligt, im Versailler Vertrag seine territorialen Ansprüche aber nicht durchsetzen können. Daraus ergab sich eine Frontstellung gegen Frankreich, das die junge Sowjetrepublik bekämpfte. So wurde am 21.12.1921 ein — zunächst bedeutungsloses — italienisch-sowjetisches Handelsabkommen geschlossen, dem dann am 7.2.1924 ein neues, effektiveres folgte, das auch die Aufnahme diplomatischer Beziehungen einschloß.
(Vgl. Carr, *A History...*, Bd. 3, S. 340; Bd. 4, S. 248-251.)

4 Anspielung auf den »deutschen Oktober« des Jahres 1923.

Diplomatenkanzleien Europas und Amerikas weit länger als die revolutionären Prinzipien im Kreml selbst. Im Jahre 1932, als Moskaus Außenpolitik vollständig vom Geist nationalen Konservatismus durchtränkt war, schrieb die französische halboffizielle Zeitung *Le Temps* mit Entrüstung von »Regierungen, die sich einbilden, sie könnten, ohne sich selbst zu gefährden, die Sowjets in ihr Spiel gegen andere Mächte einbeziehen.« Eine enge Fühlungnahme mit Moskau ziehe die Gefahr »eines Zerfalls der nationalen Kräfte nach sich«. In Asien wie in Europa würden die Sowjets »Unordnung schaffen, Elend ausnutzen, Haß und Rachegefühle herausfordern und schamlos auf alle internationalen Rivalitäten setzen«. Frankreich als Land, das am stärksten an der Aufrechterhaltung des Versailler Friedens interessiert war, blieb immer noch der Hauptfeind des Kreml. Den zweiten Platz nahm Großbritannien ein. Die Vereinigten Staaten belegten wegen der räumlichen Entfernung die dritte Position. Hitlers Machtübernahme änderte diese Konstellation nicht sofort. Der Kreml wollte — koste es, was es wolle — die Beziehungen zum Dritten Reich aufrechterhalten, die mit den Regierungen Eberts und Hindenburgs[5] geknüpft worden waren, und setzte seine lärmende Kampagne gegen den Versailler Vertrag fort. Aber Hitler weigerte sich hartnäckig, auf dieses Entgegenkommen einzugehen. 1933 wurde das französisch-sowjetische Bündnis geschlossen, allerdings ohne einen Militärvertrag — was einem Messer ohne Klinge ähnelte. Eden[6]

5 Der Sozialdemokrat Friedrich Ebert (1871-1925) und der preußische Junker und General Paul von Beneckendorff und von Hindenburg (1847-1934) waren die beiden Reichspräsidenten der Weimarer Republik (Ebert 1919-1925, Hindenburg 1925-1934). Trotzki nennt die beiden Reichspräsidenten stellvertretend für die Regierungen, die für die Außenpolitik gegenüber der Sowjetunion verantwortlich waren.

6 Sir Robert Anthony Eden, Earl of Avon (1897-1977), war seit 1923 konservativer Abgeordneter des britischen Unterhauses und gehörte in den Jahren 1934-38, 1940-45 und 1951-55 vor allem als Außenminister verschiedenen Regierungen an. 1955-1957 war er Premierminister.
Eden besuchte Ende März 1935 — zwei Wochen nach Wiedereinführung der deutschen Wehrpflicht — die Sowjetunion und traf als erster führender bürgerlicher Politiker mit Stalin zusammen. Seine Gespräche mit Stalin blieben aber für die britische Politik folgenlos, die noch jahrelang Deutschland begünstigte. Wegen seiner Opposition gegen Chamberlains Appeasementpolitik trat Eden im Februar 1938 als Außenminister zurück.
(*Full Circle*, London [Cassell] 1960, dt. *Memoiren 1945-1957*, Köln - Berlin [Kiepenheuer & Witsch] 1960; *Facing the Dictators*, London [Cassell] 1962, dt. *1923-1938, Angesichts der Diktatoren*, Köln - Berlin [Kiepenheuer & Witsch] 1962; *The Reckoning*, London [Cassell] 1965; *Another World: 1897-1917*, London [Allen Lane] 1976; *Freedom and Order*, Selected Speeches 1939-1946, Boston [Houghton Mifflin] 1948.
Randolph S. Churchill, *Sir Anthony Eden*, Aufstieg und Fall, Bern u. a. [Scherz] 1960; Robert Rhodes James, *Anthony Eden*, London [Weidenfeld and Nicolson] 1986.)

besuchte Moskau, mußte jedoch zurücktreten. Inzwischen wurde Europa um die Erfahrung des Münchner Abkommens bereichert. Viele Diplomatenkanzleien und halboffizielle Presseorgane waren gezwungen, Hals über Kopf ihre Positionen zu wechseln. Am 12. Juni dieses Jahres, als Herr Strang von London nach Moskau flog, schrieb dieselbe *Temps* über die Notwendigkeit, »Sowjetrußland dazu zu bewegen, den Abschluß des englisch-französisch-russischen Vertrages zu beschleunigen«. Offensichtlich zieht die Fühlungnahme mit Moskau nicht mehr die Gefahr »eines Zerfalls der nationalen Kräfte« nach sich.

Die Wandlung des Kreml von einem revolutionären Faktor der Weltpolitik zu einem konservativen wurde natürlich nicht durch die Änderung der internationalen Lage bewirkt, sondern durch innere Prozesse im Land der Sowjets selbst, wo sich über die Revolution und die Bevölkerung eine neue soziale Schicht erhoben hat, sehr privilegiert, sehr mächtig, sehr habgierig — eine Schicht, die etwas zu verlieren hat. Da sie sich die Massen erst kürzlich unterworfen hat, traut die Sowjetbürokratie ihnen nicht im geringsten, so wie jede herrschende Klasse in der Welt sie fürchtet. Internationale Katastrophen können ihr nichts einbringen, sondern nur viel wegnehmen. Ein revolutionärer Aufstand in Deutschland oder Japan könnte zwar die internationale Stellung der Sowjetunion verbessern; aber dafür drohte eine solche Entwicklung die revolutionären Traditionen innerhalb des Landes wiederzuerwecken, die Massen zu mobilisieren und eine tödliche Gefahr für die Moskauer Oligarchie zu schaffen. Der leidenschaftliche Kampf, der sich unerwartet und offenbar ohne äußeren Anstoß in Moskau um die Theorie der »permanenten Revolution« entfaltet hat, erschien einem auswärtigen Beobachter lange Zeit nur als scholastischer Streit; in Wirklichkeit aber verbergen sich dahinter tiefgehende materielle Motive: Die neue herrschende Schicht versuchte, ihre Eroberungen theoretisch gegen die Gefahr einer internationalen Revolution abzusichern. Zu dieser Zeit begann sich in der Sowjetbürokratie die Vorstellung durchzusetzen, daß die soziale Frage gelöst sei, weil die Bürokratie ihre eigenen Probleme gelöst hatte. Das ist der Sinn der Theorie vom »Sozialismus in einem Lande«.

Ausländische Regierungen haben lange den Verdacht gehegt, der Kreml versuche nur, sich mit konservativen Formulierungen abzuschirmen, um auf diese Weise seine zerstörerischen Pläne zu verbergen. Eine solche »Kriegslist« ist vielleicht seitens einer isolierten Person oder einer fest verschmolzenen Gruppe für kurze Zeit möglich; aber sie ist für einen mächtigen Staatsapparat über viele Jahre hinweg völlig undenkbar. Die Vorbereitung einer Revolution ist keine Alchimie, die in einem Keller betrieben werden kann; sie wird durch die Inhalte von Agitation und Propaganda und durch die allgemeine Richtung der Politik gesichert. Es ist unmöglich, das Proletariat für den Sturz des bestehenden Systems durch die Verteidigung des Status quo vorzubereiten.

Die Entwicklung der Außenpolitik des Kremls hat unmittelbar das Schicksal der Dritten Internationale entschieden, die schrittweise aus einer Partei der internationalen Revolution in eine Hilfswaffe der Sowjetdiplomatie umgewandelt wurde. Gleichzeitig verringerte sich das spezifische Gewicht der Komintern, was sich deutlich in den Veränderungen ihres Führungskaders widerspiegelt. In der ersten Periode (1919-23) bestand die russische Delegation in der Führung der Komintern aus Lenin, Trotzki, Sinowjew, Bucharin und Radek. Nach Lenins Tod und der Ausschaltung Trotzkis und dann Sinowjews aus der Führung war die Leitung in den Händen Bucharins[7] konzentriert unter der Kontrolle Stalins, der bis zu diesem Zeitpunkt abseits der internationalen Arbeiterbewegung gestanden hatte. Nach Bucharins Sturz wurde Molotow, der sich niemals mit marxistischer Theorie gequält hatte, der kein fremdes Land und keine Fremdsprache kannte, für jeden und für ihn selbst unerwartet, Chef der Komintern.[8] Aber bald mußte Molotow den Vorsitz des Rats der Volkskommissare übernehmen, in dem er Rykow, der in Ungnade gefallen war, ersetzte. Manuilski[9] wurde zur Führung des »Weltproletariats« offensichtlich nur bestellt, weil er zu nichts anderem taugte. Manuilskis Kräfte waren sehr bald erschöpft, und im Jahre 1934 wurde er von Dimitroff[10] ersetzt, einem bulgarischen Arbeiter, dem es nicht an persönli-

7 Einem Beschluß des ZK der KPdSU folgend, trat Sinowjew auf dem 7. EKKI-Plenum im November 1926 als Vorsitzender des Exekutivkomitees der Komintern zurück. Sein Nachfolger wurde — bis der 6. Weltkongreß im Sommer 1928 durch eine Statutenänderung das Amt des Vorsitzenden abschaffte — Bucharin, der seinen Einfluß dann gegen Ende des Jahres 1928 gänzlich verlor, als das Bündnis zwischen Stalin und den Rechten auseinanderbrach. Seit November 1928 nicht mehr mit Komintern-Angelegenheiten befaßt, wurde Bucharin im April 1929 von einem Plenum des ZK der KPdSU offiziell aus der Internationale abberufen. (Vgl. Carr, *A History...*, Bd. 11, S. 93; Bd. 12, S. 132, 220, 236.)

8 Als einziges sowjetisches Politbüromitglied in der Kominternführung der Jahre 1929/30 hatte Molotow größte Autorität. Auf dem 10. EKKI-Plenum im Juli 1929 referierte er z. B. über die Verurteilung der Rechten und die »dritte Periode«. (Vgl. Carr, *A History...*, Bd. 12, S. 247-252.)

9 Zwischen 1930 und 1933 war Manuilski, der in der KPdSU nur dem Zentralkomitee angehörte, sowjetischer Wortführer in der Komintern. Er hielt gewöhnlich die Hauptreferate oder wichtige Reden auf den Tagungen des EKKI oder seines Präsidiums und erschien dadurch als »Führer« der Komintern. Molotow nahm zu dieser Zeit an den Komintern-Sitzungen nicht mehr teil. (Vgl. Carr, *Twilight of Comintern*, S. 9f., 33-38, 64, 69f., 106.)

10 Dimitroff kam im Februar 1934, nach seiner Freilassung aus deutscher Haft, nach Moskau und wurde im April auf Weisung Stalins in die Kominternführung (Politisches Sekretariat und Präsidium des EKKI) aufgenommen (auf dem VI. Weltkongreß 1928 war er zum Kandidaten des EKKI gewählt worden). Auf dem VII. Weltkongreß im Sommer 1935 wurde er Generalsekretär (ein neugeschaffenes Amt). (Vgl. Carr, *Twilight of Comintern*, S. 124-126 und 423f.)

chem Mut fehlte, der jedoch beschränkt und unwissend war. Dimitroffs Ernennung wurde zu einer demonstrativen Wende in der Politik benutzt. Der Kreml beschloß, das Ritual der Revolution über Bord zu werfen und offen einen Zusammenschluß mit der Zweiten Internationale, mit der konservativen Bürokratie der Gewerkschaften und, durch deren Vermittlung, mit der liberalen Bourgeoisie zu suchen. Die Ära der »kollektiven Sicherheit« im Namen des Status quo und der »Volksfront« im Namen der Demokratie hatte begonnen.

Für die neue Politik wurden neue Personen benötigt. Durch eine Reihe interner Krisen, Absetzungen, Säuberungen und durch offene Bestechung wurden die verschiedenen nationalen Parteien allmählich auf die neue Linie der Sowjetbürokratie umgestellt. Alle intelligenten, unabhängigen, kritischen Elemente wurden ausgeschlossen. Moskau lieferte mit seinen Verhaftungen, Schauprozessen und endlosen Hinrichtungen das Vorbild. Nach der Ermordung Kirows (am 1. Dezember 1934) wurden mehrere Hundert ausländische kommunistische Emigranten in der UdSSR, die dem Kreml lästig geworden waren, ausgerottet. Mit Hilfe eines verzweigten Spionagesystems wurden systematisch die Postenjäger unter den Funktionären ausgelesen, die zur Ausführung jedes Auftrags bereit waren. Jedenfalls wurde das Ziel erreicht: Der gegenwärtige Kominternapparat besteht aus Individuen, die ihrem Charakter und ihrer Erziehung nach genau das Gegenteil des revolutionären Typs darstellen.

Um nicht bei bestimmten Arbeiterkreisen ihren Einfluß zu verlieren, ist die Komintern natürlich gezwungen, von Zeit zu Zeit zu Demagogie Zuflucht zu nehmen. Aber das geht über ein paar radikale Phrasen nicht hinaus. Diese Individuen sind zu einem wirklichen Kampf, der unabhängiges Denken, moralische Integrität und gegenseitiges Vertrauen verlangt, nicht imstande. Bereits 1933 war die Kommunistische Partei Deutschlands, die zahlenmäßig stärkste Sektion der Komintern außerhalb der UdSSR[11], unfähig, der Machtübernahme Hitlers irgendwelchen Widerstand entgegenzusetzen. Ihre schändliche Kapitulation markierte das unwiderrufliche Ende der Komintern als revolutionärem Faktor.[12] Seitdem betrachtet sie es als Hauptaufgabe, die bürgerliche öffentliche Meinung von ihrer Achtbarkeit zu überzeugen. Im Kreml kennt man den Wert der Komintern besser als sonstwo. Gegenüber den ausländischen kommunistischen Parteien führen sie sich auf, als wären diese arme Verwandte, die eigentlich unwillkommen und sehr habgierig sind. Stalin gab der Komintern den Beinamen »Krämerla-

11 Die KPD hatte 1932 etwa 300 000 Mitglieder.

12 Die kampflose Niederlage der KPD und das Festhalten der Komintern an ihrer verfehlten Politik veranlaßten Trotzki seit Sommer 1933, für die Bildung einer neuen, der Vierten Internationale einzutreten.

den«. Wenn er trotzdem diesen »Krämerladen« weiter unterstützt, so geschieht das aus dem gleichen Grund, aus dem andere Staaten Propagandaministerien unterhalten. Mit den Aufgaben der internationalen Revolution hat das nichts zu tun.

Ein paar Beispiele zeigen am besten, wie der Kreml die Komintern benutzt, zum einen, um sein Prestige in den Augen der Massen zu bewahren, zum andern, um den herrschenden Klassen seine Mäßigung zu beweisen. Die erste Aufgabe tritt dabei immer mehr hinter die zweite zurück.

Während der chinesischen Revolution von 1927 stellten alle konservativen Zeitungen der Welt, vor allem die englischen, den Kreml als Brandstifter dar. In Wirklichkeit fürchtete der Kreml mehr als alles andere, daß die chinesischen revolutionären Massen die Grenzen der nationalen bürgerlichen Revolution überschreiten würden. Auf ausdrücklichen Befehl Moskaus wurde die chinesische Sektion der Komintern der Disziplin der Kuomintang unterstellt, damit von vornherein nicht der Verdacht aufkommen konnte, der Kreml beabsichtige, die Grundlage des Privateigentums in China zu erschüttern. Stalin, Molotow, Woroschilow und Kalinin wiesen die Führer der chinesischen kommunistischen Partei telegraphisch an, die Bauern von der Besetzung großer Landgüter zurückzuhalten, um Tschiang Kai-schek und seine Offiziere nicht zu beunruhigen. Die gleiche Politik wird jetzt in China während des Krieges mit Japan noch entschiedener durchgeführt: Die chinesische kommunistische Partei ist vollständig der Regierung Tschiang Kai-scheks unterstellt und hat auf Befehl des Kremls offiziell die Lehren Marx' zugunsten der von Sun Yat-sen, des Begründers der chinesischen Republik, aufgegeben.[13]

In Polen mit seinen alten revolutionären Traditionen und seiner starken kommunistischen Partei, die durch die Schule der zaristischen Illegalität gegangen ist, erwies sich diese Aufgabe als viel schwieriger. Da Moskau freundschaftliche Beziehungen zur Warschauer Regierung suchte, untersagte es zuerst, die Forderung nach Selbstbestimmung der polnischen Ukrainer zu erheben; danach befahl es der kommunistischen Partei, ihre Regierung patriotisch zu unterstützen. Da Moskau auf Widerstand stieß, löste es die kommunistische Partei mit der Behauptung auf, ihre Führer, alte und bekannte Revolutionäre, seien Agenten des Faschismus. Während seines Besuchs in Warschau versicherte kürzlich Potemkin, der stellvertretende Volkskommissar für Auswärtige Angelegenheiten, dem Obersten Beck[14], daß die Komintern ihre Tätigkeit in Polen nicht wieder aufnehmen

13 Zur Politik der chinesischen Kommunisten in der zweiten Hälfte der 30er Jahre vgl. Frank, *Geschichte der Kommunistischen Internationale*, Bd. 2, S. 629-635.

14 Józef Beck (1894-1944), polnischer Offizier und enger Mitarbeiter Pilsudskis. In der von Pilsudski begründeten, parlamentarisch verbrämten Militärdiktatur war er von 1932 bis 1939 Außenminister.

werde. Das gleiche Versprechen gab Potemkin in Bukarest. Die türkische Sektion der Komintern wurde sogar noch früher aufgelöst, um die freundschaftlichen Beziehungen zu Kemal Pascha nicht zu gefährden.

Die von Moskau durchgeführte »Volksfront«-Politik bedeutete in Frankreich die Unterwerfung der kommunistischen Partei unter die Kontrolle der Radikalsozialisten, die trotz ihres Namens eine konservative bürgerliche Partei sind. Während der stürmischen Streikbewegung im Juni 1936 — mit Besetzung der Fabriken und Betriebe — verhielt sich die französische Sektion der Komintern wie eine bürgerlich-demokratische Partei; die Dritte Republik ist ihr zu höchstem Dank verpflichtet, denn sie hinderte die Bewegung daran, offen revolutionäre Formen anzunehmen. In England, wo wir — falls der Krieg nicht dazwischenkommt — davon ausgehen können, daß die jetzt an der Macht befindlichen Konservativen von der Labour Party verdrängt werden, propagiert die Komintern ständig, trotz des hartnäckigen Widerspruchs der englischen Labour-Anhänger, einen Block mit den Liberalen. Der Kreml fürchtet, daß eine reine Arbeiterregierung, trotz ihrer Mäßigung, ungewöhnlich weitgehende Forderungen der Massen begünstigen, eine soziale Krise hervorrufen, England schwächen und Hitler freie Hand geben würde. Daraus ergeben sich die Bestrebungen, die Labour Party unter die Kontrolle der liberalen Bourgeoisie zu stellen. Wie paradox es auch erscheinen mag — die Moskauer Regierung ist jetzt am Schutz des Privateigentums in England interessiert!

Man kann sich schwerlich eine einfältigere Erfindung als die Hitlers und Mussolinis vorstellen, die spanischen Ereignisse seien der Beweis für die revolutionäre Einmischung der Sowjetunion. Die spanische Revolution, die für Moskau unerwartet und ohne sein Zutun ausbrach, tendierte bald dahin, einen sozialistischen Charakter anzunehmen. Moskau fürchtete vor allem, daß die Beeinträchtigung des Privateigentums auf der Iberischen Halbinsel London und Paris zu einer gegen die UdSSR gerichteten Annäherung an Berlin bewegen würden. Nach einigem Zögern intervenierte der Kreml, um die Revolution in den Grenzen des bürgerlichen Systems zu halten.

Alle Aktivitäten der Moskauer Agenten in Spanien waren darauf abgestellt, jede unabhängige Bewegung der Arbeiter und Bauern zu lähmen und die Bourgeoisie mit einer gemäßigten Republik zu versöhnen. Die spanische kommunistische Partei stand auf dem rechten Flügel der Volksfront. Stalin, Molotow und Woroschilow empfahlen am 21. Dezember 1936 in einem vertraulichen Brief an Largo Caballero, dem damaligen spanischen Ministerpräsidenten, eindringlich, daß das Privateigentum nicht gefährdet werden dürfe und daß dem ausländischen Kapital Garantien für den Schutz der Handelsfreiheit, für die Aufrechterhaltung des parlamentarischen Systems und für Verhinderung der Entwicklung von Sowjets gegeben werden müßten.[15] Dieser Brief, der kürzlich von Caballero durch den ehemaligen spanischen Gesandten in Paris, L. Araquistain[16], der Presse zugeleitet worden ist (*New York Times* vom 4. Juli 1939), faßte die konservative Position der Sowjetregierung gegenüber der sozialistischen Revolution aufs vortrefflichste zusammen.

15 Am 21. Dezember 1936 richteten Stalin, Molotow und Woroschilow einen vertraulichen Brief an den sozialistischen Ministerpräsidenten Spaniens, Largo Caballero, in dem sie ihm rieten, die Revolution nicht über den bürgerlichen Rahmen hinaustreiben zu lassen: »Die spanische Revolution eröffnet sich Wege, die sich in vieler Hinsicht von dem Weg unterscheiden, den Rußland beschritten hat ... Es ist durchaus möglich, daß sich der parlamentarische Weg in Spanien als ein wirkungsvolleres Mittel revolutionärer Entwicklung erweist, als er es in Rußland war.« Weiterhin erteilten sie ihm vier »freundschaftliche Ratschläge«: Entgegenkommen gegenüber den Bauern (Respektierung des Eigentums statt Kollektivierung), Verständigung mit dem »städtischen kleineren und mittleren Bürgertum«, Koalition mit den bürgerlich-republikanischen Parteien und Respektierung des ausländischen Eigentums.
Largo Caballero antwortete ihnen am 12. Januar ebenfalls mit einem vertraulichen Brief, in dem er schrieb: »Aber in Beantwortung Ihrer Anspielung muß ich Ihnen mitteilen, daß der parlamentarische Weg bei uns und auch bei den Republikanern keine begeisterten Verteidiger findet ...« Auf die vier »freundschaftlichen Ratschläge« antwortete er eher ausweichend, wenn er auch allgemein zustimmte. Largo Caballeros Politik blieb zur Zeit seiner Ministerpräsidentschaft (September 1936 - Mai 1937) im Rahmen der Volksfrontpolitik; trotz ihrer Rekonstruktion des durch die Revolution nach dem 19. Juli 1936 weitgehend zerstörten Staatsapparats wollte aber die Regierung Caballero eine offene Konfrontation mit den revolutionären Arbeitern (den Anarchisten, den linken Sozialisten und der POUM) vermeiden. Der rechte Flügel der Volksfront (rechte Sozialisten, bürgerliche Republikaner und vor allem die Kommunisten) suchte hingegen die offene Konfrontation, was zu den Mai-Tagen in Barcelona führte und Largo Caballeros Balancepolitik beendete.
Die beiden Briefe wurden erst nach dem Bürgerkrieg von Araquistain (vgl. Anm. 16) in der *New York Times* vom 4. Juli 1939 veröffentlicht. Sie sind abgedruckt bei Walther L. Bernecker, *Kollektivismus und Freiheit*, Quellen zur Geschichte der sozialen Revolution in Spanien 1936-1939, München [dtv] 1980, S. 83-87. Die Bedeutung des sowjetischen Einflusses zeigte sich bereits im August 1936, als die bürgerlich-republikanische Regierung nach einer Reihe von militärischen Niederlagen vor dem Sturz stand. Die Arbeiterorganisationen (die Anarchisten und die linken Sozialisten) wollten eine Art Arbeiterregierung bilden. In dieser Situation gelang es allem Anschein nach dem sowjetischen Botschafter Rosenberg, die linken Sozialisten für eine Volksfrontregierung im Bündnis mit den bürgerlichen Republikanern zu gewinnen, deren Politik sich in den Grenzen einer »demokratischen Republik« bewegte. (Vgl. Broué-Témime, *Revolution und Krieg in Spanien*, S. 244-248.)

16 Luis Araquistain Quevedo (1886-1959) war einer der führenden Intellektuellen der spanischen Sozialisten und Parteimitglied seit 1911. Jahrelang nahm er reformistische Positionen ein und stand den Bolschewiki ablehnend gegenüber. 1932 wurde er Botschafter in Deutschland und erlebte das Versagen der Sozialdemokratie vor dem Faschismus. Im Mai 1933 kehrte er nach Spanien zurück, verwarf den Reformismus und vertrat revolutionäre marxistische Positionen.

Wir müssen außerdem dem Kreml Gerechtigkeit widerfahren lassen — die Politik beschränkte sich nicht auf Worte. Die GPU unterdrückte in Spanien den revolutionären Flügel (»Trotzkisten«, POUMisten, linke Sozialisten, linke Anarchisten) rücksichtslos. Jetzt, nach der Niederlage, werden die Grausamkeiten und Intrigen der GPU in Spanien von den gemäßigten Politikern bereitwillig aufgedeckt, die den Moskauer Polizeiapparat in Anspruch nahmen, um ihre revolutionären Gegner zu vernichten.

Besonders auffallend ist die veränderte Haltung des Kremls gegenüber den Kolonialvölkern, die für ihn jedes besonderes Interesse verloren haben, da sie nicht die Subjekte, sondern die Objekte der Weltpolitik sind. Auf dem letzten Parteitag in Moskau (im März 1939) wurde offiziell die Weigerung der Komintern verkündet, Freiheit für die Kolonien zu verlangen, die unter der Herrschaft demokratischer Länder stehen. Die Komintern schärfte diesen Kolonien im Gegenteil ein, ihren Herren gegen faschistische Anmaßungen beizustehen. Um London und Paris den hohen Wert eines Bündnisses mit dem Kreml zu zeigen, agitiert die Komintern in Britisch-Indien wie in Französisch-Indochina gegen die japanische Gefahr, aber nicht gegen die französische und britische Herrschaft. »Die stalinistischen Führer sind einen Schritt auf dem Weg des Verrats weitergegangen«, schrieb die Saigoner Arbeiterzeitung *La Lutte*[17] am 7. April dieses Jahres. »Indem sie ihre

War Largo Caballero als Arbeiterführer der unumstrittene Repräsentant der sozialistischen Radikalisierung, so wurde Araquistain ihr Theoretiker und Largos einflußreichster Ratgeber. Er gab die beiden Publikationen des linken Flügels der Sozialisten heraus, die theoretische Zeitschrift *Leviatán* und die Zeitung *Claridad*. Im September 1936 wurde er von Largo Caballero als Botschafter nach Paris geschickt. Dort sollte er die Regierung Blum um Aufgabe der Nichtintervention und um Unterstützung bitten, blieb aber erfolglos. Im Mai 1937 — nach dem Fall der Regierung Largo Caballero — gab er seinen Posten auf. Die Erfahrungen des Bürgerkriegs, besonders aber die Politik der Sowjetunion bewogen ihn zur Abkehr vom Marxismus und zur Rückkehr zu traditionellen sozialdemokratischen und antikommunistischen Positionen. Nach 1939 emigrierte er und wirkte dann als Journalist und Publizist im Exil. (Vgl. Marta Bizcarrondo, *Araquistain y la crisis socialista en la II república.* Leviatán 1934-1936, Madrid [Siglo XXI] 1975; Luis Araquistain, *Sobre la guerra civil y en la emigración*, hg. und eingel. von Javier Tusell, Madrid [Espasa-Calpe] 1983.)

17 Die französischsprachige Wochenzeitung *La Lutte* (»Der Kampf«) erschien in Saigon — das zur damaligen französischen Kolonie Indochina gehörte — als antikolonialistisches Organ prosowjetischer Kommunisten und Trotzkisten. Diese historisch bemerkenswerte und einmalige Einheitsfront brach 1937 auseinander, als die indochinesische (vietnamesische) KP im Rahmen der Volksfrontpolitik begann, die französische Kolonialmacht zu unterstützen. Die vietnamesischen Trotzkisten führten die Zeitung in eigener Verantwortung weiter und konnten (obwohl es neben der Gruppe um *La Lutte* noch eine weitere trotzkistische Organisation gab, die *La Lutte* Opportunismus vorwarf) in den Jahren vor dem Zweiten Weltkrieg ihre politisch beherrschende Stellung im

revolutionären Masken abgelegt haben, sind sie zu Vorkämpfern des Imperialismus geworden und sprechen sich offen gegen die Befreiung der unterdrückten Kolonialvölker aus.« Es ist beachtenswert, daß die Kandidaten der Partei, die durch die erwähnte Zeitung repräsentiert wird, bei den Kolonialratswahlen in Saigon mehr Stimmen erhielt als der Block der Kommunisten und der Regierungspartei.[18] In den Kolonien sinkt die Autorität Moskaus zusehends.

Als revolutionärer Faktor ist die Komintern tot. Keine Kraft der Welt wird sie wieder beleben. Sollte sich der Kreml einmal wieder revolutionärer Politik zuwenden, würde er die dazu erforderlichen Instrumente nicht vorfinden. Aber der Kreml will dies nicht und kann es nicht wollen.

*

Ein militärischer Dreibund, der auch ein Bündnis der Generalstäbe einschließt, setzt nicht nur gemeinsame Interessen voraus, sondern auch einen erheblichen Grad an gegenseitigem Vertrauen. Es handelt sich dabei um gemeinsame Ausarbeitung von Militärplänen und den Austausch der geheimsten Informationen. Die Säuberung des sowjetischen Oberkommandos ist noch in aller Erinnerung. Wie können London und Paris bereitwillig ihre Geheimnisse dem Generalstab der UdSSR anvertrauen, an dessen Spitze sich gestern noch »ausländische Agenten« befanden? Wenn Stalin mehr als zwanzig Jahre brauchte, um solche Nationalhelden wie Tuchatschewski, Jegorow, Gamarnik, Blücher, Jakir, Uborewitsch, Mura-

Süden Vietnams und vor allem in der Stadt Saigon weiter ausbauen. 1945/46 wurden die meisten Kader des vietnamesischen Trotzkismus auf Geheiß der KP-Führung, die sich inzwischen auf eine starke Guerillabewegung stützen konnten, ausgerottet. Die KP suchte abermals eine Verständigung mit dem französischen Imperialismus — jetzt im Rahmen der »antifaschistischen (Nach-) Kriegskoalition«.
(Vgl. Daniel Hémery, *Révolutionnaires vietnamiens et pouvoir colonial en Indochine*, Communistes, trotskystes, nationalistes à Saigon de 1932 à 1937, Paris [Maspero] 1975. Zur Mordkampagne gegen die vietnamesischen Trotzkisten vgl. Rodolphe Prager (Hg.), *Les congrès de la Quatrième Internationale*, Bd. 2, *L'Internationale dans la guerre (1940-1946)*, Paris [La Brèche] 1981, S. 468f.)

18 »... bei den Wahlen zum Kolonialrat von Kotschinchina [südlicher Teil Vietnams] am 30.4.1939 triumphierten die trotzkistischen Kandidaten Ta Thu Thau und Tran van Trach, selbst wenn das Wahlrecht eingeschränkt war und viele Arbeiter davon ausgeschlossen waren. Ta Thu Thau und Tran van Trach erhielten 80 % der Stimmen, während die Stalinisten und die Regierungsanhänger sich den Rest teilten. Die Niederlage der Stalinisten war schwer. Daraufhin kam es zu einer Krise in ihrer Gruppe, die sich spaltete. Nguyên van Tao verließ die von Duong Bach Mai geführte offizielle Partei, um eine unabhängige Gruppe zu bilden, während zahlreiche Arbeiter an der Basis sich den Reihen der Vierten

low, Mratschkowski, Dybenko[19] und andere als Spione zu entlarven — worauf kann sich dann die Hoffnung gründen, daß die neuen Militärchefs, absolut farblose und unbekannte Personen, zuverlässiger als ihre Vorgänger sind? London und Paris hegten allerdings keine derartigen Befürchtungen. Kein Wunder: Die betreffenden Regierungen und ihre Stäbe verstanden es sehr wohl, zwischen den Zeilen der Moskauer Anklagen zu lesen. In dem Prozeß vom März 1938[20] erklärte der frühere Sowjetgesandte in England,

Internationale anschlossen.« (Anh-Van - Jacqueline Roussel, *Mouvements nationaux et lutte de classes au Viet-nam*, Paris 1947, S. 58.)
(Kandidaten profranzösischer Parteien hatten 15 % der Stimmen erhalten, die KP nur 1 %. Vgl. George Johnson and Fred Feldman, »Contribution to a Debate: On the Nature of the Vietnamese Communist Party«, in: *International Socialist Review*, Juli-August 1973, S. 4-9 und 63-90, hier S. 66.)

19 Pawel Jefimowitsch Dybenko (1889-1938) stammte aus einer armen ukrainischen Bauernfamilie, wurde 1911 zum Militärdienst in der Baltischen Flotte eingezogen und schloß sich 1912 den Bolschewiki an. Im Krieg wurde er wegen revolutionärer Propaganda verhaftet und kam erst durch die Februarrevolution frei. Er war einer der wichtigsten bolschewistischen Agitatoren unter den Matrosen der Ostseeflotte und spielte beim Oktoberumsturz eine bedeutende Rolle. Bis April 1918 war er Volkskommissar für die Flotte. Dann geriet er vorübergehend in Konflikt mit der bolschewistischen Führung, da er die Bildung einer disziplinierten Armee unter Beteiligung zaristischer Fachleute zunächst ablehnte. Nach dem Bürgerkrieg wurde er einer der wichtigsten Kommandeure der Roten Armee und war u. a. Chef des mittelasiatischen, Wolga- und Leningrader Militärbezirks. 1937 gehörte er dem Militärgericht an, das die wichtigsten Führer der Roten Armee zum Tode verurteilte, wurde aber selbst nur wenige Monate darauf verhaftet und nach offiziellen Angaben am 29. Juli 1938 erschossen. Nach 1956 wurde Dybenko rehabilitiert.

20 Vom 2. bis 13. März 1938 fand der dritte und letzte der drei Moskauer Schauprozesse (der »Prozeß der 21«) gegen den »Block der Rechten und Trotzkisten« statt. Den ehemaligen Rechten sollte nun Komplizenschaft mit dem »Trotzkismus«, und das hieß v. a. Kooperation mit den Angeklagten der beiden früheren Schauprozesse und des Militärprozesses nachgewiesen werden. Zu den Angeklagten gehörten Bucharin und Rykow, als ehemalige Trotzkisten saßen Rakowski und Krestinski auf der Anklagebank; zudem war Jagoda, der Organisator der ersten Phase des Terrors, angeklagt. Beschuldigt waren auch loyale stalinistische Funktionäre, z. T. ehemalige Volkskommissare aus dem Wirtschaftsbereich, z. T. nichtrussische Parteifunktionäre, die des »bürgerlichen Nationalismus« beschuldigt wurden. Ein besonderes Element stellten drei Ärzte dar, die wichtige Sowjetführer vergiftet haben sollten. Die Anklage faßte alles zusammen, was schon in den vorhergehenden Prozessen aufgetaucht war: Sabotage, Terrorismus, Spionage, Zusammenarbeit mit ausländischen Mächten. Krestinski widerrief sein Geständnis kurzfristig. Bucharin, der alle konkreten Anschuldigungen zurückwies, aber eine allgemeine Verantwortung für die den Angeklagten zur Last gelegten Untaten übernahm, betonte, die Anklage basiere einzig auf »Geständnissen«. Beide machten auf diese Weise den Charakter der Prozesse kenntlich. Mit Ausnahme Rakowskis und zweier weiterer Angeklagter, die langjährige Haftstrafen erhielten, aber bald in den Lagern umkamen, wurden die Angeklagten zum Tode verurteilt.

Rakowski, Agent des Intelligence Service zu sein.[21] Die rückständigen Schichten der russischen und englischen Arbeiter mögen dies glauben. Aber nicht der Intelligence Service; er kennt seine eigenen Agenten sehr gut. Nur auf Grundlage dieser Tatsache allein — und es gibt deren Hunderte — war es für Chamberlain nicht schwer, den relativen Wert der Anschuldigungen gegen Marschall Tuchatschewski und andere Militärführer zu beurteilen. In Downing Street wie am Quai d'Orsay[22] leben keine Romantiker, keine naiven Träumer. Sie wissen dort, aus welchem Material Geschichte gemacht wird. Viele Menschen empfinden natürlich bei der Erwähnung der ungeheuerlichen Inszenierungen Abscheu. Aber auf lange Sicht stärkten die Moskauer Prozesse mit ihren phantastischen Beschuldigungen und völlig realen Hinrichtungen das Vertrauen jener Kreise in den Kreml als Vertreter von Recht und Ordnung. Die totale Ausrottung der Bürgerkriegshelden und aller Vertreter der jüngeren Generation, die mit ihnen in Verbindung standen, war der überzeugendste Beweis dafür, daß der Kreml die revolutionäre Vergangenheit nicht etwa scheinbar, sondern ernstlich und endgültig liquidiert.

Seitdem sich England und Frankreich darauf vorbereiteten, ein Militärbündnis mit dem aus der Oktoberrevolution hervorgegangenen Staat einzugehen, verbürgten sie sich in Wirklichkeit für die Redlichkeit des Kremls gegenüber Rumänien, Polen, Lettland, Estland, Finnland und gegenüber der gesamten kapitalistischen Welt. Und sie haben recht. Es besteht nicht die geringste Gefahr, daß Moskau — wie es oftmals vorhergesagt wurde — seine Beteiligung an der Weltpolitik dazu benutzen würde, um einen Krieg heraufzubeschwören: Moskau fürchtet einen Krieg mehr als alles in der Welt. Ebensowenig steht zu befürchten, daß Moskau seine Annäherung an die westlichen Nachbarn dazu ausnutzen wird, um ihr soziales Regime zu stürzen. Eine Revolution in Polen und Rumänien würde Hitler tatsächlich in den Kreuzfahrer eines kapitalistischen Europa im Osten verwandeln. Diese Gefahr lastet wie ein Alpdruck auf dem Bewußtsein des Kreml. Sollte allein aufgrund eines Einmarsches Roter Truppen in

(Vgl. Conquest, *Am Anfang...*, S. 445-512; *Prozeßbericht über die Strafsache des antisowjetischen »Blocks der Rechten und Trotzkisten«*, hg. vom Volkskommissariat für Justizwesen der UdSSR, Moskau 1938; Trotzkis Stellungnahmen in TWr 1937-38 und TŒ 16.)

21 Im *Prozeßbericht...*, 1938, heißt es u. a. (S. 322, 326, 329): »Wyschinski: ... Mit welchen Spionagediensten waren Sie persönlich verbunden? Rakowski: Mit den englischen und japanischen ... Jetzt kehre ich zu meiner verräterischen Tätigkeit vor der Verbannung zurück und beginne mit den Aussagen darüber, wie ich Agent der ‚Intelligence Service' wurde. Das geschah Ende 1924 ... Wyschinski: Sie sagten, daß Sie im Jahre 1924 Agent des englischen Spionagedienstes wurden? Rakowski: Ja, ich wurde einer.«

22 Am Pariser Quai d'Orsay liegt das französische Außenministerium.

Polen, entgegen allen Plänen dennoch die revolutionäre Bewegung einen Anstoß erhalten — und die Bedingungen im Innern Polens wie Rumäniens sind dafür sehr günstig —, dann können wir mit Sicherheit voraussagen, daß die Rote Armee die Rolle eines Unterdrückers spielen wird. Der Kreml würde im voraus dafür sorgen, daß in Polen und Rumänien seine zuverlässigsten Truppen zum Einsatz kämen. Sollten sie trotzdem von der revolutionären Bewegung erfaßt werden, dann würden dem Kreml die gleichen Gefahren wie den Hochburgen des Kapitals drohen. Nur jemand, dem jede historische Vorstellungskraft fehlt, kann auch nur einen Augenblick annehmen, daß die Sowjetmassen im Falle eines revolutionären Sieges in Polen oder Deutschland weiterhin geduldig die entsetzliche Unterdrückung durch die Sowjetbürokratie ertragen werden. Der Kreml will weder Krieg noch Revolution; was er will, ist Ordnung, Ruhe, den Status quo, und das um jeden Preis. Es ist Zeit, sich an die Vorstellung zu gewöhnen, daß der Kreml zu einem konservativen Faktor der Weltpolitik geworden ist!

# (56)
# Die Unabhängigkeit der Ukraine und die sektiererischen Wirrköpfe*

*Coyoacán, 30. Juli 1939*

In einer der winzigen sektiererischen Zeitschriften Amerikas, die sich von Brosamen vom Tisch der Vierten Internationale ernähren und ihr dies mit schnödem Undank vergelten, stieß ich zufällig auf einen Artikel, der der ukrainischen Frage gewidmet war.[1] Welch ein Wirrwarr! Der sektiererische Autor ist natürlich gegen die Losung einer unabhängigen Sowjetukraine. Er ist *für* die Weltrevolution und den Sozialismus — »ohne Wenn und Aber«.

* T 4603-5 *Nezavisimost Ukrainy i sektanskaya putanitsa* (30.7.1939). BO 79-80 (August-Oktober 1939). Engl. in: *Socialist Appeal*, 15. und 18.9.1939, und TWr 1939-40, S. 44-54. Frz. in: TŒ 21, S. 328-340.

1 Trotzkis Artikel »Die ukrainische Frage« (Text 50) war 1939 in *The Marxist*, der Zeitschrift der Revolutionary Workers League, kritisiert worden; diese von Hugo Oehler geleitete Organisation lehnte die Taktik des »Entrismus« (den Eintritt von Trotzkisten als revolutionäre Fraktion in sozialdemokratische Parteien) ab; Ende 1935 war die Gruppe Oehlers aus der amerikanischen trotzkistischen Organisation, der Workers Party of the U.S., ausgeschlossen worden.
Die Revolutionary Workers League spaltete sich mehrmals kurz nach ihrer Gründung, blieb ohne Einfluß, bestand aber bis in die fünfziger Jahre. Nach 1938 gründete sie mit mehreren anderen Gruppen eine »Internationale Kontaktkommission für die Neue Kommunistische (4.) Internationale«, die bedeutungslos blieb und sich nach dem Zweiten Weltkrieg zusammen mit der Revolutionary Workers League auflöste.
Eine Antwort auf den hier vorliegenden Artikel Trotzkis findet sich im theoretischen Organ der »Internationalen Kontaktkommission«, *International News*, Nr. 4, November 1939, S. 1-12, unter dem Titel »The Ukraine Question, A Reply to Trotsky's Polemic«.
(Zur RWL vgl. Cannon, *History of American Trotskyism*, S. 185-217; Myers, *Prophet's Army*, S. 92, 98 f., 116-118; Daniel Bell, *Marxian Socialism in the United States*, Princeton [Princeton University Press] 1952, S. 155 f.)

Er beschuldigt uns, die Interessen der UdSSR zu mißachten und die Konzeption der permanenten Revolution aufzugeben. Er nennt uns Zentristen. Seine Kritik ist sehr streng, beinahe schon unbarmherzig. Leider hat er gar gar nichts begriffen. (Der Name dieser winzigen Zeitschrift ist ironisch genug — *The Marxist*.) Sein Unverständnis ist von so ausgeprägter, beinahe klassischer Form, daß es uns hilft, die Frage um so besser und gründlicher zu beleuchten.

»Wenn die Arbeiter der Sowjetukraine den Stalinismus stürzen und einen wirklichen Arbeiterstaat errichten«, so die Ausgangsposition der Kritik, »sollen sie sich dann wirklich von der Sowjetunion loslösen? Nein.« Und so weiter und so fort. »Wenn die Arbeiter den Stalinismus stürzen ...«, dann werden wir klarer sehen, was zu tun ist. Doch erst muß der Stalinismus gestürzt werden. Um das zu bewerkstelligen, darf man nicht die Augen vor den wachsenden separatistischen Strömungen in der Ukraine verschließen, sondern muß ihnen politisch korrekt Ausdruck geben.

»Nicht der Sowjetunion den Rücken zukehren«, fährt der Autor fort, »sondern sie als mächtiges Bollwerk der Weltrevolution erneuern und wiederbegründen — das ist der Weg des Marxismus.« Die tatsächliche Entwicklung der Massen, hier der national unterdrückten Massen, ersetzt unser Weiser durch Mutmaßungen über die bestmöglichen Entwicklungswege. Analog dieser Methode, nur mit größter Folgerichtigkeit, könnte man auch sagen: »Nicht die Verteidigung der entarteten Sowjetunion ist unsere Aufgabe, sondern die siegreiche Weltrevolution, die die ganze Welt in einen Sowjetstaat verwandeln wird« usw. Solche Aphorismen führen zu nichts.

Unser Kritiker wiederholt mehrfach unsere Aussage, daß das Schicksal einer unabhängigen Ukraine untrennbar mit der proletarischen Weltrevolution verbunden ist. Aus dieser allgemeinen Perspektive, dem ABC eines Marxisten, gelingt es ihm jedoch, eine Konzeption herauszuklügeln, die sich durch abwartende Passivität und nationalen Nihilismus auszeichnet. Der Sieg der proletarischen Revolution im Weltmaßstab ist das Endresultat vielfältiger Bewegungen, Kampagnen und Kämpfe und keineswegs eine feststehende Voraussetzung für die automatische Lösung aller Fragen. Ein direktes und unerschrockenes Aufgreifen der ukrainischen Frage, unter Berücksichtigung der konkreten Umstände, erleichtert den Zusammenschluß der kleinbürgerlichen und bäuerlichen Massen mit dem Proletariat. So hat es sich auch in Rußland 1917 abgespielt.

Unser Autor könnte natürlich einwenden, daß der Oktoberrevolution in Rußland eine bürgerliche Revolution vorausgegangen ist und heute die sozialistische Revolution schon weit zurückliegt. Eine Forderung, die 1917 vielleicht noch fortschrittlich gewesen ist, kann heute schon reaktionär sein. Eine solche für Bürokraten und Sektierer ganz typische Überlegung, ist von Anfang bis Ende falsch.

Das Recht der Nationen auf Selbstbestimmung ist natürlich ein demokratisches und kein sozialistisches Prinzip. Da jedoch die Prinzpien wahrer Demokratie in unserer Epoche nur vom revolutionären Proletariat unterstützt und verwirklicht werden, sind sie mit den sozialistischen Aufgaben eng verknüpft. Der entschiedene Kampf der bolschewistischen Partei für das Recht der unterdrückten Nationen Rußlands auf Selbstbestimmung hat dem Proletariat die Machteroberung außerordentlich erleichtert. Der proletarische Umsturz löste auch die demokratischen Aufgaben, vor allem das Agrarproblem und die Nationalitätenfrage, wodurch die russische Revolution einen kombinierten Charakter erhielt. Das Proletariat hatte sich bereits sozialistische Aufgaben gestellt, doch es konnte auch die Bauernschaft und die unterdrückten Nationalitäten (in ihrer Mehrheit Bauern), die noch mit der Lösung ihrer demokratischen Aufgaben beschäftigt waren, nicht sofort auf dieses Niveau heben. Das erklärt die historisch unvermeidbaren Kompromisse in der Agrar- und in der Nationalitätenfrage. Trotz der ökonomischen Vorteile landwirtschaftlicher Großbetriebe war die Sowjetregierung gezwungen, die großen Güter aufzuteilen. Erst Jahre später ging die Regierung zur Kollektivwirtschaft über und wagte sich sofort zu weit, so daß sie nach einigen Jahren gezwungen war, den Bauern Zugeständnisse in Form von privatem Hofland zu machen, das vielerorts die Kolchosen zu überwuchern droht. Die nächsten Etappen dieses widersprüchlichen Prozesses sind noch nicht abzusehen.

Die Notwendigkeit zum Kompromiß oder richtiger zu einer Reihe von Kompromissen bestand auch in der nationalen Frage, deren Wege ebenso verschlungen sind wie die Wege der Agrarrevolution. Der föderative Aufbau der Sowjetrepublik stellt einen Kompromiß dar zwischen den zentralistischen Bedürfnissen der Planwirtschaft und den dezentralistischen Bedürfnissen der vormals unterdrückten Nationen.[2] Da die bolschewistische Partei den Arbeiterstaat auf einem Kompromiß — dem Föderalismus — aufgebaut hat, verankerte sie in der Verfassung das Recht der Nationalitäten auf vollständige Loslösung von Rußland; die Partei gab damit zu verstehen, daß sie die nationale Frage keineswegs für endgültig gelöst hielt. Der Autor des kritischen Artikels verweist darauf, daß die Parteiführer hofften, »die verschiedenen Nationalitäten davon zu überzeugen, den

2 Schon die durch die Oktoberrevolution entstandene Russische Sozialistische Föderative Sowjetrepublik war als ein Bundesstaat verschiedener Nationalitäten konzipiert. Allerdings hatten die nichtrussischen Gebiete nur geringes zahlenmäßiges und ökonomisches Gewicht und waren zumeist von russischem Siedlungsgebiet umschlossen. Im Bürgerkrieg entstanden nach 1918 unabhängige Sowjetrepubliken (Ukraine, Weißrußland, kaukasische und mittelasiatische Republiken), die z. T. Verträge über die Zusammenarbeit mit der RSFSR abschlossen. Wegen der föderativen Verfassung der Sowjetunion kam es 1922/23 zum Konflikt in der bolschewistischen Partei (u. a. zwischen Lenin und Stalin).

Rahmen der Föderierten Sowjetrepublik nicht zu verlassen«. Das stimmt, wenn man das Wort »überzeugen« nicht im Sinne logischer Argumente verwendet, sondern im Sinne der Erfahrung von wirtschaftlicher, politischer und kultureller Zusammenarbeit. Eine abstrakte Agitation für Zentralismus hat an sich keine Überzeugungskraft. Die Föderation war, wie gesagt, eine notwendige Abweichung vom Zentralismus. Hinzufügen muß man noch, daß die inhaltliche Bestimmung des Begriffs Föderation keineswegs im voraus ein für allemal festgelegt ist. Je nach den objektiven Bedingungen kann sich die Föderation mehr in Richtung Zentralismus oder umgekehrt mehr in Richtung größerer Selbständigkeit ihrer nationalen Bestandteile entwickeln. In politischer Hinsicht handelt es sich nicht darum, ob das Zusammenleben verschiedener Nationalitäten in einem einzigen Staat »im allgemeinen« von Vorteil ist, sondern ob eine bestimmte Nationalität aufgrund ihrer eigenen Erfahrung zu dem Schluß kommt, daß die Zugehörigkeit zu einem bestimmten Staat für sie von Vorteil ist.

In anderen Worten: Welche der beiden Tendenzen wird sich unter den gegebenen Bedingungen im Rahmen des Föderationskompromisses durchsetzen: das zentrifugale oder das zentripetale Prinzip? Oder noch konkreter: Ist es Stalin und seinen ukrainischen Satrapen[3] gelungen, die ukrainischen Massen von der Vorteilhaftigkeit des Moskauer Zentralismus gegenüber einer ukrainischen Selbständigkeit zu überzeugen oder ist es ihm nicht gelungen? Diese Frage ist von entscheidender Bedeutung. Doch unser Autor ahnt noch nicht einmal etwas von ihrem Vorhandensein.

Wollen sich die ukrainischen Volksmassen von der UdSSR loslösen? Auf den ersten Blick scheint es schwierig, diese Frage zu beantworten, weil das ukrainische Volk wie alle anderen Völker der UdSSR jeder Möglichkeit beraubt ist, seinen Willen auszudrücken. Doch schon das Entstehen des totalitären Regimes und seine immer größere Brutalität, besonders in der Ukraine, beweisen, daß die ukrainischen Massen von unversöhnlicher Feindschaft gegenüber der Sowjetbürokratie erfüllt sind. Und es ist offenkundig, daß eine der wichtigsten Ursachen dieser Feindschaft die Unterdrückung der ukrainischen Unabhängigkeit ist. Nationale Strömungen brachen in der Ukraine in den Jahren 1917-19 mit aller Macht auf. Auf dem linken Flügel fanden diese Strömungen ihren Ausdruck in der Borotba-Partei.[4] Das wichtigste Indiz für den Erfolg der leninistischen Politik in der

3 Satrap (»Reichsschützer«) war der Titel der Provinzstatthalter im altpersischen Reich (770-330 v.u.Z.), die über weitgehende militärische und zivile Befugnisse verfügten. Heute werden damit die diktatorisch auftretenden Vertreter einer Zentralmacht in von ihr abhängigen Gebieten bezeichnet. Stalins wichtigster »Satrap« in der Ukraine war nach der Ablösung Postyschews im Jahre 1937 Chruschtschow, der erste Sekretär der ukrainischen KP von 1938 bis 1949.

4 Die Partei der »Borotbisten« (Borotba — ukr. »Kampf« — war der Name ihres

Ukraine war die Vereinigung der ukrainischen Bolschewistischen Partei mit der Organisation der Borotbisten. Doch im Verlauf des folgenden Jahrzehnts kam es faktisch zum Bruch mit der Borotba-Gruppe, ihre Führer wurden verfolgt. Der alte Bolschewik Skrypnik, ein hundertprozentiger Stalinist, wurde 1933 zum Selbstmord getrieben, weil er angeblich die nationalistischen Strömungen begünstigt hatte. Faktischer »Organisator« dieses Selbstmords aber war Stalins Abgesandter Postyschew, der dann als Vertreter der zentralistischen Politik in der Ukraine blieb. Kurze Zeit später fiel auch Postyschew in Ungnade. Diese Tatsachen sind sehr bezeichnend, offenbaren sie doch den Druck der nationalistischen Opposition auf

Zentralorgans) entstand im Mai 1918 aus dem linken Flügel der Ukrainischen Sozialrevolutionären Partei, die, wie die russischen Sozialrevolutionäre, ein agrarsozialistisches Programm vertrat, aber den Vorrang der nationalen Unabhängigkeit betonte. Die ukrainischen Sozialrevolutionäre stützten sich auf die Bauern und waren die stärkste Partei. Die Borotbisten lehnten den Kampf der Rada und des Direktoriums unter Petljura gegen die Bolschewiki ab. Sie unterstützten die Sowjetmacht, und kämpften an der Seite der Roten Armee, kritisierten aber die Agrarpolitik unter dem »Kriegskommunismus« (Zwangsablieferungen) und forderten die völlige Unabhängigkeit der Ukraine. Nach Gründung der Komintern im März 1919 beantragten sie die Anerkennung als ukrainische Sektion, wurden aber aufgefordert, sich mit der bolschewistischen Partei der Ukraine (die seit Juni 1918 als ukrainische Regionalorganisation der RKP mit Autonomie in eigenen Angelegenheiten bestand) zusammenzuschließen, was 1920 realisiert wurde. Die KP der Ukraine, die sich bisher vor allem auf Russen und Russifizierte in der Ukraine gestützt hatte, gewann dadurch viele Ukrainer, die über gute Kontakte zu den ukrainischen Bauern verfügten. Rakowski, der Vorsitzende des Rats der Volkskommissare der Ukraine, erklärte: »Die beiden Parteien ... treffen sich auf halbem Wege, die eine berichtigt ihre kommunistische Linie, die andere paßt sich den Besonderheiten und den spezifischen Bedingungen des sozialen, ökonomischen und nationalen Lebens in der Ukraine an.« In den zwanziger Jahren spielten ehemalige Borotbisten eine wichtige Rolle in der ukrainischen KP, insbesondere bei der Durchsetzung der »Ukrainisierung«; sie verloren aber mit dem Aufkommen des Stalinismus zunehmend an Einfluß. 1926 wurde ihr ehemaliges Mitglied, der Volkskommissar für Erziehung der Ukraine, Schumski, der sich für die konsequente Durchführung der »Ukrainisierung« ausgesprochen hatte, nach einem heftigen innerparteilichen Kampf abgelöst. (Aus den Kräften, die sich in der westukrainischen KP mit ihm solidarisierten, entstand die dortige trotzkistische Bewegung.) Gegen Ende der zwanziger Jahre wurde der Kampf gegen den »bürgerlichen Nationalismus« proklamiert; die ehemaligen Borotbisten verloren ihre Positionen. Praktisch alle noch lebenden ehemaligen Mitglieder kamen im Terror der dreißiger Jahre um.
(Vgl. Borys, *Sovietization of Ukraine*, S. 80-82, 263-278; Ivan Majstrenko, *Borotbism: A Chapter in the History of Ukrainian Communism*, New York [Research Program on the USSR] 1954; zur Rolle der ehemaligen Borotbisten in den zwanziger Jahren vgl. Mace, *Communism and the Dilemmas of National Liberation*; Radziejowski, *Communist Party of Western Ukraine*.)

die Bürokratie. Nirgendwo nahmen die Säuberungen und Repressionen einen derart grausamen und umfassenden Charakter an wie in der Ukraine.

Die schroffe Abkehr aller nichtsowjetischen demokratischen Kräfte unter den Ukrainern von der Sowjetunion ist von ungeheurer politischer Bedeutung. Als sich das ukrainische Problem zu Beginn dieses Jahres zuspitzte, waren kommunistische Stimmen überhaupt nicht zu vernehmen; dafür hörte man die Stimmen der ukrainischen Klerikalen und der National-Sozialisten um so besser. Das heißt, die ukrainische Nationalbewegung ist den Händen der proletarischen Avantgarde entglitten und auf dem Weg zum Separatismus weit vorangeschritten. Auch die Haltung der ukrainischen Emigration auf dem amerikanischen Kontinent ist sehr bezeichnend. In Kanada zum Beispiel, wo die Ukrainer den Hauptteil der Kommunistischen Partei stellten, beginnt seit 1933, wie mir ein führender Teilnehmer der Bewegung schreibt, eine schroffe Abkehr der ukrainischen Arbeiter und Farmer vom Kommunismus hin zu Passivität oder zum Nationalismus aller Spielarten.[5] Zusammengenommen bezeugen alle diese Fakten und Symptome zweifelsfrei die wachsende Kraft separatistischer Tendenzen unter den ukrainischen Massen.

Das ist das grundlegende Element des gesamten Problems. Es zeigt, daß ungeachtet des großen Fortschritts der Oktoberrevolution auf dem Gebiet der nationalen Beziehungen eine isolierte proletarische Revolution in einem rückständigen Land nicht in der Lage ist, die nationale Frage insbesondere der Ukraine zu lösen, die ihrem Wesen nach einen internationalen Charak-

5 Um die Jahrhundertwende lebten etwa 200000 ukrainische Immigranten in Kanada, überwiegend als Arbeiter oder Farmer. Die ukrainische Emigration blieb eine relativ geschlossene Gruppe und ist noch heute gut organisiert. Die Sozialisten bildeten die erste politische Organisation unter ihnen. Um 1910 existierten in fast allen Einwanderungsorten ukrainische sozialistische Gruppen, die z. T. der kanadischen Sozialdemokratie angeschlossen waren. 1920 entstand aus den pro-bolschewistischen Gruppen die »Ukrainian Labour-Farmer Temple Association« (ULFTA). Unter den Einwanderern stellte sie die größte Sympathisantenorganisation der kommunistischen Partei dar. Zu Beginn der dreißiger Jahre waren von 2500 bis 3000 kanadischen Parteimitgliedern 900 bis 1000 Ukrainer. Damals schlug die ULFTA einen stalinistischen Kurs ein; daraufhin kam es zur Abspaltung einer trotzkistischen Organisation (die zwischen 1933 und 1938 die Zeitung *Robitnitschi Wisti* [»Arbeiternachrichten«] herausgab) und einer sozialdemokratischen Gruppe. Waren in den zwanziger Jahren unter den ukrainischen Immigranten Sympathien mit der Sowjetukraine vorherrschend, so ist die ukrainische Bevölkerung in Kanada heute überwiegend antikommunistisch eingestellt.
(Vgl. John Kolasky, *The Shattered Illusion*, The History of Ukrainian Pro-Communist Organizations in Canada, Toronto [PMA Books] 1979, S. 1-26; Ian Angus, *Canadian Bolsheviks*, The Early Years of the Communist Party of Canada, Montreal [Vanguard] 1981; *Encyclopedia of Ukraine*, Bd. 1, Toronto [University of Toronto Press] 1984, S. 351.)

ter besitzt. Die thermidorianische Reaktion und die von ihr gesalbte bonapartistische Bürokratie haben die arbeitenden Massen auch auf nationalem Gebiet weit zurückgeworfen. Die Masse des ukrainischen Volkes ist mit ihrem nationalen Schicksal unzufrieden und möchte es radikal ändern. Von dieser Tatsache muß ein revolutionärer Politiker, im Unterschied zum Bürokraten und zum Sektierer, ausgehen.

Wenn unser Kritiker es verstände, politisch zu denken, könnte er sich die Argumente der Stalinisten gegen eine unabhängige Ukraine mühelos selbst vorstellen: »Das ist gegen die Sicherheit der UdSSR«; »spaltet die Einheit der revolutionären Massen«; »dient nicht den Interessen der Revolution, sondern dem Imperialismus«. Mit anderen Worten, die Stalinisten würden alle drei Argumente unseres Autors wiederholen. Morgen tun sie es mit Sicherheit.

Die Kreml-Bürokratie erklärt der Sowjetfrau: »Weil bei uns der Sozialismus herrscht, mußt Du Dich glücklich fühlen und darfst nicht abtreiben (oder Du wirst bestraft).« Und dem Ukrainer erklärt sie: »Weil bei uns die soziale Revolution die nationale Frage gelöst hat, bist Du verpflichtet, in der UdSSR glücklich zu sein und nicht an Separation denken (oder Du wirst erschossen.)«

Was sagt der Revolutionär der Frau: »Du wirst selbst entscheiden, ob Du Kinder willst oder nicht; ich werde Dein Recht auf Abtreibung gegen die Gendarmen des Kreml verteidigen.« Und dem ukrainischen Volk sagt er: »Nicht die ‚sozialistischen' Sophismen der Kreml-Gendarmen sind für mich entscheidend, sondern Deine eigene Haltung zu Deinem nationalen Schicksal; ich werde Deinen Kampf um Unabhängigkeit mit all meiner Kraft unterstützen.«

Der Sektierer steht, wie es öfter vorkommt, auf der Seite des Gendarmen, indem er den Status quo, d.h. die Polizeigewalt, rechtfertigt, durch die sterile Spekulation, daß die sozialistische Vereinigung der Nationalitäten vorteilhafter ist als eine Aufsplitterung. Im Vergleich zu einer freiwilligen und gleichberechtigten sozialistischen Föderation ist die Lostrennung der Ukraine natürlich ein Rückschritt; im Vergleich zur bürokratischen Erdrosselung des ukrainischen Volkes ist sie aber zweifellos ein Fortschritt. Um sich enger und ehrlicher zusammenzuschließen, muß man sich zunächst trennen. Lenin wies oft darauf hin, daß das Verhältnis zwischen den norwegischen und schwedischen Arbeitern nach der Auflösung der Zwangsunion von Norwegen und Schweden besser und enger geworden ist.[6]

6 Vgl. Lenin in seiner Rede über die »nationale Frage« auf der bolschewistischen Parteikonferenz von Ende April 1917 (LW 24, S. 292): »Bei beiden Völkern, beim Proletariat Norwegens und Schwedens, ist nach der Trennung das Vertrauen zueinander stärker geworden. Die schwedischen Gutsbesitzer wollten

Man muß von Tatsachen ausgehen, nicht von Idealnormen. Für die thermidorianische Reaktion in der UdSSR, für die Niederlage einer Reihe von Revolutionen und die Siege des Faschismus — der die Landkarte Europas auf seine eigene Weise umgestaltet — muß auf allen Gebieten, auch in der ukrainischen Frage, in klingender Münze bezahlt werden. Wenn wir die neu entstandene Lage ignorierten, wenn wir uns verhielten, als ob nichts Besonderes vorgefallen wäre, und den unangenehmen Tatsachen altbekannte Abstraktionen entgegensetzten, dann treten wir möglicherweise der Reaktion die letzte Chance zur Revanche in mehr oder minder naher Zukunft ab.

Die Losung einer unabhängigen Ukraine interpretiert unser Autor folgendermaßen: »*Zuerst* muß die Sowjetukraine von der übrigen Sowjetunion befreit werden; *dann* wird es zur proletarischen Revolution und zur Vereinigung mit der restlichen Ukraine kommen.« Aber wie ist die Loslösung von der UdSSR ohne vorherige Revolution möglich? Man bewegt sich in einem Teufelskreis, und die Losung einer unabhängigen Ukraine ist ebenso hoffnungslos kompromittiert wie die »falsche Logik« Trotzkis. In Wirklichkeit ist diese seltsame Abfolge von »zuerst« und »dann« lediglich ein bemerkenswertes Beispiel scholastischen Denkens. Unser armer Kritiker hat keinen Begriff davon, daß historische Prozesse nicht »erst« und »dann«, sondern parallel ablaufen, aufeinander einwirken, sich gegenseitig beschleunigen oder verzögern, und daß es eben Aufgabe revolutionärer Politik ist, Wirkung und Wechselwirkung fortschrittlicher Prozesse zu beschleunigen. Die Losung einer unabhängigen Ukraine richtet sich unmittelbar gegen die Moskauer Bürokratie und ermöglicht der proletarischen Avantgarde, die Bauernmassen um sich zu sammeln. Die gleiche Forderung ermöglicht der proletarischen Partei zudem, eine führende Rolle in der ukrainischen Nationalbewegung in Polen, Rumänien und Ungarn zu spielen. Beide politischen Prozesse werden die revolutionäre Bewegung vorantreiben und das spezifische Gewicht der proletarischen Avantgarde stärken.

Meine Feststellung, daß sich die Arbeiter und Bauern der West-Ukraine (Polen) nicht der heutigen Sowjetunion anschließen wollen und daß eben dies ein zusätzliches Argument für eine unabhängige Ukraine ist, pariert unser Schlaukopf folgendermaßen: Selbst wenn sie wollten, könnten sie sich nicht der Sowjetunion anschließen, weil das erst »nach der proletarischen Revolution in der West-Ukraine« (offensichtlich Polen) möglich sei. Mit anderen Worten: *Augenblicklich* ist die Loslösung der Ukraine unmöglich, *nach* dem Sieg der Revolution aber wäre ein solcher Schritt reaktionär. Ein

einen Krieg beginnen, aber die schwedischen Arbeiter widersetzten sich und sagten: Diesen Krieg machen wir nicht mit.«
(Seit 1814 gehörte Norwegen — mit gewissen Autonomierechten — zu Schweden; 1905 wurde es nach einer Volksabstimmung unabhängig.)

alter und bekannter Refrain! Luxemburg, Bucharin, Pjatakow und viele andere führten gegen das Programm der nationalen Selbstbestimmung genau dasselbe Argument ins Treffen: Unter dem Kapitalismus ist es utopisch, unter dem Sozialismus reaktionär. Dieses Argument ist grundfalsch, weil es die Epoche der sozialen Revolution und deren Aufgaben ignoriert. Es ist sicher richtig, daß unter dem Imperialismus eine wirklich dauerhafte und gesicherte Unabhängigkeit der kleinen und mittleren Nationen nicht möglich ist. Es ist auch wahr, daß im vollständig entwickelten Sozialismus, d.h. wenn der Staat bereits im Absterben begriffen ist, die Frage der nationalen Grenzen bedeutungslos wird. Doch zwischen diesen beiden Situationen — der von heute und dem vollendeten Sozialismus —werden noch Jahrzehnte vergehen, in deren Verlauf wir unser Programm in die Wirklichkeit umsetzen wollen. Für die Mobilisierung der Massen und ihre Erziehung in der Übergangsepoche erlangt die Losung einer unabhängigen Sowjetukraine sehr große Bedeutung.

Der Sektierer ignoriert einfach, daß der nationale Kampf, als eine der verworrensten und unübersichtlichsten, aber zugleich äußerst wichtigen Formen des Klassenkampfes, nicht durch bloßen Verweis auf die künftige Weltrevolution entschieden werden kann. Wenn die kleinbürgerlichen und selbst die proletarischen Massen der West-Ukraine sich von der UdSSR abwenden, gleichzeitig aber vom internationalen Proletariat weder Unterstützung noch Führung erfahren, fallen sie der reaktionären Demagogie zum Opfer. Entsprechende Entwicklungen finden zweifellos auch in der Sowjetukraine statt, nur ist es schwieriger, sie aufzudecken. Die rechtzeitig von der proletarischen Avantgarde propagierte Losung einer unabhängigen Ukraine wird unvermeidlich das Kleinbürgertum spalten und ihren unteren Schichten ein Bündnis mit dem Proletariat erleichtern. Nur auf diesem Weg kann die proletarische Revolution vorbereitet werden.

»Wenn die Arbeiter in der West-Ukraine eine erfoglreiche Revolution durchführen ...«, darauf kommt unser Autor immer wieder zurück, »sollte es dann unsere Strategie sein, die Loslösung der Sowjetukraine von der UdSSR und ihre Vereinigung mit dem westlichen Teil zu fordern? Ganz im Gegenteil.« Diese Phrase beleuchtet die ganze Tiefe »unserer Strategie«. Wieder die gleiche Wendung: »Wenn die Arbeiter ... durchführen ...« Der Sektierer begnügt sich mit logischen Schlußfolgerungen aus der Annahme einer siegreichen Revolution, während für den Revolutionär die Frage darin besteht, wie der Revolution der Weg geebnet wird, wie sie den Massen nahegebracht werden kann, wie man sich der Revolution annähert, wie ihr Sieg sicherzustellen ist. »Wenn die Arbeiter« eine siegreiche Revolution »durchführen«, dann ist natürlich alles gut. Doch heute haben wir keine siegreiche Revolution, statt dessen nur eine siegreiche Reaktion. Die Brücke von der Reaktion zur Revolution zu schlagen — das ist die Aufgabe. Nebenbei bemerkt, ist das auch der Sinn unseres gesamten Programms von

Übergangsforderungen (*Der Todeskampf des Kapitalismus und die Aufgaben der Vierten Internationale*).[7] Es ist nicht verwunderlich, wenn die Sektierer aller Schattierungen seinen Sinn nicht verstehen. Sie operieren mit Abstraktionen — mit einer Abstraktion des Imperialismus und einer Abstraktion der sozialistischen Revolution. Die Frage, wie man vom realen Imperialismus zur realen Revolution kommt, wie man die Massen in einer konkreten historischen Situation für die Machteroberung mobilisiert, bleibt für diese sterilen Schlaumeier ein Buch mit sieben Siegeln.

Während unser Kritiker wahllos die fürchterlichsten Anschuldigungen vorbringt, erklärt er gleichzeitig, daß die Losung einer unabhängigen Ukraine den Interessen der Imperialisten (!) und Stalinisten (!!) dient, weil sie »die Position der Verteidigung der Sowjetunion vollständig negiert«. Was hier die »Interessen der Stalinisten« sollen, ist unverständlich. Doch beschränken wir uns auf die Frage der Verteidigung der UdSSR. Diese Verteidigung könnte durch eine unabhängige Ukraine nur dann bedroht sein, wenn diese nicht nur der Bürokratie, sondern auch der UdSSR feindlich gesinnt wäre. Kann bei einer solchen (offensichtlich falschen) Annahme ein Sozialist denn überhaupt fordern, daß eine feindliche Ukraine weiterhin im Verband der UdSSR verbleiben soll? Oder bezieht sich das Problem nur auf die Phase der nationalen Revolution? Daß eine politische Revolution gegen die bonapartistische Bürokratie unvermeidlich ist, erkennt jedenfalls auch unser Kritiker an. Vom Standpunkt der Verteidigung aus stellt diese Revolution wie jede andere sicherlich eine gewisse Gefahr dar. Was nun? Wenn unser Kritiker das Problem gründlich durchdacht hätte, würde er antworten, daß diese Gefahr ein unvermeidliches historisches Risiko darstellt, das man nicht umgehen kann, weil die UdSSR unter der Herrschaft der bonapartistischen Bürokratie zum Untergang verurteilt ist. Und genau die gleiche Überlegung trifft für einen revolutionären nationalen Aufstand zu, der nur ein besonderer Teilaspekt der politischen Revolution ist.

Es ist bemerkenswert, daß ein viel wichtigeres Argument gegen die

7 Trotzki bezeichnete als »Übergangsforderungen« solche Losungen, die »der Masse helfen [sollen], bei ihrem täglichen Kampf die Brücke zwischen ihren augenblicklichen Forderungen und dem Programm der sozialistischen Revolution zu finden. Diese Brücke sollte aus einem System von *Übergangsforderungen* bestehen, welche von den heutigen Bedingungen und dem heutigen Bewußtsein der breiten Schichten der Arbeiterklasse ausgehen und unbeirrbar zu ein und demselben Schluß führen: zur Eroberung der Macht durch das Proletariat.« (Trotzki, *Das Übergangsprogramm*, S. 14.) *Der Todeskampf des Kapitalismus und die Aufgaben der Vierten Internationale* war der eigentliche Titel des grundlegenden programmatischen Dokuments der Gründungskonferenz der Vierten Internationale im September 1938. (Es wird in Bd. 3 der *Schriften* publiziert.)

Unabhängigkeit unserem Kritiker gar nicht in den Sinn kommt. Die Wirtschaft der UdSSR ist eine Planwirtschaft. Die Wirtschaft der Sowjetukraine ist in diesen Plan integriert. Die Abtrennung der Ukraine würde den Plan gefährden und die Produktivkräfte verringern. Doch auch dieser Einwand ist nicht entscheidend. Ein Wirtschaftsplan ist nicht das Allerheiligste. Wenn nationale Teile einer Föderation trotz eines einheitlichen Planes in entgegengesetzte Richtungen streben, dann heißt das, daß der Plan sie nicht zufriedenstellt. Einen Plan kann man ändern. Man kann ihn unter Berücksichtigung neuer Grenzen überarbeiten. Soweit der Plan für die Ukraine von Vorteil ist, wird sie schon von sich aus mit der Sowjetunion die notwendigen Wirtschaftsverträge und Militärbündnisse abzuschließen wissen.

Man darf auch nicht vergessen, daß die räuberische Willkürherrschaft der Bürokratie ein wesentliches Element des gegenwärtigen Wirtschaftsplanes darstellt und von der Ukraine einen hohen Tribut fordert. Gerade unter diesem Gesichtspunkt muß der Plan radikal geändert werden. Die überlebte herrschende Kaste zerstört systematisch die Wirtschaft, Armee und Kultur des Landes; sie vernichtet die Blüte des Landes und ebnet einer Katastrophe den Weg. Die Errungenschaften der Revolution können nur durch einen Umsturz bewahrt werden. Je kühner und entschiedener die Politik der revolutionären Avantgarde auch in der nationalen Frage ist, desto rascher wird der revolutionäre Umsturz erfolgen und desto geringer werden dessen Gesamtkosten sein.

Die Losung einer unabhängigen Ukraine bedeutet nicht, daß die Ukraine für immer isoliert bleibt; sie bedeutet lediglich, daß die Ukraine ihre Beziehungen zu den anderen Teilen der Sowjetunion und ihren westlichen Nachbarn neu und nach ihrem eigenen Willen regelt. Betrachten wir den Idealfall — für unseren Kritiker das günstigste. Die Revolution findet in allen Teilen der Sowjetunion gleichzeitig statt. Der bürokratische Krake ist zerschlagen und beseitigt. Der verfassungsgebende Sowjetkongreß steht bevor. Die Ukraine will ihre Beziehungen zur Sowjetunion neu regeln. Dieses Recht gesteht ihr hoffentlich auch unser Kritiker zu. Nun, um frei ihre Beziehungen zu den übrigen Teilen der Sowjetrepublik gestalten zu können, um ja oder nein sagen zu können, muß die Ukraine wenigstens in der Phase der Verfassungsgebung volle Handlungsfreiheit besitzen. Das nennt man gewöhnlich staatliche Souveränität. Jetzt nehmen wir einmal an, die Revolution erfaßt gleichzeitig auch Polen, Rumänien und Ungarn. Alle Teile des ukrainischen Volkes erhalten die Freiheit und treten in Verhandlungen über die Bildung einer vereinigten Sowjetukraine ein. Alle wollen zugleich ihre Meinung über die Beziehungen zwischen einer vereinigten Ukraine und der Sowjetunion, Sowjetpolen usw. kundtun. Um diese Fragen zu entscheiden, ist offensichtlich ein verfassungsgebender Sowjetkongreß der vereinigten Ukraine notwendig. Ein »verfassungsgebender«

Kongreß aber, das ist der Kongreß eines unabhängigen Staates, der sich anschickt, sowohl seine innere Ordnung als auch seine internationalen Beziehungen neu zu bestimmen.

Es besteht aller Grund zu der Annahme, daß im Falle des Sieges der Weltrevolution die Vereinigungstendenzen sogleich sehr stark sein werden und daß alle Sowjetrepubliken geeignete Formen für ihre Beziehungen und ihre Zusammenarbeit finden werden. Doch dieses Ziel kann nur erreicht werden, wenn die alten, aufgezwungenen Beziehungen und damit auch die alten Grenzen vollkommen beseitigt werden, wenn alle Beteiligten vollkommen unabhängig sind. Um diesen Prozeß zu beschleunigen und zu erleichtern und um einen wirklich brüderlichen Bund der Völker in der Zukunft zu ermöglichen, müssen die politisch bewußten Arbeiter Großrußlands schon jetzt die Ursachen des ukrainischen Separatismus, seine Stärke und seine historischen Gesetzmäßigkeiten verstehen und dem ukrainischen Volk vorbehaltlos erklären, daß sie bereit sind, die Losung einer unabhängigen Ukraine im gemeinsamen Kampf gegen die selbstherrliche Bürokratie und den Imperialismus mit allen Kräften zu unterstützen.

Die kleinbürgerlichen ukrainischen Nationalisten halten die Losung einer unabhängigen Ukraine für richtig, sie lehnen es jedoch ab, diese Losung mit der proletarischen Revolution in Verbindung zu bringen. Sie wollen eine unabhängige demokratische Ukraine und keine Sowjetukraine. Eine genaue Analyse dieser Frage ist hier fehl am Platz, weil sie nicht die Ukraine allein, sondern die Einschätzung unserer Epoche allgemein betrifft, die wir schon häufig analysiert haben. Wir erwähnen hier nur die wichtigsten Gesichtspunkte. Die Demokratie verfault und zerfällt selbst in ihren alten Hochburgen. Nur die reichsten Kolonialimperien oder die besonders privilegierten bürgerlichen Länder können heute die demokratische Staatsform noch aufrechterhalten, aber auch dort ist sie im Niedergang. Es besteht nicht der geringste Grund für die Annahme, daß in der verarmten und rückständigen Ukraine ein demokratisches Regime geschaffen und am Leben erhalten werden könnte. Der Unabhängigkeit einer Ukraine, die von imperialistischen Staaten eingekreist ist, wäre ohnehin nur eine kurze Dauer beschieden. Das Beispiel Tschechoslowakei zeigt das mit aller Deutlichkeit.[8] Solange die Gesetze des Imperialismus herrschen, bleibt das Schicksal der kleinen und mittleren Nationen unsicher. Nur die proletarische Revolution kann den Imperialismus niederwerfen. Der größte Teil der ukrainischen Nation lebt in der heutigen Sowjetukraine. Die Entwicklung der Industrie schuf hier ein machtvolles, rein ukrainisches Proletariat.

8 Die Tschechoslowakei entstand 1918 nach der Niederlage Österreich-Ungarns im Ersten Weltkrieg. Durch das Münchner Abkommen vom 29.9.1938 und durch die deutsche Besetzung der Tschechei am 15.3.1939 wurde die tschechoslowakische Republik nach 20 Jahren selbständiger Existenz zerschlagen.

Es ist zum Führer des ukrainischen Volkes in all seinen künftigen Kämpfen berufen. Das ukrainische Proletariat will sich aus den Klauen der Bürokratie befreien. Aber es will nicht zurück zur bürgerlichen Demokratie. Die Losung einer demokratischen Ukraine ist historisch überholt. Sie kann höchstens bürgerliche Intellektuelle trösten. Die Massen wird sie nicht vereinen. Und ohne die Massen kann die Ukraine weder befreit noch vereinigt werden.

Unser gestrenger Kritiker wirft uns in einem fort »Zentrismus« vor; angeblich hat er den ganzen Artikel nur geschrieben, um ein besonders leuchtendes Muster unseres »Zentrismus« zu enthüllen. Doch nicht ein einziges Mal versucht er zu zeigen, worin eigentlich der »Zentrismus« der Losung einer unabhängigen Ukraine besteht. Das wäre auch nicht leicht. Als Zentrismus bezeichnet man eine Politik, die dem Wesen nach opportunistisch ist, ihrer Form nach aber als revolutionär erscheinen will. Unter Opportunismus ist die passive Anpassung an die herrschende Klasse und ihr Regime, an das, was bereits existiert und natürlich einschließlich der Staatsgrenzen, zu verstehen. Der Zentrismus teilt diese Wesenszüge des Opportunismus vollständig, er verschleiert dies aber durch radikale Kommentare, um sich den unzufriedenen Arbeitern anzupassen. Wenn wir von dieser wissenschaftlichen Bestimmung ausgehen, erweist sich die Position unseres unglückseligen Kritikers als durch und durch zentristisch. Er sieht die ganze Nationen zerstückelnden Grenzen als etwas Unantastbares an — während sie aus dem Blickwinkel einer rationalen und revolutionären Politik zufällig sind. Die internationale Revolution, die für ihn keine lebendige Realität ist, sondern Beschwörungsformel eines Schamanen, muß unzweideutig von diesen Grenzen ausgehen. Die zentrifugalen nationalen Tendenzen, die die Mühle der Reaktion oder die der Revolution treiben können, interessieren ihn nicht. Sie passen nicht in seinen trägen, kanzleimäßigen Plan, der nach dem Schema »zuerst« — »dann« ablaufen soll. Vor dem Kampf für nationale Unabhängigkeit und gegen die bürokratische Erdrosselung drückt er sich mit Erörterungen über die Vorteile sozialistischer Einheit. Mit anderen Worten: Seine Politik — wenn man die scholastische Kommentierung der Politik anderer überhaupt Politik nennen kann — zeichnet sich durch die schlimmsten Eigenschaften des Zentrismus aus.

Der Sektierer ist ein Opportunist, der sich vor sich selbst fürchtet. Im Sektierertum bleibt der Opportunismus (Zentrismus) anfangs wie eine zarte Knospe verborgen. Im Lauf der Zeit blüht sie auf — zu einem Drittel — zur Hälfte — und mehr. Wir sehen dann die seltsame Kombination von Sektierertum und Zentrismus (Vereeken[9]) oder von Sektierertum und

9 Georges Vereeken (1898-1978) war Taxifahrer, trat 1922 der belgischen KP bei und wurde 1925 Mitglied ihres Zentralkomitees, das 1927 gegen die Unter-

minderwertigem Opportunismus (Sneevliet[10]). Manchmal verfault die Knospe auch, ohne sich voll geöffnet zu haben (Oehler[11]). Wenn ich mich nicht irre, ist Oehler der Redakteur der Zeitschrift *The Marxist*.

drückung der Linken Opposition in der UdSSR protestierte. Den Stalinisten gelang es dann, die linksoppositionelle Parteiführung abzusetzen. Vereeken wurde einer der Führer der belgischen Trotzkisten, lehnte aber 1934/35 den »Entrismus« in der belgischen Sozialdemokratie ab und organisierte eine unabhängige Gruppe, die 1936 — nachdem die »Entristen« aus der sozialdemokratischen Partei ausgeschlossen worden waren — sich wieder mit ihnen zusammenschloß. 1937 verließ er erneut die belgische Sektion, da er deren Kritik an der spanischen POUM ablehnte. Zusammen mit einigen weiteren Abspaltungen der Vierten Internationale (u. a. der Partei Sneevliets [vgl. Anm. 10]) versuchte Vereeken nach 1938, eine eigene internationale Organisation zu bilden, kehrte aber nach dem Zweiten Weltkrieg mit seiner Gruppe in die belgische Sektion der Vierten Internationale zurück. Er verließ sie dann endgültig 1964 (zusammen mit der »Internationalen Revolutionär-Marxistischen Tendenz« um Michel Pablo).

10 Henk Sneevliet (1883-1942) (»Maring«) schloß sich um 1900 der niederländischen Arbeiterbewegung an. Er war von 1907-1910 Abgeordneter der Sozialdemokratischen Arbeiterpartei im Gemeinderat seines Heimatorts, arbeitete bei den Eisenbahnen und bekleidete in der Eisenbahnergewerkschaft seit 1906 Führungsfunktionen. 1911 wurde er ihr Vorsitzender. Nach schweren innergewerkschaftlichen Auseinandersetzungen über einen großen Streik, den Sneevliet radikalisieren wollte, mußte er 1912 zurücktreten. Enttäuscht über die Lage der niederländischen Arbeiterbewegung wanderte er 1913 in die damalige Kolonie Niederländisch Indien aus und wurde zu einem Pionier der dortigen Arbeiterbewegung. Ende 1918 wurde er von den Kolonialbehörden wegen seiner revolutionären Aktivitäten ausgewiesen. Zurück in den Niederlanden, wurde er einer der Führer der kurz zuvor gegründeten KP. In der Komintern war er aufgrund seiner kolonialen Erfahrung führend an der Ausarbeitung des revolutionären Programms für die Kolonialländer auf dem II. Weltkongreß 1920 beteiligt. Zwischen 1921 und 1923 hielt er sich als Komintern-Vertreter in Asien auf und war mitverantwortlich für den Beschluß, wonach die Mitglieder der Kommunistischen Partei Chinas in die Kuomintang eintreten sollten. Sneevliet hielt eine enge Zusammenarbeit der Kommunisten mit nationalistischen Bewegungen für den einzigen Weg zur Gewinnung einer Massenbasis in den Kolonialländern. 1924 kehrte er endgültig in die Niederlande zurück und wurde Vorsitzender eines kleinen radikalen, syndikalistisch beeinflußten Gewerkschaftsverbandes, des

NAS (Nationales Arbeitssekretariat). 1927 kam es zum Bruch mit der Komintern. Sneevliet organisierte die RSP (Revolutionäre Sozialistische Partei), die mit Trotzki sympathisierte, aber dessen Versuche zu einer Reform der Komintern ablehnte. Als Trotzki dann 1933 für die Bildung einer neuen Internationale eintrat, kam es zu einer Zusammenarbeit: Die RSP gehörte zum »Viererblock« und fusionierte im März 1935 mit einer linkssozialdemokratischen Abspaltung zur RSAP (Revolutionär-Sozialistischen Arbeiterpartei). 1933 wurde Sneevliet aus dem Gefängnis heraus, wo er wegen seiner Solidaritätserklärungen mit streikenden Matrosen einsaß, in das Parlament gewählt. 1935/36 kam es zu Differenzen zwischen der RSAP und der internationalen trotzkistischen Bewegung und im Juli 1937 wegen Sneevliets Unterstützung der POUM zum Bruch. Die RSAP sprach sich nun gegen die Vierte Internationale aus und beteiligte sich trotz Kritik am Londoner Büro bzw. an dessen Nachfolgeorganisationen. Nach der deutschen Besetzung der Niederlande im Mai 1940 ging Sneevliet mit der Parteiführung in den Untergrund. An die Stelle der verbotenen RSP und des NAS trat eine »Marx-Lenin-Luxemburg-Front«, die, obwohl nur wenige Hundert Mitglieder stark, eine aktive Untergrundarbeit entfaltete (sie war u. a. im Februar 1941 an der Organisierung eines Streiks gegen die einsetzende Judenverfolgung beteiligt). Im Februar-März 1942 wurde die Führung der MLL-Front verhaftet; Sneevliet und sieben weitere Mitglieder wurden am 12. April 1942 von deutschen Soldaten erschossen. (Fritjof Tichelman, *Henk Sneevliet 1883-1942.* Eine politische Biographie, Bochum [Brockmeyer] 1978.)

11 Hugo Oehler (Edward Oler) (geb. 1903) war einer der wichtigsten Gewerkschaftsorganisatoren der amerikanischen KP Ende der zwanziger Jahre. Im Jahre 1930 schloß er sich, nachdem er auf einem Parteitag die Wiederaufnahme der Trotzkisten in die KP der USA gefordert hatte, der Linken Opposition an. Er wurde bald zu einem ihrer wichtigsten Führer, bildete aber 1934/35 eine sektiererische Tendenz und gründete nach seinem Ausschluß im Oktober 1935 die Revolutionary Workers League. Im Frühjahr 1937 nahm er an einer Konferenz »ultralinker« Gruppen in Paris teil und suchte Kontakte in der spanischen POUM, um eine neue internationale Gruppierung ins Leben zu rufen. Das Vorhaben mißlang ebenso wie in späteren Jahren die Bildung einer »Internationalen Kontaktkommission«. Die Revolutionary Workers League löste sich in den fünfziger Jahren auf; Oehler blieb in verschiedenen sozialistischen Gruppen aktiv.

# (57)
# Demokratische Feudalisten und die Unabhängigkeit der Ukraine*

*Coyoacán, 5. August 1939*

In Kerenskis Zeitschrift *Nowaja Rossija*[1] vom 12. Juli 1939 wird mein Artikel zur Unabhängigkeit der Ukraine[2] einer ganz eigenen Art von »Kritik« unterworfen. Vom sozialistischen, wissenschaftlichen oder literarischen Standpunkt ist *Nowaja Rossija* natürlich völlig uninteressant. Dafür hat die Zeitschrift einen anderen Vorzug: sie gibt Aufschluß über die Denkweise der mittel- und kleinbürgerlichen russischen Demokraten. Wenn man an ihnen nur genügend kratzt, kommt unweigerlich der reaktionäre Gutsherr zum Vorschein.

Die Zeitung mokiert sich darüber, daß ich das ukrainische Volk in seinem Kampf um nationale und staatliche Unabhängigkeit uneingeschränkt unterstütze. »Die Lostrennung der Sowjetukraine von der UdSSR bringt L. Trotzki überhaupt nicht in Verlegenheit.« Vollkommen richtig! Was die Herren Demokraten anbelangt, so setzt sie die mögliche Loslösung der Ukraine nicht nur in Verwirrung, sie empört sie auch zutiefst. Der demokratische Drang einer unterdrückten Nation, ihre völlige Unabhängigkeit zu erkämpfen, muß zwangsläufig den Zorn reaktionärer Gutsherren erregen. »Die Frage, wie Hitler diese Revolution (die nationale ukrainische Revolution) zur Verwirklichung seiner Pläne ausnutzt, berührt Trotzki nicht.« Die Herren von *Nowaja Rossija* sind der Ansicht, daß »die Lostrennung der Ukraine zur militärischen Schwächung der UdSSR führen wird«, und dies verleitet sie zu der Schlußfolgerung, daß die Politik Trotzkis Hitler hilft.

* T 4606, 4607 *Demokraticheskie krepostniki i nezavisimost Ukrainy* (5.8.1939). BO 79-80 (August-Oktober 1939). Engl. in: *Socialist Appeal*, 31.10.1939, und TWr 1939-40, S. 74 f. Frz. in: TŒ 21, S. 363-367.

1 »Neues Rußland«.
2 Vgl. Text 50.

Die gleiche Meinung vertritt auch der Kreml. Große Geister fließen in dieselbe Gosse, heißt es in einem französischen Sprichwort.

Nehmen wir einmal an, daß die Lostrennung der Ukraine die UdSSR wirklich schwächt. Wie verhält es sich dann mit dem demokratischen Prinzip der Selbstbestimmung der Nationen? Jeder Staat, der irgendeine Nation gewaltsam in seinen Grenzen festhält, sieht die Loslösung dieser Nation als wirtschaftliche und militärische Schwächung an. Hitler annektierte die Tschechei und machte die Slowakei zum Vasallenstaat, um Deutschland militärisch zu stärken. Worin unterscheidet sich denn das Argument unserer Demokraten von Hitlers Argument?

Auf die Frage, ob die Ukrainer eine Nation sind, antworten die Demokraten der *Nowaja Rossija*, wie schon vor ihnen der sattsam bekannte Miljukow, daß die Ukrainer zwar »im großen und ganzen« nun wohl eine Nation sind, aber man muß doch nicht übertreiben. Mit anderen Worten: Wenn die Ukrainer schon eine Nation sind, dann zweiter Klasse, denn die Ukraine muß ihr Schicksal den Interessen Rußlands, d. h. der großrussischen Mehrheit unterordnen. Das eben ist die Ansicht von chauvinistischen feudalen Reaktionären.

In den unrühmlichen Tagen der Februarrevolution verweigerte die Provisorische Regierung den Ukrainern schändlicherweise nicht nur die Unabhängigkeit — die diese damals noch nicht forderten —, sondern sogar die bloße Autonomie.[3] Die Herren Demokraten feilschten um die nationalen Rechte der Ukraine wie Pferdehändler. Sie orientierten sich direkt und offen an den Interessen der alten großrussischen »Herren« des feudalisti-

3 Nach ihrer Bildung im März 1917 verhandelte die Rada mit der Provisorischen Regierung über die ukrainische Autonomie. Die Provisorische Regierung ließ zuerst im Mai durch ihre juristischen Experten erklären, die Entscheidung darüber stehe allein der Konstituante zu, und man könne ihr nicht vorgreifen. Nachdem die Rada im Juni öffentlich ihr Autonomisierungsvorhaben erklärt hatte, sah die Regierung sich zu Verhandlungen gezwungen. Ein — die entscheidenden Fragen ausklammernder — Kompromiß führte dazu, daß ein Teil der Minister der Kadetten die Provisorische Regierung aus Protest gegen diese Autonomiegewährung »im Prinzip« verließ. In den folgenden Monaten verschärfte sich der Konflikt zwischen Provisorischer Regierung und Rada um deren Machtbefugnisse. Kurz vor dem bolschewistischen Oktoberumsturz scheint die Provisorische Regierung sogar die militärische Zerschlagung der Rada vorbereitet zu haben. Die Bolschewiki hatten während dieser Zeit die Ukraine-Politik der Provisorischen Regierung stets scharf angegriffen. Die Rada, die politisch ähnlich zusammengesetzt war wie die Provisorische Regierung — ukrainische Sozialdemokraten und Sozialrevolutionäre stellten die Mehrheit —, verurteilte jedoch den Oktoberumsturz und stellte sich gegen die Bolschewiki.
(Vgl. Borys, *Sovietization of Ukraine*, S. 102-110, 129-134; Reshetar, *Ukrainian Revolution*, S. 53-82; ferner Trotzki, *Geschichte der russischen Revolution*, Bd. 2, *Oktoberrevolution*, Kap. »Die nationale Frage«.)

schen, bourgeoisen und bürokratischen Typs. Heute übersetzen sie diese große und ruhmreiche Tradition in die Sprache der Emigranten.

Von einer höheren historischen Warte, nämlich vom Standpunkt der sozialistischen Revolution aus, wäre es durchaus möglich, die nationalen Interessen der Ukraine für eine bestimmte Zeit den Interessen des internationalen Proletariats unterzuordnen, falls diese in Widerspruch zu jenen gerieten. Doch von solchen Widersprüchen kann gar keine Rede sein. Die gleiche bonapartistische Reaktion, die die Ukraine erwürgt, erdrosselt auch die gesamte UdSSR und untergräbt deren Verteidigungsfähigkeit. Die revolutionäre ukrainische Bewegung, die sich gegen die bonapartistische Bürokratie richtet, ist unmittelbar ein Verbündeter des internationalen revolutionären Proletariats.

Die weitsichtigen demokratischen Reaktionäre feudalen Einschlags sind sehr besorgt, daß Hitler die nationale ukrainische Revolution irgendwann in der Zukunft für seine Zwecke ausnützen wird. Sie verschließen aber die Augen davor, daß Hitler schon heute aus der Unterdrückung und Zerstückelung der ukrainischen Nation Nutzen zieht.

Im Gegensatz zu den Herren Demokraten der menschewistischen sowie der volkstümlerischen Spielart gehen wir absolut nicht von der Vorstellung aus, daß kein Raubtier stärker sei als das Kätzchen. Die Stärke Hitlers liegt allgemein, und besonders im Fall der Ukraine, nicht in ihm selbst, sondern in der Nichtigkeit und Fäulnis der Demokratie, in der Verwesung von Zweiter und Dritter Internationale sowie in der Welle von Enttäuschung, Mutlosigkeit und Apathie begründet, die die Massen überspült. Eine siegreiche revolutionäre Bewegung in irgendeinem Land wird die Totenglocke für Hitler läuten. Die nationalrevolutionäre ukrainische Bewegung ist ein wesentlicher Teil jener mächtigen revolutionären Woge, die sich in Molekülen schon jetzt unter der Kruste der triumphierenden Reaktion zu bewegen beginnt. Deshalb sagen wir: Lang lebe die unabhängige Sowjetukraine!

# (58)
# Stalin — Hitlers Quartiermeister*

*Coyoacán, 2. September 1939*

Zwanzig Jahre lang waren die Kräfte des deutschen Imperialismus gespannt wie eine Stahlfeder. Als diese Kräfte in Bewegung kamen, verlor man in den Kanzleien der Diplomatie den Kopf. Die auf München folgenden langwierigen und fruchtlosen Verhandlungen zwischen London-Paris und Moskau stellten die zweite Stufe ihrer Verwirrung dar.[1] Der Autor dieser Zeilen hat

* T 4611, 4612 *Stalin — intendant Gitlera* (2.9.1939). BO 79-80 (August-Oktober 1939). Engl. in: *Socialist Appeal*, 11.9.1939, und in: TWr 1939-40, S. 76-80. Frz. in: TŒ 21, S. 382-388.

1 Während des Sommers 1939 gingen in Moskau die Verhandlungen der sowjetischen Regierung mit Vertretern Frankreichs und Großbritanniens weiter. Die Westmächte waren offensichtlich nicht zu wesentlichen Zugeständnissen bereit, obwohl die UdSSR noch immer öffentlich ihr Interesse an einem gemeinsamen Militärabkommen — so z.B. durch eine Erklärung des Obersten Sowjets von Anfang Juni — bekundete. Daß die französische und die britische Regierung an einem solchen Abkommen nicht wirklich interessiert waren, zeigte sich, als sie Anfang August Militärmissionen schickten, die nur mit zweitrangigen Militärs besetzt waren und nicht über alle erforderlichen Vollmachten verfügten. Während der Gespräche, die auf sowjetischer Seite von Woroschilow geführt wurden, erklärten die westlichen Militärs, sie könnten über die sowjetischen Forderungen nicht im Namen ihrer Regierungen verhandeln. Die Sowjetunion verlangte Durchmarschrechte durch Polen und Rumänien, um gegen Deutschland nicht auf eigenem Territorium kämpfen zu müssen, und Garantien dafür, daß bei jeder deutschen Aggression gegenüber den baltischen Staaten Großbritannien und Frankreich militärisch intervenieren würden. Das britische und französische Zögern, das das spätestens seit dem Münchner Abkommen vorhandene Mißtrauen der stalinistischen Führung bestärkte, kam den Nazis zugute. Hitler ging Mitte August auf die monatelangen sowjetischen Avancen ein und entsandte seinen Außenminister nach Moskau. Binnen weniger Tage kam dann der deutsch-sowjetische Nichtangriffsvertrag zustande. (Vgl. Haslam, *The Soviet Union and the Struggle for Collective Security*, S. 216-229.)

das Recht, auf die Erklärungen zu verweisen, die er seit 1933 ständig in der Weltpresse abgab, daß das eigentliche Ziel der Außenpolitik Stalins der Abschluß eines Abkommens mit Hitler ist.[2] Aber unsere bescheidene Stimme war zu schwach, um die »Lenker der Geschicke« zu überzeugen. Stalin setzte seinen primitiven Schwank »Der Kampf für die Demokratie« in Szene, und dieser Posse wurde, zumindest teilweise, geglaubt. Beinahe bis zum letzten Tag äußerte Augur, der offiziöse Londoner Korrespondent der *New York Times*, immer wieder seine feste Zuversicht, daß ein Abkommen mit Moskau vor der Tür stehe. Als peinliches Lehrstück ist es zu verstehen, daß das Stalinsche Parlament den deutsch-sowjetischen Pakt genau an demselben Tag ratifizierte, als Deutschland in Polen einfiel![3]

Die allgemeine Kriegsursache ist in den unversöhnlichen Widersprüchen des Weltimperialismus zu finden. Der zündende Funke jedoch, der die Kriegshandlungen auslöste, war der Abschluß des deutsch-sowjetischen

2 Vgl. Trotzki: »Über die Außenpolitik der stalinistischen Bürokratie« (12.5.1933), engl. in: TWr 1932-33, S. 232-234, und »Stalin beruhigt Hitler«, 19.7.1933, in: SüD, Bd. 2, S. 613 f.

3 Im Frühjahr 1939 ließ der sowjetische Vertreter in Berlin nichts unversucht, um seinen deutschen Gesprächspartnern immer wieder zu versichern, daß es Möglichkeiten für eine deutsch-sowjetische Zusammenarbeit gebe. Doch blieb er zunächst ohne Antwort. Ende Juli aber — als die britisch-französischen Militärverhandlungen den Abschluß eines Dreiervertrages als möglich erscheinen ließen — signalisierte die deutsche Regierung Verhandlungsbereitschaft. Abgesehen von Wirtschaftsverträgen sollte ein Nichtangriffsvertrag abgeschlossen werden. In den folgenden Tagen intensivierten sich die Kontakte: Die deutsche Regierung erklärte sich bereit, auf alle sowjetischen Forderungen einzugehen. Reichsaußenminister v. Ribbentrop wollte persönlich nach Moskau kommen; Hitler sandte am 20. August ein Telegramm an »Herrn J. W. Stalin«. Was ihn zur Eile trieb, war die Vorbereitung des Angriffs auf Polen, der möglichst bald stattfinden und der von der sowjetischen Regierung toleriert werden sollte. Am 21. August erklärte Stalin sich bereit, Ribbentrop zu empfangen. Am 23. August traf die deutsche Delegation ein. Bereits in der Nacht zum 24. August war der Vertragstext fertiggestellt, der eine gegenseitige Nichtangriffs-Garantie und den Verzicht beider Seiten auf die Zusammenarbeit mit Dritten gegen den Vertragspartner vorsah. (Damit verzichtete die Sowjetunion auf ein Bündnis mit Großbritannien und Frankreich gegen Deutschland und Deutschland auf eine Unterstützung Japans im Falle eines Krieges gegen die UdSSR.) Von noch größerer Bedeutung war ein geheimes Zusatzprotokoll über die Aufteilung des Baltikums, Polens und Rumäniens zwischen den beiden Staaten (die verschämt als Zuordnung von »Interessensphären« bezeichnet wurde). Stalin ließ Hitler freie Hand gegenüber Polen; der Angriff, der am 1.9. erfolgte und zum Krieg mit Frankreich und Großbritannien führen mußte, war nun nicht mehr mit dem Risiko einer sowjetischen Intervention (eines »Zweifrontenkrieges«) belastet.
(Vgl. Bianka Pietrow, *Stalinismus, Sicherheit, Offensive*, Das »Dritte Reich in der Konzeption der sowjetischen Außenpolitik 1933-1941, Melsungen [Schwartz] 1983, S. 66-73 und S. 134-140.)

Pakts. Während der vorangegangenen Monate wiederholten Goebbels, Förster[4] und andere deutsche Politiker hartnäckig, daß der »Führer« den »Tag« der entscheidenden Aktion bald nennen würde. Jetzt ist völlig augenscheinlich, daß der Tag gemeint war, an dem Molotow seine Unterschrift unter den deutsch-sowjetischen Pakt setzte. Niemand kann dies aus der Geschichte tilgen!

Es geht nicht darum, daß der Kreml sich den totalitären Staaten näher fühlt als den demokratischen. Dadurch wird die Wahl des Kurses in der internationalen Politik nicht bestimmt. Trotz all seiner Abneigung gegenüber dem Sowjetregime versuchte der konservative Parlamentarier Chamberlain mit allen Mitteln, ein Bündnis mit Stalin zu erlangen. Zu diesem Bündnis kam es nicht, weil Stalin vor Hitler Angst hat. Und diese Angst entspringt nicht dem Zufall. Die Rote Armee ist enthauptet. Das ist keine Redensart, sondern eine tragische Tatsache. Woroschilow ist eine Attrappe. Seine Autorität wird durch totalitäre Propaganda künstlich geschaffen. Auf schwindelnder Höhe bleibt er, was er immer war — ein beschränkter Hinterwäldler, ohne Weitblick, ohne Kultur, ohne militärische Fähigkeiten und sogar ohne Talent als Administrator. Das ganze Land weiß das. Im »gesäuberten« Kommandeurkader bleibt kein einziger Name, dem die Armee Vertrauen schenken könnte. Der Kreml fürchtet die Armee und fürchtet Hitler. Stalin braucht Frieden — um jeden Preis.

Bevor Hohenzollern-Deutschland unter den Schlägen der Kriegskoalition zusammenbrach, versetzte es dem zaristischen Regime einen tödlichen Schlag[5]; überdies setzten die westlichen Alliierten auf die russische liberale Bourgeoisie und unterstützten sogar die geplante Palastrevolution.[6] Die gegenwärtigen Machthaber im Kreml fragen sich besorgt: Könnten sich diese historischen Ereignisse nicht in gewandelter Form wiederholen? Sie zweifeln nicht daran, daß eine Koalition aus Frankreich, Großbritannien, der UdSSR, Polen, Rumänien mit der langfristig sicheren Unterstützung durch die USA am Ende Deutschland mit seinen Bundesgenossen zerschlagen könnte. Doch bevor er zum Hades fährt, könnte Hitler der UdSSR eine

4 Trotzki meint Albert Forster (1902-1948), der seit 1923 Mitglied der NSDAP war und seit 1930 das Amt des Danziger Gauleiters bekleidete (nach der Besetzung Polens 1939 wurde Forster Gauleiter des neugeschaffenen Gaues Danzig-Westpreußen). Forster spielte in der Nazi-Hierarchie nur eine vergleichsweise untergeordnete Rolle. 1947 wurde er als nationalsozialistischer Kriegsverbrecher in Polen zum Tode verurteilt und hingerichtet.

5 Die Februarrevolution des Jahres 1917 wurde durch die militärischen Niederlagen ausgelöst, die die Mittelmächte, Deutschland und Österreich-Ungarn, dem Zarenreich zugefügt hatten. Erst anderthalb Jahre später brachen auch diese unter dem Druck Großbritanniens, Frankreichs und der USA zusammen.

6 Vgl. dazu Trotzkis *Geschichte der russischen Revolution*, Bd. 1, *Februarrevolution*, Kapitel »Die Idee der Palastrevolution«.

solche Niederlage zufügen, daß es die Kreml-Oligarchie den Kopf kostet. Wäre die Sowjet-Oligarchie imstande, sich im militärischen Interesse der UdSSR zu opfern oder wenigstens zu beschränken, würde sie nicht die Armee enthauptet und demoralisiert haben.

Die »prosowjetischen« Einfaltspinsel jeglicher Couleur halten es für selbstverständlich, daß der Kreml Hitler stürzen will. Die Sache liegt anders. Ohne Revolution ist der Sturz Hitlers undenkbar. Eine siegreiche Revolution in Deutschland würde das Selbstgefühl der Volksmassen in der UdSSR gewaltig steigern und das Fortbestehen der Moskauer Tyrannei unmöglich machen. Der Kreml zieht den Status quo vor, mit Hitler als Verbündetem.

Die Berufsapologeten des Kreml, die durch den Pakt überrumpelt worden sind, versuchen es jetzt mit dem Argument, unsere früheren Prognosen hätten auf ein *offensives* Militärbündnis zwischen Moskau und Berlin abgestellt, während in Wirklichkeit nur ein pazifistischer »Nichtangriffs«-Pakt abgeschlossen worden sei. Klägliche Wortklauberei! Nie haben wir von einem offensiven Militärbündnis im direkten Sinne des Wortes gesprochen. Wir sind im Gegenteil immer von der Tatsache ausgegangen, daß die internationale Politik des Kreml von den Selbsterhaltungsinteressen der neuen Aristokratie bestimmt war, von ihrer Furcht vor der Bevölkerung, von ihrer Unfähigkeit, einen Krieg zu führen. Für die Sowjetbürokratie hat jede internationale Konstellation Wert, so lange sie dadurch von der Notwendigkeit befreit wird, sich auf die Kraft der bewaffneten Arbeiter und Bauern zu stützen. Und dennoch ist der deutsch-sowjetische Pakt ein Militärbündnis im vollen Sinne des Wortes, denn er dient den Zielen eines imperialistischen Angriffskrieges.

Im letzten Krieg wurde Deutschland vor allem wegen des Mangels an Rohstoffen und Lebensmitteln besiegt. In diesem Krieg rechnet Hitler sicher auf die Rohstoffe der UdSSR. Nicht zufällig ist dem Abschluß des politischen Pakts ein Handelsabkommen vorausgegangen.[7] Moskau denkt nicht daran, es aufzukündigen. Im Gegenteil unterstrich Molotow in seiner gestrigen Rede vor dem Obersten Sowjet vor allem die außergewöhnlichen wirtschaftlichen Vorteile der Freundschaft mit Hitler.[8] Der Nichtangriffs-

7 Am 19.8.1939 wurde ein Kreditabkommen zwischen der UdSSR und Deutschland unterzeichnet, das die finanziellen Voraussetzungen für eine Erweiterung des deutsch-sowjetischen Handels und ein günstiges Klima für die Verhandlungen über den »Nichtangriffspakt« schuf.
(Vgl. Pietrow, *Stalinismus*, S. 71.)

8 Molotow erklärte zu dem deutsch-sowjetischen Kreditabkommen vom 19. August: »Das Abkommen ist für uns vorteilhaft infolge seiner Kreditbedingungen (siebenjähriger Kredit) und gibt uns die Möglichkeit, zusätzlich die für uns notwendige Ausrüstung in bedeutender Menge zu bestellen. Auf Grund dieses

pakt, d. h. eine passive Haltung angesichts deutscher Aggression, ist somit durch einen Vertrag über wirtschaftliche Zusammenarbeit im Interesse der Aggression abgerundet. Der Pakt sichert Hitler die Möglichkeit, sich Rußlands Rohmaterialien genauso zunutze zu machen, wie sich Italien bei seinem Angriff auf Abessinien des russischen Öls bediente. Während die Militärexperten Englands und Frankreichs in Moskau auf der Seekarte der Ostsee die denkbaren militärischen Operationen zwischen der UdSSR und Deutschland studierten, stellten genau zur gleichen Zeit deutsche und sowjetische Experten Überlegungen an, mit welchen Maßnahmen man die Seewege der Ostsee sichern könnte, um die Handelsbeziehungen in Kriegszeiten weiterzuführen.

Die Besetzung Polens wird gemeinsame Grenzen mit der Sowjetunion und eine Weiterentwicklung der wirtschaftlichen Beziehungen zur Folge haben. In *Mein Kampf* erklärt Hitler, ein Bündnis zweier Staaten, das nicht auf Kriegführung abziele, sei »unsinnig und unfruchtbar«. Der deutsch-sowjetische Pakt ist weder unsinnig noch unfruchtbar — er ist ein Militärbündnis mit verteilten Rollen: Hitler führt die militärischen Operationen durch, und Stalin spielt die Rolle seines Quartiermeisters. Und da gibt es immer noch Leute, die ernstlich behaupten, das Ziel des heutigen Kreml sei die Weltrevolution!

Als Tschitscherin Außenminister in Lenins Regierung war, betrachtete die sowjetische Außenpolitik den internationalen Sieg des Sozialismus als eigentliche Aufgabe und versuchte, nebenbei die Widersprüche zwischen den Großmächten für die Verteidigung der Sowjetrepublik auszunutzen. Mit Litwinow wurde das Programm der Weltrevolution durch die Sorge um die Erhaltung des Status quo mit Hilfe eines Systems der »kollektiven Sicherheit« verdrängt. Als sich jedoch der Gedanke der »kollektiven Sicherheit« seiner teilweisen Verwirklichung näherte, wurde der Kreml durch die damit verbundenen militärischen Verbindlichkeiten alarmiert. Litwinow

Abkommens garantiert die Sowjetunion Deutschland den Verkauf einer bestimmten Menge unserer Rohstoffüberschüsse für seine Industrie, was völlig im Interesse der Sowjetunion liegt. Warum sollten wir denn auf ein so vorteilhaftes Wirtschaftsabkommen verzichten? Wäre das nicht denen zum Gefallen, die überhaupt nicht wünschen, daß die Sowjetunion vorteilhafte Wirtschaftsabkommen mit anderen Ländern habe? Indessen ist es klar, daß das Handels- und Kreditabkommen mit Deutschland völlig im Interesse der Verteidigung der Sowjetunion liegt. Dieses Abkommen entspricht in vollem Umfang den Beschlüssen des XVIII. Parteitags unserer Partei, der den Hinweis Stalins auf die Notwendigkeit einer ,Festigung der sachlichen Beziehungen mit allen Ländern' gutgeheißen hat.«
(»Zur Ratifizierung des sowjetisch-deutschen Nichtangriffspakts, Rede W. M. Molotows in der Sitzung des Obersten Sowjets der UdSSR«, in: *Rundschau*, Nr. 47, 7.9.1939, S. 1349-1353, hier S. 1351.)

wurde durch Molotow ersetzt, der durch nichts anderes gebunden ist als die nackten Interessen der herrschenden Kaste. Tschitscherins, d. h. im wesentlichen Lenins Politik wurde schon vor langer Zeit als politische Romantik bezeichnet. Eine gewisse Zeitlang galt Litwinows Politik als die realistische Politik. Die Politik Stalin-Molotows ist eine Politik des unverfälschten Zynismus.

»Aber in der Einheitsfront der friedliebenden Staaten, die sich tatsächlich der Aggression entgegenstellen, gebührt der Sowjetunion kein anderer Platz als einer in den ersten Reihen«, erklärte Molotow vor drei Monaten im Obersten Sowjet.[9] Welch schreckliche Ironie erklingt jetzt aus diesen Worten! Die Sowjetunion hat ihren Platz im hinteren Glied jener Staaten eingenommen, die der Kreml bis gestern als Aggressoren anprangerte.

Die unmittelbaren Vorteile, die der Kreml-Regierung aus ihrem Bündnis mit Hitler erwachsen, sind durchaus real. Die UdSSR hält sich aus dem Krieg heraus. Hitler setzt die Kampagne für eine »Großukraine« von seiner gegenwärtigen Tagesordnung ab. Japan bleibt isoliert. Mit dem Aufschub der Bedrohung durch Krieg an der Westgrenze kann man konsequenterweise gleichzeitig ein Nachlassen des Drucks an der Ostgrenze, vielleicht sogar den Abschluß eines Abkommens mit Japan erwarten.[10] Höchstwahrscheinlich wird Hitler außerdem Moskau, im Austausch für Polen, Handlungsfreiheit gegenüber den baltischen Anrainern geben.[11] So groß indessen die »Vorteile« sein mögen, sie sind bestenfalls episodischer Natur, und ihre

9 »Die Front des Friedens muß geschaffen werden, Rede des Genossen W. M. Molotow auf der Dritten Session des Obersten Sowjets der UdSSR am 31. Mai 1939«, in: *Rundschau*, Nr. 32, 1.6.1939, S. 873-876, hier S. 876.

10 Nach Ausbruch des Zweiten Weltkrieges beschloß die japanische Regierung, zunächst die britischen, französischen und niederländischen Kolonien in Südostasien zu erobern, da die Kolonialmächte durch den Krieg in Europa gebunden waren. Der Krieg gegen die UdSSR um Sibirien wurde vertagt. Als Ergebnis langwieriger Verhandlungen kam es am 13. April 1941 zum Abschluß eines japanisch-sowjetischen Neutralitätsvertrags, in dem sich beide Seiten für den Fall eines Krieges mit einem Dritten gegenseitige Neutralität zusicherten. (Die Führung der Roten Armee konnte daher nach dem deutschen Überfall in großem Umfang Truppen aus dem Fernen Osten abziehen, die dann z. B. in der Schlacht um Moskau im Dezember 1941 von entscheidender Bedeutung waren.) (Vgl. Heller - Nekrich, *Geschichte der Sowjetunion*, Bd. 2, S. 49 f.)

11 Gemäß dem geheimen Zusatzprotokoll vom 23.8.1939 und dem am 28.9. abgeschlossenen »deutsch-sowjetischen Grenz- und Freundschaftsvertrag« wurde das Baltikum zur sowjetischen »Interessensphäre«. Den drei Staaten wurden daraufhin »Beistandspakte« mit der Sowjetunion aufgezwungen, die eine Stationierung sowjetischer Truppen vorsahen. Im Juni 1940 wurden die baltischen Staaten besetzt und zu Unionsrepubliken der UdSSR gemacht. (Vgl. Pietrow, *Stalinismus*, S. 135, 141, 143 und 191.)

einzige Garantie besteht in Ribbentrops[12] Unterschrift unter einem »Fetzen Papier«.

In der Zwischenzeit setzt der Krieg die Fragen von Leben und Tod für Völker, Staaten, Regimes und herrschende Klassen auf die Tagesordnung. Deutschland führt sein Programm, durch Krieg zur Weltherrschaft zu gelangen, in Etappen durch. Mit der Hilfe Englands rüstete es trotz Frankreichs Widerstand auf. Mit der Hilfe Polens isolierte es die Tschechoslowakei.[13] Mit der Hilfe der Sowjetunion möchte es nicht nur Polen versklaven, sondern auch die alten Kolonialreiche zerstören. Wenn es Deutschland gelänge, mit Hilfe des Kreml aus dem jetzigen Krieg als Sieger hervorzugehen, dann würde das für die Sowjetunion eine tödliche Gefahr bedeuten. Erinnern wir uns daran, daß Dimitroff, der Sekretär der Komintern, unmittelbar nach dem Münchner Abkommen — zweifellos auf Stalins Befehl — einen genauen Terminplan der zukünftigen Eroberungsoperationen Hitlers verkündete. Die Besetzung Polens ist diesem Plan zufolge für Herbst 1939 vorgesehen. Dann sind an der Reihe: Jugoslawien, Rumänien, Bulgarien, Frankreich, Belgien ... Und im Herbst 1941 schließlich soll Deutschland die Offensive gegen die Sowjetunion eröffnen.

Diese Enthüllungen beruhen zweifellos auf Informationen, die die sowjetische Aufklärung beschaffte. Man darf diesen Plan natürlich nicht wörtlich nehmen — der Gang der Ereignisse führt bei allen derartigen Vorhaben zu Abänderungen. Immerhin wird der erste Punkt des Plans — Besetzung Polens im Herbst 1939 — gerade durchgeführt. Sehr wahrscheinlich entspricht auch die kurze im Plan vorgesehene Spanne von zwei Jahren zwischen der Zerschlagung Polens und der Offensive gegen die Sowjetunion ungefähr der Wirklichkeit. Im Kreml verstehen sie das ganz gewiß. Nicht umsonst haben sie viele Male verkündet: »Der Friede ist unteilbar«. Wenn Stalin dessenungeachtet Hitlers Quartiermeister spielt, so besagt das, daß die herrschende Kaste nicht mehr imstande ist, über den Tag hinaus zu

12 Joachim von Ribbentrop (1893-1946), Kaufmann, trat 1932 der NSDAP bei und vermittelte in den letzten Wochen vor dem 30. Januar 1933 zwischen Papen und Hitler. Als außenpolitischer Hauptberater Hitlers (bis 1941) wurde er mit verschiedenen diplomatischen Aufgaben beauftragt, schloß 1935 das britisch-deutsche Flottenabkommen ab, wurde 1936 Botschafter in London und 1938 Reichsaußenminister. Zunächst Befürworter einer Annäherung des Dritten Reiches an Großbritannien, handelte er dann die Zusammenarbeit mit der UdSSR aus. Ribbentrop wurde im Nürnberger Kriegsverbrecherprozeß zum Tode verurteilt und hingerichtet.

13 Polen erhob seit 1918 gegenüber der Tschechoslowakei Ansprüche auf das Teschener Land am Grenzfluß Olsa. Die nationalsozialistische Diplomatie nutzte sie für ihre Ansprüche auf das Sudetenland aus und konnte so das Bündnissystem, das beide Staaten an Frankreich band, unterlaufen. 1938 annektierte Polen nach dem Münchner Abkommen das strittige Gebiet, das 1945 an die ČSR zurückfiel.

denken. Ihr Rezept ist das aller dem Untergang geweihter Regimes: »Nach uns die Sintflut.«

Es wäre ein vergebliches Unterfangen, zum gegenwärtigen Zeitpunkt den Verlauf des Krieges und das Schicksal seiner diversen Teilnehmer vorauszusagen zu wollen einschließlich derjenigen, die noch die Illusion hegen, sie könnten der Weltkatastrophe entgehen. Kein Mensch vermag die gigantische Arena und das unendlich verwickelte Gewirr materieller und moralischer Kräfte vollständig zu überblicken. Nur der Krieg selbst wird den Ausgang des Krieges entscheiden. Einer der Hauptunterschiede zwischen dem gegenwärtigen und dem letzten Krieg ist das Radio. Erst jetzt habe ich mir darüber Rechenschaft gegeben, da ich hier in Coyoacán, einem Vorort der mexikanischen Hauptstadt, die Reden im Berliner Reichstag und die — bisher sparsamen — Nachrichten aus London, Paris und New York empfange. Dank dem Radio werden die Leute in viel geringerem Maße als im letzten Krieg von der totalitären Information ihrer eigenen Regierung abhängig sein, und sie werden viel schneller von den Stimmungen in anderen Ländern angesteckt werden.[14] Auf diesem Gebiet hat der Kreml bereits eine große Niederlage erlitten. Die Komintern, das wichtigste Instrument des Kreml zur Beeinflussung der öffentlichen Meinung in anderen Ländern ist in Wirklichkeit das erste Opfer des deutsch-sowjetischen Pakts. Das Schicksal Polens ist noch nicht entschieden. Aber die Komintern ist bereits eine Leiche.[15] Auf der einen Seite wird sie von den Patrioten, auf der anderen von den Internationalisten aufgegeben. Morgen werden wir zweifellos im Radio die Stimmen der kommunistischen Führer von gestern vernehmen, wie sie im Interesse ihrer diversen Regierungen, in allen Sprachen der zivilisierten Welt, auch auf russisch, den Verrat des Kreml offenbaren werden.

14 Darum wurde das Abhören von »Feindsendern« während des Kriegs in Hitler-Deutschland mit schweren Strafen bedroht.

15 Die Komintern-Propaganda unterstützte den deutsch-sowjetischen Pakt und erklärte Frankreich und Großbritannien zu Haupt-Kriegstreibern. Nach der Besetzung Westeuropas durch deutsche Truppen im Frühjahr und Sommer 1940 versuchten die dortigen kommunistischen Parteien sogar vergeblich, mit der deutschen Besatzungsmacht zu kollaborieren. Als internationale Organisation spielte die Komintern keine Rolle mehr. Vor allem nach dem deutschen Überfall auf die Sowjetunion trat sie kaum mehr in Erscheinung. Erst die Résistance-Bewegung führte zu einer Wiederbelebung auch der kommunistischen Parteien. Im Mai 1943 wurde dann plötzlich der »Vorschlag« des Präsidiums des EKKI mitgeteilt, die Komintern aufzulösen; am 9. Juni wurde die Zustimmung der wichtigsten Mitgliedsparteien zu diesem Vorschlag bekanntgegeben. Dabei handelte es sich offensichtlich um ein weiteres Signal Stalins an seine kapitalistischen Verbündeten, daß die Sowjetunion jeden Gedanken an eine Weltrevolution aufgegeben habe.
(Zur Komintern nach 1939 vgl. Pietrow, *Stalinismus*, S. 270-295; Frank, *Geschichte der Kommunistischen Internationale*, Bd. 2, S. 709-742.)

Die Zersetzung der Komintern versetzt im Bewußtsein der breiten Massen in der Sowjetunion selbst der Autorität der herrschenden Kaste sicherlich einen nicht wiedergutzumachenden Schlag. Auf diese Weise wird die Politik des Zynismus, die zur Stärkung der Position der stalinistischen Oligarchie beitragen sollte, in Wirklichkeit die Stunde ihres Untergangs schneller herbeiführen.

Der Krieg wird vieles und viele ins Wanken bringen. List und Tücke, Fälschungen und Verrat werden nichts nützen, um diesem strengen Gericht zu entgehen. Jedoch würde mein Artikel gänzlich mißverstanden werden, wenn er zu der Schlußfolgerung führte, daß alles, was die Oktoberrevolution an Neuem für das Leben der Menschheit geschaffen hat, beiseitegefegt würde. Ich bin zutiefst vom Gegenteil überzeugt. Die neue Wirtschaftsform wird, wenn sie von den unerträglichen Fesseln der Bürokratie befreit ist, nicht nur diese Feuerprobe bestehen, sondern auch als Grundlage einer neuen Kultur dienen, von der wir hoffen, daß sie dem Krieg auf immer ein Ende setzen wird.

# (59)
# Moskau mobilisiert*

*Coyoacán, 11. September 1939*

Moskau mobilisiert, und alle fragen sich: gegen wen?[1] Das weiß selbst der Kreml heute noch nicht. Eines ist klar: Der deutsch-sowjetische Pakt erleichterte die Niederwerfung Polens, garantierte aber keineswegs die Neutralität der Sowjetunion. Die polnische Armee erwies sich als schwächer als von vielen angenommen. Zweifellos wird heute in Paris und London der Vormarsch deutscher Truppen auf die Grenzen der Sowjetunion mit Interesse und ohne übermäßige Beunruhigung beobachtet. Die Freundschaft zwischen Stalin und Hitler erfordert Distanz. Die völlige Unterwerfung Polens kann sich als fatal für den deutsch-sowjetischen Pakt erweisen. Nachdem Hitler an den Grenzen der Ukraine und Weißrußlands angelangt

* T 4622, 4623 *Moskva mobilizuet* (11.9.1939). BO 79-80 (August-Oktober 1939). Engl. in: *Socialist Appeal*, 15.9.1939, und TWr 1939-40, S. 87f. Frz. in: TŒ 21, S. 402 -404.

1 Am Morgen des 1. September 1939 begann der deutsche Überfall auf Polen. Schon am 3.9. versuchte Ribbentrop, die Sowjetregierung zur Besetzung ihrer polnischen »Interessensphäre« zu bewegen. Die UdSSR lehnte ab, da sie nicht als Komplize Hitlers erscheinen wollte und mit einem anhaltenden polnischen Widerstand rechnete. Am 8.9. standen die deutschen Truppen aber schon in den Vororten Warschaus und am 9.9. wurde eine sowjetische Teilmobilmachung angeordnet. In der sowjetischen Führung gab es Befürchtungen, die deutschen Truppen könnten ihren Vormarsch fortsetzen und die Sowjetunion angreifen. Deutsche Truppen überschritten zwar vereinzelt die vereinbarte Demarkationslinie in Polen, doch machte die deutsche Regierung klar, daß sie sich an den Vertrag halten wolle. Am 17.9. begann der sowjetische Einmarsch in das militärisch geschlagene Polen. Zur Rechtfertigung hieß es, die Rote Armee müsse die ukrainischen und weißrussischen Minderheiten schützen; sie werde nur die von Polen im Rigaer Frieden annektierten Gebiete zurückholen. (Vgl. Pietrow, *Stalinismus*, S. 138-140; Heller - Nekrich, *Geschichte der Sowjetunion*, Bd. 2, S. 29f.)

ist, wird er Stalin vorschlagen, ihrer frischen »Freundschaft« einen aktiveren Charakter zu verleihen. Gleichzeitig kann er sich an Paris und London mit dem Vorschlag wenden, sich, wenn man der deutschen Armee den weiteren Vormarsch nach Osten gestatte, bereitwillig zu verpflichten, im Laufe von 25 oder 50 Jahren (Hitler tauscht gern Zeit gegen Raum) die Kolonialfrage nicht aufzuwerfen. Unter dem Druck doppelter Erpressung muß Stalin eine endgültige Wahl treffen. Angesichts des Herannahens dieses kritischen Moments mobilisiert der Kreml. Um beide Möglichkeiten offenzuhalten, verbreiten die Moskauer Radiostationen in russischer Sprache Nachrichten, die den westlichen Demokratien und in deutscher Sprache solche, die Deutschland genehm sind. Ein stärkerer symbolischer Ausdruck der doppelzüngigen Kreml-Politik und von Stalins persönlichem Charakter ist schwer vorstellbar. Für welche Seite wird sich der Heuchler endgültig entscheiden?

Stalin begreift natürlich, was sogar Ex-Kaiser Wilhelm verstanden hat: daß Hitler bei einem langandauernden Krieg einer großen Katastrophe entgegengeht. Das Ganze ist eine Frage der Zeit und des Tempos. Auf dem Weg in den Abgrund kann Hitler nicht nur Polen zerstören, sondern auch der Sowjetunion solche Schläge versetzen, die der Kreml-Oligarchie den Kopf kosten. Ihre Köpfe schätzen diese Herren jedoch höher als alles andere. Um sich zu retten, könnten sie gezwungen sein, eine viel längere Wegstrecke mit Hitler zu gehen, als sie zum Zeitpunkt der Unterzeichnung des Pakts beabsichtigen.

Ein Hindernis auf diesem Weg ist allerdings, daß das Bündnis mit dem Faschismus bei den Volksmassen der Sowjetunion außergewöhnlich unbeliebt ist. Darauf wies kürzlich Molotow in seiner letzten Rede hin, als er beklagte, daß die »vereinfachte Propaganda« (d. h. die gestrige Propaganda der Komintern gegen den Faschismus) sogar in der UdSSR Unzufriedenheit mit der deutsch-sowjetischen Verbindung hervorgerufen hat.[2] Das beweisen auch die erwähnten Radiosendungen in russischer Sprache. Doch der öffentlichen Meinung im eigenen Land denkt Stalin mit weiteren Säuberungen Herr zu werden: Die Feindseligkeit der russischen Arbeiter und Bauern bleibt — im Unterschied zur Feindseligkeit Hitlers — vorerst

2 »Jetzt werden Stimmen laut, in denen Unverständnis für die einfachsten Grundlagen der in die Wege geleiteten Verbesserung der politischen Beziehungen zwischen der Sowjetunion und Deutschland durchklingt. Es wird beispielsweise mit naiver Miene gefragt: Wie konnte die Sowjetunion auf die Verbesserung der politischen Beziehungen mit einem Staat von faschistischem Typus eingehen? Ist denn das möglich?«
(»Zur Ratifizierung des sowjetisch-deutschen Nichtangriffspakts. Rede W. M. Molotows in der Sitzung des Obersten Sowjets der UdSSR«, in: *Rundschau*, Nr. 47, 7.9.1939, S. 1349-1353, hier S. 1351.)

wehrlos. Stalin, der als Hitlers Quartiermeister begonnen hatte, kann sich so halb als dessen Gefangener und halb als dessen Verbündeter betrachten.

Aber kann denn der Kreml nicht eine neue scharfe Wende vollziehen, indem er den deutsch-sowjetischen Pakt bricht und sich in letzter Minute gegen Hitler wendet? Dazu wären natürlich in nächster Zeit nennenswerte militärische Erfolge Frankreichs und Englands[3] sowie eine radikale Änderung des Neutralitätsgesetzes der Vereinigten Staaten nötig. Zudem ist es fraglich, ob der Kreml selbst in diesem Fall in einen offenen Krieg mit Hitler eintreten würde. Aber die Konzentration bedeutender Kräfte der Roten Armee an der westlichen Grenze würde es Stalin erlauben, neue, absolut unvermeidliche Forderungen Hitlers zurückzuweisen.

Die Frage nach der Ausrichtung der Moskauer Politik mit den Ideen der internationalen Arbeiterklasse, den Aufgaben des Sozialismus, den Prinzipien der Demokratie usw. zu verbinden, das können nur völlig hirnlose Schwätzer oder bezahlte Agenten des Kreml. In Wirklichkeit wird die Moskauer Politik ausschließlich durch den Kampf der herrschenden Oligarchie um Selbstbehauptung bestimmt. Welchen Weg der Kreml wählt, wird von den materiellen Kräfteverhältnissen beider Lager und dem Verlauf der Kriegsoperationen in den nächsten Wochen bestimmt werden. Es ist sicher richtiger, nicht von der »Wahl des Weges«, sondern von der Richtung des nächsten Zickzacks zu sprechen.

3 Französische und britische Truppen hatten sich in der Maginot-Linie, der französischen Festungslinie gegenüber Deutschland verschanzt und gingen nicht zum Angriff über, obwohl die deutsche Westgrenze militärisch kaum geschützt war, da das Gros der deutschen Armeen gegen Polen kämpfte. Diese abwartende Haltung, die die Franzosen »drôle de guerre« (seltsamer Krieg) nannten, überließ Hitler die strategische Initiative.

# (60)
# Stalin — provisorischer Herr der Ukraine*

*Coyoacán, 18. September 1939*

Krieg wie Revolution zeichnen sich dadurch aus, daß sie mit einem Schlag blödsinnige Formeln zerstören und die darunter versteckte nackte Wahrheit enthüllen. »Verteidigung der Demokratie« ist eine hohle Formel. Die Invasion Polens ist blutige Wirklichkeit.

Heute ist es offenkundig, daß der Kreml eben in den Jahren, als die lautstarke Kampagne der Komintern für ein Bündnis der Demokratien gegen den Faschismus ihren Höhepunkt erreichte, ein militärisches Abkommen mit Hitler gegen die sogenannten Demokratien vorbereitet hat. Selbst komplette Idioten werden jetzt begreifen müssen, daß die Moskauer Prozesse, durch die die bolschewistische Alte Garde unter der Anklage der Kollaboration mit den Nazis vernichtet worden ist, lediglich Tarnung für das Stalinsche Bündnis mit Hitler waren. Das Geheimnis ist aufgedeckt. Während die britischen und französischen Gesandschaften mit Woroschilow darüber diskutierten, wie Polen am wirkungsvollsten zu verteidigen sei, erörterte derselbe Woroschilow zusammen mit den Vertretern des deutschen Generalstabs, wie man Polen am besten zerschlagen und aufteilen könne.[1] Der Kreml führte nicht nur Chamberlain, Daladier und Beck irre,

* T 4626-28 *Tainoe stalo iavnym* (18.9.1939). Engl. in: *Socialist Appeal*, 24.10.1939, und TWr 1939-40, S. 90-92. Frz. in: TŒ 22, S. 31-34.

1 Der Plan zur Zerschlagung Polens war das Ergebnis der Verhandlungen Ribbentrops mit Molotow und Stalin am 23. August 1939. Woroschilow hatte im August noch die Verhandlungen mit der britisch-französischen Militärmission geführt, um dann Mitte September mit Vertretern des deutschen Oberkommandos die militärischen Details des sowjetischen Vormarsches in Polen und die Demarkationslinie auszuhandeln.
(Vgl. Pietrow, *Stalinismus*, S. 139.)

sondern täuschte auch, und zwar systematisch, die Arbeiterklassen in der Sowjetunion und in der ganzen Welt.

Einige einfältige Leute und Großtuer beschuldigen mich, ich würde aus »Haß« auf Stalin schreckliche Prophezeiungen ausstoßen. Als ob sich ernsthafte Menschen bei Fragen von historischer Bedeutung von ihren persönlichen Gefühlen leiten ließen! Die unerbittlichen Fakten beweisen, daß die Wirklichkeit schrecklicher als alle meine Vorhersagen ist. Als die Sowjetarmeen auf polnisches Gebiet vorrückten, wußten sie zuvor, an welchem Punkte sie auf die Armeen Hitlers — als Verbündete, und nicht als Feinde — stoßen würden. Die Operation war in ihren Hauptpunkten durch die Geheimklauseln des deutsch-sowjetischen Paktes festgelegt; die Generalstäbe beider Länder arbeiteten regelmäßig zusammen; die Stalinsche Invasion ist nur eine symmetrische Ergänzung der Hitlerschen Operationen. Das sind die Tatsachen.

Bis vor sehr kurzer Zeit, als der Kreml sich um die Freundschaft Warschaus bemühte (um es gegebenenfalls täuschen zu können), erklärte er, daß die Losung der Selbstbestimmung für die Westukraine (Ostgalizien) verbrecherisch sei. Die Säuberungen und Hinrichtungen in der Sowjetukraine waren vor allem dadurch veranlaßt, daß die ukrainischen Revolutionäre, gegen den Willen Moskaus, die Befreiung Galiziens von der polnischen Unterdrückung anstrebten. Jetzt versteckt der Kreml seine Intervention in Polen hinter der reumütigen Sorge um »Befreiung« und »Vereinigung« der ukrainischen und weißrussischen Völker.[2] In Wirklichkeit wird die Sowjetukraine noch stärker als irgendein anderer Teil der Sowjetunion durch die grausamen Ketten der Moskauer Bürokratie gefesselt. Das kraftvolle Streben verschiedener Teile der ukrainischen Nation nach Freiheit und Unabhängigkeit ist völlig legitim. Aber diese Bestrebungen richten sich auch gegen den Kreml. Wenn die Invasion durchgeführt ist, wird die ukrainische Bevölkerung »vereinigt« sein — nicht in nationaler Freiheit, sondern in bürokratischer Versklavung. Man wird wohl keinen einzigen ehrlichen Menschen finden, der die »Befreiung« von acht Millionen Ukrainern und Weißrussen auf Kosten der Versklavung von dreiundzwanzig Millionen Polen billigen wird! Selbst wenn der Kreml vielleicht im besetzten Galizien eine Volksabstimmung nach dem Muster Goebbels organisieren sollte[3], würde er damit keine Menschenseele zum Narren halten. Denn es handelt

2 Dies war die offizielle Begründung für den sowjetischen Angriff auf Polen am 17.9.

3 Im Oktober 1939 wurden nach Einheitslisten »Volksversammlungen« in der Westukraine und in Westweißrußland gewählt, die dann den Anschluß an die jeweilige Sowjetrepublik forderten. Nur wenige Tage später erklärte der Oberste Sowjet seine Zustimmung. Schon im November war die formale Eingliederung dieser Gebiete abgeschlossen.

sich nicht um die Befreiung eines unterdrückten Volkes, sondern vielmehr um eine Erweiterung des Gebiets, in dem bürokratische Unterdrückung und Schmarotzertum praktiziert werden.

Die Hitler-Presse billigt die »Vereinigung« und »Befreiung« der Ukrainer im Würgegriff des Kreml ohne Einschränkung. Damit schlägt Hitler zwei Fliegen mit einer Klappe: Einmal zieht er die Sowjetunion in seinen militärischen Einflußbereich hinein; zum zweiten kommt er der Verwirklichung seines Programms einer »Großukraine« um einen Vorbereitungsschritt näher. Hitlers Politik besteht darin, seine Eroberungen in einer bestimmten Reihenfolge durchzuführen, eine nach der anderen, und durch jede neue Eroberung ein neues System »freundschaftlicher« Beziehungen zu schaffen. Im gegenwärtigen Stadium überläßt er seinem Freund Stalin die Großukraine als zeitweiliges Pfand. Auf der nächsten Stufe wird er die Frage stellen: Wer ist Eigentümer dieser Ukraine — Stalin oder Hitler?

Es gibt Leute, die das Bündnis Stalin-Hitler mit dem Vertrag von Brest-Litowsk zu vergleichen wagen. Lächerlich! Die Brest-Litowsker Verhandlungen wurden offen vor der gesamten Menschheit geführt. Die sowjetische Revolution verfügte — Ende 1917 und Anfang 1918 — nicht über ein einziges Bataillon, um den Kampf fortzuführen. Hohenzollern-Deutschland griff Rußland an, eroberte Sowjetprovinzen und Militärvorräte. Die neue Regierung war physisch außerstande, etwas anderes zu tun, als den Friedensvertrag zu unterzeichnen. Dieser Friede wurde von uns offen als Kapitulation einer waffenlosen Revolution vor einem mächtigen Feind bezeichnet. Wir verherrlichten die Hohenzollern nicht, sondern prangerten vielmehr den Brest-Litowsker Frieden öffentlich als Erpressung und Raub an. Wir täuschten die Arbeiter und Bauern nicht.[4] Der jetzige Stalin-Hitler-Pakt wurde trotz der Existenz einer mehrere Millionen Mann starken Armee geschlossen und seine unmittelbare Aufgabe bestand darin, die Zerschlagung Polens durch Hitler und seine Aufteilung zwischen Berlin und Moskau zu erleichtern. Worin besteht da die Analogie?

4 Am 9. (22.) Dezember 1918 begannen in Brest-Litowsk die Friedensverhandlungen, die die Bolschewiki zur Propaganda gegen den Imperialismus nutzten. Als die Vertreter Deutschlands und Österreich-Ungarns Gebietsabtretungen und Entschädigungen verlangten, brach der sowjetische Verhandlungsleiter Trotzki am 28.1. (10.2.) 1918 die Verhandlungen ab und erklärte den Krieg russischerseits für beendet. Daraufhin begann am 17. Februar eine deutsche Offensive, die innerhalb kurzer Zeit zu großen Geländegewinnen vor allem im Baltikum und der Ukraine führte, da es praktisch keine russische Armee mehr gab, die Widerstand leisten konnte. Die Bolschewiki waren so gezwungen, am 3. März den Friedensvertrag zu den von den Mittelmächten diktierten Bedingungen zu unterzeichnen. (Vgl. Deutscher, *Trotzki*, Bd. 1, S. 339-372; Leo Trotzki, *Von der Oktoberrevolution bis zum Brester Friedensvertrag* [1918], Frankfurt [ISP] 1983, S. 107-127.)

Molotows Worte, daß sich die Rote Armee in Polen mit »Ruhm« bedecken würde[5], sind für den Kreml eine ewige Schande. Die Rote Armee erhielt den Befehl, in Polen diejenigen zu besiegen, die von Hitler besiegt worden waren. Das ist die schändliche und verbrecherische Aufgabe, die der Roten Armee von den Schakalen des Kreml zugeteilt worden ist.

5 »Was die Kämpfer unserer ruhmreichen Roten Armee betrifft, so zweifele ich nicht, daß sie ihre Pflicht in Ruhm und Ehre erfüllen werden. Die Völker der Sowjetunion, alle Bürger und Bürgerinnen unseres Landes, die Kämpfer der Roten Armee und Kriegsflotte sind wie nie zuvor um die Sowjetregierung, um unsere Bolschewistische Partei, um ihren großen Führer, den weisen Genossen Stalin, zusammengeschlossen, um neue, noch nie dagewesene Arbeitserfolge in der Industrie und in den Kollektivwirtschaften, neue ruhmreiche Siege der Roten Armee an den Kampffronten zu erringen.«
(»Die Erklärung von W. M. Molotow anläßlich des Überschreitens der polnischen Grenze durch die Rote Armee«, in: *Rundschau*, Nr. 49, 21.9.1939, S. 1393f., hier S. 1394.)

# (61)
# Die UdSSR im Krieg*

*Coyoacán, den 25. September 1939*

## Der deutsch-sowjetische Pakt und der Charakter der UdSSR

Kann man die UdSSR nach Abschluß des deutsch-sowjetischen Pakts noch als Arbeiterstaat ansehen? Immer von neuem diskutieren wir die Natur des sowjetischen Staats.[1] Kein Wunder: ist dies doch in der Geschichte die erste Erfahrung mit einem Arbeiterstaat. Dieses Phänomen ist bisher nirgends

* T 4632, 4633 *SSSR voine* (25.9.1939). BO 79-80 (August-Oktober 1939). Dt. »Die USSR im Krieg«, in: *Unser Wort*, Nr. 99, 7. Jg. (Nr. 1), Januar 1940, S. 2-4, und *Verteidigung des Marxismus*, Berlin [Neuer Kurs] 1973, S. 3-31. Engl. in: *Internal Bulletin* (SWP), 2. Jg., Nr. 1, 10.10.1939, und *Defense of Marxism*, New York [Pathfinder] 1973, S. 3-21. Frz. in: TŒ 22, S. 40-62.
Mit diesem Text griff Trotzki in die Diskussion ein, die in der Socialist Workers Party (SWP) nach Abschluß des Hitler-Stalin-Pakts begonnen hatte. James Burnham erklärte, der Pakt beweise, daß die UdSSR kein Arbeiterstaat mehr sei, sondern imperialistische Politik betreibe. Man könne sie nicht länger verteidigen. Burnhams Position wurde von einer Minderheit übernommen, die nun die bisherige Politik der Parteimehrheit angriff. Ihr wichtigster Wortführer wurde Max Shachtman, 1928 Mitbegründer der amerikanischen trotzkistischen Opposition. Trotzki griff mit mehreren Artikeln in den Fraktionskampf ein und verteidigte die traditionellen Positionen der IV. Internationale und der SWP-Mehrheit. In den folgenden Monaten verschärfte sich der Fraktionskampf; im April 1940 erklärte die Minderheit ihren Austritt und gründete die Workers Party, die unter verändertem Namen bis 1958 bestand, sich allmählich von trotzkistischen Positionen entfernte und schließlich der amerikanischen Sozialdemokratie beitrat.
(Vgl. Trotzki, *In Defense of Marxism*, Against the Petty-Bourgeois Opposition, New York [Pioneer] 1942; dt. *Verteidigung des Marxismus*, Berlin [Neuer Kurs] 1973; erweiterte frz. Ausgabe: *Défense du marxisme*, U.R.S.S., marxisme et bureaucratie, Paris [E.D.I.] 1976; siehe auch Text 62.
Zum Verlauf des Fraktionskampfs vgl. auch Myers, *The Prophet's Army*, S. 143-166.)

1 Vgl. die Texte 43 und 44.

untersucht. In der Frage des sozialen Charakters der UdSSR ergeben sich Fehler gewöhnlich daraus, daß, wie wir bereits beschrieben haben, historische Fakten durch Programmnormen ersetzt werden. Nun gut, das konkrete Faktum ist von der Norm abgewichen. Das bedeutet jedoch nicht, daß die Norm ungültig wird; im Gegenteil, sie wird bestätigt, nur in anderer Weise. Die Entartung des ersten Arbeiterstaats, die wir festgestellt und erläutert haben, zeigt nur um so deutlicher, wie ein Arbeiterstaat beschaffen sein sollte und wie er sich unter bestimmten historischen Bedingungen entwickeln kann und entwickelt. Der Widerspruch zwischen den konkreten Fakten und der Norm zwingt uns nicht dazu, die Norm aufzusagen, sondern, im Gegenteil, auf revolutionärem Wege um sie zu kämpfen. Das Programm der in der Sowjetunion bevorstehenden Revolution wird einerseits durch unsere Einschätzung der UdSSR als objektiver historischer Gegebenheit, andererseits durch die *Norm* des Arbeiterstaats bestimmt. Wir sagen nicht: »Alles ist verloren, man muß wieder von vorn anfangen.« Wir zeigen klar jene Elemente des Arbeiterstaats, die im jetzigen Stadium gerettet, bewahrt und entwickelt werden können.

Wer jetzt zu beweisen versucht, daß der sowjetisch-deutsche Pakt unsere Einschätzung des Sowjetstaats verändert, der nimmt im Grunde die Position der Komintern ein — genauer gesagt, die gestrige Position der Komintern. Die historische Mission des Arbeiterstaats ist nach dieser Logik der Kampf für die imperialistische Demokratie. Man muß der Sowjetunion wegen ihres »Verrats« an den Demokratien zugunsten des Faschismus die Bezeichnung eines Arbeiterstaats absprechen. In der Tat zeigt die Unterzeichnung des Vertrags mit Hitler nur ein weiteres Mal, wie sehr die Sowjetbürokratie korrumpiert ist und wie sie die internationale Arbeiterklasse, die Komintern eingeschlossen, verachtet, gibt jedoch zu einer soziologischen Umbewertung der UdSSR keinerlei Veranlassung.

## Politische oder terminologische Meinungsverschiedenheiten?

Beginnen wir damit, daß wir die Frage nach der Natur des Sowjetstaates nicht abstrakt-soziologisch, sondern unter dem Gesichtspunkt der konkret-politischen Aufgaben aufwerfen. Akzeptieren wir zunächst, daß die Bürokratie eine neue »Klasse« und daß das gegenwärtige Regime der UdSSR ein besonderes System der Klassenausbeutung ist. Welche neuen politischen Schlußfolgerungen ergeben sich für uns aus dieser Definition? Die Vierte Internationale hat schon längst die Notwendigkeit erkannt, die Bürokratie durch einen revolutionären Aufstand der Werktätigen zu stürzen. Nichts anderes schlagen diejenigen vor, die die Bürokratie zur ausbeutenden »Klasse« erklären. Ziel des Sturzes der Bürokratie ist die Wiederherstellung der Macht der Sowjets, aus denen die jetzigen Bürokraten vertrieben werden müssen. Etwas anderes schlagen die linken Kritiker nicht vor und könnten es auch gar nicht.* Aufgabe der wiedererstandenen Sowjets wird es sein, die internationale Revolution zu unterstützen und eine sozialistische Gesellschaft aufzubauen. Der Sturz der Bürokratie setzt folglich voraus, daß Staatseigentum und Planwirtschaft erhalten sind... Das ist der Kern des Problems.

Natürlich wird sich die Verteilung der Produktivkräfte zwischen den verschiedenen Wirtschaftszweigen und überhaupt der ganze Inhalt des Plans stark ändern, sobald der Plan nicht mehr durch die Interessen der Bürokratie, sondern durch die der Produzenten bestimmt wird. Da es dabei jedoch um den Sturz einer parasitären Oligarchie bei Erhaltung des nationalisierten (staatlichen) Eigentums geht, so haben wir die zukünftige Revolution eine *politische* Revolution genannt. Einige unserer Kritiker (wie Ciliga[3], Bruno R.[4] u. a.) wollen die zukünftige Revolution um jeden Preis eine *soziale*

* Erinnern wir daran, daß einige der Genossen, die geneigt waren, die Bürokratie für eine neue Klasse zu halten, gleichzeitig gegen ihren Ausschluß aus den Sowjets protestierten.[2]

2 Trotzki bezieht sich hier auf einen Einwand, den Joe Carter, mit dem er über den Klassencharakter der UdSSR diskutiert hatte [vgl. Text 44], im Frühjahr 1938 gegen die Losung »Man muß die Bürokratie und die neue Aristokratie aus den Sowjets verjagen« aus Trotzkis Entwurf des »Übergangsprogramms« erhoben hatte. Trotzki antwortete darauf am 4. Juli 1938 mit dem Artikel »Man muß die Bürokratie und die neue Aristokratie aus den Sowjets verjagen«, frz. in: TŒ 18, S. 125-128.

3 Ante Ciliga (geb. 1898), ein Führer der jugoslawischen KP, der in den zwanziger Jahren ins sowjetische Exil ging, wo er sich der Linken Opposition anschloß. 1930 wurde er verhaftet und saß jahrelang im Isolator von Werchneuralsk, dem in den frühen dreißiger Jahren wichtigsten Gefängnis für politische Häftlinge. 1935 konnte er emigrieren, da er aus einem 1918 von Italien okkupierten Teil Kroatiens stammte und somit die italienische Staatsbürgerschaft besaß. Er stand dann noch kurze Zeit der trotzkistischen Bewegung nahe und schrieb im *Bulletin der Opposition*, brach aber dann mit ihr wegen seiner Einschätzung der Sowjetunion als einer neuen staatskapitalistischen Gesellschaft. Er schrieb ein Buch über seine Erfahrungen in der Sowjetunion, das die ausführlichsten Informationen über das Schicksal der inhaftierten Linksoppositionellen zu Anfang der dreißiger Jahre enthält. Seit 1945 lebt er im Exil in Italien.
(*Au pays du grand mensonge*, Paris [Gallimard] 1938; *Sibérie, terre de l'exil et de l'industrialisation*, Paris [Iles d'Or] 1950; gekürzte dt. Ausgabe beider Bände: *Im Land der verwirrenden Lüge*, 10 Jahre hinter dem eisernen Vorhang, Köln [Politik und Wirtschaft] 1954.)

4 Bruno Rizzi (1901-1977), in seiner Jugend Mitglied der italienischen kommunistischen Partei, schloß sich dann der bordigistischen Opposition an. Nach der Verschärfung der faschistischen Diktatur politisch inaktiv, beschäftigte er sich mit theoretischen Fragen der Arbeiterbewegung, vor allem mit dem Schicksal der UdSSR, worüber er 1937 in Italien ein Buch veröffentlichte. Auf Auslands-

Revolution nennen. Akzeptieren wir diese Definition. Was ändert das eigentlich? Über die Aufgaben hinaus, die wir aufgezählt haben, leistet sie entschieden nichts weiter.

Unsere Kritiker nehmen die Fakten in der Regel so, wie wir es schon seit langem tun. Zu der Einschätzung der Bürokratie, ihrer Stellung in der Sowjetgesellschaft, ihrer Beziehung zu den Werktätigen oder der Rolle des Kreml auf internationaler Bühne haben sie nichts wesentlich Neues beigetragen. Auf keinem dieser Gebiete bestreiten sie unsere Analysen, im Gegenteil, sie stützen sich gänzlich auf sie und geben sich damit sogar völlig zufrieden. Sie werfen uns nur vor, daß wir nicht die notwendigen »Schlußfolgerungen« ziehen. Bei genauerem Hinsehen zeigt sich jedoch, daß diese Schlußfolgerungen rein terminologischen Charakter haben. Unsere Kritiker lehnen ab, den entarteten Arbeiterstaat — einen Arbeiterstaat zu nennen. Sie verlangen, daß man die totalitäre Bürokratie die herrschende Klasse nennt. Eine Revolution gegen diese Bürokratie soll nach ihrem Vorschlag nicht politisch, sondern sozial genannt werden. Wenn wir ihnen diese terminologischen Zugeständnisse machten, dann versetzten wir unsere Kritiker in eine äußerst schwierige Lage, denn sie selbst wüßten dann nicht mehr, was sie mit ihrem rein verbalen Sieg anfangen sollten.

reisen nahm er 1938/39 Kontakt zur Vierten Internationale auf und versuchte, in die Diskussionen über den Klassencharakter der Sowjetunion einzugreifen. Rizzi veröffentlichte 1939 eine ausführliche Darstellung seiner Theorie, wonach eine neue bürokratische Klasse sowohl in der UdSSR wie auch in Hitler-Deutschland und Mussolini-Italien an die Macht gekommen sei. Ihr Regime eines »bürokratischen Kollektivismus« sei im Vergleich zum Kapitalismus historisch progressiv. Im Hitler-Stalin-Pakt sah er eine Bestätigung seiner Theorie. Von 1939 bis 1943 lebte er in Paris und kehrte dann nach Italien zurück. Trotzki hatte verschiedene, unbeantwortet gelassene Briefe Rizzis sowie ein Exemplar seines Buches erhalten und ging irrtümlich davon aus, der Autor sei ein ehemaliger italienischer Trotzkist. Burnham erfuhr erst durch Trotzki von Rizzis Theorien und plagiierte sie dann in seinem 1941 erschienenen Buch *The Managerial Revolution.*
(*Dove va l'Urss?*, Mailand [La Prora] 1937; *La bureaucratisation du monde*, Paris [Presses modernes] 1939; *Il colletivismo burocratico*, Imola [Galeati] 1967 und Mailand [SugarCo] 1977.
Rizzis Briefe an Trotzki mit Einleitungen von Pierre Naville und Attilio Chitarin in: *Belfagor*, Nr. 6, 30.11.1983, S. 683-698.
Vgl. ferner zwei Briefe zu Bruno Rizzi von Pierre Naville und Hal Draper aus der Zeitschrift *Contrat Social*, wieder abgedruckt im Anhang zu Trotsky, *Défense du marxisme*, S. 349-354, sowie die Einleitung von Adam Westoby zur englischen Ausgabe von Rizzis Buch unter dem Titel *The Bureaucratization of the World*, The USSR: Bureaucratic Collectivism«, London - New York [Tavistock] 1985, S. 1-33.)

## Prüfen wir uns noch einmal

Es wäre deshalb ungeheuerlicher Blödsinn, sich mit Genossen zu entzweien, die zwar in der Frage der soziologischen Natur der UdSSR eine andere Meinung vertreten, mit uns jedoch, was die politischen Aufgaben anbelangt, solidarisch sind. Andererseits zeugte es aber auch von Blindheit, wenn man die rein theoretischen, sogar terminologischen Meinungsverschiedenheiten ignorierte, denn diese könnten sich in der weiteren Entwicklung mit Inhalt füllen und zu völlig unterschiedlichen politischen Schlußfolgerungen führen. So wie die ordentliche Hausfrau weder Schmutz noch Spinnweb duldet, so kann auch eine revolutionäre Partei keine Unklarheiten, kein Durcheinander und keine Zweideutigkeiten dulden. Man muß sein Haus in Ordnung halten!

Zur Illustration des Gedankens erinnere ich an die Frage des Thermidor. Lange haben wir behauptet, daß der Thermidor in der UdSSR nur vorbereitet werde, aber noch nicht eingetreten sei. Dann aber, als wir die Analogie zum Thermidor genauer durchdacht haben, kamen wir zum Schluß, daß der Thermidor bereits hinter uns liegt.[5] Diese offene Korrektur unseres eigenen Fehlers rief in unseren Reihen nicht die geringste Verwirrung hervor. Warum? Weil wir, was das *Wesen* der Prozesse in der Sowjetunion angeht, in der Einschätzung übereinstimmten und die von Tag zu Tag wachsende Reaktion gemeinsam verfolgt haben. Es ging für uns nur um die Präzisierung der historischen Analogie, nicht um mehr. Ich hoffe, daß es uns auch jetzt, trotz des Versuchs einiger Genossen, Unstimmigkeiten in der Frage der »Verteidigung der UdSSR« aufzuspüren — doch davon später — gelingen wird, unsere eigenen Vorstellungen zu präzisieren und dadurch die Einigkeit auf der Basis des Programms der Vierten Internationale zu wahren.

## Eine Geschwulst oder ein neues Organ?

Unsere Kritiker haben verschiedentlich darauf hingewiesen, daß die gegenwärtige Sowjetbürokratie der Arbeiterbürokratie oder der bourgeoisen Bürokratie in der kapitalistischen Gesellschaft sehr wenig gleicht; daß sie mehr noch als die faschistische Bürokratie ein neues, äußerst mächtiges soziales Gebilde ist. Das ist vollkommen richtig, und wir haben davor nie unsere Augen verschlossen. Doch wenn man die Sowjetbürokratie eine »Klasse« nennt, so muß man zugleich auch sagen, daß diese Klasse etwas vollkommen anderes ist als all die besitzenden Klassen, die wir früher

5 Vgl. Text 28.

kannten: der Vorteil ist also nicht groß. Wir nennen die Sowjetbürokratie häufig eine Kaste und unterstreichen damit die Geschlossenheit, die Willkür und die Arroganz der herrschenden Schicht, die da meint, daß sie allein ihren Usprung von den göttlichen Lippen Brahmas herleiten könne, während die Volksmassen wesentlich niedereren Teilen seines Körpers entsprungen seien.[6] Doch auch diese Bezeichnung ist natürlich nicht streng wissenschaftlich. Ihr relativer Vorzug besteht nur darin, daß ihr übertragener Charakter allen klar ist, so daß niemandem in den Sinn kommt, die Moskauer Oligarchie mit der indischen Kaste der Brahmanen gleichzusetzen. Die alte soziologische Terminologie verfügte für das neue soziale Phänomen, das sich noch im Stadium der Entwicklung (der Entartung) befindet und keine festen Formen angenommen hat, über gar keine Bezeichnung. Wir alle jedoch fahren fort, die Sowjetbürokratie Bürokratie zu nennen, ohne dabei ihre historischen Besonderheiten zu vergessen. Bisher ist das, unserer Ansicht nach, ausreichend.

Wissenschaftlich und politisch — und nicht rein terminologisch — ist die Frage doch die: Ist die Bürokratie eine zeitweilige *Wucherung* am sozialen Organismus oder ist diese Wucherung bereits zu einem historisch notwendigen *Organ* geworden? Eine soziale Verunstaltung kann das Ergebnis einer »zufälligen« (d. h. vorübergehenden und einmaligen) Verbindung von historischen Umständen sein. Ein soziales Organ (und das ist eine jede Klasse, also auch die der Ausbeuter) kann nur aus einer tiefen inneren Notwendigkeit des Produktionsprozesses entstehen. Wenn wir diese Frage nicht beantworten, so verwandelt sich der ganze Streit in ein fruchtloses Spiel mit Worten.

## Die frühe Fäulnis der Bürokratie

Die historische Rechtfertigung einer jeden herrschenden Klasse bestand darin, daß das Ausbeutungssystem, an dessen Spitze sie stand, die Entwicklung der Produktivkräfte auf eine neue Stufe hob. Zweifellos hat das Sowjetregime der Wirtschaft einen mächtigen Impuls gegeben. Doch dieser

6 Einem hinduistischen Mythos zufolge entstanden die Kasten aus verschiedenen Körperteilen des Gottes Brahma, der im Hinduismus ursprünglich den Platz des zentralen, am Anfang aller Dinge (und Götter) stehenden Gottes einnahm, dann aber von anderen Gottheiten verdrängt wurde. Die oberste Kaste sind die Brahmanen, historisch zunächst eine reine Priesterkaste, die dann auch die obersten Beamten stellten und Großgrundbesitzer wurden. Heute noch rekrutiert sich der größte Teil der indischen Bourgeoisie aus der Brahmanen-Kaste, der auch alle indischen Ministerpräsidenten seit 1947 entstammen.

Impuls ging von der Verstaatlichung der Produktionsmittel und vom Planungsprinzip aus, keineswegs aber von der Tatsache, daß die Bürokratie die Befehlsgewalt über die Wirtschaft usurpiert hat. Im Gegenteil, die Bürokratie als System wurde zum schlimmsten Bremsklotz für die technische und kulturelle Entwicklung des Landes. Diese Tatsache war bis zu einem bestimmten Zeitpunkt dadurch verdeckt, daß die Sowjetwirtschaft während zweier Jahrzehnte Produktionstechnik und Produktionsorganisation aus den führenden kapitalistischen Ländern übernahm und sich zu eigen machte. Die Periode der Übernahme und Nachahmung vertrug sich noch auf die eine oder andere Art mit dem bürokratischen Automatismus, d.h. mit der Unterdrückung von Initiative und schöpferischer Energie. Doch je höher der Standard der Wirtschaft, je vielfältiger ihre Bedürfnisse, desto mehr ist das bürokratische Regime zu einem unerträglichen Hindernis geworden. Dieser sich immer stärker zuspitzende Widerspruch hat zu dauernden politischen Konvulsionen, zur systematischen Ausrottung der hervorragendsten schöpferischen Elemente auf allen Tätigkeitsgebieten geführt. So ist die Bürokratie, noch bevor es ihr gelungen war, eine »herrschende Klasse« aus sich herauszukristallisieren, in einen unversöhnlichen Widerspruch zu den Bedürfnissen der weiteren Entwicklung geraten. Das erklärt sich namentlich daraus, daß die Bürokratie nicht Trägerin eines neuen, ihr eigenen, ohne sie nicht denkbaren Wirtschaftssystems ist, sondern eine parasitäre Wucherung am Arbeiterstaat.

## Die Bedingungen für die Macht und den Niedergang der Bürokratie

Die Sowjet-Oligarchie hat alle Laster der alten herrschenden Klassen, nicht aber deren historische Mission. Nicht die allgemeinen Gesetze der modernen Gesellschaft vom Kapitalismus bis zum Sozialismus finden in der bürokratischen Entartung des Sowjetstaates ihren Ausdruck, sondern eine besondere, ausschließliche und zeitweilige Beugung dieser Gesetze, die durch die Rückständigkeit des revolutionären Landes und die kapitalistische Einkreisung verursacht wird. Der Mangel an Konsumgütern und der allgemeine Kampf um ihren Besitz bringt den Gendarm hervor, der sich die Verteilerfunktion aneignet. Der feindliche Druck von außen drängt ihm die Rolle eines Landes-»Verteidigers« auf, gibt ihm nationale Autorität und ermöglicht ihm, das Land doppelt auszubeuten.

Die beiden Bedingungen für die Macht der Bürokratie — die Rückständigkeit des Landes und die imperialistische Einkreisung — haben jedoch einen vorläufigen, einen Übergangscharakter und müssen mit dem Sieg der internationalen Revolution verschwinden. Selbst bürgerliche Ökonomen haben berechnet, daß man das Nationaleinkommen der Vereinigten Staaten durch Planwirtschaft rasch auf zweihundert Milliarden Dollar im Jahr anheben und so der gesamten Bevölkerung nicht nur die Befriedigung der Grundbedürfnisse, sondern auch regelrechten Komfort sichern könnte. Andererseits würde die internationale Revolution der Gefahr von außen als der zusätzlichen Ursache der Bürokratisierung ein Ende bereiten. Wenn die Notwendigkeit entfiele, einen großen Teil der staatlichen Einkünfte für die Rüstung zu verwenden, dann würde das Lebenshaltungsniveau und der kulturelle Standard der Massen noch stärker steigen. Unter diesen Bedingungen entfiele auch die Notwendigkeit eines Verteiler-Gendarms ganz von alleine. An die Stelle der Staatsgewalt könnte sehr bald die Verwaltung einer gigantischen Kooperative treten. Für eine neue herrschende Klasse und für ein neues ausbeuterisches Regime, das zwischen Kapitalismus und Sozialismus angesiedelt ist[7], wäre kein Platz.

## Und wenn die sozialistische Revolution nicht stattfindet?

Der Zerfall des Kapitalismus hat ein Höchstmaß erreicht, genau wie der Zerfall der alten herrschenden Klasse. Dieses System kann nicht mehr weiterexistieren. Jetzt müssen die Produktivkräfte planmäßig organisiert werden. Doch wer wird diese Arbeit ausführen: das Proletariat oder die neue herrschende Klasse der »Kommissare«: der Politiker, Administratoren und Techniker? Die historische Erfahrung hat nach Meinung einiger Klugschwätzer gezeigt, daß auf das Proletariat kein Verlaß ist. Es hat sich als »unfähig« erwiesen, dem letzten imperialistischen Krieg zuvorzukommen, obgleich die materiellen Voraussetzungen für eine sozialistische Revolution schon damals gegeben waren. Auch die Erfolge des Faschismus nach dem Krieg waren wiederum Ergebnis der »Unfähigkeit« des Proletariats, die kapitalistische Gesellschaft aus der Sackgasse zu führen. Die Bürokratisierung des Sowjetstaats ihrerseits war Ergebnis der »Unfähigkeit« des Proletariats, die Gesellschaft selbst demokratisch zu regulieren. Die spanische Revolution wurde vor den Augen des Weltproletariats von den faschistischen und stalinistischen Bürokratien unterdrückt. Das letzte Glied in dieser Kette ist schließlich der neue imperialistische Krieg, der ja angesichts der völligen Machtlosigkeit des Weltproletariats ganz offen vorbereitet wurde. Wenn man diese Auffassung akzeptiert, d. h. zugibt, daß das Proletariat nicht in der Lage ist, eine sozialistische Revolution zu machen, dann ist offensichtlich, daß andere die dringende Aufgabe der Verstaatlichung der Produktivkräfte zu übernehmen haben. Ja, aber wer? Die neue Bürokratie, die als neue herrschende Klasse die verfaulende Bourgeoisie weltweit verdrängt. So stellen jene »Linken« die Frage, die sich nicht mit Streiteren um Worte begnügen.

7 Hier und im folgenden bezieht sich Trotzki vor allem auf die Thesen Rizzis.

# Der derzeitige Krieg und das Schicksal der heutigen Gesellschaft

Durch den Gang der Ereignisse stellt sich die Frage jetzt sehr konkret. Der Zweite Weltkrieg hat begonnen. Er ist die endgültige Bestätigung dessen, daß die Gesellschaft nicht mehr länger unter den Bedingungen des Kapitalismus leben kann. Dadurch wird er für das Proletariat zu einer neuen, vielleicht entscheidenden Prüfung.

Wenn dieser Krieg, wovon wir fest überzeugt sind, eine proletarische Revolution hervorruft, wird er notwendig auch zum Sturz der Bürokratie in der UdSSR und zur Wiedergeburt der sowjetischen Demokratie auf einer wesentlich höheren ökonomischen und kulturellen Basis führen als 1918. Dann wird sich die Frage, ob die Stalinsche Bürokratie eine »Klasse« oder eine Wucherung am Arbeiterstaat gewesen ist, ganz von selbst lösen. Einem jeden wird klar werden, daß im Entwicklungsprozeß der internationalen Revolution die Sowjetbürokratie nur eine *Episode,* ein *Rückfall* war.

Gesetzt den Fall, der jetzige Krieg ruft keine Revolution hervor, sondern den Niedergang des Proletariats, dann bleibt nur die andere Alternative: der monopolistische Kapitalismus fault weiter, verwächst enger mit dem Staat, und die Demokratie, soweit sie sich noch erhalten hat, wird durch ein totalitäres Regime ersetzt. Die Unfähigkeit des Proletariats, die Führung der Gesellschaft in die Hand zu nehmen, könnte unter diesen Bedingungen wirklich zur Folge haben, daß eine neue Ausbeuterklasse aus einer bonapartistischen und faschistischen Bürokratie entsteht. Aller Wahrscheinlichkeit nach wäre das ein Verfallsregime, das den Untergang der Zivilisation ankündigt.

Zu einem entsprechenden Ergebnis könnte es dann kommen, wenn das Proletariat der führenden kapitalistischen Länder die Macht erkämpfte, dann aber nicht in der Lage wäre, sie zu halten, und sie genau wie in der UdSSR einer privilegierten Bürokratie übergäbe. Dann wären wir gezwungen einzugestehen, daß der Grund für den bürokratischen Rückfall nicht in der Rückständigkeit des Landes zu suchen ist, auch nicht in der imperialistischen Einkreisung, sondern in einer naturgegebenen Unfähigkeit des Proletariats, zur herrschenden Klasse zu werden. Dann müßte man rückblickend feststellen, daß die jetzige UdSSR in ihren Grundzügen Vorläufer eines neuen Ausbeuterregimes im internationalen Maßstab ist.

Wir haben uns sehr weit von den terminologischen Streitereien über die Bezeichnung des Sowjetstaates entfernt. Doch sollten unsere Kritiker nicht protestieren: nur mit der nötigen historischen Distanz kann man solche Fragen, wie den Austausch eines sozialen Regimes durch ein anderes, richtig beurteilen. Zu Ende gedacht, heißt die historische Alternative: entweder ist das Stalinsche Regime ein häßlicher Rückfall beim Umwandlungsprozeß der bürgerlichen Gesellschaft in eine sozialistische, oder es ist die erste

Etappe einer neuen ausbeuterischen Gesellschaft. Wenn sich die zweite Prognose als richtig erweisen sollte, dann wird natürlich die Bürokratie zur neuen Ausbeuterklasse. Wie bedrückend auch immer diese zweite Perspektive sein mag, wenn das Weltproletariat wirklich unfähig ist, die Mission zu erfüllen, die ihm der Gang der Entwicklung auferlegt hat, so bleibt keine andere Möglichkeit, als offen einzugestehen, daß das sozialistische Programm, das auf den inneren Widersprüchen der kapitalistischen Gesellschaft beruht, eine Utopie ist. Dann wäre offenbar ein neues »minimales« Programm notwendig — zum Schutz der Interessen der Sklaven einer totalitären bürokratischen Gesellschaft.

Gibt es jedoch so unerschütterliche oder auch nur überzeugende objektive Gegebenheiten, die uns heute zu zwingen vermöchten, uns von der Perspektive einer sozialistischen Revolution loszusagen? Darin liegt die ganze Frage.

## Die Theorie des »bürokratischen Kollektivismus«

Kurz nachdem Hitler zur Macht gelangt war, kam der deutsche »linke Kommunist« Hugo Urbahns zu dem Schluß, daß eine neue historische Ära des »Staatskapitalismus« den Kapitalismus ablösen werde.[8] Erste Muster eines solchen Regimes seien Italien, die UdSSR und Deutschland. Politische Schlußfolgerungen aus seiner Theorie machte Urbahns allerdings nicht. Vor kurzem kam der italienische »linke Kommunist«, Bruno R., der früher der Vierten Internationale angehört hatte, zu dem Schluß, daß der Kapitalismus vom »bürokratischen Kollektivismus«* abgelöst würde. Die neue Bürokratie sei eine Klasse, ihr Verhältnis zu den Werktätigen sei kollektive Ausbeutung, und die Proletarier seien zu Sklaven eines totalitären Ausbeuters geworden.

Bruno R. betrachtet die Planwirtschaft der UdSSR, den Faschismus, den Nationalsozialismus und den »neuen Kurs« Roosevelts parallel. All diese Regime haben zweifellos gemeinsame Züge, die letzten Endes durch die kollektivistischen Tendenzen der modernen Wirtschaft bestimmt sind. Lenin hat bereits vor der Oktoberrevolution die wesentlichen Eigenschaften des imperialistischen Kapitalismus formuliert: die gigantische Konzentration der Produktivkräfte, das Zusammenwachsen des Monopol-Kapitals mit dem Staat und die organischen Tendenzen zur Diktatur als Folge

* Bruno R., *La bureaucratisation du monde,* Paris 1939, 350 p.

8 Vgl. Text 23.

dieses Zusammenwachsens.[9] Zentralisierung und Kollektivierung bestimmen als Tendenz sowohl die Politik der Revolution als auch die der Konterrevolution; das bedeutet jedoch noch längst nicht, daß man Revolution, Thermidor, Faschismus und amerikanischen »Reformismus« gleichsetzen kann. Bruno R. hat lediglich die Tatsache wahrgenommen, daß die Kollektivierung infolge der politischen Erschöpfung der Arbeiterklasse in Richtung »bürokratischer Kollektivismus« tendiert. Ein an sich unbestreitbares Phänomen. Doch wo sind seine Grenzen und welches Gewicht hat es historisch? Das, was uns als Deformation der Übergangsperiode erscheint, als Folge der unausgewogenen Entwicklung verschiedener Faktoren des gesellschaftlichen Prozesses, hält Bruno R. für eine eigenständige gesellschaftliche Formation, in der die Bürokratie die herrschende Klasse ist. Bruno R. verfügt jedenfalls über den Vorzug, daß er die Frage aus dem Bannkreis terminologischer Geistreicheleien auf eine Ebene großer historischer Verallgemeinerungen zu heben versucht. Um so leichter ist es, seinen Irrtum aufzudecken.

Wie viele Ultralinke identifiziert auch Bruno R. den Stalinismus dem Wesen nach mit dem Faschismus. Einerseits hat sich die Sowjetbürokratie die politischen Methoden des Faschismus angeeignet; andererseits wird auch die faschistische Bürokratie, die sich bisher noch mit »Teilmaßnahmen« des staatlichen Eingriffs begnügt, letzten Endes bei der völligen Verstaatlichung der Wirtschaft landen. Die erste Behauptung ist vollkommen richtig. Falsch ist die Behauptung von Bruno R., daß der faschistische »Antikapitalismus« in der Lage sei, so weit zu gehen, daß er die Bourgeoisie enteignet. Die »Teilmaßnahmen« staatlichen Eingreifens und der Verstaatlichung unterscheiden sich in der Tat von einer staatlichen Planwirtschaft, wie sich Reformen von einer Revolution unterscheiden. Mussolini und Hitler »koordinieren« lediglich die Interessen der Besitzenden und »regulieren« die kapitalistische Wirtschaft, und das vor allem aus militärischen Erwägungen. Ganz anders die Kreml-Oligarchie: sie hat allein deswegen die Möglichkeit, die Wirtschaft als ein Ganzes zu führen, weil die Arbeiterklasse Rußlands den größten Umsturz der Besitzverhältnisse in der Geschichte vollbracht hat. Diesen Unterschied darf man nicht aus den Augen verlieren.

Doch selbst wenn man zugibt, daß der Stalinismus und der Faschismus einstmals von verschiedenen Enden zu ein und demselben Typ einer Ausbeutergesellschaft kommen wird (zu einem »bürokratischen Kollektivismus«, nach der Terminologie von Bruno R.), dann führt das die Menschheit noch längst nicht aus der Sackgasse. Die Krise des kapitalistischen

9 Lenin verfaßte seine Studie *Der Imperialismus als höchstes Stadium des Kapitalismus* in der ersten Hälfte des Jahres 1916 im Schweizer Exil, veröffentlichte sie aber erst im folgenden Jahr nach der Februarrevolution in Rußland. Vgl. LW 22, S. 189-309.

Systems wird nicht nur durch die reaktionäre Rolle des Privateigentums hervorgerufen, sondern auch durch die nicht minder reaktionäre Rolle des Nationalstaats. Wenn es auch einzelnen faschistischen Regierungen gelingen würde, bei sich ein System der Planwirtschaft einzuführen, so bliebe dennoch, abgesehen von den notwendigen und letztlich revolutionären Bewegungen des Proletariats, die durch keinen Plan voraussehbar waren, der Kampf zwischen den totalitären Staaten um die Weltherrschaft, ja er würde sich sogar noch verstärken. Kriege würden die Früchte der Planwirtschaft vertilgen und die Grundlagen der Zivilisation zerstören. Bertrand Russell[10] meint allerdings, daß jeder beliebige siegreiche Staat in der Folge des Krieges die ganze Welt in totalitärer Umklammerung vereinigen könnte. Doch selbst wenn diese Hypothese Wirklichkeit würde, was mehr als zweifelhaft ist, dann wär diese Militär-»Union« kaum stabiler als der Versailler Friede. Das Auf und Ab der nationalen Unruhen endete mit einem neuen Weltkrieg, der zum Grab der Zivilisation werden könnte. Nicht unsere subjektiven Wünsche, sondern die objektive Wirklichkeit sagt, daß der einzige Ausweg für die Menschheit die internationale sozialistische Revolution ist. Ihre Alternative ist der Rückfall in die Barbarei.

## Das Proletariat und seine Führung

Der Frage der Wechselbeziehungen zwischen einer Klasse und ihrer Führung werden wir bald einen besonderen Artikel widmen. Beschränken wir uns hier auf das Notwendigste.[11] Nur Vulgär-Marxisten, die der Meinung sind, daß Politik die *direkte und unmittelbare* »Widerspiegelung« der Wirtschaft sei, können glauben, daß die Führung direkt und unmittelbar die Klasse widerspiegele. In Wirklichkeit setzt sich die Führung, die sich über die unterdrückte Klasse erhoben hat, unweigerlich dem Druck der herr-

10 Bertrand Russell (1872-1970), bedeutender britischer Mathematiker und Philosoph, erhielt 1950 für seine wissenschaftliche Prosa den Literatur-Nobelpreis. Bertrand Russell war zeit seines Lebens als Pazifist und Anhänger der Labour-Party politisch engagiert. Bereits während des Ersten Weltkriegs wurde er wegen seiner Aufrufe zur Kriegsdienstverweigerung inhaftiert. Nach 1917 trat er gegen die Oktoberrevolution auf. Seit den fünfziger Jahren wurde er durch sein Engagement gegen die Atombombe und dann gegen den Vietnam-Krieg weltweit bekannt. Er war Mitbegründer des nach ihm benannten Tribunals zur Untersuchung der US-Politik in Vietnam.

11 Trotzkis Artikel »Klasse, Partei, Führung« war noch nicht abgeschlossen, als er am 20. August 1940 von einem GPU-Agenten ermordet wurde. Eine Zusammenstellung seiner Entwürfe und Fragmente zu dieser Arbeit erschien posthum.
(Vgl. Trotzki, *Revolution und Bürgerkrieg in Spanien*, Bd. 2, S. 337-348, auch in *Schriften*, Bd. 3.)

schenden Klasse aus. Die Führung der amerikanischen Gewerkschaften z. B. »spiegelt« weniger das Proletariat als vielmehr die Bourgeoisie wider. Auswahl und Unterweisung einer wirklich revolutionären Führung, die in der Lage ist, dem Druck der Bourgeoisie zu widerstehen, ist eine außerordentlich schwierige Aufgabe. Die Dialektik des historischen Prozesses hat sich am deutlichsten darin geäußert, daß das Proletariat des rückständigsten Landes, nämlich Rußlands, unter gewissen historischen Bedingungen die weitsichtigste und kühnste Führung hervorgebracht hat. Das Proletariat in Großbritannien, also im Lande der ältesten kapitalistischen Kultur, hat dagegen auch heute noch die stumpfsinnigste und servilste Führung.

Die Krise in der kapitalistischen Gesellschaft, die im Juli 1914 zu einer offenen wurde, rief vom ersten Kriegstag an auch in der proletarischen Führung eine schwere Krise hervor. In den fünfundzwanzig Jahren, die inzwischen vergangen sind, ist es dem Proletariat der führenden kapitalistischen Länder nicht gelungen, eine Führung hervorzubringen, die den Aufgaben unserer Epoche gewachsen wäre. Die Erfahrung in Rußland zeugt jedoch dafür, daß eine solche Führung geschaffen werden kann (was natürlich nicht bedeutet, daß sie gegen Entartung gefeit ist). Die Frage ist folglich die: Wird letzten Endes der Avantgarde der Arbeiterklasse die objektive historische Notwendigkeit bewußt werden, d.h. wird sich schließlich im Verlauf dieses Krieges und jener schweren Erschütterungen, die aus ihm erwachsen müssen, eine echte revolutionäre Führung bilden, die in der Lage ist, dem Proletariat zur Macht zu verhelfen?

Die Vierte Internationale hat diese Frage positiv beantwortet, nicht nur mit dem Text ihres Programms, sondern allein schon durch ihre Existenz.[12] Enttäuschte und erschreckte Pseudomarxisten aller Art dagegen gehen davon aus, daß der Bankrott der Führung nur die Unfähigkeit des Proletariats, seine revolutionäre Mission zu erfüllen, »widerspiegele«. Nicht alle unsere Gegner sprechen diesen Gedanken deutlich aus. Doch alle — seien es Ultralinke, Zentristen, Anarchisten, von den Stalinisten und Sozialdemokraten schon gar nicht zu reden — wälzen die Verantwortung für die Niederlagen von sich auf das Proletariat ab. Keiner von ihnen zeigt die Bedingungen auf, unter denen das Proletariat in der Lage ist, einen sozialen Umsturz zu machen.

Angenommen, Grund für die Niederlagen sind die sozialen Eigenschaften des Proletariats selbst, dann muß man die Situation der modernen Gesellschaft als hoffnungslos bezeichnen. Unter den Bedingungen des verfaulenden Kapitalismus wächst das Proletariat weder zahlenmäßig noch

12 Zur Situation der Vierten Internationale bei ihrer Gründung am 3. September 1938 und zur Zeit der Konferenz im Mai 1940 in New York vgl. Prager (Hg.), *Les congrès de la Quatrième Internationale*, Bd. 1, S. 199-420.

kulturell. Daher besteht auch kein Grund zu der Erwartung, daß es je der revolutionären Aufgabe gewachsen sein wird. Völlig anders stellt sich die Sache dem dar, der sich klarmacht, wie fundamental der Antagonismus ist zwischen dem organischen, tiefen, unüberwindlichen Streben der werktätigen Massen, sich aus dem blutigen kapitalistischen Chaos zu befreien, und dem konservativen, patriotischen, durch und durch bourgeoisen Charakter der Führung, die sich selbst überlebt hat. Zwischen diesen beiden unvereinbaren Konzeptionen muß man sich entscheiden.

## Die totalitäre Diktatur ist ein Zustand der aufs Äußerste zugespitzten Krise — keine stabile Ordnung

Die Oktoberrevolution ist kein Zufall gewesen. Man hat sie schon lange vorausgesehen. Die Prognosen wurden durch die Ereignisse bestätigt. Auch die Entartung widerlegt diese Prognosen nicht, denn niemals waren Marxisten der Meinung, daß sich ein isolierter Arbeiterstaat in Rußland unendlich halten könne.[13] Wir haben zwar eher mit dem Zusammenbruch des Arbeiterstaats als mit seiner Entartung gerechnet; genauer gesagt, wir haben diese beiden Möglichkeiten nicht streng voneinander geschieden. Doch sie widersprechen einander keineswegs. Die Entartung muß in einem gewissen Stadium notwendig mit dem Zusammenbruch enden.

Ein totalitäres Regime, sei es nun eines nach stalinistischem oder nach faschistischem Muster, kann seinem Wesen nach nur ein provisorisches, ein Übergangsregime sein. Diktaturen waren in der Geschichte immer Ergebnis und Kennzeichen besonders schwerer sozialer Krisen und keinesfalls stabiler Verhältnisse. Eine schwere Krise ist kein permanenter gesellschaftlicher Zustand. Ein totalitärer Staat kann zwar eine gewisse Zeitlang die sozialen Widersprüche unterdrücken, doch kann er sich nicht für alle Ewigkeit halten. Die ungeheuerlichen Säuberungen in der UdSSR sind der überzeugendste Beweis dafür, daß die sowjetische Gesellschaft organisch danach strebt, die Bürokratie auszuspeien.

Es ist erstaunlich, daß Bruno R. ausgerechnet in den Stalinschen Säuberungen den Beweis dafür sieht, daß die Bürokratie zur herrschenden Klasse geworden ist, denn nur eine herrschende Klasse ist seiner Meinung nach zu derart weitreichenden Maßnahmen fähig.* Er vergißt jedoch, daß auch der

* Allerdings stößt Bruno R. im letzten Teil seines aus den phantastischen Widersprüchen bestehenden Buches ganz bewußt und Punkt für Punkt seine eigene Theorie des »bürokratischen Kollektivismus« um, wie er sie im ersten Teil des Buches dargelegt hat, und erklärt, daß Stalinismus, Faschismus und Nazismus parasitäre Übergangsgebilde seien, historische Strafe für die Kraftlosigkeit des Proletariats. Mit anderen Worten, Bruno R. kehrt, nachdem er die Ansichten der Vierten Internationale aufs schärfste kritisiert hat, überraschend zu ebendiesen Ansichten zurück, jedoch nur, um eine weitere Serie von Irrtümern zu eröffnen. Wir haben keine Veranlassung, einem Schriftsteller, der so deutlich die Balance verloren hat, zu folgen. Uns interessieren diejenigen seiner Argumente, mit denen er seine Ansicht von der Bürokratie als Klasse zu begründen sucht.

Zarismus, der keine »Klasse« war, sich ziemlich weitreichende Säuberungsmaßnahmen erlaubte, und das zu einer Zeit, als er dem Untergang nahe war. In ihren gewaltigen Ausmaßen und der ungeheuerlichen Verlogenheit sind Stalins Säuberungen nichts anderes als ein Zeugnis dafür, daß die Bürokratie nicht in der Lage ist, zu einer stabilen herrschenden Klasse zu werden, und zugleich Symptom ihrer nahen Agonie. Machten wir uns nicht lächerlich, wenn wir der bonapartistischen Oligarchie den Namen einer neuen herrschenden Klasse zuerkennen, und das wenige Jahre oder gar nur Monate vor ihrem ruhmlosen Sturz? Allein schon die klare Fragestellung muß, unserer Meinung nach, die Genossen von terminologischen Experimenten und allzu eifrigen Verallgemeinerungen zurückhalten.

## Der Kurs auf die internationale Revolution und die Wiedergeburt der UdSSR

Es hat sich gezeigt, daß ein Vierteljahrhundert für die revolutionäre Umrüstung der internationalen proletarischen Avantgarde eine viel zu kurze Frist, für die Erhaltung des Sowjetsystems in einem isolierten rückständigen Lande aber eine zu lange Frist war. Dafür muß die Menschheit jetzt mit einem neuen imperialistischen Krieg bezahlen. Doch die wichtigste Aufgabe unserer Epoche ist noch immer die gleiche, aus dem einfachen Grunde, weil sie noch nicht gelöst ist. Ein gewaltiges Plus des vergangenen Vierteljahrhunderts und zugleich ein unschätzbares Pfand für die Zukunft ist die Tatsache, daß es einem Vortrupp des Weltproletariats gelungen ist, praktisch zu zeigen, wie die Aufgabe gelöst werden kann.

Der zweite imperialistische Krieg stellt die ungelöste Aufgabe auf eine höhere historische Stufe. Er erprobt nicht nur erneut die Stabilität der herrschenden Regime, sondern auch der Fähigkeit des Proletariats, sie abzulösen. Die Ergebnisse dieser Prüfung werden zweifellos von entscheidender Bedeutung für unsere Einschätzung der gegenwärtigen Epoche als Epoche der proletarischen Revolution sein. Wenn, entgegen aller Wahrscheinlichkeit, im Verlauf des jetzigen Krieges oder unmittelbar danach die Oktoberrevolution in keinem der fortgeschrittenen Länder eine Fortsetzung findet; wenn vielmehr das Proletariat überall und allenthalben zurückgeworfen wird — dann müßten wir zweifellos die Frage nach einer Überprüfung unserer Konzeption von der gegenwärtigen Epoche und der sie bewegenden Kräfte stellen. Die Frage wäre dann nicht so sehr die, welches pennälerhafte Etikett man der UdSSR oder der Stalin-Bande anheften

13 Vgl. Trotzkis Dokumentation im Anhang »Sozialismus in einem Lande?« seiner *Geschichte der russischen Revolution* (Bd. 2, *Oktoberrevolution*).

sollte, als vielmehr die, wie man die internationale historische Perspektive der nächsten Jahrzehnte, wenn nicht Jahrhunderte beurteilen sollte: sind wir in die Epoche der sozialen Revolution und der sozialistischen Gesellschaft eingetreten oder in die Epoche der niedergehenden Gesellschaft totalitärer Bürokratie?

Der doppelte Fehler schematischer Denker wie Hugo Urbahns und Bruno R. besteht darin, daß sie erstens verkünden, dieses letzte Regime habe bereits endgültig begonnen; und zweitens erklären, es sei ein lang währendes Zwischenstadium der Gesellschaft zwischen Kapitalismus und Sozialismus. Dabei ist es doch ganz offensichtlich: wenn es sich bei den Erfahrungen unserer ganzen Epoche und des jetzigen neuen Krieges herausstellen sollte, daß das internationale Proletariat unfähig ist, sich zum Herrn der Gesellschaft zu machen, dann bedeutet das den Zusammenbruch jeglicher Hoffnungen auf eine sozialistische Revolution, denn andere noch günstigere Bedingungen für sie sind nicht mehr zu erwarten; jedenfalls gibt es zur Zeit niemand, der sie voraussehen oder näher beschreiben könnte.

Die Marxisten haben nicht das geringste Recht (wenn man nicht Enttäuschung und Müdigkeit als ein »Recht« ansehen will«, daraus zu folgern, das Proletariat habe seine revolutionären Möglichkeiten ausgeschöpft und müsse für die nächste Epoche auf seinen Herrschaftsanspruch verzichten. Fünfundzwanzig Jahre auf der Waagschale der Geschichte sind, wenn es um den fundamentalsten Wandel von wirtschaftlichen und kulturellen Systemen geht, weniger als eine Stunde im Leben des Menschen. Was ist ein Mensch schon wert, der sich wegen empirischer Fehlschläge während einer Stunde oder eines Tages von seinem Ziel lossagt, das er sich aufgrund seiner Erfahrungen und der Analyse des gesamten bisherigen Lebens gesetzt hat? In den Jahren der finstersten russischen Reaktion (1907-1917) sind wir von den revolutionären Möglichkeiten ausgegangen, die das russische Proletariat 1905 eröffnet hat. In den Jahren der internationalen Reaktion müssen wir von den Möglichkeiten ausgehen, die das russische Proletariat 1917 eröffnet hat. Nicht zufällig hat sich die Vierte Internationale eine Internationale Partei der sozialistischen Revolution genannt. Wir gehen unbeirrbar unseren Weg. Wir halten Kurs auf die internationale Revolution und damit auf die Wiedergeburt der UdSSR als Arbeiterstaat.

## Die Außenpolitik ist die Verlängerung der Innenpolitik

Was verteidigen wir an der UdSSR? Nicht das, worin sie den kapitalistischen Ländern gleicht, sondern gerade das, was sie von ihnen unterscheidet. Auch in Deutschland verkünden wir den Aufstand gegen die herrschende Bürokratie, jedoch nur, um unverzüglich das kapitalistische Eigentum zu beseitigen. In der UdSSR ist der Sturz der Bürokratie notwendig, um das

Staatseigentum zu erhalten. Nur in diesem Sinne setzen wir uns für die Verteidigung der UdSSR ein.

Niemand unter uns bezweifelt, daß die sowjetischen Arbeiter das Staatseigentum nicht nur gegen die parasitäre Bürokratie zu verteidigen, sondern auch vor Tendenzen zum Privateigentum, z.B. von seiten der Kolchosaristokratie, zu schützen haben. Aber Außenpolitik ist bekanntlich Fortsetzung der Innenpolitik. Wenn wir innenpolitisch die Verteidigung der Errungenschaften der Oktoberrevolution mit dem unversöhnlichen Kampf gegen die Bürokratie verbinden, so müssen wir außenpolitisch dasselbe tun. Bruno R. allerdings, der davon ausgeht, daß der »bürokratische Kollektivismus« bereits auf der ganzen Linie gesiegt hat, versichert uns, daß niemand das Staatseigentum bedrohe, denn Hitler (und Chamberlain?) seien daran genauso interessiert wie Stalin. Bedauerlicherweise sind die Versicherungen von Bruno R. leichtfertig. Im Falle eines Sieges wird Hitler wahrscheinlich als erstes verlangen, daß man den deutschen Kapitalisten ihr enteignetes Eigentum wieder zurückerstattet; dann wird er eine entsprechende Wiederherstellung des Eigentums für Engländer, Franzosen und Belgier fordern, um mit ihnen ein Abkommen auf Kosten der UdSSR zu treffen; schließlich wird er Deutschland im Interesse der deutschen Kriegsmaschinerie zum Teilhaber der wichtigsten staatlichen Unternehmen der UdSSR machen. Zur Zeit ist Hitler der Verbündete und Freund Stalins; doch wenn Hitler mit Hilfe Stalins an der Westfront als Sieger hervorgeht, wird er morgen seine Waffen gegen die UdSSR richten. Schließlich würde auch Chamberlain im entsprechenden Fall nicht viel anders vorgehen als Hitler.

## Die Verteidigung der UdSSR und der Klassenkampf

Die Fehler bei der Frage der Verteidigung der UdSSR ergeben sich meistens aus einem falschen Verständnis der Methoden von »Verteidigung«. Verteidigung der UdSSR bedeutet keineswegs eine Annäherung an die Kreml-Bürokratie, die Annahme ihrer Politik oder die Versöhnung mit der Politik ihrer Verbündeten. In dieser Frage bleiben wir wie auch sonst voll und ganz auf dem Boden des internationalen Klassenkampfes.

Das französische Blättchen *Que faire*[14] schrieb vor kurzem: Da die

14 Die Gruppe *Que faire?* (frz. »Was tun«) entstand 1933/34 als geheime Oppositionsgruppe im Apparat der französischen KP. Ihre Initiatoren waren das Politbüro-Mitglied André Ferrat und der polnische Kommunist Georges Kagan, der zu den Komintern-Vertretern bei der KPF gehörte. Sie bekämpften die

»Trotzkisten« in bezug auf Frankreich und England Defätisten sind, sind sie das auch bezüglich der UdSSR. Mit anderen Worten: wenn ihr die UdSSR verteidigen wollt, dann müßt ihr aufhören, in bezug auf seine imperialistischen Verbündeten defätistisch zu sein. *Que faire* rechnete damit, daß die »Demokratien« zu Verbündeten der UdSSR würden. Was diese Schlaumeier jetzt sagen, ist nicht klar. Das ist auch nicht so wichtig, denn schon ihre Methode ist unmoralisch. Verzichtet man nämlich auf die defätistiche Haltung gegenüber dem imperialistischen Lager, dem sich die UdSSR noch heute oder morgen anschließen wird, so heißt das doch, daß man die Arbeiter des entgegengesetzten Lagers auf die Seite ihrer Regierungen drängt; heißt, daß man auf den Defätismus überhaupt verzichtet. Ein Verzicht auf den Defätismus unter den Bedingungen des imperialistischen Krieges ist aber gleichbedeutend mit dem Verzicht auf die sozialistische Revolution. Der Verzicht auf die Revolution — im Namen der Verteidigung der UdSSR — würde aber die UdSSR der Zersetzung und dem Untergang endgültig ausliefern.

Die »Verteidigung der UdSSR« gründet sich nach der Auslegung der Komintern ebenso wie der gestrige »Kampf gegen den Faschismus« auf die Absage an eine eigenständige Klassenpolitik. Das Proletariat wandelt sich — aus verschiedenen Anlässen, unter verschiedenen Bedingungen, aber immer und unweigerlich — zu einer Hilfskraft des einen bourgeoisen Lagers gegen das andere. Demgegenüber sagen einige unserer Genossen: Weil wir uns nicht zum Werkzeug Stalins und seiner Genossen machen lassen wollen, sind wir gegen die Verteidigung der UdSSR.[15] Damit zeigen sie jedoch nur, daß ihr Verständnis von »Verteidigung« im großen und ganzen mit dem der Opportunisten zusammenfällt; sie haben keine eigenständige Politik des

ultralinke Linie des »Sozialfaschismus« und der Ablehnung der Einheitsfront; ihr Ziel war eine Reform der Partei. 1934 begannen sie mit der Publikation der Zeitschrift *Que faire*. Nach der Wende zur Volksfrontpolitik trat die Gruppe gegen den neuen opportunistischen Kurs auf. Zeitweise stand sie in engem Kontakt zur (Exil-)Gruppe um den ehemaligen Trotzkisten Kurt Landau. Im Frühjahr 1936 trat Ferrat zum ersten Mal öffentlich gegen die Parteiführung auf und wurde ausgeschlossen. Die Gruppe hatte nie mehr als 50 bis 100 Mitglieder, von ihrer Zeitschrift verkauften sie durchschnittlich 400 Exemplare. Die meisten Mitglieder — darunter Ferrat — traten 1938 der Sozialistischen Partei bei. *Que faire* erschien noch bis zum Beginn des Weltkriegs.
(Vgl. Jean Rabaut, *Tout est possible!* Les ‚gauchistes' français 1929-1944, Paris [Denoël] 1974, S. 182-186; Pierre Broué und Nicole Dorey, »Critiques de gauche et opposition révolutionnaire au front populaire [1936-1938]«, in: *Le mouvement social*, Nr. 54, Januar-Februar 1966, S. 91-133, hier S. 96-99, 105-107, 129 f.; Guillaume Bourgeois, »Le groupe *Que faire?*, Aspects d'une opposition«, in: *Communisme*, Nr. 5, 1984, S. 105-117.)

15 Trotzki bezieht sich auf die Minderheit in der SWP.

Proletariats im Sinn. Tatsächlich verteidigen wir die UdSSR, wie wir auch Kolonien verteidigen, wie wir alle unsere Aufgaben lösen, nämlich nicht durch die Unterstützung der einen imperialistischen Regierung gegen die andere, sondern mit der Methode des internationalen Klassenkampfes in den Kolonien und den Metropolen.

Wir sind keine Regierungspartei; wir sind die Partei der unversöhnlichen Opposition, nicht nur in den kapitalistischen Ländern, sondern auch in der UdSSR. Unsere Aufgaben, darunter auch die »Verteidigung der UdSSR«, lösen wir nicht mit bourgeoisen Regierungen, ja nicht einmal der Regierung der UdSSR, sondern ausschließlich mit der Erziehung der Massen, mit Agitation und Aufklärung der Arbeiter darüber, was verteidigt und was gestürzt werden muß. Eine solche »Verteidigung« kann nicht unmittelbar Wunder bewirken. Doch darauf erheben wir auch gar keinen Anspruch. Zur Zeit sind wir die revolutionäre Minderheit. Unsere Arbeit soll darauf ausgerichtet sein, daß die Arbeiter, auf die wir Einfluß haben, die Ereignisse richtig beurteilen, sich nicht überrumpeln lassen und die öffentliche Meinung ihrer Klasse auf die revolutionäre Lösung der ihnen bevorstehenden Aufgaben vorbereiten.

Die Verteidigung der UdSSR fällt für uns mit der Vorbereitung der internationalen Revolution zusammen. Nur die Methoden sind zulässig, die den Interessen der Revolution nicht widersprechen.[16] Die Verteidigung der UdSSR verhält sich zur internationalen sozialistischen Revolution wie eine taktische Aufgabe zur strategischen. Die Taktik ist dem strategischen Ziel untergeordnet und darf ihm unter keinen Umständen widersprechen.[17]

## Die Frage der besetzten Gebiete

Jetzt, wo wir diese Zeilen schreiben, ist die Frage des Schicksals der von der Roten Armee besetzten Gebiete noch immer ungeklärt.[18] Die telegraphi-

16 Vgl. Trotzkis Aufsatz *Ihre Moral und unsere* vom Februar 1938 (*Schriften*, Bd. 3).

17 Vgl. Trotzki, *Die internationale Revolution*, S. 74: »Der Begriff der revolutionären Strategie hat sich erst in den Nachkriegsjahren, und zwar anfänglich zweifellos unter dem Einfluß der Kriegsterminologie, herausgebildet ... Unter dem Begriff der Taktik wird das System von Maßnahmen, welches einer einzelnen aktuellen Aufgabe oder einem einzelnen Zweig des Klassenkampfes dient, verstanden. Die revolutionäre Strategie umfaßt dagegen ein kombiniertes System von Handlungen, die in ihrer Verbundenheit, Folgerichtigkeit und in ihrer Steigerung das Proletariat zur Eroberung der Macht führen.«

18 In der Westukraine forderten die einrückenden sowjetischen Truppen (überwiegend ukrainische Soldaten) die Bevölkerung auf, provisorische Verwaltungen, Bauernkomitees und Volksmilizen zu bilden. Am 4. Oktober wurden Wahlen zu

schen Informationen sind widersprüchlich, weil beide Seiten viel lügen; die tatsächlichen Verhältnisse am Ort sind zweifellos äußerst unklar. Ein gewisser Teil der okkupierten Länder wird zweifellos der UdSSR einverleibt werden. In welcher Form aber?

Nehmen wir einmal für einen Augenblick an, daß die Moskauer Regierung nach dem Pakt mit Hitler in den okkupierten Gebieten das Recht auf Privateigentum unangetastet läßt und sich auf die »Kontrolle« nach faschistischem Vorbild beschränkt. Ein solches Zugeständnis wäre von größter prinzipieller Bedeutung und könnte zum Anfang eines neuen Kapitels des Sowjetregimes werden und folglich auch zu einer Neubewertung der Natur der Sowjetregierung unsererseits führen.

Sehr viel wahrscheinlicher ist jedoch, daß die Moskauer Regierung in den Gebieten, die der UdSSR eingegliedert werden sollen, Maßnahmen zur Expropriation der Großeigentümer und der Verstaatlichung der Produktionsmittel ergreift. Dieser Weg ist sehr viel wahrscheinlicher, nicht etwa weil die Bürokratie dem sozialistischen Programm treu ist, sondern weil sie die Macht und die damit verbundenen Privilegien mit den alten herrschenden Klassen der besetzten Gebiete weder teilen will noch kann. Hier ergibt sich die Analogie ganz von selbst. Der erste Bonaparte hielt die Revolution mit einer Militärdiktatur auf. Als jedoch die französischen Truppen in Polen einfielen, unterschrieb Napoleon ein Dekret: »Die Leibeigenschaft ist abgeschafft.«[19] Diese Maßnahme war weder von den Sympathien Napo-

einer Volksversammlung der Westukraine anberaumt, die dann auf ihrer Tagung vom 26. bis 28. Oktober nicht nur den Anschluß an die UdSSR beantragte, sondern auch den Großgrundbesitz aufhob und seine Verteilung unter den Bauern anordnete und Industrie, Banken und Großhandel verstaatlichte. Gleichzeitig errichtete das NKWD seine Terrorherrschaft. Alle Parteien, von den bürgerlichen Nationalisten bis zur trotzkistischen Gruppe, wurden verboten, ihre Mitglieder verfolgt. Die neue Zivilverwaltung wurde nicht den als politisch unzuverlässig geltenden Westukrainern anvertraut, sondern lag in den Händen von Personal aus der Sowjetunion. Ab Herbst 1940 begann die Zwangskollektivierung. Der wachsende Unmut wurde als »bürgerlicher Nationalismus« gebrandmarkt. Die Bevölkerung empfand die Angliederung an die Sowjetunion nicht mehr als Befreiung, sondern als koloniale Unterwerfung. (Dies hatte bei Beginn des deutschen Überfalls auf die Sowjetunion dann fatale Konsequenzen: Besonders in der Westukraine wurde die deutsche Armee in den ersten Wochen von großen Teilen der Bevölkerung als »Befreier« begrüßt, bevor der Charakter des Nazi-Regimes offenkundig wurde.) Ähnlich wie in der Westukraine verlief der Anschluß von Westweißrußland und 1940 der des Baltikums, Bessarabiens und der Nordbukowina.

(Vgl. V. Holubnychy, »History of the Ukrainian Soviet Socialist Republic 1917-41«, in: *Ukraine, A Concise Encyclopedia*, Bd. 1, Toronto [University of Toronto Press] 1963, S. 794-833, hier S. 831-833.)

19 Nach der Niederlage gegen Frankreich mußte Preußen im Tilsiter Frieden von 1807 die meisten seiner Erwerbungen aus den polnischen Teilungen abtreten.

leons zur Bauernschaft diktiert noch von demokratischen Prinzipien, sondern von der Tatsache, daß sich die bonapartistische Diktatur nicht auf feudalen, sondern auf bürgerlichen Besitz stützte. Da sich die bonapartistische Diktatur Stalins nicht auf Privateigentum, sondern auf Staatseigentum stützt, muß der Einfall der Roten Armee in Polen natürlich die Liquidierung des kapitalistischen Privateigentums nach sich ziehen, um so das Regime der okkupierten Territorien mit dem der UdSSR in Übereinstimmung zu bringen.

Die ihrem Charakter nach revolutionäre Maßnahme der »Expropriation der Ausbeuter« wird im vorliegenden Fall auf militärisch-bürokratischem Wege durchgeführt. Der Aufruf zur Selbsttätigkeit der Massen in den neuen Gebieten — und ohne einen solchen Appell, mag er noch so vorsichtig sein, kann das neue Regime nicht errichtet werden — wird zweifellos morgen von unbarmherzigen Polizeimaßnahmen unterdrückt werden, um der Bürokratie das Übergewicht über die aufgerüttelten revolutionären Massen zu garantieren. Das ist die eine Seite der Sache. Doch gibt es auch eine andere. Um über ein militärisches Bündnis mit Hitler die Möglichkeit einer Okkupation Polens zu schaffen, hat der Kreml lange die Massen der UdSSR und der ganzen Welt getäuscht und täuscht sie auch weiterhin. Damit hat er den völligen Zerfall seiner eigenen Komintern heraufbeschworen. Das wichtigste Kriterium der Politik ist für uns nicht die Umwandlung des Eigentums auf dem einen oder anderen Teilterritorium, wie wichtig sie an und für sich auch immer sein möge, sondern der Wandel in der Bewußtheit und Organisiertheit des internationalen Proletariats und die Steigerung seiner Fähigkeit, alte Errungenschaften zu verteidigen und neue zu machen. Unter diesem allein entscheidenden Gesichtspunkt und aufs Ganze gesehen ist die Politik Moskaus nach wie vor reaktionär und bleibt das Haupthindernis auf dem Wege zur internationalen Revolution.

Napoleon bildete daraus ein »Herzogtum Warschau«, dem 1809 noch von Österreich annektierte Gebiete zugeschlagen wurden. Im Juli 1807 diktierte Napoleon persönlich die Verfassung des neugeschaffenen Staates, die sich eng an französische Vorbilder anlehnte und die Untertänigkeit und Bodengebundenheit der Bauern aufhob. Ähnliche Bestimmungen enthielten der anschließend eingeführte Code Napoléon und ein spezielles Dekret vom 21. Dezember 1807. Allerdings wurde den Bauern weder das von ihnen bearbeitete Land, noch Inventar übergeben; beides blieb im Besitz des Adels, mit dem die Bauern daher für sie äußerst ungünstige Verträge abschließen mußten. Obwohl das Herzogtum Warschau nur ein von Frankreich abhängiger und für die Finanzierung seiner Feldzüge ausgeplünderter Satellitenstaat blieb, war die Bauernbefreiung von historischer Bedeutung. Sie konnte auch nach 1815, als der Großteil dieses Gebiets Rußland angegliedert wurde, nicht wieder rückgängig gemacht werden. (Vgl. Gotthold Rhode, *Geschichte Polens*, Ein Überblick, Darmstadt [Wissenschaftliche Buchgesellschaft] 1980, S. 333-336; und Hoensch, *Geschichte Polens*, S. 187 f.)

Unsere *allgemeine* Einschätzung des Kreml und der Komintern ändert jedoch nichts an dem speziellen Faktum, daß eine Verstaatlichung der Eigentumsformen in den okkupierten Gebieten für sich genommen eine progressive Maßnahme ist. Das muß man ganz offen zugeben. Wenn Hitler morgen seine Heere mit der Front nach Osten wendete, um in Ostpolen die »Ordnung« wiederherzustellen[20], dann verteidigten die fortschrittlichen Arbeiter die neuen Eigentumsformen gegen Hitler, die durch die bonapartistische Sowjetbürokratie hergestellt worden sind.

## Wir werden unseren Kurs nicht ändern

Die Verstaatlichung der Produktionsmittel ist, wie gesagt, eine progressive Maßnahme. Doch ihre Progressivität ist relativ, ihr spezifisches Gewicht hängt von der Gesamtheit aller anderen Faktoren ab. So muß zunächst einmal festgehalten werden, daß mit der Ausweitung des Territoriums der bürokratischen Autokratie und des Parasitentums unter dem Deckmantel »sozialistischer« Maßnahmen das Prestige des Kreml vergrößert wird und Illusionen in bezug auf Möglichkeiten, die proletarische Revolution durch bürokratische Manöver zu ersetzen u. ä. geweckt werden können. Dieses Übel wiegt bei weitem mehr als der progressive Inhalt der Stalinschen Reformen in Polen. Die Moskauer Bürokratie muß gestürzt werden, damit die Nationalisierung des Eigentums in den okkupierten Gebieten wie auch in der UdSSR zum Fundament einer wirklich progressiven, d. h. sozialistischen Entwicklung wird.[21] Unser Programm bleibt also voll und ganz in Kraft. Wir sind von den Ereignissen nicht überrumpelt worden. Wir

20 Zur deutschen Okkupationspolitik in »Ostpolen« und der Sowjetunion nach dem 22. Juni 1941, die auf die Vernichtung der Juden, die Degradierung der Bevölkerung zu Arbeitssklaven und die Ausplünderung dieser Gebiete durch die deutsche Industrie abzielte, vgl. Alexander Dallin, *Deutsche Herrschaft in Rußland 1941-1945*, Eine Studie über Besatzungspolitik, Düsseldorf [Droste] 1958.

21 »Für das Vaterland, für Stalin« war eine der wichtigsten offiziellen Losungen im Krieg gegen Hitler-Deutschland, der zum »Großen Vaterländischen Krieg« erklärt wurde. Damit knüpfte die Stalin-Führung an die zaristische Tradition an, die seit 1812 den Krieg gegen Napoleon zum »Vaterländischen Krieg« erklärt hatte; der Kampf gegen den deutschen Faschismus wurde als ein nationalrussischer, nicht als ein revolutionärer Krieg geführt; alte zaristische Helden wie Alexander Newski oder Suworow wurden nun zu patriotischen Vorbildern erklärt. Der orthodoxen Kirche, deren Unterstützung kriegswichtig erschien, wurde wieder ein Freiraum zugestanden.
Die Wendung zum russischen Nationalismus sollte, wie jeder nationale Mythos, Herrscher und Beherrschte in »nationaler Einheit« verbinden. So wurde auch von der Verantwortung der Stalin-Führung für die Niederlagen in den beiden ersten Kriegsjahren abgelenkt.

müssen sie nur richtig interpretieren. Wir müssen klar erkennen, daß im Charakter der UdSSR und in ihrer internationalen Situation schwerwiegende Widersprüche liegen. Wir können uns von diesen Widersprüchen nicht durch terminologische Zauberkunststückchen befreien (wie »Arbeiterstaat« — »kein Arbeiterstaat«). Wir müssen die Tatsachen nehmen, wie sie sind. Wir müssen Politik machen, indem wir von den realen Verhältnissen und Widersprüchen ausgehen.

Wir gestehen dem Kreml keinerlei historische Mission zu. Wir sind nach wie vor gegen die Eroberung neuer Gebiete durch den Kreml. Wir sind für die Unabhängigkeit der sowjetischen Ukraine und auch für die von Sowjet-Weißrußland, wenn die Weißrussen das wollen. Gleichzeitig nehmen aber die Anhänger der Vierten Internationale in den von der Roten Armee eroberten Gebieten Polens entschieden Anteil an der Enteignung der Grundbesitzer und Kapitalisten, an der Zuteilung von Land an die Bauern, an der Aufstellung von Räten und Arbeiterkomitees usw. Sie wahren jedoch dabei ihre politische Selbständigkeit, kämpfen während der Wahlen zu den Räten und den Fabrikkomitees für deren völlige Unabhängigkeit von der Bürokratie, machen revolutionäre Propaganda im Sinne des Mißtrauens gegenüber dem Kreml und seinen lokalen Agenturen.

Stellen wir uns jedoch vor, Hitler richtet seine Waffen gegen Osten und dringt in Gebiete ein, die von der Roten Armee besetzt sind. In diesem Falle werden die Anhänger der Vierten Internationale, ohne ihre Einstellung zur Kreml-Oligarchie im geringsten zu ändern, die militärische Abwehr Hitlers zur vordringlichsten Aufgabe des Augenblicks machen. Die Arbeiter werden sagen: »Wir können nicht Hitler den Sturz Stalins überlassen; das ist *unsere* Sache.« Während der militärischen Auseinandersetzungen mit Hitler werden die revolutionären Arbeiter sich bemühen, möglichst enge kameradschaftliche Beziehungen zu den einfachen Soldaten der Roten Armee herzustellen. Die Bolschewiki-Leninisten werden Hitler einen Schlag erteilen und zugleich revolutionäre Propaganda gegen Stalin machen und so seinen Sturz als nächste, möglichst baldige Etappe vorbereiten.

Diese Art der »Verteidigung« der UdSSR wird sich natürlich himmelweit von der offiziellen Verteidigung unterscheiden, die jetzt unter der Losung »Fürs Vaterland, für Stalin!« durchgeführt wird.[21] *Unsere* Verteidigung der UdSSR wird unter der Losung »Für den Sozialismus, für die internationale Revolution, gegen Stalin!« geführt werden. Damit sich im Bewußtsein der Massen diese beiden Arten der »Verteidigung der UdSSR« nicht mischen, muß man die Losungen, die den konkreten Umständen entsprechen, klar und genau zu formulieren wissen. Vor allem aber muß eindeutig bestimmt werden, was wir eigentlich verteidigen, wie wir es verteidigen, und gegen wen wir es verteidigen. Unsere Losungen werden nur dann in den Massen keine Mißverständnisse hervorrufen, wenn wir selbst unsere Aufgaben klar vor uns sehen.

## Schlußfolgerungen

Wir haben gegenwärtig keinerlei Grund, unsere prinzipielle Einstellung zur UdSSR zu ändern.

Der Krieg beschleunigt verschiedene politische Prozesse. Er kann den Prozeß der revolutionären Wiedergeburt der UdSSR beschleunigen. Aber auch den ihrer endgültigen Entartung. Deshalb müssen wir unbedingt die Veränderungen, die der Krieg in das innere Leben der UdSSR hineinträgt, verfolgen, um darüber jeweils rechtzeitig Klarheit zu gewinnen.

Im Grunde genommen sind unsere Aufgaben in den okkupierten Gebieten die gleichen wie in der UdSSR; doch da sie durch die Ereignisse in äußerst überspitzter Form gestellt sind, verhelfen sie uns dazu, unsere allgemeinen Aufgaben in bezug auf die UdSSR besser zu beleuchten.

Es ist unbedingt notwendig, daß wir unsere Losungen so formulieren, daß die Arbeiter klar sehen, was wir eigentlich in der UdSSR verteidigen (Staatseigentum und Planwirtschaft) und wogegen wir unbarmherzig kämpfen (die parasitäre Bürokratie und ihre Komintern).

Keinen Augenblick darf man aus dem Blickwinkel verlieren, daß die Frage des Sturzes der Sowjetbürokratie für uns der Frage der Erhaltung des Staatseigentums an Produktionsmitteln in der UdSSR untergeordnet bleibt und daß die Frage der Erhaltung des Staatseigentums an Produktionsmitteln in der UdSSR für uns der Frage der internationalen proletarischen Revolution untergeordnet bleibt.

# (62) Noch einmal zum Charakter der UdSSR*

*Coyoacán, 18. Oktober 1939*

## Psychoanalyse und Marxismus

Einige Genossen oder auch ehemalige Genossen wie Bruno R. vergessen die früheren Diskussionen und Beschlüsse der Vierten Internationale[1] und wollen meine persönliche Beurteilung des sowjetischen Staates psychoanalytisch erklären. »Da Trotzki bei der russischen Revolution mitgewirkt hat, fällt es ihm schwer, sich von der Idee des Arbeiterstaates zu trennen, d. h. sich von seinem Lebenswerk loszusagen« usw. Ich kann mir vorstellen, daß der alte Freud, der einen scharfen Blick besaß, dieser Sorte von Psychoanalytikern die Ohren langgezogen hätte. Ich werde mich selbstverständlich zu dergleichen niemals hinreißen lassen. Meinen Kritikern darf ich jedoch versichern, daß die Subjektivität und die Sentimentalität nicht auf meiner, sondern ganz auf ihrer Seite sind.

Die Haltung Moskaus, die jedes Maß an Gemeinheit und Zynismus übersteigt, ruft bei jedem revolutionären Proletarier wütende Empörung hervor. Die Empörung weckt das Bedürfnis, sich zu wehren. Reichen die Kräfte zu direktem Handeln nicht aus, so neigen ungeduldige Revolutionäre dazu, auf künstliche Methoden zurückzugreifen. Auf diese Weise entsteht zum Beispiel die Taktik des individuellen Terrors. Am häufigsten

*T 4641, 4642 *Eshche raz o prirode SSSR* (18.10.1939). BO 81 (Januar 1940). Dt. »Nochmals über den Charakter der USSR« in: *Der Einzige Weg*, Nr. 8, Februar 1940, S. 14-20, und in: *Verteidigung des Marxismus*, Berlin [Neuer Kurs] 1973, S. 35-48. Engl. in: *International Bulletin* (SWP), 2. Jg., Nr. 2, 6.11.1939, und *Defense of Marxism*, New York [Pathfinder] 1973, S. 24-32. Frz. in: TŒ 22, S. 100-110.
Der Artikel wurde für die Diskussion in der Socialist Workers Party geschrieben.

1 Vgl. die Texte 35, 43 und 44.

nehmen die Leute Zuflucht zu Kraftausdrücken, Schimpfwörtern und Flüchen. In unserem Falle sind einige Genossen ganz offensichtlich geneigt, ihre Befriedigung im terminologischen »Terror« zu suchen. Doch nicht einmal unter diesem Gesichtspunkt taugt die Umbenennung der Bürokratie in eine Klasse. Wenn das bonapartistische Gesindel eine Klasse sein soll, so heißt das doch, daß sie kein Zufallsprodukt, keine Frühgeburt, sondern ein lebensfähiges Kind der Geschichte ist. Wenn ihr Marodieren und ihr Parasitentum »Exploitation« sein soll im wissenschaftlichen Sinne dieses Wortes, so heißt das doch, daß die Bürokratie eine historische Zukunft hat, und zwar als eine im System der Wirtschaft notwendige, regierende Klasse. Das ist doch, wozu eine Empörung führen kann mit ihrer Ungeduld und ihrer Mißachtung jeder marxistischen Disziplin.

Wenn ein nervöser Mechaniker ein Auto inspiziert, in dem — nun sagen wir — Gangster auf schlechten Straßen vor Polizeiverfolgung geflüchtet sind, und feststellt, daß die Karosserie verbeult, die Räder verbogen und der Motor teilweise beschädigt sind, so hat er das volle Recht zu sagen: »Das ist doch kein Auto, das ist doch weiß der Teufel was!« Eine derartige Definition hat keinen wissenschaftlich-technischen Charakter, aber sie drückt die berechtigte Empörung des Mechanikers über das Werk der Gangster aus. Stellen wir uns nun einmal vor, derselbe Mechaniker wäre gezwungen, den Gegenstand zu reparieren, den er »weiß der Teufel was« genannt hat. In diesem Falle wird er wohl von der Erkenntnis ausgehen müssen, daß er ein demoliertes Auto vor sich hat. Er wird feststellen müssen, welche Teile beschädigt und welche ganz sind, um entscheiden zu können, wo er mit der Arbeit zu beginnen hat. Ähnlich sollte sich ein verantwortungsbewußter Arbeiter zur UdSSR verhalten. Er hat das volle Recht zu sagen, daß Gangster der Bürokratie den Arbeiterstaat in »weiß der Teufel was« verwandelt haben. Aber wenn er von diesem Ausbruch der Empörung dazu übergeht, das politische Problem zu lösen, dann muß er zugeben, daß er einen demolierten Arbeiterstaat vor sich hat, dessen Wirtschaftsmotor zwar beschädigt ist, aber weiterarbeitet und vollständig wiederhergestellt werden kann, wenn man nur einige Teile auswechselt. Das ist selbstverständlich nichts weiter als ein Vergleich, dennoch lohnt es sich, darüber nachzudenken.

## »Der konterrevolutionäre Arbeiterstaat«

Immer wieder heißt es: »Wenn man die UdSSR weiterhin als Arbeiterstaat anerkennt, wird man eine neue Kategorie aufstellen müssen: Konterrevolutionärer Arbeiterstaat.« Dieses Argument soll uns verblüffen, indem es die traurige, ja abstoßende Realität einer guten, programmgemäßen Norm gegenüberstellt. Aber haben wir denn nicht seit 1923 Tag für Tag beobachten können, wie der sowjetische Staat auf internationaler Bühne mehr und mehr eine konterrevolutionäre Rolle spielt? Haben wir denn unsere Erfahrungen aus der chinesischen Revolution oder aus den allgemeinen Streiks in England 1926 vergessen oder schließlich, um die jüngsten zu nennen, die aus der spanischen Revolution? Wir haben zwei durch und durch konterrevolutionäre Arbeiterinternationalen.[2] Diese »Kategorie« haben die Kritiker offensichtlich vergessen. Die Gewerkschaften Frankreichs, Großbritanniens, der Vereinigten Staaten und anderer Länder unterstützen voll und ganz die konterrevolutionäre Politik ihrer Bourgeoisie. Das hindert uns nicht daran, die Gewerkschaften Gewerkschaften zu nennen, jeden ihrer progressiven Schritte zu unterstützen und sie gegen die Bourgeoisie zu verteidigen. Warum kann man die gleiche Methode nicht auch gegenüber dem konterrevolutionären Arbeiterstaat anwenden? Schließlich ist doch ein Arbeiterstaat nichts anderes als eine Gewerkschaft, die an die Macht gekommen ist. Die unterschiedliche Einstellung in diesen beiden Fällen erklärt sich einfach dadurch, daß die Gewerkschaften auf eine lange Geschichte zurückblicken und wir daran gewöhnt sind, mit ihnen als einer Realität zu rechnen und sie nicht nur für eine »Kategorie« unseres Programms zu halten. Den ersten Arbeiterstaat als historische Realität zu akzeptieren, die sich in unser Programm nicht einordnen läßt, will uns dagegen gar nicht gelingen.

## »Ein Imperialismus?«

Kann man die derzeitige Expansion des Kreml Imperialismus nennen? Zunächst sollte man übereinkommen, welchen sozialen Inhalt wir in diesen Terminus hineinlegen. Die Geschichte kannte den Imperialismus des römischen Reiches, der sich auf Sklavenarbeit stützte; den Imperialismus des feudalen Grundbesitzes; den Imperialismus des Handels- und Industriekapitals; den Imperialismus der zaristischen Monarchie usw. Die treibende Kraft der Moskauer Bürokratie ist zweifelsohne das Bestreben, ihre Macht, ihr Prestige und ihren Gewinn zu steigern. Das ist jenes Element »Imperialismus« — im weitesten Sinne dieses Wortes —, das früher für alle Monarchien, Oligarchien, regierenden Kasten, Stände und Klassen charakteristisch war. In der heutigen Literatur, zumindest in der marxistischen, versteht man jedoch unter Imperialismus *die expansive Politik des Finanzkapitals*[3], die einen ganz bestimmten ökonomischen Inhalt hat. Die Außenpolitik des Kreml mit dem Terminus »Imperialismus« zu belegen, ohne

2 Gemeint sind die II. und die III. Internationale.
3 Vgl. Rudolf Hilferding, *Das Finanzkapital* (1910), Frankfurt am Main [EVA]

dabei zu erklären, was damit ausgesagt werden soll, heißt geradezu, die Politik der bonapartistischen Bürokratie der Politik des monopolistischen Kapitalismus gleichzusetzen mit der Begründung, daß beide zum Zweck der Expansion militärische Gewalt anwenden. Eine solche Gleichsetzung, die nur Verwirrung stiften kann, steht dem kleinbürgerlichen Demokraten sehr viel besser zu Gesicht als dem Marxisten.

## Die Fortsetzung der Politik des zaristischen Imperialismus

Der Kreml beteiligt sich an einer neuen Teilung Polens. Der Kreml legt seine Hand auf die baltischen Staaten. Den Kreml drängt es nach den Balkanländern, nach Persien und Afghanistan[4]; — mit anderen Worten — der Kreml setzt die Politik des zaristischen Imperialismus fort.[5] Können wir dann, in diesem Falle, die Politik des Kreml nicht zu Recht imperialistisch nennen? Dieses historisch-geographische Argument ist jedoch nicht viel überzeugender als alle anderen. Die proletarische Revolution, die auf dem Territorium des zaristischen Imperiums ausbrach, hatte von Anfang an versucht, sich der baltischen Länder zu bemächtigen — was ihr auch zeitweilig gelungen ist[6] — in Rumänien[7] und Persien[8] einzudringen, und führte eines Tages ihre Armeen bis vor die Tore Warschaus (1920). Die Stoßrichtung der

1968, und Lenin, *Der Imperialismus als höchstes Stadium des Kapitalismus* (1916), LW 22, S. 189-309.

4 Einen Beleg liefern z. B. Molotows Forderungen bei seinen Berliner Gesprächen mit Ribbentrop und Hitler am 12. und 13. November 1940.
(Vgl. Pietrow, *Stalinismus*, S. 216-220.)

5 Die Expansion des zaristischen Rußlands war seit dem 18. Jahrhundert (v. a. seit Katharina II.) in Europa auf den türkisch besetzten Balkan gerichtet, wobei Rußland insbesondere nach der Kontrolle über den Unterlauf der Donau sowie über die Dardanellen — und damit den Zugang zum Schwarzen Meer — strebte. In Asien reichte die Expansionsrichtung über den Kaukasus und Persien bis zum Persischen Golf und über Mittelasien — das im 19. Jahrhundert vollständig erobert wurde — und über Afghanistan nach Indien (wo es zu einem Interessenkonflikt mit Großbritannien kam). Entsprechende territoriale Zugewinne waren durch die Geheimverträge mit Großbritannien und Frankreich, die die Kriegsziele der Entente im Ersten Weltkrieg festlegten, Rußland zugesichert worden. Die Verträge wurden nach der Oktoberrevolution jedoch durch die Bolschewiki veröffentlicht und für nichtig erklärt.
(Vgl. Engels' klassische Analyse »Die auswärtige Politik des russischen Zarentums«, 1890, MEW 22, S. 11-48.)

6 Das von Litauern, Letten, Esten und einer starken deutschen Minderheit besiedelte Baltikum war bis 1917 Teil des russischen Reiches. Zur Zeit der Oktoberrevolution waren Litauen und Kurland von deutschen Truppen besetzt, während im livländischen Teil Lettlands und in Estland bürgerliche Nationalisten und schwache einheimische revolutionäre Kräfte, die von russi-

revolutionären Expansion war die gleiche wie die des Zarismus, denn geographische Gegebenheiten werden durch Revolutionen nicht geändert. Eben deswegen sprachen die Menschewiki schon damals vom bolschewistischen Imperialismus als dem Erben der zaristischen Diplomatie, der ihre Traditionen fortsetzt. Die kleinbürgerliche Demokratie greift auch heute noch dieses Argument gerne auf. Wir haben — ich wiederhole — keinerlei Grund, ihr darin nachzueifern.

## Eine Agentur des Imperialismus?

Unabhängig jedoch davon, wie wir die expansive Politik der UdSSR selbst beurteilen, bleibt die Frage nach der Unterstützung, die Moskau der imperialistischen Politik Berlins gewährt. Hierzu ist zunächst einmal zu sagen, daß selbst ein völlig gesunder Arbeiterstaat gar nicht anders kann, als unter gewissen Bedingungen bis zu einem gewissen Grad und in einer bestimmten Form dem einen oder anderen Imperialismus Unterstützung zu gewähren, denn niemand kann sich schließlich aus der Verstrickung in die internationalen imperialistischen Beziehungen lösen. Der Frieden von Brest-Litowsk hat zweifelsohne vorübergehend den deutschen Imperialis-

schen Soldaten unterstützt wurden, um die Macht kämpften. Bis März 1918 besetzten deutsche Truppen auch diese Gebiete. Nach dem Zusammenbruch Deutschlands kam es im November-Dezember 1918 zur Proklamation von Sowjetrepubliken. Im Frühjahr 1919 erfolgte jedoch eine Gegenoffensive der bürgerlichen Kräfte, die von deutschen Freikorps und alliierten Interventionstruppen unterstützt wurden. Nach 1919 entstanden die drei baltischen bürgerlichen Nationalstaaten. 1920 schloß die RSFSR mit ihnen Friedensverträge ab und erkannte sie dadurch an.
(Vgl. Carr, *A History...*, Bd. 1, S. 311-314.)

7 Rumänien war im Ersten Weltkrieg mit Rußland verbündet. Anfang 1918 besetzten rumänische Truppen das seit 1812 russische Bessarabien. Im Bürgerkrieg schien im Frühjahr 1919 für die Rote Armee, die die Ukraine zurückerobert hatte, die Möglichkeit gegeben, in den Balkanraum vorzustoßen, um eine Verbindung zu der (kurzlebigen) ungarischen Räterepublik herzustellen. Eine neue Offensive der Weißen in der Ukraine machte die Hoffnung zunichte. Als die Alliierten 1920 die rumänische Annexion Bessarabiens anerkannten, wurde in der bolschewistischen Führung neuerlich die Möglichkeit eines Krieges gegen Rumänien erörtert, aber verworfen.

8 Im Frühjahr 1920 wurde im persischen Teil Aserbaidschans, in der Provinz Gilan, eine unabhängige Republik gebildet, die sich an die Sowjetregierung anlehnte und von ihr Unterstützung erhielt. Da Sowjetrußland 1920 aber durch den polnisch-sowjetischen Krieg die Hände gebunden waren, konnten (obwohl es entsprechende Pläne gab) keine Truppen zur Eroberung Persiens, in dem es einen starken britischen Einfluß gab, entsandt werden.
(Vgl. Carr, *A History...*, Bd. 3, S. 242-244, 292-294, 346 f.)

mus gegen Frankreich und England gestärkt. Dem isolierten Arbeiterstaat bleibt ja gar nichts anderes übrig, als zwischen den verfeindeten imperialistischen Lagern zu lavieren. Lavieren heißt, das eine Lager zeitweilig gegen das andere zu unterstützen. Welches von den beiden Lagern im gegebenen Augenblick zu unterstützen vorteilhafter bzw. weniger gefährlich ist, ist keine prinzipielle Frage, sondern eine der praktischen Überlegung und der Voraussicht. Der unbestreitbare Nachteil, der dann entsteht, wenn ein bürgerlicher Staat im Kampf gegen einen anderen gezwungenermaßen unterstützt werden muß, wird im Endergebnis dadurch reichlich aufgewogen, daß der isolierte Arbeiterstaat auf diese Weise die Möglichkeit einer Weiterexistenz erhält.

Aber Lavieren ist nicht gleich Lavieren. In Brest-Litowsk hat die sowjetische Regierung die nationale Unabhängigkeit der Ukraine geopfert[9], um den Arbeiterstaat zu retten. Von einem Verrat an der Ukraine kann keine Rede sein, da das Erzwungene dieses Opfers jedem bewußten Arbeiter klar war. Völlig anders verhält es sich jedoch mit Polen. Nicht einmal der Kreml hat die Sache je so dargestellt, als sei er *gezwungen* gewesen, Polen zu opfern. Nein, ganz im Gegenteil, er brüstet sich zynisch mit seinem Manöver, das die elementarsten demokratischen Gefühle der unterdrückten Klassen und Völker auf der ganzen Welt zu Recht beleidigt und dadurch die internationale Lage der Sowjetunion deutlich schwächt. Und noch nicht einmal der zehnte Teil davon wird durch die wirtschaftlichen Umstrukturierungen in den besetzten Gebieten wettgemacht!

Die gesamte Außenpolitik des Kreml beruht überhaupt auf einer durchtriebenen Beschönigung des »freundschaftlich« gesinnten Imperialismus und opfert so die Hauptinteressen der internationalen Arbeiterbewegung zweitrangigen und unsicheren Vorteilen. Nachdem Moskau fünf Jahre lang das Volk mit der Losung »Verteidigung der Demokratien« verdummt hat, geht es nun daran, die verbrecherische Politik Hitlers zu beschönigen.[10]

9 Deutschland und Österreich-Ungarn erzwangen in den Friedensverhandlungen von Brest-Litowsk die Abtretung der Ukraine, die im Februar/März 1918 von den Truppen der Mittelmächte besetzt wurde. Die von den Sowjets schon gestürzte Rada wurde wieder eingesetzt und im April durch eine gefügigere Marionettenregierung, das »Hetmanat«, ersetzt.
(Vgl. Deutscher, *Trotzki*, Bd. 1, S. 256-358, 372.)

10 Nach Abschluß des »Nichtangriffsvertrages« am 23. August brachte Stalin während einer Feier mit den Vertretern der deutschen Regierung folgenden Trinkspruch aus: »Ich weiß, wie sehr das deutsche Volk seinen Führer liebt, ich möchte deshalb auf seine Gesundheit trinken.« Zu seinem 60. Geburtstag am 21. Dezember erhielt Stalin ein Geburtstagstelegramm Hitlers. In seiner Antwort hieß es: »Die Freundschaft der Völker Deutschlands und der Sowjetunion, die mit Blut zementiert ist, hat alle Aussichten, eine feste und dauernde Freundschaft zu werden.«

Diese Tatsache an sich macht die UdSSR noch nicht zu einem imperialistischen Staat. Aber die beste Agentur des Imperialismus sind zur Zeit zweifelsohne Stalin und seine Komintern.

Wenn wir die Außenpolitik des Kreml genau definieren wollen, so müssen wir sagen, daß dies die Politik der *bonapartistischen Bürokratie des entarteten Arbeiterstaates in imperialistischer Einkreisung* ist. Diese Definition ist nicht so kurz und auch nicht so wohlklingend wie »imperialistische Politik«, dafür aber viel genauer.

## Das kleinere Übel

Die Besetzung Ost-Polens durch die Rote Armee ist natürlich im Vergleich zur Besetzung dieses Territoriums durch die Nazitruppen das »kleinere Übel«. Dieses kleinere Übel wurde jedoch damit erkauft, daß man es Hitler leicht machte, ein größeres Übel anzurichten. Wenn einer ein Haus in Brand steckt oder dabei hilft und dann von den 10 Einwohnern des Hauses 5 rettet, um sie zu Halbsklaven zu machen, so ist dies ein geringeres Übel, als wenn alle 10 verbrannt wären. Aber eine Rettungsmedaille hat dieser Brandstifter für seine Tat wohl kaum verdient. Sollte ihm dennoch eine solche Medaille verliehen werden, so wäre er gleich darauf zu erschießen, wie es mit einem Held aus einem Roman von Victor Hugo geschieht.[11]

## »Bewaffnete Missionare«

Robespierre hat gesagt, daß Missionare mit Bajonetten von den Völkern nicht gern gesehen werden.[12] Damit wollte er sagen, daß revolutionäre Ideen

(Zit. bei Pietrow, *Stalinismus*, S. 135, und Deutscher, *Stalin*, S. 471.)
Die Antifaschistische Propaganda der Sowjetunion und der Komintern wurde eingestellt, Großbritannien und Frankreich wurden als die ausschließlichen Kriegsverursacher bezeichnet.
(Vgl. Pietrow, *Stalinismus*, S. 149-168, 270-295.)

11 In Victor Hugos Revolutionsroman *1793* (1873) kommt es auf einem Schiff, das antijakobinische Aufständische in die Vendée transportiert, zu einem Unglück. Eine durch Nachlässigkeit des Geschützmeisters schlecht vertäute Kanone löst sich und tötet mehrere Matrosen. Dem Geschützmeister gelingt es unter äußerstem Einsatz und mit Hilfe des zukünftigen Chefs der Vendée-Aufständischen, dem Marquis de Lantenac, die Kanone unter Kontrolle zu bringen. Unter dem Beifall der Besatzung wird der Geschützmeister vom Marquis ausgezeichnet, der dann aber sogleich auch anordnet, ihn zu erschießen, da er durch seine Nachlässigkeit das Unglück zu verantworten hatte.

12 Robespierre wandte sich am 2.1.1792 vor dem Jakobinerklub gegen die Forderung, den Feinden der französischen Revolution (vor allem Österreich-

und Institutionen anderen Völkern nicht mit militärischer Gewalt aufgezwungen werden dürfen. Dieser richtige Gedanke bedeutet natürlich nicht, daß eine militärische Intervention in anderen Ländern zur Unterstützung der Revolution unzulässig ist.

Eine solche Intervention muß jedoch als Teil der internationalen revolutionären Politik dem internationalen Proletariat verständlich sein und den Wünschen der Arbeitermassen jenes Landes entsprechen, auf dessen Territorium die revolutionären Truppen einmarschiert sind. Die Theorie des Sozialismus in einem Lande taugt natürlich nicht im geringsten für Erziehung zur aktiven internationalen Solidarität, die allein eine bewaffnete Einmischung vorbereiten und rechtfertigen kann. Die Frage einer militärischen Intervention sowie alle anderen Fragen seiner Politik stellt und entscheidet der Kreml völlig unabhängig vom Denken und Fühlen der internationalen Arbeiterklasse. Deswegen sind die neuesten diplomatischen »Erfolge« des Kreml für die UdSSR ungeheuer kompromittierend und rufen äußerste Verwirrung in den Reihen des Weltproletariats hervor.

## Der Aufstand an zwei Fronten

Wenn es sich aber so verhält — sagen einige Genossen —, ist es denn dann nicht angebracht, von der Verteidigung der UdSSR und der besetzten Gebiete zu sprechen? Wäre es nicht richtiger, die Arbeiter und Bauern in beiden Teilen des ehemaligen Polen aufzurufen, sich sowohl gegen Hitler als auch gegen Stalin zu erheben? Natürlich wäre das sehr verlockend. Wenn die Revolution gleichzeitig in Deutschland und der UdSSR ausbrechen und sich auch auf die neubesetzten Gebiete ausweiten würde, wären viele Probleme mit einem Schlag gelöst. Aber wir können uns in unserer Politik nicht auf das vorteilhafteste, ja das glücklichste Zusammentreffen der

Deutschland und Großbritannien) den Krieg zu erklären, was der noch amtierende König betrieben hatte, der darauf hoffte, im Verlauf eines Krieges seine Macht wiederherstellen zu können. Auch die großbürgerlichen (zukünftigen) Girondisten traten für einen »revolutionären Krieg« ein, von dem sie sich gute Geschäfte (durch Armeelieferungen) erwarteten; durch die Annexion des zu Österreich gehörenden Belgiens sollte der Export britischer Waren auf den europäischen Kontinent unterbunden werden.
Robespierre sagte: »Die ausgefallenste Idee, die im Kopf eines Politikers entstehen kann, ist die Vorstellung, es würde für ein Volk genügen, mit Waffengewalt bei einem anderen Volk einzudringen, um es zur Annahme seiner Gesetze und seiner Verfassung zu bewegen. Niemand mag bewaffnete Missionare; und der erste Rat, den die Natur und die Vorsicht einem eingeben, besteht darin, die Eindringlinge wie Feinde zurückzuschlagen.«
(Maximilien Robespierre, *Ausgewählte Texte,* Hamburg [Merlin] 1971, S. 156. Vgl. Soboul, *Die Große Französische Revolution*, S. 206-210.)

Umstände verlassen. Es stellt sich folgende Frage: Was soll man tun, wenn Hitler, noch bevor ihn die Revolution hinweggefegt hat, die Ukraine überfällt, und das, bevor die Revolution Stalin beseitigt hat? Werden die Anhänger der Vierten Internationale in diesem Fall gegen die Truppen Hitlers kämpfen, so wie sie in Spanien in den Reihen des republikanischen Heeres gegen Franco gekämpft haben? Wir sind voll und ganz für eine (sowohl von Hitler als auch von Stalin) unabhängige sowjetische Ukraine. Aber was soll man tun, wenn Hitler, noch bevor diese Unabhängigkeit erreicht ist, versuchen wird, die von der stalinistischen Bürokratie beherrschte Ukraine zu besetzen? Die Vierte Internationale antwortet: Wir werden diese von Stalin geknechtete Ukraine gegen Hitler verteidigen.

## »Die bedingungslose Verteidigung der UdSSR«

Was heißt: »bedingungslose« Verteidigung der UdSSR? Das heißt, daß wir der Bürokratie keinerlei Bedingungen stellen. Das heißt, daß wir unabhängig vom Anlaß und von den Ursachen des Krieges die sozialen Grundlagen der UdSSR verteidigen, wann auch immer ihnen Gefahr vom Imperialismus droht.

Einige Genossen sagen: Und wenn die Rote Armee morgen in Indien einfällt und dort die revolutionäre Bewegung knebeln will, werden wir sie denn auch in so einem Falle unterstützen? Eine solche Fragestellung ist einfach unsinnig. Es bleibt vor allem unklar, warum hier Indien ins Spiel gebracht wird. Wäre es nicht viel einfacher zu fragen: und in den Fällen, wo die Rote Armee in der UdSSR Arbeiterstreiks oder gegen die Bürokratie gerichtete Bauernproteste zerschlägt, müssen wir sie dann unterstützen oder nicht? Die Außenpolitik setzt die Innenpolitik fort. Wir haben nie versprochen, alle Operationen der Roten Armee zu unterstützen, die ein Werkzeug in den Händen der bonapartistischen Bürokratie ist. Wir haben lediglich versprochen, die UdSSR als Arbeiterstaat zu verteidigen, und auch nur das, was an ihr Arbeiterstaat ist.

Ein geschickter Kasuist würde sagen: Wenn die Rote Armee — ganz gleich welche Art »Arbeit« sie in Indien zu erledigen hat — von den Massen, die sich dort erhoben haben, zerschlagen wird, dann wird das die UdSSR schwächen. Wir antworten darauf: Wenn die revolutionäre Bewegung in Indien unter Mitwirkung der Roten Armee zerschlagen würde, so bedeutete das eine ungleich größere Gefahr für die sozialen Grundlagen der UdSSR, als wenn die konterrevolutionären Truppen der Roten Armee in Indien eine zeitweilige Niederlage erlitten. Die Vierte Internationale wird auf jeden Fall zu unterscheiden wissen, wann und wo die Rote Armee lediglich als Werkzeug der bonapartistischen Reaktion fungiert und wo sie die sozialen Grundlagen der UdSSR verteidigt.

Eine von reaktionären Lumpen geleitete Gewerkschaft organisiert einen Streik gegen die Zulassung von Negern zum betreffenden Industriezweig. Werden wir einen derart schändlichen Streik unterstützen? Selbstverständlich nein. Aber stellen wir uns vor, daß die Unternehmer diesen Streik ausnutzen und versuchen, die Gewerkschaft zu vernichten und die organisierte Selbstverteidigung der Arbeiter überhaupt unmöglich zu machen. In diesem Falle werden wir selbstverständlich die Gewerkschaft verteidigen, ungeachtet ihrer reaktionären Führung. Warum ist diese Politik in bezug auf die UdSSR nicht anwendbar?

## Die Grundsatzdirektive

Die Vierte Internationale hat unverrückbar festgelegt, daß die proletarischen Parteien in allen imperialistischen Ländern, ganz unabhängig davon, ob sie mit der UdSSR verbündet sind oder dem feindlichen Lager angehören, während des Krieges den Klassenkampf schüren sollen mit dem Ziel, die Macht zu ergreifen.[13] Indes darf das Proletariat der imperialistischen Länder die Verteidigung der UdSSR (oder die kolonialen Revolutionen) nicht außer acht lassen und muß, sollte es wirklich notwendig sein, ganz entschieden handeln, z. B. Streiks organisieren, Sabotage betreiben u. ä. Seit der Zeit, als die Vierte Internationale diese Direktive formuliert hat, haben sich die Machtgruppierungen radikal geändert, die Direktive selbst jedoch bleibt in Kraft. Wenn morgen England und Frankreich Leningrad oder Moskau bedrohen würden, dann sollten die englischen und französischen Arbeiter alles tun, um den Nachschub an Truppen und Munition zu verhindern. Wäre andererseits Hitler aus der Situation heraus gezwungen, Stalin mit Munition zu versorgen, so hätten die deutschen Arbeiter in diesem konkreten Fall keinerlei Grund zu streiken oder Sabotage zu betreiben. Niemand wird, so hoffe ich, eine andere Entscheidung vorschlagen.

## »Eine Revision des Marxismus?«

Einige Genossen sind offenbar überrascht, daß ich in meinem Artikel[14] vom System des »bürokratischen Kollektivismus« als einer theoretischen Möglichkeit spreche. Darin haben sie sogar eine vollständige Revision des Marxismus gesehen. Das ist ein offensichtliches Mißverständnis. Das mar-

13 Vgl. die im Text 35 zitierten Abschnitte aus den von Trotzki verfaßten Thesen »Der Krieg und die Vierte Internationale« vom Juni 1934 (*Schriften*, Bd. 3).
14 Text 61.

xistische Verständnis der historischen Notwendigkeit hat nichts mit Fatalismus zu tun. Der Sozialismus wird sich nicht »von selbst« verwirklichen, sondern durch den Kampf lebendiger Kräfte, Klassen und ihrer Parteien. Das Proletariat ist in diesem Kampf entschieden im Vorteil, weil es den historischen Fortschritt verkörpert, die Bourgeoisie hingegen die Reaktion und den Verfall. Aus dieser Quelle speist sich unsere Siegesgewißheit. Aber wir haben das volle Recht, uns zu fragen: Wie würde die Gesellschaft aussehen, wenn die reaktionären Kräfte siegen würden?

Diese Alternative, entweder Sozialismus oder Rückfall in die Barbarei, haben die Marxisten unzählige Male formuliert.[15] Nach den »Erfahrungen« mit Italien[16] haben wir tausendfach wiederholt: entweder Kommunismus oder Faschismus. Der Übergang zum Sozialismus mußte sich ja in der Realität um ein Vielfaches komplizierter, vielfältiger und widersprüchlicher erweisen, als es das allgemeine historische Schema vorausgesehen hat. Marx sprach von der Diktatur des Proletariats und ihrem allmählichen Absterben, hat aber nichts von einer bürokratischen Entartung der Diktatur gesagt. Am Beispiel beobachten und analysieren wir eine solche Entartung zum erstenmal. Ist das eine Revision des Marxismus?

Der Gang der Ereignisse hat uns zur Genüge gezeigt, daß die Verzögerung der sozialistischen Revolution Phänomene eindeutiger Barbarei hervorbringt, wie: chronische Arbeitslosigkeit, Pauperisierung des Kleinbürgertums, Faschismus und schließlich Vernichtungskriege, die keinen Ausweg mehr lassen. Nimmt man einmal theoretisch an, daß die Menschheit nicht in der Lage ist, sich zum Sozialismus zu erheben, welche sozialen und politischen Formen könnte dann das neue »Barbarentum« annehmen? Wir haben die Möglichkeit, uns dazu konkreter zu äußern als Marx. Im Faschismus andererseits zeichnen sich die sozialen und politischen Formen der neuen Barbarei ab. Eine so geartete Alternative — Sozialismus oder totalitä-

15 Die Formulierung »Sozialismus oder Rückfall in die Barbarei« stammt aus Rosa Luxemburgs »Junius-Broschüre«. (»Die Krise der Sozialdemokratie«, in: Rosa Luxemburg, *Gesammelte Werke*, Bd. 4, Berlin/DDR [Dietz] 1974, S. 49-164, hier S. 62.) Sie knüpfte an eine ähnliche Formulierung von Friedrich Engels an. Trotzki hatte nach Kriegsausbruch ähnliches geschrieben: »Der Krieg löst nicht die Arbeiterfrage auf imperialistischem Fundament, sondern umgekehrt, er verschärft die Frage, indem er die kapitalistische Welt vor die zwei Möglichkeiten stellt: *Krieg in Permanenz* oder *Revolution*.« (Zit. nach *Denkzettel*, S. 82.) (Vgl. Michael Löwy, »La signification méthodologique du mot d'ordre ‚socialisme ou barbarie'«, in: ders., *Dialectique et révolution*, Essais de sociologie et d'histoire du marxisme, Paris [Anthropos] 1973, S. 113-125; Norman Geras, *Rosa Luxemburg*, Kämpferin für einen emanzipatorischen Sozialismus, Berlin-West [Olle & Wolter] 1979, S. 9-37; Michael Löwy, »Rosa Luxemburg: A New Evaluation«, in: *New Left Review*, Nr. 101-102, Februar-April 1977, S. 138-142.)

16 Gemeint ist die faschistische Machteroberung in Italien im Jahre 1922.

re Sklaverei — ist nicht nur von theoretischem Interesse, sondern auch von immenser agitatorischer Bedeutung, denn in ihrem Lichte wird die Notwendigkeit einer sozialistischen Revolution besonders deutlich.

Wenn man schon von einer Revision der Theorie von Marx spricht, so muß man sagen, daß sie in Wirklichkeit von jenen Genossen betrieben wird, die einen neuen Typus von Staat postulieren, der weder »bourgeois noch ein Arbeiterstaat ist«. Da die von mir entwickelte Alternative die eigenen Gedanken meiner Kritiker zu Ende denkt, bekommen einige von ihnen Angst vor den Schlußfolgerungen aus ihrer eigenen Theorie und bezichtigen mich ... der Revision des Marxismus. Ich möchte annehmen, daß es einfach ein Scherz unter Freunden ist.

## Das Recht auf revolutionären Optimismus

In meinem Artikel »Die UdSSR im Krieg«[17] habe ich versucht zu zeigen, daß die Perspektive eines Ausbeuterstaats, der weder ein Arbeiterstaat noch ein bourgeoiser Staat ist, d. h. die Perspektive eines »bürokratischen Kollektivismus« eine Perspektive der völligen Niederlage, ja des Niedergangs des internationalen Proletariats und somit des tiefsten historischen Pessimismus ist. Gibt es für eine solche Perspektive reale Voraussetzungen? Es wäre nicht schlecht, darüber beim Klassenfeind Erkundigungen einzuziehen.

In der Wochenbeilage zur Pariser Zeitung *Paris Soir* vom 31. August 1939 wird ein überaus lehrreicher Dialog abgedruckt, der am 25. August zwischen Hitler und dem französischen Gesandten Coulondre[18] bei ihrem letzten Treffen stattgefunden hatte (die Informationsquelle ist zweifellos Coulondre selbst). Geifernd prahlte Hitler mit dem Pakt, den er mit Stalin geschlossen hatte (ein »realistischer Pakt«) und »bedauerte«, daß französisches und deutsches Blut fließen werde. »Aber, — entgegnete Coulondre — »Stalin hat sich als ein großer Heuchler erwiesen. Der wirkliche Sieger wird im Falle eines Krieges Trotzki sein. Haben Sie das auch bedacht?«

»Das weiß ich«, antwortete der Führer, »aber warum haben Frankreich und England Polen volle Handlungsfreiheit gewährt?« usw. Diese Herren geruhen dem Gespenst der Revolution einen Eigennamen zu geben. Doch nicht darin liegt natürlich das Wesen des dramatischen Dialogs, der gerade

17 Text 61.

18 Robert Coulondre (1885-1959) wurde von der Volksfrontregierung Léon Blums als französischer Botschafter nach Moskau geschickt. Von 1938 bis zur französischen Kriegserklärung an Deutschland vom 3.9.1939 war er Botschafter in Berlin. Seit dem Münchner Abkommen hatte er die Regierung Daladier vor einer möglichen deutsch-sowjetischen Annäherung gewarnt.
(*Von Moskau nach Berlin 1936-1939*, Bonn [Athenäum] 1950. Vgl. auch Text 63, S. 1321.)

zum Zeitpunkt des Abbruchs der diplomatischen Beziehungen stattfand. »Der Krieg wird doch unweigerlich die Revolution hervorrufen«, so schockiert der Vertreter der imperialistischen Demokratie, selbst bis ins Mark erschrocken, seinen Gegner. »Das weiß ich«, antwortete Hitler so, als rede man über eine längst beschlossene Sache. »Das weiß ich.« Ein erstaunlicher Dialog!

Beide, sowohl Coulondre als auch Hitler, vertreten die über Europa heraufziehende Barbarei. Und dennoch zweifeln beide nicht daran, daß die sozialistische Revolution den Sieg über ihre Barbarei davontragen wird. Das ist also heute das Selbstgefühl der herrschenden Klassen der gesamten kapitalistischen Welt. Ihre völlige Demoralisierung ist eines der wichtigsten Elemente im Kräfteverhältnis der Klassen. Das Proletariat hat eine junge und noch schwache revolutionäre Führung. Aber die Führung der Bourgeoisie verfault bei lebendigem Leibe. Diese Herren beginnen den Krieg, den sie nicht verhüten konnten, und sind dabei im voraus überzeugt, daß ihr Regime untergehen wird. Allein diese Tatsache ist Grund genug für unseren unterschütterlichen revolutionären Optimismus!

# (63)
# Das Zwillingsgestirn Hitler-Stalin*

*Coyoacán, 4. Dezember 1939*

Als Hitler blitzartig von Westen her in Polen einfiel, schlich sich Stalin vorsichtig von Osten nach Polen hinein. Als Hitler vorschlug, den »sinnlosen« Krieg zu beenden, nachdem er 23 Millionen Polen unterjocht hatte, ließ Stalin durch seine Diplomatie und seine Komintern die Vorzüge des Friedens preisen.[1] Als Stalin strategische Positionen im Baltikum besetzte, zog Hitler prompt seine Deutschen von dort ab.[2] Als Stalin in Finnland einfiel[3], erklärte sich in der ganzen Welt nur die Presse Hitlers mit Stalin

* T 4653-55 *Dvoinaya zvezda: Hitler-Stalin* (4.12.1939). BO 81 (Januar 1940). Engl. in: *Liberty*, 27.1.1940, und in: TWr 1939-40, S. 113-124. Frz. in: TŒ 22, S. 174-189.

1 In einer Ansprache vor dem Reichstag am 6.10.1939 machte Hitler den Westmächten ein »Friedensangebot«. Diese Rede wurde in sowjetischen Zeitungen abgedruckt und zustimmend kommentiert.
(Vgl. Pietrow, *Stalinismus*, S. 145 f.)

2 Am 16.11.1939 wurde eine deutsch-sowjetische Vereinbarung unterzeichnet, wonach die deutschstämmige Bevölkerung aus der sowjetischen »Interessenzone« und die ukrainische und weißrussische Bevölkerung aus den von Deutschland besetzten Gebieten umgesiedelt werden sollten. Daraufhin erfolgte eine Umsiedlungsaktion von Deutschen vor allem aus dem Baltikum und Wolhynien (Westukraine) in polnische Gebiete, aus denen die polnischen Einwohner vertrieben wurden. Das Baltikum wurde durch die deutsch-sowjetischen Verträge zur sowjetischen Einflußsphäre. Ende September/Anfang Oktober mußten die drei baltischen Staaten mit der UdSSR Verträge über die Stationierung sowjetischer Truppen abschließen.

3 Finnland war durch das geheime Zusatzprotokoll des deutsch-sowjetischen Vertrages vom 23.8.1939 der sowjetischen »Einflußsphäre« zugeschlagen worden. Daraufhin stellte die UdSSR Finnland am 5. Oktober Forderungen (u. a. Gebietsabtretungen an der karelischen Landenge, wo Finnland bis auf 32 km an Leningrad heranreichte, und die Überlassung von Militärstützpunkten auf

vollkommen solidarisch.[4] Die Bahnen Stalins und Hitlers sind durch geheime Kraft miteinander verbunden. Welcher Art ist diese Kraft? Wie lange wird sie anhalten?

Zwillingsgestirne sind »optische«, d.h. scheinbare, oder »physische«, d.h. wirkliche Paare, bei denen sich ein Stern um den anderen dreht. Sind Hitler und Stalin an dem blutroten Himmel der heutigen Weltpolitik wirkliche oder nur ein scheinbares Zwillingsgestirn? Und wenn sie ein wirkliches Zwillingsgestirn sind, wer dreht sich dann um wen?

Hitler selbst spricht vorsichtig von einem festen, »realistischen« Pakt.[5] Stalin zieht es vor, schweigend an seiner Pfeife zu ziehen. Politiker und Journalisten des gegnerischen Lagers, die Unstimmigkeit zwischen den Freunden säen wollen, stellen Stalin als den Hauptstern und Hitler als seinen Trabanten dar. Wir wollen versuchen, diese keineswegs einfache Frage zu beantworten; dabei vergessen wir nicht, daß die Wege der Weltpolitik nicht so exakt bestimmt werden können wie die Umlaufbahnen der Gestirne.

Das kapitalistische Deutschland, weil später angetreten als seine westlichen Nachbarn, hat zwar die am weitesten entwickelte und dynamischste Industrie auf dem europäischen Kontinent geschaffen, aber es kam zu spät, um noch an der bereits vollzogenen Aufteilung der Welt teilnehmen zu

finnischem Territorium). Es kam zu ergebnislosen Verhandlungen. Am 28. November brach die UdSSR die diplomatischen Beziehungen ab. Der sowjetische Angriff auf die finnische Festungslinie auf der karelischen Landenge kam jedoch schnell ins Stocken. Die sowjetischen Truppen waren mangelhaft ausgerüstet, infolge der »Säuberungen« in der Roten Armee fehlte es auch an erfahrenen Offizieren. Durch Bildung einer finnischen »Volksregierung« unter Kuusinen im sowjetischen Exil versuchte die Stalin-Führung vergeblich, das Land zu revolutionieren. Erst im Februar gelang es durch massive Konzentration frisch herangeführter Truppen, die finnischen Befestigungen zu durchbrechen. Finnland lehnte ein französisch-britisches Angebot zur Entsendung eines Hilfskorps ab und schloß einen Friedensvertrag, in dem es die sowjetischen Forderungen akzeptierte. Die sowjetischen Truppen sollen etwa 200000, die Finnen 25000 Mann verloren haben. Der finnische »Winterkrieg« machte die Schwäche der Roten Armee deutlich und trug dazu bei, bei Hitler und der Führung der deutschen Wehrmacht die Vorstellung eines möglichen raschen Sieges über die UdSSR zu festigen.
(Vgl. Heller-Nekrich, *Geschichte der Sowjetunion*, Bd. 2, S. 32-35; Richard W. Condon, *Winterkrieg Rußland-Finnland*, München [Moewig] 1980.)

4 »Als die UdSSR Ende November 1939 dann mit militärischen Mitteln versuchte, der finnischen Regierung ihre Forderungen aufzuzwingen, stand Deutschland politisch auf der Seite seines Partners und vermied jede Einmischung. Es verzichtete auf Waffenlieferungen an Finnland, untersagte den Transport von Kriegsmaterial, das für Finnland bestimmt war, durch das Reichsgebiet und richtete seine Vermittlertätigkeit an sowjetischen Interessen aus.«
(Vgl. Pietrow, *Stalinismus*, S. 143.)

5 In seiner Reichstagsrede vom 6. Oktober. Vgl. Pietrow, *Stalinismus*, S. 145f.

können. »Wir werden die Welt neu aufteilen«, verkündeten 1914 die deutschen Imperialisten.[6] Sie irrten sich. Die Aristokratie der Welt verbündete sich gegen den deutschen Imperialismus und besiegte ihn. Heute versucht Hitler das Experiment von 1914 in einem ins Grandiose gesteigerten Ausmaß zu wiederholen. Er muß es einfach tun. Der deutsche Kapitalismus erstickt in seinen alten Grenzen. Dennoch wird Hitler sein Problem nicht lösen. Selbst wenn er den Krieg gewinnt, kann er die Welt nicht zum Vorteil Deutschlands neu verteilen. Deutschland ist zu spät gekommen. Der Kapitalismus in allen Ländern ist bedroht. Kolonien wollen nicht länger Kolonien sein. Der neue Weltkrieg wird der Unabhängigkeitsbewegung der unterdrückten Völker ungeheure Impulse geben. Deutschland ist zu spät gekommen.

Hitler wechselt seine »Freunde«, ändert seine Einschätzung von Nationen und Staaten, bricht Verträge und Verpflichtungen, betrügt Feinde und Freunde, doch all das dient nur dem einzigen Zweck: die Welt neu zu verteilen. »Deutschland ist gegenwärtig keine Weltmacht«, sagt Hitler in seinem Buch, aber »Deutschland wird wieder Weltmacht werden, oder es wird aufhören zu existieren«. Das vereinigte Deutschland in eine Basis für die Herrschaft in Europa und das so vereinigte Europa in eine Basis für den Kampf um die Weltherrschaft umzuwandeln mit dem Ziel, Amerika zurückzudrängen, zu schwächen und zu unterwerfen — dies bleibt unverändert Hitlers Aufgabe. Das ist seine Rechtfertigung für das totalitäre Regime, das mit stählernem Ring die auseinanderstrebenden Klassen in der deutschen Nation zusammenhält.

Die UdSSR ist durch gänzlich andere Züge charakterisiert. Das Erbe des zaristischen Rußland war Elend und Rückständigkeit. Das Sowjetregime will nicht neue Räume für ihre Produktivkräfte erschließen, sondern die Produktivkräfte in den alten Gebieten entwickeln. Die ökonomischen Aufgaben der UdSSR erfordern keine Ausdehnung des Staatsgebietes. Der Stand der Produktivkräfte gestattet keinen großen Krieg. Die Offensivstärke der UdSSR ist nicht groß. Ihre Verteidigungskraft liegt wie früher in der Größe des Landes.

Seit den letzten »Erfolgen« des Kreml ist es Mode geworden, die aktuelle Politik Moskaus mit der traditionellen Politik Großbritanniens zu vergleichen, das, bei Wahrung der eigenen Neutralität, ein Kräftegleichgewicht in Europa favorisierte und dabei den Schlüssel zu diesem Kräftegleichgewicht fest in den Händen behielt.[7] Analog dazu hat sich der Kreml nun auf die

6 Vgl. Fritz Fischer, *Der Griff nach der Weltmacht*, Die Kriegszielpolitik des kaiserlichen Deutschland 1914/18, Düsseldorf [Droste] 1961.

7 Großbritannien hielt sich am Ende des vorigen Jahrhunderts von den beiden europäischen Machtblöcken Frankreich-Rußland und Deutschland-Österreich-Ungarn fern. Ziel seiner Außenpolitik war, die Hegemonie irgendeines

Seite Deutschlands als der schwächeren Macht gestellt, um im Falle allzu großer Erfolge Deutschlands dann ins feindliche Lager überzuwechseln. In dieser Analogie ist alles auf den Kopf gestellt. Die traditionelle Politik Londons war nur möglich, weil Großbritannien ein enormes wirtschaftliches Übergewicht über die anderen Länder Europas besaß. Die Sowjetunion hingegen ist in wirtschaftlicher Hnsicht die schwächste aller Großmächte. Nach Jahren unglaublicher offizieller Prahlerei stellte Stalin auf dem Parteitag im März dieses Jahres erstmals die Arbeitsproduktivität im Westen und in der UdSSR vergleichend nebeneinander.[8] Ziel dieses Ausflugs in die internationale Statistik war es, die Armut zu rechtfertigen, in der die Völker der UdSSR heute noch leben. Um Deutschland in der Pro-Kopf-Produktion an Roheisen einzuholen, müßte die UdSSR anstatt wie heute 15 Millionen 45 Millionen Tonnen produzieren. Um die Vereinigten Staaten einzuholen, müßte die Jahresproduktion auf etwa 60 Millionen Tonnen Roheisen, d.h. auf das Vierfache gesteigert werden. Ähnlich — teilweise sogar noch schlechter — steht es mit den übrigen Wirtschaftszweigen. Stalin äußerte allerdings die Erwartung, daß die Sowjetunion die führenden kapitalistischen Länder in den nächsten zehn bis fünfzehn Jahren einholen werde.[9] Natürlich ist dieser Zeitpunkt reine Vermutung! Vor Ablauf dieser Frist wäre eine Beteiligung der Sowjetunion an einem großen Krieg aber auf jeden Fall ein Kampf mit ungleichen Waffen.

europäischen Landes zu verhindern. Als dann der deutsche Imperialismus unter Wilhelm II. aus der Situation des »Zuspätgekommenen« heraus durch eine gigantische Aufrüstung, vor allem durch Flottenbau, das europäische Gleichgewicht in Frage stellte und die beherrschende Position Großbritanniens bedrohte, orientierte sich die britische Politik an Frankreich und Rußland, was zur Kriegskoalition im Ersten Weltkrieg führte.

8 »Es ergibt sich also, daß wir in der Produktionstechnik und im Wachstumstempo unserer Industrie die wichtigsten Länder schon eingeholt und überholt haben. Worin bleiben wir noch zurück? Wir bleiben noch in ökonomischer Hinsicht, d.h. in den Ausmaßen unserer Industrieproduktion pro Kopf der Bevölkerung zurück... Die ökonomische Leistungsfähigkeit der Industrie drückt sich nicht im Umfang der Industrieproduktion überhaupt, ohne Bezug zur Bevölkerung des Landes aus, sondern im Umfang der Industrieproduktion, in ihrer direkten Verbindung mit der Höhe des Verbrauchs dieser Produktion pro Kopf der Bevölkerung.«
(J. Stalin, »Rechenschaftsbericht über die Arbeit des ZK der KPdSU[B]«, in: *Rundschau*, Nr. 17, 25.3.1939, S. 453-471, hier S. 458.)

9 »Die Aufgaben der Partei auf dem Gebiet der Innenpolitik sind..., den Aufschwung unserer Industrie, das Wachstum der Arbeitsproduktivität, die Vervollkommnung der Produktionstechnik weiter zu entfalten, um die wichtigsten kapitalistischen Länder, nachdem wir sie auf dem Gebiet der Produktionstechnik und des Wachstumstempos der Industrie überholt haben, in den nächsten 10 bis 15 Jahren auch ökonomisch zu überholen.«
(J. Stalin, »Rechenschaftsbericht...« [Anm. 8], S. 463.)

Der moralische Faktor, der nicht weniger wichtig ist als der materielle, hat sich in den letzten Jahren sehr zum Schlechteren verändert. Das von der Revolution proklamierte Ideal der sozialistischen Gleichheit ist verleumdet und zertreten worden. Die Hoffnungen der Massen wurden betrogen. In der UdSSR leben 12-15 Millionen Privilegierte, die etwa über die Hälfte des Nationaleinkommens verfügen und die dieses Regime als »Sozialismus« bezeichnen. Daneben gibt es aber im Land noch etwa 160 Millionen andere, die von der Bürokratie unterdrückt werden und deren Armut erschreckend ist.

Hitlers und Stalins Einstellung zum Krieg ist völlig gegensätzlich. Das totalitäre Regime Hitlers entstand aus der Furcht der herrschenden Klassen Deutschlands vor der sozialistischen Revolution. Hitler erhielt von den Kapitalisten den Auftrag, ihr Eigentum um jeden Preis vor der bolschewistischen Gefahr zu retten und ihnen einen Weg in die Weltarena zu öffnen. Das totalitäre Regime Stalins entstand aus der Furcht der neuen Kaste von Emporkömmlingen vor dem von ihr unterdrückten revolutionären Volk.

Krieg ist für beide gefährlich. Doch Hitler kann seine historische Mission nur auf diesem Weg erfüllen. Ein siegreicher Angriffskrieg gewährleistet die wirtschaftliche Zukunft des deutschen Kapitalismus und damit auch die nationalsozialistische Herrschaft.

Anders liegen die Dinge bei Stalin. Er kann einen Angriffskrieg nicht mit Aussicht auf Erfolg führen, und er braucht das auch nicht. Falls die UdSSR sich in den Krieg mit all seinen unermeßlichen Opfern und Entbehrungen hineinziehen läßt, wird das Volk, das in diesem Jahrhundert bereits dreimal Revolutionen gemacht hatte, dem offiziellen System all die Beleidigungen, Gewalttaten und die ganze Verlogenheit heimzahlen! Niemand weiß das besser als Stalin. Die Grundidee seiner Außenpolitik ist daher Vermeidung eines großen Krieges.

Zur Verwunderung der diplomatischen Routiniers und der pazifistischen Einfaltspinsel verbündete sich Stalin mit Hitler, weil die Gefahr eines großen Krieges nur von Hitler ausging und weil Deutschland, so die Einschätzung des Kreml, stärker ist als seine augenblicklichen Gegner. Die langwierigen Moskauer Verhandlungen mit den Militärdelegationen Englands und Frankreichs dienten nicht nur der Tarnung der Verhandlungen mit Hitler, sondern auch unmittelbar der militärischen Aufklärung. Der Moskauer Generalstab überzeugte sich offenbar davon, daß die Alliierten auf einen großen Krieg nicht vorbereitet waren. Im Gegensatz dazu ist das durchmilitarisierte Deutschland ein schrecklicher Feind. Ein Wohlverhalten konnte man nur durch Mitwirkung an seinen Plänen erkaufen. Diese Überlegung hat Stalins Entscheidung bestimmt.

Ein Bündnis mit Hitler wandte nicht nur die unmittelbar drohende Gefahr ab, daß die Sowjetunion in den großen Krieg hineingezogen wurde, sondern eröffnete auch Aussicht auf unmittelbare strategische Vorteile.

Während Stalin im Fernen Osten jahrelang Schritt um Schritt zurückgewichen ist, um Krieg zu vermeiden, sind an der westlichen Grenze die Verhältnisse so kompliziert, daß er einem Krieg nur durch die Flucht nach vorn entgehen konnte, d.h. nicht durch Aufgabe alter Positionen, sondern durch Eroberung neuer. Die Presse der Alliierten stellt die Sache so dar, als sei Hitler von Stalin abhängig, und unterstreicht die ungeheuren Gewinne, die Moskau auf Kosten Deutschlands gemacht hat: die Hälfte Polens (der Bevölkerung nach nur ein Drittel) plus die Kontrolle über die Ostküste der Ostsee plus ein offenes Tor zum Balkan usw. Der Gewinn, den Moskau gemacht hat, ist zweifellos bedeutend. Doch die Schlußbilanz ist noch offen. Hitler hat einen Weltkrieg angezettelt. Aus diesem Krieg wird Deutschland entweder als Herr über Europa und alle europäischen Kolonien hervorgehen, oder es wird zerschlagen. Die Sicherung seiner Ostflanke ist für Hitler in diesem Krieg eine Frage von Leben und Tod. Er hat den Kreml dafür mit Teilen des ehemaligen Zarenreiches bezahlt.[10] Ist dieser Preis zu hoch?

Die Behauptung, Stalin habe Hitler übertölpelt, als er in Polen einmarschierte und Besitz vom Baltikum ergriff, ist völliger Unsinn. Es ist viel wahrscheinlicher, daß Hitler selbst Stalin auf den Gedanken brachte, sich Ostpolens zu bemächtigen und die baltischen Staaten zu besetzen. Da der Nationalsozialismus durch Propagierung des Kriegs gegen die Sowjetunion stark geworden ist[11], konnte Stalin verständlicherweise dem Ehrenwort Hitlers nicht trauen. Die Verhandlungen wurden »sachlich« geführt.[12] »Du fürchtest Dich vor mir?« fragte Hitler Stalin, »Du willst Garantien? Nimm sie Dir selbst.« Und Stalin griff zu.

Wer die Sache so hinstellt, als versperre die neue Westgrenze der UdSSR

10 Finnland, das Baltikum, ein Großteil Polens und Bessarabien hatten bis zum Ersten Weltkrieg zum russischen Reich gehört. Allerdings waren nicht alle der 1939/40 von der UdSSR okkupierten Gebiete vorher russisch gewesen. Es gab zwei Ausnahmen: das (ost-)galizische Gebiet der Westukraine, das bis zum Ersten Weltkrieg zu Österreich-Ungarn gehört hatte und (da überwiegend ukrainisch besiedelt) von Nazi-Deutschland bereits durch den Pakt vom 23. August der UdSSR überlassen worden war. Auch die damals zu Rumänien gehörende Bukowina war vor 1918 österreichisch-ungarisch gewesen. Als die sowjetische Regierung im Juni 1940 Berlin ihre Annexionsabsicht mitteilte, wurde von deutscher Seite Einspruch erhoben. Schließlich wurde nur die überwiegend ukrainische Nord-Bukowina (neben Bessarabien) von sowjetischen Truppen besetzt.
(Vgl. Pietrow, *Stalinismus*, S. 192.)

11 Die von Hitler proklamierte »antibolschewistische« Stoßrichtung seiner Politik bewog vor allem Großbritannien dazu, die deutsche Aufrüstung zu dulden (»Appeasement-Politik«).

12 Zur Atmosphäre bei Ribbentrops Besuchen in Moskau im August und September 1939 vgl. Pietrow, *Stalinismus*, S. 135f. und S. 144.

Hitler auf immer den Weg nach Osten, hat das Augenmaß verloren. Hitler verfolgt seine Ziele in Etappen. Zur Zeit ist die Unterwerfung Großbritanniens an der Reihe. Für dieses Ziel kann man schon einige Zugeständnisse machen. Die Wendung nach Osten bedeutet einen neuen großen Krieg — zwischen Deutschland und der UdSSR. Wenn es dann soweit ist, ist die Frage, auf welchem Längengrad die militärischen Auseinandersetzungen beginnen, von zweitrangiger Bedeutung.

Der Angriff auf Finnland steht scheinbar in Widerspruch zu Stalins Furcht vor Krieg. Tatsächlich ist dem nicht so. Neben Planung wirkt auch die objektive Logik der Situation. Um dem Krieg zu entgehen, schloß Stalin ein Bündnis mit Hitler. Um sich selbst gegen Hitler abzusichern, besetzte er eine Reihe von Stützpunkten an der Ostseeküste.[13] Doch der Widerstand Finnlands drohte alle diese strategischen Vorteile zunichte zu machen, ja sie in ihr Gegenteil zu verkehren. Wenn nicht einmal Helsingfors [Helsinki] Moskaus Forderungen nachgibt, wer dann? Nachdem Stalin A gesagt hat, muß er auch B sagen. Erst dann folgen die anderen Buchstaben des Alphabets. Wenn Stalin dem Krieg ausweichen will, so heißt das noch lange nicht, daß der Krieg Stalin ausweicht. Offensichtlich hat Berlin Moskau zum Vorgehen gegen Finnland gedrängt.[14] Jeder neue Schritt Moskaus nach Westen bringt die Sowjetunion dem Kriegseintritt näher. Wenn dieser Zeitpunkt kommt, wird das die Weltlage erheblich verändern. Naher und Mittlerer Osten werden dann zum Kriegsschauplatz. Die indische Frage wird erneut gestellt. Hitler kann erleichtert aufatmen und bei einer ungünstigen Entwicklung auf Kosten der Sowjetunion Frieden schließen. In Moskau hat man die freundschaftlichen Artikel der deutschen Presse über den Angriff der Roten Armee auf Finnland zweifellos zähneknirschend gelesen. Aber Zähneknirschen ist kein Mittel politischer Veränderung. Der Pakt behält seine volle Gültigkeit. Und Stalin bleibt Hitlers Satellit.

Die unmittelbaren Vorteile des Pakts für Moskau sind eindeutig. Solange Deutschland an der Westfront beschäftigt ist, kann sich die Sowjetunion im Fernen Osten viel freier fühlen. Das heißt nicht, daß sie dort offensive Operationen vorbereitet. Gewiß ist die japanische Oligarchie noch weniger als die Moskauer Oligarchie in der Lage, einen großen Krieg zu führen. Doch Moskau, das gezwungenermaßen mit Front zum Westen steht, hat nicht den geringsten Grund, in Asien weiter vorzudringen. Japan seinerseits muß mit ernsthafter, wenn nicht sogar vernichtender Gegenwehr seitens

13 Die den baltischen Staaten Ende September/Anfang Oktober 1939 aufgezwungenen Verträge sahen die Errichtung von sowjetischen Stützpunkten vor (vgl. Anm. 2).

14 Eine direkte deutsche Einflußnahme auf die sowjetische Regierung ist nicht belegt. Allerdings unterstützte Deutschland die Sowjetunion, während es zeitweise so aussah, als werde Finnland Hilfe von Frankreich und Großbritannien erhalten.

der UdSSR rechnen. Unter diesen Bedingungen muß Tokio eher dem Programm folgen, das Marinekreise vertreten, d.h. nicht nach Westen, sondern nach Süden vorgehen, in Richtung auf die Philippinen, Holländisch-Indien, Borneo, Französisch-Indochina, Britisch-Burma ... Eine Übereinkunft zwischen Moskau und Tokio auf dieser Grundlage würde den Pakt zwischen Moskau und Berlin symmetrisch ergänzen. Die Frage, welche Auswirkungen das für die Vereinigten Staaten hätte, können wir hier nicht erörtern.

Die Weltpresse wird nicht müde, darauf hinzuweisen, daß Stalins Wirtschaftshilfe für Hitler nur unbedeutend sein könne, da es der UdSSR an Rohstoffen mangele. Doch so einfach liegen die Dinge nicht. Die UdSSR leidet nicht an absolutem, sondern nur an relativem Rohstoffmangel; die Bürokratie setzt überhöhte industrielle Wachstumsraten fest und vernachlässigt dabei die Proportion zwischen den einzelnen Wirtschaftszweigen. Würde man die Wachstumsrate in bestimmten Industriezweigen für ein, zwei Jahre von 15 auf 10 oder 5 Prozent senken oder gar die industrielle Produktion auf dem Vorjahresstand belassen, wären sofort bedeutende Rohstoffüberschüsse vorhanden. Andererseits werden als Folge der totalen Blockade des deutschen Außenhandels über See bedeutende Mengen deutscher Waren im Austausch für sowjetische Rohstoffe nach Rußland fließen.[15]

Auch darf man nicht vergessen, daß die UdSSR für Verteidigungszwecke ungeheure Rohstoff- und Lebensmittelreserven angelegt hat und noch weiter ergänzt. Ein gewisser Teil dieser Vorräte kann zur Versorgung Deutschlands dienen. Ferner kann Moskau Hitler Gold liefern, das ungeachtet aller Autarkiebestrebungen das Lebensblut des Krieges ist. Schließlich erleichtert die freundschaftliche »Neutralität« Moskaus Deutschland die Ausbeutung der Rohstoffe im Baltikum, in Skandinavien und auf dem Balkan außerordentlich. »Gemeinsam mit Sowjetrußland«, schrieb am 2. November der *Völkische Beobachter*, das Organ Hitlers, nicht ohne Grund, »beherrschen wir die Rohstoff- und Nahrungsreichtümer des ganzen Ostens«[16].

15 Zum deutsch-sowjetischen Handel zwischen 1939 und 1941 vgl. Pietrow, *Stalinismus*, S. 172-178; deutsche Maschinen und Rüstungsgüter wurden gegen sowjetische Rohstoffe (Erdöl, bestimmte Metalle, Lebensmittel) getauscht. Ferner diente die UdSSR als Durchgangsland für Warenlieferungen aus Asien, für die der Schifffsweg wegen der britischen Kontrolle über die meisten Seewege nicht mehr in Frage kam.

16 Dr. Theodor Seibert, »So steht der Krieg«, in: *Völkischer Beobachter*, 2.11.1939, S. 1 f.
Der *Völkische Beobachter* erschien seit 1918 als rechtsradikales Kampfblatt in München (hervorgegangen aus dem 1887 gegründeten *Münchner Beobachter*). 1920 wurde er von der NSDAP gekauft und zu ihrem Zentralorgan umgewan-

Noch wenige Monate vor Abschluß des Pakts zwischen Moskau und Berlin schätzte London die Bedeutung der Wirtschaftshilfe, die die UdSSR Hitler leisten könnte, bedeutend nüchterner ein als heute. Eine halboffizielle Untersuchung des Königlichen Instituts für internationale Angelegenheiten, den »politischen und strategischen Interessen des Vereinigten Königreiches« gewidmet, äußert sich zu einer deutsch-sowjetischen Annäherung folgendermaßen (das Vorwort datiert vom März 1939): »Eine solche Kombination kann für Großbritannien äußerst gefährlich werden. Man muß sich fragen«, fährt der Kollektiv-Autor fort, »wieweit Großbritannien in einem Krieg mit Deutschlanf auf einen entscheidenden Sieg hoffen kann, wenn die deutsche Ostgrenze zu Lande nicht blockiert werden kann ...«[17] Diese Einschätzung verdient größte Beachtung. Es ist nicht übertrieben, wenn man behauptet, daß die Blockade Deutschlands durch das Bündnis mit der UdSSR mindestens 25 %, vielleicht auch beträchtlich mehr von ihrer Wirkung verliert.

Zur materiellen Unterstützung muß man noch die moralische — wenn dieses Wort hier angebracht ist — hinzurechnen. Bis Ende August noch forderte die Komintern die Befreiung Österreichs, der Tschechoslowakei, Albaniens und Abessiniens, verlor aber kein Wort über die britischen Kolonien. Jetzt verliert die Komintern kein Wort über die Tschechei, rechtfertigt die Teilung Polens, fordert dafür aber die Befreiung Indiens. Die Moskauer *Prawda* greift die Einschränkung der Freiheit in Kanada an[18], schweigt aber zu den blutigen Gewaltakten Hitlers gegen die Tschechen und zu den verbrecherischen Mißhandlungen polnischer Juden. All das deutet darauf hin, daß der Kreml die Stärke Hitlers sehr hoch einschätzt.

Und der Kreml irrt nicht. Gewiß kann Deutschland Großbritannien und Frankreich nicht in einem »Blitzkrieg« vernichten; an eine solche Möglichkeit hat auch kein ernsthafter Mensch je geglaubt. Von großer Leichtfertigkeit aber zeugt jene internationale Propaganda, die Hitler als einen Wahnsinnigen darzustellen sucht, der sich in eine Sackgasse verrannt hat. Hitler ist noch lange nicht soweit. Noch gibt es in Deutschland eine dynamische Industrie, technisches Ingenium und feste Disziplin; die ungeheuerliche deutsche Kriegsmaschine funktioniert immer noch. Das Schicksal von Land und Regime stehen auf dem Spiel. Die polnische Regierung und die

delt (seit 1923 Tageszeitung; 1924/25 verboten; erschien zum letzten Mal am 27. April 1945).

17 *Political and Strategic Interests of the United Kingdom*, An Outline, By a Study Group of the Royal Institute of International Affairs, London u. a. [Oxford University Press] 1939, S. 98.

18 Am 20.11.1939 wurde die Zeitung der kanadischen KP, *The Clarion*, von der Regierung verboten; am 4.6.1940 folgte das Verbot der Partei und ihrer Massenorganisationen; mehrere ihrer Führer wurden interniert.

tschechoslowakische Pseudoregierung sind jetzt in Frankreich.[19] Wer weiß, ob die französische Regierung nicht demnächst gemeinsam mit der belgischen, holländischen, polnischen und tschechoslowakischen in Großbritannien Schutz suchen muß?[20] Wie bereits ausgeführt, glaube ich nicht einen Augenblick daran, daß Hitler seinen Plan einer *Pax Germanica*[21] — also der Weltherrschaft — verwirklichen kann. Neue Staaten stehen ihm im Weg — nicht nur in Europa. Der deutsche Imperialismus ist zu spät auf den Plan getreten, seine militärische Raserei wird mit einer riesigen Katastrophe enden. Doch bevor seine Stunde schlägt, wird in Europa noch vieles hinweggefegt werden. Stalin möchte nicht dazu gehören. Deshalb ist er sehr darauf bedacht, mit Hitler nicht zu früh zu brechen.

Die alliierte Presse sucht gierig nach Symptomen der »Abkühlung« zwischen den neuen Freunden und prophezeit tagaus tagein das Zerbrechen des Bündnisses. Man kann natürlich nicht leugnen, daß sich Molotow in der Umarmung Ribbentrops nicht gerade wohl fühlt. Viele Jahre hindurch wurden in der UdSSR die Oppositionellen als Naziagenten verleumdet, verfolgt und ermordet. Nachdem Stalin diese Arbeit erledigt hatte, schloß er dann ein enges Bündnis mit Hitler. Im ganzen Land leben Millionen Menschen, die enge Verwandte derjenigen sind, die wegen angeblicher Verbindungen zu den Nazis erschossen und in Konzentrationslager eingesperrt wurden; diese Millionen sind heute vorsichtige, aber äußerst wirksame Agitatoren gegen Stalin. Dazu kommen die geheimen Klagen der Komintern: die ausländischen Agenten des Kreml fühlen sich nicht wohl. Stalin versucht zweifellos, auch den anderen Weg offenzuhalten. Litwinow tauchte am 7. November wider Erwarten auf der Tribüne des Lenin-Mausoleums auf; in der Parade wurden Porträts des Kominternsekretärs Dimitroff und des Führers der deutschen Kommunisten, Thälmann, getragen.[22]

All das hat jedoch nur dekorativen Charakter und berührt nicht das

19 Die polnische Regierung war über Rumänien nach Frankreich geflohen und siedelte von dort im Sommer 1940 nach Großbritannien über. Nach dem Münchner Diktat von 1938 war der tschechoslowakische Präsident Beneš zurückgetreten und ins Exil gegangen. Nachdem am 15. März 1939 durch den Einmarsch deutscher Truppen die Tschechoslowakei zerschlagen wurde, bildeten Exilpolitiker im Herbst 1939 in London einen Nationalausschuß unter Leitung von Beneš, der am 23. Juli 1940 von den Alliierten als Exilregierung anerkannt wurde.

20 Ein halbes Jahr später, im Mai-Juni 1940 besetzten deutsche Truppen die Benelux-Staaten und Frankreich. Die französische Regierung unter Pétain kollaborierte mit den Nazis, so daß sich im Exil eine neue Regierung unter General de Gaulle bildete, die offiziell aber erst im Juni 1944 proklamiert wurde.

21 »Deutscher Friede« (lat.) d.h. Befriedung der Welt unter deutscher Herrschaft.

22 Das berichtete z.B. der *New-York-Times*-Korrespondent G. E. R. Gedye in seinem Artikel »Soviet Foreign Policy: Where Is It Heading?« (12.11.1939, S. 5).

Wesen der Politik. Litwinow und die Porträts sollten vor allem die sowjetischen Arbeiter und die Komintern beschwichtigen. Nur indirekt gibt Stalin damit den Alliierten zu verstehen, daß er unter Umständen auch auf ein anderes Pferd setzen kann. Aber nur Phantasten können annehmen, daß ein außenpolitischer Kurswechsel des Kreml unmittelbar bevorsteht. Solange Hitler mächtig ist — und er ist sehr mächtig —, bleibt Stalin ein Satellit Hitlers.

Das mag ja alles richtig sein, könnte ein aufmerksamer Leser meinen, doch wie steht es mit der Revolution? Rechnet der Kreml wirklich nicht mit ihrer Möglichkeit — ihrer Wahrscheinlichkeit — ihrer Unvermeidbarkeit? Spiegelt sich in Stalins Außenpolitik nicht seine Furcht vor Revolution wider? Der Einwurf ist berechtigt. Gerade in Moskau wird am wenigsten daran gezweifelt, daß ein großer Krieg eine Revolution hervorrufen kann. Doch die Revolution steht nicht am Beginn des Krieges, sondern an seinem Ende. Bevor 1918 die Revolution in Deutschland ausbrach, versetzte die deutsche Armee dem Zarismus noch tödliche Schläge. Genauso kann der gegenwärtige Krieg zum Sturz der Kremlbürokratie führen, lange bevor die Revolution in irgendeinem der kapitalistischen Länder ausbricht. Unsere Einschätzung der Kreml-Außenpolitik behält deshalb unabhängig von der revolutionären Perspektive ihre Gültigkeit.

Um jedoch die künftigen Manöver Moskaus und die Entwicklung seiner Beziehungen zu Berlin richtig einschätzen zu können, muß man die Frage beantworten: Beabsichtigt der Kreml den Krieg für die Weltrevolution auszunützen, und wenn ja, in welcher Weise? Am 9. November hielt es Stalin für nötig, in äußerst scharfer Form die Vermutung zurückzuweisen, er wünsche, daß »der Krieg möglichst lange dauern müsse, um die kriegführenden Staaten zu erschöpfen«[23]. Da hat Stalin die Wahrheit gesagt. Aus

23 Die Komintern-Zeitschrift *Die Welt* schrieb dazu (Nr. 14, 7.12.1939, S. 267, »Interview mit Stalin über den Krieg«): »Ein Redakteur der *Prawda* wandte sich an Stalin mit der Frage: ‚Wie verhält sich Stalin zu der Meldung der Havas-Agentur über die ›Rede Stalins‹, die er angeblich am 19. August im Politbüro hielt, und in der angeblich der Gedanke ausgeführt wurde, daß ›der Krieg möglichst lange dauern müsse, um die kriegführenden Seiten zu erschöpfen‹?' Stalin sandte folgende Antwort: ‚Diese Meldung der Havas-Agentur, wie auch viele andere ihrer Meldungen, ist eine Lüge. Ich kann natürlich nicht sagen, in welchem Tingeltangel diese Lüge fabriziert wurde. Aber wie immer die Herren aus der Havas-Agentur lügen mögen, sie können nicht leugnen, daß: 1. Nicht Deutschland hat Frankreich und England überfallen, sondern Frankreich und England überfielen Deutschland, indem sie die Verantwortung für den jetzigen Krieg übernehmen; 2. nach der Eröffnung der Kriegshandlungen wandte sich Deutschland mit Friedensvorschlägen an Frankreich und England, während die Sowjetunion offen die Friedensvorschläge Deutschlands unterstützte, da sie der Meinung war und weiterhin ist, daß die rascheste Beendigung des Krieges die Lage aller Länder und Völker von Grund auf erleichtern würde; 3. die

zwei Gründen kann er einen langen Krieg gar nicht wollen: Erstens würde dieser mit Sicherheit die UdSSR in seinen Strudel reißen, und zweitens würde er mit Sicherheit die europäische Revolution auslösen. Der Kreml aber fürchtet sehr zu Recht beides.

»Die innere Entwicklung Rußlands«, heißt es in der schon zitierten Untersuchung des Königlichen Instituts in London, »tendiert zur Schaffung einer ‚Bourgeoisie' von Managern und Beamten, die ausreichende Privilegien genießen, um mit dem Status quo vollkommen zufrieden zu sein... Die verschiedenen Säuberungen können als Teil eines Prozesses betrachtet werden, mit dessen Hilfe alle jene ausgerottet werden, die für eine Veränderung des gegenwärtigen Zustands eintreten. Eine solche Interpretation läßt den Schluß zu, daß die revolutionäre Periode in Rußland beendet ist, und die heutigen Herrscher nur danach streben, jene Vorteile, die ihnen die Revolution gebracht hat, zu bewahren.«[24] Das ist treffend formuliert! Vor mehr als zwei Jahren schrieb ich in dieser Zeitschrift: »Hitler kämpft gegen das französisch-sowjetische Bündnis nicht aus prinzipieller Feindschaft gegen den Kommunismus — kein ernstzunehmender Mensch glaubt noch an die revolutionäre Rolle Stalins! —, sondern weil er freie Hand für ein Abkommen mit Moskau gegen Paris haben will...«[25] Damals hielt man diese Worte für eine Folge von Voreingenommenheit. Die Ereignisse haben sie dann bestätigt.

Moskau ist sich darüber im klaren, daß ein größerer Krieg eine Ära politischer und sozialer Erschütterungen einleitet. Wenn Stalin ernsthaft hoffen könnte, die revolutionäre Bewegung zu beherrschen und sich dienstbar zu machen, würde er sie natürlich begrüßen. Doch versteht er, daß die Revolution Antithese der Bürokratie ist und mit dem privilegierten konservativen Apparat unbarmherzig aufräumen würde. Welch erbärmliche Niederlagen erlitt die bürokratische Kreml-Clique in der chinesischen Revolution von 1925-1927 und in der spanischen Revolution von 1931-1939! Auf den Wogen einer neuen Revolution würde unweigerlich eine neue internationale Organisation entstehen, die die Komintern hinwegfegen und der Autorität der Sowjetbürokratie in der UdSSR einen tödlichen Schlag versetzen würde.

Die stalinistische Fraktion ist im Kampf gegen den sogenannten »Trotz-

herrschenden Kreise Englands und Frankreichs lehnten schroff sowohl die Friedensvorschläge Deutschlands als auch die Versuche der Sowjetunion ab, die rascheste Beendigung des Krieges zu erzielen. Das sind die Tatsachen. Was können die Tingeltangelpolitiker aus der Havas-Agentur diesen Tatsachen entgegenstellen.'«

24 *Political and Strategic Interests...* (Anm. 17), S. 95.

25 Vgl. »Vor einem neuen Weltkrieg« (9.8.1937), frz. TŒ 14, S. 231-251, hier S. 232. Trotzkis Artikel erschien (ebenso wie der vorliegende) zuerst in russischer Sprache im *Bulletin der Opposition.*

kismus« zur Macht gelangt. Seitdem wurden alle Säuberungen, Schauprozesse und Erschießungen im Zeichen des Kampfes gegen den »Trotzkismus« durchgeführt. Im Grunde genommen bringt Moskau mit diesem Etikett die Furcht der neuen Oligarchie vor den Massen auf den Begriff. Der Terminus »Trotzkismus« ist trotz allen Problemen, die ihm innewohnen, bereits international gebräuchlich geworden. Ich muß hier drei Vorfälle aus der jüngsten Zeit anführen, weil sie für jene politischen Prozesse sehr typisch sind, die den Krieg vorbereiten, und weil sie zugleich zeigen, warum der Kreml die Revolution fürchtet.

In dem französischen Gelbbuch wird ein Gespräch zwischen dem französischen Botschafter Coulondre und Hitler vom 25. August wiedergegeben, d. h. neun Tage vor dem Abbruch der diplomatischen Beziehungen.[26] Hitler geifert und prahlt dabei mit dem Pakt, den er mit Stalin abgeschlossen hat: »... eine Vereinbarung ..., die nicht theoretisch, sondern positiv ist, möchte ich sagen. Ich glaube, ich werde siegen, Sie glauben, Sie werden siegen; eines aber ist gewiß: vor allem wird deutsches und französische Blut ... fließen«, usw. Der französische Botschafter antwortet: »Wenn ich auch in der Tat von unserem Sieg überzeugt bin ..., so befürchte ich auch, daß es bei Kriegsende nur einen wahren Sieger geben werde, nämlich Herrn Trotzki.« Hitler unterbricht den Botschafter: »Warum hat man dann Polen einen Blankoscheck gegeben?« Mein Name ist hier natürlich von untergeordneter Bedeutung. Aber es ist kein Zufall, daß sowohl der demokratische Diplomat, als auch der totalitäre Diktator das Gespenst der Revolution mit dem Namen einer Person belegen, die der Kreml als seinen Feind Nr. 1 betrachtet. Beide Gesprächspartner stimmen wie selbstverständlich darin überein, daß die Revolution unter einem Banner stattfindet, das dem Kreml feindlich ist.

Der ehemalige Berliner Korrespondent des französischen halbamtlichen Organs *Temps*, der heute aus Kopenhagen berichtet, teilt in einer Meldung vom 24. September mit, daß revolutionäre Elemente die Verdunkelung der

26 Nach Einbandfarben wurden von den Außenministerien herausgegebene amtliche Dokumentensammlungen zur internationalen Diplomatie benannt. Die verschiedenen Länder bedienten sich spezifischen Farben; Frankreich gab Gelbbücher heraus, Deutschland Weißbücher.
Das *Gelbbuch der Französischen Regierung, Diplomatische Urkunden 1938-1939* enthielt, so der Untertitel, »Akten über die Ereignisse und Verhandlungen, die zum Ausbruch der Feindseligkeiten zwischen Deutschland einerseits und Polen, Großbritannien und Frankreich andererseits führten« (autorisierte deutsche Ausgabe: Basel [Birkhäuser] 1940). Als Dokument Nr. 242 war dort auf S. 327-329 (die Zitate auf S. 328) der »amtliche« Bericht Coulondres über seine Unterredung mit Hitler abgedruckt, aus dem Trotzki schon nach einem (nur minimal abweichenden) Zeitungsbericht zitiert hatte (vgl. Text 62) und der auch in der russischen Fassung des vorliegenden Artikels als Quelle angegeben wurde.

Straßen Berlins ausgenützt und im Arbeiterviertel Plakate mit der Losung angebracht haben: »Nieder mit Stalin und Hitler! Es lebe Trotzki!«[27] So bekunden die mutigsten Arbeiter Berlins ihre Einstellung zum Pakt. Und die Revolution wird von den Mutigen und nicht von den Feiglingen durchgeführt. Glücklicherweise braucht Stalin die Straßen Moskaus nicht verdunkeln zu lassen, sonst würden dort nicht weniger eindeutige Parolen auftauchen.

Am Vorabend des Jahrestags der tschechischen Unabhängigkeit warnten der Reichsprotektor Freiherr von Neurath[28] und die tschechische Regierung[29] die Anstifter von Demonstrationen in aller Schärfe: »Die Agitation unter den Arbeitern in Prag, besonders im Zusammenhang mit Streikdrohungen, wird offiziell als ein Werk ,trotzkistischer Kommunisten' gebrandmarkt.« (*New York Times* vom 28. Oktober.)[30] Ich neige keineswegs dazu, die Rolle der »Trotzkisten« bei den Prager Demonstrationen überzubewerten. Doch schon die offizielle Überbewertung ihrer Rolle erklärt, warum der Herr des Kreml die Revolution nicht weniger fürchtet als Coulondre, Hitler und Freiherr von Neurath.

Aber sind die Sowjetisierung der westlichen Ukraine und Weißrußlands (Ostpolen) wie auch der gegenwärtige Versuch, Finnland zu sowjetisieren, denn keine Akte sozialer Revolution? Ja und nein. Eher nein als ja. Wenn die Rote Armee ein neues Territorium besetzt, setzt die Moskauer Bürokratie

27 In der vom 24.9. datierten Meldung unter der Überschrift »Berlin bei Nacht« (*Le Temps*, 26.9.1939) hieß es: »Nach Berichten verschiedenen Ursprungs muß die deutsche Polizei gegen zahlreiche Attentate und Sabotageakte vorgehen. Sie organisiert in Berlin und anderen großen Städten nächtliche Patrouillen aus der SS und aus Freiwilligen, die gegen die im Schutze der Dunkelheit begangenen Taten vorgehen. In einer der letzten Nächte entdeckte eine Patrouille im ehemaligen kommunistischen Stadtteil Berlins eine Unmasse von Flugblättern mit dem Rotfront-Zeichen und den Worten: ,Nieder mit Hitler und Stalin! Es lebe Trotzki!'«

28 Konstantin Freiherr von Neurath (1873-1956), deutscher Diplomat, seit 1932 Außenminister unter Papen und Hitler — bis zu seiner Ablösung durch Ribbentrop im Jahre 1938. Trat 1937 in die NSDAP ein. Seit 1938 Minister ohne Geschäftsbereich, wurde Neurath nach der Besetzung der Tschechei durch deutsche Truppen am 15. März 1939 in Prag als »Reichsprotektor« (vgl. Anm. 29) eingesetzt. 1941 wurde er abgelöst (offiziell nur beurlaubt, trat er 1943 zurück). Neurath wurde im Nürnberger Kriegsverbrecherprozeß zu 15 Jahren Haft verurteilt und 1954 aus dem Gefängnis entlassen.

29 Am 15. März 1939 besetzten deutsche Truppen die »Rest-Tschechei«, die zum »Reichsprotektorat Böhmen und Mähren« proklamiert wurde. Gestützt auf die deutsche Wehrmacht, übte ein »Reichsprotektor« (Neurath) die oberste Gewalt aus. Formell bestand zwar auch weiterhin eine tschechische Regierung, die aber nur noch über beschränkte Kompetenzen verfügte und eine Marionette in den Händen der Besatzungsmacht war.

30 »Czechs Warned on Their Holiday«, in: *New York Times*, 28.10.1939.

ein Regime ein, das ihre Vorherrschaft garantiert. Die Bevölkerung hat keine andere Wahl, als den durchgeführten Reformen in einem totalitären Plebiszit zuzustimmen. Eine solche Art von »Revolution« kann nur in einem militärisch besetzten Gebiet mit einer verstreuten oder rückständigen Bevölkerung durchgeführt werden. Der neue Chef der »Sowjetregierung« Finnlands, Otto Kuusinen, ist kein Führer revolutionärer Massen, sondern ein alter stalinistischer Funktionär, ein Kominternsekretär, ein Mann mit starrem Hirn und schwachem Rückgrat. Eine solche »Revolution« ist für den Kreml natürlich annehmbar, und Hitler fürchtet sie auch nicht.

Der Kominternapparat, der durchweg aus Leuten vom Schlage Kuusinen und Browder[31] besteht, d.h. aus karrieresüchtigen Funktionären, ist zur Führung einer revolutionären Massenbewegung vollkommen ungeeignet. Dafür ist er aber zur Vernebelung des Stalin-Hitler-Paktes mit revolutionären Phrasen nützlich, zur Irreführung der Arbeiter in der UdSSR und im Ausland. Und später kann er als ein nützliches Instrument zur Erpressung der imperialistischen Demokratien dienen.

31 Earl Russell Browder (1891-1973) wurde 1907 Mitglied der Sozialistischen Partei der USA, schloß sich aber 1912 der — von seinem späteren langjährigen Rivalen an der Spitze der amerikanischen KP, William Foster, geführten — syndikalistischen Liga an. Im Gefängnis, wo er wegen seiner Opposition gegen die Beteiligung der USA am Ersten Weltkrieg einsaß, schloß er sich 1919 der damals gegründeten KP an. 1921 war er Delegierter beim Gründungskongreß der Roten Gewerkschaftsinternationale und stieg nach seiner Rückkehr in das Politbüro der amerikanischen KP auf. Später arbeitete Browder in der KI und in der RGI; u.a. leitete er 1927/28 das Pan-Pazifische Sekretariat der RGI in China. Nach seiner Rückkehr in die USA wurde er 1930 überraschend Generalsekretär der KP der USA, aus der soeben die »Rechten« um Lovestone ausgeschlossen worden waren. Bis dahin in der Führungsgruppe der Partei nur von untergeordneter Bedeutung, hatte er sich durch bürokratische Effizienz und Gehorsam gegenüber der KI-Führung ausgezeichnet. Browders Name war nach 1934 eng mit der Wendung zur Volksfront verknüpft. Unter seiner Ägide unterstützte die Kommunistische Partei Roosevelt, was — nach einer zeitweiligen Unterbrechung während der deutsch-sowjetischen Allianz zu Beginn des Zweiten Weltkrieges — 1944 sogar dazu führte, daß auf Browders Antrag die Partei aufgelöst und in eine »Kommunistische Politische Assoziation« umgewandelt wurde. Er trat offen für die »Beendigung« des Klassenkampfes und eine Fortsetzung der »antifaschistischen Allianz« über den Krieg hinaus ein. Als sich 1945 erste Differenzen zwischen den Siegermächten andeuteten, wurde er von der Sowjetunion fallengelassen und für die »opportunistischen Fehler« verantwortlich gemacht. Im Februar 1946 wurde er aus der inzwischen neugebildeten KP ausgeschlossen. Mehrere Versuche zur Wiederaufnahme (u.a. eine Reise 1946 in die UdSSR, wo man ihn mit der Vertretung sowjetischer Geschäftsinteressen in den USA beauftragte) scheiterten. In der McCarthy-Ära zu Beginn der fünfziger Jahre vorübergehend verfolgt, widmete er sich später nur noch literarischer und Vortragstätigkeit.

Es ist frappierend, wie wenig man aus den spanischen Ereignissen gelernt hat! Während Stalin sich gegen Hitler und Mussolini zur Wehr setzte, die den spanischen Krieg zur Schaffung eines Viermächteblocks gegen den Bolschewismus auszunützen suchten, machte er es sich zur Aufgabe, London und Paris zu beweisen, daß er weit besser als Franco und seine Beschützer in Spanien und Europa die proletarische Revolution austilgen könne. Niemand hat die sozialistische Bewegung in Spanien rücksichtsloser unterdrückt als Stalin, der in jenen Tagen als Erzengel der reinen Demokratie auftrat. Alle Mittel wurden eingesetzt: wahnwitzige Lügen- und Verleumdungskampagnen, Justizfarcen im Geiste der Moskauer Prozesse und die systematische Ermordung revolutionärer Führer. Und der Kampf gegen Land- und Fabrikbesetzungen durch Bauern und Arbeiter wurde natürlich unter dem Banner des Kampfes gegen den »Trotzkismus« geführt.

Der Bürgerkrieg in Spanien verdient höchste Aufmerksamkeit, denn er war in vielerlei Hinsicht eine Generalprobe für den bevorstehenden Weltkrieg. Stalin jedenfalls ist gern bereit, seinen spanischen Auftritt im Weltmaßstab zu wiederholen; er hofft dieses Mal sogar auf mehr, er will sich das Wohlgefallen der künftigen Sieger erkaufen, da er bereits bewiesen hat, daß niemand besser als er mit dem roten Gespenst fertigwerden kann, das der terminologischen Bequemlichkeit wegen wieder »Trotzkismus« genannt wird.

Fünf Jahre lang führte der Kreml eine Kampagne für das Bündnis der Demokratien, um dann Hitler im letzten Moment seine Liebe für »kollektive Sicherheit und Frieden« zu einem möglichst hohen Preis zu verkaufen. Die Bürokraten der Komintern erhielten das Kommando »Linksum kehrt!« — und kramten unverzüglich die alten Formeln über die sozialistische Revolution aus den Archiven hervor. Der neue »revolutionäre« Zickzack wird wahrscheinlich nicht so lange dauern wie der »demokratische«, weil der Krieg den Ablauf der Ereignisse außerordentlich beschleunigt.[32] Doch die

32 Nach Ausbruch des Zweiten Weltkrieges proklamierte die Komintern zunächst eine »defätistische« Linie, die sich aber nur auf die von der Sowjetunion als Kriegsverursacher gebrandmarkten Länder Großbritannien und Frankreich bezog. Diese Politik bedeutete keine Rückkehr zum »revolutionären Defätismus«, wie er im Ersten Weltkrieg von der Linken vertreten wurde, um den imperialistischen Krieg durch Revolution zu beenden, vielmehr sollte das Bündnis Stalins mit Hitler gefestigt werden. Die Komintern propagierte einen Frieden Englands und Frankreichs mit Nazi-Deutschland zu Hitlers Bedingungen. Pierre Frank charakterisierte diese Linie als »nicht-revolutionären Defätismus«. Die Komintern änderte ihre Politik schlagartig nach dem deutschen Überfall auf die Sowjetunion am 22. Juni 1941; die kommunistischen Parteien stellten nun in den mit der UdSSR verbündeten Ländern jede Art von Klassenkampf-Propaganda zugunsten der »gemeinsamen« Kriegführung der Alliierten gegen Hitler-Deutschland ein. (Vgl. Frank, *Geschichte der Kommunistischen Internationale*, Bd. 2, S. 709-729; Pietrow, *Stalinismus*, S. 270-295.)

taktische Methode Stalins bleibt immer die gleiche: Er droht seinen Gegnern von morgen mit einer revolutionären Komintern, um sie dann im entscheidenden Moment für eine vorteilhafte diplomatische Kombination zu verkaufen. Widerstand seitens der Funktionäre vom Schlage Browders hat er nicht zu befürchten: Diese Tiger sind gut dressiert, fürchten die Peitsche und sind gewohnt, zur bestimmten Stunde gefüttert zu werden.

Durch gefügige Korrespondenten läßt der Kreml durchsickern, Rußland werde im Falle einer Annäherung Italiens oder Japans an England oder Frankreich auf der Seite Hitlers in den Krieg eintreten, dabei aber gleichzeitig die Sowjetisierung Deutschlands anstreben (siehe zum Beispiel den Moskauer Bericht der *New York Times* vom 12. November).[33] Welch ein erstaunliches Bekenntnis! Mit den Ketten seiner »Eroberungen ist der Kreml schon jetzt so vor den Karren des deutschen Imperialismus gespannt, daß die möglichen Feinde Hitlers auch die Feinde Stalins sein werden. Seinen wahrscheinlichen Kriegseintritt auf der Seite des Dritten Reiches rechtfertigt Stalin im voraus damit, daß er Deutschland »sowjetisieren« wolle. Nach dem Beispiel Galiziens? Dazu müßte die Rote Armee zuerst Deutschland besetzen. Durch einen Aufstand der deutschen Arbeiter? Aber wenn der Kreml diese Chance hat, warum dann auf den Kriegseintritt Italiens und Japans warten? Die Absicht dieser gesteuerten Berichte ist allzu klar: Italien und Japan einerseits und England und Frankreich andererseits einzuschüchtern und dadurch einem Krieg zu entgehen. »Reizt mich nicht zum Äußersten«, droht Stalin, »sonst werde ich furchtbar sein.« Das ist wenigstens fünfundneunzig Prozent Bluff und vielleicht fünf Prozent vage Hoffnung darauf, daß im Falle tödlicher Gefahr die Revolution Rettung bringt.

Stalins Idee von einer Sowjetisierung Deutschlands ist ebenso absurd wie die Hoffnung Chamberlains auf eine Restauration einer friedlich konservativen Monarchie in Deutschland. Die militärische Macht Deutschlands darf ebensowenig unterschätzt werden wie die Widerstandskraft des Naziregimes! Die deutsche Armee kann nur von einer neuen internationalen Koalition in einem Krieg beispiellosen Ausmaßes geschlagen werden. Das totalitäre Regime kann nur durch einen machtvollen Angriff der deutschen Arbeiter gestürzt werden. Die werden ihre Revolution gewiß nicht machen,

33 Darin hieß es: »Rußland wünscht offenkundig, die Neutralität beizubehalten und die tatsächliche Teilnahme am Kampf zu vermeiden, aber es gibt Umstände — zum Beispiel die Gewißheit, daß eine oder beide Antikominternmächte, Italien und Japan, sich der Seite Britanniens oder Frankreichs anschließen —, die Rußland verlassen würden, an der Seite Deutschlands, das Rußland gleichzeitig zu sowjetisieren versuchen würde, in den Krieg einzutreten.«
(G. E. R. Gedye, »Soviet Foreign Policy ...« [Anm. 22]. Vgl. zu diesem Artikel auch den Leserbrief, den Trotzki an die *New York Times* richtete, engl. in TWr 1939-40, S. 106f.)

um Hitler durch einen Hohenzollern oder durch Stalin zu ersetzen.

Der Sieg der Volksmassen über die Nazi-Tyrannei wird eine der größten Erschütterungen der Weltgeschichte sein und das Antlitz Europas mit einem Schlage verändern. Die Welle der Empörung, der Hoffnung und des Enthusiasmus wird vor den hermetisch verschlossenen Grenzen der Sowjetunion nicht haltmachen. Die Volksmassen der Sowjetunion hassen die gierige und grausame Herrscherkaste. Ihr Haß wird nur durch das Wissen gebändigt, daß draußen der Imperialismus sprungbereit lauert. Die Revolution im Westen wird der Kreml-Oligarchie die einzige Rechtfertigung für ihre politische Existenz rauben. Wenn Stalin seinen Verbündeten Hitler überleben sollte, dann nicht für lange. Das Zwillingsgestirn wird hinter dem Horizont versinken.

# (64)
# Stalin nach der finnischen Erfahrung*

*Coyoacán, 13. April 1940*

Damals, als Stalins Fraktion gerade den Ausschluß der Trotzkisten in den Weg leitete, fragte Stalin in seiner scheinheiligen Art: »Ist die Opposition etwa gegen einen Sieg der UdSSR in den kommenden Kämpfen mit dem Imperialismus?« Auf der Sitzung des Plenums des Zentralkomitees vom 27. August 1927 antwortete ich darauf laut dem geheimen stenographischen Protokoll: »Im Grunde genommen meint Stalin eine andere Frage, die er sich nicht auszusprechen getraut, nämlich: ‚Denkt die Opposition etwa, daß die UdSSR unter Stalins Führung nicht den Sieg sicherstellen kann?' Ja, das denkt sie!« »Und was ist mit der Partei?«, unterbrach mich vom Platz aus Molotow, den Stalin in vertraulichen Gesprächen nur »Holzkopf« nannte. »Ihr habt die Partei erstickt«, war die Antwort. Ich schloß meine Rede mit den Worten: »Für das sozialistische Vaterland? Ja! Für Stalins Kurs? Nein!«[1]

* T 4833-35 *Stalin posle finlyandskoi opyta* (13.3.1940). BO 82-83 (Februar-April 1940). Engl. in: *Sunday Express*, 17.3.1940, und TWr 1939-40, S. 160-164.

1 Trotzki, »Rede auf der gemeinsamen Plenartagung von ZK und ZKK der KPdSU am 1.8.1927«, in: Wolter (Hg.), *Die Linke Opposition*, Bd. 5, S. 270-281, hier S. 280. (Vgl. auch Text 3.)
Auf dieser Tagung, die vom 29.7. bis zum 9.8.1927 stattfand, wurden zwei wichtige Fragen diskutiert. Zum einen ging es um die internationale Situation, die Gefahr eines Krieges gegen die Sowjetunion und die Lehren aus den von Stalin und Bucharin zu verantwortenden Niederlagen in Großbritannien und China. Trotzkis »Clemenceau-These« spielte eine wichtige Rolle. Weiterhin wurde der Antrag diskutiert, Trotzki und Sinowjew als die prominentesten Führer der Opposition aus dem Zentralkomitee auszuschließen. Trotzki äußerte sich dazu in einer weiteren Rede am 6. August. Die Parteiführung begnügte sich mit einer scharfen Verurteilung der Opposition, nachdem diese am 8. August nochmals ihre Loyalität und ihre Distanzierung von allen Versuchen,

Auch heute, dreizehn Jahre später, trete ich uneingeschränkt für die Verteidigung der UdSSR ein. Von der herrschenden britischen Klasse bin ich nicht nur in geographischer, sondern auch in politischer Hinsicht mehrere Tausend Meilen weiter entfernt als z.B. Bernard Shaw[2], der unermüdliche Paladin des Kreml. Die französische Regierung sperrt meine Gesinnungsgenossen ein.[3] Doch all das bringt mich nicht dazu, die Außenpolitik des Kreml zu verteidigen. Im Gegenteil, ich denke, daß unter den heutigen internationalen Verhältnissen Stalin und die von ihm geführte Oligarchie die Hauptgefahr für die Sowjetunion darstellen. Der offene Kampf gegen sie, vor den Augen der öffentlichen Meinung der Welt, ist für mich untrennbar mit der Verteidigung der UdSSR verbunden.

Stalin scheint ein großer Mann zu sein, weil er auf der Spitze einer gigantischen bürokratischen Pyramide steht und einen langen Schatten wirft. In Wirklichkeit hat er nur mittleres Format. Mit seinen mittelmäßigen geistigen Fähigkeiten, dem Überwiegen der Schläue gegenüber dem Verstand, zeichnet er sich durch unersättlichen Ehrgeiz, außergewöhnliche Beharrlichkeit und neidische Rachsucht aus. Stalin schaute niemals weit voraus und entwickelte nie eine große Initiative. Er wartete ab und manövrierte. Die Macht fiel ihm als Folge eines Zusammentreffens historischer Umstände zu — er pflückte lediglich die reifgewordene Frucht. Machtgier, Angst vor den Massen, Grausamkeit gegenüber einem schwachen Gegner, Bereitschaft, vor einem mächtigen Feind gleich zweimal zu katzbuckeln — die neue Bürokratie fand all ihre Kennzeichen in Stalin in der vollendetsten Form vor, und sie hat Stalin zu ihrem Herrscher proklamiert.

Als Lenin 1924 starb, war die Bürokratie im Grunde genommen bereits allmächtig, wenngleich sie sich dessen noch nicht bewußt war. Als »General-

eine neue Partei zu bilden, erklärt hatte. Auch die oppositionelle These einer »thermidorianischen« Degeneration der Parteiführung wurde zurückgenommen. (Darin machte sich die Kapitulationsbereitschaft Sinowjews und Kamenjews geltend.)
(Vgl. Deutscher, *Trotzki*, Bd. 2, S. 338-342; Carr, *A History...*, Bd. 11, S. 30-34; Trotzkis Rede vom 6. August in: Trotsky, *Challenge 1926-27*, S. 270-290.)

2 George Bernard Shaw (1856-1950), bedeutender irisch-britischer Dramatiker, Literatur- und Gesellschaftskritiker, schrieb rund 70 Schauspiele und erhielt 1925 den Literatur-Nobelpreis. Shaw war reformistischer Sozialist und einer der Mitbegründer der Fabian Society. Der Oktoberrevolution stand er ablehnend gegenüber. Nach einer Reise in die UdSSR im Jahre 1928 entwickelte er sich zu einem Prototyp der »Freunde der Sowjetunion« und zu einem Apologeten Stalins.

3 Nach dem Kriegsausbruch kam es 1939 in Frankreich zu einer Welle der Repression gegen alle linken Parteien und Organisationen. Zur Verfolgung der Trotzkisten vgl. Yvan Craipeau, *Contre vents et marées*, Les révolutionnaires pendant la deuxième guerre mondiale, Paris [Savelli] 1977, S. 58 f., und Prager (Hg.), *Les congrès...*, Bd. 2, S. 22.

sekretär« der Bürokratie war Stalin schon in jenen Tagen Diktator, hatte das aber selbst noch nicht völlig erfaßt. Noch weniger wußte das Land davon. *Stalin war es gelungen, diktatorische Macht in seinen Händen zu konzentrieren, bevor mehr als ein Prozent der Bevölkerung seinen Namen kannte.* Stalin ist keine Persönlichkeit, sondern die Personifizierung der Bürokratie.

In seinem Kampf gegen die Opposition, die die Unzufriedenheit der Massen zum Ausdruck brachte, erkannte Stalin allmählich seine Mission als Verteidiger der Macht und der Privilegien der neuen herrschenden Kaste. Sofort fühlte er sich entschlossener und selbstbewußter. Seinen subjektiven Neigungen nach ist Stalin heute zweifellos der konservativste Politiker Europas. Er wünscht, daß die Geschichte, nachdem sie einmal die Herrschaft der Moskauer Oligarchie gesichert hat, ihre Arbeit nicht verdirbt und zum Stehen kommt.

Seine unerschütterliche Treue zur Bürokratie, d. h. zu sich selbst, zeigte Stalin mit epischer Grausamkeit in der Zeit der berüchtigten Säuberungen. Ihre Bedeutung wurde nicht rechtzeitig verstanden. Die alten Bolschewiki versuchten, die Tradition der Partei zu wahren. Die Sowjetdiplomaten ihrerseits versuchten, die internationale öffentliche Meinung in ihre Überlegungen einzubeziehen.[4] Die roten Heerführer verteidigten die Interessen der Roten Armee. Alle drei Gruppen gerieten in Widerspruch zu den totalitären Interessen der Kreml-Clique und wurden allesamt liquidiert. Nehmen wir einmal an, daß es einer feindlichen Luftflotte gelänge, alle Sperren zu überwinden und die Gebäude des Außen- und des Kriegsministeriums durch Bomben zu zerstören gerade in dem Augenblick, in dem sich dort die Elite der Diplomatie und der Generalstab versammelt haben. Welch eine Katastrophe! Welch ein Verlust würde ein solcher Angriff von außen für das Leben des Landes bedeuten! Stalin löste diese Aufgabe erfolgreich ohne Hilfe ausländischer Bombenflugzeuge. Er ließ die Sowjetdiplomatie aus allen Teilen der Welt und die Heerführer aus allen Teilen des

4 Über das Ausmaß der Säuberungen im Mitarbeiterstab des Außenkommissariats schreibt Pietrow (*Stalinismus*, S. 131): »Zwischen 1936 und 1938 waren bereits 62 Prozent des höheren Mitarbeiterstabs ausgewechselt worden; das NKVD hatte den Apparat des Außenkommissariats durchsetzt. Unter Molotov [Außenkommissar seit 3.5.1939] fielen dann 90 Prozent des unteren Stabs der ‚Säuberung' anheim. Dadurch wurden die erfahrenen Diplomaten, die meist noch der russischen Intelligencija entstammten und als Altbolschewisten, Intellektuelle und Kosmopoliten zu betrachten waren, gegen Kader ausgetauscht, die bereits zu einer neuen Generation zählten. Diese unterschied sich von der ersten durch eine durchgängig andere Sozialisation. Sie hatte schon während der Ausbildungszeit den Stalin-Kult verinnerlicht. In den dreißiger Jahren war für sie der Weg zum beruflichen Aufstieg geebnet worden, und sie hatte sich Privilegien erworben, die sie an das Regime banden. Durch die ‚Säuberung' war somit — wie in anderen Apparaten auch — eine Stärkung derjenigen Kader erfolgt, die sich durch völlige Loyalität zum Stalin-Regime auszeichneten.«

Landes zusammenbringen, sperrte sie in die Keller der GPU und ließ sie durch Genickschuß töten. Und das am Vorabend eines neuen großen Krieges!

Litwinow blieb physisch am Leben, doch in politischer Hinsicht hat er seine früheren Mitarbeiter noch lange nicht überlebt. Neben dem politischen Motiv, vor Hitler zweimal zu katzbuckeln, spielte bei der Kaltstellung Litwinows zweifellos ein persönliches Motiv eine Rolle. Litwinow war keine eigenständige politische Figur. Doch war er Stalin schon deshalb ein Dorn im Auge, weil er vier Sprachen beherrschte, das Leben in den europäischen Hauptstädten kannte und die unwissenden Bürokraten mit Hinweisen auf ihnen unzugänglichen Quellen reizte, wenn er im Politbüro Bericht erstattete. Alle suchten nur nach einem geeigneten Anlaß, um sich des allzu gebildeten Ministers zu entledigen.

Stalin atmete erleichtert auf, als er sich endlich auch seinen Mitarbeitern um Haupteslänge überlegen fühlte. Doch sogleich tauchten neue Schwierigkeiten auf. Der Jammer ist, daß Stalin in Fragen von großer Bedeutung die Selbständigkeit fehlt. Trotz all seiner ungeheuren Reserven an Willensstärke mangele es ihm an Abstraktionsvermögen, an schöpferischer Phantasie und schließlich an Sachwissen. Ideenmäßig lebte er immer auf Kosten anderer. Lange Jahre war das Lenin, mit dem er aber beständig in Widerspruch geriet, sobald er auf sich allein gestellt war. Seit Lenins Erkrankung machte Stalin geistige Anleihen bei seinen zeitweiligen Verbündeten Kamenjew und Sinowjew, die er später von der GPU erschießen ließ. Dann benutzte er mehrere Jahre lang die Abstraktionen Bucharins für seine praktischen politischen Manöver. Nachdem er mit Bucharin gebrochen hatte, entdeckte er, daß fortan verallgemeinernde Theorien nicht mehr notwendig seien. Zu dieser Zeit befanden sich die Bürokratie der UdSSR und der Apparat der Komintern bereits in einem Zustand erniedrigender und schmachvoller Unterwürfigkeit.

Dann jedoch ging die Periode verhältnismäßig stabiler internationaler Beziehungen zu Ende. Große Erschütterungen zeichneten sich ab. Stalin, der kurzsichtige Empiriker, der Mann des Apparats, Provinzler bis auf die Knochen, der keine fremde Sprache spricht und keine Zeitungen liest außer denen, die täglich sein eigenes Bild abdrucken, wurde völlig überrascht. Großen Ereignissen ist er nicht gewachsen. Das Tempo der gegenwärtigen Epoche ist für seinen trägen und schwerfälligen Geist zu fieberhaft. Weder von Molotow oder Woroschilow noch von den verwirrten Führern der westlichen Demokratien konnte er sich irgendwelche neue Ideen ausborgen. Der einzige Politiker, der Stalin unter diesen Umständen imponieren konnte, war Hitler. Ecce homo! Hitler hat all das, was auch Stalin besitzt — Verachtung für das Volk, Prinzipienlosigkeit, Ehrgeiz und einen totalitären Apparat. Doch Hitler hat auch das, was Stalin nicht hat: Phantasie, die Fähigkeit, die Massen mitzureißen, und Wagemut. Zunähst schien alles glattzugehen — Polen, Estland, Lettland und Litauen. Doch mit Finnland ging es daneben, und das nicht ohne Grund. Die finnische Schlappe leitete in Stalins Biographie das Kapitel des Niedergangs ein.

In den Tagen des Einmarsches der Roten Armee in Polen entdeckte die Sowjetpresse plötzlich Stalins große strategische Talente, die er angeblich schon in der Zeit des Bürgerkrieges entfaltet hätte[5], und proklamierte ihn zu einem Über-Napoleon. Während der Gespräche mit den Delegationen der baltischen Staaten schilderte dieselbe Presse ihn als größten der Diplomaten. Sie versprach für die Zukunft eine Reihe Wunder, die, ohne einen Tropfen Blut, allein mittels genialer Schachzüge vollbracht würden. Doch alles kam ganz anders. Stalin unterschätzte die lange Tradition des finnischen Volkes im Kampf um Unabhängigkeit[6] und glaubte, die Regierung in Helsingfors allein durch bloßen diplomatischen Druck zum Nachgeben zwingen zu können. Er hat sich schwer verrechnet. Anstatt seinen Plan noch einmal zu überdenken, begann er zu drohen. Auf seine Anweisung hin versprach die Moskauer *Prawda*, Finnland innerhalb weniger Tage zu erledigen. In der ihn umgebenden Atmosphäre byzantinischer Kriecherei wurde Stalin selbst Opfer seiner Drohungen. Sie machten auf die Finnen keinen Eindruck, zwangen ihn aber zum sofortigen Handeln. So begann ein schändlicher Krieg — ohne Notwendigkeit, ohne klare Perspektive, ohne

5 Stalin war im Bürgerkrieg zeitweilig an die Front delegiert worden, so im Sommer 1918 zur Sicherung der Getreidebeschaffung aus dem Nordkaukasus nach Zarizyn (1925-1961 Stalingrad, seither Wolgograd). Da Stalin sich nicht an die Anweisungen des Verteidigungskommissars Trotzki hielt, kam es zum Konflikt. In der Folgezeit unterstützte Stalin die Militäropposition gegen Trotzki. Im sowjetisch-polnischen Krieg gehörte Stalin zum Kriegsrat der Südwestarmee und war mit dafür verantwortlich, daß diese Armee nicht die Flanke der auf Warschau marschierenden sowjetischen Hauptkräfte schützte, sondern statt dessen auf Lemberg vorrückte.
(Zu Stalins militärischer Rolle im Bürgerkrieg vgl. Trotzki, *Stalin*, S. 389-449; Deutscher, *Stalin*, S. 192-248; Medwedjew, *Die Wahrheit...*, S. 24-28. Über Stalins verhängnisvolle Rolle zu Beginn des deutschen Überfalls auf die Sowjetunion und im weiteren Kriegsverlauf vgl. Medwedew, S. 495-519 und Alexander Nekritsch und Pjotr Grigorenko, *Genickschuß*, Die Rote Armee am 22. Juni 1941, hg. von Georges Haupt, Wien u. a. [Europa-Verlag] 1969; Pietrow, *Stalinismus*, S. 245-269.)

6 Noch bevor die finnischen Stämme sich zu einem Staat zusammenschließen konnten, wurde das Gebiet im 13./14. Jahrhundert von Schweden annektiert. 1808 ging es an Rußland, das dem Land gewisse Autonomierechte zugestand, die aber 1899 aufgehoben wurden. Es entwickelte sich eine starke bürgerliche Nationalbewegung und eine einflußreiche Sozialdemokratie, die noch vor dem Ersten Weltkrieg zur größten Partei wurde. In der Revolution von 1905 mußte der russische Zar die finnische Autonomie wiederherstellen. 1917 erlangte Finnland seine Unabhängigkeit, die die Bolschewiki nach der Oktoberrevolution anerkannten.

moralische und materielle Vorbereitung und noch dazu in einem Moment, wo selbst der Kalender vor einem solchen Abenteuer warnte.[7]

Ein wundersames Detail: Stalin dachte nicht einmal daran, nach dem Beispiel seines Inspirators Hitler, die Front zu besuchen. Der Schlachtenlenker im Kreml ist zu vorsichtig, um seine falsche Reputation als Stratege aufs Spiel zu setzen. Zudem hat er den Massen von Angesicht zu Angesicht nichts mitzuteilen. Man kann sich diese mausgraue Figur mit dem bewegungslosen Gesicht, den gelblichen Augen und der ausdruckslosen, kehligen Stimme vor Soldaten, im Schützengraben oder im Unterstand auch kaum vorstellen. Der Über-Napoleon blieb vorsichtigerweise im Kreml, umgeben von Telefonen und Sekretären.

Im Verlauf von zweieinhalb Monaten lernte die Rote Armee nur Niederlagen, Leiden und Mißerfolge kennen. Man war auf nichts, nicht einmal auf das Klima vorbereitet. Die zweite Offensive entwickelte sich nur langsam und forderte viele Opfer. Das Ausbleiben des versprochenen »Blitzsieges« über einen schwachen Gegner war an und für sich schon eine Niederlage. Stalins Fehler und Mißerfolge könnten bis zu einem gewissen Grad entschuldigt und die Völker der UdSSR mit dem unüberlegten Angriff auf Finnland im nachhinein versöhnt werden, allerdings nur, wenn es gelungen wäre, wenigstens Teile der finnischen Bauern und Arbeiter durch einen sozialen Umsturz zu gewinnen. Stalin hat dies begriffen und den Sturz der finnischen Bourgeoisie offen als sein Ziel erklärt. Zu diesem Zweck wurde auch der unglückselige Kuusinen aus den Büros der Komintern abberufen. Da Stalin jedoch die Einmischung Englands und Frankreichs und das Mißfallen Hitlers und einen langen Krieg fürchtete, zog er sich zurück. Das tragische Abenteuer wurde mit einem Bastard-Frieden beendet, der der Form nach ein »Diktat«, dem Inhalt nach aber ein fauler Kompromiß ist.

Durch den sowjetisch-finnischen Krieg kompromittierte Hitler Stalin und spannte ihn noch fester vor seinen eigenen Wagen. Durch den Friedensvertrag sicherte er sich die Möglichkeit, weiterhin skandinavische Rohstoffe zu beziehen. Die UdSSR sicherte sich im Nordwesten, das soll nicht bestritten werden, strategische Vorteile, doch zu welchem Preis! Das Prestige der Roten Armee ist untergraben, das Vertrauen der arbeitenden Massen und der unterdrückten Völker der ganzen Welt ist geschwunden. Die Folge ist, daß sich die internationale Stellung der UdSSR nicht verbessert, sondern verschlechtert hat. Stalin hat eine schwere persönliche Niederlage einstecken müssen. Die allgemeine Stimmung im Land ist

7 Da der Krieg von der Sowjetunion Ende November begonnen wurde, mußte er unter den extremen klimatischen Bedingungen des nordeuropäischen Winters geführt werden. Während die finnischen Truppen darauf eingestellt waren, kam das Gros der sowjetischen Truppen aus dem Süden der Sowjetunion und verfügte nicht über die erforderliche Ausrüstung.

zweifellos so: Wir hätten diesen unwürdigen Krieg nicht beginnen dürfen; wenn er aber schon begonnen wurde, dann hätte er bis zu Ende, d. h. bis zur Sowjetisierung Finnlands, geführt werden müssen. Stalin hat dies auch versprochen, jedoch nicht verwirklicht. Das bedeutet, daß er auf nichts vorbereitet war — weder auf den Widerstand der Finnen noch auf den Frost oder die Drohungen der Alliierten. Gleichzeitig mit dem Diplomaten und Strategen hat auch der »Führer des Weltsozialismus« und der »Befreier des finnischen Volkes« eine Niederlage erlitten. Der Autorität des Diktators wurde ein nicht wiedergutzumachender Schlag versetzt. Die totalitäre Propaganda wird immer mehr von ihrer hypnotischen Kraft verlieren.

Es stimmt, Stalin kann eine Zeitlang Unterstützung aus dem Ausland erhalten, doch dazu müßten ihm die Alliierten den Krieg erklären. Ein solcher Krieg würde aus der Sicht der Völker der UdSSR nicht nur über das Schicksal der stalinistischen Diktatur, sondern über das Schicksal des Landes insgesamt entscheiden. Die Abwehr einer ausländischen Intervention würde die Stellung der Bürokratie unweigerlich stärken. In einem Verteidigungskrieg würde die Rote Armee unvergleichlich erfolgreicher operieren als in einem Angriffskrieg. Im Falle der Selbstverteidigung wäre der Kreml sogar zu revolutionären Maßnahmen fähig. Die würden jedoch lediglich einen Aufschub bewirken. Die Instabilität der Stalinschen Diktatur ist in den letzten fünfzehn Wochen nur allzu deutlich geworden. Man darf nicht glauben, daß Völker die Fähigkeit zu beobachten und zu urteilen verlieren, wenn sie von einem totalitären Regime unterjocht sind. Sie kommen nur langsamer zu Einsichten, die dann aber um so tiefer und dauerhafter sind. Die Glanzzeit Stalins ist vorbei. Ihm stehen schicksalsschwere Prüfungen bevor. Heute, wo der ganze Planet aus dem Gleichgewicht geraten ist, wird es Stalin nicht gelingen, das labile Gleichgewicht der totalitären Bürokratie zu retten.

# (65)
# Brief an die Arbeiter der UdSSR*

*Coyoacán, 23. April 1940*

Grüße an die Sowjetarbeiter, Kolchosbauern, Soldaten der Roten Armee und Matrosen der Roten Flotte! Grüße vom fernen Mexiko, wo ich Zuflucht gefunden habe, nachdem die stalinistische Clique mich nach der Türkei verbannt und die Bourgeoisie mich von Land zu Land gehetzt hat!

Werte Genossen! Die lügnerische stalinistische Presse hat euch seit langem böswillig in allen Fragen, einschließlich derer, die sich auf mich und meine politischen Gesinnungsgenossen beziehen, getäuscht. Ihr habt keine Arbeiterpresse; ihr lest nur die Presse der Bürokratie, die systematisch lügt, um euch im dunkeln zu lassen und so die Herrschaft einer privilegierten Parasitenkaste zu sichern.

Wer seine Stimme gegen die allgemein verhaßte Bürokratie zu erheben wagt, wird »Trotzkist« genannt, Agent einer ausländischen Macht; er wird als Spion gebrandmarkt — gestern als Spion Deutschlands, heute als Spion Englands und Frankreichs — und dann an die Wand gestellt. Zehntausende von revolutionären Kämpfern sind vor den Mündungen der GPU-Mauserpistolen in der Sowjetunion und im Ausland, besonders in Spanien, gefallen. Sie alle wurden als Agenten des Faschismus hingestellt. Glaubt diese niederträchtige Verleumdung nicht! Ihr einziges Verbrechen bestand darin, daß sie die Arbeiter und Bauern gegen die Brutalität und Raubgier der Bürokratie verteidigt haben. Die ganze alte Garde des Bolschewismus, alle Mitarbeiter und Helfer Lenins, alle Kämpfer der Oktoberrevolution, alle Helden des Bürgerkrieges sind von Stalin ermordet worden. In die Annalen der Geschichte wird Stalins Name für alle Zeit unter dem Kainszeichen eingehen!

* T 4839, 4840 *Vas obmanyvaiut! Pismo v SSSR* (23.4.1940). Engl. in: *Socialist Appeal*, 11.5.1940, und TWr 1939-40, S. 165-167. Dt. in: *Unser Wort*, Nr. 102, 9. Jg. (Nr. 1), April 1941, S. 3, und *Denkzettel*, S. 324-327.

Die Oktoberrevolution wurde um der Werktätigen und nicht um der neuen Parasiten willen durchgeführt. Aber infolge der Verzögerung der Weltrevolution, infolge der Erschöpfung und in starkem Maße der Rückständigkeit der russischen Arbeiter und besonders der russischen Bauern erhob sich über der Räterepublik und gegen ihre Völker eine neue unterdrückende und parasitäre Kaste, deren Führer Stalin ist. Die frühere bolschewistische Partei wurde in einen Apparat dieser Kaste verwandelt. Die Weltorganisation, die einst die Kommunistische Internationale war, ist heute ein geschmeidiges Werkzeug der Moskauer Oligarchie. Die Räte der Arbeiter und Bauern sind längst untergegangen. Sie sind durch entartete Kommissare, Sekretäre und Agenten der GPU ersetzt worden.

Aber unter dem, was von den Eroberungen der Oktoberrevolution überlebt hat, sind glücklicherweise die nationalisierte Industrie und die kollektivierte Sowjetwirtschaft. Auf dieser Basis können Arbeiterräte eine neue und glücklichere Gesellschaft aufbauen. Diese Basis können wir unter keinen Umständen der Weltbourgeoisie ausliefern. Es ist die Pflicht von Revolutionären, jede Position, die die Arbeiterklasse errungen hat, bis zum letzten Blutstropfen zu verteidigen, sei es, daß es sich um demokratische Rechte, um das Lohnniveau handelt, oder um einen so gigantischen Menschheitssieg wie die Nationalisierung der Produktionsmittel und die Planwirtschaft. Wer nicht verteidigen kann, was bereits erobert wurde, wird nie neue Eroberungen machen. Gegen den imperialistischen Feind werden wir die Sowjetunion mit all unserer Kraft verteidigen. Aber die Eroberungen der Oktoberrevolution werden dem Volke nur nutzen, wenn es sich fähig zeigt, mit der stalinistischen Bürokratie fertig zu werden, so wie es seinerzeit mit der zaristischen Bürokratie und der Bourgeoisie fertig wurde.

Würde die Sowjetwirtschaft im Interesse des Volkes geleitet, würde die Bürokratie nicht den größeren Teil des Volkseinkommens verschlingen und verschwenden; würde sie nicht auf den Lebensinteressen der Bevölkerung herumtrampeln, so wäre die Sowjetunion ein großer Anziehungspol für die Werktätigen der Welt, und die Unverletzlichkeit der Sowjetunion wäre gesichert. Aber Stalins berüchtigtes Unterdrückerregime hat die Sowjetunion ihrer Anziehungskraft beraubt. Während des Krieges mit Finnland erwies es sich, daß nicht nur die Mehrheit der finnischen Bauern, sondern auch die der finnischen Arbeiter auf der Seite ihrer Bourgeoisie war. Das kann kaum überraschen, da sie ja von der unerhörten Unterdrückung wußten, der die Arbeiter des nahegelegenen Leningrad und der ganzen Sowjetunion von der stalinistischen Bürokratie unterworfen werden. Diese Bürokratie ist daheim blutdürstig und erbarmungslos und feige vor den imperialistischen Feinden; sie ist darum die Hauptquelle der Kriegsgefahr für die Sowjetunion.

Die alte bolschewistische Partei und die Dritte Internationale sind auseinandergefallen und haben sich aufgelöst. Die ehrlichen, fortgeschrittenen Revolutionäre haben im Ausland die Vierte Internationale organisiert, die schon in den meisten Ländern der Welt Sektionen errichtet hat. Ich bin ein Mitglied dieser neuen Internationale. Indem ich mich daran beteilige, bleibe ich unter demselben Banner, unter dem ich mit euch oder euren Vätern und älteren Brüdern 1917 und in den Jahren des Bürgerkriegs kämpfte, unter demselben Banner, unter dem wir mit Lenin zusammen den Rätestaat und die Rote Armee aufbauten.

Das Ziel der Vierten Internationale ist, die Oktoberrevolution über die ganze Welt auszubreiten und gleichzeitig die Sowjetunion zu regenerieren, sie von der parasitären Bürokratie zu befreien. Dies kann nur dadurch erreicht werden, daß die Arbeiter, Bauern, Soldaten der Roten Armee und Matrosen der Roten Flotte sich gegen die neue Kaste der Unterdrücker und Parasiten erheben. Um diese Erhebung vorzubereiten, ist eine neue Partei nötig — eine kühne und ehrliche revolutionäre Organisation der fortgeschrittenen Arbeiter. Die Vierte Internationale stellt sich den Aufbau einer solchen Partei in der Sowjetunion zur Aufgabe.[1]

Fortgeschrittene Arbeiter! Schart euch als erste um das Banner von Marx und Lenin, das jetzt das Banner der Vierten Internationale ist! Lernt, unter den Bedingungen der Illegalität im stalinistischen Regime fest verschmolzene, zuverlässige revolutionäre Zirkel zu bilden! Stellt Verbindungen zwischen solchen Zirkeln her! Lernt, durch ergebene und zuverlässige Genossen, besonders Matrosen, Verbindungen mit euren revolutionären Gesinnungsgenossen in den bürgerlichen Ländern herzustellen! Das ist schwierig, aber möglich.

Der jetzige Krieg wird sich immer mehr ausweiten, er wird Trümmer auf Trümmer häufen, immer mehr Kummer, Verzweiflung und Protest hervorrufen, die ganze Welt zu neuen revolutionären Ausbrüchen treiben. Die Weltrevolution wird die sowjetischen Arbeitermassen mit neuem Mut und neuer Entschlossenheit erfüllen und die bürokratischen Stützen der Stalin-Kaste untergraben. Für diese Stunde müssen wir uns durch hartnäckige, systematische, revolutionäre Arbeit rüsten. Das Schicksal unseres Landes, die Zukunft unseres Volkes, unserer Kinder und Enkel steht auf dem Spiel.

1 Anfang der dreißiger Jahre konnte das *Bulletin der Opposition* noch regelmäßig in die Sowjetunion gebracht werden. Die illegale Arbeit der wenigen, dort noch in Freiheit lebenden Trotzkisten endete aber 1934 mit den Massenverhaftungen nach dem Kirow-Mord. In der Partei wurden all jene verhaftet oder eingeschüchtert, die Trotzkis Kritik hätten aufnehmen können. Alle Verbindungen zur Außenwelt wurden streng kontrolliert. Fast alle sowjetischen Trotzkisten wurden dann im März und April 1938 in den Lagern von Workuta umgebracht, was Trotzki nicht wissen konnte. Die terroristische Atomisierung der Sowjetgesellschaft machte jede Opposition unmöglich. Seither entstandene linksoppositionelle Gruppen (nach 1945 an den Universitäten; unter der Entstalinisierung nach 1956) wurden von einer neuen Generation gebildet, die mit der früheren Opposition keinen Kontakt mehr hatte.

Nieder mit Kain-Stalin und seiner Kamarilla!
Nieder mit der räuberischen Bürokratie!
Es lebe die Sowjetunion, die Festung der Arbeiter!
Es lebe die sozialistische Weltrevolution!

Mit brüderlichen Grüßen

Leo Trotzki

*Warnung!* Stalins Presse wird natürlich erklären, dieser Brief sei durch »Agenten des Imperialismus« in die Sowjetunion gebracht worden. Seid im voraus versichert, daß auch dies eine Lüge ist. Dieser Brief wird die Sowjetunion durch zuverlässige Revolutionäre erreichen, die bereit sind, ihr Leben für die Sache des Sozialismus aufs Spiel zu setzen.[2] Macht Abschriften von diesem Brief und verbreitet ihn so weit wie möglich. L. T.

2 Bis zum Ausbruch des Zweiten Weltkrieges versuchten verschiedene Sektionen der Vierten Internationale in Häfen wie Antwerpen sowjetische Seeleute anzusprechen und mit deren Hilfe das *Bulletin der Opposition* in die Sowjetunion zu schmuggeln. Als die Kriegslieferungen aus den USA für die Sowjetunion einsetzten, konnten US-Seeleute auf diesen Transportschiffen auch illegal trotzkistische Schriften in die Sowjetunion bringen.

# (66) Die Rolle des Kreml in der europäischen Katastrophe*

*Coyoacán, 18. Juni 1940*

Die Kapitulation Frankreichs ist nicht bloß eine militärische Episode.[1] Es ist die Katastrophe Europas. Die Menschheit kann nicht weiter unter dem Regime des Kapitalismus leben. Hitler ist kein Zufall; er ist lediglich die vollkommenste, die konsequenteste und brutalste Ausdrucksform des Imperialismus, der unsere gesamte Zivilisation zu vernichten droht.

Neben den im Imperialismus angelegten allgemeinen Ursachen der Katastrophe darf man jedoch die verbrecherische und unheilvolle Rolle nicht vergessen, die Kreml und Komintern gespielt haben. Niemand hat Hitler so sehr geholfen wie Stalin. Niemand hat die UdSSR in eine so gefährliche Lage manövriert wie Stalin.

Fünf Jahre lang haben der Kreml und seine Komintern ein »Bündnis der Demokratien« und »Volksfront« mit dem Ziel eines Präventivkrieges gegen die »faschistischen Aggressoren« propagiert. Der Einfluß dieser Propagan-

* T 4894, 4895 *Rol Kremlya v evropeiskoi katastrofe* (17.6.1940). BO 84 (August-Oktober 1940). Engl. in: *Socialist Appeal*, 22.6.1940, und TWr 1939-40, S. 290 f.

1 Am 10. Mai 1940 begann der deutsche Westfeldzug; die Benelux-.Staaten wurden unter Bruch ihrer Neutralität angegriffen. Die alliierten Armeen erlitten vernichtende Niederlagen. Schon nach vier Tagen kapitulierte die holländische, nach 18 Tagen die belgische Armee. Die französische Regierung unter Paul Reynaud trat am 16. Juni zurück. Das Parlament wählte Marschall Pétain zum Regierungschef, der um einen Waffenstillstand nachsuchte, der am 22. Juni 1940 in Compiègne unterzeichnet wurde. Das Gebiet nördlich und westlich der Linie Genf - Dôle - Tours - Mont de Marsan - spanische Grenze wurde von deutschen Truppen besetzt und kam, wie Belgien, unter Militärverwaltung. (In den Niederlanden wurde ein Reichskommissar eingesetzt.) Im nichtbesetzten französischen Gebiet wurde unter Pétain ein Satellitenregime der »Etat Français«, mit dem Regierungssitz Vichy errichtet.

da auf die Volksmassen war gewaltig, was am Beispiel Frankreichs besonders deutlich wurde. Aber als der Krieg wirklich herannahte, sind der Kreml und seine Agentur, die Komintern, plötzlich ins Lager der »faschistischen Aggressoren« übergelaufen. Stalin mit seiner Pferdehändlermentalität dachte auf diese Weise Chamberlain, Daladier und Roosevelt ein Schnippchen zu schlagen und strategische Positionen in Polen und im Baltikum zu erringen. Aber die Wende des Kreml hatte weit tiefergehende Folgen: Er täuschte nicht nur die Regierungen, sondern desorientierte und demoralisierte auch die Volksmassen, vor allem in den sogenannten Demokratien.[2] Mit seiner Propagierung der »Volksfront« hinderte der Kreml die Massen daran, den Kampf gegen den imperialistischen Krieg zu führen. Durch seinen Wechsel ins Lager Hitlers brachte Stalin plötzlich alle Karten durcheinander und lähmte die militärische Kraft der »Demokratien«. Denn trotz der gesamten Ausrottungsmaschinerie bleibt der moralische Faktor im Krieg von entscheidender Bedeutung. Indem Stalin die Volksmassen Europas — und nicht nur Europas — demoralisierte, hat er den Agent provocateur im Dienste Hitlers gespielt. Die Kapitulation Frankreichs ist eines der Resultate dieser Politik.

Doch das ist längst nicht das einzige Ergebnis. Trotz der territorialen Zugewinne[3] des Kreml hat sich die internationale Lage der UdSSR außerordentlich verschlechtert. Der polnische Puffer ist verschwunden. Morgen wird der rumänische verschwinden.[4] Das mächtige Deutschland, nunmehr

2 Die Folgen des Hitler-Stalin-Paktes beschreibt Pierre Frank (*Geschichte der Kommunistischen Internationale*, Bd. 2, S. 715-719) am Beispiel Frankreichs: 21 der 72 Parlamentsabgeordneten traten aus der KPF aus; viele von ihnen vertraten bald rechte Positionen. Am 2. September 1939 stimmte die Restfraktion noch für die Kriegskredite, und ihre Mitglieder leisteten ihrer Einberufung zur Armee Folge. Nur wenige Tage darauf änderte die KPF ihre Linie und unterstützte Hitlers »Friedensangebote«. Kommunistische Funktionäre mit Parteichef Thorez an der Spitze desertierten nun aus der Armee.

3 Nachdem schon im Oktober und November 1939 die Westukraine und Westweißrußland in die Sowjetunion eingegliedert worden waren, richtete die sowjetische Regierung, während Trotzki diese Zeilen schrieb, Ultimaten an die drei baltischen Staaten (an Litauen am 12.6., an Lettland und Estland am 16.6.), ihr weitere Stützpunkte einzuräumen. Das war das Vorspiel der im Juli und im August folgenden Annexion.

4 Am 26. Juni forderte die Sowjetunion von Rumänien die Abtretung der Nordbukowina und Bessarabiens. Zwei Tage darauf rückten sowjetische Truppen in diese Gebiete ein. Daraufhin wurde in Rumänien eine profaschistische Militärdiktatur errichtet, die dem Drei-Mächte-Pakt beitrat. Deutsche Truppen wurden unter dem Vorwand der Ausbildungshilfe nach Rumänien verlegt und bereiteten die rumänische Beteiligung am Überfall auf die UdSSR vor. Die Sowjetunion nahm den wachsenden Einfluß des »Dritten Reiches« in Rumänien hin, da das Land gemäß dem Hitler-Stalin-Pakt zur deutschen Einflußsphäre gehörte.

der Herr Europas, hat nun eine gemeinsame Grenze mit der UdSSR. Skandinaviens schwache und fast unbewaffnete Staaten sind ebenfalls von Deutschland okkupiert worden.[5] Seine Siege im Westen bereiten nur eine großangelegte Offensive gegen den Osten vor. Beim Angriff auf Finnland hat die Rote Armee, die eben von Stalin ihrer Führer beraubt und demoralisiert worden war, vor der ganzen Welt ihre Schwäche bewiesen. Bei seinem bevorstehenden Feldzug gegen die UdSSR wird Hitler Japans Unterstützung haben.[6]

Die Agenten des Kreml beginnen von neuem, über das »Bündnis der Demokratien« gegen die faschistischen Aggressoren zu reden.[7] Möglich, daß sich Stalin als betrogener Betrüger gezwungen sieht, in seiner Außenpolitik eine neue Wende zu vollziehen.[8] Wehe den Völkern, wenn sie wiederum

5 Am 9. April 1940 begann der deutsche Angriff auf Dänemark und Norwegen. Dabei ging es um die Absicherung des deutschen Zugriffs auf das schwedische Eisenerz, da Großbritannien ebenfalls einen Angriff auf Norwegen geplant hatte, um von dort aus schwedische Erzlieferungen an Deutschland zu unterbinden.
Schweden wurde zwar nicht besetzt, verhielt sich aber in der Folgezeit bei formeller Neutralität gegenüber dem »Dritten Reich« entgegenkommend. Bis zu 80 % des schwedischen Außenhandels im Zweiten Weltkrieg wurden mit Deutschland abgewickelt, das vor allem mit kriegswichtigem Eisenerz versorgt wurde. Nachschub für deutsche Truppen in Norwegen, Finnland und an der sowjetischen Front, zeitweise auch Kampftruppen durften über schwedisches Territorium transportiert werden. Allerdings wurden die deutschen antifaschistischen Flüchtlinge nicht an das »Dritte Reich« ausgeliefert.
Finnland, das infolge des Friedensschlusses mit der Sowjetunion im März 1940 den sowjetischen Forderungen (z.B. nach Rohstofflieferungen) nachkommen mußte, beteiligte sich dann am 22. Juni 1941 am Krieg gegen die UdSSR.

6 Japan war jedoch, um seine kriegerische Expansion in Südostasien und im Pazifik zu sichern, wo die USA seinen Hauptgegner darstellten, daran interessiert, sich »den Rücken freizuhalten«. Im April 1941 schloß Japan ein Neutralitätsabkommen mit der UdSSR, das bis zur sowjetischen Kriegserklärung am 8.8.1945 in Kraft blieb.

7 Im Sommer 1940 ging die Propaganda der Komintern wieder dazu über, Deutschland als eine imperialistische Macht zu kennzeichnen und einen »echten Volksfrieden« ohne Bevormundung durch irgendeine Macht zu fordern — Ausdruck der Besorgnis wegen der beherrschenden Stellung Nazi-Deutschlands in Europa nach dem Sieg über Frankreich. Gleichzeitig wurde die deutsch-sowjetische Zusammenarbeit gerechtfertigt. Die KP-Sektionen in den von Deutschland okkupierten Ländern versuchten während des Sommers 1940 sogar vergeblich, sich mit der deutschen Besatzungsmacht zu arrangieren. (Vgl. Pietrow, *Stalinismus*, S. 287-292.)

8 Tatsächlich setzte die sowjetische Politik weiter auf das Bündnis mit Hitler-Deutschland. Obwohl Molotows Forderungen nach sowjetischen Einflußgebieten bei seinem Besuch in Berlin im November 1940 von Hitler persönlich abgelehnt wurden — die Vorbereitungen für den Angriff auf die UdSSR waren schon angelaufen —, steigerte die Stalin-Führung in den folgenden Monaten

den ehrlosen Agenten des Kremlherrn vertrauen. Stalin half, Europa in ein blutiges Chaos zu stürzen und die UdSSR bis an den Rand des Abgrunds zu führen. Die Völker der UdSSR sind heute von größter Unruhe erfüllt. Nur der Sturz der Moskauer totalitären Clique, nur die Erneuerung der Sowjetdemokratie kann die Kräfte der Sowjetvölker für den Kampf gegen den unvermeidlichen und schnell nahenden Schlag des imperialistischen Deutschland entfesseln. Sowjetpatriotismus kann nicht vom unversöhnlichen Kampf gegen die Stalinsche Clique getrennt werden.

noch die sowjetischen Rohstofflieferungen nach Deutschland. Stalin baute blind auf Hitlers Vertragstreue und ignorierte die sich seit Anfang 1941 häufenden Hinweise auf einen bevorstehenden deutschen Angriff.
(Vgl. Pietrow, *Stalinismus*, S. 191-269.)

# (67)
# Stalin — immer noch Satellit Hitlers*

*Coyoacán, 2. August 1940*

Molotows letzte Rede bestätigt, daß der Kreml auch weiterhin ein Satellit Berlins und Roms bleibt.[1] Die kommunistischen Führer verschiedener Länder haben ihre Parteien mit dem Versprechen beruhigt, daß sich Moskau — wenn nicht heute — morgen den »Demokratien« zuwenden werde. Molotows Rede straft diese Versprechungen Lügen. Fünf Jahre »antifaschistischer« Volksfronten sind endgültig als Betrug entlarvt. Moskaus Außenpolitik wird durch Machtpolitik und nicht durch politische Prinzipien bestimmt.

Sicherlich versuchte Molotow, die gegenwärtige Kreml-Politik mit antiimperialistischen Phrasen zu verhüllen. Aber ihre Falschheit springt in die Augen. Molotow entlarvte Englands Wunsch, seine Kolonien zu sichern.[2] Aber er schwieg sich über Deutschland und Italiens Wunsch aus, sie zu übernehmen. Er sprach über den Imperialismus Japans und der Vereinigten Staaten[3], aber er verurteilte mit keinem Wort Hitlers Banditenstreiche und

* »Stalin Still Hitler's Satellite« (2.8.1940). In: *Socialist Appeal*, 10.8.1940, und TWr 1939-40, S. 327.

1 Molotow sprach am 1. August 1940 vor dem Obersten Sowjet der UdSSR. Vgl. »Molotow über die Außenpolitik der Sowjetunion«, in: *Die Welt*, Nr. 33, 9.8.1940, S. 964-967.

2 »Die englische Regierung legte diesen Vorschlag [einen Friedensvorschlag Hitlers vom 19.7.1940] als eine Forderung nach der Kapitulation Englands aus und beantwortete ihn mit der Erklärung, daß sie den Krieg bis zum Siege fortführen werde... Das bedeutet, daß die englische Regierung auf ihre Kolonien nicht verzichten will, die England in allen Weltteilen besitzt, und ihre Bereitschaft erklärt, auch weiterhin Krieg für die Weltherrschaft zu führen...«
(Ebd., S. 964.)

3 »Die imperialistischen Appetite nehmen nicht nur im fernen Japan, sondern auch in den Vereinigten Staaten zu, dort gibt es nicht wenige Leute, die es

Mussolinis Handlangerdienste.[4] Er hob sogar zum ersten Mal hervor, daß der deutsch-sowjetische Pakt Hitler den Rücken freihält. Dieses einseitige Schein-»Gefecht« gegen den Imperialismus deckt nur auf, daß Moskaus Politik nicht unparteiisch ist, sondern den Interessen des einen Imperialismus gegen den anderen dient.

Ein Bevölkerungszuwachs von 23 Millionen[5] löst das Sicherheitsproblem der UdSSR nicht. Nach dem Sieg Hitler-Mussolinis über Großbritannien würde für den deutschen Imperialismus unmittelbar der Marsch nach Osten auf der Tagesordnung stehen. Sofort würde klar, daß die Kreml-Oligarchie mit ihrer Politik des geringsten Widerstandes sich nur Schwierigkeiten und Gefahren eingehandelt hat.

lieben, ihre imperialistischen Pläne mit einer marktschreierischen ‚Sorge' um die Interessen der gesamten ‚westlichen Halbkugel' zu verhüllen, die diese Herrschaften bereit sind, mit allen ihren zahlreichen Republiken und dem Kolonialbesitz anderer Länder auf den Inseln in der Nähe des amerikanischen Kontinents zu ihrem Eigentum zu machen.«
(Ebd., S. 966.)

4 Italien trat am 10. Juni 1940 im Bunde mit Deutschland in den Zweiten Weltkrieg ein.

5 Dies war die von Molotow genannte Zahl der Bewohner der seit 1939 von der UdSSR annektierten Gebiete (Westukraine, Westweißrußland, Baltikum, Nordbukowina und Bessarabien).
(Vgl. ebd., S. 966.)

# Anhang

# Ch. G. Rakowski: Die Ursachen der Entartung von Partei und Staatsapparat (Brief an Walentinow)*

*Astrachan, 6. August 1928*

Lieber Genosse W.[1],

In Ihren »Gedanken über die Massen« vom 9. Juli stellen Sie die Frage nach der »Aktivität« der Arbeiterklasse und gehen damit das zentrale Problem an, wie dem Proletariat die Führungsrolle in unserem Staat zu erhalten ist.

* T 2206 [Brief Rakowskis an Walentinow] (2.8.1928). BO 6 (Oktober 1929). Frz. »Transformations opérées par le pouvoir sur le prolétariat russe et le parti«, in: *Contre le Courant*, Nr. 27/28, 12.4.1929, S. 16-22, und »Lettre à Valentinov«, in: *Cahiers Léon Trotsky*, Nr. 18, Juni 1984, S. 80-95. Engl. »The ‚Professional Dangers' of Power«, in: *Selected Writings*, S. 124-136. Dt. »Über die Ursachen der Entartung der Partei und des Staatsapparats«, in: *Permanente Revolution*, II. 15 (23.7.1932), S. 4, II. 17 (2. Augustwoche 1932), S. 3, II. 20 (5. Augustwoche), S. 4, II. 21 (1. Septemberwoche 1932), S. 3f.
In diesem Brief versuchte Rakowski vor dem Hintergrund seiner langjährigen Beschäftigung mit der französischen Revolution die Lage der sowjetischen Arbeiterklasse einzuschätzen und die Herausbildung der Bürokratie zu bewerten. Abschriften zirkulierten unter den Angehörigen der Linken Opposition und bewirkten heftige Diskussionen. Trotzki wurde von Rakowskis Überlegungen stark beeinflußt, wie die Wiedergabe längerer Passagen in der *Verratenen Revolution* zeigt.
(Vgl. Deutscher, *Trotzki*, Bd. 2, S. 417-421; Michael Lowy, »La bureaucratie stalinienne comme ‚état' social: considérations à partir de Rakovsky et Trotsky«, in: Evelyne Pisier-Kouchner (Hg.), *Les interprétations du stalinisme*, Paris (PUF) 1983, S. 49-59; Pierre Broué, »Khristian Rakovsky et l'analogie de Thermidor« in: *Cahiers Léon Trotsky*, Nr. 30, Juni 1987, S. 69-73.)

1 Über den Adressaten dieses Briefes, G. N. Walentinow, ist nur wenig bekannt. Er war seit 1915 Mitglied der bolschewistischen Partei und wurde in den zwanziger Jahren Chefredakteur des Zentralorgans der sowjetischen Gewerk-

Auch wenn die Opposition in allen ihren Forderungen dieses Ziel verfolgt, so bin ich doch mit Ihnen der Meinung, daß in dieser Frage noch nicht alles gesagt ist. Bisher haben wir sie immer in Verbindung mit der Problematik der Ergreifung und Erhaltung der politischen Macht gesehen, während sie doch eigentlich zur besseren Beleuchtung als selbständige Frage herausgelöst werden sollte. Eigentlich haben die Ereignisse selbst sie schon in den Vordergrund gerückt.

Der Opposition bleibt das unbestreitbare Verdienst vor der Partei, daß sie angesichts der in erschreckendem Maße nachlassenden Aktivität der Arbeitermassen und ihrer wachsenden Gleichgültigkeit gegenüber dem Schicksal der proletarischen Diktatur und des Sowjetstaates rechtzeitig Alarm geschlagen hat.

Charakteristisch und zugleich besonders gefährlich an der steigenden Flut von Skandalen ist gerade dieses passive Verhalten der Massen — der kommunistischen mehr noch als der parteilosen — gegenüber Vorfällen unerhörter Willkür, deren Zeugen Arbeiter selbst gewesen sind. Aus Furcht vor den Machthabern oder einfach aus politischer Gleichgültigkeit sind sie ohne Protest darüber hinweggegangen oder haben sich bloß aufs Murren beschränkt. Vom Tschubarowski-Skandal[2] angefangen, um nicht auf noch ältere zurückzugreifen, bis hin zu den jüngsten Skandalen in Smolensk, in Artemowka usw.[3] hört man immer nur ein und dasselbe Lied: »Das wissen wir schon lange.«

Von Diebstählen, Bestechung, Gewalttätigkeiten, Erpressungen, von unerhörtem Machtmißbrauch und grenzenloser Willkür, von Trunksucht und Ausschweifungen, von all dem spricht man wie von Tatsachen, die nicht monate-, sondern schon jahrelang bekannt sind, die aber von allen aus

schaften, *Trud*. Walentinow war einer der Unterzeichner der »Erklärung der 83« vom Mai 1927 (in: *Schriften*, Bd. 3). Anfang 1928 wurde Walentinow nach Ust-Kulom deportiert.

2 In der Leningrader Tschubarowski-Gasse hatte ein Dutzend junger Arbeiter, darunter auch Komsomolmitglieder, eine kollektive Vergewaltigung begangen. In dem nachfolgenden »Propagandaprozeß« (Serge) wurden fünf der Täter zum Tode verurteilt und hingerichtet.
(Vgl. Serge, *Beruf: Revolutionär*, S. 231-233.)

3 In diese Skandale des Jahres 1928, bei denen es um Machtmißbrauch, sexuelle Nötigung von Untergebenen, Diebstähle usw. ging, waren höhere Parteifunktionäre verwickelt.
(Vgl. dazu Panait Istrati, *Drei Bücher über Sowjetrußland*, Bd. 3, *Rußland nackt*, München [Piper] 1930, S. 329-341.)
Lew Kopelew berichtet (*Kinder und Stiefkinder der Revolution*, Unersonnene Geschichten, München [dtv] 1983, S. 72-87), ein autoritärer Auftritt Skrypniks im selben Jahr 1928 habe zu einem spontanen Protestbrief Charkower Komsomolzen geführt; sogleich habe sich die GPU eingeschaltet, die dahinter eine »trotzkistisch inspirierte« Aktion vermutete.

irgendwelchen Gründen geduldet wurden. Daß wir es mit kalter Verachtung übergehen können, wenn die Weltbourgeoisie ihr Geheul über die Laster des Sowjetstaates anstimmt, brauche ich wohl nicht zu erklären. Wir kennen zu gut die »Reinheit« der Sitten bürgerlicher Regierungen und Parlamente auf der ganzen Welt. Doch die sind uns kein Maßstab. Für uns geht es um den *Arbeiter*staat.

Niemand wird heute mehr leugnen, daß die gesellschaftliche Gleichgültigkeit in der Arbeiterklasse zu einem erschreckenden Verfall geführt hat.

Daher gewinnt die Frage nach den Ursachen dieser Gleichgültigkeit und den Möglichkeiten ihrer Beseitigung entscheidende Bedeutung. Das aber verpflichtet uns jetzt dazu, die Frage gründlich wissenschaftlich anzugehen und sie einer allseitigen Analyse zu unterziehen. Dieses Phänomen verdient unsere äußerste Aufmerksamkeit.

Ihre Erklärung dieses Phänomens ist zweifellos richtig. Jeder von uns hat bereits in seinen Reden versucht, es zu erklären, und zum Teil hat das auch schon seinen Niederschlag in unserer Plattform gefunden; trotzdem aber hatten alle Erklärungen und alle Methoden, die als Ausweg aus dieser schwierigen Lage vorgeschlagen wurden, bisher mehr zufälligen, empirischen Charakter, — sie erschöpfen die Frage nicht.

Das kommt meiner Meinung nach daher, daß die Frage an sich neu ist. Bisher hatten wir nicht wenige Beispiele für das Nachlassen der Aktivität der Arbeiterklasse, für einen Verfall, der nicht nur bis zum Spießertum, sondern sogar zu politischer Reaktion führt; aber solche Beispiele gab es bei uns und im Ausland zu einer Zeit, als das Proletariat noch um die politische Macht kämpfte.

Für den Verfall im Proletariat zu einer Zeit, da es die politische Macht in Händen hält, konnten wir bisher einfach deshalb noch keine Beispiele finden, weil es ja das erstemal in der Geschichte ist, daß sich das Proletariat so lange Zeit an der Macht gehalten hat.

Bisher wußten wir, was mit dem Proletariat geschehen konnte, d.h. welchen Stimmungsschwankungen es unterworfen sein konnte, solange es noch die unterdrückte und ausgebeutete Klasse war, aber erstmals, seit es zur *herrschenden* Klasse geworden ist, können wir die Veränderungen in der Stimmung der Arbeiterklasse aufgrund von Tatsachen beurteilen.

Eine solche politische Lage (der herrschenden Klasse) ist nicht frei von Gefahren: sie sind im Gegenteil sogar sehr groß; ich habe hier nicht die objektiven Schwierigkeiten im Auge, die aus den allgemeinen historischen Umständen erwachsen: kapitalistische Einkreisung von außen und kleinbürgerliches Umfeld im Innern des Landes[4], sondern diejenigen Schwierigkeiten, die jede neu herrschende Klasse hat, Schwierigkeiten, die aus der

4 In Stadt und Land (Handel, Gewerbe, bäuerliche Privatwirtschaften) in der Phase der NEP und der Neo-NEP.

Ergreifung und Ausübung der Macht selbst entstehen, aus der Fähigkeit oder Unfähigkeit, Macht zu gebrauchen.

Sie verstehen, daß diese Schwierigkeiten unter allen Umständen bis zu einem gewissen Grade vorhanden wären, selbst wenn wir uns für einen Augenblick vorstellen, daß wir im ganzen Land nur die proletarischen Massen und im Ausland nur proletarische Staaten hätten. Diese Schwierigkeiten könnte man das »professionelle Risiko« der Macht nennen.

In der Tat unterscheidet sich die Situation einer Klasse, die um die Macht kämpft, von der einer Klasse, die eine gewisse Zeit an der Macht ist, dabei geht es mir keineswegs um die Beziehungen zu anderen Klassen, sondern um die Verhältnisse, die sich im Inneren der Klasse, nämlich der siegreichen Klasse, herausbilden.

Was stellt eine angreifende Klasse dar? Maximale Einheit, maximale Geschlossenheit. Alle Berufs- und Gruppeninteressen, ganz abgesehen von den persönlichen, treten zurück. Die ganze Initiative ist bei den kämpfenden Massen und ihrer revolrganisch aufs engste mit dieser Masse verbunden ist.

Sobald eine Klasse die Macht ergreift, verwandelt sich ein gewisser Teil dieser Klasse in Agenten der Macht. Auf diese Weise entsteht die Bürokratie. Im proletarischen Staat, in dem kapitalistische Akkumulation den Mitgliedern der herrschenden Partei untersagt ist, erscheint die genannte Differenzierung zunächst als eine funktionale, verwandelt sich aber dann in eine soziale. Ich sage nicht klassenmäßige, sondern soziale Differenzierung. Ich meine, daß die soziale Lage eines Kommunisten, der über ein Automobil, eine schöne Wohnung verfügt, geregelten Urlaub hat und das Parteimaximum verdient, sich von der Lage dessen unterscheidet, der ebenso Kommunist ist, aber in den Kohlengruben arbeitet, wo er monatlich 50-60 Rubel verdient. (Sofern allgemein von Arbeitern und Angestellten gesprochen wird, wissen Sie ja, daß sie in 18 unterschiedliche Tarifklassen eingeteilt sind.)

Eine andere Folge ist, daß ein Teil der Funktionen, die früher von der ganzen Partei oder der ganzen Klasse erfüllt wurden, jetzt an die Inhaber von Macht übergeht, d. h. nur an eine gewisse Anzahl von Leuten aus jener Partei und jener Klasse.

Die Einheit und Geschlossenheit, die vorher die natürliche Folge des revolutionären Klassenkampfes war, kann jetzt nur durch ein ganzes System von Maßnahmen erhalten werden, die darauf abzielen, das Gleichgewicht zwischen den verschiedenen Gruppen jener Klasse und jener Partei zu halten und sie dem Hauptziel unterzuordnen.

Aber das ist ein schwieriger, langwieriger Prozeß, er besteht in der politischen Erziehung der herrschenden Klasse, im Erwerb der Fähigkeit, die Zügel in der Hand zu halten, um Staats-, Partei- und Gewerkschaftsapparat zu kontrollieren und zu führen.

Ich wiederhole, das ist eine Sache der Erziehung. Keine einzige Klasse erhielt die Kunst des Herrschens durch Geburt; sie wird nur durch Erfahrung erworben, dadurch, daß man Fehler macht und aus eigenen Fehlern lernt. Auch die idealste Sowjetverfassung vermag der Arbeiterklasse nicht die ungehinderte Handhabung ihrer Diktatur und ihrer Klassenkontrolle zu garantieren, wenn diese Klasse nicht in der Lage ist, die ihr von der Verfassung garantierten Rechte zu nutzen.

Das Mißverhältnis zwischen der politischen Fähigkeit der jeweiligen Klasse, ihrer Führungskompetenz und den juristischen verfassungsmäßigen Formen, die sie sich schafft, wenn sie die Macht ergreift, ist ein historisches Faktum. Man kann das in der Entwicklung aller Klassen feststellen, insbesondere in der Geschichte der Bourgeoisie. Die englische Bourgeoisie z. B. hat manche Kämpfe nicht allein dafür ausgefochten, daß die Verfassungsformen ihren Interessen angepaßt wurden, sondern auch dafür, daß sie ihre Rechte und insbesondere ihr Wahlrecht ungehindert und voll ausüben konnte.[5] Der Roman von Charles Dickens, *Die Pickwickier*, enthält manche Szenen aus dieser Epoche des englischen Konstitutionalismus, als die herrschende Gruppe mit Hilfe des administrativen Apparats die Kutschen der oppositionellen Wähler in den Graben stürzte, um sie so daran zu hindern, rechtzeitig zu den Wahlurnen zu kommen.[6]

Bei der siegreichen Bourgeoisie erscheint dieser Prozeß der Differenzierung ganz natürlich, da die Bourgeoisie, im weitesten Sinne dieses Wortes, schon selbst in eine Reihe von ökonomischen Gruppierungen und sogar Klassen zerfällt. Wir kennen eine Großbourgeoisie, eine mittlere und eine Kleinbourgeoisie; wir kennen die Finanz-, die Handels-, die Industrie- und die Agrar-Bourgeoisie. In Verbindung mit gewissen Ereignissen, wie Krieg und Revolution, vollziehen sich in der Bourgeoisie Umgruppierungen, treten neue Schichten auf, die eine selbständige Rolle zu spielen beginnen, wie z. B. die Besitzer bzw. Käufer nationalen Eigentums oder die sogenannten Nouveaux-riches, die Neureichen, die nach allen mehr oder weniger lang andauernden Kriegen hochkommen. Zur Zeit der Französischen Revolution, in der Epoche des Direktoriums waren diese Nouveaux-riches einer der reaktionären Faktoren.[7]

5 Das allgemeine Wahlrecht für Männer wurde in Großbritannien im 19. Jahrhundert nach z. T. heftigen außerparlamentarischen Kämpfen etappenweise durch »Reform Bills« von 1832, 1867, 1884 und 1885 eingeführt (das Frauenwahlrecht erst 1928).

6 Dickens schildert im 13. Kapitel seines in den zwanziger Jahren des 19. Jahrhunderts spielenden Romans *The Posthumous Papers of the Pickwick Club* (1836/37) solche Praktiken.

7 »Bereits zur Zeit der Schreckensherrschaft, und besonders vom Jahre 1795 ab, trieben die Kriegslieferungen und die Spekulationen in Assignaten, Devisen, Waren und in nationalisierten Gütern eine Masse Abenteurer in die ersten

Überhaupt ist die Geschichte des siegreichen »Dritten Standes«[8] in Frankreich 1789 außerordentlich lehrreich. Erstens war er in sich selbst äußerst zerrissen. Er umfaßte alles, was nicht dem Adel oder der Geistlichkeit angehörte, umfaßte nicht nur alle Arten der eigentlichen Bourgeoisie, sondern auch die armen Arbeiter und Bauern. Erst allmählich, nach anhaltendem Kampf und mehrfachen bewaffneten Zusammenstößen, wurde es 1792 formal möglich, daß der ganze »dritte Stand« an der Führung des Landes teilhatte.[9] Die politische Reaktion, die bereits vor dem Thermidor begonnen hatte, bestand darin, daß die Macht formal und faktisch allmählich in die Hände einer immer kleiner werdenden Anzahl von Bürgern überging.[10] Die Volksmassen wurden allmählich, zuerst faktisch, dann auch formal, aus der Führung des Landes verdrängt.

Reihen vor, unter denen eine Anzahl es fertigbrachte, ihre Gewinne zu sichern und Stammväter eines neuen bürgerlichen Geschlechts zu werden... sie bewahrten noch lange von ihrem Ursprung her eine wilde, skrupellose und fast naive Gier, jede Chance, welche die Verwirrung der Zeit und die schrankenlose Freiheit, welche die Thermidorianer der Wirtschaft wiedergegeben hatten, auszunutzen... (Albert Mathiez, *Die französische Revolution*, Bd. 2, Hamburg (EVA) 1950, S. 863.)

8 Den »Dritten Stand« (frz. Tiers Etat) bildeten in den französischen Ständeversammlungen seit dem 15. Jahrhundert alle sozialen Klassen und Schichten (in Stadt und Land) unterhalb der beiden herrschenden, grundbesitzenden Stände Adel und Klerus. »Der Dritte Stand vereinigte die Volksklassen auf dem Lande und in den Städten; außerdem die kleine und mittlere Bourgeoisie, vor allem Handwerker und Kaufleute, ohne daß es möglich wäre, klare Trennungslinien zwischen den verschiedenen sozialen Schichten zu ziehen... Über diese sozialen Unterschiede hinweg lag die Einigkeit des Tiers in der Opposition gegen die Privilegierten und in der Forderung nach der Gleichheit aller Bürger. Nachdem die Gleichheit einmal errungen war, verschwand die Solidarität der verschiedenen sozialen Gruppen innerhalb des Tiers: hieraus erklärt sich die Entstehung der Klassenkämpfe während der Revolution. Der Tiers umfaßte alle Nichtadligen und bildete damit zwar einen Stand, nicht aber eine Klasse; so war er ein ganzheitliches Gebilde, von dem man sich nur dann eine genaue Vorstellung machen kann, wenn man die verschiedenen sozialen Elemente klar herausarbeitet.« (Soboul, *Die Große Französische Revolution*, S. 20. Ebd., S. 19-44, ein Überblick über den »Dritten Stand« bei Ausbruch der Revolution.)

9 Im August 1792 wurde von der französischen Gesetzgebenden Versammlung das Zensuswahlrecht der Verfassung von 1791 (das reiche Aktivbürger und arme Passivbürger unterschied) abgeschafft. Die Wahlen zum Konvent (der am 21.9.1792 zusammentrat) wurden erstmals nach einem allgemeinen Wahlrecht (für Männer) abgehalten. Das indirekte Wahlsystem, bei dem zunächst Wahlmännerversammlungen gewählt wurden, die dann die Konventsabgeordneten ernannten, sicherte dennoch den Einfluß der bis dahin führenden bürgerlichen Gruppe: auch im Konvent hatten zunächst die gemäßigten Girondisten die Mehrheit.

10 Eine Verordnung des Konvents vom 4.12.1793 setzte die neue Verfassung für die Dauer des Krieges aus. Eine provisorische Revolutionsverfassung sah nun

Allerdings wirkte hier der Druck der Reaktion vor allem an den Nahtstellen innerhalb dieser zerrissenen Klasse, wie sie der dritte Stand darstellte. Freilich weisen die einzelnen Gruppen innerhalb der Bourgeoisie auch nicht so ausgeprägte Klassenkonturen auf, wie es sie z. B. die Bourgeoisie und das Proletariat als Klasse haben, also zwei Klassen, die in der Produktion völlig unterschiedliche Rollen spielen.

Aber auch zur Zeit der Französischen Revolution, in der Periode des Niedergangs, wirkte die Macht nicht nur so, daß sie einen Keil zwischen soziale Gruppen trieb, die noch gestern zusammengegangen, noch gestern durch ein gemeinsames revolutionäres Ziel vereint waren, sondern auch damit, daß sie die sozial mehr oder weniger einheitliche Masse zersetzte. Die funktionale Spezialisierung, die Herauslösung einer Führungsspitze von Beamten aus der gegebenen Klasse schafft die Risse, die sich unter dem verstärkten Druck der Konterrevolution in eine tiefe Kluft verwandeln; als Folge davon entsteht im Inneren der herrschenden Klasse ein Widerspruch im Kampf.[11]

eine weitgehende Zentralisierung des Staatsapparats vor. Die Institutionen der neugeschaffenen Departements und Kommunen hatten keine eigenen Befugnisse mehr. Der Konvent ernannte Kommissare als wichtigste Funktionäre der Exekutive. Die außerordentlichen Machtbefugnisse des jakobinisch beherrschten Wohlfahrtsausschusses wurden sanktioniert.

»Die zwangsläufige Entwicklung der Ereignisse mündete in die Wiederherstellung der Zentralisation, einer stabilen Verwaltungsorganisation und einer starken Regierungsgewalt; dies waren notwendige Voraussetzungen für den Sieg, den der Wohlfahrtsausschuß hartnäckig angesteuert hatte. Die Aktionsfreiheit der Volksbewegung gab es jedoch nicht mehr.« (Vgl. Soboul, *Die Große Französische Revolution*, S. 321-323; Zitat auf S. 323.)

11 »Das Problem der Beziehungen zwischen Volksbewegung und Revolutionsregierung stellte sich noch auf einem anderen Gebiet. Gerade aufgrund der Errungenschaften des Volkes im Frühjahr und während des Sommers 1793 waren die Kader der Sansculotterie zusammengeschmolzen. Viele Kämpfer aus den Pariser Sektionen meinten, obgleich sie nicht nur ehrgeizig waren, daß die Zuteilung eines Postens der legitime Ausgleich für ihre Aufopferung sei. Übrigens verlangte der Erfolg der Revolutionsregierung diesen Preis. Im Herbst 1793 wurden die Verwaltungen gesäubert und mit tüchtigen Sansculotten besetzt. Daraufhin entstand ein neuer Konformismus, der sich am Beispiel der revolutionären Kommissare der Pariser Sektionen klar erkennen läßt. Diese Kommissare entstammten den unteren und begeistertsten Schichten der Sansculotterie und bildeten ursprünglich den kämpferischsten Teil der Revolutionäre. Ihre gesellschaftliche Stellung und die erfolgreich bewältigten Aufgaben wollten belohnt sein: im Verlaufe des Jahres 1793 wandelten sich diese Kämpfer zu Beamten, die der Revolutionsregierung um so ergebener waren, als sie die erworbenen Vorteile wieder zu verlieren befürchten mußten. Diese Entwicklung ergab sich zwangsläufig aus der Verschärfung der Klassenkämpfe im Innern wie auch an den Grenzen: die bewußtesten Teile traten in den Staatsapparat ein

Die Zeitgenossen der Französischen Revolution, die Teilnehmer, mehr noch die späteren Historiker, verharrten bei der Frage: was hat die Entartung der jakobinischen Partei begünstigt?

Mehrfach hat Robespierre seine Anhänger vor den Folgen des *Machtrausches* gewarnt, er warnte sie vor *Überheblichkeit*, wenn sie die Macht hätten, oder Hochmut, wie er es ausdrückte, oder, wie wir heute sagen würden, vor »Jakobinerdünkel«[12]. Aber, wie wir noch sehen werden, hat Robespierre selbst viel dazu beigetragen, daß die Macht den Händen des Kleinbürgertums, das sich auf die Pariser Arbeiter stützte, entglitt.

Wir wollen hier die Hinweise der Zeitgenossen auf die verschiedenen Ursachen des Verfalls der Jakobiner nicht anführen, wie z.B. das Streben nach Reichtum, die Beteiligung an Staatsaufträgen und Lieferungen u. ä. Lieber verweisen wir auf ein interessantes Detail, nämlich die Meinung Babeufs, daß der Untergang der Jakobiner nicht zuletzt durch die adligen Damen gefördert wurde, auf die die Jakobiner ganz versessen waren. Er wandte sich an sie mit den Worten: »Was treibt ihr, kleinmütige Plebejer? Heute umarmen sie euch, morgen werden sie euch erwürgen.«[13] (Hätte es zur Zeit der Französischen Revolution Automobile gegeben, so hätte man den Faktor des »Automobil-Harems« gehabt, auf den Genosse Sosnowski hinweist und der bei der Gestaltung der Ideologie unserer sowjetischen Partei-Bürokratie keine geringe Rolle spielt.)

Aber das, was die größte Rolle bei der Isolierung Robespierres und des Jakobinerklubs spielte, was die Massen — die Arbeiter und die Kleinbürger — von ihm trennte, bestand neben der Liquidierung aller Linken, wie der »Enragés«[14], Hébertisten und Chaumettes (überhaupt der Pariser

und stärkten die revolutionäre Macht. Daraus resultierte aber zugleich eine Schwächung der Volksbewegung und eine Verschlechterung ihrer Beziehungen zur Regierung. Die politische Aktivität der Sektionsorganisationen war damit abgebremst; sie hatten ohnehin den gesteigerten Anforderungen der nationalen Verteidigung Rechnung zu tragen. Gleichzeitig ließ die demokratische Praxis in den Sektionen nach, weil die nun einsetzende Bürokratisierung eine langsam fortschreitende Lähmung der kritischen Einstellung und der kämpferischen Politik der Massen nach sich zog. Schließlich wurde die Kontrolle des Volkes über die Regierungsorgane, deren autoritäre Tendenzen stärker wurden, aufgeweicht. Auf diese Weise entstand zwischen der Revolutionsregierung und der Volksbewegung, die ihr zur Macht verholfen hatte, ein neuer Widerspruch. Die Robespierristen sahen dieser Entwicklung ohnmächtig zu. ‚Die Revolution ist eingefroren', stellte Saint-Just fest; doch die Gründe dafür konnte er nicht nennen.« (Soboul, *Die Große Französische Revolution*, S. 379f.)

12 Zum Verhältnis zwischen Robespierre und den Jakobinern vgl. Michelet, *Geschichte*, Bd. 6, Kap. 18.

13 Vgl. Text 36, Kap. 5, Anm. 49.

14 Die Gruppe der »Enragés« (frz. »Wütende«, »Besessene«) unter Führung des ehemaligen Priesters Jacques Roux (1752-1794) und des Postbeamten Jean François Varlet (1764-1831?) machte sich zum Fürsprecher der egalitären, gegen

Kommune), in der allmählichen Liquidierung des Wahlprinzips, das man durch das der *Ernennung* ersetzte.

Die Entsendung von Kommissaren in die Armee und in die Städte, wo die Konterrevolution ihr Haupt erhoben hatte oder zu erheben versuchte, war nicht nur vollkommen legitim, sondern auch unvermeidlich. Aber als Robespierre allmählich begann, die Richter und Kommissare der verschiedenen Pariser Sektionen, die bis dahin gewählt worden waren, zu ersetzen, als er begann, die Vorsitzenden der Revolutionskomitees zu ernennen, und so weit ging, daß er die ganze Führung der Pariser Kommune durch Beamte ersetzte, konnte er damit nur den Bürokratismus verstärken und die Initiative des Volkes vernichten.

So hat das Regime Robespierres, anstatt die Aktivität der Massen zu steigern, eine Aktivität, die ohnedies schon durch die ökonomische, insbesondere die industrielle Krise niedergehalten wurde, nur das Übel vergrößert und die Tätigkeit der antidemokratischen Kräfte begünstigt.

Dumas[15], der Vorsitzende des Revolutionstribunals, beklagte sich bei Robespierre, daß er keine Schöffen für das Tribunal finden könne, weil niemand wolle.

Aber diese Gleichgültigkeit der Pariser Massen konnte Robespierre am eigenen Leib erfahren, als man ihn am Tag des zehnten Thermidor verwundet und blutüberströmt durch die Pariser Straßen führte, ohne auch nur im Geringsten zu fürchten, daß die Volksmassen für den Diktator von gestern eintreten würden.[16]

Wucher und Grundeigentum gerichteten Forderungen der Pariser Sansculotten. Die »Enragés« wurden im September 1793 durch die Verhaftung von Roux und Varlet ausgeschaltet. Wortführer der »extremen Linken« wurden dann im Herbst/Winter 1793-94 Jacques Hébert (1757-1794) und Pierre »Anaxagoras« Chaumette (1763-1794), die wichtige Funktionen in der Pariser »Kommune« bekleideten und aus der radikalen Volksgesellschaft der »Cordeliers« kamen. Die »Hébertisten« wurden im März 1794 von dem jakobinisch beherrschten Wohlfahrtsausschuß verhaftet und einen Monat später hingerichtet.
(Vgl. Daniel Guérin, *Klassenkampf in Frankreich*, Bourgeois et ‚bras nus' 1793-1795, Frankfurt [Suhrkamp] 1979, Kap. IV und VIII.)

15 René François Dumas (1757-1794), Jurist, Jakobiner, Vizepräsident, dann Präsident des im März 1793 vom Nationalkonvent eingerichteten Revolutionstribunals, eines Sondergerichts für Feinde der Revolution. Dumas war ein enger Gefolgsmann Robespierres; der Beschluß des Nationalkonvents am 9. Thermidor, ihn zu verhaften, leitete das Ende des Terrors und den Sturz der Jakobinerherrschaft ein.

16 Nach einer ersten Verhaftung am 27.7.1794 (9. Thermidor) wurde Robespierre noch einmal befreit, dann aber bei einer Beratung mit den wichtigsten Führern der Jakobiner in der Nacht zum 28.7. erneut verhaftet. Da er nicht lebend in die Hände seiner Feinde fallen wollte, schoß er sich mit einer Pistole in den Mund. In elendem Zustand, mit zerschmettertem Kiefer, wurde er am 28.7. durch die Guillotine (samt 21 Anhängern) öffentlich hingerichtet. Die Reaktion der Pariser Bevölkerung beschreibt Michelet (*Geschichte*, Bd. 9, Kap. 11).

Lächerlich wäre es natürlich, wollte man den Sturz Robespierres und damit die Niederlage der revolutionären Demokratie dem *Ernennungs-*Prinzip zuschreiben. Zweifellos aber beschleunigte das die Wirkung anderer Faktoren, unter denen die Schwierigkeiten in der Lebensmittelversorgung den entscheidendsten Faktor darstellten, die großenteils durch zwei Mißernten hervorgerufen worden waren, (aber auch durch Störungen beim Übergang vom adligen auf den kleinbäuerlichen Grundbesitz); außerdem die ständige Preiserhöhung für Brot und Fleisch und der anfängliche Unwille der Jakobiner, administrative Maßnahmen zur Zügelung der (Geld)gier der reichen Bauern und Spekulanten zu ergreifen. Wenn sich aber die Jakobiner schließlich unter dem heftigen Druck der Massen für ein Gesetz über Maximalpreise entschlossen, so konnte das unter den Bedingungen der freien kapitalistischen Produktion und des freien kapitalistischen Marktes nur ein Palliativ sein.[17]

Gehen wir jetzt zu unserer Wirklichkeit über. Ich meine, daß man vor allem darauf hinweisen muß, daß wir, wenn wir mit den Begriffen »Partei« und »Massen« operieren wollen, den Inhalt nicht aus den Augen verlieren dürfen, den eine zehnjährige Geschichte ihnen gegeben hat.

Weder *physisch* noch *moralisch* stellen Arbeiterklasse oder Partei noch das dar, was sie vor zehn Jahren gewesen sind. Ich glaube nicht sehr zu übertreiben, wenn ich sage, daß ein Parteigenosse von 1917 sich wohl kaum in der Gestalt des Parteigenossen von 1928 wiedererkennen würde.

Eine tiefe Wandlung hat sich in der Anatomie und der Physiologie der Arbeiterklasse vollzogen.

17 »Da der Konvent noch nichts tat, waren es im Anfang des Jahres 1793 in acht Departements die Zusammenrottungen und Aufstände, die es unternahmen, den Preis der Lebensmittel festzusetzen. Die Kommissäre des Konvents mußten jetzt dem Aufstand nachgeben und die Preise festsetzen, die das Volk verlangte. Das Geschäft des Getreidehändlers fing an, ein gefährliches zu werden...
Der Grundgedanke (des Dekrets, das die Maximalpreise für Getreide festsetzte) war, soviel wie möglich den Landmann und den Konsumenten auf dem Markt in direkte Beziehung zu bringen und die Zwischenhändler auszuschalten.« Die Bestände wurden erfaßt, die Gemeindeverwaltungen stellten Verproviantierungsscheine für direkte Versorgung aus; auf öffentlichen Märkten sollte darüber hinaus der fixierte Durchschnittspreis gelten. Am 4.9.1793 wurde ein einheitlicher Getreidepreis für ganz Frankreich festgesetzt. Am 29.9. wurden Maximalpreise auch für weitere Grundnahrungsmittel festgesetzt. »Das war der Maximalpreis, über den man so viel geschrien hat. Eine Notwendigkeit des Augenblicks, aus der die Royalisten und Girondisten der Bergpartei ein Verbrechen machten... Aber zu gleicher Zeit erließ der Konvent auch Gesetze gegen die Lohnarbeiter und die notleidende Klasse im allgemeinen.« (Kropotkin, *Die französische Revolution*, Bd. 2, S. 138-142. Vgl. ders., a.a.O., Kap. 51 und 52; ferner Soboul, *Die Große Französische Revolution*, S. 33f., 111, 257-259, 286f., 297f., 401 und 451.)

Auf die Untersuchung dieser Veränderungen sowohl im Gewebe als auch in seinen Funktionen sollte man meiner Ansicht nach seine Aufmerksamkeit konzentrieren. Den Ausweg aus der so entstandenen Situation muß uns die Analyse dieser Veränderungen zeigen.

Darauf kann ich jedoch, wenigstens in diesem Brief, keinen Anspruch erheben. Ich beschränke mich lediglich auf einige Bemerkungen.

Wenn man von der Arbeiterklasse spricht, muß man die Antwort auf eine Reihe von Fragen finden, wie z. B.: wieviel Prozent der jetzt in unserer Industrie beschäftigten Arbeiter sind erst nach der Revolution eingestellt worden und wieviel Prozent waren schon vor der Revolution in der Industrie beschäftigt; wieviel Prozent davon haben an der revolutionären Bewegung in der alten Zeit teilgenommen, haben sich an Streiks beteiligt, waren in der Verbannung und im Gefängnis, haben am Bürgerkrieg teilgenommen oder waren in der Roten Armee; wieviel Prozent der in der Industrie beschäftigten Arbeiter arbeiten dort ständig, wieviel nur auf Zeit, und wie hoch ist der Prozentsatz an halb-proletarischen, halb-bäuerlichen Elementen usw.?

Wenn wir tief hinunter in das Dickicht der proletarischen, halbproletarischen und allgemein der werktätigen Massen eindringen, so stoßen wir auf ganze Schichten, von denen man bei uns sehr wenig spricht. Ich meine nicht nur die Arbeitslosen[18], eine Erscheinung von wachsender Gefährlichkeit, die wiederum von der Opposition signalisiert worden ist, sondern die völlig verarmten und die heruntergekommenen Massen, die gerade nur zwischen erbärmlichen staatlichen Unterstützungen und Bettelei, Diebstahl und Prostitution lavieren müssen, um leben zu können.

Wir machen uns keine Gedanken darüber, wer vielleicht nur wenige Schritte von uns entfernt lebt und auf welche Weise. Manchmal stößt man zufälligerweise auf Erscheinungen, die man im Sowjetstaat nicht vermutet hätte, und die einem wie ein Abgrund vorkommen, den man plötzlich entdeckt hat. Das hat es natürlich auch schon früher gegeben. Hier geht es nicht darum, die Sowjetmacht zu rechtfertigen, daß sie mit dem schweren Erbe des kapitalistischen Zaren-Regimes noch nicht fertiggeworden ist, sondern vielmehr darum festzustellen, daß heutzutage, unter unserem Regime, der Körper der Arbeiterklasse Risse aufweist, in die die Bourgeoisie ihren Keil treiben kann.

Früher, unter der Herrschaft der Bourgeoisie, hat der (klassen)bewußte

18 Zunehmende Arbeitslosigkeit war eine Nebenfolge der NEP. Nach offiziellen (unvollständigen) Angaben wuchs die Zahl der gemeldeten Arbeitslosen zwischen 1925 und 1928 von 1017200 auf 1289800. Demgegenüber nahm die Zahl der im staatlichen Sektor Beschäftigten im gleichen Zeitraum von 10173000 auf 11599000 zu.
(Vgl. Carr, *A History...*, Bd. 10, S. 456, 955.)

Teil der Arbeiterklasse auch die breite Masse bis hin zum Lumpenproletariat mitgerissen. Der Sturz des kapitalistischen Regimes mußte die Befreiung der ganzen Arbeiterklasse mit sich bringen. Das halblumpenproletarische Element hat die Bourgeoisie und den kapitalistischen Staat verantwortlich gemacht für seine Lage und von der Revolution eine Veränderung erwartet. Jetzt ist dieses Element unzufrieden, seine Situation hat sich nicht oder kaum gebessert, es beginnt, sich gegenüber der Sowjetmacht und dem Teil der Arbeiterklasse, der in der Industrie beschäftigt ist, feindselig zu zeigen. Besonders feindlich ist das Verhalten gegenüber den Sowjet-, Partei- und Gewerkschaftsangestellten. Manchmal kann man hören, wie sie die Spitze der Arbeiterschaft einen »neuen Adel« nennen.

Ich werde mich hier nicht weiter über die Differenzierungen verbreiten, die die Macht in die Arbeiterklasse getragen hat und die ich oben »funktional« genannt habe. Diese Funktion hat das Organ selbst verändert, d.h. die Psychologie derer, denen verschiedene Führungsaufgaben in der Staatsadministration oder der Staatswirtschaft auferlegt worden sind; es hat sich so geändert, daß sie aufgehört haben, objektiv und subjektiv, physisch und moralisch, Teil dieser Arbeiterklasse zu sein. So wird z.B. der »Derschimorda«[19]-Betriebsleiter, auch wenn er Kommunist und aus dem Proletariat hervorgegangen ist und vielleicht vor einigen Jahren noch an der Drehbank gestanden hat, für die Arbeiter längst nicht die besten Eigenschaften, die das Proletariat besitzt, verkörpern. Molotow kann beliebig viele Gleichheitszeichen zwischen die proletarische Diktatur und unseren Staat mit seinen bürokratischen Entartungen, plus den Smolensker Unterdrückern, den Taschkenter Defraudanten und den Betrügern von Artemowka setzen.[20]

19 »Derschimorda« (russ. »Halt's Maul«) ist der Name eines Polizisten in Nikolai Gogols (auf Anregung Puschkins geschriebener) Komödie »Der Revisor« (1836). Der russischen Gesellschaftskritik galt »Derschimorda« als der Prototyp eines autoritären Beamten.

20 Rakowski spielt vermutlich auf eine Rede Molotows vor einer Konferenz der Moskauer Parteiorganisation (abgedruckt in der *Prawda* vom 13.12.1925) an, in der es u.a. hieß: »Unser Staat ist ein Arbeiterstaat... Da präsentiert man uns aber eine Formel, daß es viel richtiger wäre zu sagen, die Arbeiterklasse noch näher an unseren Staat heranzubringen... Was soll denn das? Wir sollen uns die Aufgabe stellen, die Arbeiter unserem Staate anzunähern, und unser Staat, was ist das für einer, wem gehört denn dieser Staat, vielleicht nicht dem Arbeiter? Ist denn der Staat nicht ein Staat des Proletariats? .... Wie kann man die Arbeiter dem Staate annähern, d.h. die Arbeiter selbst der Arbeiterklasse annähern, die an der Macht ist und den Staat leitet?«
In der ersten öffentlichen Stellungnahme der soeben gebildeten Vereinigten Opposition, der »Erklärung der Dreizehn« vom Juli 1926 (in: Wolter [Hg.], *Die Linke Opposition*, Bd. 4, S. 71-85), hieß es dazu: »Welche ungeheure Entfernung besitzt diese Stellung vom Standpunkt Lenins, der in seinen letzten Artikeln schrieb, daß unser Staatsapparat ,nur leicht von oben angefärbt ist und in den

Damit kompromittiert er nur die Diktatur des Proletariats, beseitigt aber nicht die zu recht bestehende Unzufriedenheit der Arbeiter.

Wenn wir jetzt zur Partei selbst übergehen, so muß man hier, abgesehen von all den Schattierungen, die wir in der Arbeiterklasse haben, noch diejenigen hinzurechnen, die aus anderen Klassen kommen. Die soziale Struktur der Partei ist wesentlich uneinheitlicher als die der Arbeiterklasse.[21] Das war immer so, natürlich mit dem Unterschied, daß die Partei, solange sie noch ein ideologisch intensives Leben führte, dieses soziale Amalgam durch den aktiven revolutionären Klassenkampf zu einer Einheit verschmolz.

Aber die Macht ruft auch in der Partei dieselbe Differenzierung hervor wie in der Arbeiterklasse, indem sie die Fugen zwischen den verschiedenen sozialen Schichtungen verringert (bzw. einander näherbringt).

Sowjet- und Partei-Bürokratie — das ist eine Erscheinung neuer Ordnung. Hierbei handelt es sich nicht um zufällige, vorübergehende Fakten, sondern um individuelle Mängel, nicht um Fehler im Verhalten des einen oder anderen Genossen, sondern um eine neue soziologische Kategorie, der man eine ganze Abhandlung widmen müßte.

Im Zusammenhang mit dem Projekt eines Programms der Komintern schrieb ich unter anderem Folgendes an Lew Dawidowitsch: »Zum IV. Punkt (Übergangsperiode). Äußerst nebelhaft wird die Rolle der kommunistischen Parteien in der Periode der Diktatur des Proletariats beschrieben. Wahrscheinlich ist die Rolle der Partei in bezug auf Arbeiterklasse und Staat nicht zufällig so verschwommen. Auf die Antithese zwischen proletarischer und bürgerlicher Demokratie wird hingewiesen, mit keinem Wort jedoch darauf, was die Partei tun muß, um die proletarische Demokratie zu realisieren. ‚Die Massen in den Aufbau miteinbeziehen‘, ‚Umformung der eigenen Natur‘ (von letzterem spricht Bucharin besonders gern, übrigens speziell in Verbindung mit der Frage der Kulturrevolution), das sind historisch richtige und seit langem bekannte Leitsätze, aber sie verwandeln sich in Gemeinplätze, wenn man die in zehnjähriger proletarischer Diktatur in der UdSSR gewonnenen Erfahrungen nicht in sie einbringt. Hier erhebt sich die Frage nach den Führungsmethoden, die eine so kolossale Rolle spielen, in vollem Umfang.

übrigen Beziehungen ein ganz typischer alter Staatsapparat von alten Staatsapparatsorte‘ ist. Es ist klar und natürlich, daß ein wirklicher und ernsthafter und nicht nur scheinbarer Kampf gegen den Bürokratismus jetzt von manchem als eine Störung, als eine Parteizersetzung, als Fraktionismus empfunden wird.« (S. 78, das Molotow-Zitat auf S. 77f.)

21 Vgl. dazu Hans-Henning Schröder, *Arbeiterschaft, Wirtschaftsführung und Parteibürokratismus während der Neuen Ökonomischen Politik*, Eine Sozialgeschichte der bolschewistischen Partei 1920-1928, Wiesbaden [Harrassowitz] 1982.

Aber davon sprechen unsere Führer nicht so gerne, damit nicht deutlich wird, daß sie selbst von der ‚Umformung der eigenen Natur' noch weit entfernt sind.«

Hätte ich den Entwurf eines Programms für die Komintern zu schreiben, so würde ich unter diesem Punkt (der Übergangsperiode) der Theorie Lenins von einem Staat unter der Diktatur des Proletariats und der Rolle von Partei und Parteiführung für die Errichtung der proletarischen Demokratie breiten Raum widmen — der Demokratie, wie sie sein soll, und nicht der Parteibürokratie, wie wir sie haben.

Genosse Preobraschenski verspricht, in seinem Buch über die Errungenschaften der proletarischen Diktatur im 11. Jahr der Revolution der Sowjetbürokratie ein besonderes Kapitel zu widmen.[22] Ich hoffe, daß er auch die Parteibürokratie nicht vergißt, die im Sowjetstaat eine noch größere Rolle spielt als die Sowjetbürokratie. Ich habe ihm gegenüber noch die Hoffnung geäußert, daß er diese besondere soziologische Erscheinung gründlich untersuchen wird. Es gibt keine kommunistische Broschüre, und wäre sie noch so klein, in der nicht im Zusmmenhang mit dem Verrat der deutschen Sozialdemokratie am 4. August 1914 auf die fatale Rolle hingewiesen wird, die die Spitzen von Partei- und Gewerkschaftsbürokratie in der Geschichte des Niedergangs der deutschen sozialdemokratischen Partei gespielt haben. Über die Rolle jedoch, die unsere Partei- und Sowjet-Bürokratie beim Verfall der Partei und des Sowjetstaates spielt, ist noch sehr wenig und nur in sehr allgemeinen Worten gesprochen worden. Das ist ein soziologisches Phänomen von größter Bedeutung, das man aber nur verstehen und erfassen kann, wenn man in Beracht zieht, welche Veränderungen in der Ideologie von Partei und Arbeiterklasse daraus folgen.

Sie fragen, was mit der Aktivität der Partei und der unserer Arbeiterklasse geschehen ist, wohin ihre revolutionäre Initiative entschwunden ist, ihre ideellen Interessen, ihr revolutionärer Mut, ihr plebejischer Stolz. Sie wundern sich, warum es so viel Gemeinheit gibt, so viel Feigheit, Kleinmut, Karrierismus und noch vieles andere, was ich meinerseits hinzufügen würde. Wie kommt es, daß Menschen mit so reicher revolutionärer Vergangenheit, die persönlich zweifellos ehrenhaft sind und mehrfach Beispiele revolutionärer Selbstaufopferung gegeben haben, zu erbärmlichen Beamten werden. Woher dieser abstoßende »Smerdjakow-Geist«, von dem Trotzki in seinem Brief über die Erklärungen Krestinskis und Antonow-Owssejenkos geschrieben hat.[23]

22 Auf diese geplante Untersuchung Preobraschenskis gibt es nur Hinweise in der Korrespondenz der verbannten Linksoppositionellen im Trotzki-Archiv. (Vgl. Broué in *Cahiers Léon Trotsky*, Nr. 6, 1980, S. 13.)

23 Krestinski und Antonow-Owssejenko, die beide wegen ihrer Zugehörigkeit zur Opposition auf diplomatische Posten ins Ausland abgeschoben worden waren,

Zwar ist bei Menschen, die aus der Bourgeoisie und dem Kleinbürgertum kommen, bei Intelligenzlern überhaupt und bei Einzelgängern das ideologische und ethische Abgleiten nicht erstaunlich, wie soll man es aber erklären, wenn die Rede von der Arbeiterklasse ist. Viele Genossen können ihre Enttäuschung nicht verbergen, wenn sie die Tatsache der relativen Passivität der Arbeiterklasse feststellen.

Zwar haben wieder andere Genossen in der bekannten Kampagne zur Getreidebeschaffung[24] Symptome revolutionärer Gesundheit gesehen, den Beweis, daß in der Partei der Klassenreflex noch lebendig ist. Erst kürzlich noch schrieb mir Genosse Ischtschenko (in den Thesen, die er sicherlich auch an andere Genossen geschickt hat), daß Getreidebeschaffung und Selbstkritik ein Ergebnis des Widerstands von seiten des proletarischen Teils in Führung und Partei seien.[25] Zu meinem Bedauern muß ich sagen, daß das nicht so ist und daß das eine wie das andere nur ein von der Spitze ausgehendes Manöver ist, das nicht unter dem Druck der Arbeiterkritik, sondern aus Erwägungen politischen, manchmal auch Gruppen-Charakters — ich würde sagen Fraktions-Charakters — zustande kam; ein Teil der Spitze ist diesen Weg gegangen. Nur in einem einzigen Fall kann man vom Druck des Proletariats sprechen, nämlich bei dem Druck, der von der

hatten nach dem Ausschluß der Linksoppositionellen durch den 15. Parteitag (Dezember 1927) ihre Unterstützung für Stalin erklärt. Trotzki kommentierte diese und weitere Kapitulationen in einem Brief vom 26.5.1928. (Engl. in: Trotsky, *Challenge 1928-29*, S. 104-108.) Dort sprach er (S. 108) von den »Smerdjakows wie Antonow-Owssejenko«.
Smerdjakow (russ. »Stinker«), Epileptiker, illegitimer Sohn und Mörder des alten Karamasow in F. M. Dostojewskis letztem Roman *Die Brüder Karamasow* (1879/80; dt. zuerst 1884). Er setzt die Maxime des zweitältesten Bruders, Iwan K., — »Alles ist erlaubt« — in die Tat um und erhängt sich schließlich aus Lebensekel. Im VIII. Kapitel (»Die Abhandlung über Smerdjakow«) des 12. Buches (»Der Justizmord«) sagt der Staatsanwalt Ippolit Kirillowitsch in seiner Anklagerede: »Menschen, die schwer unter Epilepsie zu leiden haben, sind nach der Ansicht der bedeutenden Psychiater stets zu ununterbrochener und selbstverständlich krankhafter Selbstanklage geneigt. Sie quälen sich wegen irgendeiner Schuld an irgend jemandem, werden von Gewissensbissen, häufig ohne jeden Grund heimgesucht, sie übertreiben alles und erdichten sogar Verbrechen und Vergehen, die sie angeblich begangen haben.«

24 Die Kampagne zur Getreidebeschaffung wurde Anfang 1928 als eine Zwangsmaßnahme durchgeführt, nachdem die Bauern die Ernte des vorhergehenden Herbstes in Erwartung höherer Preise horteten. Vgl. Text 5, Anm. 15.

25 Ischtschenkos Argumentation war typisch für einen Teil der Linken Opposition, der in dieser Wendung der Parteiführung eine Übernahme von Teilen des Oppositionsprogramms sah (u.a. Preobraschenski und Radek). Damit begründeten 1929 viele Linksoppositionelle ihre Kapitulation. Ischtschenko selbst hatte den Appell der Linken Opposition an den VI. Weltkongreß der KI vom Juli-August 1928 bereits nicht mehr unterzeichnet (vgl. Trotsky, *Challenge 1928-29*, S. 370f.).

Opposition ausging, doch muß offen gesagt werden, daß das nicht einmal reichte, um die Opposition innerhalb der Partei zu erhalten, und noch weniger — deren Politik zu verändern. Ich teile die Meinung Lew Dawidowitschs, der an einer Reihe eindeutiger Beispiele die revolutionäre Rolle zeigt — eine tatsächliche und positive Rolle, die gewisse revolutionäre Bewegungen durch ihre Niederlage gespielt haben.[26] Die Pariser Kommune. Der Moskauer Dezemberaufstand. Die erstere hat die Erhaltung republikanischer Formen in der Regierung Frankreichs gesichert, die letztere die Basis konstitutioneller Reformen in Rußland, jedoch ist die Wirkung solcher siegreicher Niederlagen nur kurz, wenn ihnen nicht eine neue revolutionäre Welle zu Hilfe kommt.

Das Betrübliche daran ist das Ausbleiben eines Reflexes von seiten der Partei und der Massen. Im Verlauf von zwei Jahren hat es einen besonders erbitterten Kampf der Opposition gegen die Mehrheit in der Parteiführung gegeben, und die letzten acht Monate ereignen sich Dinge, die selbst einem Blinden die Augen zu öffnen vermocht hätten — und man merkt immer noch nichts von einem Eingreifen der Parteimasse.[27]

Daher ist der Pessimismus einiger Genossen, den ich auch in ihren Fragen spüre, verständlich.

Nach dem Verlassen des Abbaye-Gefängnisses schaute Babeuf sich um und begann zu fragen, was aus dem Pariser Volk, jenen Arbeitern aus den Vorstädten Saint Antoine und Saint Marceau geworden sei, die am 14. Juli 1789 die Bastille, am 10. August 1792 die Tuilerien eingenommen und am 30. Mai 1793 den Konvent belagert hatten, ganz zu schweigen von den zahllosen anderen bewaffneten Zusammenstößen, und er faßte seine Beobachtungen in einem Satz zusammen, in dem man die ganze Bitterkeit des Revolutionärs spüren kann: »Um das Volk dazu zu erziehen, der Sache der Freiheit anzuhängen, bedarf es mehr als sie zu erkämpfen.«

Wir haben gesehen, warum das Pariser Volk die Freiheit verlernt hat: Hunger, Arbeitslosigkeit, der Untergang der revolutionären Kader (viele der Führer waren guillotiniert worden), und Entfremdung der Massen von der Regierung des Landes. All das führte zu einer solchen physischen und moralischen Erschöpfung der Massen, daß die Volksmassen in Paris und im

26 Vgl. Trotzkis Zirkularbrief an die Mitglieder der Linken Opposition »Wir können nicht eine kurzfristige Politik befolgen«, 9.5.1928; *Challenge 1928-29*, S. 75-81, bes. S. 80f.

27 Die (durch den Zusammenschluß der »Opposition von 1923« mit der »Neuen Opposition« entstandene) Vereinigte Opposition trat mit der »Erklärung der 13« (vgl. *Schriften*, Bd. 3) zum ersten Mal auf der Sitzung des Zentralkomitees vom Juli 1926 auf. Im Dezember 1927 brach sie auseinander, als Sinowjew und Kamenjew auf dem 15. Parteitag kapitulierten, während Trotzki und seine Anhänger den Kampf fortsetzten. In den ersten Monaten des Jahres 1928 erfolgte eine Verhaftungs- und Deportationswelle.

übrigen Frankreich 37 Jahre bis zu einer neuen Revolution brauchten.

Babeuf formulierte sein Programm mit zwei Worten (ich spreche von dem Programm von 1794): »Freiheit und gewählte Kommune«.[28]

Hier muß ich etwas gestehen: Niemals habe ich mich der Hoffnung hingegeben, daß das bloße Erscheinen der Führer auf Partei- und Arbeiterversammlungen ausreicht, um die Massen zugunsten der Opposition mitzureißen. Ich habe dergleichen Erwartungen bei den Leningrader Führern (Sinowjew u. a.) immer als ein gewisses Überbleibsel aus den Zeiten angesehen, als sie offizielle Ovationen und Beifall für den Ausdruck der wahren Stimmung der Massen nahmen und sie ihrer vorgeblichen Popularität zuschrieben.[29]

Ich sage noch mehr: gerade damit erkläre ich den scharfen Bruch in ihrem Verhalten.

Sie gingen zur Opposition über in der Hoffnung, in kurzer Zeit die Macht ergreifen zu können. Um dieses Zieles willen verbanden sie sich mit der Opposition von 1923, und als jemand von den »Führerlosen« Sinowjew und Kamenjew vorwarf, sie hätten ihren Verbündeten Trotzki verlassen, antwortete Kamenjew: »Trotzki brauchten wir für die Regierung, für die Rückkehr in die Partei ist er Ballast.«

Dabei mußte man immer von der Voraussetzung ausgehen, daß die Erziehung von Partei und Arbeiterklasse eine schwierige und langwierige Sache ist, um so mehr, als man ihr Hirn zunächst von all den Verunreinigungen säubern muß, welche unsere Sowjet- und Parteiwirklichkeit und unsere Sowjet- und Parteibürokratie hineingetragen haben.

Man darf nicht vergessen, daß die Mehrheit der Parteigenossen (schon ganz zu schweigen von den Komsomolzen) von den Aufgaben, Funktionen und dem Aufbau der Partei vollkommen falsche Vorstellungen hat, d. h. Vorstellungen, wie sie ihnen die Bürokratie mit ihrem Beispiel, ihrer Praxis und ihren vorgefertigten Reden gibt. All die Arbeiter, die nach dem Bürgerkrieg in die Partei gegangen sind, in der überwiegenden Mehrheit nach 1923 (das Lenin-Aufgebot), haben keine Vorstellung davon, wie das Leben in der Partei früher war. Der Mehrheit dieser Arbeiter fehlt die revolutionäre Klassenerziehung, die nur im Kampf erworben wird, im Leben und in der bewußten Praxis. Früher wurde dieses Klassenbewußtsein im Kampf mit dem Kapitalismus erworben, jetzt muß es durch die Teilnahme am Aufbau des Sozialismus gewonnen werden. Da aber unsere Bürokratie diese Teilnahme zu einer hohlen Phrase gemacht hat, werden die Arbeiter dieses Klassenbewußtsein nie gewinnen. Selbstverständlich schlie-

28 Dieser wie die beiden vorausgehenden Absätze zu Babeuf sind von Trotzki in der *Verratenen Revolution*, Text 36, Kap. V, wiedergegeben worden.

29 Vgl. Trotzki, *Mein Leben*, S. 505 f. und 517 f., und Deutscher, *Trotzki*, Bd. 2, S. 257-259 und 350 f.

ße ich solche widersinnigen Methoden der Klassenerziehung aus, wenn unsere Bürokratie, indem sie faktisch den Arbeitslohn senkt, die Arbeitsbedingungen verschlechtert und die Entwicklung von Arbeitslosigkeit fördert, die Arbeiter zum Klassenkampf und zu einem Klassenbewußtsein provoziert, das dem sozialistischen Staat feindlich ist.

In Lenins und unser aller Vorstellungen bestand die Aufgabe der Parteiführung gerade darin, Partei und Arbeiterklasse vor der zersetzenden Wirkung der Privilegien, der Vorteile und Vergünstigungen zu bewahren, die die Macht durch ihre Berührung mit den Resten des alten Adels und des Bürgertums, durch den zersetzenden Einfluß der NEP und die Verführungen durch bourgeoise Sitten und ihre Ideologie mit sich bringt.

Zugleich erwarteten wir, daß die Parteiführung einen neuen, wirklichen Arbeiter-und-Bauern-Apparat schafft, neue, wirkliche proletarische Gewerkschaften und neue Lebensformen.

Man muß offen, laut und deutlich sagen, daß der Parteiapparat diese seine Aufgabe nicht erfüllt hat, daß er sich für diese seine zweifache Schutz- und Erzieherrolle völlig unfähig gezeigt hat, daß er durchgefallen, bankrott ist.

Schon lange sind wir überzeugt, daß die letzten acht Monate jedem zeigen müßten, daß die Parteiführung den verhängnisvollsten Weg gegangen ist. Sie setzt diesen Weg auch weiterhin fort.

Unsere Vorwürfe an ihre Adresse berühren sozusagen nicht die *quantitative* Seite der Angelegenheit, sondern die qualitative. Das muß betont werden, weil sie einen sonst wieder mit Zahlen über unendliche und umfassende Erfolge der Sowjet- und Parteiapparate überschütten.

Dieser statistischen Scharlatanerie muß ein Ende gemacht werden.

Öffnen Sie das Protokoll des 15. Parteitags. Lesen Sie das Referat Kossiors über die Organisationsarbeit, und was finden Sie da? Ich zitiere wörtlich: »gewaltiges Wachstum der innerparteilichen Demokratie« ... »die organisatorische Arbeit der Partei ist kolossal gewachsen« usw.[30]

Und natürlich, zur Unterstreichung dessen, Ziffern über Ziffern. Und das wurde zur gleichen Zeit gesagt, als in den Mappen des ZK Akten lagen, die den schrecklichsten Verfall des Partei- und Sowjet-Apparates bezeugten, das Ersticken jeglicher Kontrolle durch die Massen, entsetzliche Unterdrückung, Verfolgungen, Terror, der mit Leben und Existenz von Parteigenossen und Arbeitern spielt.

30 »Wir können zweifellos ein ungeheures Wachstum der innerparteilichen Demokratie feststellen. Niemand wird leugnen wollen, daß wir in der Berichtsperiode eine äußerst starke Belebung der Tätigkeit unserer unteren Betriebszellen zu verzeichnen haben. Die Verbindung der Partei mit den Massen verstärkte sich. Die Aktivität der einfachen Parteimitglieder wuchs. Der Besuch der Zellenversammlungen besserte sich, und ebenso wuchsen die Zahlen der an den Diskussionen teilnehmenden einfachen Parteimitglieder sowie überhaupt die aktive Teilnahme am Leben der Partei. Alles das zeigt uns die ungeheure Steigerung

Und das ist die Charakteristik unserer Bürokratie, wie sie in der *Prawda* vom 11. April gegeben wird: »Dieses feindliche, faule, talentlose und arrogante Beamtenelement ist in der Lage, all die besten sowjetischen Erfinder über die Landesgrenzen der UdSSR zu treiben, wenn wir es nicht endlich mit aller Energie, Entschiedenheit und Unerbittlichkeit bekämpfen ...«.

Da ich jedoch unsere Bürokratie kenne, wundere ich mich nicht, wenn man wieder irgendwo von dem »gewaltigen« und »kolossalen« Wachstum der Aktivität der Parteimassen, von der Organisationsarbeit des ZK für die Verbreitung der Demokratie hört oder liest.

Ich glaube, daß die gegenwärtige Sowjet- und Parteibürokratie auch weiterhin mit demselben Erfolg das Eitergeschwür um sich herum kultivieren wird trotz den lautstarken Prozessen der letzten Monate. Sie wird sich auch dann nicht ändern, wenn in ihr eine Säuberung durchgeführt werden wird: ihre relative Nützlichkeit und absolute Notwendigkeit leugne ich natürlich nicht. Ich möchte nur hervorheben, daß es nicht um eine Veränderung lediglich im Personalbestand, sondern vor allen Dingen in den Methoden geht.

Meiner Ansicht nach ist die erste Bedingung dafür, daß unsere Parteiführung eine erzieherische Rolle spielen könnte — daß man ihren Umfang und ihre Funktionen einschränkt. Drei Viertel dieses Apparats müssen entlassen werden, und die Aufgaben des übrigen Viertels, darunter auch die Aufgaben, Funktionen und Rechte der Zentralorgane, müßten genau umrissen werden. Die Parteimitglieder müßten ihre mißachteten Rechte wiedererlangen und verläßliche Garantien gegen die Willkür erhalten, an die uns die Spitze gewöhnt hat.

Es ist schwer, sich vorzustellen, was im unteren Parteiapparat vor sich geht. Im Kampf mit der Opposition zeigte sich vor allem seine ideologische Armut und der zersetzende Einfluß, den er auf die Parteiarbeitermasse ausübt ... Während die Parteispitze immer noch eine gewisse ideologische Linie hatte, die zwar falsch war, sophistisch und mit einer kräftigen Dosis an Gewissenlosigkeit, griff man in den unteren Rängen die Opposition hauptsächlich mit Argumenten von unhaltbarer Demagogie an. Hier genierten sich die Parteiagenten nicht, Antisemitismus[31], Fremdenfeindlichkeit, Haß auf die Intelligenz usw. für ihre Zwecke einzusetzen.

Jegliche Parteireform, die sich auf die Parteibürokratie stützt, halte ich für eine Utopie.

der Aktivität und die Hebung des politischen Niveaus der breitesten Massen der Parteimitgliedschaft. Das sind unmittelbare Resultate der Durchführung der innerparteilichen Demokratie.« (»Organisatorischer Bericht des ZK der KPSU auf dem XV. Parteitag, Wortlaut des Referats des Genossen Kossior«, in: *Inprekorr*, Nr. 122, 13.12.1927, S. 2809-2828, hier S. 2817.)

31 Vgl. dazu Text 38.

Ich resümiere: indem ich mit Ihnen die Inaktivität der Parteimassen feststelle, sehe ich doch in dieser Erscheinung nichts Erstaunliches. Sie ist Resultat der Wandlungen, die in der Partei und in der Zusammensetzung der Arbeiterklasse selbst vor sich gegangen sind. Man muß die Partei- und Arbeitermassen in den Kadern der Partei und der Gewerkschaften umerziehen. Dieser Prozeß ist an sich schwierig und langwierig, jedoch unvermeidlich, er hat bereits begonnen. Der Kampf der Opposition, der Ausschluß von Hunderten und Aberhunderten von Genossen, Gefängnis, Verbannung haben für die kommunistische Erziehung unserer Partei, wenn auch erst wenig, so doch jedenfalls weitaus mehr getan, als der ganze Apparat zusammengenommen. Eigentlich sollte man diese beiden Faktoren nicht vergleichen: der Apparat hat das von Lenin zurückgelassene Parteikapital nicht nur nutzlos, sondern zum Schaden vergeudet. Er hat zerstört, während die Opposition aufgebaut hat.

Bisher habe ich in meinen Überlegungen ständig von den Fakten unseres ökonomischen und wirtschaftlichen Lebens abgesehen, die in der Plattform der Opposition analysiert werden. Das habe ich absichtlich getan, weil die ganze Aufgabe darin bestand, auf die Veränderungen hinzuweisen, die in der Zusammensetzung und der Psychologie des Proletariats und der Partei in Verbindung mit der Ausübung der Macht vor sich gegangen sind. Das mag meiner Darstellung einen einseitigen Charakter verliehen haben, aber ohne diese vorbereitende Analyse ist es schwer, die Entstehung dieser fatalen politischen und ökonomischen Fehler zu verstehen, die unsere Führung in der Bauernpolitik, in der Arbeiterfrage und in der Frage der Industrialisierung, des Parteiregimes und schließlich in der Frage der Führung des Staates gemacht hat.

Mit kommunistischem Gruß Ch. Rakowski

# Nachwort

Mit dem Erscheinen der beiden Bände, die Trotzkis wichtigste Analysen der Entwicklung der Sowjetgesellschaft unter stalinistischer Diktatur (in den Jahren 1929-1940) enthalten (1.1 und 1.2 der *Schriften*), realisiert sich ein lange gehegtes Projekt. Auf den Theoretiker der »Permanenten Revolution« stieß ich, als ich vor dreißig Jahren nach einem Schlüssel zum Verständnis der Ereignisse in der Sowjetunion und in den von ihr kontrollierten Ländern suchte. Damals habe ich die Marxsche Theorie — wie mancher aus meiner Generation — auf dem Weg über die Lektüre der Broschüren und Kongreßresolutionen der IV. Internationale, von Trotzkis *Mein Leben* und seiner *Geschichte der russischen Revolution* für mich entdeckt. Die Faszination, die der »Mann der Feder und des Schwerts«, der Soziologe, Literat und Organisator Trotzki, der wie kein anderer die 11. der Marxschen »Thesen über Feuerbach« verkörpert, damals auf mich ausübte, ist seither nicht erloschen.

*

In den fünfziger Jahren setzte mit der Beseitigung Berijas, mit der Entlassung der meisten Überlebenden des Archipels GULag und Chruschtschows »Geheimrede« vor dem 20. Parteitag der KPdSU die erste Welle einer »Entstalinisierung« ein, die ihren politischen Höhepunkt im Ungarnaufstand vom Herbst 1956 fand. Der während des 22. Parteitags von 1961 erörterte Vorschlag, den Opfern Stalins in Moskau ein Denkmal zu errichten, ging über die Möglichkeiten der damaligen Parteiführung weit hinaus. Mit dem Sturz Chruschtschows endete das riskante Experiment der Stalin-Epigonen, sich durch eine Art Selbstreinigung neue Legitimation für Reformen von oben zu verschaffen. Inzwischen ist in der Sowjetunion eine Generation herangewachsen, die nicht mehr selbst (wie die ihrer Väter und Mütter) das Brandmal der Autokratie und des Terrors trägt;

auch die letzten von Stalins Helfershelfern sind als Pensionäre gestorben. Nach zwei Jahrzehnten Stagnation unter Breschnew und seinen Nachfolgern nimmt die Gorbatschow-Führung einen neuen Anlauf zu einer Modernisierung der bürokratischen Planwirtschaft und der Ein-Partei-Diktatur. Erschreckt durch die polnische, antibürokratisch-gewerkschaftliche Massenbewegung der Jahre 1980/81 (»Solidarność«), hat die politische Führung der Sowjetbürokratie diesmal sogar die »Revolutions«-Rhetorik adoptiert. Prophylaktisch nennt Gorbatschow sein eigenes Reform-Vorhaben eine »zweite russische Revolution«. Und wie zu Zeiten Chruschtschows scheint auch diesmal der Weg in eine bessere Zukunft von einer Revision der Vergangenheit abhängig. Abermals machen »Rehabilitierungen« die offizielle Parteigeschichte zu Makulatur. Diesmal sollen die prominentesten Opfer des Stalin-Terrors der dreißiger Jahre, die jahrzehntelang als »Volksfeinde« verfemten Mitglieder des Leninschen Politbüros (Sinowjew, Kamenjew, Bucharin etc.) »rehabilitiert« werden — was immer das heißen mag und was immer daraus folgt. Freilich bleibt einer auch diesmal von der »Rehabilitierung« ausgenommen: Trotzki, der fünfzig Jahre vor Gorbatschow eine »neue Revolution« der sowjetischen Arbeiter, Bauern und Intellektuellen gegen die millionenstarke privilegierte Kaste der die politische und ökonomische Macht usurpierenden Sowjetbürokratie forderte.* Weder braucht Trotzki die Absolution der Reformbürokraten, noch können sie sie ihm geben. Irgendwann wird eine sowjetische »Solidarność«-Bewegung, eine neue Leningrader und Moskauer »Commune«, die auch dem aufgeklärten Stalinismus ein Ende macht, den Organisator des Oktoberaufstands und Führer der Roten Armee durch ihre Praxis »rehabilitieren«.

*

Der Plan zu einer mehrbändigen deutschen, kommentierten Trotzki-Ausgabe entstand, als ich in den Jahren 1969/70 einen Sammelband mit seinen im türkischen Exil 1929-33 entstandenen Kommentaren zur Endphase der Weimarer Republik und zu Hitlers Machtübernahme zusammenstellte. Die im »Nachwort des Herausgebers« in den *Schriften über Deutschland* (S. 753f.), die 1971 bei der (damaligen) Europäischen Verlagsanstalt herauskamen, optimistisch angekündigten weiteren Bände ließen viele Jahre auf sich warten, da es mir an Zeit, Geld und Mitarbeitern fehlte. 1981 veröffentlichte ich — als ein Nebenprodukt der Arbeit an der »großen«

* »Dem Proletariat eines zurückgebliebenen Landes war es beschieden, die erste sozialistische Revolution zu vollbringen. Dieses geschichtliche Vorrecht wird es allem Anschein nach mit einer zweiten, ergänzenden Revolution, einer gegen den bürokratischen Absolutismus, bezahlen müssen.« *Verratene Revolution*, 1936, Kap. XI.

Edition — eine deutsche Ausgabe der von Isaac Deutscher und George Novack zusammengestellten amerikanischen Trotzki-Anthologie *Denkzettel* (im Suhrkamp-Verlag). Ohne die langjährige Unterstützung meines Freundes Rudolf Segall, der mir seine Bibliothek zur Verfügung stellte, Bibliographien erarbeitete, mich bei Verhandlungen mit wechselnden Verlagen und verschiedenen möglichen Geldgebern unterstützte, schließlich einen wachsenden Teil der anfallenden Korrespondenz übernahm — und heute die Geschäfte des Träger-Vereins führt und die Organisation des Editionsprojekts leitet —, hätte ich wahrscheinlich vor den sich auftürmenden Schwierigkeiten kapituliert. Infolge der geringen Finanzmittel, die seitens des damaligen Verlags, der Frankfurter Europäischen Verlagsanstalt, zur Verfügung gestellt werden konnten, arbeiteten nacheinander etwa ein Dutzend verschiedener Übersetzer(innen) an deutschen Rohübersetzungen aus den russischen Originaltexten für die beiden Bände *Sowjetgesellschaft und stalinistische Diktatur.* Wir mußten später dann noch einmal so wie seinerzeit bei den *Schriften über Deutschland* verfahren, nämlich die unzureichenden alten und neuen Übersetzungen so lange mit Blick auf die russischen Texte (und auf englische oder französische Versionen) überarbeiten, bis wir eine brauchbare deutsche Fassung erzielten. Einige Texte in den beiden hier vorliegenden Bänden wurden bereits von Frau Dr. Conrad (Heidelberg) aus dem Russischen übertragen, die wir als Übersetzerin für das gesamte Editionsprojekt gewinnen konnten. Zu Beginn der achtziger Jahre gewährte die Berliner »Heinrich-Heine-Stiftung« (auf Empfehlung meines Darmstädter Kollegen Helmut Fleischer) für etwa ein Jahr eine finanzielle Unterstützung, die Wolfgang Alles (Mannheim) eine Mitarbeit bei Textrevision und Kommentierung ermöglichte. Als diese Förderung endete, war immerhin ein Sechstel des Materials für die beiden Bände druckfertig. Neuerlich begann die Suche nach einer Finanzierung und nach einem geeigneten Verlag. 1983 erhielten wir dann eine Förderungs-Zusage für das Gesamtprojekt seitens der »Hamburger Stiftung zur Förderung von Wissenschaft und Kultur«, der ich hier — auch im Namen aller an unserer Edition Arbeitenden — danke. Die Auswahl und Einarbeitung geeigneter Mitarbeiter, die schrittweise Delegation des als Ein-Mann-Projekt begonnenen Editions-Vorhabens an ein Team, die Verhandlungen mit verschiedenen Verlagen — die schließlich zum Vertragsabschluß mit dem Hamburger »Rasch & Röhring«-Verlag führten — und die Vorbereitung weiterer Bände der Ausgabe haben noch einmal viel Zeit gekostet, so daß wir erst im Mai 1988 die ersten beiden Bände der *Schriften*-Edition präsentieren können. Die Arbeit des neuen Redaktionsteams, bestehend aus Horst Lauscher, Reiner Tosstorff und Rolf Wörsdörfer, galt im wesentlichen einer gründlichen Kommentierung der Trotzki-Texte, nur noch zu einem geringen Teil der Revision unzureichender Übersetzungen. Mit den Kommentaren haben wir bei diesen ersten beiden Bänden experimentiert. Sie umfassen hier etwa vierzig Prozent des gesamten Textvolumens und werden bei den künftig erscheinenden Bänden wieder (wie in den *Schriften über Deutschland* oder den *Denkzetteln*) auf etwa zwanzig Prozent reduziert werden.

*

Inhaltlich handelt es sich bei den beiden Teilbänden *Sowjetgesellschaft und stalinistische Diktatur* um eine Auswahl der wichtigsten Analysen, die Trotzki in den Jahren 1929-40 der Entwicklung der nachkapitalistischen Gesellschaft und der Politik der stalinistischen Partei in der Zeit der Zwangskollektivierung und forcierten Industrialisierung, dann des Massenterrors und der Moskauer Schauprozesse, schließlich des Hitler-Stalin-Pakts und des ersten Kriegsjahres gewidmet hat. Die »Einleitung« zu den beiden Bänden hat Pierre Frank** im Herbst 1980 abgeschlossen.***

Die 67 Texte sind chronologisch angeordnet; in den Band 1.2 (1936-1940) wurde der Text der *Verratenen Revolution* (in revidierter Übersetzung) aufgenommen. Alle Erläuterungen erscheinen unter dem Text. In der jeweils ersten Anmerkung zu einem Text finden sich Informationen über seine Entstehung sowie bibliographische Angaben. Bio-bibliographische Angaben zu Personen finden sich dort, wo sie zuerst erwähnt werden; gleiches gilt für Erläuterungen zu bestimmten Ereignissen und für Kommentare zu theoretischen oder politischen Begriffen. Sämtliche Kommentare können über das Personenregister sowie über das Verzeichnis der wichtigsten Anmerkungen erschlossen werden. Die wichtigsten Quellen, die wir für unsere Kommentierung benutzt haben, sind in einer speziellen Bibliographie aufgeführt. Von großem Nutzen war neben der von Louis Sinclair 1972 publizierten Trotzki-Bibliographie (und seinen Vorarbeiten zu deren Komplettierung und Weiterführung bis in die Gegenwart) und der amerikanischen Trotzki-Ausgabe (*Writings of Leon Trotsky* [1929-1940], 14 Bände) vor allem die *Œuvres*-Ausgabe von Pierre Broué (bisher 24 Bände), die auch die erst seit 1980 zugängliche Trotzki-Korrespondenz der Jahre 1929-40 einbezieht. Russische Namen und Begriffe geben wir in phonetischer Umschrift (nach Steinitz) wieder, soweit nicht andere

** Pierre Frank (1905-1984), oppositioneller Kommunist seit 1927, 1932 Sekretär Trotzkis auf Prinkipo, 1939-1946 in England, 1946-79 in der Führung der IV. Internationale, Hg. der Zs. *Quatrième Internationale.* Publikationen: *Geschichte der IV. Internationale* (1969), Hamburg (isp) 1974. *Geschichte der Kommunistischen Internationale (1919-43)* (1979), 2 Bde., Frankfurt (isp) 1981.

*** Außer den schon Genannten möchte ich Wilfried Dubois, Werner Hülsberg, Marina Kirchner, Eberhard Lebrecht, Hans-Henning Schröder, Hans-Jürgen Schulz und Olga Vogelsang für ihre Mitarbeit an den beiden ersten Teilbänden der *Schriften*-Ausgabe danken.

Schreibweisen eingebürgert sind. (Die russischen Titel der Trotzki-Texte erscheinen in den bibliographischen Angaben dieses Bandes in englischer Umschrift, entsprechend der Sinclair-Bibliographie.)

*

Unsere Edition umfaßt mit 10 Themen-Bänden (in ca. 20 Teilbänden zu jeweils etwa 600 Seiten) vielleicht ein Viertel der auf 80 bis 100 Bände geschätzten schriftstellerischen Produktion Trotzkis. Beginnend mit dem Jahr 1988 sollen jährlich zwei Teilbände erscheinen. Etwa 20 Prozent des Gesamt-Textvolumens entfallen auf Kommentare. Die wichtigsten, früher in deutscher Sprache erschienenen Trotzki-Publikationen werden integriert (die Übersetzungen, soweit erforderlich, revidiert, die Texte kommentiert). Mehr als die Hälfte der knapp 10000 Seiten Trotzki-Texte der *Schriften*-Edition werden für diese Ausgabe neu (oder überhaupt erstmals) nach den russischen Originalausgaben (oder Typoskripten) ins Deutsche übersetzt. Ein Drittel der in die 10 Themen-Bände aufgenommenen Texte wurde vor 1929 geschrieben; ein Drittel der nach 1929 entstandenen Texte bezieht sich thematisch ebenfalls auf die Zeit vor 1929. Die ersten 5 Bände der *Schriften* enthalten den Großteil der von uns zum ersten Mal in deutscher Übersetzung publizierten Trotzki-Texte. Die Bände 6-10 enthalten schon früher in deutscher Sprache erschienene Bücher Trotzkis in revidierten Übersetzungen; sie werden durch thematisch zugehörige Texte ergänzt und ebenfalls erläutert.

Band 2, *Schriften über China (1924-1940)*, enthält eine vollständige Sammlung von Trotzkis Kommentaren zur chinesischen Revolution der zwanziger Jahre sowie zum Bauernkrieg und zur japanischen Invasion in den dreißiger Jahren. Trotzkis Kritik der China-Politik der stalinisierten Komintern und der KPCh, seine Interpretation der chinesischen Ereignisse im Rahmen der Theorie der permanenten Revolution und die daraus sich ergebenden Prognosen für eine dritte chinesische Revolution werden dokumentiert. In den Anhang werden Briefe von E. Preobraschenski und Chen Duxiu aufgenommen. Die Einleitung zu dem Band schrieb Wang Fanxi.

Band 3, *Linke Opposition und IV. Internationale (1923-1940)*, enthält in vier Teilbänden die wichtigsten Texte Trotzkis als Führer der sowjetischen und internationalen Linken Opposition (in den Jahren 1923-33) und als Inspirator der IV. Internationale (nach der kampflosen Niederlage von KI und KPD in Deutschland).

Band 4, *Permanente Revolution*, stellt erstmals sämtliche Schriften vor, in denen Trotzki seine Theorie der »Permanenten Revolution« entwickelt hat. In den Anhang werden Texte von A. Parvus-Helphand und Rosa Luxemburg aufgenommen. Die Einleitung schreibt Michael Loewy.

Band 5, *Literatur und Revolution*, umfaßt sämtliche literatursoziologischen Arbeiten Trotzkis. Die Studie »Literatur und Revolution« (1923/24) ist Teil des 1. Halbbands. Die Einleitung schreibt Alan Wald.

Band 6, *Schriften über Deutschland (1929-1940)*, ist eine erweiterte Neuauflage des gleichnamigen, 1971 erschienenen (und inzwischen vergriffenen) Bandes. (2 Teilbände, Einleitung von Ernest Mandel.)

Band 7, *Mein Leben, Versuch einer Autobiographie*, ist eine Neuausgabe des Buches von 1930, kommentiert und mit revidierter Übersetzung.

Band 8, *Lenin*, enthält neben Trotzkis 1936 in französischer, 1969 auch in deutscher Übersetzung erschienener Biographie *Der junge Lenin* seine 1924 publizierten Erinnerungen und Artikel *Über Lenin, Material für einen Biographen*, und weitere Texte von ihm, die sich auf Lenin beziehen.

Band 9, *Stalin*, ist eine erweiterte und revidierte, aus dem Russischen neu übersetzte und kommentierte Ausgabe von Trotzkis unabgeschlossener Stalin-Biographie, die durch andere Trotzki-Texte über Stalin ergänzt wird. Die Einleitung schreibt Ernest Mandel.

Band 10, *Geschichte der russischen Revolution*, enthält in zwei Teilbänden den (revidierten) Text der 1931/33 erschienenen deutschen Übersetzung von Trotzkis Geschichte der Februar- und Oktoberrevolution des Jahres 1917.

*

Gelegentlich wird die Frage aufgeworfen, was wir uns von der sorgfältigen Edition der Schriften des verfemten Revolutionärs versprechen und ob wir die möglichen Effekte einer solchen Publikation nicht bei weitem überschätzen. Auf diese Frage gibt es verschiedene Antwortmöglichkeiten. Ich bevorzuge die folgende:

Wie dem Ödipus der antiken Sage ist jeder Generation ein zweifaches Rätsel aufgegeben: das der Geschichte und das ihrer Gegenwart. Löst sie es nicht beizeiten, wird die Sphinx sie verschlingen. Beim Rätsellösen gibt es keine Stellvertretung. Und je mehr ungelöste Rätsel die Generationen einander überlassen — in unserem Jahrhundert heißen sie »Auschwitz«, »Hiroshima«, »Archipel GULag« ... —, desto unbegreiflicher muß den später Lebenden ihre eigene Gegenwart erscheinen. Wer keinen Ausweg aus der Sackgasse der gesellschaftlichen Entwicklung findet, muß bei der Geschichte Rat suchen. Und wen die Schrecken der Jetztzeit in Bann schlagen, der wird versuchen, den großen Rätsellösern des 19. und des frühen 20. Jahrhunderts, den Marx, Freud und Trotzki ihre Kunst abzulernen.

Frankfurt am Main, 1.11.1987 Helmut Dahmer

# Bibliographie

Die folgende Bibliographie verzeichnet eine Auswahl der für die Kommentierung herangezogenen und zitierten Literatur. Sie liefert die vollständigen bibliographischen Angaben zu Büchern, die in den Anmerkungen nach ihrer ersten Nennung nur mit Kurztiteln aufgeführt werden.

Alexander, Robert J., *The Right Opposition*, The Lovestoneites and the International Communist Opposition of the 1930s, Westport-London [Greenwood] 1981.

Alles, Wolfgang, *Zur Politik und Geschichte der deutschen Trotzkisten ab 1930*, (Dipl.arb., Mannheim 1978), Frankfurt [isp] 1987.

Altrichter, Helmut, (Hg.), *Die Sowjetunion*, Von der Oktoberrevolution bis zu Stalins Tod, Bd. 1: Staat und Partei, München [dtv] 1986.

— u. Haumann, Heiko, (Hg.), *Die Sowjetunion*, Von der Oktoberrevolution bis zu Stalins Tod, Bd. 2: Wirtschaft und Gesellschaft, München [dtv] 1987.

— *Staat und Revolution in Sowjetrußland 1917-1922/23*, Darmstadt [Wissenschaftliche Buchgesellschaft] 1981.

Angress, Werner T., *Die Kampfzeit der KPD, 1921-1923*, (1963), Düsseldorf [Droste] 1973.

Antonow-Owssejenko, Anton, *Stalin*, Porträt einer Tyrannei, (1980), München [Piper] 1983.

Anweiler, Oskar, *Die Rätebewegung in Rußland 1905-1921*, Leiden [Brill] 1958.

Armstrong, John A., *Ukrainian Nationalism 1939-1945*, New York [Columbia University Press] 1955.

Atkinson, Dorothy - Dallin, Alexander - Lapidus, Gail Warshofsky, (Hg.), *Women in Russia*, Stanford [Harvester Press] 1978.

Avrich, Paul, *Kronstadt*, Princeton [Princeton University Press] 1970.

Baumgart, W. - Repgen, K., (Hg.), *Brest Litovsk*, Göttingen [Vandenhoeck u. Ruprecht] 1960.

Baynac, Jacques, *Les socialistes-révolutionnaires*, mars 1881 - mars 1917, Paris [Laffont] 1979.

Beloff, Max, *The Foreign Policy of Soviet Russia, 1929-41*, Bd. 1: 1929-36, Bd. 2: 1936-41, London [Oxford University Press] 1949-52.

Bergmann, Theodor, *50 Jahre KPD (Opposition)*, Hannover [SOAK] 1978.

— *»Gegen den Strom«*, Die Geschichte der Kommunistischen-Partei-Opposition, Hamburg [VSA] 1987.

Beseler, Hartmut, *Die Haltung der KPO zur Sowjetunion hinsichtlich ihrer inneren Systementwicklung, Außenpolitik und Politik im Rahmen der Kommunistischen Internationale*, Berlin (Diss. an der FU) 1981.

Boersner, Demetrio, *The Bolsheviks and the National and Colonial Question (1917-1928)*, Genf/Paris [Droz/Minard] 1957.

Boetticher, Manfred von, *Industrialisierungspolitik und Verteidigungskonzeption der UdSSR 1926-1930*, Herausbildung des Stalinismus und »äußere Bedrohung«, Düsseldorf [Droste] 1979.

Borys, Jurij, *The Sovietization of Ukraine 1917-1923*, The Communist Doctrine and Practise of Self-Determination, Rev. edition, Edmonton [Canadian Institute of Ukrainian Studies] 1980.

Boyadjieff, Christo, *Christian Racovski, The Vanquished Socialist, 1873-1941*, Materials for a Biography, Rio de Janeiro [Rodna Zemia] 1984.

Brahm, Heinz, *Trotzkijs Kampf um die Nachfolge Lenins*, Die ideologische Auseinandersetzung 1923-1926, Köln [Wissenschaft u. Politik] 1964.

Braunthal, Julius, *Geschichte der Internationale*, 3 Bde., Berlin - Bonn-Bad Godesberg [Dietz Nachf.] 1961-1971.

Bremer, Jörg, *Die Sozialistische Arbeiterpartei Deutschlands (SAP)*, Untergrund und Exil 1933-1945, Frankfurt [Campus] 1978.

Brinkmann, Heinrich, *Stalin — Theoretiker der Bürokratie*, Eine Streitschrift gegen den offenen Stalinismus und gegen die verlegenen Entstalinisierer, Gießen [Prolit] 1971.

Bronger, Dirk, *Der Kampf um die sowjetische Agrarpolitik 1925-1929*, Ein Beitrag zur Geschichte der kommunistischen Opposition in Sowjetrußland, Köln [Wissenschaft und Politik] 1967.

Bronska-Pampuch, Wanda, (Hg.), *Geköpfte Armee*, (Lew Jikulin: *Die Affäre Tuchatschewskij*, Alexander Gorbatow: *Verlorene Jahre*), Berlin [Propyläen] 1965.

Broué, Pierre, *Le parti bolchévique*, Histoire du P.C. de l'U.R.S.S., Paris [Minuit] 1971².

— u. Témime, Emile, *Revolution und Krieg in Spanien*, Frankfurt [Suhrkamp] 1968.

Brügmann, Uwe, *Die russischen Gewerkschaften in Revolution und Bürgerkrieg 1917-1919*, Frankfurt [EVA] 1972.

Brunner, Georg, (Hg.), *Das Parteistatut der KPdSU 1903-1961*, Köln [Wis-

senschaft u. Politik] 1965.
— u. Westen, Klaus, *Die sowjetische Kolchosordnung*, Stuttgart [Kohlhammer] 1970.
Brym, Robert J., *The Jewish Intelligentsia and Russian Marxism*, A Sociological Study of Intellectual Radicalism and Ideological Divergence, New York [Schocken] 1978.
Bucharin, Nikolaj I. - Preobraschenskij, Jewgenij A., *Das ABC des Kommunismus*, Populäre Erläuterung des Programms der Kommunistischen Partei Rußlands (Bolschewiki), (1919), Zürich [Manesse] 1985.
Buschak, Willy, *Das Londoner Büro*, Europäische Linkssozialisten in der Zwischenkriegszeit, Amsterdam [IISG] 1985.
Cannon, James P., *The History of American Trotskyism*, From its Origins (1928) to the Founding of the Socialist Workers Party (1938), Report of a Participant, (1944), New York [Pathfinder Press] 1972.
Carr, Edward Hallett, *A History of Soviet Russia*, 14 Bde., London [Macmillan) 1950-1978.
— *Die russische Revolution*, Lenin und Stalin 1917-1929, Stuttgart [Kohlhammer] 1980.
— *The Twilight of the Comintern, 1930-1935*, London [Macmillan] 1982.
*The Case of Leon Trotsky*, Report of Hearings on the Charges Made Against Him in the Moscow Trials, (1937), New York [Merit] 1969².
Caute, David, *The Fellow-Travellers*, A Postscript to the Enlightenment, London [Weidenfels & Nicolson) 1973.
Chamberlin, William Henry, *Die russische Revolution*, 2 Bde., Frankfurt [EVA] 1958.
Ciliga, Ante, *Au pays du grand mensonge*, Paris [Gallimard] 1938.
Cohen, Stephen F., *Bukharin and the Bolshevik Revolution*, A Political Biography, 1888-1938, New York [Knopf] 1973.
Cole, George Douglas Howard, *A History of the Labour Party from 1914*, (1948), London [Routledge & Kegan] 1969.
— *A History of Socialist Thought*, 5 Bde., London [Macmillan] 1956.
Conquest, Robert, *Am Anfang starb Genosse Kirow*, Säuberungen unter Stalin, (1968), Düsseldorf [Droste] 1970.
— *The Harvest of Sorrow*, Soviet Collectivization and the Terror-Famine, New York - Oxford [Oxford University Press] 1986.
— *Inside Stalin's Secret Police*, NKVD Politics 1936-39, London [Macmillan] 1985.
— *Kolyma*, The arctic death camps, London [Macmillan] 1978.
Conte, Francis, *Un révolutionnaire-diplomate: Christian Rakovski*, L'Union soviétique et l'Europe (1922-1941), Den Haag [Mouton] 1978.
Crowl, James William, *Angels in Stalin's Paradise*, Western Reporters in Soviet Russia, 1917 to 1937, A Case Study of Louis Fischer and Walter Duranty, Lanham u.a. [University Press of America] 1978.
Crusius, Reinhard - Wilke, Manfred, (Hg.), *Entstalinisierung*, Der XX.

Parteitag und seine Folgen, Frankfurt [Suhrkamp] 1977.

Dallin, Alexander, *Deutsche Herrschaft in Rußland 1941-1945*, Eine Studie über Besatzungspolitik, Düsseldorf [Droste] 1958.

Daniels, Robert Vincent, *Das Gewissen der Revolution*, Kommunistische Opposition in Sowjetrußland, Köln - Berlin [Kiepenheuer & Witsch] 1962.

Davies, Robert William, *The Development of the Soviet Budgetary System*, Cambridge [Cambridge University Press] 1958.

— *The Socialist Offensive*, The Collectivisation of Soviet Agriculture, 1929-1930, (The Industrialisation of Soviet Russia 1), London [Macmillan] 1980.

— *The Soviet Collective Farm*, 1929-1930, (The Industrialisation of Soviet Russia 2), London [Macmillan] 1980.

Day, Richard B., *Leon Trotsky and the Politics of Economic Isolation*, Cambridge [Cambridge University Press] 1973.

Dazy, René, *Fusillez ces chiens enragés!*, Le génocide des trotskystes, Paris [Orban] 1981.

Debo, Richard K., *Revolution and Survival*, The Foreign Policy of Soviet Russia 1917-18, Toronto [Toronto University Press] 1979.

Degras, Jane, (Hg.), *Soviet Documents on Foreign Policy*, 1917-1941, 3 Bde., London [Oxford University Press] 1951-1953.

*Dekrety Sowjetskoi Wlastij*, Bd. 1, 25 Oktjabrja 1917g. - 16 Marta 1918g., Moskau [Politisdat] 1957.

Deutscher, Isaac, *Die sowjetischen Gewerkschaften*, Ihr Platz in der sowjetischen Arbeitspolitik, (1950), Frankfurt [EVA] 1968.

— *Stalin*, Eine politische Biographie, (1949), Stuttgart [Kohlhammer] 1962.

— *Trotzki*, Bd. 1, *Der bewaffnete Prophet, 1879-1921*, Bd. 2, *Der unbewaffnete Prophet, 1921-1929*, Bd. 3, *Der verstoßene Prophet, 1929-1940*, Stuttgart [Kohlhammer] 1962-1963.

— *Die unvollendete Revolution*, (1967), Frankfurt [Fischer] 1970².

Dobb, Maurice, *Soviet Economic Development since 1917*, (1948), London [Routledge & Kegan] 1966⁶.

*Documents of the Fourth International*, The Formative Years (1933-1940), hg. v. Will Reisner, New York [Pathfinder] 1973.

Drachkovitch, Milorad M. - Lazitch, Branko, (Hg.), *The Comintern: Historical Highlights*, Essays, Recollections, Documents, New York [Praeger] 1966.

Drechsler, Hanno, *Die Sozialistische Arbeiterpartei Deutschlands (SAPD)*, Ein Beitrag zur Geschichte der deutschen Arbeiterbewegung am Ende der Weimarer Republik, Meisenheim [Hain] 1965.

Duhnke, Horst, *Die KPD von 1933 bis 1945*, Köln [Kiepenheuer & Witsch] 1972.

Dziewanowski, Marian Kamil, *The Communist Party of Poland*, An Out-

line of History, Cambridge, Mass. [Harvard University Press] 1976².
Eimermacher, Karl, (Hg.), *Dokumente zur sowjetischen Literaturpolitik 1917-1932*, Stuttgart u.a. [Kohlhammer] 1972.
Elleinstein, Jean, *Geschichte des »Stalinismus«*, Hamburg [VSA] 1977.
Elster, Karl, *Vom Rubel zum Tscherwonjez*, Zur Geschichte der Sowjetwährung, Jena [Fischer] 1930.
*Entwurf einer Plattform der leninistischen Bolschewiki (Opposition)*, Zum 15. Parteitag der WKP(B), Berlin [Fahne des Kommunismus] 1928.
Erickson, John, *The Soviet High Command*, A Military-Political History 1918-1941, London [Macmillan] 1962.
Erlich, Alexander, *Die Industrialisierungskampagne in der Sowjetunion 1924-1928*, Frankfurt [EVA] 1971.
*Die ersten Dekrete der Sowjetmacht*, Eine Auswahl von Erlassen und Beschlüssen, 25. Oktober 1917 bis 10. Juli 1918, hg. v. Horst Schützler und Sonja Striegnitz, Berlin/DDR [Dietz] 1987.
Fainsod, Merle, *Smolensk under Soviet Rule*, London [Macmillan] 1958.
Fischer, Louis, *The Soviets in World Affairs*, A History of the Relations between the Soviet Union and the Rest of the World 1917-1929, 2 Bde., (1930), Princeton [Princeton University Press] 1951.
Fisher, Ralph Talcott, *Pattern for Soviet Youth*, A Study of the Congresses of the Komsomol, 1918-1954, New York [Columbia University Press] 1959.
Fitzpatrick, Sheila, *The Commissariat of Enlightenment*, Soviet Organization of Education and the Arts under Lunacharsky, Cambridge [Cambridge University Press] 1970.
Flechtheim, Ossip K., *Die KPD in der Weimarer Republik*, (1948), Frankfurt [EVA] 1969.
*The Founding of the Socialist Workers Party*, Minutes and Resolutions 1938-39, New York [Monad] 1982.
Frank, Pierre, *Geschichte der Kommunistischen Internationale (1919-1943)*, 2 Bde., Frankfurt [isp] 1981.
— *Geschichte der IV. Internationale*, (1968), Hamburg [isp] 1974.
Frunse, Michail W., *Über sozialistische Landesverteidigung*, Berlin/DDR [Militärverlag der DDR] 1977.
Furet, François-Richter, Denis, *Die Französische Revolution*, (1965), Frankfurt [Fischer] 1968.
*Geschichte der deutschen Arbeiterbewegung*, hg. v. Institut für Marxismus-Leninismus beim ZK der SED, 8 Bde., Berlin/DDR [Dietz] 1966.
*Geschichte der Kommunistischen Partei der Sowjetunion (Bolschewiki)*, Kurzer Lehrgang, (1938), Berlin [Verlag der Sowjetischen Militärverwaltung in Deutschland] 1946.
*Geschichte der Kommunistischen Partei der Sowjetunion*, (1959), Berlin [Dietz] 1961⁴.
*Geschichte der Kommunistischen Partei der Sowjetunion*, (dritte, ergänzte

Ausgabe 1969), Frankfurt [Marxistische Blätter] 1971.
*Geschichte der Kommunistischen Partei der Sowjetunion*, hg. v. Institut für Marxismus-Leninismus beim ZK der KPdSU, 6 Bde., Moskau [Progress] 1973.
*Geschichte der Sozialistischen Arbeiter-Internationale (1923-1940)*, Berlin/DDR (Dt. Verlag der Wissenschaften) 1985.
Getty, John Arch, *Origins of the Great Purges*, The Soviet Communist Party Reconsidered, 1933-1938, Cambridge [Cambridge University Press] 1985.
Getzler, Israel, *Kronstadt 1917-1921*, The Fate of a Soviet Democracy, Cambridge [Cambridge University Press] 1983.
Geyer, Dietrich, *Kautskys russisches Dossier*, Deutsche Sozialdemokraten als Treuhänder des russischen Parteivermögens 1910-1915, Frankfurt [Campus] 1981.
Gide, André, *Reisen*, Stuttgart [DVA] 1966.
Gorkin, Julian, *Stalins langer Arm*, Die Vernichtung der freiheitlichen Linken im spanischen Bürgerkrieg, Köln [Kiepenheuer & Witsch] 1980.
Gosztony, Peter, *Die Rote Armee*, Geschichte und Aufbau der sowjetischen Streitkräfte seit 1917, Wien [Molden] 1980.
Gross, Babette, *Willi Münzenberg*, Eine politische Biographie, Stuttgart [DVA] 1967.
Günther, Hans, (Hg.), *Marxismus und Formalismus*, Dokumente einer literaturtheoretischen Kontroverse, München [Hanser] 1973.
Guérin, Daniel, *Klassenkampf in Frankreich*, Bourgeois et »bras nus« 1793-1795, (1973), Frankfurt [Suhrkamp] 1979.
Hackenberg, Maria, *Die Entwicklung der Disziplinar- und Strafmaßnahmen im sowjetischen Arbeitsrecht im Zusammenhang mit der forcierten Industrialisierung 1925-1935*, Berlin [Osteuropa-Institut] 1978.
Hahlweg, Werner, *Der Diktatfrieden von Brest-Litowsk 1918 und die bolschewistische Weltrevolution*, Münster [Aschendorff] 1960.
Haimson, Leopold H., (Hg.), *The Mensheviks*, From the Revolution of 1917 to the Second World War, Chicago [University of Chicago Press] 1974.
Halle, Fannina W., *Die Frau in Sowjetrußland*, Berlin [Zsolnay] 1932.
*Handbuch der Geschichte Rußlands*, Bd. 3/I (1856-1945), hg. v. Gottfried Schramm, Stuttgart [Hiersemann] 1983.
Haslam, Jonathan, *Soviet Foreign Policy, 1930-33*, The Impact of Depression, London [Macmillan] 1983.
— *The Soviet Union and the Struggle for Collective Security in Europe, 1933-39*, London [Macmillan] 1984.
Haumann, Heiko, *Beginn der Planwirtschaft*, Elektrifizierung, Wirtschaftsplanung und gesellschaftliche Entwicklung Sowjetrußlands 1917-1921, Düsseldorf [Bertelsmann] 1974.
Heijenoort, Jean van, *Sept ans auprès de Léon Trotsky*, De Prinkipo à Co-

yoacán, Paris [Les Lettres Nouvelles] 1978.
Heinen, Jacqueline - Holt, Alix - Maheim, Annik, *Frauen und Arbeiterbewegung*, Deutschland vor 1914 — Russische Revolution — Spanischer Bürgerkrieg, Frankfurt [isp] 1984.
Heller, Michael - Nekrich, Alexander, *Geschichte der Sowjetunion*, 2 Bde., Königstein [Athenäum] 1981 u. 1982.
Hellmann, Manfred, (Hg.), *Die russische Revolution 1917*, Von der Abdankung des Zaren bis zum Staatsstreich der Bolschewiki, München [dtv] 1964.
Hillmann, Günther, (Hg.), *Selbstkritik des Kommunismus*, Texte der Opposition, Reinbek [Rowohlt] 1967.
Hoensch, Jörg K., *Geschichte Polens*, Stuttgart - Ulm [Ulmer-UTB] 1983.
Hofmann, Werner, *Die Arbeitsverfassung der Sowjetunion*, Berlin [Dunker & Humblot] 1956.
Ilnytzkyj, Roman, *Deutschland und die Ukraine 1934-45*, München [Osteuropa-Institut] 1958.
*Illustrierte Geschichte der Russischen Revolution 1917*, Berlin [Neuer Deutscher Verlag] 1928.
Isaacs, Harold R., *The Tragedy of the Chinese Revolution*, (1938), Rev. edition, New York [Atheneum] 1968.
Istrati, Panait, *Drei Bücher über Sowjetrußland*, Bd. 1. *Auf falscher Bahn. Sechzehn Monate in Rußland*, Bd. 2. *So geht es nicht! Die Sowjets von heute*, Bd. 3: *Rußland nackt*, München [Piper] 1930.
Jakobsen, Michael, *Die russischen Gewerkschaften, ihre Entwicklung, ihre Zielsetzung und ihre Stellung zum Staat*, Berlin [Prager] 1932.
Jasny, Naum, *Essays on the Soviet Economy*, New York [Praeger] 1962.
— *Soviet Economists of the Twenties*, Names to Be Remembered, Cambridge [Cambridge University Press] 1972.
— *Soviet Industrialization 1928-1952*, Chicago [Chicago University Press] 1961.
Joffe, Maria, *One Long Night*, London [New Park] 1978.
*Die Kerensky-Memoiren*, Rußland und der Wendepunkt der Geschichte, Wien - Hamburg [Zsolnay] 1966.
Knei-Paz, Baruch, *The Social and Political Thought of Leon Trotsky*, Oxford [Clarendon] 1978.
Kool, Frits, (Hg.), *Die Linke gegen die Parteiherrschaft*, Olten [Walter] 1970.
— u. Oberländer, Erwin, (Hg.), *Arbeiterdemokratie oder Parteidiktatur*, Olten [Walter] 1967.
Kopelew, Lew, *Und schuf mir einen Götzen*, Lehrjahre eines Kommunisten, Hamburg [Hoffmann & Campe] 1979.
Korabljow, J. I. - Anfilow, W. A. - Mazulenko, W. A., *Kurzer Abriß der Geschichte der Streitkräfte der UdSSR von 1917 bis 1972*, Berlin/DDR [Militärverlag der DDR] 1976.
Kostiuk, Hryhory, *Stalinist Rule in the Ukraine*, A Study of the Decade of

Mass Terror 1929-1939, München [Institute for the Study of the USSR] 1960.

Krawchenko, Bogdan, *Social Change and National Consciousness in Twentieth-Century Ukraine*, Houndmills - London [Macmillan] 1985.

Kropotkin, Pjotr A., *Die Große Französische Revolution 1789-1793*, (1909), 2 Bde., Leipzig [Gustav Kiepenheuer] 1982.

Krupskaja, Nadjeschda K., *Erinnerungen an Lenin*, Wien - Berlin [Literatur und Politik] 1929; veränderte Neuausgabe Berlin/DDR [Dietz] 1959.

Lapidus, Gail Warshofsky, *Women in Soviet Society*, Equality, development, and social change, Berkeley [University of California Press] 1978.

Laurat, Lucien, *L'Economie soviétique*, Sa dynamique, son mécanisme, Paris [Valois] 1931.

Lavrov, Pjotr L., *Die Pariser Kommune vom 18. März 1871*, (1890), Berlin [Wagenbach] 1971.

Lazitch, Branko, *Biographical Dictionary of the Comintern*, (erweiterte Ausgabe), Stanford [Hoover Institution Press] 1986.

— u. Drachkovitch, Milorad M., *Lenin and the Comintern*, Bd. 1, Stanford [Hoover Institution Press] 1972.

Leggett, George, *The Cheka: Lenin's Political Police*, Oxford [Clarendon Press] 1981.

Lenin, Wladimir Iljitsch, *Briefe*, hg. v. Institut für Marxismus-Leninismus beim ZK der SED, 10 Bde., Berlin/DDR [Dietz] 1967-1976.

Lenin, Wladimir Iljitsch, *Werke*, 40 Bde., 2 Ergänzungs- u. 2 Registerbände, nach der vierten russischen Ausgabe hg. v. Institut für Marxismus-Leninismus beim ZK der SED, Berlin [Dietz] 1955 ff.

Lenin, W. I. - Trotzki, L. - Serge, V., *Kronstadt*, (mit einer Einführung von Pierre Frank), Frankfurt [isp] 1981.

Lerner, Warren, *Karl Radek*, The Last Internationalist, Stanford [Stanford University Press] 1970.

Lewin, Moshé, *La formation du systeme soviétique*, Paris [Gallimard] 1987.

—*Lenins letzter Kampf*, (1967), Hamburg [Hoffmann & Campe] 1970.

— *La Paysannerie et le Pouvoir soviétique, 1928-1930*, Den Haag [Mouton] 1966.

Lewytzkyi, Boris, *Die Gewerkschaften in der Sowjetunion*, Aufgaben und Stellenwert der Gewerkschaften in der sowjetischen Gesellschaft, Frankfurt [EVA] 1970.

— *Vom Roten Terror zur Sozialistischen Gesetzlichkeit*, Der sowjetische Sicherheitsdienst, München [Nymphenburger Verlagshandlung] 1961.

— (Levytsky, Boris), (Hg.), *The Stalinist Terror in the Thirties*, Documentation from the Soviet Press, Stanford [Hoover Institution Press] 1974.

Leyda, Jay, *Kino*, A History of the Russian and Soviet Film, London [Allen & Unwin] 1960.

Liebman, Marcel, *Le léninisme sous Lénine*, 2 Bde., Paris [Seuil] 1973.

Lissagaray, Prosper, *Geschichte der Kommune von 1871*, (1878), Berlin

[Rütten & Loening] 1956.
Longworth, Philipp, *Die Kosaken,* Legende und Geschichte, Frankfurt [Fischer] 1977.
Lorenz, Richard, *Anfänge der bolschewistischen Industriepolitik,* Köln [Wissenschaft und Politik] 1965.
— (Hg.), *Proletarische Kulturrevolution in Sowjetrußland (1917-21),* Dokumente des »Proletkult«, München [dtv] 1969.
— (Hg.), *Die russische Revolution 1917,* Der Aufstand der Arbeiter, Bauern und Soldaten, Eine Dokumentation, München [Nymphenburger] 1981.
— *Sozialgeschichte der Sowjetunion 1, 1917-1945,* Frankfurt [Suhrkamp] 1976.
Löwy, A. G., *Die Weltgeschichte ist das Weltgericht,* Bucharin: Vision des Kommunismus, Wien [Europa] 1969.
Lubitz, Wolfgang, (Hg.), *Trotsky Bibliography,* Bibliographie selbständiger Schriften über L. D. Trockij und den Trotzkismus, München u. a. [Saur] 1982.
Mace, James E., *Communism and the Dilemmas of National Liberation,* National Communism in Soviet Ukraine, 1918-1933, Cambridge [Harvard University Press] 1983.
Mandel, Ernest, *Marxistische Wirtschaftstheorie,* Frankfurt [Suhrkamp] 1968.
— *Der Spätkapitalismus,* Versuch einer marxistischen Erklärung, Frankfurt [Suhrkamp] 1972.
Mandelstam, Nadeschda, *Das Jahrhundert der Wölfe,* Eine Autobiographie, Frankfurt [Fischer] 1971.
Markov, Walter - Soboul, Albert, *1789, Die Große Revolution der Franzosen,* Köln [Pahl-Rugenstein] 1977.
Martow, Julius, *Geschichte der russischen Sozialdemokratie,* (mit einem Nachtrag von Theodor Dan), Berlin [Dietz] 1926.
Marx, Karl - Engels, Friedrich, *Werke,* 42 Bde., hg. v. Institut für Marxismus-Leninismus beim ZK der SED, Berlin [Dietz] 1956 ff.
Massari, Roberto, (Hg.), *All' opposizione nel PCI con Trotsky e Gramsci,* Rom [Controcorrente] 1977.
Mathiez, Albert - Lefebvre, Georges, *Die Französische Revolution,* (1922-1927), 3 Bde., Zürich [Büchergilde] 1940 (auch Hamburg [EVA] 1950).
McNeal, Robert H., *Bride of the Revolution: Krupskaya and Lenin,* Ann Arbor [University of Michigan Press] 1972.
Medwedjew, Roy A., (Medvedev, Roy), *All Stalin's Men,* Oxford [Blackwell] 1983.
— (Medvedev, Roy A.), *Nikolai Bukharin, The Last Years,* New York - London [Norton] 1980.
— (Medvedev, Roy A.), *On Stalin and Stalinism,* Oxford [Oxford University Press] 1979.
— (Medwedew, Roy A.), *Die Wahrheit ist unsere Stärke,* Geschichte und Folgen des Stalinismus, (1971), Frankfurt [Fischer] 1973.

Mehringer, Hartmut, *Permanente Revolution und Russische Revolution*, Die Entwicklung der Theorie der permanenten Revolution im Rahmen der marxistischen Revolutionskonzeption 1848-1907, Frankfurt [Lang] 1978.

Meissner, Boris, *Das Aktionsprogramm Gorbatschows*, Die Neufassung des dritten Parteiprogramms der KPdSU, Köln [Wissenschaft und Politik] 1987.

— *Das Parteiprogramm der KPdSU 1903-1961*, Köln [Wissenschaft und Politik] 1962.

Mergner, Gottfried, (Hg.), *Die russische Arbeiteropposition*, Die Gewerkschaften in der Revolution, Reinbek [Rowohlt] 1972.

Merl, Stephan, *Der Agrarmarkt und die Neue Ökonomische Politik*, Die Anfänge staatlicher Lenkung der Landwirtschaft in der Sowjetunion 1925-1928, München - Wien [Oldenbourg] 1981.

— *Die Anfänge der Kollektivierung in der Sowjetunion*, Der Übergang zur staatlichen Reglementierung der Produktions- und Marktbeziehungen im Dorf (1928-1930), Wiesbaden [Harrassowitz] 1985.

Meyer, Gert, (Hg.), *Das politische und gesellschaftliche System der UdSSR*, Ein Quellenband, Köln [Pahl-Rugenstein] 1980².

Michelet, Jules, *Geschichte der Französischen Revolution*, (1847-1853), Bd. 1-10, Wien [Gutenberg] o. J. [1930].

Millar, James R., (Hg.), *The Soviet Rural Community*, A Symposium, Urbana [University of Illinois Press] 1971.

Morozow, Michail, *Die Falken des Kreml*, Die sowjetische Militärmacht von 1917 bis heute, München [Langen-Müller] 1982.

Myers, Constance Ashton, *The Prophet's Army*, Trotskyists in America, 1928-1941, Westport, Connecticut [Greenwood Press] 1977.

Nedava, Joseph, *Trotsky and the Jews*, Philadelphia [Jewish Publication Society] 1971.

Nekritsch, Alexander, *Entsage der Angst*, Erinnerungen eines Historikers, Berlin - Frankfurt - Wien [Ullstein] 1983.

— u. Grigorenko, Pjotr, *Genickschuß*, Die Rote Armee am 22. Juni 1941, Wien u. a. [Europa] 1969.

Nettl, Peter, *Rosa Luxemburg*, Köln - Berlin [Kiepenheuer & Witsch] 1967.

Neumann, Franz, *Behemoth*, Struktur und Praxis des Nationalsozialismus, (1942), Frankfurt [EVA] 1977.

Nicolaevsky, Boris I., *Power and the Soviet Elite*, »The Letter of an Old Bolshevik« and other Essays, Ann Arbor [University of Michigan Press] 1975.

*Not Guilty*, Report of the Commission of Inquiry into the Charges Made Against Leon Trotsky in the Moscow Trials, (1938), New York [Monad] 1971².

Nove, Alex, *An Economic History of the U.S.S.R.*, Harmondsworth [Penguin] 1984.

— *Die sowjetische Wirtschaft*, Wiesbaden [Rheinische Verlagsanstalt] o. J. [1962].

— *Das sowjetische Wirtschaftssystem*, Baden-Baden [Nomos] 1980.
Oberländer, Erwin, *Sowjetpatriotismus und Geschichte*, Dokumentation, Köln [Wissenschaft und Politik] 1967.
Ormea, Ferdinando, *Le origini dello stalinismo nel PCI*, Storia della »svolta« comunista degli anni trenta, Mailand [Feltrinelli] 1978.
*Osteuropa-Handbuch*, Bd. *Sowjetunion*, Teil: *Das Wirtschaftssystem*, hg. v. Werner Markert, Köln - Graz [Böhlau] 1965.
Pankratova, Anna Michailnovna, *Fabrikräte in Rußland*, Der Kampf um die sozialistische Fabrik, (1923), Frankfurt [Fischer] 1976.
Parker, R.A.C., *Das Zwanzigste Jahrhundert I, 1918-1945*, (Fischer Weltgeschichte Bd. 34), Frankfurt [Fischer] 1967.
Peukert, Detlev, *Die KPD im Widerstand*, Verfolgung und Untergrundarbeit an Rhein und Ruhr 1933 bis 1945, Wuppertal [Hammer] 1980.
Pietrow, Bianka, *Stalinismus, Sicherheit, Offensive*, Das »Dritte Reich« in der Konzeption der sowjetischen Außenpolitik 1933-1941, Melsungen [Schwartz] 1983.
Pipes, Richard, *The Formation of the Soviet Union*, Communism and Nationalism, 1917-1923, Cambridge Mass. [Harvard University Press] 1954.
— *Rußland vor der Revolution*, (1974), München [dtv] 1984.
Pisier-Kouchner, Evelyne, (Hg.), *Les interprétations du stalinisme*, Paris [Presses Universitaires de France] 1983.
Plogstedt, Sibylle, *Arbeitskämpfe in der sowjetischen Industrie (1917-1933)*, Frankfurt [Campus] 1980.
Prager, Rodolphe, (Hg.), *Les congrès de la Quatrième Internationale*, Bd. 1: Naissance de la Quatrième Internationale, 1930-1940, Bd. 2: L'Internationale dans la guerre, 1940-1946, Paris [La Brèche] 1978 u. 1981.
Preobraschenski, Eugen, (Preobrazhensky, E. A.), *The Crisis of Soviet Industrialization*, Selected Essays, London [Macmillan] 1980.
— *Die Neue Ökonomik*, (1926²), Berlin [Neuer Kurs] 1971.
Priester, Karin, *Der italienische Faschismus*, Ökonomische und ideologische Grundlagen, Köln [Pahl-Rugenstein] 1972.
*Probleme des Sozialismus und der Übergangsgesellschaften*, hg. v. Peter Hennicke, Frankfurt [Suhrkamp] 1973.
*Programm und Statut des Leninschen Kommunistischen Jugendverbandes der Sowjetunion,* Moskau [Verlagsgenossenschaft ausländischer Arbeiter in der UdSSR] 1936.
*Protokoll des VI. Weltkongresses der Kommunistischen Internationale*, 2 Bde., Hamburg [Hoym] 1928.
*Protokoll des Vierten Kongresses der Kommunistischen Internationale*, Hamburg [Hoym] 1923.
*Prozeßbericht über die Strafsache des antisowjetischen »Blocks der Rechten und Trotzkisten«*, hg. vom Volkskommissariat für Justizwesen der UdSSR, Moskau 1938.
*Prozeßbericht über die Strafsache des sowjetfeindlichen trotzkistischen Zen-*

*trums,* hg. vom Volkskommissariat für Justizwesen der UdSSR, Moskau 1937.

*Prozeßbericht über die Strafsache des trotzkistisch-sinowjewistischen terroristischen Zentrums,* hg. vom Volkskommissariat für Justizwesen der UdSSR, Moskau 1936.

Putz, Dieter, *Jugend und Partei,* Das Verhältnis der revolutionären russischen Jugend und des sovetischen Jugendverbandes zur Leninschen Partei bis zum Abschluß der grundlegenden Phase 1939, (Diss. Universität Erlangen - Nürnberg 1975).

Rabinowitz, Raissa, *Arbeitszeit und Arbeitslohnpolitik in der sowjetrussischen Industrie,* Rostock [Hinstorff] 1931.

Radice, Lisanne, *Beatrice and Sidney Webb,* Fabian Socialists, London [Macmillan] 1984.

Radkey, Oliver H., *The Sickle under the Hammer,* The Russian Socialist Revolutionaries in the Early Months of Soviet Rule, New York [Columbia University Press] 1963.

Radziejowski, Janusz, *The Communist Party of Western Ukraine 1919-1929,* Edmonton [Canadian Institute of Ukrainian Studies] 1983.

Rakovsky, Christian, *Selected Writings on Opposition in the USSR 1923-1930,* hg. v. Gus Fagan, London [Allison & Busby] 1980.

Ramm, Thilo, *Die großen Sozialisten als Rechts- und Sozialphilosophen,* Stuttgart [Fischer] 1955.

Rapoport, Vitaly - Alexeev, Yuri, *High Treason,* Essays on the History of the Red Army, 1918-1938, Durham [Duke University Press] 1985.

Rauch, Georg von, *Geschichte der baltischen Staaten,* München [dtv] 1977.

Raupach, Hans, *Geschichte der Sowjetwirtschaft,* Reinbek [Rowohlt] 1964.

— *Wirtschaft und Gesellschaft Sowjetrußlands 1917-1977,* Wiesbaden [Steiner] 1979.

Reed, John, *Zehn Tage, die die Welt erschütterten,* (1919), Berlin/DDR [Dietz] 1957.

Reich, Wilhelm, *Die sexuelle Revolution,* Zur charakterlichen Selbststeuerung des Menschen, (1936), Frankfurt [Fischer] 1971.

Reiman, Michal, *Die Geburt des Stalinismus,* Die UdSSR am Vorabend der ‚zweiten Revolution', Frankfurt [EVA] 1979.

Reshetar, John S., *The Ukrainian Revolution, 1917-1920,* A Study in Nationalism, Princeton [Princeton University Press] 1952.

Rigby, T. H., *Communist Party Membership in the U.S.S.R., 1917-1967,* Princeton [Princeton University Press] 1968.

Rihs, Charles, *La Commune de Paris de 1871, sa structure et ses doctrines,* Paris [Seuil] 1973.

Robrieux, Philippe, *Histoire intérieure du Parti communiste,* 1920-1982, 4 Bde., Paris [Fayard] 1980-1984.

Rosdolsky, Roman, *Zur Nationalen Frage,* Friedrich Engels und das Problem der »geschichtslosen« Völker, Berlin [Olle & Wolter] 1979.

Rose, Robert Barrie, *Gracchus Babeuf*, The First Revolutionary Communist, London [Edward Arnold] 1978.
Rosenthal, Gérard, *Avocat de Trotsky*, Paris [Laffont] 1975.
Sander, Hans-Dietrich, *Marxistische Ideologie und allgemeine Kunsttheorie*, Tübingen [Kyklos-Mohr] 1970.
Schapiro, Leonard, *Die Geschichte der Kommunistischen Partei der Sowjetunion*, Frankfurt [Fischer] 1962.
— *Partei und Staat in der Sowjetunion*, Köln [Kiepenheuer & Witsch] 1965.
Schlesinger, Rudolf, (Hg.), *The Family in the USSR*, Documents and Readings, London [Routledge and Kegan] 1949.
Schlögel, Karl, *Der renitente Held*, Arbeiterprotest in der Sowjetunion 1953-1983, Hamburg [Junius] 1984.
Schmid, Alex P., *Churchills privater Krieg*, Intervention und Konterrevolution im russischen Bürgerkrieg 1918-1920, Zürich [Atlantis] 1974.
Schröder, Hans-Henning, *Arbeiterschaft, Wirtschaftsführung und Parteibürokratie während der Neuen Ökonomischen Politik*, Eine Sozialgeschichte der bolschewistischen Partei 1920-1928, Wiesbaden [Harrassowitz] 1982.
— *Industrialisierung und Parteibürokratie in der Sowjetunion*, Ein sozialgeschichtlicher Versuch über die Anfangsphase des ‚Stalinismus' (1928-1934), Manuskript.
Schwarz, Boris, *Music and Musical Life in Soviet Russia, 1917-1970*, London [Barrie & Jenkins] 1972.
Sedow, Leo, *Rotbuch über den Moskauer Prozeß*, Antwerpen [Editions de Lee] o. J. [1937].
Serge, Victor, *Beruf: Revolutionär*, Erinnerungen 1901-1917-1941, (1951), Frankfurt [Fischer] 1967.
— *Die sechzehn Erschossenen*, Unbekannte Aufsätze II, Hamburg [Association] 1977.
Silberner, Edmund, *Kommunisten zur Judenfrage*, Zur Geschichte von Theorie und Praxis des Kommunismus, Opladen [Westdeutscher Verlag] 1983.
Simin, Alexander, *Sozialismus und Neostalinismus*, Eine Stimme aus dem sowjetischen Untergrund, Frankfurt [isp] 1985.
Sinclair, Louis, *Leon Trotsky*, A Bibliography, Stanford [Hoover Institution Press] 1972.
Soboul, Albert, *Französische Revolution und Volksbewegung: die Sansculotten*, hg. v. Walter Markov, Frankfurt [Suhrkamp] 1978.
— *Die Große Französische Revolution*, Ein Abriß ihrer Geschichte 1789-1799, (1962), Frankfurt [EVA] 1983[4].
— *Kurze Geschichte der Französischen Revolution*, (1965), Berlin [Wagenbach] 1977.
Sorenson, Jay B., *The Life and Death of Soviet Trade Unionism, 1917-1928,*

New York [Atherton] 1969.
Souvarine, Boris, *Stalin*, Anmerkungen zur Geschichte des Bolschewismus, (1935), München [Bernhard & Graefe] 1980.
*Sowjetunion zu neuen Ufern?*, Dokumente und Materialien mit einer Einleitung von Dr. Gert Meyer, Düsseldorf [Brücken] o. J. (1986).
*Sozialistische Revolution in einem unterentwickelten Land*, Texte der Menschewiki zur russischen Revolution und zum Sowjetstaat aus den Jahren 1903 bis 1940, Hamburg [Junius] 1981.
Stalin, Josef Wissarionowitsch, *Werke*, besorgt v. Marx-Engels-Lenin-Institut beim Zentralkomitee der SED, 13 Bde., Berlin/DDR [Dietz] 1951-1955.
Stites, Richard, *The Women's Liberation Movement in Russia*, Feminism, Nihilism, and Bolshevism 1860-1930, Princeton [Princeton University Press] 1978.
Stoecker, Helmut, (Hg.), *Handbuch der Verträge 1871-1964*, Berlin/DDR [Deutscher Verlag der Wissenschaften] 1968.
Struve, Gleb, *Geschichte der Sowjetliteratur*, München [Goldmann] 1957.
Suchanow, Nikolai N., *1917, Tagebuch der russischen Revolution*, hg. v. Nikolaus Ehlert, München [Piper] 1967.
Tjaden, K. H., *Struktur und Funktion der »KPD-Opposition« (KPO)*, Eine organisationssoziologische Untersuchung zur Rechts-Opposition im deutschen Kommunismus zur Zeit der Weimarer Republik, Meisenheim [Hain] 1964.
Tosstorff, Reiner, *Die POUM während des spanischen Bürgerkriegs (1936-1939)*, Frankfurt [isp] 1987.
Trotzki, Leo, (Trotsky, Léon), *L'année 1917*, Paris [Maspero] 1976.
— (Trotsky, Leon), *The Challenge of the Left Opposition (1923-1929)*, 3 Bd., hg. v. Naomi Allen u. George Saunders, New York [Pathfinder] 1975-1981.
— *China*, Die erwürgte Revolution, Berlin [Neuer Kurs] 1972 u. 1975.
— (Trotsky, Leon), *Collected Writings and Speeches on Britain*, 3 Bde., London [New Park] 1974.
— (Trotsky, Leon), *The crisis of the French section (1935-36)*, New York [Pathfinder] 1977.
— (Trotsky, Léon), *Défense du marxisme*, U.R.S.S., marxisme et bureaucratie, Paris [E.D.I.] 1976.
— *Denkzettel*, Politische Erfahrungen im Zeitalter der permanenten Revolution, hg. v. Isaac Deutscher, George Novack u. Helmut Dahmer, Frankfurt [Suhrkamp] 1981.
— *Ergebnisse und Perspektiven*, Frankfurt [EVA] 1971.
— *Europa und Amerika*, Zwei Reden, Berlin [Neuer Deutscher Verlag] 1926.
— *Die Fälschung der Geschichte der russischen Revolution*, Berlin [Volkswille] 1928.

— (Trotsky, Leon), *The First Five Years of the Communist International*, (russ. 1924), 2 Bde., New York [Pioneer] 1945 u. 1953.
— *Fragen des Alltagslebens*, Hamburg [Hoym] 1923 (Reprint: Dortmund [Intarlit] 1977).
— *Die Geburt der Roten Armee*, Reden, Befehle, Aufrufe und Thesen aus dem Gründungsjahr der Roten Armee, Wien [Verlag für Literatur und Politik] 1924.
— *Geschichte der russischen Revolution*, Bd. 1, *Februarrevolution*, Berlin [Fischer] 1931; Bd. 2, *Oktoberrevolution*, Berlin [Fischer] 1932.
— *Die Grundfragen der Revolution*, Hamburg [Hoym] 1923.
— *Das hungernde Rußland und das »satte« Europa*, Berlin [Malik] 1921.
— *Ihre Moral und unsere*, (1938), Berlin [Voltaire] 1967.
— *Die internationale Revolution und die Kommunistische Internationale*, Berlin [Laub] 1929.
— *Der junge Lenin*, Wien u. a. [Molden] 1969.
— *Kapitalismus oder Sozialismus?*, Eine Betrachtung der Sowjet-Wirtschaft und ihrer Entwicklungstendenzen, Berlin [Neuer Deutscher Verlag] 1925.
— *Leon Trotsky on China*, hg. v. Les Evans u. Russel Block, New York [Monad Press] 1976.
— *Leon Trotsky on the Jewish Question*, New York [Pathfinder] 1970.
— *Leon Trotsky on Literature and Art*, hg. v. Paul N. Siegel, New York [Pathfinder] 1972.
— *Leon Trotsky on the Trade Unions*, New York [Merit] 1969.
— *Leon Trotsky Speaks*, edited by Sarah Lovell, New York [Pathfinder] 1972.
— *Literatur und Revolution*, München [dtv] 1972.
— *Mein Leben*, Versuch einer Autobiographie, Berlin [Fischer] 1930.
— *The Military Writings and Speeches of Leon Trotsky*, How the Revolution Armed, 5 Bde., nach der 1923 in Moskau erschienenen russ. Ausgabe hg. v. Brian Pearce, London [New Park] 1979-1981.
— (Trotsky, Léon), *Le mouvement communiste en France (1919-1939)*, hg. v. Pierre Broué, Paris [Minuit] 1967.
— *Der Neue Kurs*, (1924), Berlin [Verlag Neuer Kurs] 1972.
— *1917, Die Lehren der Revolution*, Berlin [Laub] 1925.
— (Trotsky, Léon), *Œuvres*, hg. v. Pierre Broué, Paris [EDI/Institut Léon Trotsky) 1978 ff. (Bis 1987 erschien der erste, Schriften von 1933 bis 1940 umfassende Teil in 24 Bänden.)
— *Die permanente Revolution*, Berlin [Die Aktion] 1930.
— (Trotsky, Leon), *Portraits, Political and Personal*, New York [Pathfinder] 1977.
— (Trotsky, Leon), *Problems of the Chinese Revolution*, New York [Pioneer] 1932.
— *Revolution und Bürgerkrieg in Spanien*, 2 Bde., Frankfurt [isp] 1976.

— *Die russische Revolution 1905*, Berlin [Vereinigung Internationaler Verlagsanstalten] 1923.
— *Schriften über Deutschland*, 2 Bde., hg. v. Helmut Dahmer, Frankfurt [EVA] 1971.
— *Schriften zur revolutionären Organisation*, hg. v. Hartmut Mehringer, Reinbek [Rowohlt] 1970.
— (Trotsky, Lev), *Scritti sull'Italia*, hg. v. Antonella Marazzi, Rom [Controcorrente] 1979.
— *Sowjetwirtschaft in Gefahr! Vor dem zweiten Fünfjahrplan*, Berlin [Grylewicz] 1932.
— *Stalin*, Eine Biographie, Köln [Kiepenheuer & Witsch] 1952.
— (Trotsky, Leon), *The Stalin School of Falsification*, New York [Pioneer] 1937.
— *Stalins Verbrechen*, Zürich [Jean Christophe] 1937.
— *Tagebuch im Exil*, München [dtv] 1983.
— *Terrorismus und Kommunismus*, Anti-Kautsky, Hamburg [Hoym] 1920.
— *Die »Terroristen«-Prozesse in der USSR*, Prag [Salus] 1936.
— *Der Todeskampf des Kapitalismus und die Aufgaben der IV. Internationale*, Das Übergangsprogramm, (Mai 1938), Frankfurt [isp] 1974.
— *The Trotsky Papers, 1917-1922*, Bd. 1: 1917-1919, Bd. 2: 1920-1922, hg. v. Jan M. Meijer, Den Haag [Mouton] 1964 u. 1971.
— *Die Verteidigung der Sowjetrepublik und die Opposition, Die Ultralinken und der Marxismus, Welchen Weg geht der Leninbund?*, Berlin [Grylewicz] 1929.
— *Verteidigung des Marxismus*, Berlin [Neuer Kurs] 1973.
— *Die 4. Internationale und die USSR*, (Die Klassennatur des Sowjetstaates), Prag [Kopp] 1933.
— *Von der Oktoberrevolution bis zum Brester Friedensvertrag*, Belp-Bern [Promachos] 1918 (Reprint: Frankfurt [isp] 1983).
— *Wer leitet heute die Kommunistische Internationale?*, Berlin [Aktion] 1930.
— *Die wirkliche Lage in Rußland*, Hellerau [Avalun] 1928.
— *Wohin treibt England?*, Berlin [Neuer Deutscher Verlag] 1926.
— *Writings of Leon Trotsky*, 1929-1940, 12 Bde. u. 2 Ergänzungsbände, hg. v. Naomi Allen, George Breitman u. Sarah Lovell, New York [Pathfinder] 1973-1979.
Tucker, Robert C., *Stalin als Revolutionary, 1879-1929*, A Study in History and Personality, New York [Norton] 1973.
Ullman, Richard H., *Britain and the Russian Civil War*, November 1918 - February 1920, (Anglo-Soviet Relations, 1917-1921, II), Princeton [Princeton University Press] 1968.
— *Intervention and the War*, (Anglo-Soviet Relations, 1917-1921, I), Princeton [Princeton University Press] 1961.

*Unabhängige Kommunisten*, Der Briefwechsel zwischen Heinrich Brandler und Isaac Deutscher 1949 bis 1967, hg. v. Hermann Weber, Berlin [Colloquium] 1981.

*Die Vierte Internationale und der Krieg*, Thesen angenommen vom Internationalen Sekretariat der Liga der Kommunisten-Internationalisten (Bolschewisten-Leninisten), Brüssel [Vereecken] 1934.

Vollmar, Georg von, *Reden und Schriften zur Reformpolitik*, hg. v. Willy Albrecht, Berlin - Bonn - Bad Godesberg [Dietz] 1977.

Voslensky, Michael, *Nomenklatura*, Die herrschende Klasse der Sowjetunion, Wien [Molden] 1980.

Wädekin, Karl-Eugen, *The Private Sector in Soviet Agriculture*, Berkeley [University of California Press] 1973.

Webb, Sidney u. Beatrice, *Soviet Communism*, A New Civilisation?, 2 Bde., London [Longmans, Green & Co.] 1935.

Weber, Hermann, (Hg.), *Der deutsche Kommunismus*, Dokumente 1915 bis 1945, Köln - Berlin [Kiepenheuer & Witsch] 1963.

— *Kommunismus in Deutschland 1918-1945*, Darmstadt [Wissenschaftliche Buchgesellschaft] 1983.

— *Die Wandlung des deutschen Kommunismus*, Die Stalinisierung der KPD in der Weimarer Republik, 2 Bde., Frankfurt [EVA] 1969.

Wollenberg, Erich, *The Red Army*, (1938), London [New Park] 1978.

Wolter, Ulf (Hg.), *Die Linke Opposition in der Sowjetunion 1923-1928*, 5 Bde., Berlin [Olle & Wolter] 1976-1977.

Zaleski, Eugene, *Stalinist Planning for Economic Growth, 1933-1952*, Chapel Hill [University of North Carolina Press] 1980.

Zimmermann, Rüdiger, *Der Leninbund*, Linke Kommunisten in der Weimarer Republik, Düsseldorf [Droste] 1978.

*

*Archiv der Gegenwart* (anfangs: *Keesings Archiv der Gegenwart*), Wien, 1. Jg. 1931 (Juli) ff.

*Bjulleten Opposizii* (Bulletin der Opposition), Paris (ab April 1931 Berlin, ab März 1933 Paris, ab Oktober 1934 Zürich, ab Juli 1935 Paris, ab August 1939 New York), 1. Jg. 1929 (Juli) bis 13. Jg. 1941 (August). (Reprint: New York [Monad] 1973.)

*Cahiers Léon Trotsky*, revue trimestrielle, hg. v. Institut Léon Trotsky, Paris, 1. Jg. 1979 (Januar) ff.

*Deutsche Zentral-Zeitung*, Organ des Zentralbüro der deutschen Sektionen beim Zentralkomitee der Kommunistischen Partei (B) der Räte-Union, (Zentralorgan des Zentralkomitees der Kommunistischen Partei [B] der Sowjetunion), Moskau, 1. Jg. 1926 bis 13. Jg. 1938.

*Inprekorr*, Internationale Presse-Korrespondenz, deutsche Ausgabe, Berlin, 1. Jg. 1921 (24. September) bis 13. Jg. 1933 (3. März). (Bis zum 17. Jg. 1937 [28. Mai] als zur illegalen Verbreitung in Deutschland bestimmte, leicht veränderte Dünndruckausgabe der *Rundschau* fortgeführt.) (Reprint [1.-13. Jg.]: Mailand [Feltrinelli] 1967.)

*Die Kommunistische Internationale*, Organ des Exekutiv-Komitees der Kommunistischen Internationale, deutsche Ausgabe, Berlin u.a., 1. Jg. 1919 (August) — 22. Jg. 1941 (Mai). (Reprint: Mailand [Feltrinelli] 1967.)

*Permanente Revolution*, Zeitschrift der Linken Opposition der KPD (Bolschewiki-Leninisten/Sektion der Internationalen Linken Opposition), Berlin, 1. Jg. 1931 bis 3. Jg. 1933 (ab Nr. 15, 1932: Wochenschrift der Linken Opposition der KPD [Bolschewiki-Leninisten], Sektion der Internationalen Linken Opposition). (Reprint: Dortmund [Dröge-Intarlit] 1977.)

*RSD*, Mitteilungsblatt der Russischen Sozialdemokratie, hg. v. der Auslandsdelegation der Sozial-Demokratischen Arbeiterpartei Rußlands, Berlin, 1. Jg. 1924 bis 9. Jg. 1932 (?).

*Rundschau über Politik, Wirtschaft und Arbeiterbewegung*, Basel, 1. Jg. 1932 (1. Juli) bis 9. Jg. 1940 (27. Januar). (Reprint: Mailand [Feltrinelli] 1967.)

*Russische Korrespondenz*, 1. Jg. 1920 bis 3. Jg. 1922. (Reprint: Erlangen [Politladen] 1971.)

*Unser Wort*, Halbmonatsschrift der deutschen Sektion der Internationalen Linken Opposition, Prag (ab Nr. 12, 1933: Paris; ab Nr. 1, 1939: Antwerpen; ab Nr. 1, 1940: New York), 1. Jg. 1933 bis 9. Jg. 1941, (ab Nr. 14, 1933: Halbmonatsschrift der Internationalen Kommunisten Deutschlands; ab Nr. 3, 1934: Wochenzeitung der IKD; ab Nr. 36, 1934 Halbmonatszeitung; ab Nr. 1, 1940: Monatszeitung).

*Die Welt*, Zeitschrift für Politik, Wirtschaft und Arbeiterbewegung, Stockholm, 1. Jg. 1939 (18. September) bis 5. Jg. 1943 (28. Mai).

# Abkürzungsverzeichnis

| | |
|---|---|
| BO | *Bjulleten Opposizii* (Bulletin der Opposition) |
| BSSR | Belorussische Sozialistische Sowjetrepublik |
| EKKI | Exekutivkomitee der Kommunistischen Internationale |
| GPU | Gossudarstwennoje Polititscheskoje Uprawlenije (Staatliche Politische Verwaltung) |
| IKD | Internationale Kommunisten Deutschlands |
| IKL | Internationale Kommunistische Liga |
| ILO | Internationale Linke Opposition |
| IVKO | Internationale Vereinigung der Kommunistischen Opposition |
| IS | Internationales Sekretariat |
| KI, Komintern | Kommunistische Internationale |
| KPdSU(B) | Kommunistische Partei der Sowjetunion (Bolschewiki) |
| KPO | Kommunistische Partei-Opposition |
| KPR | Kommunistische Partei Rußlands |
| LKI | Liga der Kommunisten-Internationalisten |
| LO | Linke Opposition |
| LW | Lenin, *Werke* |
| MEW | Marx - Engels, *Werke* |
| NEP | Nowaja Ekonomitscheskaja Politika (Neue Ökonomische Politik) |
| NKWD | Narodny Komissariat Wnutrennich Del (Volkskommissariat für Innere Angelegenheiten) |
| PCI | Parti Communiste Internationaliste |
| POI | Parti Ouvrier Internationaliste |
| PR | *Permanente Revolution* |
| PSOP | Parti Socialiste Ouvrier et Paysan |
| SAP, SAPD | Sozialistische Arbeiterpartei Deutschlands |
| SDAPR | Sozialdemokratische Arbeiterpartei Rußlands |
| SFIO | Section Française de l'Internationale Ouvrière |
| SüD | Trotzki, *Schriften über Deutschland* |
| SW | Stalin, *Werke* |
| SWP | Socialist Workers Party |
| TŒ | Trotsky, *Œuvres* |
| TWr | *Writings of Leon Trotsky* |
| ZEK | Zentrales Exekutivkomitee |
| ZK | Zentralkomitee |
| ZKK | Zentrale Kontrollkommission |

# Verzeichnis der wichtigsten Anmerkungen

Die den Stichworten nachgestellten Ziffern bezeichnen (fett) die Nummer des jeweiligen Trotzki-Textes; Kommentare zum Anhang sind gesondert gekennzeichnet; bei Erläuterungen zur *Verratenen Revolution* ist ergänzend die Kapitel-Nummer (in römischen Zahlen) angegeben; die letzte Ziffer nennt stets die Nummer der Anmerkung.

# Personenregister

(Die Namen Lenin, Stalin und Trotzki wurden nicht aufgenommen. Fett gesetzte Seitenangaben verweisen auf biographische Notizen im Anmerkungsapparat.)

# Gesamt-Inhaltsverzeichnis

## 1. Halbband (1.1)

## 2. Halbband (1.2)